SCHÜLER DUDEN

Musik

SCHÜLERDUDEN

Rechtschreibung und Wortkunde
Ein Wörterbuch zur alten und neuen Rechtschreibung

Grammatik
Eine Sprachlehre mit Übungen und Lösungen

Wortgeschichte
Herkunft und Entwicklung des deutschen Wortschatzes

Bedeutungswörterbuch
Ein Lernwörterbuch mit Bedeutungsangaben, Anwendungsbeispielen und Abbildungen, mit sinn- und sachverwandten Wörtern und den Bausteinen zur Wortbildung

Fremdwörterbuch
Herkunft und Bedeutung der Fremdwörter

Lateinisch-Deutsch
Ein zuverlässiges Wörterbuch auf der Grundlage des »Taschen-Heinichen«

Kunst
Von der Felsmalerei bis zur Fotografie, von Dürer bis Dix

Musik
Bach und Beatles, gregorianischer Gesang und Hip-Hop

Literatur
Von der Tragödie bis zum Computertext, von Sophokles bis Süskind: die Literatur in ihrer ganzen Vielseitigkeit

Chemie
Von der ersten Chemiestunde bis zum Abiturwissen

Ökologie
Klassische Ökologie und moderne Umweltpolitik

Biologie
Die gesamte Schulbiologie aktuell und zuverlässig

Physik
Quarks & Co.: Begriffe und Methoden der Physik

Geographie
Erdbeben, Klimazonen, Strukturwandel: allgemeine Geographie für den modernen Erdkundeunterricht

Geschichte
Von der Hügelgräberkultur bis zum Hitlerputsch, von der Res publica bis zum Zwei-plus-vier-Vertrag

Wirtschaft
Das Einmaleins der Marktwirtschaft für Schule und Berufsausbildung

Politik und Gesellschaft
Grundlegende und aktuelle Information: Grundgesetz, Gewaltenteilung, Globalisierung

Religionen
Vom Ahnenkult bis zum Glauben an den einen Gott: die Religionen der Welt auf einen Blick

Philosophie
»Logik des Herzens« und kategorischer Imperativ: die wichtigsten Modelle und Schulen

Psychologie
Das Grundwissen der Psychologie und ihrer Nachbarwissenschaften

Pädagogik
Alles zum Thema Schule, Ausbildung und Erziehung

Informatik
Algorithmen und Zufallsgenerator: das Informationszentrum für Anfänger und Fortgeschrittene

Mathematik I
5.–10. Schuljahr: das Grundwissen

Mathematik II
11.–13. Schuljahr: das Abiturwissen

Sexualität
Umfassende Informationen zur Sexualität des Menschen

SCHÜLER DUDEN

Musik

3., völlig neu bearbeitete Auflage
Herausgegeben und bearbeitet
von der Redaktion Schule und Lernen

DUDENVERLAG
Mannheim · Leipzig · Wien · Zürich

Redaktionelle Leitung:
Martin Fruhstorfer

Fachliche Beratung:
Thomas Welke

Redaktion:
Petra Bowien,
Rainer Jakob,
Holger Moos M.A.

Autoren:
Prof. Dr. Bernd Enders,
Jürgen Frey,
Dr. Ralph Nickles,
Thomas Welke

Herstellung:
Erika Geisler

Notensatz:
Kara Kusan-Windweh, Heidelberg

Grafiken:
pur.pur GmbH visuelle Kommunikation, Kiel

Umschlaggestaltung:
Sven Rauska, Wiesbaden

Die Deutsche Bibliothek – CIP-Einheitsaufnahme
Ein Titeldatensatz für diese Publikation ist bei
Der Deutschen Bibliothek erhältlich.

Das Wort DUDEN ist für den Verlag
Bibliographisches Institut & F. A. Brockhaus AG
als Marke geschützt.

Das Werk wurde in neuer Rechtschreibung verfasst.

Alle Rechte vorbehalten
Nachdruck, auch auszugsweise, vorbehaltlich der Rechte,
die sich aus §§ 53, 54 UrhG ergeben, nicht gestattet.
© Bibliographisches Institut & F. A. Brockhaus AG,
Mannheim 2000
Satz: Bibliographisches Institut & F. A. Brockhaus AG,
Mannheim (PageOne, alfa Integrierte Systeme)
Druck: kro druck GmbH, Karlsruhe
Bindearbeit: Graphische Betriebe Langenscheidt KG,
Berchtesgaden
Printed in Germany
ISBN 3-411-05393-3

Vorwort

Wer kennt nicht diese Fragen, in denen sich das unangenehme Wörtchen »eigentlich« verbirgt, so als müsste jeder die Antwort kennen: Was versteht man eigentlich unter Kirchentonarten? Wer war eigentlich John Cage? Was ist denn eigentlich die Bluesformel? Ob im Musikunterricht an der Schule oder beim eigenen Musizieren – immer wieder stellen sich solche Fragen, auf die der Schülerduden »Musik« die passenden Antworten gibt.

Die vorliegende dritte Auflage des Schülerdudens »Musik« enthält alle Bereiche der Musik, die in der Schule in Grund- und Leistungskursen behandelt werden. Die außereuropäische und die europäische Musik mit ihren Gattungen, Formen und Epochen, die liturgischen Grundlagen der Kirchenmusik, aber auch der Jazz und die Rockmusik werden ebenso gründlich dargestellt wie die verschiedensten Musikinstrumente, Spielanweisungen und Vortragszeichen. Und erstmals finden sich auch Biografien bedeutender Komponisten und Musiker von Louis Armstrong bis Bernd Alois Zimmermann in diesem Nachschlagewerk. Der Schülerduden »Musik« kann daher als verlässliche Informationsquelle Schülerinnen und Schülern bei der Nachbereitung des Unterrichts und bei der Prüfungsvorbereitung dienen, ist aber auch Eltern, Lehrern und Musikstudenten eine nützliche Hilfe.

Besondere Themen und Persönlichkeiten werden in gestalterisch hervorgehobenen »Blickpunkten« behandelt: Johann Sebastian Bach, Wolfgang Amadeus Mozart oder Richard Wagner finden hier ebenso Beachtung wie der Jazz, die Oper, die Musiktechnologie oder der weite Bereich der Weltmusik. Diese Sonderseiten laden zum Lesen und Nachdenken ein und geben mit Tipps und Literaturangaben auch Hinweise für eine vertiefende Beschäftigung mit ihrem Thema.

Ein Verzeichnis weiterführender Literatur und ein ausführliches Personenregister beschließen den Band.

Folgende Benutzungshinweise sollen das Nachschlagen vereinfachen: Der Text ist nach fett gedruckten Hauptstichwörtern alphabetisch geordnet. Die Alphabetisierung ordnet Umlaute wie die einfachen Selbstlaute ein, also ä wie a, ö wie o usw. Mehrteilige Hauptstichwörter werden ohne Rücksicht auf Wortgrenzen durchalphabetisiert, z.B. steht **Prima Pratica** zwischen **Primadonna** und **Primarius**. Gibt es für einen Sachverhalt mehrere Begriffe, so werden diese, gegebenenfalls mit Sprachangabe, nach dem Stichwort in runden Klammern angegeben, z.B. **Generalbass** (italienisch Basso continuo). Begriffe oder Bezeichnungen, die mit dem Stichwort in enger inhaltlicher Verbindung stehen, sind als Unterstichwörter halbfett hervorgehoben, z.B. **Leadgitarre** beim Stichwort **E-Gitarre**. Der Verweispfeil (↑) besagt, dass ein Begriff unter einem anderen Stichwort behandelt wird oder ergänzende Informationen in einem anderen Artikel zu finden sind. Besitzt ein Stichwort unterschiedliche Bedeutungen in verschiedenen Gebieten, so wird dies durch das Symbol ♦ angezeigt, z.B. bei **Intonation** als einem Begriff aus Musikpraxis, Instrumentenbau und gregorianischem Gesang. Betonungen sind im Stichwort durch einen untergesetzten Strich (betonter langer Vokal) oder einen untergesetzten Punkt (betonter kurzer Vokal) gekennzeichnet; bei fremdsprachlichen Begriffen werden Aussprachehilfen in der gebräuchlichen internationalen Lautschrift gegeben. Die im Text verwendeten Abkürzungen sind am Ende des Bandes zusammengestellt.

Wir hoffen, mit dieser neu bearbeiteten dritten Auflage des Schülerdudens »Musik« Schülerinnen und Schülern sowie allen anderen Interessierten nicht nur ein verlässliches Nachschlagewerk an die Hand zu geben, sondern bei ihnen auch Interesse an den unhörbaren Bereichen der Musik zu wecken, und sind für Anregungen und Kritik immer dankbar.

Mannheim, im April 2000   Redaktion und Bearbeiter

A

A (a): die 6. Stufe der Grundtonleiter C-Dur, italienisch und französisch la (↑Solmisation). In der Buchstabennotation des Mittelalters begann die Reihe meist auf A. Seit G. Zarlino (1571) ist der ionische Modus auf C 1. Kirchenton. Der Anfangsbuchstabe des Alphabets (A) rückte dadurch an die 6. Stelle. Die Erhöhung um einen Halbton heißt **Ais**, um zwei Halbtöne **Aisis**; die Erniedrigung um einen Halbton heißt **As**, um zwei Halbtöne **Asas**. In den verschiedenen Oktavlagen wird unterschieden zwischen A (groß a = tiefstes a der männlichen Bassstimme), a (klein a), a' oder a^1 (eingestrichenes a), a'' oder a^2 (zweigestrichenes a) usw. (↑Tonbezeichnung). Das eingestrichene a dient i.A. als Stimmton (↑Kammerton). Seit dem 19. Jh. ist A Zeichen für A-Dur und a für a-Moll als Akkord und Tonart. A ist auch Abk. für **A**ltus (Alt) und **A**ntiphon.

a battuta [italienisch »im Takt«]: ↑Battuta.

Abblasen: vom Mittelalter bis ins 19. Jh. bestehender Brauch, zu bestimmten Uhrzeiten oder Anlässen solo oder in kleinerer Besetzung mit Blasinstrumenten von den Türmen der Kirchen, Rathäuser, Schlösser u.a. Bläsersignale und Fanfaren, Choräle oder freie ↑Turmmusik zu blasen. Das A. diente ursprünglich dazu, die Tageszeiten zu verkünden und Wachsamkeit zu beweisen, später auch zur Repräsentation und geistlichen Erbauung. Es gehörte zu den Aufgaben der Stadtpfeifer und Ratsmusiker; in neuerer Zeit wurde es als **Turmblasen** zu Weihnachten oder Neujahr wieder belebt.

Abendmusik: musikalische Aufführungen, die in der Lübecker Marienkirche im 17./18. Jh. an den beiden letzten Trinitatis-Sonntagen und am 2., 3. und 4. Advent im Anschluss an den Nachmittagsgottesdienst stattfanden. Die A. gingen aus Orgelkonzerten hervor und wurden von städtischen Kaufleuten unterstützt. Berühmt wurden die A. von D. Buxtehude; von ihm und von späteren Organisten der Marienkirche stammen an fünf Abenden aufzuführende oratorische Werke. Die bis 1810 fortgesetzten A. wurden Ende des 19. Jh. wieder aufgenommen. – In neuerer Zeit wird mit **(geistlicher) A.** ein Kirchenkonzert bezeichnet.

Abgesang: ↑Aufgesang, ↑Bar.

absolute Musik: um 1850 geprägter Begriff, der – orientiert an der Instrumentalmusik der Wiener Klassik – das rein Musikalische, d.h. das Gestalten der Musik nur aus dem Tonmaterial heraus, zum Ideal erhob. In diesem Sinn schrieb E. Hanslick (1854), nur die Instrumentalmusik sei »reine, absolute Tonkunst«. Als solche ist sie losgelöst nicht nur vom Text und von programmatischen Themen (↑Programmmusik), sondern auch von allen beabsichtigten Zwecken, z.B. des Tanzens oder Unterhaltens. Im Verständnis der Reinheit als Eigengesetzlichkeit deckt sich die Idee der a. M. mit der Vorstellung der ↑autonomen Musik, die jedoch nicht auf die Instrumentalmusik eingeschränkt ist. Dahinter steht der Gedanke, dass am reinsten die Instrumentalmusik die Idee der Welt versinnlichen und das »Absolute« ahnen lassen kann. Aber auch der Parteienstreit zwischen der neudeutschen Schule (F. Liszt, R. Wagner) und den Wiener Klassizisten (J. Brahms, E. Hanslick) spiegelt sich in diesem Begriff, dessen Geltungsbereich historisch einzugrenzen und ästhetisch zu relativieren ist. Denn was als »reine Musik« zu gelten hat, ist geschichtlich und subjektiv großen Schwankungen unterworfen.

absolutes Gehör: die Fähigkeit, Töne und Tonarten ohne vorgegebenen Vergleichston zu bestimmen (passives a. G.) oder durch Singen anzugeben (aktives

a. G.). Diese im Wesentlichen auf einer Gedächtnisleistung beruhende Fähigkeit ist relativ selten; sie findet sich bei Musikern häufiger als bei Nichtmusikern. Für die Musikausübung entscheidend ist das ↑relative Gehör.

Abstrich, Zeichen ⌐: beim Streichinstrumentenspiel die Bewegung des Bogens vom Frosch zur Spitze; Gegensatz ist der ↑Aufstrich.

a cappella [italienisch »nach Art der (Sänger-)Kapelle«]: seit Anfang des 17. Jh. Bezeichnung für eine Kompositionsweise (meist für Sopran, Alt, Tenor, Bass) der geistlichen Mehrstimmigkeit, seit Anfang des 19. Jh. auch Bezeichnung für jede nicht durch Instrumente begleitete Chormusik. – Der Begriff bezog sich zunächst auf die Vokalpolyphonie im strengen Kontrapunkt nach dem Vorbild PALESTRINAS u. a. Komponisten des 16. Jh. Dieser als alt, würdevoll und kirchlich angesehenen Schreibart standen die nach 1560 entwickelten Kompositionsstile der ↑Mehrchörigkeit, der ↑Seconda Pratica, des »Stile recitativo« und des konzertierenden Stils gegenüber. Der mit dem Begriff Palestrina-Stil gleichgesetzte A-c.-Stil wurde im 19. Jh. von den Vertretern des ↑Caecilianismus als das Ideal reiner kirchlicher Tonkunst angesehen. Seit den 20er-Jahren des 20. Jh. wurde die Chormusik a c. auch kompositorisch wieder belebt.

accelerando [attʃe-; italienisch], Abk. accel.: schneller werdend, beschleunigend.

Accentus [lateinisch »Klang«, »Betonung«]: in der katholischen und evangelischen Kirche seit dem 16. Jh. eingeführte Bezeichnung für die gesanglich überhöhte Art des Sprechens längerer Texte, z.B. Lektionen, Evangelien, Oratorien. Dabei werden dem Textvortrag bestimmte Gesangsformeln zugrunde gelegt mit aufsteigendem Beginn (lateinisch »initium«), Mittelzäsur (»mediatio«) und fallendem Schluss (»cadentia«), während der übrige Text auf einem gleich bleibenden Ton (»repercussa«, »tenor«, »tuba«) rezitiert wird. Die reicher gestaltete liturgische Gesangsart heißt ↑Concentus.

Acciaccatura [attʃakka-; italienisch »Quetschung«]: in der Musik für Tasteninstrumente des 17./18. Jh. beliebte, dem Mordent und dem kurzen Vorschlag ähnliche Verzierung, bei der gleichzeitig mit der Hauptnote deren untere Nebennote kurz angeschlagen und sofort wieder losgelassen wird. Als **gebrochene A.** bezeichnet man das kurze Anschlagen akkordfremder Töne in einem Arpeggio (↑arpeggio).

Accompagnato [-'ɲaːto; italienisch »begleitet«], Abk. Acc. oder acc. (Recitativo accompagnato): das ↑Rezitativ, das von einem ausgearbeiteten, den Textgehalt verdeutlichenden Orchestersatz begleitet wird, im Unterschied zum nur generalbassmäßig gestützten **Recitativo secco.** Nach Ansätzen in der venezianischen Opernschule um 1640 fand das A. in der weltlichen Musik des 18. Jh. seinen Höhepunkt.

Acidrock ['æsɪdrɔk; von englisch acid »Säure«, übertragen für die Droge LSD]: ↑Psychedelic Rock.

Actus [lateinisch »Handlung«]: im 17./18. Jh. Bezeichnung für feierliche Musik, v. a. für kantatenhafte oder oratorische Werke, z.B. **Actus tragicus** (Kantate »Gottes Zeit ist die allerbeste Zeit«, BWV 106, 1707?) von J. S. BACH.

adagio [aˈdaːdʒo; italienisch »gemächlich«, »bequem«], Abk. adº: Tempovorschrift für einen langsamen Vortrag; belegt seit dem 17. Jh., seit dem 18. Jh. meist als gemäßigter im Tempo aufgefasst als ↑andante, aber bewegter als ↑largo oder ↑grave; vielfach mit Zusätzen wie **a. pesante,** äußerst langsam, **a. assai** und **a. molto,** sehr langsam, **a. non molto** und **a. non tanto,** nicht zu langsam. – **Adagio** als Satzüberschrift bezeichnet (auch mit den genannten Zusätzen) den langsamen Satz eines zyklischen Werkes (z.B. Sonate, Sinfonie).

Die Verkleinerungsform **adagietto** bedeutet als Tempovorschrift ziemlich langsam. Als Satzüberschrift bezeichnet **Adagietto** ein Adagio von kürzerer Dauer, so z.B. bei G. MAHLER, 5. Sinfonie, 4. Satz, wo das Tempo dieses Adagiettos als »molto adagio« angegeben ist.

Adjuvantchor [von lateinisch adiuvare »helfen«]: seit dem 17. Jh. Bezeichnung für Laienvereinigungen, die v. a. in kleineren Orten den Kantor bei musikalischen Darbietungen zu besonderen kirchlichen Anlässen unterstützten.

ad libitum [lateinisch »nach Belieben«], Abk. ad lib.: bedeutet, dass auf die Ausführung der mit a. l. bezeichneten Stimme verzichtet werden kann (Gegensatz: obligato) oder die Wahl des Instruments freisteht, dass das Zeitmaß frei ausgeführt werden kann (Gegensatz: a tempo) oder dass es freisteht, eine Ausschmückung anzubringen, z.B. »cadenza a. l.«.

Aerophone [zu griechisch phōneĩn »einen Ton hervorbringen«]: nach der Systematik der ↑Musikinstrumente die Gruppe der Instrumente, bei denen die Luft das schwingende Medium ist. Ist die Luftsäule nicht (durch das Instrument) begrenzt, so handelt es sich um freie A. (z.B. Harmonika, Schwirrholz); ist die Luftsäule eingeschlossen, so handelt es sich um ↑Blasinstrumente.

Affektenlehre: die im Anschluss an Vorstellungen der Antike (PLATON) entwickelte Lehre, wonach Musik Affekte (Gemütsbewegungen, Leidenschaften) sowohl darstellen als auch hervorrufen kann. Nachdem auch in der Spätantike, im Mittelalter und in der Frühneuzeit die Verbindung von Musik und Gemütszustand vielfach erörtert worden war, rückte die A. im Barock in den Mittelpunkt der Musikauffassung und -praxis. Das Ausdrücken der Affekte (»esprimere gli affetti«) beherrschte zukunftsweisend das kompositorische Denken der durch C. MONTEVERDI gekennzeichneten neuen Musik nach 1600 und wurde dann v. a. durch M. MERSENNE (ab 1634), A. KIRCHER (1650), A. WERCKMEISTER (ab 1687) und J. MATTHESON (1739) systematisch erfasst. Letzterer zählt etwa 20 Gemütsbewegungen auf und erläutert deren kompositorische Nachahmung. Freudige Affekte z.B. werden u. a. durch Durtonarten, konsonante und große Intervalle abgebildet, traurige Affekte durch Molltonarten, enge Intervalle und Dissonanzen. In der protestantischen Tradition Mittel- und Norddeutschlands war sie Teil der ↑Figurenlehre. In nachbarocker Zeit trat an die Stelle der A. mit ihren Affektentypen mehr und mehr eine ästhetisch-psychologische Begründung des musikalischen Ausdrucks.

affettuoso [italienisch] (con affetto): leidenschaftlich, mit Leidenschaft, bewegt.

affrettando [italienisch]: beschleunigend; **affrettato**, beschleunigt.

afrikanische Musik: Die Musik Schwarzafrikas war bis vor wenigen Jahrzehnten weitgehend mündlich überlieferte Stammesmusik. Sie unterliegt einer ständigen Entwicklung und prägt heute auch große Teile der populären ↑Weltmusik. Ursprünglich hatte sie in erster Linie soziale Funktionen und begleitete ebenso wie der Tanz die wichtigsten Vorgänge im Leben der Gesellschaft und des Einzelnen (Arbeit, Feste, Riten, Vergnügen). Sowohl aufgrund der reichhaltigen Ausprägungen afrikanischer Kulturen als auch durch historische Einflüsse (Arabisierung, Kolonialisierung durch westliche Völker, neuere afroamerikanische und afrobrasilianische Berührungen) existieren eine Vielzahl von Regional- und Zeitstilen.

Es gibt sehr viele verschiedene Typen von Musikinstrumenten. Besonders verbreitete Instrumente in Schwarzafrika sind Xylophone mit Kalebassen als Resonatoren (↑Marimba, Balafon) und Lamellophone (Zansa, ↑Mbira). Weitere Schlaginstrumente sind neben unzähligen Trommelarten Stampfrohre, Gegenschlaghölzer, Klappern, Schraper, Rasseln aus Kalebassen, Schwirrhölzer, Holz- und Eisenglocken. An Blasinstrumenten gibt es Kerb-, Quer-, Pan-, Längs- und Nasenflöten, Längstrompeten, Klarinetten und

Oboen. Die Saiteninstrumente enthalten alle Glieder einer langen Entwicklungskette, von einfachsten Urformen bis zu hoch entwickelten Formen: Musikbogen, Röhrenzither, Harfenzither, Bogenlaute und Stabzither.

Gesang und Instrumentalmusik sind reich an Tonsystemen; in einigen Gebieten liegen einfache Formen der Mehrstimmigkeit vor. Die Tonleitern sind nicht durch bestimmte Tonhöhen, sondern durch Intervallfolgen fixiert. Harmonische Zusammenklänge werden in der Vokalmusik durch Parallelführen der Stimmen erzeugt. In der Instrumentalmusik beruhen die harmonischen Klänge entweder auf der versierten Benutzung von Obertönen (Musikbogen, Trompeten, einsaitige Streichinstrumente) oder auf festgelegten Stimmungen in diatonischer oder anderer Reihenfolge (Xylophone, Harfen, Flöten, Lamellophone). In Zentral- und Ostafrika wird als Kompositionstechnik für Instrumente vielfach das »Verzahnen« von Stimmen benutzt: Zwei oder mehr Musiker spielen auf einem oder mehreren Instrumenten jeder für sich eine einfache Tonreihe mit möglichst gleichmäßigen rhythmischen Werten und ständiger Wiederholung. Die Reihen werden so ineinander geführt, dass die Töne des einen Musikers exakt zwischen diejenigen des oder der anderen fallen. Auf diese Weise verdoppelt oder verdreifacht sich nicht nur die Geschwindigkeit des melodischen Verlaufs, sondern Melodie- und Klanggestalten entstehen infolge der aufeinander treffenden unterschiedlichen Toneindrücke.

Die Rhythmik der a. M. ist auf einem Mengensystem aufgebaut. Häufig überlagern sich verschiedene, gleichzeitig gespielte Rhythmen (↑Polyrhythmik).

afroamerikanische Musik: Sammelbezeichnung für die musikalische Tradition der Nachkommen der im 16.–19. Jh. nach Amerika deportierten Angehörigen afrikanischer Kulturen. Bekannte Erscheinungsformen sind in Nordamerika Worksongs, Spiritualsongs, Gospels, Ragtime, Blues und Jazz, in Mittel- und Südamerika Samba, Rumba, Habanera, Son, Calypso und Tango. Zu den Stilelementen der a. M. gehören melodischer Offbeat, komplexe Perkussionsrhythmik (Schlagzeug), anhemitonische Skalen (Blue Notes), spezielle Timbres (Dirty Tones, Smear), spontane Variierung kurzer Wiederholungsformeln (Chorus, Improvisation). Charakteristisch ist ferner die auf afrikanische Herkunft weisende Verbindung von Musik und Bewegung. Die zeitgenössische Unterhaltungs- und Tanzmusik baut weitgehend auf Elementen der a. M. auf. Nach 1960 erlebten die Stilelemente der a. M. durch die Rockmusik eine internationale Popularisierung, die über die Verbreitung der afroamerikanischen Jazzmusik hinausging.

agitato [adʒi'ta:to; italienisch]: erregt, getrieben.

Agnus Dei [lateinisch »Lamm Gottes«]: dreimaliger Bittruf zum Brotbrechen vor der Kommunion, eine Anrufung CHRISTI, die an das Johannesevangelium 1,29 anschließt. Das A. D. bildet den fünften und letzten Teil des Ordinarium Missae.

Agogik [griechisch]: ein von H. RIEMANN 1884 in Analogie zur Dynamik geprägter Begriff für die Veränderungen des Tempos beim Vortrag eines Musikstücks. Durch bewusste, meist aber kaum messbare Abweichungen vom mechanisch festen Zeitmaß soll ein lebendigerer Ausdruck erreicht werden. Ein Sonderfall der A. ist das ↑Tempo rubato. – **agogisch,** individuell gestaltet (das Tempo eines musikalischen Vortrags betreffend).

Agogo [afrikanisch]: westafrikanisches, v. a. in Nigeria verbreitetes Schlaginstrument. Es besteht aus zwei trichterförmigen, unterschiedlich gestimmten, fest miteinander verbundenen Metallglocken, die mit einem kleinen Stab aus Holz oder Metall angeschlagen werden. Das A. wird auch in der afrobrasilianischen Tanz- und Volksmusik verwendet.

Agréments [agre'mã; französisch]: ↑Verzierungen.

ägyptische Musik: Wie bei allen alten Hochkulturen sind von der frühen ä. M. nur das Instrumentarium und Angaben zur Aufführungspraxis bekannt. Quellen sind Bildzeugnisse und einige Funde. In vorgeschichtlicher Zeit begegnen figürlich verzierte Klappern und Längsflöten als Begleitinstrumente kultischer Tänze. Im Alten Reich kommen neue Klapperarten, einfache Gefäßtrommeln und Sistren, mundstücklose Flöten, Doppelklarinetten, im Totenkult verwendete Trompeten und Bogenharfen hinzu. Seit der 4. Dynastie (um 2630–2510 v. Chr.) kann man deutlich zwischen kultischer Musik und profaner Hofmusik unterscheiden. Die kultischen Gesänge werden solistisch mit Instrumentalbegleitung oder unter Mitwirkung von Einzel- oder Doppelchören sowie Vorsängern vorgetragen, die mit Handzeichen den Instrumentalisten Spielanweisungen geben. Sehr alte kultische Lieder zu Ehren Hathors, der Göttin der Liebe und der Musik, sind ausschließlich vokalisch. Flöten ergaben offenbar großstufige, d. h. zumindest ganztönige Intervalle, während die Lauten halbtönige Skalen ermöglichten. Die Praxis, bei Doppelblasinstrumenten einzelne Grifflöcher eines Rohres mit Wachs zu verstopfen, lässt auf Bordunspiel schließen. In ptolemäischer Zeit (ab 323 v. Chr.) wurde Ägypten auch musikalisch zunehmend hellenisiert, allmählich bildete sich der altkoptisch-byzantinische Stil heraus (↑koptische Musik). Gänzlich neue Impulse erhielt die ä. M. nach der Eroberung Ägyptens durch die Araber (640 n. Chr.). Von nun an war sie Teil des verhältnismäßig einheitlichen, aus arabisch-persischen Wurzeln entstandenen Musik des islamischen Raumes (↑arabische Musik).
Ab dem späten 19. Jh. entwickelte sich in Ägypten – auch durch westliche Einflüsse bedingt – eine besondere Spielart des klassischen ↑Maqam. Das System wurde vereinfacht, die Zahl der gebräuchlichen Maqamat reduziert. Gleichzeitig nahm das städtische Musikleben einen Aufschwung. Als bedeutendste arabische Sängerin überhaupt gilt die Ägypterin UM KALTHUM. Ihr Vortrag eines einzigen improvisierten und reich ausgeschmückten Liebesliedes – Mittelpunkt des Repertoires – konnte eine ganze Stunde dauern. Beduinen und die ursprünglich im afrikanischen Süden beheimateten Nubier sind zwei ethnische Minderheiten mit ausgeprägter eigener Musikkultur. V. a. die nubischen Ensembles feiern mit einem Stil zwischen Folk und Jazz heute Erfolge im Bereich ↑Weltmusik.

Aida-Trompete: für G. VERDIS Oper »Aida« gebaute, lang gestreckte, scharf klingende Fanfarentrompete in C, B, H, As mit 1–3 Ventilen.

Air [ɛːr; französisch »Lied«, »Melodie«]: eine vorwiegend für den begleiteten oder unbegleiteten vokalen, aber auch instrumentalen Vortrag bestimmte, einfach angelegte Komposition ohne feste formale Bindung. Von Italien beeinflusst, tritt das A. in Frankreich (**A. de Cour**, Gesellschaftslied; **A. de Danse**, Tanzlied) und in England (**Ayre**) im 16. und 17. Jh. als überwiegend mehrstimmiger Satz mit melodisch geprägter Oberstimme auf. Diese kann seit dem ausgehenden 16. Jh. vom Stimmverband losgelöst und von Instrumenten (Laute, später Orchester) begleitet sein. Als selbstständiges Stück fand das A. Eingang in das Ballet de Cour, dann in die Oper, in der seit dem Ende des 17. Jh. seine vokale Form durch die vom Rezitativ eingeleitete ↑Arie verdrängt wurde, sowie in die Suite und Partita.

Akklamation [zu lateinisch acclamare »zurufen«]: gemeinsamer Ruf der Gläubigen bei Gebet (z. B. Litanei) und Liturgie (z. B. Gloria) als Ausdruck der inneren Teilnahme oder als Antwort auf einen Zuruf des Zelebranten. Ursprüngliche A. sind z. B. Amen, Deo gratias, Dominus vobiscum, ↑Halleluja, ↑Kyrie eleison.

Akkolade [französisch »Umarmung«, »Klammer«]: in der Tonschrift die senkrechte Klammer, die zwei oder mehr Liniensysteme als zusammengehörig kennzeichnet, da die auf diesen Systemen notierten Stimmen gleichzeitig erklingen; im übertragenen Sinn auch die Gesamtheit der durch diese Klammer verbundenen Systeme.

Akkompagnement [akɔpaɲˈmã] (französisch Accompagnement, italienisch Accompagnamento): die Begleitung einer oder mehrerer solistischer Stimmen mit einem Akkordinstrument (Cembalo, Orgel) auf der Grundlage einer bezifferten Bassstimme (↑Generalbass). Die kompositorische Ausarbeitung des A. führte im 18. Jh. zur Sonderform des ↑obligaten Akkompagnements.

Akkord [von spätlateinisch accordare »übereinstimmen«]: die sinnvolle Verbindung mehrerer Töne zu einem Zusammenklang. Ein A. ist je nach der Zahl der Töne ↑Dreiklang, Vier- oder Fünfklang, nach dem harmonischen Verhältnis konsonant oder dissonant. Man unterscheidet nach der Stellung der Bassnoten Stamm-A. und abgeleitete A. Die Stamm-A. zeigen Terzschichtung; ihr Grundton bestimmt die Stelle des A. im System (z.B. c–e–g als C-Dur-Akkord), die Terz das Geschlecht, Dur oder Moll (in C-Dur: e, in c-Moll: es). Der Grundton kann zugleich der tiefste Ton sein (die Grundstellung, z.B. c–e–g). Durch Oktavversetzung einzelner Akkordtöne kann der Akkord in seine Umkehrungen überführt werden (e–g–c^1; g–c^1–e^1), die als Varianten des Grundakkords gelten. Weitere Töne im Terzabstand können den Dreiklang zum Septakkord (z.B. c–e–g–b) und Nonenakkord (c–e–g–b–d^1) ergänzen.

Der A.-Begriff entstand im 16. Jh. und ist seit dem Aufkommen des Generalbasses um 1600 unentbehrlich. Die Klassifizierung der Klänge als A. stammt jedoch erst aus dem 18. Jh. (J.-P. Rameau). Tief greifenden Wandel des A.-Begriffs brachten die Atonalität und v.a. die Zwölftontechnik. Die Verbindung der A. im musikalischen Satz behandelt die ↑Harmonielehre.

Akkordeon [zu französisch accord »Übereinstimmung«]: von C. Demian 1829 in Wien entwickeltes chromatisches Harmonikainstrument mit feststehenden, durch Knopfdruck (bis 140 Knöpfe) auszulösenden Akkorden (z.B. Dur- und Molldreiklänge) auf der Bass- oder Begleitseite im linken Kasten und mit verkleinerter Klaviertastatur auf der Diskant- oder Melodieseite im rechten Kasten. Die in beiden Kästen von frei schwingenden Zungen (Durchschlagzungen) erzeugten Töne sind im Unterschied zur Handharmonika bei Zug und Druck des Blase- oder Faltenbalgs gleich. Das A. ist auf der Diskantseite mehrchörig: Neben der Grundreihe (8-Fuß) sind die tiefe Oktave (16-Fuß), die hohe Oktave (4-Fuß) und eine oder zwei Schwebetonreihen (Ober- und Untertremolo) zur Grundreihe vorhanden. Register können einzelne Stimmzungenreihen miteinander verbinden. Zusätzliche Knopfreihen für das Einzelbasswerk (Baritonbässe) oder eine Umschaltmechanik

Akkordeon

Register · Griffbrett · Melodieseite (Diskantteil) · Knöpfe · Deckelverdeck · Mechanismus · Klappen · Stimmstöcke · Stimmplatten und -zungen · Balg · Resonanzboden · Knöpfe · Gehäuse · Griffplatte · Luftklappe Register · Bassmechanismus · Bassverdeck · **Bassseite (Boden)**

ermöglichen das Melodiespiel auf der Bassseite. Klang- und Tonqualität sind v.a. das Ergebnis der Balgführung. Das A. findet meist bei Volks- und Unterhaltungsmusik Verwendung. – ↑auch Harmonika.

Akkordsymbole: im Jazz zur Bezeichnung der Harmonien verwendete Kurzschrift. Man unterscheidet: 1) die Tonbuchstaben A bis G, z.B. C für den C-Dur-Akkord, 2) die Symbole ♯ und ♭ für die Erhöhung und Erniedrigung um einen Halbton, 3) das Pluszeichen (+) für die Erhöhung, das Minuszeichen (−) für die Erniedrigung der Quinte eines Akkords um einen Halbton, 4) den Kreis (O) als Zeichen für den verminderten Akkord, 5) hoch gestellte Ziffern zur Bezeichnung der dem Dreiklang hinzugefügten Töne (Akkorderweiterung), 6) die Abk. m für minor (Moll), M für Major (Dur), sus für suspended [chord] = Vorhalt[akkord] und add für added = hinzugefügt (d.h. der durch Ziffer bezeichnete akkordfremde Ton). Nach internationalem Standard wird der Ton H mit B, der Ton B mit B♭ bezeichnet.

Akt [lateinisch] (Aufzug): größerer, zusammenhängender Abschnitt eines Bühnenwerks. Die italienische und deutsche Oper ist meist in drei, die französische Tragédie lyrique wie das klassische Drama in fünf Akte gegliedert.

Akustik [zu griechisch akoustikós »das Gehör betreffend«]: die Wissenschaft vom ↑Schall, seiner Erzeugung, Ausbreitung, Wahrnehmung, Wirkung und Messung. Die **physikalische A.** ist ein Teilgebiet der Mechanik.

Die **physiologische A.** befasst sich v.a. mit dem Hörvorgang und untersucht dabei u.a. den Zusammenhang zwischen objektiv-physikalischem Reiz und subjektiver Schall- oder Lautstärkeempfindung.

Die **musikalische A.** erforscht die Schwingungs- und Schallvorgänge bei der Erzeugung von Tönen und Klängen mit Musikinstrumenten oder dem menschlichen Stimmapparat sowie die beim gleichzeitigen Erklingen mehrerer Töne auftretenden Erscheinungen (z.B. Kombinationstöne, Schwebungen). Sie befasst sich außerdem mit den Zusammenhängen zwischen objektiven (physikalischen) und subjektiven (psychischen) Gegebenheiten musikalischer Schall- und Hörvorgänge, u.a. mit der Zuordnung musikalisch-akustischer Begriffe (z.B. Tonhöhe, Klangfarbe, Lautstärke) zu physikalischen Begriffen und Größen (z.B. Frequenz, Schallspektrum, Schallintensität), wobei sie Klanganalysen (↑Klang) vornimmt sowie Erkenntnisse und Methoden der Musikpsychologie verwendet. Daneben untersucht sie auch musikalische Erscheinungen wie Tonsysteme, Stimmungen und Temperatur, Konsonanz und Dissonanz.

Akkordsymbole: auf dem Ton C stehende Grundakkorde und ihre entsprechenden Akkordsymbole. Die Ziffer 7 bedeutet immer die kleine Septime, die 9 immer die große None. Jede Akkorderweiterung (z.B. 9, 11, 13) schließt die darunter liegenden Erweiterungen mit ein.

Akzent [von lateinisch accentus »Antönen«, »Beitönen«]: seit dem 16. Jh. die unterschiedliche Betonung der Zählzeiten des Taktes. So ist z.B. im $^4/_4$-Takt die erste Zählzeit am schwersten, die dritte mittelschwer, die übrigen sind leicht. Solche Betonungsnormen können verstärkt oder verändert und verschleiert werden durch Mittel der Dynamik (Zeichen: sf, >, v, ∧), des Rhythmus (z.B. langer Zeitwert), der Melodik (Hochton oder Tonverzierung) und der Harmonik (z.B. Dissonanz).

Akzidenzien [von lateinisch akzidens »sich zufällig ereignend«]: die zu den

albertische Bässe

Noten »hinzutretenden« ↑Vorzeichen ♯, ✗, ♭, ♭♭, ♮.

albertische Bässe [nach D. ALBERTI]: das in der vorklassischen Klaviermusik, besonders bei W. A. MOZART, beliebte Mittel, eine Melodie durch formelhaft gebrochene Akkorde zu begleiten.

albertische Bässe: W. A. Mozart, Sonate C-Dur KV 545 (1788)

Albumblatt: musikalisches Charakterstück, das nach Form und Inhalt den Eindruck der Niederschrift eines spontanen Gedankens erweckt, z. B. R. SCHUMANNS »Albumblätter« op. 124.

Aleatorik [zu lateinisch alea »Würfel«, »Würfelspiel«, »(blinder) Zufall«]: vieldeutiger Begriff, der im Blick auf die Einbeziehung des Zufalls in die Musik nach 1950 aus der Statistik entlehnt und mit Sachverhalten sowohl kompositionstechnischer als auch werkspezifischer Art verknüpft wurde.

So gibt es in der seriellen Musik aleatorische Kompositionsverfahren, die Zufallsmomente in das strenge Determinationssystem der Parameter einfließen lassen, etwa – wie in K. STOCKHAUSENS »Gruppen« (1955–57) – die statistische Bestimmung eines Tonkomplexes in seinen globalen Merkmalen, bei der die Festlegung der Einzeltöne zufällig bleibt.

Daneben entwickelte P. BOULEZ mit seiner 3. Klaviersonate (1957 ff.) die Kompositionsmethode des »gelenkten Zufalls«, aus der sich gleichfalls Werke mit genau fixiertem Notentext ergeben; doch bleiben dem Interpreten im Augenblick der Ausführung Entscheidungsmöglichkeiten. Ähnlich wird in K. STOCKHAUSENS »Klavierstück XI« (1956) die Reihenfolge fixierter Einzelabschnitte dem augenblicklichen Belieben des Interpreten überlassen.

Darüber hinaus gibt es Werke, bei denen weder die Ausführung der vorgegebenen Spielanweisungen noch deren Reihenfolge determiniert ist (E. BROWN, »Twenty five pages«, 1953; J. CAGE, Klavierkonzert, 1957/58). In diesem Sinn wird der Begriff A. zuweilen pauschal mit der Gruppenimprovisation, mit der Interpretation musikalischer Grafik oder mit der – in Herstellung wie Ausführung unbestimmten – Zufallskomposition CAGES gleichgesetzt.

Aliquottöne [zu lateinisch aliquot »einige«, »etliche«] (Aliquoten): die ganzzahligen Teiltöne der Obertonreihe. Sie werden bei Blasinstrumenten durch ↑Überblasen, bei Streichinstrumenten als ↑Flageoletttöne oder durch Aliquotsaiten (↑Resonanzsaiten) erzeugt. Bei der Orgel sind **Aliquotstimmen** Orgelregister, die statt des angeschlagenen Tons einen seiner Obertöne, z. B. die Duodezime bei $2^2/_3$-Fuß-Register, erklingen lassen.

alla breve [italienisch]: der $^2/_2$- oder $^4/_2$-Takt, in dem die halbe Note und nicht die Viertelnote als Schlag- und Zähleinheit gilt. Name (↑Brevis) und Zeichen (¢) stammen aus der mittelalter-

Aleatorik: W. Stockmeier, »Te Deum« für Orgel (1966)

lichen ↑Mensuralnotation. Die ursprünglich damit erreichte Verdoppelung des Tempos mäßigte sich seit dem 16. Jh. zu einer allgemeinen Beschleunigung des Zeitmaßes.

alla marcia [-'martʃa; italienisch] (marciale): marschmäßig, nach Art eines Marsches.

alla polacca [italienisch]: nach Art der Polonaise.

allargando [italienisch] (slargando): breiter, langsamer werdend, oft statt ritardando (rallentando) gebraucht, wenn die Tonstärke wachsen soll.

alla siciliana [- sitʃi-; italienisch]: nach Art des ↑Siciliano.

alla tedesca [italienisch]: nach Art eines deutschen Tanzes.

alla turca [italienisch]: nach Art der türkischen Musik, d. h. der ↑Janitscharenmusik.

alla zingarese [italienisch]: nach Art der Zigeunermusik.

allegretto [italienisch, Verkleinerungsform von allegro], Abk. all^tto: Tempovorschrift, seit dem frühen 18. Jh. belegt, bezeichnet ein variables Tempo, das sich sowohl den gemächlicheren unter den schnellen Tempi (z. B. allegro moderato) als auch den flüssigeren unter den langsamen (z. B. andante con moto) nähern kann. – **Allegretto** bezeichnet einen Satz in diesem Tempo.

allegro [italienisch »lustig«, »heiter«], Abk. all°: heiter, fröhlich, munter; belegt seit Anfang des 17. Jh. zunächst als Vortragsart, aber auch schon als Tempovorschrift »schnell«, ohne Unterschied zu presto; im 18. Jh. dann als Tempo »heiter bewegt«, weniger schnell als ↑presto. Häufige Zusätze: **meno a.**, **a. moderato**, **a. ma non troppo** und **a. ma non tanto** schreiben ein mäßigeres Tempo vor, **più a.** und **a. molto**, **a. vivace** oder **a. vivo** eine Beschleunigung; **a. con brio** schließt meistens eine Steigerung des Tempos ein. – **Allegro** bezeichnet einen Satz in diesem Tempo.

Alleluja: ↑Halleluja.

Allemande [al'mãd(ə); französisch »deutscher (Tanz)«]: ein dem deutschen Tanz (»Dantz«) verwandter, mäßig schneller Schreittanz für mehrere Paare, der unter dieser Bezeichnung zuerst um 1550 in französischen und niederländischen Lautenwerken belegt ist. Als Gesellschaftstanz v. a. in Frankreich, aber auch in England und Spanien verbreitet und noch bis Ende des 18. Jh. gepflegt, entwickelte sich die A. seit Beginn des 17. Jh. unter dem Einfluss der englischen

Allemande: G. F. Händel, Suite d-Moll aus »Suites de pièces pour le clavecin« II (1733)

und französischen Ensemblekompositionen mehr und mehr zu einem stilisierten Spielstück und bildete als solches bald einen festen Bestandteil der ↑Suite. Ihre Merkmale sind hier die zweiteilige Form, Geradtaktigkeit, Auftaktbeginn sowie eine thematisch-polyphone oder, v. a. in der italienischen Musik, eine homophon-kantable Setzweise.

allentando [italienisch]: ↑rallentando.

All|intervallreihe: in der Zwölftontechnik eine Sonderform der ↑Reihe. Die 12 verschiedenen Töne sind dabei so angeordnet, dass alle 11 möglichen Intervallarten vorkommen, z. B. in der »Lyrischen Suite« (1925/26) von A. BERG.

Alliteration [zu lateinisch littera »Buchstabe«]: die Wiederkehr gleicher Laute, v. a. gleicher Anfangslaute bei aufeinander folgenden Wörtern zur Erzielung von Klangeffekten und als verbindendes Prinzip, v. a. bei der Bindung von Versen, aber auch in sprichwörtlichen Wendungen wie »über Stock und Stein«, »mit Kind und Kegel«.

Sie ist in strenger Form als **Stabreim** die älteste Form der Verbindung in den germanischen Sprachen. R. WAGNER verwendete den Stabreim als Prinzip der Versbildung v. a. in seinem Opernzyklus »Der Ring des Nibelungen«.

all'ottava [italienisch »in der Oktave«], Abk. all'ott., 8va: Anweisung in der Notenschrift: (über den Noten stehend) eine Oktave höher, **8va bassa** (darunter stehend) eine Oktave tiefer zu spielen.

All-Stars [ˈɔːl stɑːz; englisch]: freie Gruppierung von Spitzenmusikern unterschiedlicher Jazz- und Rockbands für einen bestimmten Anlass (Schallplattenaufnahmen, Konzerte, Festivals), besonders 1945–60 üblich. Ihr Spiel ist in erster Linie auf brillante Einzelleistungen ausgerichtet und zeichnet sich weniger durch homogenen Gruppenstil aus.

Alphorn: in verschiedenen europäischen Gebirgsregionen beheimatete Holztrompete, heute v. a. in der Schweiz gebräuchlich. Das A. besteht aus einer etwa 4 m (selten 10 m) langen, unten abgebogenen Röhre aus Tannenholz, das Mundstück ist aus Buchsholz geschnitzt. Mit einem Füßchen an der Krümmung liegt das A. auf dem Boden auf. Es verfügt nur über Naturtöne (der zu hohe 11. Naturton wird A.-fa genannt). – In der Schweiz ist das A. seit Anfang des 16. Jh. nachweisbar. Es diente den Alphirten bis ins 18. Jh. als Signalinstrument, aber auch zum Spielen einfacher Lied- und Tanzweisen.

al segno [-ˈzenjo; italienisch »bis zum Zeichen«], Abk. al s.: Anweisung in der Notenschrift, ein Stück vom Anfang bis zu der mit 𝄋 angegebenen Stelle zu wiederholen. – ↑auch dal segno.

Alt [von lateinisch altus »hoch«] (lateinisch Altus, italienisch Contralto, Alto, französisch Haute-contre), Abk. A: die tiefere der beiden Frauen- oder Knabenstimmen, Normalumfang: a–f². Der Name erklärt sich aus der Spaltung des ↑Contratenors im 15. Jh. in einen hohen **Contratenor altus** und einen tiefen **Contratenor bassus** (↑Bass). In der älteren Musik wurde der A. oft von falsettierenden Männerstimmen (↑Falsett) gesungen. – Bei Instrumentenfamilien sind **Altinstrumente** meist eine Quarte oder Quinte tiefer gestimmt als die entsprechenden Sopraninstrumente.

Alta [aus lateinisch alta musica »laute Musik«]: Bläserbesetzung des 15. Jh., die aus Schalmeien, Trompeten, Hörnern, Posaunen u. a. starken Instrumenten (Instruments hauts) bestand und im Freien zu Tanz und Turnieren spielte (↑bas).

Alteration [zu lateinisch alterare »verändern«]:

♦ *Notation:* in der Mensuralnotation seit dem 13. Jh. Bezeichnung für die Verdoppelung des Wertes der zweiten von zwei aufeinander folgenden Noten gleicher Form zur Vervollständigung der dreizeiligen (perfekten) Mensur, z. B.

𝄽 𝄽 𝄽 𝄽 = ♩. ♩ ♩ ♩.

♦ *Harmonielehre:* die Erhöhung oder Erniedrigung einer Tonstufe um 1–2 Halbtöne. **Alterierte Akkorde** heißen die dur-moll-tonalen Dreiklänge, bei denen ein Stammton oder mehrere (auch alle) Stammtöne chromatisch verändert werden (z. B. c–e–gis oder c–e–ges statt c–e–g). Die A. bewirkt verstärkte Leitton- und Dissonanzspannung; sie ist ein Merkmal spätromantischer Harmonik und führte um 1900 zur Auflösung der Tonalität.

alternatim [lateinisch »wechselweise«]: bezeichnet das abwechselnde ein- und mehrstimmige Singen oder den Wechsel von Singen und Orgelspiel der aufeinander folgenden Verse oder Strophen kirchlicher Gesänge, v. a. im 15.–17. Jh. gebräuchlich.

Altschlüssel (Bratschenschlüssel): in der Notenschrift der früher für alle Altstimmen, heute v. a. für die Bratsche gebräuchliche C-Schlüssel auf der dritten Notenlinie (↑Schlüssel). 𝄡

altslawischer Kirchengesang: der liturgische Gesang in altslawischer Spra-

che zu einer Übersetzung von Texten der lateinischen Liturgie, die von den Brüdern KYRILLOS und METHODIOS um die Mitte des 9. Jh. für die Mission unter den Slawen im damaligen Gebiet des Erzbistums Salzburg verfasst wurde. Eigens für diese Übersetzung entwickelten sie die glagolitische Schrift in Anlehnung an das griechische Alphabet; nach ihr wird der a. K. auch **glagolitischer Kirchengesang** genannt.
Von den Schülern des METHODIOS wurde dieser a. K. nach Kroatien gebracht und hat sich hier bis in die Gegenwart erhalten. Im 14. Jh. wurde er unter KARL IV. von Kroatien in das Prager Emmauskloster übertragen. Auf den hier überlieferten Texten und Melodien beruht L. JANÁČEKs »Glagolitische Messe« (1926). – Der a. k. bei den Süd- und Ostslawen basiert auf einer Übersetzung der byzantinischen Liturgie in kyrillischer Schrift durch andere Schüler des METHODIOS in Bulgarien. In dieser Fassung ist der a. K. in Serbien, Bulgarien, Russland, Rumänien und Ungarn übernommen worden.

amabile [italienisch]: lieblich, sanft.

Ambient ['æmbɪənt; englisch »umgebend«]: von J. CAGE geprägter Begriff für alle stets gegenwärtigen Umweltklänge. Seit der britische Popmusiker B. ENO vier Alben gleichen Namens produzierte (1978–82), ist A. in der New-Age-Musik eine Art Hintergrundsmusik für spezielle Ruheräume. Im Techno bezeichnet A. eine rhythmisch gemäßigte Tanzform, mit deren Hilfe sich der Raver nach durchtanzter Nacht im hämmernden Techno-Beat wieder beruhigt.

Ambitus [lateinisch »Ausdehnung«]: der Tonhöhenumfang einer Melodie, einer Stimme oder eines Musikinstruments. Er dient u. a. zur Unterscheidung von authentischen und plagalen Kirchentonarten sowie zur Bezeichnung der Stimmlagen (hoch, mittel, tief) z. B. bei Liedkompositionen.

Amboss: ein Schlaginstrument (von bestimmter oder unbestimmter Tonhöhe), vorgeschrieben z. B. von R. WAGNER in »Rheingold«. Anstelle eines richtigen A. wird im Orchester meist eine in einem Resonanzkasten befestigte Stahlplatte oder Stahlröhre verwendet; der Anschlag erfolgt mit Metallhammer.

ambrosianischer Gesang: der Gesang der ambrosianischen Liturgie im Erzbistum Mailand und in den »ambrosianischen Tälern« (Leventina, Blenio, Riviera), der seit dem 8. Jh. auf den mailändischen Bischof und Kirchenlehrer AMBROSIUS zurückgeführt wird. Der mit dem römischen ↑gregorianischen Gesang verwandte a. G. ist mit seinen freieren, melismenreichen Melodiefassungen Zeuge einer älteren Tradition. Liturgische Rezitative und Psalmodieformen unterscheiden ihn von der römischen Form. Die Hauptgesangsstücke der ambrosianischen Messe sind: Ingressa (eine dem Introitus entsprechende Antiphon ohne Psalmvers und Doxologie), Psalmellus (das römische Graduale), Alleluja bzw. Cantus (das römische Alleluja bzw. der Tractus), Antiphona post Evangelium, Offertorium, das vor dem Paternoster gesungene Confractorium, Transitorium (die römische Communio). – Ursprünglich über den größten Teil Oberitaliens verbreitet, wurde der a. G. im Mittelalter immer mehr eingeschränkt und blieb erst seit dem 16. Jh. unangefochten. Heute verbindlich sind das »Antiphonale Missarum« (1935) und der »Liber Vesperalis« (1939).

amoroso [italienisch]: lieblich, zärtlich, schmachtend.

Anblasen: seit dem 16. Jh. Bezeichnung für das Melden und Begrüßen ankommender Fremder durch Turmbläser (Türmer, Stadtpfeifer, Hoftrompeter), ähnlich dem ↑Abblasen.

Andamento [italienisch »Gang«]: eine Bezeichnung für die Zwischenspiele in einer Fuge, daneben auch für ein ausgedehntes Fugenthema mit deutlich zweiteiliger Form.

andante [italienisch »gehend«]: Tempovorschrift, seit dem Ausgang des 17. Jh.

belegt, für eine zwischen allegro und adagio gelegene, weder als schnell noch als langsam empfundene, gleichmäßige, gelassene Bewegung im Vortrag. Erst im 19. Jh. wurde a. allgemein als ein eher langsames Tempo begriffen. Die Zusätze **più a.**, **a. molto** und **a. con moto** fordern ein gesteigertes, **meno a.** und **a. moderato** ein gemäßigtes andante. – **Andante** bezeichnet einen musikalischen Satz in ruhig gehender Bewegung.

andantino [italienisch, Verkleinerungsform von andante]: Tempovorschrift, die durch einen leichter akzentuierten Bewegungscharakter von andante zu unterscheiden ist, während das Tempo sowohl schneller als auch langsamer als andante sein kann. – **Andantino** bezeichnet einen musikalischen Satz dieses Charakters.

Angelica [anˈdʒɛːlika; italienisch]: eine theorbenartige Laute mit 16–17 diatonisch gestimmten Saiten, davon 8 Bordun- und 8–9 Spielsaiten (Tonumfang C–e^1); im 17./18. Jh. v. a. wegen ihrer im Vergleich zur Laute leichteren Spielbarkeit beliebt.

Angklung [indonesisch]: javanisches Rasselinstrument aus zwei oder drei in Oktaven abgestimmten Bambusrohrstücken, die in ihren oberen Abschnitten in Längsrichtung aufgeschnitten sind und in einem Bambusgitter frei nach unten hängen. Beim Schütteln schlagen sie in unregelmäßiger Folge an die unterste Gitterstange, wobei sie sanft klingende Töne erzeugen. Ein A.-Orchester setzt sich i. d. R. aus 9–14 verschieden gestimmten Instrumenten zusammen.

Anglaise [ãˈglɛːzə; französisch »englischer (Tanz)«]: kontinentale Bezeichnung für verschiedene, ursprünglich englische Tänze (u. a. ↑Contredanse, ↑Hornpipe, ↑Écossaise), die im späten 17. Jh. in Frankreich bekannt wurden. Aus der Contredanse entwickelte sich die A. im engeren Sinne, ein meist geradtaktiger Kolonnentanz, der – in Deutschland auch unter der Bezeichnung **Française** – bis ins 19. Jh. hinein gepflegt wurde. Die A. wurde auch in die Instrumentalsuite übernommen.

animato [italienisch] (con anima): beseelt, belebt.

Anlage: bei Pop- oder Rockkonzerten das ↑PA-System.

Ansatz: beim Gesang die Einstellung des Kehlkopfes und der resonanzverstärkenden Mund- und Rachenhohlräume im Moment des Tonbeginns, beim Spiel von Blasinstrumenten die Stellung und Spannung der Lippen.

Anschlag:

♦ *Spieltechnik:* die Art der Tonerzeugung auf Tasteninstrumenten, v. a. beim Klavierspiel die Bewegung der Finger in Verbindung mit der Haltung von Händen, Armen und Rumpf. Man spricht z. B. von »weichem« oder »hartem« (»sprödem«), »modulationsreichem« oder »gleichförmigem« A. – Auch die von der Konstruktion abhängige Tongebung durch das Instrument wird A. genannt, z. B. »leichter« oder »harter« Anschlag.

♦ *Verzierungen:* eine auch **Doppelvorschlag** bezeichnete Verzierung, bestehend aus zwei vor dem Hauptton (auf den Schlag) zu spielenden Tönen, wobei der zweite die Ober- oder Untersekunde des Hauptones sein muss:

Anthem [ˈænθəm; englisch]: in der englischen Kirchenmusik seit der zweiten Hälfte des 16. Jh. nationalsprachliche motetten- oder kantatenartige Vertonung eines biblischen Textes, häufig im Morgen- und Abendgottesdienst gesungen. Seit der elisabethanischen Zeit (W. Byrd u. a.) wird das **Full-A.** (chorisch, meist a cappella) vom **Verse-A.** (Chorpartien mit solistischen Versen) unterschieden, Letzteres mit Begleitung durch Orgel oder Violen. Im 17. Jh. nähert sich die A.-Komposition der konzertanten Kantate (v. a. bei H. Purcell).

Die von G. F. HÄNDEL meist für Repräsentationszwecke komponierten A. (»Chandos Anthems«, 1716–18; »Coronation Anthems«, 1727) sind im prunkvollen Oratorienstil gehalten. – **National A.** ist die englische Bezeichnung für Nationalhymne.

Antiphon [lateinisch antiphona »Wechselgesang«, von griechisch antíphōnos »entgegentönend«, »antwortend«], Abk. A: refrainartiges, auf den Vortrag einer Vorsängergruppe antwortendes Gesangsstück, mit dem sich in frühchristlicher Zeit das Volk am Gesang der Psalmen beteiligte. Im römischen Liturgiebereich ist der Wechsel von A. und Psalmen sehr alt (4. Jh.). Seit dem frühen Mittelalter wird die A. nur noch am Anfang und am Ende eines Psalmes gesungen; sie begegnet als Prozessionsgesang der Messe (Introitus und Communio). Der Psalm wird im Mittelalter schließlich auf einen Vers und die Doxologie gekürzt (Introitus) oder fällt überhaupt fort (Communio). Ebenso finden sich A. und Psalmen in der Psalmodie des ↑Stundengebets. – Im Hochmittelalter wurde auch das Offertorium der Messe und schließlich jedes Chorstück (auch ohne Verbindung zu einem Psalm) als A. bezeichnet (↑Marianische Antiphonen).

Antiphonar [lateinisch] (Antiphonale, Antiphonarium): das liturgische Buch der katholischen Kirche, das die Gesänge des Offiziums enthält (Antiphonen, Responsorien, Hymnen, Orationen u.a.).

Antizipation [zu lateinisch anticipare »vorwegnehmen«]: melodisch die Vorwegnahme einer Melodienote (*), häufig der letzten Note einer Kadenz (a); harmonisch die meist dissonierende Vorwegnahme eines oder mehrerer Töne (*), die erst der folgenden Harmonie angehören (b); rhythmisch (hier auch **pathetische A.**) das verfrühte Eintreten einer betonten Silbe (*) wie in L. VAN BEETHOVENS Sinfonie Nr. 9 d-Moll op. 125, 1822–24 (c).

äolischer Kirchenton: auf dem Grundton a stehende ↑Kirchentonart.

Äolsharfe (Geisterharfe, Windharfe): ein seit der Antike bekanntes Saiteninstrument, bestehend aus einem langen, rechteckigen Resonanzkasten mit oder ohne Schallloch und mit zwei Stegen, über die mehrere Saiten gleicher Länge, aber verschiedener Dicke gespannt sind. Im Luftzug erklingen wegen der unterschiedlichen Saitenstärke und -spannung verschiedene Obertöne des gemeinsamen Grundtons.

a piacere [a pjaˈtʃeːre; italienisch]: Vortragsbezeichnung, die wie ↑ad libitum Tempo und Vortrag dem Interpreten freistellt.

appassionato [italienisch]: leidenschaftlich, stürmisch.

Applikatur [lateinisch]: ↑Fingersatz.

Al - le Men-schen wer-den Brü - der

Antizipation

Appoggiatura [apɔddʒaˈtuːra; italienisch]: ↑Vorschlag.

a prima vista [italienisch »auf den ersten Blick«] (prima vista): vom Blatt spielen oder singen, d.h. ohne vorheriges Üben oder Proben.

Äquallage [von lateinisch aequalis »gleich«]: bei der Orgel die dem Umfang der menschlichen Stimme entsprechende Achtfußlage. Sie umfasst das Register, dessen längste Pfeife (für C) etwa 8 Fuß (etwa 2,40 m) misst. – Bei der Ä. von Instrumenten oder Singstimmen ist die klingende Tonhöhe gleich der notierten.

Arabeske [von französisch arabesque »Rankenornament«]: seit dem 19. Jh. Bezeichnung für ein Charakterstück, meist für Klavier, das durch reiches Umspielen einer Melodie oder durch das rankende Geflecht von Linien gekennzeichnet ist, z.B. R. SCHUMANN, A. C-Dur op. 18 (1839); C. DEBUSSY, 2 A. (1888).

arabische Musik: ursprünglich die Musik auf der Arabischen Halbinsel. Aufgrund zeitweiliger staatlicher Einheit und der religiösen Gemeinsamkeit steht sie in engem Zusammenhang mit den Traditionen der islamischen Länder Nordafrikas und des Nahen und Mittleren Ostens sowie Spaniens während der Maurenherrschaft. Obwohl sich die Stile heute klar abgrenzen lassen (↑ägyptische Musik, persische, syrische und türkische Musik), weisen sie viele Gemeinsamkeiten auf (z.B. in Terminologie, Theorie, Aufführungspraxis, in den modalen und rhythmischen Strukturen sowie den Instrumententypen) und sind in ihrer historischen Entwicklung von wechselseitigen Einflüssen gekennzeichnet. Auch verbindet sie die Auseinandersetzung mit der Musikfeindlichkeit des orthodoxen Islam, der jede weltliche Musikausübung zu unterbinden sucht und offiziell nur Gebetsruf, Korankantillation und kultische Hymnen gelten lässt. Seit dem 13. Jh. begannen aber einige Derwischorden, die Musik als Hilfe zur mystischen Versenkung zu legitimieren.

Die arabisch-islamische Musik teilt sich in eine östliche Gruppe mit Ägypten, Libanon, Syrien, Türkei und Persien und den westlichen Bereich mit Marokko, Algerien und Tunesien. Beide Richtungen gehen auf die Hofmusik zurück, die sich unter persischem Einfluss an den Kalifenresidenzen in Medina, Damaskus und in Bagdad vom 7. bis 9. Jh. zur Zeit der Omaijaden und Abbasiden entwickelte. In der arabischen Tradition steht die menschliche Stimme, die zudem Klangideal ist, im Vordergrund. Nach dem begleiteten Sologesang, den der Künstler von einem kleinen Podium (↑Maqam) aus vortrug, wurden die für die Kompositionspraxis charakteristischen Melodiemodelle benannt. Die Melodien, die ein Instrument meist in freier Einstimmigkeit umspielt (↑Heterophonie), stehen in einem bestimmten Maqam und werden improvisatorisch frei und verzierungsreich ausgeführt. Der Gesangston ist gepresst und leicht näselnd. Begleitende Trommeln folgen rhythmischen Zyklen. Die wichtigsten Musikgattungen sind die suitenartige Nauba, der Taqsim, die poetischen Gesangsformen Zadjal und Muwaschschat (beide andalusischen Ursprungs) und die Kasside (auf vorislamische Wüstenstämme zurückgehend) mit ihrer klassischen und volkstümlichen Variante.

Klassische Instrumente in der arabischen Kunstmusik sind die Kurzhalslaute Ud (das vornehmste Virtuoseninstrument), die trapezförmigen Brettzithern Qanun (Saiten gezupft oder mit Plektron angerissen) und Santur (Saiten mit zwei Klöppeln angeschlagen), die zweisaitige Streichlaute Rabab, die viersaitige Spießlaute Joze (Djause) mit dem Resonanzkörper einer Kokosnuss, die einfellige Vasentrommel Darabukka, die Rahmentrommel Daff mit eingelassenen Zimbeln am Rand und die Längsflöte Naj. Alle Instrumente werden zuweilen in Ensembles der Volksmusik integriert, die die Eigenheiten der verschiedenen Völker stärker bewahrt als die Kunstmusik.

Arbeitslied: ein zur körperlichen Arbeit gesungenes Gruppenlied, dessen Taktart, Rhythmus und sprachliche Aussage einer Arbeitsbewegung (Mähen, Dreschen, Rudern, Spinnen usw.) angepasst ist und diese, oft im Wechsel zwischen Vorsänger und Chor, aufmunternd erleichtert und steigert. Das A. gehört zu den ältesten Formen musikalischer Äußerung überhaupt.

arco [italienisch »Bogen«]: ↑coll'arco.

Arie [italienisch aria »Weise«, »Melodie«]: ein formal in sich geschlossenes, instrumental begleitetes Sologesangsstück, meist Teil eines größeren Werkes (Oper, Oratorium, Kantate), seltener auch selbstständig als **Konzert-A.** angelegt. – Seit dem 16. Jh. bezeichnet **Aria** zunächst vornehmlich instrumentale oder vokale Musik über strophische Bassmodelle (Strophenbässe), die, indem sie wiederholt werden, als Grundlage für improvisierte oder komponierte, variierte oder jeweils neu erfundene strophisch geformte Melodien dienten. Frühe Beispiele bietet die Aria della ↑Romanesca, ein spätes Beispiel J. S. BACHS als »Aria mit verschiedenen Veränderungen« bezeichnete »Goldberg-Variationen«. Auch in der Frühzeit der Oper (ab G. CACCINI, 1600) und in der strophisch angelegten italienischen Kantate (seit A. GRANDI) spielte die Strophenbass-A., nun in den durchkomponierten Gesangspartien vom expressiven Textvortrag geleitet, eine zentrale Rolle. Zunächst kam es, v. a. in der venezianischen Schule, um 1640 zur klaren Trennung von A. und deklamatorischem ↑Rezitativ sowie zur Herausbildung der **Da-capo-A.** (ABA), bei der nach einem meist selbstständigen zweiten Teil (B) der Anfangsteil (A) wiederholt wird (ab 1720 auch in der Form AA'BAA') und v. a. durch Textwiederholungen und Koloraturen die Lösung von der liedhaften A. zugunsten einer Großform des Affektausdrucks erfolgte. Je nach Besetzung gab es die **Cembalo-A.**, bei der das Orchester lediglich die Ritornelle übernahm, die reine **Orchester-A.** und die A. mit konzertierenden Instrumenten, z. B. die **Trompeten-A.** Die Da-capo-A. verdrängte zunehmend ab 1700 in der französischen Oper das einfachere Air und in der deutschen Musik die liedhafte **Ritornell-A.** Durch das Opernschaffen der neapolitanischen Schule (A. SCARLATTI, J. A. HASSE) wurde sie international zur alles beherrschenden musikdramatischen Form. Schon bei G. F. HÄNDEL und N. JOMMELLI und bei den Komponisten der Opera buffa (z. B. N. V. PICCINNI) und besonders dann bei C. W. GLUCK und W. A. MOZART wurde der stereotype Wechsel von Rezitativ und A. sowie die standardisierte Da-capo-A. jedoch zugunsten einer beweglicheren und individuellen musikalischen Dramatik aufgegeben. Bei R. WAGNER und G. VERDI ist die Scheidung zwischen Rezitativ und A. weitgehend aufgehoben. Im Musiktheater des 20. Jh. lebten im Zuge von Rückgriffen auf die alte Nummernoper auch Formen der A. wieder auf.

Ariette [arˈjɛt(ə); französisch]: in der ersten Hälfte des 18. Jh. (als sprachliche Nachbildung der italienischen Arietta) in Frankreich übernommene Bezeichnung für die virtuose Arie in Da-capo-Form in Unterscheidung vom schlichten ↑Air. Anders als die Arie in Italien kam die A. fast nie in der eigentlichen Oper vor, sondern nur in den als Operneinlagen gespielten Divertissements zur dramatisch nebensächlichen Schaustellung stimmlicher Fähigkeiten. – In der Opéra comique des 18. Jh. ist die A. ein volkstümlich komponiertes Lied.

Arioso [italienisch »arienhaft«]: kurzes Gesangsstück v. a. in Oper und Kantate des 17./18. Jh., das sich vom Rezitativ durch liedhafte Melodik, klare Taktordnung und Textwiederholungen unterscheidet, dem aber andererseits die Ausdehnung, die ausgeprägte Thematik und der festgelegte Formplan der Arie fehlen. – Als Vortragsbezeichnung fordert *arioso* einen arienhaften Ausdruck.

Armstrong [ˈɑːmstrɔŋ], Louis Daniel, genannt **Satchmo**, amerikanischer Jazztrompeter und Sänger, *New Orleans 4. 8. 1901, † New York 6. 7. 1971: Der »King of Jazz« gilt vielen als der bedeutendste Jazzmusiker. A. wuchs in ärmsten Verhältnissen auf und erlernte das Trompetenspiel in einer Erziehungsanstalt. Nach Engagements u. a. bei K. ORY und auf Mississippi-Dampfern holte ihn sein Vorbild KING OLIVER 1922 in dessen Creole Jazz Band nach Chicago, wo er bald zur Lokalgröße aufstieg. Bahnbrechend für den Jazz wurde 1924/25 sein Engagement im Orchester F. HENDERSON in New York. Eine Fülle damaliger Henderson-Aufnahmen zeigen, wie einflussreich A.s Trompetenspielweise und Improvisationskunst inzwischen geworden war. So der »Sugar foot stomp« (1925), die erste Platte in der noch jungen Geschichte des Jazz, die durchgängig swingt und A. den Ruf einbrachte, den »swing« im Jazz für alle Zeiten verbindlich gemacht zu haben. Erstmals ist nun auch seine unverwechselbare »Reibeisenstimme« dokumentiert, ebenso wie der von ihm kreierte Scatgesang. 1926–28 nahm er rund 80 Titel auf (u. a. »West-end-blues«, 1928), die erneut Jazzgeschichte schreiben sollten, indem sie die kollektive Spielweise des frühen Jazz zugunsten einer von Soloimprovisation und Begleitband geprägten Spielweise ablösten. Sie leitete die Wende zur Bigband- bzw. Swing-Ära der 1930er-Jahre ein, der dann auch A., meist als Starsolist eines Orchesters, folgte.

Nach 1945 – der moderne Jazz war inzwischen neue Wege gegangen – startete der »Traditionalist« A. gleichsam eine zweite Karriere. Als »Ambassador Satch« tourte er zusammen mit seinen »All-Stars« mehrfach um die Welt und wurde nicht zuletzt Dank seiner unnachahmlichen Entertainerbegabung zu einem universellen »Botschafter« der Versöhnung. Ein chronisches Lippenleiden führte dazu, dass in den späten Jahren die Kraft seines strahlenden Trompetentones sowie der Reichtum seiner Jazzphrasen immer mehr aus seiner Musik verschwanden. Neben unzähligen Platteneinspielungen wirkte er in zahlreichen Spielfilmen (u. a. »High society«, 1956) mit und veröffentlichte Lebenserinnerungen (u. a. »Swing that music«, 1936; »My life in New Orleans«, 1954).

arpeggio [ar'pɛddʒo; italienisch zu arpa »Harfe«], Abk. arp: Spielart für Akkorde auf Tasten-, Streich- und Zupfinstrumenten, wobei die Töne nicht gleichzeitig, sondern harfenartig nacheinander (meist von unten nach oben) erklingen, Zeichen: ⸘.

Das **Arpègement figuré** entspricht der gebrochenen ↑Acciaccatura.

Arpeggione [arpɛd'dʒone; italienisch]: von J. G. STAUFER 1823 in Wien gebaute, wie ein Violoncello zu spielende sechssaitige Streichgitarre mit der gleichen Stimmung wie die Gitarre (E–A–d–g–h–e^1). F. SCHUBERT schrieb für A. und Klavier eine Sonate in a-Moll (1824).

Arrangement [arãʒ'mã; französisch; a'reɪndʒmənt; englisch]: die Einrichtung einer Komposition für eine andere als die ursprünglich vorgesehene Besetzung. – Im Jazz ist das A. die Festlegung des Harmonie-, Stimmen- und Formverlaufs, in der Unterhaltungsmusik die Ausarbeitung einer melodisch-akkordischen Grundskizze.

Ars antiqua [lateinisch »alte Kunst«, »alte Lehre«]: um 1320 in Frankreich (nachträglich) aufgekommener Gegenbegriff zu ↑Ars nova. Er bezeichnet die auf Paris zentrierte Musik und Musiklehre der Zeit von etwa 1230 bis 1320. Im Mittelpunkt stehen die Kodifizierung der Mensuralnotation, die abschließend um 1280 durch FRANCO VON KÖLN erfolgte, sowie die Motette als die wichtigs-

Louis Armstrong

te musikalische Gattung neben Conductus, Hoquetus und dem neu entstehenden weltlichen Liedsatz des Rondeau von ADAM DE LA HALLE.

Arsis [griechisch »Hebung«]: im altgriechischen Chorreigen das Aufheben des Fußes beim Taktschlagen oder beim Tanzen im Gegensatz zur Thesis, dem Senken des Fußes. In der antiken Metrik ist die A. der leichte Taktteil (kurzer Versfuß), später auch die Hebung der Stimme, in der Musiklehre (v.a. im 16.–18.Jh.) ist A. der unbetonte (leichte) Taktteil, beim Dirigieren der Aufwärtsschlag, Thesis der betonte (schwere) Taktteil, bzw. der Abwärtsschlag.

Ars musica [lateinisch »Musiklehre«]: im Mittelalter Bezeichnung für die Musik und Musiklehre im Rahmen der sieben freien Künste (↑Artes liberales).

Ars nova [lateinisch »neue Kunst«, »neue Lehre«]: Titel eines um 1320 verfassten Traktats von PHILIPPE DE VITRY, in dem eine rhythmisch verfeinerte und um die Zweiteilung der Notenwerte bereicherte Notation gelehrt wird. Danach wurde A.n. im Gegensatz zur ↑Ars antiqua zur Epochenbezeichnung für die französische Musik des 14.Jh. Die Motetten und weltlichen Liedsätze (Balladen, Rondeaux, Virelais) der A.n. sind durch subtile Rhythmik und bisweilen kühn anmutende Harmonik gekennzeichnet (Hauptvertreter GUILLAUME DE MACHAULT). Die A.n. blieb hauptsächlich auf Frankreich beschränkt, wirkte sich aber auch in England und Deutschland und v.a. in Italien (nach 1350) aus. Hier beeinflusste sie die weltlichen Gattungen des Trecento-Madrigals, der Caccia und Ballata, deren sinnenfreudige und reich verzierte Melodik durch eine Harmonik gestützt ist, die bereits an tonale Gliederung gemahnt (Hauptvertreter F. LANDINI). In Frankreich hingegen steigerte sich die A.n. nach GUILLAUME DE MACHAULTS Tod (1377) zu einer Subtilität, die als manieristisch bezeichnet werden kann und mit der die französische Musik des Mittelalters ihr Ende findet.

Artes liberales [lateinisch]: die im Spälthellenismus kanonisierten sieben »freien Künste«, die seit dem 7. bis 8.Jh. zur Grundlage der abendländischen mittelalterlichen Bildungsordnung wurden. Sie umfassten drei sprachliche Fächer (Grammatik, Dialektik, Rhetorik) und vier mathematisch-reale (Arithmetik, Geometrie, Musik, Astronomie). Die A.l. waren zunächst Lehrstoff der Kloster- und Lateinschulen; später wurden sie als Propädeutik für die höheren Fakultäten (Theologie, Medizin, Recht) von den »Artistenfakultäten« der Universitäten gelehrt. Diese Lehrordnung wurde erst in der Zeit des Humanismus und Barock aufgegeben.

Artikulation [zu lateinisch articulare »gliedern«]: die Verbindung oder Trennung sowie Betonungsart und -stärke der einzelnen Töne. Dies geschieht durch Zeichen wie z.B. Punkt (˙) und Keil (▾) oder durch Wortvorschriften wie staccato (gestoßen), non legato (nicht gebunden), portato (halb gebunden), legato (gebunden). Mittel der A. sind z.B. bei Streichern die Bogenführung, bei Bläsern die Atemgebung, bei Tasteninstrumenten der Anschlag, Fingersatz u.a. Die A. ist ein Teilgebiet der ↑Phrasierung.

assai [italienisch »genug«, »ziemlich«]: steigernder Zusatz zu Tempo- oder Vortragsbezeichnung, z.B. **adagio a.**, recht langsam, **presto a.**, sehr schnell.

a tempo [italienisch »im Zeitmaß«], Abk. a t.: Vorschrift für die Wiederaufnahme des Grundzeitmaßes nach vorübergehender Änderung des Tempos.

atonale Musik: Musik, die nicht mehr auf den herkömmlichen Gesetzen der ↑Tonalität beruht. Der Begriff wird im Wesentlichen zur Bezeichnung der Musik der 2.↑Wiener Schule verwendet, die zur Steigerung des musikalischen Ausdrucks (↑Expressionismus) die im 19.Jh. einsetzende Erweiterung und Auflösung der Tonalität fortführte. Während in der tonalen Musik der harmonische Ablauf durch Spannung und ↑Auflösung, ↑Konsonanz und ↑Dissonanz geregelt (↑Funktionstheorie) und auf ein tonales Zentrum bezogen war, ist in der a. M. die Beziehung auf einen Grundton verloren gegangen und der Unterschied zwischen Konsonanz und Dissonanz aufgehoben, weswegen keine Notwendigkeit zur Auflösung mehr besteht. Tonalität wird nicht nur vermieden, vielmehr wird ihr mit allen Mitteln entgegengewirkt. Der bis dahin durch sie garantierte musikalische Zusammenhang musste schließlich neu geschaffen werden. In den 1908/09 entstandenen ersten Werken der **freien Atonalität** (A. SCHÖNBERG, Fünfzehn Gedichte op. 15; A. WEBERN, George-Lieder op. 3) wird die Beziehung der Töne und Klänge untereinander in jedem Werk auf neue, nicht wiederholbare Weise hergestellt. Im Lied garantierte der Text den formalen Zusammenhang; die Instrumentalstücke dieser Zeit sind fast immer kurz und verdichten sich auf eine einzige, intensive Ausdrucksgeste (A. WEBERN, »Bagatellen« op. 9, 1913). Charakteristisch für a. M. wurde die Tendenz, alle zwölf Töne auf engem Raum erklingen zu lassen, akzentuierende Rhythmik zu vermeiden und weitere musikalische Grundelemente wie Dynamik und Klangfarbe selbstständig zu behandeln. Die **gebundene Atonalität** strukturierte ihre nun wieder ausgedehnteren Formen aus ↑Reihen, ab den 1920er-Jahren in der ↑Zwölftontechnik, nach 1945 in der ↑seriellen Musik.

attacca [zu italienisch attacare »anhängen«, »ankleben«]: Anweisung am Schluss eines Satzes oder Satzteils, das Folgende ohne Pause (**a. subito,** sofort weiter) anzuschließen.

Aubade [o'bad(ə); zu französisch aube »Morgendämmerung«] (Alborada): im 17. und 18. Jh. das instrumentale Morgenständchen im Unterschied zur abendlichen ↑Serenade; im 19. und 20. Jh. auch Titel von Charakterstücken.

Aufführungspraxis: ↑historische Aufführungspraxis.

Aufgesang: Teil der Meistersangstrophe des 15. und 16. Jh. Der A. besteht aus zwei gleich gebauten und nach derselben Melodie gesungenen Versgebilden (Stollen). Der folgende **Abgesang,** größer als ein Stollen und kleiner als der Aufgesang, hat eine eigene Form.

Auflösung: Dissonanzauflösung nach e-Moll oder C-Dur

Auflösung: in der Harmonielehre sowohl das Fortschreiten von einem dissonanten Akkord zu einem konsonanten Akkord als auch von einer Dominante in die Tonika oder von einem alterierten Akkord in den Zielakkord. Die A. kann schließende (z.B. Dominante–Tonika) oder fortschreitende Wirkung haben (z.B. Trugschluss).

Auflösungszeichen: in der Notenschrift das Zeichen ♮, das die Geltung von Versetzungszeichen oder Vorzeichen (♯, ♭, x oder ♭♭) aufhebt.

Aufsatz (Becher): der trichterförmige oder zylindrische, aus Holz oder Metall bestehende Schallbecher der ↑Lingualpfeifen. Der A. verstärkt den Ton und beeinflusst die Klangfarbe.

Aufstrich, Zeichen ∨: beim Streichinstrumentenspiel die Bewegung des Bogens von der Spitze zum Frosch; Gegensatz ist der ↑Abstrich.

Auftakt: J. Brahms, 4. Sinfonie e-Moll op. 98 (1884/85)

Auftakt: der Anfang einer musikalischen Sinneinheit, z.B. eines Motivs oder Themas, auf unbetontem Taktteil. Er kann aus einer oder aus mehreren Noten bestehen, die i.d.R. den entsprechend verkürzten Schlusstakt zu einem ganzen Takt ergänzen. Beim Dirigieren wird als A. der Taktschlag vor dem Einsatz des Orchesters oder Chores bezeichnet.

Augmentation [lateinisch »Vermehrung«]: in der Mensuralnotation die Verlängerung einer Note um die Hälfte ihres Wertes, angezeigt durch einen nachgestellten Punkt (z.B. ◻·) sowie die Dehnung der Töne um das Doppelte oder Dreifache ihres Wertes (im Gegensatz zur ↑Diminution), gefordert durch Bruchzahlen oder andere Mensurzeichen, v.a. bei der Notierung des Kanons. – Bei Fugen oder Sonaten bezeichnet A. die notierte Vergrößerung eines Themas oder einer Stimme meist um das Doppelte des ursprünglichen Wertes.

Aulodie [griechisch]: in der griechischen Antike der vom Aulos begleitete Gesang.

Aulos [griechisch »Röhre«]: altgriechisches Blasinstrument aus zwei Spielpfeifen mit einfachem oder doppeltem Rohrblatt, z.T. auch mit Flötenmundstück. Die Pfeifen hatten zunächst drei bis vier, später auch mehr Grifflöcher, von denen allerdings jeweils nur vier melodisch genutzt werden konnten; der Tonumfang war daher sehr begrenzt. Der A. wurde in mehreren Größen gebaut; als Material dienten Schilfrohr, Holz, auch Knochen, Elfenbein und Metall. Er wurde für den solistischen Vortrag und zur Begleitung von Chorgesängen verwendet.

australische Musik: die Musik der australischen Ureinwohner (Aborigines), deren prähistorisches Stadium die älteste erhaltene Musikschicht darstellt. Die a.M. kennt keine melodiefähigen Instrumente. Im Vordergrund steht die Vokalmusik; sie begleitet Geburt, Totenrituale, Körperbemalung und das Retuschieren von alten Felsbildern. Die »echten« Lieder gelten als Schöpfungen der Ahnen. Aufführungen mit Gesängen und Tänzen, die ausschließlich in sozialem oder religiösem Kontext stehen, werden allgemein Corroboree genannt. Rituale und die damit verbundene Musik der Männer sind in der Gemeinschaft gewichtiger als jene der Frauen (v.a. Lieder zum Liebeszauber und zu Begräbnissen). Vom Singen über Zischen, Heulen auf hohem Falsettton und Brummen finden sich fließende Übergänge zum Sprechen. Typisch für die Melodieführung sind Reihen von absteigenden Tönen (Deszendenzmelos nördlich, Terrassenmelos südlich des südlichen Wendekreises). Der Tonumfang der Melodien reicht von zwei bis zwölf Stufen mit pentatonischen und heptatonischen Leitern. Das einzige Blasinstrument, die Holztrompete ↑Didgeridoo, begleitet im Norden fast alle Chorgesänge. Neben Bumerangs und Stöcken als Gegenschlagstäbe sind Schraper, Schwirrhölzer, Klappern und Rasseln verbreitet. Ende der 1980er-Jahre begannen einige Aboriginesgruppen, aus ihrer musikalischen Überlieferung und Elementen des Rock eine populäre Konzertmusik zu entwickeln (bekannteste Band: Yothu Yindi).

Ausweichung: in der Harmonielehre die nur vorübergehende Hinwendung zu einer anderen Tonart, sodass eine ↑Modulation im eigentlichen Sinn nicht vorliegt.

authentisch [griechisch zu authéntes »Urheber«, »Ausführer«]: bezeichnet seit dem 9.Jh. den 1., 3., 5. und 7. Kirchenton im Gegensatz zu den plagalen (abgeleiteten) ↑Kirchentonarten. In der Harmonielehre wird die ↑Kadenz mit der Schlussbildung Dominante – Tonika a. genannt.

Autograph [griechisch »eigenhändig Geschriebenes«]: ein Schriftstück, das vom Verfasser eigenhändig geschrieben ist. Die A. musikalischer Werke sind, soweit noch vorhanden, neben Abschriften, Erst- und Nachdrucken wichtige Quellen für die Herstellung von wissenschaftlichen und praktischen Ausgaben.

autonome Musik: Bezeichnung für Musik, die ganz nach musikalisch eigengesetzlichen Prinzipien und Verfahrensweisen komponiert ist, wobei – im Unterschied zu ↑absoluter Musik – nicht nur die Instrumentalmusik gemeint ist. A.M., bei der sich im Gegensatz zur ↑funktionalen Musik alles musikalische Geschehen im Sinne »musikalischer Logik« beständig innermusikalisch motiviert und begründet, ist ein Schlagwort des 20. Jh. und wird entweder festgestellt (z. B. bei W. A. Mozart) oder gefordert (z. B. durch den Philosophen T. W. Adorno), ist jedoch mit dem beständig auch durch Emotion und Spiel, Abbildlichkeit und Wirkungsrücksichten bestimmten Prinzip der Musik nur bedingt vereinbar.

Auto sacramental [spanisch »religiöse Handlung«]: dramatisch-musikalische Darbietung religiösen Charakters, die in Spanien und Portugal im 16./17. Jh. v. a. am Fronleichnamsfest stattfand. Die einaktigen allegorischen A. s. von etwa 2000 Versen Länge wurden auf Bühnenwagen (carros) zur Erklärung und Verherrlichung der Eucharistie in aufwendigen Inszenierungen aufgeführt. Hauptautor war der Spanier P. Calderón de la Barca, der 70 A. s. verfasste. 1765 wurde die Aufführung der A. s. wegen starker Verweltlichung und aus Kostengründen verboten.

Avantgarde [avã-; französisch]: Gruppe von Vorkämpfern (für eine Idee). Als **Avantgardisten** bezeichnen sich Vertreter künstlerischer Strömungen, die überlieferte Formen sprengen, zugleich auch neue Themen behandeln und so neue Entwicklungen einleiten wollen; z. B. die Komponisten der Wiener Schule, der seriellen und der experimentellen Musik. Da die Bezeichnung A. jeweils nur für die eigene Zeit gilt, stellt sie keinen abgeschlossen Stilbegriff dar.

Azione sacra [italienisch »geistliche Handlung«]: in der zweiten Hälfte des 17. Jh. in Wien in der Karwoche aufgeführtes Passionsspiel mit Musik und in italienischer Sprache, in der ersten Hälfte des 18. Jh. auch allgemein Bezeichnung für Oratorien mit Stoffen aus dem Alten Testament.

Azione teatrale [italienisch »Theaterhandlung«]: im 17. und 18. Jh. Bezeichnung für höfische Festspiele und kurze Huldigungsopern, z. B. W. A. Mozarts »Ascanio in Alba« (1771) und »Il sogno di Scipione« (1772).

B

B (b): der Halbton über A, die durch ♭-Vorzeichnung erniedrigte 7. Stufe der Grundtonleiter C-Dur. Im Mittelalter war B der 2. Ton der von A ausgehenden Grundtonleiter (ABCDEFG), er wurde unterschieden in **B durum** oder **B quadratum** (♭, dargestellt durch die Drucktype h, unser heutiges H) und das um einen Halbton tiefere **B molle** oder **B rotundum** (♭, unser heutiges B). Aus den Zeichen ♭ und ♭ entwickelten sich die Vorzeichen (♯, ♭ und ♮). Im angelsächsischen Sprachraum bezeichnet B den Ganzton über A, also den Ton H; B heißt hier dementsprechend B flat. In den romanischen Sprachen wird H mit der aus der Solmisation stammenden Silbe si bezeichnet (italienisch si bemolle, französisch si bémol). – Seit dem 19. Jh. ist B auch Zeichen für B-Dur und b für b-Moll als Akkord und Tonart. B dient auch als Abk. für die Stimmbezeichnung **B**ass(us).

babylonische Musik: Die Musik der Babylonier wurde von der ↑sumerischen Musik geprägt; sie ist Teil der babylonischen Kultur, die Anfang des 3. Jahrtausends v. Chr. entstand und bis zur Eroberung Mesopotamiens durch Alexander den Grossen 331 v. Chr. und damit bis zum Beginn des griechischen Hellenismus fortdauerte.

Als Quellen der b. M. dienen Zeugnisse der Keilschriftliteratur, Gräberfunde, Rollsiegel, Einlegearbeiten und Wandgemälde, die es aber nicht ermöglichen, den Klang dieser Musik zu rekonstruieren. Unsere heutigen Kenntnisse beschränken sich auf die kultische Musik. Sie basierte auf einem siebenstufigen, diatonischen Tonsystem und sieben Modi. Die vokalen Teile erstreckten sich von der Deklamation über den Sprechgesang bis zum melodischen Gesang einer oder mehrerer Solostimmen oder Chöre (auch antiphonal).

Die Instrumente dienten v. a. zur Begleitung des Gesangs und des kultischen Tanzes. Neben Rahmentrommeln, Becken, Glocken, Doppelblasinstrumenten und der heiligen Bechertrommel Lilissu, zu deren Herstellung Feste anberaumt wurden, traten als neue Instrumente die Winkelharfen (4–6 Saiten) und Langhalslauten. Zu den Standleiern kamen transportable, horizontal nach vorn geneigte Leiern (4–5 Saiten) aus dem Einflussgebiet der Westsemiten.

Das Ansehen der bereits unter den Sumerern in zwei Hauptgruppen (Gala und Nar) gegliederten Musiker wuchs, und in der babylonischen und assyrischen Zeit gehörten sie der Hauptpriesterklasse an. Ursprünglich ausschließlich Tempelbeamte, standen sie später als Lehrer auch im Dienste des Königs. Frauen und Männer hatten die erblichen, hierarchisch gegliederten Musikämter inne. Sie führten die musikalischen Teile der Kulthandlungen bei Opferritualen, Symposionsfeiern, Festen zum Tempelbau, zur »heiligen Götterhochzeit« und zum Neujahrs- und Fruchtbarkeitsfest Akitu aus. Am 4. Tag des Letzteren rezitierte der Musikpriester Kalu unter musikalischer Umrahmung das Weltschöpfungsepos. Ihm oblagen auch die Toten-, Tempel- und Stadtklagen.

Als ausgezeichneten Mathematikern waren den Babyloniern die Beziehungen zwischen Saitenlänge und Tonhöhe, Zahlenverhältnis und Intervall bekannt. Bei ihnen finden wir die Ursprünge der Lehre von der Sphärenharmonie.

Bach, Johann Sebastian: Siehe S. 28

Bachtrompete: eine seit Ende des 19. Jh. gebräuchliche hohe Ventiltrompete (meist in hoch G, A oder B), die speziell für die Clarinpassagen (↑Clarino) des 17./18. Jh. gebaut wurde.

Background ['bækgraʊnd; englisch »Hintergrund«]: in der neueren Unterhaltungsmusik eine klangliche Auffüllung zwischen den Melodielinien des »Vordergrunds« (Solosänger, Soloinstrumente) und dem »Untergrund« der Rhythmusgruppe (Bass, Schlagzeug, Rhythmusgitarre), bei Studioaufnahmen oft von einem Chor oder Streichorchester ausgeführt. Eine besondere Art des B. im Jazz ist das ↑Riff.

Badinerie [französisch »Spaß«, »Tändelei«] (Badinage): Bezeichnung für einen schnellen tanzartigen Satz im geraden Takt, der gelegentlich in den Suiten des 18. Jh. vorkommt (z. B. in J. S. BACHS Orchestersuite BWV 1067).

Bagatelle [französisch; aus italienisch bagatella »kleine, unnütze Sache«]: seit dem 18. Jh. Bezeichnung für ein kleineres, z. T. sehr kurzes Instrumentalstück, oft in zwei- oder dreiteiliger Liedform, belegt schon bei F. COUPERIN (»Les bagatelles« in »Pièces de clavecin«, 1717). Hohen künstlerischen Wert erreichte die Klavier-B. durch L. VAN BEETHOVENS drei Sammlungen op. 33 (1802), op. 119 (1800–1822) und op. 126 (1823/24). Nach einer Fülle von B. im 19. Jh. waren erst wieder die 14 B. op. 6 (1908) für Klavier von B. BARTÓK und die sechs B. op. 9 (1913) für Streichquartett von A. WEBERN von hervorragender Bedeutung.

Bagpipe ['bægpaɪp; englisch]: ↑Sackpfeife.

Balalaika

Balalaika [russisch]: ein um 1700 entstandenes russisches Volksmusikinstrument mit dreieckigem Schallkörper und gebauchtem Boden, langem Hals mit

Bach

Obwohl zu Lebzeiten mehr als Organist denn als Komponist geschätzt, hat JOHANN SEBASTIAN BACH wie kein anderer Komponist vor ihm bis in unsere Zeit hineingewirkt. Seine Musik bildet den Abschluss und Höhepunkt einer musikalischen Epoche. Ohne altertümlich zu sein, bediente er sich traditioneller Gattungen und Kompositionstechni-

Johann Sebastian Bach

ken (Kantate, Passion, Concerto, Suite, Sonate, Praeludium, Toccata, Fuge, Choralbearbeitung, Variation) und führte sie unter Verschmelzung mit modernen, v.a. italienischen und französischen Einflüssen zu ihrem jeweiligen Höhepunkt. Dadurch hat BACH die für ihn charakteristischen Stilmerkmale wie Kontrapunktik, enge Verknüpfung von Polyphonie und Akkordik, vokaler und instrumentaler Melodik nicht zuletzt dank seines unvergleichlichen Erfindungsreichtums zu zeitlosen Werten verabsolutiert, was dazu führte, dass der Nachwelt das Typische des musikalischen Barock v.a. mit seinen Werken verbunden ist.

Nach seinem Tod blieb allein seine Musik für Tasteninstrumente in Schüler- und Kennerkreisen bekannt. Erst mit der von F. MENDELSSOHN BARTHOLDY veranlassten Aufführung der »Matthäuspassion« durch die Berliner Singakademie 1829 nahm die bis heute anhaltende umfassende Bachrezeption ihren Anfang. Ihren ersten Höhepunkt erreichte sie mit der 1851–99 erstellten großen Bachgesamtausgabe. Dabei wird bis heute die Überlieferung, Ordnung und Datierung seines Gesamtwerkes, das im Bachwerkeverzeichnis (BWV) 1080 Nummern umfasst, in der Forschung vielfach kontrovers diskutiert, da viele seiner Werke nurmehr in Abschriften meist von fremder Hand und aus späterer Zeit vorliegen. So gab und gibt es immer wieder Werke, die ihm fälschlich zugeschrieben werden.

■ **Eine deutsche Musikerfamilie**

BACH entstammte einer weit verzweigten Musikerfamilie des 17. und 18. Jh. aus dem thüringisch-fränkischen Raum. Der erste nachweisbare und Musik treibende BACH war der 1619 verstorbene Müller VEIT BACH aus Wechmar. Die Bachs, die ihr musikalisches Handwerk nach Zunftbrauch vom Meister auf den Gesellen, vom Vater auf den Sohn weitergaben, besaßen als Musiker einen ausgezeichneten Ruf und stellten zahlreiche Kantoren, Organisten und Stadtpfeifer in verschiedenen thüringischen Städten. Obwohl BACH selbst, der sich noch ganz als ein dem Staat und der (protestantischen) Kirche »zu Ehren Gottes« dienender Künstler verstand und dem Begriffe wie Genie oder absolute Musik völlig fremd waren, vermutlich seine spätere Bedeutung kaum ahnte, muss er seine Herkunft doch bereits hoch geschätzt haben, wie das von ihm angelegte »Altbachische Archiv« und die Genealogie »Ursprung der musicalisch-Bachischen Familie« nahe legen.

Von seinen 20 Kindern aus zwei Ehen wurde neben WILHELM FRIEDEMANN,

JOHANN CHRISTOPH FRIEDRICH und JOHANN CHRISTIAN v. a. CARL PHILIPP EMANUEL BACH sein bedeutendster Nachfolger. Als »Berliner Bach« wirkte er über 30 Jahre am Hofe FRIEDRICHS DES GROSSEN und war ab 1767 Leiter der Kirchenmusik der Stadt Hamburg. Mit ihm endete schließlich die Familientradition.

■ Weimar – Köthen – Leipzig

BACH, der am 21.3. 1685 in Eisenach geboren wurde, kam nach dem Tod der Eltern als Zehnjähriger zu seinem älteren Bruder JOHANN CHRISTOPH, einem Organisten, nach Ohrdruf, wo er bis 1700 die Lateinschule besuchte, in der Kurrende sang und sein Instrumentenspiel (Klavier, Orgel, Violine) vervollkommnete. Im gleichen Jahr erhielt er wegen seiner guten Stimme eine Freistelle an der Michaelisschule in Lüneburg, von wo aus er mehrfach den in Hamburg wirkenden Altmeister der Orgel J. A. REINKEN aufsuchte, und wurde 1703 Organist in Arnstadt. 1706 führte ihn eine mehrmonatige Reise zu D. BUXTEHUDE nach Lübeck, die ihm wichtige Anregungen in Orgelspiel und Komposition einbrachte. Nach einer kurzen Zwischenstation in Mühlhausen kam er 1708 als Organist und Kammermusiker an die Weimarer Hofkapelle, wo er bis 1717 tätig war, ab 1714 als Konzertmeister mit Verpflichtung zu regelmäßiger Kantatenkomposition.

Da er sich bei der Neubesetzung der Hofkapellmeisterstelle übergangen fühlte, folgte er 1717 einer Berufung als Kapellmeister an den Hof von Anhalt-Köthen, nicht ohne zuvor eine heftige Auseinandersetzung mit seinem Weimarer Dienstherrn (Haft wegen »Unbotmäßigkeit«) zu überstehen. In Köthen verbrachte er die künstlerisch ungebundenste Zeit seines Lebens, was sich allerdings änderte, nachdem der Fürst eine mit BACHS Worten »Amusa« geheiratet hatte und zunehmend das Interesse an der Musik verlor.

1723 nahm er Abschied und wurde als Thomaskantor und »Director musices« Nachfolger von J. KUHNAU in Leipzig. BACH, dem es »anfänglich gar nicht anständig seyn wolte, aus einem Capellmeister ein Cantor zu werden«, war nicht nur für die kirchliche wie weltliche Musikpflege der Stadt verantwortlich, sondern hatte gleichzeitig auch an der Thomasschule Lateinunterricht zu geben, angesichts der immensen Fülle an Werken, die in Leipzig entstanden, eine schier unglaubliche Lebensleistung, zu deren Umsetzung selbstverständlich die ganze vielköpfige Familie beitragen musste. 1729 übernahm er außerdem für einige Jahre die Leitung des von G. P. TELEMANN gegründeten Collegium musicum, das allwöchentlich öffentlich konzertierte und Vorläufer des Leipziger Gewandhausorchesters war. Obwohl v. a. in Leipzig sein Ansehen als Orgelvirtuose, Kompositionslehrer und Orgelgutachter beträchtlich wuchs, lebte er zunehmend im Streit mit den Behörden, die in »aufgeklärter« Haltung die kirchenmusikalischen Belange vernachlässigten. Aus Verbitterung zog er sich mehr und mehr aus der Öffentlichkeit zurück und widmete sich nun verstärkt seinen Klavier- und Orgelwerken wie der vierteiligen »Klavierübungen« (u. a. mit den sechs Partiten, BWV 825-30, dem »Italienischen Konzert«, BWV 971, und den »Goldberg-Variationen«, BWV 988), den »Schübler-Chorälen« (Choralbearbeitungen, BWV 645–50) sowie den 69 Arien und Liedern in »Schemellis-Gesangbuch« (BWV 439–507).

Für das 1733 als Erbhuldigungsmusik dem neuen König in Dresden überreichte Kyrie und Gloria aus der (späteren) »h-Moll-Messe« (BWV 232) erhielt er 1736 den Titel eines königlich-polnischen und kurfürstlich-sächsischen »Hoff-Compositeurs«. Ein letzter Höhepunkt in seinem Leben war der Besuch am Potsdamer Hof 1747, wo ihm FRIEDRICH DER GROSSE ein Thema aufgab, das er wenig später in einem Sammelwerk von Fugen, Kanons und einer Triosonate unter dem Titel »Musikalisches Opfer« (BWV 1079) im Druck veröffentlichte. BACH, der in den letzten Lebensjahren zunehmend erblindete, starb am 28.7.1750 in Leipzig.

■ Einheit von Leben und Werk

BACHS Schaffen war eng an das jeweilige Amt gebunden. Als Hoforganist in Weimar entstand ein großer Teil der Orgelwerke, darunter die berühmte Toccata d-Moll (BWV 565) und die 45 Choralvorspiele des »Orgelbüchleins« (BWV 599–644), ferner mit seiner Ernennung zum Konzertmeister etwa 30 Kirchenkantaten (u. a. »Weinen, Klagen, Sorgen, Zagen«, BWV 12). Dagegen stand seine Zeit als Hofkapellmeister in Köthen ganz im Zeichen kammermusikalischer und fürstlich-repräsentativer Orchesterwerke. Hierzu gehören als Krönung des barocken Instrumentalkonzerts die sechs »Brandenburgischen Konzerte« (BWV 1046–51) und vermutlich auch die vier Ouvertüren oder Orchestersuiten (BWV 1066–69), daneben zahlreiche Instrumentalkonzerte v. a. für Violine oder Klavier, etwa das Doppelkonzert d-Moll (BWV 1043), dessen langsamer Mittelsatz v. a. im fragenden und antwortenden Wechselspiel der zwei Soloviolinen ein Musterbeispiel für BACHS Meisterschaft in der Kunst polyphon-melodischer Verschränkung ist. Bahnbrechend für ihre Zeit sind die hochvirtuosen drei Sonaten und drei Partiten für Violine solo (BWV 1001–06) sowie die sechs Suiten für Violoncello solo (BWV 1007–12); Berühmtheit erlangte v. a. die Chaconne aus der 2. Partita d-Moll (BWV 1004), deren polyphone Anlage vergessen lässt, dass sie für Solovioline geschrieben ist. In Köthen entstanden aber auch die sechs »Englischen« und »Französischen Suiten« (BWV 806–17) sowie die »Chromatische Fantasie und Fuge« (BWV 903) für Klavier.

Die ersten zehn Jahre in Leipzig standen fast ausschließlich im Zeichen der Kirchenmusik. Von den insgesamt fünf Kantatenjahrgängen (für jeden Sonntag), die BACH geschaffen haben soll, haben sich rund 150 Kirchenkantaten erhalten (u. a. »Wachet auf, ruft uns die Stimme«, BWV 140), zu denen in späteren Jahren noch einige weltliche hinzukamen, u. a. die als »Kaffeekantate« bekannt gewordene »Schweigt stille, plaudert nicht« (BWV 211). Dabei wird nicht nur an seinen Kantaten, sondern auch an seinen großen Passionen (nach JOHANNES, BWV 245, 1724; nach MATTHÄUS, BWV 244, 1729) und besonders am »Weihnachtsoratorium« (BWV 249, 1734) BACHS vermutlich aus Produktionszwängen eingesetztes Parodieverfahren deutlich, d. h. die Technik, auf frühere Kompositionen zurückzugreifen, um sie mit neuem Text zu versehen und so wieder zu verwenden.

Mehrfach in seinem Leben hat sich BACH, der v. a. in jungen Jahren ein »Heißsporn mit Degen« war, mit seinen Dienstherren überworfen. Dass auch sein Orgelspiel schon früh als unkonventionell auffiel, zeigt ein Verweis der Stadt Arnstadt von 1706, in dem ihm vorgeworfen wird, »daß er bißher in dem Choral viele wunderliche variationes gemachet, viele frembde Thone mit eingemischt, daß die Gemeinde drüber confundiret (verstört) worden. Er habe ins künfftige wann er ja einen tonum peregrinum (eine fremde Tonart) mit einbringen wolte, selbigen auch außzuhalten, und nicht zu geschwinde auf etwas anders zu fallen.«

■ Das »Wohltemperierte Klavier«

Das in zwei Teilen 1722 bzw. 1744 entstandene »Wohltemperierte Klavier« (BWV 846–93) ist neben den zweistimmigen »Inventionen« und dreistimmigen »Sinfonien« (BWV 772–801) die wohl populärste Sammlung von Klavierwerken BACHS, nicht nur für den Unterricht. BACH reagierte damit auf die sich zu seiner Zeit als notwendig durchsetzende temperierte Stimmung v. a. bei

Tasteninstrumenten. Jeder Teil besteht aus 24 Präludien und Fugen, wobei entsprechend der Tonartenabfolge des Quintenzirkels immer ein Präludium-Fugen-Paar eine der zwölf Tonarten repräsentiert. Von den Wiener Klassikern (v.a. W. A. MOZART und L. VAN BEETHOVEN) wiederentdeckt, ebnete die Sammlung der Bachrenaissance im 19. Jh. wesentlich den Weg. Die überragende Bedeutung dieses Werkes veranlasste noch 1950/51 D. SCHOSTAKOWITSCH zu einem eigenen Klavierzyklus »24 Preludien und Fugen«.

■ B-A-C-H

Die »Kunst der Fuge« (BWV 1080) ist nicht nur Höhepunkt und Abschluss von BACHS Fugenkunst, sie ist auch seine letzte größere Komposition, bestehend aus insgesamt 19 Sätzen, neben zweistimmigen Kanons vorwiegend als »Contrapunctus« bezeichnete Doppel-, Tripel- und Spiegelfugen. Unklar ist, wie öfters bei BACH, die Abfolge der Sätze und die Besetzung (Cembalo?), mit der in den folgenden Jahrhunderten oft experimentiert wurde. BACH selbst hat im 19. Satz seine Namensbuchstaben b–a–c–h als Beginn des Fugenthemas verwendet – kurz nach Einführung des Themas bricht der Satz jedoch ab und hinterlässt das Werk unvollendet. ■

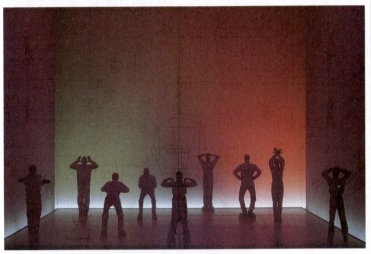

Mit Bachs »h-Moll-Messe«, von Achim Freyer als Ballett inszeniert, wurden 1996 die Schwetzinger Festspiele eröffnet.

🔖 In den Städten, in denen BACH geboren wurde und verstarb, wurde ihm zu Ehren ein Museum eingerichtet: In Eisenach zeigt das Bachhaus am Frauenplan eine Ausstellung über den bedeutendsten Sohn der Stadt, in Leipzig informiert das Bach-Museum neben der Thomaskirche über das Leben und Werk des großen Kantors.

🔖 FELIX, WERNER: *Johann Sebastian Bach.* Leipzig (Deutscher Verlag für Musik) ³1989. ■ EGGEBRECHT, HANS HEINRICH: *Bach – wer ist das?* München (Piper) ²1994. ■ GECK, MARTIN: *Johann Sebastian Bach.* Reinbek (Rowohlt) ⁴1998. ■ OTTERBACH, FRIEDEMANN: *Johann Sebastian Bach. Leben und Werk.* Stuttgart (Reclam) ²1999.

Bünden und drei Darmsaiten, die durch eine »Spielfeder« als Plektron oder mit der Hand angerissen werden. Das Instrument ist in aufsteigenden Quarten, z.T. mit Verdopplung des untersten Tons, gestimmt; es klingt scharf und diente ursprünglich nur der Begleitung von Volksgesängen und -tänzen; heute wird es in sechs verschiedenen Größen gebaut und auch zu Orchestern zusammengestellt.

Balg: bei Instrumenten, die zur Tonerzeugung gespeicherte Luft verwenden, der Behälter, der die Luft ansaugt und unter Druck an einen schwingenden Körper abgibt. Die Bezeichnung geht auf die abgezogene Tierhaut zurück, die noch bei Sackpfeifen verwendet wird. – Im Orgelbau verwendete man früh Falten- oder Schmiede-B., die den Wind jedoch nur unregelmäßig abgaben. Im 19. Jh. erfolgte die Trennung in Schöpf-B. als Winderzeuger und Magazin-B. als ausgleichendes Reservoir. Seit der Einführung elektrischer Windanlagen finden Falten-B. noch in Kleinorgeltypen, beim Harmonium und bei den Handharmonikainstrumenten Verwendung.

Ballade [französisch, von provenzalisch balar »tanzen«]: in der einstimmigen Musik des Mittelalters ein strophisches Tanzlied mit Kehrreim. Daraus entwickelte sich in der Kunstmusik des 14. Jh. die mehrstimmige französische B. für eine Singstimme mit 1–3 Instrumentalstimmen (Hauptmeister GUILLAUME DE MACHAULT). Die gleichzeitige mehrstimmige italienische Ballata ähnelt mehr dem französischen Virelai. Erst seit dem 18. Jh. bedeutet B. die Komposition der in der Poetik so benannten erzählenden Gedichte für Solostimme mit Klavier- oder Orchesterbegleitung und in strophischer oder durchkomponierter Form.

Ballad opera [ˈbæləd ˈɔpərə; englisch »Liedoper«]: Bühnenstück mit Liednummern, in denen volkstümliche Weisen und populäre Opernmelodien neue Texte erhielten, sowie verbindenden Prosadialogen, das in der ersten Hälfte des 18. Jh. in London seine Blütezeit hatte. Bekannt wurde v. a. »The beggar's opera« (1728) von J. GAY, Musik von J. C. PEPUSCH, eine Parodie auf die italienische Barockoper. Ihre Melodien stammen z. T. aus zeitgenössischen Sammlungen (einige von H. PURCELL und G. F. HÄNDEL). In der »Dreigroschenoper« (1928) greifen B. BRECHT und K. WEILL wieder auf sie zurück. Eine englische Neubearbeitung mit den Originalmelodien schuf B. BRITTEN 1948. Für die Entwicklung des deutschen Singspiels waren »The devil to pay« (1731) und »The merry cobbler« (1735) von C. COFFEY von Bedeutung.

Ballata [italienisch »Tanzlied«]: in der zweiten Hälfte des 13. und im 14. Jh. in der italienischen Musik und Literatur gepflegte (Tanzlied-)Form mit instrumentaler Begleitung v. a. durch Laute und Viola. Einer vom Chor vorgetragenen Ripresa, die den Leitgedanken enthält, folgt die vom Solisten ausgeführte, dreifach untergliederte Stanza, die sich inhaltlich auf die Ripresa bezieht. Hierauf folgt jeweils erneut die Ripresa. Die B. unterscheidet sich in ihrem musikalischen Aufbau von der französischen Ballade und entspricht formal dem Virelai. Im 14. Jh. war die mehrstimmige, nun rein solistisch ausgeführte B. neben Madrigal und Caccia die zentrale Form der weltlichen Musik Italiens; ihren Höhepunkt fand sie im Schaffen F. LANDINIS.

Ballet de Cour [baˈlɛ dəˈkuːr; französisch »Hofballett«]: anfangs fast ausschließlich von Mitgliedern der französischen Hofgesellschaft (einschließlich des Königs) bei zeremoniellen Anlässen aufgeführtes Ballett in prachtvoller Ausstattung, das (weitgehend hervorgegangen aus dem höfischen Maskenspiel) eine Verbindung zwischen Instrumentalmusik, Rezitation, Gesang und Tanz darstellte. Dem B. de C. lag meist eine poetische Leitidee aus der griechischen oder

Bandoneon

römischen Mythologie zugrunde. Es gliederte sich in eine Ouverture, mehrere Entrées und ein abschließendes großes Ballett. Das früheste überlieferte B. de C. ist das »Balet comique de la Royne« (1581) von BALTAZARINI mit Musik von L. DE BEAULIEU und J. SALMON. Das bis etwa 1660 gepflegte B. de C. wurde zunehmend auch von Berufstänzern und vor zahlendem Publikum getanzt.

Ballett [Verkleinerungsform von italienisch ballo »Tanz«] (französisch Ballet, italienisch Balletto): Siehe S. 36.

Band [bænd; englisch]: im Jazz und in der Unterhaltungsmusik Bezeichnung für ein kleineres Ensemble im Unterschied zur ↑Bigband. Seit dem New-Orleans-Jazz umfasst jede B. eine Melodie-(Melodysection) und eine Rhythmusgruppe (Rhythmsection).

Banda [italienisch] (französisch Bande, englisch Band): ein Instrumentalensemble, speziell die Blaskapelle, im Orchester die Gruppe der Blechbläser. **Banda turca** ist die italienische Bezeichnung für die ↑Janitscharenmusik.

Bandoneon (Bandonion): von H. BAND um 1846 gebautes Harmonikainstrument mit bis zu 200 Tönen, eine Weiterentwicklung der ↑Konzertina, mit quadratischem oder achteckigem Gehäuse und Einzeltönen (anstelle von Akkorden) auch auf der Bassseite. Beim Spielen wird es auf den Knien gehalten. Die Tonanordnung erfolgt diatonisch oder chromatisch. Das B. wird seit etwa 1900 als Soloinstrument in den klassischen Tangoensembles Argentiniens verwendet. Für B. komponierte u.a. A. PIAZZOLLA.

Bandura [russisch; von griechisch pandoũra »dreisaitiges Musikinstrument«]: lautenartiges Zupfinstrument mit 6–8 Spielsaiten und bis zu 40 Begleitsaiten auf einem asymmetrisch ovalen Schallkörper mit kurzem Hals; gespielt wird mit einem Plektron. Die B. stammt vermutlich aus dem Orient und ist seit dem 16. Jh. in Russland und v. a. in der Ukraine verbreitet.

Bandurria [griechisch-spanisch]: spanische Diskantcister (↑Cister) mit sechs doppelten, in Quarten gestimmten Saiten und 12–14 Bünden; wird mit Plektron gespielt. Die B. ist bereits für das 14. Jh. belegt.

Banjo ['bændʒo; amerikanisch]: eine Schlaggitarre mit langem Hals, dem Tamburin ähnlichem Korpus und 4–7 (seltener 9) Saiten. Beim **Fingerstyle-B.** (Stimmung g^1/c–g–h–d^1 oder

Banjo

g^1/d–g–h–d^1; Notierung eine Oktave über dem Klang) werden die Saiten mit den Fingern angerissen; die höchste, mit dem Daumen gespielte Melodiesaite (Chanterelle), verläuft über den flachen Steg zu einem seitlich am Hals angebrachten Wirbel. Das im Jazz verbreitete viersaitige **Tenor-B.** hat keine Melodiesaite (Stimmung c–g–d^1–a^1) und wird mit Plektron angeschlagen. – Das B. ist westafrikanischer Herkunft und war im 19. Jh. das wichtigste Instrument der nordamerikanischen Schwarzen.

Bänkelsang: auf Jahrmärkten seit dem 17. Jh. geübter Vortrag aktueller Lieder über Grauen erregende Vorkommnisse (↑Moritat) unter Verwendung gemalter Bilderserien, auf die der auf einer kleinen Bank (»Bänkel«) stehende **Bänkelsänger** beim Singen wies; auch fliegende Blätter mit Text und Bildern wurden bei diesen Vorträgen verkauft. Vorläufer im 15./16. Jh. war das **Zeitungslied.** Der B. hatte bis in die neueste Zeit Einfluss auf Dichtung (Ballade) und Kleinkunst (Kabarett).

Bar: im Meistersang gebrauchter Begriff für das zur Regel gewordene, eine ungerade Zahl von Strophen (meist drei, fünf oder sieben) umfassende Lied. Unter **B.-Form** versteht man in neuerer Zeit eine Strophenform, die aus Stollen, metrisch gleichem Gegenstollen (die zusammen den Aufgesang bilden) und metrisch abweichendem Abgesang besteht. Die melodische Anlage folgt dem metrischen Schema, d. h., im Gegenstollen wird die Melodie wiederholt (AAB). **Reprisen-B.** heißt die Form, bei der nach dem Abgesang die Melodie des Stollens (auch variiert) wiederholt wird (AABA oder AABA'). Die B.-Form ist eine Grundform liedhafter Gestaltung z. B. im Volkslied und im Kirchenlied.

Barbershopsongs ['ba:bəʃɔpsɔŋz; amerikanisch]: in der zweiten Hälfte des 19. Jh. entstandene Lieder, benannt nach den Herrenfriseurläden in den Südstaaten der USA, die Treffpunkte der Männer waren. Die B. waren Gesänge ohne Instrumentalbegleitung, bei denen zu der Singstimme des Solisten weitere Stimmen in parallel geführten Intervall- (v. a. Quint-, Quart- und Terz-)Abständen traten **(Barbershopharmonik).**

Barbitos [griechisch] (Barbiton): altgriechisches Saiteninstrument vom Typus der Lyra, mit 5–7 Saiten. Es hat wie diese einen Schallkörper aus Schildkrötenpanzer, ist aber schlanker gebaut und hat längere, zum Joch zusammengebogene Arme. Die B. war dem Dionysoskult zugeordnet.

Barde [keltisch]: keltischer Sänger und Dichter von Kampf- und Preisliedern. Die B., die im Gefolge der Fürsten als lyrische Dichter deren Ruhm oder Schmählieder auf deren Feinde sangen, verschwanden in Gallien mit der Romanisierung. In Wales standen die B. noch vom 7. bis 16. Jh. als lyrische Kunstdichter in hohem Ansehen; sie bildeten einen eigenen Stand. In Irland gab es B. und B.-Dichterschulen bis ins 17. Jh., in Schottland finden sich B. als erbliche Diener der Fürsten und Adligen bis ins 18. Jh. – Den Germanen waren Name und Stand der B. unbekannt. Im 18. Jh. wurden von einer durch F. G. KLOPSTOCK, J. E. SCHLEGEL u. a. getragenen, die altdeutsche Zeit verherrlichenden Richtung B. allgemein mit Skalden und altgermanischen Sängern gleichgesetzt..

Bariolage [-'la:ʒ(ə); französisch »buntes Farbengemisch«]: bei der Violine eine Spieltechnik, die die Klangfarbe verändert, indem bei schnellem Saitenwechsel auf der tieferen Saite die höheren Töne und auf der höheren Saite die tieferen Töne gespielt werden.

Bariton [italienisch, zu griechisch barýtonos »volltönend«]:

♦ *Stimmlage:* die zwischen Tenor und Bass gelegene mittlere Männerstimme, Umfang A–e^1/g^1. In der Oper werden die Fächer **lyrischer B.** (Graf in W. A. MOZARTS »Le nozze di Figaro«), **Helden-B.** (Scarpia in G. PUCCINIS »Tosca«) und **Charakter-B.** (Amfortas in R. WAGNERS »Parsifal«) unterschieden. – B. dient auch als Tonlagenbezeichnung bei Instrumenten (z. B. B.-Saxophon).

♦ *Instrumentenkunde:* (Baryton, Euphonium, B.-Horn): weich und voll klingendes Blechblasinstrument der Tubenfamilie mit drei bis vier Ventilen, in B oder (seltener) in C (Umfang etwa drei Oktaven). Das B. wird in der Harmoniemusik als hohes Bassinstrument verwendet.

Baritonschlüssel: in der Notenschrift der C-Schlüssel auf der 5. 𝄡 und der F-Schlüssel auf der 3. Notenlinie 𝄢 (↑Schlüssel).

Barkarole [italienisch »Schifferlied«]: Lied der venezianischen Gondelführer, meist im 6/8-Takt; in die Oper aufgenommen u. a. von C. M. VON WEBER (»Oberon«), J. OFFENBACH (»Hoffmanns Erzählungen«), J. STRAUSS (SOHN) (»Eine Nacht in Venedig«). Kunstlieder in der Art der B. stammen u. a. von F. SCHUBERT (»Auf dem Wasser zu singen«). Von F. MENDELSSOHN BARTHOLDY (in »Lieder ohne Worte«), F. CHOPIN (»Barcarolle«, op. 60) u. a. wurden der wiegende Sechsachtelrhythmus und der weiche Charakter der B. auch in die Instrumentalmusik übernommen.

Barker-Maschine: im Orgelbau eine Hilfskraftmaschine nach dem hydraulischen Servoprinzip, erfunden 1832 von C. S. BARKER, mit der die zuvor i. d. R. schwergängigen mechanischen Trakturen v. a. großer Orgeln nun ebenso leicht spielbar wurden wie die Tastatur eines Klaviers.

Barock [aus französisch baroque »sonderbar«, eigentlich »schief«, »unregelmäßig«]: ein Epochenbegriff hauptsächlich für das 17. und beginnende 18. Jh. Der Begriff bezeichnet ab den 1750er-Jahren abwertend die als schwülstig und unnatürlich, harmonisch verworren und melodisch schwierig erlebte ältere Kunst. Im späten 19. Jh. wurde er zunächst für die bildende Kunst, dann für die Literatur und Musik als positiv charakterisierende Epochenbezeichnung verwendet. Man unterteilt den Zeitraum, der auch **Generalbasszeitalter** oder Zeitalter des konzertierenden Stils genannt wird, heute gewöhnlich in **Frühbarock** (1590 bis 1630), **Hochbarock** (1630–1680) und **Spätbarock** (1680–1730).

Der Anfang der Epoche wird durch das Aufkommen von ↑Monodie und ↑Generalbass um 1600 (G. CACCINI, I. PERI), durch die Blüte der mehrchörigen Musik in Venedig (A. und G. GABRIELI; ↑venezianische Schule) und die rasche Entfaltung selbstständiger, anspruchsvoller Instrumentalmusik (W. BYRD, J. P. SWEELINCK) markiert. Auf der Grundlage des neuen Sologesangs entstand die ↑Oper als repräsentative Gattung des B., daneben das ↑Oratorium, die ↑Kantate, das ↑geistliche Konzert und das Sololied (Generalbasslied). Auch die Instrumentalmusik wird von dem Kontrast solistisch führender Oberstimmen zum selbstständigen Bassfundament bestimmt (v. a. ↑Triosonate). Das Konzertieren (»Zusammenwirken«, auch »Wettstreiten«) von alternierenden Klanggruppen oder von Solisten und Begleitgruppe wird überall beliebt.

In der ersten Hälfte des 17. Jh. war die Umstellung der alten (↑Madrigal, ↑Motette) auf die neue monodische Satztechnik (C. MONTEVERDI, H. SCHÜTZ) der wichtigste Vorgang. In der zweiten Jahrhunderthälfte entwickelten sich feste, oft schematisierte Gattungs- und Formtypen: Im Bereich von Oper und Kantate entstand die Da-capo-Arie mit ausgebildetem Instrumentalritornell (F. PROVENZALE, A. SCARLATTI) und innerhalb der Instrumentalmusik nach der Konsolidierung der Klaviersuite (J. J. FROBERGER) und der Triosonate (als Kirchen- und als Kammersonate) das ↑Concerto grosso (A. CORELLI). In der ersten Hälfte des 18. Jh. eroberte die neue Form des Solokonzerts (A. VIVALDI) rasch ganz Europa und wurde neben der Ouvertürensuite (G. P. TELEMANN) zur orchestralen Hauptform. Den Höhepunkt der B.-Musik bilden G. F. HÄNDEL und J. S. BACH, die die Möglichkeiten der epochalen Spätphase umfassend repräsentieren: In den Gattungen der Orchester-, Kam-

Ballett

Auch wenn der ↑Tanz wie der Gesang vermutlich zu den ältesten künstlerischen Ausdrucksformen des Menschen gehört, ist das Ballett selbst eine vergleichsweise junge Kunst. Hervorgegangen aus mittelalterlichen Mysterien-, Passions- und Fastnachtsspielen erlebte es seine Geburt in den prunkvollen, oft tagelang währenden Aufzügen, Huldigungs- und Maskenspielen an den Fürstenhöfen der italienischen Renaissance, meist losen Zusammenstellungen von Musik, Poesie, Pantomime und Tanz zu allegorischen Stoffen aus der griechischen oder römischen Mythologie. Dabei ist der höfisch-repräsentative Ursprung des Balletts bis heute erkennbar geblieben an den zwei grundlegenden Stellungen des Tänzers, dem »En dehor« der auswärts gestellten Füße und dem stolzen »Nach-vorne«-Schreiten des »En avant«. Gerade mit der typischsten aller Tänzerpositionen, der vollkommen geraden Haltung der Körperachse, erinnert das Ballett nicht nur an die statuettenhafte Pose eines Vertreters des Feudalismus, vielmehr verkörpert sich im wahrsten Sinne des Wortes in diesem zur Schau gestellten »aufrechten Gang« auch die mit der Renaissance einhergehende Befreiung des Menschen aus der Enge und den kirchlichen Zwängen des Mittelalters und dessen neu erlangte Würde. Allgemein bezeichnet Ballett sowohl den künstlerischen Bühnentanz insgesamt als auch die einzelne szenische Tanzdarbietung mit Musik bzw. deren Choreographie, ferner die den Tanz ausführende Truppe (Kompagnie) sowie die eigens zur tänzerischen Umsetzung komponierte Musik. Eingeschränkt verbindet man mit dem Begriff heute aber v.a. das klassische Ballett, im Gegensatz zu neuen Formen des 20. Jh. wie Ausdruckstanz, ↑Jazzdance, ↑Modern Dance, New Dance und modernes Tanztheater.

■ Seine Majestät tanzt

Eine der frühesten Ballettdarbietungen, von denen wir wissen, fand 1489 anlässlich des Banketts zur Hochzeit von Gian Galeazzo Sforza und Isabella von Aragón in Mailand statt. Der Rahmenhandlung lag die Argonautensage zugrunde; die Ausführenden waren, wie noch lange Zeit üblich, ausschließlich Mitglieder der Hofgesellschaft, die Balletteinlagen basierten auf dem Schrittmaterial der höfischen ↑Gesellschaftstänze. Eigentlicher Ausgangspunkt für das moderne Ballett aber wurde das französische Hofballett (↑Ballet de Cour). Seine Geburtsstunde schlug, als die tanzbegeisterte Katharina von Medici 1533 den französischen König Heinrich II. heiratete und schon bald darauf den gesamten Hof regelrecht tanzen ließ. In ihrem Gefolge war auch der unter dem Namen Baltazarini berühmt gewordene Violinist B. de Belgioioso nach Paris gekommen, dem mit dem »Balet comique de la Royne« das erste abendfüllende Ballett zu verdanken ist. Vorherrschend waren dabei Drei- und Vierecksformationen sowie Kreis- und Spiralläufe der Tänzer. 1581 für eine Fürstenhochzeit im Pariser Louvre uraufgeführt, wurde es mit seiner Folge von Ouvertüre, mehreren aneinander gereihten Tanzszenen (Entrées) und einem groß angelegten Schlussballett zum Vorbild für die Entwicklung des Balletts auch an anderen europäischen Fürstenhöfen, etwa am englischen Hof in Form der ↑Masque.

V.a. unter dem französischen König Ludwig XIV., der seinen Beinamen »Sonnenkönig« nach der gleichnamigen Rolle erhielt, die er 1653 im »Ballet de la nuit« tanzte, erreichte das Ballett mit dem Komponisten J.-B. Lully, dem Choreographen P. Beauchamps oder Librettisten wie Molière oder I. de Benserade seinen ersten Höhepunkt. Gleichzeitig entstanden Mischformen wie das von Molière favorisierte Comédie-ballet oder die ↑Tragédie lyrique, später unter dem Einfluss von J.-P. Rameau und A. Campra das ↑Opéra-ballet. 1661 gründete Ludwig XIV. die

»Académie royale de danse«, der die Aufgabe zukam, Tanzschritte und Tänze festzulegen und laufend zu ergänzen. Seitdem ist Französisch die internationale Ballettsprache.

Da die Schritttechnik des Balletts für adlige Dilettanten zu schwierig geworden war, wurden nun vermehrt professionelle Tänzer ausgebildet, v.a. an der 1669 gegründeten »Académie royale de musique«, der späteren Pariser Opéra, die das zuvor im Raum aufgeführte und von drei Seiten sichtbare Ballett zur Bühnenkunst erhob – durch deren neuartiges Guckkastenprinzip änderte sich auch die Choreographie grundlegend.

nische Schwierigkeiten, schaffte den Blockabsatz des Tanzschuhs ab und verkürzte den Rock so weit, dass ihre Beinarbeit sichtbar wurde.

■ **Durchbruch zum Handlungsballett**

Während in Frankreich die Oper aus dem Ballett hervorging, verlief die Entwicklung des Balletts als Bühnenkunst in Italien und Wien in umgekehrter Richtung, indem die Oper in wachsendem Maße Gelegenheit für Balletteinlagen bot. Ein entscheidender Neuerer, der den Verfall der Ballettkunst seiner Zeit zur bloßen technischen »Kunststückelei« beklagte, war J.-G. Noverre, der 1760

Peter Tschaikowskys »Schwanensee«

Lange Zeit hatten Männer (mit Masken) die Frauenrollen getanzt. Die erste Primaballerina auf der Bühne war Mademoiselle de La Fontaine in Lullys »Le triomphe de l'amour« (1681), in dem erstmals auch ein »Pas de deux« getanzt wurde. 1726 wurde die Camargo erste Solotänzerin der Opéra. Sie entlehnte dem Männertanz zahlreiche tech-

in seinen »Briefen über die Tanzkunst« das dramaturgisch wie kompositorisch durchgearbeitete Handlungsballett (»Ballet d'action«) forderte. Als Meilenstein in dieser Richtung gilt C. W. Glucks »Don Juan« in der Choreographie von G. Angiolini (1761), doch sollte es noch rund 80 Jahre dauern, bis sich über Einzelwerke wie z.B. L. van

BEETHOVENS »Geschöpfe des Prometheus« (1801) das Ballett als eigenständige Bühnenform von der Oper emanzipieren konnte.

Wegweisend für den nun einsetzenden Ballettboom wurden »La Sylphide« in der Choreographie von F. TAGLIONI (Paris 1832; Musik von J.-M. SCHNEITZHOEFFER), v. a. aber das von H. HEINE inspirierte und von J. CORALLI und J. PERROT 1841 für Paris choreographierte Ballett »Giselle« (Musik von A. ADAM), nicht zuletzt wegen seiner idealen »Tanzmusik« bis heute Inbegriff des romantischen Balletts: Es wird seit über 150 Jahren im Original getanzt. Typisch für das romantische Ballett wurde nun der Wechsel von »bunten« Akten, die die Handlung erzählen, und »weißen«, allein auf den Tanz abgestellten Akten (»Ballet blanc«).

Hieran anknüpfend, entstanden während der zweiten Hälfte des 19. Jh. in Kopenhagen (A. BOURNONVILLE) und v. a. am kaiserlichen Hof in St. Petersburg weitere wichtige Zentren. Initiator war hier M. PETIPA, der in kongenialer Zusammenarbeit mit P. TSCHAIKOWSKY Klassiker des spätromantischen Balletts schuf: »Dornröschen« (1890), »Nussknacker« (1892) und »Schwanensee« (1898). Mit einer einzigartigen choreographischen Verbindung von dramatischem Ausdruck und höchster tänzerischer Präzision führte er nicht nur das russische Ballett zu Weltruhm, sondern festigte durch eine speziell auf die weibliche Solotänzerin abgestellte Choreographie auch den Typ der Ballerina, umschwärmt von Corps de Ballet und seitdem einsamer Star im Balletthimmel. Als bedeutendste Ballerina der russischen Schule neben A. PAWLOWA gilt G. ULANOWA vom Moskauer Bolschoi, dem zweiten Ballettzentrum Russlands mit Weltgeltung. Durch Tänzer bzw. Choreographen wie M. FOKIN, S. DIAGHILEW, G. BALANCHINE oder R. NUREJEW reicht der Einfluss PETIPAS weit ins 20. Jh. hinein.

■ »Der sterbende Schwan«

Kaum zwei Minuten lang, hat dieser 1907 von FOKIN nach der Musik von C. SAINT-SAËNS choreographierte »Pas seul« doch Ballettgeschichte geschrieben. In dem äußerst fragilen Tanz werden Bewegungsablauf und Sujet auf eine bis dahin unerreichte Weise verschmolzen, die nur den allerbesten Tänzerinnen möglich ist und wegweisend wurde für das Ballett des 20. Jahrhunderts.

■ Von der Spitze zurück zur Fußsohle

Obwohl sich Tänzer und Tänzerinnen vermutlich immer schon gerne »auf die Spitze« gestellt haben, war es v. a. M. TAGLIONI, die den Spitzentanz im Ballett populär machte und für viele andere herausragende Ballerinen des 19. Jh. wie u. a. C. GRISI, F. ELSSLER oder A. FERRARIS wegweisend wurde. Die TAGLIONI kreierte zudem in dem bereits genannten »La Sylphide« ihres Vaters auch das »Tutu« genannte Spitzenröckchen, das zum Standardkostüm der Ballerina in der zweiten Hälfte des 19. Jh. wurde.

Von 1909–29 beherrschten DIAGHILEWS »Ballets Russes« von Paris aus die Ballettwelt. Dabei verstand dieser es nicht nur, herausragende russische Tänzer und Choreographen (u. a. V. NIJINSKIJ, L. MASSINE, BALANCHINE) zu gewinnen, sondern er arbeitete auch eng mit einigen der bedeutendsten Komponisten und Malern der Zeit zusammen, darunter C. DEBUSSY, S. PROKOFJEW und P. PICASSO, v. a. aber mit I. STRAWINSKY, der mit »Feuervogel« (1910), »Petruschka« (1911) und »Sacre du printemps« (1913) als zentraler Erneuerer der Ballettkomposition gilt. V. a. die Uraufführung des »Sacre« wurde wegen des sich anschließenden Theatertumultes zu einem der legendärsten Ballettereignisse des 20. Jahrhunderts.

Die beherrschende Persönlichkeit des modernen Balletts aber wurde BALANCHINE, der mit »Apollon musagète«

(1928, Musik ebenfalls STRAWINSKY) die von FOKIN vorgezeichnete Linie fortsetzte, aber durch Verarbeitung von Materialien aus der bildenden Kunst, aus dem Sport, dem nicht klassischen Tanz sowie dem Ausdruckstanz (I. DUNCAN, lendes Publikum gewann, und in den Niederlanden R. VON DANTZIG, J. KYLIÁN und H. VON MANEN. In Deutschland fand das Ballett v.a. durch die Arbeit von J. CRANKO in Stuttgart und die Ballettcollagen J. NEUMEIERS in Frankfurt am

Igor Strawinskys »Le sacre de printemps« in einer Choreographie von Pina Bausch (1995)

M. WIGMAN) bzw. dem freien Tanz zu einem von einem neuen Körpergefühl geprägten Neoklassizismus gelangte und sich nach 1950 mit dem Modern Dance traf (M. GRAHAM). 1934 gründete er in den USA die »School of American Ballet«, aus der 1948 das »New York City Ballet« hervorging, neben dem »American Ballet Theatre« die bedeutendste amerikanische Ballettkompagnie. Bedeutenden Einfluss gewann daneben auch der von K. DUNHAM ausgehende Jazzdance, der in den New Dance mit seinen z.T. minimalistischen Formen einmündet (M. MONK). Eine besonders enge Verbindung ging das Ballett zudem mit dem Musical ein, exemplarisch in der durchgetanzten Form von J. ROBBINS Choreographie zu L. BERNSTEINS »Westside story«.

Europa hatte der Übermacht der Amerikaner jahrzehntelang nur wenig entgegenzusetzen. Neue Anstöße gelangen M. BÉJART mit seinem »Ballet du XX Siècle«, das mit unkonventionellen Spielorten und effektvollen Großproduktionen ein neues, nach Zehntausenden zählendes Publikum gewann, und in den Main und Hamburg Anschluss an die internationale Entwicklung. Mit ihrem Tanztheater schufen jüngst P. BAUSCH, R. HOFFMAN, J. KRESNIK u.a. neue Formen, die sowohl auf den Ausdruckstanz wie auf Erfahrungen des Schauspiels (episches Theater B. BRECHTS) zurückgreifen und z.B. im »choreographischen Theater« P. MIKULÁSTIKS in Bereiche vordringen, wo ursprüngliche Balletttugenden nur mehr atomisiert oder ironisiert anzutreffen sind. Anders verhält es sich mit W. FORSYTHE in Frankfurt am Main, der mit seinen Arbeiten wieder zu einer Art tänzerischer Grundlagenforschung zurückkehrt.

Ballett. Eine illustrierte Darstellung des Tanztheaters von 1581 bis zur Gegenwart, herausgegeben von MARIO PASI u.a. Wiesbaden (Drei-Lilien-Verlag) 1980. ■ SORELL, WALTER: *Kulturgeschichte des Tanzes.* Wilhelmshafen (Noetzel) ²1995. ■ REGITZ, HARTMUT, u.a.: *Reclams Ballettführer.* Stuttgart (Reclam) ¹²1996.

mer- und Orgelmusik überschneidet sich ihr Schaffen, doch innerhalb der Vokalmusik ist HÄNDEL mit seinen Opern und Oratorien ein zukunftweisender Komponist von publikumsbezogener Musik, während BACH mit seinen Kantaten und ↑Passionen die kirchliche gemeindebezogene Musik zu einem Höhepunkt führte. Charakteristisch für die Musik des B. sind das Streben nach sinnlichen Effekten, insbesondere nach Sprach- und Affektausdruck (Musik als Sprache in Tönen, ↑Figuren-, ↑Affektenlehre) und dramatischem Gestus, der sich auch in Theatralik und Pathos äußert, das Gegenüber von Rationalismus (↑Kontrapunkt, Fuge, Zahlensymbolik) und Irrationalismus (Leidenschaftlichkeit) und die Verwendung von klanglichen und räumlichen Kontrastwirkungen (Solo/Tutti, ↑Mehrchörigkeit, Echo). Die Harmonik wird zunehmend bestimmt von einer klaren Dur-Moll-Tonalität, in der alle Akkorde aufeinander beziehbar sind, die Rhythmik vom Takt mit seinen differenziert abgestuften Schwerpunkten. Die Lehre von den musikalischen ↑Stilen (v.a. Kirchen-, Kammer- und Theaterstil) wird ausgebildet. Das Ende der B.-Musik ist gekennzeichnet durch die Abkehr von Kontrapunkt und Generalbass, die Auflösung der Affektenlehre und der musikalischen Rhetorik und das Aufkommen des ↑empfindsamen und ↑galanten Stils, in dem sich eine neue, nämlich die bürgerliche Musikkultur, ankündigt.

Barockrock: ↑Classic Rock.

Barré [französisch »Schranke«, »Balken«]: beim Lauten- und Gitarrenspiel der Quergriff eines Fingers über mehrere Saiten. Dabei wirkt der greifende Finger als künstlicher Sattel (↑Capotasto), der das Akkordspiel in höheren Lagen ermöglicht.

Barrelhousestil ['bærəlhaʊs-; englisch »Bierhaus«, von barrel »Fass«]: einfache Klavierspielweise, die in den Kneipen der Südstaaten der USA entwickelt wurde und als Vorläufer des Boogie-Woogie gilt.

Bartók, Béla Viktor János, ungarischer Komponist und Pianist, *Nagy Szent Miklós (heute Sânnicolau Mare, Rumänien) 25. 3. 1881, † New York 26. 9. 1945: B. studierte von 1899 bis 1903 Klavier und Komposition an der Musikhochschule in Budapest, wo er von 1907 bis 1934 auch eine Professur für Klavier innehatte. Daneben bereiste er als Konzertpianist fast alle europäischen Länder sowie Amerika. 1905 lernte er anlässlich eines Komponistenwettbewerbes in Paris C. DEBUSSY kennen, dessen impressionistische Tonsprache ihn nachhaltig beeinflusste. Der zentrale Schlüssel für seine kompositorische Entwicklung war allerdings die immense Sammlung von Volksliedern bzw. -musik, die er in rund 30-jähriger Feldforschungsarbeit zusammentrug. 1940 emigrierte er in die USA, wo er weitgehend isoliert und mittellos verstarb.
Seinen Ruf als Komponist begründete die noch ganz im Stil R. STRAUSS' komponierte sinfonische Dichtung »Kossuth« (1903). Unter dem Eindruck der »Bauernmusik« fand B. dann zu einer neuen, expressiven Tonsprache, die sich bereits in seiner Oper »Herzog Blaubarts Burg« (1918) ankündigt und dann im Ballett »Der wunderbare Mandarin« (1918/19) ihren ersten Höhepunkt findet. Ein Welterfolg gelang ihm mit der fünfteiligen »Tanzsuite« (1923), die unterschiedlichste musikalische Formen verschiedenster Herkunft miteinander verbindet. Von besonderer Aussagekraft sind v.a. seine sechs Streichquartette, die einzelne Stationen seines Schaffens brennpunktartig widerspiegeln: vom impressionistischen Duktus des 1. (1908), dem rhythmisch elementaren des 2. (1917), dem spröden Konstruktivismus des 4. (1928) und 5. (1934) bis zur melancholischen Glättung des 6. (1939). Die heute am meisten gespielten Werke B.s stammen aus seiner späten Zeit. Daneben komponierte B. eine Fülle von oft pädagogisch motivierten Klavierwerken, so auch die sechs Hefte »Mikrokosmos«

(1926–37), ein nach Schwierigkeitsgraden aufsteigendes Klaviermusikkompendium, in dem jedes der 153 Stücke gleichzeitig die Lösung eines bestimmten kompositorischen Problems vorstellt. Seine volksmusikalischen Forschungen hat er u.a. in dem Buch »Das ungarische Volkslied« (1924) reflektiert.

Baryton [französisch; zu griechisch barýtonos »volltönend«] (italienisch Viola di bordone): ein v.a. in Süddeutschland und Österreich im 17.–19. Jh. beliebtes Streichinstrument der Violenfamilie in Baritonlage. Das auf die Viola bastarda zurückgehende Instrument ähnelt in der Form der Gambe und wird wie diese zwischen den Knien gehalten. Es besitzt 6–7 Spielsaiten aus Darm (Stimmung $_1$A–D–G–c–e–a–d^1) und 9–28 Resonanzsaiten aus Metall, die auf der Rückseite des ausgehöhlten Halses verlaufen und auch mit dem Daumen gezupft werden. J. Haydn schrieb für Fürst Esterházy zahlreiche Trios für B., Viola und Bass.

bas [ba; französisch »niedrig«, »still«]: bezeichnet im 15. Jh. die leisen Instrumente (Instruments bas) im Gegensatz zu den lauten Instrumente (Instruments hauts, ↑Alta). Die **Basse musique** wurde in der höfischen Kammer und bei Mysterienspielen eingesetzt.

Bass [italienisch; von vulgärlateinisch bassus »niedrig«] (italienisch Basso, französisch Basse), Abk. B:
♦ *Stimmlage:* die tiefste Männerstimme (Umfang etwa E–d^1/f^1; beim tiefen B. Abstieg bis zum C; hoher B. ↑Bariton). In der Bühnenpraxis wird unterschieden zwischen dem seriösen B. (z.B. Sarastro aus W. A. Mozarts »Zauberflöte«) und dem beweglicheren B.-Buffo (z.B. Bartolo aus G. Rossinis »Barbier von Sevilla«). Die Bezeichnung B. entstand im 15.Jh., als der ↑Contratenor in den **Contratenor altus** (↑Alt) und den **Contratenor bassus** aufgespalten und letzter dann abgekürzt Bassus genannt wurde. Der B. als tiefste Stimme einer Komposition trägt und bestimmt die harmonische Anlage und folgt daher in der Stimmführung seinen eigenen Gesetzmäßigkeiten. – Bei Instrumentenfamilien ist B. die Bezeichnung für die tiefsten Vertreter, z.B. B.-Blockflöte, B.-Posaune, B.-Trompete.
♦ *Instrumentenkunde:* ↑Kontrabass.

Bassbalken: bei Streichinstrumenten der Gamben- und der Violinfamilie eine längs der Deckenunterseite unter Spannung aufgeleimte Holzleiste (Rippe), die der Resonanzverstärkung der tiefen Töne dient.

Bassbuffo: Sänger mit einer Stimme, die sich besonders für komische Bassrollen eignet. – ↑auch Bass.

Basse Danse [bas'dãs; französisch] (italienisch Bassa danza): ein gravitätischer Schreit- oder Gleittanz, im 15. und am Anfang des 16. Jh. v.a. an den französischen und italienischen Höfen verbreitet; als Sprungtanz folgte der B. D. oft eine Galliarde oder ein Saltarello.

Basse fondamentale [ba:s fɔ̃damã'tal; französisch]: ↑Fundamentalbass.

Bassett [italienisch »kleiner Bass«] (Bassettl, Bassl, Halbbass): ein drei- bis viersaitiges, als **Deutscher Bass** fünf- bis sechssaitiges, in der Tonlage zwischen Violoncello und Kontrabass stehendes Streichinstrument, das im 18.Jh. beliebt war.

Bassetthorn: um 1770 erstmals gebaute Altklarinette in F (Umfang F–c^3) mit halbmondförmig gebogener, ab etwa 1800 geknickter Schallröhre und einer meist dreifachen, durch einen Kasten (»Buch«) verdeckten Knickung vor der Stürze. Das moderne B. hat eine gerade Röhre mit in flachem Winkel angesetztem Mundstück und einen wie beim Saxophon abgebogenen Schalltrichter aus Metall (Abb. S. 42).

Bassgeige: ↑Kontrabass.

Basso concertante [- kɔntʃɛr'tantə; italienisch »konzertierender Bass«]: ↑Basso ripieno.

Basso continuo [italienisch »ununterbrochener Bass«], Abk. B.c. (Kurzform Continuo): ↑Generalbass.

Basso ostinato [italienisch »hartnäckiger Bass«]: ↑Ostinato.

Basso ripieno [italienisch »voller Bass«] (Ripienbass): in der Musik des 17./18. Jh. der durch Registrierung (Cembalo, Orgel) oder Besetzung (Orchester) verstärkte Bass der Tuttipartien, im Gegensatz zum **Basso concertante** der solistischen Partien.

Bassetthorn

Basso seguente [italienisch »folgender Bass«]: seit Ende des 16. Jh. eine aus den jeweils tiefsten Tönen des Stimmverbandes gebildete Stimme; sie war für die Begleitpraxis des Organisten bestimmt **(Basso pro organo)** und eine Frühform des Generalbasses.

Bassschlüssel: in der Notenschrift der F-Schlüssel auf der 4. Notenlinie (↑Schlüssel).

Batterie [französisch]: Bezeichnung für Signale und Wirbel auf der Trommel.

Battuta [italienisch »Schlag«, »Takt«]: Taktschlag auf dem betonten Taktteil. **ritmo di tre (quattro) battute,** wie im Scherzo von L. van Beethovens 9. Sinfonie, bedeutet die Zusammenfassung von drei bzw. vier Takten zu Großtakten. – **a battuta** gibt nach vorausgegangenen Bezeichnungen wie colla parte, a piacere oder ad libitum den Wiedereintritt in die strenge Taktordnung an.

B. c.: Abk. für **B**asso **c**ontinuo (↑Generalbass).

Beantwortung: der Comes einer ↑Fuge; im Jazz als chorischer Antwortruf ein Teil der ↑Ruf-Antwort-Form.

Bearbeitung: jede Veränderung eines Musikwerkes, die das Originalwerk in seinen Wesenszügen erkennbar lässt. Sie wird meist als ↑Transkription eines Werkes für andere Besetzung verstanden, so die Klaviertranskriptionen F. Liszts von Beethoven-Sinfonien oder die Orchesterübertragung (↑Orchestration) von M. Mussorgskijs »Bilder einer Ausstellung« durch M. Ravel.

Beat [bi:t; englisch »Schlag«]:
♦ *Rhythmik:* der meist vierzeitige Fundamentalrhythmus (Grundschlag) der Rhythmusgruppe im traditionellen Jazz; im Modern Jazz mit seinen oft komplizierten metrischen Strukturen meist – ähnlich wie der Begriff swing – Ausdruck für die rhythmische Intensität des Jazz (↑Offbeat).
♦ *Musikgeschichte:* (B.-Musik): um 1960 in Großbritannien in der Verbindung Mersey-Beat (benannt nach der in dieser Zeit in Liverpool und Umgebung am Fluss Mersey entstandenen Musikpraxis) aufgekommene Bezeichnung für eine Form von Popmusik, die das Nachspielen von amerikanischen Rock-'n'-Roll-Standards durch jugendliche Amateurbands mit einem dabei hervorgehobenen metrischen Grundschlag verband; zu den bekanntesten Vertretern gehörten die ↑Beatles. Der Begriff B.-Musik hat sich im deutschsprachigen Raum lange Zeit als Synonym für Rockmusik gehalten.

Beatles [bi:tlz]: 1959 in Liverpool gegründete britische Popgruppe, die sich zu den erfolgreichsten Repräsentanten der Popmusik entwickelte und in den 1960er-Jahren maßgeblich dazu beitrug, dass diese Musik zu einer spezifisch jugendkulturellen Ausdrucksform werden konnte, die dann als Rockmusik Rebel-

lion, Provokation und Vergnügen in sich vereinigte.
Keimzelle der B. war eine 1955 von JOHN LENNON (Rhythmusgitarre, Gesang) als Schülerband gegründete Skifflegruppe, der sich in den folgenden Jahren PAUL MCCARTNEY (Bassgitarre, Gesang) und GEORGE HARRISON (Melodiegitarre, Gesang) anschlossen. 1959 erfolgte die Namensgebung »Silver B.«, kurze Zeit später nur noch »B.«. Die endgültige Besetzung wurde erst 1962 mit der Aufnahme von RINGO STARR (Schlagzeug, Gesang) in die Gruppe erreicht. Unter der Leitung ihres Produzenten G. MARTIN machte die Band seit ihrer 1962 veröffentlichten Debütsingle »Love me do / P. S. I love you« mit einer sensationellen Erfolgsserie Popmusikgeschichte. Ab 1965 wandelte sich der Stil der B. von harter, motorischer Beatmusik mit einfachen Liedstrukturen (»She loves you«, »Help«) meist aus der Feder von LENNON und MCCARTNEY zu einer komplexen Musikform, die mit Elementen klassischer und asiatischer Musik,

Beatles: Cover der LP »Sergeant Pepper's lonely hearts club band« (1967)

verschiedensten Instrumenten und elektronischer Verfremdung in Verbindung mit ironischen und surrealistischen Texten experimentierte (LPs »Sergeant Pepper's lonely hearts club band«, 1967; »Abbey road«, 1969). Die Gruppe wurde u. a. mit ihrem anfangs als äußerst provokant empfundenen äußeren Erscheinungsbild (»Pilzköpfe«) sowie ihrem saloppen Auftrittsgehabe zum Symbol für den Umbruch in den Denk- und Lebensweisen der Jugendlichen in der westlichen Welt. 1970 löste sich die Gruppe wegen interner Meinungsverschiedenheiten formell auf, erlebte aber bis in die späten 1990er-Jahre mit bis dahin unveröffentlichten Originalaufnahmen immer wieder Plattencomebacks.

Bebop [ˈbiːbɔp; amerikanisch] (Bop): ein zu Beginn der 1940er-Jahre von schwarzen Musikern entwickelter Stilbereich des Jazz, der durch eine sprunghafte Melodik und eine hektisch-nervöse Rhythmik gekennzeichnet ist. Mit dem B. gibt der Jazz erstmals seine Funktion als Tanzmusik auf. Zu den wichtigsten Musikern des B. gehören C. PARKER, D. GILLESPIE und T. MONK.

Bebung (französisch Balancement): in der empfindsamen Musik des späteren 18. Jh. eine dem Vibrato ähnliche Vortragsart auf dem Klavichord, die durch Beben, einem schwingenden Auf und Ab der Finger auf der Taste, erreicht wird. Angezeigt wurde die B. durch mehrere Punkte und einen sie überspannenden Bogen über der betreffenden Note.

Becher (Schallbecher): der Schalltrichter bei Holzblasinstrumenten, v. a. bei der Klarinette; ihm entspricht die ↑Stürze der Blechblasinstrumente, bei der Orgel der ↑Aufsatz der Lingualpfeifen.

Becken: Schlaginstrument, das aus zwei tellerförmigen Metallscheiben besteht, die gegeneinander geschlagen oder, beim hängenden B., das aus nur einem B.-Teller besteht, mit einem Schlegel oder einem Besen angeschlagen werden. Der Klang wird durch die flachen Ränder erzeugt; die nicht klingende, vertiefte Mitte ist durchbohrt und mit Halteriemen oder einer Aufhängung versehen. In der Tanz-, der Jazz- und der Rockmusik finden die Charleston- und die Hi-Hat-Maschine Anwendung, bei denen die B. mittels Pedaltritt angeschlagen werden. Der Klang ist grell, lang anhaltend und von unbestimmter Tonhöhe.

Becken

Unterschieden werden der Form nach die flachen, von der Mitte gleichmäßig zum äußeren Rand verlaufenden türkischen B. (Durchmesser 50 cm) und die kleineren (Durchmesser 35 cm), sehr dünnen chinesischen B. mit nach oben gebogenem Rand und einem Buckel in der Mitte. Die türkischen klingen voll rauschend, die chinesischen schärfer.
Die B., ursprünglich Kultinstrumente in den asiatischen Hochkulturen, waren in der Antike und im Mittelalter als Kymbala (↑Cymbala) verbreitet. Sie gelangten nach den Türkenkriegen (↑Janitscharenmusik) in die abendländische Militär- und in die Kunstmusik.

Beethoven, Ludwig van: Siehe S. 46.
Béguine [beˈgiːn; französisch »Flirt«]: um 1930 von den Antilleninseln Martinique und Saint Lucia nach Europa gelangter Tanz in gemäßigtem bis raschem Tempo, im 2/4-, 4/4- oder 2/2-Takt, eine Abart der Rumba; bekannt durch C. Porters »Begin the beguine«.

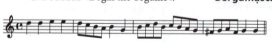

Bergamasca

Belcanto [italienisch »schöner Gesang«]: Bezeichnung für den v.a. in Italien gepflegten Gesangsstil des 17.–19. Jh., bei dem v.a. Wert auf vollkommene Tongebung, Klangschönheit und Ausgeglichenheit der Stimme gelegt wurde. Im 19. Jh. verbindet sich der B.-Stil in den Partien der italienischen Oper zusehends mit dramatischen Akzenten (G. Donizetti, V. Bellini und v.a. G. Verdi). R. Wagner stellte dem B. mit dem dramatischen Sprechgesang ein neues Gesangsideal entgegen.

bémol [französisch] (italienisch bemolle): das Erniedrigungszeichen, hervorgegangen aus der Bezeichnung B molle (↑B). Als Zusatz zu den französischen und italienischen Tonnamen bezeichnet b. deren Erniedrigung um einen Halbton, z.B. mi bémol = Es.

Benedicamus Domino [lateinisch »Lasst uns den Herrn preisen«]: Entlassungsformel der römischen und ambrosianischen Liturgie am Schluss der einzelnen Horen des Offiziums; bei der Messliturgie ursprünglich in Messen, die das ↑Gloria in excelsis Deo nicht haben. Das B. D. spielte eine große Rolle im Zusammenhang mit den Tropen und der frühen Mehrstimmigkeit.

Benedictus [lateinisch »gepriesen (sei, der da kommt im Namen des Herrn)«]: der zweite Teil des Sanctus in der Messe; Text nach dem Matthäusevangelium 21,9. Das B. wurde in der Choralpraxis unmittelbar nach dem Sanctus gesungen, in mehrstimmigen Messen häufig nach der Wandlung.

Berceuse [bɛrˈsøːz(ə); französisch »Wiegenlied«]: ursprünglich ein Lied in wiegender 6/8-Bewegung, seit dem 19. Jh. auch Instrumentalstück für Klavier (F. Chopin, op. 57) und für Orchester (F. Busoni, »B. élégiaque« op. 42).

Bergamasca [italienisch] (Bergamasco, Bergamaskertanz): im 16. Jh. Bezeichnung für ein Tanzlied in bergamaskischem Dialekt, vom 16. bis zum 18. Jh. für einen schnellen Tanz in geradem Takt, später für eine bestimmte Melodie, die auch als Grundlage für Variationswerke diente (z.B. in J. S. Bachs Quodlibet der

»Goldberg-Variationen«). Im 19. Jh. wurde auch ein der Tarantella ähnlicher Tanz als B. bezeichnet.

Bergerette [bɛrʒəˈrɛt; französisch von berger »Schäfer«]: im 16. Jh. ein ländlicher Tanz im schnellen Dreiertakt in meist dreiteiliger Form mit Nachtanz, im 18. Jh ein der Brunette verwandtes Lied meist amourösen Inhalts aus dem Bereich der Schäferdichtung.

Bergreihen: Lieder der Bergleute mit geistlichen und weltlichen Texten aus dem 16.–18. Jh.; v. a. im böhmischen und steiermärkischen Raum, im Erzgebirge und in Thüringen verbreitet. Die erste gedruckte Sammlung ist W. MEIERPECKS »Etliche hübsche B.« (Zwickau 1531, ohne Melodien); musikalische B. veröffentlichte u. a. M. FRANCK (1602, vierstimmig). Seit dem 18. Jh. werden die B. **Bergmannslieder** genannt.

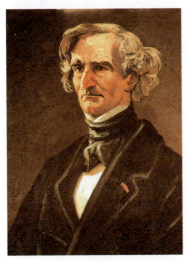

Hector Berlioz

Berliner Schule (Norddeutsche Schule): eine um 1740–70 in Berlin wirkende Gruppe von Komponisten, die überwiegend mit dem Hof FRIEDRICHS II. in Verbindung standen, u. a. C. P. E. BACH, J. J. QUANTZ, J. G. GRAUN, C. H. GRAUN und J. P. KIRNBERGER. Im Mittelpunkt stand die Instrumentalmusik. Deren Kennzeichen ist die Verbindung des ↑empfindsamen Stils mit der älteren strengen (kontrapunktisch orientierten) Schreibart, worin sich der musikalische Geschmack des selbst komponierenden Königs ausdrückt und sich die B. S. von der ↑Mannheimer Schule unterscheidet. – Bei der **Berliner Liederschule** ist eine gleichzeitige frühe Komponistengruppe (u. a. C. G. KRAUSE, F. W. MARPURG) von einer um 1780–1815 wirkenden späteren (J. A. P. SCHULZ, J. F. REICHARDT, C. F. ZELTER) zu unterscheiden. V. a. der Letzteren gelang die Verwirklichung des neuen Liedideals der Schlichtheit, Sanglichkeit und Volkstümlichkeit (↑Lied).

Berlioz [bɛrˈljoːz], Louis Hector, französischer Komponist, *La Côte-Saint-André (Département Isère) 11. 12. 1803, † Paris 8. 3. 1869: Von Haus aus Musikdilettant, der zeitlebens kaum die Klavierspiel beherrschte, gab B. 1826 sein Medizinstudium auf, um sich am Pariser Conservatoire ganz der Musik zu widmen, deren akademischen Betrieb er aber zutiefst verachtete. Nachdem er bereits mehrere größere Werke komponiert hatte, darunter auch sein populärstes, die »Symphonie fantastique« (1830), erhielt er im gleichen Jahr für die Kantate »La dernière nuit de Sardanapale« den Rompreis, der ihm 1831/32 einen Studienaufenthalt in Italien ermöglichte. Mehrfache Konzertreisen nach Deutschland, Österreich, Russland und England (1842–67) brachten ihm trotz lebhaften Widerspruchs gegenüber seiner ausdrucksstarken Musiksprache auch große Erfolge, doch blieb B. v. a. in Frankreich die Anerkennung weitgehend versagt, sodass er seinen Lebensunterhalt v. a. als Konservator (seit 1839) bzw. Bibliothekar (seit 1850) am Pariser Conservatoire und durch schriftstellerische Arbeiten (Musikfeuilletons) nur notdürftig bestreiten konnte. Daneben war er in Paris als literarisch-musikalische Doppelbega-

"Bester Herr Graf, Sie sind ein Schaf!«, schrieb er einst einem seiner vielen adligen Auftraggeber ins Stammbuch. Kein Komponist vor ihm hätte sich so etwas erlauben dürfen. Und wie kein anderer vor ihm verkörpert LUDWIG VAN BEETHOVEN den Typ des freien, autonomen Künstlers. Dabei bedeutet Freiheit nicht nur das Fehlen einer gesicherten Anstellung, die BEETHOVEN spätestens in Wien nicht hatte und nicht suchte, Freiheit meint auch jene bis in die feinsten Werkstrukturen hinein noch spürbare subjektive Art des Komponierens, bei der jedes Werk eine ganz eigene Individualität erhält, wie es nicht nur die über 5000 erhaltenen Skizzenblätter eindrucksvoll dokumentieren, sondern auch das Œuvre selbst – zum Vergleich: J. HAYDN komponierte 68 Streichquartette und noch mehr als 100 Sinfonien, W. A. MOZART 26 bzw. knapp 50, bei BEETHOVEN sind es lediglich 16 Quartette und neun Sinfonien.

V. a. das Moment der existenziellen Aussage, in der Leben und Komponieren eine untrennbare Einheit bilden, bestimmt bis heute das Beethovenbild, wobei es immer wieder in übersteigertes Pathos abzugleiten drohte: BEETHOVEN der Priester, der Heilige oder der Erlöser. Dass auch sein Werk selbst nicht vor solchem Missbrauch gefeit ist, zeigt der berühmte Schlusssatz der 9. Sinfonie mit der Ode »An die Freude«, der mittlerweile zur »Festmusik« zu verkommen droht.

■ Beethovens Jugend in Bonn

Getauft am 17. 12. 1770 in der kurfürstlichen Residenzstadt Bonn, erlebte BEETHOVEN eine Kindheit, die geprägt war von einem ärmlichen und trostlosen Familienalltag mit einem dem Alkohol ergebenen Musikervater, der den Siebenjährigen zum Wunderknaben am Klavier »abrichten« wollte. Zuwendung und Förderung fand er v. a. außer Haus, besonders bei der Familie HELENE VON BREUNINGS, deren Kinder er unterrichtete, und bei dem Hoforganisten C. G. NEEFE, einem versierten Bachkenner, den BEETHOVEN schon mit zwölf Jahren an der Orgel vertreten durfte. 1784 wurde BEETHOVEN als Organist, 1789 als Bratschist Mitglied der Hofkapelle. Einen ersten Wienaufenthalt 1787 mit einem kurfürstlichen Stipendium für ein Studium bei MOZART musste er wegen der schweren Erkrankung der Mutter abbrechen, immerhin entstanden jedoch bis 1792, dem Jahr seiner endgültigen Übersiedlung nach Wien, rund 50 Kompositionen, von denen einige auch gedruckt wurden.

■ Mozarts Geist aus Haydns Händen

Im Herbst 1792 reiste BEETHOVEN vermutlich auf Betreiben des Grafen WALDSTEIN, einem seiner wichtigsten Gönner, abermals mit einem Stipendium nach Wien, um nun, nach MOZARTS Tod, bei HAYDN zu studieren. Berühmt wurden die Sätze, die WALDSTEIN dem 22-Jährigen zum Abschied mitgab: »Lieber Beethoven! Sie reisen izt nach Wien zur Erfüllung ihrer so lange bestrittenen Wünsche. Mozart's Genius trauert noch und beweinet den Tod seines Zöglinges. Bey dem unerschöpflichen Haydn fand er Zuflucht, aber keine Beschäftigung; durch ihn wünscht er noch einmal mit jemandem vereint zu werden. Durch ununterbrochenen Fleiß erhalten Sie: Mozart's Geist aus Haydns Händen.«

Dass WALDSTEIN bereits 1792 von der Trias »HAYDN – MOZART – BEETHOVEN« sprechen konnte, beweist nicht nur, wie hoch BEETHOVEN in seiner Bonner Zeit als Komponist geschätzt war. In ungewöhnlicher Hellsichtigkeit wird hier bereits jene Rangordnung angedeutet, innerhalb derer BEETHOVEN eine Sonderstellung im Sinne des Vollenders und Überwinders der Wiener Klassik zukommen sollte und die im Laufe des 19. Jh. als musikhistorischer Topos verbindlich werden sollte. Allerdings war der Unterricht bei HAYDN nach BEETHOVENS eigenen Worten sehr unergiebig, sodass er sich bald andere Lehrer suchte, u.a. J. G. ALBRECHTSBERGER für Kontrapunkt und A. SALIERI für Gesangskomposition. Seinem Gönner, dem Grafen WALDSTEIN, widmete BEETHOVEN in diesen Jahren die »Waldsteinsonate« op. 53 (1805), mit dem drängenden Einleitungsstakkato eine der schönsten von insgesamt 32 Klaviersonaten (darunter auch die »Pathétique« op. 13, 1798; »Mondscheinsonate« op. 27, 1801; »Appassionata« op. 57, 1805; »Hammerklaviersonate« op. 106, 1818).

■ Beethovens Leben in Wien

In Wien trat BEETHOVEN am 29. 3. 1795 erstmals öffentlich mit seinem zweiten von insgesamt fünf Klavierkonzerten auf und genoss als Pianist und Improvisator, Lehrer und Komponist bald hohes Ansehen. Als eine Berufung 1809 an den Kasseler Hof erfolgte, setzten ihm Erzherzog RUDOLF, Fürst LOBKOWITZ und Graf KINSKY ein Jahresgehalt von 4000 Gulden aus, um ihn in Wien zu halten. Mit Ausnahme einer Reise nach Prag, Dresden, Leipzig und Berlin (1796) und gelegentlichen Badeaufenthalten sollte BEETHOVEN Wien nicht mehr verlassen. Den Sommer verbrachte er meist in der Umgebung Wiens auf dem Land, wo zahlreiche seiner Werke entstanden, u.a. auch die tonmalerische 6. Sinfonie »Pastorale« op. 68 (1808).

Schon zu Lebzeiten galt BEETHOVEN als der größte Komponist seiner Zeit, zumindest im Bereich der Instrumentalmusik, die mit Abstand die Hauptdomäne seines Schaffens war – er schrieb nur eine einzige Oper, »Fidelio«, um deren endgültige Form er in drei Fassungen (1805, 1806, 1814) rang. Ehrenvollste Anerkennung erfuhr er in den Konzerten der Jahre 1813/14, teilweise im Beisein der auf dem Wiener Kongress versammelten regierenden Fürsten. Zu wahren Beifallsstürmen kam es ein letztes Mal am 7. 5. 1824 im Kärntnertor-Theater, als Teile der »Missa solemnis« op. 123 und die 9. Sinfonie op. 125 uraufgeführt wurden. BEETHOVEN starb am 26. 3. 1827 an den Folgen eines Leberleidens. Rund 20 000 Menschen gaben ihm bei dem Begräbnis zwei Tage später das letzte Geleit.

Ludwig van Beethoven

■ Dokument der Verzweiflung

Der Sommer 1802, den BEETHOVEN in dem thüringischen Heilbad Heiligenstadt verbrachte, war mit der tiefsten Erschütterung in seinem Leben verbunden: der Einsicht in den allmählichen Verlust seines Hörvermögens, der gegen 1819 zur völligen Taubheit führte und BEETHOVEN zunehmend vereinsamen ließ. Unter diesem Eindruck entstand im Oktober, kurz nach Beendigung seiner 2. Sinfonie, das »Heiligenstädter Testament«. Äußerlich eine an seine Brüder gerichtete Verfügung über seine Hinterlassenschaft, geriet ihm das Dokument zu einem ergreifenden Stoßseufzer an die ganze Welt: »Oh, ihr Menschen, die ihr mich für feindselig, störrisch oder misanthropisch haltet..., wie unrecht tut ihr mir. Ihr wißt nicht die geheime Ursache von dem, was euch so scheinet… Sprecht lauter, schreit, denn ich bin taub…«

Ein Beispiel für die fast religiöse Verehrung Beethovens ist das Beethoven-Monument von Max Klinger in Leipzig (1902), das den Komponisten in der Pose des antiken Gottes Zeus zeigt.

■ Sinfonischer Wendepunkt

Im Zentrum des beethovenschen Schaffens stehen seine Sinfonien, von denen neben der »Neunten« besonders die 3., »Eroica«, in Es-Dur op. 55 (1804) und die 5. c-Moll op. 67 (1808) zur Legende wurden. BEETHOVENS »Eroica« sollte ursprünglich als Ausdruck der Bewunderung für den revolutionären Franzosenführer NAPOLEONS Namen tragen. Nach dessen Selbstkrönung zum Kaiser am 2. 12. 1804 zog BEETHOVEN jedoch die Widmung zurück und soll angeblich das Titelblatt des (verschollenen) Autographs wütend zerrissen haben. Nicht nur mit ihrer unerhörten Länge, sondern auch mit der für damalige Ohren kühnen, dissonanten Harmonik markiert das Werk einen Wendepunkt in der Geschichte der Sinfonie. So taucht bereits zu Beginn der Einleitung in Takt 7 und 8 wie ein Störmoment ein lang gezogenes cis in den Violoncello- und Bassstimmen auf, das auf die an leichtere musikalische Kost gewöhnten Zeitgenossen wie eine Revolution gewirkt haben muss.

Eines der prägnantesten Beispiele für BEETHOVENS spezifische Kompositionsweise der durchbrochenen motivisch-thematischen Arbeit ist das berühmte viertönige »Klopfmotiv« aus der 5. Sinfonie, das gleich zu Beginn einsetzt und in vielfachen Abwandlungen, aber immer heraushörbar, den Verlauf der ganzen Sinfonie bestimmt. BEETHOVENS angeblicher Ausspruch hierzu: »So pocht das Schicksal an die Pforte!« ist von seinem ersten Biografen A. SCHINDLER überliefert und hat das Beethovenbild entscheidend geprägt. ■

Über Leben und Werk LUDWIG VAN BEETHOVENS kannst du dich auch in zwei Museen informieren: in Bonn im Beethovenhaus, dem Geburtshaus des Komponisten, und in Baden bei Wien im Beethoven-Museum, dem so genannten »Haus der Neunten«.

BAUER, ELISABETH E.: *Wie Beethoven auf den Sockel kam. Die Entstehung eines musikalischen Mythos.* Stuttgart (Metzler) 1992. ■ DAHLHAUS, CARL: *Ludwig van Beethoven und seine Zeit.* Laaber (Laaber) ³1993. ■ GECK, MARTIN: *Ludwig van Beethoven.* Reinbek (Rowohlt) 11.–14. Tsd. 1997. ■ WERNER-JENSEN, ARNOLD: *Reclams Musikführer Ludwig van Beethoven.* Stuttgart (Reclam) 1998.

bung Mittelpunkt eines romantischen Kreises, dem u. a. auch V. HUGO, A. DUMAS und H. DE BALZAC angehörten. Besonders von der Sinfonik L. VAN BEETHOVENS geprägt, war seine größte Neuerung die bewusste Ausnutzung und Verfeinerung der Klangfarben der Orchesterinstrumente, wobei er auch vor Überdimensionierung nicht zurückschreckte: 1844 dirigierte er, unterstützt von sieben Hilfsdirigenten, ein Konzert mit 1022 Mitwirkenden. Bis heute grundlegend für die Orchesterinstrumentierung ist seine Instrumentationslehre von 1844. B. gilt als Wegbereiter der ↑Programmmusik, wie sie später von F. LISZT, mit dem B. eng befreundet war, zum Prinzip erhoben wurde und wie sie bereits in der programmatischen Begleitschrift zu seiner »Symphonie fantastique« erkennbar wird. Wie hier so verwendet B. auch in seinen späteren »dramatischen Sinfonien« (u. a. »Harold en Italie«, 1834; »Roméo et Juliette«, 1839) ein als »Idée fixe« bezeichnetes Erinnerungsmotiv, das die Leitmotivtechnik R. WAGNERS vorwegnimmt. Neben sinfonischen und Opernwerken (»Benvenuto Cellini«, 1838; »Les Troyens«, 1855–58) bildete v. a. die orchestrale Kirchenmusik einen Schwerpunkt seines Schaffens (Requiem, 1837; dramatische Legende »Fausts Verdammnis«, 1846; »Die Kindheit Christi«, 1854; dreichöriges Te Deum, 1855).

Besen (Jazzbesen): Gerät zum Anschlagen von Schlaginstrumenten (Trommel, Becken) im Jazz; aus fächerförmig an einem Stiel montierten, ein- und ausziehbaren Stahldrähten; selten auch in der Rockmusik verwendet.

Besetzung: die für die Aufführung eines Musikwerks erforderliche Zusammensetzung des vokalen und instrumentalen Klangkörpers. Bis ins 17. Jh. gab es keine verbindliche Festlegung bezüglich Art und Anzahl der Singstimmen und Instrumente, die jeweilige Weise der Aufführung richtete sich nach außermusikalischen Faktoren wie dem Anlass, dem Raum und der verfügbaren Zahl an Musikern. Ein Vokalstück konnte von Sängern, von Instrumentalisten oder gemischt vokal-instrumental vorgetragen werden; einzelne Vokalparts wurden bei Bedarf durch verschiedenste Instrumente allein ausgeführt oder durch sie unterstützt. Ab dem 17. Jh. gibt die B. neben den Instrumenten, die für die einzelnen Stimmen eines musikalischen Werkes vorgesehen sind, für die chorische Besetzung des Orchesters auch die Anzahl der Spieler ein und desselben Instruments an. Seit dem späteren 18. Jh. ist die B. weitgehend ein kompositorisch fixierter Bestandteil musikalischer Werke. – Die teils freizügige, teils eigenartige B. alter Musik ist ein Gegenstand der ↑historischen Aufführungspraxis.

Bezifferung (bezifferter Bass): Bezeichnung für die der instrumentalen Bassstimme als Akkordzeichen hinzugefügten Zahlen beim ↑Generalbass.

Bezug: die Gesamtheit der auf ein Saiteninstrument aufgezogenen Saiten; auch die Bespannung eines ↑Bogens der Streichinstrumente.

Bicinium [lateinisch »Zwiegesang«]: besonders im 16. Jh. beliebter kleiner zweistimmiger Satz **(a due)**, meist für Gesang. Bereits im 15. Jh. finden sich Bicinien als Abschnitte in vier- bis fünfstimmigen Messen. Die eigentliche B.-Komposition gehört dann v. a. in den Bereich der lateinischen Motette und des deutschen Liedes. Sammlungen veröffentlichten u. a. G. RHAU (1545), C. OTHMAYR (1547) und E. BODENSCHATZ (1615). Aus dem B. entwickelte sich nach 1600 das Duett oder Duo. Eine Wiederbelebung erfuhr die B. im 20. Jh. (B. BARTÓK, P. HINDEMITH).

Bigband [-bænd; englisch »große Band«]: Jazz- oder Tanzmusikensemble, in dem einzelne Instrumente wie Trompete, Posaune und Saxophon der Melodiegruppe (Melodysection) mehrfach besetzt sind. Auch die Rhythmusgruppe (Rhythmsection) besteht meist aus mehreren Instrumenten wie Klavier, Bass,

Schlagzeug, eventuell auch Gitarre. Die B. hatte ihre Blütezeit während der Swingära der 1930er-Jahre.

Birne: auswechselbares, verdicktes Verbindungsstück zwischen Mundstück und Röhre der ↑Klarinette.

Bitonalität [lateinisch-griechisch]: die gleichzeitige und gleichwertige Verwendung zweier verschiedener Tonarten, z.B. in I. Strawinskys »Petruschka« (C-Dur gegen Ges-Dur). Die B., die häufigste Form der ↑Polytonalität, ermöglichte in der Musik des 20. Jh. die Erschließung neuer Klangkombinationen.

Bitonalität: aus I. Strawinsky »Petruschka« (1911)

Biwa [japanisch]: ein Abkömmling der chinesischen ↑Pipa.

Blackbottom [blækˈbɔtəm; englisch »schwarzer Boden«, nach der Erde am Ufer des Mississippi]: wohl auf Tänze der amerikanischen Schwarzen zurückgehender, Mitte der 1920er-Jahre beliebter Modetanz in den USA, löste den Charleston ab. Musikalisch gehört der B., eine Art langsamer Foxtrott im synkopierten $^4/_4$-Takt, zur Gattung des ↑Ragtime.

Blasinstrumente: Musikinstrumente, bei denen die Töne dadurch erzeugt werden, dass eine in einem Rohr eingeschlossene Luftsäule durch Anblasen in Schwingung versetzt wird. Die B. bilden die größere Gruppe der ↑Aerophone. In der Musikpraxis unterscheidet man ↑Blechblas- und ↑Holzblasinstrumente.

Blaskapelle (Blasorchester): ein Orchester mit reiner Blechbesetzung (z.B. Posaunenchor), mit Blechbesetzung und Schlagzeug (z.B. Brassband) oder mit gemischter Besetzung aus Blech- und Holzblasinstrumenten sowie Schlagzeug. Das Repertoire der B. ist die ↑Blechmusik bzw. die ↑Harmoniemusik.

Blasquinte: die Quinte über der Oktave des Grundtons (Duodezime), die beim starken Anblasen (Überblasen) eines gedackten, d.h. einseitig geschlossenen Rohres entsteht. Aus der Tatsache, dass sie nicht dem reinen Frequenzverhältnis entspricht, sondern etwas niedriger ist (fast $^1/_8$ Ton), entwickelte E. von Hornbostel eine Theorie zur Entstehung von nicht harmonischen außereuropäischen Tonsystemen. H. Husmann leitete aus den B. eine siebenstufige Skala ab, womit eine der wichtigsten außereuropäischen Tonskalen, die siebenstufige temperierte Leiter, zu erklären wäre.

Blechblasinstrumente (Blechinstrumente, Blech): Bezeichnung für die meist aus Metall gefertigten Trompeten- oder Polsterzungeninstrumente mit Kesselmundstück, z.B. Trompeten, Posaunen und Hörner. Anders als bei den Holzblasinstrumenten erfolgt bei den B. die Tonerzeugung unmittelbar durch die Lippen, die Tonhöhenveränderung v.a. durch Überblasen.

Blechmusik: Musik, die von Blechblasinstrumenten z.T. auch mit Trommeln und Pauken ausgeführt wird, z.B. in der Militärmusik (Signalhorn-, Kalleriemusik), in den mittelalterlichen Trompeterschaften sowie in den kirchlichen Posaunenchören seit dem 16. Jahrhundert.

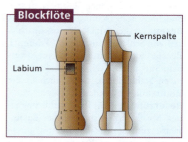

Blockflöte (italienisch Flauto dolce; französisch Flûte à bec, Flûte douce; englisch Recorder): eine Längsflöte mit konisch gebohrtem Rohr, das am schnabelförmigen Mundstück (Schnabel) durch

Blues: 12-taktiger Blues nach der traditionellen Bluesformel

einen Block (Kern) abgeschlossen wird. Dieser lässt einen Kanal (Kernspalte) für den Blaswind frei, der sich an der Kante des fensterartigen Aufschnitts (Labium) bricht und dadurch die Luftsäule im Rohr in Schwingung versetzt. Die B. hat sieben Grifflöcher auf der Vorder- und ein Überblasloch (Daumenloch) auf der Rückseite des Rohrs, bei tiefen Lagen auch einzelne Klappen zum leichteren Greifen. Der Umfang beträgt etwa $1^1/_2$ bis 2 Oktaven. Die gebräuchlichsten Stimmlagen sind heute: Sopranino in F (Umfang f^2-g^4), Sopran in C (c^2-d^4), Alt in F (f^1-g^3), Tenor in C (c^1-c^3) und Bass in F (f-b^1). Der Ton ist obertonarm und daher weich, still und etwas dumpf. – Die B. war spätestens seit dem 11. Jh. in Europa als Volks- und Spielmannsinstrument bekannt. Während der Barockzeit ein virtuoses Soloinstrument, wurde sie um 1750 von der Querflöte verdrängt. Seit Beginn des 20. Jh. fand die B. in der Laien- und Schulmusik weite Verbreitung und setzte sich zur stilgerechten Aufführung älterer Musik auch im Konzert und in der Kammermusik wieder durch.

Bluegrass [englisch]: eigenständige, kaum kommerzialisierte Stilrichtung der Countrymusic, die sich seit Ende der 1930er-Jahre in den südöstlichen Staaten der USA entwickelte. Ihr Klangbild ist von hohem nasalem Gesang sowie Gitarre, Fiedel, Mandoline und Banjo bestimmt. Populär wurde der B. durch B. MONROE und seine B.-Boys. Als Progressiver B. wird eine in den 70er-Jahren aufgekommene Popvariante dieser Musik bezeichnet, wie sie etwa von R. SKAGGS repräsentiert wird.

Blues [blu:z; amerikanisch]: neben dem geistlichen Gospelsong eine der ältesten eigenständigen Musizierformen der afroamerikanischen Musik. Der B., eine weltliche Gesangsform, die als Stegreifausführung an standardisierte Modelle gebunden ist, wurde um 1900 in den Südstaaten der USA von ländlichen schwarzen Wandersängern verbreitet (**Country-B.**). Zunehmend von Instrumenten (v. a. Gitarre) begleitet, erreichte der B. (als **City-B.**) die Städte im Norden der USA und erschien später, in verselbstständigt instrumentaler Form, auch als Tanzmusik (z. B. Cakewalk, Foxtrott, Boogie-Woogie). Er wirkte durch formale und ausdruckshafte Elemente auf die Entwicklung des Jazz ein und erreichte durch dessen Verbreitung auch weiße Bevölkerungsschichten.

Schon früh entwickelte sich die klassische zwölftaktige, auf drei Grundakkorden (Tonika, Dominante, Subdominante) beruhende **B.-Formel,** die entsprechend dem dreiteiligen Strophenbau nach Art des Ruf-Antwort-Schemas (zwei Anrufungen, eine Beantwortung) in drei viertaktige Teile gegliedert ist. Das Spezifische des B. ist jedoch das **B.-Feeling**, eine melancholisch anmutende, häufig aber von Optimismus belebte Stimmungsqualität, die erkennbar ist an feinen Klangfarben sowie in Ausdrucksnuancen und in einer besonderen Harmonik und Melodik (**B.-Tonalität**), die durch die neutral (d.h. zwischen großer und kleiner Terz bzw. Septime) intonierten Töne der 3. und 7. Stufe der Tonleiter (**Blue Notes**) und durch charakteristische Intonationstrübungen (Dirty

Tones) bestimmt ist. Die Texte behandeln Lebenssituationen und -bedingungen der B.-Sänger (soziale Missstände, Rassendiskriminierung u.a.). Klassische B.-Sänger waren u.a. B. Smith, Blind Lemon Jefferson, Big Bill Broonzy, Muddy Waters, Bo Diddley.
Mit der Verbreitung der wesentlich auf Formen des B. basierenden Rockmusik setzte nach 1960 ein weltweites Interesse am B. ein. Weiße Rocksänger wie A. Korner, J. Mayall, E. Clapton und Gruppen wie Blues Project, Rolling Stones und Animals übernahmen Strukturformen und Ausdrucksqualitäten des Blues.

Bocedisation (Bobisation): eine wahrscheinlich von H. Waelrant im 16. Jh. für den Schulmusikunterricht erfundene Skala von sieben Tonsilben (Voces belgicae: bo ce di ga lo ma ni). Sie ersetzte die Sechstonordnung der ↑Solmisation und hatte den Vorteil, dass sie durch den Vokal i den Halbton bezeichnete.

Bocks|triller: in der Gesangspraxis ein »meckernder« Triller auf der Prime, der einen Sekundtriller vortäuscht.

Bogen:

♦ *Notation:* Vortragszeichen. Der **Halte-B.** verbindet zwei Noten gleicher Tonhöhe zu einem durchgehaltenen Gesamtwert, oft über den Taktstrich hinweg. Der **Binde-B.** oder **Legato-B.** wird über oder unter eine Gruppe zusammengehöriger Noten gesetzt, die gebunden

Bogen: Halte- und Bindebogen

(legato) auszuführen sind; er regelt die B.-Führung der Streicher (Noten unter einem B. kommen auf denselben Strich) und ist ein wichtiges Mittel zur Bezeichnung der Artikulation. Der **Phrasierungs-B.** dient zur Verdeutlichung der melodischen Sinnglieder. Während sich Halte- und Binde-B. schon um 1600 in Partituren und Streicherstimmen finden, ist der Phrasierungs-B. erst seit dem 19. Jh. üblich geworden.

♦ *Instrumentenkunde:* (italienisch Arco, französisch Archet): bei Streichinstrumenten die elastische Stange aus Pernambukholz zum Streichen der Saiten (Streich-B., nicht zu verwechseln mit dem ↑Musikbogen). Der B. kam im 10. Jh. aus dem Orient nach Europa. Anfangs stark nach außen gewölbt, wurde er zunehmend abgeflacht und erhielt 1785 von F. Tourte seine bis heute übliche, leicht konkav gekrümmte Form. Die Stangenlänge beträgt bei der Violine 75 cm, beim Cello 73 cm. Der bandartige Bezug zwischen Spitze und unterem Ende (Frosch) besteht seit dem Mittelalter aus (heute bis zu 250) Rosshaaren. Die Spannung des Bezugs wurde bis zum 17. Jh. durch Fingerdruck am unteren Ende geregelt, danach mit einer Zahnradreihe (Crémaillère) und vom frühen 18. Jh. an in der heutigen Form mit einer Schraube am Frosch.

Bolero [spanisch]: spanisch-andalusischer Paartanz (Werbetanz) in mäßig bewegtem $^3/_4$-Takt, zu dem sich die Tänzer mit Gesang und Kastagnetten begleiten. Der B. erfordert große tänzerische Virtuosität; charakteristisch ist das plötzliche Anhalten der Bewegung. Ende des 18. Jh. als Variante des Fandango entstanden, ist der B. als Volkstanz fast verschwunden. M. Ravels »Boléro« (1928) ist das bekannteste Beispiel der Kunstmusik.

bolognesische Schule [-ɲ-]: Bezeichnung für eine ca. 1650–1750 in Bologna wirkende Gruppe von Komponisten, deren Bedeutung auf dem Gebiet der Instrumentalmusik (Solo-, ↑Triosonate, ↑Konzert), v.a. der Violinmusik liegt. Mittelpunkt des Musiklebens waren die Kapelle San Petronio und die 1666 gegründete Accademia Filarmonica. Bedeutende Vertreter der b. S. sind T. A. Vitali, G. Torelli und A. Corelli (↑Concerto grosso).

Bombarde: altes Holzblasinstrument, ↑Pommer.

Bombardon [bɔ̃bar'dɔ̃; französisch]: frühe Form der Basstuba mit drei oder vier Ventilen, meist in Es, die um 1835 entwickelt und zeitweilig in Blaskapellen verwendet wurde.

Bonang [javanisch]: in verschiedenen Gamelanorchestern Südostasiens vorkommendes Gongspiel. In der klassisch-javanischen Musik hängen zwölf Gongs in einem Holzrahmen auf zwei waagerecht gespannten Schnüren und werden mit einem stoffumwickelten, hölzernen Schlägel angeschlagen. Auf Bali blieb die ältere einreihige Form erhalten. – ↑auch Gamelan.

Bolero: Rhythmusformen

Bongos [spanisch]: zwei kleine, meist zylindrisch geformte, miteinander verbundene einfellige Trommeln mit gleicher Höhe und unterschiedlichem Durchmesser, die mit den Fingerkuppen, dem Handballen oder auch mit Schlägeln geschlagen werden. Das afrokubanische Trommelpaar fand als Instrument der Rhythmusgruppe Eingang in die lateinamerikanische Tanzmusik und spielt heute im »Cuban-Jazz« eine Rolle. In der Kunstmusik setzte sie zuerst E. Varèse ein.

Bongos

Boogie-Woogie ['bʊgɪ'wʊgɪ; amerikanisch]: jazzverwandter Klavierstil des Blues. Die erste Blütezeit des B.-W. liegt in den 1920er-Jahren in Chicago, später wurde er als Stilmittel in die orchestralen Formen des Swing einbezogen (Count Basie, T. Dorsey). Die wesentlichen Kennzeichen des B.-W. sind rollende Bassfiguren in punktierten Achteln und stark offbeat rhythmisierte Melodieformeln im Diskant.

Bordun [italienisch] (französisch Bourdon): seit dem 13. Jh. Bezeichnung für einen tiefen Begleit- oder Halteton, auch für die diesen Ton hervorbringende Saite (**B.-Saite**, z.B. bei der Drehleier) oder Pfeife (**B.-Pfeife**, z.B. bei der Sackpfeife), die beim Spiel in gleich bleibender Tonhöhe mitklingen. – Bei der Laute heißt B. ein tiefer Saitenchor, bei der Orgel ein tiefes Gedacktregister von enger Mensur.

Bossa Nova [portugiesisch »neue Welle«]: eine um 1962 aus der Verbindung von brasilianischem Samba und Cool Jazz entstandene musikalische Stilrichtung (Jazz-Samba), rhythmisch gekennzeichnet durch filigrane, leicht zu spät angesetzte Perkussionsschläge. Im Rahmen der Populärmusik wurde der B. N. zum Gesellschaftstanz standardisiert.

Boston ['bɔstən; amerikanisch, nach der Stadt Boston] (Valse B., Waltz B.): amerikanischer langsamer Walzer mit lyrischer Melodik, der nach 1870 aufkam und v.a. um 1920 in Europa beliebt war;

dem ↑Englishwaltz verwandt. Der B. wird mit gleitenden Schritten in Vorwärtsbewegung getanzt. Von P. HINDEMITH wurde er in die Kunstmusik eingeführt (»Suite 1922« für Klavier).

Bottlenecking ['bɔtlnɛkɪŋ; zu englisch bottleneck »Flaschenhals«]: von Bluesmusikern entwickelte Gitarrenspielweise, bei der mit einem über den Grifffinger gestülpten Flaschenhals, später mit einem Metall- oder Plastikröhrchen, in Slide-Technik ein glissandoartiger, singender Ton erzielt wird.

Bourrée [bu're:, französisch]: ein noch heute lebendiger Volkstanz in der Auvergne, ein Paartanz im Wechsel mit Frontreigen, teils im geraden, teils im ungeraden Takt. 1565 erstmals am französischen Hof gezeigt, wurde die B., nun meist im geraden Takt, zum Hof- und Gesellschaftstanz und war im 17./18. Jh. auch in Oper und Ballett (J.-B. LULLY) sowie in der Suite (G. F. HÄNDEL, J. S. BACH) beliebt. – Der **Pas de bourrée** ist einer der Grundschritte im Ballett.

Bourrée: J. S. Bach, »Französische Suite« Nr. 5 (BWV 816, 1722)

Brahms, Johannes, deutscher Komponist, *Hamburg 7. 5. 1833, † Wien 3. 4. 1897: Von seinem Vater, einem vielseitig talentierten Musiker, bekam er den ersten Musikunterricht und trat zunächst als Klavierbegleiter auf, wobei er bald wegen seines enormen musikalischen Gedächtnisses und seiner Fähigkeiten des Vom-Blatt-Spielens und Transponierens Bewunderung erweckte. Auf einer Konzertreise lernte er 1853 den Violinvirtuosen J. JOACHIM kennen, der ihn wiederum mit F. LISZT sowie mit R. SCHUMANN bekannt machte. Unter dem Eindruck noch unveröffentlichter Kompositionen schrieb SCHUMANN im gleichen Jahr in der »Neuen Zeitschrift für Musik« einen enthusiastischen Artikel, in dem er B. als den kommenden Meister ankündigte und damit dessen Ruhm begründete. Sowohl mit JOACHIM wie auch mit SCHUMANNS Frau, C. WIECK, verband B. eine lebenslange und für sein Schaffen bedeutsame Freundschaft. Nach einer vorübergehenden Anstellung am Detmolder Hof siedelte er 1862 vorläufig, 1868 dann endgültig nach Wien über, wo er von 1872 bis 1875 die Konzertleitung der Gesellschaft der Musikfreunde innehatte. Danach nahm B. trotz zahlreicher Angebote kein öffentliches Amt mehr an und lebte, unterbrochen von vereinzelten Konzertauftritten, bis zu seinem Tode als freischaffender Komponist, wobei es ihm vermutlich als erstem Instrumentalkomponisten gelang, ohne die Hilfe von Mäzenen allein vom Verkauf seiner Kompositionen (v. a. für Klavier sowie Lieder) zu leben. Besonders seine »Ungarischen Tänze« (1868) und die »Liebeslieder-Walzer« (1869, 1874) machten ihn dank der Begeisterung des Bürgertums zum wohlhabenden Mann.

B. wurde von den Zeitgenossen weitgehend als Antipode R. WAGNERS angesehen, was ihm u. a. den Vorwurf des reaktionären »Akademismus« eingetragen hat. In dem Streit gegen die »neudeutsche Schule« wurde ihm dementsprechend die Rolle des legitimen Erben der Wiener Klassiker zugesprochen, die tatsächlich für ihn besonders im Schaffen L. VAN BEETHOVENS den höchsten Maßstab bildete. Hinzu kam das intensive Studium der alten Meister (H. SCHÜTZ, J. S. BACH, G. F. HÄNDEL), kenntlich besonders in seinem Rückgriff auf Ostinato-, Variations- und Kanonformen. Als drittes Moment kam das Volkslied hinzu, mit dem er sich auch als Sammler zeitlebens beschäftigte. Über 200 Liedkompositionen (zuletzt »Vier ernste Gesänge«, 1896) durchziehen sein Schaffen. »Die Liebestreu« (aus op. 3) oder »Von ewiger Liebe« (aus op. 43) gelten als Schlager ihrer Zeit. Dies alles verband sich zu jenem unverkennbaren »B.-Stil«, der bei stets enger motivischer Verzahnung und einzigartiger Handwerkskunst durch stufenreiche Harmonik, polyphones Stimmengewebe, rhythmische Komplexität und sonore Klanglichkeit gekennzeichnet ist und v. a. die Kammermusik zu einer Hauptdomäne seines Schaffens werden ließ.

Voll Respekt gegenüber der beethovenschen Sinfonik wandte sich B. erst relativ spät der reinen Orchestermusik zu. An seiner ersten der insgesamt vier Sinfonien arbeitete er rund zwanzig Jahre (vollendet 1876). Wie seine orchestral dicht gewebten Sinfonien, so verraten auch seine Instrumentalkonzerte immer wieder den Kammermusiker. Im berühmten Violinkonzert (1878) gelangt die Geige erst Mitte des Werkes zur eigenen Kantabilität. Unter seinen geistlichen Werken ist das »Deutsche Requiem« (1868) nach Worten der Bibel Ausdruck für B.' Weltfrömmigkeit und mehr für den Konzertsaal denn die Kirche konzipiert.

Branle [brã:l; von französisch branler »schwanken«, »wanken«] (Bransle): im 15./16. Jh. eine Schrittfigur der Basse Danse; im 16./17. Jh. (seit etwa 1530 belegt) ein stilisierter Tanz, der in vielen Abwandlungen als Tanzfolge getanzt wurde. Die Standardsuite bestand aus einem gravitätischen, geradtaktigen Schreittanz (**B. double, B. simple**), dem weniger stilisierte, lebhafte, auch dreizeitige Tänze (**B. gay, B. de Bourgogne**) folgten. Beliebt war auch die **B. de Poitou**. Viele mehrstimmige B. des 16./17. Jh. sind überliefert. Nach dem 17. Jh. kommt die B. nur noch als volkstümlicher Tanz (meist Reigen- oder Kettentanz) vor.

Brassband ['brɑ:sbænd; englisch »Blechkapelle«]: Bezeichnung für eine Marschkapelle, die nur aus Blechblasinstrumenten und Schlagzeug besteht. Die im 19. Jh. in New Orleans gespielte Musik der B. gehört zu den wichtigsten Vorläufern des Jazz.

Brasssection ['brɑ:ssekʃən; englisch]: in der ↑Bigband die Gruppe der Blechbläser, d. h. Trompeten und Posaunen.

Bratsche [von italienisch viola da braccio »Armgeige«]: deutsche Bezeichnung für das Altinstrument der Violinfamilie (↑Viola).

Johannes Brahms am Klavier (Ausschnitt aus einer zeitgenössischen Zeichnung)

Bratschenschlüssel: der Altschlüssel (↑Schlüssel).

Break [breɪk; englisch »Lücke«, »Unterbrechung«]: im Jazz und in der Rockmusik Bezeichnung für die improvisierende Einlage (»Kadenz«) eines Solisten (meist instrumental), während das Ensemble pausiert.

Breakdance ['breɪkdæns; englisch]: Tanzform, die in der zweiten Hälfte der 1970er-Jahre im Zusammenhang mit der Hip-Hop genannten Straßenkultur im New Yorker Stadtteil Bronx unter der farbigen Jugend als eine Art Wettkampfstil entstanden ist. Der B. verbindet betont rhythmische, akrobatische, aber auch pantomimische Elemente in einer Weise, die sich an keine herkömmlichen Tanztechnik hält. Das Bewegungsrepertoire greift v.a. die Art maschineller Bewegungsvorgänge von Robotern auf. Getanzt zu Rap und Funk, wurde der B. in den 80er-Jahren v.a. durch Filme wie »Flashdance«, »Wild style« und »Beatstreet« international bekannt.

Brevis [lateinisch, eigentlich brevis nota »kurze Note«]: Notenwert der ↑Mensuralnotation, bis zum 15. Jh. mit dem Zeichen ▪, danach ◻ geschrieben. Letzteres wird heute noch als doppelter Wert der ganzen Note (Doppelganze) verwendet (↑alla breve).

Brillenbässe: scherzhafte Bezeichnung für verkürzt notierte gleichförmige Bassfiguren (aufgelöst in Achtel oder Sechzehntel).

brio [italienisch] (con brio, brioso): sprühend, feurig; ergänzend bei Tempo- und Satzangaben, z. B. **allegro con brio**.

Bruckner, Anton, österreichischer Komponist, *Ansfelden (Oberösterreich) 4. 9. 1824, † Wien 11. 10. 1896: Aus ländlicher Enge stammend, kam B. 1837 als Singknabe ans Stift Sankt Florian, wo er nach wechselvollen Lehr- und Wanderjahren, u.a. als Dorfschulgehilfe, von 1850 bis 1855 auch Organist war. 1855 bis 1861 hatte er das Amt des Domorganisten in Linz inne. Musikalisch weitgehend im Selbststudium gebildet, nahm er nun erstmals professionellen Theorieunterricht, u.a. bei S. SECHTER in Wien. Nach SECHTERS Tod übernahm er 1868 dessen Professur am Konservatorium. Als Orgelvirtuose und Improvisator inzwischen europaweit gefeiert, wurde er 1878 Hoforganist. Seine glühende, fast unterwürfige Verehrung für R. WAGNER, die sich auch in der Instrumentation seiner Werke widerspiegelt, hat sein Verhältnis zu J. BRAHMS in Wien stark belastet.

Außer einem Streichquintett und Vokalmotetten hat B. fast ausschließlich Sinfonien sowie Messen hinterlassen, von denen er selbst, in kirchlicher Tradition aufgewachsen und geprägt von einer geradezu naiven Frömmigkeit, nur seine drei letzten großen Messen (1864–68) als gültig anerkannte. Bekenntniswerke sind auch seine insgesamt zehn Sinfonien (beginnend mit der »Nullten«, 1863; Nr. 9 unvollendet), die der klassischen Viersätzigkeit (Schnell–Langsam–Scherzo–Schnell) folgen, aber von einer damals unerhörten monumentalen Ausweitung gekennzeichnet sind, z.T. mit drei Themen in den Hauptsätzen, eingeschobenen Bläserchorälen und langsamen Einleitungen sowie Durchführungscharakter selbst in den Expositionen und Reprisen. Der für B. typische chorisch-blockhafte Orchestersatz ist am Orgelspiel orientiert, indem er die Klangfarben wie Register wechselt. Eine kühne, später an die Grenzen der Tonalität vorstoßende Harmonik sowie eine in stetig sich steigernden Wellen ablaufende motivische Verarbeitung verleiht fast allen seinen Sinfonien etwas Unabgeschlossenes.

B., dessen Sinfonien z.T. als unspielbar abgelehnt wurden, hat die meisten seiner Werke oft auf Drängen von außen immer wieder akribisch überarbeitet. Von den Zeitgenossen oft als schrullig belächelt, fand er erst mit seiner siebten Sinfonie (1881–83) allgemeine Anerkennung. Großen Einfluss hatte er auf die Sinfonik G. MAHLERS, der zu seinen treusten Anhängern zählte.

Bruitismus [brɥi-; zu französisch bruit »Lärm«]: eine Richtung innerhalb der ↑Neuen Musik, die um 1910 entstand und v.a. mechanische Geräusche der Industrie und Technik in die Musik mit einbezieht. Hauptvertreter waren F. B.

PRATELLA und L. RUSSOLO, der auch spezielle Instrumente konstruierte.

Brummeisen: ↑Maultrommel.

Brunette [bry'nɛt; französisch]: im 17./18. Jh. in Frankreich ein einfaches volkstümliches Lied mit oder ohne Instrumentalbegleitung. Themen der B. sind Schäferidylle und Liebe; eine erste Sammlung gab J.-B. C. BALLARD (1703) heraus. B. wurden auch in die Klaviermusik (J. C. DE CHAMBONNIÈRES, J.-H. D'ANGLEBERT) und seit J.-B. LULLY und J.-P. RAMEAU in die Oper übernommen.

Bruststimme: das tiefere Register der menschlichen Stimme, bei dem die Brustwand in Schwingung versetzt wird.

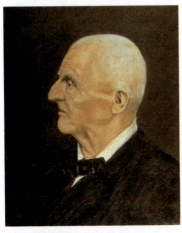

Anton Bruckner

Brustwerk: Teilwerk der ↑Orgel.

Bucina ['butsi-; lateinisch] (Buccina): altrömisches Blasinstrument aus Metall, ursprünglich in Form eines Tierhorns, später kreisförmig gewunden. Die B. diente in früher Zeit als Signalhorn der Schiffer und Hirten, später v. a. als militärisches Signalinstrument.

Buffo [italienisch, von buffone »Hofnarr«]: seit dem 17. Jh. Bezeichnung für eine komische Charakterrolle in der italienischen Oper. Nach Stimmlage wird unterschieden in **Tenor-B.** und **Bass-B.** Das weibliche Gegenstück zum B. ist die ↑Soubrette.

Buffonistenstreit (französisch Querelle des Bouffons): eine 1752 in Paris anlässlich der Aufführung G. B. PERGOLESIS »La serva padrona« entfachte ästhetische Debatte zwischen den Anhängern der neuen, als natürlich angesehenen italienischen Opera buffa und den Verteidigern der französischen Tradition der Tragédie lyrique (J.-B. LULLY, J.-P. RAMEAU). Der jahrelange Streit führte zur Entstehung der ↑Opéra comique.

Bugaku [japanisch]: in der japanischen ↑Gagaku Bezeichnung für die Tänze und die diese auf Blasinstrumenten und Trommeln begleitende Musik. Das noch heute gespielte Repertoire entstammt der Tōgaku (Musik aus China zur Tangzeit, 618–907) und der Komagaku (Musik aus Korea zur Zeit des Reiches Koguryŏ, 37 v. Chr. bis 668 n. Chr.).

Bügelhörner: eine im 19. Jh. entwickelte Familie von Blechblasinstrumenten mit weiter Mensur, konischer Röhre, wenig ausladendem Schallstück, Ventilen und Kesselmundstück, u. a. Flügelhorn, Alt- und Tenorhorn, Tuba, Kaiserbass, Helikon, Sousaphon. Mit Ausnahme der Tuba werden B. nur in der Blasmusik verwendet.

Bühnenmusik: die zu einem Bühnenwerk (Oper, Operette, Schauspiel) gehörende Musik, die selbst einen Teil der Handlung bildet oder diese unterstützt. In Oper und Operette wird unter B. eine auf der Bühne gespielte Musizierscene verstanden, im engeren Sinn bezeichnet man damit nur die **Schauspielmusik**. Hier unterscheidet man 1) die vom Dichter selbst geforderte B., 2) die Rahmenmusik zur Einleitung und Verbindung der Teile eines Dramas, 3) die Musik als Füllwerk, z. B. zur Ausfüllung der Pausen beim Dekorationswechsel (Verwandlungsmusik, Zwischenaktmusik). Musik als Bestandteil der gespielten Handlung findet sich in antiken Tragödien, geistlichen Spielen des Mittelalters, in italienischen Renaissancedramen und englischen Maskenspielen des 16. und 17. Jh., wo die B. eine bedeutende Rolle spielte. W. Shakespeare schrieb Lied-, Tanz- und Instrumentalmusik mit genauer Instrumentation vor. Mit seinen über 50 B. näherte sich H. Purcell teilweise der Oper an. Im 18. Jh. forderten in Deutschland J. C. Gottsched, J. A. Scheibe und G. E. Lessing, dass die B. auch in innerer Beziehung zum Drama stehen und unverwechselbar sein muss. Auch J. W. von Goethe und F. Schiller verlangten für ihre Dramen ausdrücklich B. In dieser Zeit schrieben u. a. J. André, J. F. Reichardt und W. A. Mozart (»Thamos«, 1779) B. Bedeutende B. nach 1800 sind »Egmont« von L. van Beethoven (1810), »Rosamunde« von F. Schubert (1823), »Ein Sommernachtstraum« von F. Mendelssohn Bartholdy (1826–42), »L'Arlésienne« von G. Bizet (1872) und »Peer Gynt« von E. Grieg (1876). Nach 1900 entstand B. in enger Zusammenarbeit zwischen Komponist und Regisseur (z.B. K. Weill und P. Dessau mit B. Brecht). Neuere B. schrieben u.a. A. Honegger, C. Orff und L. Bernstein (»Candide«, 1956). In neuerer Zeit verzichtet man meist auf die traditionell große Besetzung und Ausdehnung und begnügt sich mit kleinerem Aufführungsapparat, benutzt aber auch elektroakustische Anlagen.

Bünde: bei bestimmten Saiteninstrumenten (z.B. Laute, Gitarre) auf dem Griffbrett in Halbtonabständen angebrachte feste Querleisten oder um den Hals gebundene Darmschlingen zum genaueren Abgreifen der Saiten.

bundfrei: bezeichnet ein ↑Klavichord, bei dem jeder Taste eine eigene Saite oder ein Saitenchor zugeordnet ist.

burgundische Musik: die Musik im burgundischen Reich in der Regierungszeit Philipps des Guten und Karls des Kühnen (1419–77), die Eröffnungszeit der ↑niederländischen Musik. Mittelpunkt waren der Hof in Dijon und die Kathedrale in Cambrai; Hauptmeister waren G. Dufay und G. Binchois.

Burleske [zu italienisch burla »Schwank«]: schon bei J. S. Bach vorkommende, bei M. Reger häufige Bezeichnung für eine Komposition humoristischen Charakters, meist für Klavier, auch für Klavier und Orchester, so die »Burleske« (1885) von R. Strauss und die »Burlesque« (1904) von B. Bartók.

Busine [altfranzösisch, von lateinisch bucina »Waldhorn«]: im Mittelalter eine lang gestreckte Trompete mit trichter- oder tellerförmiger Stürze. Die erstmals im altfranzösischen »Rolandslied« (um 1100) erwähnte B. erklang beim Feldzug und beim Turnier. Sie ist Vorläufer von Trompete und Posaune.

Busuki [griechisch]: griechisches Lauteninstrument mit birnenförmigem Korpus, langem Hals mit Bünden und 3–4 doppelchörigen Saiten. Die mit Plektron gespielte B. wird v.a. in der griechischen Volks- und Unterhaltungsmusik verwendet.

Butō [japanisch] (Butoh): zeitgenössischer japanischer Tanz, 1959 als Ankoku-B. (Tanz der Finsternis) von Tatsumi Hijikata in einem Stück von Yukio Mishima vorgestellt und als »Rebellion des Körpers« charakterisiert; nimmt zwar Einflüsse des deutschen Ausdruckstanzes auf, entwickelte sich in der Folgezeit aber als eigenständige, improvisatorische, regelfreie Ausdrucksform, die sich auf die religiösen Ursprünge des japanischen Theaters besinnt, seine Rituale wieder aufnimmt und zugleich die Erfahrung der ersten Atombombenexplosionen verarbeitet.

byzantinische Musik: die Musik des Byzantinischen Reiches (etwa 330 bis 1453); sie umfasst die weltliche höfische Musik und die byzantinische Kirchenmusik.

Von weltlicher Musik ist außer einigen Begrüßungs- und Glückwunschgesängen (Akklamationen und Polychronien) zu Hof- und Staatsfeierlichkeiten nichts be-

kannt. Instrumentale Musik ist nicht erhalten, aber nach Ausweis der Zeremonienbücher war instrumentale Begleitung der Gesänge und Zwischenspiele üblich. Die Orgel stand als weltliches Instrument im Dienst der kaiserlichen Repräsentation.
Die Kirchenmusik überlebte den Untergang des Reiches. Sie ist ebenso wie der gregorianische Gesang aus der frühchristlichen Musik hervorgegangen. Sie kennt zwar keine eigentliche Mehrstimmigkeit, verwendet aber als Stütze der Melodie einen liegen bleibenden Ton (Ison), der nach Abschnitten wechseln kann. Instrumente finden keine Verwendung. Die Kirchensänger (Psaltai) waren in zwei einander gegenüberstehende respondierende Chöre geteilt. Das Tonsystem umfasste im Mittelalter zwölf Tonarten (Echoi): Neben vier authentischen (Echoi kyrioi) und vier plagalen (Echoi plagioi) gab es noch vier mediale Modi (Echoi mesoi). Die liturgischen Lesungen wurden schon Ende des 4. Jh. mit den Vortrag untergliedernden Lektionszeichen versehen. Einwandfrei lesbar ist erst die seit dem 12. Jh. verwendete »runde Notation«, deren Deutung jedoch in Bezug auf Rhythmus und Vortragsweise umstritten ist.
In der frühen Zeit hingen Hymnodie und Musik aufs Engste zusammen. Ihre bedeutendsten Vertreter sind: Romanos der Melode, Andreas von Kreta, Johannes von Damaskus, Kosmas von Jerusalem und Theodoros Studites. Im 9. Jh. beginnt die Zeit der Hymnographen, die nicht zugleich Musiker sind. Die Komponisten der späteren Zeit heißen Melurgen oder Maistores; J. Kukuzeles ist der namhafteste (wohl 14. Jh.).
Mit dem christlichen Orient stand die Musik lange in Wechselbeziehung (syrischer, koptischer Kirchengesang). Sie wirkte auch auf den römisch-lateinischen Kirchengesang ein, besonders in karolingischer Zeit; v. a. die Lehre von den zwölf Tonarten und die Prinzipien der Choralnotation hat der Westen von Byzanz übernommen. Die slawische Kirchenmusik geht in ihren Anfängen auf die byzantinische zurück. Umgekehrt sind, v. a. für die Zeit nach dem Untergang des Reiches, Einwirkungen orientalischer Musik auf den byzantinischen Kirchengesang wahrscheinlich.

C

C (c): die 1. Stufe der Grundtonleiter C-Dur, französisch ut, italienisch do (↑Solmisation). Die Erhöhung um einen Halbton heißt **Cis**, um zwei Halbtöne **Cisis**; die Erniedrigung um einen Halbton heißt **Ces**, um zwei Halbtöne **Ceses**. Der Tonbuchstabe C wird auch als Notenschlüssel (C-Schlüssel, ↑Schlüssel) verwendet. Die Taktvorzeichnungen **C** (⁴/₄-Takt) und **¢** (²/₂- oder ⁴/₂-Takt) entstammen als »unvollständige« (imperfekte) Kreise der ↑Mensuralnotation. Seit dem 19. Jh. ist C Zeichen für C-Dur und c für c-Moll als Akkord und als Tonart.

c. a.: Abk. für ↑coll'arco.

Cabaletta [von italienisch cobola »Strophe«]: im 18. Jh. eine kurze Arie, ähnlich der Kavatine; im 19. Jh. auch der effektvoll gesteigerte Schlussteil (↑Stretta) von Arien und Duetten in italienischen Opern.

Caccia [ˈkattʃa; italienisch »Jagd«]: eine dem frühen Madrigal nahe stehende musikalische Gattung der Florentiner Musik des 14. Jh. (↑Ars nova), deren Texte Jagd- und andere Szenen aus dem Alltag (Fischfang, Feuersbrunst, Jahrmarkt) behandeln. Die C. wird von zwei Solostimmen gesungen, die – gleichsam sich »jagend« – einen Kanon bilden; meist tritt eine instrumentale Stützstimme hinzu.

Caecilianismus: die nach der heiligen Cäcilia, Patronin der Kirchenmusik, benannte Reformbewegung in der Musik der katholischen Kirche des 19. Jh. Sie wandte sich gegen das Eindringen von Elementen weltlicher Musik in den liturgischen Bereich und setzte an die Stelle der Kirchenmusik mit Instrumenten, v. a. der Wiener Klassik, als historisierendes Stilideal den reinen A-cappella-Stil nach Art PALESTRINAS. 1868 gründete der Regensburger Kirchenmusiker F. X. WITT den »Allgemeinen Cäcilienverein für die deutschsprachigen Länder« (ACV), der seit Beginn des 20. Jh. allgemeineren kirchenmusikalischen Aufgaben nachgeht.

Cage [keɪdʒ], John: Siehe S. 62.

Cajun-Music ['keɪdʒən 'mjuːzɪk; amerikanisch]: die Volksmusik der Cajuns, den Nachkommen der 1755 von den Briten aus dem kanadischen Akadien (heute Nova Scotia) vertriebenen französischen Siedler, die sich in den fruchtbaren Sumpfgebieten Süd-Louisianas niederließen und eine bis heute weitgehend in sich geschlossene Volksgruppe bildeten. Das Klangbild der C.-M. wird von (kleinem Cajun-)Akkordeon, Fiedel, Triangel, Löffel, seit etwa 1900 auch Gitarre sowie von dem hohen, harten Gesang in altertümlichem Französisch bestimmt. Die von der farbigen Bevölkerung des Siedlungsgebietes der Cajuns gespielte Musik, der **Zydeco**, ist eine Verbindung von C.-M. und Blues.

Cakewalk ['keɪkwɔːk; englisch cake »Kuchen«, walk »Gang«, »Schritt«]: ursprünglich pantomimischer Tanz der Schwarzen in Nordamerika, dann Preistanz (»Kuchentanz«), der um 1870 aufkam, bald zum Bühnen- und Schautanz wurde und um 1900 als Gesellschaftstanz nach Europa kam. Der C. steht in synkopiertem $^2/_4$-Takt. C. DEBUSSY verwendet ihn im 6. Satz der Klaviersuite »Children's corner«.

calando [italienisch »nachlassend«]: gleichzeitig an Tonstärke und Tempo abnehmend.

Call and Response [kɔl ənd rɪ'spɔns; englisch]: ↑Ruf-Antwort-Form.

calmato [italienisch]: beruhigt; **calmando**: beruhigend.

Calypso: ursprünglich ein mit Gesang verbundener Tanz (im $^2/_4$- oder $^4/_4$-Takt) der Farbigen auf den Antillen; seit etwa 1900 bekannt, wurde er um 1955 in den USA zum Modetanz, seit 1957 auch in Europa beliebt, v. a. durch H. BELAFONTE. In Gegenüberstellung der Paare wird die Schrittfolge auf der gleichen Stelle ausgeführt, durch Rumpf- und Kniebewegungen der der Rumba ähnliche Rhythmus nachvollzogen.

Cambiata [italienisch, Kurzform von Nota cambiata »vertauschte Note«]: ein dissonierender Ton, der die Stelle eines konsonierenden Tones einnimmt. Damit ist einerseits eine »relativ betonte« Dissonanz gemeint, andererseits die nach J. J. Fux benannte **fuxsche C.**, eine von oben eingeführte und zur Unterterz abspringende Dissonanz auf unbetonter Taktzeit (im Unterschied zu ↑Durchgang, ↑Vorhalt, ↑Wechselnote).

Canarie [französisch]: Paartanz im schnellen $^6/_8$- oder $^3/_4$-Takt, kam wahrscheinlich im 16. Jh. von den Kanarischen Inseln über Spanien nach Frankreich; als bizarrer Gesellschaftstanz von T. ARBEAU (1588) beschrieben. In der Klavier- und Orchestersuite des 17. Jh. kommt die C. als ein der Gigue verwandter Typus vor (Beispiele bei J. S. BACH).

Cancan [kã'kã; französisch »Geschwätz«, »Lärm«] (Chahut): ein nach 1830 in Paris eingeführter Tanz in sehr schnellem $^2/_4$-Takt, eine Nachahmung des spanischen Fandango. Anfangs Gesellschaftstanz, wurde er mit hohem Beinwurf, Schürzen der Röcke und Spagatsprüngen von Frauen chorisch als Bühnenschautanz ausgeführt und rief bald polizeiliche Verbote hervor, die aber die Beliebtheit nicht schmälerten. In der Operette wurde er von HERVÉ und J. OFFENBACH verwendet.

Cancioneiro [kãsju'naıru; portugiesisch] (spanisch Cancionero): Bezeichnung für portugiesische und spanische Handschriften mit mehrstimmigen Liedsätzen (Canciones, Villancicos, Romances). Aus dem 16./17. Jh. sind mehrere C. überliefert; der umfangreichste ist der **C. musical de Palacio** (auch **C. Barbieri**) der Königlichen Bibliothek von Madrid, mit 459 erhaltenen Stücken die bedeutendste Quelle spanischer weltlicher Mehrstimmigkeit des 16. Jahrhunderts.

cantabile [italienisch]: sangbar, gesangsartig (v. a. in der Instrumentalmusik).

Cantatille [kãta'tij; französisch »kleine Kantate«]: im 18. Jh. in Frankreich beliebte kleine, weltliche Kantate für Solostimme und Begleitung in kleiner Besetzung (Cembalo, Soloinstrument oder Instrumentalensemble).

Cantatorium [lateinisch »Gesangbuch«]: liturgisches Buch des Mittelalters (seit Ende 7. Jh.), in dem die solistisch auszuführenden Gesänge der Messe gesammelt sind; etwa seit dem 13. Jh. durch das Graduale ersetzt.

Canticum [lateinisch »Gesang«]: Bezeichnung für die Lieder des Alten und Neuen Testaments mit Ausnahme der Psalmen. Die Verwendung der Cantica wurde aus dem jüdischen Kult in die christliche Liturgie, v. a. in das Offizium sowie in die Messliturgie, übernommen.

Cantiga [spanisch und portugiesisch »Lied«]: allgemein das Volks- und Kunstlied aus Spanien und Portugal, im engeren Sinn das volkssprachliche Lied des 12.–14. Jh., das in den ↑Cancioneiros überliefert ist. Erhalten sind rd. 1700 weltliche und mehr als 400 geistliche, dem Marienkult dienende C., nur Letztere mit Melodien.

Cantilena [lateinisch »Lied«, »Melodie«, »Gesang«]: im Mittelalter Bezeichnung für liedhafte Teile im liturgischen Gesang (z. B. Tropus und Sequenz), auch für das weltliche einstimmige Spielmannslied und das populäre Tanzlied oder -stück; im 13.–15. Jh. auch Bezeichnung für den mehrstimmigen Liedsatz. – ↑auch Kantilene.

Cantio [lateinisch]: im 15. und 16. Jh. Bezeichnung für ein schlichtes, volkstümliches Lied, dessen Text dem Prinzip von Hebung und Senkung folgt und dessen Melodie meist von Dreiklangsbewegungen geprägt ist und im Dreiertakt verläuft (z. B. »Joseph, lieber Joseph mein«). Hauptverbreitungsgebiet waren Böhmen, Österreich und Süddeutschland.

Cantio sacra [lateinisch »geistlicher Gesang«]: seit der ersten Hälfte des 16. Jh. Bezeichnung für eine geistliche Komposition auf lateinischen, seit der Wende zum 17. Jh. auch auf deutschen Text (»Cantiones sacrae« von H. SCHÜTZ, 1625).

Cantus [lateinisch »Gesang«]: in der mehrstimmigen Musik des ausgehenden Mittelalters Bezeichnung für die vorgegebene oder zuerst erfundene Stimme, meist die Oberstimme, seit dem 15. Jh. für Diskant und Sopran.

Cantus figuratus [lateinisch, zu figura »Notenzeichen«]: ↑Cantus mensurabilis.

Cantus firmus [lateinisch »feststehender Gesang«], Abk. c. f.: im Mittelalter zunächst Bezeichnung für den einstimmigen gregorianischen Choral, seit dem 18. Jh. im mehrstimmigen Gesang und Instrumentalsatz für die vorgegebene Melodie (»cantus prius factus«), die den kontrapunktischen Bezugspunkt der anderen Stimmen bildet. Die **C.-f.-Bearbeitung** einer geistlichen oder weltlichen Melodie spielt in der Geschichte der europäischen Musik eine wichtige Rolle, u. a. in Messe und Motette, Chanson- und Liedsatz, in instrumentalen Lied- und Tanzvariationen und bis heute v. a. in Formen der Orgel- und Chormusik.

Cantus mensurabilis [lateinisch »messbarer Gesang«] (Musica mensurabilis, Mensuralmusik, Cantus figuratus): im Mittelalter die Bezeichnung für die in der ↑Mensuralnotation aufgezeichnete mehrstimmige Musik im Gegensatz zum rhythmisch nicht geregelten einstimmigen Gesang des ↑Cantus planus.

Cantus planus [lateinisch »ebener Gesang«] (Cantus choralis, Plain-chant): seit dem 12./13. Jh. Bezeichnung für den

Von den vielen Beiwörtern, die man ihm schon zeitlebens beigab: Musikphilosoph, Anreger, Avantgardist, Anarchist, Transzendentalist oder gar Clown, ist das seines Lehrers A. SCHÖNBERG vielleicht das treffendste, der den Sohn eines Ingenieurs und Erfinders einmal den »Erfinder des Schöpferischen« nannte. Immer wieder setzte JOHN CAGE neue, klanglich überraschende Ideen um, und so gibt es in der Geschichte der Neuen Musik neben SCHÖNBERG kaum einen mit einer ähnlichen Bedeutung für das Komponieren im 20. Jh. Seine auf Zufallsoperationen basierenden Arbeiten und die gezielt »auskomponierten« anarchischen Formen des freien Nebeneinandermusizierens haben der europäischen Avantgarde wesentlich zur Abkehr vom Dikat der seriellen Musik verholfen.

■ Abschied von der Harmonie

Am 5. 9. 1912 in Los Angeles geboren, wandte sich CAGE nach abgebrochenem Literaturstudium dem Komponieren zu und studierte außer bei SCHÖNBERG u.a. bei H. COWELL, dem »Erfinder« der Cluster-Technik. Ab 1942 war er freischaffend von New York aus tätig, wo er u.a. mit dem Tänzer M. CUNNINGHAM zusammenarbeitete und -lebte, für dessen Dance Company zahlreiche seiner Werke entstanden. Daneben lehrte CAGE an verschiedenen amerikanischen Universitäten. Seine Reiselust und seine Konzerttätigkeiten führten ihn ab 1950 immer wieder nach Europa, Japan und Indien. Seit 1954 wurden seine Werke bei den Donaueschinger Musiktagen aufgeführt, und seit 1958 war er mehrfach Gastdozent bei den Darmstädter Ferientagen für Neue Musik.

CAGE, der gegenüber SCHÖNBERG einmal zugab, keinen Sinn für Harmonie zu haben, fand im Klangreichtum des Schlagzeugs die ihn zeitlebens beschäftigende adäquate Alternative. Zusammen mit elektroakustischen Klangerzeugern – sein »Imaginary landscape nr. 1« (1939) wird als erstes elektronisches Stück angesehen – und in der konsequenten Einbeziehung von Zufallsgeräuschen und fernöstlichem Denken v.a. des Yi-jing zersetzte er als vielleicht Erster grundlegend die traditionelle »Werk«-Kategorie, wobei für ihn der Begriff »Musik« von dem umfassenderen der »Klangorganisation« abgelöst wurde. Dabei geriet die Realisation seiner Stücke aufgrund ihres experimentellen, von Zufällen »gesteuerten«

John Cage

Charakters oft zur theatralischen Aktion im Sinne der Fluxus-Bewegung, an der er mit J. BEUYS maßgeblich beteiligt war. Vor diesem Hintergrund entstanden zahlreiche Werke, die trotz ihrer z.T. sehr unterschiedlichen Anlage zu Schlüsselerlebnissen der Neuen Musik wurden und die er im Sinne einer Einheit von Kunst und Leben immer wieder auch theoretisch untermauerte (»The future of music: credo«, 1937; »Indeterminacy«, 1958; »Silence«, 1961; »Themes and variations«, 1982). CAGE starb am 12. 8. 1992 an einem schweren Schlaganfall in New York.

■ Neuartige Klänge, Zufall und Stille

Für die Ballettmusik »Bacchanale« erfand CAGE 1940 anfangs eher aus praktischen, Platz sparenden Gründen als Ersatz für das Schlagzeugensemble das »präparierte Klavier«, bei dem mithilfe von zwischen die Saiten geschraubten oder gesteckten Stahlstiften, Holz-, Gummi- und Filzkeilen, aufgelegten Eisenketten u. a. der Klang des Instrumentes zur Steigerung der Perkussivität manipuliert wird – ein Verfahren, das dann in den »Sonatas and interludes« (1946–48) ganz bewusst zum Erzeugen fernöstlichen Klangkolorits eingesetzt wird.

In der »indeterminierten« Komposition »Concerto for piano and orchestra« verzichtete CAGE 1957/58 auf eine herkömmliche Partitur. Stattdessen notierte er den Klavierpart auf 63 losen Blättern, die sich der Solist nach eigenem Gutdünken zusammenstellt. Der Dirigent übernimmt die Funktion eines Uhrzeigers, der einen flexiblen Zeitverlauf gewährleistet und die Einzelstimmen der anderen Instrumentalisten koordiniert.

In »Europeras 1 & 2« und »Europeras 3 & 4« (1987–90) setzte sich CAGE erstmals mit einer durch und durch traditionellen Gattung auseinander. Dabei werden in den szenischen Teilen Fragmente zahlreicher Repertoire-Opern früherer Jahrhunderte nach dem Zufallsprinzip neu kombiniert, dazwischen gibt es so genannte Zeitklammern, in denen Sängerinnen und Sänger von ihnen frei gewählte Arien, Duette oder andere Opernausschnitte vortragen. Dabei sollen sich die einzelnen Elemente der Oper wie Musik, Text, Kostüme, Aktion und Beleuchtung durch dramaturgisch isolierte Handlungsabläufe verselbstständigen. Hinzu kommen Einspielungen von Tonträgern und pianistische Opernfantasien F. LISZTS.

Mit »4'33"« entstand dasjenige Stück, das CAGE selbst zu seinem wichtigsten überhaupt erklärte. 1952 von dem Pianisten D. TUDOR uraufgeführt, besteht die dreisätzige Komposition, die von jedem beliebigen Instrument ausgeführt werden kann, aus vier Minuten und 33 Sekunden Stille. Der Pianist kommt auf die Bühne, setzt sich vor sein Instrument, klappt den Klaviaturdeckel hoch, hebt die Hände, als wolle er in die Tasten greifen, und verharrt anschließend. Die Prozedur wird noch zweimal wiederholt, dann verschwindet er wieder von der Bühne. Als »Musik« vernehmbar werden ausschließlich zufällige Geräusche aus dem Hintergrund, von draußen oder Publikumsreaktionen. Das auch »Tacet« genannten Werk ist die radikalste Konsequenz aus CAGES These, dass die musikalische Struktur allein im Aufnahmeprozess des Hörens entsteht. Stille selbst ist nicht zu komponieren, weil es keine wirkliche Stille gibt. ■

Versuch: Führe das Stück »4'33"« vor unterschiedlichem Publikum auf und bitte jemanden, das Konzert aufzunehmen. Gibt es Klangunterschiede je nach Publikum? Wie reagiert z. B. eine 5. Klasse, wie die Zuhörer bei einem Schulkonzert? Und wie schwer fällt es dir, die drei Sätze »Stille« darzubieten?

FÜRST-HEIDTMANN, MONIKA: *Das präparierte Klavier des John Cage.* Regensburg (Bosse) 1979. ■ REVILL, DAVID: *Tosende Stille. Eine John-Cage-Biographie.* München (List) 1995. ■ *Mythos Cage,* herausgegeben von CLAUS-STEFFEN MAHNKOPF. Hofheim (Wolke Verlagsgesellschaft) 1999.

einstimmigen, nicht rhythmisierten gregorianischen Choral im Unterschied zum ↑Cantus mensurabilis, der unterschiedliche Notenwerte verwendete.

Capotasto [italienisch »Hauptbund«] (Kapodaster): verschiebbarer Sattel bei

Capotasto

Saiteninstrumenten mit Griffbrett und Bünden (z.B. Gitarre). Der C. ersetzt den Barré-Griff (↑Barré) und erleichtert das Akkordspiel in schwierigen Tonarten.

Cappella [italienisch]: ↑Kapelle, ↑a cappella.

Capriccio [ka'pritʃo; italienisch »Laune«, »Einfall«]: ein Stück in besonders »einfallsreicher« Art und freier Form, im 16. Jh. Gesangsstücke im Stil des Madrigals, im 17. Jh. fast ausschließlich Instrumentalstücke (G. FRESCOBALDI, »Capricci«, 1624); J. S. BACH schrieb ein »C. sopra la lontananza del suo fratello dilettissimo« (BWV 992). Seit dem 18. Jh. entstanden meist tonmalerische und virtuose Capricci für Violine (G. TARTINI, N. PAGANINI), für Klavier (L. VAN BEETHOVEN, J. BRAHMS, M. REGER) und für Orchester, oft mit nationalem Kolorit (M. I. GLINKA, P. I. TSCHAIKOWSKY, N. A. RIMSKIJ-KORSAKOW). R. STRAUSS nannte seine Oper »C.« ein »Konversationsstück für Musik«.

capriccioso [kapri'tʃo:zo; italienisch]: launisch, eigenwillig.

Carillon [kari'jõ; französisch]: Bezeichnung für das Turmglockenspiel und für das in Kapellen und Orchestern gespielte Metallstabglockenspiel (↑Glockenspiel). Ferner wird C. ein Musikstück genannt, das für das Glockenspiel bestimmt ist oder seinen Klang nachahmt.

Carioca [indianisch-portugiesisch]: brasilianischer Tanz in bewegtem Tempo im $^4/_4$- oder $^2/_2$-Takt, eine Abart der Samba; 1930 von der Rumba verdrängt.

Carol ['kærəl; englisch]: gegen Ende des 14. Jh. in England entstandenes einstimmiges Lied, das aus einem Wechsel von Refrain und Strophen geistlichen Inhalts bestand. Später wurden die C. mehrstimmig; die ionische Tonart und der dreizeitige Takt herrschten vor. Seit dem 16. Jh. bezeichnet C. ein volkstümliches Lied, v. a. weihnachtlichen Inhalts (**Christmas carols**).

Catch [kætʃ; englisch »das Haschen«]: im 17. und 18. Jh. in der englischen Musik ein Kanon oder auch ein frei behandeltes Stück vornehmlich für Männerstimmen mit heiteren, oft derb-scherzhaften Texten, das als Unterhaltungsmittel in Klubs und Männerrunden beliebt war; im späten 18. Jh. durch den harmloseren ↑Glee ersetzt. Seit 1609 erschienen viele Sammlungen von C. (u. a. von H. PURCELL).

Cauda [lateinisch »Schwanz«]:
• *Notation:* in der Mensuralnotation der vom Notenkopf nach unten zeigende Strich. Der nach oben weisende Strich wird als **sursum C.** bezeichnet.
• *Musikgeschichte:* seit dem 13. Jh. Bezeichnung für einen musikalischen Anhang, später mit ↑Koda identisch.

Cavata [von italienisch cavare »ausgraben«]: in der ersten Hälfte des 18. Jh. bei einem Rezitativ der ariosohafte Schlussabschnitt in Zusammenfassung des textlichen Inhalts. Die C., aus der sich die ↑Kavatine entwickelte, kommt häufig in Kantaten J. S. BACHS vor.

Cavatina [italienisch]: ↑Kavatine.

Celesta [tʃe'lesta; zu italienisch celeste »himmlisch«]: Stahlplattenklavier, dessen abgestimmte Stäbe auf Resonanzkästchen aus Holz lagern und über eine Tastatur mit einer Hammermechanik angeschlagen werden. Die C., 1886 von A. MUSTEL (Paris) erstmals gebaut, hat einen zarten, weichen Klang; ihr Tonumfang beträgt i. A. vier Oktaven (c^1–c^5), wird aber eine Oktave tiefer notiert.

Cello ['tʃɛllo; italienisch]: Kurzform von ↑Violoncello.

Cembalo ['tʃɛmbalo; italienisch] (Clavicembalo, Kielflügel, französisch Clavecin, englisch Harpsichord): Tasteninstrument mit Zupfmechanik, das im Unterschied zum ↑Spinett und ↑Virginal in Flügelform und mit einer in Verlängerung der Tasten liegenden Besaitung gebaut wird. Die Tonerzeugung im C. erfolgt durch Anzupfen von dünnen Messing-, Bronze- oder Stahlsaiten unterschiedlicher Länge und Stärke, die

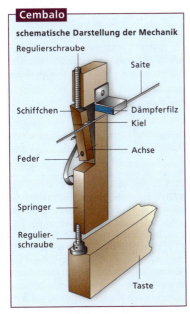

Cembalo — schematische Darstellung der Mechanik: Regulierschraube, Saite, Schiffchen, Dämpferfilz, Kiel, Achse, Feder, Springer, Regulierschraube, Taste

über einen Resonanzboden mit Stegen gespannt sind. Die Tasten der Klaviatur wirken als Hebel; beim Niederdrücken der Taste wird der auf dem Tastenende stehende Springer (Docke) angehoben, dadurch zupft der im Springer beweglich angebrachte Kiel aus Leder oder Kunststoff (bei historischen Rekonstruktionen auch Rabenfederkiele) die Saite an und hebt gleichzeitig einen Dämpferfilz ab. Beim Loslassen der Taste fällt der Springer, ohne anzuzupfen, in seine Ausgangslage zurück, der Dämpferfilz legt sich wieder auf die Saite und stoppt die Saitenschwingungen. Im Gegensatz zum Klavier ist die Lautstärke und somit die Dynamik nicht durch die Anschlagstärke beeinflussbar. Um eine Klangänderung während des Spielens zu ermöglichen, besitzen deshalb größere C. zwei, seltener drei bis vier terrassenartig angeordnete Klaviaturen (Manuale) und mehrere in Tonlage und Klangcharakter verschiedene Register (4-, 8-, gelegentlich auch 16-Fuß, Lautenzug), die während des Spielens durch Pedale, Knie- oder Handhebel zu- oder abschaltbar sind. Die Klaviatur umfasst $4\frac{1}{2}$ bis 5 Oktaven. Der tatsächliche Tonumfang wird durch die Register um je eine Oktave in die hohe und tiefe Lage erweitert, sodass große Instrumente von $_2$F bis f^4 reichen. Durch Manualkoppel können die Tasten der Klaviaturen mechanisch verbunden werden.

Das C. entstand in der zweiten Hälfte des 14. Jh. durch Anbringen von Tasten am Psalterium. Der C.-Bau wurde v. a. in Italien und in den damaligen Niederlanden betrieben. Vom 16. bis 18. Jh. stand das C. als Tasteninstrument etwa gleichberechtigt neben der Orgel und dem Klavichord; spezielle C.-Literatur ist z.B. die englische Virginalmusik oder die Musik der französischen Clavecinisten; daneben schrieben u.a. G. FRESCOBALDI, D. SCARLATTI, G. F. HÄNDEL und J. S. BACH bedeutende Werke für das C. Eine besondere Stellung nimmt es als Generalbassinstrument ein wegen seines rhythmisch präzisen und klar zeichnenden Klanges. Als solches fand es noch bis nach 1800 Verwendung, während es als Soloinstrument in der zweiten Hälfte des 18. Jh. allmählich vom ausdrucksfähigeren Hammerklavier verdrängt wurde. Mit der um 1900 einsetzenden Wiederbelebung alter Musik wurden auch C.

neu gebaut. Es wird heute vorwiegend für die Interpretation älterer Klavierwerke und als Generalbassinstrument, aber auch in der neuen Musik und im Jazz eingesetzt.

Cent [von lateinisch centum »hundert«] (cent), Abk. C: Hinweiswort bei der Angabe von Tonhöhenintervallen oder Frequenzverhältnissen, das besonders auf die 12-stufig gleichteilig temperierte Stimmung der chromatischen Tonskala zugeschnitten ist. Da Intervallen Verhältnisse und nicht Differenzen von Frequenzen entsprechen, wurde ein Maß eingeführt, bei dem gleichen Intervallen die gleiche Anzahl von Maßeinheiten entsprechen. Ein temperierter Halbton wird deshalb in 100 cent, die Oktave somit in 1 200 cent eingeteilt.

Cephalicus [griechisch-lateinisch]: ↑Neumen.

c. f.: Abk. für ↑Cantus firmus.

Chaconne: aus J. S. Bachs letztem Satz »Ciaccona« aus der Partita Nr. 2 d-Moll für Violine solo (BWV 1004, um 1720)

Cha-Cha-Cha [ˈtʃaˈtʃaˈtʃa]: lateinamerikanischer Gesellschaftstanz nach volkstümlichen kubanischen Motiven; er soll 1953 von E. JORRIN in Habana aus dem Mambo entwickelt worden sein; bald darauf kam er nach Europa und gehört heute zu den lateinamerikanischen Tänzen im Turniertanz. Musikalisch ist der C.-C.-C. ein Triple-Mambo in mäßigem Tempo mit geradem Takt. Seinen Namen hat er von den drei kleinen Schritten, die auf den Übergang von der vierten zur ersten Zählzeit fallen und lautmalerisch als »Cha-Cha-Cha« mitgesprochen werden können. Zur Begleitung gehören Rasselinstrumente wie Cabaza, Guiro und Maracas.

Chaconne [ʃaˈkɔn; französisch] (italienisch Ciaccona, spanisch Chacona): zunächst ein Tanz im ³/₄-Takt in Spanien, wo schon im 16. Jh. Lieder und Instrumentalstücke so bezeichnet wurden. In Italien wurde sie seit 1610 zur Variationsform (auch für Tasteninstrumente und Ensemblemusik) stilisiert, im Unterschied zur Passacaglia stets im ungeraden Takt, in Dur und mit ständiger Beibehaltung eines Ostinatothemas. In Frankreich entwickelte sich die C. zum Gesellschaftstanz und wurde v. a. durch J.-B. LULLY zu einer beliebten Form im Ballet de Cour und Opéra-ballet des 17./18. Jh. Die französische C. für Tasteninstrumente (seit J. C. DE CHAMBONNIÈRES und L. COUPERIN) näherte sich immer mehr der Passacaille, wobei – im Unterschied zu Italien – die Bindung an einen Ostinato zurücktrat. Als Variationsform erscheint sie in Suiten und Sonaten oft als Schlusssatz. In England knüpfte die C. an die dort als »ground« bezeichneten älteren Basso-ostinato-Techniken an. Die deutschen Komponisten (u. a. D. BUXTEHUDE, J. PACHELBEL) bevorzugten teils den italienischen, teils den französischen Typus. Einen Höhepunkt der C.-Komposition bildet J. S. BACHS C. aus der Solo-Partita Nr. 2 d-Moll für Violine (BWV 1004, um 1720). Im späteren 19. und im 20. Jh. wurde die C. als Variationsform wieder aufgegriffen, u. a. von J. BRAHMS, M. REGER, B. BARTÓK und H. W. HENZE.

Chalumeau [ʃalyˈmo; französisch]: seit dem Mittelalter bekanntes, v. a. in der Volksmusik verwendetes Holzblasinstrument mit einfachem Rohrblatt und zumeist zylindrischer Bohrung, aus dem sich um 1700 das Klappen-C. und die ↑Klarinette entwickelten. Das Klappen-C. wurde nicht überblasen. – **C.-Register** heißt noch heute das tiefste, nicht überblasene Register der Klarinette.

Chanson [ʃãˈsõ; französisch »Lied«]: seit dem Ende des 11. Jh. in Frankreich Bezeichnung für jedes singbare Gedicht mit strophischer Gliederung, z. B. die Minnelyrik der französischen ↑Trouvères des 12./13. Jh. Vom Ausgang des 13. Jh. an entwickelte sich die zunächst einstimmige C. zu einer der bedeutendsten Formen des mehrstimmigen mittelalterlichen Liedes. Zu Beginn des 14. Jh. war die C. meist dreistimmig (Oberstimme und zweistimmige instrumentale Begleitung), ab dem 15. Jh. weitete sich die nunmehr auch rein vokale C. zur Vierstimmigkeit aus (G. BINCHOIS, G. DUFAY, J. OCKEGHEM, JOSQUIN DESPREZ, C. JANEQUIN). Die Inhalte der C. sind im Mittelalter zunächst elegisch, später eher heiter (Liebes- und Trinklieder des 15.–17. Jh.) und galant (17. Jh.), ab dem Ende des 18. Jh. jedoch auch satirisch, politisch, volkstümlich-patriotisch und sentimental.

Das C. der Gegenwart, als Einheit von Text, Musik und Vortrag ein lyrischer, humoristischer oder satirischer (Sprech-)Gesang mit Instrumentalbegleitung, fand seine Ausprägung Mitte bis Ende des 19. Jh. in den Pariser Cafésconcerts und Cabarets (A. BRUANT, Y. GUILBERT). Nach dem Zweiten Weltkrieg wurde in Frankreich die Schule von M. CHEVALIER und der MISTINGUETTE allmählich von einer jüngeren Generation abgelöst. Interpreten des französischen C. (C. AZNAVOUR, G. BÉCAUD, J. GRÉCO, Y. MONTAND, E. PIAF) machten es international bekannt. In Deutschland entwickelte sich das C. seit der Jahrhundertwende in enger Verbindung mit dem Kabarett und gewann seit den 1960er-Jahren besondere politische und sozialkritische Bedeutung.

Chansonnier [ʃãsɔˈnje; französisch »Liederbuch«]: im Mittelalter Bezeichnung für eine handschriftliche Sammlung von französischen weltlichen Liedern (Chansons), die nur Texte oder Texte und Melodien enthält. Zum C.-Repertoire zählen die Sammlungen mit Liedern der Troubadours. Die Bezeichnung C. wird auch für die seit etwa 1430 entstandenen Sammlungen geistlicher oder weltlicher mehrstimmiger Chansons verwendet.

Chanterelle [ʃãˈtrɛl; französisch] (Sangsaite, italienisch Cantino): bei Streich- und Zupfinstrumenten die am höchsten gestimmte Saite; bei Drehorgel und Banjo auch Bezeichnung für die Melodiesaite.

Chanty [ˈtʃɑːntɪ; englisch]: ↑Shanty.

Charakterstück [k-]: kürzeres Instrumentalstück, v. a. der romantischen Klaviermusik, mit einem poetischen Gehalt, der oft durch einen Titel umschrieben ist. Vorläufer waren Stücke von F. COUPERIN, J.-P. RAMEAU und C. P. E. BACH. Das erste C. im strengeren Sinn war das Klavierstück »Six églogues« von V. J. TOMÁŠEK (1810/11). Ihm folgten F. SCHUBERT mit »Impromptus« und »Moments musicaux«, F. MENDELSSOHN BARTHOLDY mit seinen »Liedern ohne Worte«, v. a. R. SCHUMANN mit »Papillons«, »Kinderszenen« u. a.; dann F. CHOPIN, F. LISZT, später J. BRAHMS, M. REGER, C. DEBUSSY u. a. Im 19. Jh. gab es einen Überschneidungsbereich zwischen C. und ↑Salonmusik.

Charivari [ʃariˈvaːri; französisch lautmalerisch »Durcheinander«]: im Mittelalter Ständchen mit Lärminstrumenten (»Katzenmusik«), Quodlibet mit Imitation von Rufen oder Geräuschen; auch das Einstimmen des Orchesters vor Beginn einer Aufführung.

Charleston [ˈtʃɑːlstən; amerikanisch]: amerikanischer Gesellschaftstanz im geraden Takt mit synkopiertem Rhythmus, ursprünglich von Schwarzen in der Stadt Charleston in South Carolina getanzt. Kennzeichnend sind Groteskbewegungen wie das Ein- und Ausdrehen der Füße und das Emporwerfen der Unterschenkel bei geschlossenen Knien. In gemäßigter Form kam der C. um 1925 nach Europa, wo er begeistert aufgenommen wurde, ging aber bald im Foxtrott und Quickstepp auf.

Charlestonmaschine [ˈtʃɑːlstən-; amerikanisch]: in den 1920er-Jahren im Tanz- und Jazzorchester ein Rhythmusinstrument, bestehend aus zwei aufeinander schlagenden Becken, die durch eine Fußmaschine betätigt werden. Die C. war Vorläufer der ↑Hi-Hat-Maschine.

Charts [tʃa:ts; englisch]: v.a. in der Pop- und Rockmusik Listen der meistverkauften Tonträger (**Single-** und **Album-C.**), die durch Umfrage ermittelt und turnusmäßig zusammengestellt werden.

Chasse [ʃas; französisch »Jagd«]: in der französischen Musik des 14. Jh. ein dreistimmiger, gesungener Kanon (im Einklang); später Bezeichnung für Musikstücke, die das Jagdgeschehen schildern. – ↑auch Caccia.

Cheironomie [ç-; zu griechisch cheír »Hand« und nómos »Gesetz«]: in der Tanzkunst die festgelegte pantomimische Gestik oder Symbolsprache der Hände. Die C. hat eine Tradition vom griechischen Theater über die römischen Mimen zu den Gauklern und Tänzern des Mittelalters; Entsprechungen finden sich noch heute in den ostasiatischen Kulturen. – In der altgriechischen und frühchristlichen Musikausübung bezeichnet C. die Leitung eines Sängerchors durch Handbewegungen, die nicht nur den Rhythmus, sondern auch den Verlauf der Tonhöhen veranschaulichen. Ägyptische Bildzeugnisse der C. reichen bis ins 3. Jahrtausend v. Chr. zurück. Die ↑Neumen des Mittelalters haben einen ihrer Ursprünge im grafischen Abbilden der Cheironomie.

Chiavette [k-; von italienisch chiavetta »Schlüsselchen«]: in der Chormusik des 15.–17. Jh. eine Notierungsweise in Schlüsseln, die gegenüber den sonst üblichen (Sopran-, Alt-, Tenor- und Bassschlüssel) je um eine Terz höher (Violin-, Mezzosopran-, Alt- und Baritonschlüssel) oder tiefer (Mezzosopran-, Tenor-, Bariton- und Subbassschlüssel) liegen, somit den Bereich der einzelnen Stimmen jeweils um eine Terz nach oben bzw. nach unten verlegen. Mit der Verwendung von C. beabsichtigte man v.a., Hilfslinien zu vermeiden und die Anzahl von Vorzeichen bei der Transposition eines Stückes auf ein einziges ♭ zu beschränken.

Chicago-Stil [ʃi'ka:gəʊ-]: Bezeichnung für einen Anfang der 1920er-Jahre in Chicago entwickelten Jazzstil, der seine Ausformung im Wesentlichen der Auseinandersetzung weißer Musiker mit dem New-Orleans-Jazz der aus dem Süden der USA zugewanderten schwarzen Musiker verdankt. Charakteristisch ist eine geglättete Form der Tonbildung, ein Zurücktreten der Kollektivimprovisation zugunsten des Solos, eine wachsende Bedeutung des Arrangements und des Satzspiels und v.a. des Saxophons. Hauptvertreter sind u.a. B. BEIDERBECKE, P. W. RUSSELL und E. CONDON.

Ch'in: chinesische Zither (↑Qin).

chinesische Musik: Als früheste Zeugnisse der c. M. gelten tönerne Rasseln und Glocken aus dem 5. Jahrtausend v. Chr. Aus der *Shangdynastie* (etwa 16. Jh. bis 1050 v. Chr.) vermitteln Orakelinschriften auf Schildkrötenschalen und Knochen die ersten historisch gesicherten Nachrichten, darunter die Namen für Panflöten, Flöten, Mundorgeln, Zithern, Steinspiele und Trommeln. Bei Ausgrabungen hat man Stein- und Glockenspiele, Bronzetrommeln und Okarinas gefunden. Die wichtigsten Kenntnisse über die c. M. der *Zhoudynastie* (etwa 1050–249 v. Chr.) stammen aus zwei der fünf klassischen konfuzianischen Schriften, dem »Buch der Lieder« (Shi-jing) mit 305 teilweise heute noch gesungenen Hymnen und dem »Buch der Sitte« (Li-ji), in dem 40 Musikinstrumente genannt und in acht Klangkategorien entsprechend ihren Herstellungsmaterialien Metall, Stein, Leder, Seide, Holz, Kalebasse, Bambus und Erde eingeteilt werden. Die höfische Musik begleitete Bankette, zeremonielles Bogenschießen und Prozessionen und war als wichtiger Bestandteil beim Himmels- und Ahnenopfer Mittel der Staatsführung. Da sie der Erziehung diente und die Harmonie zwischen Menschen, Staat und Kosmos widerspiegelte, unterhielten die Zhouherrscher ein Musikministerium mit über 1300 Beschäftigten. In die kurze Regierungszeit der *Qindynastie* (221–206 v.Chr.) fiel die Verbrennung vieler konfuzianischer Schriften und alter Musikinstrumente (213 v.Chr.). In der *Hanzeit* (202 v.Chr.–220 n.Chr.) setzte sich die konfuzianische Lehre wieder durch; 112 v.Chr. wurde ein neues Musikamt eingerichtet. Allmählich traten konfuzianische Sakralmusik (Ya-yue, Ya-yüeh) und Bankettmusik (Yan-yue, Yen-yüeh) zugunsten der höfischen Unterhaltungsmusik (Su-yue, Su-yüeh) in den Hintergrund. Wechselseitige kulturelle Beziehungen zu den Nachbarstaaten bereiteten den Weg für den »internationalen Musikstil« der Tangzeit. Zu Beginn unserer Zeitrechnung gelangten mit der Verbreitung des Buddhismus die Laute Pipa, die Harfe Kong-hou (K'ung-hou), die Oboe Jiao (Chiao) und die Bambusflöte Di (Ti) über Zentralasien nach China. Von den drei Wölbbrettzithern Zheng (Cheng), Se und Qin gilt Letztere als edelstes chinesisches Musikinstrument, dessen Vorformen in die mythische Zeit zurückreichen. Dieses bevorzugte Instrument der Literaten mit dem reichsten Solorepertoire hatte in der frühen Hanzeit eine Standardform mit sieben Saiten erlangt.

Als »Goldenes Zeitalter der Künste« gilt die Zeit der *Tangdynastie* (618–907). Allein für die Bankettmusik gab es zehn Orchester, drei waren chinesischen Ursprungs, außerdem gab es Ensembles aus Korea, Funan, Kuqa, Buchara, Kaschgar, Samarkand und Turfan, die »Musik der Fremdvölker« (Hu-yue, Hu-yüeh) spielten. In den folgenden Jahrhunderten verlor die glanzvolle höfische Musik an Bedeutung und erfuhr nur unter einzelnen Kaisern der *Qingdynastie* (1644–1911/12) noch kurze Blütezeiten. In den Vordergrund trat die Entwicklung einer Vielzahl von Opernstilen durch die Verschmelzung von Sprache, Musik, Tanz, Pantomime und Akrobatik. Vom 16.Jh. an gewann die hochstilisierte Kun-Oper (K'un-Oper) überregionales Interesse. Gegen Ende des 18. Jh. erwuchs aus Er-huang-Oper (Erh-huang-Oper) und Xi-pi-Oper (Hsi-p'i-Oper) unter dem Einfluss von mehr als 300 regionalen Stilen die ↑Pekingoper. Eine wichtige Rolle spielen im Opernensemble die zweisaitige Streichlaute Er-hu (Erh-hu) und die dreisaitige gezupfte Laute San-xian (San-hsien).

Die c. M. kennt keine Mehrstimmigkeit im europäischen Sinn, sondern ist mono- und heterophon. Singstimmen und Instrumente neigen zu nasaler, in manchen Gegenden auch zu schriller Tongebung. Im Vordergrund stehen binäre Rhythmen.

Chitarrone (Gemälde um 1600)

Chitarrone [k-; italienisch, von chitarra »Gitarre«] (römische Theorbe): italienische Basslaute mit einem über den Wirbelkasten hinaus geradlinig verlängerten Hals, an dessen Ende ein zweiter Wirbelkasten für die Bordunsaiten sitzt (Gesamtlänge bis zu 2 m). Der C. hat sechs meist doppelchörige Griffbrettsaiten (Stimmung G–c–d–f–g–a) und acht diatonisch gestimmte Bordunsaiten ($_1$F–F). Der C., das größte und tiefste Lauteninstrument, wurde im 17./18. Jh. als Generalbassinstrument gebraucht.

Chladni-Figuren [k-] (chladnische Klangfiguren): E. CHLADNI machte 1802 erstmals Knotenlinien auf Metallplatten sichtbar, indem er diese mit feinem Lykopodiumpulver bestreute und durch Streichen mit einem Geigenbogen zu Eigenschwingungen anregte: Durch die Schwingungen wird das Pulver von Orten starker Bewegung weggetrieben und sammelt sich an den Knotenlinien, die charakteristische Muster für jede Eigenschwingung bilden und mit zunehmender Frequenz immer feiner werden. Auch an eingestaubten Musikinstrumenten sind die C.-F. zu erkennen.

Frédéric Chopin

Chopin [ʃɔ'pɛ̃], Fryderyk Franciszek (französisch Frédéric François), polnischer Komponist und Pianist, *Żelazowa Wola (bei Warschau) 1. 3. 1810, † Paris 17. 10. 1849: C. trat bereits achtjährig als Pianist auf und feierte auch als unübertroffener Improvisator ab 1827 in allen europäischen Zentren enorme Triumphe. 1831 ließ er sich in Paris nieder, wo u.a. F. LISZT und H. BERLIOZ, dessen Monumentalwerke C. allerdings ablehnte, zu seinem Freundeskreis zählten. Wegen einer aufgebrochenen Lungentuberkulose hielt er sich 1838/39 auf Mallorca auf, wohin ihn die Dichterin G. SAND begleitete, mit der er bis kurz vor seinem Tode zusammenlebte.

C. schrieb ausschließlich Werke für Klavier und solche, in denen dem Klavier eine zentrale Bedeutung zukommt. Damit begründete er einen neuen, von Ornamentik, Modulationsreichtum und chromatischer Harmonik geprägten Klavierstil, in dem sich hohe Virtuosität mit einem poetischen, klangsinnlichen Ausdruck paart. Seine von polnischer Folklore angeregte Rhythmik (60 Mazurken, 16 Polonaisen) wird getragen von einer feinen agogischen Ausdifferenzierung, in dem interpretatorisch das »Tempo rubato« eine große Rolle spielt. Als »Meister der kleinen Form« erweist er sich in seinen lyrischen Klavierstücken (20 Nocturnes, 25 Préludes, 4 Impromptus). Neue Klaviergenres schaffen sowohl seine 27, vom bloßen Übungszweck befreiten Etüden als auch die 4 bei C. erstmals rein instrumental belegten Balladen. Höhepunkte ihrer Gattung sind die Klaviersonaten b-Moll (1839, mit dem »Trauermarsch«) und h-Moll (1844). Vergleichsweise wenig Ausdruckskraft v.a. im Orchestersatz weisen dagegen seine zwei Klavierkonzerte (1829, 1830) auf. C.s Klaviermusik ist aus dem heutigen Konzertrepertoire nicht mehr wegzudenken.

Chor [k-; griechisch chorós »Tanzplatz«]:

◆ *Musikgeschichte:* in der griechischen Antike Tanzplatz, Tanzschar, dann v.a. Kulttanz und -gesang für verschiedene Gottheiten. Einige seiner bedeutendsten Formen waren ↑Dithyrambos, Hymnos (↑Hymne) und ↑Threnos. Der C. als lyrische Gattung war sehr früh bei den Dorern ausgebildet; seine Sprache behielt daher immer eine dorische Färbung. Begleitinstrumente waren Aulos, Kithara und Lyra. Inhaltlicher Kern der C.-Lieder war fast immer der Mythos als heilige Geschichte. Aus dem C.-Gesang entstand (nach ARISTOTELES) das Drama durch Hinzutreten von Schauspielern. Der C. (als Gruppe von Darstellern) war ein wesentlicher Bestandteil der griechischen Tragödie des 5. Jh. v.Chr. Er repräsentierte an der Handlung beteiligte Menschengruppen in verschiedenen Situationen; später trat er immer mehr zurück. In frühchristlicher Zeit bedeutet lateinisch **chorus** Reigentanz, später eine Schar von Sängern. Seit zwischen Klerus und Laien unterschieden wurde, trat an die Stelle des Gemeindegesangs der Kleriker-C. (↑Schola Cantorum), der dem noch heute als C. bezeichneten Kirchenraum den Namen gab; die musikalische Leitung übernahm der Kantor. Der Wechselgesang zwischen C. und Solosängern hatte sich früh entwickelt. Seit dem 12. Jh. nahmen, ausgenommen beim gregorianischen Choral, auch Laien am kirchlichen C.-Gesang teil. Im 16. und 17. Jh. bedeutet C. auch die Zusammenstellung von Instrumenten einer Familie (z. B. Gamben- oder Blockflöten-C.). Verschiedene Arten von Gesangs- und Instrumenten-C. gibt es in der ↑Mehrchörigkeit und im barocken Concerto. Der A-cappella-Begriff bezeichnet daneben den Stil der alten C.-Musik.

In neuerer Zeit bezeichnet C. eine Vereinigung von Sängern, die ein Gesangsstück gemeinsam vortragen, wobei jede Stimme mehrfach besetzt ist. Neben dem vierstimmigen gemischten C. aus zwei Frauen- (Sopran und Alt) und zwei Männerstimmen (Tenor und Bass) sind alle denkbaren anderen Besetzungen möglich, z. B. Männer-, Knaben-, Frauen-, Mädchen- und Kinderchor. – Im übertragenen Sinne ist C. auch Bezeichnung für das Gesangsstück selbst.

♦ *Instrumentenkunde:* bei Saiteninstrumenten die Bezeichnung der Anzahl der Saiten, die für den einzelnen Ton vorhanden sind (z. B. zweichöriges Spinett mit zwei gleich gestimmten Saiten für jeden Ton) oder Bezeichnung der Anzahl der einfach oder doppelt besetzten Saiten des Instruments (z. B. sechschörige Laute mit fünf Doppel- und einer Einzelsaite).

Choral [k-; von mittellateinisch (cantus) choralis »Chorgesang«]: seit dem Spätmittelalter gebrauchte Bezeichnung für die einstimmigen liturgischen Gesänge der katholischen Kirche, also für den gregorianischen Gesang und seine verwandten Formen, in Unterscheidung zur mehrstimmigen Mensural- oder Figuralmusik.

Im Bereich der evangelischen Kirche bezeichnet C. seit dem 16. Jh. das von der Gemeinde gesungene, meist strophische ↑Kirchenlied. Der Name C. besagt hier, dass diese Lieder ursprünglich »choraliter«, d. h. wie der altkirchliche gregorianische Gesang unbegleitet, unisono und im Rhythmus und Akzent des Verses gesungen wurden. Später wurde der Begriff auch auf die vierstimmig homophone Aussetzung der C.-Melodie bezogen.

Choralbearbeitung, eine mehrstimmige Komposition, der eine Choralmelodie zugrunde liegt; im engeren Sinn ein Tonsatz über die Weise eines protestantischen Kirchenlieds.

In der katholischen Kirchenmusik steht seit den Organa der Notre-Dame-Schule die mehrstimmige Bearbeitung der gregorianischen Gesänge der Messe im Mittelpunkt der C. – Im Anschluss an die Reformation schrieben deutsche Kantoren (J. WALTHER, H. L. HASSLER, M. PRAETORIUS) eine Fülle von C. zu liturgischen Zwecken, deren Satzart die Tradition des deutschen Tenorliedes fortführt. Daneben tritt im 17. Jh. die C. für Orgel; sie diente als Vorspiel oder zum wechselweisen Musizieren mit Chor oder Gemeinde. Im Werk J. S. BACHS gelangten die historisch angebahnten Typen zu mustergültiger Ausprägung: die einfache Harmonisierung im vierstimmigen Satz; der **figurierte Choral** mit freien oder imitierenden Stimmen neben der Choralmelodie; die **Choralfuge** in fugierter Durchführung der Einzelzeilen oder in einer freien Fuge über den Choral als Cantus firmus; die mehrsätzige **Choralkantate** über sämtliche Strophen eines Liedes; als rein instrumentale Gattungen der **Orgelchoral,** der die Melodie in der Oberstimme einmal zur Darstellung bringt, die **Choralvariation** und die **Choralfantasie.**

Von den Wiener Klassikern selten gepflegt und auch späterhin nur bei einzelnen Komponisten anzutreffen (J. BRAHMS, v. a. M. REGER), gelangte die Gattung im 20. Jh. im Zusammenhang mit der ↑Orgelbewegung wieder zu breiter Entfaltung.

Chorbuch: Die Miniatur zeigt, dass die Chorbücher dem gemeinsamen Gesang während der Liturgie dienten.

Choralnotation: die zur Aufzeichnung des gregorianischen Gesangs aus den Neumen entwickelte Notenschrift, die seit dem 11. Jh. mittels Linien und Tonhöhenschlüsseln den Melodieverlauf und dessen Textzuordnung fixierte. Seit dem späten 12. Jh. bildeten sich zwei Standardformen der C. heraus. Kennzeichen der **römischen C. (Nota romana)**, die im Anschluss an die nordfranzösische Neumenschrift entstand, ist die überwiegend quadratische Form der Noten, daher auch **Nota quadrata (Quadratnotation)** genannt; sie wird bis heute in liturgischen Büchern verwendet. In der mehrstimmigen Musik des Mittelalters wurde sie in den Formen der ↑Modalnotation und der ↑Mensuralnotation zum Ausgangspunkt der Notierung des Rhythmus. Dagegen gebraucht die **deutsche** oder **gotische C.** in Anlehnung an die gotische Schrift vorwiegend rhombische Formen; sie wird ihrem Aussehen nach auch **Hufnagelschrift** genannt. In Liederhandschriften findet sie sich bis zum frühen Meistersang.

Choralvorspiel: eine seit der zweiten Hälfte des 17. Jh. gebräuchliche Art der ↑Choralbearbeitung, oft auch improvisiert, die dem Kirchenliedgesang der Gemeinde vorangeht und dabei musikalisch und gedanklich zu ihm hinführt.

Chorbuch: ein geschriebenes, später auch gedrucktes Notenbuch mit großen Noten und von großem Format, das auf ein erhöhtes Pult gestellt, dem Sängerchor zum Absingen diente. Für den einstimmigen Choral war das C. vom 13. bis 18. Jh. in Gebrauch, für die mehrstimmige geistliche Musik vom 15. bis 17. Jh. Hier waren auf der links liegenden Seite (verso) Sopran und Tenor, auf der rechts liegenden Seite (recto) Alt und Bass notiert.

Chordometer [k-; griechisch-lateinisch]: Saitenmesser, bei dem die Saite zwischen die Schenkel eines spitzen Winkels geschoben wird und die Dicke der Saite an einer Skala abzulesen ist.

Chordophone [k-; griechisch eigentlich »Saitentöner«]: in der Systematik der Musikinstrumente diejenigen Instrumente, die zur primären Klangerzeugung Schwingungen gespannter Saiten verwenden, z.B. Violine, Gitarre, Klavier.

Choreographie [k-; von griechisch choreía »Tanz«, »Reigen«]: Tanzschrift zur Aufzeichnung von Bewegungsabläufen im Tanz (Stellung, Haltung, Bewegungsrichtung) mit eigens dafür geschaffenen Zeichen auf einem Liniensystem, mit Bewegungssymbolen oder mit Zeichen für musikalische Notenwerte; Letztere können auch mit den beiden anderen Notationsformen verbunden sein; seit dem 15. Jh. wurden zahlreiche Systeme entwickelt. – Seit dem 18. Jh. ist C. auch Bezeichnung für die vom **Choreographen** festgelegte Inszenierung sowie gelegentlich für das Libretto eines Balletts.

Chormusik: die zur Ausführung durch

einen Gesangschor bestimmte mehrstimmige Musik, im Unterschied zur solistisch besetzten Vokalmusik. Inwieweit schon im Mittelalter mehrstimmige Gesangsmusik chorisch besetzt wurde, ist schwer zu entscheiden. Eine spezifisch chorische Vokalpolyphonie entstand innerhalb der ↑niederländischen Musik des 15. und 16. Jh. und gipfelte im Werk von JOSQUIN DESPREZ und PALESTRINA. In der venezianischen ↑Mehrchörigkeit, den protestantischen Motetten des 17. Jh. und den barocken Opern, Oratorien, Kantaten, Passionen und Messen erlebte die C. im Sinne von Prachtentfaltung, Affektdarstellung und Dramatik ihre große Blütezeit. Auch im 19. Jh. gelangte sie zu breiter Entfaltung, v. a. im Rahmen der Geselligkeit, der Oratorienvereine, der Oper, der Arbeitersängerbewegung und auch der sinfonischen Musik (L. VAN BEETHOVEN, G. MAHLER). Im 20. Jh. knüpfte die C. einerseits an die alte Vokalmusik an, andererseits wurde v. a. nach 1950 der Chorklang zu einem subtilen Ausdrucksmittel der ↑Neuen Musik entwickelt.

Chorus ['kɔːrəs; englisch »Chor«, »Chorgesang«, »Refrain«]: im Jazz die Grundmelodie (samt ihrem Harmonieschema), über die improvisiert wird, in übertragenen Sinn auch die Improvisation über den Refrain selbst. Die einfachste Form des C. ist die 12-taktige Bluesformel; im Swing wurde besonders ein aus 32 Takten bestehendes Schema verwendet. Als Grundmelodie diente ursprünglich ein bekannter Blues oder Schlager, später wurden eigens neue C. (auch mit differenzierterer Harmonik) geschaffen. Im Free Jazz der 1960er-Jahre wurde die C.-Form durch die taktschematisch nicht gegliederte »offene Form« abgelöst.

Chorus-Effekt ['kɔːrəs-; englisch]: die Nachahmung der Klangfülle eines Orchesters oder Chores bei E-Orgel oder E-Gitarre durch elektronische Module. Dabei werden die Klangsignale einer periodisch wechselnden minimalen Verzögerung und einer geringen Tonhöhenverschiebung unterworfen, was zu einer Art Stimmverdopplung führt.

Chromatik [k-; zu griechisch chrôma »Farbe«]: die durch Versetzungszeichen (♯, ♭) bewirkte Färbung (Erhöhung oder Erniedrigung) der Stammtöne einer Tonart im diatonischen System; so ist z. B. gis kein chromatischer Ton in Gis-Dur, wohl aber in C-Dur, da diese Tonart kein gis, sondern ein g aufweist. **Chromatische Fortschreitung** ist die Halbtonfortschreitung zu oder von einem nicht leitereigenen, durch Erhöhung oder Erniedrigung abgeleiteten Ton, in C-Dur z. B. f–fis–g. Als **chromatische Tonleiter (Zwölftonleiter)** wird eine Tonleiter mit zwölf Halbtönen in der Oktave bezeichnet, die in steigender Richtung mit ♯, in fallender mit ♭ als Vorzeichen geschrieben (notiert) werden. **Chromatische Intervalle** nennt man alle

Chromatik: links: chromatische Fortschreitung; rechts: chromatische Intervalle

übermäßigen (z. B. die übermäßige Quarte c–fis) und verminderten (z. B. die verminderte Terz e–ges) Intervalle. In der antiken griechischen Musik nahm die C. als Tongeschlecht eine Mittelstellung zwischen Enharmonik und Diatonik ein. Im späten Mittelalter, dessen Musik im Wesentlichen diatonisch war, gelangte die C. auf dem Weg über die ↑Musica ficta in die mehrstimmige Musik. Die expressive Harmonik der italienischen Madrigalkunst und Monodie seit dem späten 16. Jh. basiert auf chromatischen Erweiterungen, die einen Rückhalt in den Versuchen zur Wiederbelebung der antiken C. fanden. Die Einführung der gleichschwebenden ↑Temperatur zu Beginn des 18. Jh. wurde Voraussetzung für die Entwicklung der neueren Harmonik, die im 19. Jh. zur chromatischen Alterationsharmonik führte. In der atonalen Musik und Zwölftontechnik ist der qualitative Unterschied zwischen den zwölf Halbtonstufen der Oktave nicht mehr als C. zu verstehen.

Chromonika [k-]: eine chromatische ↑Mundharmonika.

Chrotta [k-]: Saiteninstrument, ↑Crwth.

Ciaccona [tʃ-; italienisch]: ↑Chaconne.

Cimbalom ['tsimbɔlom; ungarisch] (Czimbal): ein ungarisches ↑Hackbrett, das für Zigeunerkapellen charakteristische trapezförmige Instrument auf vier Beinen. Es weist in moderner Form 35 Saitenchöre auf (Umfang D–e^3; tiefe Saiten umsponnen und dreifach, die übrigen aus Draht und vierfach), die mit zwei Klöppeln angeschlagen werden.

Cister [französisch] (Cither, Citter, Zitter, im 18./19. Jh. auch Sister): ein seit dem Mittelalter bekanntes Zupfinstrument mit charakteristischem birnenförmigem Korpus, von oben nach unten sich verjüngenden Zargen und einer Wirbelplatte, später Wirbelkasten mit vorder- oder seitenständigen Wirbeln, von denen Metallsaiten über einen Steg zu den Haltenägeln an der unteren Zarge verlaufen. Mit 4–12 Saitenpaaren ausgestattet und in verschiedenen Größen und Stimmungen (wie das **Cithrinchen** als Diskant-C.) gebaut, war das von der mittelalterlichen Zupffiedel abstammende Instrument über ganz Europa verbreitet und v.a. im 16.–18. Jh. beliebt. Später wurde die C. von der Gitarre bzw. Mandoline (in Italien) verdrängt. Als Volksinstrument hat sich die C. unter dem Namen **Harzer Zither** oder **Thüringer Zither** bis heute erhalten, ist mit der alpenländischen Zither aber nicht verwandt.

Clairon [klɛˈrõ; französisch]: Bezeichnung für das klappenlose Signalhorn in Trompetenform, das 1822 in die französische Militärmusik eingeführt wurde; daneben für eine helle, trompetenartige Zungenstimme der Orgel, meist im 4-, seltener im 2-Fuß (auch Clarino genannt).

Clarino [italienisch, von lateinisch clarus »hell«]: höchste Lage der ventillosen Naturtrompete, in der die Partialtöne so nahe beieinander liegen, dass ein Melodiespiel möglich wird, und zwar bei den in der Normalstimmung D stehenden ab c^2; auch Bezeichnung für das dafür verwendete Instrument, i.d.R. die allgemein gebräuchliche Langtrompete (seltener ein hornartig gewundenes Instrument), die mit einem besonders flachen und engen Mundstück angeblasen wird. Die Kunst des Clarinblasens, ursprünglich den speziell ausgebildeten, privilegierten Trompetern vorbehalten, ging nach 1750 allmählich verloren und wurde erst in jüngster Zeit wieder belebt. Seit dem Ende des 19. Jh. spielt man C.-Partien meist auf eigens konstruierten Trompeten (↑Bachtrompete) in hoher Stimmung. – C. ist auch Bezeichnung für das Orgelregister ↑Clairon.

Cister

Classic Rock [ˈklæsɪk rɔk; englisch] (Barockrock): Stilbereich der Rockmusik seit Ende der 1960er-Jahre, in dem

Gestaltungsprinzipien der »klassischen« Musik (anfangs v. a. Barockmusik) mit Klangvorstellungen des Rock gekoppelt wurden oder Rockversionen klassischer Konzertwerke entstanden. C. R. wurde u. a. von Gruppen wie Deep Purple, The Nice, Emerson, Lake & Palmer und Procol Harum gespielt.

Clavecin [klav'sɛ̃]: französische Bezeichnung für ↑Cembalo. – Als **Clavecinisten** werden die französischen Komponisten bedeutender Cembalomusik in der Zeit von etwa 1650 bis 1750 bezeichnet (u. a. F. COUPERIN).

Claves [spanisch]: aus Kuba stammendes Rhythmusinstrument, bestehend aus zwei bis zu 25 cm langen Hartholzrundstäben, die gegeneinander geschlagen werden.

Clavicembalo [klavi'tʃɛmbalo; italienisch]: ↑Cembalo.

Clavichord [klavi'kɔrd]: ↑Klavichord.

Clavicytherium: ↑Klavicitherium.

Clavis [lateinisch »Schlüssel«]: im Mittelalter Bezeichnung für die Tonbuchstaben zur Festlegung der Tonhöhe (↑Schlüssel). Die Bezeichnung wurde auch auf die (mit einer festen Tonhöhe verbundenen) Tasten der Orgel übertragen und in dieser Bedeutung auf die Gesamtheit der Tasten, die ↑Klaviatur, angewendet.

Climacus [griechisch-lateinisch]: ↑Neumen.

Clivis [mittellateinisch]: ↑Neumen.

Cluster [ˈklʌstə; kurz für englisch Tonecluster »Tontraube«]: von H. D. COWELL 1930 eingeführter Begriff für stationäre oder bewegte Klänge, die aus nebeneinander liegenden, auf der Klaviatur mit der Hand oder mit dem Unterarm gleichzeitig angeschlagenen Halb- und/ oder Ganztonintervallen (Sekunden) bestehen. C. unterscheiden sich nach Lage, Dichte, Breite, Intensität und Farbe und werden in unterschiedlicher Weise notiert oder grafisch dargestellt. Sie können auch mit anderen Instrumenten im Orchester gespielt und in Chören gesungen werden. V. a. seit dem Orchesterwerk »Atmosphères« (1961) und dem Orgelwerk »Volumina« (1962/66) von G. LIGETI sind sie ein verbreitetes Stilmittel.

Cluster aus A. Bergs Oper »Lulu« (Klavierauszug); sie werden mit der flachen Hand gespielt, die unteren auf den weißen, die oberen auf den schwarzen Tasten.

Cobla [ˈkɔbblə; von katalanisch »Paar«]: katalanische Tanzkapelle, die v. a. den Reigentanz ↑Sardana spielt. Die C. setzt in Spielweise und Besetzung die Tradition des Alta-Ensembles (↑Alta) fort, neben mittelalterlichen Instrumenten gehören ihr aber auch moderne Blechblasinstrumente an. Seit 1860 besteht die C. aus Einhandflöte (Fluviol), Trommel (Tamboril), 2 Diskantschalmeien (Tiples), 2 Tenorschalmeien (Tenoras), 2 Kornetten oder Trompeten sowie Flügelhörnern, Posaune und Kontrabass.

Coda [italienisch »Schwanz«]: ↑Koda.

Colascione [kɔlaˈʃoːne; italienisch]: Laute mit kleinem, halbbirnenförmigem Korpus, einem sehr langen, schmalen Hals, zwei bis drei Metallsaiten und bis zu 24 Bünden. Der C. entstand vermutlich um 1600 nach orientalischen Vorbildern und war vornehmlich in Süditalien verbreitet. Ein Modell mit größerem Korpus und sechs Saiten in der Stimmung D–G–c–f–a–d^1 diente um 1700 in Deutschland als Generalbassinstrument.

colla destra [italienisch], Abk. c. d.: Vortragsbezeichnung beim Klavierspiel: »mit der rechten Hand« zu spielen.

Collage [kɔˈlaːʒə; französisch »das Leimen«, »das Ankleben«]: die Technik und das Ergebnis des kompositorischen Zusammenfügens von musikalischem oder akustischem Material, z. B. von Werkpartikeln (musikalischen Zitaten), Alltagsgeräuschen, assoziationshaltigen Klängen, Wortzitaten und Sprachfetzen, die so einen neuen musikalischen Sinn hervorbringen. Dabei wird vorausgesetzt, dass der Hörer die einzelnen Bestandteile der C. erkennt und somit den zwischen ihnen hergestellten Sinnbezug verstehen kann. Die C. war v. a. in der Musik der 1960er-Jahre beliebt; eines der bekanntesten Beispiele ist der 3. Satz der »Sinfonia« (1968/69) von L. BERIO: In ihm sind in das Scherzo aus G. MAHLERS 2. Sinfonie Stellen aus Werken von J. S. BACH bis zu heutigen Komponisten sowie gesprochene und gesungene Zitate aus dem Roman »The unnamable« (1958) von S. BECKETT eingefügt.

colla parte [italienisch »mit der Hauptstimme«], Abk. c. p.: Vortragsbezeichnung für die begleitenden Stimmen, sich in Tempo und Takt der freier gestalteten Hauptstimme anzupassen. Durch a battuta (↑Battuta) wird der Wiedereintritt des strengen Taktmaßes angezeigt.

coll'arco [italienisch »mit dem Bogen«] (arco), Abk. c. a.: Vorschrift für Streichinstrumente, nach ↑pizzicato oder ↑col legno die Saiten wieder zu streichen.

colla sinistra [italienisch], Abk. c. s.: Vortragsbezeichnung beim Klavierspiel: »mit der linken Hand« zu spielen.

colla voce [-'voːtʃə; italienisch »mit der Stimme«]: Anweisung für Instrumente, die Gesangsstimmen in derselben Tonhöhe mitzuspielen.

Collegium musicum [lateinisch]: freie Vereinigung von Musikliebhabern zur Pflege der Musik. Collegia musica waren vom 16. bis zum 18. Jh. v. a. in Deutschland und in der Schweiz ein wichtiger Träger der Musikkultur. Die Mitglieder waren bürgerliche Musikfreunde, in Universitätsstädten Studenten; auch Berufsmusiker konnten hinzukommen. Da (auch gegen Eintrittsgeld) zu den Veranstaltungen Zuhörer zugelassen wurden, bildete das C. m. schon im 17. Jh. einen Vorläufer des öffentlichen Konzerts. Die von G. P. TELEMANN und ab 1729 von J. S. BACH geleiteten Aufführungen des Leipziger C. m. gelten als Vorläufer der Leipziger Gewandhauskonzerte. Zu Beginn des 20. Jh. lebte das C. m. an Universitäten wieder auf.

col legno [-'leɲo; italienisch »mit dem Holz«]: Vorschrift für Streichinstrumentenspieler, mit dem Holz des Bogens die Saiten zu streichen **(c. l. tratto)** oder anzuschlagen **(c. l. battuto)**.

Color [lateinisch »Farbe«]: in der mittelalterlichen Musik die Ausschmückung (Kolorierung) einer Melodie durch Melismen sowie im Anschluss an die Rhetorik die Wiederholung einer Tonfolge in derselben oder einer anderen Stimme. Der C. als Wiederholung eines Tenorabschnitts wurde in Verbindung mit der Wiederholung einer Rhythmusfolge (Talea) das Kennzeichen der isorhythmischen Motette des 14./15. Jh. (↑isorhythmisch). In der Notationslehre bezeichnet C. seit dem 14. Jh. die von der üblichen Schreibung abweichende Färbung der Noten zwecks Veränderung ihres normalen Zeitwerts.

Combo [amerikanisch, kurz für combination »Zusammenstellung« (englisch Smallband): in Jazz und Tanzmusik eine kleine, drei bis acht Musiker umfassende Formation, i. d. R. solistisch besetzt mit Melodie- und Rhythmusinstrumenten.

Comes [lateinisch »Begleiter«]: in der ↑Fuge der dem ersten Themeneinsatz (Dux) folgende zweite Einsatz des Themas in einer anderen Stimme und auf einer anderen Tonstufe.

come sopra [italienisch]: wie oben, wie vorher.

come stà [italienisch »wie es dasteht«]: ohne Verzierungen vorzutragen.

Communio [lateinisch »Gemeinschaft«]: Begleitgesang zum Kommuniongang der Gläubigen in der katholischen Messe. Die C. ist eine Antiphon, die ursprünglich mit einem Psalm oder Psalmvers, später häufig durch Evangelientexte ersetzt, vorgetragen wurde. Ihre Melodien zeigen allgemein eine schlichte Gestaltung.

comodo [italienisch] (commodo): gemächlich, behaglich, ruhig.

Completorium [zu lateinisch completus »vollständig«]: ↑Komplet.

con affetto [italienisch]: mit Leidenschaft, ausdrucksvoll, bewegt.

con anima [italienisch]: mit Seele, mit Empfindung, beseelt.

con brio [italienisch]: ↑brio.

Concentus [lateinisch »Mitgesang«]: in der katholischen und evangelischen Kirche seit dem 16. Jh. Sammelbegriff für die melodisch ausgestalteten Gesänge der Liturgie (z.B. Antiphonen, Responsorien, Hymnen) im Unterschied zu dem mehr rezitativischen ↑Accentus.

Concertina [kɔntʃ-, italienisch]: ↑Konzertina.

Concertino [kɔntʃ-; italienisch »kleines Konzert«]: im Barock solistisch wirkende Instrumentalgruppe, v.a. im Concerto grosso und in der Sinfonia concertante; seit dem 19. Jh. auch Bezeichnung für kürzere Kompositionen für Soloinstrument und Orchester in kleiner Besetzung.

Concerto [kɔn'tʃɛrto; von mittellateinisch-italienisch concertare »zusammenwirken«]: im späteren 16. Jh., ähnlich wie Sinfonia, Bezeichnung für die für ein Ensemble bestimmte Musik, so erstmals in dem als »Concerti« betitelten Sammeldruck von A. und G. GABRIELI (1587). M. PRAETORIUS leitete 1619 C. von lateinisch concertare »wettstreiten« ab, und in diesem Sinne wurde das »Concertieren« zu einem Charakteristikum des musikalischen Barock. Zu unterscheiden ist das C. in Form der zuerst in der venezianischen Schule entwickelten ↑Mehrchörigkeit (H. SCHÜTZ, »Psalmen Davids«, 1619) und das von der Monodie beeinflusste C. in der Weise des solistischen Singens und Spielens über dem Generalbass, das von L. VIADANAS »Cento concerti ecclesiastici« (1602) seinen Ausgang nahm (H. SCHÜTZ, »Kleine geistliche Konzerte«, 1636) und zur Ausbildung von Solo- und Triosonate führte. Beide Arten, das chorisch wechselnde und das solistische Musizieren, waren an der Entwicklung des ↑Concerto grosso beteiligt.

Concerto grosso [kɔn'tʃɛrto -; italienisch »großes Concerto«]: wichtige Gattung der hoch- und spätbarocken Orchestermusik, gekennzeichnet durch den Wechsel zwischen meist drei Solisten (Concertino) und vollem Orchester (Tutti, Ripieno). Bedeutend war zunächst A. CORELLI, dessen 12 »Concerti grossi« op. 6 (1714, komponiert teilweise schon um 1680) teils an die Form der Sonata da chiesa (vier bis sieben Sätze), teils an die Sonata da camera (Preludio mit folgenden Tanzsätzen) anknüpften. Daneben sind zu nennen G. TORELLI (»Concerti grossi« op. 8, um 1690) sowie G. MUFFAT, der um 1682 die italienische C.-g.-Technik nach Deutschland vermittelte. Seit A. VIVALDI ist die Dreisätzigkeit (schnell, langsam, schnell) die Regel. Die Krönung des barocken Gruppenkonzerts in seinen vielfältigen Möglichkeiten stellen J. S. BACHS »Brandenburgische Konzerte« (1721) dar. Mit dem Ende des Barock verschwand der C. g. zugunsten der Sinfonie, wurde jedoch im 20. Jh. als Formtypus wieder aufgegriffen.

concitato [-tʃ-; italienisch]: bewegt, erregt.

con dolore [italienisch]: mit Schmerz, klagend, trauervoll.

Conductus [mittellateinisch »Geleit«]: bezeichnet seit dem 12. Jh. das lateinische Lied mit rhythmisch-strophischem Text, das zunächst als »Geleit«-Gesang diente (z.B. wenn der Geistliche zum Lesepult schritt oder im geistlichen Spiel beim Auftritt einer Person). Um und nach 1200 zeigen die Quellen der Notre-Dame-Schule ein großes Repertoire an mehrstimmigen C., bestimmt für Festlichkeit und Geselligkeit im kirchlichen und schulischen Leben. Die Texte bevorzugen politische Ereignisse und zeitkritische Fragen. Kennzeichen des C. sind die freie Erfindung der Ausgangsmelodie, gleicher Text in allen Stimmen und homorhythmischer Satz, der v.a. an den Anfängen und Schlüssen der Lieder durch melismatische Partien (caudae) geschmückt sein kann. Im 13. Jh. wurde der C. zunehmend von der Motette verdrängt.

con espressione [italienisch]: mit Ausdruck.

con forza [italienisch]: mit Kraft, wuchtig.

con fuoco [italienisch]: mit Feuer, feurig bewegt.

Conga [spanisch]:
- *Instrumentenkunde:* (Congatrommel, Tumba): eine etwa 70 cm hohe und 30 cm breite Standtrommel, die fassförmig oder nach unten konisch gebaut ist und nur oben ein Schlagfell besitzt, das mit den ausgestreckten Fingern beider Hände angeschlagen wird. Die C. wird bei lateinamerikanischen Tänzen und im Jazz verwendet.
- *Tanz:* kubanischer Tanz in raschem Tempo und geradem Takt, ein Abkömmling der Rumba; wahrscheinlich nach der C.-Trommel benannt.

con moto [italienisch]: mit Bewegung, bewegt.

con sordino [italienisch]: mit Dämpfer (zu spielen).

Consort [ˈkɔnsɔːt; englisch, wahrscheinlich von lateinisch consortium »Gemeinschaft«]: Bezeichnung für ein zumeist aus vier bis sechs Instrumentalisten bestehendes Kammermusikensemble in der englischen Musik des ausgehenden 16. und des 17. Jh., daneben die für ein solches Ensemble bestimmte Musik. Man unterschied nach der Besetzung **Whole C.** (mit Instrumenten der gleichen Familie, z. B. ausschließlich Violen) und **Broken C.** (mit Instrumenten verschiedener Familien, z. B. Streich- und Blasinstrumenten, auch mit Singstimme). Die C.-Musik umfasste meist Tanzstücke und Fantasien (↑Fancy). Als Komponisten traten u. a. T. MORLEY, T. SIMPSON und H. PURCELL hervor. – Im 20. Jh. wurde die Bezeichnung von einigen Vokal- und Instrumentalensembles (z. B. Deller C., Leonhardt C.) wieder aufgegriffen.

con spirito [italienisch]: mit Geist, geistvoll, feurig.

Continuo [italienisch]: Kurzform von Basso continuo, die fortlaufende, als ↑Generalbass auszuführende instrumentale Bassstimme.

Contralto [italienisch]:
- *Stimmlage:* Kurzform für Contratenor altus (↑Alt).
- *Instrumentenkunde:* eine von J.-B. VUILLAUME 1855 konstruierte, in der Höhe und Breite vergrößerte Bratsche mit vollerem Klang.

Conga

Contratenor [lateinisch] (Contra): in der Musik des 14. und frühen 15. Jh. die dem Gerüstsatz von Tenor und Diskant hinzugefügte dritte Stimme, die beim Übergang von der Drei- zur Vierstimmigkeit um 1450 in einen **C. altus** (hoher C., ↑Alt) und einen **C. bassus** (tiefer C., ↑Bass) aufgeteilt wurde.

Contredanse [kɔ̃trəˈdɑ̃s; französisch »Gegeneinandertanz«]: im 18. Jh. in Frankreich und Deutschland (dort **Contretanz, Kontratanz, Kontertanz**) beliebter Gesellschaftstanz, die kontinentale Form des englischen ↑Countrydance. Der Wechsel von englisch »country« zu französisch »contre« erfasst das charakteristische Gegeneinander von zwei Reihen beim Longway, der in Frankreich **C. anglaise** genannt wurde, während Round und Square als **C. française** zu den Vierpaartänzen ↑Cotillon und ↑Quadrille umgestaltet wurden. Die C. ist geradtaktig und besteht aus zwei wiederholten Achttaktern, oft mit Trio. Mit Menuett und deutschem Tanz gehörte sie zu den wichtigsten Tanzformen der Wiener Klassik.

Cool Jazz ['kuːl dʒæz; englisch »kühler Jazz«]: um 1950 in Abgrenzung zum Bebop enstandener Jazzstil. Der C. J. ist in der Intonation gekennzeichnet durch Bevorzugung einer entspannten, dynamisch wenig differenzierten Legato-Spielweise **(Coolintonation)**, in der Rhythmik durch die Abwendung vom Offbeat. Die Harmonik erfährt im C. J. eine erhebliche Ausweitung, doch bleibt Atonalität die Ausnahme. Als C.-J.-Musiker gelten u. a. L. Young, S. Getz, C. Baker, M. Davis, L. Tristano, L. Konitz und G. Mulligan.

Cor [kɔːr; französisch »Horn«]: ↑Horn.

corda [italienisch »Saite«]: Spielanweisung beim *Klavier:* **una c.**, auch **due corde**, mit einer bzw. zwei Saiten zu spielen, d. h. mittels Pedaltritt die Hammermechanik so zu verschieben, dass nur eine bzw. zwei Saiten angeschlagen werden; die Aufhebung wird durch **tutte le corde** (»alle Saiten«) angezeigt. – Bei *Streichinstrumenten:* **sopra una c.**, auf einer Saite (d. h. ohne Saitenwechsel) zu spielen; **c. vuota**, ↑leere Saite.

Cornamusa [italienisch »Blashorn«] (französisch Cornemuse): ein unten geschlossenes, zylindrisch gebohrtes Blasinstrument der Renaissance mit Doppelrohrblatt in einer Windkapsel. Als Schallöffnung dienten Löcher an der Seite der Röhre. – Seit dem ausgehenden Mittelalter ist C. auch Bezeichnung für die ↑Sackpfeife.

Cornet à Pistons [kɔrˈnɛ a pisˈtɔ̃; französisch]: ↑Kornett.

Cornetto [italienisch »kleines Horn«]: ↑Zink.

Corno [italienisch »Horn«]: Namensbestandteil verschiedener Horninstrumente, u. a. **c. da Caccia**, Jagdhorn, Waldhorn; **c. inglese**, Englischhorn; **c. di Bassetto**, Bassetthorn.

Cornu [lateinisch »Horn«]: Blechblasinstrument der Römer mit halbkreisförmig gewundener Röhre; vermutlich etruskischen Ursprungs. Das C. wurde bei feierlichen Prozessionen verwendet, diente später aber vornehmlich als militärisches Signalinstrument.

Coro spezzato [italienisch »geteilter Chor«]: ↑Mehrchörigkeit.

Corps de Ballet [kɔrdəbaˈlɛ; französisch]: in einem Ballettensemble Bezeichnung für die Gruppentänzer im Gegensatz zu den Solotänzern.

Corrente [italienisch]: ↑Courante.

Cotillon [kɔtiˈjɔ̃; französisch »Unterrock«] (Kotillon): in Frankreich zu Beginn des 18. Jh. aus dem englischen Countrydance entstandener Gesellschaftstanz, seit 1741 in Deutschland bekannt. Am C. nahmen ursprünglich vier Paare in überkreuzter Aufstellung teil. Der Tanz ist zweiteilig aufgebaut: Der im Rundgang ausgeführten Begrüßung der Paare (Entrée) folgt (auf den musikalischen Refrain) die »Tour«. Im 19. Jh. wurde der C. stark mit Walzer-, Polka-, Mazurka- u. a. Tanzformen, auch mit Gesellschaftsspielen (z. B. Blindekuh) durchsetzt und die Beschränkung auf vier Paare aufgegeben. Lange Zeit bildete der C. den Höhepunkt eines Balles.

Countertenor [ˈkaʊntətenə; englisch, von lateinisch Contratenor (altus)] (Kontratenor, Altus): Bezeichnung für den falsettierenden männlichen Altisten in der englischen Kirchenmusik des 16. und 17. Jh., dessen Stimme im Umfang etwa dem weiblichen Alt entspricht. V. a. bei historischen Aufführungen älterer Musik werden Altpartien wieder mit C. besetzt.

Country and Western [ˈkʌntrɪ ænd -; englisch]: frühere Bezeichnung für ↑Countrymuic.

Countrydance [ˈkʌntrɪdɑːns; englisch »ländlicher Tanz«]: englischer Gesellschaftstanz des 16.–18. Jh.; man unterscheidet zwei Grundtypen: **Longways** (Reihentänze), bei denen sich die Partner in zwei Reihen gegenüberstehen, und **Rounds** (Rundtänze), bei denen die Tänzer paarweise einen Kreis bilden. Außerdem gibt es **Squares** (Karreetänze) für vier Paare und Tänze für zwei Paare. Der C. mit seinen einfachen Schrittfolgen und schwierigen Figuren (Stern, Kette, Kreuzen, Umkreisen, Platzwechsel) wurde auf dem Kontinent als ↑Contredanse übernommen.

Countrymusic [ˈkʌntrɪmjuːzɪk; englisch »ländliche Musik«] (früher Country and Western): Bezeichnung für die euroamerikanische (weiße) Volksmusik in den USA und die daraus abgeleiteten Formen der populären Musik. Sie geht zurück auf die Lieder und Tänze hauptsächlich schottischer, irischer und walisischer Einwanderer. Die C. wurde zunächst nur gesungen oder von der Fiedel (»fiddle«), seltener vom Hackbrett (»dulcimer«) begleitet, später auch von Gitarre, Banjo, Mundharmonika u. a. Folkloreinstrumenten. Durch das Aufkommen von Schallplatte und Rundfunk wurde die C. in den 1920er- und 1930er-Jahren von der Musikindustrie entdeckt und seither kommerziell verwertet. Eine zentrale Rolle bei ihrer Integration ins Showgeschäft spielte die in der zweiten Hälfte der 20er-Jahre vom Sender WSM in Nashville (Tennessee) unter dem Titel »Grand Ole Opry« wöchentlich ausgestrahlte Live-Radio-Show. Aus ihr gingen die ersten großen Stars der C. hervor. Unter dem Einfluss von Hollywoods Filmindustrie ist sie in den 30er- und 40er-Jahren mit dem romantisch verklärten Bild des »singenden Cowboys« verbunden, wofür dann das Etikett »Country and Western« in Umlauf gebracht wurde. Bedeutende Vertreter der C. waren u. a. J. RODGERS und die Carter Family, in neuerer Zeit J. REEVES, H. WILLIAMS, J. CASH und W. NELSON. Dominierten früher in den Texten Beschreibungen des »einfachen Lebens«, so werden heute in der C. zunehmend sozialkritische Töne angeschlagen.

Countryrock [ˈkʌntrɪ-; englisch]: Mitte der 1960er-Jahre einsetzende Rückorientierung der Rockmusik auf ländliche Musizierstile und Instrumente der Countrymusic. Hauptvertreter waren u. a. Buffalo Springfield, The Band und die Eagles.

Couplet [kuˈple; französisch, von lateinisch copula »Verbindung«; provenzalisch cobla]: kleines Lied meist witzigen, zweideutigen oder satirischen Inhalts, dessen Strophen mit einem Kehrreim enden, v. a. in der komischen Oper und Operette, dann auch in Vaudeville, Posse und Kabarett. Ursprünglich bedeutete C. in der Musik und Poesie die Verbindung von zwei gleichrhythmischen Versen, das »Reimpaar«; in der mittelalterlichen französischen und provenzalischen Lyrik und im modernen Chanson ist es gleichbedeutend mit dem deutschen Ausdruck Strophe. Im Rondeau (↑Rondo) bezeichnet C. die freien Teile zwischen den Reprisen.

Courante: G. F. Händel, Suite d-Moll aus »Suites de pièces pour le clavicin« II (1733)

Courante [kuˈrɑ̃ːt; von französisch courir »laufen«]: französischer Gesellschaftstanz des 16./17. Jh., erstmals 1515 in Paris erwähnt. Zunächst ein pantomimischer Werbetanz in raschem ⁶/₈-Takt, erlebte die C. im Verlauf des 17. Jh. ihre Blütezeit als zeremonieller Schreittanz in mäßigem Tempo und galt in dieser Form als Lieblingstanz LUDWIGS XIV. In der Instrumentalmusik begegnet die C. erstmals 1549 in einer Lautentabulatur von P. PHALÈSE, fand um 1600 Eingang in englische und deutsche Tanzmusiksammlungen und wurde (meist als

Nachtanz der Allemande) bald ein fester Bestandteil der Solo- und Ensemblesuite. Seit Mitte des 17. Jh. werden zwei Typen der C. unterschieden, deren gemeinsames Merkmal der punktierte Rhythmus und der ungerade Takt sind: die langsame französische C. im $^3/_2$- oder $^6/_4$-Takt mit charakteristischer Akzentverschiebung und ausgeprägt kontrapunktischer Setzweise (z.B. bei F. COUPERIN und J. S. BACH, »Englische Suiten«) und die schnelle italienische **Corrente** mit lebhafter, gleichmäßig »laufender« Bewegung im $^3/_8$- oder $^3/_4$-Takt (in dieser Form u.a. bei A. CORELLI und J. S. BACH, »Französische Suiten« Nr. 2, 4, 5 und 6).

Coverversion [ˈkʌvə-; von englisch cover »Hülle«]: in der Pop- und Rockmusik Bezeichnung für die Neueinspielung eines populären Stückes durch einen anderen Interpreten, wie auch für ihre Veröffentlichung auf einem Tonträger.

c. p.: Abk. für ↑colla parte.

Cracovienne [krakoˈvjɛn; französisch]: ↑Krakowiak.

Credo [lateinisch »ich glaube«] (Kredo): das mit diesem Wort beginnende Nicänische Glaubensbekenntnis; es wird in der katholischen Messe als 3. Teil des Ordinarium Missae an allen Sonntagen und bestimmten Feiertagen gebetet. Im heutigen Graduale Romanum gibt es sechs C.-Melodien. Mehrstimmige Vertonungen setzen erst bei den Worten »Patrem omnipotentem« ein, da der vorangehende Text »Credo in unum Deum« vom Priester angestimmt wird.

Creole Jazz [ˈkriːəʊl ˈdʒæz; englisch]: eine Stilvariante des ↑New-Orleans-Jazz, die von den Kreolen, Nachkommen der Einwanderern romanischer Herkunft und von Schwarzen, entwickelt wurde. Im C. J. verbinden sich Ausdrucksmittel des New-Orleans-Jazz mit Elementen europäischer und lateinamerikanischer Musik.

crescendo [kreʃˈʃendo; italienisch »wachsend«], Abk. cresc.: Vortragsbezeichnung für das allmähliche Anwachsen der Tonstärke; Zeichen <; Gegensatz ↑decrescendo, ↑diminuendo.

Cromorne [italienisch]: ↑Krummhorn.

Cross-over [-ˈəʊvə; englisch]: ursprünglich im Jazz angesiedelter Begriff für Musik, in dem Elemente verschiedenster Musikformen zu einer neuen Einheit verschmelzen. Seit den 1990er-Jahren wird die Bezeichnung zunehmend auf alle musikalischen Erscheinungsformen übertragen, die sich gleichsam grenzüberschreitend zwischen einzelnen, nach Publikumsinteresse bis dahin getrennten Musikgenres bewegen, etwa Formen der Weltmusik, oder wenn sich die Klassik in den internationalen Popcharts wiederfindet, wie 1993 H. GÓRECKIS »Symphonie der Klagelieder«.

Crotales [kroˈtal; französisch, zu griechisch krótalon »Klapper«] (Cymbales antiques): sehr kleine Becken (Durchmesser 5–10 cm) mit einer halbkugeligen Wölbung in der Mitte und breiten, flachen Rand (nicht gleichbedeutend mit ↑Krotala). Sie wurden von H. BERLIOZ ins Orchester eingeführt und sind im Instrumentarium der Neuen Musik oft zu finden.

Crwth [kruθ; kymrisch »bauchig«] (Crewth, Crotta, latinisiert Chrotta, englisch Crouth, Crowd): nordeuropäisches leierähnliches Streichinstrument mit kastenförmigem Korpus und flacher Decke. Die beiden Jocharme sind mit einer Querstange verbunden, von deren Mitte ein Griffbrett zum Korpus führt. Während zwei Bordunsaiten frei liegen, laufen die (3–4) Melodiesaiten über das Griffbrett und können mit den Fingern verkürzt werden. Die C., eines der ältesten Streichinstrumente und seit dem 10. Jh. in Europa nachgewiesen, wurde bis ins 19. Jh. von keltischen Barden gespielt.

Csárdás [ˈtʃardas; von ungarisch csárda »Schenke«, »Gastwirtschaft«]: ungarischer Nationaltanz, der auf den mittelalterlichen ↑Hajdútánc (Heiduckentanz) zurückgeht; er wird von einem oder mehreren Paaren zu Zigeunermusik getanzt: Einem langsam-pathetischen Kreistanz der Männer **(Lassu)** als Einleitung folgt der Hauptteil als stürmisch-schneller Paartanz im geraden Takt ($^2/_4$, $^4/_4$; **Friss** oder **Friska**). Kennzeichnend für den C. sind auch der scharf akzentuierte Rhythmus sowie das Ein- und Ausdrehen der Füße und der Fersen-(Sporen-)Schlag. Der C. fand um 1835 Eingang in die ungarische Gesellschaft und blieb bis 1880 in Mode.

C-Schlüssel: in der Notenschrift das aus dem Tonbuchstaben C entwickelte Zeichen, mit dem im Liniensystem die Lage des eingestrichenen c (c^1) festgelegt wird (↑Schlüssel).

C-Schlüssel: 1 Diskant- oder Sopranschlüssel, 2 Mezzosopranschlüssel, 3 Alt- oder Bratschenschlüssel, 4 Tenorschlüssel, 5 Baritonschlüssel

Cymbala (griechisch Kymbala): in spätrömischer Zeit Bezeichnung für zwei kleine Becken, die an winkelförmig verbundenen Stäben befestigt waren; seit dem 9. Jh. Bezeichnung für Glöckchen, meist ohne Klöppel, die zu einem Glockenspiel zusammengestellt und mit einem Holzstab oder Hammer angeschlagen wurden.

Cymbelstern: ↑Zimbelstern.

Czakan ['tʃakan] (ungarisch Csákány): ↑Stockflöte.

Czimbal ['tʃimbɔl; ungarisch]: ↑Cimbalom.

D (d): die 2. Stufe der Grundtonleiter C-Dur, französisch und italienisch re (↑Solmisation). Die Erhöhung um einen Halbton heißt **Dis,** um zwei Halbtöne **Disis;** die Erniedrigung um einen Halbton heißt **Des,** um zwei Halbtöne **Deses.** Seit dem 19. Jh. ist der Tonbuchstabe D Zeichen für D-Dur und d für d-Moll als Akkord und Tonart. – D ist auch Abk. für ↑Diskant und für ↑Dominante.

da capo [italienisch »vom Anfang«], Abk. d. c.: die Anweisung, ein Musikstück bis zu einer mit »Fine« oder einem Schlusszeichen (↑Fermate; ↑al segno) bezeichneten Stelle zu wiederholen (auch **da c. al fine**). Die innerhalb eines Stückes bereits vorhandenen Wiederholungen sollen dabei nicht gespielt werden.

Da-capo-Arie [italienisch]: eine dreiteilige ↑Arie, deren dritter Teil eine Wiederholung des ersten ist.

dal segno [- sɛnjo; italienisch »vom Zeichen«], Abk. dal s., d. s.: Anweisung in der Notenschrift, ein Stück von der durch das Zeichen 𝄋 kenntlich gemachten Stelle an zu wiederholen. – ↑auch al segno.

Dämpfer: bei verschiedenen Musikinstrumenten die Vorrichtung zur Abschwächung der Tonschwingung, wodurch die Klangfarbe oder auch (bei Blasinstrumenten mit Kesselmundstück) die Tonhöhe verändert werden kann. Die D. der *Streichinstrumente* sind allgemein kleine Holzkämme oder Gummipfropfen **(Sordino),** die auf den Steg aufgesetzt werden. Bei *Blechblasinstrumenten* sind die D. birnenförmig, aus Holz oder Leichtmetall und werden in das Schallstück eingeführt; sofern sie wie beim ↑Stopfen die Mensur verändern, ändert sich auch die Tonhöhe. Beim *Klavier* dient die ↑Verschiebung, bei der nur ein Teil des Saitenchores angeschlagen wird, der Veränderung der Klangfarbe. Insgesamt werden zum automatischen Ersticken des Klangs die Saiten nach Loslassen der Tasten durch Filze am Weiterschwingen gehindert; diese Dämpfung kann durch Betätigung eines Pedals aufgehoben werden. *Trommeln* und *Pauken* werden durch Auflegen eines Tuchs oder der Hand auf das Fell gedämpft.

Dancefloor ['dɑːnsflɔːr; englisch »Tanzboden«]: in den USA Bezeichnung für alle im weitesten Sinn für Diskotheken bestimmte Musik von Hip-Hop bis Techno, in Europa eher abwertend für

deren seichtere Varianten wie die Musik der zahlreichen Boy- und Girlygroups.
Danse macabre [dãsmaˈkabr; französisch]: ↑Totentanz.
Darabukka [arabisch]: einfellige Bechertrommel aus Ton, Holz oder Metall, die im islamischen Nahen Osten und in Nordafrika verbreitet ist. Sie wird in klassischen sowie in volkstümlichen Ensembles gespielt.
Dasia-Zeichen (Dasia-Notation): eine Notenschrift des ausgehenden 9. und frühen 10. Jh., die in theoretischen Schriften (v. a. der »Musica enchiriadis«) zur Darstellung der frühesten Art von mehrstimmiger Musik (Organum) diente. Aus einem »dasia« genannten Ausgangszeichen (⊢) werden vier Grundzeichen gebildet, die die Finales der Kirchentöne (D, E, F, G) bezeichnen. Durch Variierung der Zeichen entstehen 14 weitere Zeichen (»notae«, »characteres« oder »figurae« genannt), die eine Tonordnung aus vier unverbundenen Tetrachorden und zwei zusätzlichen Tönen darstellen. Die D.-Z. stehen vor den Zwischenräumen eines Liniensystems, in das die Silben des zu singenden Textes geschrieben werden.
dB: Kurzzeichen für ↑Dezibel.
d. c.: Abk. für ↑da capo.
Debussy [dəbyˈsi], Achille Claude, französischer Komponist, *Saint-Germain-en-Laye 22. 8. 1862, † Paris 25. 3. 1918: Nach Klavier- und Kompositionsstudium erhielt D. 1884 für seine Kantate »L'enfant prodigue« den Rom-Preis, verbunden mit einem zweijährigen Romaufenthalt. 1886 ließ er sich in Paris nieder, wo er auch als Musikkritiker arbeitete.
D. ist der zentrale Komponist des Übergangs vom 19. Jh. zur Moderne. Prägend für seine als ↑Impressionismus bezeichnete neuartige Tonsprache war neben intensiven Kontakten zu literarischen Zirkeln (P. VERLAINE, S. MALLARMÉ) die Weltausstellung 1889 in Paris, wo er u. a. ein Gamelan-Orchester, aber auch den frühen Jazz (Ragtime) kennenlernte. Entgegen der romantischen Haltung, speziell der Kunst R. WAGNERS, die Musik als Ausdruck gedanklicher Entwürfe versteht, wird bei ihm zunehmend das Moment der (»bloßen«) Klangsinnlichkeit zum Träger des musikalischen Geschehens. Spezifische Mittel hierfür sind bis in Nuancen auskomponierte instrumentale Klangfarben sowie eine hoch differenzierte, oft in unterschiedlichen Schichten sich überlagernde Rhythmik, Dynamik und Agogik. Die Harmonik hält sich zwar noch im Rahmen der Dur-Moll-Tonalität, aber Dissonanzen, Pentatonik, Ganztonskalen und (modale)

Claude Debussy

Kirchentonarten lassen die traditionellen Vorstellungen von Konsonanz bzw. Tonalität nahezu aufgehoben erscheinen, wobei die motivisch-thematische Arbeit zugunsten eines in Klangflächen webenden musikalischen Geflechtes zurücktritt. Schlüsselwerke sind neben der Oper »Pelléas et Mélisande« (1902) u. a. die Orchesterwerke »Prélude à l'après midi d'un faune (1892–94), »La mer« (1905) und »Images« (1906–12; darin die Suite »Ibéria«). Das Charakteristische seines Schaffen offenbart sich aber auch in zahlreichen seiner Klavierwerke, darunter »Deux arabesques« (1888), »Suite bergamasque« (1890; mit dem berühmten »Clair de lune«), »Estampes« (1903), »L'isle joyeuse« (1904), 2 Hefte »Images« (1905–07) sowie die 2 Hefte »Préludes« (1912/13) und die »Douze études« (1915). Von den Zeitgenossen noch als Einzelfall betrachtet, wurde die epochale Leistung D.s erst nach 1945, u.a. durch O. MESSIAEN, erkannt.

deciso [de'tʃiːzo; italienisch]: bestimmt, betont, entschieden.

decrescendo [dekrɛ'ʃendo; italienisch »abnehmend«], Abk. decr. oder decresc.: allmählich an Tonstärke abnehmend, leiser werdend; Zeichen >; Gegensatz ↑crescendo.

deutscher Tanz: F. Schubert, »Deutsche Tänze« op. 33, Nr. 7 (1825)

deficiendo [defi'tʃendo; italienisch]: leiser und langsamer werdend.

Delay [dɪ'leɪ; englisch »Verzögerung«]: Bezeichnung für elektronische ↑Effektgeräte zur Erzeugung eines zusätzlichen Echoeffekts. Ein eingegebenes Klangsignal wird dabei zeitlich verzögert und in bestimmten, auch dynamisch regelbaren Abständen (ausklingendes Echo) dem Original wieder zugeführt.

démancher [demã'ʃe; zu französisch manche »Griffbrett«]: beim Spiel von Streichinstrumenten der Lagenwechsel, beim Spiel von Tasteninstrumenten das Übergreifen (Kreuzen) der Hände.

De profundis [lateinisch »aus den Tiefen«]: die Anfangsworte des bei Trauergottesdiensten gebeteten Bußpsalms (Psalm 130 bzw. 129 in der Vulgata); einer der am häufigsten vertonten Psalmen in der mehrstimmigen Musik.

Dessus [dɛ'sy:; französisch »oben«]: im 15.–17. Jh. französische Bezeichnung für die Oberstimme (Diskant) in der Vokal- und Instrumentalmusik.

détaché [deta'ʃe; französisch »getrennt«]: bei Streichinstrumenten der abgesetzte Bogenstrich, d.h., jede Note ist deutlich vernehmbar mit einem eigenen Bogenstrich auszuführen.

detonieren [von französisch détonner »vom Ton abweichen«]: Intonationspraxis beim (Chor-)Gesang oder bei frei intonierenden Instrumenten: den Ton unrein ansetzen oder ihn hinauftreiben oder herunterziehen.

deutscher Tanz: im weiteren Sinn der deutsche Volkstanz, der aus einem ruhigen Vortanz (z.B. Reigen) in geradem Takt (↑Allemande) und einem raschen Nachtanz (z.B. Dreher, Hupfauf) im Dreiertakt besteht. Im engeren Sinn der aus diesem Nachtanz Ende des 18. Jh. in Süddeutschland und Österreich entstandene rasche Drehtanz für Einzelpaare im $^3/_8$- oder $^3/_4$-Takt. Er besteht meist aus zwei achttaktigen (wiederholten) Abschnitten, auf die häufig ein Trio folgt. Mehrere Tänze können aneinander gereiht werden, mit einer Koda als Abschluss. D. T. (meist für Orchester) gibt es von J. HAYDN, W. A. MOZART und L. VAN BEETHOVEN; F. SCHUBERT schrieb über 100 d. T. für Klavier. Zu Beginn des 19. Jh. ging der d. T. im schnelleren Walzer auf.

Devise [französisch ursprünglich »abgeteiltes Feld eines Wappens« (in dem ein Sinnspruch stand)]: in der Barockarie ein vorangestellter, von einer Singstimme vorgetragener Themenkopf, der nach Art eines Mottos den Affekt der Arie bezeichnet; nach einem Zwischenspiel folgt die Wiederkehr der D. und deren Weiterführung. Das Formprinzip der **Devisenarie** findet sich z.B. bei J. S. BACH auch innerhalb der Choralbearbeitungen für Orgel und der Musik für ein Soloinstrument.

Dezett [zu lateinisch decem »zehn«]: Musikstück für zehn Soloinstrumente, z.B. 1. und 2. Violine, Viola, Violoncello,

Flöte, Oboe, Englischhorn, Klarinette, Fagott, Horn in »Mouvements perpétuels« (1918) von F. POULENC; auch Bezeichnung für die Gruppe der Ausführenden.

Dezibel

Empfindung	Schallintensität in Watt/m²
Hörschwelle	0, 000 000 000 001
ppp	0, 000 000 001
pp	0, 000 000 01
p	0, 000 000 1
mf	0, 000 001
f	0, 000 01
ff	0, 000 1
fff	0, 001
Schmerzschwelle	1, 0

Dezibel [-'bɛl, -'beːl], Abk. dB: Hinweiswort bei logarithmierten Größenverhältnissen; der zehnte Teil des Bel (benannt nach A. G. BELL): $1\,dB = 0{,}1\,B$. Das D. wird in der Elektroakustik oft als Maß des Schalldruckpegels verwendet. Die subjektiv empfundene Schallstärke (↑Lautstärke) hängt von der Größe des Schalldrucks und der Frequenz des Tones ab, die ↑Schallintensität von Schalldruck und Schallschnelle (angegeben in Watt/m²). Zwischen Schallempfindung auf der einen, Schalldruck und -intensität auf der anderen Seite besteht der in der Tabelle angegebene empirische Zusammenhang.

Dezime [von lateinisch decem »zehn«]: das Intervall im Abstand von 10 diatonischen Stufen (Oktave plus großer oder kleiner Terz).

Diabolus in Musica [lateinisch »Teufel in der Musik«]: im Mittelalter gebräuchliche Bezeichnung für das in der Kompositionslehre verbotene Intervall des ↑Tritonus.

Diapason [griechisch, eigentlich »(der) durch alle (acht Saiten gehende Akkord)«]: in der altgriechischen Musik die Oktave als das Intervall, das alle sieben Stufen der diatonischen Skala umfasst. Hiervon abgeleitet bedeutet D. im Französischen heute »Mensur« einer Orgelpfeife oder eines Blasinstruments, ferner »Tonhöhe«, besonders »Stimmton« sowie »Stimmgabel«. Im Englischen bezeichnet D. das Achtfußregister der Orgel.

Diapente [griechisch »durch fünf«]: in der altgriechischen Musik Bezeichnung für das Intervall der Quinte.

Diaphonia [griechisch »Auseinanderklang«] (lateinisch Dissonantia): in der altgriechischen Musik Begriff für die nichtsinfonen (dissonanten) Intervalle im Gegensatz zu den sinfonen (Oktave, Quinte, Quarte), seit dem 9. Jh. Bezeichnung für die Mehrstimmigkeit als »Auseinanderklang« (auch ↑Organum genannt) und seit dem 12. Jh. gleichbedeutend mit Discantus (↑Diskant).

Diastematie [zu griechisch diástēma »Zwischenraum«, »Abstand«]: in der Notenschrift die grafische Unterscheidung von Tonabständen nach Höhe und Tiefe, die sich mit der Entwicklung der Neumenschrift (↑Neumen) im 10. und 11. Jh. in Italien und Frankreich herausbildete. Erst durch Einführung des ↑Liniensystems und der Verwendung von ↑Schlüsseln konnte die Tonhöhe exakt festgelegt werden, die D. hielt sich im deutschsprachigen Raum jedoch noch bis ins 13., in St. Gallen sogar bis ins 15. Jahrhundert.

Diatessaron [von griechisch dià tessáron »durch vier«]: in der altgriechischen Musik das Intervall der Quarte.

Diatonik [zu griechisch diátonos »durch Ganztöne (gehend)«]: die Einteilung der Oktave in fünf Ganz- und zwei Halbtöne, so bei der Dur- und Mollskala und den Kirchentönen. Diatonische Intervalle sind jene, die sich aus der diatonischen Skala ableiten lassen: reine Quarte, Quinte und Oktave, große und kleine Sekunde, Terz, Sexte und Septime, während der Tritonus als übermäßige Quarte zu den chromatischen Intervallen zählt. – Die D. bildete zusammen mit der Chromatik und Enharmonik den Tonvorrat der antiken griechischen Musik. Während hier die Quarte (das Tetrachord)

Didgeridoo

den festen Rahmen für die wechselnde Lage der Ganz- und Halbtöne abgab, waren es seit dem Mittelalter die Sexte (das Hexachord der ↑Solmisation) und die Oktave (so noch heute). Zunehmend seit dem 16. Jh. wurde die Chromatik in die seit dem frühen Mittelalter herrschende D. eingeführt, um der Musik stärkere Ausdruckskraft zu verleihen. Im 19. Jh. begann durch fortschreitende Chromatisierung (R. WAGNER, »Tristan und Isolde«, 1859) der Auflösungsprozess der diatonisch orientierten Kunstmusik, der dann um 1910 v. a. bei A. SCHÖNBERG zur Atonalität führte.

Didgeridoo [dɪdʒəri'du:]: die bis zu 2,5 m lange Naturtrompete der australischen Aborigines, aus einem ausgehöhlten Eukalyptusast, Bambus oder einem Baumstamm hergestellt. Meist spricht und singt der Musiker über einen tiefen, durch Interzirkuläratmung gleichzeitig

Didgeridoo

produzierten ↑Bordun rhythmisch in das Instrument und ahmt dabei Tier- und Naturgeräusche nach. Das aus vorgeschichtlicher Zeit überlieferte D. fand ab den 1980er-Jahren Eingang in die ↑Weltmusik.

Dies Irae [lateinisch »Tag des Zornes«]: Sequenz der Totenmesse (↑Requiem) in dreizeiligen, gereimten Strophen. Schon im 12. Jh. erstmals handschriftlich belegt, wurde das D. I. seit dem 13. Jh. von Italien aus verbreitet (meist in franziskanischen Quellen) und 1570 in das Missale Romanum übernommen. Gewöhnlich wurde das D. I. nach der gregorianischen Melodie vorgetragen, es gibt aber auch mehrstimmige Vertonungen, z. B. von W. A. MOZART und G. VERDI.

Diesis [griechisch »Abtrennung«] (französisch Dièse, italienisch Diesis): in der griechischen Musiktheorie ursprünglich ein Kleinintervall unterhalb des temperierten Halbtones; heute allgemein Bezeichnung für das Kreuz (♯) als Versetzungszeichen für die Erhöhung um einen Halbton.

Differenzen [von lateinisch differentia »Unterschied«]: in der antiphonischen Offiziums- und Messpsalmodie die Schlussformeln der Psalmtöne, die Vers und folgenden Antiphonbeginn miteinander verbinden, dargestellt durch die sechs Schlusssilben (se-cu-lo-rum a-men) der kleinen Doxologie oder deren Vokale (EUOUAE).

Differenztöne: ↑Kombinationstöne.

diluendo [italienisch, zu lateinisch diluere »auflösen«]: immer leiser werdend, verlöschend.

diminuendo [italienisch], Abk. dim. oder dimin.: an Tonstärke abnehmend; gleichbedeutend mit ↑decrescendo, Gegensatz ist ↑crescendo.

Diminution [lateinisch »Verkleinerung«]:

♦ *Notation:* in der ↑Mensuralnotation die Verkürzung der Notenwerte um die Hälfte, ein Drittel oder ein Viertel, angezeigt durch Mensurzeichen, Zahlen oder abweichende Färbung der Noten (↑Color).

♦ *Kompositionslehre:* die Verkürzung einer Tonfolge, z. B. einer Kanonstimme oder eines Fugen- oder Sonatenthemas, meist um die Hälfte des ursprünglichen Wertes. Der Gegensatz ist die ↑Augmentation.

♦ *Aufführungspraxis:* im 15.–18. Jh. die meist improvisierte Verzierung einer vokalen oder instrumentalen Melodie

Dirigent: Leonard Bernstein 1990 beim Schleswig-Holstein Musik Festival

durch Zerlegung größerer Tonwerte in eine Folge kleinerer Tonfiguren.

Dirigent [zu lateinisch dirigere »ausrichten«, »leiten«]: Leiter eines Chores, eines Orchesters oder der Aufführung eines musikalischen Bühnenwerks. Besondere Voraussetzungen für den Beruf des D. sind das Partiturlesen und -hören, die Instrumentenkenntnis sowie die Beherrschung der Technik des Dirigierens. Gefordert werden darüber hinaus Werkverständnis, Interpretationskraft, Probenpädagogik und suggestive Übertragungsfähigkeit der eigenen Klangvorstellung. – ↑auch Kapellmeister, Musikdirektor.

Dirigieren: das Leiten eines musikalischen Ensembles durch den Dirigenten.

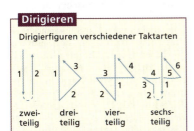

Die Leitung eines Chores durch Handbewegung ist als ↑Cheironomie schon in Altägypten, im griechischen Altertum und in der frühchristlichen Liturgie bezeugt. Der Tactus der Mensuralmusik wurde bis in das 17. Jh. durch einfachen Nieder- und Aufschlag der Hand angezeigt. Im Barock wurde die Aufführung vom Generalbassspieler (Kapellmeister) am Cembalo oder vom ersten Violinisten (Konzertmeister) geleitet; bei großen Besetzungen bediente man sich einer Taktrolle oder eines Stabes, mit dem auf den Boden gestampft wurde. Die Verfeinerung der Ensemblemusik seit dem späteren 18. Jh. erforderte den Dirigenten im heutigen Sinn, der – vor dem Dirigentenpult stehend – mit dem Taktstock durch das Schlagen von Taktfiguren Tempo und Taktart angibt und mit der linken Hand den Ausdruck nunciert; auch die Größe der Schläge, Körper-, Kopfbewegung und Mimik können an der suggestiven Übertragung des Ausdruckswillens des Dirigenten beteiligt sein.

Dirty Tones [ˈdɔːtɪ ˈtəʊnz; englisch]: ursprünglich Bezeichnung für eine Gesangsmanier in der afroamerikanischen Musik zum Ausdruck starker Emotionen, bei der durch gepresste Intonation unreine Töne hervorgebracht werden. Im Jazz wurde diese Artikulationsweise auch auf die instrumentale Musik übertragen und zu einem Charakteristikum der Hot Intonation (↑Hot).

Discantus [lateinisch]: ↑Diskant.

Discosound ['dɪskəʊsaʊnd; englisch]: seit Mitte der 1970er-Jahre verwendete Bezeichnung für eine v. a. für Diskoteken bestimmte Form der Popmusik. Musikalische Kennzeichen sind ein monotoner Grundbeat mit starker Akzentuierung der dritten bzw. zweiten und vierten Zählzeit, starre Bassriffs mit häufigen Oktavwechselnoten sowie die elektronisch-synthetische klangliche Aufbereitung. Musikalische Form und Arrangement sind bewusst einfach gehalten, die Texte meist eine Aneinanderreihung von anspruchslosen Gemeinplätzen und Redensarten. Der D. entstand als eine kommerziell kalkulierte grobe Vereinfachung afroamerikanischer Soul- und Funkmusik. Neben dem Punk war er einer der herausragenden Trends im Bereich der Pop- und Rockmusik in der zweiten Hälfte der 1970er-Jahre.

Diskant [mittellateinisch discantus »Auseinandergesang«]: in der Musik des 15. bis 17. Jh. die Oberstimme eines mehrstimmigen Satzes, auch **Superius** genannt (↑Sopran), sowie das jeweils höchste Instrument der in Chören gebauten Instrumente, z.B. D.-Pommer, D.-Posaune. – Der Name geht auf mittellateinisch discantus zurück, das – als Übersetzung des griechischen diaphōnía (↑Diaphonia) – die höhere Gegenstimme zu einem Cantus firmus, auch denn so entstandenen mehrstimmigen Satz bezeichnete. Im Wesentlichen Note gegen Note gebildet, unterschied er sich von dem Haltetonsatz des ↑Organums. Zur Satzart des **Discantus** zählten im 13. Jh. die Motette, der Conductus, der Hoquetus und der vulgärsprachliche Liedsatz. Im 14. Jh. wurde die Satzbezeichnung Discantus durch den Namen Contrapunctus (↑Kontrapunkt) abgelöst.

Diskantlied: eine in den musikwissenschaftlichen Sprachgebrauch des 20. Jh. eingeführte Bezeichnung für den ↑Kantilenensatz.

Diskantschlüssel (Sopranschlüssel): der C-Schlüssel auf der untersten Notenlinie (↑Schlüssel).

Disposition [lateinisch »Anordnung«]: im Orgelbau Bezeichnung für die Art und Anordnung der den Manualen und dem Pedal zugeordneten Register sowie für die verschiedenen Registerkombinationen.

Dissonanz [zu lateinisch dissonare »misstönen«]: ein aus zwei oder mehr Tönen bestehender Klang, der im Gegensatz zur ↑Konsonanz eine Spannung enthält und nach Auflösung strebt; z.B. will der Dominantseptakkord (↑Dominante) sich in die Tonika auflösen. D. sind alle Sekund-, Septimen- und alterierten (übermäßigen und verminderten) Intervalle sowie alle Akkorde, die solche Intervalle enthalten. Aber auch die Quarte gilt seit dem 13. Jh. als D., und Terz und Sexte haben sich erst im späteren Mittelalter als Konsonanzen durchgesetzt.

Was als D. aufgefasst wird, wie sie im musikalischen Satz zu behandeln ist und in welcher Häufigkeit sie auftritt, hat sich im Lauf der Musikgeschichte ständig gewandelt. So zeigt etwa die Vokalpolyphonie des späten 16. Jh. ein konsonanzbetontes Satzbild, das nur streng geregelte D. zulässt (↑Durchgang, ↑Vorhalt, ↑Wechselnote). In der Barockmusik dagegen führte der freie Gebrauch der affektbetonten D. zu großem Farbreichtum bis hin zu den harmonischen Kühnheiten J. S. Bachs; um die Mitte des 18. Jh. setzte sich z.B. im galanten Stil wiederum ein betont einfaches, dissonanzarmes Klangideal durch. In der romantischen Harmonik des 19. Jh. wurden schließlich D. immer reicher verwendet; dies führte nach 1900 zur »Emanzipation der D.« (A. Schönberg) im Sinne einer Befreiung von ihrem Zwang zur Auflösung in die Konsonanz. In der ↑atonalen Musik ist die Polarität von Konsonanz und D. aufgehoben zugunsten einer abgestuften Reihe von Sonanzgraden.

Dithyrambos [griechisch]: altgriechisches Kultlied auf Dionysos (seit dem 6. Jh. v. Chr. auch auf andere Götter und Heroen), das musikalisch vorgetragen wurde. Der Dichter ARION gab dem D. seine poetische Form; weiter ausgebildet wurde er u. a. von den Chorlyrikern SIMONIDES, PINDAR und BAKCHYLIDES. In Attika entwickelte sich aus dem D. die Tragödie. Ende des 5. Jh. entstand der »neue D.«, der durch Auflösung der strophischen Gliederung, Verselbstständigung der musikalischen Komponente und eine Tendenz zur dichterischen und musikalischen Virtuosität gekennzeichnet ist.

Ditonus [lateinisch, von griechisch dítonos »Zweiton«]: seit der griechischen Antike gebräuchliche Bezeichnung für ein Intervall, das sich aus zwei Ganztönen zusammensetzt.

Divertimento [italienisch »Unterhaltung«]: vom Ende des 17. bis Mitte des 18. Jh. ein Titel für unterhaltsame Musik verschiedenster Art und Besetzung (z.B. Ouvertüren und Kantaten). – Eine spezielle Erscheinung in Frankreich ist das **Divertissement**, eine Ballett- oder Gesangseinlage in der Comédie-ballet und Tragédie lyrique des 17. Jh., die sich im 18. Jh. zur Opéra-ballet verselbstständigte und als Balletteinlage französischer Opern noch bis ins 20. Jh. begegnet. – In der zweiten Hälfte des 18. Jh. ist das D. ein meist 4- bis 10-stimmiges, suiten- oder sonatenartiges Instrumentalstück für Klavier oder orchestrale, meist jedoch kammermusikalische Besetzung, eine gehobene Unterhaltungsmusik höfischer und bürgerlicher Kreise, benachbart der Serenade, der Kassation und dem Notturno, speziell bei J. HAYDN eine Vorform des Streichquartetts. Nach 1900 wurde das D. in der Salonmusik beliebt, oft gleichbedeutend mit Potpourri. Im 20. Jh. begegnet die Bezeichnung D. gelegentlich wieder, z.B. bei I. STRAWINSKY (D. für Orchester, 1934).

Divertissement [divɛrtisˈmã; französisch »Unterhaltung«]: ↑Divertimento.

divisi [italienisch], Abk. div.: Vorschrift in den Orchesterstimmen der Streichinstrumente, wonach mehrstimmig notierte Stellen nicht als Doppelgriffe, sondern »geteilt«, d. h. von je einem der beiden Spieler am gleichen Pult, auszuführen sind.

Dixielandjazz [ˈdıksılændˈdʒæz; amerikanisch] (Dixieland): um 1890 in den auch Dixieland genannten Südstaaten der USA nach dem Vorbild des ↑New-Orleans-Jazz durch weiße Musiker geschaffener Jazzstil. Der D. verband Elemente des Ragtime mit charakteristischen Zügen der Musik der ↑Marching Bands. Die klassische Besetzung der Dixielandbands umfasste Kornett (Trompete), Posaune, Klarinette, Klavier, Kontrabass, Tuba, Banjo (Gitarre) und Schlagzeug. Charakteristisch ist das Fehlen rhythmischer und harmonischer Eigenheiten des afroamerikanischen Jazz wie der Blue Notes (↑Blues). Bekannte Dixielandgruppen waren die Reliance Brass Band von J. »PAPA« LANE und die Original Dixieland Jazz Band (ODJB) von N. LA ROCCA. In den 1920er-Jahren wurde der D. vom Chicago-Stil abgelöst, Ende der 1930er-Jahre setzte ein Dixielandrevival ein.

do: seit dem 17. Jh. die erste Silbe der ↑Solmisation anstelle des älteren ut. In Italien und Spanien noch heute Bezeichnung für den Ton C (in Frankreich meist ut genannt).

Docke (Springer): beim ↑Cembalo der auf dem hinteren Tastenende sitzende kleine Holzpflock, in dem der (Anreiß-)Kiel beweglich angebracht ist.

Dodekaphonie [griechisch]: ↑Zwölftontechnik.

Doină [ˈdojnə]: lyrisches rumänisches Volkslied, durch seine besondere musikalische Struktur gekennzeichnet. Als

dolce

typisch gelten i. A. der schwermütige Ton und die Leitmotive, die sich auf das Naturgeschehen oder Grundstimmungen wie Trauer, Sehnsucht u. Ä. beziehen.

dolce ['dɔltʃe; italienisch]: süß, lieblich.

Dolcian ['dɔltsiaːn; italienisch]: Orgelregister, ↑Dulzian.

dolendo [italienisch] (dolente): klagend, schmerzlich, traurig.

Dolzflöte [zu italienisch dolce »süß«]: um 1600 eine quer angeblasene, zylindrisch gebohrte Blockflöte von sanftem Ton sowie Bezeichnung für ein sanft klingendes Orgelregister im 8-, seltener 4-Fuß.

Dominante [französisch, zu lateinisch dominare »herrschen«]: *im gregorianischen Gesang* der Ton, der neben dem Grundton (Finalis) eine Kirchentonart kennzeichnet, bei authentischen Tönen die 5., bei plagalen die 4. Stufe, die in der Psalmodie häufig den Rezitationston bildet. In der *funktionalen Harmonik* (seit J.-P. RAMEAU, 1726) wird mit D. der die Dur- oder Molltonleiter beherrschende 5. Ton bezeichnet. Die **Ober-D.** ist die Oberquinte des Grundtons (der Tonika) und der über dieser Quinte errichtete Dreiklang (**Dominantdreiklang**). Die **Unter-D. (Sub-D.)** ist der 5. Ton einer Tonleiter abwärts oder der 4. aufwärts, also der Unterquinte oder der Oberquarte der Tonika und der auf diesem Ton errichtete Dreiklang (**Subdominantdreiklang**). Tonika, D. und Sub-D. bestimmen die Tonart; die über ihnen errichteten Dreiklänge enthalten zusammen alle Töne der betreffenden Tonart und bilden die wesentlichen Bestandteile einer ↑Kadenz (↑Zwischendominante). – Die Tendenz des Dominantdreiklangs, sich in die Tonika aufzulösen, wird sehr häufig durch das Einfügen der kleinen Septime über dem Grundton der 5. Stufe verstärkt (**Dominantseptakkord**). Die Funktionsbezeichnungen für D. und Dominantseptakkord sind D bzw. D^7.

Domra [russisch]: Zupfinstrument vom Typ der Langhalslauten, mit ovalem Korpus und drei Saiten in Quartstimmung; Spielart (Plektron) wie bei der Balalaika, als deren Vorgänger sie gilt.

Doppel-B: Versetzungszeichen, das die Erniedrigung eines Tones um zwei Halbtöne vorschreibt (durch das D.-B wird c zu ceses, f zu feses usw.); Zeichen ♭♭.

Doppelchor: ein in zwei selbstständige, meist vierstimmige Gruppen aufgeteilter Chor, die häufigste Form der ↑Mehrchörigkeit.

Doppelflöte (Doppelpfeife): Oberbegriff für die Verbindung zweier (Block-)Flöten oder Schalmeien zu einem Instrument. Die beiden Pfeifen können voneinander abstehen (↑Aulos) oder eng verbunden, sogar in dasselbe Stück Holz gebohrt sein. Aus der Anordnung der Grifflöcher ergibt sich ein unabhängiges Spiel beider Pfeifen oder (bei paarweise nebeneinander liegenden Löchern) parallele Mehrstimmigkeit. – Im Orgelbau ist die D. oder Duiflöte ein Register mit doppelten Labien und Kernspalten, meist im 8-Fuß.

Doppelfuge: eine ↑Fuge mit zwei Themen. Bei der **sukzessiven D.** wird zunächst jedes Thema für sich durchgeführt, ehe ihre Kombination erfolgt; bei der **simultanen D.** werden von Beginn an beide Themen in kontrapunktischer Kombination verarbeitet. Auch Mischformen der beiden Typen sind möglich, z. B. wenn auf die Durchführung des ersten Themas sogleich die Kombination beider Themen folgt.

Doppelgriff: eine Spieltechnik, bei der mindestens zwei Töne gleichzeitig gespielt werden, v. a. auf Streichinstrumenten. Auf der Viola da Gamba ist das D.-Spiel seit dem 16. Jh. belegt, auf der Violine wurde es v. a. seit der französischen Geigerschule des 18. Jh. virtuos ausgebildet. – Auf dem Klavier kam das D.-Spiel im Sinne von intervallischer Parallelführung seit dem frühen 19. Jh. in Gebrauch.

Doppelkonzert: Konzert für zwei Soloinstrumente und Orchester, z. B. das D. für Violine und Violoncello op. 102 von J. BRAHMS. – ↑auch Sinfonia concertante.

Doppelkreuz: Versetzungszeichen, das die Erhöhung eines Tones um zwei Halbtöne vorschreibt (durch das D. wird c zu cisis, f zu fisis usw.); Zeichen: ×, früher X, ⌶, ✷.

Doppelrohrblatt: von zwei aufeinander gepassten Rohrblättchen (aus Schilf- oder Zuckerrohr) gebildetes Anblasrohr bestimmter Blasinstrumente (z.B. Oboe, Fagott). Beim Anblasen werden die Blättchen nach dem Prinzip der Gegenschlagzungen in Schwingung versetzt.

Doppelschlag: eine Verzierung, bei der die Hauptnote in einer Viererfigur durch deren Ober- und Untersekunde umspielt wird, in der Notenschrift durch das Zeichen ∾ (meist über der Note) gefordert:

Doppelzunge: ↑Zungenstoß.

Doppler-Effekt [nach dem Physiker und Mathematiker C. Doppler] (Doppler-Prinzip): die bei allen Wellenvorgängen beobachtbare Erscheinung, dass die Frequenz (bzw. die Wellenlänge) beeinflusst wird, wenn Quelle (Schall-, Lichtquelle u.a.) und Beobachter sich relativ zueinander bewegen. Bewegt sich die Quelle auf den Beobachter zu (bzw. von ihm weg), so treffen in einer bestimmten Zeiteinheit mehr (weniger) Wellenzüge bei ihm ein, die Frequenz wird somit höher (niedriger), als wenn die Quelle relativ zu ihm ruht; z.B. ist der Ton eines an einem Beobachter vorbeifahrenden Sirenenfahrzeugs oder einer Lokomotive beim Herankommen höher als danach, wenn sich die Schallquelle wieder von dem Hörer entfernt.

dorischer Kirchenton: auf dem Grundton d stehende ↑Kirchentonart.

Double [ˈduːbəl; französisch »doppelt«]: die verzierte bzw. melodisch veränderte Wiederholung eines Satzes in der französischen Instrumental- und Vokalmusik des 17./18. Jh., in der deutschen Suite die Veränderungen eines Tanzsatzes. Nach 1750 wurde die Bezeichnung D. durch Variation ersetzt.

Doubletime [ˈdʌblˈtaɪm; englisch]: im Jazz Bezeichnung für eine Verdoppelung des Tempos unter Beibehaltung der tatsächlichen Spieldauer eines Stückes; so kann etwa der Solist im doppelten Tempo spielen, während das übrige Ensemble das Grundzeitmaß beibehält.

Doxologie [griechisch]: im Neuen Testament und der gesamten christlichen Überlieferung der aus dem Alten Testament übernommene Lobpreis der Herrlichkeit Gottes zu Beginn und v.a. am Schluss eines Gebetes, seit dem 3. Jh. als Lobpreis der Dreifaltigkeit. Mit der **kleinen D.** (»Ehre sei dem Vater und dem Sohn und dem Heiligen Geist …«) schließt im Abendland der antiphonarische Psalmengesang des Stundengebets, mit der **großen D.** (»Durch ihn und mit ihm und in ihm ist dir, allmächtiger Vater, in der Einheit des Heiligen Geistes alle Herrlichkeit und Ehre …«) der Kanon der Messe. Das Gloria in excelsis Deo schließlich wird insgesamt auch als große D. bezeichnet.

Drame lyrique [dramliˈrik; französisch »lyrisches Drama«]: ein aus einer Verschmelzung von Grand Opéra und Opéra comique entstandener französischer Operntyp des 19. Jh., ausgeprägt etwa in C. Gounods »Faust« (1859), A. Thomas' »Mignon« (1866), später bei J. Massenet und G. Charpentier; charakteristisch sind eine von Sentiment geprägte Melodik, die Anwendung von Erinnerungsmotiven und eine subtile Instrumentation.

Dramma per Musica [italienisch »Drama mit Musik«]: im 17. und 18. Jh. häufige Bezeichnung für ernste Opern, z.B. C. W. Glucks »Telemaco« (1765); bei J. S. Bach auch für weltliche Kantaten.

Drehleier (Radleier, Bauernleier, Bettlerleier): ein Streichinstrument mit fiedel-, lauten- oder gitarreähnlichem Korpus, dessen Saiten von einem oberhalb

Drehorgel

des Stegs aus dem Korpus herausragenden Scheibenrad gestrichen werden. Die D. besitzt zwei oder vier in Oktaven und Quinten gestimmte Bordunsaiten und ein oder zwei durch Tangententasten verkürzbare Melodiesaiten. Die D. ist seit dem 10. Jh. bekannt, stand im Mittelalter in hohem Ansehen, wurde dann das Instrument der Blinden und Bettler und erlebte im 18. Jh. in Frankreich im Zuge der Schäfermode eine zweite Blüte in der Kunstmusik. Als Volksinstrument hielt sie sich bis heute v.a. in Südfrankreich (dort Vielle a roue genannt), sie wird neuerdings, v.a. von Straßenmusikanten, auch wieder in Deutschland gespielt.

Drehorgel (Leierkasten): trag- oder fahrbare Kleinorgel mit gedackten Pfeifen. Durch eine mit der Hand gedrehte Kurbel wird gleichzeitig eine Stiftwalze (heute Lochstreifen), die die Ventile zu den Pfeifen öffnet, in Bewegung gesetzt und der Blasebalg betätigt. Die D., seit ihrer Entstehung um 1700 ein Instrument der Bänkelsänger und Straßenmusikanten, fand als **Barrel-Organ** im 19. Jh. in der englischen Kirchen- und Hausmusik Verwendung. Sie zählt zu den ↑mechanischen Musikinstrumenten.

Dreiertakt: Taktart mit einer als Einheit empfundenen Zusammenfassung von drei Zeitwerten, von denen i. A. der erste akzentuiert wird. Beispiele für einfache D. sind $^3/_2$-, $^3/_4$-, $^3/_8$-Takt, für zusammengesetzte D. $^6/_8$-, $^9/_8$-Takt. Im zusammengesetzten D. liegen nach dem Hauptakzent auf dem ersten Zeitwert Nebenakzente auf 4 oder auf 4 und 7.

dreigestrichen: bezeichnet den Tonraum $c^3–h^3$, die d. Oktave (geschrieben auch c'''–h'''). – ↑auch Tonsystem.

Dreiklang: der Zusammenklang (Akkord) von drei Tönen; im engeren Sinn der **Dur-D.**, bestehend aus Grundton, großer Terz und Quinte, und der **Moll-D.**, bestehend aus Grundton, kleiner Terz und Quinte. Der D. tritt in verschiedenen ↑Lagen (enger, weiter; Terz-, Quint-, Oktavlage) auf. Die Versetzung des Basstons ergibt die beiden ↑Umkehrungen Sext- und Quartsextakkord. Durch Alteration entstehen u.a. der **verminderte** und der **übermäßige Dreiklang.**

Dreiklang: a C-Dur-Dreiklang, b c-Moll-Dreiklang, c verminderter Dreiklang, d übermäßiger Dreiklang (sämtlich in enger Lage); e Oktavlage (mit Verdopplung des Grundtons), f Terzlage (weite Lage), g Quintlage (mit Verdopplung des Grundtons); h Sextakkord, i Quartsextakkord (e–i für C-Dur und c-Moll angegeben)

Drive [draɪv; englisch, eigentlich »treiben«]: im Jazz Bezeichnung für die aus der Spannung zwischen ↑Beat und ↑Offbeat entstehende, vorantreibende Dynamik des Spiels, durch die (bei unverändertem Grundzeitmaß) der Eindruck einer Tempobeschleunigung entsteht.

Drums [drʌmz; englisch »Trommeln«] (Drumset): in Jazz und Rockmusik Bezeichnung für das Schlagzeug; umfasst i.d.R. große und kleine Trommel

(Snaredrum), verschiedene Becken (darunter Hi-Hat), Holzblock und Tom-Toms und wird vom **Drummer** bedient.

Dudelsack [zu türkisch düdük »Flöte«]: seit dem 17. Jh. in Deutschland Bezeichnung für die ↑Sackpfeife.

Duett [italienisch; zu lateinisch duo »zwei«]: eine Komposition für zwei gleiche oder ungleiche Gesangsstimmen mit Instrumentalbegleitung. Der unbegleitete zweistimmige Satz des 16. Jh. hieß ↑Bicinium. Das konzertante Kirchen- und Kammer-D. für zwei gleiche (meist hohe) Stimmen mit Generalbass war im 17. und 18. Jh. beliebt. In der Oper ist das lyrische oder dramatische D., häufig als Liebes-D., ein formal der Arie nahe stehender wichtiger Bestandteil. Nicht selten werden auch Stücke für zwei Instrumente (↑Duo) als D. bezeichnet.

Dulce Melos [lateinisch-griechisch]: mittellateinische Bezeichnung für das ↑Hackbrett, speziell ein Saiteninstrument mit einer Art Hammermechanik und Klaviatur, wie es in einer Handschrift um 1440 (Paris, Bibliothèque Nationale) beschrieben wird und bei der es sich wohl um die älteste erhaltene Quelle für ein dem Klavier oder Cembalo vergleichbares Instrument handelt.

Dulcimer ['dʌlsɪmə; englisch]: ↑Hackbrett.

Dulzaina [von spanisch dulzor »Süße«]: volkstümliches spanisches Schalmeieninstrument, oft zusammen mit dem Tamburin gespielt.

Dulzian [zu lateinisch dulcis »süß«]: im 16. und 17. Jh. ein in mehreren Größen gebautes Doppelrohrblattinstrument, bestehend aus einer Holzröhre mit U-förmig gebogener, konischer Innenbohrung, Metallanblasrohr, 7–8 Grifflöchern (davon 1–2 mit Klappen) und 1–2 Daumenlöchern. Der D. ist eine Frühform des Fagotts. D., oder Dolcian, ist seit dem 16. Jh. daneben ein nasal (fagottartig) klingendes Zungenregister der Orgel im 16- oder 8-Fuß.

Duma [ukrainisch] (Dumka): episches Lied der Kosaken, das sich im 15.–17. Jh. in der Ukraine entwickelte. Zu den musikalischen Kennzeichen der D. gehören Mollfärbung, langsames Tempo und ein elegisch-sentimentaler Ausdruck. Die D. fand auch Eingang in die Instrumentalmusik v.a. osteuropäischer Komponisten des 19. Jh., z.B. schrieb A. DVOŘÁK ein Klaviertrio »Dumky« (1891).

Duo [italienisch, von lateinisch duo »zwei«]: eine Komposition für zwei Singstimmen oder zwei (gleiche oder verschiedene) Instrumente, gelegentlich auch für zwei Spieler (D. für Klavier vierhändig, D. für Violine und Klavier). Im 15. und 16. Jh. nannte man D. die zweistimmigen Partien innerhalb von Messen und Motetten sowie den selbstständigen Zwiegesang (↑Bicinium). Seit dem 18. Jh. bezeichnet D., zunächst z.T. auch ↑Duett genannt, zumeist ein für das häusliche Musizieren, für den Virtuosenvortrag oder für den Unterricht bestimmtes Stück für zwei gleiche oder verschiedene Instrumente.

Drums

Duodezime [zu lateinisch duodecim »zwölf«]: das Intervall von zwölf diatonischen Tonstufen (Oktave und Quinte).

Duole [zu italienisch due »zwei«]: eine für drei Töne gleicher Länge oder drei Noten gleicher Gestalt eintretende Figur von zwei gleichwertigen Tönen bzw.

Noten, die zusammen die Zeitdauer der dreitönigen Figur einnehmen.

Duole: ältere (links) und neuere Schreibung

Duplex Longa [lateinisch »doppelt lange (Note)«]: ↑Mensuralnotation.

Dur [von lateinisch durus »hart«]: Bezeichnung des »harten« oder »männlichen« ↑Tongeschlechts im Bereich der tonalen Musik. Der Begriff D. ist aus der mittelalterlichen Hexachordlehre abgeleitet, die den Tonraum G–e als »hexachordum durum« bezeichnete (↑Solmisation), da der dritte Ton dieses Hexachords ein »b durum« (=h) war. Eine D.-Tonart ist (ausgehend vom Grundton) durch die Intervalle große Terz, große Sexte und große Septime charakterisiert. Der auf dem Grundton einer D.-Tonart stehende ↑Dreiklang (z.B. c–e–g in C-Dur) heißt **Durdreiklang** (↑Tonart). – Die Ausbildung der Tongeschlechter D. und Moll, die mit einem stetigen Zurücktreten der bis dahin gültigen Kirchentonarten verbunden war, lässt sich im 16. und 17. Jh. auf dem Hintergrund neuer, v.a. harmonisch ausgerichteter Klangvorstellungen beobachten. Die wesentlichen Stufen dieser Entwicklung waren die Einführung des auf dem Ton c gebildeten ionischen Modus in die ↑Kirchentonarten durch H. GLAREANUS (1547), die Konstituierung der ionischen Tonart als 1. Kirchenton durch G. ZARLINO (1571) und die Ableitung der D.-Skala als horizontale Auseinanderlegung des Tonika-, Dominant- und Subdominantdreiklangs durch J.-P. RAMEAU (1726).

durchbrochene Arbeit: eine von J. HAYDN über L. VAN BEETHOVEN und J. BRAHMS bis hin zu A. SCHÖNBERG immer mehr verfeinerte Satztechnik vornehmlich der Instrumentalmusik, bei der die Motive eines melodischen Zusammenhangs auf verschiedene Stimmen oder Instrumente (durchbrochene Instrumentation) verteilt werden. Sie verbindet melodisches mit polyphonem, akkordisch-homophones mit kontrapunktischem Denken und bereichert die Lebendigkeit des musikalischen Verlaufs.

Durchführung: die freie Verarbeitung der im thematischen Material einer Komposition enthaltenen musikalischen Gedanken. Im Sonatensatz steht die D. zwischen ↑Exposition und ↑Reprise. Sie hat die Aufgabe, das Material der Exposition durch Zergliederung und Umformung, Kombination und Modulation in seinem Charakter näher zu bestimmen und neu zu beleuchten, ein Verfahren, das seit L. VAN BEETHOVEN auch auf die anderen Teile der Sonatensatzform sowie auf andere musikalische Gattungen und Formen übertragen wurde. – In der Fuge heißt D. die Darstellung des Themas als Dux und Comes nacheinander (regulär) in allen Stimmen; es folgt ein Zwischenspiel, bevor die nächste D. beginnt.

durchbrochene Arbeit: L. van Beethoven, 3. Sinfonie (»Eroica«), 1. Satz, Takt 45–49

Durchgang: ein auf unbetontem Taktteil gelegener, akkordfremder Ton, der eine Terz im Sekundgang ausfüllt (im Unterschied zu ↑Cambiata, ↑Vorhalt, ↑Wechselnote).

Dux [lateinisch »Führer«]: in der Fuge die Grundgestalt des Themas, dem der ↑Comes (beantwortend) folgt. Beim Kanon ist D. die beginnende Stimme.

Dvořák ['dvɔrʒa:k], Antonín, tschechischer Komponist, *Nelahozeves (bei Prag) 8.9.1841, † Prag 1.5.1904: D. studierte an der Prager Orgelschule und war als Orchesterbratschist tätig, als er sich durch den Erfolg des Hymnus »Die Erben des weißen Berges« op. 30 (1873) gleichsam über Nacht in den Kreis der bedeutenden tschechischen Komponisten wie F. SMETANA und Z. FIBICH einreihte. Von 1875 bis 1878 erhielt er u. a.

Antonín Dvořák

auf Empfehlung von J. BRAHMS ein österreichisches Staatsstipendium. 1878 erschienen seine »Slawischen Tänze« (für Klavier zu 4 Händen; später auch instrumentiert), die seinen internationalen Ruhm begründeten und mehrfache Gastspielreisen nach sich zogen. 1891 wurde er Professor für Komposition am Prager Konservatorium, von 1892 bis 1895 auch Leiter des Nationalen Konservatoriums in New York. Die Eindrücke des Amerikaaufenthaltes sind in seiner letzten von insgesamt neun Sinfonien »Aus der Neuen Welt« festgehalten. In ihr verbinden sich indianische und afroamerikanische Folklore mit slowakischen Lied- und Tanzelementen, wie es überhaupt ein Wesenszug D.s war, die unterschiedlichsten Einflüsse von Klassik über Romantik bis zum Impressionismus in ungekünstelter, natürlicher Weise mit den musikalischen Idiomen seiner Heimat zu verbinden.

Von seinem immensen, über 200 Werke umfassenden Schaffen haben v. a. die Kammermusik (u. a. 17 Streichquartette, zwei Klavierquartette, vier Klaviertrios, darunter »Dumky«, 1891) und Orchesterwerke (neben den Sinfonien vier Ouvertüren, fünf sinfonische Dichtungen; Violoncellokonzert, 1895) breite Resonanz gefunden. Außer »Rusalka« (1901) waren dagegen seine insgesamt zehn Opern wenig erfolgreich.

Dyn<u>a</u>mik [zu griechisch dýnamis »Kraft«]: die Differenzierung der Tonstärke, entweder stufenweise (z. B. forte, mezzoforte, piano) oder als allmähliche Veränderung (crescendo, decrescendo). Der Gegensatz forte–piano ist im Instrumentalkonzert seit A. CORELLI bedeutsam (Tutti–Solo). War für die Barockzeit die gestufte D. (»Terrassen-D.«) bezeichnend, so wurde die allmähliche Veränderung der Tonstärke erst seit der ↑Mannheimer Schule nach 1740 zu einem wesentlichen Mittel der Komposition. Die zunehmende Neigung zu gesteigerter Differenzierung von Stärkegraden und somit zur Fixierung der D. gehört zu den Kennzeichen der Musik des 19. Jh.; in der ↑seriellen Musik des 20. Jh. wurde die D. zu einem gleichberechtigten Parameter neben Tonhöhe, Tondauer und Tonfarbe erhoben.

E

E (e): die 3. Stufe der Grundtonleiter C-Dur, französisch und italienisch mi (↑Solmisation). Die Erhöhung um einen Halbton heißt **Eis**, um zwei Halbtöne **Eisis**; die Erniedrigung um einen Halbton heißt **Es**, um zwei Halbtöne **Eses**. Seit dem 19. Jh. bezeichnet E E-Dur und e e-Moll als Akkord und Tonart.

Eastcoastjazz [ˈiːstkəʊstdʒæz; englisch]: Bezeichnung für den in den 1950er-Jahren an der amerikanischen Ostküste v. a. von schwarzen Musikern gespielten Jazz in Abgrenzung vom ↑Westcoastjazz. Er griff Stilelemente des Bebop und des Blues wieder auf und ist v. a. durch seine Expressivität und die Betonung des rhythmischen Elements gekennzeichnet. Die Bezeichnung wird auch als Synonym für den Hardbop verwendet.

Echowerk: bei der Orgel eine Gruppe von Pfeifen, die den Klang wichtiger Register echoartig wiederholen. Sie sind in einem Holzkasten untergebracht und werden von einem besonderen Manual bedient.

Ecksatz: der erste und letzte Satz eines mehrsätzigen Werkes.

Écossaise [ekɔˈsɛːz(ə); französisch »(die) Schottische«] (Ekossaise): alter schottischer Rundtanz zum Dudelsack im Dreiertakt, eine Art des ↑Countrydance. In Frankreich wurde die É. nach 1700 als ↑Anglaise zum höfischen Tanz im schnellen $^2/_4$-Takt; in Deutschland war sie v. a. 1800–30 populär.

Effektgeräte: Sammelbezeichnung für elektroakustische und elektronische Zusatzgeräte, die den Sound eingegebener Klangsignale entweder aufbessern (↑Kompressor, ↑Limiter, ↑Noisegate) oder charakteristisch verändern, selbst aber keine eigenen Signale erzeugen. E. werden als Bestandteil einer Anlage (↑PA-System) v. a. in der Rock- und Popmusik verwendet. Gängige Effekte hier sind Rückkoppelung, Übersteuerung und Verzerrung (↑Fuzzbooster, ↑Verzerrer), Hall und Echo (↑Chorus-Effekt, ↑Delay, ↑Reverb), Vibrato bzw. Tremolo, Tonverdoppelungen oder -verschiebungen (↑Octavider), chorische Effekte (↑Harmonizer), Sprachimitation (↑Wah-Wah) sowie diverse räumliche Effekte (↑Flanger, ↑Leslie). Dabei resultiert der hörbare Effekt oft aus der gleichzeitigen Präsentation des Originals mit dem veränderten Signal.

Die meist kleinen, handlichen Geräte werden zwischen Instrument (etwa E-Gitarre) und Verstärkeranlage geschaltet und oft über einen Fußschalter (Schwellpedal) angesteuert. Sog. E.-Boards oder Multi-E. vereinen mehrere E. in einem Gehäuse.

effettuoso [italienisch]: effektvoll, wirkungsvoll.

E-Gitarre (Elektrogitarre): allgemein jede Gitarre, deren Klang über ein System fest im Instrument installierter elektromagnetischer Tonabnehmer (↑Pickups) »abgetastet« und durch entsprechende Instrumentenverstärker elektrisch verstärkt über Lautsprecher wiedergegeben wird. E-G. werden fast ausschließlich in der Rockmusik und im Jazz verwendet.

E-Gitarre

Nach der Art des Gitarrenkorpus unterscheidet man die E-G. in Massivbauweise, ohne eigenen Resonanzkörper (englisch solid body), von der halbakustischen E-G. (englisch hollow body). Bei der Solid-Body-Gitarre erklingt im »trockenen« Zustand nur ein leises Zirpen beim Anreißen der Saite. Die Hollow-

Body-Gitarre ist auch akustisch spielbar, erreicht dann aber nicht die gleiche Klangfülle wie die akustische Gitarre. Entscheidend für den Klang einer E-G. ist neben der Qualität der Anlage das unmittelbar über den Saiten in der Decke gelagerte Tonabnehmersystem. Anspruchsvollere E-G. besitzen neben den üblichen Lautstärke-, Höhen- und Tiefenreglern pro Tonabnehmersystem noch zusätzliche Vorverstärker sowie u.a. elektronische Schaltungen zur Erzeugung von Hall- oder Echoeffekten. Ein weiterer, in E-G. meist serienmäßig vorhandener Effekt ist das Gitarrenvibrato, eine mit dem Gitarrensteg gekoppelte Kippvorrichtung, die über einen Tremoloarm bedient wird und eine geringfügige Spannungsänderung sämtlicher Saiten bewirkt, wodurch ein lautmalerischer Effekt erzielt wird.

Verglichen mit der akustischen Gitarre ist das Griffbrett der E-G. schmaler und je nach Modell mit 22–24 Bünden auch etwas länger. Die Saiten (aus Stahl) der E-G. werden i.d.R. entweder mit den Fingern (Daumen) gezupft, mit den Fingerspitzen der ganzen Hand geschlagen oder mit einem Plektron angerissen. Daneben bieten heute ↑Effektgeräte Möglichkeiten, den Klang einer E-G. zu beeinflussen. In der Rockmusik ist die sechssaitige Standard-E-G. (E-A-d-g-h-e¹) sowohl als Soloinstrument (**Leadgitarre**) wie als Begleit- oder Akkordinstrument (**Rhythmusgitarre**) nach wie vor das zentrale Instrument. Gleiches gilt für den viersaitigen **E-Bass (Elektrobass)** mit der Stimmung ₁E-₁A-D-G (meist 20 oder 22 Bünde). E-Bässe sind fast immer Solid-Body-Gitarren und entsprechen in Bau- und Funktionsweise weitgehend der sechssaitigen E-Gitarre (↑Fretless).

eingestrichen: bezeichnet den Tonraum c¹-h¹, die e. Oktave (geschrieben auch c'-h'). – ↑auch Tonsystem.

Einhandflöte (Schwegel, provenzalisch Galoubet, baskisch Txistu, katalanisch Flabiol): zylindrisch gebohrte, eng mensurierte Schnabelflöte meist in Diskantlage mit drei Grifflöchern (als viertes

Einhandflöte: Die Miniatur (um 1270) zeigt zwei Spielleute mit Einhandflöte und Trommel.

wird die Rohröffnung benutzt) für Zeige-, Mittelfinger und Daumen. Die E. war vom 13. bis 17. Jh. in Europa v.a. ein Instrument der Spielleute. Sie wurde mit der linken Hand gespielt, während die rechte eine am linken Arm oder an der Schulter befestigte kleine Trommel schlug. E. finden noch heute in der baskischen und provenzalischen Volksmusik Verwendung.

Einklang: das Erklingen von zwei oder mehr Tönen oder Stimmen auf der gleichen Tonstufe (Prime) oder in Oktaven. – ↑auch Unisono.

Eisler, Hanns: Siehe S. 98.

ekphonetische Notation [zu griechisch ekphṓnēsis »Ausruf«, »lautes Vortragen«]: in der byzantinischen Musik verwendete Notation für den ekphonetischen, d.h. sprechend-singenden Vortrag der liturgischen Lesungen. Die e. N. entwickelte sich im 5./6. Jh. aus den prosodischen Zeichen des griechischen Alphabets. Ihre (linienlos) über den Text

Das Thema »Musik und Politik« ist im 20. Jh. fast ausnahmslos mit Tönen besetzt, die von »links« kommen, und so war auch der wichtigste Repräsentant einer politischen Musik in Deutschland ein erklärter Kommunist: Hanns Eisler. Einst Musterschüler A. Schönbergs, führte ihn die Frage: »Für wen schreibe ich Musik?« zu einer kritischen Position gegenüber der Neuen Musik, die er als esoterisch bezeichnete und wegen ihrer Distanz zur Mehrheit des Volkes ablehnte. Dem setzte er mit einer Fülle von Massenliedern, Agitprop- und Kampfmusik zur Unterstützung des Klassenkampfes sowie Bühnen- und Filmmusiken das Ideal einer »angewandten Musik« entgegen, die aber nie ins Triviale abglitt, sondern auf hohem kompositorischen Niveau die »historische Auseinandersetzung« mit der Kunstmusik in sich bewahrte.

■ **Ein Weggefährte Bert Brechts**

Am 6.7.1898 in Leipzig geboren, wuchs der Sohn des Philosophen und Privatgelehrten R. Eisler in Wien auf. Nach zweijährigem Militärdienst studierte er 1919–23 privat bei Schönberg und erhielt 1925 für seine »Sonate op. 1« den Wiener Kunstpreis. Obwohl er von Schönberg über die Maßen gefördert wurde, kam es zwischen Lehrer und Schüler 1926 zum Bruch, als sich Eisler, inzwischen nach Berlin übergesiedelt, der dortigen KPD anschloss –, ein Konflikt, den er kompositorisch in seiner Kantate »Tagebuch des Hanns Eisler« (1926) verarbeitet hat. In den Berliner Arbeiterchören und als Mitglied der Agitproptruppe »Das Rote Sprachrohr« fand der überzeugte Kommunist das ideale Klima, seine Ideen einer proletarischen Gebrauchsmusik umzusetzen. Zahlreiche seiner insgesamt über 600 Lieder machten ihn bald zum führenden Kopf der deutschen Arbeitermusikbewegung, darunter »Roter Wedding« (1928), das berühmte Solidaritätslied aus dem Film »Kuhle Wampe oder Wem gehört die Welt« (»Vorwärts! und nicht vergessen«, 1931) oder das Einheitsfrontlied (»Und weil der Mensch ein Mensch ist«, 1934), die zu Hymnen der Internationale wurden. In Berlin lernte er 1930 auch B. Brecht kennen, mit dem ihn eine lebenslange Freundschaft verband, aus der eine Fülle gemeinsamer Projekte hervorging. So schrieb er die Bühnenmusik u. a. zu »Die Maßnahme« (1930), »Die Mutter« (1931), »Die Rundköpfe und die Spitzköpfe« (1936), »Furcht und Elend des Dritten Reiches« (1945), »Die Tage der Kommune« (1956) und »Schweyk im Zweiten Weltkrieg« (1957).

■ **Im antifaschistischen Widerstand**

Ab Januar 1933 im Exil, wurde Eisler bis 1938 von hektischen, antifaschistischen Reiseaktivitäten in Anspruch genommen. Mehrfach hielt er sich zu Vorträgen und Konzerten in New York, Straßburg, Kopenhagen, Moskau und Prag auf, 1937 unterstützte er die Volksfront im Spanischen Bürgerkrieg. Durch seine Mitarbeit an dem Film »Kuhle Wampe« war Eisler inzwischen ein gefragter Filmkomponist geworden, und so übernahm er 1938 eine Dozentur für Filmmusik am »Institut für Sozialforschung«, das kurz zuvor von deutschen Exilgelehrten wie T. W. Adorno in New York gegründet worden war. 1942 zog er nach Hollywood, wo er im Rahmen eines von der Rockefeller Foundation unterstützten Forschungsprojektes zur Filmmusik mit Adorno das Buch »Komposition für den Film« (1947) verfasste. Ergebnis von Eislers Auseinandersetzung mit diesem Genre ist sein »außerhalb« des politischen Œuvres vielleicht bekanntestes Stück »Vierzehn Arten, den Regen zu beschreiben« für Kammerensemble (1941), eine z. T. in Zwölftontechnik komponierte späte Hommage an seinen Lehrer Schönberg, dessen Namenszug er als Anagramm zugrunde legte.

Eislers Zeit in den USA war nicht

ungetrübt. Bereits 1939 musste er wegen Visumschwierigkeiten vorübergehend nach Mexiko ausweichen. 1947 brachte ihn seine kommunistische Gesinnung vor die McCarthy-Untersuchungsausschüsse gegen »unamerikanische Aktivitäten«, und so wurde er trotz internationaler Proteste bedeutender Künstler (u. a. C. CHAPLINS) 1948 ausgewiesen.

■ »Auferstanden aus Ruinen ...«

Über Wien kam EISLER 1949 nach Berlin, wo er in der neu gegründeten DDR bald wichtige Positionen übernahm, u. a. 1950 eine Professur für Komposition an der Berliner Musikhochschule. Auf den Text von J. R. BECHER komponierte er im gleichen Jahr das Lied »Auferstanden aus Ruinen«, das zur Nationalhymne der DDR wurde.

Obwohl er bis zu seinem Tod am 6. 9. 1962 in Berlin noch mehrfach mit Preisen ausgezeichnet wurde, war das letzte Lebensjahrzehnt des Komponisten EISLER überschattet von einer seitens des Zentralkomitees der SED 1952 lancierten, beinahe vernichtenden Kritik an dem (vor)veröffentlichten Libretto einer geplanten »Faust«-Oper, in der man ihm »Formalismus« und einen Rückfall in den avancierten Ästhetizismus der 1920er-Jahre vorwarf. Zwar folgte noch manch begeistert aufgenommene Komposition (u.a. die Kantate »Die Teppichweber von Kujan-Bulak«, 1957), und EISLER blieb trotz Anfeindungen aus dem eigenen Lager seiner politischen Überzeugung treu, doch die Partei hatte den Komponisten einst aufwieglerischer »Kampfmusik« geschickt zum »Klassiker des sozialistischen Realismus« verklärt und ihm damit gerade jenen Stachel genommen, der sich durchaus auch gegen sie selbst hätte richten können.

In der DDR wurde EISLERS Vermächtnis besonders durch die 1970 gegründete »Gruppe Neue Musik Hanns Eisler« in Leipzig bewahrt. Doch auch in der BRD fand er v. a. im Zuge der Studentenbewegung ab 1968 wieder breitere Resonanz und wurde 1998 zum 100. Geburtstag im vereinten Deutschland als Komponist von Weltrang gefeiert. ■

Hanns Eisler

🕮 Im Einigungsvertrag von 1990 wurde festgelegt, dass die Nationalhymne des vereinten Deutschlands die Hymne der alten Bundesrepublik mit der Melodie von J. HAYDN sein soll. Hättest auch du dich gegen die Melodie EISLERS entschieden? Stelle in deinem Musikkurs beide nebeneinander und lasse deine Mitschüler zur Probe abstimmen. (Der Text »Einigkeit und Recht und Freiheit...« lässt sich übrigens zu beiden Melodien singen.)

🕮 HENNENBERG, FRITZ: *Hanns Eisler.* Reinbek (Rowohlt) ²1998. ■ SCHEBERA, JÜRGEN: *Hanns Eisler. Eine Biographie in Texten, Bildern und Dokumenten.* Mainz (Schott) 1998.

geschriebenen Zeichen geben Intervallschritte, Rhythmus und Vortragsart an; die e. N. gilt als Vorläufer der ↑Neumen.

Elegie [zu griechisch élegos »Trauergesang mit Aulosbegleitung«]: lyrische Gattung der griechischen Antike in Distichen, d. h. Zweizeilern aus Hexameter und Pentameter im Tone verhaltener Klage und wehmütiger Resignation. – Die E. fand auch Eingang in die lateinische Dichtung bis zu den europäischen Neulateinern des 16./17. Jh. und in die deutsche Dichtung. Als Titel von Gesangsstücken lyrisch-wehmütigen, sehnsüchtig-klagenden Charakters begegnet die E. seit dem ausgehenden 18. Jh. Im 19. und 20. Jh. findet sich die Bezeichnung auch bei Instrumentalstücken verschiedener Besetzung.

Elektrogitarre: ↑E-Gitarre.

Elektroklavier: ↑E-Piano.

Elektronenorgel: ↑E-Orgel.

elektronische Musik: Sammelbegriff für jede Art von Musik, bei deren Entstehung oder Wiedergabe elektronische Mittel eingesetzt werden. Zu unterscheiden sind zum einen Klänge, die mit elektronischen Musikinstrumenten erzeugt werden und entweder traditionelle Instrumente nachahmen (elektronische Orgelmusik) oder neue Klangformen aufweisen, zum anderen Musik, die mittels elektronischer Apparaturen erzeugt und von diesen direkt in einen Klangspeicher eingegeben wird, von dem sie über Lautsprecher wiedergegeben werden kann, sodass sie der Mittlerrolle des Interpreten entbehrt.

Ziel der e. M. ist die Entdeckung neuer, jenseits der bisherigen Musikübung liegender Klangräume, deren breites Spektrum die Geräuschkomponente einschließt und hinsichtlich Tonhöhe, Tondauer, Klangfarbe und Geräuschform Kombinationen von unendlicher Variabilität zulässt. Als Material für neuartige Klangformen dienen v. a. reine Töne (Sinusschwingungen), Geräusche (z. B. weißes Rauschen), Tongemische und Impulse.

Die e. M. wird vom Komponisten im Studio am Mischpult hergestellt. Als Grundlage dient ihm die »Realisationspartitur«, die eine verbale oder skizzenhaft schematische Beschreibung der technischen Vorgänge enthält. Das technische Instrumentarium besteht aus Tongeneratoren; Zusatzgeräte dienen der Klangfarbenbeeinflussung. Der heute vielfach verwendete ↑Synthesizer eröffnet v. a. in Verbindung mit dem Computer bisher ungeahnte Möglichkeiten sowohl der Erzeugung als auch der Veränderung von Klängen.

Während die e. M. ihre Schallereignisse rein auf synthetischem Weg gewinnt, nimmt die ↑konkrete Musik Umweltgeräusche aus allen Bereichen des Hörbaren zum Ausgangspunkt, um sie mit dem Instrumentarium des Studios zu verbinden.

Bekannte Komponisten von e. M. sind: L. BERIO, L. NONO, P. BOULEZ, Y. HÖLLER, M. KAGEL, G. M. KOENIG, W. KOTOŃSKI, E. KRENEK, G. LIGETI, H. POUSSEUR, J. A. RIEDL, I. XENAKIS. Eine Umformung natürlicher vokaler Klänge nach dem Vorbild der e. M. wurde von K. STOCKHAUSEN in »Gesang der Jünglinge« (1956) vorgenommen; ferner versuchte er, etwa in seinem Opernzyklus »Licht« (1981–96), e. M. mit instrumentaler und vokaler, aber auch mit konkreter Musik zu kombinieren. Dabei ist die weitere Entwicklung der e. M. eng mit der Einbeziehung der Bedingungen der Raumakustik, v. a. im Bereich der ↑Liveelektronik, verknüpft.

empfindsamer Stil: eine musikalische Stilrichtung um 1750, die stark von persönlichen, unmittelbaren und gefühlsbetonten Ausdruckselementen getragen und v. a. durch protestantische Komponisten Nord- und Mitteldeutschlands (v. a. C. P. E. BACH) vertreten wird. Musik wird als Abbildung von Empfindungen begriffen und ihre Qualität nicht durch die Vernunft beurteilt. Der e. S. entwickelte sich aus und neben dem ↑galanten Stil.

E-Musik: Abk. für ernste **Musik**, verwendet als Gegensatz zur U-Musik (Unterhaltungsmusik). Die Zweiteilung entstand in den 1920er-Jahren aus verwaltungstechnischen Gründen bei der Wahrung von Urheberrechten, z.B. bei GEMA und Rundfunk. Für ein Wesensverständnis der Musik ist diese Entgegensetzung fragwürdig, zumal die Übergänge fließend sind (↑Cross-over).

energico [-dʒiko; italienisch]: energisch, kraftvoll, entschlossen.

Engführung: das dicht (eng) aufeinander folgende Einsetzen zweier oder mehrerer das Thema vortragender Stimmen: Die zweite Stimme beginnt, ehe die erste endet, sodass die Themen sich gegenseitig kontrapunktieren. Die E. ist ein wichtiges kontrapunktisches Steigerungsmittel in der Fuge.

Englischhorn

Englischhorn (italienisch Corno inglese, französisch Cor anglais): eine in der ersten Hälfte des 18.Jh. aus der Oboe da Caccia entwickelte Altoboe in F (Umfang es–b²; klingt eine Quinte tiefer als notiert) mit einem birnenförmigen Schallbecher (Liebesfuß). Das E. wurde zunächst in gebogener, seltener gewinkelter Form gebaut und bekam nach 1820 seine heutige gerade Form mit abgebogenem Mundstück und Klappen. Seit Mitte des 19.Jh. regelmäßig im Orchester vorgeschrieben, wird das E. auch kammermusikalisch eingesetzt. – Die Bezeichnung E. ist irreführend, da es weder ein Horninstrument ist noch aus England stammt.

Englishwaltz [ˈɪŋlɪʃwɔːls; englisch]: langsamer Walzer in ruhigem, gleichmäßigem ³/₄-Takt, mit meist sentimentaler Melodik, dem nordamerikanischen ↑Boston verwandt. Der E. kam um 1920 aus den USA nach Europa und gehört seit 1929 zu den Standardtänzen.

Enharmonik [zu griechisch enarmónios »in der Harmonia«]: in der antiken griechischen Musik im Gegensatz zu ↑Diatonik und ↑Chromatik jenes Tongeschlecht, das neben großen Intervallen auch die sehr kleinen, enharmonischen Intervalle benutzt, die kleiner sind als der chromatische Halbton, z.B. Drittel- und Vierteltöne. Auch im Mittelalter und dann v.a. in der an der Antike orientierten Musiklehre des 16.Jh. wurde mit enharmonischen Tonstufen operiert. Heute bezeichnet E. das Verhältnis zweier Töne, die durch Erhöhung bzw. Erniedrigung zweier benachbarter Stammtöne gebildet werden, z.B. fis (als Erhöhung von f) und ges (als Erniedrigung von g). Mit der temperierten Stimmung seit Beginn des 18.Jh. fallen enharmonisch unterschiedene Töne in einen Ton (auf eine Taste) zusammen (fis = ges). **Enharmonische Verwechslung** ist die bloß schreibtechnische Auswechslung von ♯ und ♭ zwecks leichterer Lesbarkeit. Dagegen spricht man von **enharmonischer Umdeutung,** wenn die andere Schreibweise des gleichen Tons eine ↑Modulation in eine andere Tonart anzeigt (z.B. fis in D-Dur wird zu ges in Des-Dur).

Ensalada [spanisch »Salat«, »Mischmasch«]: musikalische Form, die wie ↑Quodlibet und ↑Potpourri aus einer Reihung populärer Melodien besteht. Die E. war in der ersten Hälfte des 16.Jh. in Spanien verbreitet.

Ensemble [ã'sã:bɔl; französisch, aus lateinisch insimul »zusammen«, »miteinander«]: das Zusammenwirken einzeln besetzter Instrumente oder solistischer Vokalstimmen, im Unterschied zu Orchester- und Chorvereinigungen und zum solistischen Auftreten. Speziell in der Oper heißen E. (**E.-Szenen**) die Abschnitte, bei denen mehrere Gesangssolisten gleichzeitig agieren. Der Begriff bezeichnet ferner jede Kammermusikgruppe oder eine kleine Besetzung in der Unterhaltungsmusik und im Jazz sowie die Gesamtheit der an einem Theater oder an einer Opernbühne engagierten Schauspieler, Sänger und Tänzer.

entartete Musik: Während des Nationalsozialismus (1933–45) wurde nahezu das gesamte moderne Kunstschaffen als »artfremd« diffamiert, weil es nicht dem »völkischen« Schönheitsideal der damaligen Machthaber entsprach. Auch die Komponisten der 2. ↑Wiener Schule, v. a. A. SCHÖNBERG sowie A. WEBERN und A. BERG, aber auch zahlreiche andere Komponisten aus dem Umfeld der ↑Neuen Musik wurden in dieser Weise abgestempelt und unterlagen in Deutschland einem strikten Aufführungs- und Veröffentlichungsverbot. Der damalige Generalintendant des Weimarer Nationaltheaters und Reichskultursenator H. S. ZIEGLER organisierte 1938 in Düsseldorf die Ausstellung »Entartete Musik«. In seiner Schrift »Entartete Musik, eine Abrechnung« (1939) heißt es, dass die Atonalität »als Ergebnis der Zerstörung der Tonalität Entartung und Kunstbolschewismus bedeutet«. ZIEGLER führte die Atonalität fälschlich auf die »Harmonielehre« (1911) SCHÖNBERGS zurück und erklärte sie als »ein Produkt jüdischen Geistes«.

Viele der als »entartet« verleumdeten Komponisten emigrierten nach 1933 oder waren, wie SCHÖNBERG, schon emigriert. In den 1990er-Jahren ist das Werk zahlreicher verfolgter Komponisten wieder entdeckt und durch Aufführungen rehabilitiert worden, u. a. das von B. GOLDSCHMIDT und den in Theresienstadt inhaftierten und in Auschwitz ermordeten V. ULLMANN, H. KRÁSA, P. HAAS und G. KLEIN.

Entracte [ã'trakt; französisch]: Zwischenakt, Zwischenaktsdarbietung (Musik, Ballett) in Oper und Schauspiel.

Entrada [spanisch] (italienisch Entrata): ↑Intrade.

Entrée [ã'tre:; französisch, zu entrer »eintreten«]: im Ballet de Cour der einzelne Szenenauftritt der Tänzer innerhalb einer aus mehreren Bildern zusammengesetzten Handlung; im übertragenen Sinne die Szene selbst, ferner die dazugehörige Musik; im späteren Opéraballet gleichbedeutend mit Akt.

E-Orgel (Elektronenorgel, englisch Electronic Organ): ein elektronisches Musikinstrument, heute in zahlreichen Varianten, von der kleineren, fünf Oktaven umfassenden, transportablen Combo- oder Kofferorgel für Tanzkapellen und Rockgruppen bis hin zur großen, zwei- oder dreimanualigen Heim- oder Kirchenorgel mit Pedal.

Während die Klangerzeugung früherer E-O. elektromechanisch über Zahnradgeneratoren erfolgte (z.B. bei der Hammondorgel), werden die heutigen vollelektronischen **analogen E-O.** meist über (Dauerton-)Oszillatoren, d. h. in einer kontinuierlichen (analogen) Weise betrieben. Gängige Effekte und Begleithilfen sind u. a. Hall, Echo, Fußschweller, Tremolo und Mandolineneffekt, Arpeggiator, Chord-Automatik, Percussion sowie eingebaute Rhythmusgeräte. Mit dem Zugriegelsystem (englisch drawbars) lassen sich die Lautstärkeverhältnisse der Obertöne eines Tones untereinander zusätzlich variieren.

Digitale E-O., u. a. für den liturgischen Gebrauch, haben die natürlichen Klänge bekannter Pfeifenorgeln digital gespeichert. Trotz zahlreicher technischer Verbesserungen konnte sich die E-O. als Alternative zur herkömmlichen Pfeifenorgel im kirchenmusikalischen Bereich nicht, wohl aber im Jazz und in der Rockmusik durchsetzen.

E-Piano (Elektroklavier): Sammelbezeichnung zunächst für elektromechanische Tasteninstrumente mit mechanischer Schwingungserzeugung und elektrischer Verstärkung der Töne. Beim modernen **Digital Piano** handelt es sich dagegen um Keyboards, die den herkömmlichen Klavierklang (oft den digital gespeicherten Originalklang bedeutender Klaviermarken) vollelektronisch nachahmen und beim Spielen auch den variablen Anschlag eines mechanischen Klaviers erlauben.

Epilog [griechisch »Nachwort«, »Nachspiel«]: in Opern des 17. und 18. Jh. ein sentenzartiger Schlussabschnitt, oft auch eine abschließende oder angefügte Huldigungsmusik (Licenza) für eine hoch stehende Persönlichkeit; in der (instrumentalen) Sonatensatzform ein Abschlussgedanke von Exposition und Reprise oder (gleichbedeutend mit Koda) ein Abschlussteil, der auch eigenes thematisches Material einführen kann. Der E. wurde bei A. BRUCKNER und J. BRAHMS in den Sinfonien zu einem dritten Themenkomplex erweitert.

Épinette [epiˈnɛt]: französische Bezeichnung für ↑Spinett. Die **E. des Vosges** ist ein zitherartiges Zupfinstrument, bestehend aus einem länglichen Resonanzkasten mit einer Melodie- und vier Begleitsaiten.

Epiphonus [griechisch-lateinisch]: ↑Neumen.

Epistel [lateinisch-griechisch »Brief«]: in der katholischen Messliturgie die dem Evangelium vorausgehende Lesung, deren Text sehr oft (an Sonntagen immer!) den Apostelbriefen entnommen ist. Musikalisch wird sie im **E.-Ton** vorgetragen, einem rezitierenden Leseton (↑Accentus), der mit kleinen melodischen Ausweichungen den Satzaufbau des Textes unterstreicht.

Erhöhungszeichen: in der Notenschrift das Versetzungszeichen, das die Erhöhung eines Tones um einen Halb-

ton oder um zwei Halbtöne vorschreibt: Durch ein Kreuz (♯) wird z. B. c zu cis; durch ein Doppelkreuz (𝄪) wird z. B. c zu cisis. Durch das Auflösungszeichen (♮) wird die Erhöhung wieder aufgehoben.

Erniedrigungszeichen: in der Notenschrift das Versetzungszeichen, das die Erniedrigung eines Tones um einen Halbton oder um zwei Halbtöne vorschreibt: Durch ein B (♭) wird z. B. c zu ces; durch ein Doppel-B (♭♭) wird z. B. c zu ceses. Durch das Auflösungszeichen (♮) wird die Erniedrigung wieder aufgehoben.

eroico [italienisch]: heldenmütig.

Erzlaute (italienisch Arciliuto): Oberbegriff für die im 16. Jh. in Italien entwickelten Lautentypen mit zwei Wirbelkästen, je einen für die Griff- und für die Bordunsaiten. Hierzu zählen die Basslauten ↑Chitarrone und ↑Theorbe, die Theorbenlaute und die ↑Angelica.

espirando [italienisch]: verhauchend, ersterbend.

espressivo [italienisch], Abk. espr.: ausdrucksvoll.

Estampie [ɛstãˈpi; französisch] (italienisch Istampita, lateinisch Stantipes): im 13. und 14. Jh. ein weltliches, vornehmlich instrumental vorgetragenes ein- oder mehrstimmiges Stück, das ähnlich wie Sequenz und Lai nach dem Prinzip der fortschreitenden Wiederholung geformt ist (AABBCC usw.). Die zwei Teile der Abschnitte (Puncta, z. B. BB) sind melodisch gleich, unterscheiden sich aber durch Halb- und Ganzschlusswendungen, die bei den folgenden Puncta kehrreimartig wiederkehren. Nach einer Anzahl gleichartiger Schlüsse kann eine neue Schlussmelodie eingeführt werden. Eine E. bestand aus sechs oder sieben Puncta.

étouffé [etuˈfe; französisch »erstickt«]: Vorschrift beim Spiel von Pauke, Becken, Tamtam und Harfe, den Ton nach seiner Erzeugung sofort zu ersticken.

Etüde [französisch étude »Studium«, »Studie«]: Übungsstück zum Erlernen besonderer spieltechnischer Fertigkeit.

Im Unterschied zu den mechanischen Fingerfertigkeitsübungen handelt es sich bei E. um abgeschlossene Kompositionen mit musikalischem Gehalt. Der Name E. erscheint erstmalig bei J. B. CRAMER anstelle von »Exercice« (1804, 1810). Für den virtuosen Vortrag gedacht sind die **Konzert-E.** des 19. Jahrhunderts.

Euphonium [zu griechisch eúphonos »wohlklingend«]: andere Bezeichnung für das ↑Bariton.

Eurythmie [griechisch eurhythmía »das richtige Verhältnis«, »Ebenmaß«] (Eurhythmie): 1912 von R. STEINER auf den Grundlagen seiner Anthroposophie entwickelte Bewegungskunst. Jenseits von Ausdruckstanz, Pantomime, Ballett oder anderen Formen der rhythmischen Gymnastik erschloss STEINER seine neuartige Gebärdensprache aus den Gesetzen der Wort- und Tonkunst und formulierte ein choreographisches Bewegungsvokabular, das jedem Vokal, jedem Konsonanten, jedem Ton und dessen kompositorischer Behandlung eine eigene Bewegungsintention gibt.

Evangelist: seit dem 3. Jh. Bezeichnung für die (angenommenen) Verfasser der vier Evangelien: MATTHÄUS, MARKUS, LUKAS, JOHANNES. In den Passionskompositionen seit dem Barock (z. B. J. S. BACHS »Matthäuspassion«) ist E. die Bezeichnung für die Partie des Sängers, der den erzählenden Text des jeweiligen Evangeliums vorträgt, nicht aber die direkten Reden CHRISTI oder anderer Personen.

Evangelium [griechisch evangélion »frohe Kunde«, »Heilsbotschaft«]: in der christlichen Liturgie eine den vier Evangelien entnommene Lesung, die i. d. R. den Lesegottesdienst abschließt. Der musikalische Vortrag in der Liturgie **(Evangelienton)** ist weitgehend durch schlichte Rezitation gekennzeichnet (↑Accentus). Mehrstimmige Kompositionen über E.-Texte finden sich in den Formen von Motette, Kantate und Passion.

Evergreen [ˈevəgriːn; englisch »Immergrün«]: Bezeichnung für einen Schlager, der noch Jahrzehnte nach seiner Entstehung unverändert populär ist; die entsprechende Bezeichnung im Jazz ist »Standard«, in der Rock- und Popmusik »Oldie«.

Exequien [zu lateinisch ex(s)equi »(einer Leiche) folgen«, »das Geleit geben«]: in der katholischen Kirche die Riten des Totengeleits vom Sterbehaus bis zum Grab; sie umfassen die Segnung der Leiche im Sterbehaus, die Überführung in die Kirche, Totenoffizium, Requiem, Prozession zum Grab und Bestattung. Musikalisch bezeichnet dieser Begriff die Gesamtheit der mit diesen Riten verbundenen Gesänge; besonders bekannt sind die »Musikalischen E.« von H. SCHÜTZ (1636).

Exposition [lateinisch »Aussetzung«, »Darlegung«, »Entwicklung«]: das erste Auftreten des oder der Themen eines Musikstücks. In der Fuge ist die E. gleichbedeutend mit der ersten ↑Durchführung. In der ↑Sonatensatzform bezeichnet E. den Eröffnungsteil, der die beiden dem Satz zugrunde liegenden, oft gegensätzlichen Themen aufstellt, das Hauptthema in der Grundtonart, das zweite Thema (den Seitensatz) oft in der Dominante. Die E. wird meist wiederholt, in der Durchführung kompositorisch verarbeitet und in der ↑Reprise abgewandelt. Die E., vielfach modifizierbar, kann auch drei oder mehr Themen oder thematische Komplexe enthalten.

Expressionismus [lateinisch »Ausdruck«]: eine im Anschluss an den E.-Begriff der Malerei und Dichtung um 1918/19 aufgekommene Bezeichnung, die sich von vornherein v. a. auf die frühe ↑atonale Musik von A. SCHÖNBERG bezog (ab 1908). Daneben werden auch die Schönberg-Schüler A. WEBERN und A. BERG, z. T. auch A. SKRJABIN, F. BUSONI, B. BARTÓK, I. STRAWINSKY, P. HINDEMITH, E. KRENEK, F. SCHREKER u. a. zum E. gezählt.

Grundlegend ist das Streben nach freiem, spontanem Ausdruck innerlich-subjektiver, auch triebhaft-unbewusster Zustände, zu dessen Verwirklichung alle musikalischen Elemente von den überkommenen Bindungen befreit wurden. V. a. Rhythmik und Dynamik lassen extrem gesteigerte Bewegungskräfte hervortreten (STRAWINSKYS »Le sacre du printemps«, 1913), und neuartige Instrumentationsweisen führen zu erregenden Klangfarben (SCHÖNBERGS »Fünf Orchesterstücke« op. 16, 1909). Die extreme Ausdruckssteigerung ist jedoch immer mit der Suche nach vollkommener Strukturierung und genauester Detailbildung gekoppelt. Der E. ist keine einheitliche Stilphase, denn die Komponisten gelangten dabei zu außerordentlich unterschiedlichen Ergebnissen.

F

F (f): die 4. Stufe der Grundtonleiter C-Dur, italienisch und französisch fa (↑Solmisation). Die Erhöhung um einen Halbton heißt **Fis,** um zwei Halbtöne **Fisis;** die Erniedrigung um einen Halbton heißt **Fes,** um zwei Halbtöne **Feses.** – Der Tonbuchstabe F wird auch als Notenschlüssel (F-Schlüssel, ↑Schlüssel) verwendet. Seit dem 19. Jh. ist F Zeichen für F-Dur und f für f-Moll. – Als Vortragszeichen ist f Abk. für ↑**f**orte, ff für fortissimo.

fa: die vierte der Solmisationssilben (↑Solmisation); in den romanischen Sprachen Bezeichnung für den Ton F.

Faburden ['fɑːbədn]: in der englischen Musik des 15. Jh. die Unterstimme eines improvisierten dreistimmigen Satzes, die in Terzen (mit Unterbrechungen durch Quinten) zum Cantus firmus der Mittelstimme (Mene) gesungen wurde, während die Oberstimme (Treble) in beständigen Quartparallelen zum Mene verlief. Die F.-Technik findet sich v. a. in Hymnen und Psalmen sowie in Kyrie- und Magnifikat-Sätzen. – ↑auch Fauxbourdon.

Fado ['faðu; portugiesisch »Geschick«, »Verhängnis«] (Fadinho): in Portugal seit dem frühen 19. Jh. nachweisbares, traurig gestimmtes Lied, geradtaktig, in stark synkopiertem Rhythmus, vermutlich brasilianisch-afroamerikanischen Ursprungs. Der F. wird mit Gitarrenbegleitung gesungen, auch getanzt; der Text wurde früher oft aus dem Stegreif erfunden.

Fagott [italienisch] (italienisch Fagotto, französisch Basson, englisch Bassoon): tiefes Holzblas-(Doppelrohrblatt-)Instrument mit sehr langer (etwa 260 cm), daher geknickter Röhre, deren verschieden lange Teile (der kürzere, abwärts führende Flügel und die längere, aufwärts führende Bassröhre oder Bassstange mit sich anschließendem Schall- oder Kopfstück) nebeneinander liegen und durch ein U-förmig gebohrtes Unterstück (Stiefel) verbunden sind. Die Bohrung ist eng und schwach konisch. Der Flügel trägt ein s-förmiges Metallanblasröhrchen, dem das Doppelrohrblatt aufgesteckt wird. Das Instrument ist mit ei-

Fagott

nigen Grifflöchern und einem komplizierten Klappenmechanismus versehen. Man unterscheidet zwei Typen: das deutsche F. (System Heckel) mit fünf

Grifflöchern und 24 Klappen und das heute seltenere französisch-englische F. (System Buffet) mit sechs Grifflöchern, 22 Klappen und engerer Bohrung. In den verschiedenen Lagen seines Tonumfangs ($_1$B–es^2) ist der Klangcharakter sehr unterschiedlich: voll und dunkel in der Tiefe, anmutig in der Mittellage, etwas gepresst und näselnd in der Höhe (gern für komische Effekte ausgenutzt). Notiert wird nicht transponierend im Bass- oder Tenorschlüssel.
Das im 16. Jh. entwickelte F. hatte zunächst nur wenige Klappen und bestand aus einem Stück Holz mit zweifacher Bohrung. Es wurde in verschiedenen Größen gebaut. Seit dem 17. Jh. diente es als Generalbassinstrument und übernahm ab der zweiten Hälfte des 18. Jh. im Orchester die Basslage der Holzbläser. Zeitweise war es ein beliebtes Soloinstrument. – Eine Oktave tiefer als das F. steht das ↑Kontrafagott.

Fakebook ['feɪkbʊk; englisch »unechtes Buch«]: eine Sammlung von meist mehreren Hundert Standardtiteln aus dem Rock- oder Jazzbereich (hier auch **Realbook**), i. d. R. jeweils mit einzeiliger Melodielinie und entsprechender Bassbezifferung sowie dem Text. F. kursierten früher in handschriftlicher Form unter Musikern und Fans, heute werden sie auch von Verlagen angeboten.

Falsett [zu italienisch falso »falsch«]: ein Register der männlichen Singstimme, bei dem die Brust- zugunsten der Kopfresonanz zurücktritt und die Stimmlippen nicht in ihrer gesamten Breite, sondern nur am mittleren Rand schwingen, sodass hohe Töne erreicht werden können.
Falsettisten (auch **Tenorini** und zur Unterscheidung von den ↑Kastraten auch **Alti naturali** genannt) sangen im 16./17. Jh. die Alt-, gelegentlich auch die Sopranpartien der Chormusik, da Frauen beim Kirchengesang nicht zugelassen waren. Im Unterschied zur Kopfstimme des F.-Registers ist die **Fistelstimme (Fistel)** die durch Brustresonanz verstärkte hauchige Kopfstimme, wodurch v. a. die Tenöre übernormal hohe, zuweilen absichtlich komisch wirkende Töne erreichen können.

Falsobordone [italienisch]: zunächst gleichbedeutend mit ↑Fauxbourdon; seit dem 16. Jh. Sammelbezeichnung für Kompositionen (v. a. über Psalmen), bei denen sich alle Stimmen, syllabisch textiert, gleichrhythmisch in Akkordketten fortbewegen. Die strenge Satztechnik des Fauxbourdon ist aber für den F. nicht verbindlich.

Fancy ['fænsɪ; englisch, eigentlich »Fantasie«] (Fantasy): die der Geschichte der musikalischen Fantasie zugehörige Hauptform der englischen Kammermusik von etwa 1575 bis 1680. Sie entwickelte sich aus dem instrumentalen Vortrag von Motetten und gelangte durch Einführung instrumental geprägter Motivik, Wechsel von imitierenden und homophonen Abschnitten, Aufnahme von Tanz- und Variationsformen zu einer selbstständigen Gattung, zunächst vornehmlich bestimmt für Violenensemble oder Tasteninstrumente, später gab es auch gemischte Besetzungen und die Einbeziehung konzertierender Instrumente. F. schrieben u. a. W. BYRD, T. MORLEY, O. GIBBONS und H. PURCELL.

Fandango [spanisch]: ein seit dem 18. Jh. in Spanien bekanntes Tanzlied vermutlich südamerikanischer Herkunft, in lokalen Abwandlungen auch Rondeña, Malagueña, Granadina oder Murciana genannt; vorgetragen zur Begleitung von Gitarre und Kastagnetten, in mäßigem bis lebhaftem Dreiertakt und scharf akzentuiertem Rhythmus, mit charakteristischen, den Tanz unterbrechenden, gesungenen Improvisationsteilen. In der Kunstmusik findet sich der F. u. a. bei C. W. GLUCK (»Don Juan«, 1761) und W. A. MOZART (»Le nozze di Figaro«, 1786).

Fanfare [französisch]:
● *musikalische Formen:* Signal eines Blechblasinstruments, v. a. der Trompete, auch ein kurzes, meist ein wichtiges Ereignis

ankündigendes Musikstück für Blechblasinstrumente und Pauken in prägnanten Intervallen und Rhythmen. F. finden sich vielfach in der Opernmusik, auch in der Sinfonik; tonmalerisch gibt es sie schon in der Caccia des 14. und in der Chanson des 16. Jh., als Satzbezeichnung auch in der Suite des 17./18. Jahrhunderts.

♦ *Instrumentenkunde:* lang gestreckte, ventillose Trompete, auch **Fanfaren-** oder **Heroldstrompete** genannt, zu finden in der Militär- und Volksmusik (Spielmannszüge).

Fantas*ie* (italienisch Fantasia): frei gestaltetes Instrumentalstück, das durch Spontaneität des Einfalls, Ungebundenheit der Form und betont affektuosen oder expressiven Gestus gekennzeichnet ist und oft wie eine notenschriftlich fixierte Improvisation erscheint. Der Titel F. begegnet zuerst im frühen 16. Jh. in der Orgelmusik, dann – u. a. dem ↑Ricercar benachbart – zunehmend in der Lautenmusik Spaniens, Italiens und Frankreichs. Nach 1550 stand die italienische Musik für Tasteninstrumente im Mittelpunkt der Entwicklung, die, bereichert durch imitatorische Stimmbehandlung und kontrastierende Abschnitte, in den F. von G. FRESCOBALDI (1608) einen ersten Höhepunkt fand. Während in England die eigenständige ↑Fancy gepflegt wurde, ging die deutsche Entwicklung von den großen, höchst kunstvollen F.-Formen des Niederländers J. P. SWEELINCK aus. Im protestantischen Raum bildete die Choral-F. eine Sonderform. Höhepunkt der Gattung im Spätbarock ist J. S. BACHS »Chromatische F.« (BWV 903) mit ihrer kühnen Harmonik und Virtuosität. Hier knüpfte C. P. E. BACH mit seinen »Freien F.« (1783 und 1785) an, die zum Inbegriff empfindsamer Expressivität wurden und noch auf W. A. MOZARTS Klavier-F. (d-Moll KV 397 und c-Moll KV 475) ausstrahlten. In Werken wie L. VAN BEETHOVENS Klaviersonaten op. 27 Nr. 1 und 2 (je mit dem Untertitel »Sonata quasi una fantasia«), F. SCHUBERTS »Wanderer-F.« (D 760) und R. SCHUMANNS F. C-Dur op. 17 bestimmt ein poetisches Moment die Form. Eine andere Art von F. des 19. Jh. benutzt bekannte Themen (z. B. aus Opern) als Grundlage freier Paraphrasen (F. LISZT). M. REGERS große Orgel-F. bekunden – wie auch etwa F. BUSONIS »Fantasia contrappuntistica« (1910) – eine schöpferische Auseinandersetzung mit J. S. BACH. Im 20. Jh. ist der Titel F., außer in der Orgelmusik, seltener (A. SCHÖNBERG, F. für Violine und Klavier op. 47).

Farbenmusik (Farblichtmusik, Farbe-Ton-Kunst): die (nicht objektivierbare) Zuordnung von Tönen oder Klängen zu bestimmten Farben. Die Idee einer Farbenharmonie tauchte bereits in der Antike auf; in ihren Ursprüngen lässt sie sich in fast alle nicht europäische Hochkulturen zurückverfolgen, z. B. in den fernöstlichen Universismus mit seinen zahlreichen Wechselbeziehungen zwischen Tönen und Erscheinungen des Universums. Über das Mittelalter und die Renaissance wirkten diese Vorstellungen weiter. Der deutsche Jesuit A. KIRCHER griff in seinen Schriften die Identität von Licht und Schall spekulativ wieder auf, ebenso I. NEWTON mit seiner Lehre von der Farbenharmonie zu Beginn des 18. Jh. Der französische Mathematiker L.-B. CASTEL suchte um 1725 diese Theorien mit dem Projekt eines Farbenklaviers zu verwirklichen. Doch erst im 20. Jh. (A. SKRJABIN) erlangten solche Experimente dank verbesserter technischer Voraussetzungen eine gewisse praktische Bedeutung. Versuche synästhetischer Ton-Farbe-Verbindungen in jüngster Zeit sind J. A. RIEDLS audiovisuelle Elektronik (u. a. »Akustische und optische Landschaft«, 1960; »Vielleicht«, 1970), D. SCHÖNBACHS Environments (»Canzona«, 1969) und Multimediaopern (»Hysteria«, 1972) sowie P. SEDGLEYS »Light Sound«-Demonstrationen (1972) und W. HAUPTS »Linzer Klang Wolke« (1980; mit A. BRUCKNERS

8. Sinfonie). Farbe-Ton-Kombinationen begegnen heute verbreitet v.a. im Bereich der Pop- und Rockmusik.

Fauxbourdon [fobur'dɔ̃; französisch »falsche Tiefstimme«]: eine wahrscheinlich als Nachbildung des improvisierten englischen ↑Faburden entstandene und zuerst bei G. Dufay um 1430 auftretende Art des musikalischen Satzes: Notiert sind der Cantus firmus in der Oberstimme und der Tenor; Letzterer bildet am Anfang und Ende eines Abschnitts sowie an beliebigen Gliederungspunkten die Unteroktave zum Cantus und verläuft im Übrigen beständig in dessen Untersexte. Der Contratenor (die mittlere Stimme) wird nicht notiert, sondern gemäß der Anweisung »a f.« (»mit F.«)

A faux bourdon Tenor

Fauxbourdon: G. Dufay, Magnificat-Antiphon »Propter nimiam caritatem«

durchgehend in Unterquarten zum Cantus ausgeführt; er ist also keine reguläre, sondern eine kontrapunktisch »falsche« Tiefstimme. Überliefert sind etwa 170 F.-Stücke (meist kleinere Formen, z.B. Hymnen, oder Abschnitte in größeren Kompositionen). Der F. war für das Eindringen der Terzen und Sexten in die frühneuzeitliche Musik von großer Bedeutung. Wohl in Anlehnung an die Note-gegen-Note-Faktur des F. entstand die Bezeichnung ↑Falsobordone für den akkordisch geprägten Satz.

Fermate [von italienisch fermata »Halt«, »Aufenthalt«]: seit dem 15. Jh. das Ruhezeichen ⌢ in der Notenschrift; die bezeichnete Note oder Pause soll länger als nach dem gewöhnlichen Zeitwert ausgehalten werden. In konzertierenden Sätzen und Arien zeigt die F. über einer Note kurz vor dem Schluss des Stückes (oder eines Abschnitts) an, dass der Spieler oder Sänger eine freie oder vorgezeichnete ↑Kadenz einlegen soll. Die F. dient auch als Schlusszeichen, z.B. im da capo zur Bezeichnung des »Fine«, im Choralsatz zur Markierung der Zeilenschlüsse.

Fernwerk: Teilwerk der ↑Orgel.

ff: Abk. für fortissimo, ↑forte.

fff: Abk. für forte fortissimo, ↑forte.

ffz: Abk. für forzatissimo (sforzatissimo), ↑sforzato.

Fiedel (Fidel): der neben dem ↑Rebec wichtigste Typus der mittelalterlichen Streichinstrumente, der seit dem späten 8. Jh. unter zahlreichen Bezeichnungen dokumentiert ist. Die nach Größe, Form (Spaten-, Flaschen-, Birnenform) und Saitenzahl verschiedenen Arten wurden im 13. Jh. abgelöst durch einen fünfsaitigen Typus mit ovalem, oft eingebuchtetem Körper, Zargen, geradem, abgesetztem Hals, scheibenförmigem Wirbelkasten, vorder- oder hinterständigen Wirbeln und zwei meist c-förmigen Schallschlitzen. Gehalten wurde die F. vor der Brust, am Knie, im Schoß oder an der linken Schulter. Die F. gilt als Vorläuferin der Violenfamilie und damit auch der Violine, die volkstümlich auch F. genannt wird.

Figuralmusik (lateinisch Musica figuralis, Cantus figuralis): im Gegensatz zum einstimmigen, unmensurierten Choralgesang (Musica choralis, Cantus planus) die mit unterschiedlichen Notenzeichen (Figurae) mehrstimmig komponierte Mensuralmusik. Im 17./18. Jh. wurde Cantus figuralis auch als melodische Auszierung einer vorgegebenen Melodie (↑Figuration) verstanden.

Figuration [lateinisch] (Figurierung): in der Vokal-, v.a. aber in der Instrumentalmusik seit dem 18. Jh. Bezeichnung für die Auflösung einer Melodie oder die Brechung eines Akkords durch melodisch-rhythmische, formelhafte (dadurch von den ↑Verzierungen unterschiedene) Figuren. Bei der **melodischen F.** werden die Melodietöne formelhaft umspielt, während bei der **Akkord-F.** die Klangfolge in ein konstantes Figurenspiel aufgelöst wird, oft (wie bei F. CHOPIN) mit eingewobener Melodie.

Figurenlehre: in der protestantisch-humanistischen Tradition der Barockmusik die systematische Anwendung melodischer und harmonischer Wendungen als Mittel der Textausdeutung. Diese musikalischen Figuren wurden z. T. mit den Figurennamen der Rhetorik benannt und wie die rhetorischen Figuren als schmückende Abweichung von der gewöhnlichen (kontrapunktischen) Ausdrucksweise und Schreibweise und zugleich als Darstellung eines Affekts oder als Verdeutlichung einer Textaussage verwendet. In den Traktaten, die ab etwa 1600 bis ins 18. Jh. hinein den engen Anschluss der Musik an die Rhetorik bekunden, lassen sich mehr als 100 Figurenarten und -namen nachweisen. Sie bezeugen ein Denken, das den musikalischen Ausdruck mit den Mitteln der Nachahmung und der Analogiebildung rational zu typisieren suchte. Die Höhepunkte dieses figürlichen Komponierens bilden das Schaffen von H. SCHÜTZ sowie die Vokal- und Instrumentalmusik von J. S. BACH.

Filmmusik: Musik in Filmen zur Untermalung und Kommentierung der Handlung, in der frühen Stummfilmzeit (seit 1895) auf dem Klavier oder Harmonium improvisiert oder aus bekannten Musikstücken zusammengestellt, dann (seit etwa 1914) von kleinen Ensembles (oft Salonorchestern), zu Ende der Stummfilmzeit in den Lichtspielpalästen der Großstädte öfter von sinfonisch besetzten Orchestern und auch auf der Kinoorgel ausgeführt. Erst allmählich wurden originale F. geschaffen, relativ früh arbeiteten dann auch namhafte Komponisten für den Film, so C. SAINT-SAËNS, A. HONEGGER, D. MILHAUD, P. HINDEMITH, D. SCHOSTAKOWITSCH. Mit der Möglichkeit der exakten Koordination von Bild und Musik in den Tonfilmen – in den USA seit 1927 (»The jazzsinger«, 1927), in Deutschland seit 1929 (»Melodie der Welt«, Musik von W. ZELLER, 1929) – endete die Zeit der Kinoorchester. Nun erhielt die F. neue Aufgaben, etwa die Handlung atmosphärisch zu verdichten, im Bild verborgene seelische Erlebnisse auszudrücken, ferner durch Leitmotive Handlungsvorgänge in Beziehung zu setzen.

V. a. in den Anfangsjahren des Tonfilms wurden auch zahlreiche Musikfilme gedreht, die meist auf Schlagern und Chansons aufbauten, daneben auch Opern- und Operettenverfilmungen und später zahlreiche Musicals. In den USA wurde F. in Musikabteilungen der Filmstudios – anfangs oft anonym – hergestellt, z. T. wurden aber auch namhafte Komponisten zu den F. herangezogen, die oft mitentscheidend für den Erfolg eines Films waren (z. B. die F. von D. TIOMKIN für »High noon« von F. ZINNEMANN, von E. MORRICONE für »Spiel mir das Lied vom Tod« von S. LEONE). Jazz- und Rockmusik finden sich seit den 1950er-Jahren im amerikanischen Film, v. a. in solchen um Stars aus diesem Bereich wie E. PRESLEY und die Beatles.

Die F. seit den 1960er-Jahren ist geprägt durch die Einbeziehung ethnischer Stile, die Verwendung avantgardistischer Klangtechniken, durch vorwiegend elektronische Klangerzeugung (Synthesizermusik) sowie eine Verbesserung der Klangqualität im Stereotonverfahren. In den 90er-Jahren konnte durch Soundsampling, digitale Aufnahmetechnik, Hard-Disk-Recording und DAT-Rekorder die Klangqualität der F. weiter verbessert werden. Zu einem eigenen wirtschaftlichen Faktor wurde der Verkauf von Soundtracks auf Schallplatte, später auf CD, die teils eine Zusammenstellung der einzelnen Musikstücke, teils aber auch die musikalische Zusammenfassung der Filme mit eigenem künstlerischen Anspruch sind. – ↑ auch Videoclip.

Finale [zu lateinisch finalis »das Ende betreffend«]: in der italienischen Opera buffa und später in der Oper allgemein das große, einen Akt beschließende Schlussstück. Der statische Wechsel zwischen Chor und Arien wurde zum durchkomponierten F. und weiter zum Ketten-F. ausgebaut, in dem mehrere Abschnitte in fortwährender Steigerung aneinander gereiht sind und das einen Höhepunkt in W. A. Mozarts »Die Hochzeit des Figaro« (1786) und »Don Giovanni« (1787) fand. – In der Serenadenmusik des 18. Jh. ist das F. ein abschließendes Stück (Finalmusik). Seit J. Haydn wird der letzte Satz eines zyklischen Instrumentalwerkes (Sinfonie, Sonate) oft als F. bezeichnet. Es hat zunächst meist Kehrauscharakter (Rondoform, teilweise mit Sonatenelementen), seit L. van Beethoven (5. und 9. Sinfonie) ist es vielfach das Ziel der musikalischen Entwicklung des ganzen Werkes, so bei J. Brahms, C. Franck, A. Bruckner und G. Mahler.

Finalis [zu lateinisch finalis »das Ende betreffend«]: in der Lehre der ↑Kirchentonarten der die Tonart bestimmende Schlusston einer Melodie. Die Finales des 1. und 2. Kirchentons sind d, des 3. und 4. e, des 5. und 6. f, des 7. und 8. g.

Fine [italienisch »Ende«]: Schluss eines Musikstückes; v.a. die Schlussbezeichnung am Ende des ersten Teiles eines Musikstückes, wenn dieser nach dem zweiten wiederholt werden soll. – ↑auch da capo.

Fingersatz (Applikatur): beim Spiel von Musikinstrumenten durch Zahlen meist über den Noten angegebene Anweisung zum zweckmäßigen Einsatz der einzelnen Finger (v.a. für die Grifflöcher der Blasinstrumente, auf den Griffbrettern der Streich- und Zupf- und den Tasten der Klavierinstrumente). Bei den Streichinstrumenten wird der F. mit den Ziffern von 1 (Zeigefinger) bis 4 (kleiner Finger) angegeben, mit 0 der Daumenaufsatz. Der F. zeigt auch den Lagenwechsel (↑Lage) an. Die Sopran- und Altinstrumente werden mit diatonischem F., die Tenor- und Bass- sowie die meisten Bundinstrumente mit gemischtem bis chromatischem F. (zwischen je zwei Fingern liegt ein Halbton) gespielt. Bei den Tasteninstrumenten geht die Bezeichnung der Finger heute von 1 (Daumen) bis 5 (kleiner Finger). Die F.-Technik vor der Bach-Zeit schloss den Daumen und den kleinen Finger nach Möglichkeit aus. Endgültig ist erst seit F. Chopin und F. Liszt die gleichmäßige Benutzung aller Finger die Regel.

Fioritụren [italienisch »Blüten«] (Fioretten): Bezeichnung für ↑Verzierungen, die v.a. in den Opernarien des 18. Jh. beliebt waren.

Fistelstimme (Fistel): die hauchige Kopfstimme, ↑Falsett.

Flabiọl [katalanisch]: ↑Einhandflöte.

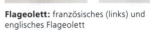

Flageolett: französisches (links) und englisches Flageolett

Flageolett [flaʒoˈlɛt; französisch, Verkleinerungsform von altfranzösisch flageol »Flöte«, zu lateinisch flare »blasen«]: eine gegen 1600 in Frankreich entwickelte kleine Blockflöte mit vier vorderständigen Grifflöchern sowie zwei Daumenlöchern und einem schmalen Schnabel aus Horn oder Elfenbein. In einer Windkappe unterhalb des Schnabels befand sich ein Schwamm zum Aufsaugen der Feuchtigkeit. Das F. klang etwa eine Quinte höher als die Sopranblockflöte und fand v. a. in der Tanzmusik, im 18. Jh. (als **Flauto piccolo**) auch im Orchester Verwendung. Das »englische« F. hatte sechs Grifflöcher und ein Daumenloch sowie mehrere Klappen; es wurde auch als Doppel- und Tripelinstrument gebaut. – Bei der Orgel wird mit F. ein hohes, eng mensuriertes Flötenregister im 2- oder 1-Fuß bezeichnet.

Flageoletttöne [flaʒoˈlɛt-]: bei Saiten-, v. a. Streichinstrumenten, hohe, pfeifende Töne, die auf Teilschwingungen (Obertönen) einer Saite beruhen. Sie werden erzeugt durch leichtes Aufsetzen des Fingers an den ganzzahligen Teilungspunkten der gesamten (»natürliche F.«) oder der durch festen Griff verkürzten Saitenlänge (»künstliche F.«). Notiert wird entweder der tatsächliche Klang (durch ° über der Note) oder der Ort des Aufsetzens (durch rhombische Noten). F. bereichern den Tonvorrat durch Effekte (N. PAGANINI) oder – wie in der Neuen Musik v. a. seit A. WEBERN – durch klangliche Expression.

Flamenco [spanisch »flämisch«] (Cante flamenco): Gattung volkstümlicher spanischer (andalusischer) Tanzlieder (cante »Gesang«, baile »Tanz« und toque »Gitarrenbegleitung«). Die Herkunft des seit dem Ende des 18. Jh. belegten, aber wohl bis ins 16./17. Jh. zurückreichenden F. ist umstritten; es werden arabisch-indische, jüdisch-synagogale und spätere zigeunerische Merkmale beobachtet. Seit dem 19. Jh. wurde der F. v. a. von Zigeunern verbreitet (daher auch F. gitano-andaluz). Man unterscheidet heute drei Stilarten: den schwermütig-dramatischen **Cante jondo**, den in seiner Ausführung weniger intensiven **Cante intermedio** und den schlichteren **Cante chico**. Zum Cante jondo gehören Caña, Fandango, Martinete, Polo, Saeta, Siguiriya, Soleá; zum Cante intermedio Malagueña, Tiento; zum Cante chico Alegría, Fandanguillo, Farruca, Jaleo, Milonga, Rodeña, Sevillana, Tango. Der elegische, stark formelhaft geprägte, reich verzierte Gesang, meist mit Gitarrenbegleitung, hebt oft mit der Klagesilbe »Ay« an. Besungen werden Liebe, Tod, Schuld und Sühne. Die Strophen (coplas), meist vierzeilig mit Refrain, werden melodisch und rhythmisch frei variiert. Der F. wird als Solo- oder Einzelpaartanz vorgetragen, wobei die Tänzer den rasch wechselnden Rhythmus mit den Füßen stampfen, mit den Händen klatschen oder mit Kastagnettenspiel unterstreichen.

Flanger [ˈflændʒə; englisch]: elektroakustisches Effektgerät, durch das ein Signal um maximal 16 Millisekunden verzögert und dem originalen Signal überlagert wird. Unter Umständen kann auch die Frequenz des verzögerten Signals leicht verändert werden. Die bei solcher Überlagerung auftretenden Phasenverschiebungen führen zur Auslöschung bestimmter Frequenzen des Klangspektrums, letztlich also zu Klangfarbenänderungen. Da alle Vorgänge (Verzögerung, Verstimmung und Überlagerung) periodisch verändert werden können, scheint sich der Klang »in sich selbst« zu drehen **(Flanging-Effekt)**.

flat [flæt; englisch »flach«]: englische Bezeichnung für das Erniedrigungszeichen ♭ (B); als Zusatz zu Tonnamen bezeichnet f. die Erniedrigung um einen chromatischen Halbton (z. B. E flat = Es). Es-Dur heißt im Englischen E flat major, es-Moll E flat minor. Das Gegenteil von f. ist ↑sharp.

Flatted Fifth [ˈflætɪd ˈfɪfθ; englisch]: englische Bezeichnung für die verminderte Quinte, die im Jazz seit dem Bebop eine wichtige Rolle spielt.

Flatterzunge: eine durch schnelle Flatterbewegungen der Zungenspitze (»Zungen-R«) bewirkte tremoloartige Tonwiederholung bei bestimmten Holz- (Quer-, Blockflöte, Klarinette) und Blechblasinstrumenten (Trompete, Flügelhorn, Posaune).

flautando [italienisch »flötend«] (flautato): Spielanweisung für Streicher, die

Saiten nahe am Griffbrett zu streichen; dadurch wird die Bildung geradzahliger Obertöne verhindert, und die Klangfarbe wirkt flötenartig.

Flauto [italienisch]: ↑Flöte.

Flexa [mittellateinisch]: ↑Neumen.

F-Loch: Schallloch in *f*-Form bei Streichinstrumenten der Violinfamilie, beidseitig neben dem Steg in die Decke eingelassen.

Flöte (italienisch Flauto, französisch Flûte): wahrscheinlich eines der ältesten Blasinstrumente, das bereits mit Knochenfunden im Jungpaläolithikum (etwa 40000–11000 v. Chr.) bezeugt und in allen Kulturkreisen vertreten ist. Allen F. gemeinsam ist die Tonbildung: Beim Anblasen wird ein schmaler Luftstrom gegen eine Kante (z. B. bei der Querflöte) oder Schneide (z. B. bei der Blockflöte) geleitet und bricht sich in Wirbeln; diese regen Eigenschwingungen einer in einer zylindrischen oder konischen Röhre befindlichen Luftsäule an, die wiederum stabilisierend auf den durch die Schwingungen der Schneide oder Kante erzeugten Ton (»Schneidenton«) zurückwirken. Eine Veränderung der Tonhöhe wird teils durch Verkürzung des Rohrs mittels Öffnen und Schließen von Grifflöchern, teils durch ↑Überblasen hervorgebracht. Man unterscheidet die F. nach der Spielhaltung in Längs- und Quer-F., nach der Bauart in Kernspalt-, Block- oder Schnabel-, Kerb- und Gefäß-F. (↑Okarina). Längs-F. kommen auch gedoppelt (↑Doppelflöte) oder gereiht (↑Panflöte) vor. – Die Längs-F. gelten als älteste Form und spielten v. a. im Alten Orient eine Rolle; Quer-F. sind zuerst im 9. Jh. v. Chr. aus China überliefert; in Europa sind Längs- (als Block-F.) und Quer-F. seit dem 10./11. Jh. bekannt. Bis zur Mitte des 18. Jh. verstand man unter F. (ohne Zusatz) die ↑Blockflöte, seither allgemein die ↑Querflöte. – Bei der Orgel ist F. die gemeinsame Bezeichnung für alle ↑Labialpfeifen, z. B. Quer-, Schweizer-, Zart-(Dulz-), Hohl-, Doppel-, Rohrflöte.

Flötenuhr: ein seit dem 16. Jh. bekanntes, oft durch ein Uhrwerk betriebenes mechanisches Musikinstrument, dessen Flötenstimmen durch einen Balg mit Wind versorgt und über eine Stiftwalze, die die Pfeifenventile öffnet, zum Klingen gebracht werden.

Flötenwerk: kleine Orgel, die im Gegensatz zum ↑Regal ausschließlich Flöten-(Labial-)Stimmen hat; daneben auch Bezeichnung für die Gesamtheit der Flötenstimmen einer großen Orgel.

Flügel: Klavierinstrument in Form eines Vogelflügels, bei denen der Saitenbezug in Längsrichtung zu den Tasten verläuft. Die F.-Form kommt vor beim ↑Cembalo (Kiel-F.) und beim ↑Klavier (Klein-F., Stutz-F., Konzert-F.); aufrechte F. sind ↑Giraffenflügel, ↑Lyraflügel und ↑Pyramidenflügel.

Flügelhorn: das Sopraninstrument der Familie der ↑Bügelhörner, in Trompetenform und mit konischem Rohrverlauf; meist in B-Stimmung, Umfang e–b^2 (eine große Sekunde tiefer klingend als notiert).

Fluxus [lateinisch »das Fließen«]: Begriff der zeitgenössischen Kunst für Aktionen (Happenings), bei denen ein oder mehrere Künstler (mit Akteuren) versuchen, aktive Veränderungs- und Wandlungsprozesse als Prinzipien der Realität sichtbar zu machen. Im Zusammenspiel von Musik, Theater und bildender Kunst sollen die Grenzen zwischen den Künsten, aber auch zwischen Künstlern und Publikum aufgehoben werden. Maßgeblich beteiligt an der F.-Bewegung waren u. a. J. CAGE, N. J. PAIK und J. BEUYS.

Folia [portugiesisch »(lärmende) Lustbarkeit«, »Tollheit«]: in portugiesischen und spanischen Beschreibungen des 16. und frühen 17. Jh. ein lärmender Tanz vermummter Gestalten. Gleichzeitig wird als F. ein aus Oberstimme und Bass bestehendes Satzmodell bezeichnet, das denen der ↑Romanesca und des ↑Passamezzo (antico) ähnelt und wie diese als Grundlage improvisierter Tanzmusik, später auch für Variationskompositionen (oft »Folies d'Espagne« genannt) diente. Verarbeitungen der F. finden sich in Opern, Kantaten und Instrumentalwerken bis ins 20. Jahrhundert. wurden Lieder im Folkstil verbreitet. Der angelsächsische F. gewann großen Einfluss auf weite Bereiche der europäischen Popmusik.

Folia: M. Farinel, Bassformel mit sarabandenartiger Oberstimme (1685)

Folkrock ['fəʊkrɔk; englisch]: seit Mitte der 1960er-Jahre verbreitete Musikform, die durch Übertragung des Folksongs und anderer folkloristischer Formen auf Musizierweise und Instrumentarium der Rockmusik entstand. F.-Interpreten sind z.B. The Byrds, The Lovin' Spoonful und B. DYLAN, in Großbritannien Fairport Convention, in Irland C. MOORE.

Folksong ['fəʊksɔŋ; englisch]: Parallelbegriff zum deutschen ↑Volkslied; ursprünglich nur als wissenschaftlicher Begriff der angelsächsischen Volksliedforschung verwendet, bezeichnete er das gedächtnismäßig überlieferte, anonyme und variable Lied, das aus der Kenntnis von Einzelsängern und Singgemeinschaften aufgezeichnet werden kann. Nach 1920 erfuhr der Begriff durch die in den USA einsetzende Kommerzialisierung der Volksmusiktraditionen eine Bedeutungsverschiebung. In den 30er-Jahren kam die Bewegung der Folkfestivals hinzu mit Sängern wie B. IVES, P. SEEGER, W. GUTHRIE, später J. BAEZ, B. DYLAN, A. GUTHRIE u.a. In der amerikanischen F.-Bewegung sind Elemente der europäischen Musik mit denen des Negrospirituals, der einheimisch-amerikanischen Hillbillymusic und der Countrymusic zusammengeflossen. Der Erfolg vieler F. beruhte zeitweise auf der Verbindung mit politischen und sozialen Bewegungen (↑Protestsong). Seit etwa 1965 begann die amerikanische F.-Bewegung auf Europa, v.a. Irland, Schottland und England, zurückzuwirken. Hier wurde teils auf ältere Lieder zurückgegriffen, teils

Forlana [italienisch] (Furlana, Friauler): sehr lebhafter Tanz im $^6/_4$-, im 17. Jh. auch im $^6/_8$-Takt. Die F. war ursprünglich ein Werbetanz (für ein oder zwei Paare) aus der italienischen Provinz Friaul. Im 18. Jh. war sie als Volkstanz v.a. in Venedig beliebt. Als Satztypus begegnet die F. seit dem ausgehenden 17. Jh. in der Opern- und Instrumentalmusik, u.a. bei A. CAMPRA, J. S. BACH und M. RAVEL.

Formant [lateinisch]: Bereich von Frequenzen bei Musikinstrumenten und der menschlichen Stimme, in dem unabhängig von der Tonhöhe des jeweils erklingenden Tons (Klangs) durch Resonanzschwingungen verstärkte Obertöne auftreten. So hat der Vokal »a« verstärkte Obertöne im Bereich zwischen 800 und 1200 Hz, unabhängig davon, ob das »a« hoch oder tief gesungen wird. Bei steigender Intensität verlagert sich jedoch das F.-Maximum in einem begrenzten F.-Bereich auf höhere Frequenzen. Der Klangcharakter eines Instruments wird sowohl von der absoluten Lage der F.-Frequenzen als auch durch den Quotienten der F.-Frequenzen (**F.-Intervallgesetz**) beeinflusst (z.B. 1:2 bei der Oboe; 3:8 beim Fagott).

Formenlehre: die Beschreibung schematischer Gestaltmodelle v.a. der Instrumentalmusik (z.B. Sonate, Fuge, Rondo, Liedform), von denen das konkrete Werk allerdings durch jeweils charakteristische Besonderheiten immer wieder abweicht. Die F. entstand im 18. Jh. aus der theoretischen Betrachtung der Instrumentalmusik und entwickelte sich im 19. Jh. zu einem eigenen, an Hochschulen gelehrten Fach. Die Vielfalt der Gestaltungsmöglichkeiten in der neueren Musik drängte die Bedeutung der F. für die Kompositionstechnik zurück. – ↑auch offene Form.

forte [italienisch], Abk. f: laut, stark, kräftig (Gegensatz ↑piano); f. kommt auch in Verbindung mit meno »weniger«, molto »sehr«, poco »etwas« vor. – **fortissimo**, Abk. ff, sehr stark. – **forte fortissimo**, Abk. fff, mit allergrößter Lautstärke. – **mezzoforte**, Abk. mf, mittelstark. – **fortepiano**, Abk. fp, laut und sofort wieder leise.

forte fortissimo [italienisch], Abk. fff: ↑forte.

fortepiano [italienisch], Abk. fp: ↑forte.

Fortepiano [italienisch]: ältere Bezeichnung für ↑Klavier.

fortissimo [italienisch], Abk. ff: ↑forte.

Fortspinnung: die abwandelnde Weiterführung eines melodisch-thematischen Gebildes unter Beibehaltung ein und desselben Bewegungsimpulses, i. d. R. als Sequenz. Im Unterschied zur klassischen, aus Vorder- und Nachsatz bestehenden Themenbildung war die F. bezeichnend für Barock und Frühklassik.

forza [italienisch]: ↑con forza.

forzato [italienisch] (forzando), Abk. fz: ↑sforzato.

Fourier-Analyse [fu'rje-; nach dem französischen Physiker J.-B. BARON DE FOURIER] (harmonische Analyse): ein mathematisches Verfahren zur Zerlegung eines periodischen Vorgangs in seine Grundschwingung und deren Oberschwingungen, z.B. eines Klanges in Grund- und Obertöne. Dabei ergeben sich Sinusschwingungen mit unterschiedlichen Amplituden (Intensitäten) und Phasenlagen. Die Schwingungsdauer (Periodenlänge) der Oberschwingungen entspricht dann der Halbierung, Drittelung usw. derjenigen der Grundschwingung. Musikalisch bedeutet dies, dass jeder Ton als Gemisch harmonischer Sinustöne darstellbar ist. Die Anzahl und Intensität dieser Sinustöne kann aber nicht den Eindruck der Tonhöhe, sondern nur den der Klangfarbe beeinflussen.

Foxtrott [englisch »Fuchsgang«]: Gesellschaftstanz in mäßig schnellem $^4/_4$-Takt mit leicht synkopiertem Rhythmus, um 1910 in den USA aus langsamem Ragtime und Onestepp entwickelt, wurde 1914 in Großbritannien, nach 1918 in den übrigen europäischen Staaten bekannt und avancierte zum Grundtypus des heutigen Schritttanzes (Schrittfolge: 2 lang, 2 kurz). In Deutschland bürgerte sich die Bezeichnung **Slowfox** ein. Mit vereinfachter Schrittfolge wurde der F. seit 1924 auch in schnellerem Tempo getanzt und als **Quickstepp** bezeichnet; beide gehören zu den Standardtänzen. Über den Jazz (z.B. »Dinah«, »Tea for two«) fand der F. Eingang in die Kunstmusik.

fp: Abk. für forte piano, ↑forte.

Française [frã'sɛːz; französisch »französischer (Tanz)«]: als Contredanse française Bezeichnung für verschiedene Mehrpaartänze des 18. Jh.; im 18./19. Jh. ein v. a. in Bayern beliebter figurenreicher Kolonnentanz, Abkömmling der Contredanse anglaise. Im deutschen Sprachgebrauch wurde auch die ↑Anglaise als F. bezeichnet.

frankoflämische Schule: neuere Bezeichnung für die im Gebiet beiderseits der heutigen französisch-belgischen Grenze von etwa 1430 bis 1560 beheimatete Kompositionsschule, ↑niederländische Musik.

Free Funk ['friːfʌŋk; englisch]: Jazzstil vom Ende der 1970er-Jahre, der Elemente des Free Jazz wie tonal nicht gebundene Improvisations- oder Basslinien mit dem rhythmisch schnell pulsierenden Funkbeat verbindet. Ein wichtiger Vertreter war der Saxophonist O. COLEMAN.

Free Jazz ['friːdʒæz; englisch]: ein gegen Ende der 1950er-Jahre von afroamerikanischen Musikern entwickelter Stilbereich des Jazz, der den bislang radikalsten stilistischen Bruch in der Geschichte dieser Musik darstellt, da in ihm die meisten der herkömmlichen Gestaltungsprinzipien infrage gestellt wurden. An die Stelle der bis dahin gültigen harmonisch-metrischen Formschemata als Improvisationsgrundlage trat dabei die »offene« Form; tonale Bezüge wurden negiert oder verschleiert; der den Fundamentalrhythmus pulsartig markierende ↑Beat wurde als Regulativ außer Kraft gesetzt. Charakteristisch für den F. J. wurden zudem 1) eine wachsende Bedeutung von interaktiven Prozessen in der Gruppenimprovisation und damit 2) eine – zumindest teilweise durchgeführte – Aufhebung der Rollenverteilung von Solisten und Begleitern, 3) die Emanzipation der Klangfarbe als ein Mittel improvisatorischer Gestaltung und damit die Tendenz, amelodisch zu spielen, 4) die Betonung von Energie und Intensität als kommunikative Elemente und Auslöser kollektiver Ekstase, 5) die Hinwendung zu den Musikkulturen der Dritten Welt und damit die Einschmelzung neuer Materialien in den Jazzkontext und 6) ein wachsendes Bewusstsein der Musiker für gesellschaftliche Probleme und damit ein Wandel in ihrem Selbstverständnis.

Zu den stilbildenden Musikern der frühen Phase des F. J. gehören an erster Stelle O. COLEMAN und C. TAYLOR, sodann A. SHEPP, A. AYLER, J. COLTRANE und D. CHERRY. – Während die Entwicklung zu Anfang v. a. auf New York zentriert war, gewannen gegen Ende der 60er-Jahre zunehmend Musiker aus dem Mittleren Westen der USA an Bedeutung, darunter das Art Ensemble of Chicago mit A. BRAXTON. Gleichzeitig bildete sich in Europa eine eigenständige F.-J.-Entwicklung heraus, die u.a. von Musikern wie P. BRÖTZMANN, A. MANGELSDORFF, E. PARKER, M. PORTAL und A. VON SCHLIPPENBACH getragen wurde.

Frequenz [lateinisch »Häufigkeit«] (Schwingungszahl), Formelzeichen f oder v: bei periodischen Vorgängen, z.B. Schwingungen oder Wellen, der Quotient aus der Anzahl n der Perioden (volle Schwingungen) und der Zeit t, in der sie erfolgen: $f = n/t$. Das Einheitenzeichen der F. ist das Hertz. In Sekunden gemessen, ergibt sich als Grundeinheit: $1\,Hz = 1/s$.
Bei Wellen ist die F. neben der Wellenlänge λ, mit der sie durch die Beziehung $v = f \cdot \lambda$ verknüpft ist (v Phasengeschwindigkeit der Welle), sowie der Amplitude ein wesentliches Charakteristikum. Für Schallwellen im menschlichen Hörbereich liegen die F.-Werte zwischen 16 Hz und 20 000 Hz. Dabei ist die Empfindung der Tonhöhe von der F. abhängig, insofern ein Ton von größerer F. höher erscheint.

Fretless ['fretlıs; englisch »bundfrei«]: eine spezielle E-Bassgitarre, deren Griffbrett wie beim herkömmlichen (akustischen) Kontrabass keine quer eingelassenen Bünde hat und die daher weicher klingt als der übliche E-Bass.

Friktionsinstrumente [zu französisch friction »Reibung«]: zu den Membranophonen gehörende Instrumente, bei denen der Ton durch Reiben erzeugt wird (z.B. ↑Glasharmonika, ↑Reibtrommel).

Friss [-ʃʃ; ungarisch »munter«, »frisch«] (Friska): der schnelle Paartanz des ↑Csárdás.

Frosch: das Griffende am ↑Bogen der Streichinstrumente mit Schraubvorrichtung zur Spannung der Bogenhaare (des Bogenbezuges).

Frottola [italienisch]: italienische poetische Form, ursprünglich der Volksdichtung, bestehend aus einer losen Folge von Lebensweisheiten oder scherzhaften, mitunter bizarren Einfällen und Dialogen. Zeugnisse von Frottolen sind aus dem 14. Jh. erhalten. Seit dem Ende des 14. Jh. erfolgte auch eine Ausprägung der F. zur Kunstform (»F. letteraria«, »F. d'arte«). Daneben trat Ende des 15. Jh. die musikalische F., die als Sammelbegriff auch vertonte strophische Dichtungsformen wie Strambotto, Oda, Sonetto und Kanzone einschloss. Die F. ist meist vierstimmig mit der Melodie in der Oberstimme und einem volkstümlich-

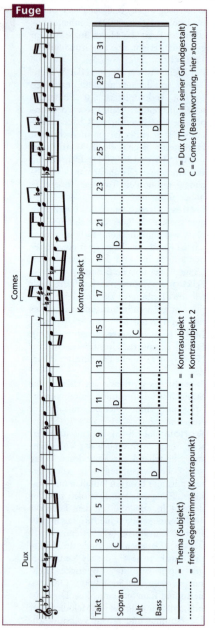

Fuge: J. S. Bach, Fugenanfang und schematische Darstellung der gesamten Fuge c-Moll aus dem »Wohltemperierten Klavier«, 1. Teil (1722)

schlichten akkordischen Satz, der chorisch oder solistisch mit Instrumentalbegleitung ausgeführt wurde. Hauptkomponisten waren M. CARA und B. TROMBONCINO; sehr verbreitet wurde die F. durch elf Sammelbände (1504–14) des venezianischen Druckers O. PETRUCCI. Nach 1530 ging sie in Madrigal, Villotta und Villanesca auf.

frühchristliche Musik: die Musik und Musikübung der christlichen Kirche vom 1. bis 6. Jh., hervorgegangen aus Elementen des jüdischen Synagogalgesangs und der antiken griechischen Musik. Vom fragmentarisch erhaltenen Oxyrhynchus-Hymnus (benannt nach dessen Fundstätte in Ägypten) abgesehen, basiert die Kenntnis von der f. M. allein auf literarischen Zeugnissen. Danach hat man für sie weniger ein bereits festgelegtes Repertoire als vielmehr die Fortführung freier Traditionen anzunehmen, die (im Westen) erst seit der Tätigkeit Papst GREGORS I. und der römischen ↑Schola Cantorum zunehmende Regelung erfuhren. Der orientalischen Gesangspraxis entsprechend dürften weniger fest gefügte Melodien als Melodiemodelle in Gebrauch gewesen sein. Im Gegensatz zum jüdischen Kult war die Verwendung von Musikinstrumenten im Gottesdienst verboten und nur vereinzelt in häuslichen Privatandachten gestattet. In den grundsätzlich einstimmigen Gesängen (Psalmen, Hymnen, Cantica) herrschte zunächst das Griechische als Kultsprache vor. Die Vortragsformen lassen sich scheiden in ein psalmodisches Rezitieren, einen melodisch reicher entwickelten, dabei aber noch einfachen und weitgehend syllabischen Gesang sowie das kunstvoll improvisierende melismatische Singen der Solisten im ↑Responsorium. Der z. T. in einer Gegenbewegung gegen häretische Richtungen begründete Aufschwung von antiphonischem Singen

Fuge

(↑Antiphon) und Hymnus im 4. Jh. fällt zusammen mit dem Auseinanderbrechen der f. M. in die Traditionen des Ostens (koptische, byzantinische und armenische Kirchenmusik, syrischer Kirchengesang) und des lateinischen Westens, wo die griechische Kultsprache aufgegeben wurde. – ↑auch gregorianischer Gesang, ambrosianischer Gesang, gallikanischer Gesang, mozarabischer Gesang.

F-Schlüssel: in der Notenschrift das aus dem Tonbuchstaben F entwickelte Zeichen, mit dem im Liniensystem die Lage des f festgelegt wird (↑Schlüssel).

F-Schlüssel: 1 Baritonschlüssel, 2 Bassschlüssel, 3 Subbassschlüssel

Fugato [italienisch »fugiert«]: nach Art der Fuge gearbeiteter Abschnitt innerhalb eines nicht als Fuge komponierten Satzes (so z.B. in Sinfonien und Sonaten), oft nur aus der Exposition einer Fuge bestehend, z.B. im Allegretto der 7. Sinfonie von L. VAN BEETHOVEN.

Fuge [italienisch, von lateinisch fuga »Flucht«]: eine kontrapunktische Satzart und Form mit dem Hauptmerkmal imitierender Durchführung eines zu Beginn aufgestellten Themas durch alle (zumeist vier) gleichberechtigten Stimmen.

Das lateinische Wort fuga bezeichnete seit dem 14. Jh. den ↑Kanon, seit dem ausgehenden 15. Jh. auch die ↑Imitation, bei der die Stimmen gleichsam einander »fliehen«. Frühe Formen der F. treten seit dem 16. Jh. unter den Bezeichnungen ↑Kanzone, ↑Fantasie und ↑Ricercar auf. Die F. im neueren Sinn entwickelte sich namentlich im Schaffen von J. P. SWEELINCK, G. FRESCOBALDI, J. J. FROBERGER, J. PACHELBEL und bei den Orgelmeistern v.a. des norddeutschen Raums S. SCHEIDT, J. A. REINKEN, D. BUXTEHUDE und M. WECKMANN. Ihren Höhepunkt fand die F. im Schaffen von J. S. BACH (»Das Wohltemperierte Klavier«, 1722–44; »Die Kunst der F.«, 1750; Orgel- und Chor-F.). Auf die F., wie BACH sie verstand, bezieht sich das noch heute gelehrte Formenmodell, das jedoch, wegen der unübersehbaren Vielfalt der Ausprägungen im Einzelnen, nur in ganz allgemeiner Weise dargestellt werden kann.

Regulären Bau zeigt stets der Beginn einer F. Das Thema (Subjekt) erscheint nacheinander in allen Stimmen abwechselnd in seiner Grundgestalt (Dux) auf der 1. Stufe und als Beantwortung (Comes) auf der 5. Stufe. Diese Beantwortung ist entweder »real«, d. h. intervallgetreu eine Quinte höher (oder eine Quarte tiefer), oder »tonal«, d. h. mit bestimmten intervallischen Abweichungen, um die Ausgangstonart zu erhalten. Häufigster Fall der tonalen Beantwortung ist folgender: Der Quintton im Dux (z.B. g in C-Dur) wird nicht durch dessen Quintton (d), sondern durch den Grundton der Haupttonart (c) beantwortet. Beispiel:

Fuge: J. S. Bach, Fuge C-Dur aus dem »Wohltemperierten Klavier«, 2. Teil (1744); links: Thema, Mitte: tonale Beantwortung, rechts: reale Beantwortung

Nach ihrem Themeneinsatz werden die einzelnen Stimmen entweder in frei wechselnden kontrapunktischen Linien oder in einem gleich bleibenden, stets zum Thema einer anderen Stimme erklingenden Kontrasubjekt (Gegensatz, im Schema mit ■■■■■■ und ▲▲▲▲▲▲ angezeigt) weitergeführt. Nach einem Zwischenspiel können weitere Themeneinsätze, oft wieder zu Durchführungen zusammengefasst, in verschiedensten Gestaltungen auftreten. Hier ist der Ort für besondere kontrapunktische Künste (↑Engführung, ↑Augmentation, ↑Diminution, ↑Umkehrung, ↑Krebs, rhythmische Veränderungen u.a.). Der Schluss mündet in die Tonika, oft als Ergebnis einer zusammenfassenden Steigerung.

Außer der einfachen F. gibt es eine Anzahl besonderer F.-Typen, wie ↑Gegenfuge, ↑Spiegelfuge, ↑Permutationsfuge, ↑Doppelfuge, ↑Tripelfuge.

Mitte des 18. Jh. geriet die F. – außer in der Kirchenmusik – als veraltete »Künstelei« in Verruf und fast in Vergessenheit, wurde jedoch bereits in der Wiener Klassik (J. HAYDN, W. A. MOZART, L. VAN BEETHOVEN) als Satztechnik gelegentlich wieder aufgegriffen und im Rahmen der Sonatenform verwendet. In der Romantik (R. SCHUMANN, F. MENDELSSOHN BARTHOLDY) erlebte die F. eine gewisse Nachblüte und wurde in vielfältiger Weise mit der jeweils modernen Klang- und Ausdruckssprache verschmolzen (J. BRAHMS, M. REGER). In der Musik des 20. Jh. spielte sie im Rahmen neoklassizistischer Tendenzen eine Rolle (P. HINDEMITH, I. STRAWINSKY). Da das Kompositionsprinzip der F. Tonalität voraussetzt, hat sie in der atonalen und seriellen Musik, wie überhaupt in der Komposition der letzten Jahrzehnte, keine Bedeutung.

Fughetta [fu'geta; italienisch]: kleine ↑Fuge, zuweilen nur aus einer Durchführung des Themas bestehend, i.A. von schlichter Kompositionsart.

Füllstimmen: in einer mehrstimmigen Komposition die Stimmen, die ohne melodische oder rhythmische Eigenprägung nur der klanglichen Verstärkung dienen.

Fundamentalbass (französisch Basse fondamentale): die der Fortschreitung der Harmonie ideell zugrunde liegenden Basstöne, die nicht mit der tatsächlich erklingenden Bassstimme (z.B. bei Akkordumkehrungen) übereinzustimmen brauchen, auf die aber die Harmonie zu beziehen ist. Die Bedeutung des F. zur Erklärung von Harmoniefolgen hat zuerst J.-P. RAMEAU (»Traité de l'harmonie«, 1722) erkannt.

Fundamentinstrumente: im 17. Jh. Bezeichnung für Instrumente, die den ↑Generalbass ausführen, sei es mit Akkordspiel (z.B. Orgel, Cembalo, Laute, Theorbe), sei es durch Verstärkung der Bassstimme (Viola da Gamba, Violoncello, Fagott).

funebre [fy'nɛbr; italienisch 'fu:nebre; von französisch funèbre]: traurig, düster.

Funk [fʌŋk; englisch]: im Jazz ein aus dem afroamerikanischen Slang (funky »miefend«) abgeleiteter Begriff für eine bluesbetonte und auf Elemente der Gospelmusik (↑Gospelsong) zurückgreifende Spielweise des ↑Hardbop Ende der 1950er- und in den 60er-Jahren. – Seit den 70er-Jahren bezeichnet F. auch einen Stilbereich der schwarzen Popmusik sowie eine Variante des Rockjazz. Zu den wichtigsten Vertretern des **Funky Jazz** der 50er- und 60er-Jahre gehören der Pianist H. SILVER und der Saxophonist J. ADDERLEY. Die neueren Spielarten des F. repräsentieren u.a. der Pianist H. HANCOCK und der Schlagzeuger B. COBHAM.

funktionale Musik: als Gegenbegriff zu ↑autonomer Musik Bezeichnung für jene Arten von Musik, deren Gestalt und Höreindruck beabsichtigt durch die Funktion bestimmt ist, der sie dienen, so z.B. die Arbeits-, Tanz- und Marschmusik, Musik am Arbeitsplatz und in Kaufhäusern, Film- und Werbemusik. Ihre Qualität ist stets von ihrer Funktion her zu definieren, in diesem Rahmen jedoch höchst variabel. Da alle Musik, auch die autonome, Funktionen erfüllt (z.B. Erbauung), ist der Begriff f. M. nur idealtypisch zu verstehen und zudem nur sinnvoll, so weit der nachbarocken Zeit die Musik aus ihren engen Zweckbindungen in einen autonomen Bereich entlassen wurde.

Funktionstheorie: Bezeichnung für das von H. RIEMANN entwickelte musiktheoretische System, das den harmonischen Zusammenhang von Klängen innerhalb der Dur-Moll-tonalen Musik des 17.–19. Jh. beschreibt. Die Voraussetzung der F. ist der Grundsatz, dass alle Klänge bzw. Harmonien einer Tonart auf die drei Hauptfunktionen ↑Tonika (T), ↑Subdominante (S) und ↑Dominante (D) zurückzuführen sind. Alle übrigen Dreiklangbildungen, aber auch deren dissonante oder mehrtönige Abwandlungen lassen sich als »modifizierte Gestalten« (RIEMANN) der Hauptfunktionen verstehen, da nach der F. jede Klangbildung und darüber hinaus jede Klangverbindung ihren harmonischen Sinn aufgrund ihrer Beziehung zu den Hauptfunktionen erhält; so gilt z.B. die II. Stufe als Subdominantparallele (Sp), die III. Stufe als Dominantparallele (Dp) und die VI. Stufe als Tonikaparallele (Tp); die f. bezeichnet diese Klänge als Nebenfunktionen.

wa 30 cm; Zeichen '). Ausgegangen wird von dem Fußmaß einer offenen Labialpfeife, die den Ton C (tiefste Taste der Orgel) ergibt; ihre Länge beträgt 8' (etwa 2,40 m, nach Ort und Zeit schwankend). Dieses Fußmaß wird auf das ganze Register übertragen; somit heißen alle Register achtfüßig, die auf der Taste C den Ton C bringen. Die 8'-Tonlage wird auch äqual genannt, weil die Töne in der gleichen Höhe erklingen, wie sie notiert und gespielt werden. Wird durch die gleiche Taste C der Ton c ausgelöst, dann ist seine Pfeife halb so lang; das Register gehört der 4'-Lage an (4'-Register). Erklingt dagegen mit der Taste C der eine Oktave tiefere Ton $_1$C, dann hat die Pfeife die doppelte Länge (16'-Register). Entsprechend werden die sich anschließenden Oktavlagen nach der Höhe hin mit 2' oder 1', nach der Tiefe hin mit 32' (sehr

Fußtonzahl: harmonische Teiltöne und Fußtonbezeichnung der Orgelregister

fuoco [italienisch »Feuer«]: ↑con fuoco.
Furiant [tschechisch, zu lateinisch furiare »rasend machen«, »begeistern«]: lebhafter böhmischer Volkstanz mit charakteristischem Wechsel von $^2/_4$- und $^3/_4$-Takt (ähnlich dem ↑Zwiefachen); er wird in der Kunstmusik des 19. Jh., u.a. bei F. SMETANA und A. DVOŘÁK, gewöhnlich im $^3/_4$-Takt mit Schwerpunktverschiebungen notiert.
furioso [italienisch]: leidenschaftlich, erregt, stürmisch, wild.
Furlana: ↑Forlana.
Fusa [wohl zu lateinisch fusus »Sprosse«, »Spindel«]: Notenwert der ↑Mensuralnotation, geschrieben ♪.
Fusion ['fju:ʒn; englisch]: ↑Rockjazz.
Fußtonzahl: bei der Orgel die Angabe der Tonlage eines ↑Registers in Fuß (et-

selten auch 64') bezeichnet. So ergeben sich folgende Fußtonbezeichnungen: $_2$C=32'; $_1$C=16'; C=8'; G=5$^1/_3$'; c=4'; g=2$^2/_3$'; c^1=2'; e^1=1$^3/_5$'; g^1=1$^1/_3$'; c^2=1'. Da die gedackten Pfeifen für den gleichen Ton nur die halbe Länge benötigen, entspricht ihre F. nicht der tatsächlichen Pfeifenlänge, d.h., ein 8'-Gedacktregister ist nur 4' lang. – Die F. wurden auch auf das Cembalo übertragen. Der normal gestimmte Saitenbezug ist achtfüßig, der 4'-Bezug erklingt eine Oktave höher, der 16'-Bezug eine Oktave tiefer.
Fuzzbooster ['fʌzbu:stə; englisch]: elektronische Einrichtung zur Klangverzerrung mit nachfolgendem Verstärker, v.a. für elektrische Gitarren. Der **Fuzz-Effekt** wird hervorgerufen durch eine Amplitudenbegrenzung des Wellenver-

laufs der erzeugten Schwingungen, z.B. durch Übersteuern eines Verstärkers oder durch eine Begrenzerschaltung mit Dioden. Das entstehende, sehr oberwellenreiche Klangspektrum kann durch nachgeschaltete Filter in seiner Zusammensetzung variiert werden.

fz: Abk. für **f**or**z**ato, ↑sforzato.

G

G (g): die 5. Stufe der Grundtonleiter C-Dur, italienisch und französisch sol (↑Solmisation). Die Erhöhung um einen Halbton heißt **Gis,** um zwei Halbtöne **Gisis;** die Erniedrigung um einen Halbton heißt **Ges,** um zwei Halbtöne **Geses.** Der Tonbuchstabe G wird auch als Notenschlüssel (G-Schlüssel, ↑Schlüssel) verwendet. Seit dem 19. Jh. ist G auch Zeichen für G-Dur und g für g-Moll als Akkord und Tonart.

Gabber [niederländisch »Kumpel«]: die wohl extremste Form des Techno mit bis zu 250 Beats pro Minute und einer kaum noch differenzierbaren Geräusch- und Geschreikulisse; entstanden Anfang der 1990er-Jahre in den Niederlanden.

Gabelgriffe: Bezeichnung für eine Grifftechnik auf klappenlosen Holzblasinstrumenten, bei der die Grifflöcher nicht in ununterbrochener Folge geöffnet bzw. geschlossen werden; v.a. für chromatische Töne oder aus Gründen der Intonation gebraucht.

Gagaku [japanisch]: die klassische (ga) Musik (gaku) Japans, Instrumentalmusik mit dazugehörigen Tänzen (↑Bugaku). Sie entwickelte sich aus den verschiedenen musikalischen Traditionen des asiatischen Festlandes, die im Laufe des 7. Jh. nach Japan importiert und spätestens seit Anfang des 8. Jh. am Kaiserhof gepflegt wurden. Eine Standardisierung von Orchester und Repertoire erfolgte im 9. Jh., gleichzeitig wurde die Vielfalt der musikalischen Stile zugunsten der beiden

Gagaku: Die Gagaku-Musiker spielen zu einer Bugaku-Tanzaufführung. Zu sehen sind folgende Instrumente (von links nach rechts): in der vorderen Reihe der Gong (daishōko), die große Trommel (dadaiko) und die Sanduhrtrommel (sanno tsuzumi). In der hinteren Reihe sitzen Spieler der Querflöten (komabue) und der Oboen (hi-shiriki). Dazwischen platziert sind Sänger.

Galliarde

bedeutendsten Richtungen (tōgaku »chinesische Musik«, komagaku »koreanische Musik«) eingeschränkt. Damit war die Entwicklung abgeschlossen. Aus dem großen Repertoire sind heute noch 49 Tōgaku- und 14 Komagakustücke erhalten. In der G. sind Musikstücke wie Ausführende in ein Links-rechts-Schema eingeordnet. Die Tōgakustücke gehören zur »Linksmusik«, die Komagakustücke zur »Rechtsmusik«, die entsprechenden Tänze werden in roten (Linkstanz) bzw. blauen oder grünen (Rechtstanz) Kostümen getanzt. Das Aufführungsprogramm stellt je einen Links- und einen Rechtstanz als »Paartanz« (tsugaimai) zusammen. Das G.-Orchester besteht aus folgenden Instrumenten: Querflöte (nōkan), Shō (↑Mundorgel), Oboe (hi-shiriki), Fasstrommel (kakko), große Trommel (taiko) und Gong (shōko). Die drei Blasinstrumente, die im Orchester meist mehrfach besetzt sind, spielen die Melodie und geben den charakteristischen Klang der G.; die drei Schlaginstrumente sind die Taktgruppe und bilden formal das tragende Gerüst der Musikstücke. Saiteninstrumente treten nur bei reinen Instrumentalstücken hinzu. Dabei handelt es sich dann meist um ↑Koto oder ↑Biwa.

Gagliarda [gaʎˈʎarda; italienisch]: ↑Galliarde.

gaiement [geˈmã; französisch] (gaîment): lustig, fröhlich, heiter.

Gaillarde [gaˈjardə; zu französisch gaillard »lustig«, »munter«]: ↑Galliarde.

Gaita [spanisch]: ↑Sackpfeife.

galanter Stil: eine um 1740 hervortretende neue Art des Komponierens, die sich unter dem Motto der Anmut, Verständlichkeit und Natürlichkeit vom kontrapunktisch gelehrten Stil des Hochbarock abhebt (»galant« gegenüber »gelehrt«). Typisch sind kleine Formen, gesangliche Melodik, grazile und reiche Ornamentik, fluktuierende Dynamik, einfache Begleitung. Die Kompositionen sind oft leicht und unterhaltend und wenden sich mehr an Liebhaber als an Kenner. Zu den bedeutenden Komponisten zählen mit einzelnen Werken zunächst F. COUPERIN in Frankreich, D. SCARLATTI in Italien und G. P. TELEMANN in Deutschland. Durch stärkere Betonung der elegisch-expressiven Seite des g. S. wandelte dieser sich zum ↑empfindsamen Stil, so bei G. B. PERGOLESI, G. B. SAMMARTINI, J. J. QUANTZ, C. H. und J. G. GRAUN, J. C. BACH und v. a. bei C. P. E. BACH. Beide Stilrichtungen wirkten anregend auf die Entwicklung der Wiener Klassik (↑Klassik).

Galliarde: P. Peuerl, Galliarde für Streicher- und Bläserensemble (1611)

Galliarde [zu italienisch gagliardo »stark«, »rasch«] (italienisch Gagliarda, französisch Gaillarde): lebhafter Tanz, wahrscheinlich aus Italien, der sich seit dem späten 15. Jh. als Werbepaartanz in ganz Europa verbreitete. Die G. basiert auf den gleichen fünf Grundschritten (vier Schritte und Sprung in die Ausgangsstellung) wie der Saltarello; ihre Bewegung ist aber stärker, der Sprung höher. Seit Anfang des 16. Jh. war die G. ein schneller, ungerader Nachtanz zu einer geradtaktigen, meist melodisch verwandten Pavane oder einem Passamezzo; als dritter Tanz konnte der G. eine schnellere Recoupe oder Ripresa folgen. Im 17. Jh. gehörte sie mit der Pavane zum Grundbestand der Suite (u. a. bei J. H. SCHEIN, M. FRANCK und P. PEUERL). Seit der Mitte des 17. Jh. begegnet sie auch als selbstständiges Instrumentalstück, oft auch in geradem Takt (u. a. bei A. DE CA-

BEZÓN, W. BYRD, O. GIBBONS, J. CHAMPION DE CHAMBONNIÈRES). Noch vor dem Ende des 17. Jh. verschwand sie als Tanz wie als Instrumentalstück.

Gamelan

gallikanischer Gesang: die Gesamtheit der Gesänge in der Liturgie des vorkarolingischen Gallien (gallikanische Liturgie), die sich vom 4. bis 7. Jh. ausgebildet haben dürften. Der g. G. zeigt Eigenständigkeit gegenüber der Tradition des liturgischen Gesangs in Rom, ähnlich wie die ihm verwandten Überlieferungen des ambrosianischen und des mozarabischen Gesangs. Im Zuge der Bestrebungen nach Vereinheitlichung der Liturgie versuchte bereits PIPPIN III., DER JÜNGERE, den g. G. durch den gregorianischen Gesang zu ersetzen. Diese Bemühungen wurden von KARL DEM GROSSEN konsequent weitergeführt. – Ein um 700 entstandener Traktat über die alte gallikanische Liturgie gibt einen relativ umfassenden Überblick über den Aufbau von Messe und Stundengottesdiensten in dieser Tradition. Für sie ist typisch, dass die priesterlichen Messgebete kein Gesamtgebet bilden, sondern aus einer Reihe von Einzelgebeten bestehen, die alle dem Kirchenjahr unterworfen sind, sodass jedes Fest ein eigenes Gesamtformular besitzt. Eine ausreichende Charakterisierung des g. G. ist bisher aber nicht möglich, da nur ganz vereinzelt (v.a. südfranzösische) Handschriften erhalten geblieben sind.

Galopp [französisch]: um 1820 aufgekommener schneller Rundtanz im $^2/_4$-Takt nach Art einer Schnellpolka; bis gegen Ende des 19. Jh. beliebter Gesellschaftstanz, der auch in Oper und Operette verwendet wurde, u.a. »Galop infernal« (eigentlich ein Cancan) in J. OFFENBACHS »Orpheus in der Unterwelt« (1858). Der G. ist dreiteilig, oft mit dem Mittelteil auf der Dominante; seit J. STRAUSS (VATER) auch mit viertaktiger Einleitung und acht- bis sechzehntaktiger Koda.

Galoubet [galu'bɛ; provenzalisch]: ↑Einhandflöte.

Gambe [italienisch]: Kurzform von ↑Viola da gamba.

Gamelan [indonesisch, von javanisch gamel »handhaben«, »umfassen«]: Sammelbezeichnung für Instrumentenensembles auf Java und Bali, den übrigen Großen und einigen Kleinen Sundainseln sowie Westmalaysias. Die Instrumente lassen sich in drei Hauptgruppen gliedern: 1) solche, die die unverzierte Kernmelodie (Balungan) oktaviert und in langen Noten vortragen; 2) solche, denen die Umspielung und Verzierung (Panerusan) der Kernmelodie zugeordnet ist; 3) solche, denen interpungierende Funktion zukommt, indem sie die Stücke in Abschnitte gliedern. Das volle javanische Orchester besteht aus einer Anzahl hängender Gongs verschiedener Größe (Gong oder Kempul), aus waagerecht aufgereihten Gongs verschiedener Stimmung (Kenong, Ketuk, Kempyang), aus horizontal über einem Kasten angeordneten Gongspielen (Bonang), aus bis zu 13 Metallophonen (Saron, Slentem, Gender), aus einem Xylophon (Gambang), einer Flöte (Suling), einer gewölbten zweisaitigen Laute (Rebab), einer Zupfzither (Celempung, Siter), aus drei Handtrommeln (Kendang gending, Ketipung, Ciblon), aus Chor- und Einzelsängern; begleitet das G. einen Tanz, so können eine Schlitztrommel und eine Metallklapper dazukommen.

Am häufigsten sind heute die auf einer

5-Ton-Skala basierenden G.; sie begleiten u. a. Schattenspiele, Kriegstänze, Maskenspiele und rituelle Opfertänze in jeweils unterschiedlichen Formationen. Dabei wird im Rahmen strenger Regeln improvisiert.

Gämshorn (Gemshorn): im 15. und 16. Jh. eine Schnabelflöte in Form eines Tierhorns; in der Orgel ein Labialregister im 8-, 4- oder 2-Fuß von weichem, hornartigem Klang.

Ganzschluss: im Gegensatz zum ↑Halbschluss und ↑Trugschluss der Schluss auf der Grundstufe (Tonika), der harmonisch durch eine ↑Kadenz eingeleitet und bestätigt wird. Der G. wird oft auch durch rhythmische und melodische Schlussformeln verstärkt.

Ganzton: Bezeichnung für den Tonabstand der großen ↑Sekunde (kleine Sekunde ↑Halbton). In der reinen Stimmung wird zwischen großem G. (Frequenzverhältnis 8:9, in der C-Dur-Skala c–d, f–g, a–h) und kleinem G. (9:10, d–e, g–a) unterschieden. In der gleich schwebend temperierten Stimmung, die diese Unterscheidung nicht kennt, ist der G. ein Sechstel der Oktave.

Ganztonleiter: die Aneinanderreihung von Ganztönen zu einer Oktavskala, z. B. c–d–e–fis–gis–ais (=b)–c. Das charakteristische Intervall der G. ist der Tritonus, die verminderte Quinte; ihre Transposition um einen Halbton ergibt die 12 Töne der chromatischen Skala. Da in der G. alle Abstände gleich groß sind, ist sie in sich nicht gegliedert (wie etwa die Dur- oder Molltonleiter) und besitzt keinen Grundton. Sie kann also auf jedem ihrer Töne beginnen und schließen. Das verleiht ihr einen schwebend exotischen Klangcharakter, der erstmals in der russischen Musik des 19. Jh. (M. GLINKA, M. MUSSORGSKIJ), dann bei F. LISZT und v. a. im Impressionismus (C. DEBUSSY, M. RAVEL) bewusst und als Gegenelement zur traditionellen dominantischen Tonalität eingesetzt wurde.

Garage [ˈgæraːʒ; englisch]: Spielart der ↑Housemusic, benannt nach dem Ort ihrer Entstehung, dem Nachtclub »Paradise G.« in New York. Typisch für den eher simplen Tanzmix ist der Welthit »Gypsy woman« (1989) der Gruppe Crystal Waters.

Gassenhauer [ursprünglich »Pflastertreter«, »Nachtbummler«, zu hauen, in der früheren Bedeutung »treten«, »laufen«]: ursprünglich Bezeichnung für nächtliche Bummler, dann (im 16. Jh.) auch für die von ihnen gesungenen Lieder (C. EGENOLFF, »Gassenhawerlin und Reutterliedlin«, 1535). Erst gegen Ende des 18. Jh. wurde das Wort G. mehr und mehr in abwertendem Sinne gebraucht, und zwar für Lieder und Parodien (z. B. aus Singspielen und Opern), die weniger wertvoll und beständig schienen als das ↑Volkslied, dessen Bedeutung damals entdeckt (J. G. HERDER, J. W. VON GOETHE, deutsche Romantik) und betont wurde. Seit dem späteren 19. Jh. entstand der G. – kurzlebig wie der Schlager – vornehmlich durch Texierung von Märschen und Tanzmusikstücken im Rahmen städtischer Volksfestlichkeiten.

Gattung: zusammenfassende Bezeichnung für Musikwerke, für die übergeordnete gemeinsame Kennzeichen zutreffen (z. B. Oper, Oratorium, Kantate, Sinfonie). Bis ins 18. Jh. waren es v. a. Funktion, Textgehalt und -struktur sowie Kompositionstechnik, die eine G. ausmachten; danach traten Besetzung, Form, ästhetischer Anspruch und »Ton« stärker hervor. Mit der wachsenden Individualisierung der Werke in der Kunstmusik verliert der G.-Begriff an Bedeutung.

Gavotte [gaˈvɔt(ə); französisch, von provenzalisch gavotto »Tanz der gavots« (d. h. der Bewohner der provenzalischen Alpen)]: mäßig bewegter Volkstanz (Paartanz in Reihen) im ²/₂-Takt mit charakteristischem zweiteiligem Auftakt, heute noch in baskischen und bretonischen Gebieten gepflegt. Die G. wurde im 17. Jh. Hoftanz und war bis ins 19. Jh. als Gesellschaftstanz beliebt. J.-B. LULLY bezog den damals neuen Modetanz in die Orchestersuite ein; über das Ballett gelangte die G. in die Oper bei J.-P. Rameau, G. F. Händel, C. W. Gluck, A. E. M. Grétry. A. Corelli und A. Vivaldi verwandten sie in der Kammersonate, F. Couperin und J. S. Bach in der Klaviersuite.

Gavotte: J. S. Bach, »Französische Suite« Nr. 5 (BWV 816, 1722)

gedackte Pfeife (gedeckte Pfeife): eine Orgelpfeife, die am oberen Ende verschlossen ist. Sie erklingt eine Oktave tiefer als die gleich lange offene Pfeife, hat jedoch außer ihrem Grundton nur ungeradzahlige Obertöne und daher eine etwas matte Klangfarbe. Ihre ↑Fußtonzahl richtet sich nach der Tonhöhe, nicht nach der realen Pfeifenlänge.

Gegenbewegung (lateinisch Motus contrarius): die Veränderung eines Themas, Motivs oder Cantus durch seine ↑Umkehrung; auch die Führung zweier gleichzeitig erklingender Stimmen aufeinander zu oder voneinander weg wird als G. bezeichnet.

Gegenfuge (lateinisch Fuga contraria): eine Fuge, bei der die Themenbeantwortung (Comes) als melodische ↑Umkehrung der Themenaufstellung (Dux) erscheint, z. B. im Contrapunctus 5 von J. S. Bachs »Kunst der Fuge« (BWV 1080, 1750):

Dux   Comes

Gehör: ↑Hören.

Gehörbildung: die Schulung des musikalischen Gehörs. Dabei soll die Fähigkeit entwickelt werden, Tondauer, Intervalle bzw. Tonfolgen bis hin zu (auch mehrstimmigen) Melodien, Akkorde, Rhythmen, Klangfarben zu bestimmen und in Notenschrift festzuhalten (Musikdiktat). G. wird v. a. an Musikschulen und Musikhochschulen betrieben, im schulischen Musikunterricht spielt sie nur noch eine geringe Rolle.

Geige: ältere Bezeichnung für alle Arten der bogengestrichenen Saiteninstrumente, unter denen die heute umgangssprachlich G. genannte ↑Violine nur das Diskantinstrument einer Familie war.

Geigenprinzipal: in der Orgel ein hell klingendes Labialregister im 8- oder 4-Fuß.

geistliches Drama (geistliches Spiel): das zunächst im Rahmen der kirchlichen Liturgie entstandene Drama des europäischen Mittelalters, das den Gläubigen das christliche Heilsgeschehen in dramatischer Gestaltung vorführte; seit dem 10. Jh. im Rahmen kirchlicher Feiern aus dem ↑Tropus entwickelt. Ursprünglich in Kirchen aufgeführt, wurde es im 14. Jh. auf Marktplätze oder in nicht kirchliche Räume verlegt. Gleichzeitig setzte sich die Volkssprache anstelle der lateinischen Sprache durch. Bedeutende Formen des g. D. in Deutschland waren das ↑Osterspiel und das ↑Weihnachtsspiel, in England das Fronleichnamsspiel, das sich in Spanien als ↑Auto sacramental herausbildete. Charakteristisch für Frankreich waren die auch in anderen Ländern häufigen ↑Mysterienspiele, für die Niederlande das Mirakelspiel und das allegorische Singspiel, für Italien die Lauda drammatica (ein Prozessionsspiel), die Devozione (ein Predigtspiel) und die ↑Rappresentazione sacra. – Durch die Reformation im Laufe des 16. Jh. mehr und mehr verdrängt, konnte es sich nur in streng katholischen Gebieten noch längere Zeit halten, so im Spanien der Gegenreformation bis ins 18. Jh.; vereinzelt existiert es noch in der Gegenwart (Oberammergauer Passionsspiele, seit 1634).

geistliches Konzert: musikalische Gattung des 17. Jh., die sich aus der Umbildung der Motette zu solistischem Singen mit Generalbass-, später auch mit Orchesterbegleitung entwickelte. Bedeutende Vertreter des g. K. waren L. VIADANA (erstmals 1602), J. H. SCHEIN, S. SCHEIDT und H. SCHÜTZ. In der zweiten Hälfte des 17. Jh. ging das g. K. in der Kantate auf, wurde aber im 20. Jh. im Rückgriff auf die ältere Tradition wieder aufgenommen.

GEMA, Abk. für **Ge**sellschaft für **m**usikalische **A**ufführungs- und mechanische Vervielfältigungsrechte: eine Urheberrechte wahrnehmende Verwertungsgesellschaft in der Rechtsform eines wirtschaftlichen Vereins mit Sitz in Berlin. Die GEMA schließt mit Komponisten, Textdichtern und Musikverlegern Berechtigungsverträge ab, durch die ihr neben dem mechanischen Vervielfältigungsrecht v. a. das musikalische Aufführungsrecht an Werken der Tonkunst mit oder ohne Text, das Senderecht sowie das Recht der Lautsprecher-, der Rundfunk- und Fernsehwiedergabe, der CD- und Schallplattenwiedergabe und der Tonfilmvorführung zur treuhänderischen Wahrnehmung übertragen werden. Aufgrund dieser Berechtigungsverträge erteilt die GEMA an Hersteller und Musikveranstalter die erforderlichen Genehmigungen und zieht von diesen Tantiemen ein, die unter Abzug der Verwaltungskosten nach einem genauen Verteilungsplan an Komponisten, Textdichter und Verleger ausgeschüttet werden.

gemischte Stimmen: bei der Orgel Bezeichnung für Register, die mehrere Aliquotstimmen zusammenfassen, z.B. die ↑Mixtur. Sie verstärken, im Unterschied zu den einfachen Aliquotstimmen, mehrere Obertöne einer Grundstimme und haben für jede Taste mehrere Pfeifen.

Gemshorn: ↑Gämshorn.

Gender [javanisch]: ein Metallophon des ↑Gamelan, bestehend aus 10–12 dünnen, frei hängenden Bronzeplatten, unter denen jeweils ein gleich gestimmter Resonator aus Bambusrohr angebracht ist.

Generalbass (italienisch Basso continuo, Abk. B. c., oft auch Continuo): in der Musik des 17. und 18. Jh. die Bezeichnung für die fast allen damaligen Kompositionen zugrunde liegende durchlaufende Bassstimme, nach der auf einem Tasteninstrument (Orgel, Cembalo) zusätzlich harmonische Füllstimmen und -akkorde improvisierend ausgeführt wurden. Der G. ist so kennzeichnend für die Stilperiode des ↑Barock, dass man diese auch **G.-Zeitalter** genannt hat. Der G.-Spieler greift im Blick auf die Bassstimme, zuweilen auch im Blick auf die solistische(n) Oberstimme(n), die

Generalbass: notierte Stimme (unten) und mögliche Ausführung

Akkorde nach festgelegten Regeln. Hierbei helfen ihm die unter die G.-Stimme gesetzten Ziffern, die charakteristische Intervalle, vom Baston aus gerechnet (4 für Quarte, 6 für Sexte usw.), bezeichnen. Basstöne ohne Ziffern erhalten einen Dreiklang, in dem durch ♯, ♮ oder ♭ die Terz erhöht oder erniedrigt sein kann. Da hierdurch nur die Klangtypen (Harmonien) als solche festgelegt waren, konnte (und sollte) der G.-Spieler seine Begleitung je nach dem musikalischen Zusammenhang fantasievoll und frei ausgestalten.

Das G.-Spiel kam gegen Ende des 16. Jh. in Italien in der Kirchenmusik auf, zunächst als eine abgekürzte Schreibweise bereits vorhandener vielstimmiger Vokal- und Instrumentalwerke zum Gebrauch des mitspielenden Organisten. Erst L. VIADANAS geistliche Konzerte (»Cento concerti ecclesiastici«, 1602) sind neu komponierte Werke für Singstimmen und G.-Begleitung. Entscheidend für die weitere Ausbreitung war die

Entstehung der Oper um 1600 in Florenz auf der Grundlage der ↑Monodie. Dieser freie, affektvolle Gesang zur G.-Begleitung war auch das Vorbild für die bald hervortretende instrumentale Solo- und Triosonate. Der G. wurde häufig von einer ganzen Gruppe von (akkordfähigen) Instrumenten (neben Cembalo und Orgel auch Laute, Theorbe, Harfe), den ↑Fundamentinstrumenten, ausgeführt, zu denen meist ein Streich- oder Blasinstrument (Viola da Gamba, Violoncello, Fagott, Posaune) als Verstärkung der Basslinie hinzukam. Im Hochbarock wurde in fast allen Gattungen der Instrumentalmusik (Sonate, Suite, Concerto grosso) und Vokalmusik (Lied, Kantate, Oper mit Rezitativ und Arie) die stützende und zusammenhaltende Funktion des G. vorausgesetzt.

Am Ende des Barockzeitalters verlor die G.-Praxis nach und nach an Bedeutung, v. a. durch die zunehmende Individualisierung der Mittelstimmen in der Kammer- und Orchestermusik, wodurch die nun als starr empfundene Akkordfüllung überflüssig wurde (↑obligates Akkompagnement).

Generalmusikdirektor, Abk. GMD: ↑Musikdirektor.

Generalpause, Abk. G. P.: eine gleichzeitig in allen Stimmen des mehrstimmigen Satzes vorgeschriebene ↑Pause mit stark zäsurbildender Wirkung, häufig mit einer ↑Fermate versehen.

Género chico ['xenero 'tʃiko; spanisch »kleine Gattung«]: volkstümliche einaktige spanische Komödie mit Musik (in operettenartigem Stil). Der G. c. steht wie die ↑Zarzuela in der Tradition der ↑Sainete und war v. a. in der zweiten Hälfte des 19. Jh. bis etwa 1910 beliebt.

Gershwin ['gəːʃwɪn], George, eigentlich **Jacob Gershvin,** amerikanischer Komponist, *New York 26. 9. 1898, † Beverly Hills (Californien) 11. 7. 1937: G.s musikalische Wiege war die Tin Pan Alley in New York, Zentrum der Populärmusikverlage, wo er bereits als Sechzehnjähriger die neuesten Schlager auf dem Klavier vorspielte. Seit 1919 (»Swanee«) am Broadway bekannt, erlebte er 1924 gleich in zweifacher Hinsicht den Durchbruch, einmal mit dem Musical »Lady be good«, zum anderen mit der unter P. WHITEMAN uraufgeführten »Rhapsody in blue« für Klavier und Bigband. Sie begründete G.s Ruf als bedeutendster Komponist Amerikas im 20. Jh., der in jenem, v. a. vom Jazz her kommenden »amerikanischen Ton« sowohl ästhetisch anspruchsvolle leichte Musik schuf wie auch Orchesterkompositionen, die mit ihrem vergleichbar hohen Niveau dem europäischen Werkcharakter entsprechen. Neben Werken wie »Concerto in F« (1925), »Ein Amerikaner in Paris« (1928) oder der »Cuban Ouverture« (1932) gilt dies v. a. für sein Hauptwerk, die Oper »Porgy and Bess« (mit dem berühmten »Summertime«), die allerdings bei ihrer Uraufführung 1935 in Boston wegen ihres rein afroamerikanischen Sujets reserviert aufgenommen wurde und erst nach 1945 (als Film 1959) zum Welterfolg wurde.

G.s einzigartige Meisterschaft im Erfinden von Melodien zeigen seine über 500 Songs, von denen viele rückwirkend zu Jazz-Standards geworden sind (»'s Wonderful«, »Embraceable you«, »The man I love«, »I got rhythm«). Neben 28 Musicals, die meisten mit Texten seines Bruders IRA G. (»Oh Kay«, 1926; »Strike up the band«, 1927; »Girl crazy«, 1930), schrieb er auch die Musik zu den Fred-Astaire-Filmen »Damsel in distress« und »Shall we dance« sowie zu »The Goldwyn follies« (alle 1937).

Gesamtkunstwerk: ein Kunstwerk, in dem Ausdrucks- und Stilmittel von Dichtung, Musik, Tanz und bildender Kunst eine als Ideal vorgestellte Einheit bilden. R. WAGNER, der die Idee des G. in den Kunstschriften der Jahre 1849–51 entwickelte und v. a. in seiner Operntetralogie »Der Ring des Nibelungen« (ca. 1850–76) zu verwirklichen suchte, setzte das G. mit dem absoluten (Wort-Ton-)Drama (Musikdrama) gleich und erhob dessen Verwirklichung in den Rang geschichtlicher Notwendigkeit. In seiner Konzeption fließen Ideen von Kunst als zweiter Natur und vom gemeinsamen Urgrund der Einzelkünste sowie romantische Vorstellungen von deren Vereinigung zusammen. Die Idee des G. ist, mannigfach variiert, im 20. Jh. aktuell geblieben. Sie hat v. a. die Theaterkunst (z. B. A. APPIA, M. REINHARDT, E. PISCATOR), die Architektur (Bauhaus) sowie dadaistische Strömungen (K. SCHWITTERS) beeinflusst und liegt neueren musiktheatralischen Konzeptionen (z. B. F. BUSONI, B. A. ZIMMERMANN, K. STOCKHAUSEN) ebenso zugrunde wie den audiovisuellen Experimenten der Farbenmusik (z. B. A. N. SKRJABIN) und der Multimedia-(Mixedmedia-)Art (z. B. D. SCHÖNBACH).

Gesang: Bezeichnung sowohl für die Tätigkeit des Singens wie auch für eine abgeschlossene und wiederholbare musikalische Einheit (G.-Stück, Lied).
G. kann sowohl von mehreren Singenden gemeinsam (**Chor-G.**) als auch von einem Einzelnen (**Solo-G.**) ausgeübt werden. In der Regel ist G. an Worte oder Texte mit deutlich geprägtem Sinnzusammenhang gebunden; es ist aber auch möglich, auf für sich genommen sinnleeren Lauten oder Silben zu singen (↑Jodeln, ↑Vokalise, ↑Scat). Geschichtsepochen, Völker und Kulturen sowie soziale Schichten haben verschiedene Vorstellungen und Praktiken des Singens; ebenso erfordern musikalische Gattungen und Formen jeweils besondere Weisen des G. (z. B. Volks- oder Kunstlied, Belcantooper, Chanson). Vom Sprechen unterscheidet sich G. durch reproduzierbare Tonhöhen und Intervalle (↑Melodie), vielfach auch durch Einteilung der Melodie in rhythmische Werte von bestimmten zeitlichen Verhältnissen.
G. ist eine der ältesten kulturellen Leistungen des Menschen und die wohl älteste Art der musikalischen Betätigung, da es zwar Völker ohne Musikinstrumente, nicht aber ohne Gesang gibt. In einigen Kulturen gilt der Gesang als edelste und im religiösen Bereich als einzig erlaubte Form von Musik (z. B. in der orthodoxen Kirche).
Der europäische Kunst-G. beginnt in der griechischen Antike, in der bereits zwischen chorischem und solistischem G. unterschieden worden war. Ein Neuansatz im frühen Mittelalter ist die Pflege des einstimmigen ↑gregorianischen Gesangs (u. a. auch in Sängerschulen) mit seiner Entfaltung kunstreicher Melismen (↑Jubilus) und der Entwicklung von Mehrstimmigkeit (↑Organum) sowie geeigneter Notation. Dabei kam es zu einer Differenzierung einzelner Stimmbereiche und zu einer Ausweitung des verwendeten Stimmumfanges. Im 15. Jh. entstanden schließlich die bis heute gültigen Bezeichnungen Bass, Tenor, Alt, (Dis-)Cantus (später Sopran). Ein zweiter Strang des Kunst-G. ist der Vortrag volkssprachlicher Dichtung, u. a. durch ↑Troubadours, ↑Trouvères und im ↑Minnesang, in Spätmittelalter und Frührenaissance mit Zentren an Höfen in der Provence und Italien (Trecento-Madrigal). Eine bürgerliche Fortsetzung des Minnesangs war der ↑Meistersang. Auch wenn bis ca. 1600 die verschiedenen musikalischen Gattungen primär für Gesang bestimmt waren, waren bei der Ausführung i. d. R. Instrumente beteiligt. Die ↑Vokalmusik war also Vorbild der ↑Instrumentalmusik.
Eine neue Entwicklung in der G.-Kunst brachte die in Italien um 1600 entwickelte ↑Monodie, ein Solo-G. mit akkordischer Begleitung, und die sich daran anschließende Verbreitung von ↑Oper, ↑Kantate und ↑Oratorium. Es entstand der moderne Sängertyp mit der Möglichkeit des individuellen Ausdrucks und der Selbstdarstellung, wobei auch die Frauenstimme erstmals Beachtung fand. Die neuzeitliche G.-Kunst entfaltete sich im Spannungsverhältnis von schriftlich festgelegter Komposition und Aufführung, von Werk und Vortrag: Im Augenblick des Erklingens ergänzt der Sänger den

Notentext improvisierend durch Abwandlungen der Melodie, Verzierungen u. Ä. und deutet den Gehalt subjektiv aus. In den G.-Lehren verlagerte sich der Schwerpunkt von der Improvisations- und Verzierungslehre von daher immer mehr auf das Gebiet der Stimmbildung (↑Belcanto). Seit dieser Zeit ist die Geschichte des G. die Geschichte des Solo-G. und damit v. a. an die Entwicklung der Oper (↑Arie, ↑Rezitativ) gebunden. Die G.-Kunst verselbstständigte sich (Virtuosität, Koloraturen, Primadonnen) und gab z. T. die enge Bindung an Wort und Sinn auf. Im Kastratenwesen der höfischen Oper im 17./18. Jh. erreichte die Künstlichkeit des G. einen extremen Höhepunkt, dem dann das Ideal der »Natürlichkeit« in Spätaufklärung und Klassik folgte. Der Schwerpunkt der G.-Kunst verlagerte sich seither von improvisatorischer Hinzufügung zu werkgebundener ausdrucksvoller Interpretation. Neue Wirkungsfelder und Aufgaben (lyrische Vertiefung, Genauigkeit in Textdeklamation und Ausdruck) brachte das deutschsprachige Kunstlied seit Beginn des 19. Jh. (F. SCHUBERT, R. SCHUMANN, J. BRAHMS). Die wachsende Klangfülle des spätromantischen Orchesters stellte immer weitere Anforderungen an Stimmstärke und -kraft der Sänger. Ein anderer Traditionsstrang von Kunst-G. und G.-Kunst ist dagegen der dem Ideal der Leichtigkeit verpflichtete Vortrag des französischen ↑Chansons und ↑Couplets, der bis in die Gegenwart weiterlebt.

In der ↑Neuen Musik wurde die Vielfalt der G.-Formen erweitert und das Spektrum zwischen Sprechen und Singen stark differenziert: Sprech-G., Singen mit nur angedeuteten Tonhöhen bei festen rhythmischen Werten u. a. (z. B. in A. BERGS Oper »Wozzeck«, 1925, oder in A. HONEGGERS Oratorium »Johanna auf dem Scheiterhaufen«, 1938). Die Musik nach 1950 verzichtet zugunsten eines unmittelbaren Affektausdrucks oft auf Worte und Textzusammenhänge und verwendet Sprach- und Lautelemente primär als Klänge (z. B. B. BLACHER, »Abstrakte Oper Nummer 1«, 1953; G. LIGETI, »Aventures«, 1962–65; D. SCHNEBEL, »Maulwerke«, 1968–74).

In der Pop- und Rockmusik sind unter dem Einfluss von afroamerikanischem Blues und Jazz natürliche Ausdrucksweisen gefragt, bei denen der individuelle Charakter der jeweiligen Sängerstimme im Vordergrund steht.

Gesangbuch: die für eine Glaubensgemeinschaft bestimmte Sammlung kirchlicher, z. T. auch nur geistlicher Lieder.

Gesellschaftstanz: Bezeichnung für diejenigen Tanzformen, die im Gegensatz zum Sakral-, Volks- und Bühnentanz im Wesentlichen der Geselligkeit und Unterhaltung dienen. Sie sind in ihren Grundschritten festgelegt und werden gewöhnlich von einem oder mehreren Paaren getanzt.

Der europäische G. wurde zuerst an den italienischen Fürstenhöfen des 15. Jh. gepflegt, wo eigene Tanzmeister das Tanzen lehrten und die ersten Tanztheorien und -lehrbücher entstanden. Nach spätmittelalterlichem Vorbild herrschten die Doppeltänze vor (einem Schreittanz folgte ein Springtanz), z. B. Basse Danse mit Saltarello im 15. Jh. Die beliebtesten Tänze des 16. Jh. waren Pavane und Passamezzo mit Galliarde, Courante und Canarie, aber auch die Moriska als Einzeltanz. Als Gruppenpaartanz pflegte man den Branle, als einzigen Drehtanz mit Umarmung die Volte. Im 16. und 17. Jh. wurden der spanische und französische Hof Zentren des G.; von hier verbreiteten sich die Tänze Bourrée, Gavotte, Allemande, Chaconne, Gigue, Sarabande, Courante und Menuett an allen europäischen Höfen. Bezeichnend sind eine strenge Umstilisierung der ursprünglich aus Volkstänzen (aus den eigenen Provinzen und aus anderen Ländern) entwickelten G. und der Repräsentationscharakter des Tanzens; dafür sorgten u. a. die 1661 von LUDWIG XIV.

gegründete Académie royale de danse und deren berühmteste Tanzmeister P. BEAUCHAMPS und R.-A. FEUILLET. Im 18. Jh. entstanden, vom Bürgertum getragen, lockerere Formen des G., so Passepied, Musette, Rigaudon sowie die aus den englischen Countrydances hervorgegangenen verschiedenen Formen der Contredanse mit Cotillon und Quadrille. Seit 1716 fanden in der Pariser Opéra öffentliche Bälle für die gehobene Gesellschaft statt. Nach der Französischen Revolution kamen in Paris und Wien (nach englischem Muster) gegen Entgelt allgemein zugängliche Ballsäle, Tanz- und Gartenlokale auf, ebenso auch öffentliche Kurse. Im 19. Jh. breitete sich der Walzer aus, der Polka, Mazurka, Galopp, Ländler und die den Ball eröffnende Polonaise überlebte.

und mehr zum Schrittmacher neuer Tanzwellen, z. B. mit den Filmen »Carmen« und »Dirty dancing«. Neben gemäßigteren Formen des Dancefloor entstand mit den zahlreichen Spielarten des Techno in den 90er-Jahren ein regelrechter Massentanzkult, bei dem auf oft nächtelangen Raverpartys rauschartig bis zur Erschöpfung getanzt wird.

Gigue [ʒig; französisch, von englisch jig, zu altfranzösisch giguer »tanzen«, »springen«] (italienisch Giga): um 1635 in Frankreich aus der irisch-schottischen ↑Jig abgeleiteter lebhafter, vorwiegend instrumentaler Tanz; war im 17./18. Jh. weit verbreitet und Grundbestandteil der Suite. Auf dem Kontinent entwickelten sich verschiedene Ausprägungen. – Der in der französischen Lautensuite (Abfolge: Allemande, Courante, Sara-

Gigue: G. F. Händel, Suite d-Moll aus »Suites de pièces pour le clavecin« II (1733)

Seit Beginn des 20. Jh. kamen über England zahlreiche nord- und lateinamerikanische Tänze nach Deutschland, zunächst Twostepp, Onestepp, Boston, Cakewalk, Tango, Foxtrott, Machiche, nach dem Ersten Weltkrieg Shimmy, Charleston, Blackbottom, Blues, Englishwaltz und Rumba; nach dem Zweiten Weltkrieg folgten Samba, Jitterbug, Mambo und Cha-Cha-Cha, Mitte der 1950er-Jahre Rock 'n' Roll und Calypso. Nach 1960 entstanden die »Diskotänze« (nach Diskothek benannt), die einander in rascher Folge ablösten, u. a. Twist, Shake, Slop, Lambada, Macarena. In den 70er-Jahren entstand in den New Yorker Armenvierteln als »schwarzer« Straßentanz der Breakdance, der v. a. durch Filme populär wurde und sich rasch zu einem subkulturellen G. entwickelte. Überhaupt avancierte das Kino mehr

bande, G.) üblichen G. liegt ein punktierter $^4/_4$-Takt zugrunde; sie beginnt einstimmig und wird homophon oder imitierend fortgesetzt. Die G. der französischen Klaviersuite steht im Dreiertakt, ist kunstvoll ausgeziert und hat imitierende oder fugierte Stimmführung. Daraus entstand unter Weiterentwicklung der Fugentechnik u. a. durch J. J. FROBERGER die Fugen-G. (v. a. bei J. S. BACH). Die nicht fugierte italienische Giga steht in sehr schnellem $^{12}/_8$- oder $^6/_8$-Takt, hat glatt durchlaufende Rhythmik, Sequenzmelodik und Violinfigurationen.

giocondo [dʒoˈkondo; italienisch]: fröhlich, anmutig, heiter.

giocoso [dʒoˈkozo; italienisch]: lustig, scherzhaft, ausgelassen.

gioioso [dʒɔˈjoːzo; italienisch]: freudig, fröhlich.

Giraffenflügel (Giraffenklavier): v.a. in der ersten Hälfte des 19. Jh. gebautes Tasteninstrument mit senkrecht zu den Tasten verlaufendem Saitenbezug, Hammermechanik und harfenförmigem Gehäuse mit geschwungenem »Hals«, der an den einer Giraffe erinnert.

Gitarre [spanisch, von arabisch qīṭārah, zu griechisch kithára »Zither«] (früher Guitarre): Zupfinstrument mit 8-förmigem Korpus, Zargen, flachem Boden und flacher, mit rundem Schallloch versehener Decke, einem breiten Hals mit chromatisch angeordneten Metallbünden und einem leicht abgeknickten Wirbelkasten mit hinterständigen Wirbeln oder (heute) Schraubenmechanik. Die sechs an einem Querriegel befestigten Saiten der modernen einchörigen G. sind auf E–A–d–g–h–e^1 (Notation eine Oktave höher als klingend) gestimmt und werden mit den Fingerspitzen der rechten Hand gezupft. – Der Instrumentenname »Gitere« findet sich bereits um 1160 in dem altfranzösischen Liebesroman »Floire et Blancheflor«. Eine viersaitige »Guitarra latina« ist seit dem 13. Jh. in Spanien nachweisbar. Im 16. Jh. bildete sie, nunmehr mit fünf Saitenpaaren (Chören) versehen, das volkstümliche Gegenstück zur gleich gebauten, fünf- bis siebenchörigen ↑Vihuela der spanischen Kunstmusik. Als »Guitarra española« gelangte sie in ihrer Blütezeit im 17. Jh. nach Italien und Frankreich und wurde gleichermaßen von Künstlern wie Amateuren gespielt. Im 18. Jh. erhielt die G. die heute übliche Bespannung mit sechs Einzelsaiten. In der Folge nur selten von großen Virtuosen gepflegt, erlebte die G. im 20. Jh. mit der Erneuerung der Spieltechnik eine künstlerische Wiederbelebung, die sich in anspruchsvoller G.-Literatur niederschlug. – Die deutsche Jugendbewegung erhob die G. (**Klampfe, Zupfgeige**) zum Standardinstrument ihrer Spiel- und Wandermusiken. Heute findet sie als Melodie- und Begleitinstrument außer in der Unterhaltungsmusik im Jazz und in der Rockmusik breite Verwendung, v.a. als ↑E-Gitarre. Die als Rhythmusinstrument dienende **Schlag-G.** wird mit einem Plektron angerissen; bei der sechssaitigen (E–A–e–a–cis^1–a^1) oder achtsaitigen **Hawaii-G.** wird durch eine besondere Griffart (Saitenverkürzung mittels Metallstab) ein charakteristischer Glissando- und Vibratoeffekt erzielt. Nebenformen der G. sind die **Terz-** und

Gitarre

Quint-G. (Stimmung eine Terz bzw. Quinte höher als Normalstimmung), die **Bass-G.** der Schrammelmusik mit zusätzlichen frei schwingenden Saiten, die ↑Arpeggione, die ↑Lyragitarre und die ↑Ukulele.

giusto [ˈdʒusto; italienisch »richtig, angemessen«] (Tempo g.): im angemessenen, normalen Zeitmaß.

glagolitischer Kirchengesang: ↑altslawischer Kirchengesang.

Glasharfe: ↑Glasspiel.

Glasharmonika: ein von B. Franklin

1761 aus dem ↑Glasspiel entwickeltes und »Armonica« genanntes Friktionsinstrument. Es besteht aus verschieden großen Glasglocken, die ineinander geschoben auf einer horizontalen Achse lagern und durch Pedalantrieb in Umdrehung versetzt werden. Der Spieler berührt die Glasglockenränder mit befeuchteten Fingerspitzen. Der Tonumfang war anfangs zweieinhalb, später bis zu vier Oktaven (chromatisch). Eine Variante ist die **Klavierharmonika** mit Tastatur und Anstreichvorrichtung. Die G. war wegen ihres ätherischen Klangs ein Lieblingsinstrument der Empfindsamkeit in Deutschland im 18. und frühen 19. Jh. J. F. Reichardt, W. A. Mozart, L. van Beethoven u. a. komponierten für sie Solo- und Kammermusikwerke. Ab 1830 geriet das Instrument in Vergessenheit und erst R. Strauss verwendete es wieder in der Oper »Die Frau ohne Schatten« (1919).

Glasspiel (französisch Verrillon, englisch Musical glasses): ein Musikinstrument, das in einfachster Art aus Trinkgläsern besteht, die durch Wassereinfüllung abgestimmt sind und mit umwickelten Holzstäbchen geschlagen oder mit angefeuchteten Fingern am oberen Rand gerieben werden. Solche mehroktavige G. sind seit dem späten 15. Jh. belegt und waren in Europa v. a. in Großbritannien im 18. und 19. Jh. sehr beliebt. Ihre Vorläufer waren seit dem 13. Jh. nachweisbare persisch-indische Instrumente aus wassergefüllten und mit Stöcken geschlagenen Porzellanschalen (**Jaltarang**). Ein G. mit rotierenden Gläsern ist die ↑Glasharmonika. – Aus dem G. entwickelte B. Hoffmann 1929 die **Glasharfe**, die aus aufrecht auf einem Resonanzboden angebrachten Glasglocken verschiedener Größe und Wandstärke besteht (Tonumfang d–c^4).

Glee [gli:; englisch »Heiterkeit«, »Fröhlichkeit«]: ein in Herrenklubs der englischen Gesellschaft des 17. bis 19. Jh. beliebtes einfaches Lied für drei oder mehr Solostimmen (meist Männerstimmen) ohne instrumentale Begleitung. Er verdrängte im späten 18. Jh. den derberen ↑Catch. Wichtigster Komponist war S. Webbe.

gleichtönig: bezeichnet Harmonikainstrumente wie das ↑Akkordeon, bei denen sowohl auf Druck wie auf Zug des Faltenbalges der gleiche Ton erklingt; im Unterschied zur wechseltönigen ↑Handharmonika, bei der Druck und Zug jeweils einen anderen Ton hervorbringen.

glissando [italienisch »gleitend«], Abk. gliss.: die gleitende Ausfüllung eines größeren Intervalls; notiert werden nur der Anfangs- und Zielton, die Zwischentöne werden durch einen Strich ersetzt. Das Glissando wird auf dem Klavier durch schnelles Gleiten mit der Nagelseite des Fingers über die Tasten hervorgebracht, bei Streichinstrumenten durch Herauf- oder Heruntergleiten des Fingers auf der Saite; es kann auch auf Blasinstrumenten, Pedalharfe und Pedalpauken ausgeführt werden.

Glasspiel

Glocke: hohler, meist konkav gewölbter, nahezu kegelstumpfförmiger, aus Metall gegossener Klangkörper, der von innen mit einem frei beweglich aufgehängten, metallischen Klöppel (»Läuten«) oder von außen mit einem Hammer (»Schlagen«) angeschlagen und zu Eigenschwingungen angeregt wird. Der G.-Klang ist gekennzeichnet durch vorwiegend nicht harmonische Teilschwingungen, die im unteren Bereich von großer Intensität und geringer Dämpfung sind, während sie im dichten oberen Bereich schnell abfallen. Die Kunst des G.-Gießers besteht darin, im unteren Bereich (1.–5. Teilton) möglichst harmonische Frequenzen zu erhalten. Der am längsten anhaltende, tiefste (1.) Teilton ist die Unteroktave, der nächste, etwa eine Oktave höhere und die Tonhöhe der G. bestimmende (2.) Teilton ist die Prim, darüber liegen in annähernd exakten Intervallabständen Terz, Quint und Oberoktave. Daneben gibt es den physikalisch nicht messbaren und daher in seiner Erklärung umstrittenen Schlagton, der bei einigen G.-Arten genau eine Oktave unter der Oberoktave liegt. – Bei der Zusammenstellung (Disposition) eines Geläutes wird wegen des komplizierten Klangspektrums und der Gefahr von Überschneidungen das Nacheinanderklingen dem akkordischen Zusammenklingen vorgezogen.

Von Vorderasien aus, wo man zuerst G. zu gießen verstand (das älteste erhaltene Exemplar stammt aus dem 9. Jh. v. Chr.), verbreitete sich die G. im 6.–8. Jh. n. Chr. nach Europa. Bereits im 7. Jh. ist die Vereinigung mehrerer G. zu einem ↑Glockenspiel bekannt. Seit dem 8. Jh. dient sie in erster Linie als Kirchen-G., hat aber bis heute noch gelegentlich magische Aufgaben, z. B. im »Wetterläuten«. Der G.-Guss wurde zunächst von Mönchen, seit dem 13./14. Jh. dann auch von städtischen Handwerkern betrieben. Bis zum 17. Jh. wurden G. ausschließlich aus Bronze gegossen, seither wird auch Eisen sowie (seit 1852) Stahl verwendet, jedoch ist der Klang dieser G. härter.

Glockenspiel: Sammelbezeichnung für verschiedene Musikinstrumente, zunächst für ein Instrument, das aus kleinen, nach Tonhöhen geordneten Glocken (↑Cymbala) besteht, die in einem Rahmen nebeneinander aufgehängt und mit Hammer oder Stab angeschlagen werden. Das G., bereits im 7. Jh. in Frankreich nachgewiesen, wurde zu Intervallstudien und zur Begleitung liturgischer Gesänge verwendet. Das **Turm-G.** kam im 12. Jh. in den Niederlanden auf. Es diente an den Uhren von Kirchen- und Stadttürmen als Vorschlag zum eigentlichen Stundenschlag (↑Carillon). Bereits im 14. Jh. kam das mechanische Turm-G. auf, das mit einer Stiftwalze arbeitete und dessen Glocken von außen mit Klöppeln angeschlagen wurden. Die vergrößerte Zahl von Glocken (oft 2–4 Oktaven chromatisch) und die Einführung einer mit Fäusten geschlagenen Klaviatur (ab 1510) erlaubten ein selbstständiges Musizieren, wobei hier der Glockenschlag von innen erfolgte. Vom 16. bis 18. Jh. war das große Turm-G. v. a. in den Niederlanden, in Belgien und Nordfrankreich weit verbreitet, später gelangte es nach Deutschland, England, Russland und seit dem 19. Jh. in die USA. Eine Neubelebung des Turm-G. ging im frühen 20. Jh. hauptsächlich von Belgien aus. Moderne Turm-G. verfügen über eine elektrische oder pneumatische Traktur. Eine kleinere Form des Turm-G., entwickelte sich zum **Klaviatur-G.** Es ist mit einer Hammermechanik und Klaviertastatur versehen und von einem harmoniumartigen Gehäuse umgeben. Seit dem 17. Jh. fanden stählerne Klangplatten als Ersatz für Glocken Verwendung. Beim modernen **Orchester-G.** werden Stahl- oder Leichtmetallplatten von gleicher Breite und Dicke (etwa 25 × 8 mm), jedoch verschiedener Länge benutzt. Diese sind in einem flachen, auf einem Gestell ruhenden Resonanzkasten klaviaturartig angeordnet. Der Anschlag erfolgt mit Holzschlägeln oder Metallhämmerchen. Das Orchester-G. dient v. a. als Melodieinstrument. Das **Militär-G.** ist ein tragbares G., bestehend aus abgestimmten Metallplättchen, die in einem lyraförmigen Rahmen aufgehängt sind und mit einem Metallhämmerchen angeschlagen werden. Als **Orgelregister** ist das G. ab dem frühen 18. Jh. bekannt. Es kommt als Manual- oder als Pedal-G. vor.

Gloria in excelsis Deo [lateinisch »Ehre (sei) Gott in der Höhe«]: psalmähnlicher christlicher Lob- und Bittgesang (Doxologie), im 4. Jh. im östlichen Mittelmeerraum als Morgengesang entstanden. Der Text enthält den Lobgesang der

Engel (Lukas 2,14), neutestamentlich geprägte Akklamationen (Lukas 19,38) und Christusrufe; im Westen im 6. Jh. in die Eucharistiefeier übernommen. In der katholischen Liturgie ist es an allen Sonntagen und an Hochfesten (außer in der Advents- und Fastenzeit) gebräuchlich.

GMD: Abk. für Generalmusikdirektor (↑Musikdirektor).

Gong [malaiisch-angloindisch]: idiophones Schlaginstrument von bestimmter oder unbestimmter Tonhöhe in Form einer runden Metallplatte (70–80% Kupfer, 30–20% Zinn oder auch Legierungen mit Blei, Eisen, Zink oder Silber) unterschiedlichen Durchmessers (20–70 cm, beim Tamtam auch bis zu 150 cm) mit oder ohne Schlagbuckel. Der G. ist v. a. in Südost- (Buckel-G.) und Ostasien (Flach-G.) verbreitet. Er hat einen Rand, der mehr oder weniger weit heruntergezogen ist. Beim gefäßartigen Kessel-G. ragt er über einen breiten Fuß hinaus. Der G. ist gegossen und gehämmert und schwingt im Gegensatz zur Glocke am stärksten in der Mitte und am wenigsten am Rand. Er wird mit einem rundköpfigen oder hammerartigen Schlägel angeschlagen; der weit hallende Klang ist meist tief und dunkel, kann aber wie beim chinesischen G. auch hell tönend sein. G. treten einzeln, paarweise, auch als Orchestergruppe (↑Gamelan) auf; sie werden vertikal aufgehängt (↑Yunluo) oder ruhen waagerecht in einem Rahmen (↑Bonang). Im westlichen Orchester erklingen v. a. flache, chinesische G. (↑Tamtam).

Gopak [russisch]: ↑Hopak.

Gospelsong [ˈgɔspəlsɔŋ; von englisch gospel »Evangelium«]: eine Form des religiösen Liedes der schwarzen Nordamerikaner. Der G. entwickelte sich in Anlehnung an die ↑Negrospirituals des 19. Jh. und unter dem Einfluss des Jazz seit den 1920er-Jahren. Ursprünglich entstand der G. innerhalb des Gottesdienstes während der Auslegung des Evangeliums durch den Prediger aus spontanen Zurufen der Gemeindemitglieder. Der G. wird solistisch und chorisch dargeboten, wobei die für die afroamerikanische Volksmusik und den Jazz typischen Ruf-Antwort-Muster (Vorsänger und Chor) eine bedeutsame Rolle spielen. Über den unmittelbaren Gebrauch in den Gemeinden der Schwarzen hinaus hatten die Stilmerkmale und Ausdrucksmittel des G. v. a. Einfluss auf den ↑Hardbop und den ↑Soul.

Gothic [ˈgɔθɪk; englisch »schaurig«]: seit den frühen 1980er-Jahren Bezeichnung für eine Form der Rockmusik, deren Anhänger v. a. aus der subkulturellen Bewegung der »Grufties« kommen. G. ist schwermütig, geprägt von dumpfen, tiefen Klängen und oft bizarrer Gruselthematik (Vertreter u. a. Bauhaus, Sisters of Mercy).

G. P.: Abk. für ↑Generalpause.

Graduale: [mittellateinisch, zu lateinisch gradus »Stufe«]: in der katholischen Liturgie der zweite Gesang des ↑Proprium Missae; ursprünglich ein auf den Stufen zum Ambo vorgetragenes ↑Responsorium, das nach der Epistel gesungen wird; ihm folgen Alleluja (Halleluja) oder Tractus. Das G. entstammt der synagogalen Praxis und diente dem vollständigen Vortrag eines Psalms zwischen den Lesungen (des Antwortpsalms), wurde aber schon früh auf einen einzigen Vers reduziert. – Seit dem 12. Jh. ist G. auch die Bezeichnung für das liturgische Buch mit den Gesängen der Messe (Liber gradualis, ursprünglich Antiphonale missarum), d. h. denen des Proprium Missae und des Ordinarium Missae.

Gradus ad Parnassum: griechisches oder lateinisches Wörterbuch als Anleitung zum Verfassen griechischer oder lateinischer Verse; auch Titel musikalischer Unterrichtswerke zum Erlernen des Kontrapunkts, z. B. von J. J. Fux (1725) oder M. Clementi (1817–26).

grafische Notation: ↑musikalische Grafik.

Grand Opéra [grãtɔpeˈra; französisch »große Oper«]: der im 19. Jh., v. a. in der Zeit zwischen Napoleon I. und dem

Untergang des Zweiten Kaiserreichs (1815-70), vorherrschende Typus der ernsten französischen Oper, mit bevorzugt historischen Stoffen von aktuellem Interesse (Revolutionen, Aufstände u. a.), aufwendiger Bühnenausstattung, großen Massen- und Ballettauftritten, vielfältigsten musikalischen Formen und effektvoller Instrumentation. Wichtigster Textdichter war E. Scribe, Komponisten waren D. F. E. Auber (»La muette de Portici«, 1828), G. Meyerbeer (»Robert le diable«, 1831; »Les Huguenots«, 1836), J. F. É. Halévy (»La juive«, 1835). Auch einzelne Werke von H. Berlioz (»Les Troyens«, 1858), R. Wagner (»Rienzi«, 1842) und G. Verdi (»Les vêpres siciliennes«, 1855) stehen der G. O. nahe.

grave [lateinisch-italienisch »schwer«]: Charakter- und Tempobezeichnung für einen schweren, langsamen, wuchtigen Vortrag, im Tempo langsamer als ↑adagio. – **Grave** bezeichnet einen in diesem Tempo zu spielenden musikalischen Satz.

grazioso [italienisch]: anmutig, lieblich.

gregorianischer Gesang (gregorianischer Choral): der chorisch und solistisch einstimmige liturgische, mit der lateinischen Sprache verbundene Gesang der römischen Kirche in den Formen ↑Oration, ↑Lektion, ↑Antiphon, ↑Responsorium, Hymnus (↑Hymne) und ↑Sequenz, die in der Liturgie von Messe (↑Graduale) und Stundengebet (↑Antiphonar) Verwendung finden. Die schon Ende des 9. Jh. einsetzende Benennung nach Papst Gregor I., dem Grossen, geht auf dessen um 600 erfolgte Neuordnung der Liturgie zurück, doch bleibt ungewiss, ob diese den heutigen g. G. oder aber den altrömischen Gesang betraf. Über die frühchristliche Musik steht er in mittelbarer Verbindung mit der Gesangspraxis des östlichen Mittelmeerraums. Um die Mitte des 9. Jh. war er im Zuge der karolingischen Einheitsbestrebungen im gesamten Fränkischen Reich eingeführt und verdrängte zunehmend die damals noch lebendigen Sondertraditionen des gallikanischen Gesangs und des mozarabischen Gesangs. Nur die Tradition des ambrosianischen Gesangs ist bis heute erhalten geblieben.

Das heutige Melodienrepertoire des g. G. stellt keinen historisch einheitlichen Bestand dar, sondern wurde bis ins 14. Jh. durch Neukompositionen erweitert. Bei diesen trat die ursprüngliche, von melodischen Modellformeln ausgehende Gestaltung zunehmend zurück, wodurch die neuen Melodien mehr oder weniger stark dem jeweiligen musikalischen Zeitstil unterworfen waren. Davon unberührt blieben die an ein festgelegtes Grundgerüst (Initium, Tenor, Mediatio, Tenor, Finali) gebundenen modellartigen Singweisen in der ↑Psalmodie. Die vom Chor ausgeführten Gesänge sind generell durch eine schlichte Melodiebildung mit vielfach syllabischem Textvortrag gekennzeichnet, der nur von einigen (meist wenige Töne umfassenden) Melismen durchsetzt ist, wogegen die den Solisten zugewiesenen Gesänge mit reicher, vielfach ausschweifender Melismatik hervortreten.

Die älteste schriftliche Überlieferung lässt sich in Handschriften des 8. und 9. Jh. fassen, die bei fehlender musikalischer Notierung nur über Repertoire und Ordnung der Texte Aufschluss geben. Zusätzliche Hinweise vermitteln gleichzeitige Tonare, in denen die Gesänge nach den Kirchentönen zusammengestellt sind. Der bis dahin mündlichen Überlieferung der Melodien traten seit dem 9. Jh. in den Handschriften linienlose ↑Neumen zur Seite, die die Verbindung der Textsilben mit einem oder mehreren Tönen und in gewissem Umfang auch die Melodierichtung anzeigen. Die Angaben über Tonhöhe und Intervallgröße wurden seit dem Ende des 10. Jh. in der diastematischen Notation fixiert. Mit der Notierung Guidos von Arezzo auf Linien im Terzabstand (seit dem frühen 11. Jh.) wurden die Melodien definitiv in das diatonische System eingebaut. Der bis dahin rhythmische Vortrag der Gesänge verflachte schnell. Da im Vortrag wie in der Aufzeichnung der Noten kaum noch zwischen verschiedenen Längen und Kürzen unterschieden wurde, erhielt der g. G. nun die Bezeichnung **Cantus planus** (lateinisch »ebener Gesang«) im Unterschied zum **Cantus mensurabilis** (dem – auch in der Notation sichtbar – nach verschiedenen Notenwerten »gemessenen Gesang« der mehrstimmigen Musik). Tausende von Handschriften und auch spätere Drucke in römischer Quadrat- oder gotischer Hufnagelnotation überliefern das Repertoire des gregorianischen Gesangs.

Auf dem Konzil von Trient (1545–63) wurden Reformbestrebungen wirksam, die unter dem Einfluss des Humanismus ein neues Wort-Ton-Verhältnis in den Gesängen forderten. Die Melodien wurden in der Folge stark verändert, sei es durch z.T. radikale Kürzungen oder durch Umbildungen ihrer Gestalt. Diese Neufassung des g. G. fand ihren Niederschlag in der 1614/15 gedruckten »Editio Medicaea«, an der die italienischen Komponisten F. ANERIO und F. SORIANO wesentlich beteiligt waren. Diese Ausgabe behielt maßgebende Bedeutung, bis im 19. Jh. die Benediktiner des Klosters Solesmes in Frankreich eine auf mittelalterliche Überlieferung zurückgreifende Ausgabe des Graduales (1883) und des Antiphonars (1891) vorlegten. Die hier eingeleitete Wiederherstellung der alten Gesangstradition wurde 1903 in der nach ihren Anfangsworten benannten Enzyklika »Motu proprio« (lateinisch »Aus eigenem Antrieb«) von Papst PIUS X. gutgeheißen und führte zu der für die gesamte römisch-katholische Kirche bis heute verbindliche Fassung der Gesänge in der »Editio Vaticana« (u.a. Kyriale, 1905; Graduale, 1908; Antiphonar, 1912). Das Festhalten an eigenen Choralüberlieferungen wurde nur den Orden der Zisterzienser, Dominikaner und Prämonstratenser sowie dem ambrosianischen Traditionskreis zugestanden. Das 2. Vatikanische Konzil bestätigte 1963 den g. G. als den Gesang der römischen Liturgie, förderte aber gleichzeitig mit der Genehmigung anderer Kirchenmusik und v. a. der Volkssprache in der Liturgie eine zunehmende Einschränkung seiner Verwendung. – In den 1990er-Jahren wurde der g. G. über die Kirchenmusik hinaus populär, als ihn im Bereich der Weltmusik Gruppen wie Enigma als stilbildendes Vorbild aufgegriffen.

griechische Musik: im weiteren Sinn die Musik der Griechen in Vergangenheit und Gegenwart, deren etwa 3 000-jährige Geschichte die altgriechische, die ↑byzantinische und die neugriechische Musik (g. M. nach der Befreiung von der türkischen Herrschaft 1830) umfasst. Im engeren Sinn versteht man unter g. M. die Musik der antiken Griechen (ausgenommen die frühchristliche Musik), die einstimmig und damit melodisch orientiert war. Das griechische Wort »mousiké« (»Musenkunst«) umfasste zunächst ein breiteres Feld als der heutige Begriff und schloss auch Dichtung und Tanz ein.

Die g. M. kennt eine Fülle von Instrumenten, wobei das Zusammenspiel im Sinne eines Orchesters nicht zu einer besonderen Kunst entwickelt worden war. Zu der Familie der Leiern gehören Lyra, Barbiton und Kithara, zu den Blasinstrumenten Aulos (Doppeloboe), Syrinx (Panflöte) und Salpinx (Trompete), zu den Schlaginstrumenten Krotalon (Klapper), Kymbala und Krembala (Becken, Zimbeln) und Tympanon (Trommel). Für die Frühzeit liefern Mythen Hinweise auf die Herkunft der Instrumente und deren Stellung im Musikleben. So stehen mit der Leier Hermes und Apollo, mit der Syrinx Pan und mit Salpinx und Aulos Athene in Verbindung. Berühmt für die magische Wirkung ihrer Lieder waren die thrakischen Sänger Orpheus, Linos und Amphion. Kopf und Leier des Orpheus wurden der Sage nach auf Lesbos angeschwemmt. Von dieser Insel

griechische Musik

stammte dann als erste musikhistorisch nachweisbare Gestalt der Kitharaspieler TERPANDROS. Die Schlaginstrumente, von denen keine göttlichen »Erfinder« bekannt sind, gewannen mit dem Dionysoskult an Bedeutung.

Die g. M. der Frühzeit ist überwiegend Gesang, meist begleitet und mit Tanz verbunden. Innerhalb des Kultus bildeten sich aus dem Hymnos (Preislied) Lobgesänge für bestimmte Gottheiten: der Paian für Apoll, der Dithyrambos (Vorläufer des Dramas) für Dionysos. Enkomion oder Epinikion erklangen nach einem Sieg, das Skolion zur Unterhaltung beim Symposion (Gelage), Hymenaios und Epithalamion zur Hochzeit, Threnos und Elegos (Trauergesang mit Aulosbegleitung) zur Totenklage. Musische Agone (Wettkämpfe) fanden zu großen Kultfesten und bei den panhellenischen Spielen in Delphi statt. Disziplinen waren solistische Vorführungen auf dem Aulos (Auletik) und der Kithara (Kitharistik), Sologesänge, begleitet von einem der Instrumente (Aulodie und Kitharodie), Chorgesänge und Theateraufführungen.

Im 6. Jh. v. Chr. stellte PYTHAGORAS VON SAMOS die ersten musiktheoretischen Überlegungen an. Verbunden mit philosophisch-mystischen Lehren setzte er Intervalle, die Umlaufgeschwindigkeiten der Planeten und ihre Entfernungen zur Erde (Sphärenharmonie) sowie die ethische Wirkung der Musik in Beziehung zu Zahlen und ihren Verhältnissen. Musikwissenschaftliche Fachschriften kamen im 4. Jh. v. Chr. auf. Darunter stellen die Abhandlungen des ARISTOXENOS VON TARENT die Hauptstütze für die heutigen Kenntnisse der griechischen Musiktheorie dar. Grundelement der Tonordnungslehre ist das Tetrachord (griechisch »vier Saiten«). Im Rahmen einer Quarte umfasst es vier Töne, deren Intervallfolge das Tongeschlecht (**Genos**) bestimmt. Es gibt drei Genera (Anordnung der Töne von oben nach unten): diatonisch $1-1-^1/_2$ (a–g–f–e), chromatisch $1^1/_2-^1/_2-^1/_2$ (a–ges–f–e), enharmonisch $2-^1/_4-^1/_4$ (a–geses–Viertelton–e). Tetrachorde kombinierte man zu Systemen und erhielt so sieben Oktavgattungen (Reihen mit unterschiedlichen Intervallfolgen, ähnlich den mittelalterlichen ↑Kirchentonarten), die auf verschiedene Tonhöhen transponiert werden konnten (15 Tonarten). Das umfassende **Systema teleion** ist eine Kombination von fünf Tetrachorden mit allen denkbaren Intervallen, wodurch der gesamte zur Verfügung stehende Tonraum erschlossen wurde.

Die klar ausgeprägten Silbenlängen der Sprache waren Grundlage der musikalischen Rhythmik. Als kleinstes Element der »Ordnung von Zeiten« galt die »erste«, nicht mehr teilbare Zeit. Nächstgrößere Einheit war der »Fuß«, zusammengesetzt aus Arsis und Thesis (ursprünglich das Auf- und Absetzen des Fußes), die in gleichem oder unterschiedlichem Zeitverhältnis zueinander stehen und zu komplexen Gebilden kombiniert werden konnten (Iambus, Trochäus usw.). Die griechische Notenschrift benutzt Buchstaben des altdorischen Alphabets für die Instrumental- und des ionischen Alphabets für die Vokalmusik, wobei auch Vierteltöne durch eigene Zeichen ausgedrückt werden. Etwa 40 Melodiefragmente sind in Steininschriften erhalten (zwei Apollonhymnen in Delphi von 138/128 v. Chr., ein Skolion auf der Grabsäule des SEIKILOS vom 1. Jh. v. Chr.), auf Papyrus (Teile von Instrumentalkompositionen, Tragödien und einem Paian) und in Handschriften aus dem 13.–16. Jh. (Hymnen an die Muse, an Helios und an Nemesis von MESOMEDES aus dem 2. Jh. n. Chr.) erhalten. Für eine Vorstellung vom Klang der altgriechischen Musik sind diese Notenbeispiele aber zu kurz. AUGUSTINUS, MARTIANUS CAPELLA, BOETHIUS und CASSIODOR überlieferten an das Mittelalter griechische Musikanschauungen, die infolge ihrer philosophischen Durchdringung und ihrer theoretischen Grundlagen zum Ausgangspunkt der abendländischen Musik wurden.

Grieg, Edvard Hagerup, norwegischer Komponist, *Bergen 15. 6. 1843, † Bergen 4. 9. 1907: G. studierte in Leipzig (1858–62) und Kopenhagen u. a. bei N. GADE. Eine Lungenerkrankung, die zeitlebens seine Aktivitäten beeinträchtigte, führte ihn mehrfach nach Italien, wo er 1870 in Rom F. LISZT kennenlernte. Seit 1885 lebte er, unterstützt von einer jährlichen Staatsrente, als freischaffender Komponist in Troldhaugen bei Bergen.

Wie vermutlich kein anderer verkörperte G. bereits im 19. Jh. den Typ des nationalen, von den volkstümlichen Klängen seiner norwegischen Heimat (Bauerntänze, Bordunklänge der Hardangerfiedel) geprägten Komponisten, der spätestens ab Mitte der 1870er-Jahren auf zahlreichen Konzertreisen durch ganz Europa als Pianist und Dirigent wahre Triumphe feierte. Dabei beruht seine bis heute ungebrochene Popularität letztlich auf nur wenigen Sätzen bzw. Stücken eines ohnehin nicht sehr umfangreichen Werkes, etwa dem Klavierkonzert a-moll (1868), den 23 Stücken aus der Bühnenmusik zu H. IBSENS »Peer Gynt« (1876; auch als Orchestersuiten; daraus »Morgenstimmung«, »Anitras Tanz«, »Solvejgs Lied«), oder den zehn Heften lyrischer Klavierstücke (1867–1901; daraus »An den Frühling« op. 43, Nr. 6), damals wie heute fester Bestandteil allen häuslichen Klavierspiels. Neben einem umfangreichen Liedschaffen eher »Zufallsprodukte« sind u. a. das Streichquartett op. 27 (1878), die Streichersuite »Aus Holbergs Zeit« (1885) oder die vier sinfonischen Tänze op. 64 (1898). Gepaart mit eingängiger Melodik und prägnanter Motivik, beeinflusste v. a. seine damals als kühn empfundene Harmonik (Quintparallelen, Septimen- und Nonensprünge, übermäßige Quarte) den musikalischen Impressionismus.

Griffbrett: bei Streich- und Zupfinstrumenten ein auf den Hals aufgeleimtes Brettchen, auf das der Spieler die Saiten zur Veränderung der Tonhöhe niederdrückt; manchmal durch ↑Bünde abgeteilt.

Grifflöcher: runde Öffnungen in der Rohrwandung von Blasinstrumenten, die mit den Fingerkuppen geschlossen (»gedeckt«) werden, um die Tonhöhe zu verändern.

Edvard Grieg

Groove [gru:v; von englisch to be in the groove »gut drauf sein«]: in der Rockmusik und im Jazz das »stimmige« Grundgefühl für Rhythmus, Spannung und Tempo eines Stückes.

Ground [graʊnd; englisch »Grund«]: englische Bezeichnung für den Basso ostinato, im engeren Sinn eine ständig wiederholte Tonfolge (meist im Bass) von wenigen Takten Umfang als Fundament von Variationen; beliebt bei den englischen Virginalisten (um 1600) und in der Oper (z. B. bei H. PURCELL).

Growl [graʊl; englisch »Knurren«]: Spieleffekt im Jazz, der – in Nachahmung der ↑Dirty Tones – v. a. auf Trompete und Posaune mithilfe von Dämpfern, halb gedrückten Ventilen, Flatterzunge oder vibrierenden Stimmbändern (für die Hot Intonation) hervorgerufen wird und besonders in der Swing-Ära angewendet wurde.

Grundstimme:
◆ *Kompositionslehre:* seit dem 17. Jh. gebrauchte Bezeichnung für den Bass als Grundlage einer Komposition, auch für den ↑Fundamentalbass.

Grundton

♦ *Instrumentenkunde:* (Hauptstimme): bei der Orgel Bezeichnung v.a. für 8'-, aber auch für 16'- und 4'-Register im Unterschied zu den als Hilfsstimmen bezeichneten Aliquotstimmen und den gemischten Stimmen.

G-Schlüssel: 1 »französischer« Violinschlüssel, 2 Violinschlüssel

Grundton:
♦ *Harmonielehre:* im Generalbass und in der Harmonielehre der Ton, auf dem ein Akkord aufgebaut ist; er liegt in der Akkordgrundstellung im Bass, in der ↑Umkehrung des Akkords in einer anderen Stimme. – Gelegentlich wird auch die ↑Tonika als G. bezeichnet.

♦ *Akustik:* der tiefste Teilton eines ↑Klanges.

Grunge [grʌndʒ; amerikanisch »trüb«]: Bezeichnung für Musik und Texte einer Reihe von amerikanischen Rockgruppen der 1990er-Jahre (Nirvana, Pearl Jam), die eine bewusst depressive, von gesellschaftlicher Gefangenheit und Weltflucht geprägte Botschaft vertreten.

G-Schlüssel: in der Notenschrift das aus dem Tonbuchstaben G entwickelte Zeichen, der Violinschlüssel, mit dem im Liniensystem die Lage des eingestrichenen g (g¹) festgelegt wird. Der in der Barockmusik häufige »französische« Violinschlüssel auf der untersten Linie wurde durch den heute üblichen G-Schlüssel auf der 2. Linie verdrängt (↑Schlüssel).

guidonische Hand: seit dem 11. Jh. nach GUIDO VON AREZZO benanntes Hilfsmittel im Musikunterricht. Die einzelnen Fingergelenke und -spitzen der linken Innenhand stellen je einen bestimmten Tonbuchstaben oder auch eine entsprechende Solmisationssilbe (↑Solmisation) dar, wodurch v.a. die Unterscheidung von Ganz- und Halbtönen und deren Abfolge gezeigt werden konnten.

Guillaume de Machault [gi'jo:m dəma'ʃo] (Machaut), französischer Dichter und Komponist, *in der Champagne (Reims) um 1300, † Reims 13. 4. 1377: G.d.M. verkörpert in der abendländischen Musikgeschichte als Erster den aus der Anonymität des Mittelalters heraustretenden Typ des sich seiner selbst und seiner Fertigkeiten bewussten Künstlers. Ausgebildet vermutlich an der Pariser Universität, reiste er als Sekretär des böhmischen Königs JOHANN VON LUXEMBURG mehrfach durch Europa und war ab 1340 in Reims ansässig. Als Dichterkomponist pflegte er neben der Musik die traditionelle Gattung des Versromans, u.a. das autobiografische »Livre dou voir dit« (um 1363), in dem er auch über den neuartigen Höreindruck seiner Musik berichtet.

G.d.M. gilt als Hauptvertreter der ↑Ars nova. Dank einer von ihm selbst überwachten Sammelhandschrift sind 142 Kompositionen überliefert, darunter außer 23 Motetten und 19 Lais auch 42 Balladen, 33 Virelais und 21 Rondeaux, durch deren zwei- bis vierstimmigen Refrainformen die ursprünglich einstimmige weltliche Musik des Mittelalters erstmals den Rang kunstvoller, in Gattungen

Guillaume de Machault: Die Natur gibt dem Künstler ihre drei Kinder, die Vernunft, die Rhetorik und die Musik, als Berater.

Gymel

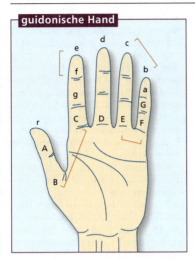

guidonische Hand

sich ausbildender Mehrstimmigkeit erhält. Charakteristischer Typus ist der dreistimmige »Kantilenensatz« mit gesungener Oberstimme und Begleitinstrumenten. In seiner großen vierstimmigen »Messe de Nostre Dame«, entstanden vermutlich anlässlich der Krönung KARLS V. 1364 in Reims, wird erstmals der liturgische Zyklus des Messordinariums auch im Sinne einer musikalischen Einheit kompositorisch konzipiert.

Guiro [ˈgiro; spanisch »Flaschenkürbis«]: lateinamerikanisches Schrapidiophon, das aus einem ausgehöhlten Flaschenkürbis mit auf einer Seite eingekerbten Rillen und zwei darunter befindlichen Haltelöchern besteht; zur Tonerzeugung wird über die Rillen mit einem hölzernen Stäbchen hin- und hergestrichen. Außer in der Tanzmusik, v.a. zur Samba, wird der G. auch im modernen Orchester eingesetzt.

Guitarre [gi-]: ↑Gitarre.

Gusle [serbokroatisch] (Gusla): südslawisches Streichinstrument mit ovalem Korpus, gewölbtem Boden, einer Decke aus Fell und einem langen griffbrettlosen, oft mit einem geschnitzten Tierkopf verzierten Hals. Die einzige, über einen Steg laufende Saite aus Rosshaar wird mit einem halbmondförmigen Bogen angestrichen und mit den Fingern von der Seite her abgeteilt. Mit der in Kniehaltung gespielten G. begleitet sich der **Guslar** genannte Spieler beim Vortrag epischer Gesänge.

Gusli [russisch]: russisches Volksmusikinstrument, ähnlich der finnischen ↑Kantele, eine Brettzither unterschiedlicher Größe und Form (Flügel-, Trapez-, Rechteckform) mit ursprünglich 5–7, später 18–32 Saiten, die mit den Fingern oder mit einem Plektron angerissen werden.

Gymel [ˈdʒɪməl; englisch, von lateinisch gemellus »Zwilling«]: im späten 15. Jh. aufgekommene Bezeichnung für eine seit dem 13. Jh. bekannte englische Form der Mehrstimmigkeit; zwei Stimmen werden unter Gebrauch von Gegenbewegung im Abstand von Terzen, Sexten und Dezimen geführt. Daneben wird auch ein zweistimmiger Satz in parallelen Terzen G. genannt.

Gusle

H

H (h): die 7. Stufe der Grundtonleiter C-Dur, französisch und italienisch si, englisch B (↑Solmisation). Die Erhöhung um einen Halbton heißt **His**, um zwei Halbtöne **Hisis**; die Erniedrigung um einen Halbton heißt ↑B, um zwei Halbtöne **Heses**. Seit dem 19. Jh. ist der Tonbuchstabe H auch Zeichen für H-Dur und h für h-Moll als Akkord und Tonart.

Habanera [aβa'nera; spanisch, nach der kubanischen Hauptstadt Havanna (spanisch La Habana)]: seit Anfang des 19. Jh. bekannter, kubanisch-spanischer Paartanz in mäßig bewegtem bis langsamem $^2/_4$-Takt mit dem Rhythmus ♩♫♩. Die H. gelangte Ende des 19. Jh. über Spanien nach Europa. Bekannt ist die H. aus G. BIZETS Oper »Carmen« (1875). Aus der H. entwickelte sich der Tango.

Hackbrett (lateinisch Dulce Melos, englisch Dulcimer, französisch Tympanon, italienisch Salterio tedesco): zitherartiges Saiteninstrument mit meist trapezförmigem Schallkasten, das mit Klöppeln angeschlagen wird; heute in der alpenländischen Volksmusik, in Südeuropa und in angelsächsischen Ländern gespielt. Von den etwa 25 Saitenchören

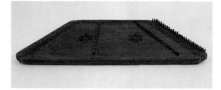

Hackbrett

(meist vier Metallsaiten je Ton) wird jeweils die Hälfte über einen von zwei Stegen geführt, von denen der linke zur Vermehrung des Tonvorrats so platziert ist, dass die durch ihn abgeteilten Saitenabschnitte in einem einfachen Intervallverhältnis (meist Quint) stehen. Die Saiten des rechten Stegs laufen frei durch Öffnungen des linken und umgekehrt die Saiten des linken Stegs durch die Öffnungen des rechten. Der Tonumfang reicht von g bis g^2 oder g^3. Die Klöppel sind aus Holz und zur Erzielung unterschiedlicher Klangfarben häufig auf der einen Seite befilzt. Eine Sonderform ist das ↑Cimbalom. – Die gesicherte Geschichte des europäischen H. beginnt im 15. Jh. Über eine Abhängigkeit von dem vorderorientalischen ↑Santur gibt es nur Vermutungen. Bis zum 17. Jh. unterschied sich das H. nur durch die Tonerzeugungsart vom ↑Psalterium. Die Zahl der Saitenchöre lag zwischen sechs (Anfang 17. Jh.) und 25 (18. Jh.). Schon seit dem 16. Jh. galt das H. (mit Ausnahme des ↑Pantaleon) v. a. als Volksinstrument.

Hajdútánc ['hɔjduːtaːnts; ungarisch]: seit dem Mittelalter bekannter Tanz der Heiducken (ungarische Hirten, später Söldner), der in Hockstellung ausgeführt wurde, begleitet von Händeklatschen und Johlen. Aus dem H. entwickelte sich im 19. Jh. der ↑Csárdás.

Halbschluss: der (unvollkommene) Schluss innerhalb oder am Ende eines Musikstücks, meist auf der Dominante (oder einer ihr verwandten Stufe), im Gegensatz zum ↑Ganzschluss, der auf der Tonika endet. – In der mittelalterlichen Melodielehre der »offene Schluss« gegenüber dem Schluss auf der Finalis.

Halbton: im zwölfstufig temperierten Tonsystem das kleinste Intervall (kleine Sekunde oder ein Zwölftel der Oktave), im Unterschied zum Ganzton (große Sekunde), dem in zwei Halbtöne zerlegbaren Intervall. Man unterscheidet **diatonische H.** (↑Diatonik), die einer Dur- oder Molltonleiter leitereigen angehören (z. B. e–f), **chromatische H.** (↑Chromatik), die durch Erhöhung oder Erniedrigung eines Skalentones entstehen (z. B. f–fis), und **enharmonische H.** (↑Enharmonik), die eine doppelt verminderte Terz darstellen (z. B. gis–heses). – In der reinen Stimmung gibt es den natürlich-harmonischen H. (Proportion 16:15), das große Chroma (135:128) und das kleine Chroma (25:24).

Half-Valve-Technik [ˈhɑːfvælv-; englisch »Halbventil«]: eine Trompetenspielweise im Jazz, bei der die Ventile des Instruments nur halb heruntergedrückt werden, wodurch ein gequetschter Klang mit unsauberer Tonhöhe entsteht.

Halleluja [hebräisch »preiset Jahwe«]: Aufruf zum Lob Gottes in der jüdisch-christlichen Tradition. In den meisten evangelischen Gottesdienstformen wird das H. nach dem Evangelium oder nach der Epistel dreifach von der Gemeinde gesungen. In der katholischen und ostkirchlichen Liturgie ist das **Alleluja** eine Akklamation, mit der CHRISTUS vor der Verkündigung des Evangeliums gehuldigt wird; es wird während der Fastenzeit, an gewöhnlichen Werktagen und in Totenmessen nicht gebraucht. Als liturgischer Gesang ist das Alleluja der Messe ein ↑Responsorium, das von einem Sänger, der die solistischen, meist sehr ausgezierten Partien ausführt, und dem antwortenden Chor vorgetragen wird. Charakteristisch ist der ausgesprochene ↑Jubilus über dem Schluss-a des Wortes »Alleluja«, an den sich der Vortrag eines Psalmverses (ursprünglich mehrere Verse oder ein ganzer Psalm) anschließt.

Hals: bei Instrumenten der Lauten- und Geigenfamilie Bezeichnung für die schmale, stielartige Verlängerung des Schallkörpers, auf der das ↑Griffbrett aufgeleimt ist und über die die Saiten zu den Wirbeln verlaufen.

Hammer: Bestandteil der modernen Klavier-(Hammer-)Mechanik, bestehend aus einem Holzstiel mit einem rechtwinklig angesetzten, keilförmigen Kopf, der mit Filz (früher Leder) überzogen ist. Als Erfinder der H.-Mechanik gilt B. CRISTOFORI. Daneben bezeichnet H. ein Schlagwerkzeug aus Holz, Metall oder Kunststoff zum Anschlagen von Aufschlagidiophonen wie Amboss, Metallplatten, Glockenspielen.

Hammerklavier (Hammerflügel): ↑Klavier.

Hammondorgel [ˈhæmənd-; englisch]: ein von L. HAMMOND 1934 entwickeltes ein- bzw. zweimanualiges mechanisch-elektronisches Tasteninstrument mit Pedal. Die Tonerzeugung erfolgt mithilfe von 91 von einem Elektromotor gleichzeitig angetriebenen »Tonrädern« (Metallzahnräder mit sinusförmigem Zahnprofil); diese induzieren in ebenso vielen Spulen mit stiftförmigem Magnetkern sinusförmige Wechselspannungen (Frequenz entsprechend der Drehzahl und Zahl der »Zähne«). Beim Drücken der Taste (Schalter) wird der entsprechende Spulenstrom elektronisch verstärkt und über Lautsprecher hörbar gemacht. Obertöne (z.B. Oktaven, Quinten und Terzen) können in verschiedenen Lautstärken jeweils zugemischt werden; auf diese Weise lassen sich verschiedene Klangfarben erzeugen (↑Leslie-Effekt). Die H. gilt als die »erfolgreichste« und am häufigsten kopierte E-Orgel der Nachkriegszeit.

Händel, Georg Friedrich, in Großbritannien **George Frideric Handel,** deutscher Komponist, *Halle (Saale) 23. 2. 1685, † London 14. 4. 1759: Eine erste wichtige Station im Leben des jungen, ursprünglich für das Organistenamt vorgesehenen H. war das Hamburger Opernhaus, damals Zentrum der deutschen Opernwelt, in dessen Orchester er 1703 als Violinist, später als Cembalist, wirkte und wo 1705 seine erste Oper »Almida« mit großem Erfolg aufgeführt wurde. Hier lernte er auch den einflussreichen Musikschriftsteller J. MATTHESON kennen, mit dem er eine Bildungsreise nach Lübeck zu dem damals berühmtesten Organisten D. BUXTEHUDE unternahm. Weitere Opernerfolge verbreiteten seinen Ruf auch nach Italien, wohin er 1706–09 eine Reise unternahm, die ihn über Florenz längere Zeit nach Rom führte. Dort entstanden eine Fülle v.a. kirchenmusikalischer Werke, darunter über 50 szenische Kantaten sowie das Oratorium »La Resurrezione«, dessen Aufführung am Ostersonntag

Händel

1708 unter der Leitung A. CORELLIS für einen Skandal sorgte, da trotz päpstlichen Verbots eine Frau mitwirkte. H.s endgültiger Durchbruch als europaweit führender Opernkomponist kam 1709 mit der Aufführung seiner »Agrippina« in der Opernmetropole Venedig. Zu wahren Triumphstürmen mitgerissen, verlieh ihm das Publikum den Beinamen »Il caro Sassone« (»Der liebe Sachse«).

Georg Friedrich Händel

Eine Anstellung als Hofkapellmeister 1710/11 in Hannover diente H. dank der Beziehungen des Hofes zu London als Sprungbrett nach England, wo ihm erneut ein überragender Bühnenerfolg gelang, und zwar mit dem in nur zwei Wochen fertig gestellten und am 24.2.1711 an der Queen's Opera am Haymarket aufgeführten »Rinaldo«, der ersten für ein englisches Theater verfassten italienischen Oper. Nachdem er sich im Herbst 1712 endgültig in England niedergelassen hatte (naturalisiert 1727), brachte ihm v.a. seine 1714 komponierte »Ode for the birthday of Queen Anne« eine lebenszeitliche Pension vom Königshaus ein, die nochmals aufgestockt wurde, als er 1717 anlässlich der Thronbesteigung GEORGS I. seine festliche »Wassermusik« (auf der Themse) zu Gehör brachte. Neben vereinzelten Auftragskompositionen, etwa den berühmten »Chandos-Anthems« 1719 oder einem großen Teil seiner Cembalomusik, die er als Lehrer der königlichen Prinzessinnen verfasste, stand sein Schaffen mit der Übernahme der künstlerischen Leitung der Royal Academy of Music (königliche Oper am Haymarket) 1719 nun über 20 Jahre lang im Zeichen der Oper. Von H.s insgesamt 42 Opern sind allein 36 für London geschrieben, u.a. »Giulio Cesare« (1724), »Giustino« (1737), »Serse« (1738; mit dem noch heute populären »Largo«) oder »Deidamia« (1741).

H.s Zeit als Opernimpresario, während der er viele berühmte europäische Opernstars wie z.B. den Kastraten FARINELLI nach London verpflichtete, war nicht ungetrübt. Mehrfach stand er vor dem geschäftlichen Ruin. Anfeindungen seitens einer gegen die italienische Opera seria als einer Adelsoper gerichteten bürgerlichen Gegenbewegung fanden ihren Höhepunkt 1728 in der von J. GAY und J. C. PEPUSCH mit ungeheurem Erfolg in Szene gesetzten »Beggar's opera«: In einer Geschichte von Dirnen und Dieben karikierte sie mit betont antiartifiziellen Mitteln und beißendem Spott die Opernart H.s und prangerte zugleich die Gesellschaft an, deren musikalisches Standessymbol sie war. Ein gesundheitlicher Zusammenbruch 1737 zwang ihn schließlich zum Rückzug aus dem Operngeschäft.

Danach widmete sich H. mehr und mehr der Komposition von Oratorien, wobei von den 22 Werken dieser Gattung v.a. der 1742 in Dublin uraufgeführte »Messias« von herausragender Bedeutung für die Nachwelt wurde. Das darin enthaltene »Halleluja« gehört zu den meistaufgeführten Stücken der Musikliteratur. Daneben entstanden nun vermehrt Orchesterwerke, so die zwölf Concerti grossi op. 6 (1740) sowie zahlreiche Orgelkonzerte, bei deren Aufführung er wieder als Organist brillierte. Anlässlich der Feier des Aachener Friedensvertrages schrieb er seine »Feuerwerksmusik« (1749). H., der 1751/52 erblindete, wurde in der Westminster Abbey beigesetzt. Bereits ein Jahr nach seinem Tod erschien eine umfangreiche Biografie über ihn (verfasst von J. MAINWARING) – die erste eines Komponisten überhaupt.

H. gilt neben J. S. BACH als der bedeutendste Komponist seiner Zeit, wobei sein Ruhm unter den Zeitgenossen und noch lange danach den BACHS bei weitem überstieg. Heute hat sich das Bild merklich umgekehrt. Während BACHS Gesamtwerk umfassend präsent geblieben ist, haben sich trotz zahlreicher Bemühungen, sein Erbe wach zu halten (H.-Festspiele u. a. in Halle oder Karlsruhe), letztlich nur ganz wenige seiner Werke im internationalen Repertoire halten können, allen voran natürlich der »Messias«, die »Wasser-« und die »Feuerwerksmusik«.

Handharmonika: ein Harmonikainstrument, bei dem im Gegensatz zum ↑Akkordeon auf Druck und Zug des Faltenbalgs unterschiedliche Töne erklingen und die Knopftasten diatonisch angeordnet sind. Speziell wird unter H. das mit einer Gleichtontaste und Hilfstasten für chromatische Töne versehe Instrument (Klubmodell) verstanden, während als **Ziehharmonika** die einfacheren »Wiener Modelle« bezeichnet werden.

Hardangerfiedel [nach der norwegischen Landschaft Hardanger] (norwegisch Hardingfele): volkstümliches norwegisches Streichinstrument in Violinform, etwas kleiner als die Violine, mit kurzem Hals, niedrigem Steg und etwas stärker gewölbter Decke und Boden. Die H. hat vier Griffsaiten und vier unter dem Griffbrett verlaufende Resonanzsaiten. Saitenhalter, Griffbrett und die Randeinlage sind mit Intarsien reich verziert.

Hardbop [ˈhɑːdbɔp; englisch]: Jazzstil der 1950er- und 60er-Jahre, der an der Ostküste der USA v. a. von schwarzen Musikern als Reaktion auf den »weißen« Westcoastjazz ausgeprägt wurde. Der H. stellt in stilist. Hinsicht die Fortsetzung des ↑Bebop dar, gleichzeitig jedoch dessen Glättung und z. T. Vereinfachung. Eine bedeutende Rolle im H. spielten Rückgriffe auf traditionelle Modelle der afroamerikanischen Folklore, v. a. Gospel und Blues. Die zunehmende Schematisierung führte um 1960 zum ↑Free Jazz.

Hardrock [ˈhɑːdrɔk; englisch]: seit Ende der 1960er-Jahre verbreitete Stilrichtung der Rockmusik, die durch extreme Lautstärke, ein von Schlagzeug und verzerrten Gitarrenklängen beherrschtes Klangbild, hart akzentuierte, monoton durchgeschlagene Bass-/Schlagzeugfiguren und einfache, meist bluesnahe Harmonik gekennzeichnet ist. Nach Vorläufern wie The Who und J. HENDRIX waren in den 1970er-Jahren u. a. Led Zeppelin und Deep Purple, später E. VAN HALEN, AC/DC und die Scorpions erfolgreich. Eine besonders harte Variante des H. stellt der ↑Heavy Metal (Heavy Rock) dar.

Handharmonika

Harfe (italienisch Arpa): ein zu den ↑Chordophonen gehörendes Zupfinstrument, dessen Saitenebene senkrecht zur Decke des Resonanzkörpers verläuft. Bei der neueren Form der H. **(Rahmen-H.)** sind die Saiten in einen Rahmen gespannt, der aus einem schräg nach oben geführten und sich verjüngenden Schallkasten, einem spitzwinklig anschließenden, gebogenen Hals (Saitenträger mit Stimmwirbeln) und einer Hals und Schallkasten verbindenden Vorderstange zusammengesetzt ist. Die heute gebräuchliche **Doppelpedal-H.** wurde 1811 von S. Érard entwickelt und besitzt mit fast sieben Oktaven ($_1$Ces–gis^4) etwa den gleichen Tonumfang wie das Klavier. Die primäre Tonerzeugung erfolgt durch Anzupfen der Saiten mit den Fingerkuppen beider Hände. Die 46–48 Saiten aus gedrehtem Darm, Metall, Nylon oder Perlon sind in einer Leiste auf dem Resonanzboden des Korpus eingehängt. Das Instrument wird in Ces-Dur eingestimmt; die sieben Doppelpedale ermöglichen es, durch Einrasten in zwei verschiedene Stellungen jeden einzelnen der sieben Töne der Ces-Dur-Tonleiter um entweder einen Halb- oder einen Ganzton zu erhöhen, sodass alle Töne der temperierten Stimmung erzeugt werden können.

Die ältesten Belege für die H. stammen aus Ägypten (ab 2703 v. Chr.). Es handelt sich zunächst um sechssaitige **Bogen-H.** (Hals und Schallkörper bilden einen Bogen); aus dem Neuen Reich (ab 1552 v. Chr.) sind auch Darstellungen von **Winkel-H.** bekannt (Hals und Schallkörper stehen im Winkel zueinander). Die Zahl der Saiten betrug jetzt bis zu 14. Daneben kam auch die Rahmen-H. bereits im Alten Orient vor (der Rahmen entsteht durch Hinzufügung einer Vorderstange). In dieser Gestalt tauchte die H. im 8. Jh. auf den Britischen Inseln auf und wurde um 1000 auf dem europäischen Festland bekannt. Die Saitenzahl lag im Mittelalter etwa zwischen sieben und 25. M. Praetorius nennt 1619 Umfänge F–c^2 und F–a^2. Die Saiten waren gewöhnlich diatonisch gestimmt, doch gab es vom 16. Jh. an auch chromatische Anordnungen. Seit der zweiten Hälfte des 17. Jh. konnte die diatonische H. durch drehbare Haken verhältnismäßig schnell von Hand umgestimmt werden (Tiroler **Haken-H.**). Das Umstimmen während des Spiels ermöglichte J. Hochbrucker um 1720 durch fünf, später sieben Pedale, von denen jedes einen bestimmten Ton jeder Oktavlage um einen Halbton erhöhte.

Harfe

Die Verwendungsarten der H. reichen vom Spiel im Ensemble, von Gesangsbegleitung, Generalbass- und Soloinstrument bis zum heutigen Orchester- und Konzertinstrument. Sie genoss vielfach ein hohes Sozialprestige und erlangte symbolische Bedeutung, z. B. erscheint sie im irischen Landeswappen und ist seit dem Mittelalter Attribut König Davids und des thrakischen Sängers Orpheus.

Harfenett: ↑Spitzharfe.

Harlemjump [ˈhɑːləmdʒʌmp; englisch]: ein in den 1930er-Jahren in Harlem entstandener Tanz, dessen charakteristische Bewegung der Sprung ist. Musikalisch ist der H. als Vorläufer des ↑Rhythm and Blues anzusehen.

Harmonie [griechisch »Fügung«]: ausgewogenes, ausgeglichenes Verhältnis; Einklang, Eintracht. In der griechischen Antike bezeichnet H. die im Tonsystem fixierten Tonpunkte, v. a. die Binnenstruktur der Oktave, bei der das Verschiedenartige aufgrund übergeordneter Gesetzmäßigkeiten zusammengefügt ist. Der universale mathematisch-musikalische H.-Begriff der pythagoreischen Kosmologie (vertreten z. B. im 5. Jh. v. Chr. von dem Philosophen PHILOLAOS VON KROTON) gipfelte in der Lehre von der ↑Sphärenharmonie als Ausdruck für die göttliche Ordnung der Welt.

Die mittelalterliche Musikanschauung übernahm die Idee der Sphären-H. als »musica mundana«; davon unterschied sie die »musica humana«, die menschliche H. zwischen Leib und Seele, und die »musica instrumentalis«, die erklingende Musik (↑Musica). Im Bereich der »musica instrumentalis« bezeichnet H. die verschiedenen Tonordnungen zunächst innerhalb der einstimmigen Musikpraxis; erst später wurde der Begriff auch auf zusammenklingende Töne und Stimmen angewandt. Mit der Entwicklung der Musiktheorie von einer spekulativ-philosophischen Disziplin zu einer mehr an der Kompositionspraxis orientierten Lehre begann der kosmologische Aspekt des H.-Begriffs in den Hintergrund zu treten, und schließlich wurde H. gleichbedeutend mit Zusammenklang bzw. ↑Harmonik verwendet. Die pythagoreische Idee der durch Zahlenverhältnisse ausgedrückten H. des Kosmos blieb z. T. noch in der Neuzeit lebendig und findet heute im ↑New Age wieder ihre Anhänger.

Harmonielehre: die Lehre von den Akkorden und Akkordfolgen in der Dur-Moll-tonalen Musik des 18. und 19. Jh. Das Grundelement der H. ist der aus zwei Terzen geschichtete ↑Dreiklang. Dessen Grundton bestimmt die Stelle des Akkords im System (z. B. c–e–g als C-Dur-Akkord), dessen Terz das Geschlecht, Dur oder Moll (in C-Dur: e, in c-Moll: es). Der Grundton kann zugleich der tiefste Ton sein (die Grundstellung, z. B. c–e–g). Durch Oktavversetzung einzelner Akkordtöne kann der Akkord in seine Umkehrungen überführt werden (e–g–c^1; g–c^1–e^1), die als Varianten des Grundakkords gelten. Weitere Töne im Terzabstand können den Dreiklang zum Septakkord (z. B. c–e–g–b) und Nonakkord (c–e–g–b–d^1) ergänzen oder ihm als »harmoniefremde Töne« besondere Färbungen verleihen. Akkordbeziehungen werden in erster Linie nach dem Intervall ihrer Grundtöne bestimmt, wobei als wichtigstes Intervall die Quinte gilt (Quintbeziehung zeigen z. B. C-Dur und G-Dur). Häufige und grundlegende Akkordfolgen stellt die H. in ↑Kadenzen dar; in der Modulationslehre (↑Modulation) gibt sie Regeln für den Übergang von einer Tonart in die andere an.

Die H. entwickelte sich aus der Generalbasslehre (↑Generalbass). Entscheidenden Anstoß gaben die musiktheoretischen Schriften von J.-P. RAMEAU (ab 1722). Nach 1800 trat sie zunächst weitgehend als ein System von ↑Stufenbezeichnungen auf, das allen sieben Stufen der Tonleiter Akkorde zuordnet (in C-Dur: c–e–g, d–f–a, e–g–h usw.). Erst im 19. Jh. entwickelte sich als Alternative dazu die ↑Funktionstheorie, die alle Akkorde einer Tonart auf eine Tonika und die ihr beigeordneten Hauptfunktionen Dominante und Subdominate bezieht.

Harmoniemusik: die von einem Orchester mit gemischter Besetzung aus Holz- und Blechblasinstrumenten (auch mit Schlagzeug) ausgeführte Musik (im Gegensatz zur reinen Blechmusik). Auch die ausführenden Ensembles, so die Musikkorps des Militärs sowie andere Musikkapellen und Blasorchester, werden als H. bezeichnet. Originalkompositionen schrieben im 18. Jh. u. a. J. HAYDN, W. A. MOZART, später auch L. VAN BEETHOVEN; im 19. Jh. wurden Werke der Oper und des Konzertsaals für H. arrangiert (Garten- und Promenadenkonzerte).

Harmonik [griechisch]: Bezeichnung für das Ganze der musikalischen Erscheinungen, die sich aus den Zusammenklängen mehrerer Töne ergeben. Dazu gehört der jeweils geschichtlich bedingte Vorrat der Klänge und Akkorde, ihr Aufbau, ihre Wertigkeit und ihre Verbindungsmöglichkeiten untereinander. H. ist als Begriff grundsätzlich auf jede mehrstimmige Musik anwendbar. Dabei bildet sie einen der zentralen musikalischen Bereiche (↑Harmonie) neben Melodik und Rhythmik, mit denen sie zumeist aufs Engste verbunden ist. Geschichtlich zu unterscheiden sind in der abendländischen Musik die modale H. des Mittelalters, die an den ↑Kirchentonarten orientiert ist, die Dur-Moll-tonale H. der Neuzeit, die auf der ↑Kadenz beruht und den Hauptgegenstand der ↑Harmonielehre bildet, sowie die atonale H. des 20. Jh., die die funktionale Klassifikation der Zusammenklänge preisgegeben hat.

Harmonika: im weiteren Sinn Bezeichnung für Musikinstrumente mit aufeinander abgestimmten idiophonen Röhren, Platten, Stäben, Zungen oder Gefäßen, auf denen mehrstimmiges Spiel möglich ist; z.B. ↑Glasharmonika und Holzharmonika (↑Xylophon). Im engeren Sinn versteht man unter **H.-Instrumenten** die Aerophone mit durchschlagenden Zungen, d.h. das ↑Harmonium mit seinen Vorläufern sowie die ↑Mundharmonika und die verschiedenen Arten der Hand-H. Letztere lassen sich nach zwei Gesichtspunkten einteilen: 1) nach Abhängigkeit der Tonhöhe von der Balgführung (gleiche oder verschiedene Töne auf Zug und Druck), 2) nach der Funktion des einzelnen Knopfes (Erzeugung eines Einzeltones oder eines Akkords auf der Bassseite). Einzel- und gleichtönig sind die englische ↑Konzertina und das ↑Bandoneon. Gleichtönig mit Akkorden ist das ↑Akkordeon; wechseltönig mit Akkorden sind ↑Handharmonika und Ziehharmonika.

harmonische Teilung: in der Musiktheorie die Teilung der Länge a einer schwingenden Saite bezüglich eines durch ein gewünschtes Intervall vorgegebenen Saitenstücks der Länge c nach der Formel $b=(a+c)/2$; das arithmetische Mittel der untersuchten Saitenstücke entspricht dabei dem harmonischen Mittelwert der zugehörigen Frequenzen. Die h. T. einer Oktave (Verhältnis der Saitenlängen $c:a=1:2$ bzw. $2:4$) ergibt das Verhältnis $2:3:4$ der Frequenzen und damit die Quinte $(2:3)$ und die Quarte $(3:4)$. Die h. T. der Quinte ergibt das Verhältnis $4:5:6$ eines Durdreiklangs mit großer Terz $(4:5)$ und kleiner Terz $(5:6)$. Der Molldreiklang ergibt sich durch Bildung des harmonischen Mittels

$$\frac{1}{b}=\frac{1}{2}=\left(\frac{1}{a}+\frac{1}{c}\right),$$

wobei sich $a:c$ wie $2:3$ verhält und also einer Quinte entspricht.

Harmonium: ein Tasteninstrument mit durchschlagenden Zungen und einem Tonumfang von gewöhnlich fünf Oktaven (C–c^4; Normal-H. F–f^4). Durch abwechselndes Treten zweier Pedale, die einen einseitig gefalteten Schöpfbalg betätigen, wird beim **Druckluft-H.** der Wind in einen gefederten Magazinbalg gepumpt, der den Winddruck reguliert und über ein Sperrventil an die Windlade abgibt. Kernstück des H. ist der zwischen Tastatur und Windlade verlaufende Stimmstockkasten. Je nach Disposition ist er in mehrere Windkanäle unterteilt, die nach unten zur Windlade hin mit je einem Registerventil versehen sind. Zu jedem dieser Kanäle gehört eine Kanzellenreihe mit durchschlagenden Zungen, über denen sich mit der Tastatur gekoppelte Spielventile befinden. Bei Tastendruck öffnen sich die entsprechenden Spielventile (jeder Kanzellenreihe), und der Wind kann durch das gewählte Registerventil und den dazugehörigen Windkanal aus der Windlade nach oben hin die Stimmzungen passieren. Neben den gewöhnlich bis zu vier Zungenregistern zu 2-, 4-, 8- oder 16-Fuß besitzt das größere H. noch eine Reihe von Effektregistern bzw. Spielhilfen (u. a. Perkussion, Prolongement). Charakteristisch für das H. ist sein stetiger, schwach tremolierender und sanfter Ton, der allerdings dynamisch begrenzt ist. Ein Nachteil ist der relativ langsame Einschwingungsvorgang. – Nach zahlreichen Vorläufern wurde das H. erstmals 1840 unter dieser Bezeichnung von F. A. DEBAIN gebaut,

Harmonium

fand aber bis ins 20. Jh. viele Verbesserungen und Neukonstruktionen (**Saugluft-H.**). Das H. war ein beliebter Orgelersatz für den Heim- und Kirchengebrauch und wurde daneben u. a. in der Unterhaltungsmusik (Salonorchester) verwendet. Heute ist es weitgehend von den elektronischen Tasteninstrumenten verdrängt.

Harmonizer [ˈhɑːmənaɪzə(r); englisch, zu to harmonize »aufeinander abstimmen«]: ein elektronisches ↑Effektgerät, das bei der Tonaufnahme zur Verbesserung der Klangfülle eingesetzt wird. Mit ihm lassen sich aber auch chorische Effekte oder Stimmveränderungen (»Mickey-Mousing«) erzielen, auch die »Zweitstimme« eines Schlagersängers.

Harpsichord [ˈhɑːpsɪkɔːd; englisch]: ↑Cembalo.

Hauptsatz: innerhalb der ↑Sonatensatzform der erste Teil der Exposition; er enthält das häufig periodisch in Vorder- und Nachsatz gegliederte Hauptthema in der Grundtonart und mündet zumeist in eine modulierende Überleitung, die den Seitensatz (das 2. Thema) vorbereitet. Der H. kann auch aus mehreren thematischen Gedanken gebildet sein.

Hauptstimme: ↑Grundstimme.

Hauptton: der 1. Ton einer Tonleiter sowie der tiefste Ton (Grundton) eines Akkords; auch die durch Nebentöne verzierte Hauptnote.

Hauptwerk: Teilwerk der ↑Orgel.

Hausmusik: in der Familie sowie in bürgerlich-ständischen Gemeinschaften gepflegtes, oft von Laien ausgeführtes Musizieren, für das sich zeitweilig Sonderformen der Instrumental- und Vokalmusik herausgebildet haben. Die bürgerliche H. war bis ins späte 18. Jh. das Gegenstück zur fürstlichen Kammermusik und entwickelte sich im 19. Jh. zur bürgerlichen Kammermusik. Ihr Repertoire umfasst die Lied- und Tanzmusik vom Mittelalter bis zum 18. Jh., Kanons und Madrigale, die Musik für Tasteninstrumente, die Spielmusik des Barock, Klaviersonaten v. a. von J. HAYDN und W. A. MOZART, das Klavierlied, ein Großteil der klassischen Kammermusik, v. a. Klaviertrio und Streichquartett, die vierhändige Klaviermusik. In Romantik und Biedermeier kamen der Begriff des Hauskonzerts, die bürgerliche Form der »Salon-Matinee« oder »Soiree« auf. In der neueren Zeit, nachdem sich die Kammermusik zu einer reinen Konzertmusik entwickelt hatte, haben die Jugendmusikbewegung und die Schulmusik die H.-Pflege mit Spiel- und Singmusik und Kanons gefördert.

Hautbois [oˈbwa; französisch]: französische Bezeichnung für die ↑Oboe. **Hautboisten** oder **Hoboisten** wurden bis zum Ersten Weltkrieg die deutschen Militärmusiker der Infanterie genannt.

Haute-contre [oːtˈkɔ̃tr; französisch, von lateinisch contratenor altus]: französische Bezeichnung für die höchste Männerstimme, den männlichen ↑Alt.

Hawaiigitarre: große Gitarre mit hohem Steg, Bünden und bis zu 10 oder 12 Metallsaiten, die mit einem Schlagring angerissen und durch einen in der linken Hand gehaltenen Riegel aus Metall oder Kunststoff verkürzt werden, wodurch das charakteristische Glissandospiel zustande kommt. Sie wird meist auf den Oberschenkeln oder einem Tisch liegend gespielt. Aus der H. wurde in den 1930er-Jahren in den USA die elektrisch verstärkte **Steelguitar** entwickelt, mit ein bis zwei Griffbrettern und 10 oder 12 Saiten; in der Countrymusic wird sie auch als zum Standtisch ausgebildete **Pedal-Steelguitar** eingesetzt.

Joseph Haydn

Haydn ['haɪdən], Franz Joseph, österreichischer Komponist, *Rohrau (Bezirk Bruck an der Leitha) wahrscheinlich 31. 3. (getauft 1. 4.) 1732, † Wien 31. 5. 1809: Der Lebensweg H.s, der sich nach dem Ausscheiden als Chorknabe am Wiener Stephansdom 1749 sein Brot vorwiegend noch als Klavierbegleiter und Tanzbodengeiger in Wien verdient hatte, ist untrennbar verbunden mit dem Fürstenhaus der Esterházys im burgenländischen Eisenstadt. 1761 eingestellt, übernahm er nach der Übersiedlung seines Dienstherrn Fürst NIKOLAUS nach Schloss Eszterháza am Neusiedler See 1766 die dortige Stelle des ersten Kapellmeisters, die er zeitlebens innehaben sollte und von deren äußeren Verpflichtungen er erst befreit war, als die Kapelle 1790 aufgelöst wurde und er, ausgestattet mit einer jährlichen Pension von 1400 Gulden, »in die Freiheit« nach Wien übersiedeln konnte.

Auf Eszterháza entstanden in schier unermüdlichem Fleiß 24 (heute längst vergessene) italienische Opern bzw. musikalische Komödien, Kirchenmusik (»Cäcilienmesse«, »Stabat mater«) sowie eine unermessliche Fülle orchestraler und kammermusikalischer Gebrauchsmusik (u.a. 59 Divertimenti, je 24 Klavier- bzw. Instrumentalkonzerte, 41 Klavier- und 21 Streichtrios, allein 126 Barytontrios für den Baryton spielenden Fürsten, über 60 Klaviersonaten und mehr als 500 Lieder bzw. Bearbeitungen), v.a. aber die meisten seiner insgesamt 68 Streichquartette und 106 Sinfonien, deren neuartige Anlage (Viersätzigkeit mit eingeschobenem Scherzo-Menuett) und Satztechnik (Motivverarbeitung, Sonatensatzform) ihn zum Begründer der Wiener Klassik machten. Schlüsselwerke in dieser Hinsicht sind die »Russischen Quartette« (op. 33, 1781), die nach eigenhändiger Widmungsschrift »auf eine ganz neue besondere Art« gesetzt sind.

Trotz der Abgeschiedenheit der esterházyschen Hofhaltung, die für H. äußerst fruchtbar war, da er hier musikalisch experimentieren und nach eigenen Worten »original« werden konnte, war sein Ruf durch die rasche Verbreitung seiner gedruckten Werke ab den 1770er-Jahren weit über die Grenzen Österreichs hinaus gedrungen. Eine enge Freundschaft verband ihn mit W. A. MOZART, der ihm sechs Streichquartette (1785) widmete. Zeitweilig war auch L. VAN BEETHOVEN sein Schüler. Nach 1790 unternahm er zwei Reisen nach London, während der die zwölf »Londoner Sinfonien«

(darunter »Sinfonie mit dem Paukenschlag«, 1791) entstanden und wo er begeistert gefeiert wurde. Auf Weisung des Fürsten entstanden nach 1795 sechs Messen, deren Stil sich, angeregt u. a. von Mozarts »Zauberflöte« und G. F. Händels »Messias«, auf seine zwei letzten großen Werke, die Oratorien »Die Schöpfung« (1798) und »Die Jahreszeiten« (1801), übertrug. 1797 komponierte er die österreichische Kaiserhymne »Gott erhalte Franz den Kaiser«, die seit 1922 mit geändertem Text auch die Melodie der deutschen Nationalhymne ist.

Headarrangement ['hedəreɪndʒmənt; englisch]: im Jazz Bezeichnung für eine lockere, meist nur mündliche Vereinbarung über den formalen Ablauf eines Stückes, d. h. die Folge der Soli, ↑Riffs und Stimmführung bei der Themenvorstellung. Das H. stellt v. a. bei ↑Jamsessions häufig die Basis für die spontane Improvisation dar.

Heavy Metal ['hevɪmetl; englisch »Schwermetall«] (Heavy Rock): Form der Rockmusik, musikalisch mit Hardrock identisch, zeichnet sich diesem gegenüber jedoch durch überlauten »metallischen« Gitarrenklang und brutalere Auftrittsmanier aus. Der Begriff kam Anfang der 1970er-Jahre für die Musik der britischen Band Black Sabbath auf, wurde aber schnell zu einer eigenständigen Stilkategorie, die sich mit extremen Lautstärken, Gewalt verherrlichenden Texten und einer ausgeprägt maskulinen Subkultur verbindet. Schwarze eisenbeschlagene Lederbekleidung, Metallpanzer, Reißzähne und die Symbolik eines teils ernsthaft bekennenden, teils marktgerecht kalkulierten Dracula-, Teufels- oder Hexenkults sind zu äußeren Insignien dieser bislang aggressivsten Variante der Rockmusik geworden, die sich enormer Popularität erfreut und in eine Vielzahl von Formen verzweigt.

Heckelphon: eine von W. Heckel 1904 erstmals gebaute Baritonoboe mit kugelförmigem Schallstück (Liebesfuß). Das H. steht eine Oktave unter der Oboe (Umfang A–d², Notierung eine Oktave über dem Klang) und klingt voll und sonor. Es wurde erstmals von R. Strauss in der Oper »Salome« (1905) verwendet.

Helikon [zu griechisch hélix »Windung«, »Spirale«]: ein um 1845 von I. Stowasser in Wien gebautes Blechblasinstrument, das in Lage und Umfang der Basstuba und der Kontrabasstuba (↑Tuba) entspricht, sich jedoch von ihnen in der Form und der etwas engeren Mensur unterscheidet. Es ist nahezu kreisrund gewunden und wird beim Spiel um den Oberkörper liegend getragen. Das zeitweilig auch in kleineren Typen gebaute H. war v. a. bei den deutschen und österreichischen Kavallerie beliebt und wird noch heute in der Militärmusik verwendet. Vermutlich war das H. Vorbild für das später entwickelte Sousaphon.

Hemiole [griechisch hēmiólios »anderthalb«]: in der Mensuralnotation eine Art der Schreibung, die das Notenwertverhältnis 2:3 durch schwarz ausgefüllte Notenköpfe ausdrückte, z. B.

○ ◻ ◻ ■ ■ ■

Der Zeitwert der drei schwarzen Noten entspricht dem der beiden weißen, in heutiger Schreibweise also:

𝄴 ♩. ♩. | 𝄷 ♩ ♩ ♩ |

Die H. zeigt demnach einen Wandel der Taktgliederung mit Rhythmusumschlag an, wie er v. a. in der Vokalpolyphonie, aber auch späterhin bei Tanzsätzen und allgemein wegen seiner verbreiternden Wirkung vor dem Schluss eines Satzes oder Themas beliebt war.

Hendrix, Jimi, eigentlich **James Marshall H.**, amerikanischer Rockmusiker, *Seattle (Washington) 27. 11. 1942, † London 18. 9. 1970: Der schnellste und technisch brillanteste Bluesgitarrist, den die Welt jemals gehört hat, malträtierte die Saiten seines Instruments mit Zungenschlägen, Zähnen und Ellbogen, spielte gleichermaßen brillant im Rennen wie Liegen, hinter dem Rücken, über dem Kopf und zwischen den Beinen oder schockierte die Weltöffentlichkeit wie erstmals beim Montery-Pop-Festival 1967, als seine mit Klebstoff präparierte weiße »Stratocaster«-E-Gitarre in Flammen aufging.

Jimi Hendrix

Der Linkshänder und Autodidakt H. spielte nach seiner durch einen Unfall beim Fallschirmspringen bedingten Entlassung vom Militär (1961) zunächst als Begleitmusiker u.a. von B. B. KING, IKE & TINA TURNER und W. PICKETT, bevor ihn der Ex-Animals-Bassist C. CHANDLER entdeckte und 1966 nach London brachte, wo das Trio J. H. Experience entstand, das mit Songs wie »Hey Joe«, »Purple haze« oder »The wind cries Mary« erst von England, später auch von den USA aus Welthits hervorbrachte. Dabei revolutionierte H. in der kurzen Zeit des Bestehens der Gruppe (bis August 1969) nicht nur die Spielweise der E-Gitarre, sondern wurde zur Symbolfigur einer von Zorn und Frustration gegenüber der Gesellschaft geprägten Rockgeneration. Höhepunkt war 1969, als eine halbe Million beim legendären Woodstock-Festival zuhörten, wie er die amerikanische Nationalhymne »Star spangled banner«, Inbegriff des amerikanischen Traums, mit ohrenbetäubenden Rückkopplungseffekten in der Luft zerriss.
Wie um sein kurzes und mit zunehmendem Erfolg exzessiver werdendes Leben rankten sich auch um seinen Tod Legenden. Offiziell ein Erstickungstod, witterte die Weltpresse dahinter einen Drogenskandal.

Henze, Hans Werner, deutscher Komponist, Dirigent und Regisseur, *Gütersloh 1. 7. 1926: H. arbeitete nach seinem Kompositionsstudium an mehreren deutschen Theatern, bis er sich 1953 in Italien als Freischaffender niederließ; seit 1980 ist er Professor an der Kölner Musikhochschule.
Als »Grenzgänger der Moderne« entwickelte H. eine äußerst vielfältige musikalische Sprache, bei der Tonalität, erweiterte Tonalität, Zwölftontechnik und Atonalität ebenso nebeneinanderhergehen wie Rückgriffe auf serielle Techniken, Aleatorik, Elektronik, Elemente des Jazz und Geräuschcollagen. Typisch für H. ist eine ausdifferenzierte Farbigkeit bzw. Expressivität des Klanges, die bis auf spätromantische Orchestrierungseffekte zurückgreift, wie v.a. seine bis 1997 entstandenen neun Sinfonien sowie zahlreiche Instrumentalkonzerte zeigen. Seine Vokalwerke (»Das Floß der Medusa«, 1968; »El Cimarron«, 1969) und Funkopern sind um eine Synthese von Musik und Wortsprache bemüht und zeigen einen politisch engagierten Künstler. Im Zentrum seines Schaffens aber steht neben dem Ballett (u.a. »Der Idiot«, 1952; »Die englische Katze«, 1982) v.a. das experimentelle Musiktheater, für das er 1988 in München ein Festival ins Leben rief. Bekannte Bühnenwerke sind »Boulevard Solitude« (1952), »Der Prinz von Homburg« (1960), »Elegie für junge Liebende« (1961), »Der junge Lord« (1965), »We come to the river« (1976) und »Venus und Adonis« (1997), einige davon auf Texte der Dichterin I. BACHMANN, mit der ihn eine enge Freundschaft verband. Zu seinen Veröffentlichungen zählen »Musik und Politik« (1985), »Neue Aspekte der musikalischen Ästhetik« (1979–86) sowie die Autobiografie

»Reiselieder mit böhmischen Quinten« (1996).

Heptatonik [von griechisch heptátonos »siebentönig«]: Bezeichnung für eine siebenstufige Skala im diatonischen Tonsystem, im Unterschied etwa zur fünfstufigen Pentatonik.

Hertz [nach dem Physiker H. R. HERTZ], Einheitenzeichen Hz: die Maßeinheit der ↑Frequenz. Die Frequenz eines periodischen Vorgangs mit der Periodendauer von 1 Sekunde beträgt $1\,Hz = 1/s = 1\,s^{-1}$.

Heterophonie [griechisch »Verschiedenstimmigkeit«]: eine Musizierpraxis, die zwischen Ein- und Mehrstimmigkeit liegt. Sie entsteht z.B., wenn ein Sänger und ein Instrumentalist dieselbe Melodie gleichzeitig ausführen, jeder diese aber für sich umspielt. Diese Erscheinung in der Musik der griechischen Antike hatte womöglich PLATON mit dem Begriffswort H. angesprochen. Von da übernahm (seit C. STUMPF, 1901) die neuere vergleichende Musikwissenschaft den Terminus für derartige Erscheinungen, z.B. in der Musik außereuropäischer Völker sowie in Ländern Südosteuropas.

Hexachord [griechisch hexáchordos »sechssaitig«] (lateinisch Hexachordum): diatonische Reihe von sechs aufeinander folgenden Tönen der Grundskala mit den Tonschritten Ganzton – Ganzton – Halbton – Ganzton – Ganzton. Die Tonstufen wurden mit den Silben der ↑Solmisation (ut re mi fa sol la) benannt. Zu unterscheiden sind das Hexachordum naturale (c d e f g a), Hexachordum durum (g a h c d e) und Hexachordum molle (f g a b c d). Die H.-Lehre war in der Musik des Mittelalters (seit GUIDO VON AREZZO, um 1030) grundlegend für die Ordnung des Tonraums; sie wurde durch die sich im 15./16. Jh. ausbildende Dur-Moll-Tonalität mit ihrer Ordnung der Töne in einer Achttonskala (Oktave) abgelöst.

Hifthorn [von frühneuhochdeutsch hift »Jagdsignal«]: ein mittelalterliches, dem Stierhorn nachgebildetes Signalhorn aus Metall, meist am Gürtel getragen. Aus dem H. entstand durch Biegung der Röhre das Jagdhorn.

Hi-Hat-Maschine [ˈhaɪhæt-; englisch] (Hi-Hat): Rhythmusinstrument, eine Weiterentwicklung der ↑Charlestonmaschine. Das Instrument besteht aus zwei auf einen Ständer montierten Becken. Durch eine über ein Pedal betätigte Hebelvorrichtung wird das bewegliche obere gegen das fixierte untere Becken geschlagen.

Hans Werner Henze

Hilfslinien: die über oder unter den fünf Linien des Liniensystems zugefügten kurzen Linien zur Notierung der darüber hinausgehenden Töne. Es werden i.d.R. nicht mehr als fünf Linien verwendet; bei längeren Abschnitten werden Oktavversetzungszeichen gesetzt (↑all'ottava) oder es wird bei einigen Instrumenten ein anderer Schlüssel gewählt.

Hilfsstimmen: bei der Orgel Bezeichnung für die Aliquotstimmen (↑Aliquottöne) und gemischten Stimmen im Unterschied zu den ↑Grundstimmen.

Hillbillymusic [ˈhɪlbɪlɪˈmjuːzɪk; von englisch hillbilly »Hinterwäldler«]: in den USA frühere, spöttisch gebrauchte Bezeichnung für die euroamerikanische (weiße) Volksmusik; seit etwa Mitte der 1940er-Jahre durch den Begriff Country and Western (↑Countrymusic) ersetzt.

Hindemith, Paul, deutscher Komponist, *Hanau 16. 11. 1895, † Frankfurt am Main 28. 12. 1963: H. war nach Kompositions- und Violinstudium 1915–23 Konzertmeister am Frankfurter Opernhaus sowie Mitbegründer der

Paul Hindemith

Donaueschinger Musiktage. Dort übernahm er 1921 mit seinem 2. Streichquartett op. 16, v.a. aber ein Jahr später mit der Kammermusik Nr. 1 und dessen skandalträchtigem Foxtrott-»Finale« gleichsam über Nacht die führende Position unter der jungen Komponistenavantgarde, die er in der Folgezeit u.a. mit der Oper »Cardillac« (1926) oder der Zusammenarbeit mit O. SCHLEMMER (»Triadisches Ballett«) und B. BRECHT (»Lindberghflug«) weiter festigte. 1927 wurde er Professor an der Berliner Musikhochschule. 1933 als »entartet« eingestuft, zwang ihn eine Hetzkampagne anlässlich der Aufführung der Sinfonie »Mathis der Maler« 1934 (1938 als Oper) unter W. FURTWÄNGLER, das Land zu verlassen. Nach Zwischenstationen u.a. in der Türkei lehrte er ab 1940 an der Yale University in New Haven (Connecticut) und ließ sich 1953 endgültig in der Schweiz nieder.

H.s Tonsprache, die elementares Musikantentum mit handwerklicher Meisterschaft verbindet, wendet sich zwar von der Dur-Moll-tonalen Harmonik ab, führt aber nicht zur Atonalität, sondern zu einer auf polyphon-konstruktive Weise gewonnenen Neuordnung der zwölf chromatischen Töne im Sinne einer »melodischen Tonalität«, wie er sie auch in seiner »Unterweisung im Tonsatz« (1936/37) theoretisch formulierte. V. a. in seinem reichen, fast alle traditionellen Gattungen umfassenden Werk der späteren Jahre distanziert sich H. von der Radikalität seiner Jugendwerke. In der Sinfonie »Die Harmonie der Welt« (1951; auch als Oper 1956/57) wird die Spannung zwischen Tradition und Modernität nochmals kompositorisch reflektiert.

Hip-Hop [amerikanisch]: seit Mitte der 1980er-Jahre Bezeichnung für eine in New Yorker Diskotheken kreierte Spielweise der Rockmusik. Diese basiert auf dem Zusammenmischen bereits vorhandenen Musikmaterials, z.B. kurzer, riffartiger Ausschnitte (Rhythmtracks) aus älteren Rock- oder Soulaufnahmen, mit Rapgesang oder neuer Schlagzeugbegleitung. Im Unterschied zur mechanischen Scratchingtechnik des Rap wird beim H.-H. das übernommene Material mithilfe von Samplern, Drumcomputern usw. gespeichert und weiterverarbeitet. Ein bekannter Vertreter ist MC HAMMER. Als eigenständiger Rockmusikstil kaum mehr einzugrenzen, steht der Name inzwischen für alle rhythmisch prägnanten, durch digitalelektronische Aufnahmetechniken möglich gewordenen Klangkreationen innerhalb der Rockmusik. Eine konsequente Fortführung des H.-H. ist der Techno der 1990er-Jahre.

Historia [griechisch-lateinisch »Wissen«, »Kunde«] (Historie): im 16./17. Jh. Bezeichnung für die Vertonung von v.a.

deutschsprachigen Evangelientexten mit verteilten Rollen, Chor- und Instrumentalbegleitung. Als H. wurden v. a. die Vertonung der Passions-, Auferstehungs- und Weihnachtsgeschichte bezeichnet.

historische Aufführungspraxis: die Aufführung älterer Musikwerke entsprechend den aufführungstechnischen bzw. interpretatorischen Bedingungen in der Epoche ihrer Entstehung. Hierzu gehören v. a. Bau- und Spielweise der Instrumente, Einsatz, Zusammensetzung und Größe instrumentaler und vokaler Ensembles, Fragen der Temperatur und Tonhöhe (Stimmton, Kammerton, Chorton) und der Verzierkunst sowie das hinsichtlich der historischen Rekonstruktion besonders problematische Gebiet von Takt, Tempo und Rhythmus. Bis ins 18. Jh. war die das Klangbild fixierende Notenschrift relativ offen, und es gab keine verbindliche Form der Wiedergabe, wie überhaupt die allgemeine Vorstellung von historischer Authentizität einer Aufführung den Zeitgenossen fremd war. Viele Momente des tatsächlich Erklingenden wurden nicht aufgezeichnet, sondern vom Spieler oder Sänger improvisatorisch ergänzt, und die Besetzung bzw. Wahl der Instrumente richtete sich nach den gerade verfügbaren, i. d. R. spärlichen Mitteln. Erst im 19. Jh. gewannen Fragen der Aufführungspraxis, entsprechend dem wachsenden subjektiven Ausdrucksgehalt klassischer und romantischer Musik, an Bedeutung, und die nachschöpferische Wiedergabe musikalischer Werke durch den Interpreten wurde zu einer das Musikleben zunehmend beherrschenden Aufgabe, während parallel Fähigkeiten der Stegreifausführung und Improvisation an Stellenwert verloren. In der Musik des 20. Jh. hat die eigenschöpferische Interpretation von Musik, bedingt durch freiere Kompositions- und Aufzeichnungsformen (z.B. ↑Aleatorik, ↑musikalische Grafik), wieder an Bedeutung gewonnen. – Ein wichtiger Verfechter der h. A. ist der Dirigent N. HARNONCOURT.

Hit [englisch »Schlag«, »Treffer«]: kommerziell besonders erfolgreiches Musikstück aus dem Bereich der Pop- und Rockmusik, dessen Erfolg sich an der Platzierung auf den H.-Listen (Charts) zeigt. Eher an der musikalischen Qualität eines Stückes orientieren sich die Begriffe ↑Oldie und ↑Evergreen.

Hohlflöte: ein weit mensuriertes, zylindrisch offenes, seltener gedacktes Labialregister der Orgel, gewöhnlich in 8-Fuß- oder 4-Fuß-Lage.

Hoketus: ↑Hoquetus.

Hollow Body ['hɒləʊ 'bɒdɪ; englisch] (H.-B.-Gitarre): eine halbakustische ↑E-Gitarre (↑Schlaggitarre).

Hölszky, Adriana, deutsche Komponistin, *Bukarest 30. 6. 1953: H. studierte in Bukarest Komposition und Klavier und setzte nach ihrer Übersiedlung ihre Studien 1976–80 an der Stuttgarter Musikhochschule fort (1980–89 dort Dozentin für Musiktheorie und Gehörbildung). 1997 wurde sie Professorin für Komposition an der Hochschule für Musik und Theater in Rostock.

Adriana Hölszky

In bewusster Distanz gegenüber dem Akademismus des sozialistischen Realismus ihrer Heimat wie auch gegenüber den Avantgarde-Doktrinen westlicher Provenienz fand H. spätestens mit ihrem ersten öffentlich erfolgreichen Werk »... es kamen schwarze Vögel« (1978) für Vokalensemble zu einer höchst eigenständigen und dichten Tonsprache, die sich, in z. T. extrem minutiöser Notenschreibweise festgehalten, von jedem zeitlichen und räumlichen Bezugspunkt befreit. Während in ihren Vokalwerken (»Vampirabile«, 1988; »geträumt«, 1991; »Message«, 1993) die Stimme oft bis zum atomisierten Sprachlaut reduziert wird, arbeitet sie in ihren Instrumental- bzw. Orchesterwerken (»Karawane«, 1990; »Cargo«, »Arena«, 1995) gerne mit über den Aufführungsraum verteilten Instrumentalgruppen, die sie »Wanderklänge« nennt. Mit den Bühnenwerken »Bremer Freiheit« (1987), »Die Wände« (nach J. GENET, 1995) und »Tragödia« (1997) scheint sie unterwegs zu sein zu einem völlig neuartigen vokalinstrumentalen Theater der Klänge.

Holzblas|instrumente (Holz): Bezeichnung für die Gruppe der Flöten- und Rohrblattinstrumente, die im modernen Orchester der Gruppe der Blechblasinstrumente gegenübersteht. Die H. waren ursprünglich alle aus Holz (noch heute z.B. Oboe, Klarinette, Fagott) gefertigt, sind heute jedoch oft aus Metall (z.B. Querflöte, Saxophon).

Holzblocktrommel (Holzblock): ein Schlaginstrument, bestehend aus einem rechteckigen, an der Oberseite leicht gewölbten Hartholzblock mit schlitzartiger Aushöhlung an beiden Längsseiten; der Anschlag erfolgt mit Schlägeln. Meist werden mehrere H. verschiedener Größe (Tonhöhen zwischen g^2 und c^4) verwendet, die entweder auf einem Ständer befestigt sind (kleinere H.) oder auf einer dämmenden Unterlage ruhen. Das Instrument wird v.a. in der Tanz- und Unterhaltungsmusik eingesetzt.

hölzern Gelächter (hölzernes Gelächter, Strohfiedel): vom 16. bis zum 19. Jh. vorkommende Bezeichnung für das ↑Xylophon. Die Namen beziehen sich auf die hölzernen Klöppel (Gelächter, von oberdeutsch glächel) und hölzernen Stäbe bzw. auf deren Strohunterlage.

Homophonie [griechisch homophōnía »Gleichklang«]: im Gegensatz zur ↑Polyphonie Bezeichnung für den Akkordsatz, bei dem alle Stimmen gleich oder fast gleich geführt werden, und den Melodiesatz, bei dem eine melodische Hauptstimme von den übrigen Stimmen akkordisch (homophon) begleitet wird. Eine ältere Bezeichnung für ähnliche Satzarten ist Contrapunctus simplex.

Honkytonk [ˈhɔŋkitɔŋk; amerikanisch Slang »Spelunke«]: Bezeichnung für kleine Kneipen in den Südstaaten der USA, in denen die unteren Bevölkerungsschichten verkehrten. Der daraus abgeleitete **H.-Stil** bezeichnet die Spielweise der in diesen Lokalen beschäftigten Blues- und Ragtimepianisten.

Hopak [ukrainisch] (russisch Gopak): volkstümlicher, sehr schneller Tanz im $^2/_4$-Takt, v.a. in der Ukraine und in Weißrussland, ursprünglich nur von Männern getanzt, meist akrobatisch ausgeführt.

Hoquetus aus einer Motette Guillaume de Machaults

Hoquetus [-ˈkeːtʊs; mittellateinisch, von altfranzösisch hoqueter »zerschneiden« (nach der abgehackt klingenden Spielweise)] (Hoketus): eine Satztechnik der mehrstimmigen Musik des 12. bis 15. Jh.: Während die eine Stimme pausiert, trägt die andere einen einzelnen Ton oder eine kurze Tonfolge vor und umgekehrt, sodass der Stimmfluss in beständiger Zerschneidung zwischen den beiden Stimmen verteilt ist. Zu unterscheiden ist der H., der mit oder ohne Text begegnet, als Technik innerhalb eines Satzes oder der H. als Stück oder Gattung.

Horen [lateinisch »Zeiten«, »Stunden«]: die Gebetszeiten (»Stunden«) des christlichen ↑Stundengebets.

Hören: eine komplexe Form der Umweltwahrnehmung und -deutung mittels des Schalls, im engeren Sinn die Registrierung akustischer Reize mit besonderen Gehörorganen, bei Säugetieren dem Ohr, das sich in Außenohr (Ohrmuschel und Gehörgang bis zum Trommelfell; häufig allgemein als Ohr bezeichnet), Mittelohr (Paukenhöhle mit Gehörknöchelchen) und Innenohr (Labyrinth; Lagena bzw. Schnecke und Bogengänge) gliedern lässt. Stärke und Qualität der Hörempfindung hängen vom Frequenzspektrum und von der Intensität der Schallwellen ab.

In der Musik bezeichnet H. ein »aktives Auffassen von Tonfolgen und Zusammenklängen, ein logisches Verknüpfen von Tonvorstellungen« (H. RIEMANN). Als »logische Aktivität« des H., die mit der »musikalischen Logik« des Werkes korrespondiert und die als Begabung gleichwohl der Ausbildung bedarf, kennzeichnet RIEMANN die auf Gedächtnis- und Fantasiekraft beruhende Fähigkeit, beim H. von Musik das akustisch Geschehende zu umgrenzen, zu gliedern, zu vergleichen und »synthetisch« zueinander in Beziehung zu setzen. In der Musikpraxis wird eine allgemeine psychophysische Gehördisposition angenommen. Diese umfasst v.a. das H. von Intervallproportionen, die Konsonanz-Dissonanz-Unterscheidung, das Erkennen der Tongeschlechter und die Fähigkeit der Instrumentenstimmung.

Hörfläche (grafisches Hörfeld): Fläche, die in einem Schalldruckpegel-Frequenz-Diagramm einerseits von der Hörschwelle und der Schmerzgrenze (beim Menschen 4 Phon bzw. 130 Phon) und andererseits von den Grenzfrequenzen der Hörbarkeit (untere und obere Hörgrenze) eingeschlossen wird. Die Hörgrenzen liegen für einen jungen Erwachsenen bei 16 Hz und 16 000 Hz. Innerhalb der H. können vom menschlichen Gehör nach Lautstärkepegel und Frequenz bis zu 300 000 Töne unterschieden werden. Die obere Grenzfrequenz nimmt mit dem Alter stetig ab und kann bis auf etwa 5 000 Hz sinken. Das Sprach- und Musikhörvermögen wird durch diesen Verlust von etwa eineinhalb Oktaven nur geringfügig beeinträchtigt.

Horn (französisch Cor, italienisch Corno): Bezeichnung für das im Orchester gespielte H. ohne oder mit Ventilen (↑Waldhorn, ↑Naturhorn, ↑Inventionshorn, ↑Bügelhörner). Im weiteren Sinn versteht man unter H. diejenigen Polsterzungeninstrumente mit konischer Röhre, die ursprünglich aus entsprechend geformten natürlichen Materialien bestanden. Zur Verwendung kamen H. verschiedener Tiere (↑Schofar, ↑Bucina), Elefantenstoßzähne (↑Olifant) oder Muscheln. Später fertigte man solche Instrumente auch aus Holz (↑Alphorn) oder Metall (↑Jagdhorn). H. aus natürlichem Material, deren Tonvorrat aus physikalischen Gründen sehr begrenzt ist, finden sich in allen Kulturen und dienen häufig Signalzwecken. Neben den H., bei denen die Tonhöhenveränderung ausschließlich durch Lippen- und Atemdruck erfolgt, gibt es die Grifflochhörner (↑Zink, ↑Ophikleide), bei denen Grifflöcher geöffnet oder geschlossen bzw. Klappen betätigt werden. Der Übergang zur ↑Trompete mit zylindrischer Röhre ist fließend.

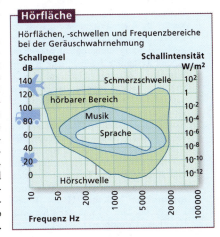

Hörflächen, -schwellen und Frequenzbereiche bei der Geräuschwahrnehmung

Hornpipe ['hɔ:npaɪp; englisch]:
♦ *Instrumentenkunde:* (walisisch Pibcorn): volkstümliches Blasinstrument mit einfachem Rohrblatt und angesetztem Schallbecher aus Horn. H. können einzeln oder paarweise oder als Melodiepfeife einer Sackpfeife gespielt werden. Einige H. werden über ein Hornstück angeblasen, welches das Mundstück umschließt und als Windkapsel dient. H. sind seit der Antike bekannt und nahezu weltweit verbreitet.
♦ *Tanz:* ein seit dem späten Mittelalter auf den Britischen Inseln verbreiteter Volkstanz im $^3/_2$- oder (seit dem 18. Jh.) $^4/_4$-Takt. Er ist in den einzelnen Landschaften unterschiedlich ausgeprägt. H. PURCELL und G. F. HÄNDEL (u.a. »Wassermusik«, 1715–17) übernahmen ihn in die Kunstmusik.

Hornquinten: im zweistimmigen Hörnersatz durch die Naturtöne bedingte verdeckte Quintparallelen.

Hörpartitur (Lesepartitur): eine Aufzeichnung von Musik nicht in der üblichen Notation, sondern durch grafische Zeichen und Farben, durch die dem Zuhörer das entsprechende Musikwerk auf visuellem Weg leichter verständlich gemacht werden soll, z.B. die H. von R. WEHINGER (1970) zu G. LIGETIS Werk »Artikulation« (1958).

Hosianna [hebräisch »hilf doch!«] (Hosanna): im Alten Testament zunächst ein Flehruf an Gott oder den König, dann ein Jubel- und Huldigungsruf, so auch im Neuen Testament beim Einzug JESU in Jerusalem (Markusevangelium 11,9f.). In dieser Bedeutung ging das H. in das Sanctus der Messe ein (vor und nach dem Benedictus).

Hot [englisch »heiß«]: Bezeichnung für die typischen Ausdrucksqualitäten des Jazz, v.a. auf dem Gebiet der Tonbildung (Vibrato, unvermittelt heftiges Einsetzen und Abbrechen des Tones im vokalen und instrumentalen Bereich, **Hot Intonation**), der Melodik (↑Dirty Tones; Blue Notes, ↑Blues) und der Rhythmik (↑Offbeat, ↑Multibeat, ↑swing).

Hot Jazz [-dʒæz; englisch]: Sammelbezeichnung für die frühen Jazzstile bis zum Swing.

House ['haʊs; englisch] (H.-Music): Ende der 1970er-Jahre in Southside-Clubs in Chicago von afroamerikanischen Discjockeys entwickelte Praxis, aus Plattenveröffentlichungen durch komplexes Zusammenmischen neue Produktionen herzustellen. Die Bezeichnung geht darauf zurück, dass diese Mixturen zu Hause auf Band zusammengeschnitten wurden. Die dann auch im Studio nach diesem Muster geschaffene Musik differenzierte sich nicht nur in eine Vielzahl von Unterkategorien, sondern bildete Ende der 1980er-Jahre den Ausgangspunkt für die Entwicklung des Techno.

Hufnagelschrift: ↑Choralnotation.

Hummel [schwedisch] (dänisch Humle, niederländisch Hommel): volkstümliche skandinavische und niederländische Zither mit langem, schmalem, auch seitlich gebogenem Korpus, Wirbelkasten oder -platte und Schnecke sowie mit wenigen über Bünde laufenden Melodiesaiten und mehreren Resonanzsaiten, die in Oktaven und Quinten gestimmt sind. Die H. ist eng verwandt mit dem norwegischen ↑Langleik und dem ↑Scheitholz.

Humoreske: musikalisches Charakterstück, meist für Klavier, zuerst bei R. SCHUMANN (op. 20, 1839), der die Bezeichnung im Sinne des deutschen Schriftstellers JEAN PAUL gebrauchte (Humor als Verschmelzung von Schwärmerei und Witz). Weitere als H. betitelte Klavierstücke unterschiedlichen Charakters schrieben u.a. E. GRIEG, A. DVOŘÁK und M. REGER. H. nannte SCHUMANN auch das Klaviertrio op. 88 Nr. 2, C. LOEWE die Sätze für vier Männerstimmen op. 84 und E. HUMPERDINCK ein Stück für Orchester (1879).

Hupfauf: volkstümlicher deutscher Typ des lebhaften, ungeradtaktigen ↑Nachtanzes.

Hydraulis [griechisch »Wasserorgel«, zu hýdōr »Wasser« und aulós »Röhre«, »Pfeife«] (lateinisch Organum hydraulicum): ein vermutlich im 3. Jh. v. Chr. von dem Ingenieur KTESIBIOS VON ALEXANDRIA erfundenes Musikinstrument, eine pneumatische Orgel, deren durch Handpumpen erzeugter Winddruck mittels eines wassergefüllten Behälters, in dem sich eine Druckglocke befand, ausgeglichen wurde. Das Instrument hatte bis zu acht Pfeifenreihen mit je 13–18 Pfeifen und eine Tastatur von etwa zwei Oktaven Umfang. Zunächst als Hausinstrument verbreitet, fand die H. wegen ihres Klangvolumens auch Verwendung im Theater und im Zirkus.

Hymne [griechisch hýmnos, eigentlich wohl »Gefüge« (von Tönen)] (Hymnos, Hymnus): feierlicher Lob- und Preisgesang; bis in die Neuzeit ist der Begriff nur inhaltlich bestimmt und umfasst religiöse bzw. kultische Lieder. Die älteste Form hymnischer Dichtung ist aus der sumerisch-akkadischen Zeit bezeugt.

Im Christentum ist Hymnus Bezeichnung für einen Lobgesang in der Art der Psalmen, der sich schon im Neuen Testament findet (z. B. Lukas 1, 46–55, Offenbarung des Johannes 15, 3 f. sowie hymnische Stellen in den Briefen), im byzantinischen Sprach- und Liturgiebereich eine nicht eindeutige Bezeichnung sowohl für die griechisch-christliche Dichtung wie für gottesdienstliche Gebete und Gesang seit dem 3./4. Jahrhundert.

Im lateinischen Liturgiebereich ist Hymnus meist Bezeichnung für das im 4. Jh. entstandene religiöse, streng metrische bzw. rhythmische Strophenlied, das seinen liturgischen Ort im ↑Stundengebet fand. Begründer der christlich-lateinischen H.-Dichtung wurde der heilige AMBROSIUS. Die Aufnahme in die Liturgien der einzelnen Länder geschah z. T. gegen den Widerstand der Kirche; erst im 13. Jh. wurden in der römischen Liturgie H. offiziell zugelassen. Zentren der H.-Dichtung waren neben Mailand v. a. Spanien (PRUDENTIUS, 6. Jh.) und England (BEDA VENERABILIS, 7./8. Jh.). Eine Blüte kunstreicher H.-Dichtung im Rückgriff auf hellenistisch-byzantinische Formen brachte die karolingische Renaissance (PAULUS DIACONUS, ALKUIN, THEODULF VON ORLÉANS), spätere Zentren im deutschsprachigen Raum waren die Klöster Fulda, St. Gallen und Reichenau.

Im Spätmittelalter erfahren H. wie andere Liedformen Kontrafakturen, Umdichtungen, Übersetzungen (M. LUTHER) und finden sich als mehrstimmige Liedsätze (erstes Zeugnis im 13. Jh.). Im Humanismus geht die lebendige Entwicklung zu Ende. Ein (vergeblicher) Versuch, die liturgischen H. durch neue Formen in klassischem Latein und antiken Versmaßen zu ersetzen (Trienter Konzil 1545–63), wurde 1632 revidiert; durch das 2. Vatikanische Konzil wurde der H.-Bestand der katholischen Kirche historisch-kritisch verbessert.

Die mehrstimmige Bearbeitung von H.-Melodien reicht bis ins 12. Jh. zurück. Ausgehend von zweistimmigen Sätzen der frühen Mehrstimmigkeit, unterliegt die Gestaltung in den folgenden Jahrhunderten dem jeweiligen Zeitstil von homophoner bis zu polyphoner Bearbeitung, seit der Zeit um 1600 auch mit Instrumenten; seit dem 15. Jh. auch als Orgelbearbeitung. Bedeutende H.-Sammlungen stammen von G. DUFAY (1430), A. WILAERT (1542) und PALESTRINA (»Hymni totius anni«, 1589).

Hz: Einheitenzeichen für ↑**Hertz**.

Idée fixe [ide'fiks; französisch »fester Gedanke«]: Bezeichnung von H. BERLIOZ für das Hauptthema seiner »Symphonie fantastique« (1830), das als Symbol für die Geliebte des jungen Künstlers alle Sätze dieses Werkes durchzieht und dabei entsprechend dem vorgegebenen Programm jeweils verändert auftritt. Als poetisches Ausdrucksmittel neuer Art war die I. f. von bedeutendem Einfluss auf die Gestaltung der ↑sinfonischen Dichtungen F. LISZTS sowie auf die Leitmotivtechnik (↑Leitmotiv) in R. WAGNERS Musikdramen.

Idiophone [zu griechisch ídios »eigen« und phōnē »Klang«]: in der Systematik der Musikinstrumente Bezeichnung für diejenigen Instrumente, bei denen der schwingende Instrumentenkörper selbst und nicht eine Membran (↑Membranophone) oder eine Saite (↑Chordophone) den Ton erzeugt. I. können durch Schlagen (z.B. Becken, Glocken, Xylophon, Gong), Schütteln (Rasseln, Sistrum), Zupfen (Maultrommel), Schrappen (Guiro, Ratsche) und Reiben (Glasharmonika) zum Schwingen gebracht werden. Nach dem Material werden I. aus Stein (↑Lithophone), Holz (↑Xylophon), Metall (↑Metallophone) oder Glas (↑Glasspiel) unterschieden.

Ikonographie [von griechisch eikōn »Bild« und gráphein »schreiben«]: ein Zweig der Kunstgeschichte, der sich mit der Erforschung und Deutung der Bildgegenstände v.a. der alten und mittelalterlichen christlichen Kunst befasst. In der Musikwissenschaft ist I. der Bereich, der musikbezogene Bilddarstellungen der Vergangenheit als Quellen für die Erkenntnisse der Musikgeschichte (Musikanschauung, Instrumentengeschichte, historische Aufführungspraxis, musikalische Sozialgeschichte und Künstlergeschichte) sammelt und auswertet.

Imbroglio [imˈbrɔʎo; italienisch »Verwirrung«]: die gleichzeitige Verwendung verschiedener Taktarten in den einzelnen Stimmen zur Darstellung mehrschichtiger Situationen, z.B. im 1. Finale der Oper »Don Giovanni« (1787) von W. A. MOZART, wo ein höfisches Menuett ($^3/_4$-Takt), ein bürgerlicher Kontertanz ($^2/_4$-Takt) und ein volkstümlicher deutscher Tanz ($^3/_8$-Takt) gleichzeitig erklingen.

Imitation [lateinisch]: eine Satztechnik polyphoner Musik. Ein Motiv oder Thema einer Stimme wird nacheinander von anderen Stimmen übernommen, auch in Gegenbewegung, Umkehrung, Spiegelung und Krebsgang und mit Veränderung der rhythmischen Werte. Die I. entwickelte sich seit dem 13. Jh., führte zu den Formen des Kanons, verfeinerte sich im 15. Jh. und erscheint in der Vokalpolyphonie des 16. Jh. als **durchimitierender Stil,** bei dem jedem Textabschnitt ein eigenes thematisches Gebilde zugrunde liegt. Dieses Verfahren wurde im späteren 16. Jh. auch auf die Instrumentalmusik übertragen und führte zu den Formen des imitierenden ↑Ricercars und der ↑Fuge. In der Wiener Klassik wurde die I. maßgebend für die Kunst der ↑thematischen Arbeit.

Imperfektion [zu lateinisch imperfectus »unvollkommen«]: in der ↑Mensuralnotation des Mittelalters die durch das Notenbild angezeigte Verkürzung (Imperfizierung) einer regulär dreizeitigen (perfekten) zu einer zweizeitigen (imperfekten) Note.

impetuoso [italienisch]: stürmisch, heftig, ungestüm.

Impressionismus [von französisch impression »Eindruck«]: eine Stilrichtung v.a. der französischen Musik um 1900. Der Begriff bezeichnet ursprünglich einen Stil in der Malerei, der gegen die genaue Linienzeichnung die Auflösung der Konturen im atmosphärischen Spiel von Farbe, Licht und Schatten setzt. In der Musik charakterisierte er erstmals 1887 abwertend eine Komposition von C. DEBUSSY, dem damit mangelnde konturierte Zeichnung und Form und stattdessen Darstellung eines verschwommenen Eindrucks vorgeworfen wurde. Seit 1900 wurde die Bezeichnung I. für den Stil DEBUSSYS (z.B. »Prélude à l'après-midi d'un faune«, 1894; »Trois nocturnes«, 1899; »Pelléas et Mélisande«, 1902) wie auch für einzelne Werke von M. RAVEL, P. DUKAS, M. DE FALLA, A. SKRJABIN, I. STRAWINSKY, F. SCHREKER u.a. gebräuchlich.

Ziel impressionistischer Musik ist das Erfassen eines von einem Gegenstand (v.a. Naturbild) ausgehenden äußeren Eindrucks (Sinnesreiz) und dessen Verwandlung in inneren Ausdruck und

Stimmung. Stilmittel sind das Flimmernde und Reizvolle der Klangfarben, das Offene der formalen Gestaltung, das Schwebende des Rhythmus, das Assoziative der Melodik und Motivik und insbesondere die Auflösung der Zielstrebigkeit der funktionalen Tonalität durch frei schwebende Akkorde, Klangverschiebungen und -verrückungen, leittonlose (z.B. pentatonische oder aus Ganztonleitern gebildete) Harmonik, wodurch der I. an der Entwicklung der freitonalen Musik (↑atonale Musik) wesentlich beteiligt war. Als eine Antithese zum musikalischen I. verstand sich der musikalische ↑Expressionismus A. SCHÖNBERGS und der 2. ↑Wiener Schule.

Impromptu [ɛ̃prɔ̃ˈty; französisch, von lateinisch in promptu »zur Verfügung«]: im 17. und 18. Jh. Bezeichnung für ein aus geselligem Anlass entstandenes, der Improvisation nahe stehendes Gebrauchsstück (Kanon u. Ä.). Seit dem frühen 19. Jh. nennt man I. ein kürzeres, an keine bestimmte Form gebundenes Charakterstück für Klavier. Frühe I. schrieben J. V. H. VOŘÍŠEK und H. MARSCHNER (op. 22 und 23). Bekannt sind die I. von F. SCHUBERT (op. 90 und 142). Zu nennen sind auch die I. von R. SCHUMANN (op. 5), F. CHOPIN (op. 29, 36, 51, 66) und F. LISZT (»Valse-I.«, 1852).

Improperi|en [lateinisch »Beschimpfungen«]: in der Karfreitagsliturgie zur Kreuzverehrung gesungene, vorwurfsvolle Klagelieder, in denen JESUS die Wohltaten Gottes den Übeltaten seines Volkes (nach dem alttestamentarischen Propheten Micha 6,3) gegenüberstellt. Sie werden abwechselnd von zwei Vorsängern und zwei Chören ausgeführt. Die gegenwärtig in der römischen Liturgie übliche fakultative Fassung ist teilweise schon im 7. Jh. (in Spanien) greifbar, voll ausgebildet jedoch erst 1474 bezeugt. PALESTRINA, T. L. DE VICTORIA, F. ANERIO, M. A. INGEGNERI und E. BERNABEI haben die I. mehrstimmig vertont.

Improvisation: das Musizieren in spontaner Erfindung, v. a. am Instrument, entweder über vorgegebene Themen, auch Harmoniefolgen und Rhythmen oder als freies Fantasieren, wobei zumeist gängige Spielfiguren und Satztechniken verwendet werden und traditionelle Formen (z.B. Variation, Choralbearbeitung, Fuge) als Muster dienen. In Ländern außerhalb Europas, in denen man keine tonschriftlich fixierte Komposition kennt, werden die I.-Modelle (z.B. ↑Maqam und ↑Raga) schriftlos überliefert. Die frühe Mehrstimmigkeit im 9.–11. Jh. wurde als Aufführungsweise des Cantus nach bestimmten Regeln chorisch, später auch solistisch aus dem Stegreif ausgeführt (↑Organum), ähnlich später ↑Faburden. Die I. auf Tasteninstrumenten führte zu komponierten Formen wie Präludium, Toccata, Ricercar, wie überhaupt nicht selten I.-Praktiken in die schriftliche Fixierung der Komposition überführt wurden. Als Kunst des Verzierens blieb die I. bis ins ausgehende 18. Jh. lebendig, v. a. in der Arie und in der Konzertkadenz. In der Musik nach 1950 erlangte die I. besonders in der ↑Aleatorik und ↑musikalischen Grafik wieder eine neue Bedeutung. Als praktische Kunstfertigkeit ist I. v. a. für Organisten und Jazzmusiker (als Solo- oder Kollektivimprovisation) bis heute unentbehrlich.

incipit [lateinisch »es beginnt«]: häufig das erste Wort der Anfangsformel in Handschriften und Frühdrucken (in lateinischer Sprache), die anstelle des (späteren) Titels den Beginn eines Textes anzeigt. Auf die Musik bezogen ist das **Incipit** der Anfang einer Komposition, so z.B. in den thematischen Katalogen der Werke J. HAYDNS, W. A. MOZARTS und L. VAN BEETHOVENS. Auch für anonyme Bestände, z.B. Volkslieder, gibt es Incipitkataloge, geordnet etwa nach Intervallfolgen, die zuvor auf eine gemeinsame Tonart umgeschrieben wurden.

indeciso [indeˈtʃizo; italienisch]: unbestimmt, frei im Tempo.

Independent Label [ɪndɪˈpendənt

indische Musik

lerbl; englisch] (Indie): Schallplattenmarke einer Plattenfirma, die unabhängig von den großen, marktbeherrschenden Konzernen Schallplatten produziert.

indische Musik: auf dem indischen Subkontinent verbreitete Hochkunst, Volks- und Stammesmusik. Bei der Hochkunst – meist als i. M. im engeren Sinne aufgefasst – unterscheidet man nach Stilkriterien die Hindustanimusik des indoarischen Sprachbereichs in Nordindien, Pakistan und Bangladesh von der karnatischen Musik des Südens mit dravidischen Sprachen. Die beiden Stile stimmen in praktischen und theoretischen Grundlagen überein und entwickelten sich erst seit dem 13. Jh. auseinander. Die Volksmusik (Lokagita, »ortsüblicher Gesang«) zeigt zuweilen Anleihen von der Hochkunst, die auf gleiche Vorbilder oder die Übernahme von Melodien sowie Rhythmen zurückzuführen sind. Daneben hat jeder Stamm sein eigenes Musikrepertoire.

Die Hochkunst hat ihre Wurzel im frühen religiösen Gesang; als Ausgangspunkt für die Entwicklung der Kunstmusik gilt der altindische Samaveda. Der Musikpraxis hat eine siebenstufige Tonskala als Richtschnur gedient. Zur Bestimmung der Tondistanzen wurde im Natyashastra (wohl 1. Jh. n. Chr.) ein Maßintervall festgelegt: der Mikroton Shruti als 22. Teil einer Oktave. Vier solcher Shruti ergaben den großen Ganzton (8:9), zwei Shruti den Halbton (15:16). Die Intervalle des Sagrama, der älteren siebenstufigen Grundskala, wurden als Folge von 4-3-2-4-3-4-2 Shruti interpretiert. Dabei galt die obere Shruti eines jeden Intervalls als Standort für den Tonpunkt. Dies ergab die Skala eines d-Modus. Später wies man der jeweils unteren Shruti den Tonpunkt zu. Hieraus resultierte eine unserem C-Dur nahe Skala, auf deren Grundton die modernen Skalensysteme Nord- und Südindiens basieren. Neben dem Sagrama benutzte das ältere Tonsystem als grundlegende Skala den Magrama, der von der 4. Stufe des Sagrama ausging. An diesen beiden Skalen orientierte sich die Stimmung der Musikinstrumente. Indem man auf jedem ihrer Töne eine siebenstufige Modalleiter errichtete, erhielt man das System der 14 Murcana, aus denen man sieben als Gebrauchsleitern für die Praxis auswählte. Diese sieben Murcana dienten zur Bestimmung der Tonhöhen in den Leitern der 18 als Jati bezeichneten Melodietypen. Die Haupttöne verliehen der Melodie ihre besondere »Stimmung« oder »Färbung« (↑Raga), und diese entsprach jener Gemütsstimmung, die die betreffenden Töne bei der Textrezitation in Bühnenspielen ausdrückten. Die im Laufe der Zeit entstandenen Melodien mit neuen Tonkombinationen und Ornamentfiguren wurden als eigenständige Raga dargestellt. Heute umfasst das Skalensystem Südindiens 72 Grundtonleitern (Melakarta), die einer 12-stufigen chromatischen Skala entwachsen sind. Im Anschluss an das Melakartasystem entwickelten die Nordinder Anfang des 20. Jh. zur Systematisierung ihrer Raga das Thatsystem mit zehn für die Musikpraxis besonders wichtigen Skalen.

Metrum und Rhythmus (Tala, »Klatschen«) der i. M. sind möglicherweise aus dem Handklatschen zu Gesang und Tanz hervorgegangen. Eine Liste von 120 Schlagperioden der älteren Zeit verzeichnet das »Samgitaratnakara« des Sharngadeva (erste Hälfte des 13. Jh.). Heute sind die Talaperioden überwiegend Vorlagen für die Metrisierung von Musikstücken. An ihnen orientiert sich die Länge der Melodieperioden, und aus den Talaschlägen werden die Grundzeitwerte für Melodie und Trommelspiel gewonnen. Die rhythmische Gestaltung der Melodie, d. h. die Gruppierung und Akzentuierung der einzelnen Töne, ist vom Talametrum weitgehend unabhängig und kann von einer Melodieperiode zur anderen wechseln. Noch größere Freiheit in der Rhythmisierung hat der Trommelspieler. Er prägt sich rhythmische Kombinationen durch mnemotechnische Silben (Bols) ein, die den einzelnen Trommelschlägen entsprechen. Den Vortrag von Melodie und Trommelpart zeichnet oft hohe Virtuosität aus. Zudem spielt die Improvisation eine überragende Rolle. Die indische Kunstmusik kennt nur kleine Ensembles mit vorwiegend Solopartien. Den höchsten Rang nehmen Ensembles mit einem Gesangssolisten ein. Seine Melodie wird in der Regel vom Klang der Bordunlaute Tambura gestützt, von einem Streichinstrument (Sarangi in Nord-, Violine in Südindien) umspielt und von der Trommel (Tabla in Nordindien, Mridanga in Südindien) begleitet. Für die tragende Melodie sind ferner beliebt: gezupfte Lauteninstrumente wie Sitar und Sarod in Nordindien, die Vina in Südindien, die Oboen Shahnai in Nordindien und Nagasvara in Südindien sowie überall Flöten.

indonesische Musik: Die i. M. spiegelt in einer Vielzahl spezifischer Musikkulturen der mehr als 300 verschiedenen ethnischen Gruppen die lange und wechselvolle Geschichte des indonesischen Archipels wider. Das »altindonesische« Erbe entstand aus der Vermischung von autochthonen Elementen mit Einflüssen, die im 2. Jahrtausend v. Chr. in verschiedenen Wellen in den Inselkomplex einströmten. Im 1. Jahrtausend n. Chr. haben v. a. indische und chinesische und seit dem 16. Jh. abendländische Einflüsse (v. a. der Portugiesen und Niederländer) die Musikkulturen Indonesiens in unterschiedlichem Maße bestimmt. Als gemeinschaftliche Basis für weite Regionen Indonesiens sind die ↑Gamelan genannten instrumentalen Ensembles javanischen Ursprungs charakteristisch.

Auf Java selbst und v. a. auf Bali ist im Lauf der Jahrhunderte ein umfangreiches fürstliches bzw. rituales Repertoire an orchestralen Stücken entstanden. Rd. 25 verschieden zusammengesetzte Gamelans begleiten auf Bali noch heute im Rahmen der großen Tempelfeste rituelle und dramatische Tänze sowie das Schattenspiel. Während Bali sich den Muslimen gänzlich verschlossen hat, sind die meisten der Großen und Kleinen Sundainseln stark vom Islam und von der persisch-arabischen Musik beeinflusst worden. Dies zeigt sich an manchen hier gebräuchlichen Instrumenten wie Zupflaute (Gambus), Rahmentrommel (Rebana), Holzschalmei (Serunai) oder der auf Nias gestrichenen Spießlaute (Lagiya). Als autochthone Musikinstrumente Indonesiens gelten verschiedene zweifellige Trommeln, häufig Kendang genannt, Maultrommeln (Genggong), Rasseln, Schwirrhölzer, Bambusflöten und -schalmeien, Bambuszithern, Stampfrohre, Klangstäbe u. a. Die Reliefs an dem um 800 errichteten Stupa von Borobudur enthalten Darstellungen von Musizierenden und Musikinstrumenten, die einen Einblick in die Musikpraxis der Regierungszeit der Shailendradynastie (8.–9. Jh.) geben. Von dieser indischen Herrscherfamilie leitet das (neben Pelog) zweite javanische Tonsystem, das Slendro, seinen Namen her. Borneo war an den von Indonesiern bewohnten Küsten Fremdeinflüssen ausgesetzt, während sich bei den Dayak im Innern der Insel Mundorgel-, Maultrommelspiel und einfache rezitative Gesänge von hohem Alter erhalten haben. In weiten Gebieten fasste der Islam Fuß. Aber auch das Christentum und animistische Religionen sind auf der Insel vertreten mit entsprechend beeinflussten Musikkulturen, die mitunter dicht nebeneinander liegen. Ähnlich unterschiedlich geprägt sind auch die Musikstile auf den meisten der Kleinen Sundainseln. Auf Madura begleiten zahlreiche Perkussionsinstrumente die Stierrennen. In Irian Jaya (Neuguinea) pflegen die Papua im Bergland Gesänge mit verzierten Dreiklangstönen. Diese Tradition trifft man in weniger reiner Form auch auf Flores an. Auf Sumatra begleiten die zum Christentum übergetretenen Bataker mit dem nach der Trommel Gondang benannten Orchester (weitere Instrumente: Trommelkreis, Oboe, Gongs, dreisaitige Laute) ihre Ahnenfeste. Bei den zum Islam konvertierten Minangkabau spielen ausschließlich Frauen im Talempong-Ensemble, das nach seinem Gongkreis benannt ist (weitere Instrumente sind einzelne Gongs und Trommel). In den Großstädten bildeten sich auch eigenständige indonesische Popmusik-Stile heraus: Kroncong bereits in den 1930er-Jahren, Dangdutum und Jaipongan in den 1970er-Jahren.

Industrial [ɪnˈdʌstrɪəl; englisch]: von Gruppen wie Einstürzende Neubauten in den 1980er-Jahren kreierte Musik des New Wave, die elektronisch verfremdete Collagen aus Umwelt- und Industriegeräuschen einsetzt und zu einem wichtigen Wegbereiter des Techno wurde.

Ingressa [zu lateinisch ingredi »hineingehen«]: im ↑ambrosianischen Gesang Bezeichnung für den Introitus.

Initium [lateinisch »Anfang«]: im ↑gregorianischen Gesang die aus zwei oder mehr Tönen bestehende Eingangsformel der ↑Psalmtöne.

innocente [innoˈtʃɛntə; italienisch]: unschuldig, anspruchslos.

In nomine [lateinisch »im Namen«]: Bezeichnung für Instrumentalkompositionen der englischen Musik des 16./17. Jh., denen als Cantus firmus der Choralabschnitt zugrunde liegt, den J. TAVENER im Benedictus der Messe »Gloria tibi Trinitas« zu den Worten »In nomine Domini« verwendet. Dieser Abschnitt einer Vokalkomposition wurde für Instrumente übertragen und leitete die etwa 100-jährigen Geschichte der In-nomine-Kompositionen ein, an der sich alle englischen Komponisten der Zeit beteiligten.

Instrument: ↑Musikinstrumente.

Instrumentalmusik: die nur mit Instrumenten ausgeführte Musik, im Unterschied zur Vokalmusik. Nach Zahl und Zusammensetzung der beteiligten Instrumente unterscheidet man Musik für Soloinstrumente, Kammer- und Orchestermusik. Bis ins 16. Jh. war die reine I. zweckgebunden, z. B. als einleitendes Präludieren, als musikalische Umrahmung, als Tanz- oder Tafelmusik; daneben waren Übertragungen vokaler Kompositionen für Instrumente verbreitet. Auch wo die I. noch nicht wie die Vokalmusik eine selbstständige, gehobene Kunst war, hat sie das Werden der europäischen Musik entscheidend befruchtet. Von einer selbstständigen, zweckfreien I. kann man seit dem 17. Jh. sprechen, doch ist die I. erst seit dem Spätbarock (v. a. seit J. S. BACH) der Vokalmusik ebenbürtig. Seit dem Schaffen J. HAYDNS, W. A. MOZARTS und L. VAN BEETHOVENS wurde sie zum Inbegriff der reinen (absoluten) Musik und bewahrte diese Vorrangstellung weithin bis in die Gegenwart.

Instrumentation [lateinisch] (Instrumentierung): die Ausarbeitung einer Komposition für die Stimmen verschiedener Instrumente. Die **Instrumentationslehre** vermittelt Kenntnis von Tonumfang, Spielart, Klangfarbe, Notierungsweise der einzelnen Instrumente und lehrt deren wirkungsvolle Zusammenstellung und Mischung.

I. war bis ins 16. Jh. weitgehend Aufgabe des Interpreten. Instrumentationslehren gibt es ansatzweise schon um 1600 (M. PRAETORIUS, »Syntagma musicum«, 1615–19). Erste Besetzungsvorschriften stammen aus dem 17. Jh. (C. MONTEVERDI, H. SCHÜTZ). Die Anfänge der modernen I. gehen auf die zweite Hälfte des 18. Jh., besonders auf das Opernorchester C. W. GLUCKS, zurück. Zwischen GLUCK und L. VAN BEETHOVEN ist die I. bei Vorherrschaft der Streicher durch ein ausgewogenes Verhältnis zwischen Klangverschmelzung und Hörbarkeit aller Instrumente gekennzeichnet. Große Bedeutung gewann die I. für die Orchestermusik des 19. Jh. als besonderes Mittel der Stimmungsmalerei und des Gefühlsausdrucks. Die umfassende Erforschung der Instrumentalklangfarben durch H. BERLIOZ (1843), die durch seine eigene sowie v. a. durch C. M. VON

Webers und G. Meyerbeers kompositorische Praxis ergänzt wurde, gewann grundlegende Bedeutung für die Orchesterbehandlung der Neuromantik (F. Liszt, R. Wagner, R. Strauss, F. Schreker) und der nationalen Schulen (N. Rimskij-Korsakow, C. Debussy, M. Ravel): Als Ideal galt der in allen Lagen vollkommen ausgewogene Tuttiklang des großen Orchesters. G. Mahler bevorzugte die Deutlichkeit jeder einzelnen Stimme des Tonsatzes. Die Wendung zum solistisch besetzten kleineren Ensemble vollzog A. Schönberg (»Kammersymphonie« für 15 Soloinstrumente op. 9, 1906), der bereits 1909 als Erster die Möglichkeit einer Klangfarbenmelodie erwog. Zwischen 1915 und 1930 haben sich auch andere Komponisten (z.B. I. Strawinsky) vom runden Klang des spätromantischen Orchesters abgekehrt und kleinere Besetzungen in ausgesuchter Zusammenstellung bevorzugt. Bei A. Webern wurde die I. zu einem der primären Faktoren des musikalischen Satzes; ihm folgte zunächst P. Boulez. Nach 1955 begannen einige Komponisten, z.B. G. Ligeti (»Atmosphères«, 1961), die Veränderung der Klangfarbe zum wichtigsten musikalischen Inhalt zu erheben (↑Klangfarbenkomposition). Die elektronischen Musikinstrumente eröffneten dem klanglichen Geschehen neue Dimensionen.

Instrumentenkunde: eine Disziplin der Musikwissenschaft, die sich mit den ↑Musikinstrumenten als den Geräten zur Erzeugung von Schall und zur Verwirklichung musikalischer Klangvorstellungen befasst. Sie beschreibt Bau, Akustik, Klangcharakter, Spieltechnik und Verwendung der Instrumente, ordnet sie nach gemeinsamen Merkmalen (Klassifikation) und erforscht die Geschichte ihrer baulichen Entwicklung und die jeweilige Stellung in der Musik und im Denken einer Epoche. Darüber hinaus gibt die I. Hinweise für die Rekonstruktion historischer Instrumente, die Interpretation alter Musik und den Wandel des Klangideals. Zugleich vermittelt sie Anregungen für instrumentenbauliche Verbesserungen und die Verwirklichung neuer Klangvorstellungen.

Instrumentenverstärker: eine elektroakustische Geräteeinheit in solider Kastenbauweise, die ein Verstärker- und ein Lautsprechersystem in sich vereinigt. I. dienen der klanglichen Realisation aller E-Instrumente, v.a. der E-Gitarren. Bei Live-Konzerten stellt der I. ein Zwischenglied zwischen dem Interpreten und dem Mischpult der Anlage (↑PA-System) dar. Die Verbindung zum Mischpult erfolgt dann meist über ein dicht vor dem I. platziertes Mikrofon.

Intavolieren [italienisch] (Intabulieren, Absetzen): vom 14. bis 16. Jh. Bezeichnung für das Umschreiben einer in Stimmen notierten Komposition in die Griffschrift für Laute, Orgel, Klavier (↑Tabulatur).

Interferenz: die Überlagerung beim Zusammentreffen von zwei oder mehr Wellenzügen am gleichen Ort, die zu einer von den Amplituden und Phasendifferenzen abhängigen Intensitätsverteilung führt. Bei interferierenden Wellen gleicher Wellenlänge und Amplitude erhält man bei gleicher Phase maximale Verstärkung. Sind dagegen beide Wellen um eine halbe Wellenlänge verschoben, tritt Auslöschung ein (z.B. Stille bei Schallwellen).

Interludium [lateinisch »Zwischenspiel«]:
◆ *Oper:* ↑Intermezzo.
◆ *Orgelmusik:* ein Zwischenspiel zwischen Versen oder Strophen eines Kirchengesanges (Hymnen, Psalmen, Choräle). Als selbstständige Stücke finden sich I. auch in der Lauten- und Klaviermusik.

Intermedium [mittellateinisch »Einschub«]: ↑Intermezzo.

Intermezzo [italienisch, zu lateinisch intermedius »dazwischen befindlich«]: Bezeichnung für die nach der volkstümlichen Einlage (Farce) im französischen

Intermezzo (Gemälde aus dem 18. Jh.)

Mysterien- und Mirakelspiel des 14. Jh. im 15. Jh. in Italien aufgekommenen musikalischen, tänzerischen und szenischen Zwischenaktunterhaltungen bei Aufführungen von Schauspielen und Tragödien, später v. a. von großen Opern. Das **Intermedium (Interludium)**, anfangs im Madrigalstil, entwickelte sich zu kleinen komischen Singspielen **(Intermezzi),** die als geschlossene Einakter, aber auch mit zwei Akten zwischen die einzelnen Akte der tragischen Haupthandlung oder auch innerhalb der Akte eingeschoben wurden. G. B. PERGOLESIS I. »La serva padrona« (1733) gab den Anstoß zur Entstehung der komischen Oper in Italien und in Frankreich. In neuerer Zeit ist das I. nur noch als Zwischenaktmusik in der Oper bekannt (P. MASCAGNI, »Cavalleria rusticana«, 1890; F. SCHMIDT, »Notre Dame«, 1914); R. STRAUSS' Oper »Ariadne auf Naxos« (1912) greift Züge des alten I. auf; außerdem nannte er seine autobiografische Oper »Intermezzo« (1924). – Seit dem 19. Jh. wird I. auch als Bezeichnung für ein Charakterstück für Klavier (z. B. J. BRAHMS op. 117, 1892) verwendet, gelegentlich auch für den Mittelteil eines dreiteiligen Satzes oder eines Satzzyklus (↑Interludium).

Intervall [lateinisch »Zwischenraum«]: der Abstand zweier Töne, gleichgültig, ob diese zusammen oder nacheinander erklingen. Die I. werden mit lateinischen Ordnungszahlen bezeichnet: Die Prime ist der Einklang, die Sekunde enthält einen diatonischen Tonschritt, die Terz zwei usw. Quarte, Quinte und Oktave heißen reine I. Bei der Sekunde, der Terz, der Sexte und der Septime sind jeweils um einen Halbton verschiedene kleine und große I. zu unterscheiden. Durch Alteration können alle I. zu übermäßigen erhöht oder zu verminderten erniedrigt werden; einzelne I. sind schon durch ihre Stellung in der Skala übermäßig oder vermindert (↑Tritonus). Durch Umkehrung (Oktavversetzung des tieferen Tons nach oben oder des höheren nach unten) werden kleine I. zu großen, große zu kleinen sowie verminderte zu übermäßigen und umgekehrt; die reinen I. werden bei der Umkehrung wieder zu reinen. Konsonant im harmonischen Sinn sind Oktave, Quinte, Quarte, Terz und Sexte, sofern sie nicht alteriert sind; die übrigen I. sind dissonant.

Intervall: Veränderung einer Quinte durch Alteration

In der Akustik werden die musikalischen I. mathematisch bestimmt durch das Verhältnis der Schwingungszahlen der einzelnen Töne. Schon im Altertum wurde (angeblich von PYTHAGORAS durch Saitenunterteilung) das Verhältnis bei den konsonanten I. Oktave (1:2), Quinte (2:3), Quarte (3:4), später (von DIDYMOS um 30 v.Chr.) auch große Terz (4:5) erkannt und für die Instrumentenstimmung angewandt. J. SAUVEUR stellte um 1700 fest, dass bei einem erklingenden Ton die ganzen Vielfachen seiner Schwingungszahl als Obertöne wirklich vorhanden und wahrnehmbar sind in der Reihenfolge:

1 2 3 4   5   6   7   8   9   10 ...
C c g c¹ e¹ g¹ (b¹) c² d² e² ...

Dadurch erschienen auch die übrigen konsonanten I. kleine Terz (5:6), große Sexte (3:5), kleine Sexte (5:8), aber auch die dissonanten I. (große Sekunde 8:9 oder 9:10) usw. als naturgegeben. Trotzdem sind diese natürlichen I. nicht ohne weiteres für die musikalische Praxis anwendbar, da sie z.B. für die große Sekunde zwei voneinander verschiedene Werte ergeben (↑Stimmung).

Man hat versucht, das tonpsychologische Problem des Konsonanzempfindens mit dem Hinweis auf die mathematische Bestimmung der I. zu erklären, da konsonante I. gegenüber dissonanten die einfacheren Verhältniszahlen und damit auch die größere Verschmelzungsfähigkeit für das Ohr aufweisen. Die absolute Sonderstellung der Oktave erklärt sich aber dadurch ebenso wenig wie die Tatsache der Wandlung des Konsonanzempfindens: bis ins 14. Jh. wurden Terz und Sexte, seit dem ausgehenden Mittelalter zeitweise auch die Quarte (in der Vokalpolyphonie) als Dissonanz behandelt; Terz und Sexte galten überdies lange als unvollkommene Konsonanzen und werden häufig noch heute so bezeichnet. Die I. in der außereuropäischen Musik stimmen mit denen der europäischen Musik oft nicht überein. Für die exakte I.-Messung wird heute allgemein die von A. J. ELLIS 1885 entwickelte Centrechnung benutzt, die jeden gleichschwebend-temperierten Halbton in 100 gleiche Teile zerlegt.

Intonation [zu lateinisch intonare »losdonnern«, »erdröhnen«]:
- *Musikpraxis:* beim Gesang und Instrumentalspiel das nach Tonart und Tonhöhe richtige Anstimmen eines Gesanges, die Art der Tongebung (laute und leise, harte und weiche, reine und unreine I.).
- *Instrumentenbau:* der Ausgleich der Töne und ihrer Klangfarben.
- *gregorianischer Gesang:* die vom Kantor oder vom Zelebranten angestimmten Anfangsworte, z.B. von Psalm, Antiphon, Hymnus, Gloria, Credo, die vom Chor weitergeführt werden.

Intervall: Bezeichnungen und Frequenzverhältnisse

Intrade

◆ *Orgelmusik:* im 16. und 17. Jh. eine kurze Orgelkomposition oder -improvisation zum nachfolgenden Choral.
◆ *Musiktheorie:* von B. W. Assafjew in den 1930er-Jahren eingeführter Begriff; er bezeichnet die Gesamtheit aller Merkmale, die als Widerspiegelung der Wirklichkeit die inhaltliche Bedeutung einer Musik ausmachen.

Intrade [zu lateinisch intrare »eintreten«] (Intrada, italienisch Entrata, spanisch Entrada): Einleitung, Vorspiel; im 16./17. Jh. ein glanzvolles Musikstück zur Eröffnung eines Festspiels oder anlässlich des Erscheinens hoch gestellter Personen sowie zur Begleitung des Einzugs der Darsteller von Theater- und Tanzvorführungen. Die I. wurde auch im Gottesdienst (z.B. die »Kirchen-Intraden« von M. Altenburg, 1620) und in der Orchestersuite als Binnensatz verwendet. Eine I. als Einleitung komponierte u.a. noch W. A. Mozart zu seinem Singspiel »Bastien und Bastienne« (1768).

Introduktion [lateinisch »Einführung«] (italienisch Introduzione): ein meist langsamer Einleitungsteil zu ersten Sätzen von Sinfonien oder Kammermusikwerken v.a. der Wiener Klassik. In der Nummernoper heißt I. auch das die Handlung einer Oper oder eines Aktes eröffnende Gesangstück, meist ein Ensemble, wie z.B. das unmittelbar der Ouvertüre folgende Terzett in W. A. Mozarts »Don Giovanni«; beim Ballett dient eine I. der Aufstellung der Tänzer für die erste Nummer.

Introitus [lateinisch »Einzug«]: den Einzug des Klerus begleitender (meist den Psalmen entnommener) Eröffnungsgesang der katholischen Messe; liturgisches Eingangsstück des evangelischen Gottesdienstes. – Das Anfangswort des I. dient meist zur Benennung des (Sonn-)Tages, z.B. »Invokavit«.

Invention [von lateinisch inventio »Erfindung«]: in musikalischen Werktiteln seit dem 16.Jh. der Hinweis auf eine besondere Art der kompositorischen Erfindung, die meist durch Zusätze näher gekennzeichnet ist. Das musikalische Schrifttum des Barock bildete in Anlehnung an die Rhetorik eine detaillierte Erfindungslehre (»ars inveniendi«) aus, wozu neben der Kombinatorik (»ars combinatoria«), Variationskunst und Figurenlehre auch die Lehre von den Redeteilen gehörte: »inventio« (Erfindung des Themas), »elaboratio« (Ausarbeitung) und »executio« (Vortrag). In diesem Sinne verwendete J. S. Bach den Begriff I. 1723 für seine Zyklen zwei- und dreistimmiger Lehrstücke für Klavier in kontrapunktisch-imitatorischer Satzart. Im 20. Jh. begegnet der Titel I. bei Kompositionen u.a. von A. Berg (im 3. Akt des »Wozzeck«), E. Pepping, B. Blacher und W. Fortner.

Inventions|horn: ein Waldhorn mit Stimmbögen in der Windungsmitte des Windkanals, wodurch die Entfernung zwischen Mund- und Schallstück gleich bleibt und das Stopfen erleichtert wird. Die Konstruktionside stammte von A.J. Hampel und wurde von J. Werner 1753 verwirklicht; das I. verschwand mit der Einführung der ↑Ventile.

Inversion [zu lateinisch inversio »Umkehrung«]: ↑Umkehrung.

Invitatorium [lateinisch »Aufforderung«]: am Beginn der Matutin des Stundengottesdienstes gesungene Antiphon mit der Aufforderung zur Anbetung Gottes. Sie wird mit dem Psalm 94 verbunden, wobei die Antiphon vom Chor, der Psalm von Solisten gesungen wird.

Involvement [in'vɔlvmənt; englisch »Verwicklung«]: von der neueren Pop- und Rockmusik ausgehender Effekt des Aktivierens von Spielern und Publikum, der als ein Qualitätsmerkmal dieser Musik angesehen und oft durch außermusikalische Mittel wie Bild-, Licht-, Raum-, Geruchs- und Vibrationswirkungen verstärkt wird.

ionischer Kirchenton: auf dem Grundton c stehende ↑Kirchentonart.

isometrisch [zu griechisch ísos »gleich« und métron »Maß«]: in der musikwissenschaftlichen Literatur gebrauchte Bezeichnung für die gleichrhythmische Führung der Stimmen in einem mehrstimmigen Satz (↑Homophonie).

Charles Ives

isorhythmisch [zu griechisch ísos »gleich« und rhythmós »Rhythmus«]: Fachbegriff für ein Kompositionsverfahren, das v.a. in der Motette des 14. und 15. Jh. angewandt wurde. Melodisch gleiche Teile (↑Color) und rhythmisch gleiche Teile (↑Talea) werden kombiniert. Dabei können sich melodische und rhythmische Phasen überschneiden (z.B. Aufteilung von zwei Colores auf drei Taleae). Isorhythmie begegnet bei PHILIPPE DE VITRY zunächst v. a. im Tenor, seit GUILLAUME DE MACHAULT auch in den Oberstimmen.

istesso tempo [italienisch]: ↑l'istesso tempo.

Ite, missa est [lateinisch »Gehet hin, ihr seid entlassen«]: Schlussformel, mit der die Gläubigen am Ende der römischen Messe entlassen werden.

Ives [aıvz], Charles Edward, amerikanischer Komponist, *Danbury (Connecticut) 20. 10. 1874, † New York 19. 5. 1954: Der »Vater der modernen amerikanischen Musik« studierte 1894–98 an der Yale University in New Haven (Connecticut) Komposition und Orgel und nahm in seinen Werken ab etwa 1900 grundlegende Innovationsformen der Musik des 20. Jh. wie Atonalität, Polymetrik, Cluster, Vierteltonmusik (»Qarter-tone-piano-pieces«, 1924), Collagen und Raumeffekte vorweg. Dabei ging es I., der ab 1907 erfolgreich eine Versicherungsagentur aufbaute und das Komponieren eher nebenbei betrieb, weniger um eine systematische Begründung neuer Kompositionsmethoden. Ausgehend vom literarischen Transzendentalismus, der um 1850 in Neuengland entstanden war, strebte er nach einer universellen Einheit von Musik und täglichem Leben, was dazu führte, dass vielfach auch vorgefundenes Material wie geistliche Hymnen, Militärmärsche, Volks- und Unterhaltungsmusik seine Kompositionen durchziehen. Die Erschütterung über den Ersten Weltkrieg sowie schwere Erkrankungen ließen ihn gegen 1920 weitgehend, ab 1925 vollständig kompositorisch verstummen. I.' umfangreiches, zeitlich und systematisch aber nur schwer zu ordnendes Schaffen umfasst Orchesterwerke (vier Sinfonien, 1896–1916; »Central park in the dark«, 1907; »Browning overture«, 1911), Kammermusik (zwei Streichquartette und vier Violinsonaten; Klavierquintett »Unanswered question«, 1908), Orgel- und Klaviermusik (u. a. die lange als unspielbar geltende »Concord sonata«), Chorwerke sowie »114 Songs« (1888–1921).

J

Jagdhorn (italienisch Corno da Caccia): ein bei der Jagd verwendetes, kreisförmig gewundenes Horn aus Metall. Das J. ist im Unterschied zum modernen ↑Waldhorn ein Signalhorn. Es wird heute in der Form des kleinen, meist lederumwickelten und oft mit Ventilen versehenen Pleßhorns in B (nach Herzog HANS HEINRICH XI. VON PLESS) und des großwindigen, eng mensurierten Parforcehorns in der Jägermusik verwendet.

Jagdmusik: musikalische Äußerungsformen bei der Jagd (Signale) sowie bei Jagdopfern und -festen (Gesänge, Tänze). Sie gehen auf Rufe und Locklaute der Jäger zurück und finden sich bereits auf frühen Kulturstufen fast aller Völker. In der Kunstmusik begegnen Jagdmotive wie Signalfolgen in den Intervallen der Naturtöne seit der italienischen ↑Caccia (14. Jh.), später häufig in Opern (C. M. VON WEBER, »Der Freischütz«) und in der Orchestermusik (W. A. MOZART, »La chasse«; A. BRUCKNER, 4. Sinfonie, Scherzo; G. MAHLER, 1. Sinfonie, 1. Satz), wobei sich die Jagdassoziation zu allgemeiner Natursymbolik weitete.

Jalousieschweller [ʒalu'ziː-; französisch]: bei der Orgel ein an der Vorderseite mit verstellbaren Klappen (Jalousien) versehener Kasten, in dem die Register eines Manuals untergebracht sind. Durch einen Fußhebel lassen sich die Klappen öffnen und schließen, wodurch sich v. a. die Lautstärke verändern lässt.

Jaltarang: ein persisch-indisches ↑Glasspiel.

Jamsession ['dʒæm'seʃn; englisch]: ursprünglich Bezeichnung für eine zwanglose Zusammenkunft von Jazzmusikern, bei der aus dem Stegreif (ohne Arrangement) gespielt wird. Später wurden J. auch organisiert und Programmteil von Jazzkonzerten.

Janitscharenmusik: alttürkische Militärmusik der Elitetruppen der Janitscharen, für die bestimmte Instrumente (große und kleine Trommel, Becken, Pauke, Tamburin, Triangel, Schellenbaum) und marschartige Rhythmen charakteristisch sind. Durch die Türkenkriege wurde die J. in Mitteleuropa bekannt und vom Anfang des 18. bis weit ins 19. Jh. in eigenen Militärorchestern nachgeahmt. Die Kunstmusik benutzte den für damalige Hörer eigenartigen, grell metallischen und »barbarischen« Klang der J., um die Wirkung des Fremdländischen (Türkei, Orient) oder Kriegerischen zu erzeugen. Beispiele: W. A. MOZARTS Oper »Die Entführung aus dem Serail« (1782); dessen Klaviersonate A-Dur KV 331 (1778), 4. Satz »Alla turca«; J. HAYDNS Sinfonie G-Dur (1794), die »Militärsinfonie«; L. VAN BEETHOVENS Orchesterwerke »Wellingtons Sieg« (op. 91, 1813) und Finale der 9. Sinfonie.

japanische Musik: In Japan existiert neben der heute dominierenden europäischen Musik noch immer eine eigene musikalische Tradition, die durch monophone Melodien ohne harmonische Begleitung und einen hoch differenzierten Einsatz von Mikrotönen, Klangfarben und freien Rhythmen gekennzeichnet ist. J. M. ist primär eine Einheit von Musik, Wort und Tanz. Sie umfasst aber auch reine Instrumentalmusik und hat den größten Formenreichtum auf dem Gebiet der Vokalmusik entwickelt.

Erste Periode (bis Ende 6. Jh.): Archäologisch dokumentiert sind steinerne Kugelflöten und Bronzeglocken. Tonfiguren aus Hügelgräbern zeigen Tänzer, Zitherspieler und Trommler. Schriftliche Quellen des frühen 8. Jh. belegen Bambusflöten und einen größeren Liederschatz. Auch Maultrommel und epischer Gesang der Kultur der Ainu gelten als Zeugen der ältesten Periode.

Zweite Periode (7.–10. Jh.): Zusammen mit dem Buddhismus kam in mehreren Wellen chinesische, koreanische, indische, zentralasiatische u. a. Musik nach Japan. Die 75 erhaltenen Instrumente im Shōsōin, dem Schatzhaus des Kaisers SHŌMU in Nara, zeugen noch von dem internationalen Musikstil der Zeit, in der sich die ↑Gagaku entwickelte, die vom Jahre 701 an dem kaiserlichen Musikamt unterstand. Die allmählich unüberschaubare Vielfalt an Stilen wurde im 9. Jh. neu in zwei Hauptrichtungen gegliedert: die »Rechtsmusik« Komagaku aus den alten koreanischen Reichen und die »Linksmusik« Tōgaku aus China und den anderen asiatischen Ländern, die bereits die chinesische Musik beeinflusst hatten. Die Gagaku-Arrangements von profaner Vokalmusik (Saibara-rōei) und von Zeremonialmusik des Shintōkults (Kagura u.a.) sind als Weiterentwicklungen autochthoner Traditionen nur z.T. in dieses System integriert.

Dritte Periode (11.–16. Jh.): Außerhalb des höfischen Bereichs wurden im Schutz der Klöster und unter der Schirmherrschaft des Schwertadels weitere Elemente der importierten Musik kultiviert. Der auf der indischen Hymnik beruhende buddhistische Gesang (Shōmyō) wurde zu neuen, spezifisch japanischen Hymnen (Wasan, Goeika) umgeformt. Dem buddhistischen Bereich verpflichtet ist auch die außerhöfische Variante der ↑Biwa, die am Aufschwung der epischen Gesangstechnik und damit der großen Kriegshistorien in dieser Periode Anteil hat. Das Instrument wirkt als Vorläufer der beiden südjapanischen Formen Satsuma-biwa und Chikusen-biwa bis in die Gegenwart nach. Heute noch unverändert lebendig ist das Nō-Spiel. Mit seinen zwei Sanduhrtrommeln (Ōtsusumi, Kotsusumi), Rahmentrommel (Tai-ko) und Querflöte (Nōkan) spiegelt es die Tradition ländlicher Instrumentalensembles wider, der Gesangsstil ist buddhistisch beeinflusst.

Vierte Periode (17. bis Mitte 19. Jh.): Die Mitte des 16. Jh. von den Ryūkyūinseln eingeführte dreisaitige Spießlaute ↑Shamisen entwickelte sich zum Charakteristikum einer neuen, bürgerlichen Musikkultur. Sie führte in der Gesangstradition zur Entstehung zahlreicher epischer wie lyrischer Stilrichtungen. Auch die Rezitationskunst (Jōruri) der Erzähler des Puppenspiels gelangte erst in der Verbindung mit der Shamisen als Gidayūbushi zur Vollendung. Darüber hinaus trug die Shamisen zur Entstehung der berühmten Kabuki-Tanzlieder mit ihren ausgedehnten instrumentalen Zwischenspielen (Nagauta) bei. Der typischen Shamisenmusik, festen Arrangements aus mehreren kurzen Liedern (Kumiuta), ist auch die neue Kotomusik verpflichtet. Dabei handelt es sich um reine Instrumentalstücke (Danmono bzw. Shirabemono) für Koto allein oder um instrumental begleitete Lieder (Jiuta) mit selbstständigen instrumentalen Zwischenspielen (Tegoto), die meist im Trio aus Koto, Shamisen und einer leicht gebogenen Längsflöte (Shakuhachi) gespielt werden. Diese Kotomusik wird heute von den Schulen Ikuta, Yamada, Joshisawa u.a. gepflegt. Die Kunst der Shakuhachi, einst durch wandernde Mönche der Fukeschule verbreitet, tradieren die Schulen Kinko und Tozan.

Fünfte Periode (ab Mitte 19. Jh.): Mit der Öffnung Japans für westliche Einflüsse verlor die traditionelle Musik an Bedeutung. Die heutigen Überreste sind verschiedenen Alters. Diese Tatsache ist v.a. dem japanischen Traditionsprinzip zu verdanken, das den Schüler genau auf das Vorbild des Lehrers festlegt, was zur Folge hat, dass sich Neuerungen nicht innerhalb einer Tradition durchsetzen können, sondern zur Gründung anderer Schulen führen. Die moderne j. M. greift jedoch oft auf japanisch-asiatische Formen zurück, die wiederum z.T. die moderne westliche Musik beeinflussen.

Jazz [dʒæz; englisch]: Siehe S. 170.

Jazzdance ['dʒæzdɑːns; englisch]: in den USA entstandene Form des zeitgenössischen Kunsttanzes afroamerikanischen Ursprungs (Hauptquelle sind die Tanzstile aus Angola und dem Kongogebiet, die mit den Sklaven nach Amerika kamen). Als musikalische Basis wird Jazzmusik verwendet. Beim J. bewegen sich einzelne Körperglieder unabhängig voneinander; das Hauptbewegungszentrum ist das Becken. Einen ersten Höhepunkt erreichte der J. um 1920; es gab zudem einen gleichnamigen, auch in Europa getanzten Gesellschaftstanz. Eine Renaissance erlebte der J. in den 40er-Jahren mit K. DUNHAM und P. PRIMUS.

Jazz

Es gehört zu den Allgemeinplätzen der Musikgeschichte, dass der Jazz in New Orleans entstanden ist. Seine Ursprünge gehen jedoch weit ins 19. Jh. zurück, auf die einfachen Calls, Cries und Arbeitslieder, den Worksong und Field-Holler, den Spiritual und den ländlichen Blues, wie er von den Afroamerikanern v. a. in den amerikanischen Südstaaten, also den ehemaligen Sklavenhalterstaaten südlich der Mason-Dixon-Linie – daher der Name Dixieland –, ausgebildet wurde. Eine der wichtigsten Vorstufen ist der um 1880 entstandene ↑Ragtime, besonders der Piano-Ragtime z. B. von S. Joplin, T. Turpin oder E. Blake. Keiner dieser Musiker kam ursprünglich aus New Orleans, vielmehr haben zahlreiche Jazzer der ersten Generation immer wieder darauf hingewiesen, dass auch in den nördlichen Teilen der USA zur selben Zeit wie in New Orleans eine jazzähnliche Ragtime-Musik gespielt wurde – die Bezeichnung Jazz, die es vor 1915 noch nicht gab, setzte sich erst mit dem großen Anfangserfolg der (weißen) Original Dixieland Jazz Band, die 1917 in New York die ersten Platten des Jazz überhaupt aufnahm, allmählich durch.

Wichtig für die Verbreitung früher afroamerikanischer Musizierformen waren v. a. die Minstrelshows (↑Minstrel) und Aufführungen der Vaudeville-Truppen, die im 19. Jh. durchs Land zogen, und die für den Jazz prägende Verbindung von europäischen Musikidiomen (v. a. Märsche und Tänze) mit der Rhythmik und dem Lebensgefühl der Schwarzen vorwegnahmen. Was dabei anfangs noch in Verballhornung und als naive Mixtur vorgeführt wurde, entwickelte sich im 20. Jh. schrittweise zu einer komplexen Kunstform, ohne deren Einfluss weite Bereiche der populären Musikkultur unserer Zeit bis hin zur Pop- und Rockmusik wohl nie entstanden wären.

■ Die Elemente des Jazz

Obwohl die typischen Besetzungsformen wie kleinere Combo oder orchestrale Bigband v. a. mit dem modernen Jazz ab den 1950er-Jahren immer vielfältiger wurden, gilt nach wie vor für alle Ensembleformen im Jazz die Grundaufteilung in Rhythmusgruppe (↑Rhythmsection: traditionell Schlagzeug, Kontrabass, Gitarre, Klavier) und Melodiegruppe (↑Melodysection: vorherrschend Trompete, Saxophon, Posaune). Dabei sind beide Bezeichnungen insofern unscharf, als die Rhythmusgruppe nicht nur den Rhythmus, sondern auch die harmonische Basis u. a. für die Improvisationslinien der Solisten garantiert und die Melodieinstrumente im dichten polyrhythmischen Geflecht wesentlich an der rhythmischen Differenzierung des musikalischen Geschehens teilhaben.

Der Jazz ist prinzipell eine improvisierte Musik, d. h., die meist dem Standardrepertoire entnommenen Titel geben mit ihrem thematischen und harmonischen Aufbau nur den meist 32-taktigen Rahmen an, über den die Melodie sowohl solistisch als auch kollektiv im Chorus durch mehr oder weniger komplexe motivische Veränderungslinien, Verknüpfungen und Wechselwirkungen variiert wird. Dabei stellt neben der melodischen Ausgestaltung v. a. auch die rhythmische Phrasierungsweise und individuelle Intonation bzw. Tonbildung ein entscheidendes Merkmal jeder Improvisation dar. Allerdings wird, von genialen Ausnahmen wie dem Saxophonisten C. Parker abgesehen, bei einem Titel nicht jedes Mal neu improvisiert, vielmehr entwickeln Jazzmusiker oft »Reimprovisationen«, die, einmal entstanden, mit geringfügigen Abweichungen immer wieder vorgetragen werden; exemplarisch ist hierfür C. Hawkins' Saxophonchorus über »Body and soul« (1949).

Letztlich ist aber im Jazz jeder Ton, ob in der Solostimme oder in der Begleitung, gleichsam ein improvisierter Ton, da es sich für den Jazzmusiker anders als in der europäischen Kunstmusik von vornherein verbietet, genau auf die Note zu spielen (↑Timing). Ausschlaggebend dafür ist der Rhythmus des Jazz, der am eindeutigsten auf dessen afrikanische Wurzeln zurückweist. Sein Kennzeichen ist die Spannung zwischen dem Fundamentalrhythmus (↑Beat) und dem gegen ihn gerichteten ↑Offbeat, der sich aus der melodisch-rhythmischen Akzentstruktur des jeweiligen Themas ergibt.

Platte der Jazzgeschichte, die durchgängig swingt.

■ Von New Orleans zum Cross-over

Nicht zuletzt bedingt durch seinen einmaligen soziokulturellen Charakter (Rassenvielfalt, Marinestützpunkt mit dem Vergügungsviertel Storyville) wur-

Das Roseland Ballroom Orchester gilt als erste Bigband des Jazz. Die Fotografie von 1924 zeigt am Flügel sitzend den Bandleader F. Henderson, in der Mitte (stehend) den Trompeter L. Armstrong und den Saxophonisten C. Hawkins als Dritten von links.

In diesem polyrhythmischen Überlagerungsgeflecht entsteht quer durch alle Instrumente hindurch das, was den Jazz nicht nur von jeder anderen Musik unterscheidet, sondern dem Phänomen Musik insgesamt eine völlig neuartige Zeitstrukturierung einbringt: jene nur schwer zu definierende und sich jeder Notierung entziehende psychophysisch erlebbare rhythmische Konfliktbildung, die man als ↑swing bezeichnet. Obwohl sich bereits der frühe Jazz durch eine besondere, ↑Hot genannte Spielweise auszeichnete, wurde nicht von Anbeginn an geswingt. Als bahnbrechend in dieser Hinsicht gilt die Trompetenspielweise L. ARMSTRONGS, der 1924 als Mitglied des Orchesters F. HENDERSONS den »Sugar foot stomp« einspielte, die erste

de New Orleans um 1900 zu einem Kristallisationspunkt für den Jazz. In der Tradition der Brassbands schufen hier schwarze Musiker – als erster namentlicher Jazzmusiker gilt der Trompeter B. BOLDEN – den ersten voll ausgebildeten Stil des Jazz (↑New-Orleans-Jazz), der mit dem ↑Dixielandjazz schon bald von weißen Musikern imitiert wurde. Charakteristisch für beide ist die durchgängige Kollektivimprovisation der melodietragenden Instrumente (führende Trompete, kontrapunktische Posaune und umspielende Klarinette). Mit dem Dixielandjazz begann ein Prozess, der typisch für die gesamte Geschichte des Jazz wurde: Farbige Musiker kreieren einen Stil, der von weißen übernommen, entsprechend dem Geschmack eines breiteren (v.a. weißen) Publikums geglättet und meist auch mit wesentlich größerem Erfolg vermarktet wird.

Die Industrialisierung, die Lockerung der Rassenschranken aber auch die Schließung des Vergnügungsviertels Storyville veranlassten nach 1917 viele Musiker, in den Norden der USA zu ziehen, wo sich v.a. mit Chicago in den 1920er-Jahren ein neues Zentrum des Jazz bildete. Hier entstanden die wichtigsten Schallplattenaufnahmen des New-Orleans-Jazz, allen voran die der Creole Jazz Band King Olivers mit dem jungen, frisch aus New Orleans eingetroffenen Armstrong, der mit seiner bis dahin beispiellosen dynamischen Trompetenspielweise bald Starruhm erlangte. Nach dessen Vorbild löste man sich nun schrittweise von der Kollektivspielweise, und es entstanden die ersten solistischen Improvisationseinlagen. Als »weiße« Variante entwickelte sich parallel dazu um den jungen Trompeter B. Beiderbecke der ↑Chicago-Stil, der mit seinen harmonisch kühnen Linien schon den Modern Jazz vorahnen ließ und als Bindeglied zwischen dem traditionellen und dem Bigbandjazz der Ära des ↑Swing ab den 1930er-Jahren gilt.

In den 1940er-Jahren führte der zunehmend als stereotyp und kommerzialisiert empfundene Swingstil nicht nur zu einem auch in Europa erfolgreichen Dixielandrevival, sondern durch Musiker wie Parker, D. Gillespie oder T. Monk zur Entstehung des ↑Bebop, dessen neuartige Achtelnotenrhythmik und modale Improvisationsweise den Beginn des Modern Jazz markieren. Mit dem Bebop vollzog sich auch im Selbstverständnis des Jazzmusikers eine Abkehr von der Rolle des bloßen Unterhalters hin zu der des autonomen Künstlers.

Nachdem die 1950er-Jahre neben diversen lokalen Varianten (↑Eastcoastjazz, ↑Westcoastjazz) von dem vorwiegend »weißen« akademischen ↑Cool Jazz mit Musikern wie S. Getz, C. Baker, M. Davis oder G. Mulligan und dem wieder stärker bluesorientierten »schwarzen« ↑Hardbop geprägt waren, kam es um 1960 mit dem ↑Free Jazz zum bislang entschiedensten, allerdings nicht lange vorhaltenden Bruch in der Jazzgeschichte. In seiner extremsten Form gab der Free Jazz fast alle herkömmlichen rhythmischen, harmonischen und melodischen Gestaltungsprinzipien preis und führte nun auch in Europa zu einer eigenständigen Jazzszene, die nicht mehr das amerikanische Vorbild nachahmte, sondern stilistisch eigene Wege suchte. Seit den 1970er-Jahren ist der Jazz nicht zuletzt durch gegenseitigen Austausch mit der Rockmusik (↑Jazzrock, ↑Rockjazz, ↑Free Funk) vielfältiger, aber auch unübersichtlicher geworden. Neben dem ↑Mainstream und der weiten Palette der ↑Weltmusik unterscheidet man stilistisch nicht mehr genau zu trennende Formen wie Neoklassizismus, Neobop oder Fusion. Die gesamte Spanne des im Jazz derzeit Möglichen verkörpert die Richtung des ↑No Wave z.B. eines J. Zorn, der Soundformen unterschiedlichster Herkunft collagenartig miteinander verbindet, ohne sich aber bislang vom latenten swing verabschiedet zu haben. ■

Lasse dir in einem Plattenladen Titel von Armstrong, Parker und Davis vorspielen. Welche Gemeinsamkeiten und welche Unterschiede kannst du feststellen? Und welche Art von Jazz gefällt dir am besten?

Bohländer, Carlo, u.a.: *Reclams Jazzführer*. Stuttgart (Reclam) ⁴1990. ■ Jacobs, Michael: *All that Jazz. Die Geschichte einer Musik*. Stuttgart (Reclam) 1996. ■ Berendt, Joachim Ernst: *Das Jazzbuch. Von New Orleans bis in die achtziger Jahre*, überarbeitet und fortgeführt von Günther Huesmann. Frankfurt am Main (Fischer-Taschenbuch-Verlag) 36.–40. Tsd. 1997. ■ Burbat, Wolfgang: *Die Harmonik des Jazz*. Kassel u.a. (Bärenreiter) ⁵1998.

Ende der 40er-Jahre zeigten sich bereits erste Ansätze, J. mit dem Modern Dance und dem klassischen Ballett zu verbinden. Dieser **Modern J.** erreichte seinen ersten Höhepunkt Ende der 50er-Jahre und verbreitete sich seit etwa 1960 auch in Europa. Die Tanzpädagogen M. MATTOX und F. WAGNER verfassten einen festen, lehrbaren Kanon.

Jazzrock ['dʒæzrɔk; englisch]: Musikstil der 1970er-Jahre, in dem versucht wurde, Elemente des Modern Jazz in die Rockmusik einzubeziehen. Im Gegensatz zum ↑Rockjazz, der in stärkerem Maße auf eine echte Verschmelzung der beiden Genres abzielte, war für den J. die Jazzorientierung eher äußerlich. Es dominierte der Rockcharakter, nur in den Bläsersätzen und -improvisationen wurden einige Jazzakzente gesetzt. Zu den bekanntesten Gruppen des J. gehören Chicago und Blood, Sweat & Tears.

Jet-Effekt ['dʒet-; englisch]: durch elektronische ↑Effektgeräte (z.B. ↑Flanger) bewirkte in sich drehende, quasi abhebende Klangbewegung, ausgelöst durch eine Phasenverschiebung des Eingangssignals in Kombination mit dem Original selbst.

Jeu parti [ʒøparˈti; französisch »geteiltes Spiel«]: Liedgattung der französischen Troubadours und Trouvères im 12. und 13. Jh. Das J. p. war ein Streitgedicht, in dessen erster Strophe ein Sänger ein (meist der Thematik der höfischen Liebe entnommenes) Argument vorbringt, worauf ein zweiter Sänger entgegnet und der erste seinerseits antwortet; Strophenform und Melodie werden jeweils wiederholt. Am Ende kann in zwei kürzeren Geleitstrophen (envoi) eine Entscheidung über die Streitfrage herbeigeführt werden.

Jig [dʒɪg; englisch, wohl zu altfranzösisch giguer »tanzen«, »springen«]: seit dem 16. Jh. auf den Britischen Inseln verbreiteter Volkstanz ohne feste Form, der noch heute in Irland und Schottland lebendig ist. Die J. ist dem Countrydance verwandt, in dessen Melodienrepertoire auch J.-Melodien Eingang fanden. Die aus der Elisabethanischen Zeit überlieferten Melodien (u. a. im »Fitzwilliam Virginal Book«) sind meist zweiteilig und stehen im schnellen $4/4$-, $2/2$-, $6/8$- oder $9/8$-Takt. – Als J. wurde im 16. Jh. auch ein englisches Spottlied bezeichnet, vom Ende des 16. bis frühe 18. Jh. auch eine kurze, derbe Posse mit Gesang und Tanz als Zwischen- oder Nachspiel eines (auch geistlichen) Bühnenwerks, Vorläufer der ↑Ballad opera.

Jingle [dʒɪŋl; englisch »Geklingel«]: der gesungene oder musikalisch untermalte Werbespruch oder Slogan sowie die musikalische Programmkennung im Rundfunk.

Jitterbug [ˈdʒɪtəbʌg; englisch, zu to jitter »zappeln« und bug »Käfer«]: nordamerikanischer Gesellschaftstanz, meist im $3/4$-Takt, mit improvisierten, fast akrobatischen Bewegungsfolgen, der um 1940 in den USA, nach 1945 in Europa populär wurde; auf dem Boogie-Woogie basierend. Die gemäßigte Form **Jive** gehört zu den Turniertänzen.

Jodeln: eine v. a. im Alpengebiet, vereinzelt auch in anderen Regionen verbreitete Form des Singens, deren Hauptmerkmal im steten Wechsel von Brust- und Kopfstimme liegt. Als »Texte« finden Silbenketten ohne erkennbare Wortbedeutung Verwendung. Ursprünglich wohl Verständigungsmittel der Hirten und Waldarbeiter, wurde das J. erst in einem Spätstadium zu einer volkstümlichen Musikform mit unterhaltendem Charakter. Jodler treten dann oft als Kehrreime zu alpenländischen Volksliedern hinzu. Musikalisch ist der Jodler in der Dur-Tonordnung verankert.

Jota ['xota; spanisch]: rascher spanischer Volkstanz aus Aragon im $3/8$- oder $3/4$-Takt mit hohen Anforderungen an körperliche Gewandtheit, i. d. R. von Gesang und meist von Kastagnetten, Gitarren und Bandurrias, selten von Trommeln und Pfeifen begleitet. Die J. schließt meist mit einer Stretta. In der

Kunstmusik wurde sie u. a. von F. Liszt, P. de Sarasate, M. de Falla und I. Albéniz verwendet.

Jubalflöte (Tubalflöte): altes klangstarkes Flötenregister der Orgel im 8-, 4-, 2- oder 1-Fuß, benannt nach den biblischen Gestalten Jubal bzw. Thubalkain.

Jubilee ['dʒu:bʒli; englisch]: eine religiöse Gesangsform der afroamerikanischen Musik, dem Negrospiritual und dem Gospelsong verwandt.

Jubilus [lateinisch] (Jubilatio, Neuma): eine aus der synagogalen Tradition in den frühchristlichen und gregorianischen Gesang übernommene Form melismatischen, textlosen Singens zum Ausdruck der Freude oder zur Erhöhung der Feierlichkeit. Der J. wird meist als Schluss-J. (J. finalis) auf der Schlusssilbe von Antiphonen und Responsorien, v. a. jedoch auf dem Schluss-a des Alleluja (↑Halleluja) ausgeführt.

jüdische Musik: Die frühesten Quellen zur j. M. finden sich in der Bibel sowie in schriftlichen und ikonographischen Quellen aus Mesopotamien, Ägypten, Phönizien und Griechenland. In neueren Forschungen werden Tonaufnahmen schriftloser orientalisch-jüdischer Volkstraditionen sowie Methoden vergleichender Liturgiewissenschaft und Ikonographie ergänzend hinzugezogen. In der Schöpfungsgeschichte (1. Mos. 4,21) wird Jubal als Stammvater aller Leier- und Flötenspieler erwähnt. Hiermit sind die zwei Kategorien der (gezupften) Saiteninstrumente (hebräisch Kinnor) und der (Rohrflöten-)Blasinstrumente vorgegeben (hebräisch Ugab). Zugleich weist der Eigenname Jubal (hebräisch yôvel »Widderhorn«) auf die dritte Kategorie hin, die der heiligen Tierhörner des Widders (Schofar, Keren oder Sachar). Diesen drei Kategorien entsprechen in der Frühzeit die drei Stände der Priester mit Horn und Trompete (Hazozra), der Leviten mit Leier und Harfe (Nebel) und des Laienvolkes Israel mit den nichtliturgischen Volksinstrumenten der Flöten und Schalmeien (Halil, Abul). Hinzu kommen noch Schlagzeuge aus Bronze (Zizal, Miziltajim) und Trommeln (Toph).

Im Tempel in Jerusalem waren die zahlreichen Riten mit einem festgelegten Musikerzeremoniell verbunden. Zur Zeit König Davids (1004/03–965/964 v. Chr.) bestand eine feste Organisation der Tempelorchester und -chöre, die Berufsausbildung der Tempelmusiker erfolgte in einer eigenen Akademie (1. Buch der Chronik 25; 2. Buch der Chronik 5,12–14). Schon in der nachsalomonischen Zeit zerfiel die Musikergilde des Tempels; vom orchestralen Prunkstil führte der Weg zum einfachen, unbegleiteten Singen. Die umfangreichste Liedersammlung des Alten Testaments sind die ↑Psalmen, die meist David zugeschrieben werden. Die Erben der Priester- und Levitenmusiker waren die Propheten, in deren poetisch gehobenen Reden der davidische Psalter eine innere Erneuerung fand und zum Wegbereiter der späteren Synagogalmusik nach dem Fall des alten Reiches (70 n. Chr.) wurde.

Psalmodie: Das Singen der Psalmen war während der Blütezeit des Tempels offensichtlich mit festlicher Chor- und Orchesterbegleitung bedacht worden. Die Psalmen galten als vornehmstes Beispiel hebräischer Lyrik, die den Reim nicht kennt, sondern die Verszeilen im »Parallelismus membrorum« (Gleichlauf der Versglieder) aufbaut. Die melodische Linie fügt sich genau dem Parallelismus des Textes und verdichtet sich zu einer Psalmformel im Sinne der grammatischen »Interpunktionsmelismatik«: Satzanfang, -mitte und -schluss erhalten ein Melisma, während die verbindenden inneren Satzteile auf einer Eintonlinie rezitiert werden.

Lectio: Die biblische ↑Kantillation kann durch ihre kunstgerechte Anpassung an den unregelmäßigen Satzbau der Prosabücher im Alten Testament als eine Ausweitung des formelhaften lyrischen Psalmsingens angesehen werden. Um

500 n. Chr. begann man mit der Klassifizierung und schriftlichen Niederlegung der hebräischen Leseakzente. Ihre Realisation durch die Textausleger (Masoreten) war nach Zeit und Ort verschieden und wurde erst im 10. Jh. festgelegt. *Hymnodik* und *Gebetslyrik* entwickelten sich aus Psalmparaphrasen und Akklamationen und zeigten neue Ansätze in der religiösen Dichtung (Pijut) von ELEAZAR HA-QILLIR. Die Wortdeklamation ist akzentisch, die Melodien behielten ihren freirezitativen Charakter bei, mindestens bis zum Einbruch der metrisch arabischen Lyrik (10. Jh.). Erst während der Blütezeit der spanischen Epoche (v. a. im 15. Jh.) erfolgte eine mehr liedmäßige Gestaltung der Melodien. – Die neuere Gebetslyrik (Chazzanuth) mit ihren ornamentalen Melodien erforderte die Person des stimmbegabten Kantors (Chazzan). Die schöpferischen Perioden dieser Kantoralmusik waren u. a. die Kabbala von Safad (16. Jh.) mit I. LURIA u. a. sowie der Chassidismus (18. Jh.) in Osteuropa, dessen eigenstliche musikalische Schöpfung der wortlose Niggun war. Seit der jüdischen Emanzipation um 1800 bewirkte die synagogale Reform eine von orthodoxen Juden weitgehend abgelehnte Angleichung der Kantoralmusik an die europäische Kunstmusik mit ihren Bearbeitungen von Chazzanuthmelodien für Orgel und mehrstimmige Synagogenchöre.

Im 20. Jh. folgten oratorienartige, gottesdienstliche Kompositionen von E. BLOCH, D. MILHAUD, das »Kol nidre« von A. SCHÖNBERG sowie geistliche Kantaten israelischer Komponisten wie K. SALOMON, A. U. BOSKOVICH, Ö. PARTOS, J. TAL, M. SETER, L. SCHIDLOWSKI, Y. SADAÏ. Den Anschluss an die westliche Avantgarde vertreten daneben u. a. T. AVNI und M. KOPYTMAN. Stellvertretend für die von den Nationalsozialisten als »entartet« diffamierte jüdische Komponistengeneration des 20. Jh. seien die im Konzentrationslager Theresienstadt wirkenden V. ULLMANN und P. HAAS genannt, deren Werke durch Wiederaufführungen eine Rehabilitierung erfahren haben. – ↑auch Klezmer.

Jugband ['dʒʌgbænd; von englisch jug »Krug« und band »Gruppe«]: Bezeichnung für eine Instrumentalbesetzung der afroamerikanischen Folklore um 1900, in der tönerne Krüge als Resonatoren zum Hineinsingen rhythmischer Formeln verwendet wurden.

Jugendmusikbewegung: Erneuerungsbewegung, die im Zusammenhang mit der deutschen Jugendbewegung das Laienmusizieren als Alternative zu dem seit Ende des 19. Jh. vorherrschenden »Musikbetrieb« verstand. Sie erstrebte eine natürliche Beziehung zwischen Musik und Leben und eine verstärkte musikalische Tätigkeit der Jugend und sah im Singen den natürlichen Ausgangspunkt allen Musizierens. Die **Singbewegung** wurde getragen von der aus dem »Wandervogel« hervorgegangenen bündischen Jugendbewegung (H. BREUER, »Der Zupfgeigenhansl«, 1909). Ihre Gründer waren F. JÖDE in Norddeutschland und W. HENSEL in Böhmen und Schlesien (»Finkensteiner Bund«). Daneben gewann instrumentales Musizieren, gefördert durch Spielmusiken von C. BRESGEN, P. HINDEMITH, A. KNAB u. a., an Bedeutung. Auch alte Musik, v. a. des Generalbasszeitalters, wurde gespielt, alte Instrumente wie Gambe, Laute, Klavichord, Cembalo wurden bevorzugt verwendet. Seit der Zeit zwischen den beiden Weltkriegen, v. a. aber nach 1945, hat sich das Feld der J. immer mehr nach der künstlerischen Seite hin erweitert; auch die Schul- und Hausmusik wird einbezogen. Die Sing- und Spielkreise der Jöde-Richtung und des Finkensteiner Bundes schlossen sich 1952 zusammen.

Jump [dʒʌmp; englisch »Sprung«]: ↑Harlemjump.

Jungle ['dʒʌŋgl; englisch »Dschungel«]: Anfang der 1990er-Jahre im ethnischen Underground Londons entstandene Version des Techno mit Rap- und Reggae-

Einflüssen, verbreitete sich rasch durch die europäische Diskothekenszene. Einer der führenden Protagonisten des J. ist der Musiker GENERAL LEVY.

Junglestyle [ˈdʒʌŋglstaɪl; englisch »Dschungelstil«]: im Jazz Bezeichnung für einen im Orchester DUKE ELLINGTONS eingeführten Instrumentaleffekt, bei dem auf Blechblasinstrumenten mithilfe von Dämpfern Raubtierlaute nachgeahmt werden. Zu den wichtigsten Vertretern dieser Spielweise gehörten die Trompeter B. MILEY und C. WILLIAMS sowie der Posaunist J. TIZOL.

K

Kadenz [von lateinisch cadere »fallen«]: eine Folge von Akkorden, die eine mehr oder weniger ausgeprägte Schlusswirkung besitzen und daher am Ende einer Komposition oder eines Abschnitts sowie an jeder Art von Zäsuren, Ruhepunkten, Gliederung der Form eintreten können. Diese Wirkung der K. kann durch rhythmische und typisierte melodische Schlusswendungen (↑Klausel) hervorgehoben oder durch weiterführende Melodielinien überspielt werden. – Im engeren Sinn ist der Begriff K. gebunden an das Akkordsystem der ↑Harmonielehre und damit an eine ↑Tonika als Bezugspunkt. Ihre einfachsten und zugleich grundlegenden Formen entstehen aus der Verbindung der Tonika mit ihren beiden im Quintabstand benachbarten Akkorden: 1) die **authentische K.** (V. Stufe – I. Stufe bzw. Dominante-Tonika), 2) die **plagale K.** (IV. Stufe – I. Stufe bzw. Subdominante-Tonika), 3) die Verbindung beider als **vollständige K.**, die alle Töne einer Tonart enthält und diese somit eindeutig umschreibt:

Diese Grundformen der K. können vielfach erweitert und verändert werden (↑Ganzschluss, ↑Halbschluss, ↑Trugschluss, ↑Zwischendominante), sodass auch komplizierteste harmonische Zusammenhänge im Sinne der ↑Funktionstheorie noch auf die K. als Prinzip beziehbar bleiben. – Historisch ist die K. als akkordische Schlussformel im Quintfall (V–I) erstmals im 15. Jh. zu beobachten. Doch hat erst die Ausbildung der funktionalen Harmonielehre im 17./18. Jh. der K. ihre große Bedeutung im musikalischen Satz zugewiesen. Mit der Lösung von tonal gebundener Musik und dem Übergang zur Neuen Musik des 20. Jh. verlor die K. in der Kunstmusik ihre Allgemeingültigkeit hinsichtlich der harmonischen Strukturierung.

K. nennt man im Anschluss an die Auszierungspraxis der Schlüsse im 16. und 17. Jh. auch die eingeschobene solistische Abschlusspassage des Solokonzerts, die seit Mitte des 18. Jh. nicht mehr von der Dominante, sondern vom Quartsextakkord ausgeht. Sie gibt dem Solisten Gelegenheit, seine Spielkunst zur Schau zu stellen bzw. über den vorhergehenden Konzertsatz virtuos zu improvisieren. Bei L. VAN BEETHOVEN und zunehmend im 19. Jh. zeigt sich die Tendenz der Komponisten, K. selbst zu schreiben und organisch in das Ganze des Werks einzufügen.

Kagel [kaˈxɛl], Mauricio Raúl, deutscher Komponist argentinischer Herkunft, *Buenos Aires 24. 12. 1931: Als Komponist Autodidakt, ließ K. sich 1957 in Köln nieder, wo er seit 1974 eine Professur für Musiktheater an der Musikhochschule innehat.

K. gehört zu den experimentierfreudigsten und vielschichtigsten Komponisten unserer Zeit. Vom seriellen Denken ausgehend, aber auch beeinflusst von Dadaismus, Surrealismus und J. CAGE, ist sein Werk seit dem kammermusikalischen Einakter »Sur scène« untrennbar mit dem Begriff des »instrumentalen Theaters« verbunden, bei dem sowohl die Musik wie auch Mimik, Bewegungsabläufe und räumliche Dispositionen der Mitwirkenden in schaltplanähnlichen Partituren bis ins letzte Detail festgelegt werden. Seit Ende der 1960er-Jahre (Film »Ludwig van«; »Staatstheater«)

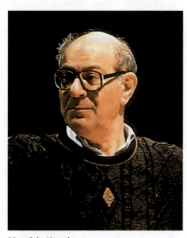

Mauricio Kagel

kritisierte er mittels Parodie-, Collage- und Zitattechniken auf z. T. karikierend-bissige Weise zunehmend die Ritualformen des kommerziellen Musikbetriebes, z. B. auch die der Oper in »Mare nostrum« (1975) oder in der szenischen Illusion »Die Erschaffung der Welt« (1979). In der »Sankt-Bach-Passion« (1985) lässt er J. S. BACH selbst als ein die eigene Musik kommentierender Erzähler erscheinen. Seit seinem Oratorium »Liturgien« (1990) machen sich zunehmend Tendenzen einer Rückkehr zu neoklassizistischen Kompositionsweisen bemerkbar, so auch in den »Études Nr. 2« für großes Orchester (1996).

Kaiserbass: eine Kontrabasstuba (↑Tuba) mit besonders weiter Mensur und weitem Schallstück.

Kalkant [von lateinisch calcare »mit den Füßen treten«]: bei der Orgel die Person, die vor der Elektrifizierung der Windzufuhr die Schöpfbälge bediente.

Kamangah [kaman'dʒaː; persisch-arabisch] (Kemantsche): ein seit dem Mittelalter in Vorderasien und Nordafrika verbreitetes arabisches Streichinstrument mit langem, griffbrettlosem Hals und kleinem, meist rundem Korpus mit einer Decke aus Haut oder Fell. Die K. hat zwei bis vier Saiten; der im Schneidersitz auf dem Boden sitzende Spieler hält sie im Schoß.

Kamarinskaja [russisch]: russisches Tanzlied mit scherzhaften oder satirischen Texten, meist im $^2/_4$-Takt und mit stark improvisatorischem Charakter. Im 19. Jh. entstanden in der Art der K. Arbeiterlieder (Morosowskaja K.), im Zweiten Weltkrieg Lieder gegen den Nationalsozialismus (Nowaja K.).

Kammerchor: kleiner gemischter Chor, der sich v. a. kürzeren, anspruchsvollen Chorkompositionen (a cappella oder auch mit sparsamer instrumentaler Begleitung) widmet.

Kammermusik: die Instrumental- und Vokalmusik für kleine, solistische Besetzung im Unterschied zur Orchester- und Chormusik. Zu ihr zählen Werke für Streicher-, Bläser- und gemischte Ensembles (z. B. Streichtrio, -quartett, Klaviertrio, Hornquintett, Bläserserenade), ferner für klavierbegleitete Soloinstrumente (z. B. Violinsonate) oder Gesang (z. B. Klavierlied). Der im 1560 in Italien geprägte Begriff (»musica da camera«) umfasste ursprünglich alle für die höfische »Kammer« bestimmten weltlichen Musikarten in Abgrenzung zu Kirchen- und Opernmusik, von denen sie sich stilistisch durch einen kunstvolleren, auf die Intimität des Raumes und die Solobesetzung abgestimmten Tonsatz abheben. Frühe Zeugnisse der K. waren das ↑Ricercar und die ↑Kanzone; die meistgepflegten Formen der Barockzeit waren die generalbassbegleitete ↑Triosonate und die Solosonate. An ihre Stelle traten im 18. Jh. die K. mit obligatem Klavier und das von J. HAYDN, W. A. MOZART, später von L. VAN BEETHOVEN und F. SCHUBERT auf einen gattungsstilistischen Höhepunkt geführte Streichquartett. Die K. war bis Ende des 18. Jh. vorwiegend Gegenstand des privaten Musizierens von Künstlern und geübten Dilettanten im kleinen Kreis der Kenner und Liebhaber. Danach bewirkten die gesteigerten spieltechnischen Anforderungen und die allgemeine Verbreiterung des Musiklebens, dass die K. von Berufsmusikern in die Konzertsäle eingeführt und im häuslichen Bereich von der weniger anspruchsvollen Hausmusik abgelöst wurde. Hieraus erklärt sich kompositorisch die Neigung zu größeren Ensembles (Sextett bis Nonett) und die klangliche Ausweitung der romantischen K. ins Orchestrale. Die im 20. Jh. erkennbare Bevorzugung des Kammerstils vor den Formen der großen Orchestermusik hatte eine neue Blüte der K. und der Zwischengattungen wie Kammersinfonie (z.B. A. SCHÖNBERG), Kammerkonzert (z.B. A. BERG) und Kammeroper (z.B. R. STRAUSS, »Ariadne auf Naxos«, P. HINDEMITH, »Cardillac«) zur Folge.

Kammerorchester: kleines, überwiegend solistisch besetztes Orchester, im Unterschied zum großen, chorisch besetzten Sinfonieorchester und zum ausschließlich solistisch besetzten **Kammerensemble** (Duo, Trio, Quartett, Quintett, Sextett, Septett, Oktett, Nonett).

Kammersänger: von staatlichen oder städtischen Institutionen verliehener Titel an verdiente Sänger; entsprechend **Kammersängerin, Kammermusiker.**

Kammersonate (italienisch Sonata da camera): ↑Sonate, ↑Triosonate.

Kammerton: der zur einheitlichen Stimmung aller Musikinstrumente gültige Stimmton, das eingestrichene a (a^1), das 1939 auf 440 Hz festgelegt wurde. Allerdings gibt es von dieser Norm Abweichungen, so werden Orchester meist weit über dem K. (bis 450 Hz) eingestimmt. Der Begriff K. bezeichnete früher den Stimmton für die Kammermusik im Unterschied zum Chor- oder Kapellton (für Orgel- und Chormusik), Opernton (für Opernaufführungen) und Korneuton (für die Stadtpfeifer und Feldtrompeter), wobei diese Stimmtöne stets örtlichen und zeitlichen Schwankungen unterworfen waren.

Kanon [von griechisch kanōn »Maßstab«, »Regel«]:

♦ *altgriechische Musik:* Bezeichnung für das Monochord, durch das die Intervalle mathematisch bestimmt wurden. Daher nannte man die Pythagoreer, deren Musiktheorie von diesen Berechnungen ausging, die **Kanoniker**. Das Wort ging dann über auf die vorderorientalische Kastenzither Kanun, die früher auch als Instrument zur Demonstration der verschiedenen Tonskalen diente.

♦ *byzantinische Musik:* eine Hymnenform, bestehend aus neun Oden, die inhaltlich auf die neun biblischen Cantica (↑Canticum) zurückgehen.

♦ *mehrstimmige Musik:* eine Musizierweise, bei der zwei oder mehr Sing- oder Instrumentalstimmen die gleiche Melodie ausführen, wobei die Stimmen in bestimmtem Abstand nacheinander, i.d.R. auf derselben Tonhöhe, einsetzen, sodass aus der einen Melodie ein mehrstimmiger Satz entsteht. Nach dem Intervall, in dem die nachfolgende Stimme einsetzt, unterscheidet man den K. in der Prime, Sekunde, Terz, Quarte, Quinte usw. Der drei- und mehrstimmige K. verbindet oft mehrere dieser Arten. Beim **Zirkel-K.** (**Kreis-K.,** Canon infinitus, Canon perpetuus, Fuga circularis) läuft der Schluss wieder in den Anfang zurück, sodass das Stück beliebig oft wiederholt werden kann. Kunstvoller gearbeitet ist der **Umkehrungs-** (oder **Gegen-)K.** (Canon per motum contrarium, Canone all'inverso), bei dem die nachahmende Stimme in der Umkehrung erscheint. Beim **Vergrößerungs-K.** (Canon per augmentationem) oder **Verkleinerungs-K.** (Canon per diminutionem) werden die Notenwerte in den nachahmenden Stimmen um das Doppelte, Dreifache usw. verlängert oder verkürzt. Der **Krebs-K.** (Canon cancricans) bildet die zweite Stimme aus der vom Schluss her rückläufig gelesenen

Melodie. Beim **Spiegel-K.** ist die nachahmende Stimme das Spiegelbild der Melodie (rückläufig und in Gegenbewegung). Der **Doppel-K.** ist die Verbindung zweier selbstständig gearbeiteter K. zu einem Satzgebäude. Gewöhnlich wird der K. einstimmig notiert und der Eintritt der nachahmenden Stimmen durch Zeichen angegeben. Im 15./16. Jh. (auch bei J. S. BACH) finden sich beim K. oft rätselhafte Anweisungen; die Auflösung wurde dem Spürsinn der Ausführenden überlassen (**Rätsel-K.**).
Bereits im Mittelalter war der K. eine wohl v. a. in England volkstümliche Musizierform (»Sommer-K.«) und hieß der Rundläufigkeit der Stimmen wegen Rondellus, Rota, Radel. Zur Blüte gelangte der K. in der Florentiner Mehrstimmigkeit des 14. Jh. (↑Caccia) und, als Gerüststimmenpaar, im kontrapunktischen Satz der Niederländer ab 1500. Besondere Bedeutung hat der K. im Werk BACHS (»Goldberg-Variationen«, »Kanonische Veränderungen über Vom Himmel hoch«, »Musikalisches Opfer«).

Kantate [zu lateinisch und italienisch cantare »singen«]: ein aus Chorsätzen und Einzelgesängen, Duetten, Terzetten usw. bestehendes größeres Gesangswerk mit Instrumentalbegleitung. Die ersten K. entstanden nach 1600 in Italien. Sie enthielten mehrere Rezitative und ariose Sätze für Sologesang, die durch einen gleich bleibenden Bass (Basso ostinato) oder durch eine kehrreimartig sich wiederholende Melodie (**Rondo-K.**) eine gewisse Geschlossenheit der Anlage erhielten. Gegen Ende des 17. Jh. bestand die K. gewöhnlich aus zwei Arien meist gegensätzlicher Art, eingeleitet von Rezitativen, die durch eine Rahmenerzählung die lyrischen Partien begründen. Während die italienische K. eine weltliche Gattung war (**Kammer-K.**, Cantata da camera), die nur gelegentlich, mit geistlichem Text (Cantata da chiesa), im Gottesdienst Verwendung fand, entstand v. a. im Bereich der evangelischen Kirchenmusik in Deutschland die eigentliche **Kirchen-K.** Neben Rezitativ- und Arientexten enthielt sie Bibelworte und eingestreute Choralstrophen. Gewöhnlich ist der Aufbau der K. folgender: Eingangschor – Rezitativ – Arie – Rezitativ – Arie – Schlusschoral; doch wird diese Grundgestalt häufig variiert und erweitert. Kennzeichen der deutschen Kirchen-K. sind ein starkes Einbeziehen von Instrumenten, v. a. im Eingangschor (Streicher, Holzbläser, bei festlichen Anlässen Trompeten und Pauken), sowie von einem oder mehreren obligaten Instrumenten bei den Arien.
J. S. BACH, der als der bedeutendste Meister der K. gilt, schuf neben zahlreichen weltlichen K. mehrere vollständige K.-Jahrgänge für alle Sonn- und Festtage des Kirchenjahres, von denen etwa 200 K. erhalten sind. Nach BACHS Tod geriet die Kirchen-K. allmählich in Verfall, während die weltliche K. fortbestand. Im 20. Jh. erfolgte, teils aus historisierenden Tendenzen, eine Wiederbelebung der K. als Kirchen-K. (u. a. K. MARX, H. F. MICHEELSEN, H. DISTLER) und als Volkslied-K. (u. a. H. SPITTA, K. THOMAS, C. BRESGEN). Einen besonderen Stellenwert nimmt die K. in der Neuen Musik als Ausdrucksform religiöser, philosophischer oder humanitärer Gehalte ein (u. a. bei H. EISLER, P. BOULEZ, B. A. ZIMMERMANN, H. W. HENZE, D. MILHAUD).

Kantele [finnisch]: ein im Baltikum verbreitetes Volksmusikinstrument, in Finnland das Nationalinstrument; eine Zither in Flügelform mit ursprünglich fünf, heute bis zu 46 Saiten, die fächerartig auseinander laufen. Die K. wird beim Spiel auf den Schoß oder den Tisch gelegt und mit den Fingern gezupft.

Kantilene [italienisch, von spätlateinisch cantilena »Singsang«, »Lied«]: sanglich geführte, lyrische Melodie in Vokal- und Instrumentalmusik, meist in getragenem Zeitmaß. Im 17./18. Jh. bezeichnete K., im Anschluss an die Grundbedeutung von ↑Cantilena, ein Lied oder einen Gesang.

Kantilenensatz: eine von der Musikwissenschaft im Anschluss an den Begriff Kantilene verwendete Bezeichnung für die im 14. und 15. Jh. verbreitete Satzform der weltlichen Liedkunst, bei der eine solistisch gesungene Oberstimme (Cantus) von einem bis drei Instrumenten begleitet wird. Der in Frankreich (GUILLAUME DE MACHAULT) ausgebildete K. gelangte noch im 14. Jh. nach Italien (F. LANDINI). Ende des 15. Jh. wurde er vom Chanson verdrängt.

Kantillation [lateinisch]: solistischer Sprechgesang beim Gottesdienst in der Synagoge, wobei durch modellartige melodische Wendungen Mitte und Ende eines Verses, gelegentlich auch der Textanfang, musikalisch betont werden, während die übrigen Stellen lediglich im Rezitationston wiedergegeben werden.

Kantional [von lateinisch cantio »Gesang«]: eine Sammlung meist vierstimmiger Bearbeitungen von geistlichen Liedern und Chorälen im einfachen, akkordisch-homophonen Satz mit melodieführender Oberstimme. Dieser K.-Satz bürgerte sich nach dem Vorbild von C. GOUDIMELS kalvinistischen Psalmvertonungen (1565) mit L. OSIANDERS »50 Geistlichen Liedern« (1586) in Deutschland schnell ein. Nach 1650 entwickelte sich der K.-Satz zur generalbassbegleiteten Einstimmigkeit. Letzte Zeugnisse des »klassischen« K.-Satzes lieferte J. S. BACH mit seinen Choralsätzen innerhalb der Kantaten.

Kantor [von lateinisch cantor »Sänger«]: heute die Bezeichnung für einen Kirchenmusiker an größeren Kirchen. Im Mittelalter wurde das Wort K. häufig in abwertendem Sinne für den Nur-Sänger im Gegensatz zum gelehrten ↑Musicus gebraucht. Daneben trat jedoch bald der Titel K. für den leitenden Vorsänger einer Schola (↑gregorianischer Gesang), für den Musiklehrer an Schulen und – seit dem 15. Jh. – für den mit der neuen mehrstimmigen Musik vertrauten, oft selbst komponierenden Sänger an Dom- und Hofkapellen. Im protestantischen Bereich war der Kantor auch zu Schul- und Kirchendienst verpflichtet. Er leitete die Kantorei und hatte neben der Verantwortung für die Kirchenmusik auch Aufgaben im städtischen Musikleben zu erfüllen. Die Wertschätzung für den K. ging allerdings bereits um die Zeit, als J. S. BACH Thomaskantor in Leipzig war, bedingt durch das Aufkommen des bürgerlichen Musiklebens, zurück.

Kantorei: eine Sängervereinigung, deren Mitglieder im Mittelalter nur Geistliche, später auch weltliche Personen aller Stände waren. Im 15. und 16. Jh. war die K. häufig eine fürstliche Kapellinstitution (**Hof-K.**), dann eine von M. LUTHER befürwortete städtische Einrichtung, für die der Kantor verantwortlich war. Hieraus entwickelte sich die K. über das Collegium musicum und das Convivium musicale zu den heutigen Singakademien, Oratorienvereinen und ähnlichen Gemeinschaften sowie zu den gegenwärtigen K. der evangelischen Kirchenmusik.

Kanun [arabisch, von griechisch kanón »Monochord«, eigentlich »Richtschnur«, »Regel«] (Qanun): vorderorientalische Form des Psalteriums, eine Brettzither mit trapezförmigem Schallkasten und meist 24–26 dreichörigen Saiten, deren Stimmung durch umlegbare Klappen (mandal) geändert werden kann; wird mit den Fingern oder mit dem Plektron gespielt. Bei der ägyptischen Qanun misri sind heute 78 und bei der türkischen K. 72–75 Saiten gebräuchlich.

Kanzellen [von lateinisch cancelli »Einzäunung«, »Schranken«] (Kanzelle): bei der Orgel die Luft an die Pfeifen weitergebenden Abteilungen der ↑Windlade. Unterschieden werden die **Ton-K.**, auf der alle zu einer Taste gehörenden Pfeifen stehen, und die **Register-K.**, auf der alle Pfeifen eines Registers stehen. – Bei der Hand- und der Mundharmonika sowie beim Harmonium heißen K. die Kanäle, die die Zungen enthalten.

Kanzone [von italienisch canzona »Lied«] (Canzona): ein mehrstrophiges

Lied beliebigen, oft ernsten Inhalts. Die vom 13. bis 16. Jh. in Italien gepflegte lyrische Dichtungsgattung wurde zunächst einstimmig vertont, wobei sich die Melodie der Strophenform (mit Stollen, Stollen, Abgesang) anschloss. Seit dem 14./15. Jh. war K. als Gattungsbezeichnung für mehrstimmige weltliche Musik das italienische Gegenstück zum französischen Chanson. Von der schlichteren **Canzona alla napolitana** oder **Canzona villanesca** (↑Villanelle) unterschied man im 16. Jh. die kunstvollere **Canzon (alla) francese**, die in der Übertragung für Orgel oder Instrumentalensemble durch A. und G. GABRIELI u. a. als **Canzon da sonar** wichtig für die Entstehung der selbstständigen Instrumentalmusik wurde. Seit dem 18. Jh. bezeichnet K. hauptsächlich ein vokales oder instrumentales lyrisches Musikstück.

Kanzonette [italienisch »Liedchen«] (Canzonetta): im späten 16. und im 17. Jh. in Italien Bezeichnung für ein kurzes Chorlied, oft mit Tanzcharakter und nach der Strophenform aa b cc gebildet; im 18. Jh. auch kleines Sololied mit Generalbass bzw. Instrumentalbegleitung.

Kapelle [von mittellateinisch capella »kleines Gotteshaus«] (Cappella): vom Kirchenraum auf den Sängerchor in fürstlichen oder päpstlichen Diensten übergegangene Bezeichnung; der K. war die Ausführung anspruchsvoller Vokalmusik übertragen. Seit dem 16. Jh. wirkten in einer K. Vokalisten und Instrumentalisten zusammen. Seit dem 17. Jh., als sich die Instrumentalmusik mit eigenständigen Gattungen entfaltete, wurde mit dem Wort K. zunehmend nur noch das Orchester bezeichnet.

Kapellmeister: der Leiter einer Kapelle, mit deren geschichtlicher Entwicklung seine Stellung eng verbunden war. Zunächst (seit dem 11. Jh.) war K. (lateinisch Magister cappellae) die Bezeichnung für den obersten Hofgeistlichen, dem auch die Ausführenden der Kirchenmusik unterstanden. In Italien und Frankreich blieb der Titel K. auf die Kirchenmusik beschränkt, in Deutschland wurde er seit dem 16. Jh. auch auf den Leiter der Hofmusik (Hof-K.), seit dem 19. Jh. auf jeden Leiter eines musikalischen Ensembles übertragen; heute wird v. a. der dem (General-)Musikdirektor oder dem (Chef-)Dirigenten nachgeordnete 2. oder 3. Dirigent eines großen Sinfonie- oder Opernorchesters als K. bezeichnet.

Kapodaster: ↑Capotasto.

Kasatschok [russisch zu kazak »Kosake«]: ukrainischer Kosakentanz im $^2/_4$-Takt mit immer rascher werdendem Tempo und jeweils abgewandelter Wiederholung eines kurzen Themas; für den als Paartanz getanzten K. ist das Zusammenschlagen der Fersen charakteristisch.

Kassation [von italienisch cassatione »Entlassung«]: im 18. Jh. häufige Bezeichnung für ein Werk in mehreren, locker aneinander gereihten Sätzen und für mehrere Instrumente, der Form und der Besetzung nach jedoch nicht genau festgelegt. Die K. gehörte wie das ↑Divertimento und die ↑Serenade, von denen sie kaum eindeutig unterschieden werden kann, zur gehobenen Unterhaltungsmusik jener Zeit und war vielfach für die Aufführung im Freien bestimmt.

Kastagnetten [kastan'jeton; spanisch castañeta »kleine Kastanie« (nach der Ähnlichkeit der Form)]: Rhythmusinstrument, bestehend aus zwei muschelförmigen Hartholzschalen, die von einer um Daumen oder Mittelfinger gelegten Schnur zusammengehalten und mit den übrigen Fingern gegeneinander geschlagen werden. K. sind v. a. in Süditalien und Spanien als Tanzklappern (oft paarweise gespielt) verbreitet. Im modernen Orchester werden die leichter zu handhabenden Stiel-K. benutzt.

Kastrat [lateinisch]: bereits als Kind kastrierter Sänger. Durch die Kastration (Entfernung der Hoden) wurde der Stimmbruch verhindert. Der durch die Lungenkraft und Brustresonanz des Erwachsenen verstärkte Knabensopran oder -alt der K. ergab eine besondere Klangfärbung und ermöglichte große stimmliche Artistik. Von 1562 bis zu Beginn des 20. Jh. sangen K. an der päpstlichen Kapelle, obwohl die katholische Kirche die Kastration 1587 verboten hatte. Große Erfolge hatte die extreme Künstlichkeit der K.-Stimme in der Oper des 18. Jh., zumal der Opera seria. SENESINO, FARINELLI oder G. CAFFARELLI

Kastrat: Die Karikatur einer Szene aus Händels »Flavio« überzeichnet die Körperproportionen des berühmten Kastraten Senesino (1723).

waren die berühmtesten K. Mit der Durchsetzung des antiaristokratischen, bürgerlichen Natürlichkeitsideals gegen Ende des 18. Jh. erlosch die Mode des K.-Gesangs.

Kavatine [italienisch] (Cavatina): in der Oper des 18./19. Jh. ein solistisches Gesangsstück von einfachem, liedmäßigem Charakter, im Unterschied zu der reicher gestalteten Arie. Die Bezeichnung K. wurde im 19. Jh. auch auf sangliche Instrumentalsätze übertragen.

Kehlkopf: beim Menschen (wie bei lungenatmenden Wirbeltieren überhaupt) der oberste, von Knorpelstücken gestützte Teil der Luftröhre. Das Knorpelgerüst kann beim Mann als Adamsapfel äußerlich sichtbar werden. Der Kehlkopf hat beim Zusammenwirken aller an der Bildung der ↑Stimme beteiligten Organe eine Schlüsselstellung. Der Kehldeckel schließt beim Schlucken die Luftröhre gegen die Speiseröhre ab. Die wechselnde Stellung und Spannung von Stimmbändern und -lippen wirkt auf die Öffnung der Stimmritze (Glottis), durch die der Luftstrom von der (bzw. zu der) Lunge gelenkt wird. Die periodische Unterbrechung des Stimmritzenverschlusses versetzt den Luftstrom in Schwingungen, die dann über das Ansatzrohr (obere Grenze der Stimmlippen, Mundhöhle bis zu Lippen und Nasenöffnungen) hörbar werden.

Kemantsche [persisch]: ↑Kamangah.
Kent|horn: ↑Klappenhorn.
Kerbflöte: v. a. im asiatischen Bereich beheimateter Flötentyp, dessen oberes geschlossenes Ende an einer Stelle ausgeschnitten und leicht abgeschrägt ist. Gegen diese Kerbe muss der Spieler blasen, um einen Ton zu erzeugen.
Kesselmundstück: kesselförmig gearbeitetes Mundstück bei Horn- und Trompeteninstrumenten.
Keyboards ['ki:bɔ:dz; englisch »Tasteninstrumente«] (Keyboard): Sammelbezeichnung für die meist elektrisch verstärkten Klavierinstrumente, Orgeln und Synthesizer.
Kielflügel: ↑Cembalo.
Kin [chinesisch]: frühere Schreibweise für ↑Qin.
King [chinesisch]: frühere Schreibweise für ↑Qing.
Kinnor [hebräisch]: eine in ganz Vorderasien verbreitete tragbare Leier, im Alten Testament das Instrument König DAVIDS. Der K. hatte über dem kastenförmigen Schallkörper einen geschlossenen trapezförmigen Rahmen mit paralleler oder fächerartiger Saitenbespannung (meist fünf, sieben oder neun Saiten) und scheint mit und ohne Plektron gespielt worden zu sein.
Kirchenlied: das von der Gemeinde im christlichen Gottesdienst gesungene strophische volkssprachliche Lied. Seine Abgrenzung gegen das geistliche Lied (im geistlichen Spiel oder geistlichen Brauchtum in Haus und öffentlicher Gemeinschaft) ist vielfach schwer zu be-

Kirchenlied

stimmen. Erhaltene Belege gehen bis in das 9. Jh. zurück (Freisinger »Petruslied«) und erweisen sich im früheren Mittelalter neben der eigenständigen Form der Leisen (↑Leis) vielfach als volkssprachliche Umdichtungen von lateinischen Hymnen und Sequenzen. Die enge Verbindung mit ihnen zeigt sich bei K. wie »Christ ist erstanden« (12. Jh., zu »Victimae paschali laudes«) oder »Komm, Heiliger Geist« (zu »Veni Sancte Spiritus«). Lieder aus Mysterienspielen fanden Verwendung als K. ebenso wie deutsch-lateinische Mischpoesien (z.B. »In dulci jubilo«), die mit Dreiklangsmelodik dem Volkslied nahe stehen.

Zu Beginn der Reformation gab, angeregt von der böhmischen Cantio (meist einstimmiges lateinisches Lied) des 14./15. Jh., T. Müntzer den von M. Luther sofort aufgegriffenen Anstoß, in dessen Folge das K. zu einem im Volk schnell verbreiteten Träger des neuen Glaubensgutes wurde. Die Übernahme, Ausweitung und Umdichtung bereits bekannter K. (z.B. »Wir glauben all an einen Gott«) stand neben einer zunehmenden Neuschöpfung, die in die Gesangbücher Eingang fand. Ein eigener Strang ging von den Genfer Psalmliedern (Hugenottenpsalter von C. Marot und T. Beza) aus, die im deutschsprachigen Bereich der evangelischen Kirchen von P. Schede Melissus (1572) und A. Lobwasser (1573) übernommen und für die katholischen Psalmlieder von K. Ulenberg (1582) maßgebend wurden. Das katholische K. des 17. Jh. war zunächst durch die auf mittelalterliche Leisen und Rufe stark zurückgreifenden Sammlungen von N. Beuttner und D. G. Corner, v.a. aber durch das jesuitische Liedgut der Gegenreformation geprägt (seit 1607, u.a. »Trutznachtigall« von F. von Spee, 1648). Im evangelischen K. setzte um 1600 eine mystische Verinnerlichung ein (P. Nicolai), die sich zwar in einseitiger Betonung des religiösen Gefühls (»Ich-Lieder«) zur Jesusfrömmigkeit des Pietismus (N. von Zinzendorf) verstieg, aber dennoch zu Höhepunkten bei J. Heermann, J. Rist, J. Franck und v.a. P. Gerhardt führte. Im Musikalischen spiegelte sich diese Entwicklung im Übergang von überwiegend schlichter Melodik zu einer nahezu ariosen Gestaltung. Für das K. beider Konfessionen bedeuteten sowohl die Aufklärung mit ihren nüchternen Aussagen als auch die Romantik einen Niedergang, dem die heutige konfessionelle Singbewegung mit historisierenden Rückgriffen zu begegnen suchte. – Nach den Einheitsgesangbüchern der evangelischen und der katholischen Kirche gibt es Bestrebungen, ein für alle christlichen

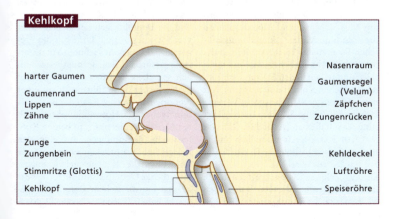

Kehlkopf

- harter Gaumen
- Gaumenrand
- Lippen
- Zähne
- Zunge
- Zungenbein
- Stimmritze (Glottis)
- Kehlkopf
- Nasenraum
- Gaumensegel (Velum)
- Zäpfchen
- Zungenrücken
- Kehldeckel
- Luftröhre
- Speiseröhre

Religionen verbindliches K.-Repertoire zu erstellen. – ↑auch Gospelsong.

Kirchenmusik: die für den christlichen Gottesdienst bestimmte liturgische und außerliturgische Musik in ihrer Bindung an den Kirchenraum (im Unterschied zur geistlichen Musik). Sie bekundet sich in den Formen liturgischen Gesanges, des Kirchenlieds, vokaler und vokalinstrumentaler Mehrstimmigkeit wie auch reiner Instrumentalmusik (v. a. Orgelmusik).

Nach der Epoche der ↑frühchristlichen Musik wurde mit der Ausbildung des einstimmigen Kirchengesangs im 4. bis 6. Jh. der ↑gregorianische Gesang als Grundlage der katholischen K. geschaffen. Mit dem ↑Organum beginnt um 900 die Geschichte der mehrstimmigen K., die zunächst nur für einzelne Stücke der Liturgie (Sequenzen, Gradualien) und bei besonderen Anlässen gepflegt wurde. Hoch ausgebildet sind die Organa der ↑Notre-Dame-Schule (um 1200); durch syllabische Textunterlegung entstand in der ↑Ars antiqua des 13. Jh. die ↑Motette als eine der wichtigsten Gattungen der K. Den musikalischen Neuerungen der ↑Ars nova nach 1300 stellte Papst JOHANNES XXII. 1324/25 die älteren Mehrstimmigkeitsarten als verbindlich gegenüber. Nach den früheren mehrstimmigen Vertonungen einzelner Messteile brachte das 14. Jh. die ersten vollständigen Kompositionen des Ordinarium Missae. Messe und Motette blieben die dominierenden kirchenmusikalischen Formen des 15. Jh., wobei sich das Schwergewicht des Schaffens von Frankreich und Italien in den burgundisch-niederländischen Kulturraum verschob. Mit dem Wirken A. WILLAERTS in Venedig kündigte sich eine Schwerpunktverlagerung nach Italien an (A. und G. GABRIELI, O. DI LASSO). Als vorbildlich für die mehrstimmige katholische K. wurde der Stil PALESTRINAS erklärt.

Die evangelische K. ist geprägt durch den hohen gottesdienstlichen Rang, den M. LUTHER der Musik eingeräumt hat. Im Mittelpunkt stehen hier der deutschsprachige Choral und der Gemeindegesang. Mit J. WALTERS »Geystlichem gesangk Buchleyn« von 1524 begann die v. a. für Deutschland bedeutende Tradition der evangelischen K. In ihren wechselnden Formen und Stilen stand das Kirchenlied im Mittelpunkt. Neben die traditionellen Formen (v. a. die Motette) traten im neuen Generalbassstil des 17. Jh. die Formen von Kantate, geistlichem Konzert, Oratorium und Passion. Während sie im katholischen Süden zum Gegenstand prächtiger Klangentfaltung einer zunehmend konzertanten K. wurden, stand im protestantischen Deutschland (H. SCHÜTZ, D. BUXTEHUDE, J. S. BACH) wie auch in Frankreich (v. a. bei M.-R. DELALANDE) eine bewusste Bindung an das Wort im Vordergrund.

Das Vordringen von Elementen aus Oper und Instrumentalmusik kennzeichnet die K. des 18. Jh. und der Klassik ebenso wie die Werke des 19. Jh., in denen (wie etwa bei A. BRUCKNER) das Orchester einen beherrschenden Part einnahm. Demgegenüber haben C. ETT, F. X. HABERL, F. X. WITT (↑Caecilianismus) und auf evangelischer Seite v. a. C. VON WINTERFELD auf die eigentlichen Aufgaben und die Vorbilder der K. im 16. Jh. hingewiesen und eine Restauration einzuleiten versucht.

Die Publikation von Gesamtausgaben (v. a. J. S. BACH, SCHÜTZ, PALESTRINA) und die Bemühungen der Benediktiner von Solesmes um die Urgestalt des gregorianischen Gesangs schufen Voraussetzungen für die Erneuerungsbestrebungen seit dem beginnenden 20. Jh. Auf evangelischer Seite führten sie zu einer Neuorientierung der K. an der Reformation. Neben der Hinwendung zu den alten Meistern zeigen sich in beiden Konfessionen Bemühungen um eine den liturgischen Ansprüchen entsprechende zeitgenössische K., die neben gottesdienstlicher Gebrauchsmusik auch Werke von künstlerischem Rang hervorgebracht haben (I. STRAWINSKY, D. MIL-

HAUD, L. DALLAPICCOLA, H.-W. FORTNER, O. MESSIAEN, K. HUBER, H.-W. ZIMMERMANN, K. PENDERECKI u.a.). Im Mittelpunkt der zeitgenössischen evangelischen K. steht nach wie vor der Choral. Die Einbeziehung von Jazz, elektronischer Musik, Rock- und Popmusik in den Kirchenraum wird immer wieder diskutiert und erprobt.

Kirchensonate (italienisch Sonata da chiesa): ↑Sonate, ↑Triosonate.

Die K. liegen den Melodien der Gregorianik zugrunde. Sie sind keine Tonleitern im modernen Sinn, sondern Skalenausschnitte, die das Tonmaterial von modellartig verwendeten Melodien enthalten. Nicht in erster Linie die Anordnung der Ganz- und Halbtonschritte in den verschiedenen Skalenausschnitten, sondern bestimmte melodische Floskeln kennzeichnen die einzelnen Kirchentonarten. Von den antiken Tonarten, denen

Kirchentonarten

Modus	ältere Benennung	jüngere Benennung	Skalenausschnitt	Finalis	Tenor
I	Protus authentus	dorisch	$d - d^1$	d	a
II	Protus plagalis	hypodorisch	$A - a$	d	f
III	Deuterus auth.	phrygisch	$e - e^1$	e	(h)c^1
IV	Deuterus plag.	hypophrygisch	$H - h$	e	(g)a
V	Tritus auth.	lydisch	$f - f^1$	f	c^1
VI	Tritus plag.	hypolydisch	$c - c^1$	f	a
VII	Tetrardus auth.	mixolydisch	$g - g^1$	g	d^1
VIII	Tetrardus plag.	hypomixolydisch	$d - d^1$	g	(h)c^1

Kirchenton|arten (Kirchentöne, Modi): Ausschnitte im Oktavumfang aus einer auf dem Ton A aufbauenden, zwei Oktaven umfassenden diatonischen Skala. Man unterscheidet **authentische** und **plagale Modi**. Besondere Bedeutung für den einzelnen Modus haben die Finales (Endton, Zielton), die für je einen authentischen und einen plagalen Modus dieselben sind, und der Tenor (Tuba, Reperkussionston), der bei den authentischen Modi eine Quinte, bei den plagalen eine Terz oder eine Quarte über der Finalis liegt. Die authentischen Modi bauen sich über der Finalis auf, bei den plagalen liegt die Finalis in der Mitte des Skalenausschnittes. Eine frühe Überlieferung der K. und ihrer Benennung findet sich in der »Musica disciplina« des AURELIANUS REOMENSIS aus der ersten Hälfte des 9. Jh. (Protus authentus, Protus plagalis usw.); die Nummerierung der K. mit I–VIII kam im 9. Jh. auf, die jüngere Benennung mit den Namen der antiken Tonarten verbreitete sich im 10. Jahrhundert.

ebenfalls Melodievorstellungen, aber wesentlich anderer Art zugrunde lagen, unterscheiden sich die K. durch die Bezogenheit auf eine Finalis. Dem System der acht K. fügte H. GLAREANUS in seinem »Dodekachordon« (1547) die K. äolisch (mit hypoäolisch) und ionisch (mit hypoionisch) hinzu, die den Skalen des modernen a-Moll und C-Dur nahe kommen.

Die K. entsprachen mit ihrer paarweisen Zusammengehörigkeit von vier authentischen und vier plagalen Tonfolgen dem byzantinischen ↑Oktoechos. Die Musiktheorie des Mittelalters baute auf dem System der K. auf. Seit dem ausgehenden 16. Jh. wurde das System der K. zunehmend durch das Dur-Moll-System abgelöst. – Vielfach gehen evangelische Choralmelodien auf Kirchentöne zurück, was sich auch auf die mehrstimmigen Choralbearbeitungen, darüber hinaus auf die Kunstmusik allgemein auswirkte (z.B. »Dorische Toccata« BWV 538 von J. S. BACH). Dagegen ist bei der Verwendung der lydischen Tonart etwa in L. van Beethovens Streichquartett a-Moll op. 132 eine archaische Wirkung beabsichtigt. Im Bemühen, die harmonischen Dur- und Molltonarten zu überwinden, wurden seit dem späten 19. Jh. immer wieder an die K. anklingende Strukturen in die Kunstmusik einbezogen.

Kithara [griechisch]: ein seit dem 7. Jh. v. Chr. nachweisbares Saiteninstrument, das zur Familie der Leiern gehört. Die K. wurde offenbar schon im Altertum

Kithara: Apoll (links) hält in der einen Hand eine Kithara, in der anderen eine Opferschale (um 490 v. Chr.).

nicht eindeutig von der Lyra unterschieden, doch galt die Bezeichnung K. wohl hauptsächlich einem großen, siebensaitigen Instrument mit einem eckigen, sich nach oben leicht verbreiternden Schallkasten und dicken Jocharmen, die durch ein kompliziert gestaltetes Zwischenstück mit dem Schallkasten verbunden sind. Das tief sitzende dünne Querjoch ist mit Wülsten für die obere Saitenbefestigung und je einer kleinen Scheibe an den beiden Enden versehen. Das Instrument wurde wegen seiner Schwere durch ein um den linken Unterarm geschlungenes Band gehalten; mit der rechten Hand wurden die Saiten gezupft oder mit einem an einer Schnur befestigten Plektron angerissen. Die K. wurde bis zum 5. Jh. v. Chr. zum Virtuoseninstrument mit 11–12 Saiten ausgebildet.

Klampfe [süddeutsch, zu mittelhochdeutsch klimpfen »zusammendrücken«, »zusammenziehen«]: umgangssprachlich für ↑Gitarre.

Klang: ein Hörschall, der aus Grund- und Obertönen besteht, wobei im Unterschied zum K. unter einem (reinen) Ton ein Sinuston zu verstehen ist. Es wird unterschieden zwischen einem **einfachen (harmonischen) K.**, der nur aus einem **Grundton** und einer Reihe zugehöriger ↑Obertöne besteht, und einem **K.-Gemisch** (oder **mehrfachen K.**), das aus mehreren einfachen K. besteht. Als **K.-Spektrum** wird die relative Verteilung der Schallintensität auf die Frequenzen der Teiltöne bezeichnet. Die empfundene Höhe eines (einfachen) K. (**K.-Höhe**) ist die des Grundtons, während die Empfindung der **K.-Farbe** vom K.-Spektrum abhängt, d.h. von Art, Zahl und Intensität der Teiltöne.

Der K.-Charakter eines Musikinstruments wird durch folgende Abläufe bestimmt: 1) mit der K.-Anregung verbundene charakteristische Geräusche (Anblasen, -zupfen, -streichen usw.), 2) das Einschwingen, d.h. das Verteilen der Schwingungsenergie auf die einzelnen Teiltöne, 3) der quasistationäre Zustand, 4) der Ausklingvorgang. Der K. baut sich nach Beginn der Anregung schnell auf, wobei die Teiltöne einzeln einsetzen. Die Einschwingzeit reicht je nach Instrument, Tonhöhe und Art der Anregung von Millisekunden (**harter K.-Einsatz**, z.B. bei gezupften Saiten, Lippenpfeifen) bis zu einer Sekunde (**weicher K.-Einsatz**, z.B. bei gestrichenen Saiten, großen Orgelpfeifen). Während des stationären Zustands behält der K. mit seinen Geräuschanteilen bei gleich bleibender Erregung seinen Charakter bei. In der quasistationären Phase spielen gewisse Schwankungen im K.-Aufbau eine Rolle, die entweder vom Instrument selbst herrühren (z.B. Mitschwingen bestimmter Teile) oder durch den Interpreten bedingt sind (z.B. Fingerhaltung, Bogenstrich). Diese Schwankungen verleihen den Naturinstrumenten ihre große Lebendigkeit im K.-Aufbau. Während des Ausklingvorgangs wird die im Resonatorteil gespeicherte Energie an das Schallfeld abgegeben, sodass der K. nicht abrupt abbricht. Die Länge der Ausklingzeit hängt von der Bedämpfung ab. Die kürzesten Ausklingzeiten haben Blasinstrumente, die längsten gezupfte Saiten. Weil die höheren Frequenzen i.A. stärker bedämpft sind, ist der Ausklingvorgang dunkler gefärbt. – Im allgemeinen Sprachgebrauch bezeichnet K. auch das klangliche Ereignis insgesamt, z.B. den K. eines Orchesters, einer bestimmten Musik oder eines musikalischen Stils.

Klangfarbenkomposition: Komposition, in der die Klangfarbe alle anderen musikalischen Wahrnehmungsbereiche wie Tonhöhe oder Tondauer zurückdrängt. Eine K. schuf z.B. G. LIGETI in seinem Orchesterwerk »Atmosphères« (1961), das auf dynamisch geschichteten Klangflächen beruht. Als man mit elektronischen Mitteln in das Spektrum der Klänge bewusst eingreifen konnte, erhielt die Idee der K. neue Möglichkeiten der Verwirklichung. Der ↑Synthesizer und ein meditatives Hören haben »Klangfarbenmusik« auch im Bereich von Rockmusik, Jazz und Popmusik heimisch werden lassen.

Klangholz (Resonanzholz, Tonholz): Holz (v.a. von Fichten) mit gleichmäßigem Jahresringaufbau, das für den Klavier- und Geigenbau verwendet wird.

Klangvertretung: Bezeichnung für die Erscheinung, dass ein und derselbe Ton unterschiedlichen Akkorden angehören kann, also je nachdem, welche Bedeutung der Ton in seinem musikalischen Zusammenhang besitzt, entsprechend unterschiedliche Akkorde »vertritt«. In dreiklangsorientierter Musik, für die der Begriff K. hauptsächlich von Bedeutung ist, kann ein Ton Grundton, Terz oder Quinte sein, und zwar in einem Dur- oder in einem Molldreiklang.

So ergeben sich sechs Möglichkeiten der K., z.B. für den Ton c:

C-Dur As-Dur F-Dur c-Moll a-Moll f-Moll

Klappe: bei Blasinstrumenten der mit kleinen Hebeln versehene Verschlussdeckel der Tonlöcher. Zu unterscheiden sind offene K., die erst durch Hebeldruck geschlossen werden, und geschlossene K., die durch Hebeldruck geöffnet werden. K. werden angebracht, wenn die Finger die Tonlöcher nicht erreichen können oder die Zahl der Tonlöcher die der Finger übersteigt. Sie finden sich seit dem 16.Jh. v.a. an Holzblasinstrumenten (Flöte, Oboe, Klarinette, Fagott), selten und auf das 19.Jh. beschränkt an Blechblasinstrumenten (↑Klappenhorn).

Klappenhorn: Blechblasinstrument mit Tonlöchern und Klappen, ein Bügelhorn mit zunächst fünf, später sechs (auch bis zu zwölf) Klappen; seit etwa 1810 bis in die zweite Hälfte des 19.Jh. in Gebrauch, danach vom Ventilhorn verdrängt. Das K. mit fünf Klappen wurde angeblich von EDUARD AUGUSTUS HERZOG VON KENT in die englische Armee eingeführt, deshalb auch **Kenthorn** genannt. Ein K. ist auch die ↑Ophikleide.

Klapper: ein in vielen Arten über die ganze Erde verbreitetes Rhythmusinstrument. Es besteht aus zwei Teilen glei-

Klapper: ägyptische Klappern aus Nilpferdelfenbein

cher Bauart und gleichen Materials (Fruchtschalen, Muscheln, Knochen, Holz, Ton, Metall), die gegeneinander geschlagen werden (Gegenschlagidiophon). Zu den K. zählen u. a. ↑Claves und ↑Kastagnetten.

Klarinette [italienisch, zu lateinisch clarus »klar«, »hell tönend«] (französisch Clarinette, italienisch Clarinetto): Holzblasinstrument mit einfachem, aufschlagendem Rohrblatt und zylindrisch gebohrtem Rohr (meist aus Grenadillholz). Sie setzt sich zusammen aus dem Mundstück (Schnabel), der etwas erweiterten »Birne«, dem Ober- und Unterstück und dem trichterförmigen Schallstück (Becher). Das Rohrblatt wird mit einer Metallzwinge (Blattschraube) oder mittels einer Schnur unterseits an den oberseits schräg abgeflachten Schnabel gepresst; beim nicht gespielten Instrument wird es durch eine Kapsel geschützt. Beim Überblasen entstehen nur die ungeradzahligen Naturtöne, und zwar zunächst die Duodezime. Am gebräuchlichsten ist die B-Stimmung (Umfang des/d–b^3; eine große Sekunde über dem Klang notiert), daneben sind Instrumente in A- und C-Stimmung verbreitet. Ferner gibt es tiefere K., so das ↑Bassetthorn (Hauptstimmung F), die Bass-K. (Hauptstimmung B; Umfang C/D–f^2; mit abgebogenem Schallstück und s-förmigem Metallrohr zwischen Schnabel und Tonröhre), die Kontrabass-K. (Hauptstimmung Es; Umfang $_1$F–b^1) sowie höhere K. in D und Es.

Die K., deren Vorläufer bis in vorchristliche Zeit zurückgehen, wurde vermutlich um 1700 von J. C. DENNER aus dem ↑Chalumeau entwickelt. Die Klappenzahl wurde von zwei allmählich auf 13 erhöht. 1839 erhielt die K. durch die Franzosen H. E. KLOSÉ und L. A. BUFFET den von T. BOEHM für die Querflöte erdachten Klappenmechanismus, der damit zur Grundlage für das in Frankreich, England und Amerika gebräuchliche Klappensystem wurde. In Deutschland setzte sich nach 1900 das System O. OEHLERS mit 22 Klappen und fünf Ringen durch. Die K. gehört seit der Mitte des 18. Jh. zur Standardbesetzung des Orchesters und wird daneben vielfach solistisch und kammermusikalisch eingesetzt. Im traditionellen Jazz war die K. ein bevorzugtes Melodieinstrument, wurde aber zunehmend vom Saxophon verdrängt.

Klarinette

Klassik [von lateinisch classicus »ersten Ranges«, »mustergültig«]: in der Kunst die Bezeichnung für etwas Vollendetes, in seiner Art Unerreichtes (Werk oder Epoche), das dadurch zugleich als Norm und Vorbild für Späteres dient. In der Musikgeschichte bezeichnet man damit seit dem Ende des 19. Jh. die Stilepoche der **Wiener Klassik**, d. h. die Musik J. HAYDNS, W. A. MOZARTS und L. VAN BEETHOVENS. Im Sinne von Stilvollendung verwendet man den Begriff auch für andere Werke oder Epochen (»Schubert als Klassiker des Liedes«, »klassischer Palestrina-Stil«), umgangssprachlich benutzt man »klassische Musik« im Sinne von E-Musik und in Abgrenzung zum ebenso unscharf umrissenen Komplex der U-Musik.

Klassizismus

Die Wiener K. umfasst als musikalische Stilperiode das vorwiegend auf Wien konzentrierte Schaffen HAYDNS, MOZARTS und BEETHOVENS zwischen etwa 1770 und 1827 (Todesjahr BEETHOVENS). Der Begriff bezieht sich auf die Vollendung, das Mustergültige und die überragende musikgeschichtliche Bedeutung des von ihnen ausgeprägten Stils, der als formal und inhaltlich einheitlich, rein, ausgewogen, klar, einfach und universell charakterisiert wird. Als Kaiserstadt und kultureller Schnittpunkt bot Wien den Komponisten, die keine gebürtigen Wiener waren, günstige Schaffensbedingungen. So war die Förderung durch die oft bürgerlich gesinnte und der Kunst aufgeschlossene Schicht der höheren und mittleren Aristokratie wesentliche Voraussetzung für die Entstehung der Wiener Klassik.

In der **Vorklassik** (ab ca. 1730) erfolgte die Abwendung von den als übersteigert, künstlich und schwülstig empfundenen Kompositionstechniken des ↑Barock und die Hinwendung zu einer gefälligeren und gefühlshafteren Musiksprache, die durch Kantabilität, überschaubare Architektur und regelmäßige, symmetrische Taktgruppierungen gekennzeichnet ist (↑empfindsamer und ↑galanter Stil). Am Stilwandel hatten relativ unabhängig voneinander wirkende italienische, französische und deutsche Musiker Anteil, in Deutschland v. a. die Vertreter der ↑Berliner, ↑Mannheimer und ↑Wiener Schule. Sie trugen maßgeblich zur neuen Kunsthaltung und zur Ausbildung der Klavier- und Violinsonate (↑Sonate), der ↑Sinfonie und des ↑Streichquartetts bei, die zusammen mit den für die Frühzeit charakteristischen Formen ↑Divertimento, ↑Serenade und dem aus dem Barock weiterentwickelten Solokonzert (↑Konzert) die instrumentalen Hauptgattungen der Wiener K. bildeten. Die Vokalmusik blieb dagegen noch längere Zeit den älteren Traditionen verhaftet, nicht nur in der Kirchenmusik, sondern auch in der ↑Oper, wo sich die pathetisch überladene Opera seria lange neben den neuen volkstümlichen und in der Darstellung realistischeren Gattungen Opera buffa, Opéra comique und Singspiel halten konnte. Erst durch die Reformen C. W. GLUCKS und v. a. durch MOZARTS umfangreiches Opernschaffen konnte sich die Gattung dramaturgisch wie musikalisch weiterentwickeln und ins 19. Jh. fortwirken.

Bei aller Verfeinerung der musikalischen Mittel blieben Einfachheit, Fasslichkeit und Allgemeinverständlichkeit ein Grundzug der Wiener K., deren Vertreter dem Ideal der Humanität folgten (MOZART, »Die Zauberflöte«, 1791; HAYDN, »Die Schöpfung«, 1798; BEETHOVEN, »Fidelio«, 1805–14; 9. Sinfonie, 1822–24). Die Norm des Satzes bildet die regelmäßige achttaktige Periode, die allerdings oft kunstvoll verdeckt und belebt wird. Die grundlegende instrumentale Bauform ist die ↑Sonatensatzform mit ihren kontrastierenden und sich entwickelnden Themen (↑durchbrochene Arbeit, ↑obligates Akkompagnement). Die vorklassische Einfachheit in der Harmonik wird abgelöst von einem kühnen Gebrauch von ↑Chromatik, ↑Dissonanz und ↑Modulation. Ebenso werden als Folge des gesteigerten Ausdrucksbedürfnisses neue Möglichkeiten der dynamischen und klangfarblichen Nuancierung und der Orchesterbehandlung und -besetzung erschlossen, wodurch der Stil der Wiener K. bruchlos in den der frühen ↑Romantik übergeht.

Klassizismus: zusammenfassender Begriff für Kunstäußerungen, die sich auf eine vergangene und als ↑Klassik angesehene Stilepoche beziehen. In Dichtung, Architektur und bildender Kunst ist damit stets eine Anlehnung an die Antike gemeint. In der Musik wird der Begriff auf Kompositionen der ↑Romantik angewendet, die sich betont an ältere Vorbilder anlehnen. Das gilt z. B. für Instrumentalwerke von F. MENDELSSOHN BARTHOLDY, J. BRAHMS und M. REGER, in denen Formprinzipien der Wiener Klassik und älterer Meister (z. B. J. S.

Klausel

BACH) aufgegriffen werden, oder für Chorwerke des ↑Caecilianismus, die sich an der »klassischen« Vokalpolyphonie PALESTRINAS orientieren.

Als **Neoklassizismus** bezeichnet man eine Strömung besonders der 1920er- und 1930er-Jahre, die bestrebt war, den als übersteigert empfundenen Mitteln der Spätromantik unter Rückgriff auf barocke und klassische Formprinzipien wieder mehr Einfachheit und Natürlichkeit des Ausdrucks entgegenzustellen. Zu ihren Vertretern zählten zeitweilig F. BUSONI, P. HINDEMITH, J. N. DAVID, E. KRENEK, B. BARTÓK, S. PROKOFJEW (»Symphonie classique«, 1916/17), I. STRAWINSKY (»Pulcinella«-Suite, 1932) und die »Groupe des six« in Paris (D. MILHAUD, A. HONEGGER u. a.).

Klausel [von lateinisch clausula »Schlussformel«]: melodische Schlusswendung, auch musikalischer Abschnitt. Im Mittelalter bezeichnet **Clausula** im Sinne von Abschnitt ein Formglied des Chorals, in Bezug auf das Organum der Notre-Dame-Schule einen mehrstimmigen Abschnitt. Seit dem 15./16. Jh. sind die K. genormte Schlusswendungen der einzelnen Stimmen des mehrstimmigen Satzes, die zusammen den Schluss formieren.

Seit dem 17./18. Jh. regelt die Kadenz als Schlussfolge von Akkorden die melodischen Abläufe.

Klaviatur [von mittellateinisch clavis »Taste«] (Tastatur): bei den Tasteninstrumenten Bezeichnung für die Gesamtheit der Tasten eines Manuals oder des Pedals. Üblich ist die geteilte Anordnung der Tasten in einer diatonischen (C-Dur-)Reihe (Untertasten, beim Klavier meist weiß) und einer diese ergänzenden chromatischen Reihe (Obertasten, meist schwarz).

Klavichord [-'kɔrd; mittellateinisch clavic(h)ordium, zu clavis »Taste« und griechisch chordē̄ »Saite«] (Clavichord): ein im 14. Jh. aus dem ↑Monochord entwickeltes Tasteninstrument, dessen quer zur Tastatur verlaufende Saiten von Metallstiften (Tangenten) angeschlagen werden (Tangentenmechanik). Die auf dem hinteren Tastenende sitzenden Tangenten bleiben so lange in Kontakt mit der Saite, wie der Spieler die Taste niederdrückt. Die Saite schwingt nur zwischen Steg und Tangente, ihr anderer Teil wird durch einen Tuch- oder Filzstreifen am Schwingen gehindert. Da die Tonhöhe von der Anschlagstelle abhängt, kann ein und derselbe, meist zweichörige Saitenzug für verschiedene Tonhöhen (bis zu fünf) verwendet werden kann. Dabei wirkt die Tangente wie ein Bund **(gebundenes Klavichord)**. Seit dem 17. Jh. gibt es Instrumente, bei denen jeder Taste ein Saitenchor zugeordnet ist **(bundfreies Klavichord)**. Der zarte Ton des Instruments kann durch wechselnden Druck des Fingers auf den Tastenhebel zum Vibrieren gebracht werden (↑Bebung). Das K. ist ein Hausmusik- und Studierinstrument und war besonders beliebt im 18. Jh. in der Zeit der Empfindsamkeit.

Klavicitherium [lateinisch-griechisch] (Clavicytherium): ein vom 16. bis zum 18. Jh. gebautes Cembalo mit aufrechtem Korpus und vertikal verlaufendem Saitenbezug.

Klavier [französisch »Tastenreihe«, zu mittellateinisch clavis »Taste«, von lateinisch clavis »Schlüssel«]: Siehe S. 192.

Klavierauszug: seit Mitte des 18. Jh. Bearbeitung eines zunächst nicht für das Klavier komponierten Musikstücks (Oper, Sinfonie, Kammermusik u. a.) zur Wiedergabe auf dem Klavier, z. B. um die Sänger bei Proben ohne Orchester begleiten zu können. Bei K. größerer Vokalwerke ist nur der Instrumentalteil für Klavier bearbeitet; die Singstimmen werden unverändert darüber gesetzt. Für sinfonische Musik gibt es auch K. in der Bearbeitung zu vier Händen.

Klezmer [ˈklɛsmər; hebräisch-jiddisch »Musiker«]: traditionelle Instrumentalmusik der jiddischsprachigen Juden Osteuropas zu Hochzeiten und Festen, üblicherweise in der Besetzung Klarinette, Cimbalom (Hackbrett), Geige (auch mehrfach), Bratsche, Violoncello, Kontrabass, Blechblasinstrumente und kleine Trommel. Die K. kam mit den Auswanderungswellen zwischen 1881 und 1924 nach New York und fand dort eine neue Heimstatt. Lange Zeit fast vergessen, erlebte sie in den 1980er-Jahren eine Renaissance und hat heute ihren Platz auf den internationalen Konzertpodien. Zu den bekanntesten Vertretern dieser Musik gehört der Klarinettist G. FEIDMAN.

Knall: ein Schallimpuls ohne Tonhöhe oder Klangfarbe, vornehmlich von großer Stärke.

Kolende: im slawischen Sprachraum und in Rumänien seit dem Mittelalter belegte Weihnachts-, auch Neujahrslieder, z.T. als Heischelieder bei den Bittzügen der Jugend zwischen Weihnachten und Dreikönig bis heute lebendig.

Kolo [serbokroatisch »Rad«]: in den Ländern der Balkanhalbinsel weit verbreiteter Tanz, ursprünglich wohl serbischer Nationaltanz im $^3/_4$-Takt. Er wird in lebhafter, häufig auch ruhiger Bewegung getanzt, oft als Kettentanz oder mit Spielelementen, und ist in zahlreichen lokalen Sonderformen verbreitet. In der Kunstmusik wird er als 7. Tanz der »Slawischen Tänze« (1878) von A. DVOŘÁK verwendet.

Kolophonium [griechisch, nach der antiken Stadt Kolophon (südlich vom heutigen İzmir)]: ein hartes Naturharz, mit dem der Bogen bestrichen wird, um die Reibung auf der Saite zu erhöhen.

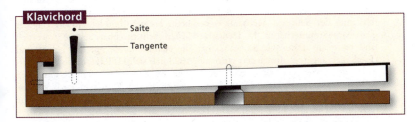

Klavichord — Saite, Tangente

Kniegeige: ↑Viola da Gamba.

Kobsa [russisch] (rumänisch Cobză): eine im Moldaugebiet, in Rumänien und Ungarn verbreitete Kurzhalslaute mit 4–5 teils in Oktaven angeordneten Saitenchören, meist mit Plektron gespielt.

Koda [italienisch »Schwanz«] (Coda): der Schlussteil einer Komposition, wenn dieser als ein angehängtes, zusammenfassendes, steigerndes oder ausklingendes Formglied gestaltet ist. Eine K. kann bei vielen Formen auftreten, z.B. als Abschluss von Tanzzyklen, Rondo- oder Variationsformen. Besondere Bedeutung erlangte sie in der Sonatensatzform, v.a. seit L. VAN BEETHOVEN, der sie häufig besonders gewichtete.

Koloratur [italienisch »Ausmalung«, »Verzierung«, zu lateinisch-italienisch colorare »färben«]: reiche Auszierung der Gesangsstimme mit Figurenwerk und Läufen, die zusammenhängend auf einer Textsilbe ausgeführt werden, v.a. bei Arien (**K.-Arie**). Die oft improvisatorische Ausführung der von den Komponisten nur z.T. notierten K. führte im 18.Jh. zu einer Blüte des virtuosen Gesangs, v.a. bei den Kastraten. G. ROSSINI beendete die Zeit der Improvisation, indem er alle K. notierte. Man unterscheidet meist rein virtuose von dramatisch begründeter K. Zum K.-Singen eignen sich v.a. Sopranstimmen (K.-Sopran, z.B. Königin der Nacht in W. A. MOZARTS »Zauber-

Klavier

„Laut-Leise-Tasten-Kasten" nannte L. van Beethoven spöttisch seinen Broadwood-Flügel. In Italien, Frankreich und England heißt es sinnfällig »Fortepiano« oder »Pianoforte«. Dank der neuartigen Hammermechanik, die eine über den Fingerdruck regulierbare Tonstärke ermöglichte, konnte sich das Klavier gegenüber dem klangstarren ↑Cembalo sowie dem anschlagsschwachen ↑Klavichord durchsetzen und wurde, verbunden mit einer Tastatur, deren Klaviaturanordnung wie keine andere unser Tonsystem repräsentiert, zum wohl universalsten aller Musikinstrumente.

■ Dem Hackbrett abgeschaut

Eine Hammermechanik für ein besaitetes Tasteninstrument beschrieb schon H. Arnault von Zwolle (um 1440), die Erfindung des Klaviers wird aber B. Cristofori (Florenz) um 1700 zugeschrieben. Seine Hammerflügel hatten einen Umfang von $4\frac{1}{2}$ Oktaven und bereits die mit der heutigen Mechanik vergleichbare Stoßmechanik. In Deutschland baute als erster G. Silbermann (Freiberg), angeregt durch den europaweit gefeierten Hackbrettvirtuosen P. Hebenstreit, ab etwa 1730 Hammerflügel, die allerdings klanglich noch recht schwach waren und sich nur zögerlich durchsetzten. Das änderte sich schlagartig, als J. Broadwood (London) um 1770 die Stoßzungenmechanik mit beweglicher Stoßzunge einführte (»English-grand-action«), die nun ein kräftigeres und v.a. modulationsfähigeres Spiel ermöglichte. Zur gleichen Zeit entwickelte J. A. Stein (Augsburg) eine Prellmechanik, bei der das Hammerglied durch eine separate Prellleiste gegen die Saite geschleudert wird und die vom Hause Stein/Streicher (Wien) zur Wiener Mechanik mit Auslöseeinrichtung verbessert wurde. Im 19. Jh. in Vergessenheit geraten, ist die Leichtläufigkeit und der helle, spritzige Klang dieser Mechanik, über die auch W. A. Mozarts Flügel verfügte, durch Nachbau wieder hörbar geworden.

■ Das Jahrhundert des Klaviers

Das 19. Jh. kann musikalisch uneingeschränkt als das Jahrhundert des Klaviers gelten, was sich neben dem nun rapide einsetzenden technischen Fortschritt im Klavierbau auch an der Fülle neuer Klavierliteratur und dem aufblühenden Virtuosentum zeigt. Neben zahlreichen Klaviersonderformen wie ↑Pyramidenflügel, ↑Giraffenflügel oder dem ↑Tafelklavier bauten J. Hawkins (Philadelphia) und M. Müller (Wien) 1800 die ersten aufrechten Klaviere, im Unterschied zum waagerechten Flügel später als Piano oder »Klavier« schlechthin bezeichnet. Nachdem ein immer stabiler werdender Rahmenbau z.T. mit Eisenstreben zu einer Erweiterung des Klaviaturumfangs und der Klangstärke geführt hatte, wurde 1825 von A. Babcock (Boston) der erste volle Eisenrahmen gegossen. Frei über dem Resonanzboden verlaufend, wäre ohne ihn der heute bis zu 20000 kg schwere Zug der Saiten nicht machbar. Seit 1826 werden die Hammerköpfe mit Filz belegt, und 1828 ließ sich H. Pape (Paris) den seitdem im Klavier wie Flügel durchweg anzutreffenden kreuzsaitigen Bezug patentieren, mit dem die größtmögliche Länge der Basssaiten erzielt werden kann.

■ Wie man einen Ton auffängt

Ebenfalls in Paris entwickelte S. Érard um 1821 die so genannte Repetitionsmechanik mit »doppelter Auslösung«, die, 1840 von H. Herz verbessert, zu einem der wichtigsten Glieder der modernen, aus über 5000 Einzelteilen bestehenden Flügelmechanik wurde. Die am Tastenhebel angebrachte Pilote führt über Hebeglied und Stoßzunge den Hammer gegen die Saite. Bevor der Hammerkopf die Saite erreicht, gibt die bewegliche Stoßzunge ihren Angriffspunkt am Hammerstiel frei, sie »löst aus«. Der Hammer schlägt nun allein durch seinen Schwung gegen die Saite und wird nach

Klavier

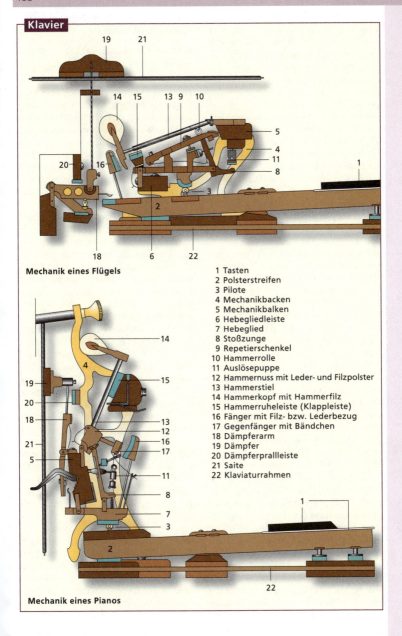

Mechanik eines Flügels

Mechanik eines Pianos

1 Tasten
2 Polsterstreifen
3 Pilote
4 Mechanikbacken
5 Mechanikbalken
6 Hebegliedleiste
7 Hebeglied
8 Stoßzunge
9 Repetierschenkel
10 Hammerrolle
11 Auslösepuppe
12 Hammernuss mit Leder- und Filzpolster
13 Hammerstiel
14 Hammerkopf mit Hammerfilz
15 Hammerruheleiste (Klappleiste)
16 Fänger mit Filz- bzw. Lederbezug
17 Gegenfänger mit Bändchen
18 Dämpferarm
19 Dämpfer
20 Dämpferprallleiste
21 Saite
22 Klaviaturrahmen

dem Rückprall (auf halbem Wege) vom Fänger festgehalten. Durch ein nachregulierbares Hebel- und Federsystem rückt die Stoßzunge wieder unter ihren Angriffspunkt, sodass ohne große Fingerbewegung, bei noch halb gedrückter Taste, der Anschlag sofort wiederholt (»repetiert«) werden kann.

Bei der von R. WORNUM (London) 1843 für das aufrechte Klavier entwickelten »Tape-Check-Action« wird der zurückprallende Hammer durch einen Fänger-Gegenfänger-Mechanismus mit Rückführbändchen zwar ebenfalls auf halbem Weg abgefangen, eine Repetition ist aber nur eingeschränkt möglich, da die Taste vor dem neuen Anschlag zuerst in ihre Ausgangslage zurückkehren muss. Mangels besserer Alternativen hat auch sie sich allerdings bis heute gehalten. Dagegen haben von den vielen, z. T. obskuren Veränderungen, mit denen man den Klang des Klaviers zu manipulieren suchte, nur zwei Pedale überlebt, links die »Verschiebung« zur Lautstärkeminderung, rechts die kollektive Dämpferaufhebung (beim Flügel durch ein mittleres Pedal auch selektiv).

Mit dem Erreichen des heutigen Klaviaturumfangs ($_2$A–c^5) war um 1880 die technische und akustische Entwicklung des Klaviers, abgesehen von Sonderformen wie Mikrotoninstrumente (↑Mikrotöne), Selbstspielklaviere (↑Playerpiano) oder der jüngsten Revolution digitaler Klaviere (↑E-Piano), weitgehend abgeschlossen. Das aufrechte Klavier wird heute in Größen von ca. 90 (Kleinstklavier) bis 150 cm Höhe (Konzertklavier) angeboten, der Flügel reicht vom Stutzflügel (ca. 150 cm Länge) bis zum Orchester-Konzertflügel (bis zu 300 cm). Während lange Zeit Traditionsfirmen wie Steinway (New York, Hamburg), Bechstein (Berlin), Blüthner (Leipzig) oder Bösendorfer (Wien) den Klavierbau bestimmten, kamen in den letzten Jahrzehnten zunehmend asiatische Firmen hinzu, von denen Yamaha (Japan) mit über 250 000 gebauten Instrumenten jährlich mit Abstand marktbeherrschend wurde.

■ **Musik für das Klavier**

Mit den 1732 in Florenz erschienenen »12 Sonaten op. 1« von L. GIUSTINI beginnt die eigentliche, für den Hammerflügel geschriebene Klaviermusik. Diese wurde durch C. P. E. BACHS, J. HAYDNS und v. a. W. A. MOZARTS Konzerte und Sonaten in ihrem Rang als einer der repräsentativsten Kompositionsbereiche der Vorklassik und der Wiener Klassik bis hin zur Romantik begründet. BEETHOVENS Musik für das Hammerklavier zeichnet sich aus durch Brillanz und Virtuosität, kompositorische Dichte und höchste Ausdruckskraft. Die Romantiker bevorzugten neben Konzert und Sonate das kleine lyrische Klavierstück sowie das Charakterstück, F. CHOPIN und F. LISZT schufen virtuose Klaviermusik; zudem wurde das Klavier zu einem wichtigen Instrument der Kammermusik.

Einen besonderen Stellenwert nimmt das Klavier im Jazz ein, wo es als Träger der Melodielinie, aber auch als Harmonie- und Rhythmusinstrument eingesetzt wird. Immer wieder waren es Pianisten wie S. JOPLIN, J. P. JOHNSON, F. WALLER, COUNT BASIE, A. TATUM, T. MONK, O. PETERSON, H. HANCOCK oder K. JARRETT, die mit ihrem Spiel ein Stück Jazzgeschichte schrieben. ■

Beobachte in Spielfilmen, wer in welcher Situation Klavier spielt. Welche Funktion hat das Klavierspiel dabei? Decken sich deine Beobachtungen mit deinem eigenen Bild von dem Instrument?

BLÜTHNER-HAESSLER, INGBERT: *Pianofortebau.* Frankfurt am Main (Bochinsky) 1991. ■ SCHOENMEHL, MIKE: *Modern jazz piano.* Mainz u. a. (Schott) 1992. ■ HOLLFELDER, PETER: *Klaviermusik. Internationales chronologisches Lexikon.* Wilhelmshaven (Noetzel) 1999.

flöte«; K.-Soubrette, z.B. Susanna in Mozarts »Le nozze di Figaro«).

Kolorieren [von lateinisch colorare »färben«]: musikwissenschaftliche Bezeichnung für die improvisierte oder kompositorische Technik der melodisch umspielenden und verzierende Gestaltung einer vorgegebenen Melodie. – **Koloristen** nennt man die Meister des Orgelspiels im 16. Jh., die mehrstimmige Vokalkompositionen mit starker Verzierung der Oberstimme auf ihr Instrument übertrugen.

Kombinationen: zu den Spielhilfen der Orgel gehörende kombinierte Registerzüge. Unterschieden werden feste K., die aus nicht veränderbaren Registergruppen bestehen, und freie K., die der Spieler nach freier Wahl zusammenstellen und während des Spiels einschalten kann. Das Einschalten erfolgt jeweils mithilfe eines Hebels oder Knopfes.

Kombinationstöne: beim Zusammenklingen zweier Töne der Frequenzen f_1 und f_2 von nicht zu geringer und nicht zu unterschiedlicher Stärke wahrnehmbare dritte Töne. Für die Frequenzen f dieser K. gilt die Beziehung $f = mf_1 + nf_2$; dabei sind m und n kleine ganze Zahlen, mit der Nebenbedingung, dass f immer positiv ist. Je nach Vorzeichen von m oder n wird ein K. als **Differenzton** oder als **Summationston** bezeichnet. Die Bildung von K., allgemeiner von Kombinationsfrequenzen, ist auf Nichtlinearitäten bei der Erzeugung, der Übertragung oder dem Empfang von Schwingungen zurückzuführen (↑virtuelle Töne). – Die K. wurden 1744 vom Musiktheoretiker G. A. Sorge entdeckt; 1754 machte der Geiger G. Tartini unabhängig davon auf einige K. aufmerksam, die man beim Geigenspiel hört und – unbewusst – zur Orientierung beim Stimmen hinzuzieht.

Komma [griechisch »Abschnitt«, »Einschnitt«, eigentlich »Schlag«]: kleinster Schwingungsunterschied zwischen äußerlich gleichen, aber auf verschiedenem Weg entstandenen Tonstufen, z.B. der Überschuss von zwölf reinen Quinten über sieben Oktaven, das **pythagoreische K.**, oder der Überschuss des großen über dem kleinen Ganzton, das **syntonische** oder **didymische K.** (↑Stimmung). Die Differenz zwischen der pythagoreischen und der Naturseptime wird als **septimales K.** (auch Septimen-K.) bezeichnet. – Die Existenz des K. bringt zum Ausdruck, dass es nicht möglich ist, eine musikalische Stimmung zu entwickeln, in der alle Quinten und Dreiklänge rein sind.

Kommersbuch [von lateinisch comercium »Handel«, »Verkehr«, »Gemeinschaft«]: Bezeichnung für eine Sammlung von Liedern, die bei dem v.a. von Studentenverbindungen abgehaltenen Kommers (Trinkabend) gesungen werden. Das Repertoire enthält neben den bereits seit dem späten Mittelalter üblichen Studentenliedern v.a. Vaterlands-, Gesellschafts-, Liebes-, Volks- und Wanderlieder.

Komplet [kirchenlateinisch completa, zu lateinisch completus »vollständig«] (Completorium): letzte Gebetszeit (Hore) des kirchlichen ↑Stundengebets; Nachtgebet.

Komposition: [lateinisch »Zusammensetzung«, »Zusammenstellung«]: das vom Komponisten ausgearbeitete Werk (im Gegensatz zur ↑Improvisation), das i.d.R. tonschriftlich fixiert ist. Einstimmige K. ist seit dem 9.Jh., mehrstimmige seit dem 12. Jh. überliefert. Ihr Werdegang bildet den Mittelpunkt der europäisch orientierten Musikgeschichte, wobei die Notenschrift-, Melodie- und Rhythmuslehre, die musikalische Satz- und K.-Lehre, die Formen-, Stil- und Gattungslehre, die Musiktheorie und musikalische Analyse den in Tradition und Innovation eingebundenen schöpferischen Prozessen beständig dienstbar sind und sie zugleich in ihren normativen Schichten erfassen und beschreiben.

Kompressor: aus Regelverstärker und Gleichrichter bestehende elektronische Schaltung, mit der die Verstärkung der

Eingangssignale abhängig von deren Schallpegel geändert wird: Leise Stellen mit geringem Schallpegel werden mehr verstärkt als laute, um die ↑Dynamik zu verringern.

konkrete Musik (französisch Musique concrète): Musik, die im Gegensatz zu rein synthetisch hergestellten Klängen auf alltäglichen konkreten Geräuschen (Straßen-, Industrielärm u. a.) und Klängen (Musikinstrumente, Vogelstimmen) beruht. Diese werden elektronisch aufgenommen, montiert, umgeformt und umgeordnet (»Klangumwandlung«). Pionier der k. M. war P. Schaeffer, Gründer der »Groupe de Musique Concrète« (1951; 1958 umbenannt in »Groupe de Recherches Musicales«).

Konservatorium [italienisch, zu lateinisch conservare »erhalten«, »bewahren«]: allgemein Anstalt, die der Ausbildung von Musikern dient. K. mit Hochschulrang heißen, nach dem Vorbild Berlins, in Deutschland und Österreich meist **Hochschulen für Musik**, in der Schweiz K., Musikhochschule oder -akademie (↑Musikhochschule). Dagegen gilt der Name K. heute meist nur noch für (oft private) Institute, die zwar Unterricht erteilen, der aber nicht der Berufsbildung dient. Letzteres trifft auch für die städtischen Musikschulen zu. Die ersten im 16. Jh. in Italien entstandenen K. waren Pflegeanstalten und Waisenhäuser, deren Zöglinge eine musikalische Ausbildung v.a. für die Kirchenmusik, seit dem 17. Jh. auch für Opernunternehmen erhielten, so seit 1537 in Neapel, seit 1618 in Palermo; entsprechende Institute in Venedig hießen »Ospedale«. Außerhalb Italiens wurden die ersten K. Ende des 18. Jh. gegründet (Paris 1795). Zahlreiche berühmte K. entstanden im 19. Jh. in Europa (Prag 1811, Wien 1817, Leipzig 1843, Berlin 1850, Sankt Petersburg 1862, Moskau 1866) und in den USA (zuerst 1857 in Baltimore und Boston).

Konsonanz [lateinisch »Zusammenklang«]: Klangeinheit aus zwei oder mehr Tönen, die – im Gegensatz zu der nach Auflösung drängenden ↑Dissonanz – so ineinander verschmelzen, dass ihr Zusammenklang vom Ohr als ausgeglichen und spannungslos empfunden wird. Als **vollkommene K.** gelten die Intervalle Prim, Oktave, Quinte, Quarte, als **unvollkommene K.** kleine und große Terz, kleine und große Sexte sowie die Akkorde Dreiklang und Sextakkord. Das heutige Temperierungssystem (↑Stimmung) z. B. modifiziert alle K. (außer der Oktave), indem es an die Stelle der reinen Intervalle die temperierten treten lässt.

In der Musik geht die Beurteilung konsonanter Klänge vom Gehör aus. Die musikalische K. ist also ein dem subjektiven Bereich angehörendes, wandlungsfähiges, elementares Phänomen, das physikalisch nur z. T. erklärt werden kann. Der Begriff der K. ist weder in verschiedenen Musikkulturen derselbe noch zu allen Zeiten innerhalb einer Musikkultur gleich bleibend. Mit der Auflösung der ↑Tonalität zu Beginn des 20. Jh. verloren K. und Dissonanz in weiten Bereichen der Neuen Musik ihre polare Trennung und wechselseitige Zuordnung. Stattdessen kann hier von einer durchgehenden Reihe von Sonanzen (Intervallen) und Sonanzkomplexen (Akkorden) gesprochen werden, die nach Klangintensitäten abgestuft sind.

Kontakion [mittelgriechisch]: die Form der frühen byzantinischen Hymnendichtung (↑byzantinische Musik).

Kontertanz: ↑Contredanse.

kontinuierliches Spiel: eine besondere Spieltechnik v.a. bei folkloristischen Rohrblattinstrumenten (↑Launeddas, ↑Zurna), die es erlaubt, minutenlang zu musizieren, ohne das Instrument zum Atemholen abzusetzen. Dabei speichert der Musiker die Luft kurzfristig in der Mundhöhle, während er zugleich durch die Nase einatmet (**Interzirkuläratmung**). Auf k. S. beruhen auch die Borduntöne des australischen Didgeridoo;

im Jazz praktiziert es u.a. der Posaunist A. MANGELSDORFF.

Kontinuo (Kurzform von Basso continuo): ↑Generalbass.

Kontrabass (kurz Bass, volkstümlich Bassgeige, italienisch Contrabasso, englisch Doublebass): das tiefste und größte (etwa 2m) der Streichinstrumente; im ausgehenden 16. Jh. in der Violenfamilie

Kontrabass

entwickelt, danach aber in Einzelheiten an den Violintypus angeglichen (Schnecke, bundloses Griffbrett, F-Löcher). Verbreitet ist die Gambenform mit flachem, oben abgeschrägtem Boden, breiten Zargen und spitz gegen den kurzen Hals zulaufenden Schultern; die Violinform hingegen ist selten. Normalerweise besitzt der K. vier Saiten im Quartabstand ($_1$E, $_1$A, D, G); er kommt auch mit drei oder fünf Saiten (mit unten zugefügter Saite $_1$C oder $_2$H) vor. Die Saiten werden mithilfe einer Schraubenmechanik gestimmt. Viersaitige Instrumente besitzen bisweilen eine Hebelmechanik zur Erniedrigung der $_1$E-Saite bis zum $_1$C. Notiert wird im Bassschlüssel eine Oktave höher als klingend. Das Instrument wird mit einem kurzen Stachel auf den Boden gestellt und im Stehen oder hoch sitzend gespielt. Der Bogen wird entweder mit Untergriff oder (wie der Cellobogen) mit Obergriff geführt. – Ins Orchester gelangte der K. um die Wende zum 18. Jh.; zunächst verstärkte er oktavierend die Cellostimme. Seit der zweiten Hälfte des 19. Jh. wird er selbstständig eingesetzt. Der K. wird ferner konzertant und in der Kammermusik verwendet. Eine große Rolle spielt er im Jazz, wo er zur Markierung des Grundrhythmus (Schlagbass) und der Harmoniefolge eingesetzt wird.

Kontrafagott (französisch Contrebasson, englisch Doublebassoon oder Contrabassoon): tiefes Holzblas-(Doppelrohrblatt-)Instrument, das eine Oktave tiefer als das ↑Fagott erklingt (Tonumfang etwa $_2$A–g, eine Oktave höher notiert). Nach Vorläufern seit dem frühen 17. Jh. baute W. HECKEL 1877 das K. in der noch heute üblichen Form mit dreifach geknickter Röhre (Gesamtlänge etwa 593 cm) und abwärts gerichtetem Metallschallbecher.

Kontrafaktur [mittellateinisch »Nachahmung«, zu lateinisch contrafacere »dagegen machen«, »nachahmen«]: Bezeichnung für die seit dem Mittelalter nachweisbare Umtexierung eines vorhandenen Liedes, v.a. die geistliche Umdichtung weltlicher Lieder; z.B. entstand das Kirchenlied »O Welt, ich muss dich lassen« als K. des Liedes »Innsbruck, ich muss dich lassen«. Auch die Neutextierung mehrstimmiger Vokalsätze, beliebt seit dem 16. Jh., fällt unter den Begriff der K., die ab etwa 1600 meist ↑Parodie genannt wurde.

Kontrapunkt [lateinisch punctus contra punctum »Note gegen Note«]: ursprünglich Bezeichnung der gesamten mehrstimmigen Tonsetzkunst, dann allgemein im Unterschied zur ↑Harmonielehre die Kunst, mehrere Stimmen in einer Komposition selbstständig (polyphon) zu führen, im Besonderen die Kunst, zu einer gegebenen Melodie (Cantus firmus) eine oder mehrere selbstständige Gegenstimmen zu erfinden. Auch diese nennt man zuweilen K. Man unterscheidet **einfachen K.** und **doppelten** (mehrfachen) **K.** Beim doppelten K. können die einzelnen Stimmen miteinander vertauscht werden; die Unterstimme kann also z. B. zur Oberstimme, die Mittelstimme kann zum Bass und die Oberstimme kann zur Mittelstimme werden.

Die K.-Lehre entwickelte sich in Fortführung der Lehre vom Discantus (↑Diskant) seit dem beginnenden 14. Jh. zu einem festen Regelsystem. Einen ersten Höhepunkt fand die kontrapunktische Satzkunst im 15. und 16. Jh., dem Zeitalter der Niederländer (Frankoflamen) und der klassischen Vokalpolyphonie mit ihrer Vollendung im Werk von PALESTRINA und seinen Zeitgenossen. Der »Palestrinastil« geht von der subtilen rhythmischen und melodischen Durchbildung der Einzelstimme aus; Melodieschritte und Notenwerte sind aufs Feinste gegeneinander abgewogen; im Zusammenklang der Stimmen bildet die Konsonanz die Grundlage; die Einführung von Dissonanzen ist aufs Genaueste geregelt. Harmonischer Vollklang wird angestrebt, doch bleiben die entstehenden Akkorde stets das Ergebnis der Linienführung und entbehren noch der immanenten Logik ihrer Aufeinanderfolge im Sinne der späteren Harmonik. Die Stimmen treten i. d. R. nacheinander und imitierend ein. Mit Sorgfalt wird der Text unterlegt. Einen zweiten Höhepunkt der kontrapunktisch konzipierten Musik bildet das Werk J. S. BACHS. In seiner Verwurzelung in der Generalbassharmonik zeigt BACHS K. gegenüber dem vokalen K. der Palestrinazeit ein durchaus verändertes Gepräge. Der meist vierstimmige Satz ist eingebettet in den stetigen Fluss der Harmonie; die einzelnen Stimmen sind instrumental erfunden, tragen ornamentales Figurenwerk, Akkordbrechungen und Sequenzbildungen, ohne dadurch an melodischer Überzeugungskraft einzubüßen. BACHS »instrumentaler K.« findet seine reinste Verwirklichung in der Fuge.

Ab 1750 traten die kontrapunktischen Kompositionsformen weitgehend in den Hintergrund. Doch zeigt sowohl die Musik der Wiener Klassiker (↑durchbrochene Arbeit) als auch die immer komplizierter strukturierte Musik des späten 19. Jh. eine deutlich vom K. beeinflusste Tendenz zur Selbstständigkeit der einzelnen Stimmen, selbst im Verband des großen Orchesterklangs (J. BRAHMS, R. WAGNER, G. MAHLER). In diesem weiten Sinne hat das kontrapunktische Denken, das im Kompositionsunterricht noch immer am Beispiel PALESTRINAS und BACHS als Basiswissen vermittelt wird, auch in der modernen Musik des 20. Jh. seinen Platz.

Kontra|subjekt (Gegensatz): in der ↑Fuge ein beibehaltener Kontrapunkt, der als Melodielinie stets oder häufig zusammen mit dem Fugenthema, zu ihm i. d. R. kontrastierend, in einer anderen Stimme erscheint. Auch die zum ersten Thema hinzutretenden Themen der Doppel-, Tripel- oder Quadrupelfuge können als K. bezeichnet werden.

Kontratanz: ↑Contredanse.

Kontratenor: ↑Countertenor.

Konzert [italienisch, eigentlich »Wettstreit« (der Stimmen), nach M. PRAETORIUS (1619) wohl irrtümlich von lateinisch concertare »wetteifern«] (italienisch Concerto): eine auf das Zusammenwirken gegensätzlicher Klanggruppen angelegte Komposition. Der Begriff »Concerto« kam mit der Mehrchörigkeit in Italien im 16. Jh. auf und bezeichnete in den 6- bis 16-stimmigen Vokalsätzen mit Instrumentenbegleitung von A. und G. GABRIELI (»Concerti«, 1587) oder C. MONTEVERDI (7. Madrigalbuch,

1619) das Gegeneinanderspielen verschiedener Klangkörper wie Singstimmen–Instrumente, Chor–Solisten, Chor–Chor. Wegen des an sich konzertanten Verhältnisses von Sing- oder Instrumentalstimme zum Basso continuo wurde bald auch das geringstimmige oder solistische Musizieren mit ↑Generalbass »Concerto« genannt, so in L. VIADANAS Motetten »Cento concerti ecclesiastici« (1602–09) und in H. SCHÜTZ' »Kleinen geistlichen Konzerten« (1636, 1639). Auch J. S. BACH bezeichnete seine Kirchenkantaten als »Concerto«.

Aus der Übertragung des Concertoprinzips auf die instrumentalen Gattungen ↑Kanzone, ↑Sonate und ↑Sinfonia entstanden Ende des 17. Jh. das **Solo-K.** für ein (selten mehrere) Soloinstrument und Orchester und das ↑Concerto grosso, bei dem eine vollstimmig solistisch besetzte Streichergruppe (Concertino) einer chorisch besetzten (Tutti, Ripieno) gegenübersteht. Während sich A. CORELLIS Concerti grossi (um 1680) noch an die alten Formen der Kirchen- und Kammersonaten halten, formte A. VIVALDI um 1710 den Solo-K.-Typus des Barock, der auch von BACH übernommen wurde. Er besteht aus zwei schnellen, durch den Wechsel von Tutti- (↑Ritornell) und Solopartien gekennzeichneten Ecksätzen und einem getragenen, meist kantablen Mittelsatz. Solo-K. wurden im Barock zunächst hauptsächlich für Violine (erstmals von G. TORELLI 1698 und T. ALBINONI 1701/02), später für nahezu alle Instrumente (G. P. TELEMANN) geschrieben. Erste K. für Tasteninstrumente schufen BACH und G. F. HÄNDEL. In der ersten Hälfte des 18. Jh. wurde v. a. durch G. TARTINI (1726) die Sonatensatzform auf das K. übertragen und so um 1740 der vivaldische Typus verdrängt. Während die gemischte Besetzungsweise des Concerto grosso nur vereinzelt in der ↑Sinfonia concertante (z. B. W. A. MOZART) und später in einigen **Doppel-** (J. BRAHMS), **Tripel-** (L. VAN BEETHOVEN) und **Quadrupel-K.** (L. SPOHR) fortlebte, wurde das Solo-K. durch MOZART eine Hauptgattung der Wiener Klassik. An BEETHOVENS sinfonische Klavier-K. und sein Violin-K. knüpften R. SCHUMANN und BRAHMS an; daneben wurde im 19. Jh. das Virtuosen-K. für Klavier (F. MENDELSSOHN BARTHOLDY, F. CHOPIN, F. LISZT, C. SAINT-SAËNS, P. TSCHAIKOWSKY, S. RACHMANINOW u. a.) und für Violine (N. PAGANINI, SPOHR, H. WIENIAWSKI, M. BRUCH u. a.) besonders gepflegt. Im 20. Jh. schufen bedeutende Werke für Violine A. BERG, für Klavier F. BUSONI, M. REGER, M. RAVEL, A. I. CHATSCHATURJAN und für beide Instrumente I. STRAWINSKY, P. HINDEMITH, A. SCHÖNBERG, B. BARTÓK, H. W. HENZE, A. SCHNITTKE.

Allgemein bezeichnet K. auch eine gehobene, für die bürgerliche Musikkultur seit der Aufklärung charakteristische Veranstaltungsform. Es entstand aus der kommerziellen Darbietung von Berufsmusikern oder Unternehmern (London seit 1672) und der Öffnung vereinsmäßiger musikalischer Liebhaberkreise (Collegium musicum; Berliner Singakademie, 1791; Gesellschaft der Musikfreunde in Wien, 1812). Vorbildlich wirkten u. a. die Pariser Concerts spirituels (1725–91) und die Leipziger Gewandhaus-K. (ab 1781).

Konzertante: ↑Sinfonia concertante.

Konzertina [italienisch] (englisch Concertina): kleine Handharmonika mit sechseckiger oder quadratischer Gehäuseform. Die **englische K.** wurde erstmals 1828 von C. WHEATSTONE gebaut als gleichtöniges (bei Zug und Druck erklingt der gleiche Ton), durchgehend chromatisches Instrument. Die 1834 von C. F. UHLIG gebaute **deutsche K.** ist wechseltönig (bei Zug und Druck wechselt der Ton) und hat wie das ↑Bandoneon Einzeltöne auch im Bass (Umfang bis zu 128 Töne).

Konzertmeister: der erste Geiger eines Orchesters, der Fingersatz und

Strichart der Violinstimmen einheitlich regelt, die Solostellen in einem Orchesterstück übernimmt und in Proben zuweilen den Dirigenten vertritt. In Hofkapellen des 17.–19. Jh. war der K. noch der Orchesterleiter.

Kopfstimme: die hohe Lage der menschlichen Stimme, bei der die Schädelresonanz wesentlich ist und die Stimmlippen nur am mittleren Rand schwingen (↑Falsett). Die Kopfstimme dehnt den Stimmumfang aus (↑Bruststimme). Das ↑Jodeln beruht auf absichtlichem Umschlagen zwischen Brust- und Kopfstimme bei gleichzeitigem Glottisschlag (plötzliches Öffnen des Zwischenraums zwischen den Stimmlippen).

Koppel [von lateinisch copula »Bindemittel«, »Band«, »Seil«]: bei der Orgel eine mechanische, pneumatische oder elektrische Spielhilfe. Sie verbindet zwei Klaviaturen so miteinander, dass beim Spiel auf der einen Klaviatur gleichzeitig die Tasten der angekoppelten Klaviatur bewegt werden und deren Register mitklingen. Bei der Manual-K. sind zwei Manuale, bei der Pedal-K. ein Manual und das Pedal miteinander verbunden. Die Oktav-K. verbindet die Tasten im oberen oder unteren Oktavabstand (Super-K. bzw. Sub-K.).

koptische Musik: die Musik der Kopten seit der Gründung der ersten christlichen Gemeinden im Niltal. Die liturgische k. M. war zunächst mit der griechisch-byzantinischen Tradition eng verbunden, hat aber wohl seit der Trennung der koptischen Kirche von der byzantinischen nach dem Konzil von Chalkedon (451) auch altägyptische Melodieelemente aufgenommen. Bis heute werden die Gesänge über Sängerschulen im Wesentlichen mündlich überliefert. Charakteristisch für den Klang der k. M. ist das ↑Sistrum, heute vom Triangel verdrängt.

Kornett [französisch »kleines Horn«, zu lateinisch cornu »Horn«] (Cornet à Pistons, Piston): ein um 1830 aus dem Posthorn durch Anbringen von zunächst zwei, dann drei Ventilen entstandenes Blechblasinstrument. Das v. a. in der Militärmusik, aber auch (in romanischen Ländern) im Sinfonieorchester und im frühen Jazz verwendete trompetenähn-

Kornett

liche K. hat eine enge, meist konische Röhre; es wird im Bereich höherer Naturtöne gespielt. Für die gebräuchlichsten Größen, das K. in B und das **Cornettino** in Es, wird transponierend notiert. – Als Orgelregister ist K. entweder eine Zungenstimme, die den Klang des Zinken (Cornetto) nachahmt, oder eine gemischte Stimme, die sich von der ↑Mixtur durch die Beigabe der Terz unterscheidet.

Korpus [lateinisch »Körper«, »Leib«] (Corpus): bei Saiteninstrumenten der Resonanzkörper (ohne Hals), bei Blasinstrumenten die Schallröhre (ohne Mund- und Schallstück).

Korrepetitor [von lateinisch con »zusammen« und repetere »wiederholen«]: Kapellmeister, der am Klavier die Einstudierung z.B. der Partien eines Opernsängers begleitet.

Kortholt [niederdeutsch »Kurzholz«]: ein in mehreren Größen gebautes Holzblasinstrument des 17. Jh., mit Doppelrohrblatt, Windkapsel und doppeltem Windkanal in dem zylindrischen Korpus.

Koto [japanisch]: eine japanische Zither, deren 13 und mehr Saiten über ein gewölbtes Brett gespannt sind und mithilfe beweglicher Stege gestimmt werden. Die mit Plektron gespielte K. geht auf das chinesische ↑Qin zurück und ist bereits im 5. Jh. in Japan nachweisbar.

Krakowiak [polnisch] (französisch Cracovienne, deutsch auch Krakauer): polnischer Volkstanz, ein Paartanz aus der Krakauer Gegend im raschen $^2/_4$-Takt mit synkopiertem Rhythmus und charakteristischem Wechsel von Ferse und Stiefelspitze, Fersenzusammenschlag und Umdrehung. Als Cracovienne war er im 19. Jh. ein beliebter Gesellschaftstanz. Er fand Eingang in Oper, Ballett und Instrumentalmusik (u.a. F. CHOPIN, Klavierkonzert op. 11, 3. Satz; K. op. 14).

Krebs: Bezeichnung für die (seit dem Mittelalter bekannte) rückläufige Verwendung eines Themas, einer Melodie oder eines Satzgefüges. Im **K.-Kanon** erklingt die antwortende Stimme als K. der Melodievorlage. **Spiegel-K.** bedeutet die rückläufige und umgekehrte Lesung eines Themas oder einer Melodie (mit umgekehrtem Notenblatt). Der K. und seine Umkehrung (Spiegelung) sind wichtige Bauprinzipien der Zwölftonmusik (↑Reihe).

Krebskanon: ein Kanon, bei dem die zweite Stimme als ↑Krebs der ersten abläuft (Beispiel: J. S. BACH, zweistimmiger »Canon cancricans« aus dem »Musikalischen Opfer«, 1747).

Kreuz: in der Notenschrift das Versetzungszeichen, das die Erhöhung eines Tons um einen Halbton vorschreibt (durch K. wird c zu cis, f zu fis usw.); Zeichen ♯. – ↑auch Doppelkreuz.

Krjuki [russisch »Haken«]: die Notenzeichen in der Notation des russischen Kirchengesangs, den ↑Neumen vergleichbar. Geschichtlich stehen die K. in Verbindung mit den Notenzeichen der byzantinischen Notation.

Krotala [griechisch] (lateinisch Crotala): antike Handklappern aus Holz, Metall oder Ton, bestehend aus zwei länglichen, oben verdickten und unten durch ein Gelenk miteinander verbundenen Teilen, die in einer Hand zusammengedrückt werden; K. wurden vorwiegend paarweise zum Tanz gespielt und sind als Instrument des Dionysoskults seit dem 6. Jh. v. Chr. bekannt.

Krummbügel: ↑Stimmbögen.

Krummhorn (italienisch Cromorne): ein in verschiedenen Größen gebautes, vermutlich in Italien entstandenes und weit verbreitetes Holzblasinstrument des 15.–17. Jh., mit Doppelrohrblatt und Windkapsel, in der das Blatt frei schwingt. Das zylindrisch gebohrte Rohr ist am unteren Ende schwach konisch und wie eine Krücke umgebogen. Es hat 6–8 vorderständige Grifflöcher, ein Daumenloch sowie 1–2 (bei tiefen Instrumenten mit Schiebern versehene) Stimmlöcher zum Ausgleich der Intonation bei tiefen Tönen. Der Klang des nicht überblasenden Instruments ist verhalten und etwas schnarrend. – In der Orgel ist K. ein Zungenregister mit engem zylindrischen Aufsatz.

Kuhreigen (Lobetanz, französisch ranz des vaches): eine urtümliche, in ihrem Ursprung magisch bestimmte Gesangsform der Hirten und Viehzüchter in den Alpenländern, v.a. in der Schweiz. Ein rufartiger Mittelteil, in dem die Namen der Tiere aufgezählt werden, ist von melismatischen Rahmenteilen umgeben (häufig auf das Wort loba »Kuh«).

Kujawiak [polnisch]: aus der polnischen Landschaft Kujawien stammender langsamer Tanz im $^3/_4$-Takt mit häufigen Tempoverzögerungen, eine nicht gesprungene Variante des Mazur (↑Mazurka), dem er in der rhythmischen Akzentverschiebung ebenso gleicht wie der ↑Oberek. In den seit Mitte des 19. Jh. vorkommenden stilisierten Formen meist in Moll.

Kurrende [von lateinisch currere »laufen« oder corradere »betteln«]: ein Chor aus bedürftigen Schülern, der in Straßen gegen Gaben geistliche Lieder sang. Die K. als Möglichkeit, ärmeren Schülern den Schulbesuch zu ermöglichen, war v.a. im 16.–18. Jh. im protestantischen Bereich verbreitet, existierte aber auch schon vorher an Kloster- und Stiftschulen. K. nennen sich heute viele evangelische Jugendchöre.

kurze Oktave: bei Cembalo und Orgel des 16.–18. Jh. vorkommende, verkürzte tiefste (große) Oktave. Der k. O. fehlen die Töne Cis, Dis, Fis und Gis. Zur Raumersparnis wurden die Tasten folgendermaßen angeordnet:

Kymbala [griechisch]: ↑Cymbala.

Kyriale [griechisch]: ein Auszug aus dem Graduale, benannt nach dem am Anfang stehenden Kyrie; er enthält v.a. die Gesänge des Ordinarium missae (daneben auch die Totenmesse, Exequien und die Toni communes missae). Ein offizielles Kyriale (romanum) der römischen Kirche erschien 1905 unter der Bezeichnung »Kyriale seu Ordinarium missae« (Ergänzungen 1961).

Kyrie eleison [griechisch »Herr, erbarme dich!«]: in der vorchristlichen Antike ein Huldigungsruf an den Herrscher oder eine Gottheit; wurde im Christentum durch den JESUS CHRISTUS beigegebenen Titel »Kyrios« zum Ruf der Gemeinde, mit dem das Bekenntnis zu JESUS als Herrn zum Ausdruck gebracht wurde. Im 6. Jh. wurde es von Papst GREGOR I. auf die Neunzahl der Rufe (je dreimal Kyrie, Christe, Kyrie eleison) beschränkt. Später verstand man die Kyrierufe als Bittrufe, seit der Aufklärung, v.a. in der evangelischen Liturgie, als Bußgebet und Sündenbekenntnis. Heute ist das K. e. Bestandteil des Eröffnungsteils der Messe und des evangelischen Gottesdienstes (↑Ordinarium).

la (La): in der ↑Solmisation die 6. Silbe des Hexachords; in den romanischen Sprachen Bezeichnung für den Ton A.

Label [leɪbl; englisch]: Etikett einer Schallplatte oder CD oder die entsprechende Plattenfirma (↑Independent Label).

Labialpfeife (Lippenpfeife): in der Orgel die häufigste Art der Pfeifen. L. haben

Labialpfeife

- Oberlabium
- Aufschnitt
- Kernspalte
- Unterlabium
- Kern
- Fuß

Luft — Vorderansicht

Luft — Längsschnitt

in ihrem unteren Teil über dem Fuß einen schmalen Aufschnitt in der Pfeifenwand mit scharf abgekantetem Labium (Ober- und Unterlabium) und enthalten einen Kern, der nur eine schmale Spalte offen lässt. Die Luft strömt durch die Kernspalte, bricht sich an der Kante des Oberlabiums und bringt die Luftsäule im Pfeifenkörper zum Schwingen. Die L. sind aus Holz oder Metall und können am oberen Ende offen, halb oder ganz verschlossen (gedackt) sein. – ↑auch Lingualpfeife.

Labium [lateinisch »Lippe«]: bei ↑Blockflöte und Labialpfeife der Orgel Bezeichnung für die an der Öffnung (Aufschnitt) befindliche angeschrägte Fläche.

lacrimoso [italienisch] (lagrimoso): tränenvoll, klagend.

Lage:
* *Instrumentenkunde:* der Ausschnitt der Töne innerhalb eines Tonvorrats: hohe, tiefe, mittlere L. (↑Stimmlage).
* *Harmonielehre:* die Stellung der Töne eines Stammakkords (Dreiklang, Septakkord usw.); in enger L. stehen die Töne (außer dem Basston) innerhalb eines Oktavumfangs, in weiter L. sind sie über ihn hinaus auseinander gelegt. Beim Dreiklang unterscheidet man überdies Oktav-L., Terz-L. und Quint-L., je nachdem, ob die Oktave, Terz oder Quinte den obersten Ton des Akkordes bildet.

Lage: enge Lage (links) und weite Lage

* *Spieltechnik:* bei Streich- und Zupfinstrumenten die Spiel-L. der linken Hand, d.h. der Abstand des ersten (Zeige)fingers vom Saitenende (Sattel), zugleich der Tonraum, der mit dieser Position der Hand zur Verfügung steht. Die Sekunde über der leeren Saite ist in der 1. L. der Platz des 1. Fingers, auf der Terz steht die 2. L., auf der Quarte die 3. L. usw. In der halben L. unter der 1. L. steht der 1. Finger auf dem um einen Halbton erhöhten Ton der leeren Saite.

Lagenstimme: Bezeichnung für eine Stimme in älterer polyphoner Musik, die in ihrem Ambitus sich nicht nach einer der menschlichen ↑Stimmlagen richtet, sondern bestimmt wird durch ihr Abstandsverhältnis zum ↑Tenor als der vorgegebenen und den Satz regelnden Fundamentstimme.

lagrimoso: ↑lacrimoso.

Lai [lɛ; französisch »Lied«]: Bezeichnung für eine (v.a. im hohen und späten Mittelalter) in Frankreich gepflegte lyrische Gattung z.T. belehrend-erbaulichen Charakters, deren formales Prinzip auch den deutschen ↑Leich beherrscht. Beispiele finden sich u.a. bei GUILLAUME DE MACHAULT.

Laisse [lɛːs; französisch »Schnur«, »Koppelriemen«]: zum musikalischen Vortrag bestimmte Strophenform v.a. des altfranzösischen Heldenepos (Chanson de geste) aus einer wechselnden Anzahl gleich gebauter Verse (Acht-, Zehn-, Zwölfsilber), die durch Assonanz (später durch Reim) zusammengehalten werden.

Lamellophone [von lateinisch lamella »Metallplättchen« und griechisch phōnē »Laut«, »Klang«]: Sammelbezeichnung für afrikanische Zupfinstrumente, deren dünne, abgestimmte Lamellen oder Zungen aus Metall, Holz u.Ä. an einem Ende fest mit einem Resonanzkörper verbunden sind (↑Marimba, ↑Mbira, ↑Sansa). Eine besonder Art L. ist auch die ↑Maultrommel.

lamentabile: ↑lamentoso.

Lamentationen [lateinisch lamentatio »das Wehklagen« (griechisch Threni): dem alttestamentlichen Buch der Klagelieder entnommene Lesungen der Trauermetten (↑Tenebrae; französisch **Leçons de Ténèbres**) an den Kartagen; sie werden in einem eigenen Lektionston vorgetragen (»Tonus lamentationum«). Jede Lektion schließt mit dem Jerusalemvers. Die L. wurden auch in den evangelischen Gottesdienst übernommen. – Die frühen mehrstimmigen L.

(gedruckt bei O. Petrucci, 1506) sind meist vierstimmig homophon gesetzt. Im Laufe des 16. Jh. nahmen die L. immer mehr motettische Satztechniken auf. Höhepunkte waren die L. von Palestrina. Seit dem 17. Jh. lockerte sich die Bindung an den liturgischen Cantus firmus, die L. näherten sich durch Betonung des Affektausdrucks dem ↑Lamento an. Beispiele sind die »Leçons de Ténèbres« von F. Couperin, M.-R. Delalande und M.-A. Charpentier. Im 20. Jh. griffen E. Krenek (»Lamentatio Jeremiae Prophetae«, 1941/42) und I. Strawinsky (»Threni«, 1958) auf die L. zurück.

Lamento [lateinisch-italienisch]: pathetischer Klagegesang. Als L. sind im späten 16. Jh. Madrigale zu Texten aus L. Ariostos »Orlando furioso« betitelt, im 17./18. Jh. Klageszenen in Opern, Oratorien und Kantaten, z. B. C. Monteverdis »L. D'Arianna« (1608) und S. D'Indias »L. d'Olimpia« (1623). Musikalische Mittel des L. waren der Chaconne-Bass oder der L.-Bass mit chromatischem Quartgang abwärts, ebenso wie Dissonanzenreichtum. – Seit dem 17. Jh. wurde die Bezeichnung L. auch für instrumentale Stücke mit Klagecharakter verwendet. – ↑auch Plainte, Tombeau.

lamentoso [italienisch] (lamentabile): wehklagend, traurig.

Landino-Klausel: eine Diskantklausel (↑Klausel), die bis zur Unterterz ausweicht, also z. B. die Schlussformel c–h–c folgendermaßen erweitert:

Sie ist bei F. Landini besonders häufig anzutreffen.

Ländler [nach dem »Landl«, einem Gebiet in Oberösterreich]: um 1800 aufgekommene Bezeichnung für österreichisch-bayerische Volkstänze in ruhigem ³/₄-Takt. Der L. besteht aus zwei (wiederholten) Teilen zu je acht Takten. W. A. Mozart, L. van Beethoven und F. Schubert verwendeten ihn in der Kunstmusik. Seit Ende des 18. Jh. löste sich der schnellere Walzer vom L. Regionale Sonderformen bildeten sich u. a. in Tirol, Böhmen, Südmähren und Siebenbürgen aus. Die Volkstanzforschung unterscheidet den Steirer, den oberösterrischen Landler (mit bildhaften Werbefiguren getanzt) und den bayerischen Schuhplattler (mit akrobatischen Schaufiguren).

Ländler: F. Schubert, »Ländler« op. 18, Nr. 1 (1823)

Langaus: eine Ausführung des ↑deutschen Tanzes. Das Paar durchtanzt in großen Schritten, sehr raschem Tempo und mit wenigen Drehungen mehrmals den Saal. Der L. ist eine Vorform des Walzers.

Langleik [-lɛik; norwegisch]: volkstümliche norwegische Zither mit langem, schmalem, auch seitlich gebogenem Korpus, meist nur einer über Bünde geführten Melodiesaite und mehreren freien Begleitsaiten, die z. T. über Stege zu den an beiden Enden angebrachten Wirbelkästen verlaufen und im Dreiklang oder in Oktaven mit Quinte gestimmt sind. Der L., seit etwa 1600 bekannt, im 19. Jh. seltener geworden, wird heute in verschiedenen Größen nachgebaut. Er ist eng verwandt mit ↑Hummel und ↑Scheitholz.

languendo [laŋgu'ɛndo; italienisch] (languente): schmachtend, sehnend.

largando [italienisch]: langsamer werdend.

larghetto [lar'gɛto; italienisch, Verkleinerungsform von largo]: musikalische

Tempovorschrift für ein Zeitmaß, das weniger gewichtig ist als largo. – **Larghetto** als Satzüberschrift bezeichnet ein Musikstück in diesem Tempo.

largo [italienisch, von lateinisch largus »reichlich«]: Tempovorschrift: breit; gewichtiger und i. d. R. langsamer als ↑adagio. – **Largo** als Satzüberschrift bezeichnet ein Musikstück in diesem Tempo.

Lasso, Orlando di, auch **Orlande (Roland) de Lassus,** frankoflämischer Komponist, *Mons (Hennegau) um 1532, † München 14. 6. 1594: Der hoch talentierte Sängerknabe kam im Gefolge F. GONZAGAS nach Italien, wo er seine

Orlando di Lasso

Ausbildung soweit vervollkommnete, dass er bereits 1553 Kapellmeister am Lateran in Rom wurde. 1556 berief ihn Herzog ALBRECHT V. von Bayern als Tenorist nach München, wo er seit 1564 bis zu seinem Tod als Kapellmeister wirkte, unterbrochen allerdings von zahlreichen Reisen nach Flandern, Frankreich und Italien. Unter seinem immensen, etwa 2 000 (bekannte) Werke umfassenden Schaffen ragen neben rund 70 Messen, über 100 Magnificatvertonungen, vier Passionen, 110 Madrigalen und 150 französischen Chansons v. a. seine etwa 1200 Liedmotetten hervor, mit denen er zum Vorbild und Vollender dieser Gattung wurde. Eine 1534 gedruckte Prachthandschrift seiner »Bußpsalmen« befindet sich in der Bayerischen Staatsbibliothek.

Kurz vor Aufkommen des modernen Sologesangs (Monodie) bestand L.s herausragende Leistung, die ihn zum bedeutendsten Komponisten neben PALESTRINA machte, v. a. in der Entwicklung einer prägnant motivischen Melodik sowie einer differenzierten musikalischen Textausdeutung, gepaart mit virtuoser Kontrapunktik und einer Harmonik, die sich bereits in z. T. kühnen chromatischen Wendungen bewegt.

Lassu [ˈlɔʃʃu; ungarisch]: langsamer Einleitungsteil des ↑Csárdás.

lateinamerikanische Musik: die Musik in Mittel- und Südamerika. Es ist anzunehmen, dass die spanischen Eroberer im Bereich der Hochkulturen Mexikos und Perus eine hoch entwickelte Kunstmusik vorfanden, über deren ursprüngliche Gestalt jedoch kaum Sicheres bekannt ist. Mit der Kolonialisierung begann im Lauf des 16. Jh. eine europäisch bestimmte Musikentwicklung.

Seit der Mitte des 18. Jh. dominierte zunehmend ein von der italienischen Oper und der spanischen Zarzuela geprägtes Repertoire. Frühe Zentren des städtischen Musiklebens entstanden in Buenos Aires (Theater seit 1778) und v. a. in Havanna (Theater seit 1776). Bei fortdauernder Bindung an die europäische Entwicklung brachte erst das 19. Jh. eine schrittweise Einbeziehung folkloristischer Elemente sowie das Hervortreten nationaler Schulen. Seit den 1920er-Jahren bildete sich eine zur internationalen Moderne zählende Musik aus.

Während der Einfluss der »Andenfolklore«, in der sich Reste der ehemaligen Indiokultur erhalten haben, relativ gering war, ist v. a. die Verbindung von spanischer, portugiesischer und afrikanischer Volksmusik, wie sie sich im karibischen Raum (Kuba, Jamaika) sowie entlang der

lateinamerikanische Tänze

ehemaligen Sklavenmärkte der südamerikanischen Küstenregionen (Brasilien, Kolumbien, Venezuela) vollzog, prägend gewesen für die Formenvielfalt der lateinamerikanischen Populärmusik. Aus der Fülle der lateinamerikanischen Rhythmen bzw. Lied- und Tanzformen haben v.a. der Tango (Argentinien und Kuba), die Samba und der Bossa Nova (Brasilien), die Rumba und Habanera, der Mambo, Cha-Cha-Cha und Salsa (Kuba), der Béguine (Martinique), der Calypso (Trinidad) sowie der Reggae (Jamaika) die Entwicklung der Populärmusik einschließlich des Jazz in Europa und den USA nachhaltig beeinflusst.

lateinamerikanische Tänze: Wettbewerbsgruppe im Turniertanz (neben den Standardtänzen); dazu gehören Rumba, Samba, Cha-Cha-Cha, Jive (Jitterbug) und Paso doble.

Latinrock ['lætɪnrɔk; englisch]: um 1970 in den USA entstandener Stilbereich der Rockmusik (u.a. die Gruppe Santana), der Spielelemente der lateinamerikanischen Musik (Tanzrhythmen, Instrumente) aufgreift.

Lauda [italienisch, zu lateinisch laudare »loben«]: ab dem 13. und z.T. noch bis ins 20. Jh. in Italien, v.a. in Umbrien und Florenz, gepflegter geistlicher, hymnenartiger Lobgesang, der v.a. von den Bruderschaften der Laudesi getragen wurde. Als frühestes Beispiel wird dem Bereich der L. der »Sonnengesang« des FRANZ VON ASSISI zugerechnet. Berühmtester Dichter von L. war IACOPONE DA TODI. Die formal der ↑Ballata nahe stehenden, v.a. italienischen, aber auch lateinischen Texte wurden seit dem 13./14. Jh. einstimmig, seit dem 15. Jh. auch mehrstimmig, meist homophon, vertont.

Lauda, Sion, salvatorem [lateinisch »Preise, Sion, den Erlöser«]: die noch in der heutigen Liturgie erhaltene Sequenz zum Fronleichnamsfest, um 1263 von THOMAS VON AQUIN geschaffen.

Laudes [lateinisch »Lobgesänge«, nach den »Laudate«-Psalmen 148–150]: der Morgengottesdienst der lateinischen Liturgie; Gebetzeit (Morgenlob) des ↑Stundengebets.

Lauf: schnelle, stufenweise auf- oder absteigend gespielte Folge von Tönen.

Launeddas [lau'nɛddas; sardisch]: ein in Sardinien noch heute gebräuchliches Blasinstrument vielleicht phönizischer Herkunft. Es besteht aus drei Schilfrohren unterschiedlicher Länge mit jeweils einem aus dem Rohr herausgeschnittenen einfachen, aufschlagenden Blatt. Das längste Rohr (Tumbu) ist eine grifflose Bordunpfeife und mit einer der beiden Melodiepfeifen verbunden; diese weisen jeweils fünf Grifflöcher auf. Der Spieler spielt, alle drei Mundstücke gleichzeitig im Mund, zweistimmig (in Terzen und Sexten) über dem Bordunton.

Laute [spätmittelhochdeutsch lute, durch romanische Vermittlung von arabisch al'ūd, eigentlich »Holz(instrument)«]: Oberbegriff für alle aus einem Saitenträger (Hals) und einem Resonanzkörper zusammengesetzten Saiteninstrumente, bei denen die Saitenebene parallel zur Decke des Resonators liegt. Sie werden unterschieden in **Bogen-L.**, **Joch-L.** oder ↑Leiern und **Stiel-L.** Bei den Stiel-L. ist der Saitenträger ein einfacher Stiel, der entweder durch das Korpus hindurchgesteckt (**Spieß-L.**, z.B. arabisch ↑Rabab) oder an das Korpus angesetzt ist (**Hals-L.**). Die Hals-L. werden unterschieden nach der Korpusform (**Schalenhals-L.**, z.B. Mandoline; **Kastenhals-L.**, z.B. Gitarre und Violine) oder aber nach dem Verhältnis von Korpusgröße und Halslänge (**Kurzhals-L.**, z.B. europäische L., arabische ↑Ud, chinesische ↑Pipa; **Langhals-L.**, z.B. ↑Tanbur, ↑Colascione, ↑Domra, ↑Balalaika). Die europäische L. ist ein Zupfinstrument mit einem aus dünnen Holzspänen zusammengesetzten Resonanzkörper in Form einer halbierten Birne, einem kurzen Hals und einem fast rechtwinklig abgeknickten Wirbelkasten mit seitenständigen Wirbeln. Das Griffbrett ist mit Bünden versehen, das Schallloch in der Decke mit einer Rosette verziert. Die

Laute (1594)

Saiten sind unten an einem Querriegel befestigt, der auch als Steg dient. Dieses Instrument entwickelte sich im 13./14. Jh. in Spanien aus dem Ud, der mit den Arabern im Hochmittelalter dorthin gelangt war. Ab dem 16. Jh. war die L. meist sechschörig, die Normalstimmung A–d–g–h–e^1–a^1. Um 1640 verbreitete sich die von D. GAULTIER eingeführte Stimmung A–d–f–a–d^1–f^1 (»nouveau accord«). Im 17. Jh. wurden L. mit 8–11 Chören häufiger. Seit dem Ende des 16. Jh. fügte man einzelnen L. Bordunsaiten hinzu, die neben dem Griffbrett liefen und nicht abgegriffen werden konnten. Dadurch entstanden die Erz-L. ↑Theorbe und ↑Chitarrone. Die L. des 20. Jh. ist ein Bastard (»L.-Gitarre«) mit L.-Korpus, Gitarrengriffbrett, 14 Bünden, leicht geschwungenem Wirbelkasten mit sechs einfachen Saiten (E–A–d–g–h–e^1). – Die Blütezeit der L. lag im 16./17. Jh. Aufgrund ihrer Eignung zur Polyphonie und zu akkordischem Spiel entsprach ihre damalige Bedeutung etwa der der Klavierinstrumente im 18. und 19. Jahrhundert.

Lautenzug: Registerzug bei Kielinstrumenten (Cembalo, Spinett), bei dessen Betätigung Filzklötzchen, die auf einer beweglichen Leiste angebracht sind, gegen die Saiten gedrückt werden. Der so abgedämpfte Klang ähnelt dem einer Laute.

Lautstärke: die vom Gehörsinn abhängige, subjektiv empfundene Schallstärke, die sowohl von der Größe des Schalldrucks als auch von der Frequenz des Tones abhängt. Das Pegelmaß für die L. ist der **Lautstärkepegel.**

Lead [li:d; englisch »Leitung«]: in Zusammensetzungen die Bezeichnung für den führenden Instrumentalisten, z. B. einen Leadgitarristen; im Jazzensemble die Führungsstimme; sie liegt im klassischen Jazz bei der Trompete, im modernen bei den Satzführern (Altsaxophon, 1. Trompete, 1. Posaune).

Leçons de Ténèbres [lɛˈsɔ̃ də təˈnɛːbr(ə); französisch]: ↑Lamentationen.

leere Saite (italienisch Corda vuota): bei Saiteninstrumenten mit Griffbrett die ohne Fingeraufsatz zum Erklingen gebrachte, frei schwingende Saite, in der Notenschrift durch eine Null über der Note bezeichnet.

legato [italienisch zu legare »binden«] (ligato): gebunden, d.h., die aufeinander folgenden Töne ohne Unterbrechung z.B. des Atemstroms oder Bogenstrichs lückenlos aneinander gereiht; in der Notenschrift durch den **Binde-** oder **Legatobogen** (↑Bogen) bezeichnet. Zwischenstufen: **non l.**, nicht gebunden; ↑portato; **legatissimo**, so gebunden wie möglich.

Leier: Diese sog. Goldene Leier stammt aus einem Grabschacht des Königsfriedhofs der sumerischen Stadt Ur (um 2450 v. Chr.).

Legende [von lateinisch vita legenda »das vorzutragende Leben« (eines Heiligen)]: Darstellung der Lebensgeschichte eines Heiligen oder Märtyrers oder exemplarische Geschehnisse daraus. Der Begriff L. rührt von dem mittelalterlichen Brauch her, am Jahrestag eines Heiligen solche Erzählungen in Kirchen und Klöstern vorzulesen. L. heißen auch Kompositionen, denen entsprechende Stoffe zugrunde liegen. Sie traten v.a. in der Romantik und in katholisierenden Strömungen des 19. Jh. auf (F. Liszt, Oratorium »Die Legende der heiligen Elisabeth«, 1862); nicht selten finden sich auch L. unter der Gattung des Charakterstücks für Klavier.

leggiero [leˈdʒeːro; italienisch] (leggieramente): leicht, ungezwungen, perlend.

Leich [althochdeutsch leih »Spiel«, »Melodie«, »Gesang«]: eine seit dem ausgehenden 12. Jh. gepflegte Großform der mittelhochdeutschen Lyrik. Im Gegensatz zum Strophenlied besteht der L. aus formal ungleichen Abschnitten, die metrisch und musikalisch einmal oder mehrfach wiederholt werden. Der L. ist mit der ↑Sequenz der lateinischen Liturgie und dem französischen ↑Lai sowie der ↑Estampie verwandt. Die L. der Blütezeit (13. Jh.) zeichnen sich durch thematische und formale Vielfalt aus (Minne- und religiöse Thematik).

Leier: Oberbegriff für Saiteninstrumente mit Schallkörper und zwei Jocharmen, die das als Saitenhalter dienende Querjoch tragen. Die Saiten werden i.d.R. gezupft oder mit einem Plektron angerissen. Man unterscheidet nach der Art des Schallkörpers Schalen-L. (↑Barbitos, ↑Lyra) und Kasten-L. (Phorminx, ↑Kithara, ↑Crwth, wohl auch ↑Kinnor). Die L. ist schon in sumerischer Zeit (3. Jahrtausend v.Chr.) als Stand- und als Trag-L. belegt; eine hervorragende Rolle spielte sie im alten Ägypten und in der griechischen Antike. Nicht zur Familie der L. gehört die ↑Drehleier.

Leierkasten: ↑Drehorgel.

Leis [gekürzt aus Kyrieleis] (Leise): geistliches Refrainlied des Mittelalters, das v.a. im deutschen, aber auch im slawischen Sprachraum verbreitet war. Allgemein handelt es sich dabei um ein volkssprachliches Strophenlied, das aus der Litanei hervorgegangen ist und deren einzelne Strophen jeweils mit dem Ruf »Kyrieleis« abgeschlossen werden. Bekannte Beispiele sind der Oster-L. »Christ ist erstanden« (12. Jh.) und der Pfingst-L. »Nun bitten wir den heiligen Geist« (12. Jh.).

leiter|eigen: bezeichnet Töne, die zur Tonleiter der jeweils vorgeschriebenen Grundtonart eines Musikstückes gehören, nicht aber die durch chromatische Veränderung gebildeten **leiterfremden** Töne.

Leitmotiv: ein meist kürzeres, charakteristisches Tongebilde, das in wortgebundener Musik (v. a. in der Oper) oder programmatischer Instrumentalmusik häufiger wiederkehrt und assoziativ einen bestimmten poetischen Sinngehalt, z. B. eine Person, einen Gegenstand, eine Idee oder ein Gefühl, symbolisieren soll. Der von F. W. JÄHNS (»Carl Maria von Weber in seinen Werken«, 1871) eingeführte Begriff L. wurde durch die Analysen H. VON WOLZOGENS von zentraler Bedeutung für das Werk R. WAGNERS, dessen Musikdramen als dichte Gewebe prägnanter melodischer, rhythmischer oder harmonischer Grundgestalten komponiert sind und WAGNER, der den Begriff L. selbst nicht verwendete, dazu dienten, in Abkehr von der Nummernoper eine freie, das Geschehen illustrierende sinfonische Klangsprache zu entwickeln. Die L.-Technik ist vorgebildet durch Erinnerungsmotive in Opern der Wiener Klassik (W. A. MOZART), der französischen Schule (A. E. M. GRÉTRY, E. N. MÉHUL) und der deutschen Romantik (L. SPOHR, E. T. A. HOFFMANN, H. MARSCHNER) sowie durch die als Leitmelodie die Programmmusik seit H. BERLIOZ durchziehende »Idée fixe«. Das L. spielt in der Oper nach WAGNER weiterhin eine große Rolle (R. STRAUSS), ist aber oftmals nicht mehr unmittelbar identifizierbar (C. DEBUSSY, L. JANÁČEK, A. BERG). L.-Techniken meist rein plakativer Art finden sich auch in der Filmmusik.

Leitton: ein Ton, der aufgrund seiner Stellung im Satzgefüge und in der herrschenden Tonart stark zum Weiterschreiten um einen Halbtonschritt nach oben (oder unten) drängt, so v. a. die siebte Stufe der Dur- oder der melodischen Molltonleiter, die zur Grundstufe, der Tonika, weiterführt. Die Bewegungstendenz dieses L. wirkt sich v. a. in der ↑Kadenz aus. Im weiteren Sinn erzeugt jede chromatische Erhöhung einen aufwärts gerichteten, jede chromatische Erniedrigung einen abwärts gerichteten L. (in C-Dur drängt cis nach d, as nach g). Beim **Doppelleittonklang** wird einer der Akkordtöne sowohl durch seinen oberen als auch unteren L. ersetzt (in G-Dur g durch fis und as). Im 19. Jh. wurden durch die zunehmende Verwendung mehrerer L. in einem Akkord die Auflösungstendenzen mehrdeutig und richtungsfrei. In der Neuen Musik des 20. Jh. hat der L. seine Bedeutung für die Stiftung musikalischer Zusammenhänge weitgehend verloren.

Leittonwechselklang: von dem Musiktheoretiker H. RIEMANN geprägter Begriff, heute als Gegenklang (oder Gegenparallele) bezeichnet. Z. B. heißt der L. in C-Dur e–g–h, weil in ihm der Grundton (c) durch den Leitton (h) ersetzt (ausgewechselt) ist.

Lektion [lateinisch »Lesung«]: die nach dem Beispiel der synagogalen Praxis in den christlichen Gottesdienst übernommene Schriftlesung. Die musikalische Gestaltung der L. erfolgt im Lektionston.

Lektionston: Bezeichnung für die musikalische Gestaltung der Lektionen im christlichen Gottesdienst. Dieser zur feierlichen Gestaltung in den musikalischen Bereich gehobene Leseton ist charakterisiert durch die Verwendung rezitativischer Formeln und die melodische Unterscheidung von Halb- und Ganzschlüssen.

lentando [italienisch] (lentato): langsamer werdend, zögernd.

lentement [lãt'mã; französisch]: langsam.

lento [italienisch]: langsam, etwa zwischen largo und adagio zu spielen; l. assai, sehr langsam, schleppend.

Leslie-Effekt®: Klangveränderung, die entsteht, wenn Lautsprecher rotieren, sodass sich aufgrund des ↑Doppler-Effekts die Frequenzen periodisch verändern. Bei 12–16 Umdrehungen pro Sekunde entsteht ein schwirrender Klang. Ein spezielles Gerät findet man häufig in Kombination mit der ↑Hammondorgel.

Lesung: ↑Lektion.

l. H.: Abk. für **l**inke **H**and (beim Spiel auf Tasteninstrumenten).

Liber gradualis [lateinisch]: Bezeichnung für das liturgische Buch mit den Gesängen der römisch-katholischen Messe, das ↑Graduale.

Liber usualis [lateinisch »dem Gebrauch dienendes Buch«]: ein erstmals 1895 von den Benediktinern von Solesmes zusammengestelltes, nicht offiziell liturgisches Buch, in dem Teile des Graduale und des Antiphonale zusammengestellt sind, dazu auch Gebete und Lesungen von Sonn- und Festtagen.

Libretto [italienisch »kleines Buch«]: das Textbuch bzw. der Text selbst zu musikalisch-szenischen Werken, v.a. zu Opern, Operetten, Singspielen und Musicals. Der Operndichtung widmeten sich früh schon Dichter wie M. OPITZ, P. CORNEILLE, J. RACINE, J.-J. ROUSSEAU. Vornehmlich als Librettisten ragen vom Ende des 16. Jh. bis zum 18. Jh. heraus: O. RINUCCINI, P. QUINAULT und v. a. P. METASTASIO, dessen L.-Schema (dreiteiliges Intrigenstück um idealisierte antike Gestalten) der Opera seria im 18. Jh. zugrunde lag. Den barocken Schematismus überwand R. DE CALZABIGI in seinen für C. W. GLUCK geschriebenen L. Während die L. von C. GOLDONI und L. DA PONTE durch ein Nebeneinander von Buffogestalten und ernsten Rollen gekennzeichnet waren, nahm v. a. in Frankreich nach dem ↑Buffonistenstreit die komische Oper eine eigene Entwicklung. E. SCRIBE schuf die L.-Form für die große Oper des 19. Jh. (Handlungsreichtum, tragischer Stoff). Neue Impulse erhielt sie durch A. BOITO und v. a. durch R. WAGNER, der in seinen Musikdramen die künstlerische Einheit von Musik und Dichtung (↑Gesamtkunstwerk) anstrebte. Mit dem Ziel einer gegenseitigen Durchdringung von Musik und Text haben viele Komponisten ihre Opern-L. selbst verfasst oder literarische Vorlagen verarbeitet (A. LORTZING, P. CORNELIUS, P. HINDEMITH, C. ORFF, W. EGK, E. KRENEK, A. BERG). Als beispielhaft gilt die Zusammenarbeit zwischen R. STRAUSS und H. VON HOFMANNSTHAL. Die Tendenz zur Literarisierung der L. ist typisch für das moderne Musiktheater, das oft von literarischen Vorlagen ausgeht.

Licenza [li'tʃɛntsa; italienisch »Erlaubnis«]:
- *Satztechnik:* im Barock die gegenüber den Gesetzen des Kontrapunkts freiere Durchführung eines Satzes.
- *Oper:* im 17. und 18. Jh. ein meist zusätzlich komponierter, i. d. R. aus Rezitativ und Arie bestehender Schlussteil (Epilog), mit dem eine hohe Persönlichkeit im Publikum geehrt wurde.

Liebesfuß: bei Blasinstrumenten mit Rohrblatt ein birnen- oder kugelförmiges Schallstück mit kleiner Öffnung, das einen weichen, gedämpften Klang ergibt. Der L. findet sich bei Instrumenten des 18. Jh. (Oboe d'Amore, Oboe da Caccia) und auch beim modernen ↑Englischhorn und ↑Heckelphon.

Lied: eine Kunstgattung, an der Sprache und Musik gleichermaßen Anteil haben. Als Gedicht ist das L. zum Singen bestimmt, als Melodie zeigt es seine Nähe zur Sprache durch seine von dort übernommene einfache und meist periodische Gliederung (gereimte Strophen). Im engeren Sinn wird mit dem Begriff das deutsche L. bezeichnet. Musikgeschichtlich unterscheidet man **Strophen-L.**, bei denen alle Textstrophen auf die gleiche Melodie gesungen werden, und **durchkomponierte L.**, bei denen jeder Textstrophe eine neue Melodie bzw. neue Begleitung zugeordnet wird. Text und Melodie des **Volks-L.** mit seinen vielen Sonderformen sind oft unbekannter Herkunft. Es wird vom **Kunst-L.** als künstlerisch anspruchsvollem Sologesang mit engem Wort-Ton-Verhältnis und oft komplexer Form unterschieden. Unter dem Einfluss der Reformation entstand das deutsche **Kirchen-L.** als einstimmiger Gesang der Gemeinde.

Das L. entwickelte sich im Anschluss an die lateinischen Strophendichtungen (↑Hymne, ↑Sequenz). ↑Troubadours und ↑Trouvères, ↑Minnesang und ↑Meistersang zeigen die reiche Entfaltung einstimmiger L.-Kunst über mehrere Jahrhunderte. Die Geschichte des deutschen mehrstimmigen L. beginnt nach Ansätzen bei OSWALD VON WOLKENSTEIN mit schlichten dreistimmigen Sätzen, aufgezeichnet in den Liederhandschriften des 15. Jh., und wird fortgesetzt durch das kunstvollere Tenor-L. (H. ISAAC, P. VON HOFHAIMER, L. SENFL). Gegen Ende des 16. Jh. wurde der L.-Satz unter italienischem Einfluss (↑Villanelle, ↑Kanzonette) durch Verlagerung der Melodie in die Oberstimme und akkordische Harmonik geprägt. Dies führte zum instrumental begleiteten Solo-L. (nach Art der Begleitung z. B. als Lauten- oder Generalbass-L. bezeichnet; J. DOWLAND, H. ALBERT, A. KRIEGER). Das einfache L. trat im Laufe des 17. Jh. aber mehr und mehr zurück und stand v. a. im 18. Jh. im Schatten der Opernarie bzw. nahm selbst ariose Züge an. Erst in der zweiten Hälfte des 18. Jh. kam es zu wesentlichen Neuansätzen durch die erste und namentlich die zweite Berliner Liederschule (↑Berliner Schule). Einfachheit, Volkstümlichkeit und echter Gefühlsgehalt ihrer Kompositionen bereiteten den Boden für eine stärkere Schätzung des L. Gleichzeitig wandelte sich die starre Generalbassbegleitung zum selbstständigeren Klaviersatz. Während in der Wiener Klassik das L.-Schaffen nur eine Randerscheinung darstellte, wurde das klavierbegleitete Kunst-L., auch als L.-Zyklus, v. a. durch F. SCHUBERT zu einem ersten Höhepunkt und einem Reichtum an Gestaltungsmöglichkeiten geführt, die es lange Zeit zu einer der führenden musikalischen Gattungen werden ließen. Poetisch gehobene Deklamation der Singstimme, Nachzeichnung und eigenständige Deutung des Gedichts, v. a. auch durch einen stimmungsvoll charakterisierenden Klavierpart, sowie Fülle und Neuheit der verwendeten Formen sind die Kennzeichen der L.-Komposition im 19. Jh. Bedeutende Komponisten nach SCHUBERT waren zunächst C. LOEWE, F. MENDELSSOHN BARTHOLDY, R. SCHUMANN und J. BRAHMS, zum Jahrhundertende hin H. WOLF, H. PFITZNER, R. STRAUSS und G. MAHLER, die beiden Letzteren auch für die Gattung des Orchester-L. Daneben hatte namentlich im 19. Jh. die am Kunst-L. orientierte Gattung auch erheblichen Einfluss auf die Instrumentalmusik, besonders unter den Charakterstücken für Klavier (L. ohne Worte). Innerhalb der nationalen Schulen ragten in Russland im 19. Jh. M. MUSSORGSKIJ, in Frankreich um die Jahrhundertwende G. FAURÉ, C. DEBUSSY, M. RAVEL und H. DUPARC als L.-Komponisten hervor. Auch in der ersten Hälfte des 20. Jh., zumal in atonaler Kompositionsweise, entstanden noch eine Reihe bedeutender L. und L.-Zyklen (A. SCHÖNBERG, A. BERG, A. WEBERN, P. HINDEMITH, E. KRENEK, H. EISLER). Seit den 1980er-Jahren lässt sich eine erneute Zuwendung zum klavier- oder orchesterbegleiteten L. feststellen (W. KILLMAYER, A. REIMANN, G. BIALAS, W. RIHM, M. TROJAHN).

Liedermacher: Mitte der 1960er-Jahre aufgekommene, heute eher veraltete Bezeichnung für Musiker, die Lieder häufig aktuellen, zeit- und sozialkritischen Inhalts (↑Protestsong) selbst verfassen, komponieren, arrangieren und meist zur Gitarre vortragen. Der Begriff wurde zuerst von W. BIERMANN in Anlehnung an B. BRECHTS Terminus des »Stückeschreibers« verwendet.

Lieder ohne Worte: Sammlung von Klavierstücken von F. Mendelssohn Bartholdy, acht Hefte zu je sechs L. o. W. (1829–45); danach auch Bezeichnung für kürzere, liedartige, dem Charakterstück zugehörige Instrumentalstücke, v. a. für Klavier.

Liederzyklus: kolorierter Holzstich zu dem Lied »Tränenreigen« aus Franz Schuberts Liederzyklus »Die schöne Müllerin« (1877/78).

Liederzyklus: eine Reihe zusammengehöriger Lieder, entweder thematisch geschlossen oder auch nur in lockerer Form verknüpft; zum ersten Typus gehören etwa F. Schuberts L. »Die schöne Müllerin« und »Die Winterreise«, R. Schumanns »Frauenliebe und -leben«; zum zweiten H. Wolfs »Italienisches« und »Spanisches Liederbuch«.

Liedform: von dem Musiktheoretiker A. B. Marx (1839) eingeführte Bezeichnung für von Lied und Tanz abgeleitete, meist kleinere und periodisch geschlossene Instrumentalformen. Bei der zweiteiligen L. (:A:∥:B:) führt der 1. Teil aus der Grundtonart in die Dominante (oder Paralleltonart), der 2. Teil zurück in die Grundtonart. Die L. im engeren Sinn ist dreiteilig (:A:∥:BA:) mit der Wiederkehr des Anfangs nach einem in Tonart und Charakter abweichenden Mittelteil. Durch mehrfache Dreiteilung entsteht die zusammengesetzte L.: A(:a:∥:ba:) B(:c:∥:de:) A(:a:∥:ba:), z. B. beim Menuett mit Trio.

ligato [italienisch]: ↑legato.

Ligatur [von lateinisch ligatura »Band«]: in der ↑Modalnotation und in der ↑Mensuralnotation des Mittelalters Bezeichnung für die Verbindung mehrerer Noten zu einem zusammenfassenden Zeichen bzw. dieses Zeichen selbst, wodurch zugleich die Tonhöhe wie die Geltungsdauer (rhythmischer Wert) der Tonfolge angezeigt werden. – In der heutigen Notenschrift wird das Binden zweier Noten gleicher Tonhöhe durch einen Haltebogen als L. bezeichnet.

Limiter [ˈlɪmɪtə(r); englisch »Begrenzer«]: ein elektronisches ↑Effektgerät, mit dem sich die Dynamik eines Klangsignals nach oben hin begrenzen lässt, etwa um Verzerrungen vorzubeugen.

Lingualpfeife (Zungenpfeife): die in der Orgel nach der ↑Labialpfeife am häufigsten verwendete Art von Pfeifen. Der durch die Fußlochbohrung in den konischen Stiefel einströmende Orgelwind setzt eine (meist aufschlagende) Zunge, ein elastisches Metallblättchen, in Schwingungen, wodurch die Luftsäule im Aufsatz (Becher, Resonator) zum Mitschwingen angeregt wird. Die Tonhöhe ergibt sich aus der Länge der Zunge, die Klangfarbe v. a. aus der Gestalt des Aufsatzes.

Liniensystem: in der musikalischen ↑Notenschrift die Anordnung von fünf parallelen Querlinien, die – von unten nach oben gezählt – das Gerüst für die Eintragung der Noten bilden. Die Noten werden auf die Linien und in die Zwischenräume gesetzt. Erstmals finden sich Linien in den Musikhandschriften des 9. Jh.; das heute gebräuchliche L. schuf im 11. Jh. GUIDO VON AREZZO. In der älteren Zeit kam man mit drei bis vier Linien aus, später wurde die Zahl gelegentlich auf sieben bis acht vermehrt. In der Vokalpolyphonie setzte sich nach einer in den Anfängen schwankenden Linienzahl das Fünf-L. je Stimme durch (mit Hilfslinien über und unter dem System), während für die Partituren noch im 16. Jh. zumeist zehn Linien in ein System zusammengezogen wurden.

Lippenpfeife: ↑Labialpfeife.

Liqueszenz [von lateinisch liquescens »fließend werden«]: im Vortrag des gregorianischen Chorals die Verschleifung bestimmter Laute (z. B. der Doppellaute au, ei, eu), die in der Notation als ein mit der Hauptneume verbundener (Cophalicus, Epiphonus) oder hinzugefügter runder Haken dargestellt wird.

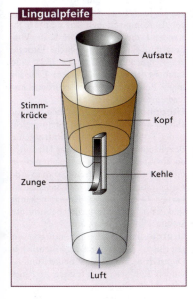

Lingualpfeife

Lira [italienisch von Lyra]: aus der mittelalterlichen ↑Fiedel hervorgegangenes Streichinstrument der Renaissance, das in verschiedenen Größen und Stimmungen gebaut wurde. Die L. war meist das Begleitinstrument zu Sologesängen. Als Grundtyp gilt die **L. da Braccio,** das Sopraninstrument der L.-Familie, mit 5 Griffsaiten und 2 seitlich abgespreizten Bordunsaiten, herz- oder blattförmigem Wirbelkasten und violinähnlichem Korpus; die Stimmung wird meist mit d und d^1 (Bordunsaiten) $g-g^1-d^1-a^1-e^2$ angegeben. Die **L. da Gamba** (auch **Lirone**), das Bassinstrument der L.-Familie (16. bis Ende 17. Jh.), hatte ein Griffbrett mit Bünden und 9–14 Saiten. Der Musiktheoretiker S. CERRETO gibt für die Stimmung eines elfsaitigen Instruments an: $G-g$ (Bordunsaiten) $-c-c^1-g-d^1-a-e^1-h-fis^1-cis^1$. Die L. da Gamba wurde meist in Kniehaltung gespielt.

l'istesso tempo [italienisch »dasselbe Tempo«] (istesso tempo, lo stesso tempo, medesimo tempo): im gleichen Tempo weiterspielen, auch wenn Taktwechsel (vom geraden zum ungeraden Takt) vorliegt.

Liszt [list], Franz von (seit 1859), ungarischer Komponist und Pianist, *Raiding (Burgenland) 22. 10. 1811, † Bayreuth 31. 7. 1886: L. studierte Klavier u. a. bei C. CZERNY in Wien und unternahm schon sehr früh erste Konzertreisen. In Paris lernte er neben F. CHOPIN auch H. BERLIOZ und N. PAGANINI kennen, zu deren Werken er Klavierbearbeitungen schrieb, die den Übergang zu seinem virtuosen Klavierspiel markieren. Weitere Konzertreisen führten ihn nach Wien, Ungarn, Berlin und Russland. 1842–58 war er Hofkapellmeister in Weimar und wurde zugleich Mittelpunkt eines großen Schülerkreises (P. CORNELIUS, H. VON BÜLOW), deren musikalisch-stilistische Ideen (gegen J. BRAHMS, für R. WAGNER) sich in der ↑neudeutschen Schule artikulierten und durch den von ihm mitbegründeten Allgemeinen Deutschen Musikverein sowie die von R. SCHUMANN redigierte »Neue Zeitschrift für Musik« eine breite Öffentlichkeit fanden. Bis zu seinem Tode wechselte er danach zwischen Rom, wo er 1861

Litanei

die niederen Weihen eines Abbés erhielt, Weimar und Budapest.
L. war der Schöpfer einer neuartigen Klaviermusik, die erstmals durch das Spiel mit Akkorden und Oktaven unterschiedlicher Lage sowie mit Ornamenten, Sprüngen, Doppelgriffen und großräumigen Arpeggien die gesamte Klaviatur ausnutzte und besonders im tonal

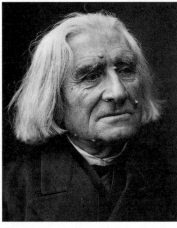

Franz Liszt

bereits aufbrechenden Spätwerk über WAGNER (der 1870 L.s Tochter COSIMA heiratete) und C. DEBUSSY bis ins 20. Jh. hinein wirkte (u. a. zwei Klavierkonzerte, 1839 und 1849; 19 »Ungarische Rhapsodien«, 1847–85; »Années de pèlerinage«, 1848–77; »Consolations«, 1849; Klaviersonate h-moll, 1853; »Mephisto-Walzer«, 1885). Als neue Gattung unter den Orchesterwerken schuf er 13 sinfonische Dichtungen, darunter »Tasso« (1849), »Prometheus« (1850), »Mazeppa« (1854), »Die Ideale« und »Faust-Sinfonie« (beide 1857).

Litanei [zu griechisch líssesthai »bitten«, »flehen«]: in der römisch-katholischen Liturgie ein Flehgebet oder -gesang aus aneinander gereihten Bitten oder Anrufungen des Vorbeters und gleich bleibenden Antworten der Gemeinde. Nach dem Vorbild der **Ektenie** des byzantinischen Gottesdienstes wurde die L. Ende des 5. Jh. in Rom aufgenommen und v. a. bei Bittprozessionen verwendet. Seit ihren Anfängen im 7. Jh. in Rom hat die Allerheiligen-L. bis heute liturgischen Charakter und wurde in die liturgischen Bücher aufgenommen. Vor ihrer endgültigen Fassung durch PIUS V. erfuhr sie häufig z. T. erhebliche Ausweitungen durch Einschübe, die auf besondere Lokalheilige oder lokale Belange Bezug nahmen. Von den darüber hinaus zahlreich verbreiteten Litaneien wurde 1601 von CLEMENS VIII. allein die Lauretanische L. (bezeichnet nach dem Wallfahrtsort Loreto in der italienischen Provinz Ancona) für den öffentlichen und liturgischen Gebrauch gutgeheißen. Sie entstand in der ersten Hälfte des 16. Jh. und geht auf eine Muttergottes-L. des 15. Jh. zurück. Bei den mehrstimmigen L.-Kompositionen seit dem 16. Jh. stand v. a. die Lauretanische L. im Vordergrund. Für die evangelische Liturgie veröffentlichte M. LUTHER 1528 eine Litanei (»latina litania correcta«), die bis heute Bestandteil der lutherischen Gottesdienstordnung ist.

Lithophone [zu griechisch líthos »Stein« und phōnḗ »Laut«] (Steinspiele): in der Systematik der Musikinstrumente Bezeichnung für geschlagene ↑Idiophone aus Stein, v. a. für Steinplattenspiele mit abgestimmten, horizontal oder vertikal befestigten Platten, wie sie z. B. im Fernen Osten (China, Korea) bekannt sind, aber auch für nicht abgestimmte Steinrasseln und -klappern.

Liturgie [kirchenlateinisch liturgia, von griechisch leitourgía »öffentlicher Dienst«]: in einem allgemeinen umfassenden Sinn der durch festgelegte Riten oder durch einen Brauch geregelte gemeinschaftliche öffentliche Gottesdienst. In der römisch-katholischen Kirche wird die L. vollzogen in der Feier der Messe und der Sakramente, in der Wortverkündung und im Offizium (Stundengebet). Die lutherische Kirche baute ihre L.

weitgehend auf den Formen der mittelalterlichen Traditionen auf.
liturgisches Drama: ↑geistliches Drama.
Lituus [lateinisch]: römisch-etruskisches Blechblasinstrument mit Kesselmundstück, gerader Röhre und abgebogenem, leicht konischem Schalltrichter. Der bis zu 1,60 m lange L. wurde als Signalinstrument beim Militär, aber auch in kultischen Prozessionen verwendet. Vom 16. bis 18. Jh. gebrauchte man den Namen L. für verschiedene Blasinstrumente (u. a. Horn, Krummhorn, Trompete, Zink).
Liuto ['lɪuto; italienisch]: ↑Laute.
Liveelektronik ['laɪf-; englisch]: im weiteren Sinne jede Art der akustischen Realisation von Musik, bei der den verwendeten elektronischen Übertragungs-, Steuer- und Effektgeräten ein substanzieller Anteil am Klangergebnis zukommt (z. B. auch in Liverockkonzerten); im engeren Sinne bezeichnet L. ab Mitte der 1960er-Jahre einen Bereich der ↑elektronischen Musik, bei der die Klangproduktion aus dem Studio unmittelbar in den Konzertsaal verlagert wird und Werke entstehen, die auf eine enge kompositorische Verknüpfung von konkretem Klangmaterial (Stimme, Instrumente) und elektronischem Klangmaterial wie Sinustönen, Kurzwellenempfänger usw. abzielen (z. B. K. STOCKHAUSEN, »Mixtur«, 1964; »Mikrophonie II«, 1965; »Mantra«, 1965). Ein wesentliches Ziel der L. war von Anbeginn an die Einbeziehung des Raumes als eines (neuen) musikalischen Parameters, u. a. mithilfe speziell entwickelter Lautsprechersysteme (Kugelraum, Rotationstisch). Ab den 1970er-Jahren haben ↑Synthesizer und Computer durch neuartige Realisationsmöglichkeiten auch komplexerer musikalischer Prozesse die L. nachhaltig beeinflusst.
Lobetanz: ↑Kuhreigen.
Locked-Hand-Style ['lɒkthændstaɪl; englisch locked hand »gefesselte Hand«]: in den 1940er-Jahren von Jazzpianisten kreierte Technik, mit beiden Händen parallel zur melodischen Linie gleichzeitige Akkorde (Blockakkorde) anzuschlagen. G. SHEARING schuf damit später seinen typisch coolen Sound.
loco [italienisch »an seinem Platz«]: nach vorangegangenem ↑all'ottava die Vorschrift, wieder ohne Oktavversetzung zu spielen; für Streichinstrumente nach vorgeschriebenem Spiel auf einer bestimmten Saite (z. B. »sul G«) der Hinweis, wieder in der normalen Lage zu spielen.
Loftjazz ['lɔftdʒæz; von englisch loft »Dachboden«, »Speicher«, »Lagerhaus«]: Bezeichnung für eine New Yorker Strömung des Free Jazz, die Mitte der 1970er-Jahre ihren Höhepunkt hatte; sie verdankt ihren Namen weniger immanent musikalischen Kriterien als vielmehr sozialen Aspekten wie etwa den Räumlichkeiten (ganze Stockwerke New Yorker Lagerhäuser), in denen der L. von den Musikern gespielt wurde.
lokrischer Kirchenton: auf dem Grundton h stehende ↑Kirchentonart.
lombardischer Rhythmus (lombardischer Geschmack): eine Folge von punktierten Figuren im Verhältnis 1:3, bei denen der kürzere Wert vor dem längeren steht, z. B. ♫. ♫. ; beliebt in der Verzierungspraxis seit dem späten 16. Jh. sowie auch in der schottischen, ungarischen und slawischen Volksmusik.
Longa [mittellateinisch longa (nota) »lange (Note)«]: zweitlängster Notenwert der ↑Mensuralnotation, bis zum 15. Jh. ¶, danach ¶, heute ¶ geschrieben.
Longway ['lɔŋweɪ; englisch »langer Weg«]: eine der zwei Grundformen des ↑Contredanse.
Loo-Jon [indianisch] (Lujon): ein neu entwickeltes Bassmetallophon, bestehend aus einem schmalen, hohen und oben offenen Schallkasten aus Holz, der in Resonanzräume aufgeteilt ist und über jedem Resonanzraum ein dünnes, quadratisches Metallplättchen besitzt. Das L.-J. wird mit Schlägeln gespielt; sein

Ton ist verhalten und wenig durchdringend.

lo stesso tempo: ↑l'istesso tempo.

Loure [luːr; französisch]:
- *Instrumentenkunde:* seit dem 13. Jh. nachweisbare und v. a. im 16. und 17. Jh. in Frankreich (Normandie) gebräuchliche Art der Sackpfeife.
- *Tanz:* ein Tanz ländlichen Charakters in mäßigem ⁶/₄-Takt mit zweihebigem Auftakt. Die L. wurde seit etwa 1690 am französischen Hof beliebt und v. a. in Opern und Balletten getanzt. Von dort fand sie Eingang in die französische Suite (z. B. J. S. BACH, Französische Suite Nr. 5, BWV 816).

lugubre [italienisch]: klagend, traurig.

Lullaby [ˈlʌləbaɪ; zu englisch to lull »einlullen«]: englische Bezeichnung für Wiegenlieder oder für deren Refrains v. a. des 15./16. Jh.; formal und entstehungsgeschichtlich meist den ↑Carols zugerechnet.

Lully [lyˈli], Jean-Baptiste, eigentlich **Giovanni Battista Lulli**, französischer Komponist italienischer Herkunft, *Florenz 28. 11. 1632, † Paris 22. 3. 1687: Kein anderer hat die französische Musik des 17. und 18. Jh. so geprägt wie L. Ab 1646 in Paris, trat er 1653 zusammen mit dem 14-jährigen König LUDWIG XIV. als Tänzer hervor und wurde im gleichen Jahr zum Königlichen Komponisten der Instrumentalmusik ernannt. 1656 gründete er ein eigenes Orchester (»Petits

Lure

Jean-Baptiste Lully

violons«), das durch eine bis dahin unerreichte technische Perfektion (gleicher Bogenstrich, sorgfältige Ornamentik) Schule machte. Mit dem 1672 an L. vergebenen königlichen Privileg zur Gründung einer »Académie Royale de Musique« (der späteren »Opéra«) wurde er zum uneingeschränkten Herrscher der Pariser Opernwelt.

Gemeinsam mit seinen Librettisten (u. a. MOLIÈRE, P. QUINAULT) schuf L. neben der Reform des höfischen Balletts (Ballet de Cour) sowie der Comédie-ballet v. a. mit der Tragédie lyrique jenen neuen Typ der französischen Oper (mit Ouvertüre, durchgesungenem Text und durchkomponierter Musik), wie er für mehr als ein Jahrhundert verbindlich werden sollte. L.s Opern (u. a. »Alceste«, 1674; »Acis et Galatée«, 1686) haben sich über 80 Jahre im französischen Repertoire gehalten. Indem er Teile daraus zu einer Orchestersuite zusammenstellte, entwickelte er eine Gattung, die noch für J. S. BACH maßgebend war.

Lure [nordisch]: ein zur Familie des Horns gehörendes Blasinstrument aus Bronze, das im Nordischen Kreis der jüngeren Bronzezeit (12.–7. Jh. v. Chr.; Funde aus Moordeponien in Dänemark und Südschweden) belegt ist und vermutlich öffentlichen kultischen Zwecken diente. Die L. besteht aus einem verdreht s-förmig gewundenen Rohr von 2–3 m Länge, das aus mehreren gegossenen Teilen zusammengesetzt ist und meist mit einem flachen Zierteller endet. Das Mundstück ist konisch oder kesselförmig. Der Klang noch spielbarer Instrumente ist posaunenartig, doch ist für die alte Zeit wohl ein rauerer Ton anzunehmen. Der Umfang reicht bis zum 12. Naturton. Über die Spielweise wurden zahlreiche Vermutungen angestellt, u. a. dass zwei oder mehr L. in derselben Stimmung wechselnd vier oder fünf Töne aus dem unteren Bereich der Naturtonreihe spielten, wodurch ein in sich bewegter Klang (wie beim Geläut von Kirchenglocken) entsteht. – In Skandinavien bezeichnete man bis ins 19. Jh. auch Rinden- und Holztrompeten als Luren.

lusingando [italienisch] (lusigante): schmeichelnd, spielerisch.

lydischer Kirchenton: auf dem Grundton f stehende ↑Kirchentonart.

Lyra [griechisch]:
◆ *Zupfinstrument:* ein Musikinstrument der griechischen Antike aus der Familie der Leier, im Unterschied zur ↑Kithara mit schalenförmigem Resonanzkörper, der ursprünglich aus einem Schildkrötenpanzer oder Tierschädel bestand und später durch Nachbildungen aus Holz ersetzt wurde. Die Jocharme waren geschwungen oder gerade und liefen durch die Decke aus Tierfell ins Innere der Schale. Die Saiten aus Darm (anfänglich drei oder vier, später meist sieben, teilweise acht oder mehr) wurden am überstehenden Querjoch auf Wülsten befestigt und über einen Steg auf der Decke zu einem Saitenhalter gespannt. Gespielt wurde im Sitzen; seit 600 v. Chr. ist das Spiel mit Plektron belegt. Die L. ist ikonographisch auf Vasenmalereien seit dem 7. Jh. v. Chr. belegt; sie ist das Instrument der privilegierten Schicht und Attribut der Dichter und Sänger. Bei den Römern wurde sie von der klangstärkeren Kithara verdrängt. Die Erinnerung an ihre einst hohe Bedeutung lebte im Mittelalter und noch später fort, u. a. in der Übertragung ihres Namens auf verschiedene Saiteninstrumente (z. B. die ↑Lira). Darüber hinaus wurde sie zu einem allgemeinen Symbol für Musik.

◆ *Streichinstrument:* Bezeichnung für ein volkstümliches Streichinstrument in Griechenland, Bulgarien und Dalmatien mit birnenförmigem Korpus und unmittelbar angesetzter Wirbelplatte. Die drei oder vier über einen flachen Steg laufenden Saiten werden mit den Fingernägeln gegriffen und z. T. gleichzeitig gestrichen, wobei von der mittleren Saite oft ein Bordun erklingt. Das Instrument wird aufrecht auf dem Knie gehalten.

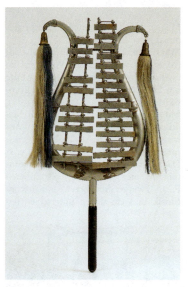

Lyra

◆ *Schlaginstrument:* in Militärkapellen ein Schlaginstrument mit lyraförmigem Rahmen und ein oder zwei Reihen diatonisch oder chromatisch angeordneter Stahlplättchen, die mit Hämmerchen angeschlagen werden.

◆ *Klavierbau:* Bezeichnung für das lyraförmige Pedalgestell beim Flügel.

Lyraflügel: um 1820 von J. C. SCHLEIP in Berlin konstruiertes aufrechtes Hammerklavier in Form einer überdimensionalen klassizistischen Lyra mit nach außen geschwungenen Jocharmen. Der Saitenbezug des L. verläuft schräg von links unten nach rechts oben.

Lyragitarre: Ende des 18. Jh. in Frankreich entstandener Gitarrentypus mit einem lyraförmig verlängerten Korpus, dessen Jocharme oben mit einer Querstange verbunden waren. Die L. hatte einen etwas dunkleren Klang als die herkömmliche Gitarre und war ein beliebtes Instrument der Schubertzeit.

M

M (m): Abk. für ↑Manual (in der Orgelmusik) und für ↑mezzo.

Machiche [-ˈtʃitʃe, brasilianisch -ˈʃiʃi] (Maxixe): brasilianischer Volkstanz im raschen, synkopierten $^2/_4$-Takt; wurde um 1900 in den USA, um 1915 in Europa Modetanz.

Madrigal [italienisch] (italienisch Madrigale, Madriale, Mandriale): seit Anfang des 14. Jh. in Italien bezeugte volkssprachliche Gattung gesungener Lyrik. Das M. war von vornherein mehrstimmig mit einer vom Text her geschaffenen Form (zwei bis drei Terzette mit gleicher Musik und ein davon unterschiedenes Schlussritornell) und reicher Melismatik der Oberstimme. Hauptvertreter sind IACOPO DA BOLOGNA und F. LANDINI. Das M. des 16. und 17. Jh. wurde unter dem Einfluss des kunstvollen französischen Chanson v. a. von flämischen Komponisten zur wichtigsten Gattung der weltlichen Vokalpolyphonie entwickelt. Es ist vier- oder mehrstimmig und strebt nach reicher harmonischer Ausgestaltung und tonmalerischen Klangeffekten (»Madrigalismen«). Vertont wurden v. a. Texte von F. PETRARCA, P. BEMBO, L. ARIOSTO, G. B. GUARINI und T. TASSO. Über die flämischen Komponisten A. WILLAERT, J. ARCADELT und P. VERDELOT kam diese M.-Kunst nach Italien, wo sie v. a. von A. GABRIELI, C. DE RORE, L. MARENZIO, Don C. GESUALDO und C. MONTEVERDI zu einer neuartigen Ausdruckskunst entwickelt wurde. Bedeutende Madrigalisten des 16. und frühen 17. Jh. waren in Frankreich C. JANEQUIN, in Deutschland J. GALLUS, L. LECHNER, H. L. HASSLER und H. SCHÜTZ, in England W. BYRD, T. MORLEY und J. WILBYE. PALESTRINA und O. DI LASSO komponierten auch geistliche M. Im 20. Jh. wurde die ursprünglich solistische Vokalmusik der M. als Chormusik gepflegt.

maestoso [italienisch]: majestätisch, feierlich, würdevoll; häufig verbunden mit Tempobezeichnungen wie **allegro m.**, **lento maestoso**.

Maestro [italienisch, von lateinisch magister »Lehrer«, »Leiter«, »Meister«]: Meister, Künstler; in Italien inoffizieller Titel für Komponisten, Dirigenten, Lehrer an Konservatorien.

maggiore [madˈdʒoːre; italienisch »größer«, »mit der größeren Terz«] (französisch majeur, englisch major): Bezeichnung für Dur, Durakkord, Durtonart (Gegensatz ↑minore). – Als Satzüberschrift zeigt **Maggiore** den Durteil (oft das Trio) eines in einer Molltonart stehenden Stückes (z. B. Marsch, Tanz, Rondo) an.

Magnificat [lateinisch]: neutestamentli-

Madrigal: Madrigalensemble (um 1640)

cher Lobgesang (Canticum), den MARIA, die Mutter JESU, nach Lukas 1,46–55 anlässlich ihres Besuches bei ELISABETH gesprochen hat; benannt nach dem ersten Wort der lateinischen Übersetzung des Textes (Magnificat anima mea Dominum »Meine Seele preist den Herrn«). In der lateinischen Liturgie bildet es den Höhepunkt der Vesper. Für die abendländische Musikgeschichte wurden seine mehrstimmigen Vertonungen bedeutsam (G. DUFAY, O. DI LASSO, PALESTRINA), manchmal zwischen einstimmigem Choral und mehrstimmigem Chorsatz wechselnd (JOSQUIN DESPREZ, ADAM VON FULDA) oder zu Kantaten erweitert (J. S. BACH).

Mahler, Gustav, österreichischer Komponist und Dirigent, *Kalischt (Böhmen) 7.7. 1860, † Wien 18.5. 1911: M. war u.a. Schüler von A. BRUCKNER und wurde nach zahlreichen Stationen als Kapellmeister sowie Gastdirigaten auch im Ausland 1897 zunächst Kapellmeister, dann Direktor der Wiener Hofoper, die er u.a. durch seine Orchesterdisziplin und die strenge Werktreue seiner Interpretationen auf eine bis dahin nicht erreichte Höhe führte; daneben war er 1898–1901 auch Leiter der Wiener Philharmoniker. Zusammen mit dem Maler und Bühnenbildner A. ROLLER erzielte er durch eine neuartige Einheit von Inszenierung, Dekoration und musikalischer Ausdeutung eine grundlegende Reform der szenischen Präsentation. Nach seiner Kündigung 1907 wurde M. im gleichen Jahr Gastdirigent der New Yorker Metropolitan Opera und 1909 Leiter der Philharmonic Society.

M.s kompositorisches Schaffen, das erst in den 1960er-Jahren wieder entdeckt wurde, konzentriert sich auf die Gattungen Sinfonie und Lied bzw. Chorwerke, wobei die meisten Lieder in Fassungen für Klavier und für Orchester vorliegen (»Das klagende Lied«, 1880; »Lieder eines fahrenden Gesellen«, 1885; »Kindertotenlieder«, 1904). Auch in vielen seiner insgesamt neun Sinfonien, denen er z. T. programmatische Erläuterungen vorausschickte, hat er Lieder eingefügt, wobei die groß angelegte Einbeziehung vokaler Partien v. a. in der 8. Sinfonie (»Sinfonie der Tausend«, 1906, mit dem Hymnus »Veni, Creator Spiritus« und der Schlussszene aus J. W. VON GOETHES »Faust II«) oder in »Das Lied von der Erde« (1909) auf das Vorbild L. VAN BEETHOVENS verweist. M. weitete die Sinfonik bis zur Siebensätzigkeit aus. Dabei scheute er sich als ein Komponist, der die »Welt« musikalisch benennen wollte, auch nicht vor zitathaften, bis zu Banalität oder Pathos reichenden musikalischen Floskeln, die allerdings als Kontraste zu hochdramatischen Abschnitten

Gustav Mahler

oft nur von scheinbarer »Naivität« sind. Seine Harmonik, die bis an die Grenzen der Atonalität vorstieß, weist ihn als einen Komponisten der Übergangszeit zwischen Romantik und Avantgarde aus, der besonders auf die Schule A. SCHÖNBERGS und erneut ab den 1970er-Jahren auf die neue Ausdrucksmusik (z.B. W. RIHM) großen Einfluss hatte.

Mailänder Gesang: ↑ambrosianischer Gesang.

Mainstream ['meɪnstriːm; englisch

»Hauptstrom«]: in den 1950er-Jahren geprägter Begriff für Gestaltungsprinzipien von Musikern im Jazz, die stilistisch einer einzelnen Richtung nicht eindeutig zugeordnet werden können und die »zeitlosen« Elemente des Jazz (Improvisation) repräsentieren, ohne sich neueren Tendenzen zu verschließen.

majeur [ma'ʒøːr; französisch]: ↑maggiore.

major ['meɪdʒə; englisch]: ↑maggiore.

Makam: ↑Maqam.

Malagueña [mala'gɛɲa; spanisch]: aus der spanischen Provinz Málaga stammendes Tanzlied im Dreiertakt, dessen Melodie über einem ostinaten Bass- und Harmoniegerüst improvisiert wird.

Mambo [wohl kreolisch]: ursprüngliche Bezeichnung für die Polymetrik der afrokubanischen Tanzmusik; danach lateinamerikanischer Tanz in mäßig schnellem ⁴/₄-Takt. Der M., um 1940 auf Kuba entwickelt, erhielt seine Ausprägung unter dem Einfluss von Swing und Rumba und gelangte nach dem Zweiten Weltkrieg in den afrokubanischen Jazz; nach 1950 in Europa Modetanz, dann vom Cha-Cha-Cha abgelöst.

mancando [italienisch] (mancante): abnehmend, hinschwindend; wie ↑calando.

Mandola [italienisch]: ein Lauteninstrument des 12.–17. Jh. (↑Mandora); auch Bezeichnung für die ↑Mandoline in Tenorlage.

Mandoline

Mandoline [italienisch, Verkleinerung von Mandola]: ein Zupfinstrument des Lautentyps mit einem bauchigen, halb birnenförmigen und aus schmalen Spänen zusammengesetzten Schallkörper, einem kurzen Hals mit Bünden sowie einer nach hinten schwach abgeknickten Wirbelplatte mit hinterständigen Schraubwirbeln. Die Decke hat ein offenes, meist mit Intarsien verziertes Schallloch. Die vier Doppelsaiten aus Metall in der Stimmung g–d^1–a^1–e^2 sind am unteren Rand des Schallkörpers befestigt und werden mit einem Plektron gespielt. Durch schnelles Hin- und Herbewegen des Plektrons über die Saiten entsteht der charakteristisch helle, rauschende Tremoloklang. Die M. ist wahrscheinlich aus der ↑Mandora hervorgegangen. Als **neapolitanische M.** kam sie um die Mitte des 17. Jh. in Italien auf, entwickelte sich in zahlreichen lokalen Varianten zum italienischen Nationalinstrument und verbreitete sich später in Europa. Neben der traditionellen M. in Sopranlage wurden seit dem ausgehenden 18. Jh. speziell für M.-Orchester auch Piccolo-, Tenor- **(Mandola)** und Bass-M. **(Mandolone)** gebaut.

Mandora [vielleicht umgestaltet aus pandora, über lateinisch pandura von griechisch pandoûra »ein dreisaitiges Musikinstrument«] (Mandola): mittelalterliche Bezeichnung für ein Zupfinstrument der Lautenfamilie, speziell für ein Instrument mit meist 4–5 einzelnen oder doppelten Darmsaiten, das sich von der eigentlichen Laute durch den wesentlich kleineren und flacheren ovalen oder keulenförmigen Resonanzkasten sowie einen sichelförmig gebogenen Wirbelkasten mit seitenständigen Wirbeln unterscheidet. Die M. ist arabischer Herkunft und verbreitete sich im 12.–14. Jh. schnell in Westeuropa. In Spanien wurde sie »guitarra morisca« genannt, später begegnet sie auch unter der Bezeichnung »Quinterne«. Ab dem 16. Jh. wurde der Korpus der M. zur Klangverstärkung der größeren Laute angeglichen. M. PRAETORIUS (1619) nennt sie auch »Pandurina« oder »Mandürichen«. In Frankreich wurde die M. v. a. zum virtuosen Vortrag von Tänzen eingesetzt. Ein Abkömmling der M., der sich bis ins 19. Jh. in Norditalien hielt, war die **Mailänder**

Mandoline mit 6 oder seltener 5 doppelchörigen, später einfachen Darmsaiten (Stimmung: g–h–e^1–a^1–d^2–e^2 [oder g^2] bzw. g –c^1–a^1–d^2–e^2), die ohne Plektron gespielt wurde.

Manier [von mittellateinisch maniera »Art«, »Gewohnheit«]: seit dem ausgehenden 17. Jh. Bezeichnung für die ↑Verzierungen in der Instrumentalmusik.

Männerchor: Chor aus nicht solistisch singenden Männern, in Deutschland seit dem 19. Jh. sehr verbreitet; die Standardbesetzung ist vierstimmig: 1./2. Tenor, 1./2. Bass; auch Bezeichnung für eine Komposition für Männerstimmen allein. Die geistliche Mehrstimmigkeit des Mittelalters wurde ausschließlich von Männerstimmen ausgeführt. In der Vokalpolyphonie des 15. und 16. Jh. übernahmen Knaben die hohen Stimmen. Doch auch aus dieser Zeit gibt es bereits eine Reihe von mit »Voces aequales« bezeichneten Kompositionen für M. allein. Seit dem 17. Jh. hat der der Handlung kommentierende M. in der Oper seinen festen Platz (Gefangenen-, Jäger-, Soldaten- oder Matrosenchor). Nach den englischen Catch- und Gleeclubs (↑Catch, ↑Glee) fanden M. auch Eingang in die deutschen Männerbünde (Freimaurer, Studenten) des ausgehenden 18. Jh. Doch erst im 19. Jh. beginnt die Entwicklung und rasche Ausbreitung des M.-Wesens heutiger Prägung, angeregt u. a. durch die Berliner »Liedertafel« C. F. Zelters (1809) sowie die sich daran anschließenden südwestdeutschen »Liederkränze« nach dem Züricher Vorbild H. G. Nägelis (1810). Kompositionen für M. dieser Art schrieben u. a. F. Schubert, C. M. von Weber, C. Loewe, R. Schumann, F. Mendelssohn Bartholdy, J. Brahms, im 20. Jh. M. Reger, H. Pfitzner, A. Schönberg, E. Krenek und H. Eisler. Bekannt sind die zahlreichen Liedsätze und Bearbeitungen F. Silchers.

Mannheimer Schule: Bezeichnung für die am Hof des pfälzischen Kurfürsten Karl Theodor wirkende Musiker- und Komponistengruppe, die entscheidend zur Ausbildung des Instrumentalstils der Wiener Klassik (↑Klassik) beitrug. Ihre wichtigsten Vertreter waren J., C. und A. Stamitz, I. Holzbauer, F. X. Richter, J. A. Filtz, C. G. Toeschi, J. C. Cannabich und F. I. Danzi. Bei der Übersiedlung des Kurfürsten nach München (1778) zog der größte Teil der Kapelle mit. Zu den kompositionstechnischen Errungenschaften der M. S. gehören die endgültige Abkehr von der Vorherrschaft des Generalbasses zugunsten der melodieführenden Stimme, die Gliederung des melodisch-harmonischen Verlaufs in symmetrische Gruppen zu zwei, vier oder acht Takten und damit die Gestaltung dynamischer und klanglicher Gegensätze auf engem Raum sowie der Ausbau des thematischen Dualismus (↑Sonatensatzform). Neu in der Orchesterbehandlung waren die selbstständige Verwendung der Blasinstrumente und die Vorliebe für effektvolle Motivfiguren und dynamisch kontrastierende Übergänge (»Mannheimer Crescendo«) sowie eine bis dahin nicht gekannte Orchesterdisziplin.

mano destra [italienisch] (colla destra): mit der rechten Hand (zu spielen).

ma non troppo [italienisch »aber nicht zu sehr«] (ma non tanto): die angegebene Anweisung abschwächend, z. B. bei der Bezeichnung **allegro, ma n. t.**: schnell, aber nicht zu schnell.

mano sinistra [italienisch] (colla sinistra): mit der linken Hand (zu spielen).

Manual [zu lateinisch manualis »zur Hand gehörig«]: die mit den Händen zu spielende Tastenreihe bei der Orgel (2–4, selten 5 oder mehr M.), dem Cembalo (1 oder 2, selten 3) und dem Harmonium, im Unterschied zum Pedal, das mit den Füßen gespielt wird. Moderne Orgel-M. haben heute gewöhnlich einen Umfang von C–g^3. – Im 18. Jh. war M. auch die Bezeichnung für das Hauptwerk der Orgel.

Maqam [mak-; arabisch »Ort«, »Standort«] (Makam): ursprünglich arabische

Bezeichnung für eine Versammlung, in der literarische Werke oder Musik vorgetragen werden, später in der arabischen Musik ein Gestalttypus bzw. eine Gruppe zueinander passender Skalentöne, die einer Melodie und der über sie erfolgenden Improvisation zugrunde liegen. Bestimmend sind u. a.: die intervallische Struktur der M.-Skala, ihre Aufteilung in Quart- oder Quintausschnitte, die Hierarchie unter den Skalentönen, der Ausgangston (mabda) und die Finalis (qarar) des Melodiezuges sowie die Haltetöne im Verlauf der melodischen Improvisation. All diese Merkmale werden in komponierter Musik sowie bei den allmählich sich entfaltenden Improvisationen (taqsim) auf immer neue Art herausgestellt, wobei der je spezifische Affektgehalt des M. (Liebe, Lebenskraft, Trauer usw.) zum Ausdruck kommt.

Maracas [portugiesisch] (Maraca, Rumbakugeln): lateinamerikanische Gefäßrasseln indianischen Ursprungs, bestehend aus zwei hohlen Kalebassen (auch aus Holz, Metall oder Kunststoff), die mit einem Stiel versehen und mit Samenkörnern, Steinchen oder Schrot gefüllt sind. Durch Schütteln der M. entsteht ein kurzes, zischendes Rasselgeräusch. M. werden v. a. zur Begleitung lateinamerikanischer Tänze, bisweilen auch in der Konzertmusik verwendet.

marcato [italienisch], Abk. marc.: markiert, hervorgehoben, betont.

Marching Bands [ˈmɑːtʃɪŋbændz; englisch zu to march »marschieren«] (Streetbands): nach dem Ende des amerikanischen Bürgerkrieges und der Auflösung der Musikkorps v. a. in New Orleans entstandene kleinere Brassbands farbiger Musiker, die zu Hochzeiten, Karnevalsumzügen, Beerdigungen oder zum Tanz Mazurken, Quadrillen oder Märsche spielten, die sie mit den afroamerikanischen Rhythmen des Blues und Ragtime überlagerten; Formationen wie die Excelsior Brass-Band oder die Eureka Brass-Band hatten mit Musikern wie B. BOLDEN oder L. TIO JUNIOR entscheidenden Einfluss auf die Entwicklung des Jazz.

Marcia [ˈmartʃa; italienisch]: ↑Marsch; **M. funebre,** Trauermarsch; ↑alla marcia.

Mariachi [maˈri̯atʃi; spanisch]: volkstümliche mexikanische Straßenmusik. M.-Bands sind i. d. R. mit zwei Trompeten, zwei Violinen, Mandoline, mehreren Gitarren und Bassgitarre besetzt.

Marianische Antiphonen: Lobgesänge zu Ehren MARIAS am Schluss der Komplet. Verschiedene M. A. wechseln nach der Zeit des Kirchenjahrs (z. B. Alma redemptoris mater, Ave Regina caelorum, Regina coeli, Salve Regina).

Marientrompete: ↑Trumscheit.

Marimba [afrikanisch-spanisch]: ein mit Resonanzröhren (ursprünglich Kalebassen, heute Metallröhren) versehenes, klaviaturmäßig angeordnetes Holzstabspiel nach Art des Xylophons, jedoch mit größeren Stabmensuren und weiterem Tonumfang (c–c^4 oder c^5). Der Anschlag erfolgt mit weichen Schlägeln. Die M. ist afrikanischen Ursprungs und kam mit den Sklaven über Mittelamerika in die USA, wo sie nach 1910 unter der Bezeichnung **Marimbaphon** zum Orchesterinstrument (auch als Bassinstrument) ausgebaut wurde. Sie wird v. a. in der Tanz- und Unterhaltungsmusik, seltener im Jazz, gelegentlich auch in der Neuen Musik eingesetzt.

Marsch (italienisch Marcia): Musikstück, das durch gleichmäßige metrische Akzente im geraden ($^2/_4$-, $^2/_2$-, $^4/_4$-)Takt das Gehen bzw. Marschieren im Gleichschritt unterstützt. Der M. besteht i. d. R. aus zwei Teilen von je 8–16 Takten, seit Mitte des 18. Jh. ergänzt durch ein ebenso gebautes Trio als Mittelteil in verwandter Tonart und von wärmerem Charakter.

Die wichtigste Form des M. ist der **Militär-M. (Armee-M.).** Zu der ins Mittelalter zurückreichenden Trommler- und Pfeifermusik (»Kleines Spiel«) der Landsknechtsfähnlein traten im 17. Jh. mit der Einführung des reglementierten Gleichschritts neue Instrumente (»Großes Spiel« mit Blasinstrumenten, Schlagzeug und Schellenbaum) hinzu. Seine Hochblüte erlebte der Militär-M. als Parade-, Präsentier-, Sturm-, Reiter- oder Regiments-M. zur Zeit FRIEDRICHS II. und der Befreiungskriege. Eine Sonderform mit punktierter Rhythmik war der französische Revolutions-M. (z.B. »Marseillaise«, 1792). Daneben diente der M. auch der Gestaltung von Festen und Feierlichkeiten bei Adel und Bürgertum (Ein- und Auszugs-, Triumph-, Huldigungs-, Hochzeits- und Trauer-M.) und wurde in zahlreichen Operetten, Revuen, Varietés eine der beliebtesten Musizierformen des 19. Jahrhunderts.

In der Kunstmusik fand der M. über die venezianische Oper (C. MONTEVERDI, F. CAVALLI) Eingang in das französische Opernballett (J.-B. LULLY) und von dort in die Orchester- und Klaviersuite (J. P. KRIEGER, F. COUPERIN) und in die österreichische Serenadenmusik (Kassation, Divertimenti). Im 19. Jh. spielten M. aller Art (auch als M.-Lieder) in der Oper (L. VAN BEETHOVEN, G. MEYERBEER, G. VERDI, R. WAGNER), der Bühnenmusik (F. MENDELSSOHN BARTHOLDY), der Konzertmusik (H. BERLIOZ, G. MAHLER) und in der Klaviermusik (F. SCHUBERT, F. CHOPIN) eine bedeutende Rolle, v.a. der **Trauer-M.** (italienisch Marcia funebre, französisch Marche funèbre), der sich zur Trauermusik (R. WAGNER, P. HINDEMITH) entwickelte. Neben seiner weiterhin repräsentativen Funktion erscheint der M. im 20. Jh. auch als Symbol der Bedrohung (A. BERG) oder als Mittel der Parodie (D. SCHOSTAKOWITSCH, B. A. ZIMMERMANN). Eine eigene Tradition entstand mit den amerikanischen Parade-M.; weltbekannt J. P. SOUSAS M. »The Washington post« (1889), »The stars and stripes« (1897). Daneben war die M.-Musik v.a. von Bedeutung für die Entwicklung des Jazz (↑Marching Bands). – ↑auch Militärmusik.

martèlement [martɛl'mã; französisch »hammerartig«]: beim Harfenspiel das mehrfach wiederholte, scharfe Anreißen eines Tones. In der Klaviermusik des 17./18. Jh. gleichbedeutend mit ↑Mordent.

martellato [italienisch »gehämmert«] (martellando, französisch martelé): kurz, energisch und hart betont; ähnlich ↑staccato.

Maschinenpauke: ↑Pauke mit einer zentralen Vorrichtung zum Umstimmen.

Masque [mɑːsk; englisch-französisch »Maske«]: aus Volksmaskeraden des Mittelalters entstandene, von Hoffesten der italienischen Renaissance beeinflusste, zwischen 1580 und 1640 am englischen Königshof beliebte theatralische Mischform, die dramatische Handlung, Tanz, Musik, Bühnentechnik und prunkvolle Ausstattung zu effektvollen Spektakeln verband, bei denen Mitglieder des Hofes mitspielten. Die M. beeinflusste das zeitgenössische Drama (W. SHAKESPEARE, »The tempest«) und wirkte auf die Entwicklung von Oper und Ballett in England.

Matutin [zu lateinisch matutinus »morgendlich«] (deutsch Mette): ursprünglich die Morgenhore des ↑Stundengebets, dann das vorausgehende mitternächtliche Gebet. Seit dem 2. Vatikanischen Konzil außerhalb des Chorgebets umgeändert in eine zeitlich frei wählbare »Hora Lectionis«, eine geistliche Lesung. Der ursprüngliche Charakter der asketischen Nachtwache hat sich in den Metten erhalten.

Maultrommel (Brummeisen): in Europa, ganz Asien und Ozeanien als Hirteninstrument verbreitetes Zupfidiophon. Die seit dem 14. Jh. in Europa nachweisbare M. besteht aus einem ovalen oder hufeisenförmigen Stahlrahmen mit spitz zulaufenden Enden, zwischen denen eine im Scheitel des Rahmens eingelassene schmale, durchschlagende Zunge aus Metall frei schwingen kann. Wird der Rahmen an die Lippen angelegt oder zwischen die Zähne genommen und die Metallzunge am abgebogenen Ende angezupft, verstärkt die als Resonator dienende Mundhöhle den Schall. Durch Veränderung der Mundstellung können begrenzt verschiedene Obertöne der Zungenschwingung einzeln hörbar und melodisch verfügbar gemacht werden.

Maxima [lateinisch »größte (Note)«]: Notenwert der ↑Mensuralnotation mit der längsten Zeitdauer, im 13. Jh. als Duplex Longa (doppelte Longa) bezeichnet; bis zum 15. Jh. ■, danach ⌐ geschrieben.

Mazurka [ma'zurka; polnisch »masurischer Tanz«] (Mazur, Mazurek, Masurka): polnischer Nationaltanz, ein Spring- und Drehtanz im lebhaften $^3/_4$- oder $^3/_8$-Takt; typisch sind punktierte Rhythmen, wechselnde Akzente auf der 2. oder 3. Zählzeit sowie der Abschluss durch Fersenschlag und Aufstampfen mit den Füßen.

Der Volkstanz M. stammt aus dem Weichselgebiet (Masowien) und fand nach 1600 Eingang in das höfische Tanzrepertoire. Später auch vom Bürgertum übernommen, erlebte er seine Blütezeit im 19. Jh. in Russland, Deutschland, England und v. a. Frankreich. Im Zuge ihrer Stilisierung verschmolz die M. mit dem ↑Kujawiak, ↑Oberek und der Polka (langsamere »Polka-M.«) und wurde durch F. CHOPIN weltweit bekannt.

Mbira (Mbila): ein im südöstlichen und südlichen Afrika v. a. bei den Shona sprechenden Völkern verbreitetes Musikinstrument (Lamellophon), bestehend aus einem Resonanzkasten mit 22 in zwei Reihen übereinander angeordneten (durchschlagenden) Metallzungen, die mit beiden Daumen gezupft werden. Die M. wird zur Klangverstärkung in eine offene Kalebasse gehalten. Vielerorts ist M. auch die Bezeichnung für ein eintöniges Xylophon.

m. d.: Abk. für ↑mano destra.

Mechanik: Bezeichnung für alle beweglichen und i. d. R. klangsteuernden bzw. -auslösenden Teile bei Tasteninstrumenten (Klavierinstrumente; bei der Orgel die ↑Traktur). Unterschieden werden die Tangenten-M. des Klavichords, die Kiel-M. beim Cembalo, Spinett und Virginal sowie die Hammer-M. beim Klavier (Stoßzungen-, Prellzungen-M. früher Hammerklaviere, moderne Repetitions-M.).

mechanische Musikinstrumente (mechanische Musikwerke, Musikautomaten): Musikinstrumente, die durch mechanischen Antrieb zum Klingen gebracht werden. Herzstück der m. M. ist seit dem 14. Jh. die Stiftwalze, eine drehbar gelagerte Holzwalze (später auch aus Metall), auf deren Oberfläche sich hufnagelförmige Metallwinkel, rechteckige Eisenbolzen oder dünne Nagelstifte befinden, die – in Umdrehungsrichtung – nach dem zuvor berechneten zeitlichen Abstand der Töne sowie – in Querrichtung – entsprechend der Tonhöhe angeordnet sind, wobei eine Walze mehrere Musikstücke tragen konnte. Je nach Klangerzeugungsprinzip bewegen die Stifte der Walze entweder den Hammermechanismus größerer Turmglockenspiele oder eines automatischen Klaviers (Walzenklavier), oder sie steuern das Ventilsystem einer Pfeifenorgel (↑Drehorgel, ↑Flötenuhr) oder reißen die Zungen eines Stahlkammes (↑Spieldose) an. Der Antrieb der Walze sowie auch anderer mechanischer Funktionen (z. B. Blasebälge) erfolgt bei größeren Instrumenten (z. B. Orchestrion) über Hängegewichte, bei kleineren meist über eine Handkurbel oder ein Uhrwerk, ab etwa 1900 auch durch Elektromotoren. Ende des 19. Jh. wurde die Stiftwalze z. T. abgelöst durch perforierte Lochplatten aus Hartpapier oder dünnem Metallblech (Organette), beim elektrisch-pneumatischen Selbstspielklavier (↑Pianola) durch eine Lochstreifensteuerung (Ton-, Notenrolle).

Einen Höhepunkt in der technischen Entwicklung der m. M. stellt das nach 1900 entwickelte elektropneumatische

Reproduktionsklavier (Welte-Mignon) dar, das im Gegensatz zum starren Abspielverfahren herkömmlicher m. M. erstmals eine anschlagsgerechte Wiedergabe über direkt eingespielte Notenrollen ermöglichte.

medesimo tempo [italienisch]: ↑ l'istesso tempo.

Mediante [von lateinisch medius »in der Mitte liegend«]: in der Harmonielehre ursprünglich der mittlere Ton des Tonikadreiklangs (in C-Dur e), dann auch der Dreiklang auf diesem Ton; heute vielfach Bezeichnung für alle Dreiklänge, die in einem terzverwandten Verhältnis zur Hauptfunktion stehen (z.B. die M. zum C-Dur-Dreiklang sind die acht Dur- und Molldreiklänge auf e, es, a und as). Ausweichungen in eine M. spielen seit der Romantik (F. SCHUBERT) als Mittel der Modulation und Erweiterung der Tonalität eine große Rolle.

Mediatio [lateinisch »Vermittlung«]: Bezeichnung für die Mittelkadenz (auch Mediante oder Pausa genannt) im modellartigen Melodiegerüst der Psalmtöne.

Medley ['medli; englisch »Gemisch«]: in England und Schottland bereits im 16.Jh. übliche Bezeichnung für meist dreistimmige Musikstücke nach Art eines Potpourris. In der heutigen Populärmusik bedeutet M. eine Aneinanderreihung von Ausschnitten ursprünglich nicht zusammengehöriger Stücke (meist Themen bekannter Schlager, Evergreens).

Mehrchörigkeit: Kompositionsart für mehrere meist räumlich getrennte vokale, instrumentale oder gemischte Klanggruppen. Die M. geht zurück auf die Technik des **Coro spezzato** der venezianischen Schule um 1550 (A. WILLAERT), bei der erstmals in Psalmvertonungen der Gesamtchor in zwei oder drei selbstständige, jeweils vierstimmige Gruppen aufgeteilt wurde. V.a. durch A. und G. GABRIELI entwickelte sich die M. zu einer Hauptform des barocken, durch festliche Klangpracht gekennzeichneten Concertos, auch unter Einbeziehung von Motette, Magnificat und Messe und in Übertragung auf die reine Instrumentalmusik der Sonate und Sinfonie. Bedeutende mehrchörige Werke schufen im 17.Jh. H. L. HASSLER, H. SCHÜTZ sowie M. PRAETORIUS, der 1619 die Aufführungspraxis der M. ausführlich beschrieb. Im Laufe des 17. Jh. drängten Monodie und Generalbass die M. nach und nach zurück. Als Grundmöglichkeit barocken Musizierens blieb sie dennoch wirksam (z.B. J. S. BACHS »Matthäuspassion«, 1729) und wurde auch im 19.Jh. als Mittel repräsentativer Klangentfaltung eingesetzt (z.B. H. BERLIOZ, »Te Deum«, 1855; A. BRUCKNER, Messe e-Moll, 1866).

Mehrstimmigkeit: in der Vokal- und Instrumentalmusik die Gestaltungsweise, die aus mehreren gleichzeitig erklingenden Tonfolgen besteht. Die Stimmen können aus einer Hauptstimme mit gleichrhythmischen, akkordischen Begleitstimmen (↑Homophonie) oder aus selbstständig geführten Klanglinien (↑Polyphonie) bestehen. Gegensatz der M. ist die Einstimmigkeit, die auch dann gegeben ist, wenn die Klanglinie chorisch wiedergegeben wird. Auch das physiologisch begründete Singen von Männern und Frauen in Oktaven ist noch keine M. Dagegen stellt die ↑Heterophonie einen Grenzfall dar. Eindeutig fassbar ist die kunstvolle, von Theorie begleitete M. erstmals in der Lehre vom Organum des 9. Jh. Ihren ersten Höhepunkt erreichte sie um 1200 in der Notre-Dame-Schule, um von nun an die Einstimmigkeit mehr und mehr aus dem Bereich der Kunstmusik zurückzudrängen.

Meistersang: von den **Meistersingern**, in Städten sesshaften Dichter-Handwerkern, v.a. im 15. und 16.Jh. zunftmäßig betriebene Liedkunst, die an den ↑Minnesang anknüpft. HEINRICH VON MEISSEN (genannt FRAUENLOB) soll um 1315 in Mainz die erste Meistersingerschule begründet haben. Besondere Verehrung genossen die »vier gekrönten Meister« FRAUENLOB, BARTHEL REgenbogen, Konrad Marner und Heinrich von Mügeln; einer anderen Tradition zufolge werden zwölf Ahnherren genannt (u.a. Walther von der Vogelweide und Wolfram von Eschenbach). Die bekanntesten Meistersinger sind M. Beheim, H. Folz und H. Sachs, nach dessen Tod (1576) der Niedergang des M. einsetzte. Institutionell bestand er z.T. noch bis ins 19. Jh. Die Zentren des M. lagen in Süd- und Südwestdeutschland.

Der M. ist eine traditionsbezogene, streng formelle Kunst und basiert auf Regeln, die in »Tabulaturen« (Tafeln) niedergelegt sind. Anfangs durften die Dichter lediglich den überlieferten **Tönen** (Melodie und Reimschema) neue Texte unterlegen. Nach der Reform von Folz (um 1480) gehörte zum Meistertitel die Erfindung eines neuen »Tons« (Text und Melodie). Die Meistersinger einer Stadt organisierten sich in der Singschule, womit gleichzeitig die einzelne Zusammenkunft, die im Allgemeinen Wettkampfcharakter hatte, bezeichnet wird. Diese fand entweder in der Kirche (Hauptsingen) oder im Wirtshaus (Zechsingen) statt. Die hierarchische Ordnung ging vom einfachen Singer (nur reproduzierend) über den Dichter und den Meister zum Merker, der als künstlerischer Zensor die Einhaltung der Regeln zu überwachen hatte. Die Texte der einstimmigen und unbegleiteten Lieder waren meist geistlich mit der Neigung zum Lehrhaften und Erbaulichen, berührten aber auch weltliche ernste und politisch-satirische Themen.

Melisma [griechisch »Gesang«, »Lied«]: eine Folge von mehreren, auf nur einer Textsilbe gesungenen Tönen (**melismatischer Gesang**, z.B. die ↑Koloratur) im Gegensatz zum **syllabischen Gesang,** bei dem jeder Textsilbe je eine Note zugeordnet ist. Melismatik ist v.a. für orientalische Vokalmelodien charakteristisch. Von dort drang sie in die Volksmusik der Iberischen Halbinsel (z.B. Flamenco) und des Balkans ein, vermutlich auch über die frühchristliche Kultmusik in die Musik des Mittelalters.

Melodica® [griechisch]: modernes, von der Firma Hohner (Trossingen) v.a. für Kinder und Jugendliche entwickeltes, in mehreren Größen gebautes Blasinstrument mit durchschlagenden Zungen, schnabelförmigem Mundstück und Tasten in Klaviaturanordnung.

Melodie [griechisch melōdía, zu mélos »Lied« und ōdḗ »Gesang«]: Folge von Tönen verschiedener Höhe oder eine Folge verschieden großer und verschieden gerichteter Intervalle, die als Einheit aufgefasst wird. Eine M. wird daher zunächst bestimmt durch die Tonhöhenorganisation (Diastematik) und erst dann durch die Dauer (und die Betonung) der einzelnen Töne (Rhythmus) sowie die Gliederung (Periodik), das Zeitmaß (Tempo) und durch die Art der Ausführung (Tongebung, Klangfarbe, Dynamik).

Die M. kann aus »symmetrisch« angeordneten Teilen bestehen, wiederkehrende Motive aufweisen, als Periode in Vorder- und Nachsatz gegliedert sein oder sich aus zwei oder mehreren Perioden zusammensetzen. Ungleichmäßige Gliederung, motivische Arbeit, langer Atem (↑unendliche Melodie), Verschränkung und Unterbrechung gelten als kunstvoll. M. werden auch nach den in ihnen verwerteten Tonschritten bestimmt (diatonische, chromatische, atonale M.), auch nach den als Vorbild dienenden Modellen (v.a. im Bereich des gregorianischen Gesangs). Im homophonen oder polyphonen Tonsatz können M. sehr verschiedene Funktionen erfüllen: als Gerüststimme (etwa als Cantus firmus), als Oberstimmen-M. (etwa als Kantilene), als Fundament oder als »Thema« (etwa einer Variationsfolge). Das Moment des Melodischen hat eine bevorzugte Bedeutung sowohl zu gewissen Zeiten – etwa im 19. Jh. – als auch in bestimmten Regionen, etwa in Italien. Auch die Zwölftonmusik weist der M. einen vorrangigen Platz unter den musi-

kalischen Elementen zu; sie ist hier dem Gesetz der ↑Reihe unterworfen. Das Ganze melodischer Erscheinungen oder auch die Merkmale eines M.-Typus werden (analog zu ↑Harmonik) **Melodik** genannt.
Besondere Stilmittel der M.-Bildung im Jazz sind die auf afroamerikanischen Einfluss zurückgehende ↑Ruf-Antwort-Form, die Bevorzugung ständig wiederholter ↑Patternformations bzw. ↑Riffs, eine stärker an der Spieltechnik der Instrumente orientierte Art der motivischen Akzentuierung sowie das seit dem Swing und Bebop typische rhythmische Aussparen von M.-Tönen als Mittel der melodischen Steigerung.
Melodielehre: die Lehre von den Bildungsgesetzen einer Melodie. Anfangs- und Schlussbildung, das Gewicht von Haupt- und Nebentönen, rhythmische und harmonische Struktur u. a. sind hierbei zu beachten. Allgemeine Regeln dazu kennen außereuropäische Hochkulturen ebenso wie die Antike und das europäische Mittelalter. Eine ausgeführte M. begegnet erstmals bei J. MATTHESON (»Kern melodischer Wissenschafft«, 1737); sie ist Teil der Kompositionslehre überhaupt und wird vielfach im Rahmen der Kontrapunktlehre behandelt.
Melodik: die Lehre von der Bildung und vom Bau einer Melodie; im 19. Jh. meist gleichbedeutend mit Melodielehre.
Melodrama [griechisch]: eine Gattung des musikalischen Bühnenstücks, die auf der Verbindung von gesprochenem Wort und begleitender (untermalender) Musik beruht. Das M. ist im 18. Jh. in Mode gekommen und schlug sich nieder in zahlreichen ausschließlich melodramatischen Stücken (z. B. GOETHES »Proserpina«, 1777), ferner in der Aufnahme von einzelnen, als **Melodram** bezeichneten Partien in Singspielen, Opern (L. VAN BEETHOVEN, »Fidelio«, Kerkerszene; C. M. VON WEBER, »Freischütz«, Wolfsschluchtszene) und Bühnenmusiken (BEETHOVEN, »Egmont«; F. MENDELSSOHN BARTHOLDY, »Ein Sommernachtstraum«; E. GRIEG, »Peer Gynt«) sowie v. a. im 19. Jh. in der Ausbildung des Konzert-M., bei dem Gedichte (v. a. Balladen) zu Klavier oder Orchesterbegleitung rezitiert wurden. Im 20. Jh. kam es v. a. in Frankreich zu einer Verbindung von M. und Ballett (A. ROUSSEL, A. HONEGGER, I. STRAWINSKY).
Das **gebundene Melodram,** bei dem sowohl der Sprechrhythmus wie die Tonhöhe, z. T. auch die Artikulation durch spezielle Notenzeichen (♩♪♪) fixiert erscheinen, geht zurück auf E. HUMPERDINCK (»Königskinder«, 1897) und wurde in der Neuen Musik weiterentwickelt (H. W. HENZE, D. SCHNEBEL).
Melodysection [ˈmelədɪsekʃn; englisch]: im Jazz geprägte Bezeichnung für die im Gegensatz zur ↑Rhythmsection melodietragenden und v. a. auch solistisch hervortretenden Instrumentengruppen einer Band bzw. Bigband; innerhalb der M. wird unterschieden zwischen ↑Brasssection und ↑Reedsection.
Melopöie [von griechisch melopoiía »Vertonen von Liedern«]: in der griechischen Antike die Kunst, ein den Versvortrag hebendes »melos« (d. h. eine dem Text angemessene kunstvolle Sprachmelodie) zu schaffen. Im 16. und 17. Jh. wurde M. v. a. als Bezeichnung für Kompositionslehre oder Kunst der Melodiebildung gebraucht.
Melos [griechisch]: in der griechischen Antike so viel wie Weise, Melodie, zum Gesangsvortrag bestimmtes lyrisches Gedicht; im Mittelalter auch gleichbedeutend mit Cantus, Cantilena, Melodia; seit dem 19. Jh. allgemeine Bezeichnung für das gesangliche Moment einer Musik und den Charakter der Melodiebildung.
Membranophone [von griechisch membrá »Pergament« und phōnḗ »Stimme«] (Membranophon, Fellklinger): in der Systematik der Musikinstrumente Oberbegriff für Instrumente, bei denen der Klang durch Schwingungen einer gespannten Membran (Tierhaut, Pergament, Kunststoff- oder Metallfolie) in

Verbindung mit einem Luftvolumen als Resonator erzeugt wird. Die Schwingungen werden durch Schlagen (unmittelbar: Pauken, Trommeln; mittelbar: Rasseltrommeln), Reiben (Reibtrommel) oder Ansingen (Mirliton) angeregt.

Memphis-Sound ['memfissa∪nd; englisch]: Mitte der 1960er-Jahre von der Plattenfirma Stax/Volt in Memphis (Tennessee) kreierter ausdrucksstarker Rhythm-and-Blues-Stil, dessen Auftreten den Beginn des Souls markiert.

Mendelssohn Bartholdy, Jakob Ludwig Felix, deutscher Komponist, *Hamburg 3. 2. 1809, †Leipzig 4. 11. 1847: Der Enkel des Philosophen M. MENDELSSOHN trat erstmals neunjährig mit seiner Schwester FANNY (verheiratete HENSEL) als Pianist auf und komponierte seit seinem elften Lebensjahr (u. a. zwölf Streichersinfonien, 1821–23). Bereits 1826 entstand seine Ouvertüre zu W. SHAKESPEARES »Sommernachtstraum« (darin der berühmte »Hochzeitsmarsch«). Am 11. 3. 1829 dirigierte M. B. in Berlin die legendäre Wiederaufführung der »Matthäuspassion« von J. S. BACH, die die Bach-Renaissance im 19. Jh. einleitete. Studienreisen, die ihn nach Italien und v. a. immer wieder nach England und Schottland führten, inspirierten ihn zu zwei seiner insgesamt fünf Sinfonien (»Italienische«, 1833; »Schottische«, 1842). 1835 übernahm er die Leitung der Gewandhauskonzerte in Leipzig, mit denen er sich große Verdienste um das öffentliche Musikleben der Stadt erwarb (Pflege alter Musik, Verbesserung des Sozialstandes der Musiker, 1843 Gründung des ersten deutschen Konservatoriums). Als erster Kapellmeister überhaupt leitete er das Orchester nicht vom Instrument, sondern mit dem Taktstock vom Pult aus.

M. B., als Pianist und Dirigent eine der glänzendsten Erscheinungen seiner Zeit, wurde als Komponist nicht immer unvoreingenommen beurteilt. Von R. WAGNER bekämpft und schließlich von den Nationalsozialisten antisemitisch verunglimpft und aus dem Konzertsaal verbannt, galt er lange als »konservativer Klassizist«. Dabei erweisen sich die von ihm fortgeführten Formen (u. a. Konzertouvertüre »Meeresstille und glückliche Fahrt«, 1833; vier Klavierkonzerte, davon zwei für zwei Klaviere; sieben Streichquartette; drei Oratorien) in ihrer meisterhaften Instrumentierung und geschmeidigen Melodik M. B. als dem Geist der Romantik verpflichtet. Vollendet beherrschte er die kleine lyrische Form (»Lieder ohne Worte« für Klavier, 1829–45).

Felix Mendelssohn Bartholdy

meno [italienisch]: weniger, z. B. **m. allegro,** weniger schnell, **m. forte,** weniger stark, **m. mosso,** weniger bewegt; Gegensatz: più.

Mensur [von lateinisch mensura »Maß«]:
◆ *Notation:* in der ↑Mensuralnotation das Maß, das die Geltungsdauer der einzelnen Notenwerte untereinander bestimmt.
◆ *Instrumentenbau:* Bezeichnung für die den Klang, die Stimmung sowie die Spielweise bestimmenden Maßverhältnisse eines Instrumentes. Bei der Orgel und bei Blasinstrumenten das Verhältnis von Länge und Weite der Pfeifen bzw. des Rohres, wobei weite M. einen wei-

chen, enge M. einen scharfen, obertonreichen Klang ergeben; bei Holzblasinstrumenten ferner die Anordnung der Tonlochbohrungen, bei Saiteninstrumenten die Maßverhältnisse von Korpus und Hals sowie von Länge, Stärke und Spannung der Saiten, bei Klavieren neben den Saitenverhältnissen die Anschlagstellen der Hämmer, bei Saiteninstrumenten mit Bünden (z.B. Gitarre) deren Abstände.

Mensuralmusik (Musica mensurabilis, Cantus mensurabilis, seit dem 15. Jh. Cantus figuratus): die in der Mensuralnotation aufgezeichnete Musik des 13.–16. Jahrhunderts.

Mensuralnotation: aus der ↑Modalnotation hervorgegangene Notenschrift des 13.–16. Jh., die durch Anwendung verschieden gestalteter Notenzeichen das Verhältnis der Tondauern untereinander **(Cantus mensurabilis)** ausdrückte, im Unterschied zur älteren ↑Choralnotation, die den Zeitwert der Noten nicht angibt. Die ältere M. (↑Ars antiqua) kannte nur folgende Werte: Maxima oder Duplex Longa ◥, Longa ◤, Brevis ■ und Semibrevis ◆. Um 1300 kamen Minima ↓ und Semiminima ♩ hinzu. Für jeden Notenwert gab es ein entsprechendes Pausenzeichen. Gegen 1450 wurden für die größeren Werte aus schreibtechnischen Gründen hohle Notenköpfe (»weiße Notation«) anstelle der schwarzen üblich: Maxima ◥, Longa ◤, Brevis ▫, Semibrevis ◇ (unsere ganze Note), Minima ↓ (unsere Halbe), Semiminima ♩ oder ↓ (Viertel), Fusa ♪ oder ♩ (Achtel), Semifusa ♬ oder ♪ (Sechzehntel). Die Rundung des Notenumrisses begann vereinzelt im 15. Jahrhundert.

Bezeichnend für die M. ist die häufige Zusammenfassung mehrerer Noten zu einer Ligatur (z.B. ♩ ♪ ♫), deren Lesung besonderen Regeln unterlag. Ursprünglich war jeder Notenwert dreiteilig, d.h. einer Longa waren drei Breves zugeordnet, einer Brevis drei Semibreves usw. (Mensura perfecta, Perfektion); nach 1300 (↑Ars nova) trat die Zweiteilung (Mensura imperfecta, Imperfektion) hinzu. Das absolute Zeitmaß (integer valor) war dem menschlichen Herzschlag entsprechend mit etwa 76 Schlägen in der Minute festgelegt und bis ins 14. Jh. an die Brevis geknüpft, verschob sich aber im Lauf der Zeit zur Minima (16. Jh.) und Semiminima (17. Jh.). Vorläufer der späteren Taktvorzeichnung sind die in der jüngeren M. häufig anzutreffenden **Mensurzeichen**, z.B. der Kreis O für dreiteilige, der Halbkreis C für zweiteilige Wertunterteilung der Brevis (tempus perfectum – tempus imperfectum). Beschleunigung oder Verlangsamung der Bewegung wurde durch eine Verhältniszahl (Proportion) neben dem Mensurzeichen gefordert: O⅓ bedeutet Beschleunigung der Notenwerte (Diminution) um das Dreifache, O⅔ um das Doppelte, O⅔ um das Anderthalbfache; O½ ihre Verlängerung (Augmentation) um das Doppelte usw. Durchstrichene Mensurzeichen Ø, ₵ bedeutet Wertminderung der Noten um die Hälfte (tempus diminutum).

Menuett [französisch »klein«, »winzig«, also etwa »Kleinschritttanz«] (französisch Menuet): französischer Paartanz, entstanden möglicherweise aus einem Volkstanz der Provinz Poitou. Das M. wurde in Nachfolge der Courante nach 1650 unter Ludwig XIV. Hof- und Gesellschaftstanz. Von Frankreich aus verbreitete es sich über ganz Europa und wurde v.a. in Deutschland im 18. und frühen 19. Jh. zu Beginn jedes Balles getanzt. Es bestand aus zwei Teilen zu je vier oder acht Takten in mäßig raschem $^3/_4$-Takt, die beide wiederholt wurden; ausgeführt wurde es ursprünglich von einem Tanzpaar, später von mehreren Paaren oder einer M.-Quadrille. Fast alle Komponisten des 18. Jh. schrieben bestimmte M. für den Tanz. Im 17. Jh. wurde das M. in die Kunstmusik aufgenommen (z.B. in Opern und Balletten von J.-B. Lully) und noch vor 1700 fester Bestandteil der ↑Suite. Die bald vorherrschende dreiteilige Anlage des M. entstand aus dem schon von LULLY verwendeten Verfahren, zwei M. so miteinander zu verbinden, dass das zweite oft (als Trio) nur dreistimmig gesetzt war und danach das erste M. wiederholt wurde. Neben Orchester- und Klaviersuiten, Concerti grossi und Ouvertüren enthalten z. B. auch Serenaden bis ins 19. Jh. (J. BRAHMS) M.-Sätze. In die Sinfonie gelangte das M. über die dreiteilige neapolitanische Opernsinfonia (A. SCARLATTI), die mit einem M.-Teil im ³⁄₈-Takt schloss.

Menuett: J. S. Bach, »Notenbüchlein für Anna Magdalena Bach« Nr. 4 (BWV Anhang 114, 1725)

Die Mannheimer und Wiener Vorklassiker verwendeten in ihren Sinfonien langsame M.-Sätze. Regelmäßig erscheint das M. in den viersätzigen Sinfonien W. A. MOZARTS und J. HAYDNS, meist als 3. Satz; v. a. HAYDN beschleunigte das Tempo und brachte »anmutig scherzende« Züge ein. L. VAN BEETHOVEN ersetzte das M. zunehmend durch das nicht mehr tanzartige Scherzo, so schon in seinen Klaviertrios op. 1 (1795), dann z. B. auch in der »Eroica«; dies wurde für den Sonatensatzzyklus und die Sinfonik des 19. Jh. maßgebend. In der Musik des 19. Jh. lebte das M. v. a. als langsames **Tempo di minuetto** weiter. An die Stelle des M. traten unbezeichnete scherzo- oder ländlerartige Sätze, auch Walzer, oft (v. a. bei G. MAHLER) in Form ausgeprägter Charakterstücke.

Messa di voce [- ˈvoːtʃe; italienisch]: beim Gesang die Bezeichnung für den Schwellton, das An- und Abschwellen des Tones vom Piano bis zum Fortissimo und wieder zurück.

Messe [von lateinisch ite, missa est »Gehet hin, ihr seid entlassen«]: seit dem 5. Jh. in der lateinischen Kirche, heute in der katholischen Kirche Bezeichnung für den Gottesdienst. Im eingeschränkten Sinn wird der Begriff für die kompositorische Gestaltung des Gottesdienstes gebraucht. Zu den ältesten Teilen der M. gehören die des Proprium Missae (Introitus, Graduale, Alleluja, Offertorium, Communio). Für jeden dieser nach dem Jahres- und Festkreis wechselnden Texte gibt es nur eine chorale Weise, die jeweils vom Stil des gregorianischen Gesangs geprägt ist. Im eigentlichen Sinn umfasst der musikalische Terminus M. jedoch die zyklische Vertonung der regelmäßig wiederkehrenden Teile Kyrie, Gloria, Credo, Sanctus, Benedictus und Agnus Dei.

Schon seit dem frühen Mittelalter wurden (meist tropierte) Einzelteile des Messzyklus mehrstimmig vertont, vollständige Kompositionen begegnen jedoch erst im 14. Jh., so die dreistimmige M. von Tournai und (um 1364?) die vierstimmige M. des GUILLAUME DE MACHAULT. Verschiedene Typen lassen sich schon um 1400 unterscheiden: 1) motettische Sätze mit liturgischem Tenor-Cantus-firmus, 2) homorhythmische Sätze mit gleichem Text in allen Stimmen, 3) Sätze nach Vorbild des Diskantliedes – frei erfunden oder mit Choralkolorierung im Diskant. In der polyphonen Kunst des burgundischen und niederländischen Komponistenkreises kam dann die M. zu hoher Blüte. G. DUFAY erhob in seiner »Missa Caput« (wohl um 1440) nach dem Vorbild der Motette die Vierstimmigkeit zur Norm und verband alle Teile zyklisch durch einen gemeinsamen Cantus firmus geistlicher oder weltlicher Herkunft. Die Tenor-M. wurde unter zunehmender Vokalisierung der Stimmen fortgesetzt von J. OCKEGHEM, J. OBRECHT, JOSQUIN DESPREZ, H. ISAAC u. a. Nach 1450 setzt sich schließlich die völlige Gleichberechtigung aller Stimmen durch. Ihren für lange Zeit maßgebenden Höhepunkt fand die M.-Komposition vom Typ der A-cappella-M. im Werk PALESTRINAS im 16. Jh. 1597 übertrug G. Gabrieli die venezianische Doppelchörigkeit wie den instrumental begleiteten Sologesang erstmals auf die M. Seit 1610 wird die konzertierende M. (Missa concertata) von der M. im kontrapunktischen Stil für Sängerchor unterschieden.

Im Barock löste sich die M. musikalisch zunehmend von ihrer liturgischen Zweckbestimmung; ihre formale Grundlage wurde die instrumental begleitete Kantate für Solostimmen, Chor, obligate Instrumente und Tutti. Das konzertante Element und gesteigerter Affektausdruck traten in den Vordergrund – etwa in J. S. Bachs »h-Moll-Messe« (1724–49). Einwirkungen der Oper zeigen die M. von G. B. da Pergolesi, N. Jommelli, A. Caldara. U. a. J. Haydn und W. A. Mozart leiten zur sinfonischen M. über. Mit L. van Beethovens »Missa solemnis« (1819–23) wird die M. aus der Kirche in den Konzertsaal überführt. Die sinfonischen M. von L. Cherubini zeigen einen dramatischen Grundzug. Die Musik der Romantik führt diesen sinfonischen Stil weiter (F. Schubert, F. Liszt u.a.). Er findet seinen Höhepunkt in den späten M. von A. Bruckner, die A-cappella-Stil und Sinfonik miteinander verschmelzen. Glanzvolle M. schrieben in Frankreich C. Gounod, C. Saint-Saëns und C. Franck. Mit Beginn des 20. Jh. fand durch die Reformbewegung des ↑Caecilianismus beeinflusst eine Rückbesinnung auf die alte Chor-M. statt (J. N. David, H. Distler). Auf dem Boden der Neuen Musik stehen die M.-Vertonungen von I. Strawinsky, P. Hindemith und O. Messiaen.

Messiaen [mɛsˈjã], Olivier Eugène Prosper Charles, französischer Komponist, *Avignon 10. 12. 1908, † Paris 27. 4. 1992: M. wurde 1931 Organist an der Pariser Église de la Sainte-Trinité, wo er, auch als gefeierter Improvisator, 55 Jahre lang wirkte und für deren imposante Orgel alle seine großen Orgelzyklen (zuletzt »Livre de Saint Sacrament«, 1984) entstanden. 1966 übernahm er eine Kompositionsklasse am Pariser Konservatorium.

Im Mittelpunkt seines kompositorischen Denkens steht die zeitliche Dimension der Musik. Er verwendet sowohl fernöstliche wie griechische Rhythmik und entwickelte eine auf so genannten »Modi« basierende modal-tonale Tonsprache, die im Bereich der Rhythmik mit »Multiplikations-« und »Divisionsreihen« sowie »nicht umkehrbaren« Rhythmen arbeitet. In diesem Zusammenhang von historischer Bedeutung ist sein Klavierstück »Mode de valeurs et d'intensités« (1949), in dem erstmals Tonhöhen, Dauern, Anschlagsarten und dynamische Werte durchorganisiert werden und mit

Olivier Messiaen

dem er durch Schüler wie P. Boulez und K. Stockhausen zu einem wichtigen Wegbereiter der seriellen Musik wurde. Das Hauptwerk dieser ersten Schaffensperiode ist die »Turangalîla-Symphonie« (1948). Ab den 1950er-Jahren ist die Adaption von Vogelstimmen aus seinem Werk nicht mehr wegzudenken (u. a. »Catalogue d'oiseaux« für Klavier, 1958). M.s stark vom katholischen Glauben bestimmte Grundhaltung fand v. a. in der monumentalen und klanglich opulenten Oper »Saint François d'Assise« (1983) ihren Ausdruck

mesto [italienisch]: betrübt, traurig, ernst.

Metallophone [von lateinisch metallum »Metall« und griechisch phōnē

Klang«]: in der Instrumentenkunde Bezeichnung für die ↑Idiophone aus Metall (z. B. Becken, Celesta, Gong, Glocke), im eingeren Sinn Bezeichnung für xylophonartige Metallstabspiele, die mit einem Hämmerchen angeschlagen werden.

Metrik [griechisch]: Lehre vom ↑Metrum.

Metronom [von griechisch métron »Maß« und nómos »Gesetz«, »Regel«]: mechanischer Taktgeber zur Bestimmung des musikalischen Zeitmaßes. Das M. besteht aus einem Uhrwerk mit aufziehbarer Spiralfeder, die ein aufrechtes Pendel mit verschiebbarem Gewicht antreibt. Auf dem Pendelstab sind Markierungskerben zur Justierung des Gewichtes angebracht. Je nach Stellung lassen sich zwischen 40 und 208 Pendelausschläge pro Minute einstellen. Die Schläge werden durch ein regelmäßiges Ticken und manchmal zusätzlich durch ein Läuten in bestimmten Abständen (z.B. jeder 2., 3. oder 4. Schlag) markiert. Das heutige M. geht auf eine Konstruktion zurück, die sich J. N. MÄLZEL unter Benutzung zahlreicher früherer Erfindungen 1816 patentieren ließ; an ihn erinnert die Abk. M. M. für **M**etronom **M**älzel, die mit Notenwert und Zahl das vom Komponisten (zuerst bei L. VAN BEETHOVEN, Hammerklaviersonate op. 106, 1817/18) oder Verlag festgelegte Zeitmaß angibt (z. B. »M. M. ♩ = 120« bedeutet 120 Viertelschläge in der Minute). Heute gibt es auch M. mit elektrischem oder elektronischem Impulsgeber.

Metrum [von griechisch métron »Maß«]: von H. RIEMANN eingeführte Bezeichnung für die Maßeinheit mehrerer zu einer Einheit zusammengeschlossener Zählzeiten und ihre Ordnung nach wiederkehrenden Abfolgen von betonten und unbetonten Schlägen. Zum einfachsten Ordnungsgefüge dieser Art zählt der ↑Takt als Zusammenschluss von 2–4 Zählzeiten. Aus den Takten können sich auch übergeordnete metrische Einheiten zu 2, 8 oder mehr Takten (↑Periode) ergeben. RIEMANN hatte die auftaktige Gewichtung »leicht-schwer« zum Prinzip erhoben und auf die achttaktige Periode mit Schwerpunkt auf dem 2., 4. und 8. Takt ausgedehnt. Der Begriff M. kann sinnvoll nur auf die taktgebundene Musik ab etwa 1600 angewendet werden. Von Bedeutung war er für die Musik des 18./19. Jh., jedoch neigt bereits das späte 19. Jh. dazu, metrische Verhältnisse zu verschleiern. Nach 1950 wurde anstelle eines M. oft nur noch eine Zeitorientierung (z.B. nach Sekunden) gesetzt.

Metronom: Das »Unzerstörbare Objekt« (1923) von Man Ray besteht aus einem Metronom und der Fotografie eines Auges.

Mette: ↑Matutin.

mezza voce [- ˈvoːtʃe; italienisch], Abk. m. v.: mit halber, d. h. verhaltener Stimme (singen).

mezzo [italienisch], Abk. m.: halb, mittel; wird i. d. R. in Zusammensetzungen gebraucht: **mezzoforte**, Abk. mf, mittelstark; **mezzolegato**, halbgebunden; **mezzopiano**, Abk. mp, halbleise.

Mezzosopran [italienisch]: Frauenstimmlage zwischen Sopran und Alt mit einem ungefähren Umfang von g–b^2.

mf: Abk. für **m**ezzo**f**orte (↑forte, ↑mezzo).

mi: die dritte Tonsilbe der ↑Solmisation, in romanischen Sprachen der Name für den Ton E. **Mi contra fa** bezeichnete im Mittelalter den verbotenen ↑Tritonus, im Barock den unharmonischen ↑Querstand.

Middle of the Road ['mɪdl əv ðə rəʊd; englisch »Mitte der Straße«]: Bezeichnung für Interpreten, die sich zwischen Rock- und Popmusik bewegen, d.h. meist schlagerartige Songs mit einigen Rockelementen bereichern und so einen »mittleren«, kommerziell oft erfolgreicheren Weg wählen (z.B. T. JONES, N. DIAMOND, z.T. P. MCCARTNEY).

MIDI [Abk. für englisch **m**usical **i**nstrument **d**igital **i**nterface »Schnittstelle für digitale Musikinstrumente«]: seit 1982 Bezeichnung für ein international genormtes elektronisches System, bei dem die Klangsignale (Steuersignale) einzelner digitaler Instrumente (Synthesizer, Effektgeräte, Drumcomputer, Soundsampler, digitale Keyboards usw.) über eine spezielle Schaltung (MIDI-Interface) zentralisiert werden und mithilfe eines Computers synchronisiert werden können. – ↑auch Musiktechnologie.

Mikrotöne [zu griechisch mikrós »klein«]: Bezeichnung für alle Intervalle, die kleiner sind als der temperierte Halbton. Die Teilung der Oktave in mehr als zwölf gleiche oder ungleiche Teilintervalle wurde bereits in der griechischen Antike und vielfach wieder seit der Renaissance diskutiert, wobei die dabei entstehenden Fragen immer wieder um das Problemfeld der Entscheidung zwischen der reinen oder der für die Spielpraxis günstigeren temperierten Stimmung kreisten. Bevorzugte M.-Systeme waren bis ins 20.Jh. die 19-, 31-, 43- und 53fache Teilung der Oktave (↑Vierteltonmusik). Die Entwicklung von **Mikrotoninstrumenten** in der Neuzeit ist seit dem Archicembalo von N. VICENTINO (1555) belegt, das auf sechs Tastenreihen mit geteilten Obertasten jeweils 36 Töne in der Oktave ergab. Getragen von der Überzeugung, dass unser Halbtonsystem überholt sei, wurden Ende des 19.Jh. v.a. im Bereich der Klavierinstrumente wieder M.-Instrumente gebaut, da deren Tastenanordnung die Ordnung des bestehenden wie des mikrotonalen Systems am sinnfälligsten wiedergibt. Zahlreiche Viertel- oder Sechsteltonklaviere (auch als Harmonium oder Orgel) entstanden nach Konstruktionsplänen u.a. von J. MAGER, A. HÁBA, F. BUSONI, I. WYSCHNEGRADSKY sowie (nach 1945) von A. D. FOKKER. Wegweisend für das mikrotonale Denken in den USA wurde H. PARTCH. Auf HÁBA, den kühnsten Anreger von M.-Musik im 20.Jh., geht auch die Konstruktion einer Vierteltontrompete und -klarinette zurück.

M. lassen sich auf Streichinstrumenten durch besondere Spieltechniken, bei der Gitarre durch eine feinere Bundeinteilung, beim Cembalo durch einen verschiebbaren Steg erzielen. Blechblasinstrumente haben dazu besondere Umstimmhebel. Durch den Einsatz von Synthesizer und Computer ist die Erzeugung jeglicher Art von M. inzwischen kein Problem mehr, wie überhaupt die Diskussion um mikrotonale Systeme durch die erhebliche Ausweitung der Klangvorstellung und -praxis in der neuesten Musik an Brisanz verloren hat.

Militärmusik: Bezeichnung für die gesamte im militärischen Bereich verwendete Musik, umfasst Signal- und Kommandoangaben im Fanfarenmelos (Trompete, Flügelhorn), die historischen Formen der Musik für Trompeter und Pauker sowie für Pfeifer und Trommler, die Musik der neuzeitlichen Militärkapellen und das Soldatenlied.

Marsch- und Signalmusik sind bereits um 1600 v.Chr. für das ägyptische, ab

500 v. Chr. für das römische Heer belegt. Durch die Kreuzzüge machten die Europäer Bekanntschaft mit der sarazenischen Feldmusik. Dadurch fanden Trommel und Heerpauke Eingang in die mittelalterliche M. des Abendlandes. Während der Renaissance gingen die seit dem späten Mittelalter üblichen gemischten Besetzungen (Schalmeien, Sackpfeifen, Trompeten, Trommeln) zurück. Der Instrumentengebrauch beschränkte sich auf Trompete und Pauke für die Signalmusik der Kavallerie (seit 1582; Reichszunft der Feldtrompeter und Pauker) und auf Pfeife und Trommel für die Signal- und Marschmusik der Fußtruppen.

Seit dem 17. Jh. fand in den europäischen Armeen eine Reorganisation der M. statt; sie fand ihren Ausdruck in der Nachahmung der ↑Janitscharenmusik, der Verstärkung und Umbesetzung der Militärkapellen (z. B. Ersatz der Pfeifen durch Oboen), in der Öffnung hin zur Kunstmusik (Repertoireübernahme; Streichinstrumente als Zweitinstrumente) und zu repräsentativen Aufgaben außerhalb des eigentlichen militärischen Bereichs (Platzkonzerte u. Ä.). Wesentliche Impulse gingen um 1800 von der französischen Revolutionsmusik aus. Infolge dieser Entwicklung erlangten die Militärkapellen im Laufe des 19. Jh. eine herausragende Bedeutung für die Ausbildung des musikalischen Geschmacks. Die zahlreichen Freiluftkonzerte boten weiten Teilen der Bevölkerung Gelegenheit, neben der traditionellen Marschmusik erstmals auch Werke der Kunstmusik, wenn auch in Bearbeitungen, zu hören (↑Harmoniemusik).

mineur [miˈnøːr; französisch]: ↑minore.

Minima [lateinisch »kleinste (Note)«]: Notenwert der ↑Mensuralnotation, bis zum 15. Jh. mit dem Zeichen ↓, danach ♩; aus Letzterem wurde die heutige halbe Note.

Minimal Music [ˈmɪnɪməlmjuːzɪk; englisch]: Musikrichtung, die sich ausgehend von den USA seit etwa 1960 im Zwischenbereich von Avantgarde, indischen Musiktraditionen, Free Jazz und Rockmusik entwickelte. Sie basiert auf ständiger Wiederholung und geringfügiger Variation kurzer und einfacher melodischer oder rhythmischer Grundmodelle und ist durch lang andauernde, fast statische Klangprozesse (Klangteppich) von meist meditativem Charakter gekennzeichnet. Als Gestaltungsmittel werden Überlagerung durch Phasenverschiebung (das Grundmodell wird gleichzeitig in verschiedenen Tempi gespielt; S. REICH), Improvisation (T. RILEY) oder sukzessive Addition und Subtraktion von Tönen (P. GLASS) eingesetzt. Wegbereiter der M. M. war L. M. YOUNG.

Minnesang: im eigentlichen Sinne die mittelhochdeutsche Liebeslyrik (Minnelyrik); manchmal werden auch alle Arten mittelhochdeutscher Lyrik als M. bezeichnet. Der M. entwickelte sich seit der zweiten Hälfte des 12. Jh., wobei v. a. Anregungen von den ↑Troubadours und ↑Trouvères aufgenommen wurden. Als höfische Dichtung begleitete er die Entstehung einer höfisch-ritterlichen Kultur unter den Stauferkaisern, als gesellschaftliche Dichtung wurde er an den kulturellen Zentren von den **Minnesängern** i. d. R. selbst vorgetragen. Die Überlieferung der Texte setzt mit dem 13. Jh., die der Melodien erst mit dem 14. Jh. ein. Die erste Phase bildete der **donauländische M.** (etwa 1150–70; KÜRENBERGER, MEINLOH VON SEVELINGEN, DIETMAR VON AIST). Für den eigentlichen, den **hohen M.** (etwa 1170–1200) ist der höfische Frauendienst (hohe Minne) typisch. Er erschien erstmals ausgeprägt bei den rheinischen, unter westlichem Einfluss stehenden Minnesängern um FRIEDRICH VON HAUSEN und HEINRICH VON VELDEKE. Die Frau wird hier zu einem unerreichbaren Ideal stilisiert, dem sich der Ritter in hoffnungslosem Dienst ergibt. Diese Art M. ist nicht Erlebnis-, sondern Rollenlyrik, ästhetisches Spiel mit einem poetischen Formelschatz, was eine persönliche Betroffenheit des Dichters nicht ausschließt. Der Höhepunkt dieser Minnelyrik wurde in der dritten Phase (1200–30), in der der sagenhafte Sängerkrieg auf der Wartburg stattgefunden haben soll, bei REINMAR VON HAGENAU, HARTMANN VON AUE und HEINRICH VON MORUNGEN erreicht. WALTHER VON DER VOGELWEIDE stellte dann die Hochstilisierung des Frauenbildes infrage und rühmte wiederum die nicht adlige Frau als gleichberechtigte Partnerin in der Figur des »frouwelins« und der »maget« (**Mädchenlieder, niedere Minne**). Die **Tagelieder** WOLFRAMS VON ESCHENBACH, die den Abschied am Morgen nach heimlicher Liebesnacht schildern, münden in den Preis der ehelichen Liebe. Die Abkehr dieser beiden Dichter vom Ritual der »hohen Minne« setzte sich in deren Parodierung und Persiflierung bei NEIDHART VON REUENTAL fort. Die Minnesänger der vierten Phase (1230–1300; BURKHART VON HOHENFELS, GOTTFRIED VON NEIFEN, KONRAD VON WÜRZBURG, HEINRICH VON MEISSEN, TANNHÄUSER) beschränkten sich weitgehend darauf, die vorgegebenen Form- und Themenmuster, oft durch äußerstes Formraffinement gesteigert, zu variieren. Der späte M. (14./15. Jh.) lief bereits parallel zum ↑Meistersang und wurde schließlich von ihm abgelöst. Eine individuelle Sonderstellung nimmt OSWALD VON WOLKENSTEIN ein, den man als »letzten Minnesänger« bezeichnet hat.

minore [italienisch] (französisch mineur, englisch minor): Bezeichnung für Moll, Mollakkord, Molltonart (mit der »kleinen« Terz; Gegensatz ↑maggiore). – Als Satzüberschrift zeigt **Minore** den Mollteil einer im Übrigen in der gleichnamigen Durtonart stehenden Komposition (z.B. Marsch, Tanz, Rondo) an.

Minstrel [ˈmɪnstrəl; englisch]: in Nordamerika ursprünglich Bezeichnung für fahrende weiße Spielleute ab Ende des 18. Jh., die, als Schwarze maskiert, die Lebensgewohnheiten, Musik und Tänze der schwarzen Bevölkerung karikierten (**Negro Minstrelsy**). Sie erlebten ihre Blütezeit 1840–70, als die Darbietungen im Rahmen eines festen Programms (**M.-Show**) präsentiert wurden. Zum Repertoire gehörten u.a. ↑Cakewalk und der vom Banjo begleitete Coon-Song (eine Art karikierendes musikalisches Porträt des Schwarzen der Südstaaten). Mit diesen Shows hatten die M. großen Einfluss auf das beginnende Interesse der Weißen an der Kultur der Schwarzen und ebneten den Weg für den Ende des 19. Jh. entstehenden Ragtime und Jazz.

Mirliton [mirliˈtɔ̃; französisch]: ein Membranophon, das aus einer zwischen den Fingern gespannten (freies M.) oder über eine Röhre gezogenen Membran besteht (Röhren-M.). Durch Ansprechen, -singen oder -summen der Membran wird die Stimme mitschwingend umgefärbt und verstärkt. Bei den Naturvölkern dient das M. der zum Geisterzauber notwendigen Stimmmaskierung. Zu den Röhren-M. in Europa zählen im 16./17. Jh. in Frankreich die **Zwiebelflöte** oder **Eunuchenflöte** sowie das im Jazz und als Kinderinstrument gebräuchliche **Kazoo**, bei dem sich die Membran über dem Seitenloch einer beidseitig offenen Röhre befindet. Zur einfachen Form des (gefäß)freien M. gehört auch der mit Seidenpapier bespannte Blaskamm.

Miserere [lateinisch »erbarme dich«]: nach seinem Anfangswort benannter Bußpsalm (Psalm 51). Musikgeschichtlich bedeutend sind die mehrstimmigen Vertonungen des M. für die Trauermetten der Sixtinischen Kapelle in Rom.

Missa [kirchenlateinisch]: ↑Messe.

Missale [von lateinisch missa »Messe«] (Messbuch): das liturgische Buch (Altarbuch), in dem die für die Messfeier notwendigen Texte (mit Ausnahme der Lesungen, die durch die Leseordnung festgelegt sind) und Rubriken (Anweisungen für die liturgischen Handlungen) sowie die einschlägigen Erlasse des Papstes und der Kongregation für den Gottesdienst und eine allgemeine Einführung

(»Institutio generalis«) mit liturgischen und theologischen Erläuterungen zusammengestellt sind. Neben der Ordnung der Messe (»Ordo missae«) enthält das M. entsprechend dem Verlauf des Kirchenjahres die Messformulare für Herrenfeste (»Temporale«), Heiligenfeste (»Sanctorale«, »Commune sanctorum«), Votivmessen, Messen für verschiedene Anliegen. – Ein in der katholischen Kirche allgemein verbindliches M., das **M. Romanum,** gab Pius V. in Durchführung der Konzilsbeschlüsse von Trient (1570) heraus; im Gefolge der Liturgiereform erschien 1970 ein erneuertes M. Romanum.

misurato [zu italienisch misura »Maß«]: gemessen, im Takt; **senza misura,** rhythmisch frei.

Mittel|alter: in der europäischen Geschichte Bezeichnung für den Zeitraum zwischen Altertum und Neuzeit, also etwa zwischen dem 6. Jh. und dem Beginn des 16. Jh. Für die abendländische Musikgeschichte erscheint das M. insofern von entscheidender Bedeutung, als es mit der Schöpfung der Mehrstimmigkeit die Sonderstellung der europäischen Musiktradition gegenüber den Traditionen aller anderen Kulturkreise begründete. Über die Schriften von Augustinus, Boethius, Cassiodor und Isidor von Sevilla übernahm das M. Grundzüge der antiken Musikanschauung und -praxis. Grundlegende Bedeutung hatte dabei die Lehre von der Zahl als Prinzip der Weltordnung, die sich in vollkommener Weise symbolhaft auch in der Ordnung der Musik spiegelt. Diese Musikanschauung wurde im Schrifttum noch bis ins 18. Jh. weitergetragen.

Mittelpunkt der Musikpraxis war der ↑gregorianische Gesang, dessen Repertoire noch während des gesamten M. weiter ausgebaut wurde. Das in manchen Belegen schon früher bezeugte und ebenfalls einstimmige Singen in der Volkssprache gelangte seit dem 12. Jh. in den Liedern der ↑Troubadours und ↑Trouvères, in ↑Minnesang und ↑Meistersang zu wachsender Blüte. Durch syllabische Textierung gregorianischer Gesänge (d. h. eine Textsilbe pro Ton) entstanden im 9. Jh. die neuen Gattungen ↑Tropus und ↑Sequenz, von denen die wesentlichen Einflüsse auf die weitere Entwicklung der abendländischen Musik ausgingen. Zur gleichen Zeit nahm die Mehrstimmigkeit mit dem ↑Organum ihren Anfang. Die Zweistimmigkeit von ↑Conductus und Organum wurde in der Schule von Saint-Martial (um 1100–1200) gepflegt und in der Epoche der ↑Notre-Dame-Schule (um 1200; Leoninus, Perotinus) zur Drei- und Vierstimmigkeit erweitert, wobei erstmals eine auch den Rhythmus angebende Notenschrift (↑Modalnotation) eingeführt wurde. In der ↑Ars antiqua (ca. 1230–1320; Adam de la Halle, Jacobus von Lüttich) wurde die ↑Motette zur Hauptform der mehrstimmigen Musik. Die ↑Ars nova (ca. 1320–80) brachte eine wesentliche artifizielle Steigerung der kompositorischen Mittel, die in vollendeter Weise in den Werken von Philippe de Vitry und Guillaume de Machault (↑Messe, ↑Motette, ↑Ballade, ↑Rondeau, ↑Virelais) dokumentiert sind, und entwickelte die Notenschrift zur ↑Mensuralnotation weiter. Gegenüber der v. a. rhythmisch komplexen und oftmals konstruierten Mehrstimmigkeit Frankreichs (Ars subtilior des späten 14. Jh.) war die weltliche Liedkunst des italienischen ↑Trecento (F. Landini) mehr von melodischer Eleganz und harmonischer Klarheit bestimmt. Die englische Musik (W. Odington) bevorzugte darüber hinaus die für die damalige Zeit neuartigen Terz- und Sextklänge und führte um 1400 zu einem harmonischen Vollklang, der im 15. und beginnenden 16. Jh. weiter ausgebaut wurde und allgemein verbindliche Gültigkeit erlangte. In den Kompositionen der ↑niederländischen Musik (G. Binchois, G. Dufay, J. Ockeghem) vollzog sich ein Wandel der stilistischen Mittel, der das Ende der Musik des M. anzeigt.

Mittelstimmen: im mehrstimmigen Tonsatz die Stimmen zwischen oberster (Diskant, Sopran) und tiefster Stimme (Bass), z.B. im Chorsatz Alt und Tenor.

mixolydischer Kirchenton: auf dem Grundton g stehende ↑Kirchentonart.

Mixtur [von lateinisch mixtura »Vermischung«]: in der Orgel eine Bündelung harmonischer Teiltöne hoher Lage, die durch eng mensurierte Labialpfeifen erzeugt und zu einem Register (gemischte Stimmen) zusammengefasst werden. Die M. ist meist drei- bis achtfach besetzt (d.h. auf einer Taste erklingen drei bis acht Pfeifen gleichzeitig) und enthält Pfeifenreihen aus Oktaven und Quinten zum Grundton, seltener Terzen. Als Klangkrone der Prinzipalstimmen bewirkt sie den für den Orgelklang typischen hellen Glanz bei vollem Spiel.

modaler Jazz [- dʒæz; englisch]: Ende der 1950er-Jahre von M. Davis und J. Coltrane eingeführte Improvisationsweise, die nicht mehr auf den zugrunde liegenden Harmonien der jeweiligen Melodie aufbaut, sondern eine siebenstufige Skala (vergleichbar dem Modus der Kirchentonarten) zum Ausgang nimmt.

Modalnotation: Notenschrift des späten 12. und frühen 13. Jh. (eine Vorstufe der ↑Mensuralnotation), in der mehrstimmige musikalische Werke v.a. der ↑Notre-Dame-Schule aufgezeichnet sind: Organum, Klausel, Conductus und Motette. Die M. verwendet die quadratischen Noten der ↑Choralnotation und deutet durch Reihung von 2-, 3- oder 4-tönigen Ligaturen erstmals den rhythmischen Ablauf (Modus, Grundrhyth-

Modalnotation

Modus	Kombination	Beispiel	rhythmische Bedeutung	
			mittelalterliche Theorie	heute
1.	322...		LBL BL BL	♩♪♪ ♩♪ ♩♪
2.	...223		BL BL BLB	♪♩ ♪♩ ♪♩
3. (oder 6.)	133...		L BBL BBL	♩. ♪♪♩. ♪♪♩.
4.			kommt sehr selten vor und ist umstritten	
5.	111...		L L L	♩. ♩. ♩.
6. (oder 3.)	433...		BBBB BBB BBB	♪♪♪♪ ♪♪♪ ♪♪♪

Modalnotation: die sechs Modi der Modalnotation (L = Longa, B = Brevis)

Mizmar [mizˈmar; arabisch] (Mismar): in arabischen Ländern der Name für verschiedene Blasinstrumente mit einfachem oder doppeltem Rohrblatt. In Irak ist M. gleichbedeutend mit der ägyptischen Doppelklarinette Zummara; in Ägypten bezeichnet M. eine Oboe vom Typ der ↑Zurna, in Tunesien und Marokko die Doppelklarinette ↑Zamr.

M.M.: Abk. für **M**etronom **M**älzel (↑Metronom).

mod.: Abk. für ↑**mod**erato.

mus) der Stimmen an, wobei sechs je dreizeitige rhythmische Modi unterschieden werden. Die Stimmen sind auf getrennten Systemen notiert und wie in einer Partitur übereinander angeordnet. Beginn und Ende einer Ligaturkette sind durch einen kurzen senkrechten Strich gekennzeichnet, der außerdem als Gliederungs- und Pausenstrich dient.

moderato [italienisch], Abk. mod.: mäßig, gemäßigt; auch in Zusammensetzungen: **allegro m.,** mäßig schnell; **an-**

dante m., mäßig gehend. – Das **Moderato** ist ein musikalischer Satz in diesem Tempo.

Modern Dance ['mɔdəndɑːns; englisch »moderner Tanz«]: amerikanische Form des Ausdruckstanzes, der dem strengen Kanon für die Schritt- und Bewegungsfolgen des klassischen Balletts die freie, subjektiv geschaffene Bewegung des Tänzers, dem Spitzenschuh der Danse d'école die »nackte Sohle« entgegensetzt. Er ist durch ein Wechselspiel von Kontraktion und Expansion gekennzeichnet und bezieht neben der Senkrechten auch die Horizontale als zusätzliche Ebene der Bewegung mit ein. Als Stilepoche ist der M. D. auf die Zeit von 1926 (Debüt von M. GRAHAM) bis Ende der 1950er-Jahre beschränkt. Seitdem sind die Grenzen zwischen M. D. und klassischem Ballett fließend.

Modern Jazz ['mɔdəndʒæz; englisch]: übergreifende Bezeichnung für die Stilbereiche des Jazz zwischen 1940 und 1960 in Abgrenzung zu den traditionellen Formen des Jazz wie z.B. Dixielandjazz, Swing und der breiten Strömung des Mainstream. Zum M. J. zählen v.a. Bebop, Cool Jazz und Hardbop.

Modinha [mɔ'ðiɲɔ; portugiesisch »Modelied«]: im 18./19. Jh. in Portugal ein virtuoser arienartiger Gesang nach dem Vorbild der italienischen Opernarie; später auch in Brasilien verbreitet; im 20. Jh. als ein- oder zweistimmiges Strophenlied von Gitarre oder Klavier begleitet.

Modulation [lateinisch modulatio »Grundmaß«]: der Übergang von einer Tonart in eine andere; in der Dur-Moll-Tonalität seit etwa 1700 eines der wichtigsten musikalischen Gestaltungs- und Ausdrucksmittel. Wird die erreichte Tonart durch eine Kadenz bestätigt, so liegt eine endgültige M. vor; wird sie nur vorübergehend berührt, so spricht man von einer Ausweichung. In der ↑Harmonielehre unterscheidet man drei Hauptarten der M.: Die **diatonische M.** beruht auf der Umdeutung einer Dreiklangsfunktion; so kann z.B. in der Tonart C-Dur die Tonika c–e–g vollständig in die Dominante von F-Dur umgedeutet werden und führt in die neue Tonart F-Dur. Bei der **chromatischen M.** schreiten bei gleichzeitigem Liegenlassen der gemeinsamen Töne zweier Akkorde die restlichen Stimmen chromatisch fort, wodurch ein neuer Harmoniebereich gewonnen wird. Bei der **enharmonischen M.** werden ein oder mehrere Töne harmonisch umgedeutet (↑Enharmonik). Von dieser M. wird die Rückung unterschieden, d.h. das unverbundene Nebeneinanderstellen von musikalisch abgeschlossenen Satzteilen in verschiedenen Tonarten. – Im musikalischen Vortrag versteht man unter M. die sinngemäße Abstufung und Regelung der Tonstärken- und Klangfarbenverhältnisse.

Modus [lateinisch »Maß«]: die Oktavgattungen der Kirchentonarten; in der Modalnotation der Grundrhythmus der Ligaturen.

Moll [zu lateinisch mollis »weich«]: im Bereich der tonal gebundenen Musik das »weiche« oder »weibliche« Tongeschlecht, dem alle **Molltonarten** mit kleiner Terz und kleiner Sexte über dem Grundton zugehören, im Unterschied zum »harten« oder »männlichen« Tongeschlecht Dur. In den M.-Tonarten lebt das Erbe der älteren dorischen und phrygischen ↑Kirchentonarten fort. Kennzeichen ist die diatonische Skala mit Halbtonschritten zwischen der 2. und 3. sowie der 5. und 6. Stufe. Im praktischen Gebrauch unterscheidet man neben dem **natürlichen M.** auf dem Grundton a in der Form der äolischen Kirchentonart das **harmonische M.**, das durch (künstliche) Erhöhung der 7. Stufe den ↑Leitton einführt, wodurch zwischen der 6. und 7. Stufe eine übermäßige Sekunde entsteht, und das **melodische M.**, das in aufsteigender Richtung zur Vermeidung des übermäßigen Sekundschritts neben der 7. auch die 6. Stufe chromatisch erhöht (z.B. in a-Moll fis-gis), während in der Praxis zur Abwärtsbewegung meist wieder das natürliche M. verwendet wird.

molto [italienisch]: viel, sehr; wird in Zusammensetzungen gebraucht, z.B. **m. allegro**, sehr schnell; **m. legato**, sehr (stark) gebunden.

Momentform: von K. STOCKHAUSEN (»Momente«, 1962–64) geprägte Bezeichnung für jede als unverwechselbar erkennbare Formeinheit einer Komposition. Diese können zwar zu einer höheren kompositorischen Einheit zusammentreten, jeder Augenblick ist aber als Höhepunkt erfahrbar.

Moment musical [mɔˈmã myziˈkal; französisch]: kürzeres instrumentales Charakterstück ohne festgelegte musikalische Form, meist für Klavier. Die Bezeichnung M. m. begegnet erstmals im Zusammenhang mit den sechs Klavierstücken op. 94 von F. SCHUBERT (D 780, 1828), geht aber wahrscheinlich auf dessen Wiener Verleger M. J. LEIDESDORF zurück.

Monochord (Miniatur aus einer Handschrift um 1100)

Monochord [von griechisch monóchordon »Einsaiter«]: aus der griechischen Antike stammendes und weit über das Mittelalter hinaus gebräuchliches Instrument, das die zahlhaften Zusammenhänge zwischen Tonhöhe und Saitenlänge deutlich macht. Es besteht i.d.R. aus einem länglichen Resonanzkasten mit zwei festen Stegen, über die eine Saite gespannt ist. Die Saite wird entweder mit dem Finger oder einem Stäbchen herabgedrückt oder durch einen zusätzlich verschiebbaren Steg in zwei Teile geteilt und am verkürzten Saitenabschnitt mit einem Plektron oder dem Finger angerissen bzw. gezupft. Die exakten Teilungspunkte sind anhand einer aufgemalten Skala ablesbar und ergeben bei dem Verhältnis 1:2 die Oktave, bei 2:3 die Quinte, bei 3:4 die Quarte, bei 8:9 den Ganzton usw. Die Erfindung des M. wird PYTHAGORAS zugeschrieben. Im späten Mittelalter wurde das M. vereinzelt mit mehr Saiten (Polychord) versehen. Aus ihm entwickelte sich vermutlich in Verbindung mit Hebeltasten im 14. Jh. das ↑Klavichord.

Monodie [von griechisch monōdía »Einzelgesang«]: in der griechischen Antike im Unterschied zum Gesang des Chores der Sologesang mit Instrumentalbegleitung (Aulos, Lyra oder Kithara), v.a. der Klagegesang eines einzelnen Schauspielers in der Tragödie. – Aus der Idee einer Wiederbelebung griechischer Praxis entstand gegen Ende des 16. Jh. in Italien v.a. im Kreise der Florentiner Camerata eine als M. bezeichnete neue Art (Seconda Pratica) des akkordisch durch den ↑Generalbass begleiteten Sologesangs, die in ihrer affektgesteuerten Prägung v.a. durch G. CACCINI und C. MONTEVERDI in Oper, Solomadrigal, Kantate und Oratorium zu ihrem Höhepunkt gelangte und international weit in die Zukunft ausstrahlte. Im Gegensatz zum alten kontrapunktischen Stil (Prima Pratica) wird die Aufgabe der Musik darin gesehen, Sinn und Affekte des Textes zu deuten. Die melodietragende, vokale Oberstimme (oft mit improvisierten Verzierungen) ist durch sorgfältige Textdeklamation, schnellen Wechsel von langen und kurzen Tönen, großen Stimmumfang, dissonante Sprünge und gehäufte Chromatik geprägt. Der Generalbass ist oft als liegender Basston notiert. Aus den mehr rezitativischen und mehr ariosen Partien innerhalb des monodischen Gesangs entwickelten sich die gegensätzlichen Formen ↑Rezitativ und ↑Arie. – In einem ungenauen Sprachgebrauch wird heute auch der einstimmige Gesang (z. B. der Choral) oder der begleitete Sologesang schlechthin als M. bezeichnet.

Claudio Monteverdi

Monteverdi, Claudio Zuan (Giovanni) Antonio, italienischer Komponist, getauft Cremona 15. 5. 1567, † Venedig 29. 11. 1643: M., ab 1590 im Dienste des Fürstengeschlechts der GONZAGA in Mantua (1602 Hofkapellmeister), schuf auf der Grundlage seiner frühen Madrigale, die insgesamt in neun Büchern (1587–1643) überliefert sind, seine Favola per musica »Orfeo«, deren Uraufführung 1607 den eigentlichen Beginn der Gattung Oper markiert. Von seiner zweiten, für die Hochzeit des Thronfolgers komponierten Oper »L'Arianna« hat sich in fünfstimmiger Bearbeitung nur das berühmte »Lamento« erhalten (Madrigalbuch 6). Nach einer Zwischenstation in Cremona wurde M. 1613 Kapellmeister an San Marco in Venedig (1632 zum Priester geweiht), wo aus Mitteln des Adels mit dem Teatro di San Cassiano dann 1637 das erste öffentliche Opernhaus der Welt entstand. Neben einer Reihe nicht mehr erhaltener dramatischer Werke und geistlicher Vokalmusik (u. a. Messe, 1631; darin das siebenstimmige Gloria) wurden hier 1640 noch »Il ritorno d'Ulisse in patria« und 1642 »L'incoronazione di Poppea« aufgeführt.

Schon zu seiner Zeit weithin berühmt, verbinden sich im Werk M.s das Erbe der klassischen Vokalpolyphonie mit dem neuen Stil der Monodie, die er in der Vorrede zu seinem 5. Madrigalbuch als »Seconda Pratica« beschreibt. Gegenüber dem bloßen Deklamationsstil der Florentiner Frühoper (Ende des 16. Jh.) zeichnen sich seine Opern durch eine lebendige Führung der Singstimme, eindringliche Monologe, dramatisch akzentuierte Ensembles und Chöre sowie farbige Orchestergestaltung aus. Grundlage ist eine sorgsame Textauswahl, die eine gesteigerte musikalische Affektdarstellung gewährleistet und zu einer reichen Entfaltung des musikdramatischen Gehaltes führte, die den bis ins 18. Jh. verbindlichen Operntyp festlegte.

Moodstyle [ˈmuːdstaɪl; von englisch mood »Laune«, »Stimmung«]: Ende der 1920er-Jahre im Orchester DUKE ELLINGTONS entwickelte charakteristische Spielweise, die mit harmonischen (alterierte Akkorde) und instrumentalen (z. B. gedämpfte Posaunen und Trompeten, tiefe Klarinettenregister) Mitteln eine bluesgetragene, »schwüle« Stimmung hervorruft (z. B. »Mood indigo«, 1931).

Mordent [von italienisch mordente »Beißer«]: zur Familie der Triller gehörende Verzierung, die aus dem ein- oder mehrfachen Wechsel zwischen Hauptnote und (kleiner oder großer) Untersekunde besteht und durch ❧ über der

Note angezeigt wird. Muss die Hilfsnote chromatisch verändert werden, so werden ♯, ♭, ♮ usw. zu den Zeichen gesetzt. Die Anzahl der Wechselschläge richtet sich nach den musikalischen Gegebenheiten, sodass ⁕ sowohl für den kurzen (einmaliger Wechsel) als auch für den langen M. (zwei- oder dreimaliger Wechsel) steht. Letzterer wird gelegentlich auch durch ⁕⁕ bezeichnet.

Mordent: kurzer (links) und langer Mordent

morendo [italienisch »ersterbend«]: allmählich schwächer werdend bis zur kaum mehr hörbaren Tonstärke, oft bei gleichzeitiger Tempoabnahme.

Moresca [italienisch, von spanisch morisco »maurisch«] (spanisch Morisca, Moriska, Moriskentanz): ein erstmals 1427 in Burgund bezeugter Tanz, dessen Herkunft einerseits mit Fruchtbarkeitstänzen, andererseits mit den Kämpfen zwischen Christen und Mauren in Verbindung gebracht wird. Die in ganz Europa verbreitete M. wurde im 15. Jh. als Einzel- oder Gruppentanz mit dem Motiv des Schwerttanzes beschrieben. Dabei trugen die »Mauren« geschwärzte Gesichter; die Tanzenden standen sich in zwei Reihen gegenüber und trugen Schellenbänder an den Füßen und Schwerter in den Händen. Gleichzeitig wurden auch Tanzszenen, v.a. in der Zwischenaktunterhaltung von Dramen (Intermedien, Masques), als M. bezeichnet. Im 16. Jh. oft geradtaktig, wurde die M. im 17. Jh. meist im schnellen Dreierrhythmus getanzt. Sie bildete dann den gesellschaftlichen Abschluss der frühen Oper, so etwa in C. MONTEVERDIS »Orfeo«.

Eine Variante ist der englische **Morrisdance**, der ausschließlich von Männern ausgeführt und von Einhandflöte (pipe) und Trommel (tabor) begleitet wurde. Er umfasst prozessionsartige Umzüge, Tanz mit Spielelementen oder Schwerttanz. Nach 1850 wurde der Morrisdance zeitweise von Morrisgilden gepflegt.

Moritat [wohl durch zerdehnendes Singen des Wortes »Mordtat« (etwa: Mored-tat) entstanden]: Sonderform des ↑Bänkelsangs; wurde wie dieser als formelhaftes Lied mit vielen Strophen auf Jahrmärkten vor einer meist fünf bis sechs Bilder enthaltenden Leinwandtafel von berufsmäßigen M.-Sängern abgesungen. Der Schluss des Liedes enthielt eine belehrende Moral. Von der Drehorgel begleitet und auf bekannte Melodien gesungen, lag die Blütezeit des M.-Sangs im 19. Jahrhundert.

Morrisdance [ˈmɔrɪsdɑːns; englisch]: englischer Tanz, Variante der ↑Moresca.

mosso [italienisch]: bewegt, lebhaft; auch in Zusammensetzungen: **più m.**, lebhafter; **meno m.**, weniger lebhaft.

Motette [zu spätlateinisch muttum »Wort«] (italienisch Motetto): eine der wichtigsten Gattungen mehrstimmiger Vokalmusik der abendländischen Musikgeschichte. Ihr Ursprung liegt in der nachträglichen (zuerst lateinischen, später auch französischen) Textierung von Discantuspartien (Klauseln) der ↑Notre-Dame-Schule, wobei sowohl die unmittelbar über dem Tenor verlaufende Stimme als auch das ganze Stück als **Motetus** bezeichnet wurde.

Bereits im 13. Jh. verselbstständigte sich die M. zur wichtigsten Gattung der Ars antiqua (bedeutendste Handschriften in Montpellier und Bamberg) sowohl im weltlichen als auch im geistlichen Bereich. Auffallend in diesem Stadium ist die verschiedene Textierung der Stimmen (innerhalb einer M. z.T. in verschiedenen Sprachen; **Doppel-M., Tripel-M.**). Im 13. Jh. war Frankreich das Zentrum der M.-Komposition, doch war sie bald auf dem ganzen Kontinent verbreitet. Eine wesentliche kompositorische Erweiterung erfuhr die M. durch die von PHILIPPE DE VITRY ausgebildete Isorhythmie (↑isorhythmisch), die bei GUILLAUME DE MACHAULT ihren Hö-

Motiv

hepunkt erreichte. Entscheidenden Anteil an der für das 15. und 16. Jh. gültigen Ausformung gewann G. DUFAY.

Im ausgehenden 15. Jh. vollzog sich die Bindung der M. an die Kirchenmusik, die bis heute gültig geblieben ist. Maßgebende M.-Komponisten des 16. Jh. waren JOSQUIN DESPREZ, PALESTRINA und O. DI LASSO. Eigene Traditionen ergaben sich aus der deutschsprachigen protestantischen Kirchenlied-M. (H. SCHÜTZ, J. WALTER) und dem englischsprachigen ↑Anthem. Neben der Fortführung der traditionellen Formen brachte das 17. Jh. die instrumentalbegleitete Solo-M. (L. VIADANA) sowie mehrchörige M. venezianischer Tradition hervor (beide oft auch als »Concerti« bezeichnet), die u.a. zur Ausbildung der Kantate beitrugen. Nach den M. J. S. BACHS folgte die Gattung dem allgemeinen Niedergang der Kirchenmusik im ausgehenden 18. Jh., fand aber im 20. Jh. im Rahmen historischer Aufführungspraktiken neues Interesse.

Motiv [zu lateinisch movere »bewegen«]: das kleinste selbstständige Glied, das als kompositorische Sinneinheit eine gestaltende, den Formablauf »motivierende« Bedeutung hat. Merkmale eines M. können seine melodische Gestalt, sein Rhythmus, seine harmonische Struktur bzw. die Verbindung aller dieser Elemente sein. Das M. kann Bestandteil eines Themas, einer Melodie oder einer Phrase sein, wobei die Abgrenzung der auftretenden M. untereinander nicht immer eindeutig ist. Seit der Wiener Klassik spielten das M. und seine Verarbeitung, d.h. Veränderung, Aufspaltung und Kombination mit anderen M. (↑thematische Arbeit), eine zentrale Rolle für den entwickelnden Aufbau v.a. größerer Instrumentalwerke (exemplarisch in den Sinfonien L. VAN BEETHOVENS). Ähnliches leistet in der Oper seit R. WAGNER in Verbindung mit dem dramatischen Gehalt das ↑Leitmotiv.

moto [italienisch »Bewegung«]: v.a. in Zusammensetzungen gebraucht, z.B. con m., mit Bewegung, più m., mit mehr Bewegung, bewegter.

Motown ['məʊtaʊn; amerikanisch, Kurzwort zu motor town]: Name einer Plattenfirma im amerikanischen Detroit, die zu Beginn der 1960er-Jahre einen kommerziell äußerst erfolgreichen Sound kreierte, eine Mischung aus Gospel und Rhythm and Blues in einem charakteristisch swingenden Rhythmus, der vielen Sängern zu Weltruhm verhalf (u.a. D. ROSS, S. WONDER, M. JACKSON als Mitglied der Jackson Five).

Mouvement [muvm'ã; französisch]: die Bewegung, das Zeitmaß eines Satzes, auch der Satz eines zyklischen Werkes; beim Tanz die einfache Körperbewegung im Gegensatz zum Schritt (französisch pas).

mozarabischer Gesang: die von der römischen Liturgie abweichende Tradition des Kirchengesangs der altspanischen (westgotischen) Christen. Er besaß wahrscheinlich schon im 6. Jh. ein fest gefügtes Repertoire, das unter ISIDOR VON SEVILLA im Konzil von Toledo (633) bestätigt wurde und auch nach der arabischen Besetzung Spaniens (711) lebendig blieb. Er wurde in eigenen Neumen notiert und ist wegen der linienlosen Notierung nicht entschlüsselbar.

Mozart, Wolfgang Amadeus: Siehe S. 244.

mp: Abk. für **m**ezzo**p**iano, halbleise.

m. s.: Abk. für ↑**m**ano **s**inistra.

Multibeat ['mʌltɪbi:t; englisch]: dem afrikanischen Rhythmuserleben entlehntes, dem Jazz zugrunde liegendes rhythmisches Prinzip, bei dem im Unterschied zur europäischen Musik die einzelnen Zählzeiten (Beats) des Taktes nochmals in eine Reihe individuell erlebter und zugleich kollektiv wirkender Einheiten (latente Beats) unterteilt werden. Der M. führte zu einer Relativierung bzw. Aufhebung der starren Einteilung in betonte und unbetonte Zählzeiten und bereitete den ↑swing vor.

Mundharmonika: länglich rechteckiges oder bananenförmiges Musikinstrument, das beim Spielen mit den Händen zwischen Ober- und Unterlippe geführt wird und dessen durchschlagende Metallzungen durch die Atemluft in Schwingung versetzt werden. Die M. besteht aus einem Tonkanzellenkörper aus Hartholz (seltener Kunststoff) mit einer Reihe parallel eingefräster, entweder einfacher (einchörig) oder geteilter (zweichörig) Luftkanäle, in denen die Zungen frei schwingen können. Sie ist ursprünglich ein diatonisches, d. h. auf nur eine Tonart abgestimmtes Instrument. Beim Ausatmen (Blaston) oder Einatmen (Ziehton) erklingt pro Kanzelle jeweils ein anderer Ton, wobei die Kanzellen fortlaufend im Terz- oder Tonika-Dominant-Verhältnis miteinander harmonieren. Man unterscheidet drei Standardmodelle: das Richtermodell mit 10–14 einchörigen Kanzellen (Umfang etwa 3–4½ Oktaven), die zweichörige Knittlinger-M. sowie die ebenfalls zweichörige Wiener oder Tremolo-M., bei der im Oktavabstand doppelt vorhandene Stimmzungen durch feine Unterschiede im »Schwebeton« gehalten sind. Diatonische M. sind in den unterschiedlichsten Größen und auf fast alle Dur- und Molltonarten abgestimmt im Handel erhältlich; speziell für M.-Orchester konstruiert sind die größere **Bass-M.** sowie die **Akkord-Begleit-M.**, auf der die gängigen Dur- und Molldreiklänge gespielt werden können. Eine chromatische M. ist die in zwei um einen Halbton differierende Tonarten gestimmte **Chromonica** mit Schiebevorrichtung zum Abdecken jeweils einer Kanzellenreihe. – Die M. in der heutigen Form geht auf die 1821 von F. L. BUSCHMANN erfundene Mund-Äoline zurück.

Mund|orgel: in Ost- und Südostasien heimisches Blasinstrument, bestehend aus mehreren Bambus- oder Holzrohren, in die metallene Durchschlagzungen eingesetzt sind. Die Rohre sitzen in einem Windbehälter aus Kürbis oder Holz, durch dessen Mundstück der Spieler Luft ausstößt bzw. einsaugt. Dabei erklingen nur die Rohre, deren seitlich zugängliche Löcher der Spieler mit seinen Fingern abdeckt. In Hinterindien hat die M. eine oder mehrere Bordunsaiten.

Das Erscheinen der M. ist nicht früher als 1000 v. Chr. anzusetzen. Ihre reifsten Formen finden sich in China (**Sheng**) und Japan (**Shō**). Bei ihnen sitzen die Rohre kreisförmig in einem schüsselförmigen Windbehälter. Während die M. in bestimmten Stücken des japanischen

Mundorgel: chinesische Mundorgel Sheng

Hoforchesters Gagaku einem kompaktakustischen Bordun dient, werden die Instrumente in China und Laos in homophon-mehrstimmiger Weise, z. T. in Parallelführung, gespielt. Bei dem laotischen Typ (**Laos-Orgel, Khene**) sind die Rohre in zwei parallelen Reihen angeordnet. Durch die M. kamen die Durchschlagzungen im 18. Jh. auch nach Europa, wo sie zur Entwicklung von Mund- und Ziehharmonika führten.

Mozart

Innerhalb des »Kleeblatts« Haydn–Mozart–Beethoven gilt WOLFGANG AMADEUS MOZART als der Mittelpunkt der Wiener klassischen Epoche. Gemeinsam mit J. HAYDN begründete er diejenigen Gattungen und Formen (v.a. Streichquartett, Sinfonie, Sonatensatz), die dann von L. VAN BEETHOVEN als dem »Vollender« und »Überwinder« den nachfolgenden Generationen weitergegeben wurden.

Wolfgang Amadeus Mozart

MOZARTS Werk umfasst alle musikalischen Stile und Gattungen seiner Zeit, von einfachster Gebrauchs- über galante Gesellschaftsmusik bis hin zu Werken differenziertester Technik und größtem inneren Beziehungsreichtum. In Auseinandersetzung mit der zeitgenössischen europäischen Musik eignete er sich bereits in jungen Jahren scheinbar spielerisch das Erfahrene an und formte es in ganz individueller Weise um. Dabei erscheinen die einzigartige Geschlossenheit und Einheitlichkeit vieler seiner Werke, der spezifisch »mozartsche Ton«, der vermeintlich »so leicht« daherkommt, nach wie vor ebenso rätselhaft wie die enorme musikalische Hinterlassenschaft des so früh Verstorbenen, dem eine phänomenale Schnelligkeit in der Umsetzung kompositorischen Denkens in Notenschrift nachgesagt wird. Das erstmals 1862 von L. VON KÖCHEL erstellte Werkverzeichnis (sog. Köchel-Verzeichnis, KV) nennt neben einer Vielzahl instrumentaler wie vokaler Einzelstücke (Lieder, Kanons, Tänze, Märsche) 19 Messen sowie weitere geistliche Werke, außer 60 dramatischen Szenen und Arien über 20 Bühnenwerke, mehr als 40 Sinfonien, fast 30 Konzerte für Klavier (»Jeunehomme«, KV 271; zwei »Krönungskonzerte«, KV 459 und 537; auch für drei Klaviere, KV 242) und über 20 für andere Soloinstrumente (u.a. 5 für Violine, die MOZART ebenfalls beherrschte; ferner für Flöte und Harfe, KV 299), zudem etwa 40 Serenaden (»Eine kleine Nachtmusik«, KV 525) und Divertimenti. Zu den ca. 100 Kammermusikwerken gehören 26 Streichquartette (z.B. »Haydn-Quartette«, 1782–85) und 40 Violinsonaten (mit Klavier), daneben fast 80 Werke für Klavier (darunter 18 Sonaten; Fantasie und Sonate c-Moll, KV 475).

■ Ein Wunderkind auf Reisen

MOZARTS Kindheit und Jugend hat bis in unsere Tage das Bild vom »musikalischen Wunderkind« wesentlich geprägt. Geboren in Salzburg am 27. 1. 1756, wurde er in seiner erstaunlich frühen musikalischen Begabung v.a. vom Vater, dem Hofmusiker L. MOZART, gefördert. Gemeinsam mit der pianistisch ebenfalls hoch begabten Schwester MARIA ANNA (genannt »NANNERL«) und der ganzen Familie unternahm er ab 1762 zahlreiche, z.T. mehrjährige Reisen, die ihn in viele europäische Musikzentren (Wien, München, Frankfurt am Main, Brüssel, Paris, Den Haag, London) führten. Vor zumeist höfischem Publikum konzertierte und improvisierte er am Klavier, und bald folgten erste Drucke seiner Kompositionen, darunter auch Kammermusik und kleine Sinfonien. Entscheidend für die weitere Entwicklung waren drei Italienreisen 1769–73, auf denen er mit fast allen bedeutenden italienischen Komponisten der Zeit zusammentraf und seine Musiksprache zur ersten Reife führte.

Salzburg und Wien

Die Jahre bis zu MOZARTS endgültiger Übersiedlung nach Wien 1781 waren wesentlich geprägt von dem ihm auferlegten strengen Dienst als besoldeter Konzertmeister am Hof des Salzburger Fürstbischofs H. Graf von COLLOREDO, ein Dienst, der wenig Ausbruchsmöglichkeiten (z. B. Reisen nach Paris und Mannheim) zuließ, was schließlich zum Bruch zwischen dem Fürstbischof und dem »unbotmäßigen« MOZART führte. Dennoch entstanden in dieser Zeit eine Fülle von Kompositionen, neben zahlreichen Sinfonien (»Pariser«, KV 297) und Instrumentalkonzerten v.a. ein Großteil der Kirchenmusik (»Krönungsmesse«, KV 317). MOZARTS Hoffnung, als freier Künstler in der Musikmetropole Wien Fuß zu fassen, währte nicht lange. Zwar nahm er anfangs rege an Hauskonzerten teil, u.a. bei Baron VAN SWIETEN, der ihn mit dem Werk J. S. BACHS vertraut machte, auch waren seine »Akademien«, für die zahlreiche weitere Klavierkonzerte entstanden, gut besucht, – doch allmählich nahmen wirtschaftliche Sorgen überhand, und MOZART zog sich immer mehr aus dem gesellschaftlichen Leben zurück, schuf aber in den letzten Lebensjahren neben Opern seine vollendetsten, zu den Höhepunkten ihrer Gattung zählenden Instrumentalwerke, etwa die Sinfonien »Prager« (KV 504) und »Jupiter« (KV 551).

Die meistgespielte Oper der Welt

MOZARTS Bühnenschaffen ging von den italienischen Gattungen der tragischen Opera seria und der heiteren Opera buffa sowie dem Singspiel aus, die er durch reiche, ausdeutende Orchestersprache, präzise Personenzeichnung, vollendete Einheit von dramatischem Ablauf und musikalischer Formung sowie durch ein bewundernswertes Wechselspiel der Aktionen v.a. in den Finalen zu neuer Individualität und Ausdruckskraft führte. Dabei war seine Vorliebe für die Oper durchaus auch existenzieller Natur. Stets war er um Opernaufträge bemüht und nichts strebte er mehr an als eine Kapellmeisterstelle an einem renommierten Opernhaus. Doch sie blieb ihm zeitlebens versagt, und auch manche seiner Opernprojekte verliefen enttäuschend, so der für das Münchner Hoftheater entstandene »Idomeneo« (1781) oder die in Wien uraufgeführten, aber bald wieder abgesetzten »Entführung aus dem Serail« (1782) und »Hochzeit des Figaro«

Das Bild der Musikerfamilie Mozart zeigt den Komponisten mit seiner Schwester Maria Anna am Klavier und den Vater Leopold mit Violine. Auf dem Wandbild im Hintergrund des Gemäldes ist die 1778 verstorbene Mutter Anna Maria abgebildet (1780/81).

(1786), denen mit »Così fan tutte« (1790) nur noch ein einziger weiterer Opernauftrag vom Wiener Hof folgte. Eine Ausnahme bildete allein Prag, wo nach der begeisterten Aufnahme des »Figaro« 1787 ein regelrechtes Mozartfieber entstand, dem die Aufträge zu »Don Giovanni« (1787) und »La clemenza di Tito« (1791) folgten.

Die wachsende Begeisterung der Wiener für die »Zauberflöte« (Uraufführung am 30. 9. 1791), die lange Jahre auf dem Spielplan blieb, konnte MOZART gerade noch erleben. Mit einer alle damaligen Gattungsbegriffe wie Bühnenaufwand sprengenden Mischung aus »Zauber-« und »Maschinenoper«, Märchen und von freimaurerischer Humanität durchdrungenem Ideendrama bildet sie die Synthese seines Opernschaffens. Regelrechte Gassenhauer wurden die unbekümmerten Trällereien des Vogelfängers Papageno, die in höchste Höhen sich versteigende Rachearie der Königin der Nacht, der tief mahnende Bass Sarastros sowie der Chor der Geharnischten. Gemeinsam mit seinem Librettisten E. SCHIKANEDER nahm MOZART dabei geschickt Bezug auf Wiener Zeitereignisse, so spielt er etwa bei den vom Bühnenhimmel herabgelassenen drei Knaben im 1. Akt auf die in Wien gefeierte Ballonfahrt F. BLANCHARDS im Juli 1791 an.

■ Der andere Mozart

Mit seiner 1977 erschienenen Mozartbiografie hat der musikwissenschaftliche Außenseiter W. HILDESHEIMER die Mozartforschung kräftig durcheinander gewirbelt. Dem spätestens seit der Romantik vorherrschenden Bild vom spielerisch schaffenden MOZART, dessen Werk mit den Worten R. SCHUMANNS »Heiterkeit, Ruhe und Grazie« ausstrahlt, setzte HILDESHEIMER v.a. anhand zahlreicher Briefe den rastlos Suchenden und schließlich an der Wiener Gesellschaft und der eigenen existenziellen Ohnmacht Scheiternden gegenüber. Für einen kleinen wissenschaftlichen Skandal sorgte parallel die Veröffentlichung der »Bäsle-Briefe« an eine Jugendliebe (1978), deren z.T. derbe, obszöne Sprache das Bild vom unschuldigen Kindkünstler zusätzlich trübte.

■ Mozarts Tod

MOZART starb nach dem medizinischen Bericht am 5. 12. 1791 vermutlich an den Folgen eines rheumatischen Fiebers. Bis zuletzt hatte er an der Ausarbeitung eines Requiems (KV 626) gearbeitet, das anonym bestellt worden war und ein beträchtliches Honorar versprach. Auf Drängen von MOZARTS Frau KONSTANZE wurde die Komposition von seinem Schüler F. X. SÜSSMAYR komplettiert, später aber immer wieder nachgebessert. MOZARTS Todesursache ist bis heute umstritten, Spekulationen über Gift- oder Selbstmord haben aber immer wieder die Fantasie angeregt, so auch den filmischen Welterfolg »Amadeus« (1984) von M. FORMAN, der in kongenialer Bildumsetzung der Musik und anknüpfend an die Geheimnisse um das Requiem der heutigen Sichtweise vom lebensverbundenen Künstler folgt. MOZARTS Begräbnis auf dem Sankt Marxer Friedhof in Wien muss unter denkbar armseligen Umständen stattgefunden haben. Seine letzte Ruhestätte ist nicht mehr festzustellen. ■

Zwei Museen informieren in Salzburg über den Komponisten: MOZARTS Geburtshaus und das Mozart-Wohnhaus. Einen anderen Blick auf sein Leben gibt jedoch der Film »Amadeus« von FORMAN (1984), der sicher in einer Videothek zu finden ist.

HENNENBERG, FRITZ: *Wolfgang Amadeus Mozart*. Reinbek (Rowohlt) 1992. ■ WILLASCHEK, WOLFGANG: *Mozart-Theater. Vom »Idomeneo« bis zur »Zauberflöte«*. Stuttgart u.a. (Metzler) 1996. ■ EINSTEIN, ALFRED: *Mozart. Sein Charakter – sein Werk*. Frankfurt am Main (Fischer-Taschenbuch-Verlag) 33.–36. Tsd. 1997.

Mundstück: der abnehmbare Teil eines Blasinstruments, der beim Spiel an oder zwischen die Lippen gesetzt wird. Zusammen mit den Lippen oder einem Rohrblatt dient das M. als Tonerzeuger, bei der Blockflöte lediglich als Anblashilfe. Bei Blechblasinstrumenten ist das M. ein kleines metallenes Ansatzstück in Form eines Trichters (Horn) oder Kessels (Posaune, Trompete, Tuba). Bei Klarinetten und Blockflöten fungiert der Schnabel als M., bei Fagotten und Oboen das frei stehende Doppelrohrblatt selbst.

Murciana [murθj'a:na]: spanischer Tanz aus der südostspanischen Provinz Murcia, eine landschaftliche Variante des ↑Fandango.

Murkys (Murkybässe): oft abwertende deutsche Bezeichnung für eine einfache Bassbegleitung in fortlaufenden gebrochenen Oktaven, v. a. im 18. Jh. in Stücken für Tasteninstrumente, häufig als ↑Brillenbässe notiert. Auch kleine Stücke mit dieser Begleitung heißen Murkys.

Musette [my'zɛt; französisch, zu altfranzösisch muse »Dudelsack«]:
♦ *Instrumentenkunde:* eine in Frankreich im 17./18. Jh. beliebte Sackpfeife mit 2–3 Bordun- und einer, später zwei Spielpfeifen (Tonumfang etwa zwei Ok-

Musette: J. S. Bach, »Notenbüchlein für Anna Magdalena Bach« Nr. 22 (BWV Anhang 126, 1725)

taven). Der Sack wurde nicht durch ein Windrohr, sondern durch einen an den Arm geschnallten Blasebalg mit Luft gefüllt. Die teilweise reich verzierte und aus kostbaren Materialien bestehende M. war v. a. im 18. Jh. ein Modeinstrument für höfische Schäferspiele. – In der Orgel ist die M. ein Zungenregister enger Mensur mit doppelt konischem Becher und Klappdeckel, von pastoralem, lieblich näselndem Klang.

♦ *Tanz:* ruhiger ländlicher Tanz in Frankreich im 17. und in der ersten Hälfte des 18. Jh., benannt nach dem wohl zu seiner Begleitung gespielten gleichnamigen Instrument. Man tanzte die M. im $^3/_4$-, $^6/_8$- oder auch $^2/_4$-Takt als eine Art ländliche Gavotte. Die Kunstmusik übernahm die M. in die französischen Ballette des 18. Jh., in die Oper und in die Klaviermusik; aus ihrem Tripeltakt mit festliegendem Bass entwickelte sich der **M.-Walzer (Valse à la M.)**.

Musica: lateinischer Name der Musik, die seit der römischen Antike als **Ars musica** den mathematischen Disziplinen (Quadrivium) der ↑Artes liberales zugehörte und als praktische Musik den sprachlichen Artes (Trivium) nebengeordnet war. Die auf Zahl und Maß gegründete harmonische Ordnung ist das Fundament der von BOETHIUS ausgehenden und für das Mittelalter verbindlichen Dreiteilung der M. in **M. mundana** (auch **M. coelestis**), die Harmonie des Makrokosmos, v. a. der Sphären (↑Sphärenharmonie), in **M. humana**, den die Harmonie des Makrokosmos spiegelnden Mikrokosmos von Körper und Seele des Menschen, und in **M. instrumentalis**, die klingende, sinnlich hörbare Musik. – Im frühen 18. Jh. wird der Bedeutungswandel von M. zum neuzeitlichen Musikbegriff in der deutschen Sprache u. a. an der Betonungsveränderung von Músik als Teil der Artes liberales zu Musík als einer der schönen Künste deutlich.

Musica ficta [lateinisch »künstlich gebildete Musik«] (Musica falsa): in der Musiktheorie des 13.–16. Jh. gebräuchliche Bezeichnung für Töne, die im System der ↑Hexachorde nicht enthalten sind und nur unter Gebrauch von Vorzeichen (♯ und ♭) zu erreichen waren. Die M. f. fand v. a. in der Vokal- sowie Instrumentalmusik Verwendung, während die Orgelmusik bereits um 1300 über alle chromatischen Halbtöne verfügte.

Musical

Musical ['mju:zɪkəl; englisch] (Musical-Comedy, Musical-Play): Gattung des musikalischen Unterhaltungstheaters, ein i.d.R. aus zwei Akten bestehendes Bühnenstück mit gesprochenem Dialog, Gesang (Song, Ensemble, Chöre) und Tanz, das seit 1900 in den Unterhaltungstheatern am New Yorker Broadway aus der zunächst handlungsfreien Verbindung von Minstrel-Show, Vaudeville, Operette, Ballett und v.a. Revue (F. ZIEGFELD) hervorgegangen ist und auf einer engen künstlerischen Zusammenarbeit von Produzent, Buchautor, Songtexter, Regisseur, Choreograph und Dirigent basiert. Musikalisch wird dabei außer auf die jeweils zeitgenössische Unterhaltungsmusik auch immer wieder auf Mittel des Jazz zurückgegriffen.

Musical: Szenenfoto aus dem Musical »Cats« von Andrew Lloyd Webber

Als erstes modernes M. gilt »Show boat« (1927) von J. KERN. Daneben zählen zu den ersten namhaften Vertretern G. GERSHWIN, C. PORTER und F. LOESSER. Seit den 1930er-Jahren wurde für die Entwicklung des M. die Mitarbeit von Choreographen, die auf eine enge Verbindung von Ballett, Tanz und Handlung abzielte, bedeutend, so A. DE MILLE zu R. RODGERS »Oklahoma« (1943) oder J. ROBBINS zu L. BERNSTEINS »West side story« (1957). Nach 1940 wurde im Musical-Play die Thematik durch Aufnahme der afroamerikanischen Folklore (»Cabin in the sky«, 1940, von V. DUKE) sowie durch Hervorhebung von sozialkritischen (»Pal Joey«, 1940, von RODGERS) oder psychoanalytischen (»Lady in the dark«, 1941, von K. WEILL) Themen, Kriegs- und Rassenproblemen (»South Pacific«, 1949, von RODGERS; »Finian's rainbow«, 1947, von B. LANE) erweitert. Außerdem wurden Stoffe der Weltliteratur bearbeitet (RODGERS »The boys from Syracuse« nach W. SHAKESPEARES »Komödie der Irrungen«, 1938; F. LOEWES »My fair lady« nach G. B. SHAWS »Pygmalion«, 1956). Seit den 1960er-Jahren wurde ein neuer, mehr individualtypischer Darstellungsstil gesucht (»The fiddler on the roof«, 1964, deutsch als »Anatevka«, von J. BOCK), Themen der jugendlichen Protestbewegung aufgegriffen und die Verbindung mit der Rockmusik gesucht (»Hair«, 1967, von G. MACDERMONT; »Jesus Christ Superstar«, 1971, von A. LLOYD WEBBER), z.T. in Form der Rockoper (»Tommy«, 1970, von P. TOWNSHEND). Daneben hat das M. bevorzugt Stoffe aus dem persönlichen und künstlerischen Lebensbereich des eigenen Showbusiness verarbeitet, z.B. »A chorus line« (1975, von M. HAMLISCH,), neben »My fair lady« das bis heute meistgespielte Broadwaymusical.
Parallel zum Bühnen-M. entwickelte sich das Film-M., das in den 1930er-Jahren v.a. mit den Tanzfilmen des Traumpaares G. ROGERS und F. ASTAIRE Furore machte. Ihnen folgten 1951 L. CARON und G. KELLY (»Ein Amerikaner in Paris«, Musik nach GERSHWIN). Ähnlich erfolgreich wurden »Hello Dolly« (1968, mit B. STREISAND), »Cabaret« (1971,

mit L. MINNELLI) oder »Grease« (1978, mit J. TRAVOLTA).
Im Zuge eines in den 1980er-Jahren aufkommenden M.-Booms wurden im deutschsprachigen Raum erfolgreich aufgeführt: die Rockoper »Evita« (Uraufführung in London 1978), »Cats« (1981, nach Gedichten von T. S. ELIOT), »The phantom of the Opera« (1986, nach dem Roman von G. LEROUX), alle von LLOYD WEBBER, sowie von C.-M. SCHOENBERG »Les Misérables« (1980, nach dem Roman von V. HUGO) und »Miss Saigon« (1989); als deutsches M. ist v.a. die Revue »Linie 1« (1987, von B. HEYMANN) zu nennen.

Musica plana [lateinisch]: ↑Cantus planus.

Musica poetica [lateinisch]: in der deutschen Musiktheorie des 16.–18. Jh. Bezeichnung für die Kompositionslehre, gegenüber der **Musica theorica,** der spekulativen Musiktheorie, und der **Musica practica,** der Gesangslehre. Die M. p. brachte die Musik in Verbindung zur Rhetorik und damit zu den sprachgebundenen Disziplinen der Artes liberales. Neben der allgemeinen Kompositionslehre vermittelte sie v.a. die Lehre vom Ausdruck des Textes (Affektenlehre) und die ↑Figurenlehre.

Musica reservata [lateinisch]: im 16./17. Jh. Bezeichnung für eine musikalisch-poetische Kompositionspraxis, die sich durch besonders kunstvolle Mittel (u.a. Chromatik, Enharmonik) auszeichnet und deren Ausübung und Verständnis nur wenigen in die artistischen Geheimnisse eingeweihten Kennern höfischer und patrizischer Kreise vorbehalten (»reserviert«) war.

Musica sacra [lateinisch]: ↑Kirchenmusik.

Musicus [lateinisch »Tonkünstler«]: seit dem Mittelalter der die Wissenschaft der Ars musica (↑Musica) beherrschende Musiker (im Unterschied zum bloßen Praktiker, dem ↑Kantor). Außer den theoretischen Kenntnissen wurden vom M. zunehmend auch praktische Fähigkeiten gefordert, was im 15./16. Jh. zu einer allmählichen Gleichstellung von ausübendem bzw. schöpferischem Musiker und Musikgelehrten führte. Der Komponist hieß im 16./17. Jh. **M. poeticus.** Seit dem 18. Jh. verlagerte sich der Begriff mehr und mehr auf den ausübenden Musiker. Seit dem 19. Jh. bezeichnet **Musikus** den bohemehaften, sozial wenig angesehenen, im 20. Jh. gar den »brotlosen« Musiker. – ↑auch Musikant.

Musik [aus lateinisch musica, von griechisch mousikḗ (téchnē) »Musenkunst«]: bei den Griechen die Geist und Gemüt bildende Betätigung, im Unterschied zur Gymnastik; erst in nachklassischer Zeit Name für die M. im Sinne von Tonkunst. – Die M. (Tonkunst) beruht auf Tonbeziehungen, d.h. auf der Aufeinanderfolge und/oder dem Zusammenklang mehrerer Töne. Ihre Beziehungen hinsichtlich der Tonhöhe (Schwingungsfrequenz) entsprechen Zahlenrelationen, z.B. 3:2 (Quinte), die bereits in archaischen M.-Theorien Beachtung fanden. Im Unterschied zu den bildenden Künsten hat das musikalische Geschehen eine zeitliche Ausdehnung, deren rhythmische Gliederung wieder auf Zahlenrelationen beruht, z.B. Halb-, Viertelton.
Die wichtigsten Gestaltungsprinzipien (Parameter) sind ↑Rhythmus, ↑Melodie, ↑Harmonie. Hinzu kommt die Charakterisierung des Klanges durch die jeweiligen M.-Instrumente. Es liegt nahe, die Herkunft der primär **einstimmigen M.** im Singen zu sehen, die der vorzugsweise auf Zusammenklang beruhenden im klanglich-instrumentalen Musizieren. Dementsprechend unterscheidet man nach dem zur Aufführung der M. erforderlichen Klangkörper die beiden Hauptgruppen ↑Vokalmusik und ↑Instrumentalmusik.
Aus der gegenseitigen Durchdringung des einstimmigen und des klanglichen Prinzips entstand die **mehrstimmige** abendländische M. In ihr ist bis um 1600 die melodisch-lineare Führung der Einzelstimmen, die im kontrapunktischen

Musikalien

Satz (↑Kontrapunkt) zur polyphonen Einheit verbunden werden, die eigentliche formbildende Kraft; die tonale Grundlage bilden dabei die Kirchentöne (↑Kirchentonarten). Dagegen wird in der homophon gerichteten, akkordisch gebundenen M. seit 1600 (↑Generalbass) und v. a. seit 1750 die Melodik stark von der Harmonie bestimmt, bei der im Sinne der Kadenz alle Töne und Zusammenklänge eines M.-Stücks auf den Dur- oder Moll-Dreiklang eines Grundtons bezogen werden (↑Tonart, ↑Stimmung). Im 20. Jh. und v. a. seit dem Zweiten Weltkrieg verstärkt sich die Tendenz, von dem die europäische M. seit ihren Anfängen bestimmenden System der Tonalität wegzukommen (↑Neue Musik).

Nach dem Mythos ist die M. ein Geschenk Apolls und der Musen an den Menschen, der durch ihre Gunst zu musischem Werk befähigt wird. Daneben steht die Legende von der Erfindung der M. durch PYTHAGORAS, die die theoretische Erkundung des Klingenden zur Voraussetzung der M. macht. Das musische und das pythagoreische Prinzip, die in ihrem Zusammenwirken die abendländische Idee der M. bestimmen, verhalten sich zueinander wie der Ton als Empfindungslaut (der ein Inneres kundtut) und der Ton als Naturgesetz (den das ↑Monochord beweist).

Neben die antike Sinngebung der M. trat zu Beginn des europäischen Mittelalters die biblische Rechtfertigung. Sie prägt sich aus in der Ableitung des Wortes M. von ägyptisch »moys« im Sinne von Wasser (als Lebensspender) oder von lateinisch MOYSES (MOSE, als Lobsänger Gottes; Exodus 15,1), ferner in der Legende von der Erfindung der M. durch die biblischen Erzväter THUBAL (JUBAL) und THUBALKAIN (Genesis 4,21 f.) und in der Erklärung der zahlhaft-kosmologischen Bedeutungskraft der M. durch Hinweis auf das apokryphe Buch der Weisheit 11,21 (↑Sphärenharmonie). Das Ineinandergreifen antiker und christlicher Sinngebung der M. kennzeichnet speziell jenen über ein Jahrtausend währenden Zeitraum, in dem die zahlreichen Klassifikationen und Definitionen der ↑Musica Geltung hatten.

Mit dem Beginn der Neuzeit trat die emotionale Seite der M. immer stärker in den Vordergrund. M. wurde als Ausdruck klassifizierbarer Gemütsbewegungen verstanden. Es entwickelte sich die musikalische ↑Affektenlehre, v. a. durch die humanistischen Musiker des deutschen Sprachraums zu einer an der Rhetorik orientierten ↑Figurenlehre ausgebaut und systematisiert.

Neben der deutschen Wortform »músic« begann sich seit dem 17. Jh. unter Einfluss des französischen »musique« die Betonung auf der letzten Silbe durchzusetzen. Dieser Betonungswechsel des Wortes M. markiert den endgültigen Durchbruch der neuzeitlichen Grundauffassung der M. als für das Ohr bestimmte Zeitkunst. In ihren elementaren Grundlagen wurde die M. Gegenstand der Akustik, der seit Mitte des 19. Jh. die Tonpsychologie, seit dem beginnenden 20. Jh. die Musikpsychologie zur Seite traten. In ihrer künstlerischen Seins- und Wirkungsweise trat sie ins Blickfeld der Ästhetik. Ihre Theorie verlor das Spekulative und wurde zur Logik eines spezifisch kompositorischen Denkens. Ihre technische Unterweisung gipfelte im Ausbau der Kompositionslehre. Die Erforschung aller ihrer historischen, ästhetischen und technischen Erscheinungsformen ist Aufgabe der ↑Musikwissenschaft.

Musikali|en [zu mittellateinisch musicalis »musikalisch«]: Bezeichnung für Handschriften und Drucke von Musikwerken, heute v. a. für gedruckte Noten, die im M.-Handel vertrieben werden, während Musikhandschriften, soweit sie sich nicht in privaten oder öffentlichen Bibliotheken befinden, v. a. über das Antiquariat angeboten werden.

musikalische Analyse: die Zergliederung bzw. »Auflösung« eines musikalischen Gesamtgefüges hinsichtlich seiner satztechnischen (z.B. Melodiebildung, Motivik, Harmonie, Kontrapunkt), formalen (Sonatenform, Liedform u.a.) sowie rhythmisch-metrischen Bestandteile bzw. Sinnträger mit dem Ziel, deren Intentions-, Daseins- und Wirkungsstruktur, historischer Standort und ästhetischer Gehalt zu erkennen. Nach Ansätzen im 17. und 18. Jh. (J. TINCTORIS, J. MATTHESON) wurde die m. A. im 19. Jh. v. a. von Musikern und Komponisten (E. T. A. HOFFMANN, R. SCHUMANN) betrieben und entwickelte sich erst zu Beginn des 20. Jh., ausgelöst u. a. durch die Leitmotivbetrachtungen der Werke R. WAGNERS, zu einer eigenständigen, mittlerweile zentralen musikwissenschaftlichen Disziplin, wobei sich ihre Methodendiskussion bis heute im Spannungsfeld zwischen den Vertretern der formal-strukturalen Analyse einerseits und der inhaltlich-hermeneutischen andererseits bewegt. Einen besonderen Stellenwert erlangte die m. A. daneben im Kreis um A. SCHÖNBERG, wobei die analytischen Einsichten in die Eigengesetzlichkeiten der Zwölftonkomposition (Reihenformen u.a.) auch stilbildend auf die Kompositionstechnik insgesamt rückwirkten. Einen breiten Raum innerhalb der m. A. zeitgenössischer Musik (z.B. der seriellen Musik) nehmen mittlerweile auch mathematisierende Methoden ein.

musikalische Grafik: Notationsform zeitgenössischer Musik, bei der dem Interpreten die Gestaltung eines Werkes mehr oder weniger frei überlassen wird. Zwischen der Weiterentwicklung der traditionellen Notenschrift zur **grafischen Notation**, die herkömmlichen Notenzeichen vergleichbare Elemente wie parallele Linien, Punkte, ↑Cluster u.a. verwendet, und der autonomen m. G., die nur noch assoziativ verstanden werden will, gibt es eine Fülle von Zwischenstufen. Die der traditionellen Notenschrift näher stehende **Aktionsschrift** kombiniert grafische Elemente mit bestimmten musikalischen Parametern, z.B. »Dauernstriche« unterschiedlicher Länge anstelle von Taktangaben, »Tonpunkte« unterschiedlicher Größe zur Kennzeichnung dynamischer Abstufungen (K. STOCKHAUSEN). Die m. G. wurde seit 1952 von E. BROWN, J. CAGE, S. BUSSOTTI, A. LOGOTHETIS, G. LIGETI u. a. entwickelt.

Musikalität: die angeborene oder erworbene Fähigkeit, Musik aufzunehmen und auszuüben. Zu den wesentlichen Komponenten der M. zählen das Erkennen von Tonhöhen-, Tondauer- und Tonstärkeunterschieden, das Auffassen und Behalten von Melodien, Rhythmen, Akkorden u. a. sowie für die Musikausübung die Fähigkeit der musikalischen Gestaltung und Geschicklichkeit im Umgang mit einem Instrument.

Musikant: ursprünglich Bezeichnung für jeden Musiker. Seit dem 18. Jh. allmählich absinkend, meint der Begriff im 19. Jh. nur noch den fahrenden Musiker und Gelegenheitsspieler. Die Jugendmusikbewegung nach 1900 verstand unter M. den ungekünstelten Laienmusiker in der Gemeinschaft. Heute findet sich der Begriff M. positiv nur noch in der Volksmusik. – ↑auch Musicus.

Musik|ästhetik: Disziplin der systematischen Musikwissenschaft; als Teil der allgemeinen Ästhetik die Wissenschaft vom Wesen der Musik als Kunst bzw. schöne Kunst sowie vom Zugang zu ihr im hörenden Erleben. Man unterscheidet Formalästhetik, die das Wesentliche der Musik in deren eigene Elemente und Strukturen verlegt, und Inhalts- oder Ausdrucksästhetik, für die alles Musikalische eine Bedeutung, einen Ausdruck oder Gehalt besitzt, der zu deuten und in übergeordnete Zusammenhänge zu bringen ist. Obwohl alle Arten der Musik betreffend, ist die Geschichte der M. weitgehend mit der der Kunstmusik verbunden.

Nach wichtigen musikphilosophischen Ansätzen der griechischen Antike (Musik als Zahlengesetzlichkeit, Musik als kosmisch-harmonisches Ordnungsprinzip), die über das Mittelalter hinaus bis in die Renaissance- und Barockzeit (↑Affektenlehre) nachwirkten und der Musik als Bestandteil der ↑Artes liberales einen hohen Stellenwert einräumten, geriet die M. mit Entstehen der allgemeinen Ästhetik im 18. Jh. zeitweise in Schwierigkeiten, sich als eigenständige wissenschaftliche Disziplin zu behaupten, teils, weil sie als Anhang philosophischer Theorie die Musik nur als Gegenstand genießender Aufnahme betrachtet (I. KANT), teils, weil die Musik im Rahmen eines umfassenden ästhetischen Systems anderen Kunstformen (u. a. der Poesie) untergeordnet wird (G. W. F. HEGEL, F. W. J. SCHELLING), oder, wie in der marxistischen Ästhetik, der Musik nur eine »mittelbare Widerspiegelung der Wirklichkeit« zuerkannt wird (G. LUKÁCS). Dagegen steht seit die Romantik eine Reihe von musikphilosophischen Ansätzen, deren Erkenntnisinteresse weniger darin besteht, ästhetische Werturteile auf musikalische Sachverhalte zu beziehen, sondern vielmehr »aus dem Geist der Musik« eine Philosophie zu entwerfen, die sich als »Alternative« zu den überkommenen Kategorien (z. B. von Sprache, Mathematik) anbietet (A. SCHOPENHAUER, F. NIETZSCHE, E. BLOCH). In den Schriften T. W. ADORNOS werden an Werken z. B. R. WAGNERS, G. MAHLERS und A. SCHÖNBERGS formal wie inhaltsästhetisch innermusikalische Widersprüche aufgezeigt, die als Ausdruck einer antagonistischen Gesellschaft gedeutet werden, während der anthropologisch-phänomenologische Ansatz H. PLESSNERS, aber auch jüngste Entwicklungen des ↑New Age wieder mehr den ganzheitlichen Aspekt der Musik betonen.

Musik|automaten: ↑mechanische Musikinstrumente.

Musikbogen: ein ursprünglich über die ganze Erde, heute v. a. noch in Zentral- und Südafrika, Asien und Ozeanien verbreitetes, zu Beschwörungszwecken verwendetes Chordophon, dem Schießbogen ähnelnd. Die zwischen den beiden Enden eines elastischen, gebogenen Stabes gespannte Saite wird mit einem Stäbchen angeschlagen oder gestrichen, seltener mit dem Finger angerissen. Durch eine über Saite und Bogen gelegte Stimmschlinge oder auf Fingerdruck wird die Tonhöhe verändert. Als Resonator dient die Mundhöhle, vor welche die Saite gehalten wird, oder eine mit dem Bogenstab verbundene, verschiebbare Kalebasse.

Musikdiktat: Zweig der musikalischen Ausbildung, das Vorspielen oder Vorsingen ein- oder mehrstimmiger Musikbeispiele, die von den Schülern nach dem Gehör in die Notenlinien zu übertragen sind; dient der Schulung des Gehörs und der Ausbildung rhythmischen Empfindens.

Musikdirektor, Abk. MD: ursprünglich Titel des leitenden Musikbeauftragten einer Stadt (lateinisch Director Musices, so z. B. J. S. BACH in Leipzig, G. P. TELEMANN in Hamburg); seit dem 19. Jh. allgemein verliehen an die Leiter musikalischer Institutionen (Städtischer M., Universitäts-, [ev.] Kirchen-M.). In größeren Städten erhält der M. vielfach den Titel **General-M.** (Abk. GMD), so erstmals G. SPONTINI 1819 in Berlin.

Musikdrama: von T. MUNDT (»Kritische Wälder«, 1833) geprägter Begriff für ein musikalisches Bühnenwerk, bei dem sich die Musik den Anforderungen des Dramas fügt und unter Verzicht auf dramaturgisch nicht begründete Eigenansprüche (z. B. stimmliche Prachtentfaltung, Nummernfolge der Partien) mit Wort und Szene eine bruchlose Einheit bildet. Die Identität von dichterischer und musikalischer Absicht bildet den Kerngedanken der Idee des ↑Gesamtkunstwerks von R. WAGNER, auf dessen Werk die Bezeichnung M. vornehmlich angewendet wird (v. a. »Der Ring des Nibelungen«), obwohl sie WAGNER selbst ablehnte.

Musik|erziehung: ↑Musikpädagogik.

Musik|ethnologie (vergleichende Musikwissenschaft, Ethnomusikologie, musikalische Volks- und Völkerkunde): Teilgebiet der Musikwissenschaften, das sich mit der außereuropäischen Stammes-, Volks- und Kunstmusik sowie der europäischen Volksmusik befasst, auch interdisziplinär arbeitet und die Völkerkunde, Anthropologie, Soziologie, Psychologie, Religions- und Sprachwissenschaft mit einbezieht. Ihre Forschung stützt sich auf vorgeschichtliche Funde (Musikarchäologie), Studien an Bildquellen (Musikikonographie) und bei schriftlosen Völkern auf bei der Feldforschung erfragte allgemeine kulturelle Fakten sowie Tondokumente, die dem Gehör nach transkribiert oder mit elektronischen Apparaturen aufgezeichnet und untersucht werden. Für die Kunstmusik der Hochkulturen erschließt sie zusätzlich die schriftlichen Aufzeichnungsweisen von Musik und die theoretischen Quellen.
Mit der Gründung von Phonogrammarchiven um 1900 erlebte die M. ihren ersten großen Aufschwung, beschränkte sich aber zunächst weitgehend auf das Studium isolierter Elemente musikalischer Kulturen (Tonsysteme, Rhythmen, Instrumente und deren historische Einordnung); exemplarisch ist die Sammlung des Berliner Phonogrammarchivs (heute musikethnologische Abteilung des Museums für Völkerkunde). Bis in die 1950er-Jahre hinein stand die M. unter dem Einfluss der Kulturkreislehre. Auf schwacher Quellenbasis wagte man teilweise globale Aussagen und Vergleiche. Seit den 1980er-Jahren erzielte die M. große Fortschritte, nicht zuletzt aufgrund ihrer interdisziplinären Arbeitsweise, die versucht, die Musik als eigenwertigen Bestandteil der Gesamtkultur einer Ethnie zu begreifen und Musikpraxis, Gestaltungsprozesse sowie Akkulturationsprozesse mit einzubeziehen.
Musikgeschichte: Bezeichnung sowohl für den Ablauf allen auf die Musik bezogenen Geschehens in der Vergangenheit, wie es sich in der Entwicklung von Komposition (Stile, Gattungen, Satztechniken), Tonsystemen, Notenschrift und Instrumenten offenbart, als auch für die Erforschung und Darstellung dieses Geschehens durch die historische ↑Musikwissenschaft.
Musikhochschule: staatliches Lehrinstitut für die musikalische Berufsausbildung mit hauptsächlich folgenden Studienzielen: a) Orchestermusiker, Instrumentalsolist, Dirigent, Komponist, Opern- und Konzertsänger, z.T. auch Tänzer; b) Privatmusiklehrer und Lehrer an Musikschulen; c) Schulmusiker, Kirchenmusiker (diese Studiengänge gibt es nur an der M.). Eingangsvoraussetzung ist in jedem Fall die bestandene Aufnahmeprüfung, ferner zu a) der Hauptschulabschluss, zu b) die mittlere Reife, zu c) das Abitur. Die Studienabschlüsse sind zu a) hochschulinterne, zu b) und c) staatliche Prüfungen. Die erste so benannte M. war die 1869 gegründete Königliche Hochschule für Musik in Berlin. – ↑auch Konservatorium.
Musik|instrumente: Geräte zur Erzeugung musikalisch verwendbaren Schalls (Töne, Klänge, Geräusche), i.w.S. wird auch der menschliche Körper zu den M. gezählt (z.B. beim Singen, Händeklatschen). – Die lückenhafte Überlieferung durch Funde erlaubt es nicht, die Entstehung der M. im Einzelnen zu datieren. Nach der (nicht mehr vorbehaltlos anerkannten) Theorie von C. SACHS (1929) besteht diese Reihenfolge: In prähistorischer Zeit entstanden Schlagidiophone, in der Altsteinzeit Schraper und Knochenpfeife, in der Jungsteinzeit Grifflochflöte, einfellige Trommel, Panflöte, Musikbogen, Xylophon, Maultrommel und Rohrblattpfeife, in der Metallzeit Zither und Glocke. Seit der Jungsteinzeit verfügen die M. über wechselnde Tonhöhen.
Über das Instrumentarium der frühen Hochkulturen können schon verhältnismäßig genaue Angaben gemacht werden. Rekonstruierbare Funde, Abbildun-

gen und Schriftzeugnisse lassen für das 3. Jahrtausend v. Chr. in Mesopotamien den Schluss auf den Gebrauch von Harfe, Leier und zweifelliger Trommel zu. Ein Jahrtausend später sind in Ägypten Laute, Becken, Trompete und Doppelrohrblattpfeife bezeugt. Das griechische Instrumentarium im 1. Jahrtausend v. Chr. ist aus dem Vorderen Orient übernommen und brachte an Neuerungen Sackpfeife, Kastagnetten und Hydraulis.

Wahrscheinlich über die Etrusker und Kelten gelangten Harfen, Leiern und Hörner ins mittelalterliche Europa; aus dem Orient kamen für die Folgezeit wichtige M. wie Orgel, Psalterium, Fiedel, Rebec, Laute, Schalmei und Trompete. Eine bedeutende Neuerung des Mittelalters war die Einführung von Tasten bei Saiteninstrumenten, wodurch spätestens im 14. Jh. über das Monochord die Frühformen von Klavichord und Cembalo entstanden. In der Renaissance wurde das Instrumentarium stark ausgeweitet; der Tonraum erweiterte sich um zwei Oktaven nach unten, und es entstanden viele Instrumentenfamilien (d. h. Bau des gleichen M. in Diskant-, Alt-, Tenor- und Basslage). Neue Typen wurden entwickelt, v. a. bei den Blasinstrumenten (z. B. Rackett, Sordun, Rausch- und Schreierpfeife, Dulzian, Krummhorn, Pommer, Zink). Aus Fiedel und Rebec entstanden die drei Gruppen der Streichinstrumente, die Liren, Violen und die Violinfamilie.

Das 16. Jh. unterschied die akkordfähigen »Fundamentinstrumente« wie Orgel, Cembalo und Laute von den i. d. R. einstimmigen »Ornamentinstrumenten« wie Posaune, Flöte und Geige.

Im 17./18. Jh. bildete sich das Orchester mit dem Streicherchor als Kern heraus. Bedeutsam waren im 18. Jh. die Entwicklung des Hammerklaviers und die Einführung der temperierten Stimmung. Die allgemeine Technisierung führte im 19. Jh. im Instrumentenbau zur Verbesserung vorhandener M. (z. B. Einführung der ausgereiften Klappenmechanik bei Flöten und Rohrblattinstrumenten, von Ventilen bei Blechblasinstrumenten). Daneben entstanden neue M. wie Saxophon, Harmonium, Mund- und Handharmonika. Neue Klangmöglichkeiten erschlossen im 20. Jh. die Elektrophone. In der Musikpraxis werden die M. unterschieden nach Saiten-, Blas- und Schlaginstrumenten. In der ↑Instrumentenkunde, die die M. nach der Beschaffenheit des vorrangig schwingenden Teils klassifiziert, gilt, mit gewissen Einschränkungen, die Einteilung in folgende fünf Gruppen: 1) **Idiophone** (Selbstklinger), wie Kastagnetten, Becken, Xylophon, Rasseln, Maultrommel, Glasharmonika; 2) **Membranophone** (Fellklinger), wie Trommel und Pauke; 3) **Chordophone** (Saitenklinger), wie Musikbogen, Zither, Harfe, Klavichord, Cembalo, Klavier, Laute, Gitarre, Violine; 4) **Aerophone** (Luftklinger), wie Trompete, Flöte, Rohrblattinstrumente, Orgel, Harmonium, Mund- und Handharmonika; 5) **Elektrophone** (elektronische Musikinstrumente), wie Hammondorgel, Ondes Martenot, Trautonium und Synthesizer.

Musik|kritik: die publizistische Darstellung, Analyse und Beurteilung von Musikwerken, Aufführungen und Veranstaltungen in Tageszeitungen, musikalischen Fachzeitschriften, im Rundfunk, Fernsehen u. Ä.; bei neuen Werken mit dem Akzent auf Werkkritik, während bei bekannten die Qualität der Aufführung bzw. Interpretation kritisch betrachtet wird. Zur M. gehören auch Äußerungen zu Fragen der Musikentwicklung sowie Rezensionen von Platteneinspielungen, Buchpublikationen, Warentests von Musikinstrumenten und Geräten der Unterhaltungselektronik.

Musiklehre (allgemeine M.): Bezeichnung für die Vermittlung von Grundkenntnissen im Bereich der Musik. Dazu gehören Notation, Intervall-, (einfache) Akkord- und Tonartenlehre, Anfänge der Formenlehre, der Musikgeschichte und der Akustik. Bei der Aufnahme eines Musikstudiums wird die Beherrschung der M. vorausgesetzt.

Musikpädagogik (Musikerziehung): die Ausbildung musikalischer Anlagen durch allgemeine Sensibilisierung, Gehör-, Stimmbildung und Singen, durch Musik und Bewegung, Rhythmik, Tanz, aktives Musizieren (mit Musikinstrumenten bzw. vokal), Schaffung eines Tonbewusstseins und einer inneren Vorstellung von Musik, Vermittlung der abendländischen (Kunst-)Musik, ihrer Geschichte und Techniken (z.B. Notenschrift), Wecken kreativer musikalischer Kräfte (Improvisation, Komposition) sowie die Analyse musikalischer Werke. Zunehmend werden die positiven Auswirkungen thematisiert und erforscht, die der Umgang mit Musik auf die allgemeine Intelligenzentwicklung, Lern- und Konzentrationsfähigkeit, auf Fantasie und Kreativität, Ausdrucks- und Kommunikationsfähigkeit ausüben kann. – M. liegt heute in der Bildungsverantwortung von städtischen Musikschulen und Musikhochschulen, freien Musikerziehern (aktives Musizieren) sowie allgemein bildenden Schulen. Auch bei der Laienmusik (Chöre, Musikvereine) findet die M. Anwendung.

Musikstab: v.a. in Afrika verbreitete Stabzither mit maximal vier, über einem abgeplatteten oder runden Stab gespannten Saiten und einer Kalebasse als Resonanzkörper.

Musiktechnologie: Siehe S. 256.

Musiktheater: in Deutschland im 20. Jh. aufgekommene Bezeichnung für die z.T. über die Gattungsbezeichnung ↑Oper hinausgehenden Verbindungen von gesprochenem und gesungenem Wort, Szene (Spiel, Tanz) und Musik.

Musiktheorie: ↑Musikwissenschaft.

Musiktherapie: im deutschsprachigen Raum heute überwiegend als Psychotherapie vor tiefenpsychologischem Hintergrund verstandene Heilbehandlung, die das Medium Musik in eine spezifische Kommunikationstherapie einbezieht und sich mit ihren aktiven Behandlungsverfahren (meist improvisierte Musik zusammen mit dem Patienten) sowie rezeptiven Verfahren (assoziatives Musikhören, Entspannungsmethoden) zu einem selbstständigen Gesundheitsberuf entwickelt hat. M. wird angewandt zur Behandlung von neurotischen, psychotischen, psychosomatischen und Suchterkrankungen sowie zunehmend bei organischen, funktionell-vegetativen Störungen. Sie ist etabliert in stationären und ambulanten Institutionen sowie entsprechender Prophylaxe und Rehabilitation, daneben im Bereich von Heil- und Sonderpädagogik. Die Behandlungskonzepte umfassen kurz- und langzeitige Einzel- bzw. Gruppentherapien.

Die wissenschaftliche Begründung von M. basiert auf den entwicklungs- und tiefenpsychologischen Erkenntnissen, nach denen Musik als ein präverbales Medium an früheste Schichten der Persönlichkeitsbildung rührt und deren Beziehungsausprägung zur sozialen Umwelt bereits pränatal vorbereiten hilft. Daraus leiten sich die späteren Kontakthilfen für erkrankte Beziehungen zu sich selbst und zu anderen ab.

Musikwerke: ↑mechanische Musikinstrumente.

Musikwissenschaft: wissenschaftliche Disziplin, die alle Formen der theoretischen und historischen Beschäftigung mit der ↑Musik umfasst.

Die philosophisch-spekulative **Musiktheorie** wurde im griechischen Altertum durch die eigentümliche Verknüpfung von Musik und Zahl, die v.a. PYTHAGORAS und die Pythagoreer (↑Sphärenharmonie) beschäftigte, begründet. PLATON sah in der Musik eines der wichtigsten Erziehungsmittel. Der griechische Mathematiker EUKLID befasste sich mit der Teilung des Monochords. Wichtigster Fachtheoretiker war ARISTOXENOS VON TARENT, der v.a. die Harmonik als Wissenschaft ausbaute.

In christlicher Zeit wurde die Musik im Anschluss an die Antike in die sieben ↑Artes liberales einbezogen. Besonders

Musiktechnologie

Anfang des 20. Jh. begann die Elektrifizierung der Musikinstrumente: Der Amerikaner T. CAHILL konstruierte das Telharmonium, ein Vorläufermodell der späteren ↑Hammondorgel, dessen Klänge er per Telefon zu den Hörern sendete, der Russe L. THEREMIN baute das antennengesteuerte ↑Theremingerät, das sogar die Beach Boys noch in ihrem Hit »Good Vibrations« einsetzten, und der Deutsche F. TRAUTWEIN das ↑Trautonium, dessen Klänge dem Hindemithschüler O. SALA sogar zur Nachahmung von unheimlichen Vogelschreien in A. HITCHCOCKS Thriller »Die Vögel« dienten.

Seit dem Beginn der 1950er-Jahre produzierten Komponisten wie H. EIMERT und K. STOCKHAUSEN in Köln mithilfe messtechnischer Apparaturen und Tonbandgeräten experimentelle ↑elektronische Musik, in Paris hatte P. SCHAEFFER schon einige Jahre vorher damit begonnen, Klänge und Geräusche aus dem Alltag einzufangen und zu Klangcollagen zu verarbeiten. R. MOOG gelang es dann, mit dem vergleichsweise handlichen Modulsynthesizer (↑Synthesizer) den technischen und kommerziellen Startpunkt für den überaus raschen und tief greifenden Wandel der Musikinstrumente zu setzen, denn spätestens seit den 1970er-Jahren bestimmten elektronische Musikinstrumente und Geräte der vielfältigsten Art die Musik der Gegenwart.

■ Digitale Musiktechnologie

Mitte der 70er-Jahre begann die allmähliche Digitalisierung der Synthesizer und der Studiogeräte. Seit 1974 wurden digitale Klaviaturen gebaut, damit Synthesizer auch polyphon gespielt werden konnten, ab Mitte der 70er-Jahre gab es die ersten digitalen Synthesizer bzw. Musikcomputer (↑Synclavier, später Fairlight, beide noch in 8-Bit-Technik), die nicht nur die Erzeugung von beliebigen Klangstrukturen erlaubten, sondern Klänge auch digitalisierten und speicherten (Soundsamples).

Digitalisierte Klänge, z.B. ein als Demo auf Diskette mitgelieferter Orchestertusch, fanden sich bald als stereotype, sich schnell abnutzende Klangeffekte in vielen Titeln der Popmusik. Später wurden auch die flexiblen Möglichkeiten der eigenen Klangschöpfung genutzt wie z.B. das eigenhändige Zeichnen von Schwingungen am Bildschirm (Wave Drawing) oder die Resynthese.

Synthesizer, E-Pianos und E-Orgeln, v.a. die Hammondorgel mit dem typischen Sound von rotierenden Leslie-Lautsprechern (↑Leslie-Effekt) wurden in der Pop- und Rockmusik und im Jazzrock der 70er-Jahre so bedeutsam, dass die Keyboarder regelrechte Tastenburgen um sich herum auftürmten, um möglichst viele verschiedene Klangfarben einsetzen zu können. Findige Techniker kamen daher auf die Idee, anstelle der verschiedenen Tasteninstrumente ein einziges Masterkeyboard mit guten Spieleigenschaften zu konstruieren, das verschiedene Synthesizer ohne eigene Tastaturen, sog. Expander, ansteuern konnte.

Um den gerätetechnischen Aufwand weiter zu vereinfachen und den Keyboardern die Klangauswahl zu erleichtern, wurde ein digitales Steuersystem ersonnen, das als international normiertes MIDI-System in den 1980er-Jahren einen unglaublichen Boom erlebte und die Musikwelt nachhaltig veränderte.

MIDI, ein Kurzwort aus »Musical Instruments Digital Interface«, ist eine serielle Schnittstelle mit musikspezifischen Befehlssequenzen zum raschen Austausch digitaler Informationen (Datenübertragungsrate 31,25 kBit/s). Dazu wurde 1983 die IMA (International MIDI Association) in Los Angeles gegründet, und mit der MIDI 1.0 Specification wurden die Standards für die Vernetzung von elektronischen Musikinstrumenten fixiert. Im Prinzip funktioniert MIDI ähnlich wie die Stiftwalzen und Lochkarten der früheren mechanischen Musikautomaten, denn mit den MIDI-Befehlen wird angegeben, welche Noten von einem angesteuerten Instrument zu spielen sind. Genau genommen werden Tastennummern übertragen, so z.B. für die Taste eingestrichenes c (c^1) die Zahl 60 (intern als Binärzahl angegeben). Zugleich wird für diese Taste die Anschlagsstärke (0 für lautlos bis 127 für sehr laut) übertragen, sodass auch die Dynamik des Spiels berücksichtigt wird. Daneben gibt

Fairlight CMI Digitalsynthesizer, einer der ersten Musikcomputer

es zahlreiche weitere Befehle, die z.B. die Klangfarbe steuern oder ein Pitch Bending (leichte Tonhöhenverschiebung, z.B. für ein Vibrato) zulassen. Zu Beginn der 1990er-Jahre wurde weltweit General MIDI eingeführt, eine sinnvolle Erweiterung, die v.a. zur Festlegung der Klangfarben im Speicher eines Instruments diente.

Das neue Herzstück einer MIDI-Anlage, die den neuen Anforderungen und Anwendungen diente, war seit Mitte der 80er-Jahre der Computer geworden, der MIDI-Daten nicht nur empfangen, sondern auch speichern, verändern und wieder aussenden kann. Digitale Musikinstrumente und musikelektronische Geräte, also MIDI-Keyboards, ↑Effektgeräte, MIDI-Software, wurden zu Massenartikeln, und eine moderne Musikproduktion mit diesem Equipment war nicht mehr nur den großen Tonstudios mit teuren Einrichtungen vorbehalten, vielmehr konnte jeder Hobbymusiker von nun an mit einem preiswerten Home oder Personal Computer und einem Mehrspurkassettenrekorder komplette Musikarrangements mit vielen synthetischen Instrumenten produzieren, die nicht einmal schlechter als jene aus dem Studio klingen mussten.

■ Der Computer als Musikinstrument

Als der Computer sich als die zentrale Steuereinheit für MIDI-Systeme durchsetzte, begann ein rasanter musiktechnologischer Wandel, der alle Bereiche moderner Musikproduktion durchdrang, eine unerwartet heftige und weit reichende Entwicklung, deren musikalische Tragweite kaum zu überblicken und die bis zum heutigen Tage keineswegs abgeschlossen ist.

Ein wichtiges Kennzeichen der musiktechnologisch bedingten Veränderungen unseres Musiklebens ist die zunehmende Bedeutung der Musiksoftware im Vergleich zur Hardware. Zwar spielen beim Livemusizieren zuverlässige Hardware-Instrumente eine wichtige Rolle, z.B. sind in so genannten Workstations sogar alle notwendigen Sektionen wie Syntheseteil, Sequencer, Effekte, Keyboard und Bedienungselemente integriert, aber in den Produktionsstudios wie auch in den Homestudios der Musikamateure kommt es zu einem Boom der Musikprogramme, die auf einem Multimediacomputer mit eingebauter Soundkarte und MIDI-Anschluss laufen. Diese Entwicklung begann mit Programmen, die den Computer zum MIDI-Sequencer machten, sodass angeschlossene Instrumente entweder als Eingabegerät für musikalische Informationen dienen können oder als Ausgabegeräte der gespeicherten Daten.

Zunächst von den Softwaresequencern ausgehend, werden zahlreiche und komfortable Funktionen zur Verarbeitung der MIDI-Arrangements entwickelt und in die Programme integriert. Mit der Maus können die Musikinformationen sehr bequem am Bildschirm verändert, kopiert, verschoben, gelöscht, neu eingegeben und praktisch beliebig manipuliert werden. Musik kann per Keyboard eingespielt, eventuelle Fehler ausgemerzt, Noten können in Tonhöhe, Tondauer und Lautstärke jederzeit verändert werden (Edit-Modus), bei mangelndem pianistischem Geschick können komplette Arrangements auch per Maus eingegeben werden (Composer-Modus). Die MIDI-Noten lassen sich auf unterschiedliche Weise am Bildschirm darstellen, als

mehrspuriges Harddisk-Recording an einem PC mit Soundkarte

numerische Werte, als Balken, die Tonhöhe und Dauer angeben, und als normale Noten – auch wenn es gewisse Probleme gibt, eine musikalisch korrekte Partitur aus den MIDI-Daten zu gewinnen.

Per Software lassen sich virtuelle Modulsynthesizer mit einer unglaublichen Klangvielfalt aufbauen, die als analoge Instrumente viel zu teuer, zu groß und zu aufwendig wären. Darüber hinaus werden neue Formen der Klangsynthese eröffnet, wie z.B. das viel versprechende Physical-Modeling (Simulation von Instrumenteneigenschaften). Soundsampler (↑Sampler) werden als reine Softwarelösungen angeboten (virtuelle Sampler), erfolgreiche Drum Computer werden per Software emuliert (nachgebildet) und lassen sich am Bildschirm bedienen wie ihre Hardwarevorbilder. Mit der eigenen Stimme werden Vocoderprogramme gesteuert, sodass Instrumentalklänge zu sprechen scheinen oder Roboterstimmen singen, so wie es früher die analogen ↑Vocoder ermöglichten.

■ **Musik im Internet**

Seit der Einführung des World Wide Web (WWW) in den 1990er-Jahren faszinierten v.a. die multimedialen Möglichkeiten viele Menschen – die Verbindung von Text, Bild und Klang brachte dem Internet den weltweiten Siegeszug, der vermutlich in den nächsten Jahren alle gesellschaftlichen Bereiche drastisch verändern wird. V.a. die herkömmlichen Medien, die bisher zur Verbreitung von Musik wesentlich beitrugen, werden starke Konkurrenz durch das Internet erfahren.

Lange Zeit war die Versendung von Musik per Internet allerdings aufgrund der unzureichenden Übertragungsrate unpraktikabel. Zwar eignet sich das MIDI-Format aufgrund der kompakten Datenmenge sehr gut zum Versenden von Musik, und Komponisten und Studios, die über das Internet zusammenarbeiten, nutzen dieses Format auch gewinnbringend aus, jedoch gibt eine MIDI-Datei – ähnlich wie die Musikautomaten vor der Erfindung des Grammophons – eben nicht den Originalklang wieder. So ist dadurch die Übertragung von Gesang nicht möglich, und das Klangergebnis ist von der Soundkarte des empfangenden Computers abhängig, auch wenn es zahlreiche Versuche gab, mit speziellen MIDI-Software-Playern den Klang authentischer zu machen.

Musiktechnologie

■ Ausblick

Wie es in allen anderen Lebensbereichen des Menschen im Informationszeitalter beobachtet werden kann, so üben der Computer bzw. die Programme, mit denen er gefüttert wird, auch auf die Musikkultur einen unerwartet großen und nachhaltigen Einfluss aus. Als symbolverarbeitende Maschine ist er extrem flexibel in den verschiedenen musikalischen und audiotechnischen Anwendungsbereichen einsetzbar. Er erfüllt viele Funktionen, die zuvor von unterschiedlichen Instrumenten, Geräten und Medieneinrichtungen bewältigt wurden.

Durch die Digitalisierung jeder Information, ob Musik, Sprache, Bild oder Video, werden die bisher aus technischen Gründen unterschiedlichen Speichermedien (Schallplatte bzw. CD, Tonband bzw. Audiocassette, Film bzw. Videoband, aber auch Buch bzw. Zeitung) durch gemeinsame Datenträger ersetzt (CD-ROM, DVD). Bisher separat organisierte Verteilungssysteme wie Rundfunk, Fernsehen, Presse, Schallplattenfirmen oder Kommunikationssysteme (Telefon, Post, Funk) gehen ineinander über, bedienen sich des global operierenden Internets und treten natürlich auch in einen scharfen Konkurrenzkampf miteinander, da es getrennte Marktsegmente eigentlich nicht mehr geben wird oder schon nicht mehr gibt. Urheberrechtsprobleme treten auf, wenn illegal ins Netz gestellte Musik weltweit abgerufen werden kann. Entfernungen spielen keine Rolle bei der Zusammenarbeit von Musikern, die gemeinsame Kompositionen erstellen können und sogar erste Konzerte im Internet veranstalten. Informationen sind weltweit verfügbar, z.B. gibt es zahlreiche WWW-Seiten im Internet, die sich mit musikalischen Fragen, mit Komponisten, Interpreten und Konzerten beschäftigen, sodass für Schule und Studium hier eine riesige Bibliothek bzw. Mediathek entsteht.

Verlage und Bibliotheken müssen sich den veränderten Bedingungen und Möglichkeiten zur Verteilung und Archivierung von Wissen stellen. So genannte Chatrooms eröffnen die Möglichkeit des musikalischen Gedankenaustauschs, etwa im Rahmen einer gemeinsamen Schulstunde weit auseinander liegender Schulen oder beim virtuellen Musikseminar von Universitäten oder Musikhochschulen.

Die sich daraus ergebenden Konsequenzen für die Musikkultur der Zukunft sind schwer zu überschauen, aber schon die derzeit zu beobachtenden Umwälzungen und Neuerungen lassen vermuten, dass das Informationszeitalter viele Lebensbereiche des Menschen völlig neu organisieren wird. Die Musikkultur wird davon nicht ausgeschlossen sein. Ganz im Gegenteil bietet sie ein reiches Experimentierfeld für den wissenschaftlichen, pädagogischen und künstlerischen Umgang mit neuen Musik- und Medientechnologien, den sich kreative Menschen nicht entgehen lassen werden. ■

❦ Wie du siehst, findet gerade in diesem Bereich eine ständige Neuentwicklung statt. Den aktuellen Stand erfährst du am einfachsten über das Internet; gib z.B. über eine Suchmaschine den Begriff MIDI ein, dann wirst du zahlreiche interessante Adressen zum Thema finden.

❦ SCHIFFNER, WOLFGANG: *Rock und Pop und ihre Sounds.* Aachen (Elektor-Verlag) 1994. ■ SCHIFFNER, WOLFGANG: *Lexikon Tontechnik.* Kassel u.a. (Bärenreiter) 1995. ■ ENDERS, BERND: *Lexikon Musikelektronik.* Zürich u.a. (Atlantis-Musikbuch-Verlag) ³1997. ■ SUPPER, MARTIN: *Elektroakustische Musik und Computermusik.* Darmstadt (Wissenschaftliche Buchgesellschaft) 1997.

durch BOETHIUS wurde das musiktheoretische Gut der Griechen dem Mittelalter überliefert. Nach den Lehren vom einstimmigen liturgischen Gesang (↑gregorianischer Gesang) wird der Beginn der abendländischen Mehrstimmigkeit in karolingischer Zeit erstmals durch das anonyme Musiktraktat »Musica enchiriadis« (spätes 9. Jh.) theoretisch greifbar. Die Musiktheoretiker des etwa 1100 (u.a. GUIDO VON AREZZO) vertreten die bis dahin nur als Stegreifausführung geübte Mehrstimmigkeit. Später, als es üblich wurde, mehrstimmige Musik schriftlich zu fixieren, entwickelte sich die Kompositionslehre (↑Diskant, ↑Kontrapunkt). Um 1280 gab JOHANNES DE GROCHEO einen Überblick über die verschiedenen musikalischen Gattungen seiner Zeit. Bei W. ODINGTON (um 1300) wird die Terz erstmals theoretisch als Konsonanz begründet. G. ZARLINO (1558) entwickelte eine harmonisch ausgerichtete Kontrapunktlehre. Das »Syntagma musicum« (1620) des M. PRAETORIUS ist die erste umfassende Quelle zur musikalischen Praxis und Instrumentenkunde der Zeit. Die Kontrapunktlehren wurden im 17. und 18. Jh. von den Generalbasslehren abgelöst, die praktische Handwerkslehren darstellten. Ein Markstein in der Theorie der Harmonie sind J.-P. RAMEAUS Arbeiten. In der Aufklärung entstanden neben Schriften französischer Enzyklopädisten (J. LE ROND D'ALEMBERT, D. DIDEROT u.a.) auch in Deutschland enzyklopädische Werke und Musiklehren (J. MATTHESON, F. MARPURG). Hinzu kamen Musiklexika (S. DE BROSSARD, J. G. WALTHER, J.-J. ROUSSEAU, E. L. GERBER, H. C. KOCH). Mit dem »Gradus ad Parnassum...« von J. J. FUX (1725), der sich an den Palestrina-Satz anlehnte, trat die ↑Musiklehre als neuer Typ der Musiktheorie hervor.

Die spekulative Musiktheorie, als deren letzter großer Vertreter J. KEPLER gilt, wurde in der Neuzeit durch die Musikästhetik abgelöst (A. SCHOPENHAUER, F. NIETZSCHE). Allmählich wurde die M. auch Universitätsfach (mit dem Schwerpunkt Musikgeschichte). Erste Vertreter waren u.a. 1875 P. SPITTA in Berlin, 1898 G. ADLER in Wien, 1900 A. SANDBERGER in München, 1905 H. RIEMANN in Leipzig und 1910 F. LUDWIG in Straßburg (zuvor A. B. MARX 1830 in Berlin und A. W. AMBROS 1869 in Prag als Professor der Musik).

Als Hauptzweige der M. unterscheidet man traditionell historische und systematische M. sowie die ↑Musikethnologie. Im Zentrum der **historischen M.** steht die Geschichte der europäischen Kunstmusik vom Mittelalter bis heute. Volks-, Pop- und Rockmusik sowie der Jazz werden inzwischen ebenfalls einbezogen, wie auch die wissenschaftliche Behandlung funktionaler Musik (Arbeits-, Salon-, Werbemusik u.a.). Ihre Hauptmethoden sind von der Philologie geprägt (Erschließung und Edition von Notentexten) und werden durch geschichtswissenschaftliche Methoden ergänzt (archivalische und biografische Quellen, Untersuchungen von Selbstzeugnissen, Briefen, theoretische Äußerungen von Musikern, ikonographische Studien). Forschungsschwerpunkte sind Form-, Stil- und Inhaltsanalysen sowie Fragen der Gattungs-, Sozial-, Rezeptions- und Wirkungsgeschichte, wobei die traditionellen Verfahren (Kontrapunkt-, Harmonie-, Formenlehre) durch mathematisch-statistische, soziologische, semiotische und terminologische Theorien ergänzt werden.

Die **systematische M.** gliedert sich in musikalische ↑Akustik, Physiologie der Gehörswahrnehmung (↑Hören), Musikpsychologie, ↑Musikästhetik und Musiksoziologie.

Musique concrète [myzikkɔ'krɛt; französisch]: ↑konkrete Musik.

Mussorgskij, Modest Petrowitsch, russischer Komponist, *Gut Karewo (Gebiet Twer) 21. 3. 1839, † Sankt Petersburg 28. 3. 1881: Neben seiner Militärlaufbahn, deren Dienst er als Gardeoffizier 1859 quittierte, bildete sich M. weitgehend autodidaktisch als Komponist aus und kam mit M. BALAKIREW in Verbindung. Gemeinsam mit A. BORODIN, Z. KJUI und N. RIMSKIJ-KORSAKOW bildeten sie das auch als »Gruppe der Fünf« bekannt gewordene »mächtige Häuflein«, das eine Erneuerung der russischen Kunstmusik durch Einbeziehung der Volksmusik anstrebte.

Von seinen insgesamt sechs Opern errang M. besonders mit der zweiten Fassung des »Boris Godunow« einen großen Publikumserfolg. Dabei erwächst sein schonungsloser, sozial anklagender Opernrealismus aus einer konsequenten musikalisch-dramatischen Ausdeutung der Sprache und der psychologischen Situation der handelnden Personen. Seine Werke sind vielfach Fragment geblieben und wurden nicht immer zu deren Vorteil von seinen Freunden (v.a. RIMSKIJ-KORSAKOW) ergänzt oder uminstrumentiert. Neben der sinfonischen Dichtung »Eine Nacht auf dem Kahlen Berge« (1867) ist besonders sein Klavierzyklus »Bilder einer Ausstellung« (1874) populär geworden, den M. RAVEL 1922 glanzvoll instrumentierte. Nach dem Verlust seines Vermögens nahm M., der auch als Konzertpianist auftrat, eine untergeordnete Beamtenstellung ein. Er starb verarmt und einsam.

muta [lateinisch »verändere!«]: Spielanweisung für das Umstimmen oder Auswechseln eines Instruments (v.a. bei Pauken und Blasinstrumenten gebraucht).

Mutation [von lateinisch mutatio »Veränderung«]:
* *Solmisation:* die Umdeutung eines Tones zum Zweck des Übergangs in ein anderes ↑Hexachord.

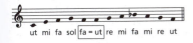

* *Musiklehre:* in der Barockzeit der Wechsel des Klanggeschlechts (»mutatio per genus«) oder der Tonart (»mutatio per modum«). – ↑auch Stimmbruch.

Muzak ['mjusak]: Name einer 1934 in Seattle (Washington) gegründeten Firma, die nach psychologischen Gesichtspunkten hergestellte Hintergrundmusik für Büros, Fabrikhallen, Kaufhäuser, Flughäfen u.a. produziert und verbreitet. Der Begriff wurde zum Synonym für derartige funktionelle Musik.

m.v.: Abk. für ↑**m**ezza **v**oce.

Modest Mussorgskij

Mysteri|enspiel [zu französisch mystère, aus lateinisch ministerium »Dienst«]: eine seit dem 14. Jh., v.a. in Frankreich und England, nachweisbare Form des ↑geistlichen Dramas. Neben anonymen M. finden sich in Frankreich Werke namentlich bekannter Dichter, z.B. von A. GRÉBAN. Die Spieldauer der auf einer Simultanbühne oder auf Bühnenwagen gespielten M. betrug manchmal Tage und Wochen; aus England sind umfassende M.-Zyklen (»misteries«) erhalten, z.B. der »York cycle« mit 48 Stücken. Seit dem 19. Jh. gibt es Wiederbelebungsversuche des M. nicht nur im Rahmen der musikalischen Gattung des Oratoriums (F. DAVID, »Eden«, 1848; J. MASSENET, »Eve«, 1875), sondern auch durch Neuaufführungen der alten Werke.

mystischer Akkord: ein von A. SKRJABIN erfundener und häufig angewendeter Akkord, der aus reinen, verminderten und übermäßigen Quarten gebildet ist

(c–fis–b–e^1–a^1–d^2). Der mystische Akkord ist nicht mehr nach den Regeln der †Funktionstheorie erklärbar und zeigt (zusammen mit anderen aus ihm entwickelten Akkorden), wie weit sich SKRJABIN bereits von der romantischen Tonalität gelöst hat.

Nachsatz: innerhalb einer achttaktigen Melodie die zweiten, den Vordersatz beantwortenden vier Takte einer †Periode.

Nachschlag: eine Verzierung, die als Abschluss eines Trillers aus der flüchtigen einmaligen Berührung des tieferen Nachbartons und sofortiger Rückkehr zum Hauptton besteht. Als Gegenteil des Vorschlags bedeutet der N. das kurze Anbinden eines oder mehrerer, meist benachbarter Töne an den Hauptton:

Nachtanz: in der Tanzmusik vom Mittelalter bis ins 17. Jh. ein schneller, ungeradtaktiger Springtanz, der einem langsamen, geradtaktigen Schreittanz folgt. Vor- und N. haben oft den gleichen harmonischen und melodischen Bau. Aus dieser Tanzfolge entwickelte sich im 16. Jh. die †Suite. Wichtig als N. waren Galliarde und Courante, ferner Saltarello (Italien), Tourdion (Frankreich), Alta Danza (Spanien) sowie Hupfauf, Proporz, Tripla (Deutschland).

Nachtstück: †Notturno.

Nagelgeige (Eisenvioline): ein v. a. in der zweiten Hälfte des 18. Jh. zeitweise beliebtes Friktions- bzw. Streichinstrument aus einem meist halbkreisförmigen, hölzernen Resonanzkasten, in den bis zu 24 nach oben ragende Eisenstifte unterschiedlicher Länge eingelassen sind, die mit einem Bogen angestrichen werden. Eine Weiterentwicklung ist das **Nagelklavier**, das mit einer Klaviatur versehen war; auf Tastendruck versetzte anstelle des Bogens ein pedalbetriebenes, ständig rotierendes Leinenband die Eisenstifte in Schwingung.

Nasat [von niederländisch nazaat »Nachsatz«] (Nasard, Nazard): bei der Orgel ein weites zylindrisches oder kegelförmiges Flötenregister (Labialregister) in Quintlage gewöhnlich zu $2^2/_3$- oder $1^1/_3$-Fuß mit zartem, näselndem Klang.

Nashville-Sound [ˈnæʃvɪlsaʊnd; amerikanisch]: Ende der 1960er-Jahre in den Studios von Nashville-Davidson (Tennessee, USA) auf der Grundlage der Countrymusic von Studiomusikern entwickelter Soundstandard, der durch seine technisch-klangliche Perfektion und transparente Melodik auf zahlreiche Interpreten des Countryrock stilbildend wirkte (u. a. B. DYLAN, J. BAEZ und die Gruppen Peter, Paul & Mary, The Byrds).

Nationalhymnen: im Gefolge der Französischen Revolution seit der ersten Hälfte des 19. Jh. sich ausbreitende patriotische Gesänge mit meist populärer Melodie, die als Ausdruck des nationalen Selbstverständnisses gelten und bei feierlichen politischen und sportlichen Anlässen gespielt und gesungen werden bzw. zum Protokoll im diplomatischen Verkehr gehören.

Naturhorn, Bezeichnung für klappen- und ventillose Hörner, auf denen nur die †Naturtöne geblasen werden können; Entsprechendes gilt für die **Naturtrompeten.**

Naturtöne: Bezeichnung für diejenigen Töne eines Blasinstruments, die ohne Verwendung von Klappen, Ventilen, Grifflöchern oder Zügen allein durch Veränderungen beim Anblasen (z. B. der Lippenstellung) erzeugt werden können (v. a. bei Blechblasinstrumenten). Die neben dem Grundton als tiefstem Ton ansprechenden und mit den †Obertönen identischen Töne werden als **Naturtonreihe** bezeichnet. Die ersten zwei Töne der Naturtonreihe sind die Oktave auf dem Grundton und die Duodezime.

neapolitanischer Sextlakkord (Neapolitaner): Bezeichnung für einen charakteristischen, subdominantisch wirkenden Akkord auf der vierten Stufe der Tonleiter, mit kleiner Terz und kleiner Sexte anstelle der Quinte (in C-Dur oder c-Moll: f–as–des). Die Funktionstheorie erklärt den n. S. als Mollsubdominante mit kleiner Sexte anstelle der Quinte, die Stufentheorie als erste Umkehrung der tief alterierten II. Stufe (des–f–as). Der n. S. war im 18. Jh. (v. a. in der neapolitanischen Schule) ein beliebtes Stilmittel zur Erzielung einer plötzlichen Ausdruckssteigerung. Er bildete auch später ein verbreitetes Mittel zur raschen Modulation in entferntere Tonarten.

neapolitanischer Sextakkord (*) in einer C-Dur-Kadenz

neapolitanische Schule: Gruppe in Neapel tätiger oder dort ausgebildeter Komponisten im 17./18. Jh. Als ihr Begründer gilt F. PROVENZALE, ihr erster führender Meister war A. SCARLATTI. Die n. S. war besonders an der Entwicklung der ↑Oper beteiligt, v. a. durch die Reformen des Textdichters P. METASTASIO. Besonderer Schwerpunkt lag auf der Ausformung der ↑Opera buffa (G. B. PERGOLESI), doch wurde auch Kirchenmusik gepflegt (SCARLATTI, PERGOLESI, F. DURANTE, L. LEO). Weitere bedeutende Komponisten waren N. PORPORA, L. VINCI, N. JOMMELLI, N. PICCINNI, J. A. HASSE, G. PAISIELLO und D. CIMAROSA. V. a. die sangliche Melodik (↑Belcanto) der n. S. weist über die Zeit des Barock hinaus.

Nebel [hebräisch] (Nevel, Newel): ein biblisches Saiteninstrument (Winkelharfe?) mit 10–12 Saiten. Das N. war ein wichtiges Instrument der Priester im Tempel.

Nebendominante: seltener gebrauchte Bezeichnung für ↑Zwischendominante.

Nebendreiklänge: in der Harmonielehre die leitereigenen Dreiklänge auf der 2., 3., 6. und 7. Stufe der Dur- und Molltonleiter im Unterschied zu den tonartbestimmenden **Hauptdreiklängen** auf der 1., 4. und 5. Stufe. Es sind hauptsächlich Dur- und Molldreiklänge, wie sie in der erweiterten ↑Kadenz auftreten. Darunter gibt es auch verminderte oder übermäßige Dreiklänge, u. a. auf der 7. Stufe (z. B. in C-Dur h–d–f), die je nach Zusammenhang dominantisch oder subdominantisch zu deuten sind.

Nebennote (Nebenton): die obere oder untere (kleine oder große) Sekunde eines Haupttons, der verziert wird (mit Triller, Mordent u. a.). N. sind auch harmonie- oder akkordfremde Töne, z. B. bei ↑Antizipation, ↑Durchgang, ↑Vorhalt oder ↑Wechselnote.

Nebentonlart: eine Tonart, die in einem Musikstück neben der Haupttonart eine mehr oder weniger ausgeprägte Rolle spielt und meist zu dieser in einem terz- oder quintverwandten Verhältnis steht (z. B. G-Dur zu C-Dur).

Negrospiritual [ˈniːɡrəʊˈspɪrɪtjʊəl; englisch]: eine Gattung religiöser (jedoch nicht liturgischer) Lieder der Afroamerikaner, entstanden in den Südstaaten der USA. Im 18. Jh. lernten die Afroamerikaner durch ihre Teilnahme an den Gottesdiensten der Weißen die protestantischen ↑Spiritualsongs kennen und ahmten diese nach, wobei sie abendländische mit afroamerikanischen Musizierformen verbanden. Die ursprünglich einstimmigen Melodien wurden von den Vorsängern vorgetragen und der Refrain vom Chor (nach der ↑Ruf-Antwort-Form) wiederholt. Dabei wurde das Thema vielfältig variiert und verziert und der Vortrag von Zwischenrufen, Fußstampfen und Händeklatschen begleitet. Im Aufbau folgt das N. der abendländischen Liedform, Rhythmik und Harmonik werden jedoch wesentlich von spezifisch afroamerikanischen Elementen wie ↑Offbeat und Blue Notes (↑Blues) geprägt.

Die Texte sind dem Alten Testament entnommen, wurden jedoch auf die politische und soziale Situation der schwarzen Bevölkerung im 18. und 19. Jh. uminterpretiert. So hat die Erwähnung des unterjochten Volkes Israel als Metapher für die Unterdrückung der Schwarzen zu gelten, das »Gelobte Land« der Bibel als Codewort für den Freiheit verheißenden Norden der USA. Im 19. Jh. entwickelte sich das mehrstimmige N. in der Form Chor mit Klavierbegleitung. Durch die Konzerte der Fisk Jubilee Singers wurde das N. in den 1870er-Jahren erstmals auch außerhalb der Kirchen populär. Aus der Verbindung von Elementen des N. mit dem Jazz entstand in den 1920er-Jahren der Gospelsong. Bekannte Interpreten von N. sind u. a. MAHALIA JACKSON und das Golden Gate Quartet.

Neoklassizismus: ↑Klassizismus.

Neubarock (Neobarock): Bezeichnung für die Tendenz einiger Komponisten des 20. Jh., auf Formen und Stilmittel des ↑Barock zurückzugreifen. Vertreter sind u. a. J. N. DAVID (v. a. die Orgelwerke), E. KRENEK (Concerti grossi, 1921/24) und P. HINDEMITH (»Kammermusik Nr. 1–7«, 1921–27). Der N. lässt sich nicht immer eindeutig vom Neoklassizismus (↑Klassizismus) unterscheiden.

neudeutsche Schule: die 1859 selbst gewählte Bezeichnung eines Musikerkreises um F. LISZT (u. a. H. VON BÜLOW, P. CORNELIUS, J. RAFF), der sich für die Werke R. WAGNERS, H. BERLIOZ' und LISZTS einsetzte. ↑Musikdrama, ↑sinfonische Dichtung und ↑Programmmusik wurden wegen ihrer engen Verbindung von Poesie und Musik und der daraus resultierenden neuartigen Formgestaltung als »fortschrittlich« bezeichnet, während die eher an der Wiener Klassik orientierten Komponisten wie F. MENDELSSOHN BARTHOLDY, R. SCHUMANN und J. BRAHMS als »konservativ« galten. Diese nannten die Anhänger der n. S. polemisch »Zukunftsmusiker«.

Neue Musik: Sammelbezeichnung für verschiedene musikalische Strömungen des 20. Jh., die im Gegensatz zur klassisch-romantischen Tradition stehen und bis zur Aufgabe des gesamten überlieferten Musik- und Werkbegriffs führen. Den eigentlichen Beginn der N. M. markiert die sich aus der Spätromantik herauslösende ↑atonale Musik A. SCHÖNBERGS und der 2. ↑Wiener Schule (↑Expressionismus). Dabei sah man das grundsätzlich Neue der N. M. weniger in ihrem lange als fremdartig empfundenen Klang als vielmehr in ihrer Freiheit im Gebrauch der musikalischen Mittel. Die Ordnungselemente Harmonik, Takt, Periode, Form usw. verlieren ihre Gültigkeit; Struktur und Stellenwert einer Komposition müssen jeweils neu und individuell gefunden werden. Als Versuch einer völligen Neuordnung des musikalischen Materials entwickelte SCHÖNBERG nach 1920 die ↑Zwölftontechnik. Daneben formten sich neben den bedeutenden Strömungen des Neoklassizismus (↑Klassizismus, z. B. I. STRAWINSKY) und des Folklorismus (B. BARTÓK) auch kurzlebigere Richtungen (↑Bruitismus). Der das 20. Jh. kennzeichnende Stilpluralismus fand sein Forum in der 1922 gegründeten Internationalen Gesellschaft für Neue Musik. Zur theoretischen Leitfigur der N. M. wurde T. W. ADORNO, der in seiner »Philosophie der N. M.« (1949) gegensätzliche Positionen in der Antithese »Schönberg und der Fortschritt« und »Strawinsky und die Reaktion« gegeneinander stellte. Dem suchten u. a. P. BOULEZ und K. STOCKHAUSEN zu begegnen, indem sie v. a. die rhythmischen Neuerungen STRAWINSKYS hervorhoben. Nach dem Zweiten Weltkrieg griffen zahlreiche Komponisten die Zwölftontechnik auf und entwickelten deren Reihentechnik in der ↑seriellen Musik konsequent weiter.

Für einen radikalen Bruch sorgte die N. M. nach 1950 (↑Aleatorik, ↑Collage, ↑elektronische Musik, ↑konkrete Musik, ↑Liveelektronik, ↑Minimal Music, ↑musikalische Grafik) mit ihrer Neigung zu offenen Formen, zum Momentanen, Improvisierten, Unfixierten und Experimentellen bis hin zur Auflösung des Einzeltons.

Im Gegensatz zu diesen Prinzipien steht seit Ende der 1970er-Jahre eine neoromantische Richtung (Neue Einfachheit), die unter Rückgriff auf überlieferte, auch tonale Elemente wieder mehr auf Sinnlichkeit und Unmittelbarkeit der musikalischen Erfahrung abzielt. Postserielle, tonale, modale, geräuschhafte, minimalistische, intellektualistische, meditative und religiöse Elemente stehen nebeneinander bzw. durchdringen sich wechselseitig. Hinzu kommen Anleihen bei fernöstlicher, afrikanischer oder lateinamerikanischer Musik sowie Grenzüberschreitungen in Richtung Jazz, Pop- oder Rockmusik. Musikgeschichte als universal zugänglicher Fundus wird z.B. mithilfe von Collage- und Zitattechniken neu verfügbar gemacht und »polystilistisch« umgedeutet. In den 1990er-Jahren sind Bemühungen erkennbar, eine Klangkunst der äußersten Differenzierung in Mikrobereichen zu schaffen, wobei oft der Computer eine Rolle spielt. Das Nebeneinander verschiedenster Richtungen macht eine Standortbestimmung gegenwärtiger Musik zunehmend unmöglich. – ↑auch Weltmusik.

Neumen [von griechisch neũma »Wink«]: Notenzeichen des Mittelalters, mit denen die einstimmigen Melodien, v.a. die der liturgischen Gesänge, aufgezeichnet wurden. In der Geschichte der Notenschriften stehen sie zwischen der Buchstabennotation der Antike, bei der die Töne durch Buchstaben bezeichnet wurden, und den aus den N. entwickelten Quadratnoten der ↑Choralnotation. In ihrer frühen Form bezeichnen sie nur den allgemeinen Verlauf der Melodien und dienen v.a. als Gedächtnisstütze bei der Ausführung der aus mündlicher Überlieferung bekannten Gesänge. Ein Pes (Podatus) oder eine Clivis (Flexa) bezeichnen nur ein auf- oder absteigendes Intervall, ohne dass sich heute noch bestimmen ließe, ob es sich um eine Sekunde, Terz, Quarte, Quinte oder Sexte handelt. Auch der Rhythmus der Melodien blieb unberücksichtigt. Dem schon seinerzeit verspürten Mangel versuchte man durch Zusatzzeichen (u.a. durch die »Litterae significativae«, Buchstaben, die u.a. »hoch«, »höher« oder »schnell« anzeigten) zu begegnen. Mit diastematischen N. wurden die Melodieverläufe, von gedachten Linien ausgehend, klarer

Neumen	Neumen (St. Gallen)	Choralnotation (römisch)
Punctum	• (\)	■
Virga	/ ⌐	⌐
Pes oder Podatus	⌡ ⌡	⌶
Clivis oder Flexa	∧	⌐
Climacus	/•	⌐•
Scandicus	/	⌐
Torculus	⌒	⌐
Porrectus	N	N
Oriscus	⌐	■
Pressus	⌐	■⌐
Salicus	⌐	⌐■
Strophicus	,,,	■■■
Quilisma	w/	
Cephalicus	⌐	⌐
Epiphonus	⌣	⌐

festgelegt, bis seit dem 10. Jh. mit der Einführung von ursprünglich ein oder zwei Orientierungslinien (allgemein für f und c¹, bezeichnet durch einen Tonbuchstaben am Anfang oder durch Rot- und Gelbfärbung) die Intervallverhältnisse eindeutig fixiert werden konnten. Die N.-Schrift gehört zu den geographisch sehr weit verbreiteten Notationen der Musikgeschichte. Außer Europa umfasst das »N.-Gebiet« den Nahen Osten und das Gebiet bis zum Kaukasus. Dieser großen Verbreitung entsprechend setzt sich die »N.-Familie« aus mehreren Komplexen zusammen.

Neben den lateinischen N. West- und Mitteleuropas, deren früheste Belege bis in das 9. Jh. zurückreichen, gab es u. a. byzantinische und slawische N. Die N. entwickelten sich wahrscheinlich aus der ↑ekphonetischen Notation, die ihrerseits auf die prosodischen Zeichen des griechischen Alphabets zurückgeführt wird. Aus der lateinischen N.-Schrift ist im 12. Jh. die quadratische Choralnotation entstanden.

Nevel [hebräisch]: ↑Nebel.

New Age [nju: 'eɪdʒ; englisch]: allgemeine sozialphilosophische Bewegung seit Ende der 1970er-Jahre, die unter Rückgriff auf transzendentale, spirituelle, esoterische oder harmonikale Traditionen mit Schlagwörtern wie Einheit von »Mensch und Natur«, »Gesellschaft und Bewusstsein« ein neues, v. a. gegen die Fortschrittsgläubigkeit westlicher Industriestaaten gerichtetes Denken propagiert und in der die Selbsterfahrung durch Musik mittlerweile eine wichtige Rolle spielt. Angeregt u. a. durch die amerikanische Minimal Music sowie Formen des Jazzrock, brachte N. A. eine ruhige, auf Harmonie und meditatives Gleichmaß abgestimmte Musik hervor, die sich neben dem Einsatz synthetischer Klangproduktionen vielfach auch nicht westlicher, z. B. asiatischer Musizierpraktiken bedient. Neben Jazzgitarristen wie L. Kottke oder dem Schlagzeuger P. Favre gaben im deutschsprachigen Raum v. a. der Jazzharfenist A. Vollenweider, der Obertonmusiker M. Vetter und der Komponist P. M. Hamel der N.-A.-Musik wichtige Impulse, auf theoretischem Gebiet v. a. der Jazzpublizist J. E. Berendt, u. a. mit seiner Schrift »Nada Brahma. Die Welt ist Klang« (1983).

Als Verkaufskategorie umfasst N. A. inzwischen viele Spielarten (astrologische Musik, fraktale Musik, meditative Musik, Natural Sound, New Acoustic, Planetentöne, pränatales Hören, Trance, Urtöne, Gesang der Wale usw.), die meist an ein bestimmtes, auf die jeweiligen Klangformen spezialisiertes Label gebunden sind.

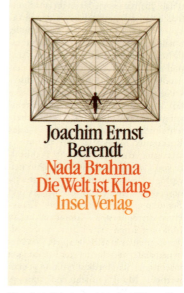

New Age: Schutzumschlag des 1983 erschienenen Buches »Nada Brahma. Die Welt ist Klang« von Joachim Ernst Berendt

New-Orleans-Jazz ['nju: ɔ:lɪənz 'dʒæz, 'nju: ɔ:'li:nz-]: Bezeichnung für die erste voll ausgebildete Stilform des Jazz, wie sie sich Ende des 19. Jh. in den Südstaaten der USA, speziell in New Orleans (Louisiana), entwickelte; Vorbild des ↑Dixielandjazz. Der N.-O.-J. verdankt seine Entstehung einem Prozess der Kulturübertragung, in dessen Verlauf schwarze Musiker eine Verschmelzung von Elementen der afroamerikanischen Volksmusik (Blues, Worksong, Spiritual) und des Ragtime mit solchen der euroamerikanischen Marsch- und Tanzmusik vollzogen. Die typische Besetzung einer

New-Orleans-Band bestand aus drei melodietragenden Instrumenten (i.d.R. Kornett, Klarinette und Posaune) und einer Rhythmusgruppe mit Banjo, Tuba (später Kontrabass) und Schlagzeug. Zum wichtigsten Gestaltungsprinzip des N.-O.-J. gehört die Kollektivimprovisation: Das Kornett als führendes Instrument spielt das Thema des Stückes; die Klarinette umspielt dieses in Akkordbrechungen und Läufen; die Posaune bringt die harmonische Basis.
Der Beginn des N.-O.-J. wird i. A. mit dem Hervortreten des ersten bekannten Jazzmusikers B. BOLDEN um 1890 angesetzt. Sein Höhepunkt fällt mit der Blütezeit der Stadt als Vergnügungszentrum des amerikanischen Südens nach 1910 zusammen. Veranlasst v. a. durch die Schließung des Vergnügungsviertels Storyville 1917, verlagerten sich die Aktivitäten der New-Orleans-Musiker dann zunehmend in den Norden der USA, v. a. nach Chicago (Illinois), wo mit KING OLIVER, L. ARMSTRONG, J. R. MORTON, J. und BABY DODDS die wichtigsten Schallplattenaufnahmen des N.-O.-J. entstanden. In den 1930er-Jahren fast völlig vergessen, kam es seit den 1940er- und verstärkt seit den 1950er-Jahren zu Revivalbewegungen v. a. auch in Europa, durch die der N.-O.-J. zunehmend popularisiert wurde, z. T. aber an Ursprünglichkeit einbüßte.

New Wave ['nju: 'weɪv; englisch »neue Welle«]: eine Mitte der 1970er-Jahre in den USA aufgekommene Strömung innerhalb der Rockmusik, z. T. vom englischen Punkrock herkommend, ohne dessen Aggressivität zu übernehmen. In bewusster Distanz zu dem gesteigerten artifiziellen und technischen Anspruch zahlreicher Rockgruppen der 1970er-Jahre orientierten sich die N.-W.-Gruppen wieder mehr am »klassischen« Rock 'n' Roll und an der Beat-Musik der frühen 1960er-Jahre. Elektronischer Klangzauber war unerwünscht und die musikalische Struktur meist rockig einfach. Vertreter waren u. a. P. SMITH, E. COSTELLO, I. DURY und Gruppen wie Blondie und Talking Heads.
Von Einfluss war der N. W. Ende der 1970er-Jahre auch auf die deutschsprachige Rockszene, wo v. a. in Berlin (West) viele Kleingruppen entstanden, deren Musik sich bald als **Neue deutsche Welle** fest etablieren konnte. Texte und Gruppennamen (u. a. Fehlfarben, Wirtschaftswunder, Hans-A-Plast, Deutsch-Amerikanische Freundschaft, Einstürzende Neubauten) stellten sie in die Nähe damaliger jugendlich-alternativer Protestformen; bekannte Vertreter waren u. a. Ideal, Trio und NENA.

niederländische Musik: die Musik in den ehemaligen burgundischen, dann habsburgischen und später Spanischen Niederlanden (dem heutigen Königreich der Niederlande) und früher auch in den südlichen Niederlanden (dem heutigen Königreich Belgien), v. a. im 15. und 16. Jahrhundert.
Frühester Meister ist der aus Lüttich stammende und v. a. in Italien wirkende J. CICONIA. Die erste Epoche der n. M. ist mit dem burgundischen Hof PHILIPPS DES GUTEN und KARLS DES KÜHNEN verbunden und wird daher auch **burgundische Musik** genannt (ca. 1420–70; G. DUFAY, G. BINCHOIS). Die Folgezeit, die Zeit der **frankoflämischen Schule** mit Zentren in Cambrai und Antwerpen, wurde in der Auseinandersetzung mit der italienischen und englischen Musik für ganz Europa maßgebend und bestimmte die Musikgeschichte bis in das ausgehende 16. Jh. Die niederländischen Musiker wurden an die führenden ausländischen Höfe gerufen und ihre Werke (↑Messen, ↑Motetten, ↑Chansons) fanden handschriftlich und gedruckt (ab Anfang des 16. Jh.) weite Verbreitung. Bedeutende Vertreter sind u. a. J. OCKEGHEM, J. OBRECHT, JOSQUIN DESPREZ, H. ISAAC und als Theoretiker J. TINCTORIS. A. WILLAERT, zu dessen Schülern A. GABRIELI gehörte, begründete die ↑venezianische Schule. O. DI LASSO repräsentiert gemeinsam

mit dem Italiener PALESTRINA die sog. klassische **Vokalpolyphonie**. Als letzter großer Niederländer gilt J. P. SWEELINCK, dessen Ruhm v. a. auf seinen Orgel- und Cembalowerken beruht, die für die Musik des 17. Jh. große Bedeutung erlangten. Nach ihm erreichten die Komponisten in den nördlichen Niederlanden nur noch lokalgeschichtliche Bedeutung.

Nocturne [nɔk'tyrn; französisch »nächtlich«]: ↑Notturno.

Noël [nɔ'ɛl; französisch »Weihnachten«]: seit dem 16. Jh. bezeugtes französisches Weihnachtslied in Strophenform, gelegentlich mit Refrain, das anfangs auf liturgische Melodien, dann auf Chansonmelodien gesungen wurde. Im 17./18. Jh. wurden von französischen Komponisten N. (als Variationen) für Klavier bearbeitet.

Noise [nɔɪz; englisch »Lärm«, »Krach«]: Mitte der 1980er-Jahre in den USA entstandene stilisierte Form des ↑Punkrock mit avantgardistischem Kunstanspruch. Typische N.-Bands waren die New Yorker Formation Helmet und das Chicagoer Trio Urge Overkill.

Noisegate ['nɔɪzgeɪt; englisch »Geräuschschleuse«]: ein elektronisches ↑Effektgerät, mit dem sich über bzw. unter einem festzulegenden Lautstärkepegel Klangsignale (aus)sperren lassen, z. B. störendes Bandrauschen oder Saalgeräusche.

Nomos [griechisch »Gesetz«]: Name altehrwürdiger poetisch-musikalischer Weisen für den Apollonkult. Bei der Ausführung dienten sie als unantastbares Gerüst, das nur in der Tonfolge variiert wurde (vergleichbar dem ↑Maqam und ↑Raga). Nach solchem Modell geschaffene Weisen wurden zu Kithara oder Aulos gesungen (kitharodische, aulodische Nomoi) oder allein auf dem Aulos gespielt (auletische Nomoi).

None [von lateinisch nonus »der Neunte«]: das Intervall im Abstand von neun diatonischen Stufen, eine (große oder kleine) Sekunde über der Oktave. Der **Nonen-Akkord** ist ein dissonanter Fünfklang aus Grundton, Terz, Quinte, Septime und None.

Nonett [italienisch, zu nono, von lateinisch nonus »der Neunte«]: ein Musikstück für neun Soloinstrumente (selten Singstimmen), häufig in der Besetzung 1. und 2. Violine, Viola, Violoncello (oder Kontrabass), Flöte, Oboe, Klarinette, Fagott, Horn (z. B. op. 31, 1813, von L. SPOHR); auch Bezeichnung für die Gruppe der Ausführenden.

Luigi Nono

Nono, Luigi, italienischer Komponist, *Venedig 29. 1. 1924, †Venedig 8. 5. 1990: N., der als freischaffender Komponist zeitlebens seiner Heimatstadt treu blieb und seit 1955 mit A. SCHÖNBERGS Tochter NURIA verheiratet war, gehörte u. a. als Teilnehmer der Darmstädter Ferienkurse (1950–59) zu den Pionieren der Neuen Musik nach 1945. Von A. WEBERN ausgehend, ist er nach 1950 durch serielle Instrumentalstücke (»Polifonica – Monodica – Ritmica«, 1951) bekannt geworden und entwickelte auf der Grundlage von kleinen »Klangzellen« bald einen hochexpressiven Gesangsstil, bei dem Text und Musik nach Art einer Montage ganzheitlich ineinander greifen. 1955–62 entstanden fast ausschließlich Chorwerke auf antifaschistische, sozialistische oder revolutionäre Texte (»Il canto sospeso«, 1956, nach Briefen zum Tode verurteilter Widerstandskämpfer), die N.s Ruf als eines politisch engagierten Künstler begründeten. Höhepunkt dieser Periode stellt seine Oper »Intolleranza« (1961) dar, die auf aktuelle Ereignisse in Algerien Bezug nimmt (die Neufassung 1970 aktualisiert das Thema vor dem Hintergrund des Vietnamkrieges). Seit »La fabbrica illuminata« (1964) bediente er sich zur Verdeutlichung der politischen Aussage zunehmend auch Tonbandeinblendungen.

Mit dem Streichquartett »Fragmente – Stille. An Diotima« (1980, nach F. Hölderlin) setzte eine Neuorientierung ein, die nun bewusst von einer Vielschichtigkeit, aber auch Widersprüchlichkeit seiner textierten Musik ausgeht und im Musiktheater »Prometeo« (1984) zu einer nur noch sich selbst entwickelnden Klangsprache führt. Seine politisch-ästhetischen Gedanken sind in dem Sammelband »Texte« (1975) zusammengefasst.

Normalton: ↑Stimmton.

Noten: Zeichen zur schriftlichen Festlegung von Tönen. Die heutigen N. gingen Ende des 16. Jh. aus den Zeichen der ↑Mensuralnotation hervor. Ihre äußere Form gibt, bezogen auf das Taktmaß ⁴/₄-Takt, den rhythmischen Wert eines Tones an, wobei der nächstkleinere Wert jeweils die halbe Länge hat, während ihre jeweilige Tonhöhe durch die Stellung im ↑Liniensystem sowie durch ↑Schlüssel und ↑Vorzeichen bestimmt wird.

Eine Note besteht aus N.-Kopf, N.-Hals (außer bei der ganzen Note) und Fähnchen. Für jeden Notenwert gibt es ein entsprechendes Pausenzeichen. Mehrere Achtel-, Sechzehntel-N. usw. werden i.d.R. durch einen Balken (statt Fähnchen) miteinander verbunden. Ein Punkt hinter der Note bzw. Pause verlängert dieselbe um die Hälfte ihres Werts, zwei Punkte um drei Viertel. Reicht die Dauer einer Note über den Taktstrich hinaus, so wird dies durch einen Bogen (Haltebogen; ↑Bogen) angezeigt. Ungleichzeitige Notengruppen wie Duolen, Triolen, Quartolen werden

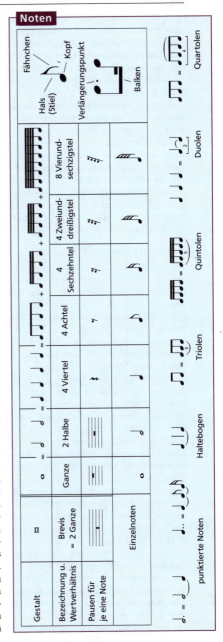

Notenschrift

Die abendländische Musik ist untrennbar mit der Entwicklung der Notenschrift verbunden: Klingendes wird in Zeichen aufgeschrieben, sodass es jederzeit und überall seiner Vergänglichkeit entrissen und in das Klingende zurückgeführt werden kann. Im Unterschied zu vielen anderen Musikkulturen beruht darauf ihr spezifisch geschichtlicher, von einem permanenten Prozess des Aufgreifens und Umformens bestimmter Charakter. Dabei wäre es falsch, angesichts der rund tausendjährigen Geschichte wechselnder Notationssysteme von einem Fortschritt zu sprechen. Jede Notation reagiert auf das, was man gerade musikalisch braucht, und ist von daher zu jeder Zeit der für ihre Musik angemessene Ausdruck.

■ Auf der Höhe des Tones

Im antiken Griechenland benutzte man mit Zusatzzeichen versehene Buchstaben des Alphabets zur Aufzeichnung von Tönen, eine Technik, die sich über die ↑Tabulaturen und den ↑Generalbass der Renaissance und das Barock bis zu den ↑Akkordsymbolen des Jazz erhalten hat. Das älteste Repertoire der abendländischen Musik, der gregorianische Gesang, wurde nur mündlich weitergegeben. Im 9. Jh. entstand mit den ↑Neumen die erste Notenschrift, deren Zeichen allerdings die Melodiebewegung nur im Sinne einer Gedächtnisstütze beim gemeinsamen Singen visualisierten und von daher für uns heute nurmehr annäherungsweise rekonstruierbar sind. Die Anfänge der Mehrstimmigkeit sowie erste Formen (Tropus, Sequenz) förderten die Tendenz nach Eindeutigkeit der Tonschrift, sodass man begann, die Neumen zur Verdeutlichung der Tonhöhe um eine, später auch mehrere »Richtlinien« zu platzieren. Frühestes Zeugnis einer mehrlinigen Notenschrift sind die ↑Dasia-Zeichen (Ende 9. Jh.).

Die erste prinzipielle Neuerung »erfand« der italienische Musiktheoretiker GUIDO VON AREZZO, indem er vier bzw. fünf Notenlinien zeichnete und sie an bestimmten Stellen mit den Tonbuchstaben C und F, den späteren Notenschlüsseln, versah, wodurch alle Linien zueinander eindeutig als im Abstand einer Terz definiert waren. Damit war im Prinzip die bis heute gültige Art der Tonhöhenaufzeichnung entstanden, während die einzelne Tondauer durch das Metrum des gesungenen Textes vorgegeben war.

■ Wie lange dauert Musik?

Im Unterschied zu GUIDOS Geniestreich brauchte die Ausbildung rhythmischer Notationsprinzipien etwas mehr Zeit, genauer gesagt, rund 200 Jahre. Sie begann mit der Organum-Kunst LEONINS und PEROTINS um 1200 an der Pariser Notre-Dame-Kathedrale und fand ihren Abschluss in der ↑Ars nova durch den Komponistendichter PHILIPPE DE VITRY. Um den Tonort deutlicher abzubilden, hatte man bereits in der ↑Choralnotation begonnen, die Neumen mit quadratischen Köpfen zu kombinieren. Parallel waren die für die Notation des Mittelalters charakteristischen Ligaturen entstanden, die zwei oder drei Töne in einer »Notenform« bündelten, und zwar immer dort, wo Töne »melismatisch« frei zu singen waren, das heißt etwa im abschließenden ↑Jubilus ohne einen zugrunde liegenden metrisch regulierenden Text. Für sie galten bestimmte rhythmische Abfolgen, die die ↑Modalnotation der Notre-Dame-Zeit nach sechs Grundrhythmen, den Modi, systematisierte, wobei nicht die Form der Noten selbst, sondern die abzuzählende Gruppierung je nach Ligaturenschreibung den Rhythmus bestimmte.

Ein weiterer Schritt bestand darin, dass die Noten nicht nur die Tonhöhen, sondern durch ihre Form selbst die zu erklingenden Dauern anzeigten. Dies geschah um 1250 in der von FRANCO VON KÖLN entwickelten ↑Mensuralnotation, als mit der quadratischen Longa (mit Strich: lang) und Brevis (ohne Strich: kurz) sowie der rhombischen Semibrevis (halbe kurze Note) erstmals Notenformen entstanden, die durchaus als Prototypen unserer Noten anzusehen sind.

Im Gewirr der Zeichen

Anfang des 14. Jh. stellte VITRY der bis dahin vorherrschenden dreizeitigen (perfekten) Teilung eines jeden Notenwertes (z.B. werden einer Longa drei Breves zugeordnet) die zweizeitige (imperfekte) Teilung (eine Longa gleich zwei Breves) zur Seite, die sich bis um 1600 endgültig durchsetzte. Neben einer Vielzahl neuer kleiner und kleinster Tonwerte wurden dabei die Mensurzeichen eingeführt, aus denen sich die Taktzeichen unserer Taktstrichmusik entwickelten.

Damit waren die Grundlagen der neuzeitlichen Notation geschaffen, die entsprechend den kompositorischen und interpretatorischen Anforderung allerdings seitdem stetig verändert wurden, v.a. durch die Differenzierung des Notenschlüsselsystems, die Einführung von Bindebögen und Verzierungszeichen sowie die mittlerweile schier unüberschaubare Fülle an Phrasierungs-, Tempo- und Vortragsbezeichnungen. In der seriellen und aleatorischen Musik nach 1950 differenzierte sich das Schriftbild der Musik so weit, dass für nahezu jede Komposition neue Aufzeichnungsarten notwendig wurden. Grenzfälle sind hier Formen ↑musikalischer Grafik, die mit ihren freien »Anweisungen« die Musik eigentlich wieder in die Schriftlosigkeit entlassen. ■

KARKOSCHKA, ERHARD: *Das Schriftbild der Neuen Musik. Bestandsaufnahme neuer Notationssymbole.* Celle (Moeck) ³1984. ■ VINCI, ALBERT C.: *Die Notenschrift. Grundlagen der traditionellen Musiknotation.* Kassel u.a. (Bärenreiter) ²1991.

neuzeitliche Notation: oben: Stellung der Noten im Liniensystem und Versetzungszeichen im Violin- (1), im Bass- (2) und im Altschlüssel (3); Ausgangsnote ist jeweils das eingestrichene C (c'); ⊔ bezeichnet Halbtonschritte der diatonischen Leiter; unten: Notenbild eines vierstimmigen Choralsatzes von J. S. Bach; a Notenlinien, b Zwischenräume (Spatien), c Liniensystem, d Hilfslinien, e Akkolade, f Violinschlüssel, g Bassschlüssel, h Tonartvorzeichnung, i Taktvorzeichnung (c=⁴/₄), k–n Anordnung der Stimmen (die Notenhälse von Sopran k und Tenor m sind nach oben, von Alt l und Bass n nach unten gestrichen), o–q Versetzungszeichen (Akzidenzien), r und s Verzierungen (r Vorschlag, s Triller), t Haltebogen, u Bindebogen, v Fermate, w Taktstrich, x Doppelstrich, y Wiederholung, z Custos zusätzlich durch Zahlen gekennzeichnet. – ↑auch Notenschrift, Tabulatur, musikalische Grafik.

Notendruck: Der Notendruck kam fast gleichzeitig mit dem Buchdruck im 15. Jh. auf. Anfänglich wurden entweder nur das Liniensystem oder, mithilfe beweglicher Typen, nur die Noten gedruckt und der andere Teil von Hand nachgetragen. 1487 wurde erstmals ein Werk in dem einfacher zu handhabenden Blockdruck hergestellt, bei dem Noten und Linien reliefartig aus Holz herausgeschnitten werden (Hochdruck). Bald danach entwickelte sich der Notendruck mit beweglichen Typen. Seine früheste Art war der Zweitypendruck, bei dem Noten und Linien in getrennten Verfahren gedruckt wurden. Der 1525 erfundene Eintypendruck vereinigte in einer Type Note und einen Teil des Liniensystems. J. G. I. BREITKOPF verfeinerte 1755 durch die Entwicklung zerlegbarer Typen den Typendruck, der heute nur noch im Buchdruck (Gesang-, Liederbücher) eine Rolle spielt.

Der von S. VEROVIO 1586 in Rom eingeführte **Notenstich** basiert im Unterschied zum Blockdruck auf dem Tiefdruckprinzip. Bei diesem Verfahren wurde seit dem 18. Jh. das Notenbild in zwei Arbeitsgängen in eine Metallplatte (z. B. Kupfer, heute oft aus einer Blei-Zinn-Legierung bestehend) mit einem Stahlstempel eingeschlagen (unveränderliche Zeichen, Pausen, Notenköpfe, Schlüssel) oder mit einem Stichel eingestochen (veränderliche Zeichen, Notenhälse, Bögen, Taktstriche) und anschließend die geschwärzte Gravur auf Papier bzw. auf eine Zinkdruckplatte übertragen. Heute wird der Notensatz zum größten Teil mithilfe des Computers ausgeführt.

Notenrolle: eine mit Löchern versehene Hartpapierrolle als Tonträger v. a. bei selbstspielenden Klavieren (↑Playerpiano).

Notenschlüssel: ↑Schlüssel.

Notenschrift (Notation): Siehe S. 270.

Notes inégales [nɔt ine'gal; französisch »ungleiche Noten«]: eine Art des Vortrags v. a. in der französischen Musik des 16.–18. Jh., bei der eine Folge von gleichmäßig notierten Achteln oder Sechzehnteln inégal, d. h. punktiert (↑Punkt) ausgeführt wurden. Der Grad der Punktierung, d. h. die Wertverlängerung und -verkürzung der Noten sowie die Häufigkeit der Anwendung hing weitgehend vom Charakter des Stückes ab.

♪♪♪♪ = ♩.♪♪.♪

Notre-Dame-Schule [nɔtrə'dam-] (Notre-Dame-Epoche): zusammenfassende Bezeichnung für einen Komponistenkreis, der ca. 1160 bis 1250 mit der Pariser Kathedrale Notre Dame in Verbindung stand. Hauptmeister waren LEONINUS, der mutmaßliche Autor des »Magnus liber organi de gradali et antiphonario«, einer Sammlung zweistimmiger Choralbearbeitungen (Organa) für das Kirchenjahr, und PEROTINUS, der sie zur Drei- und Vierstimmigkeit erweiterte. Die zu dieser Zeit entwickelte ↑Modalnotation ermöglichte es erstmals, Musik rhythmisch aufzuzeichnen. Hauptgattungen waren spätes ↑Organum, ↑Conductus und frühe ↑Motette, die zur ↑Ars antiqua weiterleitete.

Notturno [italienisch »Nachtstück«] (französisch Nocturne, deutsch Nachtstück): in der Musik des 18. Jh. ein Serenade ähnliches mehrsätziges Instrumentalwerk, besonders Bläserstück (J. HAYDN, W. A. MOZART), auch ein einsätziges, ständchenartiges Gesangsstück mit oder ohne Instrumentalbegleitung, das in dieser Form auch in nächtlichen Opernszenen vorkommt. In der romantischen Klaviermusik des 19. Jh. (R. SCHUMANN, J. FIELD, F. CHOPIN, später besonders A. SKRJABIN) war ein N. ein einsätziges Klavierstück träumerischen Charakters. C. DEBUSSY komponierte »Trois nocturnes« (für Orchester).

Novellette [italienisch]: ein mehrere Themen verarbeitendes, frei gestaltetes

↑Charakterstück. Obwohl R. Schumann als erster Komponist von N. (für Klavier op. 21, 1838) die Verbindung zur literarischen Novelle verneinte (er bezog den Namen auf die englische Sängerin C. Novello), ist die N. auch in der Folgezeit (bei N. Gade, A. Glasunow, F. Poulenc u.a.) stets durch den novellistischen, quasi erzählenden Charakter geprägt.

No Wave [nəʊ 'weɪv; englisch »keine Welle«]: Ende der 1980er-Jahre rund um den legendären New Yorker Club »Knitting Factory« entstandener experimenteller Jazz, der bis hin zum bloß Geräuschhaften in oft kurzen, bruchstückhaften Wendungen eine Fülle von Spielarten wie Free Jazz, Punk, Funk oder Minimal Music miteinander kombiniert. Zu den herausragenden Vertretern des N. W. zählen der Altsaxophonist J. Zorn und der Gitarrist F. Frith.

Null, Zeichen °: in der Generalbassbezifferung Spielanweisung, den mit ° versehenen Basston allein, d.h. ohne Akkorde zu spielen (**tasto solo**). Bei Streichinstrumenten bedeutet das N.-Zeichen über einer Note, dass der Ton auf der leeren Saite oder als natürliches Flageolett (↑Flageoletttöne) zu spielen ist.

Nummernoper: eine Oper, die aus einer Folge in sich geschlossener, nur durch Rezitative verbundener Einzelstücke (z.B. Arien, Ensemblesätze, Chöre, Instrumentalstücke) besteht, im Unterschied zur durchkomponierten Oper, wie sie im 19. Jh. aufkam.

Nyckelharpa [schwedisch]: ↑Schlüsselfiedel.

Oberdominante: auch Bezeichnung für die ↑Dominante, im Gegensatz zur Unterdominante, der ↑Subdominante.

Oberek [ɔˈbɛrɛk; polnisch zu obrót »Drehung«]: polnischer Drehtanz in sehr schnellem $^3/_8$-Takt, rhythmisch dem Kujawiak und der Mazurka ähnlich. Der ältere **Obertas** (17.–19. Jh.) ist durch kirchentonale Wendungen, häufige Triolen, punktierte Rhythmen charakterisiert und durch Refrains gegliedert. Der jüngere O. (seit dem 19. Jh. belegt) hatte ein gegenüber dem Obertas gesteigertes Tempo. Oft wurden mehrere O. zu Tanzfolgen verbunden. In der Kunstmusik findet sich der O. bei F. Chopin und H. Wieniawski.

Oberstimme (erste Stimme): im mehrstimmigen Satz die höchste Stimme; in der älteren Musik auch ↑Cantus oder Discantus (↑Diskant) oder Superius (suprema vox, ↑Sopran) genannt.

Obertas [polnisch]: ↑Oberek.

Obertöne: die Sinustöne, in die sich ein Klangereignis nach der harmonischen Analyse zerlegen lässt. Sie wirken sich in der Musik folgendermaßen aus: 1) Anzahl und Intensität der O. bestimmen die Klangfarbe eines Tones. 2) Die O. eines harmonischen Klangereignisses bilden eine Reihe (**Obertonreihe**), die man auch erhält, indem man eine Saite in ganzzahlige Teile unterteilt. Diese ganzzahligen Teiltöne werden auch **Aliquottöne** genannt. 3) In dieser Obertonreihe sind die wichtigsten Intervalle in einer

Obertöne: Beginn der Obertonreihe auf dem Grundton C (1. Teilton). Die eingeklammerten Obertöne sind aufgrund ihrer Schwingungsverhältnisse für eine diatonische Skala nicht brauchbar.

für die Harmonielehre bedeutsamen Reihenfolge enthalten. 4) Bei Blasinstrumenten entspricht diese Obertonreihe der Reihenfolge der ↑Naturtöne. 5) Klangereignisse, deren Obertonaufbau aus nicht ganzzahligen Vielfachen der Grundschwingung besteht, werden als geräuschhaft empfunden; ein derartiger Obertonaufbau bestimmt z.B. den Klang der Glocke. 6) Durch nicht lineare Verzerrungen im Ohr entstehen bei jedem Hörvorgang »subjektive« O., deren Existenz Ausgangspunkt hörpsychologischer Konsonanztheorien ist (↑Kombinationstöne). – Die terminologische Unterscheidung zwischen Teilton (Naturton) und O. wirkt sich in der Nummerierung aus: Der Grundton wird als 1. Teilton (Naturton), die Oktave als 2. Teilton bzw. 1. O. usw. bezeichnet.

Obertongesang: besondere Gesangstechnik v.a. tibetischer Mönche und in der mongolischen Musik; dabei wird der Rachenraum so geformt, dass aus einer tiefen Grundtonsilbe die Folge der Obertöne wie eine zusätzliche Oberstimme herausgefiltert wird und im Mund des Sängers ein meist zweistimmiger Gesamtklang entsteht. Der O. ist erstmals von K. STOCKHAUSEN in »Stimmung« (1968) eingesetzt worden und wurde u.a. durch M. VETTER in den 1970er-Jahren in Westdeutschland im Rahmen der New-Age-Musik populär. In den 1990er-Jahren brachten asiatische Gruppen wie Huun Huur Tu und Egschiglen den O. auch einem größeren Publikum nahe.

Obertonreihe: ↑Obertöne.

obligat [von italienisch obligato »verbindlich«, »notwendig«]: eine Instrumentalstimme, auf die im Gegensatz zu einer mit ↑ad libitum gekennzeichneten Stimme nicht verzichtet werden kann; z.B. in der Barockmusik »Cembalo obligato«: Hier hat das Cembalo neben seiner begleitenden auch selbstständige, konzertante Aufgaben.

obligates Akkompagnement [- akɔ̃paɲˈmã]: eine Art der Begleitung, bei der die Begleitstimmen als selbstständige Stimmen (obligat) geführt sind, auch Melodieträger sein können und am motivisch-thematischen Geschehen teilnehmen. Das o. A. entstand ab der Mitte des 18. Jh. mit der schriftlichen Ausarbeitung des Generalbasses und ist voll ausgebildet seit der Instrumentalmusik der Wiener Klassik.

Oboe

Oboe [italienisch, von französisch hautbois »hohes (d.h. hoch klingendes) Holz«]: ein im 17. Jh. in Frankreich entstandenes Holzblasinstrument, in seiner heutigen Form mit schnabelförmig zugeschnittenen Rohrblättern (Doppelrohrblatt) als Mundstück und dreiteiliger, konisch gebohrter Röhre aus Hartholz (Buchsbaum u.a.), Ebonit oder auch Plastik, die in eine kleine Stürze ausläuft. Durch den Luftstrom des Bläsers werden die Rohrblätter zu gegeneinander schlagenden Schwingungen erregt. Dabei entsteht ein sehr obertonreicher, durchdringender Klang. Das Klappensystem beruht auf einer Kombination von offenen Grifflöchern, Ring-, Deckel- und Oktavklappen sowie Hilfs- und Trillerklappen. Der Tonumfang reicht von b/h–f^3 (a^3); gestimmt ist das Instrument in C (nicht transponierend notiert). Das deutsche Klappensystem wurde ab 1823 von J. SELLNER, das französische ab 1840 von G. TRIÉBERT entwickelt. Die französische O. unterscheidet sich von der deutschen durch eine engere Bohrung, eine andere Lage der Tonlöcher, ein schmaleres Blatt und ein weniger ausladendes Schallstück; ihr Klang ist schärfer, weniger warm und kleiner. Die O. gehört seit J.-B. LULLY zu den Orchesterinstrumenten. Neben der O. als Sopraninstrument war die Altlage seit dem frühen 18. Jh. durch die **O. d'Amore** sowie die Tenorlage durch die **O. da Caccia**, aus der sich das Englischhorn entwickelte, vertreten, die Baritonlage seit 1904 durch das Heckelphon; das Bassinstrument der O.-Familie ist das Fagott. Die tieferen Lagen der O. haben als Schallstück meist einen ↑Liebesfuß.

In der Orgel ist O. eine Zungenstimme, meist im 8-Fuß, mit trichterförmigem Becher und offenem, teilgedecktem oder gedecktem Aufsatz.

Octavider [ɒktɑˈvaɪdə(r); englisch]: ein elektronisches ↑Effektgerät, mit dem sich einem eingegebenen Klangsignal zur Klangverbesserung die obere oder untere Oktave hinzufügen lässt.

Ode [von griechisch ōdḗ »Gesang«, »Lied«]: in der griechischen Antike Sammelbegriff für die gesamte zu Musik vorgetragene strophische Dichtung, so die Chorlieder in der Tragödie und die Chorlyrik. Antike O. wurden vereinzelt schon im Mittelalter, v. a. aber im Humanismus neu vertont, einstimmig und homophon mehrstimmig. Das wiederum gab die Anregung zur Neudichtung und Komposition neulateinischer und volkssprachlicher O. mit geistlichem oder weltlichem Inhalt. Kennzeichnend für O.-Kompositionen sind Einfachheit, strophische Gliederung und Beachtung des Textmetrums. Doch hat sich, gerade aufgrund dieser Merkmale, die O. nie zu einer eigenständigen musikalischen Form entwickelt.

Œuvre [ˈœːvrə; französisch]: ↑Opus.

Offbeat [ˈɔfbiːt; englisch »weg vom Schlag«]: rhythmisches Phänomen des Jazz. O. entsteht bei der Überlagerung eines metronomischen Fundamentalrhythmus (↑Beat) durch melodisch-rhythmische Akzentmuster, die – in minimalen zeitlichen Verschiebungen – gegen den Beat gerichtet sind. Psychologisch manifestiert sich die aus dem Gegeneinander von Beat und O. resultierende rhythmische Konfliktbildung als ein psychophysisch erlebter Spannungszustand, der in der Jazzterminologie mit ↑swing identifiziert wird.

Offbeat: H. Carmichael, »Georgia on my mind« (1930) mit vorgezogener (*) Offbeat-Phrasierung (oberes System)

offene Form: eine gegen Ende der 1950er-Jahre geprägte Bezeichnung für Kompositionen, deren Endgestalt der jeweiligen Aufführung überlassen bleibt, sodass der Interpret an der erklingenden Form mitbeteiligt ist. Dabei handelt es sich um Werke, bei denen Details verändert werden können, die Reihenfolge der Einzelabschnitte aber festgelegt ist (K. STOCKHAUSEN, »Zyklus«, 1959; L. BERIO, »Circles«, 1960) bzw. umgekehrt (P. BOULEZ, 3. Klaviersonate, 1957), oder bei denen sowohl die Zusammensetzung des vorgegebenen Spielmaterials als auch die Reihenfolge der Einzelabschnitte offen gelassen ist (J. CAGE, Klavierkonzert, 1957/58).

offene Pfeife: eine Orgelpfeife, deren oberes Ende offen ist, im Unterschied zur ↑gedackten Pfeife.

Offertorium [lateinisch »Darbringung«, »Opfer«] (Antiphona ad Offertorium): in der katholischen Messfeier der vierte Gesang des Proprium Missae, gesungen zu Beginn der Gabenbereitung. Ursprünglich war das O. die Antiphon zu einem Psalm (mit diesem wechselchörig gesungen), der aber schon im gregorianischen Antiphonar auf zwei oder drei Verse verkürzt und seit dem 13. Jh. vielfach ganz weggelassen wurde. – Das O. fand in der mehrstimmigen Musik seit dem 16. Jh. weite Verbreitung als »O.-Motette« (z. B. PALESTRINAS »Offertoria totius anni«, 1593; O. DI LASSOS »Sacrae cantiones«, 1582 und 1585).

Offizium [lateinisch »Dienst«, »Pflicht«]: früher allgemein üblicher Name für die den Klerikern vorbehaltenen liturgischen Handlungen und die ihnen vorgeschriebenen liturgischen Verpflichtungen, v. a. für das ↑Stundengebet.

Okarina [italienisch ocarina »Gänschen«]: Gefäßflöte aus Ton oder Porzellan in der Form eines Gänseeis oder einer Rübe, mit einem Schnabel zum Anblasen und meist acht Grifflöchern. Der Klang ist sanft und dumpf. Die O. soll um 1860 in Italien entwickelt worden sein, ist heute über die ganze Erde verbreitet und findet v. a. als Kinderinstrument und in der Volksmusik Verwendung.

Oktave [von lateinisch octavus »der Achte«]: das Intervall, das vom Grundton acht diatonische Stufen entfernt ist (griechisch Diapason). Die Saitenlängen zweier Töne im Abstand einer O. verhalten sich wie 2:1, die Schwingungszahlen wie 1:2. Die O. ist das erste Intervall der Obertonreihe.

Die Darstellung des Tonsystems geht in der abendländischen Musik seit der griechischen Antike von der O. aus. Töne im Oktavabstand sind in der Tonqualität identisch und nur durch die Tonhöhe verschieden. Als Konsonanzen haben sie den größten Verschmelzungsgrad, sodass eine O. mitunter gar nicht als aus zwei Tönen bestehend erkannt wird. Oktavverdoppelung rechnet nicht zur Mehrstimmigkeit; Oktavparallelen im mehrstimmigen Satz gelten als fehlerhaft. Die O. kann als reines, übermäßiges oder vermindertes Intervall auftreten.

O. heißt auch die Gesamtheit der in diesem Intervallbereich liegenden Töne. Der gesamte Tonraum wird in O., bezogen auf den Grundton C, gegliedert: Subkontra-O. ($_2$C–$_2$H), Kontra-O. ($_1$C–$_1$H), große O. (C–H), kleine O. (c–h), eingestrichene O. (c^1–h^1), zweigestrichene O. (c^2–h^2), dreigestrichene O. (c^3–h^3), viergestrichene O. (c^4–h^4); statt der Zahl kann auch ein kleiner Strich gesetzt werden (z. B. c″ statt c^2).

In der Orgel ist O. Bezeichnung für die Register der Prinzipale, die im Oktavabstand über diesen erklingen, also z. B. 4-Fuß-, 2-Fuß-, 1-Fuß-Lage über dem Prinzipal 8-Fuß.

Oktett [zu lateinisch octo »acht«]: ein Musikstück für acht Soloinstrumente, seltener Singstimmen, meist in gemischter Streicher-Bläser-Besetzung, auch Bezeichnung für die Ausführenden. Berühmt wurden das O. von F. SCHUBERT (D 803, 1824) und das Streicher-O. von F. MENDELSSOHN BARTHOLDY (op. 20, 1825).

Oktoechos [von griechisch oktṓ »acht« und ēchṓ »Schall«, »Ton«]: seit dem 12. Jh. Bezeichnung für die Sammlung von Hymnen für die wechselnden Teile des Stundengebetes und die göttliche Liturgie, die mit den Gedächtnissen der einzelnen Feste des Jahreszyklus verbunden werden. Sie besteht aus acht je eine Woche umfassenden Teilen. Jeder dieser als »Ton« bezeichneten Teile wiederholt sich in einem achtwöchigen Rhythmus und ist auf den jeweiligen Sonntag als Gedenktag der Auferstehung CHRISTI konzentriert. Der Gesamtzyklus beginnt nach Ostern und erstreckt sich bis in die Fastenzeit. Nur die Karwoche weist keinen Text aus dem O. auf. Dem Textbestand eines Tones, d. h. einer Woche, ist eine charakteristische Kirchentonart (Echos) zugeordnet; die O. bestimmen insgesamt das Tonsystem der byzantinischen Musik, können aber je nach landeskirchlicher oder auch lokaler Tradition variieren. Sie umfassen die vier authentischen und die vier plagalen Leitern.

Oldies [ˈəʊldiːz; englisch]: in der U-Musik Bezeichnung für auch nach Jahren noch populäre Gesangs- oder Instrumentalstücke. – ↑auch Evergreen.

Oldtimejazz [ˈəʊldtaɪmdʒæz; englisch »Jazz aus der alten Zeit«]: übergreifende Bezeichnung für die älteren Stilbereiche des Jazz bis etwa 1930, insbesondere ↑New-Orleans-Jazz, ↑Dixielandjazz und ↑Chicago-Stil.

Olifạnt [altfranzösisch »Elefant«, »Elfenbein«]: ein aus einem Elefantenzahn gefertigtes Jagd- und Signalhorn des Mittelalters, das meist reich geschnitzt und von zwei Metallreifen mit Ösen (zur Aufhängung) umschlossen war. Das aus dem Orient nach Europa gekommene Instrument war dem Ritter vorbehalten.

ondeggiando [ondeˈdʒando; italienisch] (ondeggiamento): wogend; beim Spiel von Streichinstrumenten das An- und Abschwellen eines Tones, das durch Druckverstärkung oder -verminderung mit dem Bogen (ohne Strichwechsel) erzeugt wird; angezeigt durch eine Wellenlinie über bzw. unter den Noten.

Ondes Martenot [ɔ̃ːd martəˈno; von französisch onde »Welle«] (Ondes musicales): ein von M. MARTENOT 1928 konstruiertes einstimmiges elektronisches Tasteninstrument, bei dem die Klangerzeugung nach dem Prinzip des Schwebungssummers erfolgt; die Tonhöhe wurde anfangs über einen Zugdraht gesteuert, ab den 1940er-Jahren über eine Tastatur. Komponisten wie O. MESSIAEN (»Trois petites liturgies de la Présence Divine«, 1945) und A. JOLIVET (»Konzert für O. M. und Orchester«, 1947) haben für O. M. geschrieben, v. a. aber findet das Instrument Verwendung für effektvolle Bühnen- und Filmmusiken.

Onestepp [ˈwʌnstep; englisch]: schneller marschartiger Gesellschaftstanz im $^2/_4$- (selten $^6/_8$-)Takt mit einfachen Schrittfolgen, kam um 1910 aus den USA nach Europa. Der O. ist ein Nachfolger des Twostepp und Vorläufer des Foxtrott.

op.: Abk. für ↑Opus.

Oper [italienisch opera (in musica) »(Musik)werk«, von lateinisch opus »Werk«]: Siehe S. 278.

Opéra-ballet [ɔpeˈraˈlɛ; französisch]: Ende des 17. Jh. in Paris entstandene Gattung der aufwendig ausgestatteten Ballettoper, die aus Ballettszenen und eingefügten Arien, Rezitativen und Chören bestand und deren zwei oder drei Akte (»Entrées«) jeweils eine eigene komische oder tragisch-heroische Handlung hatten und nur durch eine übergreifende Idee verknüpft waren. Berühmte Beispiele sind A. CAMPRAS »L'Europe galante« (1697) und »Les fêtes vénitiennes« (1710) sowie J.-P. RAMEAUS »Les Indes galantes« (1735).

Ọpera buffa [italienisch »komische Oper«]: die im 18. Jh. aufblühende, aus dem ↑Intermezzo entstandene und an die Tradition der Commedia dell'Arte anknüpfende Gattung der heiteren italienischen Oper; Gegenstück zur Opera seria. Eines der frühesten Werke war G. PERGOLESIS »La serva padrona« (1733), ein Höhepunkt W. A. MOZARTS »Le nozze di Figaro« (1786).

Opéra comique [ɔpeˈra kɔˈmik; französisch »komische Oper«]: eine Ende des 17. Jh. in Opposition zur höfischen ↑Tragédie lyrique entstandene bürgerliche Operngattung Frankreichs, mit vorwiegend heiteren oder satirischen, später (v. a. nach der Französischen Revolution) auch tragischen und romantischen Stoffen **(Revolutions- und Schreckensoper)**. Im Gegensatz zur ↑Grand Opéra und italienischen ↑Opera buffa besteht sie aus gesprochenen Dialogen und einzelnen Musiknummern (Liedern, ↑Vaudevilles). Ihre Blütezeit begann nach einer Aufführung von G. B. PERGOLESIS »La serva padrona« durch italienische Opertruppen 1752 in Paris, die eine Auseinandersetzung zwischen Anhängern der traditionellen französischen Oper und einer mehr fortschrittlich

Oper

Die Oper ist sicher eine der größten Leistungen der europäischen Musikgeschichte. Oft totgesagt, findet sie bis heute ihr Publikum in allen gesellschaftlichen Schichten und regt noch immer Musiker, Regisseure und Komponisten zu einer künstlerischen Auseinandersetzung mit ihr an. Definieren lässt sie sich als eine musikalische Bühnengattung, bei der sich die Musik an der Gestaltung der Personen und Handlung beteiligt und sich nicht auf das einlagenartige Auflockern wie beim ↑Singspiel und bei der ↑Bühnenmusik oder das Untermalen wie beim ↑Melodrama beschränkt. Musik, Dichtung und szenische Darstellung bilden in ihr eine sich im Laufe der Musikgeschichte stets verändernde musikalisch-theatralische Einheit.

■ Die Geburt der Oper

Musik und Szene waren bereits im antiken Drama, in den liturgischen Dramen und weltlichen Spielen des Mittelalters und in den Spielen und Komödien der Renaissance verbunden. Die moderne Oper, als deren unmittelbare Vorläufer die italienischen Pastoralen mit Musikbegleitung (Ende 15. Jh.) und Madrigalkomödien (ab 1580) gelten, entstand um 1600 im Umfeld des Medici-Hofes in Florenz mit den sog. Intermedien, den musikalischen Zwischenspielen in Schauspielen.

In der Vereinigung der Florentiner Camerata (etwa 1580–92) versuchte man, die Wirkungen des antiken griechischen Sologesangs nachzuahmen. So entwickelte man eine neue Art des frei deklamierenden Gesangs mit einfacher akkordischer Instrumentalbegleitung (↑Monodie), um Inhalt und Affekt des Textes unmittelbar ausdrücken zu können. Mit Blick auf die griechische Tragödie wurden schließlich nicht mehr nur die Zwischenchöre, sondern auch die Monologe und Dialoge der Schauspiele vertont (Jacopo Peri, G. Caccini).

Als eigentlicher Schöpfer der Oper gilt C. Monteverdi (»Orfeo«, 1607), der nun auch formal geschlossene Gesänge und Instrumentalmusik einführte; seine musikalische Bildhaftigkeit mit reicher Instrumentation, kühner Harmonik und ausdrucksvoller Deklamation wurde zum Stilprinzip. Der Florentiner Oper mit ihren antik-mythologischen Inhalten folgte die römische, die sich durch prunkvolle Ausstattung, hohen Choranteil und moralisch-allegorische und religiöse Stoffe auszeichnete (E. de' Cavalieri, L. Rossi, S. Landi) und zum ↑Oratorium führte. Venedig, wo 1637 das erste öffentliche Opernhaus eröffnet wurde, blieb als drittes Zentrum bis 1700 bestimmend, woran Monteverdi durch sein Spätwerk maßgeblich beteiligt war. An die Stelle der Monodie traten jetzt die rhythmisch und melodisch plastisch geführte Solostimme und der ↑Generalbass. Die Instrumentalmusik erfasste den ganzen Satz, der Chor verlor an Bedeutung, und geschlossene Gesangsformen nahmen zu, bis sich schließlich in der späteren venezianischen Oper (F. Cavalli, G. Legrenzi, A. Stradella) die für etwa anderthalb Jahrhunderte maßgebliche Aufspaltung in einfachen und formelhaften Sprechgesang (Secco-Rezitativ), orchesterbegleitetes, pathetisches Rezitativ (Accompagnato) und geschlossene Arie vollzog. Mythos und Pastorale wurden von Inhalten der Geschichte oder Sagenwelt abgelöst, Ernstes und Komisches miteinander verbunden und menschliche Handlungsweisen dargestellt (Intrigendrama).

Um 1700 wurde die neapolitanische Oper führend (A. Scarlatti, F. Durante, L. Vinci, F. Feo, G. F. Händel, J. A. Hasse, N. Jommelli) und erhielt ihre endgültige Form als ↑Opera seria durch die Reformen des Dichters P. Metastasio. Ihre Kennzeichen sind dreiaktige Form, Beschränkung auf ernste Stoffe, Trennung zwischen handlungstragendem Rezitativ und affektgeladener, meist virtuoser (Da-capo-)Arie sowie festes Rollen- und Handlungsschema mit idealisierten Charakteren. Daneben verselbstständigte sich die komödiantische ↑Opera buffa (G. B. Pergolesi, N. Piccinni, B. Galuppi, G. Paisiello, D. Cimarosa) und setzte sich z. T. gegenüber der Opera seria durch.

■ Die Oper außerhalb Italiens

Von Rom und Venedig wirkte die Oper nach Frankreich, wo der Dichter P. Quinault und der Komponist J.-B. Lully um 1670 die französische ↑Tragédie lyrique schufen, die in ihrer Form dem klassischen französischen Drama folgt. Das pathetisch-deklamatorische Récitatif wird hier nur von kurzen und schlichten Airs unterbrochen. Die zahlreichen Chor- und Ballettsätze führten zur selbstständigen Prunkgattung des ↑Opéra-ballet, die neue Gattung der französischen ↑Ouvertüre wurde zu einer der führenden Formen der Instrumentalmusik des 17. und 18. Jh. Die Tradition der französischen Oper (M.-A. Charpentier, A. Campra, A. C. Destouches) fand um 1760 ihren Abschluss bei J.-P. Rameau, worauf italienischer und v. a. C. W. Glucks Einfluss die weitere Entwicklung bestimmten. In Reaktion gegen Inhalte und Pathos der ernsten Oper gewann nach 1750 die ↑Opéra comique an Bedeutung. Die italienische Oper beeinflusste auch England (H. Purcell, Händel) und den deutschsprachigen Raum, dort v. a. Wien (A. Cesti, M. Ziani) und Dresden (G. A. Bontempi, C. Pallavicino). Die englische wie auch die v. a. in Hamburg aufblühende deutschsprachige Oper (Opernhaus seit 1678) wurde um 1730 jedoch von den italienischen Werken verdrängt. In England konnte sich aber aus ähnlichen Motiven wie in Frankreich die volkssprachliche Komödie der ↑Ballad opera (J. Gays und J. C. Pepuschs »The beggar's opera«, 1728) entwickeln. Auch in Deutschland entstand um 1750 eine heitere Form, das deutsche Singspiel, wobei die zunächst anspruchslosen Gesangseinlagen nach und nach mehr Gewicht erhielten (J. A. Hiller, G. Benda, K. Ditters von Dittersdorf, W. A. Mozarts »Zauberflöte«, 1791).

Um die Jahrhundertmitte hatte sich die erstarrte Form der Opera seria, die Händel ansatzweise aufzubrechen vermochte, überlebt. Gluck (»Orfeo ed Euridice«, 1762) erreichte eine nachhaltige Reform durch Konzentration der Handlung und musikdramatische Verdichtung.

Blick in den Zuschauerraum der Mailänder Scala

Mozarts große italienisch- und deutschsprachige Werke (z. B. »Le nozze di Figaro«, 1786; »Don Giovanni«, 1787) sind in ihrer dramatischen Stringenz Ausnahmewerke, deren Wirkung erst im 19. Jh. einsetzte.

■ Verdi, Wagner und andere

Im 19. Jh. lösten sich im Zuge der Verbürgerlichung sowohl das Gefüge der überlieferten Gattungen als auch das System der italienischen Hofoper auf. Revolutions-, Schreckens- oder Rettungsopern (L. van Beethovens »Fidelio«, 1805–14) sind Ausdruck des gesellschaftlichen Umbruchs. In Frankreich bereitete G. Spontini ab 1807 (»La Vestale«) den Weg zur tragischen, meist historischen »großen Oper« (↑Grand Opéra), die auf reiche Ausstattung und grandiose dramatische Effekte angelegt war (D. F. E. Auber, G. Meyerbeer, J. F. Halévy, H. Berlioz). Im Bereich des Drame lyrique (C. Gounod, A. Thomas, J. Massenet, C. Saint-Saëns), das nach 1850 aus der Verbindung von ernster und heiterer Oper entstand, vertrat G. Bizet mit »Carmen« (1875) das Stilprinzip des Realismus; andere Komponisten (z.B. E. Chabrier, V. d'Indy, P. Dukas) standen wiederum im Banne R. Wagners. Neue Wege beschritt C. Debussy mit der pathosfreien Vertonung des symbolistischen Dramas »Pelléas et Mélisande« (1902). Die leichtere Spielart der Opéra comique wurde von A. E. M. Grétry, L. Cherubini, É. N. Méhul, Auber, F. A. Boieldieu und A. Adam gepflegt und setzte sich in der Opéra bouffe J. Offenbachs fort.

Die italienische Oper erlangte um 1820 erneut Weltbedeutung durch G. Rossini (»Il barbiere di Siviglia«, 1816), G. Donizetti (»Lucia di Lammermoor«, 1835) und V. Bellini (»Norma«, 1831). Ihre von der Opera buffa übernommene Technik der szenisch gesteigerten Arie mit Rezitativeinschüben und die illustrierende Orchestersprache wurden in den Spätwerken G. Verdis (»Otello«, 1887; »Falstaff«, 1893) zur dramatisch-psychologisierenden Charakterisierung virtuos gesteigert. Die italienische Entwicklung setzte sich in den veristischen Erfolgsstücken (↑Verismo) von R. Leoncavallo und P. Mascagni und später in den Werken U. Giordanos und G. Puccinis fort.

Mit C. M. von Webers »Freischütz« entstand 1821 die romantische deutsche Oper (E. T. A. Hoffmann, L. Spohr, H. Marschner), doch wurde in Deutschland auch die komische Oper weiter gepflegt (O. Nicolai, A. Lortzing, F. von Flotow), bis sie schließlich nach der Jahrhundertmitte von der ↑Operette abgelöst wurde. Neben dem Festhalten am traditionellen Typus der Opera seria mit ihrer Folge von geschlossenen Formen (Nummernoper) wurden im 19.Jh. die Grenzen zwischen Rezitativ und Arie in Richtung eines kontinuierlichen dramatischen Verlaufs überbrückt (durchkomponierte Oper), wobei sich die Instrumentation zu selbstständigen sinfonischen Wirkungen emanzipierte.

Dieser Übergang von der Melodie zur »musikalischen Prosa« ist bei Wagner ab 1850 in seinen Musikdramen, v.a. in »Der Ring des Nibelungen« (ca. 1850–76), mit nachhaltigem Einfluss auf ganz Europa verwirklicht. In Deutschland konnte sich neben Wagner kaum ein Komponist behaupten, erst nach 1890 begann eine neue Generation den musikdramatischen Stil Wagners weiterzuführen (H. Pfitzner, R. Strauss), auch in der Hinwendung zur Märchenoper (E. Humperdinck).

In den Ländern Osteuropas entstand im Laufe des 19.Jh. eine nationale, volkstümliches Musikgut und wirklichkeitsnahe Stoffe verarbeitende Oper, so in Russland durch M. Glinka, M. Mussorgskij, A. Borodin, N. Rimskij-Korsakow und den französisch beeinflussten P. Tschaikowsky, in Polen durch S. Moniuszko und in Böhmen und Mähren durch F. Smetana, A. Dvořák und v.a. L. Janáček, dessen Gesang sich an Deklamation und Melodie der Wortsprache ausrichtete.

■ **Die neue Oper**

Die Wendung zur Neuen Musik bahnte sich in der Zeit um den Ersten Weltkrieg bei A. von Zemlinsky und F. Schreker sowie in den frühen Bühnenwerken A. Schönbergs an. An die Opern A. Bergs knüpften u.a. E. Krenek (mit seinen späteren Werken) und nach dem Zweiten Weltkrieg L. Dallapiccola und B. A. Zimmermann an. Etwa gleichzeitig entstand im Zuge der Antiromantik und vorbereitet durch F. Bu-

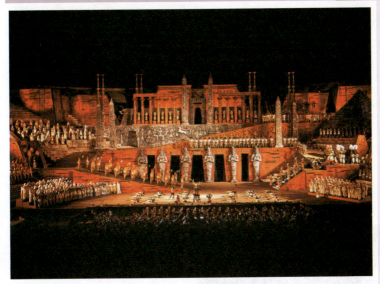

Freiluftaufführung von Giuseppe Verdis Oper »Aida« in Verona

soni ein historisierender Operntyp (P. HINDEMITH, I. STRAWINSKY); daneben gab es die stofflich aktuelle Zeitoper (HINDEMITH, KRENEK), die zeitkritische Oper, z.B. »Die Dreigroschenoper« (K. WEILL) und das gleichfalls von B. BRECHT geprägte Lehrstück (HINDEMITH, H. EISLER) sowie die Schuloper (WEILL, HINDEMITH, P. DESSAU).

Nach 1950 trat die Oper zeitweise hinter anderen Arten des Musiktheaters zurück, gleichwohl erfuhr die Tradition der sinfonischen und der Kammeroper eine Fortsetzung (B. BRITTEN, B. BLACHER, W. FORTNER, G. VON EINEM, R. LIEBERMANN, H. W. HENZE, G. KLEBE). Die Vielfalt der in der Neuen Musik freigesetzten musiksprachlichen Mittel verlieh nicht nur der anspruchsvolle Dichtung verarbeitenden Literaturoper neuen Aufschwung (K. PENDERECKI, G. LIGETI, A. REIMANN, W. RIHM, U. ZIMMERMANN, V. D. KIRCHNER, H.-J. VON BOSE), sie machte mit den spezifischen Möglichkeiten des Theaters, Kritik zu üben oder Überzeugungen zu vermitteln, die Musikbühne auch für Konzeptionen attraktiv, die sich musikalisch oder dramaturgisch von der Tradition der Gattung abheben (M. KAGEL, L. NONO, L. BERIO, K. STOCKHAUSEN, O. MESSIAEN, J. CAGE, P. GLASS). ■

In der Wochenzeitung »Die Zeit« erscheint in jeder Ausgabe der Spielplan sämtlicher Opernhäuser des deutschsprachigen Raums. Benutze dieses Verzeichnis, um eine Statistik aufzustellen: Aus welcher Epoche stammen die meisten der aufgeführten Opern? Wie stark sind zeitgenössische Opern vertreten?

HEISTER, HANS-WERNER, u.a.: *Musiktheater. Musik und Wirklichkeit in der Oper.* Neudruck Stuttgart (Metzler) 1995. ■ *Harenberg Opernführer.* Beiträge von ARNOLD O. BEAUJEAN u.a. Dortmund (Harenberg) ^{5}1999. ■ *Reclams Opernführer,* herausgegeben von ROLF FATH. Stuttgart (Reclam) ^{36}1999. ■ WAGNER, HEINZ: *Das große Handbuch der Oper.* Wilhelmshaven ^{3}1999.

Opera seria

orientierten Gruppe (↑Buffonistenstreit) auslöste. Um 1850 wurde die Gattung von der Operette verdrängt.

Opera seria [italienisch »ernste Oper«]: die aus der venezianischen Operntradition hervorgegangene und im 18. Jh. v. a. von der neapolitanischen Schule entwickelte Gattung der Oper, die wesentlich von den klassizistischen Vorstellungen der Textdichter A. ZENO und P. METASTASIO bestimmt ist: mythologische oder historische Stoffe, Beschränkung der Figurenzahl, Wechsel von handlungstragenden Rezitativen und jeweils bestimmte Affekte ausdrückenden Arien (meist in Da-capo-Form); Gegenstück der Opera buffa.

Operette: Szene aus »Gräfin Mariza« von Emerich Kálmán

Operette [italienisch operetta »kleine Oper«]: ein musikalisches Bühnenstück mit meist heiterer, locker gefügter Handlung, gesprochenem Dialog, Gesang und Tanz. Die Musik entspricht in ihren Formen denen der Oper (Ouvertüre, Arien, Ensembles, Chöre), jedoch in wesentlich kleineren Ausmaßen und mit bescheidenerem Anspruch; in den Tanzeinlagen finden oft aktuelle Tänze der Zeit Verwendung. Die Grenzen zur komischen Oper, zum ↑Singspiel und zur Posse mit Gesang sind fließend.

Im 17. Jh. bezeichnete O. eine kleine Oper (Singspiel), im 18. Jh. speziell die deutsche Bearbeitung einer italienischen Opera buffa oder einer französischen Opéra comique. Als Beginn der modernen O. gilt das Werk J. OFFENBACHS (»Opéra bouffe«), dessen O. dank einer leichten, dennoch geistvollen Musik und den Parodien auf die Gesellschaft des Zweiten Kaiserreichs zu Welterfolgen wurden (»Orpheus in der Unterwelt«, 1858; »Die schöne Helena«, 1864). Neben Paris (OFFENBACH, HERVÉ, E. AUDRAN) wurde Wien zum Zentrum der O., wo F. VON SUPPÈ die einheimische Posse nach dem Vorbild von OFFENBACHS Frühwerken ausbaute (»Leichte Kavallerie«, 1866). Der von J. LANNER und J. STRAUSS (VATER) geschaffene Wiener Walzer und der gefühlselige österreichische Volksliedton gaben der »klassischen« **Wiener O.** das Gepräge. Ihr Meister wurde J. STRAUSS (SOHN), v. a. mit »Die Fledermaus« (1874). Die jüngere Wiener O. (F. LEHÁR, E. KÁLMÁN) übernahm opernhafte Ausdrucksmittel und ausländische Tanzformen und entfernte sich von volkstümlicher Lokalnähe. Die sich gegen Ende des 19. Jh. durchsetzende **Berliner O.** vereinigt Merkmale der Lokalposse, des Schwanks und der ↑Revue. Die Blütezeit der O. ging mit dem Zweiten Weltkrieg zu Ende.

In England entstand, angeregt durch die O., am Ende des 19. Jh. die satirische **Comic Opera** (A. SULLIVAN), die durch die **Musical Comedy** abgelöst wurde (S. JONES, I. NOVELLO). In den USA wurde sie zu einem Ausgangspunkt des ↑Musicals.

Opernton: der von der Begrenzung der Singstimme abhängige, örtlich und zeitlich unterschiedliche ↑Stimmton, der an europäischen Opernhäusern bis zur Wiener Stimmtonkonferenz (1885) benutzt wurde (↑Kammerton).

Ophikleïde [von griechisch óphis »Schlange« und kleís »Schlüssel«]: ein 1817 von J. HALARY in Paris gebautes metallenes Klappenhorn in Alt-, Bass- und Kontrabasslage mit 8–12 Klappen sowie einem weit mensurierten konischen Rohr, das U-förmig geknickt und vor dem Mundstück rund gewunden ist. Die O. fand v. a. in Basslage (Stimmung meist in C oder B) Eingang in das Opern- und das Militärorchester, bis sie in den 1840er-Jahren von der Tuba verdrängt wurde.

Opus [lateinisch »Werk«, »Arbeit«] (französisch Œuvre), Abk. op.: seit dem 15. Jh. Bezeichnung für das Einzelwerk eines Komponisten, seit Ende des 16. Jh. häufig in Verbindung mit einer Zahl zur Kennzeichnung der Werke in der Reihenfolge ihres Druckes. Es wurden jedoch zeitweise nur Instrumentalwerke gezählt; Unstimmigkeiten entstanden auch durch unterschiedliche Zählung bei Erscheinen eines Werks in verschiedenen Verlagen. Seit L. van Beethoven geben viele Komponisten ihren Werken bei der Veröffentlichung oder bereits bei der Niederschrift eine O.-Zahl; diese drückt jedoch nur ungefähr die zeitliche Stellung im Gesamtwerk aus; auch bleiben Jugendwerke zumeist ohne O.-Zahl. Eine vollständige Übersicht vermitteln Werkverzeichnisse und thematische Kataloge.

Oration [lateinisch »Gebet«, »Rede«]: liturgische Gebetsform der römisch-katholischen Kirche, in der der Priester das Gebet der Gemeinde zusammenfasst, allgemein eingeleitet durch die Aufforderung Oremus (»Lasset uns beten«). In Graduale und Antiphonale erscheinen die O. unter den modellartigen Weisen des Sprechgesangs.

Oratorium [zu lateinisch orare »reden«, »bitten«, »beten«]: mehrteilige Komposition für Solostimmen, Chor und Orchester, meist geistlichen Inhalts, aber ohne liturgische Bindung. Von der Kantate unterscheidet sich das O. i. d. R. durch größeren Umfang und komplexere Struktur, von der Oper durch die epische Grundhaltung und eine nicht (oder nur andeutend) szenische Anlage.
Das O. entstand im frühen 17. Jh. in Italien, angeregt durch die Andachtsübungen und -gesänge in den Betsälen der römischen Bruderschaft des F. Neri. Der lateinische Gattungszweig (oratorio latino) wurzelt in den seit dem Mittelalter bekannten dialogischen Darbietungen liturgischer Texte, der volkssprachliche italienische Zweig (oratorio volgare) in den geistlichen Lauden- und Madrigalwerken. Das lateinische O. ist ab etwa 1640 mit den Werken G. Carissimis als Gattung – meist mit Erzähler, Solorollen und wirkungsvollen Chorpartien – ausgebildet. Das italienische O. verläuft in seiner Entwicklung in enger Anlehnung an die Oper (so schon E. de' Cavalieris »Rappresentazione di anima e di corpo«, 1600) und zeichnet sich durch rezitativen und ariosen Sologesang und zunehmende Differenzierung der Instrumentalstimmen aus. Kennzeichnend ist die Rolle des eigenständigen Erzählers (»Testo«) und der gewichtige Anteil des Chores. Zu den führenden O.-Komponisten im 17. Jh. gehören L. Rossi, B. Pasquini, M. Cazzati, G. B. Vitali, A. Draghi in Italien und M.-A. Charpentier in Paris. Wie in Oper und Kantate dominieren im späten 17. und 18. Jh. mit der venezianischen (A. Stradella) und neapolitanischen Schule (A. Scarlatti, N. Porpora, L. Vinci, L. Leo) die Formen des Secco- und Accompagnato-Rezitativs und der Dacapo-Arie. In der neapolitanischen Tradition stehen auch A. Caldara in Wien, J. A. Hasse in Dresden und G. F. Händel, der das O. nach England brachte und es mit einem reichen, ausdrucksvoll dramatischen Schaffen zur repräsentativen Kunstgattung des neuen, selbstbewussten Bürgertums erhob (»Esther«, 1732; »Messias«, 1742).

Im protestantischen Norddeutschland entstand im 18. Jh. ein deutschsprachiges O., das an die Passion und die Historia anknüpfte und textlich eine durch Choräle ergänzte Paraphrasierung des Bibelworts darstellt (R. Keiser, J. Mattheson, G. P. Telemann, J. S. Bach, C. P. E. Bach). Unter dem Einfluss der Empfindsamkeit nach 1750 steht ein mehr lyrisch-idyllischer Typus, den v.a. C. H. Grauns »Der Tod Jesu« (1755) repräsentiert. In J. Haydns O. »Die

Schöpfung« (1798) und »Die Jahreszeiten« (1801) gelangte die Gattungsentwicklung zu einem Höhepunkt, an den die reiche Produktion des 19. Jh. anknüpfen konnte. Bedeutende O.-Komponisten nach 1800 waren L. SPOHR, C. LOEWE, F. MENDELSSOHN BARTHOLDY (»Paulus«, 1836; »Elias«, 1846), R. SCHUMANN (»Das Paradies und die Peri«, 1843), H. BERLIOZ (»L'enfance du Christ«, 1854) und F. LISZT (»Die Legende von der heiligen Elisabeth«, 1862; »Christus«, 1866). Die Musik des 20. Jh. verzeichnet eine Vielzahl weltlicher oder geistlicher O., darunter I. STRAWINSKYS »Oedipus rex« (1927), P. HINDEMITHS »Das Unaufhörliche« (1931), A. HONEGGERS »Johanna auf dem Scheiterhaufen« (1938), F. MARTINS »In terra pax« (1944) und »Golgatha« (1948), E. KRENEKS »Spiritus intelligentiae, sanctus« (1956), L. BERIOS »Traces« (1964), K. PENDERECKIS »Dies irae« (1967), U. ZIMMERMANNS »Pax questuosa« (1982) und R. KUNADS »Stimmen der Völker« (1983).

Orchester: [italienisch-französisch, von griechisch orchęstra »Tanzplatz«]: seit dem 18. Jh. Bezeichnung für eine größere Gruppe von Instrumentalisten, die ein in sich differenziertes, musikalisch sinnvoll organisiertes Klangensemble bilden, das i.d.R. unter der Leitung eines Dirigenten steht.

Eine exakte und zugleich übergreifende Definition des Begriffs ist kaum möglich, v.a. wenn man, was üblich ist, seine Anwendung auf alle Musiksparten, auf unterschiedliche historische Musizierformen und auf außereuropäische Instrumentengruppen ausdehnt, also Volksmusik-O., Blas-O. in der Marsch- und Militärmusik, große und kleine Unterhaltungs-O. und Jazz-O. (↑Bigband) mit ihren jeweils eigenen Entwicklungen in Besetzung und Klangstil einbezieht. Noch größere Verschiedenartigkeit zeigen die Instrumentalensembles von Kulturen außerhalb der abendländischen Kunstmusik, die stets an spezifische ethnische Voraussetzungen sowie gesellschaftliche und kultische Traditionen gebunden sind und sich teilweise durch eine hohe Spiel- und Klangdifferenzierung auszeichnen wie etwa das Gamelan-O. in Indonesien.

Im antiken Griechenland war das O. ein runder Platz für Choraufführungen oder ein hufeisenförmiger Platz vor der Theaterbühne. Auch im 17. und 18. Jh. bedeutete O. zunächst den Raum vor der Bühne, dann erst die Gruppe von Instrumentalisten, die dort platziert war. In diesem Sinne erlangte das O. erstmals Bedeutung mit dem Aufkommen selbstständiger Instrumentalmusik im 16. Jh. Die mannigfachen Veränderungen, denen die O.-Besetzung in der europäischen Musik seitdem unterliegt, spiegeln tiefgreifende Wandlungen des Klanges, der Hörerwartung und des musikalischen Ausdrucks wider.

Für das Renaissance-O. sind Buntheit sowie Freiheit und Variabilität der Besetzungen charakteristisch. Das frühbarocke O. weist neben zahlreichen Generalbassinstrumenten (z.B. Cembalo, Orgel, Regal, Theorbe, Laute, Chitarrone) alle Gattungen der Violen und viele Blasinstrumente (z.B. Blockflöten, Zinken, Trompeten, Hörner, Posaunen) auf, die nach örtlichen Gegebenheiten unterschiedlich eingesetzt wurden. Erst ab 1650 setzten sich, wenngleich mit vielen Abweichungen und regionalen Sonderentwicklungen (wie es etwa exemplarisch die O.-Werke J. S. BACHS zeigen), normierte Besetzungen durch. So besteht das O. bei J.-B. LULLY aus einem fünfstimmigen Streicherensemble und einem Bläsertrio (zwei Oboen und Fagott). Das neapolitanische Opern-O. setzt sich aus einem Streicherensemble und i.d.R. aus je zwei Oboen und Hörnern zusammen.

Das klassische O. J. HAYDNS und W. A. MOZARTS umfasst neben dem chorisch besetzten Streichquintett im Normalfall je zwei Flöten, Oboen, Fagotte und Hörner. Hinzu kommen in einzelnen Werken Klarinetten, Trompeten, Posaunen und Pauken. Im 19. Jh. wird der O.-Apparat zunehmend vergrößert. Vom späten Mozart-O. über L. van Beethoven, H. Berlioz (der 1844 eine Instrumentationslehre schrieb) und R. Strauss wird die Besetzungsstärke durch Vervielfachung der Holz- und Blechblasinstrumente in verschiedenen Stimmungen und mit verwandten Typen (z.B. Englischhorn, Bassklarinette, Kontrafagott), durch Hinzufügen von Harfen und vielfältigem Schlagwerk sowie durch Einführung neuer Instrumente (Wagnertuba, Saxophon) mehr als verdoppelt. Die Streicher werden häufiger geteilt und gelegentlich auch solistisch eingesetzt (v. a. Solovioline). Die Erweiterung des Klangspektrums zu äußerster Differenzierung, Kraftentfaltung und Expressivität dient oft außermusikalischen Intentionen (in Oper und Musikdrama und in der sinfonischen Programmmusik). Sie zielt keinesfalls nur auf Massenwirkung, sondern auf eine Vielfalt kontrastierender oder ineinander fließender Farben. Höhepunkte dieser Entwicklungen bilden die Tondichtungen von

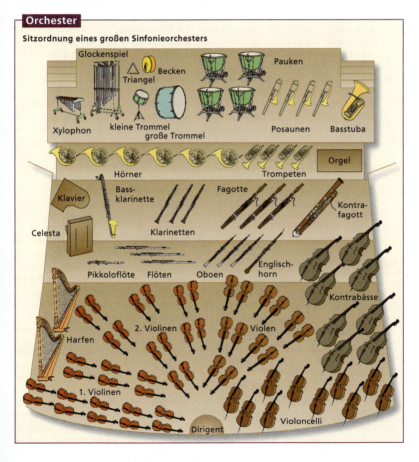

Orchester
Sitzordnung eines großen Sinfonieorchesters

STRAUSS, A. SKRJABINS »Prométhée« (1908/10, mit Farbenklavier), G. MAHLERS 8. Sinfonie, die »Sinfonie der Tausend« (1907), und A. SCHÖNBERGS »Gurrelieder« (1900–1911). Chöre und Solostimmen erweitern in einigen dieser Werke den O.-Klang um zusätzliche Farben und verschmelzen gelegentlich ununterscheidbar mit ihm (C. DEBUSSY, »Syrènes« aus »Nocturnes«, 1900, mit vokalisierendem Frauenchor).

Als Gegenreaktion hierzu lässt sich eine Tendenz zu kammermusikalischen Reduzierungen des O.-Apparates (so in SCHÖNBERGS 1. Kammersymphonie op. 9, 1906, und in I. STRAWINSKYS »L'histoire du soldat«, 1918) sowie eine Ausweitung des Schlagzeugs feststellen (z. B. E. VARÈSE, »Amériques«, 1921, mit elf Schlagzeugern). In der Musik der Gegenwart sind – wie am Anfang der Entwicklung – wieder variable O.-Besetzungen gebräuchlich, teilweise unter Einbeziehung elektronischer Klangmittel und neuartiger Raumwirkungen, etwa durch ungewöhnliche Aufstellung der Instrumente. Im allgemeinen Konzertleben jedoch herrscht eine weit gehende Standardisierung, bei der das klassisch-romantische Sinfonie-O. die führende Stellung einnimmt. Daneben gibt es das Kammer-O., das in zahlreichen Kompositionen seit dem 18. Jh. gefordert wird, mit kleinerer, v. a. aus Streichern bestehender Besetzung, sowie spezielle Instrumentalensembles für Aufführungen älterer Musik. Die Aufstellung des O. hängt von den räumlichen und akustischen Gegebenheiten des Saales und der Klangvorstellung des Dirigenten ab. Es gilt entweder das Prinzip der Trennung gleichartiger Instrumentengruppen (Streicher, Holz, Blech, Schlagzeug) oder, heute bevorzugt, die Verteilung zum Zwecke der Klangverschmelzung.

Orchestration (Orchestrierung): die Erstellung einer Orchesterpartitur im Sinne von ↑Instrumentation; auch die Umarbeitung von Kompositionen, v. a. von Klavier- und Orgelwerken, für ein Orchester durch den Komponisten oder einen fremden Bearbeiter. Ein bekanntes Beispiel ist u. a. die O. von M. MUSSORGSKIJS »Bilder einer Ausstellung« durch M. RAVEL.

Orchestrion: ein mit Druck- und Saugluft betriebenes mechanisches Musikinstrument in Form einer größeren Vitrine oder abgestuften Schrankwand, in dem Orgel- und Klavierwerke sowie Streich-, Blas- und Schlaginstrumente vereinigt sind. Die Vorderseite ist oft mit Figuren und Ornamenten geschmückt. Das O. hatte seine Blütezeit zwischen 1850 und 1920, wo es v. a. in öffentlichen Tanzhallen und auf Jahrmärkten als Kapellenersatz diente.

Ordinarium [mittellateinisch]: das formale Gerüst und die gleich bleibenden Texte eines Gottesdienstes; im Missale in der allgemeinen Ordnung der Messe (»Ordo Missae«) festgelegt. **Ordinarium Missae** ist die zusammenfassende Bezeichnung für die fünf textlich unveränderten Stücke der Messe: Kyrie eleison, Gloria, Credo, Sanctus und Agnus Dei.

Ordre [ɔrdr; französisch »Ordnung«, »Reihe«]: in der französischen Musik um 1700, v. a. bei F. COUPERIN, Bezeichnung für ↑Suite.

Orff-Instrumentarium: Bezeichnung für die von C. ORFF in der Musikerziehung für Kinder bevorzugten Schlaginstrumente: Stabspiele (Alt- und Sopran-

Orff-Instrumentarium

Xylophon, Alt- und Sopran-Glockenspiel) und das kleine Schlagwerk (Triangel, Zimbeln, Becken, Schellenbänder, Tamburin, Trommeln, Rasseln, Kastagnetten, Pauken).

Organistrum [lateinisch]: ↑Drehleier.

Organo pleno [lateinisch] (volles Werk, Plenum, italienisch Ripieno, französisch Plein Jeu, Grand Chœur): vom 15. bis 18. Jh. Bezeichnung für das Spiel mit der vollen Orgel (Prinzipale und Mixturen im Manual, im Pedal auch Zungenstimmen); um 1900 (M. Reger) auch Bezeichnung für das Spiel mit sämtlichen Registern der Orgel (Tutti).

Organum [lateinisch, von griechisch órganon »Werkzeug«]: in der mittelalterlichen Musik Bezeichnung für Musikinstrumente aller Art, v. a. die Orgel (meist im Plural: Organa), auch für das menschliche Stimmorgan sowie die Gruppe der Blasinstrumente (Musica organica).

O. heißt auch die früheste mehrstimmige Musik des Abendlandes, wie sie seit dem 9. Jh. nördlich der Alpen nachweisbar ist. Zunächst erscheint das O. als Anweisung zur Stegreiferfindung einer zweiten Stimme (Vox organalis) zu einem gegebenen liturgischen Gesang (Vox principalis), am frühesten fassbar in dem anonymen Musiktraktat »Musica enchiriadis« (spätes 9. Jh.). Darin werden zwei Arten des O. (auch Diaphonia genannt) beschrieben: das parallele Quint-O. und das Quart-O., das aus dem Einklang zu parallel verlaufenden Quarten geführt wird und zum Einklang zurückkehrt und damit den eigentlichen Keim gegliederter, echter Mehrstimmigkeit darstellt. In Aufzeichnungen sind zweistimmige O. des 11. Jh. aus dem Winchester Tropar, ferner um 1100 aus der Klosterschule von Saint-Martial in Limoges und aus Santiago de Compostela und aus der Zeit um 1200 die bis zur Drei- und Vierstimmigkeit gesteigerten O. der ↑Notre-Dame-Schule überliefert; hier bilden die Melodietöne die Unterstimme, und der rhythmische Verlauf ist durch die Modalnotation festgelegt. Vereinzelt findet sich das O. bis ins 15. Jahrhundert.

Orgel [althochdeutsch orgela, organa von griechisch órganon »Werkzeug«]: zur Gruppe der ↑Aerophone gehörendes Tasteninstrument, dessen Klang durch Labial- und Lingualpfeifen mit Wind konstanten Druckes erzeugt wird. Die Steuerung des Windes zu den einzelnen Pfeifen erfolgt von einem Spieltisch aus über Manualklaviaturen, das Pedal und Registerzüge.

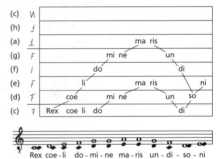

Organum: Quartorganum der »Musica enchiriadis« in originaler Aufzeichnung: vor dem System die Dasiazeichen zur Angabe der Tonhöhe (in Klammern die heutigen Tonbezeichnungen); darunter Übertragung in heutige Notenschrift

Beim Aufbau der Orgel sind drei Funktionseinheiten zu unterscheiden: Windwerk, Regierwerk und Pfeifenwerk.

Windwerk: Der Wind wird durch ein elektrisch betriebenes Gebläse erzeugt; in früheren Zeiten wurde er mithilfe keilförmiger Blasebälge (Schöpfbälge) von einem Balgtreter (Kalkant) geliefert. Durch Windkanäle gelangt er in den Magazinbalg, der für ausreichende Windmenge zu sorgen und den Winddruck konstant zu halten hat, und von da zu den Windladen, rechteckigen, flachen Holzkästen, die das Herzstück der Orgel bilden. Nach Art einer Kreuzverteilung enthalten sie die Windführungen. Die Pfeifen stehen in Längsrichtung nach Registern geordnet. Darunter liegen in

Orgel

Windlade und Traktur einer mechanischen Schleifladenorgel

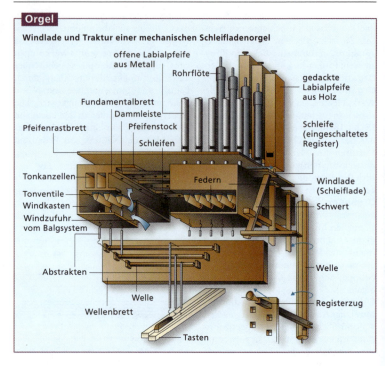

Querrichtung die Tonkanzellen. Durch die mit den Tasten im Spieltisch verbundenen Spiel- oder Tonventile wird der Wind in die Tonkanzellen geleitet. Die Absperrungen für die einzelnen Pfeifenreihen der Register (bewegliche Leisten aus Holz oder Kunststoff, Schleifen genannt) sind mit den Registerzügen im Spieltisch verbunden. Die Traktur (Zugvorrichtung) stellt die Verbindung her zwischen den Spiel- oder Tonventilen in der Windlade und den Tasten der Klaviaturen im Spieltisch. Dafür sind v.a. zwei Systeme gebräuchlich: 1) die mechanische Traktur mit Übertragung der Spielimpulse durch feine Holzleisten (Abstrakten), Winkel und Wellen; 2) die elektrische Traktur mit Übertragung durch Kontaktleisten, Kabel und Elektromagnete. Die um die Jahrhundertwende verbreitete pneumatische Traktur mit Übertragung durch Winddruck in Röhren (»Röhrenpneumatik«) hat sich wegen technischer Unzulänglichkeit überlebt. Die Betätigung der Registerschleifen erfolgt mechanisch oder durch Elektromagnete bzw. Schleifenzugmotoren.

Der Spieltisch (frei stehend) oder Spielschrank (ins O.-Untergehäuse eingebaut) bildet das **Regierwerk.** Er enthält i.d.R. mehrere übereinander angeordnete Manualklaviaturen, ferner das Pedal und die Registerzüge. Mithilfe mechanischer oder elektrischer Schaltungen können einzelne Klaviaturen miteinander gekoppelt werden, wodurch sich vielfältige Kombinationsmöglichkeiten von Klangfarben und Tonlagen ergeben. In Spieltischen größerer O. sind als so genannte freie Kombinationen beliebige Registerzusammenstellungen programmierbar, die während des Spiels durch Knopfdruck abgerufen werden können und einen schnellen Wechsel der Klangfarbe ermöglichen.

Das **Pfeifenwerk** gliedert sich in Register. Unter Register wird eine Pfeifenreihe verstanden – bei einer Manualklaviatur von C bis g^3 56, bei einer Pedalklaviatur von C bis f^1 30 Pfeifen –, die durch je gleichartigen Klangcharakter der Einzelpfeifen eine Einheit bildet und als Ganzes ein- und ausgeschaltet werden kann. Die Klangcharaktere und die Lautstärke der Register hängen vom Material, von der Bauform und der Abmessung (Mensur) der Pfeifen ab. Als Material finden verschiedene Holzarten, O.-Metall (Legierung aus Zinn und Blei) und Kupfer Verwendung. In der Bauform werden zunächst grob unterschieden die beiden Familien der Labialpfeifen (Lippenpfeifen; die Luftsäule im Pfeifenkörper wird durch den aus der Kernspalte am Labium austretenden Luftstrom in Schwingung versetzt) und Lingualpfeifen (Zungenpfeifen, auch Rohrwerke genannt; eine im Luftstrom vibrierende Metallzunge ist Schwingungserzeuger und bestimmt die Tonhöhe, während der Becher oder Aufsatz den Ton verstärkt und seinen Klangcharakter formt). In beiden Familien treten innerhalb ihrer Grundform viele Veränderungen und Umgestaltungen auf, die dem Wechsel der Klangfarbe dienen. Die Mensur legt die Maßverhältnisse fest. Bei Labialpfeifen richtet sich die Tonhöhe nach der Länge des Pfeifenkörpers, d.h. nach der Länge der darin schwingenden Luftsäule. Das Verhältnis des Durchmessers des Pfeifenkörpers zur Länge (Weitenmensur) bestimmt wesentlich den Anteil an harmonischen Teiltönen und damit den Klangcharakter. Darüber hinaus entwickelte der O.-Bau eine große Vielgestaltigkeit der Bauformen der Pfeifen (z.B. zylindrisch offen, zylindrisch gedackt, konisch, Rohrflöten). Neben der Weitenmensur spielen die Labienbreite (Labienmensur) und die Aufschnitthöhe am Labium (Aufschnittmensur) eine wichtige Rolle für die Entwicklung der harmonischen Teiltöne einer Pfeife.

Da jeder in der Musik verwendete Ton mit dem Grundton noch eine Reihe harmonischer, die Klangfarbe bestimmender Teiltöne erklingen lässt, wird der O.-Klang v.a. durch eigens für diese harmonischen Teiltöne gebaute Pfeifenreihen, die Register, bestimmt. Die Registerbezeichnung trägt zweierlei Informationen in sich: 1) Der Name des Registers (z.B. Holzprinzipal 8') weist auf das verwen-

Orgel: barocke Orgel der ehemaligen Abteikirche Ochsenhausen (zwischen 1729 und 1733 erbaut)

Orgel

dete Material (Holz, Metall und eventuell seine Legierung) und die Bauform hin (Prinzipal = zylindrisch offene Pfeife mittlerer Weitenmensur; Gedackt = zylindrisch gedackte Pfeife; Trompete = Zungenregister mit voller Becherlänge). 2) Die real erklingende Tonhöhe wird durch die beigefügte ↑Fußtonzahl (z.B. 8', 4', 2⅔', 2') ausgedrückt. Dabei bezeichnet 8' (Achtfuß) die Normallage, d.h., dieses Register erklingt auf derselben Höhe wie der entsprechende Ton auf einem Klavier. Die Fußtonzahl verweist gleichzeitig auf die Ordnungszahl in der Reihe der harmonischen Teiltöne. Bei den Registern Kornett, Sesquialtera, Mixtur, Scharf, Zimbel klingen mehrere Teiltonreihen zusammen. In den teiltonverstärkenden Registern (Oktav-, Aliquotstimmen, gemischte Stimmen) liegt der Klangfarbenreichtum der O. begründet.

Der in der Disposition erfasste Gesamtbestand an Registern einer O. wird in verschiedene **Teilwerke** gegliedert, die eigentlich in sich geschlossene O. sind und jeweils von einer zugehörigen Klaviatur aus gespielt werden. Ihre Benennung ergibt sich aus der Stellung im Gesamtaufbau: Rückpositiv (in die Emporenbrüstung eingelassenes Teilwerk im Rücken des vor der O. sitzenden Spielers), Brustwerk (vor der Brust des Spielers gelegenes Teilwerk), Hauptwerk (in der Mitte über dem Brustwerk angeordnetes Werk, der klangliche Grundstock der Orgel, i.d.R. mit vollständigem Prinzipalchor, Mixturen, Zungenstimmen und Weitchorregistern), Oberwerk (über dem Hauptwerk gelegenes Teilwerk), Kronwerk (ganz oben unter dem Dach befindliches Teilwerk, als »Krönung des Prospektes«), Fernwerk (von der Hauptorgel entfernt, meist auf dem Dachboden der Kirche aufgestelltes Teilwerk zur Erzielung besonderer klanglicher Effekte, z.B. Echowirkungen). Lediglich das Pedalwerk bezieht seine Benennung von der Spielweise mittels der Pedalklaviatur. Zur Abhebung der klanglichen Ausprägung werden die Teilwerke meist von eigenen Gehäusen umschlossen. Das Schwellwerk ist in einen Kasten eingebaut und an der Vorderseite durch Jalousien verschlossen, die sich durch einen Schwelltritt vom Spieltisch aus öffnen und schließen lassen und eine stufenlose Lautstärkeregelung ermöglichen. – Die Außenansicht der O. lässt gewöhnlich Rückschlüsse auf den inneren Aufbau zu. Als vorderste Pfeifenreihe jedes Teilwerkes steht meist das tiefste Prinzipalregister in der Außenfront der Schauseite der O. (Orgelprospekt).

Geschichte: Bereits im 3. Jh. v. Chr. gab es ein orgelähnliches Instrument (seine Erfindung wird Ktesibios von Alexandria zugeschrieben), bei dem der Winddruck durch Wasserverschluss reguliert wurde (Wasser-O., ↑Hydraulis). Später folgte der Übergang auf Bälge aus Tierhaut. 757 kam die O. als Geschenk des byzantinischen Kaisers Konstantin V. Kopronymos an den Hof Pippins III. Einer zweifelhaften Quelle aus St. Gallen zufolge soll 812 erneut eine byzantinische Gesandtschaft eine O. überbracht haben, um Karl der Grosse die angemessene Huldigung darbringen zu können. Im Zuge der künstlerischen Ausgestaltung des Gottesdienstes in der Karolingerzeit fand die O. Eingang in die Kirchen. Erfindungen des 14. und 15. Jh. trugen wesentlich zur Weiterentwicklung des O.-Baus bei: das Wellenbrett und damit die Einführung der heute noch gebräuchlichen schmalen O.-Tasten, die Scheidung der Gesamtheit der zu einem Ton gehörenden Pfeifen in Register mittels beweglicher Schleifen (Registerscheidung), die Aufteilung in Teilwerke. Neben der Großform entwickelten sich die Kleinformen Portativ, Positiv und Regal. Im 17. und 18. Jh. erreichte die O.-Kunst die Hochblüte an vielseitigen Klangmöglichkeiten und die Entwicklung landschaftlich gebundener Instrumententypen. Im 19. Jh. drohte durch die Nachahmung des Orchesterklangs und die dadurch bedingte Bevorzugung der Grundtonigkeit der Verlust des orgeleigenen, auf dem Prinzip der kontrastierenden Werke beruhenden Klangs. Er wurde im 20. Jh. durch die ↑Orgelbewegung und die damit verbundene Rückbesinnung auf die alten Bauprinzipien aufgefangen.

Orgelbewegung: Reformbewegung zur Erneuerung der Orgelbaukunst nach Vorbildern aus der Zeit vor Mitte des 18. Jh., die zu Beginn des 20. Jh. von A. SCHWEITZER ausging, der die Allgemeingültigkeit des spätromantischen Orgelideals in Zweifel zog und bis in die 1950er-Jahre (W. GURLITT, C. MAHRENHOLZ) den Orgelbau in Deutschland mitbestimmte. Zur Revision der spätromantischen Vorstellungen von Orgelbau und Orgelspiel wurde SCHWEITZER einerseits durch die Klangwelt der polyphon geprägten Orgelwerke J. S. BACHS veranlasst, andererseits durch die im Elsass aus dem 18. Jh. noch vorhandenen Werke der Straßburger Orgelbauerfamilie Silbermann und die um die Mitte des 19. Jh. erbauten Orgeln von A. CAVAILLÉ-COLL, die gegenüber der orchestral geprägten deutschen »Fabrikorgel« mit dumpfem Klang und exzessiver Dynamik klanglich ein klassisches Maß an Gleichgewicht verkörpern. Forderungen der O. waren: Rückkehr zur Tonkazellen-Windlade, logische Verteilung der Teilwerke der Orgel und ihre Einfassung in ein Gehäuse (Werkprinzip), Disposition der Register auf akustisch logischer Grundlage (Dispositionsprinzip), erneute Wertschätzung der mechanischen Spieltraktur.

Orgelchoral: in der protestantischen Kirchenmusik (v.a. des 17. Jh.) eine besondere Form der ↑Choralbearbeitung. Dabei wird die Choralmelodie einmal Zeile für Zeile durchgeführt, meist so, dass sie in einer Stimme verbleibt. Der O. bot besonders viele kompositorische Gestaltungsmöglichkeiten im jeweiligen Stil der Zeit.

Orgelmesse: Bezeichnung für eine bestimmte Form der musikalischen Messe, bei der jeweils ein mehrstimmiger Orgelsatz (Versett) anstelle eines vokalen Verses mit dem einstimmigen Choralgesang der Gemeinde abwechselt. Die Praxis der O. ist seit dem Ende des 14. Jh. bekannt. Die meist choral gebundenen Orgelversetten stellen einen wichtigen Beitrag zur Geschichte der ↑Choralbearbeitung dar.

Orgelpunkt: lang ausgehaltener liegender Basston, über dem sich die übrigen Stimmen verhältnismäßig frei bewegen und zu dem diese zwischen dem tonartlich festgelegten Anfangs- und Schlussakkord durch Ausweichen in entferntere Tonarten ein Spannungsverhältnis schaffen können. Man zählt den O. zu den kontrapunktischen Satzmitteln, v.a. in der Instrumentalmusik, doch entstammt er einer früheren Epoche der Mehrstimmigkeit. Der Name ist wahrscheinlich von »punctum organi« herzuleiten, dem Abschnitt des ↑Organums, dessen klangliche Grundlage lang gehaltene Töne nach Art der Bordunen bilden. Die Wirkung des O. kann statt durch einen Liegeton auch durch einen liegenden Akkord oder durch eine Folge regelmäßig wiederkehrender gleicher Töne erzielt werden.

Oriscus [lateinisch]: ↑Neumen.

Ornamente [lateinisch]: ↑Verzierungen.

Ornamentinstrumente: im 17. Jh. – im Gegensatz zu den Fundamentinstrumenten – diejenigen Musikinstrumente, die die Oberstimme(n) (über dem Generalbass) ausführten, also v.a. Streicher und Bläser.

ossia [italienisch »oder«, »auch«]: Hinweis auf eine im Notentext mitgeteilte abweichende Lesart oder eine leichtere Ausführung.

Osterspiel: ältester und für die Entwicklungsgeschichte des ↑geistlichen Dramas bedeutendster Typus des mittelalterlichen Dramas, der das österliche Heilsgeschehen in dramatischer Gestaltung vorführt. Am Anfang steht der

Ostertropus, der den Gang der drei Marien zum Grabe gestaltet (Visitatio; älteste Texte aus Limoges und St. Gallen, 10. Jh.). Der kurze Text des Ostertropus ist dialogisch strukturiert; auf die Frage der Engel »Quem queritis in sepulchro, o Christicolae?« (»Wen sucht ihr im Grab, o Christen?«) und die Antwort der Marien folgen die Verkündigung der Auferstehung und der Auftrag an die Frauen; eine in mehreren Textfassungen überlieferte Antiphon der Marien bildet den Abschluss. – Ursprünglich ein Teil des Introitus der Ostermesse, wurde der Ostertropus noch im 10. Jh. in das Offizium der österlichen Matutin übernommen. Im 16. Jh. brach die Tradition der O. ab. Versuche einer Wiederbelebung im 20. Jh. waren mit Ausnahme von C. ORFFS »Comoedia de resurrectione Christi« (1956) erfolglos.

Ostinato [italienisch »hartnäckig«]: das ständige, auch variierte Wiederholen einer melodischen, rhythmischen oder harmonischen Formel, meist in der tiefsten Stimme. Der im 16. Jh. aufgekommene **Basso ostinato** ist die fortgesetzte Wiederholung einer Tonfolge oder eines Themas im Bass, zunächst in Tanzformen (z. B. Folia, Chaconne, Passacaglia), dann auch als Strophen- oder Variationenbass in Arien und in der Instrumentalmusik.

ottava [italienisch]: ↑all'ottava.

Ouvertüre [uvɛr-; französisch »(Er)öffnung«]: instrumentales Einleitungsstück zu Bühnen- und Vokalwerken (Oper, Schauspiel, Ballett, Kantate, Oratorium); im 17. und 18. Jh. auch zu Suiten, die häufig als O.-Suiten bezeichnet sind. Daneben gibt es seit dem 19. Jh. die selbstständige Konzert-O. – Nachdem schon seit Ende des 16. Jh. unterschiedlich bezeichnete Instrumentalkompositionen (z. B. Toccata, Canzona, Sonata, Sinfonia) als Einleitung zu Bühnenwerken dienten, wurde die Bezeichnung O. vermutlich erstmals für das erste Stück des 1640 in Frankreich entstandenen »Ballet de Mademoiselle« verwendet. Erst in der zweiten Hälfte des 17. Jh. erhielt die O. eine feste, durch Dreiteiligkeit geprägte Form. Die sich v. a. durch Einwirken J.-B. LULLYS entwickelnde **französische O.** besteht aus einem langsamen, meist durch punktierten Rhythmus geprägten und dominantisch schließenden ersten Teil, gefolgt von einem schnellen, imitatorisch gehaltenen Mittelteil, dem ein wiederum langsamer, dem ersten thematisch verwandter Schlussteil folgt. Fast gleichzeitig entstand, v. a. durch den Einfluss A. SCARLATTIS in Italien, die als Eröffnung dienende und der französischen O. vergleichbare **neapolitanische Opernsinfonia,** jedoch mit umgekehrter Tempofolge: Der erste Teil ist schnell und konzertant, der zweite langsam und kantabel, der oft in zwei Abschnitte gegliederte dritte (Schluss-)Teil ist wieder schnell und zeigt häufig Tanzcharakter; diese Form der O. wurde zu einer der Keimzellen der Sinfonie. – Daneben entwickelte sich Ende des 17. Jh. – losgelöst von Oper und Ballett – die **O.-Suite,** d. h. eine instrumentale Tanzsatzfolge mit O., die als selbstständige Instrumentalgattung in der ersten Hälfte des 18. Jh. in Deutschland besonders beliebt war (G. MUFFAT, G. P. TELEMANN, J. S. BACH, G. F. HÄNDEL).

Die formale Entwicklung der O. im späteren 18. Jh. ist eng verbunden mit der ästhetischen Forderung, zwischen der O. und dem Werk, dem sie als Eröffnung dient, einen musikalischen Zusammenhang zu schaffen. Die O. zu »Alceste« (1767) gibt einen musikalischen Überblick über die sich in der Oper vollziehende Handlung; C. W. GLUCK vollzog mit ihr die Umgestaltung der traditionellen O. unter Anwendung der Sonatensatzform: Die Einleitung entwickelte sich aus dem ersten, langsamen Teil der französischen O., der Hauptsatz aus dem ersten, schnellen Teil der neapolitanischen Opernsinfonia. W. A. MOZART projizierte in seinem Bühnenspätwerk (»Don Giovanni«, 1787; »Così fan tutte«, 1790; »Die Zauberflöte«, 1791) Höhe punkte der dramatischen Handlung musikalisch in die O., indem er thematisches Material der Oper in den Eckteilen der O. (Einleitung und Koda) verarbeitete. Diese Entwicklung wurde von L. van Beethoven (»Leonoren«-O. Nr. 3, 1806) und C. M. von Weber (»Der Freischütz«, 1821) konsequent weitergeführt. Starke individuelle Formprägungen zeigen Beethovens Schauspiel-O. zu »Coriolan« (1807) und »Egmont« (1810). Hieran knüpften romantische Komponisten mit der selbstständigen, inhaltlich bestimmten **Konzert-O.** an (F. Mendelssohn Bartholdy, »Meeresstille und glückliche Fahrt«, 1828, und »Die Hebriden«, 1832; H. Berlioz, »Le roi Lear«, 1831), die ihrerseits den Boden bereitete für die meist einsätzige ↑sinfonische Dichtung. Die »reine« Konzert-O. verzichtet dagegen weitgehend auf programmatische Vorlagen (C. M. von Weber, »Jubel-O.«, 1818; F. Schubert, »O. e-Moll«, 1819; J. Brahms, »Akademische Fest-O.«, 1880, und »Tragische O.«, 1880/81).

Daneben entstand im 19. Jh. in der komischen Oper die **Potpourri-O.** (D. F. E. Auber, »Le domino noir«, 1837; G. Donizetti, »La favorite«, 1840), die die eingängigsten Melodien der Oper lediglich aneinander reiht. Erneuert und verwandelt wurde die O. durch R. Wagner, der die Einleitungen zu seinen Musikdramen ↑Vorspiel nannte, die auf die Grundstimmung des Dramas vorbereiten sollten. Im Gegensatz hierzu zeigt sich seit dem Ende des 19. Jh. eine Tendenz, die O. auf wenige Takte zusammenzudrängen, die die Öffnung des Vorhangs begleiten (G. Verdi, »Otello«, 1887, und »Falstaff«, 1893; G. Puccini, »Tosca«, 1900; R. Strauss, »Salome«, 1905).

Overdrive [ˈəʊvədraɪv; englisch »(beim Motor) Schongang«]: ein elektronisches ↑Effektgerät, mit dem sich der Klang z.B. einer E-Gitarre verzerren lässt, ohne ihn dabei zu übersteuern.

P

p: Abk. für ↑piano.

Padoana [italienisch, nach der Stadt Padua] (Padovana, Paduana): seit etwa 1600 gleichbedeutend mit ↑Pavane; von 1550 bis etwa 1600 im Gegensatz zur Pavane Bezeichnung für einen schnellen Tanz im Dreiertakt, der v.a. in Lautentabulaturen vorkommt.

Paenultima [lateinisch »die vorletzte (Silbe)«] (Pänultima): mittelalterliche Bezeichnung für den vorletzten Ton eines Formteils, der oft besonders ausgestaltet wurde, z.B. durch einen Orgelpunkt mit darüber gelegtem melismatischem Gesang.

Palestrina

Palestrina, eigentlich **Giovanni Pierluigi,** italienischer Komponist, *Palestrina zwischen dem 3. 2. 1525 und dem 2. 2. 1526, † Rom 2. 2. 1594: Der ehemalige Chorknabe wurde 1544 Organist in Palestrina und wirkte ab 1551 bis zu seinem Tod als Kapellmeister an verschiedenen Kirchen Roms, u.a. an der Peters- und Laterankirche. Einer Legende zufolge soll er mit seiner »Missa Papae Marcelli« (um 1562) anlässlich des heftig geführten Streites um die Reform der Kirchenmusik auf dem Konzil von Trient zum »Retter der Kirchenmusik« geworden sein.

P. schrieb über 100 vier- bis achtstimmige Messen sowie über 500 Motetten und 100 Madrigale, mit denen er neben O. DI LASSO die Epoche der italienischen Vokalpolyphonie des 15. und 16. Jh. zum Höhepunkt und Abschluss führte. Kennzeichnend für seinen Stil ist das vollendete Gleichgewicht aller musikalischen Elemente im Sinne einer sich gegenseitig durchdringenden Ausgewogenheit zwischen horizontal-melodischer Linie und vertikal-harmonischem Klang, gepaart mit einem Ebenmaß des metrischen Flusses, der sich im Rahmen eines vielstufigen kirchentonalen Kontextes durch funktionale Kadenzen gliedert. Besonders die Verständlichkeit und sinnbezogene Vertonung der Worte bei vollständiger kontrapunktischer Durchdringung machten P.s Musik zum Muster und Vorbild eines »wahren« und »reinen«, polyphon vokalen Kirchenmusikstils, der über J. S. BACH bis in die P.-Renaissance des 19. Jh. (↑Caecilianismus) weiterwirkte. Als »Lehre vom strengen Satz« bildet der **P.-Stil** bis heute ein wichtiges Studiengebiet v. a. in der Theorie des Kontrapunktes.

Palotás [ˈpɔlɔtaːʃ; ungarisch, von palota »Palast«]: ein mäßig langsamer ungarischer Tanz im $^2/_4$- oder $^4/_8$-Takt, meist mit mehreren Sätzen und charakteristisch verziertem Schlussteil (Koda) über der Dominante oder Tonika.

Pandero [spanisch]: eine spanische ↑Schellentrommel, die in der Volksmusik zur Begleitung von Tänzen gespielt und bei Karnevalsbräuchen benutzt wird.

Pandora [griechisch-italienisch] (Bandora, Bandoer): ein im 16. und 17. Jh. in England beliebtes Zupfinstrument in Basslage, der Cister verwandt, jedoch mit einem mehrfach geschweiften, birnenförmigen Korpusumriss und der Saitenbefestigung an einem auch als Steg dienenden Querriegel. Die Decke mit Rosette und der Boden sind flach, der Hals trägt Metallbünde, der Bezug besteht aus 5–7 Doppelsaiten. Die P. wurde als Generalbassinstrument eingesetzt.

Panflöte [nach dem griechischen Hirtengott Pan] (griechisch Syrinx): seit dem 19. Jh. Bezeichnung für ein Blasinstrument aus mehreren, meist unten geschlossenen Röhren (im antiken Griechenland 3–13) ohne Grifflöcher. Der Spieler bläst gegen die obere Kante, die meist glatt oder (z. B. im Fernen Osten) gekerbt ist. Die Röhren sind meist in einer Ebene angeordnet, wobei sich die Reihenfolge nach der Länge und damit der Tonhöhe richtet; daneben kommt die Anordnung in zwei parallelen Reihen sowie im Rund vor. Die Röhren sind mit Schnüren aneinander gebunden oder

Panflöte

aneinander geklebt oder auch aus einem einzigen Block herausgebohrt. Als Materialien begegnen v. a. Schilf, aber auch Holz, Bambus, Metall, Ton oder Stein. Die P. gehört zu den ältesten Instrumenten und ist weltweit verbreitet. Sie wird einzeln (Hirteninstrument im antiken

Griechenland) oder im Ensemble mehrerer P. gespielt (Melanesien, Polynesien). Als Volksinstrument kommt sie v. a. in Italien und Rumänien vor.

Pange Lingua [lateinisch »Preise, Zunge«]: in der lateinischen Liturgie die Anfangsworte von über 70 mittelalterlichen Hymnen, die von dem Kreuzeshymnus des VENANTIUS FORTUNATUS »Pange, lingua, gloriosi proelium certaminis« (»Preise, Zunge, des erhabenen Gotteskampfes Waffengang«, um 569) ausgehen. Dieser Hymnus wurde seit dem 9./10. Jh. allgemein in das Offizium der Passionszeit aufgenommen. Die Schlussstrophen (»Tantum ergo« und »Genitori genitoque«) des nach diesem Vorbild geschaffenen Vesperhymnus »Pange, lingua, gloriosi corporis mysterium« (»Preise, Zunge, das Geheimnis dieses Leibs voll Herrlichkeit«) von THOMAS VON AQUIN werden seit dem 15. Jh. als Gesang zum sakramentalen Segen gebraucht.

Panharmonikon [zu griechisch harmonikós »harmonisch«, »musikverständig«]: ein nach 1800 von J. N. MÄLZEL gebautes mechanisches Musikwerk mit Blas- und Schlaginstrumenten, für das L. VAN BEETHOVEN den ersten Teil von »Wellingtons Sieg oder Die Schlacht bei Vittoria« (1813) komponierte.

Pantaleon (Pantalon): eine Abart des Hackbretts; viermal so groß wie dieses, mit beidseitigem Saitenbezug, zwei Resonanzböden und Standbeinen. Das drehbare Instrument war auf der einen Seite mit Darm-, auf der anderen Seite mit Metallsaiten bezogen. Das P. wurde um 1690 von dem Musiker PANTALEON HEBENSTREIT entwickelt und war bis etwa 1750 ein Modeinstrument der aristokratischen Gesellschaft.

Pänultima: ↑Paenultima.

Parallelen (Parallelbewegung): die Stimmführung in gleicher Richtung (steigend oder fallend) bei gleich bleibender Distanz. Seit dem 14. Jh. wurden mit Rücksicht auf die qualitative Selbstständigkeit der Stimmen Quint- und Oktav-P. untersagt. Mit zunehmender Verfeinerung der Satzkunst seit dem 16. Jh. wurden auch die Akzent-P. (z. B. Quint-P. auf betonten Zählzeiten), die Gegen-P. (z. B. von der Quinte zur Duodezime) sowie die verdeckten P., das Fortschreiten zweier Stimmen in gleicher Richtung aus einem beliebigen Intervall in die Oktave oder Quinte, vermieden:

Parallelen: von links: Akzentparallelen, Gegenparallelen, verdeckte Parallelen

P. sind jedoch zugelassen in Mittelstimmen und als Hornquinten, den verdeckten Quint-P., die im zweistimmigen Hornsatz durch die Naturtöne entstehen. Die neuere Musik (z. B. G. PUCCINI, C. DEBUSSY, I. STRAWINSKY) verwendet Fortschreitungen in parallelen Quinten und Oktaven, um den Mixtureffekt klangfarblich auszunutzen.

parallele Tonarten: die zwei jeweils einander zugeordneten Dur- und Molltonarten, die gleiche Vorzeichen haben und deren Grundtöne eine kleine Terz voneinander entfernt liegen, z. B. C-Dur und a-Moll, G-Dur und e-Moll.

Parallelklang: ein Dreiklang, der mit einem anderen eine große Terz gemeinsam hat und dessen Grundton eine kleine Terz tiefer bzw. höher steht. Stets ist der P. eines Dur-Dreiklangs ein Moll-Dreiklang und umgekehrt, z. B. sind a–c–e und c–e–g als P. einander zugeordnet. In der Funktionstheorie hat jede Hauptfunktion (Tonika, Subdominante, Dominante) einen Parallelklang.

Parameter [von griechisch parametreĩn »an etwas messen«]: um 1950 aus der Mathematik übernommene Bezeichnung für die einzelnen Dimensionen des musikalischen Wahrnehmungsbereichs. Man unterscheidet primäre P. wie Tonhöhe, -dauer, Lautstärke und Klangfarbe und sekundäre P., die erst durch eine spezielle Komposition definiert werden, wie Artikulation, Klangdichte, Gruppencharakteristik. In der ↑seriellen Musik werden die P. im Sinne der ↑Reihe verwendet.

Paraphonie [von griechisch paraphōnía »Nebenklang«]: in der spätantiken und byzantinischen Musiklehre die »nebenklingenden« Intervalle Quinte und Quarte gegenüber den antiphonen Intervallen Oktave und Doppeloktave. – **Paraphonistae** hießen seit dem 7./8. Jh. drei der sieben Sänger der römischen ↑Schola Cantorum.

Paraphrase [von griechisch paráphrasis »Umschreibung«]: im 19. Jh. die frei ausschmückende Bearbeitung beliebter Melodien (Lieder, Opernstücke), eine meist für Klavier geschriebene virtuose Konzertfantasie, z. B. die P. über G. VERDIS Opern »Ernani« und »Rigoletto« (1860) von F. LISZT.

Parforcehorn [par'fɔrs-]: ein großes, mehrfach gewundenes Jagdhorn, das bei der Hetzjagd benutzt und beim Spiel um die Schulter gelegt wird.

Charlie Parker zusammen mit Tommy Potter (links) und Miles Davis (rechts)

Parker [ˈpɑːkə], Charlie, eigentlich **Charles Christopher P.**, genannt **Yardbird**, später **Bird**, amerikanischer Jazzmusiker (Altsaxophonist, Komponist), *Kansas City (Missouri) 29. 8. 1920, † New York 12. 3. 1955: Wie L. ARMSTRONG für den traditionellen, steht P. für den Beginn des Modern Jazz. P. spielte in den Bigbands seiner Heimatstadt den vom Blues geprägten Kansas-City-Jazz, bevor er sich ab 1940 zunehmend in New York aufhielt, wo ihm neben Engagements u. a. bei E. HINES und B. ECKSTINE bald der Ruf eines gefragten Session-Musikers vorausging. V. a. in den Nightclubs Harlems (Minton's Playhouse) traf er gleich gesinnte Musiker, die gegenüber den stereotypen Formeln des Swing nach neuen Ausdrucksmöglichkeiten suchten, neben K. CLARKE, C. CHRISTIAN und T. MONK v. a. den Trompeter D. GILLESPIE, mit dem er 1945 jene legendären Titel (»Groovin high«, »Salt peanuts«) einspielte, die ebenso wie die ähnlich spektakulären einige Monate später mit M. DAVIS (»Billie's bounce«, »Koko«) die Ära des Bebop einleiteten. Danach mehrfach mit Polls ausgezeichnet und häufig zu Gast bei »Jazz at the Philharmonics«, geriet das von mehreren Selbstmordversuchen überschattete Leben des äußerst sensiblen und seit seiner Jugend drogenabhängigen Musikers mehr und mehr außer Kontrolle. Seine Aufnahmen 1950 mit einem Streicherensemble in Schweden wurden von Jazzpuristen heftig angegriffen. Bereits von Krankheit gezeichnet, gastierte er 1954 nochmals bei S. KENTON. Wenige Tage, nachdem er in dem nach ihm benannten »Birdland« Auftritts- und Hausverbot erhalten hatte, starb er in einem New Yorker Appartment, nach Aussage der Ärzte rund 25 Jahre älter aussehend, als er wirklich war. Über Nacht stand an vielen Hauswänden der Stadt: »Bird lives!«

P. verfügte nicht nur über eine vor und nach ihm unerreichte Improvisationsgabe, geprägt von weit ausschweifenden, ständig sich erneuernden Melodiebögen, schnellen Tempi und einer blueshaft-expressiven Tonsprache. Seine Offbeat-Phrasierung und die polymetrische Anlage seines Spiels machten auch den Achtelnoten-swing (Bop-Achtel) zur rhythmischen Grundstruktur des Modern Jazz. Kompositionen wie »Au privave«

oder »Ornithology« gehören heute zum Grundrepertoire des Jazz.

Parlando [italienisch »sprechend«, »im Sprechton«]: eine das rasche Sprechen nachahmende Vertonungs- und Vortragsweise. In der Vokalmusik erscheint das P. in schnellem Tempo mit häufigen Wort- und Tonwiederholungen und erfordert rhythmisch genauen Vortrag mit leichter Tongebung. Verwendet wurde das P. v.a. in der italienischen Opera buffa des 18. und 19. Jh. (D. Cimarosa, G. Rossini). – In der Instrumentalmusik fordert die Anweisung **parlando** (oder **parlante**) einen ausdrucksvollen Vortrag.

Parodie [von griechisch parōdía »Nebengesang«, »Beilied«]: seit dem 15. Jh. gebrauchte Bezeichnung für die Verwendung einer bestehenden Komposition in einem neuen Zusammenhang, benachbart der ↑Kontrafaktur. So ist etwa die **P.-Messe** des 15. und 16. Jh. durch die Übernahme einer (meist des Tenors), manchmal auch mehrerer Stimmen aus einer Chanson oder Motette gekennzeichnet. Das vielfach mit Umtextierung verbundene P.-Verfahren behielt Bedeutung bis ins 18. Jh. Eine große Rolle spielte es im Schaffen J. S. Bachs im Sinne der Wiederverwendung früherer Werke in einem neuen Kontext.

Part [von lateinisch pars »Teil«] (italienisch Parte, französisch Partie): der für ein Instrument oder für eine Singstimme vorgesehene Teil einer Partitur, auch Teil oder Satz eines Musikwerks.

Partialtöne: ↑Teiltöne.

Particell [-'tʃɛl; von italienisch particella »Teilchen«]: eine auf wenigen Notenliniensystemen aufgezeichnete Kompositionsskizze (getrennt nach Instrumentengruppen, z.B. Holz-, Blechbläser, Streicher), die als Vorlage für die auszuarbeitende ↑Partitur dient.

Partie [französisch]:
♦ *Instrumentalmusik:* im 17./18. Jh. gleichbedeutend mit ↑Partita.
♦ *Vokalmusik:* die Gesangsrolle z.B. in Oper und Operette.

Partimento [italienisch »Teilung«]: in der Musik des 17./18. Jh. Bezeichnung für eine schriftlich fixierte Stimme (teils bezifferter Bass, teils melodische Linie), zu der auf einem Tasteninstrument eine Melodie oder ein mehrstimmiger Satz improvisiert wurde.

Partita [italienisch, zu partire »teilen«] (Partie, Partia): vom ausgehenden 16. bis zu Anfang des 18. Jh. in Italien und Deutschland Bezeichnung für einen Variationssatz, wobei die italienische Mehrzahl **Partite** den Variationszyklus bezeichnete. Seit der zweiten Hälfte des 17. Jh. begegnet P. auch in allgemeiner Bedeutung für Instrumentalstücke oder für Suite.

Partitur [italienisch, von lateinisch partiri »(ein)teilen«]: im Gegensatz zum ↑Particell die in allen Einzelheiten ausgearbeitete Aufzeichnung aller, auf jeweils eigenen Systemen notierten Stimmen eines Musikwerks, wobei diese so untereinander gesetzt werden, dass die rhythmisch-metrischen Verläufe der Stimmen im Takt in der grafischen Anordnung korrespondieren. Seit dem 18. Jh. setzte sich von oben nach unten die folgende Gliederung in Instrumentengruppen durch: Holzbläser (Flöten, Oboen, Klarinetten, Fagotte), Blechbläser (Hörner, Trompeten, Posaunen), Schlagzeug, Streicher (Violinen, Viola, Violoncello, Kontrabass). Bei Konzerten ist die Solostimme allgemein über der 1. Violine notiert.

Als **Klavier-P.** werden erweiterte Klavierauszüge bezeichnet, in denen der Orchesterpart im Klaviersatz zusammengefasst und jede einzelne Vokalstimme in normaler P.-Ordnung wiedergegeben ist (z.B. bei Chor- und Bühnenwerken; entsprechend die Bezeichnung Orgel-P.).

Die Aufzeichnung der ältesten mehrstimmigen Musik in P. ist seit dem 12. Jh. belegt, wurde im 13. Jh. aber vom ↑Chorbuch abgelöst. Seit etwa 1550 sind, jedoch nur vereinzelt, wieder P. überliefert. Gedruckte P., wie z.B. die von C. Monteverdis »Orfeo« (1609), waren bis nach 1750 selten. Mit der Ausbildung des modernen Orchesters seit dem späteren 18. Jh. erhielt die P. besondere Bedeutung. P.-Lesen und P.-Spiel, die Fertigkeit, aus einer P. eine Vorstellung des vollständigen Klangbildes zu gewinnen oder in den wesentlichen Zügen auf dem Klavier darzustellen, bilden wichtige Voraussetzungen für den Dirigenten.

Pas [pa; französisch »Schritt«]: meist in Zusammensetzung gebrauchte Bezeichnung für einen Tanzschritt (**P. de Bourrée**, Schrittwechselschritt), zur Charakterisierung eines Tanzes (**P. d'Action**, eine dramatisch akzentuierte Tanzszene) oder der Tanzformation (**P. de deux**, Tanz zu zweit, meist der Ballerina und ihres Partners).

Paso doble [spanisch »Doppelschritt«]: aus einem spanischen Volkstanz entstandener lateinamerikanischer Gesellschaftstanz, im lebhaften $^2/_4$- oder $^3/_4$-Takt, Paartanz mit einfachen Schrittfolgen. Der P. d. wurde nach 1945 Turniertanz.

Passacaglia [passaˈkalja; italienisch] (spanisch Passacalle, französisch Passacaille): ursprünglich wohl ein spanischer Volkstanz mit Tanzlied, der im 16. Jh. mit der Gitarrenmusik nach Italien und Frankreich kam und dort zu einem Hof- und Bühnentanz wurde. Mit der ihr ähnlichen ↑Chaconne ist die P. eine der bedeutendsten, auf Variation beruhenden Gattungen der Instrumentalmusik des 17. und 18. Jh. Die Variationen bauen sich über einer ständig wiederholten kadenzierenden Bassmelodie von vier oder acht Takten (Basso ostinato) auf. Die P. steht im ungeraden Takt und bevorzugt im Gegensatz zur Chaconne Molltonarten und langsamere Tempi.

Bekannt wurden die P. für Orgel von D. Buxtehude, J. S. Bach, später M. Reger, sowie die Orchester-P. aus dem Ballett »Nobilissima visione« (1938) von P. Hindemith. Im Bereich der Neuen Musik hat sich der Begriff P. verändert. Hier bedeutet er Allgegenwart des Themas, z.B. bei A. Schönberg, »Die Nacht« (in: »Pierrot lunaire«, 1912), A. Berg, »Wozzeck« (1. Akt, 4. Szene, 1925), K. Penderecki, »P. für Orchester« (1988).

Passage [paˈsaːʒə; französisch »Durchgang«]: rasche, virtuose auf- oder absteigende Tonfolge in solistischer Instrumental- und Vokalmusik, sowohl als Tonleiter-P. als auch Akkordpassage.

Passamezzo [italienisch, vermutlich von pass'e mezzo »ein Schritt und ein halber«]: italienischer Schreittanz des 16./17. Jh. im geraden Takt, eine schnelle Abart der ↑Pavane, die er nach 1540 aus der Suite verdrängte; bis etwa 1730 als Suitentanz üblich. Nachtanz des P. ist ein ↑Saltarello. Dem P., der bis ins 18. Jh. auch als eigenständiges, zyklisches Werk begegnet, liegen ständig wiederholte (variierte) Modelle zugrunde, wovon zwei seit 1600 in der Instrumentalmusik vorherrschen: **P. antico** in Moll, der ↑Folia verwandt, und **P. moderno** in Dur.

Passepied [pasˈpje; französisch »setze den Fuß über!«]: ein alter französischer Rundtanz, wahrscheinlich aus der Nord-

Passacaglia: 1: D. Buxtehude, Passacaglia für Orgel (erste Variation); a Basso ostinato, b Oberstimmen; 2: J. S. Bach, Bassthema der Passacaglia für Orgel

Bretagne. Im 16. Jh. Hoftanz im ³/₄- oder ³/₈-Takt mit Achtelauftakt, blieb der P. bis Mitte des 18. Jh. ein beliebter Gesellschaftstanz.

Passion: Titelseite der Handschrift zur Lukas-Passion von Heinrich Schütz mit dem Introitus

Passion [von lateinisch passio »das Leiden«]: die Leidensgeschichte JESU CHRISTI, die in der Liturgie der Karwoche an vier Tagen nach den Berichten der vier Evangelisten gelesen oder gesungen wird. Die für die P. besondere Weise des Choralvortrags – nachweisbar seit dem 14. Jh. – besteht darin, dass der Textvortrag auf drei Lektoren aufgeteilt wird, die jeweils in einer eigenen Tonlage (dem sog. P.-Ton) singen: 1. der erzählende Text des Evangelisten (Tonlage c¹), 2. die Worte CHRISTI (f), 3. die Reden der übrigen Einzelpersonen (Soliloquenten) und der Personengruppen (Turbae) (f¹). Frühe Beispiele für eine mehrstimmige Ausgestaltung einzelner Textpartien der P. gibt es bereits in der zweiten Hälfte des 15. Jh. Im 16. und 17. Jh. bildete sich ein Typus mit geteilter Vortragsweise in einstimmiger Rezitation (Evangelist) und mehrstimmigem Choralsatz (übrige Partien) heraus, der wegen der kontrastierenden Stimmen- und Rollenzuweisung **responsoriale P.** genannt wird (z. B. O. DI LASSO, 1575 und 1582). Er fand auch Eingang in die deutsche evangelische Kirchenmusik (J. WALTER, um 1530; M. VULPIUS, 1613), wobei sich die Vertonung von der Cantus-firmus-Bindung löste und immer mehr den Textausdruck berücksichtigte. Hierher gehören auch die drei P. von H. SCHÜTZ (nach MATTHÄUS, LUKAS und JOHANNES, 1665–66), bei denen nur die Turbae mehrstimmig sind, während für die anderen Partien der deutsche Sprachgestus entscheidend ist. Ein zweiter Typus mit durchgängig mehrstimmiger, motettischer Satzweise, die **durchkomponierte P.**, begegnet in den P. von J. A. BURCK (1568), L. LECHNER (vor 1593) und C. DEMANTIUS (1631).
Durch die Übernahme des neuen Generalbassstils entstand im 17. Jh. aus der responsorialen die **oratorische P.**, bei der der Choralton entweder mit Basso continuo versehen (T. SELLE, 1641–43) oder ganz aufgegeben wird zugunsten freier, mit Soloarien, Instrumentalsätzen oder Chören abwechselnder Rezitative (J. THEILE, 1673). Zu Anfang des 18. Jh. wurde in den P.-Dichtungen (z. B. B. H. BROCKES, 1712) die wörtliche Bindung an den Bibeltext aufgegeben, was zu einer Verlagerung der P. in den außerliturgischen Bereich des Oratoriums und zu einem Aufschwung dieser Gattung im norddeutschen Raum führte (J. MATTHESON, G. P. TELEMANN). Höhepunkte bilden die P. von J. S. BACH (»Johannes-P.«, 1724; »Matthäus-P.«, 1727 oder 1729). Im 20. Jh. griffen Komponisten auf die alten Formen der responsorialen und motettischen P. zurück (H. DISTLER, 1933; E. PEPPING, 1951; K. PENDERECKI, 1966).

passionato [italienisch]: leidenschaftlich, stürmisch.

Pasticcio [pas'titʃo; italienisch »Pastete«, »Mischmasch«]: im 18. Jh. und Anfang des 19. Jh. beliebte Zusammenstellung von Teilen aus verschiedenen Opern eines oder mehrerer Komponisten zu einem »neuen« Werk mit eigenem Titel und Libretto. Daneben kann ein P. auch ein Bühnen- oder Instrumentalwerk sein, zu dem mehrere Komponisten Sätze lieferten.

Pastorale [von lateinisch pastor »Hirte«]: eine an das Schäferspiel des Sprechtheaters anknüpfende Operngattung, die sich seit dem ausgehenden 16. Jh., dann v. a. im 17. und 18. Jh. großer Beliebtheit erfreute und bis ins 20. Jh. (z. B. bei R. STRAUSS, »Daphne«, 1938) lebendig blieb. In der Instrumentalmusik finden sich Pastoralsätze mit charakteristischem $^6/_8$-Takt und häufiger Imitation von Schalmeienmelodik u. a. bei A. CORELLI, J. S. BACH und G. F. HÄNDEL. Hiervon ist auch die weihnachtliche Pastoralmesse geprägt. Dem Bereich der Programmmusik stehen Pastoralsinfonien der Zeit um 1800 nahe (u. a. L. VAN BEETHOVENS 6. Sinfonie F-Dur op. 68).

Pastorelle [lateinisch-romanisch »Schäferlied«] (Pastourelle, Pastoreta): in der europäischen Literatur des Mittelalters weit verbreitete lyrische Gedichtform, in der ein Ritter versucht, eine ländliche Schöne zu verführen; charakteristisch ist eine dialogische Darstellungsweise. In

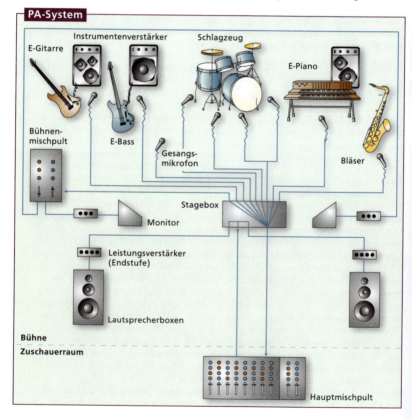
PA-System

der französischen Dichtung wurde die P. gelegentlich zum Singspiel ausgebaut (z.B. von ADAM DE LA HALLE, »Le jeu de Robin et de Marion«, 1283).

PA-System, Abk. für **P**ublic-**a**ddress **s**ystem [pʌblikə'dres 'sɪstəm; englisch »Lautsprecheranlage«] (Anlage): das elektroakustische Wiedergabesystem einer Pop- oder Rockgruppe. Zum Grundbestand eines PA-S. gehören neben den eigentlichen Musikinstrumenten und zahlreichen Effektgeräten je ein System von Mikrofonen, Verstärkern und Lautsprecherboxen, ferner ein Verteiler- bzw. Anschlusskasten (Stagebox) und i.d.R. zwei Mischpulte, ein Monitormischpult auf der Bühne und ein Hauptmischpult im Saal.

Über die Gesangsmikrofone, die Mikrofone für alle akustischen Instrumente (v.a. Schlagzeug, daneben auch Klavier, Bläser u.a.) und die Mikrofone vor den Lautsprechern der Instrumentenverstärker aller E-Instrumente (E-Gitarre, E-Piano, Synthesizer u.a.) gehen die musikalischen Signale in die Stagebox und werden von hier zum Hauptmischpult geleitet. Eine Direct-Injection-Box ermöglicht bei Bedarf den Anschluss der E-Instrumente auch ohne den Weg über Einzelverstärker und Mikrofone direkt in die Stagebox. Der Sound wird am Hauptmischpult kontrolliert, meist durch Effektgeräte angereichert, in drei oder mehr Frequenzbereiche aufgeteilt und gelangt über ein vieladriges Kabel (Multicore-Cable) wieder zurück an die Stagebox und von dort über die Leistungsverstärker in die Lautsprechertürme. Da die Hauptlautsprecher eines PA-S. in Richtung Publikum abstrahlen, sind durch das Monitormischpult zusätzlich gesteuerte Monitorlautsprecher mit eigenen Verstärkern notwendig, die auf der Bühne in Richtung Musiker installiert sind, um den Interpreten den notwendigen Höreindruck vom eigenen Zusammenspiel zu verschaffen.

Die Größe eines PA-S. variiert je nach gruppenspezifischen Anforderungen und räumlichen Gegebenheiten; ihr ist, was sich v.a. an der Anzahl der Lautsprechersysteme und Leistungsverstärker zeigt, kaum eine Grenze gesetzt. Bei Open-Air-Rockkonzerten erreicht die Leistung entsprechender Anlagen leicht über 100 000 Watt.

patetico [italienisch] (französisch pathétique): erhaben, feierlich, leidenschaftlich im Ausdruck.

Pattern Formation [p'ætən fɔː'meɪʃn; englisch »Formelbildung«]: im Jazz eine Variationsform, bei der die Melodie bei jeder Wiederholung verändert, das zugrunde liegende rhythmische Schema jedoch beibehalten wird.

Pattern Music [p'ætən'mjuːzɪk; englisch]: in der Neuen Musik Bezeichnung für eine Komposition, die auf rhythmischen Modellen basiert: Eine musikalische Form gliedert sich rhythmisch in ebenso viele (und in demselben proportionalen Verhältnis stehende) kleinere Einheiten. J. CAGE komponierte bereits 1935 Pattern Music.

Pauke

Pauke (Kesselpauke, italienisch Timpano, englisch Kettledrum): das wichtigste, zur Klasse der ↑Membranophone gehörende Schlaginstrument des Orchesters, bestehend aus einem halbkugelförmigen (oder heute meist parabolischen) Resonanzkörper (Kessel) aus Kupferblech oder Kunststoff und einer darüber gespannten Membran (Fell) aus gegerbtem Kalbfell oder Kunststoff, die mit Schlägeln angeschlagen wird. Im Gegensatz zur Trommel hat die P. eine feste Tonhöhe. In der Mitte des Kesselbodens befindet sich ein Schalloch (Durchmesser etwa 3 cm), das dem Druckausgleich und der Verminderung der Schalldämpfung dient. Das Fell ist über den um den Rand des Kessels liegenden Fellwickelreifen gezogen; über diesem befindet sich der Felldruckreifen, der durch vertikale Bewegung das Fell spannt bzw. entspannt. Der Durchmesser des Fells beträgt bei der tiefen **Bass-P.** (D-Pauke; Tonumfang D–H) 75–81 cm und bei der **Hohen P.** (A-Pauke; e–c¹) 56–58 cm, dazwischen liegen die **Große P.** (G-Pauke; F–d) mit 68–71 cm und die **Kleine P.** (C-Pauke; A–fis) mit 61–65 cm. Die feste Tonhöhe ist im Umfang einer Sexte veränderbar; mit Ausnahme der Bass-P. werden die P. nach einem mittleren Ton ihres Umfangs benannt.

Gewöhnlich wird die P. paarweise verwendet (Normalpaar G- und C-P.); auch vier und mehr P. werden öfter zusammengestellt. In den großen Orchestern ist heute die **Pedal-P.** üblich. Hier wird die Spannung des Fells durch ein Pedal verändert, das indirekt auf den Felldruckreifen wirkt. Auf diese Weise ist schnelles Umstimmen möglich. Eine mit der Hand zu bedienende Hauptstimmspindel dient dem genauen Ein- und Nachstimmen. Am Felldruckreifen sind ferner sechs bis acht Spannschrauben angebracht. Die Schlägelköpfe sind i. d. R. aus Weich- oder Hartfilz, Flanell, Holz (harter Klang) und Schwamm oder Schaumgummi (besonders weiche Tongebung) gefertigt. Die Pedal-P. gehört zu den **Maschinen-P.**, d. h. P. mit einer mechanischen Einrichtung, durch die der Felldruckreifen an allen Ansatzpunkten gleichzeitig angegriffen wird. Ähnlich funktionieren auch die **Kurbel-P.** und die **Dreh-P.**, deren Kessel gedreht wird, wobei ein Gestänge auf den Felldruckreifen wirkt. Außer den Maschinen-P. ist heute noch immer die **Schrauben-P.** in Gebrauch, deren Vorteil geringes Gewicht, deren Nachteil das zeitraubende Umstimmen ist: Der Felldruckreifen kann nur durch die einzelnen Spannschrauben bewegt werden. Der P.-Ton setzt sich aus Anschlag- und Resonanzton (Nachklang) zusammen. Der Anschlagton kann, z. B. beim Wirbel, so reduziert werden, dass fast nur der Resonanzton hörbar ist. Die Dämpfung des P.-Klanges erfolgt durch ein Tuch. Auf der Pedal-P. ist ein Glissando möglich.

Die P. ist asiatisch-orientalischer Herkunft und gelangte (in kleiner Form) durch die Kreuzzüge spätestens im 13. Jh. nach Europa. Die große Form ist seit dem 15. Jh. nachweisbar. Etwa um 1500 wurde anstelle der Schnurspannung die Schraubenspannung verwendet. Mindestens seit dem 16. Jh. bestand (bis zum 18. Jh.) eine enge Bindung der P. an die Trompete. Seit dem 17. Jh. wuchs die Bedeutung der P. für die Orchestermusik. 1812 wurde die Kurbel-P., 1872 die Pedal-P. erfunden.

Pause: das zeitweilige Schweigen einer, mehrerer oder aller Stimmen innerhalb eines Musikstückes und das Zeichen dafür in der Notenschrift. Die P. kann ein bloßes Aussetzen bedeuten oder den Bestandteil eines Motivs oder einer Phrase. Eine Pause kann sowohl zäsurbildende (↑Generalpause) als auch motivische Funktion haben.

Pavane [französisch, eigentlich »(Tanz) aus Padua«] (Paduana, italienisch Padoana): aus Italien stammender, würdevoll geschrittener Hoftanz, der im 16./17. Jh. in Italien, Frankreich und Spanien sehr beliebt war. Er stand meist in geradem Takt, ohne Auftakt, mit Schrittfolgen vor- und rückwärts, später auch mit

Pavane: J. Bull, »The spanish Paven« aus dem »Fitzwilliam Virginal book« (1609–19)

Rundfiguren. Ihr Nachtanz war zunächst der Saltarello, seit etwa 1550 die Galliarde, die Ende des 17. Jh. durch die Courante abgelöst wurde. Eine schnelle Abart ist der ↑Passamezzo; auch die **Pavaniglia** wird oft als P. bezeichnet. In der Instrumentalmusik bildet die P. das Kernstück der deutschen Tanzsuiten um 1600 bis 1650, dort oft als Padoana bezeichnet. Ende des 19. Jh. wurde die P. wieder aufgegriffen.

Pedal [von lateinisch pes »Fuß«]: mit dem Fuß zu betätigender Hebel z. B. bei Harfe, Klavier, Orgel oder Pauke. Das P. kam im 14. Jh. zuerst bei der Orgel auf und ist eine Fußklaviatur aus großen hölzernen Tasten. War es zunächst noch an die Mechanik der Manualtasten und deren Pfeifen gekoppelt, so bekam es später eigene Pfeifen, die wegen der im P. zu spielenden Basstöne meist den tiefen Tonlagen angehören (8-, 16-, 32-Fuß, z. T. auch 64-Fuß). Die Register des P. heben sich als klanglich einheitliches Pedalwerk von den übrigen Teilwerken der Orgel ab; seine langen Pfeifen umrahmen häufig das Hauptwerk turmartig an beiden Seiten.

Beim Cembalo und beim Pianoforte heißen P. einzelne Fußhebel, die der Tonstärke- oder Klangfarbenveränderung dienen. Das Pianoforte (↑Klavier) besitzt in der Regel zwei P.: ein Forte-P. zur Aufhebung der Dämpfung, das den Klang verstärkt und die Klangdauer verlängert, und ein Piano-P., das die **Verschiebung**, ein minimales Verrücken von Klaviatur und Mechanik, bewirkt, damit der Hammer je eine Saite des Saitenchors weniger trifft; dadurch entsteht ein gedämpfter, klangfarblich veränderter Klang. Bei Pianinos wird der Dämpfungseffekt ohne Klangfarbenänderung durch Verkürzung des Anschlagswegs der Hammerköpfe erzielt. Häufig wird zusätzlich ein drittes, mittleres P. gebaut, das durch Einschieben eines Filzstreifens zwischen Saiten und Hämmer eine zusätzliche Lautstärkereduzierung ermöglicht. Beim Cembalo sind die P. Fußhebel zum Einschalten der Register.

Die moderne Harfe besitzt sieben P. mit doppelter Schaltung zum Umstimmen (Erhöhung jeder Saite um je zwei Halbtöne). Bei der Pauke werden mithilfe des P. über ein zentrales Gewinde die Stimmschrauben betätigt, um ein schnelles Umstimmen während des Spiels erlaubt. P.-Tritte zum Einschalten der Dämpfung besitzen eine Reihe anderer Instrumente wie ↑Celesta, Orchesterglockenspiel (↑Glockenspiel) und ↑Vibraphon.

Pekingoper: die bekannteste der mehr als 300 chinesischen Theaterformen, in der mehrere Lokalstile verschmolzen. Den Beginn der P. setzt man um das Jahr 1790 an, da damals viele Theatergruppen für Aufführungen zum 80. Geburtstag von Kaiser QIANLONG in die Hauptstadt kamen und sich fortan der Pekingstil herausbildete. Die P. klassifiziert die Charaktere nicht nach Stimmlagen, sondern nach Darstellungstypen mit vier Grundrollen: Sheng (männliche Hauptdarsteller), Dan (Frauenrollen), Jing (Krieger, Banditen, Staatsmänner, alle mit bemalten Gesichtern), Chou (Clowns). Sparsamen Requisiten stehen komplexe, stilisierte Bewegungsabläufe mit festgelegten Bedeutungen gegenüber. Die zweisaitige Streichlaute Er-hu (Erh-hu), die dreisaitige Zupflaute San-xian (San-hsien), Laute, Bambusflöte, Oboe, Trommeln, Klappern, Gongs und Beckenpaare begleiten die Sänger. Die mehreren Hundert Stücke des Repertoires gehören entsprechend ihrer Handlung entweder zur Kategorie Wen (zivil) oder Wu (militärisch). Sie greifen vorwiegend historische Stoffe auf. Seit 1949 nutzen die Kommunisten die P. für ihre Revolutionspropaganda.

Pelog [javanisch]: in der javanischen und balinesischen Musik eine siebenstufige Materialtonleiter, aus der drei (fünfstufige) Gebrauchstonleitern gebildet werden. Das P. bildet mit dem ↑Slendro die tonartliche Grundlage der Gamelan-

Pentatonik

musik (↑Gamelan) und ist in Varianten auch im übrigen Indonesien verbreitet.

Pentatonik [von griechisch pénte »fünf« und tónos »Ton«]: ein fünfstufiges Tonsystem sowie das Musizieren mit fünfstufigen Tonleitern. Die **halbtonlose** oder **anhemitonische P.** bildet das Tonsystem von klanglich orientierter Musik und beherrscht die Musik vieler Völker in der Südsee, Ostasien und Afrika, kommt aber auch in manchen europäischen Volks- und Kinderliedern vor, die Reste der ursprünglich pentatonisch-klanglichen Musikkultur des nördlichen Europa erhalten haben. Kennzeichnend ist das lineare Nebeneinander von Ganztönen und kleinen Terzen. Die aus den Quinten c–g–d–a–e gebildete Reihe c–d–e–g–a kann in fünf verschiedenen Tongeschlechtern verwendet werden, indem jeweils ein anderer Ton Grundton wird. Die Reihe der **Halbton-P. (hemitonische P.)** lautet z.B. c–d–es–g–as. Dieses System ist v.a. für die japanische Musik typisch, in der auch beide Arten vermischt vorkommen. Weitere Sonderformen der P. bildeten sich in den Ausgleichsskalen der Malaien in der indonesischen Musik. Entstanden ist die P. möglicherweise aus einer durch Quart- oder Quintversetzung erreichten Verdoppelung der dreitonigen, aus kleiner Terz und Ganzton bestehenden »Kernzelle«, die als ein melodisches und strukturbildendes Urmotiv in aller Welt begegnet, z.B. e–g–a:a–c–d oder e–g–a:h–d–e.

Percussion [pəˈkʌʃn; englisch »Schlagzeug«]: Bezeichnung für die Schlaginstrumente im Jazz und in der Popmusik; zu unterscheiden sind das »Drumset« (mit der Standardausrüstung große und kleine Trommel, Hi-Hat, Becken, Tom-Toms) von den Schlaginstrumenten afrikanischer und lateinamerikanischer Herkunft (Claves, Maracas, Conga, Agogo u.a.). – In der E-Orgel ist die P. ein Effektregister; auf Tastendruck klingt der Ton sofort stark an und schnell wieder ab und bewirkt so den typischen Sound.

perdendo [italienisch] (perdendosi): abnehmend, allmählich schwächer, sehr leise werdend.

Perfektion [von lateinisch perfectus »vollkommen«]: in der ↑Mensuralnotation die Dreizeitigkeit einer Mensureinheit gegenüber der als Imperfektion geltenden Zweizeitigkeit.

Periode [von griechisch períodos »Herumgehen«, »Kreislauf«]: ein in sich geschlossener, meist achttaktiger Abschnitt, der in einen Vorder- und einen oft ähnlich gebauten Nachsatz gegliedert ist; zwei Takte bilden eine Phrase, zwei Phrasen einen Halbsatz, zwei Halbsätze eine P. Auch dreigliedrige P. und Doppel-P. kommen vor. In der Instrumental-

Periode:
L. van Beethoven, Adagio aus dem Klaviersonate f-Moll op. 2,1 (1796)

musik war die achttaktige P. bereits lange Zeit in Tänzen und liedartigen Stücken eine Norm, bevor sie sich mit den Anfängen der Wiener Klassik zu einem grundlegenden rhythmisch-melodischen Formungsprinzip aller Instrumentalgattungen entwickelte.

Perkussions|instrumente: ↑Schlaginstrumente.

Permutation [lateinisch »Vertauschung«]: in polyphoner Musik der Austausch und die wechselnde Kombination kontrapunktischer Elemente, die in verschiedenen Stimmen zugleich erklingen können. In der regelmäßigen P. verläuft der Wechsel nach einem gleich bleibenden Schema (↑Permutationsfuge), in der unregelmäßigen P., wie sie v.a. mehrthematische Fugen zeigen, ist die Reihenfolge frei. In der seriellen Musik bezeichnet P. das Vertauschen einzelner Elemente im Rahmen einer festen Ordnung, z.B. der Töne innerhalb einer gegebenen Reihe.

Permutationsfuge: eine Fuge mit regelmäßiger Permutation, bei der die Kontrapunkte beibehalten und in feststehender Reihenfolge durch alle Stimmen geführt werden.

Pes [lateinisch »Fuß«]: eine der ↑Neumen. In der mittelalterlichen englischen Musik bezeichnet der P. eine textlose (wohl instrumentale) Grundstimme, in der häufig eine kurze rhythmisch-melodische Formel wiederholt wird.

pesante [italienisch]: schwerfällig, wuchtig.

pf: Abk. für poco forte (italienisch »etwas stark«) oder più forte (italienisch »stärker«), ↑forte.

Pfeife: umgangssprachliche Bezeichnung für eine kleine, hoch und scharf klingende Flöte (z.B. Einhandflöte, Querpfeife); im instrumentenkundlichen Sinne Bezeichnung für eine Schallquelle, bei der eine in einem röhrenförmigen Gehäuse (P.-Rohr) eingeschlossene Luftsäule zu Eigenschwingungen angeregt wird. Nach der Art der Schallerregung unterscheidet man ↑Labialpfeifen (Lippen-P.), zu denen ein großer Teil der Orgel-P. und die Flöten (Blockflöte, Querflöte) gehören, und ↑Lingualpfeifen (Zungen-P.), zu denen der andere Teil der Orgel-P. und die Rohrblattinstrumente (Klarinette, Oboe, Fagott) zählen.

Phagotum [von italienisch fagotto »Bündel«]: eine im 16. Jh. konstruierte mechanisierte Sackpfeife mit i.d.R. zwei aufrecht stehenden Pfeifen (mit Grifflöchern), die durch Kanäle verbunden waren und über einen Windsack angespielt wurden; galt irrtümlich als Vorläufer des Fagotts.

Phantasie [zu griechisch phantázesthai »erscheinen«]: ↑Fantasie.

Phaser [ˈfeɪzə; englisch, eigentlich phaseshifter »Phasenverschieber«]: ein elektronisches Effektgerät, eine technische Variante des ↑Flangers. Durch den zwischen Musikinstrument oder Mikrofon und Verstärker angeschlossenen P. werden Klänge elektronisch aufbereitet. Der phasenverschobene Klang entsteht dadurch, dass dem Originalton ein um wenige Millisekunden verzögerter Ton folgt, wodurch es zur ↑Interferenz zwischen beiden Phasen kommt.

philharmonisch [von griechisch phileĩn »lieben« und harmonía »Ordnung«]: bezeichnet musikalische Körperschaften hohen Bildungsranges, Gesellschaften oder Orchester. Das Wort tritt zuerst in Italien im 17. Jh. für Kunstakademien (p. Akademien) auf (Verona; Bologna: Accademia dei Filomusi, die 1633 mit der Accademia Filarmonica zusammengelegt wurde). Im 19. Jh. bildeten sich p. Gesellschaften zur Förderung des Musik- und Konzertlebens (Sankt Petersburg 1802, London 1813), die p. Konzerte einrichteten (Wien 1842, Berlin 1882). Von da ging der Name auf einige bedeutende Orchester über: z.B. die Berliner, Münchner, Wiener Philharmoniker, das New York und das London Philharmonic Orchestra.

Phillysound [ˈfɪlɪsaʊnd; englisch] (Philadelphia-Sound): ein in den 1970er-Jahren im amerikanischen Philadelphia (Pennsylvania) kreierter Soulstil, dessen weicher und federnder, von Streichern unterstützter Sound v. a. auch beim weißen Publikum beliebt wurde (u. a. B. PAUL, The Three Degrees).

Phon [von griechisch phōnē »Laut«, »Ton«]: Maß zur Angabe der ↑Lautstärke.

Phrasierung [von griechisch phrásis »das Sprechen«, »Ausdruck«]: die Sinngliederung einer Komposition, d. h. die dem musikalischen Sinn gemäße Abgrenzung und Verbindung der Einzelteile (Tongruppe, Motiv, Phrase), aus denen ein zusammenhängender Satz besteht. Eine durchdachte P. ist eine Vorbedingung für den sinnvollen Vortrag eines Musikstücks; dabei sind oft mehrere verschiedene Lösungen möglich und sinnvoll. Zur Verdeutlichung der P. beim Vortrag dienen z. B. dynamische und agogische Differenzierungen, d. h. Vortragsmittel, die die Gliederung durch Bindung oder Trennung der Töne hervorheben (↑Artikulation). – Die ältere Musik bis zum ausgehenden 18. Jh. kannte keine Zeichen für die P. In der neueren Musik geben Vortragszeichen, v. a. Legatobögen, Staccatopunkte, Pausen u. a. P.-Hinweise.

Im Jazz ist die aus Timing, Dynamik, Artikulation und Tongebung bzw. -beugung (Inflection) bestehende P. von zentraler Bedeutung und u. a. ausschlaggebend für den individuellen Improvisationsstil eines Jazzmusikers.

phrygischer Kirchenton [griechisch]: eine auf dem Grundton e stehende ↑Kirchentonart.

Physharmonika [griechisch]: ein 1818 von A. HAECKL in Wien gebautes Tasteninstrument mit durchschlagenden Zungen, das als Vorläufer des Harmoniums gilt.

piacere [pja'tʃeːre; italienisch]: ↑a piacere.

piacevole [pja'tʃevole; italienisch]: angenehm, gefällig, lieblich.

piangendo [pian'dʒɛndo; italienisch]: weinend, klagend.

Pianino [italienisch, Verkleinerung von Piano]: Fachbezeichnung für das Hammerklavier mit aufrechtem Saitenbezug, das allgemein ↑Klavier genannt wird. Die Bezeichnung P. wird heute gewöhnlich auf die Kleinform des Instruments (Höhe wenig mehr als ein Meter) angewandt.

piano [italienisch], Abk. p: leise, schwach; **pianissimo**, Abk. pp, sehr leise; **pianissimo piano**, Abk. ppp, so leise wie irgend möglich; auch in Zusammensetzungen: **più p.**, leiser, schwächer; **mezzo p.**, Abk. mp, halbschwach; **fortepiano**, Abk. fp, laut und sofort wieder leise.

Pianoforte [italienisch »leise (und) laut«], Kurzform: Piano: ↑Klavier.

Pianola [italienisch]: Sammelbezeichnung für zahlreiche Typen selbstspielender, meist pneumatisch betriebener Klaviere mit Lochstreifennotenrollen (gebaut 1900–30). – ↑auch Playerpiano.

Piatti [italienisch »Platten«]: italienische Bezeichnung für Becken; **senza piatti** heißt bei der großen Trommel »ohne Becken«.

Pibcorn [p'ɪbgɔːn; von walisisch pib »Pfeife« und corn »Trompete«] (Pibgorn): ein walisisches Rohrblattinstrument, ↑Hornpipe.

Pibroch [ˈpiːbrɔx; englisch]: altschottische Musikstücke (seit dem 17. Jh.) für Dudelsack (Sackpfeife), die aus reich verzierten, in der Bewegung sich steigernden Variationen bestehen.

picardische Terz [nach der nordfranzösischen Provinz Picardie]: große (Dur-)Terz in Schlussdreiklängen von Stücken in Moll. Die ironische Bezeichnung kam im 18. Jh. auf, als diese Schlusswendung, die J. S. BACH noch regelmäßig verwendete, als veraltet empfunden wurde.

Piccolo [italienisch »klein«]: ↑Pikkolo.

Pick-up [ˈpɪkʌp; zu englisch to pick up »aufnehmen«]: Sammelbezeichnung für Tonabnehmersysteme, die mechanische Schwingungen in elektromagnetische umsetzen. Im engeren Sinn bezeichnet P. den Tonabnehmer bei der ↑E-Gitarre. Dieser besteht aus einem von einer Drahtspule umgebenen, schraubenähnlichen Dauermagneten. Die möglichst dicht über dem Kopf des P. hin und her schwingende Gitarrensaite (immer aus Metall) verändert das Magnetfeld des Dauermagneten, wodurch in der Spule ein entsprechender Strom erzeugt wird. Man unterscheidet den einspuligen **Single-Coil-P.** und den zweispuligen, etwas weicher klingenden **Humbucker-P.** Da z.B. in der Rockmusik nahezu jedes Instrument elektrisch verstärkt wird, gibt es inzwischen eine Fülle von P.-Typen auf dem Markt, so auch für akustische Gitarren über einen Quarzkristall gesteuerte piezoelektrische P. am Steg des Instruments.

pieno [italienisch]: voll, mit starkem, vollem Ton, z.B. **a voce piena**, mit voller Stimme.

pietoso [italienisch]: teilnehmend, mitleidsvoll.

Pifferari [von italienisch piffero »Schalmei«]: italienische Hirten, die in der Adventszeit und am Weihnachtstag aus dem Gebirge nach Rom kamen, um vor den Marienbildern mit Schalmei (Piffero), Sackpfeife (Zampogna) und Gesang zu musizieren und Gaben einzusammeln. Ihre Lieder und Weisen fanden Eingang in die Pastoralmusik.

Piffero [italienisch]: kleine italienische Diskantschalmei mit sieben Grifflöchern (und Oktavloch).

Pikkolo (Piccolo): früher Zusatzbezeichnung für den jeweils höchstliegenden Vertreter einer Instrumentenfamilie, z.B. Violino piccolo; auch Kurzbezeichnung für die Pikkoloflöte (↑Querflöte).

pincé [pɛ̃'se:; französisch »angerissen«, »angeschlagen«]: eine Verzierung in der französischen Klaviermusik des 18. Jh., in der Ausführung gleichbedeutend mit dem ↑Mordent; bei Streichinstrumenten gleichbedeutend mit ↑pizzicato.

Pipa [chinesisch]: eine birnenförmige Kurzhalslaute, die aus Zentralasien stammt und vor oder während der Nördlichen Weidynastie (386–534) nach China gelangte. Die chinesische P., ein Hauptinstrument der gehobenen Musik, ist nach der Spieltechnik der rechten Hand benannt: Pi (hinspielen zur Linken des Instrumentalisten), Pa (zurückspielen zu seiner Rechten). Die Klangdecke der P. besteht aus Teakholz, die Bünde

Pipa

und die Wirbel sind aus Elfenbein, Horn oder ebenfalls Holz, die Bünde auf der Klangdecke aus Bambus. Die vier (später fünf) Saiten aus gedrehter Seide wurden zunächst mit einem Plektron und vom 7. Jh. an mit den Fingern angerissen. Die P. kam auch nach Korea und fand in Japan als **Biwa** Verbreitung; dort wird sie als Orchesterinstrument in der Hofmusik ↑Gagaku verwendet.

Pirouette [piru'ɛtə; französisch]:
● *Ballett:* die schnelle Drehung des Körpers auf halber oder ganzer Fußspitze.
● *Instrumentenkunde:* bei älteren Doppelrohrblattinstrumenten (z.B. Schalmei) ein trichter- oder kreiselförmiger Auf-

satz am oberen Röhrenende, der als Lippenstütze dient und in dessen Mitte das in die Mundhöhle ragende Doppelrohrblatt frei schwingt.

Piston [pɪs'tɔ̃:; französisch, von italienisch pistone »Kolben«, »Stampfer«]: Bezeichnung für das Pumpenventil bei Blechblasinstrumenten; auch Kurzbezeichnung für das Cornet à Pistons (↑Kornett).

più [pi'u:; italienisch »mehr«], Abk. p.: Teil von Vortragsbezeichnungen, z.B. **p. forte (pf)**, stärker; **p. piano**, schwächer; **p. allegro**, schneller.

Piva [italienisch]: italienische Bezeichnung für Schalmei oder Dudelsack. Nach italienischen Tanzbüchern des 15. Jh. bedeutet P. aber auch die schnellste Schrittfolge der Zeit (doppelt so rasch wie die ↑Basse Danse). Im 16. Jh. war die P. ein sehr schneller Tanz im $^{12}/_8$-Takt, der oft als Abschluss der Folge Pavane – Saltarello – P. begegnet.

pizzicato [italienisch »gezupft«], Abk. pizz.: erstmals bei C. MONTEVERDI vorgeschriebene Spielweise bei Streichinstrumenten, die Saiten mit den Fingern zu zupfen; aufgehoben durch ↑coll'arco. Das P. der linken Hand bei gleichzeitigem Streichen wurde von N. PAGANINI eingeführt. Im Jazz ist das P. die gängige Spielweise auf dem Kontrabass.

plagal [mittellateinisch, von griechisch plágios »schief«, »schräg«]: bezeichnet seit dem 9. Jh. die »abgeleiteten« Tonarten des 2., 4., 6. und 8. Kirchentons im Gegensatz zu den authentischen ↑Kirchentonarten. – In der Harmonielehre heißt p. die ↑Kadenz mit der Klangfolge Subdominante – Tonika.

Plain-chant [plɛ̃'ʃã; französisch]: ↑Cantus planus.

Plainte [plɛ̃t; französisch »Klage«]: im 17./18. Jh. ähnlich wie ↑Lamento und ↑Tombeau Bezeichnung für Stücke von klagendem Charakter, v.a. in der Klavier- und Kammermusik französischer und deutscher Komponisten.

Plaisanterie [plɛzã'tri; französisch »Scherz«]: im 17./18. Jh. Bezeichnung für Suitensätze leichten, scherzhaften Charakters.

Planctus [von lateinisch plangere »klagen«, »trauern«]: ein mittelalterliches Klagelied, das vereinzelt schon im Melodietitel früher Sequenzen, später v.a. bei Klageliedern über den Tod hoch gestellter Persönlichkeiten verwendet wurde.

Platerspiel [von mittelhochdeutsch blatere »Blase«] (Platerpfeife): ein Doppelrohrblattinstrument mit einem Windmagazin aus einer Tierblase und einer geraden oder unten umgebogenen Spielpfeife (auch gedoppelt) mit sechs Grifflöchern (Tonumfang c–d^1). Das P. ist in Europa vom Mittelalter bis Anfang des 17. Jh. belegt und wird als Kinderinstrument noch heute in Ost- und Südosteuropa gespielt.

Playerpiano [ˈpleɪə(r) pɪˈænəʊ; englisch]: Bezeichnung für Selbstspielklaviere, wie sie sich v.a. zwischen 1900 und 1930 weltweit großer Beliebtheit erfreuten. Tonträger solcher P. sind gestanzte Notenrollen aus Hartpapier, die in eine Öffnung im Klavieroberteil eingelegt werden und über einen Selbstspielmechanismus die Tasten »wie von Geisterhand« bewegen. Speziell für P. komponierte u.a. C. NANCARROW, der die Rollen selbst stanzte und so Klavierwerke schuf, die manuell von einem Spieler gar nicht zu bewältigen wären.

Plektron [griechisch »Werkzeug zum Schlagen«] (lateinisch Plektrum): Plättchen oder Stäbchen aus Holz, Schildpatt, Federkiel, Horn, Elfenbein, Metall oder Kunststoff zum Anreißen oder Schlagen der Saiten von Zupfinstrumenten, z.B. Leier, Kithara, Zither. Bei Balalaika, Banjo, Mandoline und (elektrischer) Schlaggitarre besteht das P. meistens aus einem länglich ovalen oder dreieckigen Plättchen.

Pleßhorn: ein kleines mehrfach gewundenes Jagdhorn mit Lederumwicklung, das nach Herzog HANS HEINRICH XI. VON PLESS benannt ist.

Plica [lateinisch »Falte«]: in der ↑Modalnotation und der frühen ↑Mensuralnotation eine auf- oder abwärts gerichtete Ziernote, die durch einen kleinen Strich bei der Hauptnote angezeigt wird.

Pochette [pɔˈʃɛt; französisch »Täschchen«] (Taschengeige, Tanzmeistergeige): im 16. Jh. aus dem ↑Rebec entstandenes drei- bis viersaitiges kleines Streichinstrument mit keulenförmigem oder violinähnlichem Korpus. Die P. war anfangs höchstes Instrument im Streicherensemble, wurde aber bald Soloinstrument der Tanzmeister und erhielt deshalb, um in der Rocktasche getragen werden zu können, eine längliche Form.

poco [italienisch]: ein wenig, etwas; in der Musik als Teil von Vortragsbezeichnungen, z.B. **p. forte**, etwas stark; **p. piano**, etwas leise; **p. allegro**, etwas schnell; **p. a p.**, nach und nach, allmählich; **p. più**, etwas mehr.

Podatus [lateinisch]: ↑Neumen.

Polka [tschechisch »Polin«]: ein um 1830 in Böhmen aufgekommener Paartanz in lebhaftem ²/₄-Takt:

♪|♫ ♫.|♫ ♪ oder ♫ ♫ | ♫ ♪

Die P. ähnelt dem Krakowiak und Galopp sowie dem schottischen Schritt der Écossaise (daher auch »Schottischer« genannt). Neben dem Walzer wurde sie bald zum beliebtesten Gesellschaftstanz des 19. und beginnenden 20. Jh. Es bildeten sich mehrere modische Sonderformen heraus, u.a. die Kreuz-P. und die P.-Mazurka im ³/₄-Takt. P. schrieben u.a. J. STRAUSS VATER und SOHN (z.B. »Annen-P.«, »Pizzikato-P.«). In der Kunstmusik wurden der Tanz sowie sein rhythmisches Muster v.a. von tschechischen Komponisten verwendet, so von Z. FIBICH, F. SMETANA und A. DVOŘÁK.

Poll [englisch »Umfrage«, »Abstimmung«]: eine meist jährlich von Jazz- und Rockzeitschriften veranstaltete Umfrage nach den beliebtesten Bands und Musikern.

Polo [spanisch]: ein andalusisches Tanzlied in Moll und in mäßig schnellem ³/₈-Takt, begleitet von Kastagnetten, Händeklatschen und Schuhklappern. Einem Gitarrenvorspiel (Solida) folgt der Gesangsteil, der von »ay«- und »olé«-Rufen unterbrochen wird. V.a. bei den Zigeunern verbreitet, fand der P. auch Eingang in die Kunstmusik (u.a. bei M. DE FALLA). P. kann auch den Tanz selbst bezeichnen.

Polonaise [poloˈnɛːzə; französisch »polnischer (Tanz)«] (polnisch Polonez, italienisch Polacca): ein ruhiger, paarweise geschrittener Tanz (vorwiegend) im ³/₄-Takt, bei dem sich rechter und linker Fuß in der Betonung abwechseln. Die P. entstand als Volkstanz im 16. Jh. in Polen, wurde bald Hof- und Gesellschaftstanz und war auch in anderen Ländern beliebt, oft als ein den Tanzplatz umschreitender Eröffnungstanz von Bällen oder (v.a. in Deutschland) als ausgelassene Tanzkette, die, von Marschmusik und Liedern begleitet, durch das ganze Haus zieht.

Als vom Schreittanz abgeleitetes, nicht getanztes Instrumentalstück steht die P. anfangs meist in geradem Takt. Der später daran angeschlossene dreizeitige Nachtanz verselbständigte sich Anfang des 18. Jh. zur eigentlichen P. in mäßigem Tempo, ³/₄-Takt und dem charakteristischen Rhythmus:

³/₄ ♫ ♫ ♫ ♩

Diese instrumentale P. entwickelte sich außerhalb Polens in Frankreich, Schweden und Deutschland und kehrte im 18. Jh. wieder nach Polen zurück. Sie war im Barock beliebt (F. COUPERIN, G. F. HÄNDEL, G. P. TELEMANN), erreichte Ende des 18. Jh. eine Blüte und wurde von F. CHOPIN zu einem Höhepunkt geführt. Die Polenbegeisterung nach dem Aufstand von 1830/31 förderte ihre Verbreitung im 19. Jh. (R. SCHUMANN, F. LISZT, J. WIENIAWSKI, I. J. PADEREWSKI); noch im beginnenden 20. Jh. war sie eine beliebte Form der Salonmusik.

Polska [polnisch »die Polnische«]

(schwedisch Polske Dans): ein traditioneller schwedischer Volkstanz mit Tanzlied im lebhaften $^3/_4$-Takt und einem der Mazurka ähnlichen Rhythmus; wurde um 1600 aus der in ganz Europa verbreiteten Polonaise abgeleitet.

Polymetrik [von griechisch polymetría »Vielfalt des Maßes«]: in der mehrstimmigen Musik das gleichzeitige Nebeneinander verschiedener metrischer Bildungen, entweder noch gebunden an einen zugrunde liegenden Takt (so in der Wiener Klassik) oder als simultane Geltung verschiedener Taktarten (so v.a. in der Musik des 20. Jh.). P. kann nicht immer eindeutig von Polyrhythmik unterschieden werden.

Polyphonie [von griechisch polyphōnía »Vielstimmigkeit«]: eine mehrstimmige Kompositionsweise, die im Gegensatz zur ↑Homophonie durch weit gehende Selbstständigkeit und linearen (kontrapunktischen) Verlauf der Stimmen gekennzeichnet ist. Der melodische Eigenwert der Stimmen (selbstständiger melodischer Sinn, eigene Rhythmusbildung) hat dabei den Vorrang vor der harmonischen Bindung, die in tonaler Musik jedoch durchgängig erhalten bleibt. P. in diesem Sinne ist am reinsten ausgeprägt in den Vokalwerken der frankoflämischen Schule mit dem Höhepunkt im 16. Jh. bei O. DI LASSO und PALESTRINA. Polyphones Denken (↑Kontrapunkt) setzt jedoch weitaus früher ein. Es beherrscht das Werden abendländischer Mehrstimmigkeit von der Frühzeit an und verwirklicht sich deutlich bereits im Organum der Notre-Dame-Schule sowie in den (isorhythmischen) Motetten der Ars nova (GUILLAUME DE MACHAULT). Auch nach 1600 blieb das Ideal der P. neben der vom Generalbass beherrschten Setzweise erhalten und tritt in den Werken J. S. BACHS noch einmal in Vollendung hervor. Die hieran orientierte polyphone Setzweise bestimmt teilweise noch das obligate Akkompagnement der Wiener Klassik, die kontrapunktisch bestimmte Richtung der Hoch- und Spätromantik (J. BRAHMS, M. REGER) sowie die atonale P. der Wiener Schule (A. SCHÖNBERG, A. BERG). Die Musik des 20. Jh. ist z. T. betont polyphon orientiert (P. HINDEMITH, H. DISTLER, E. PEPPING, O. MESSIAEN, K. PENDERECKI), insgesamt verliert der traditionelle Gegensatz zwischen P. und Homophonie in der Neuen Musik nach 1950 allerdings an Bedeutung zugunsten einer Durchdringung beider Setzweisen.

Polyrhythmik [von griechisch polýs »viel« und rhythmós »Takt«]: das gleichzeitige Auftreten verschiedener gegeneinander gestellter Rhythmen innerhalb eines mehrstimmigen Satzes. Man unterscheidet Komplementärrhythmen, bei denen sich mehrere rhythmische Abfolgen zu einem Gesamtrhythmus ergänzen (z.B. verteilt auf die Instrumente einer Rhythmusgruppe), und Konfliktrhythmen, z.B. Triolen gegen Viertel, Quartolen gegen Triolen. P. findet sich seit der Spätromantik (z.B. bei J. BRAHMS, G. MAHLER, C. DEBUSSY oder M. RAVEL) und als ein wichtiges Stilmittel in der Neuen Musik, ferner vielfältig ausgeprägt im Jazz und in der außereuropäischen Musik.

Polytonalität [von griechisch polýs »viel« und tónos »Ton«]: die gleichzeitige Verwendung mehrerer, meist zweier (↑Bitonalität) Tonarten. In einem polytonalen Stück gibt es folglich keine Grundtonart mehr. P. ist ein häufig gebrauchtes Kompositionsprinzip in der Musik des 20. Jh. (u.a. bei R. STRAUSS, C. DEBUSSY, M. RAVEL, D. MILHAUD).

Pommer (Bomhart, Pumhart, Bombarde): eine um 1400 aus der ↑Schalmei hervorgegangene Familie von Holzblasinstrumenten mit doppeltem Rohrblatt und konischer Bohrung, 6-7 Grifflöchern und 1-4 Klappen, die von einer Schutzkapsel (Fontanelle) umgeben sind, in den Lagen Klein Alt ($g-d^2$), Nicolo (Groß Alt, $c-g^1$), Tenor ($G-g^1$), Bass ($C-h$) und Groß Bass ($_1F-e$); der Diskant (d^1-a^2) und der Klein Diskant

(a^1–e^3) behielten den Namen Schalmei bei. Die P. war bis ins 17. Jh. wegen ihres starken und scharfen Tons ein bevorzugtes Freiluftinstrument der Hofmusiker und Stadtpfeifer, danach wurde sie von Oboe und Fagott abgelöst.

pomposo [italienisch]: feierlich, prächtig.

Ponticello [pɔntiˈtʃɛlo; italienisch »Brückchen«]: der Steg bei Streichinstrumenten; mit der Vortragsbezeichnung **sul p.** wird das Streichen nahe am Steg verlangt, das einen harten Ton ergibt.

Pontifikale [zu lateinisch pontificalis »oberpriesterlich«]: ein liturgisches Buch, das die Ordnungen und Texte der bischöflichen Amtshandlungen enthält. An Gesängen enthält das P. v. a. Antiphonen und Responsorien.

Porrectus [lateinisch]: ↑Neumen.

Portamento [italienisch, zu ergänzen: di voce »das Tragen des Tons, der Stimme«] (portar la voce): im musikalischen Vortrag beim Gesang, Streich- und Blasinstrumentenspiel (v. a. Posaune) das ausdrucksvolle Hinüberschleifen von einem Ton zum anderen. P. wird verwendet im neueren Melodrama (A. SCHÖNBERG, A. BERG), im Jazz (↑Tailgate), in der europäischen Volks- und Unterhaltungsmusik und in außereuropäischer Musik (z. B. im Sologesang des Vorderen Orients).

Portativ [von lateinisch portare »tragen«]: eine kleine tragbare Orgel ohne Pedal. Die Klaviatur wird mit der rechten Hand gespielt, während die linke den Balg auf der Rückseite bedient. Das P. enthält 6 bis 28 Labialpfeifen gleicher Mensur, die meist in zwei Reihen der Größe nach angeordnet sind. Bilddarstellungen vom 12. bis 15. Jh. belegen die weite Verbreitung des P. als Ensembleinstrument.

portato [italienisch]: getragen, breit, aber nicht gebunden (zwischen legato und staccato); notiert ♩♩♩ oder ♩♩♩.

Posaune [von lateinisch ↑Bucina] (englisch Trombone): ein Blechblasinstrument mit Kesselmundstück, bestehend aus zwei ineinander verschiebbaren Teilen: 1) dem U-förmig gebogenen Hauptrohr, das auf der einen Seite in die Stürze mündet, auf der anderen Seite seine Fortsetzung in einem Innenzug genannten geraden Rohr findet, einem zweiten Innenzug, der zu dem ersten parallel verläuft, das Mundstück trägt und durch eine Querstange (Brücke) am Hauptrohr

Posaune

befestigt ist; 2) dem gleichfalls U-förmigen (Außen-)Zug, der über die offenen Rohrenden der beiden Innenzüge (Leitspindel) gesteckt wird und an der Krümmung mit einer Wasserklappe versehen ist. Der stufenlos bewegliche Außenzug ermöglicht dem Spieler eine kontinuierliche Verlängerung bzw. Verkürzung der Rohrlänge (Luftsäule) der P. und damit eine gleitende Veränderung der Tonhöhe (glissando, Portamento). Das Hinausschieben des Zuges ergibt eine Vertiefung um sechs Halbtöne (sechs »Positionen« des Zuges). Zur Vermeidung von Geräuschen trifft der Zug bei völligem Zurückziehen auf Federn.

Die seit dem 19. Jh. praktisch zum Alleinvertreter gewordene **Tenor-P.** ergibt bei eingeschobenem Zug B (2. Naturton) als Tiefton, der bis E abgesenkt werden kann (Umfang E–d^2; hinzu kommen schwerer ansprechende Pedaltöne $_1$E–$_1$B). Die Basspartie wird heute zumeist auf einer Tenor-P. mit Quartventil, erweiterter Mensur und größerem Schalltrichter ausgeführt (**Tenorbass-P.**; $_1$H–f^1). Relativ selten kommen **Alt-P.** (A–es^2) und **Kontrabass-P.** ($_1$E–d^1) vor. Weniger gebräuchlich ist auch die um 1835 entwickelte **Ventil-P.** mit drei oder vier Spielventilen anstelle des Zuges in B und in F.

Die Zug-P. ist das einzige Blasinstrument, das seit seiner Erfindung kaum technischen Veränderungen unterworfen war. Sie entstand vermutlich um 1450 in Burgund aus der ↑Zugtrompete als Konsequenz einer Ausdehnung des Tonbereichs in die Tiefe. Im 16. Jh. baute man die P. in fünf Stimmlagen, vom Diskant bis zum Kontrabass. Da sich die Diskant-P. klanglich nicht bewährte, trat an ihre Stelle schon bald der ↑Zink bzw. die ↑Trompete. Seit dem Ende des 18. Jh. ist im Orchester das P.-Trio (bestehend aus Alt-, Tenor- und Bass-P., wobei die Alt-P. durch eine weitere Tenor-P. ersetzt werden kann) die Norm. Im Jazz war die P. zunächst ein Bassinstrument, danach wies man ihr Gegenmelodien zu Klarinette und Trompete zu. Erst im Modern Jazz wurde sie als Soloinstrument (A. MANGELSDORFF) entdeckt. In der Bigband ist eine P.-Gruppe vertreten. – In der Orgel ist die P. ein Zungenregister (Lingualpfeife) im Pedal, meist in 16-, seltener in 32- oder 8-Fußtonlage.

Posaunenchor: ein Blechbläserensemble, das auf die spätmittelalterliche Turmmusik zurückgeht und v. a. in der pietistischen Erweckungsbewegung des 19. Jh. wieder belebt wurde. Die heute zu Tausenden bestehenden P. zur Pflege des Chorals sind in der Landeskirche organisiert (»Evangelisches Posaunenwerk«). Neben Posaunen gehören ihnen auch Trompeten und Flügelhörner an.

Positiv [von lateinisch ponere »stellen«]: eine kleine, transportable Orgel mit nur einem Manual und ohne Pedal. Das P. hat nur wenige Register (i. d. R. Labialpfeifen), die aus Platzgründen v. a. in der Acht- und Vierfußlage oft gedackt sind. Das vom 15. bis zur Mitte des 18. Jh. häufig gebaute P. diente zur Ausführung des Generalbasses sowie als kammermusikalisches Soloinstrument. P. begegnen auch als kleinere Teilwerke in größeren Orgeln, z. B. als Rück-P. oder Brustpositiv.

Posthorn: ein kleines, meist kreisrund gewundenes ventilloses Horn mit weiter Stürze; seit dem 17. Jh. Signalinstrument der Postillione. Durch Anpassung an die äußere Form der Trompete und Hinzufügen von Ventilen entstand um 1830 hieraus das ↑Kornett.

Postludium [lateinisch »Nachspiel«]: in der evangelischen Kirchenmusik Bezeichnung für das Orgelstück zum Beschluss des Gottesdienstes; auch abschließendes Stück einer mehrsätzigen Komposition (z. B. eines Liederzyklus).

Potpourri ['pɔtpuri; französisch, eigentlich »Eintopf (aus allerlei Zutaten)«]: ein aus einer bunten Folge von ursprünglich nicht zusammengehörigen Melodien oder Melodiefragmenten zusammengesetztes Stück, z. T. mit modulatorischen Überleitungspassagen. Das P. entstand im 18. Jh. in Frankreich. Besonders beliebt waren seit dem frühen 19. Jh. u. a. als Tanzmusik arrangierte Opern-, Operetten-, Walzer- und Marsch-P., v. a. für Blasorchester.

poussé [puˈseː; französisch]: Spielanweisung bei Streichinstrumenten für den ↑Aufstrich.

pp: Abk. für pianissimo, ↑piano.

ppp: Abk. für pianissimo piano, ↑piano.

Praeambulum [prɛ-; zu lateinisch praeambulus »vorangehend«] (Präambel): v. a. im 15./16. Jh. in der Klavier- und Lautenmusik verwendete Bezeichnung für ↑Präludium.

Präfation [lateinisch »Vorrede«]: ursprünglich das eucharistische Hochgebet; heute in den Kirchen abendländischer Tradition deren erster veränderbarer Teil. Die P. wird durch den Dialog zwischen Priester und Gemeinde eingeleitet und mündet in den Lobruf der Gemeinde (Sanctus) ein. Die P. ist Lobpreisung Gottes für dessen Heilstaten.

Pralltriller (Schneller): ein aus dem

einmaligen schnellen Wechsel zwischen Hauptnote und (großer oder kleiner) Obersekunde bestehender kurzer Triller, angezeigt durch ∾ (auch ∾∾ für den doppelten P.). Oft wird er verwechselt mit dem ↑Mordent, als dessen Umkehrung der P. aufgefasst werden kann.

Pralltriller und Ausführung (rechts)

Präludium [lateinisch »Vorspiel«] (Praeludium, französisch Prélude, italienisch Preludio): ein instrumentales Einleitungsstück, das dazu dient, auf andere Instrumentalstücke (Fuge) oder auf Vokalkompositionen (Lied, Choral, Oper) vorzubereiten bzw. diese einzuleiten (Suite). Im Gottesdienst begegnet das Orgel-P. als Eröffnungsstück und Choralvorspiel.
Das P. entstand im 15. Jh. im Zusammenhang mit dem improvisatorischen Ausprobieren eines Instruments und der Ton- bzw. Tonartangabe des folgenden Stücks, namentlich für Laute und Tasteninstrumente. Ein fester Formtyp ist dabei nicht festzustellen, jedoch ist die spätere Anlage i. d. R. aus Akkorden bzw. Akkordzerlegungen, Laufwerk und imitatorischen Teilen zusammengesetzt, weshalb die Grenzen zur Fantasie und Toccata sowie zum frühen Ricercar fließend sind. J. S. BACH verband in seinen Orgelwerken und v. a. in seinem »Wohltemperierten Klavier« (1722–44) konsequent das freie P. mit der streng gebauten Fuge. Im Rückgriff auf BACH erhielt das P. im 19. Jh., nun als selbstständiges, oft virtuoses Instrumentalstück, neue Bedeutung (F. CHOPIN, F. LISZT, C. DEBUSSY, A. N. SKRJABIN).

präpariertes Klavier (englisch Prepared Piano): ein Klavier (meist ein Flügel), dessen Klang verfremdet wird, indem an bestimmten Saiten (oder auch an den Hammerköpfen) Materialien wie Nägel, Papier- oder Holzstücke, Radiergummis u. a. angebracht sind. Stücke für p. K. komponierte zuerst J. CAGE (seit 1938).

precipitando [-tʃi-; italienisch]: beschleunigend, überstürzend; fordert eine plötzliche, starke Beschleunigung des Tempos.

Presetsynthesizer [priːˈsetsɪnθɪsaɪzə; zu englisch preset »präpariert«]: Bezeichnung für Synthesizer, die vom Hersteller bereits auf bestimmte Instrumente oder Sounds vorprogrammiert sind (String-, Brass- oder Drumsynthesizer).

Presley [ˈpreslɪ], Elvis Aaron, amerikanischer Rocksänger und Gitarrist, *East Tupelo (Mississippi) 8. 1. 1935, † Memphis (Tennessee) 16. 8. 1977: P. arbeitete zunächst als Lastwagenfahrer und startete noch ganz im Stil eines Country-and-Western-Sängers seine steile Karriere zum »King of Rock 'n' Roll« 1954 über

Elvis Presley 1960 bei einer Pressekonferenz in Deutschland

den Rundfunk (»That's allright mamma«, »Blue moon of Kentucky«). Seine größten Erfolge als Sänger hatte er dann v. a. 1956–62 (»Don't be cruel«, »Love me tender«, »It's now or never«) sowie nach einem eindrucksvollen Comeback ab 1970 (»In the ghetto«), während die

1960er-Jahre vorwiegend im Zeichen der über 30 Filme (u. a. »Flaming star«) standen, in denen er mitwirkte. 1958 brachte ihn der Militärdienst für 17 Monate auch nach Deutschland. Nach seiner Scheidung 1973 zog sich der immer mehr vereinsamende und von gesundheitlichen Problemen (u. a. Esssucht) gezeichnete Rockstar auf seine Fantasiefestung »Graceland« zurück, wo er nach seinem Tod unter der Anteilnahme von rd. 80 000 Menschen beerdigt wurde. P. gilt als der bis heute erfolgreichste Popstar (140 goldene Schallplatten). Sein »Heartbreak hotel« (1956) halten viele Kenner für die erste Rockplatte überhaupt. Als Idol einer ganzen Teenagergeneration verfügte er mit seiner weichen, vibratoreichen Stimme, der unverkennbaren Schmalztolle und einer betont sinnlich-lasziven Auftrittsmanier über eine bis dahin unerreichte Massensuggestion. Nach seinem Tod setzte eine auch kommerziell äußerst ergiebige Verehrungswelle ein, die mitunter der eines »Heiligen« gleichkommt und bis heute anhält.

Pressus [lateinisch]: ↑Neumen.

presto [italienisch »schnell«]: als Tempobezeichnung ein sehr schnelles Zeitmaß; bis ins 18. Jh. ohne Unterschied zum allegro, danach schneller; **prestissimo**, äußerst schnell; begegnet auch in Zusammensetzungen: **p. ma non tanto** oder **p. ma non troppo**, nicht zu schnell; **p. assai** und **molto p.**, sehr schnell. – Als charakteristische Satzbezeichnung findet sich **Presto** seit Ende des 18. Jh. v. a. bei Schlusssätzen von Sinfonien.

Primadonna [italienisch »erste Dame«]: seit dem 17. Jh. Bezeichnung für die Sängerin der weiblichen Hauptrolle in der Oper.

Prima Pratica [italienisch »erste (Kompositions-)Art«]: ↑Seconda Pratica.

Primarius [lateinisch]: ↑Primgeige.

prima vista [italienisch]: ↑a prima vista.

prima volta [italienisch »das erste Mal«], Abk. I^{ma} oder ⌜1.   ⌝: Spielanweisung am Schluss eines Kompositionsteiles, diesen zu wiederholen und dann die Stelle zu spielen, die mit **seconda volta** (Abk. II^{da} oder ⌜2.   ⌝) gekennzeichnet ist.

Prime [von lateinisch primus »der Erste«]: die erste Stufe, der Ausgangs- und Grundton einer Tonleiter oder eines Akkords. Bei der P. als Intervall unterscheidet man **reine P.** (Einklang, z. B. c–c), **übermäßige P.** (c–cis, c–ces) und **doppelt übermäßige P.** (c–cisis, c–ceses, cis–ces).

Primgeige: im Streichquartett u. a. Kammermusikwerken die erste (führende) Geige. Der Musiker, der die P. spielt, wird **Primgeiger** oder **Primarius** genannt.

primo [italienisch »Erster«]: bezeichnet bei mehreren gleichen Instrumenten das erste, führende Instrument, z. B. Violino p., beim vierhändigen Klavierspiel den Spieler des Diskantparts (der Spieler der Basshälfte wird **secondo** genannt). Als Spielanweisung innerhalb eines Satzes bedeutet **tempo p.** (Abk. I^{mo}) zum ersten Tempo (Anfangstempo) zurückzukehren.

Prinzipal [von lateinisch principalis »der Erste«]:
◆ *Instrumentenkunde:* das Hauptregister der Orgel, bestehend aus offenen Labialpfeifen mittelweiter Mensur mit zylindrischem Rohrverlauf und kräftiger Intonation. Das P. kommt in allen Fußlagen vom 32- bis 1-Fuß vor. Sein Name bezog sich ursprünglich auf die Platzierung der Pfeifenreihe an vorderster Stelle (im ↑Prospekt) und erhielt später die Bedeutung von führenden Registern. Zusammengefasst bilden alle Pfeifenreihen des P. das Plenum der Orgel, d. h. das volle Werk von strahlendem Glanz. Zusätzliche Bezeichnungen verweisen auf spezielle Mensuren (z. B. Weit-, Eng-, Flöten-, Geigen-P.) oder Materialien (Holz-, Kupfer-P.).
◆ *Aufführungspraxis:* in der Trompeterkunst des 17.–18. Jh. ein tief liegender Trompetenpart (Gegensatz: Clarino).

Programmmusik: Instrumentalmusik,

der ein außermusikalischer Inhalt, z.B. ein Gedicht, eine Begebenheit, ein Bild oder Idealgestalten aus Dichtung, Sage oder Geschichte, zugrunde liegt. Durch das beigefügte oder als bekannt vorausgesetzte, z.T. auch nur verschlüsselt angegebene Programm soll die Fantasie des Hörers in eine bestimmte Richtung gelenkt werden.

Die Neigung, äußere Geschehnisse (z.B. Vogelgesang, Kriegslärm) tonmalerisch abzubilden oder nachzuahmen und dies auch durch besondere Titel zu kennzeichnen, ist alt, wirkte jedoch zunächst nur relativ wenig auf die Struktur der Musik ein. C. JANEQUIN, die englischen Virginalisten, F. COUPERIN, J.-P. RAMEAU, J. KUHNAU (»Biblische Historien«, 1700), A. VIVALDI (»Le quattro stagioni«, 1725), J. S. BACH (»Capriccio sopra la lontananza del suo fratello dilettissimo«, 1704) u.a. schrieben derartige Stücke. Zu den Vorläufern der eigentlichen P. gehören auch die **Programmsinfonien** J. HAYDNS und L. VAN BEETHOVENS (Sinfonie Nr. 6 »Pastorale«, 1807/08) und dramatische und konzertante ↑Ouvertüren (BEETHOVEN, F. MENDELSSOHN BARTHOLDY).

Im engeren Sinne wird unter P. ein Bereich der sinfonischen Musik des 19. und frühen 20. Jh. verstanden, in der ein Inhalt in Musik umgesetzt wird und deren formale Gestaltung bestimmt. In ihr drückt sich das Streben der Romantik nach Poetisierung der Musik in besonderem Maße aus. Sie begegnet erstmals bei H. BERLIOZ (»Symphonie fantastique«, 1830) und dann unter dem Namen ↑sinfonische Dichtung bei F. LISZT, F. SMETANA, R. STRAUSS u.a. Insbesondere LISZT propagierte die Verbindung großer musikalischer Gestaltungen mit den zentralen Ideen außerländischer Literatur und Philosophie als das Zeitgemäße und Neue (↑neudeutsche Schule). Von konservativer eingestellten Komponisten wurde die P. als formlos und minderwertig betrachtet, weil es ihr an einer eigenen, vom Inhalt unabhängigen, rein musikalischen Logik mangelt (↑absolute Musik). Im späten 19. Jh. entstand auch außerhalb der Sinfonik P. (M. MUSSORGSKIJ, »Bilder einer Ausstellung«, 1874). Im 20. Jh. verlor die P. zugunsten innermusikalischer Ordnungsprinzipien an Bedeutung und Ansehen. Erst in einigen Stilrichtungen nach 1950 (↑konkrete Musik) gewann Außermusikalisches erneut stärkeren Raum, ohne jedoch einen engeren Bezug zur traditionellen P. erkennen zu lassen.

Prolatio [lateinisch »Vortrag«]: in der Mensuralnotation Bezeichnung für die Unterteilung der Semibrevis in drei (**P. maior,** Zeichen ⊙ oder ℂ) bzw. zwei Minimae (**P. minor,** Zeichen ○ oder C).

Prolog [von griechisch prólogos »Vorrede«]: in der Oper v.a. des 17. und 18. Jh. eine nach der Ouvertüre aufgeführte, in sich abgeschlossene Szene, meist ohne direkten dramaturgischen Zusammenhang mit dem nachfolgenden Stück (z.B. C. MONTEVERDI, »L'Orfeo«, 1607; J.-B. LULLY, »Alceste«, 1674).

Prolongement [prɔlɔ̃ʒ'mã:; französisch »Verlängerung«]: beim Harmonium ein zusätzlich angebrachter Registerzug (Kniehebel), mit dem herabgedrückte Tasten verankert werden, um die Töne beliebig lange weiterklingen zu lassen; diesem Zweck dient bei größeren Flügeln ein drittes (i.d.R. mittleres) Tonhaltungspedal.

pronunziato [italienisch]: deutlich markiert, hervorgehoben.

Proportion [von lateinisch proportio »Verhältnis«]: seit der Antike gebrauchte Bezeichnung für das den Intervallen zugrunde liegende Zahlenverhältnis, das an Saitenlängen oder Schwingungszahlen messbar ist, z.B. 2:1 für die Oktave, 3:2 für die Quinte, 4:3 für die Quarte. In der ↑Mensuralnotation bezeichnet P. die rhythmische Wertminderung oder -vergrößerung einer Note gegenüber ihrem Normalwert.

Proportz [lateinisch]: ein meist im Dreiertakt stehender ↑Nachtanz der geradtaktigen Schreittänze des 15.–17. Jahrhunderts.

Proprium Missae [lateinisch »das Eigene der Messe«]: die wechselnden Gesänge einer Messfeier im Unterschied zu den gleich bleibenden Stücken des ↑Ordinariums. Zum P. M. gehören: Introitus, Graduale (Antwortpsalm) bzw. Sequenz, Alleluja, Offertorium und Kommuniongesang. Für die verschiedenen Messfeiern des Kirchenjahres wird unterschieden zwischen dem **Proprium de Tempore** (Eigentexte der Sonn- und Werktage) und dem **Proprium de Sanctis** (Eigentexte bei Heiligenmessen).

Prosodie [von griechisch prosōdía »Zugesang«, »Nebengesang«]: in der Antike die Lehre von den Elementen des Sprechvortrags, sowohl in melodischer (Tonhöhenbewegungen mit Hervorhebung der Akzente) als auch in rhythmischer Hinsicht (Unterscheidung der Silbendauer). Spätestens seit dem 2. Jh. war die P. der Grammatik zugeordnet. Heute ist sie, als Hilfsdisziplin der Metrik, die Lehre von den Elementen einer Sprache, die die Versstruktur bestimmen (Quantität, Akzent, Tonhöhe und Wortgrenze).

Prospekt [lateinisch »Hinblick«, »Ausblick«]: die oft künstlerisch gestaltete Schauseite der Orgel mit Pfeifen, die meist zum ↑Prinzipal gehören und i. d. R. verziert sind. Bisweilen enthält der P. auch nicht klingende, rein dekorative Pfeifen.

Protestsong: eine Form des gesellschaftskritisch engagierten Liedes. Als P. können auch Kleinformen des politischen Liedes, Kampflieder der Arbeiterbewegung und Lieder der Frauenbewegung gelten. Mitte der 1960er-Jahre in den USA innerhalb der Folkmusic entstanden, knüpfte er an Liedtraditionen der Schwarzen (Blues, Gospel) sowie das amerikanische Arbeiterlied (u. a. W. GUTHRIE) an und hatte großen Einfluss auf die Sensibilisierung der amerikanischen Jugend für die Probleme der Bürgerrechtsbewegung der Schwarzen sowie den Protest gegen den Vietnamkrieg. Hauptvertreter waren u. a. B. DYLAN und J. BAEZ. Einen erheblichen Einfluss hatte der amerikanische P. auch auf die deutschsprachige Liedermacherszene.

Psalmen [von griechisch psalmós »zum Saitenspiel vorgetragenes Lied«], Abk. Ps.: die im biblisch-alttestamentarischen **Buch der P. (Psalter)** und in weiteren Büchern des Alten Testaments gesammelten religiösen Dichtungen Israels.

Die Form der P. ist einerseits durch das Metrum und andererseits durch den **Parallelismus Membrorum** (Gleichlauf der Versglieder) gekennzeichnet; dieser besteht in der gedanklichen und sprachlichen Zusammengehörigkeit zweier Halbverse (z. B. Ps. 57: »Denn deine Güte ist, so weit der Himmel ist, – und deine Wahrheit, so weit die Wolken ziehen«). In der katholischen Liturgie sind die P. ein Hauptbestandteil der Gesangstexte. Von liturgisch-musikalischen Formen abgesehen, in denen die den P. entnommenen Texte mit mehr oder weniger reich verzierten Melodien versehen sind, erfolgt der Vortrag der P. allgemein im gehobenen Sprechgesang der von Psalmtönen geregelten ↑Psalmodie.

In der mehrstimmigen Musik finden sich eigenständige P.-Vertonungen erst seit dem 15. Jh., zunächst im schlichten homophonen Satz Note gegen Note (Italien) oder im Fauxbourdon-Satz (Frankreich; noch bis ins 18. Jh.). Vers und Gegenvers der P. wurden für einen alternierenden Vortrag zweier Chorhälften oder einen Wechsel von Solo (Choral) und Chor genutzt. Um 1500 wurden ganze P.-Texte **(P.-Motetten)** polyphon durchkomponiert, v. a. die mehr als 20 P.-Vertonungen von JOSQUIN DESPREZ blieben für die Komponisten des deutschen Sprachgebiets bis zum 17. Jh. vorbildlich. Eine Klangsteigerung durch größere Stimmenzahl brachte in Italien die Mehrchörigkeit, zuerst mit den **Salmi spezzati** (1550) von A. WILLAERT. Im ausgehenden 16. Jh. (z. B. bei G. GABRIELI) führte die Verwendung von Instrumenten zu P.-Vertonungen im konzertierenden Stil (**Salmi concertati**), vorbildlich vertreten u. a. bei C. MONTEVERDI; diese Art wurde von den deutschen Komponisten sowohl des katholischen als auch des protestantischen Bereichs übernommen. Eine eigene Entwicklung nahm die P.-Komposition des 17./18. Jh. in der französischen Musik. Hier wurden die P. Vers für Vers für Soli oder Chor mit Orchesterbegleitung gesetzt. In England führte die Entwicklung zum ↑Anthem. P.-Vertonungen des 19. und 20. Jh. schließen sich stilistisch den jeweiligen Tendenzen der Kirchenmusik an.

Psalmodie [griechisch]: Bezeichnung für den Psalmenvortrag im gehobenen Sprechgesang der Psalmtöne – von hier aus übertragen auf den rezitativischen Gesang allgemein – wie auch für die aus ihm hervorgegangenen Formen des gregorianischen Gesangs (v. a. Antiphon und Responsorium). Als Grundlage der P. in der christlichen Kirche wird die Praxis des jüdischen Psalmengesangs angesehen. Während die **antiphonale P.** durch den Wechselgesang von zwei (jeweils einstimmig singenden) Chören charakterisiert ist, stehen sich in der **responsorialen P.** der den Psalmtext vortragende Kantor und das mit einem Kehrvers antwortende Volk bzw. in seiner Vertretung die Schola gegenüber. Als »Psalmus (auch Cantus) in directum (oder directaneus)« wird die P. ohne antiphonale oder responsoriale Einschübe bezeichnet (ihm zuzurechnen ist der ↑Tractus). Die P. des ↑Invitatoriums weist heute als Einzige noch den originären ständigen Wechsel im Vortrag von Antiphon und Psalmvers auf.

Psalmtöne: Bezeichnung für die dem System der Kirchentonarten untergeordneten Melodiemodelle, die im Vortrag den jeweiligen Psalmtexten angepasst werden. Für die P. ist ein Gerüst melodischer Formeln charakteristisch, das aus einem gehobenen Leseton entstand und der zweiteiligen Anlage der Psalmverse

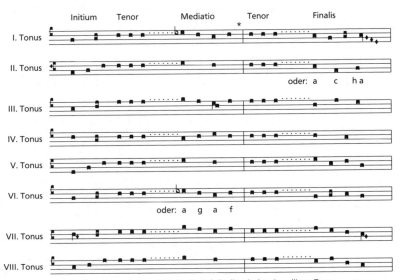

Psalmtöne: Melodieformeln von Initium, Mediatio und Finalis mit dem jeweiligen Tenor (Rezitationston)

folgt. Der Aufbau gliedert sich in: Initium (Eröffnung), Tenor (Rezitationston), Mediatio (Mittelkadenz), wiederum Tenor und schließlich Finalis (Schlusskadenz). Letztere erfuhr in den ↑Differenzen eine besondere Ausgestaltung, um vom Rezitationston zum jeweiligen Anfangston der anschließend gesungenen Antiphon überzuleiten. Unter den P. nimmt der ↑Tonus peregrinus eine Sonderstellung ein.

Psalter [von griechisch psállein »Saiten zupfen«] (Psalterium): das Buch der Psalmen im Alten Testament. Im Mittelalter wurde das liturgische Textbuch mit den Psalmen und entsprechenden Antiphonen zum Vortrag im Stundengebet (Offizium) ebenfalls P. genannt.

Psalterium [griechisch]: ein seit dem 9. Jh. in Europa belegtes Saiteninstrument orientalischen Ursprungs vom Typ der Zither, dessen Saiten mit den Fingern oder einem Plektron angezupft werden. Im Mittelalter und später war es vielfach mit dem Hackbrett identisch, dessen Saiten allerdings mit Klöppeln geschlagen wurden. Das P. bestand ursprünglich aus einem einfachen drei- oder viereckigen Rahmen mit eingespannten Saiten, spätestens seit dem 13. Jh. aus einem flachen, griffbrettlosen Kasten mit wenigen Schalllöchern, über den bis zu 30, z.T. mehrchörige Darm-, später auch Metallsaiten gespannt wurden. Neben der in Südeuropa vorherrschenden Trapezform gab es in Nordeuropa das sog. **Schweinskopf-P.** mit eingezogenen Flanken; durch dessen Halbierung entstand das P. in Flügelform, aus dem sich vermutlich das Cembalo entwickelt hat.

Psychedelic Rock [saɪkɪ'delɪk rɔk; englisch »das Bewusstsein erweiternde Musik«] (Acidrock): eine um 1966 im Zusammenhang mit der Hippiebewegung in San Francisco (Kalifornien) entstandene Spielart der Rockmusik, die häufig unter Drogeneinfluss gespielt wurde und sich in den Texten mehr oder weniger offen für den Konsum von bewusstseinserweiternden Drogen (v.a. LSD) einsetzte. Der P. R. versuchte, durch vom Blues inspirierte Harmonik, Elektronik- und Lightshow-Effekte, Lautstärke und formal ungebundenen Kollektivimprovisationen durch Drogen hervorgerufene Halluzinationen musikalisch nachzuzeichnen oder diese zusätzlich zu stimulieren. Bekannte Vertreter des P. R. waren u.a. die Gruppen Jefferson Airplane, Grateful Dead und Iron Butterfly, in England zeitweise Pink Floyd sowie die Beatles (»Sergeant Pepper's lonely hearts club band«, 1967).

Punctus [lateinisch »Strich«, »Punkt«] (Punctum): in den ↑Neumen das Notenzeichen für den Einzelton (neben der Virga), später als Bezeichnung für Note schlechthin (**punctus contra punctum**, ↑Kontrapunkt). In der Mensuralnotation wird das Zeichen · als **punctus augmentationis** (Verlängerungspunkt, ↑Punkt), als **punctus divisionis** (Trennungspunkt zur Wertdeutung der Notenzeichen) und zur Angabe der ↑Prolatio maior verwendet.

Punkrock ['pʌŋkrɔk; zu englisch punk »Schund«]: ursprünglich abwertende Bezeichnung für grob aggressive und dilettantisch wirkende Rockmusik. Seit dem Auftreten der englischen Gruppe Sex Pistols (Album »Anarchy in the UK«, 1977) steht der P. für den Beginn einer weit über die Musik hinausgehenden Punkwelle. Charakteristisch für den P. sind durch verzerrende Rückkopplungs- und Übersteuerungseffekte der E-Gitarre hervorgerufene übermäßige Lautstärkepegel, rasende Tempi und abstoßende, zynisch-resignative Texte. Zum Image des P. gehört eine bewusst hässliche, z.T. Selbstverstümmelung einschließende Aufmachung von Musikern und Fans. Mit seiner ablehnenden Haltung gegenüber den gesteigerten Kommerzialisierungstendenzen und dem Starkult innerhalb der Rockmusik der 1970er-Jahre hatte der P. großen Einfluss auf die Entwicklung des ↑New Wave.

Punkt [von lateinisch ↑Punctus]: ein Zeichen der Notenschrift, das rechts neben einer Note (oder Pause) die Verlängerung um die Hälfte ihres Wertes anzeigt **(punktierte Note,)** zwei Punkte verlängern die Note um drei Viertel; über oder unter die Noten gesetzt, bedeutet der P. einen gestoßenen Vortrag (↑staccato), in Verbindung mit einem Bogen ↑portato. In der Barockzeit konnte die Ausführung der punktierten Note – v. a. in schnellen Sätzen – der Triole angeglichen oder durch Überpunktierung verschärft werden **(punktierter Rhythmus).**

punktieren: einen extrem hohen oder tiefen Ton einer Gesangspartie bei einer Darbietung auf eine andere (in der Harmonik angepasste) Tonhöhe versetzen.

punktuelle Musik: 1952 von H. EIMERT geprägter Begriff für eine Kompositionsart der ↑seriellen Musik, bei der jeder Ton zum isolierten »Schnittpunkt« von Elementarreihen wird, die jeweils die Dauer, Höhe, Stärke, Farbe u. a. Elemente des Tones ausmachen.

Purcell ['pə:sl], Henry, englischer Komponist, *1659, †Westminster (heute zu London) 21. 11. 1695: P. ist nicht nur der bedeutendste Vertreter der englischen Barockmusik. In einem an großen Komponistenpersönlichkeiten nicht gerade reich gesegneten Land – der »englische« Nationalkomponist G. F. HÄNDEL war ja gebürtiger Deutscher – kann er als der bekannteste Komponist der englischen Musikgeschichte insgesamt gelten, obwohl sich von seinem umfangreichen Werk neben der Oper »Dido and Aeneas«« (1689) heute kaum mehr als einige zu Suiten zusammengefasste Sinfonien, Ouvertüren und Tänze aus verschiedenen Bühnenwerken (z. T. nach W. SHAKESPEARE) und Festmusiken im Konzertrepertoire erhalten haben.

P., der London vermutlich nie verlassen hat, war ab 1679 Organist an der Westminster Abbey, ab 1682 in gleicher Position an der Königlichen Kapelle und wurde 1683 auch Königlicher Instrumentenverwalter. Er entwickelte eine in Rhythmik, Melodik und Harmonie an der italienischen Musik geschulte eigenständige Tonsprache, die auf strenger kontrapunktischer Grundlage oft eine überraschend prunkvolle Klanglichkeit ausbildet und v. a. in den Vokalkompositionen (zehn Kantaten, 54 Catches, 70 Anthems bzw. Services, zahlreiche Oden u. a. auf den Geburtstag der Königin) über zwei Jahrhunderte lang die traditionell in England immer schon hoch stehende Chorpflege als Ideal prägen sollte.

Henry Purcell

Pyramidenflügel (Pyramidenklavier): ein aufrecht stehendes, hohes Hammerklavier, dessen Saitenbezug in einem pyramidenähnlichen Gehäuse untergebracht ist. P. wurden etwa zwischen 1740 und 1840 gebaut.

pythagoreische Stimmung: nach dem griechischen Philosophen PYTHAGORAS benannte älteste, in sich begründete ↑Stimmung der abendländischen Musik.

Qanun [k-]: ↑Kanun.

Qin [tʃin; chinesisch](Ch'in, Kin): chinesisches Musikinstrument, das schon in den klassischen Schriften des Altertums (z.B. im Shu-jing) erwähnt wird, eine Wölbbrettzither ohne Bünde, mit fünf, später sieben Saiten, die als Begleitinstrument im Tempel und am Hof erklang. Zur Zeit des KONFUZIUS war das Q. bevorzugtes Soloinstrument gehobener Kreise. Spätestens in der Mingzeit (14.–17. Jh.) erfuhr das Q.-Spiel seine höchste Vollendung; es waren etwa 200 verschiedene Griff- und Anschlagsarten bekannt, die notwendig waren, um die spezifischen Klangfarben, Artikulationen, Tonschwankungen und -stärkegrade hervorzubringen. Aus dem Q. entwickelte sich das japanische ↑Koto.

Qing [tʃiŋ; chinesisch] (Ch'ing, King): ein bereits aus der Shangzeit belegtes chinesisches Lithophon, das sowohl einzeln als auch zu Klangsteinspielen zusammengestellt, mit bis zu 16 L-förmigen in einem Rahmen (zweireihig) aufgehängten Steinen, vorkommt. Das Q. gehört zum Bereich der Tempelmusik.

Quadratnotation: ↑Choralnotation.

Quadrille [ka'driljə; französisch, von spanisch cuadrilla »Gruppe von vier Reitern«]: gegen Ende des 18. Jh. in Paris entstandener französischer Gesellschaftstanz, von mindestens vier Paaren im Karree getanzt, eine Abart der ↑Contredanse. Die Q. bestand aus fünf, später sechs suitenartig gereihten »Touren«, deren Musik aus beliebten Musikstücken zusammengestellt wurde. Im 19. Jh. entstanden viele Abarten der Q., etwa die mit einem Walzer schließende Walzerquadrille.

Quadrupelfuge: eine ↑Fuge, in der vier unterschiedliche Themen zunächst nacheinander und dann miteinander durchgeführt werden, gelegentlich bis zu einer alle Themen kombinierenden Schlusssteigerung. Am berühmtesten ist die unvollendete Q. J. S. BACHs am Schluss seiner »Kunst der Fuge« (1749/50).

Quadrupelkonzert: Komposition für vier Soloinstrumente und Orchester.

Quarte [von lateinisch quartus »der Vierte«]: das Intervall, das ein Ton mit einem vier diatonische Stufen entfernt gelegenen Ton bildet (z.B. c–f). Die Saitenlängen zweier Töne im Abstand einer Q. verhalten sich wie 4:3, die Schwingungszahlen wie 3:4. Die Q. kann als reines, vermindertes (c–fes) oder übermäßiges Intervall (c–fis; ↑Tritonus) auftreten. In Antike und Mittelalter wurde sie als vollkommene ↑Konsonanz angesehen, da sie als Rahmenintervall des ↑Tetrachords einen grundlegenden Bestandteil der Tonordnung bildet. In der Harmonie- und Kontrapunktlehre fungiert die Q. als ambivalentes Intervall: Sie ist konsonant, wenn sie durch Unterquint oder -terz gestützt ist (a), dagegen dissonant (regulär mit Auflösung in die Terz) als Intervall zwischen der untersten und einer Oberstimme (b):

Quarten|akkord: ein Akkord, der statt aus Terzen aus Quarten aufgebaut ist (z.B. $d–g–c^1–f^1$). Q. unterschiedlicher Struktur (also auch aus verminderten und übermäßigen Quarten) kommen schon im 19. Jh. vor, finden aber v.a. beim Übergang zur Neuen Musik in Abkehr von traditionellen tonalen Bezügen weite Verwendung, z.B. bei A. SCHÖNBERG (1. Kammersinfonie op. 9, 1906).

Quartett (italienisch Quartetto, französisch Quatuor): Komposition für vier solistische Instrumental- oder Vokalstimmen; auch Bezeichnung für die Gruppe der Ausführenden. Wegen der harmonischen Vollstimmigkeit und der Deutlichkeit seiner Faktur war das Q. seit dem 15. Jh. eine im vokalen und instrumentalen Bereich bevorzugte Besetzung (z.T.

chorisch). Während das **Streich-Q.** und das **Bläser-Q.** in der Instrumentengattung festgelegt sind, zeigen alle anderen Bezeichnungen (z.B. Klavier-, Flöten-, Oboen-Q.) eine gemischte Besetzung an. Ein Konzert mit vier Soloinstrumenten und Orchester wird als ↑Quadrupelkonzert bezeichnet.

Quartole [zu lateinisch quartus »der Vierte«, nach Triole gebildet]: eine Folge von vier Noten, die für drei oder sechs Noten gleicher Gestalt bei gleicher Zeitdauer eintreten, angezeigt durch eine Klammer und die Ziffer 4 über oder unter den Noten.

Quartsext|akkord: ein Akkord aus drei Tönen, der außer dem tiefsten Ton dessen Quarte und Sexte enthält (Generalbassbezifferung: $^6_4$). Er wird in der Harmonielehre als die 2. Umkehrung des Dreiklangs mit der Quinte im Bass erklärt (z.B. $g-c^1-e^1$, entstanden aus c-e-g). Im 18. und 19. Jh. tritt der Q. häufig als Vorhaltsakkord auf (e löst sich nach d, c nach h auf), der zur Dominante gehört (g ist dann Grundton) und deren Kadenzwirkung am Schluss eines Abschnitts verdeutlicht und verstärkt.

Quempas (Quempassingen): Singbrauch zur Zeit der Frühmette am ersten Weihnachtstag. Der Name geht zurück auf den Anfang des lateinischen Weihnachtshymnus Quem pastores laudavere (»Den die Hirten lobten«). Darstellungen der Weihnachtsgeschichte werden mit wechselchörigen Gesängen in lateinisch-deutscher Mischpoesie begleitet. Eine verbreitete Sammlung von Weihnachtsliedern hat den Namen Q. zum Titel.

Querbalken: der dicke Strich, der bei einer Gruppe von Achtelnoten und kürzeren Notenwerten die Notenhälse miteinander verbindet.

Querflöte (Traversflöte, italienisch Flauto traverso, französisch Flûte traversière): im weiteren Sinn jede quer zur Körperachse gehaltene ↑Flöte im Unterschied zur Längsflöte; im engeren Sinn die Flöte des modernen Orchesters (Große Flöte; bis ins 18. Jh. Traversière, Traverso, Traversflöte), das beweglichste und im Hinblick auf die Tonerzeugung einfachste Holzblasinstrument. Die Röhre der modernen, meist gänzlich aus Metall gefertigten Q. ist aus drei Teilen (Kopfstück, Mittelstück, Unterstück oder Fuß) zusammengesetzt und wird am Kopfstückende von der mit einem Stimmkork verbundenen Kopfschraube abgeschlossen. Die Anblasvorrichtung besteht aus einem rechteckigen Loch, auf dem eine glatte Platte oder eine Art Wulst

Querflöte

(Mundlochplatte, Reformmundstück) befestigt ist. Am gebräuchlichsten ist die Q. in C (Umfang c^1 [h]–d^4 [f^4]; als **Große Flöte** bezeichnet). Der kleinste Vertreter ist die **Pikkoloflöte** in C, seltener Des (Umfang in C: d^2–b^4); ferner gibt es die **Altflöte** in G und die **Bassflöte** in C. Die ersten Hinweise auf die Q. kommen aus China (9. Jh. v. Chr.); seit dem 12. Jh. ist die Q. in der mitteleuropäischen Musik nachweisbar. Bis etwa 1650 hatte sie eine ungeteilte Schallröhre mit zylindrischer Bohrung (↑Querpfeife). Danach kam in Frankreich ein zerlegbarer Typus auf, bei dem das Kopfstück zylindrisch, die übrige Röhre aber verkehrt konisch gebohrt war. In Verbindung mit einem kleinen, scharf geschnittenen Anblasloch bewirkte dies einen hellen, nuancenreichen Klang. Bis ins 17. Jh. hatte die Q. gewöhnlich 6 Grifflöcher, die ersten Klappen kamen um 1650 in Frankreich auf. Ab 1760 wurden weitere Klappen hinzugefügt, die die verschiedenen Gabelgriffe überflüssig und damit den Klang ausgeglichener machten. Eine weitere Verbesserung erreichte T. BOEHM mit seiner 1847 konstruierten Q. (Boehmflöte). – Die Q. hatte ihre Blütezeit im 18. Jh.; damals entstanden viele Kammermusikwerke mit Q. und Solokonzerte. Nach 1900 gaben v. a. französische Komponisten der Flötenmusik neue Impulse, u. a. durch Einführung neuer Spieltechniken (Flatterzunge, Flageolett).

Querpfeife (Zwerchpfeife, Schweizerpfeife, Schwegel): kleine Querflöte mit zunächst vier, später sieben Grifflöchern (ohne Klappen); sie hat meist einen Tonumfang von c^2–c^4. Die häufig von einer Trommel begleitete Q. war ein beliebtes Instrument der Spielleute und wurde spätestens seit dem 15. Jh. in der militärischen Marschmusik verwendet.

Querstand: Bezeichnung für die chromatische Veränderung eines Tones in zwei verschiedenen Stimmen bei zwei aufeinander folgenden Akkorden (links) oder für das entsprechende Auftreten des Tritonus (rechts):

Der im strengen Kontrapunkt verbotene Q. wurde bereits in der Musik des Barock zur Darstellung bestimmter Affekte erlaubt und v. a. im 19. Jh. häufiger ausgenutzt, meist um einen fremdartigen oder altertümlichen Klangeffekt zu erzielen.

Quickstepp [ˈkwɪkstep; englisch]: Gesellschaftstanz (internationaler Standardtanz) im $^4/_4$-Takt; schnelle Form des ↑Foxtrott.

quieto [italienisch]: ruhig, gelassen.
Quilisma [mittellateinisch]: ↑Neumen.
Quintade: ein Gedacktregister der Orgel zu 16-, 8- und 4-Fuß mit zylindrischen Metallpfeifen von enger Mensur und niedrigem Aufschnitt; dadurch tritt im Klang die Duodezime charakteristisch hervor.

Quinte [von lateinisch quintus »der Fünfte«]: das Intervall, das ein Ton mit einem fünf diatonische Stufen entfernt gelegenen Ton bildet (z. B. c–g). Die Saitenlängen zweier Töne im Abstand einer Q. verhalten sich wie 3:2, die Schwingungszahlen wie 2:3. Die Q. kann als reines, vermindertes (c–ges) oder übermäßiges Intervall (c–gis) auftreten. Sie gilt im Abendland seit der Antike als vollkommene ↑Konsonanz, spielt jedoch auch in außereuropäischer Musik als Stütz- und Rahmenintervall melodisch freier Linien eine wichtige Rolle. In der kadenzorientierten (↑Kadenz) tonalen Musik, die sich im 15. Jh. allmählich entwickelte und bis Ende des 19. Jh. gültig blieb, hat die Q. als Quintfortschreitung des Basses (Dominante – Tonika) ebenso wie als Rahmenintervall des ↑Dreiklangs grundlegende Bedeutung. Im Quintenzirkel ist sie konstituierendes Intervall des temperierten Tonsystems.

Quintenzirkel: Bezeichnung für die i. d. R. in einem Kreis dargestellte Anordnung sämtlicher Dur- und Molltonarten des temperierten Tonsystems, deren Grundtöne jeweils eine Quinte voneinander entfernt liegen, wenn man sie fortschreitend nach zunehmenden Vorzeichen ordnet. Der Q. schließt sich dort, wo zwei Tonarten durch enharmonische Verwechslung (↑Enharmonik) als klanglich gleich erscheinen (z. B. Ges-Dur und Fis-Dur).

Quintett [zu lateinisch quintus »der Fünfte«] (italienisch Quintetto, französisch Quintette, Quintuor): Bezeichnung für eine Komposition für fünf solistische Instrumental- oder Vokalstimmen sowie für das ausführende Ensemble. Gegenüber dem Streichquartett ist das

Streich-Q. durch eine Viola, ein Violoncello, selten durch einen Kontrabass erweitert. Im **Bläser-Q.** tritt zu den Holzblasinstrumenten des Bläserquartetts das Horn. Bezeichnungen wie **Klarinetten-Q.** oder **Klavier-Q.** zeigen i.d.R. eine Besetzung von Klarinette bzw. Klavier und Streichquartett an.

quintieren: eine in der mehrstimmigen Musik des Mittelalters belegte und in der Volksmusik europäischer Randgebiete teilweise bis heute fortlebende Praxis, zu einer Grundstimme eine Gegenstimme vornehmlich in parallelen Quinten zu singen. – Bei Blasinstrumenten mit zylindrischer Bohrung (z.B. Klarinette) heißt Q. das Überblasen in den dritten Teilton, also die Quinte über der Oktave.

Quintole [zu lateinisch quintus »Fünfter«, nach Triole gebildet]: eine Folge von fünf Noten, die für drei, vier oder sechs Noten gleicher Gestalt bei gleicher Zeitdauer eintreten, angezeigt durch eine Klammer und die Ziffer 5 über oder unter den Noten.

Quintsext|akkord: ein Dur- oder Molldreiklang mit hinzugefügter Sexte (↑Sixte ajoutée), z.B. f–a–c–d oder f–as–c–d. Er hat zumeist subdominantische Funktion. – Zu unterscheiden hiervon ist der Q. als 1. Umkehrung eines ↑Septimenakkords, vorwiegend des Dominantseptakkords.

Quodlibet [lateinisch »was beliebt«]: Form der Vokalmusik, gebildet durch Aneinanderreihung bzw. Überlagerung verschiedener textierter Melodien oder Melodieteile, oft kunstvoll kontrapunk-

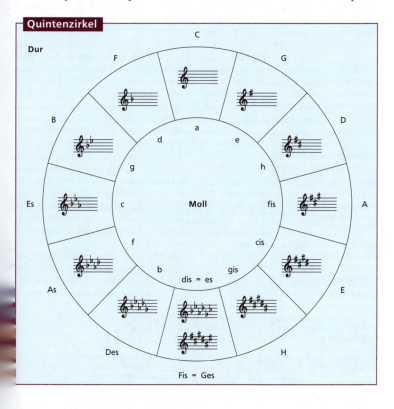

tisch ausgearbeitet; ihr überwiegend scherzhafter Charakter wird durch die Textzusammenstellungen noch hervorgehoben. V. a. im 16.–18. Jh. war das Q., auch als Stegreifpraxis, beliebt. Im 17. und 18. Jh. erscheint es auch als Instrumentalmusik; ein berühmtes Beispiel ist das Schlussstück der »Goldberg-Variationen« (1742) von J. S. Bach.

R: Abk. für ↑Récit, ↑Ripieno und ↑Responsorium (meist *R*).

Rabab [persisch-arabisch] (Rebab): Bezeichnung für verschiedene, im islamischen Raum und in vom Islam beeinflussten Musikkulturen verbreitete Saiteninstrumente: in Nordafrika und den arabischen Ländern eine gestrichene Spießlaute, seit dem 10. Jh. belegt, mit ein bis drei in Quinten oder Quarten gestimmten Saiten, rechteckigem oder halbkugelförmigem Resonanzkörper (der ↑Kamangah verwandt). Die R. gelangte mit der Ausbreitung des Islam nach Westeuropa (↑Rebec) und nach Südostasien (hier Rebab); mit herzförmigem Korpus gehört sie zu den Gamelaninstrumenten.

Racemusic [ˈreɪsmjuːzɪk; englisch »Rassenmusik«]: in den 1920er- und 30er-Jahren von der Schallplattenindustrie in den USA verwendeter Begriff zur Bezeichnung afroamerikanischer Musikformen, die vornehmlich auf die schwarze Bevölkerung als Konsumentengruppe abzielten und auf so genannten **Racerecords** oder **Racelabels** herausgebracht wurden.

Rackett: ↑Rankett.
Radleier: ↑Drehleier.

Raga [Sanskrit »was den Geist färbt«, »was das Gemüt einfärbt«]: Melodiemodell in der ↑indischen Musik; ausgebildet zwischen dem 9. und 13. Jh., ursprünglich in bestimmten Melodietypen die Bezeichnung für die Stimmungsqualität einzelner Haupttöne, die bei der Rezitation poetischer Texte im Theater festgelegte Gefühle ausdrückten. Die Erscheinungsform (shakal) eines R. wird durch die Auswahl bestimmter Töne (svara) aus Materialleitern (18 Jati in der Hindustanimusik Nordindiens, 72 Melakarta in der karnatischen Musik Südindiens) und ihre hierarchische Ordnung geprägt. Das im 13. bis 17. Jh. voll ausgebildete System unterscheidet männlichen R. und weibliche Ragini; den einzelnen R. sind Gefühlsinhalte (rasa) zugeordnet, z. B. Trauer, Freude, Zorn, Tages- und Jahreszeiten sowie Göttergestalten des Hinduismus.

Die Weitergabe der R.-Tradition erfolgt bis heute im unmittelbaren Verhältnis zwischen Lehrer und Schüler, zumeist ohne Notation oder sonstige schriftliche Fixierung und häufig über mehrere Generationen hinweg innerhalb einer Musikerfamilie. So z. B. auch bei R. Shankar, dem international berühmtesten Virtuosen auf der ↑Sitar. Während die Ausbildung zum klassischen R.-Künstler oft mehr als ein Jahrzehnt dauert, lernen westliche Musiker seit den 1960er-Jahren die Grundlagen dieser indischen Überlieferung verstärkt im Schnellverfahren, um R.-Kolorit in verschiedenen Spielarten der ↑Weltmusik zu präsentieren.

Ragtime [ˈrægtaɪm; englisch »zerrissener Takt«]: ein im letzten Drittel des 19. Jh. im Mittelwesten der USA von schwarzen Pianisten entwickelter virtuo-

Ragtime: S. Joplin, »The entertainer« (1902)

ser Klaviermusikstil, der seinen Namen der in der Oberstimme besonders stark synkopierten Phrasierungsweise verdankt. Der am Marschrhythmus angelehnte R. umfasste 16- oder 32-taktige Themen, wobei beim Spiel meist mehrere R.-Themen, durch Zwischenspiele verbunden, aneinander gereiht wurden. Eine charakteristische Spielweise des R., der als unmittelbarer Vorläufer des Jazz gilt, ist der ↑Walking Bass in der linken Hand. Bedeutende R.-Komponisten waren u. a. S. JOPLIN, J. SCOTT und T. TURPIN.

Raï [arabisch »Meinung«]: von algerischen Emigranten in den 1950er-Jahren in Paris entwickelte Form der Popmusik, die in den 1980er-Jahren als Discomusik mit amerikanischem Funk-Sound und charakteristischem arabischem Gesangskolorit international populär wurde. – In Algerien war R., dessen Liedtexte u. a. Arbeitslosigkeit, Alkohol- und Drogensucht oder Liebe thematisieren, bis Mitte der 1980er-Jahre offiziell verboten. Einer der prominentesten Vertreter der R.-Musik ist der in Paris lebende algerische Sänger H.-B. KHALED.

rallentando [italienisch »nachlassend«] (allentando), Abk. rall. oder rallent.: langsamer werdend.

Rameau [raˈmoː], Jean-Philippe, französischer Komponist, Organist und Musiktheoretiker, getauft Dijon 25. 9. 1683, † Paris 12. 9. 1764: R. kam als Organist 1722 nach Paris und übernahm hier 1733 die Stelle eines Musikmeisters in einem Privattheater, mit der seine erfolgreiche Karriere (u. a. in Zusammenarbeit mit VOLTAIRE) als Ballett- und Opernkomponist begann. 1745 ernannte ihn LUDWIG XV. zum Hofkomponisten. Im berühmten ↑Buffonistenstreit 1752 an der Pariser Oper gehörte er zu den Gegnern aller Einflüsse der italienischen Oper auf die französische Musik. Seine Bühnenwerke (»Hippolyte et Aricie«, 1733; »Les Indes galantes«, 1735; »Castor et Pollux«, 1737; »Daphnis et Eglé«, 1753) knüpfen an die Tragédie lyrique J.-B. LULLYS an, modernisieren deren Ausdrucksmittel jedoch durch differenziertere Sprachbehandlung und Darstellung der Charaktere. Dabei werden neben eigenständigen Balletteinlagen (Opéra-ballet) nun v. a. der Chor und das Orchester zu wichtigen Trägern der musikdramatischen Entwicklung. Seine »Pièces de clavecin« (1706–47) sind eine bedeutende Sammlung von Tänzen und Charakterstücken für das Cembalo.

Jean-Philippe Rameau

Bahnbrechend für die Musikgeschichte wurde sein »Traité de l'harmonie réduite à ses principes naturels« (1722), mit dem er die moderne Harmonielehre begründete. Die Bestimmung von Akkorden und ihren Umkehrungen nach Grundton, Terzaufbau usw. sowie die tonale Ordnung nach Hauptfunktionen (Tonika, Dominante, Subdominante) gehen auf ihn zurück.

Rankęt (Rackett): ein Holzblasinstrument des 16.–18. Jh. mit doppeltem Rohrblatt, bestehend aus einem büchsenartigen Holz- oder Elfenbeinzylinder, der längs mit sechs bis zehn miteinander verbundenen Kanälen sowie außen mit vielen Tonlöchern (davon elf Grifflöcher) durchbohrt ist. Das tief klingende, leise und näselnde R. wurde über eine Pirouette oder direkt angeblasen, seit Ende des 17. Jh. auch über ein mehrfach gewundenes Anblasrohr. Es wurde in vier Stimmlagen gebaut und meist mit anderen Blasinstrumenten zusammen gespielt. – In der Orgel ist R. die Bezeichnung für ein Zungenregister mit kurzen Bechern aus einem dünnen Rohr mit einem Aufsatz von weitem Durchmesser.

Ranz des Vaches [rɑ̃deˈvaʃ; französisch]: ↑Kuhreigen.

Rap [ræp; von dem amerikanischen Slangausdruck to rap »quatschen«]: eine Ende der 1970er-Jahre von New Yorker Discjockeys entwickelte Ansagetechnik, die v. a. zum Tanzen animieren soll. Dabei wird in Kombination mit schnell gesprochenen Wort- oder Satzfetzen eine auf einem Plattenteller mit zwischengelegter Filzscheibe beweglich gehaltene Schallplatte mit den Fingern rhythmisch hin und her gerückt (Scratching), sodass im Wechsel mit Musik rhythmisch prägnante, perkussive Geräusche entstehen. Der hieraus entwickelte soulartige Rock-Tanzmusikstil basiert auf einem rhythmischen Sprechgesang, begleitet von Schlagzeug, einem nervösen Funky-Bass und riffartigen Bläserphrasen. Die **R.-Music** wird u. a. zur Begleitung des amerikanischen Breakdance verwendet.

Rappresentazione sacra [italienisch »geistliche Darstellung«] (Sacra rappresentazione): das geistliche nicht liturgische Spiel in italienischer Sprache des 15. und 16. Jh. Die prunkvolle Schaustellung von Stoffen aus der Bibel oder aus Heiligenlegenden, auch mit weltlichen Einschüben, wurde v. a. in Florenz gepflegt; der musikalische Beitrag waren Kanzonen, Lauden, Frottole und Madrigale. Die R. s. ist Vorläufer sowohl der Oper und des Oratoriums wie auch des Balletts.

Rassel: Schlagidiophon in Gefäß- (z. B. Maracas, Schelle), Reihen- (Sistrum) oder Rahmenform (Angklung), bei dem die Tonerzeugung durch Schütteln erfolgt. R. sind als kultische Geräte seit frühester Zeit bekannt und begegnen als solche noch in außereuropäischer Musik, in Europa heute u. a. als Geräuschinstrumente v. a. der Tanzmusik, als Kinderspielzeug und als Schellenbehang der Narrentrachten.

Ratsche (Schnarre, Knarre): zu den Schrapidiophonen zählendes Geräuschinstrument, bei dem an einer Achse, die zugleich als Handgriff dient, ein beweglicher Rahmen mit einer elastischen Holzzunge und ein fest stehendes Zahnrad angebracht sind. Beim Schwenken schlägt die Zunge gegen die Radzähne, dabei entsteht ein durchdringendes, knarrendes Geräusch. Bei größeren Instrumenten mit mehreren Zungen steht der Rahmen fest, das Zahnrad wird mit einer Kurbel bewegt. Ursprünglich ein volkstümliches Lärminstrument, wird die R. gelegentlich auch in der Kunstmusik verwendet.

Rätselkanon: ↑Kanon.

Rauschpfeife [von mittelhochdeutsch rusche »Binse«, »Schilfrohr«]: im 16./17. Jh. gelegentlich verwendete Bezeichnung für den ↑Pommer, früher als eigenständiges Rohrblattinstrument mit Windkapsel angesehen. – In der Orgel heißt R. oder Rauschquinte eine gemischte Stimme aus Quinte und Oktave und von mittelweiter Mensur.

Rave [reɪv; zu englisch to rave, »toben«]: mit der Technowelle Ende der 1980er-Jahre aufgekommene Bezeichnung für eine partyähnliche Veranstaltung mit Technomusik, vom Klubabend bis zur mehrere Tage dauernden Massenparty im Freien. Charakteristisch für die **Raver** ist ein schrilles Outfit (weit geschnittene Jeans, bunte Schlabber-T-Shirts, Körperbemalung u. a.).

Ravel [raˈvɛl], Joseph Maurice, französischer Komponist, *Ciboure (Département Pyrénées-Atlantiques) 7. 3. 1875, † Paris 28. 12. 1937: R. ist der bedeutendste französische Komponist der Generation nach C. DEBUSSY, dessen Impressionismus er häufig zugerechnet wird. Er konzertierte als Pianist und Dirigent im In- und Ausland, besonders erfolgreich 1928 in den USA, und lebte bis 1921 in Paris, später zurückgezogen auf einem Landsitz in Montfort l'Amaury (Département Yvelines).

Maurice Ravel

In R.s Musik vereinen sich satztechnische Strenge und Ausgefeiltheit mit einem hohen Gefühl für raffinierte Formverläufe (»La valse«, 1920), nicht zuletzt bedingt durch eine sehr sorgsame, langsam vorangehende Kompositionsweise. Beeinflusst von der experimentellen Musik E. Saties sowie den russischen Novatoren, ist sein Stil neben exotischer und ostasiatischer Musik besonders geprägt von der spanischen und baskischen Folklore, exemplarisch in seinem wohl populärsten Werk »Bolero« (Ballett, 1928), der Oper »L'heure espagnol« oder dem Orchesterwerk »Rhapsodie espagnol«. Daneben findet sich aber auch die Auseinandersetzung mit Formen des französischen Barock (Klaviersuiten »Gaspard de la nuit«, 1908, und »Le tombeau de Couperin«, 1914–17). Nahezu unerreicht ist R.s Kunst der Instrumentation, die seinen eigenen Orchesterwerken, aber auch den Bearbeitungen fremder Klavierwerke (z.B. M. Mussorgskijs »Bilder einer Ausstellung«) unverwechselbares Klangkolorit verleihen.

re (Re): in der ↑Solmisation die zweite Silbe des Hexachords; in den romanischen Sprachen Bezeichnung für den Ton D.

Realbook ['rɪəlbʊk; englisch »echtes Buch«]: ↑Fakebook.

Rebab: ↑Rabab.

Rebec [rə'bɛk; arabisch-französisch] (Rubeba): ein im 10. Jh. über Spanien und Byzanz (↑Rabab) nach Mitteleuropa gekommenes Streichinstrument. Seit dem 13./14. Jh. setzte sich ein einheitlicher Typus durch mit birnenförmigem Korpus, hölzerner Decke, einem Griffbrett, das mit Bünden versehen sein konnte, meist sichelförmigem Wirbelkasten und einem Saitenhalter. Das R. hatte zwei bis fünf (meist drei in Quinten gestimmte) Saiten, gelegentlich auch Bordunsaiten.

Récit [re'si; französisch zu lateinisch recitare »laut vortragen«], Abk. R.: seit dem 17. Jh. in Frankreich Bezeichnung für den instrumental begleiteten Sologesang, seit Ende des 17. Jh. auch für einen solistischen instrumentalen Vortrag. Seit dem 19. Jh. bezeichnet englisch **Recital** einen Konzerttypus, bei dem ein Musiker allein (oder mit einem Begleiter) einen ganzen Abend bestreitet, auch ein Konzert mit Werken ausschließlich eines einzigen Komponisten. In der französischen Orgelmusik ist R. seit dem 17. Jh. Bezeichnung für das betont solistisch eingesetzte Diskantmanual.

Recitativo accompagnato [retʃita'ti:vo akkompaɲa'to; italienisch]: ↑Accompagnato, ↑Rezitativ.

Recitativo secco [retʃita'ti:vo 'sekko; italienisch]: ↑Rezitativ.

Recorder [rɪ'kɔ:də; englisch]: ↑Blockflöte.

Reco-Reco: ↑Schraper.

Reedsection ['ri:dsekʃən; von englisch reed »Rohrblatt«]: im Jazz Bezeichnung für die Gruppe der Holzblas- bzw. Rohrblattinstrumente einer Band bzw. Bigband, i.d.R. Saxophone (Saxsection in der Standardbesetzung mit je zwei Alt- und Tenor- sowie einem Baritonsaxophon, alternierend auch Klarinette). Eine berühmte R. bildeten die Four Brothers in der Bigband von W. HERMAN 1947.

Refrain [rəˈfrɛ̃; französisch »Rückprall (der Wogen an den Klippen)« zu lateinisch refringere »brechend zurückwerfen«] (Kehrreim): in strophischer Dichtung regelmäßig wiederkehrende Worte oder Zeilen, meist am Ende einer Strophe. R. sind in Volks-, Kinder- und Tanzliedern vieler Völker verbreitet (Einfallen des Chores nach dem Vorsänger), aber auch in der Lyrik. Für die Liedgattungen des 12.–16. Jh. (Rondeau, Virelai, Ballade, Villanelle u.a.) ist der R. ein wesentliches, musikalisch gliederndes Element. Auch im Kunstlied des 19. Jh. sowie in liedartigen Szenen der Oper (Solo-Chor-Wechsel) und im Chanson, Song, Schlager, Jazz (↑Chorus) tritt er häufig auf. – ↑auch Ritornell.

Regal: eine kleine Orgel mit einem einzigen kurzbecherigen Zungenregister. Das R. besteht aus einem schmalen, mit einer Klaviatur versehenen Kasten, der die Windlade und die Pfeifen enthält. An der Hinterseite befinden sich zwei Keilbälge, die von einer zweiten Person betätigt werden. Zum Spielen wird das R. auf einen Tisch oder ein Gestell gesetzt. Nachweisbar seit dem 11./12. Jh., war das R. besonders beliebt in der Kirchen-, Kammer- und Theatermusik des 16. und 17. Jh. Wegen seines schnarrenden Tons kam es im 18. Jh. außer Gebrauch. Das **Bibel-R.** konnte zusammengeklappt werden und sah dann wie eine große Bibel aus. – In der Orgel bezeichnet R. auch ein kurzbecheriges Zungenregister.

Reggae [ˈrɛgeɪ; englisch]: Mitte der 1960er-Jahre entstandene Stilrichtung innerhalb der Rockmusik, bei der Elemente der volkstümlichen Tanzmusik Jamaikas (z.B. Calypso, Mento) mit Rhythm and Blues und Soul verbunden wurden, zuvor auch **Ska** genannt; eine der wichtigsten Ausdrucksformen des Rastafari. Charakteristisch für den R. ist sein gleichermaßen monoton wie spannungsreich schwingender Rhythmus mit Betonung der schwachen Taktteile 2 und 4 bei gleichzeitig vielfältigen synkopischen Brechungen zwischen Melodieinstrumenten und Rhythmusgruppe. Seit Mitte der 1970er-Jahre ist der R. v.a. in Europa eng verknüpft mit dem Namen B. MARLEY, der dem zuvor eher kommerziell orientierten R.-Boom durch musikalische Ursprünglichkeit und sozialkritisch engagierte Texte entgegenzuwirken versuchte.

Regina Coeli [lateinisch »Himmelskönigin«](Regina Caeli): eine der ↑Marianischen Antiphonen; seit dem 12. Jh. belegt; wird in der österlichen Zeit anstelle des Angelus Domini zum Angelusläuten gebetet.

Register [von mittellateinisch registrum »Verzeichnis«]: in Tasteninstrumenten vorhandene Gruppe (Chöre) von Klangerzeugern gleicher oder ähnlicher Klangfarbe und unterschiedlicher Tonhöhe. Für jede Taste der Klaviatur ist innerhalb eines R. ein Klangerzeuger (bei Mixtur-R. sind es mehrere) vorhanden. Besitzt z.B. ein Cembalo einen Klaviaturumfang von $4\frac{1}{2}$ Oktaven (54 Tasten) und vier R., so sind im Instrument vier Sätze von je 54 Saiten, insgesamt also 216 Saiten, vorhanden. Die aus dem Orgelbau stammende Bezeichnung der Tonlagen durch Angabe der Pfeifenlängen der jeweils tiefsten Töne in Fuß (1 Fuß [Zeichen '] = 30 cm) wurde auch für das Cembalo sowie für elektronische und andere Instrumente übernommen. Die normale Tonlage hat das 8'-R.; 16'- und 4'-R. klingen eine Oktave tiefer bzw. höher als normal. In der Orgel wird je nach Klangerzeugung zwischen **Labial-R.** (z.B. Gedackt 8', Flöte 2') und **Lingual-R.** (z.B. Fagott 16', Trompete 4') unterschieden, während beim Cembalo nur die Tonlage durch die Fußtonzahl angegeben wird. R. heißen bei besaiteten Tasteninstrumenten auch jene Vorrichtungen, die eine Änderung der Klangfarbe

Reibtrommel

oder Lautstärke eines Saitenchores hervorrufen (z. B. Lautenzug beim Cembalo). – Bei der menschlichen Stimme wird die durch Brust- oder Kopfresonanz beim Singen der tieferen bzw. höheren Töne entstehende Färbung als R. bezeichnet, wobei ein unterschiedliches Schwingungsverhalten der Stimmlippen zu beobachten ist. Abrupter Wechsel vom Brust-R. ins Kopf-R. erfolgt beim ↑Jodeln. – Auch umgrenzte Tonlagen von Instrumenten mit Tönen ähnlicher Klangfarbe nennt man R. (z. B. das ↑Clarino).

Reibtrommel (Brummtopf, Rummelpott): einfaches Geräuschinstrument, bestehend aus einem Hohlgefäß (aus Metall, Ton, Schilf), das auf einer Seite mit einer Membran verschlossen ist; diese ist im Zentrum mit einem Stäbchen (**Stab-R.**) durchbohrt und gerät in Schwingung, wenn der Stab hin- und herbewegt oder mit nassen Fingern gestrichen wird. Anstelle des Stäbchens können mehrere Fäden (**Faden-R.**), meist Pferdehaar, benutzt werden. Der **Waldteufel** wird an einem Faden in der Luft geschwungen (**Schwung-R.**). Auf der R. werden Brumm- oder Heultöne und durch Auf- und Abstrich des Stabs oder Berühren der Membran einfachste Melodien erzeugt.

Reigen [mittelhochdeutsch rei(g)e, von altfranzösisch raie »Tanz«] (Reihen): Gruppentanz, ursprünglich begleitet von Gesang, z. T. mit Rufen angefeuert und durch einen Vortänzer angeführt, in der Form eines geschlossenen oder offenen Kreises, einer Kette oder als Schlängel-, Lauben- und Brücken-R. Der R. ist wohl eine der ältesten Tanzformen überhaupt (Kulttänze). Er war v. a. ein Tanz des Volkes (Springtänze). R. haben sich z. T. bis heute in Brauchtumstänzen, in Tanzspielen (Polonaise) und im Kinderspiel erhalten.6

Reihe: in der ↑Zwölftontechnik die für jede Komposition neu gewählte und in ihr stets beibehaltene Reihenfolge aller zwölf Töne des temperierten Systems. Sie regelt die Tonqualitäten, d. h., die Töne sind ihrem Namen nach festgelegt, können aber in beliebiger Oktavlage auftreten. Tonhöhe, Rhythmus und Klangfarbe sind dagegen frei wählbar und werden erst in der ↑seriellen Musik in die vorher festgelegte Anordnung einbezogen. Jede R. hat vier Erscheinungsformen: die Original- oder Grundgestalt (G[R]), deren Umkehrung (U), deren Krebs (K) und dessen Umkehrung (KU).

Reihe: A. Schönberg, »Suite für Klavier« op. 25 (1921–23); von oben: Grundgestalt, Umkehrung, Krebs, Krebsumkehrung

Da jede Erscheinungsform auf elf verschiedene Tonstufen transponiert werden kann, ergeben sich insgesamt 48 mögliche R.-Formen. Während A. SCHÖNBERG, der die R.-Technik um 1920 entwickelte, R. vorwiegend nach melodisch-motivischen und harmonischen Entfaltungsmöglichkeiten entwarf, prägte ihnen A. WEBERN häufig Symmetrien und Korrespondenzverhältnisse auf, die er dann nach Möglichkeit auf das ganze Werk projizierte. So stehen z.B. im Konzert op. 24 (1934) die Dreiergruppen der folgenden Reihe auch zueinander in den Verhältnissen von G, K, U und KU.

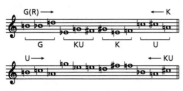

Reihe: A. Webern, Konzert op. 24 (1934)

Ein Sonderfall der R.-Bildung ist die symmetrisch-krebsgleiche Allintervallreihe, in der alle elf innerhalb der Oktave möglichen Intervallarten vorkommen.

Reihe: A. Berg, »Lyrische Suite« (1926); symmetrisch-krebsgleiche Allintervallreihe

Réjouissance [reʒui'sã:s; französisch »Belustigung«]: in der ↑Suite des 17. und 18. Jh. ein scherzoartiger, heiterer Satz.

relatives Gehör: die Fähigkeit, Töne in der Aufeinanderfolge und im Zusammenklang richtig zu unterscheiden und zu bestimmen. Das r. G. kann durch Übung geschult werden und ist für den Musiker von größerer Bedeutung als das ↑absolute Gehör.

Renaissance [rənɛ'sã:s; französisch, eigentlich »Wiedergeburt«]: Epochenbezeichnung für die Zeit des 15. und 16. Jh. Der Begriff bezieht sich auf die Wiedererweckung des klassischen Altertums und das Wiederaufblühen der Künste und bezeichnet auch die Übergangszeit vom Mittelalter zur Neuzeit, v.a. in Italien.

Im Bereich der praktischen Musik kann nur bedingt von einer Wiedererweckung des Altertums gesprochen werden, da die antike Musik verloren ist. Typisch für die Musik der R. ist aber die Haltung, wie der Humanismus den Menschen in den Mittelpunkt zu stellen und den Idealen von Schönheit, Natürlichkeit, Verständlichkeit und sinnlicher Erfahrbarkeit zu folgen. Dies zeigt sich v.a. im Streben nach Wohlklang (Entwicklung der funktionalen Harmonik und spezifische Gesanglichkeit der Vokalpolyphonie) und Prachtentfaltung (z.B. durch ↑Mehrchörigkeit) und im kompositorischen Ausdruck des Textes (v.a. bei JOSQUIN DESPREZ). Neu war die Betonung des schöpferischen Vermögens (Ingenium) der künstlerischen Individualität und die Herausbildung des Werkbegriffs (Opus). Neben der Weiterentwicklung zentraler Gattungen der Vokalmusik (Zyklusbildung der ↑Messe, ↑Madrigal) wurde in der R. eine eigenständige Instrumentalmusik kultiviert. Die Beschäftigung mit dem antiken Drama führte zur Entstehung von ↑Monodie, ↑Oper und Ballett und leitete zum ↑Barock über.

Repercussa [zu lateinisch repercutere »zurückprallen«]: Bezeichnung für den v.a. in der Psalmodie und den Lektionen hervortretenden Rezitationston (Tenor, Tuba, Dominante), der in allen ↑Kirchentonarten über der Finalis liegt.

Repercussio [lateinisch »Rückprall«]:
◆ *Aufführungspraxis:* die bei einzelnen Neumen notwendige, dicht aufeinander folgende Tonwiederholung mit jeweils neuem Stimmstoß.
◆ *Kompositionslehre:* in der Fuge der einmalige Durchgang des Themas durch alle Stimmen.

repetierende Stimme [von lateinisch repetere »wiederholen«]: bei der Orgel solche ↑gemischten Stimmen, die bei steigender Höhe in eine tiefere als die ursprüngliche Lage zurückspringen (»repetieren«). Bei einer r. S. lässt z.B. eine dreifache Mixtur, die auf der Taste C die Obertöne c^1, g^1, c^2 zum Klingen bringt, auf der Taste c^1 nicht entsprechend c^3, g^3, c^4, sondern c^2, g^2, c^3 erklingen. Die **Repetition** ermöglicht es, den Bau kleinster Pfeifen für sehr hohe Töne zu umgehen, die in ihrer Tonhöhe ohnehin schwer zu unterscheiden sind.

Repetitionsmechanik: die Mechanik des modernen Klaviers. Bei ihr fällt der Hammer nach dem Anschlag nicht in die Ausgangsstellung zurück, sondern wird vorher abgefangen und ist so wieder anschlagbereit, ohne dass die Taste ganz losgelassen wird. Damit ist ein schnelles Wiederholen von Tönen möglich.

Replica [italienisch]: Vorschrift für die Wiederholung eines Stücks oder eines Teiles davon (z.B. für die Wiederholung des Menuetts nach dem Trio); **senza r.**, ohne Wiederholung.

Reprise [französisch »das Wiederaufnehmen«] (italienisch Ripresa): die Wiederkehr eines Satzteiles innerhalb einer Komposition (ursprünglich die Bezeichnung für das Wiederholungszeichen), so in der ↑Sonatensatzform die Wiederaufnahme des ersten Teils (Exposition) nach der Durchführung, in der Da-capo-Arie das Zurückgreifen auf den Anfang nach dem Mittelsatz, in Märschen und Tänzen mit Trio die Wiederholung des Hauptsatzes nach dem Trio. Die R. bewirkt eine formale Abrundung, die v.a. im Sonatensatz durch mannigfache Veränderungen der R. gegenüber der Exposition (Variation, Verkürzung, Verschleierung) kunstvoll ausgestaltet sein kann. – Von **Schein-R.** spricht man, wenn am Ende der Durchführung das Hauptthema wiederkehrt und wie der Eintritt der R. wirkt, bevor die eigentliche R. beginnt.

Requiem [von lateinisch requies »Ruhe«]: Bezeichnung für die katholische Messe für Verstorbene, früher auch **Totenmesse** genannt, benannt nach dem Anfangswort ihres Introitus »R. aeternam dona eis, Domine« (»Herr, gib ihnen die ewige Ruhe«). Das R. ist Bestandteil des liturgischen Totengeleits (Exequien); es fehlen die üblichen Texte und Riten freudigen Charakters (z.B. Gloria und Credo).

Nach den ersten mehrstimmigen R. der ↑niederländischen Musik (nur von J. OCKEGHEM erhalten) haben bis zum Ende des 16. Jh. nahezu alle Komponisten von Messen auch den R.-Text vertont (PALESTRINA, O. DI LASSO). Bis zu W. A. MOZARTS unvollendetem R. (1791) ist die Gattung vom jeweils zeitgenössischen Messenstil geprägt. Bedeutende Requien komponierten im 19. Jh. u.a. L. CHERUBINI, H. BERLIOZ, G. VERDI und A. DVOŘÁK. Daneben führte eine protestantische Tradition mit frei gewählten Bibeltexten von den »Musicalischen Exequien« von H. SCHÜTZ (1636) zu »Ein deutsches R.« von J. BRAHMS (1857–68). Im 20. Jh. ist die Gattung vertreten u.a. bei B. BRITTEN (»War R.«, 1961), I. STRAWINSKY und G. LIGETI.

Res facta [lateinisch »ausgearbeitete Sache«]: in der spätmittelalterlichen Musiklehre Bezeichnung für den aufgeschriebenen im Gegensatz zum improvisierten kontrapunktischen Satz, daneben auch allgemein für mehrstimmige Musik (**Figuralmusik**) im Unterschied zum einstimmigen Choralgesang.

Residualtöne: ↑virtuelle Töne.

Resonanzboden: bei besaiteten Tasteninstrumenten wie Klavier und Cembalo der als Resonator wirksame dünne Holzboden unterhalb des Saitenbezuges. Wegen der kleinen Oberfläche der Saiten wird von ihnen nur ein geringer Teil der Schwingungsenergie an die Luft abgegeben, wodurch nur ein schwacher Ton entsteht. Dieser wird verstärkt, wenn die Saiten mit einem R. gekoppelt werden, der die Schwingungen aufnimmt und mit seiner größeren Fläche abstrahlt.

Resonanzkörper: Hohlkörper v.a. bei

Saiteninstrumenten ohne Tasten (Violine, Gitarre) sowie bei Schlaginstrumenten zur Verstärkung der Schallabstrahlung. Da der Ton z.B. von einer Violinsaite verhältnismäßig schwach abgestrahlt wird, werden ihre Schwingungen über den ↑Steg auf die Decke des R. übertragen und durch den ↑Stimmstock zum Boden des R. weitergeleitet. Dadurch wird der Schall vom ganzen R. abgestrahlt und der Klang verstärkt. Zugleich bestimmen Gestalt und Material des R. die Art des Klanges wesentlich mit; hierbei spielt auch der Hohlraum eine Rolle. Die Abstrahlung der Resonanzfrequenz des eingeschlossenen Luftvolumens erfolgt durch die Schalllöcher.

Resonanzsaiten (Aliquotsaiten, Sympathiesaiten): mit dem Grundton oder einem Teilton eines produzierten Klanges mitschwingende, nicht durch Streichen oder Zupfen unmittelbar erregte Saiten. R. werden an Saiteninstrumenten angebracht, um deren Klangfarbe zu bereichern, u.a. bei der Viola d'Amore, dem Baryton, der norwegischen Hardangerfiedel und bei indischen Saiteninstrumenten wie der Sarangi.

Responsorium [mittellateinisch zu respondere »antworten«], Zeichen *R*: liturgischer Wechselgesang mit Kehrvers, der im Gegensatz zur Antiphon von einem die solistischen Partien (Versus) ausführenden Sänger und dem respondierenden Chor vorgetragen wird. Das aus dem Synagogalgesang übernommene R. gehört zu den frühesten Gesangsformen der christlichen Kirche. In Messe und Stundengebet findet sich das R. v.a. im Anschluss an die Lesungen, in der Messe in den Formen von Graduale und Halleluja (bzw. Tractus), im Stundengebet v.a. vertreten in der Nokturn. Die Beschränkung auf einen einzigen solistischen Vers dürfte auf dessen ausgedehnte melismatische Gestaltung zurückzuführen sein.

Restrictio [lateinisch]: ↑Engführung.

Reverb [rɪˈvɜːb; zu englisch to reverberate »widerhallen«]: Bezeichnung für eine Reihe von teilelektronischen oder volldigitalen ↑Effektgeräten zur Erzeugung eines (künstlichen) Halleffektes. Dabei wird das eingegebene Klangsignal über eine Verzögerungsleitung geführt (Spiralfeder, Hallplatten), die das Signal zeitlich etwas verschiebt und am Ende (additiv) dem Eingangssignal wieder hinzufügt.

Revival [rɪˈvaɪvl; englisch]: im engeren Sinn Bezeichnung für die Wiederbelebung des traditionellen ↑Dixielandjazz **(Dixieland-R.)**; im weiteren Sinn auch in der Rock- und Popmusik das Wiederaufleben früherer Stile (z.B. Rock 'n'-Roll-R.).

Revue [rəˈvyː; französisch »Übersicht«, »Rückschau«]: Bühnendarbietung von lose aneinander gereihten Szenen mit gesprochenen Texten, Gesang, Tanz und Artistik. In **Ausstattungs-R.** werden prunkvolle Dekorationen und Kostüme gezeigt, **literarische R.** bringen zeitbezogene Chansons. Die neueren R. kamen in Frankreich (Folies-Bergère) und den Londoner Music-Halls auf und wurden in Deutschland seit 1898 im Berliner Metropoltheater besonders gepflegt. In den USA schuf nach 1918 F. ZIEGFELD mit seinen Tanzgirls die großen **Tanz-R.** In den 1920er-Jahren entwickelte sich in Deutschland die **Kabarett-R.** Seit etwa 1930 gibt es auch **Eis-R.** auf künstlichen Eisflächen im Zirkus oder in Hallen. Seit dem Zweiten Weltkrieg sind die R.-Theater fast ganz verschwunden, doch ist die R. als Show im Fernsehen neu entstanden.

Rezitativ [italienisch zu lateinisch recitare »vortragen«] (italienisch Recitativo): musikalische Vortragsweise von Sprechtexten, die sich auch in rhythmischer Hinsicht möglichst dem Sprachduktus anpasst. Das R. entstand mit der Oper Ende des 16. Jh. aus der am affektbetonten Sprechen orientierten ↑Monodie. Aus dem einfachen, lediglich durch stützende Akkorde von Laute oder Cembalo begleiteten Sprechgesang der frühen Oper (»Stile recitativo«) entwickelte sich das ↑Arioso und später durch weitere

Verselbstständigung des musikalischen Gehalts die ↑Arie. Im Bereich der Oper bevorzugte v. a. die venezianische Opernschule seit etwa 1640 im Anschluss an die Spätwerke C. MONTEVERDIS eine klare Scheidung von R. und Arie. In Italien entwickelte sich das R. in Richtung auf einen der italienischen Sprache gemäßen Parlandocharakter; mit dem Aufkommen der Opera buffa entstand ein Konversationsstil ohne musikalische Eigenständigkeit. Besonders in der Opera seria bildete sich das eigentliche R. einerseits zum **Recitativo secco (Secco-R.**, kurz **Secco)**, in dem der meist formelhafte Prosasprechgesang nur durch das Cembalo begleitet wird, andererseits zu dem vom Orchester begleiteten und reicher gestalteten **Recitativo accompagnato** (↑Accompagnato) aus. Beide Arten dienten der Einleitung und Verbindung der lyrischen Nummern (das R. führt meist die Handlung weiter, die während der Arie stagniert). – Im 18. und 19. Jh. blieb das R. wesentlicher Bestandteil der Oper; im Accompagnato erfuhr der Anteil des Orchesters zunehmend Erweiterung. Diese Entwicklung gipfelte in den Opern R. WAGNERS, der das Accompagnato-R. als eine den gesamten Handlungsverlauf integrierende unendliche Melodie gestaltete. Das Secco-R. lebte nur in der komischen Oper fort.

rf. (rfz., rinf.): Abk. für ↑**rinforzando**.

Rhapsodie [griechisch]: seit dem Ende des 18. Jh. die Bezeichnung für zunächst vorwiegend vokale, dann in erster Linie instrumentale, in der Anlage und im Vortrag freie Kompositionen. Seit F. LISZT (»Ungarische R.«) werden darin meist Volksmelodien stark nationaler Eigenart verarbeitet (z. B. bei A. DVOŘÁK, É. LALO, M. RAVEL, G. GERSHWIN).

Rheinländer (Rheinischer, Bayerische Polka): um 1840 aufgekommener, variantenreicher Paartanz im $^2/_4$-Takt; er wird paarweise in v. a. offener Tanzhaltung mit seitwärts gerichteten Polkaschritten und »Hopsern« sowie mit Walzerdrehungen getanzt.

Rhythm and Blues ['rɪðm ænd 'bluːz; englisch]: Bezeichnung für einen in den 1940er-Jahren entstandenen professionellen Stil der afroamerikanischen städtischen Tanz- und Unterhaltungsmusik, der an Elemente sowohl des Blues wie auch des Jazz, v. a. Harlemjump und Boogie-Woogie, anknüpft. Kennzeichnend für den R. a. B. sind sein stark akzentuierter Fundamentalrhythmus (Beat) mittleren Tempos, einfache Akkordfortschreitungen, riffartige, v. a. von Bläsern getragene Einlagen und blueshafte Melodik. Zum zentralen Soloinstrument wurde erstmals im R. a. B. die elektrisch verstärkte Gitarre.

Die Bezeichnung R. a. B. wurde 1949 von der amerikanischen Zeitschrift »Billboard« als Ersatz für die diskriminierende Bezeichnung Racemusic der schwarzen Plattenlabels eingeführt. Erster bedeutender Vertreter des R. a. B. war L. JORDAN mit seinen Timpany Five. Wichtig wurden danach v. a. J. OTIS, J. L. HOOKER, M. WATERS, T-BONE WALKER und v. a. B. B. KING sowie R. CHARLES. Als breite Strömung bereitete der R. a. B. über boogiebetonte Musiker wie F. DOMINO, LITTLE RICHARD und C. BERRY den Rock 'n' Roll vor und wurde damit ausschlaggebend für die gesamte Entwicklung der Rockmusik. Seine Fortsetzung fand der R. a. B. in den 1960er-Jahren v. a. im ↑Memphis-Sound.

Rhythmik: bis zum 19. Jh. die Lehre vom Rhythmus; im 20. Jh. oft auch eine bestimmte Rhythmusart, z. B. Quantitäts-, Takt-, Mensural-R., auch z. B. »Bachs R.«.

rhythmische Erziehung: Form der Musik- und Bewegungserziehung, bei der musikalische Elemente (Melodie, Rhythmus, Ausdruck) in Bewegung umgesetzt werden. Die r. E. ist ein Gebiet der Elementarlehre der Musik, wie sie von der musikpädagogischen Reformbewegung seit der ersten Hälfte des 20. Jh. vertreten wurde. Sie hat heute einen festen Platz in der Kindergarten-, Grundschul- und Behindertenpädagogik (Körper- und Sprecherziehung) und ist eine der Grundlagen der ↑Musiktherapie. – Einen musikpädagogisch außerordentlich wirksamen Anstoß erhielt die Bewegung durch C. ORFF, v.a. durch dessen Schulwerk (seit 1931).

Rhythmsection ['rɪðəmsekʃn; englisch]: im Jazz im Unterschied zur ↑Melodysection Bezeichnung für die Rhythmusgruppe einer Band bzw. ↑Bigband, in der Standardbesetzung des Swing bestehend aus Schlagzeug, Kontrabass, Klavier und Gitarre.

Rhythmus [griechisch]: grundlegendes musikalisches Strukturelement, von gleicher Bedeutsamkeit wie Melodie und Harmonie und mit beiden eng verflochten. Der R. umfasst die Ordnung, Gliederung und sinnfällige Gestaltung des zeitlichen Verlaufs von Klangereignissen. Trotz der im Rhythmischen angelegten Tendenz zur Wiederkehr von Gleichem oder Ähnlichem darf der R. nicht mit ↑Metrum oder ↑Takt verwechselt werden, da gerade die lebendigen Unterschiede der Zeitverläufe die musikalische Vielfalt des Rhythmischen erst ermöglichen, die v.a. durch abgestufte Tondauern und Akzente, aber auch durch melodische Bewegungen, wechselnde Klänge und Klangfarben, Tempo- und Lautstärkeverschiebungen, Phrasierung und Artikulation in Erscheinung tritt.

Während in der griechischen Musik R. unmittelbar aus der Addition von Längen (–) und Kürzen (∨) entstand (**additiver R.**), bildete sich seit der Mehrstimmigkeit des Mittelalters durch die verschiedenen Unterteilungsmöglichkeiten eines gesetzten oder vorgegebenen Maßes ein System gemessener Rhythmik, deren Grundlagen die einfachsten Verhältnisse sind (1:3:9; 1:2:4; **divisiver R.**). Das Prinzip der Unterteilung einer als Schlagzeit (»Tactus«, »integer valor notarum«; ↑Mensuralnotation) oder später als Takt geltenden Einheit ermöglichte erst eine rhythmische Differenzierung auch der einzelnen Stimmen in der mehrstimmigen Musik, indem in den verschiedenen Stimmen eine unterschiedliche Unterteilung, die auf einen gemeinsamen Nenner gebracht werden kann, durchgeführt wird, z.B. in der Mensuralmusik. Aus dieser entwickelte sich parallel zur harmonischen Tonalität die für die klassische Musik verbindliche Taktrhythmik. Später wurde in zunehmendem Maß der musikalische R. freier: In die Zählzeiten wurden Triolen eingefügt (A. BRUCKNER, J. BRAHMS), und es kam zu häufigem Taktwechsel und schwierigen Taktarten (R. WAGNER, P. TSCHAIKOWSKY).

Die Tendenz zu einem vom Takt unabhängigen R. führte im späten 19. und frühen 20. Jh. in manchen Kompositionen zu einer Art musikalischer Prosa (WAGNER, R. STRAUSS, A. SCHÖNBERG). Bei anderen Komponisten trat umgekehrt ein motorischer R. stark in den Vordergrund (I. STRAWINSKY, P. HINDEMITH, C. ORFF). Der R. der neuen Musik nach 1950 ist zu äußerster, oft nicht mehr rational nachvollziehbarer Vielfalt entwickelt worden und hat den Bezug zu einer Schlagzählzeit weitgehend aufgegeben. – In der Unterhaltungs-, Pop- und Rockmusik steht weniger der R. als das stark betonte Metrum im Vordergrund (↑Beat). Im Jazz dagegen treten zum Grundschlag oft ganz freie und sich überlagernde R. (↑swing). Großer rhythmischer Reichtum kennzeichnet die Musik vieler außereuropäischer Kulturen.

Rhythmusgerät: Sammelbezeichnung für elektronische Geräte zur Erzeugung rhythmischer Abfolgen meist im Sound üblicher Schlagzeugklänge (Background). R. arbeiten i.d.R. wie Synthesizer mit analogen bzw. digitalen Klangerzeugungstechniken. Kleinere batteriebetriebene R. mit mehreren, auf Knopfdruck abrufbaren Standardrhythmen der Tanzmusik wie Marsch, Walzer, Foxtrott, Rumba, Tango, Boogie eignen sich v.a. als Begleitautomaten für musikalische Alleinunterhalter (↑E-Orgel).

Ribattuta [italienisch ribattuta (di gola) »das Zurückschlagen (der Kehle)«]: dem

Triller ähnliche und oftmals diesen einleitende Verzierung aus allmählich beschleunigtem Wechsel zwischen Haupt- und oberer Nebennote.

Ricercar [ritʃerˈkaːr; italienisch zu ricercare »suchen«]: selbstständige Instrumentalkomposition für Laute oder Tasteninstrumente, v. a. für Orgel, im 16. Jh. ähnlich der Fantasie, dem Tiento und der Toccata zunächst frei präludierend (»Aufsuchen« der Tonart eines folgenden Stücks, **Intonations-R.**), dann als **Imitations-R.** (»Suchen« der Motive) der ↑Motette nachgebildet (sukzessiver, imitierender Stimmeneinsatz, Aufeinanderfolge mehrerer Abschnitte mit jeweils neuem Motiv). Das R. ist eine Vorform der ↑Fuge. Noch J. S. BACH nannte besonders kunstvolle Fugen einer etwas archaisierenden Grundhaltung R., so das sechsstimmige R. aus dem »Musikalischen Opfer« (1747).

Wolfgang Rihm

ricochet [rikɔˈʃɛ; französisch] (jeté): bei Streichinstrumenten eine Strichart, bei der im Springbogen mehrere Töne auf einen Strich genommen werden.

Riff [englisch]: im Jazz eine ständig wiederholte, rhythmisch prägnante, meist 2- oder 4-taktige Phrase, die melodisch so angelegt ist, dass sie ohne erhebliche Änderungen über einen wechselnden harmonischen Grund gelegt werden kann. R.-Bildungen tauchen erstmals in den 1920er-Jahren (Kansas-City-Jazz) auf und werden v. a. im Bigband-Jazz (Swingstil) und bei Jamsessions als Improvisationshintergrund, z. T. mit dem Ziel der Spannungssteigerung, eingesetzt.

Rigaudon [rigoˈdɔ̃; französisch]: seit dem 17. Jh. bekannter französischer Reihen- und Paartanz in lebhaftem ²/₄- oder ⁴/₄-Takt mit Auftakt, wohl in der Provence entstanden. Der R. besteht meist aus drei jeweils wiederholten Achttaktern, deren dritter zu den beiden ersten kontrastiert; musikalisch der Bourrée und Gavotte verwandt. Als Hoftanz fand der R. Eingang in Ballett und Suite.

rigoroso [italienisch]: genau, streng (im Takt).

Rihm, Wolfgang Michael, deutscher Komponist, *Karlsruhe 13. 3. 1952: R., der nach Studien u. a. bei K. STOCKHAUSEN weitgehend freischaffend in Karlsruhe lebt (seit 1985 Professor an der dortigen Musikhochschule), gehört zu den wichtigsten Vertretern einer Komponistengeneration nach 1970, die in bewusster Abkehr vom Konstruktivismus der seriellen Schule nach 1945 wieder mehr auf eine ausdrucksstarke, unmittelbar fassliche Musik abzielt, wobei der »Tabuverletzer« R. auch nicht vor zitathaften spätromantischen Klangidiomen (v. a. G. MAHLERS) zurückschreckte. Seit den 1980er-Jahren steht für ihn zunehmend die kompositorische Auseinandersetzung mit der dichterischen Sprache im Vordergrund. Geprägt von harter Perkussivität und massiv-dissonanten Akkorden, lassen sich viele Werke des ungewöhnlich produktiven Komponisten (bis 1998 über 400 Werke) zu gattungsübergreifenden Zyklen zusammenfassen (u. a. »Klangbeschreibung I–III«, 1982

Rockmusik

Trotz ihrer relativ kurzen Geschichte hat sich die Rockmusik in den rund 40 Jahren ihres Bestehens zu einem weltweiten musikalischen Massenphänomen entwickelt, das hinsichtlich Rezeption und Verbreitung alle bisherigen Musikformen in den Schatten stellt. Dies beruht weit stärker noch als beim Jazz, dem sie wie alle anderen Formen afroamerikanisch geprägter Populärmusik ihre Ursprünge verdankt, auf der von Anbeginn an untrennbaren Verbindung mit dem Medium der Schallplatte und deren industrieller Vermarktung. Wie eng dabei das Wechselspiel war, zeigte sich bereits in den 1950er-Jahren, als im Anschluss an den ↑Rhythm and Blues mit dem ↑Rock 'n' Roll, dem unmittelbaren Vorläufer der Rockmusik, auch die ersten, v.a. für jugendliche Käuferschichten erschwinglichen Singleschallplatten auf den Markt kamen. Dabei stand der Begriff Rockmusik bald schon für mehr als nur für eine spezielle, »von unten« her sich entwickelnden Musizierweise. Zur Rockmusik gehören ebenso allgemeine, von Fankreisen praktizierte kulturelle Verhaltensweisen, die beim äußeren Erscheinungsbild (Haarstile, Mode) und Auftreten (Rocker, Punk) anfangen und je nach sozialem Umfeld von vehementem politischen Protest und Aussteigermentalitäten (Hippies, Rock gegen Rechts), aber auch von bloßer Konsumhaltung (Disco, Raver) getragen sein können.

Heute noch eine einheitliche musikalische Gattungsdefinition für Rockmusik aufstellen zu wollen ist angesichts der unüberschaubaren Fülle und Wechselbeziehungen vergangener und existierender Spielarten unmöglich. Dennoch finden sich zumindest einige mehr oder weniger durchgängige Kriterien: ein der afroamerikanischen Musik entlehnter, motorisch durchgeschlagener Beat, über dem in einem strukturellen Spannungsverhältnis vokale oder instrumentale Melodiepattern liegen; daneben eine spezielle Soundcharakteristik, die abgesehen von der jeweils individuellen musikalischen »Sprache« von Musikern und Sängern v.a. darauf beruht, dass die Rockmusik grundsätzlich auf elektrisch verstärktem (bzw. verfremdetem) Wege (↑PA-System; ↑Effektgeräte) entsteht und rezipiert wird; und drittens eine Grundbesetzung, die aus Leadgitarre, Rhythmusgitarre, Bassgitarre und Schlagzeug besteht und sich in der wechselvollen Geschichte der Rockmusik bis heute am reinsten v.a. im ↑Hardrock bzw. ↑Heavy Metal erhalten hat.

■ **Merseybeat und London Blues**

Ausgelöst durch amerikanische Musikfilme mit Rock-'n'-Roll-Stars wie E. Presley, entstand gegen Ende der 1950er-Jahre vor dem Hintergrund eines breiten Dixielandrevivals einer Skifflebegeisterung unter den Jugendlichen in Großbritannien eine breite, anfangs dem Rock

Mick Jagger (links) und Keith Richards von den Rolling Stones (1995)

'n' Roll verschriebene Amateurmusikbewegung, aus der sich um 1960 durch veränderte Spielweisen (u.a. stärkere Betonung des Beat und des harmonischen Grundgerüsts) von Rock-'n'-Roll-Standards die sog. Beatmusik entstand. Zum Kristallisationspunkt dieser Bewegung wurde die am Fluss Mersey gelegene Industriestadt Liverpool, die zu dieser Zeit schätzungsweise weit über 400 solcher Gruppen beheimatete. Von diesen erlangten v.a. die Beatles in den kommenden Jahren mit Titeln wie »She loves you« und »I want to hold your hand« (beide 1963), »Eight days a week« (1964) oder »Help« (1965) eine europaweite Fanpopularität (»Beatlemania«), die bald auch die USA erreichte und dort mit Gruppen wie den Beach Boys vergleichbar populäre Nachahmer fand.

Während die Beatles bis zu ihrem experimentellen Album »Sergeant Pepper's lonely hearts club band« (1967) weitgehend der einfacher strukturierten, v.a. ein weißes Publikum ansprechenden Beatmusik verpflichtet blieben, bildete sich in London u.a. um die Gitarristen und Sänger A. KORNER und J. MAYALL eine mehr an den afroamerikanischen Wurzeln wie Blues und Rhythm and Blues orientierte Szene, aus der heraus sich v.a. die Rolling Stones als Gegenpol zu den Beatles formierten. Mit Titeln wie »The last time« (1964) oder »I can't get no satisfaction« (1965) entwickelten sie eine agressivere Spielweise, die der Rockmusik bald das Bürgerschreckimage verlieh, das nicht zuletzt durch spektakuläre exzessive Konzertauftritte anderer Gruppen wie u.a. The Who noch lange in der Öffentlichkeit vorherrschen sollte.

In den USA kam es unterdessen ab der zweiten Hälfte der 1960er-Jahre im Zuge von Flowerpower und Hippiebewegung zu einer raschen Ausbildung zahlreicher neuer Stilarten wie ↑Folkrock, ↑Jazzrock, ↑Psychedelic Rock, ↑Countryrock, ↑Latin Rock, während in England mit Gruppen wie Pink Floyd, Soft Machine oder dem Rocktrio Cream um den Gitarristen E. CLAPTON durch ausgedehnte Improvisationen und ausgefeilte Arrangements eine »Artifizialisierung« der Rockmusik stattfand. U.a. durch Rückgriffe auf klassische Formmodelle (↑Classic Rock) entstanden v.a. durch den nun immer stärker werdenden Einsatz elektronischer Klangsynthese mehrsätzige Rockmusikwerke, z.B. die »Gemini-Suite« (1970) von Deep Purple, oder man experimentierte mit dem Genre der ↑Rockoper.

Schon 1970 war das Rockfestival in Woodstock Legende und Inbegriff der Hoffnung auf eine bessere Welt. Die Abbildung zeigt das deutsche Plakat des Dokumentarfilms von Michael Wadleigh.

■ Die Legende: Woodstock 1969

Mit dem dreitägigen Freiluft-Rockfestival im August 1969 in der Nähe der amerikanischen Kleinstadt Woodstock im Staat New York setzte sich die Hippiegeneration ein Denkmal. Unter den Wahlsprüchen »Flowerpower«, »Peace 'n' Love« kam fast eine halbe Million Zuschauer zusammen, um trotz Matschs und Regens 32 Rockbands (u.a. J. HENDRIX, J. BAEZ, J. JOPLIN, B. DYLAN, Santana, J. COCKER) zu hören, Drogen in gewaltigen Mengen zu konsumieren und sich der freien Liebe hinzugeben – aber auch um gegen den Vietnamkrieg zu demonstrieren. Woodstock wurde damit für eine ganze Generation zum Synonym für den friedlichen Protest gegen das Establishment.

■ **Eine Gitarre und drei Griffe**

Zweifellos hatte sich die Rockmusik mit den Supergroups der 1970er-Jahre wie Yes, Alan Parsons Project oder Emerson, Lake & Palmer und ihren z.T. akademisch geschulten Musikern immer weiter von ihren amateurhaften, vielfach dem proletarischen Milieu entstammenden Wurzeln entfernt. Der Satz: Kauf dir eine Gitarre, lerne drei Griffe und mache Musik, galt nicht mehr. Dementsprechend brutal erfolgte 1975 der Einbruch des ↑Punkrock in die etablierte Rockmusikszene. Vor dem Hintergrund einer in den westlichen Industriegesellschaften sprunghaft ansteigenden Jugendarbeitslosigkeit spielten die Sex Pistols 1977 ihr »Anarchy in the UK«, das zur Hymne einer No-Future-Generation wurde.

Über den letzten Auftritt der Sex Pistols im »Winterland« in San Francisco am 14.1.1978, der auch auf Video festgehalten ist, schreibt das Rockmagazin »Rolling Stone«: »Die Sex Pistols haben eher Geschichte gemacht als Musik, doch bei ihrem allerletzten Auftritt konnte die Musik der Geschichte gerecht werden. Johnny Rotten klammerte sich an seinem Mikrofonständer fest, als würde er im nächsten Moment von der Bühne gefegt werden... Rotten und Jones stürzten sich so brachial in die Musik, als hätten sie nichts mehr zu verlieren.«

Obwohl der Punkrock selbst nur drei Jahre anhielt, hatte er weitreichende Folgen, wobei so mancher Rockmusikpurist mit seinem Aufkommen bzw. Niedergang gleichzeitig das Ende der eigentlichen Ära der Rockmusik überhaupt beklagt. Zwar hat der Punkrock die Rockmusik wieder der Straße zurückgebracht. In seinem Gefolge setzte aber mit dem ↑New Wave und seiner deutschen Variante, der Neuen deutschen Welle, Anfang der 1980er-Jahre parallel zu einer Dezentralisierung der Produktionsformen durch sog. Independentlabels auch eine Atomisierung der Rockmusik in die unterschiedlichsten Stil- und Spielarten ein, die sich zudem noch mit neueren afroamerikanischen Musikformen wie ↑Funk, ↑Rap, ↑Reggae und ↑Hip-Hop verbanden. Spiegel dieser immer undurchsichtiger werdenden Entwicklung ist nicht zuletzt der 1981 eingerichtete Musikfernsehsender MTV, der mit seinen Musikvideoclips eine weltweite Fangemeinde 24 Stunden am Tag beliefert. Nach dem vorläufig letzten Aufkommen eines weitgehend eigenständigen Rockmusikstils im ↑Grunge zu Beginn der 1990er-Jahre scheint die Rockmusik vorerst ihre Stellung als musikalische Subkultur an die Tanz- und Discokultur von ↑House und ↑Techno abgetreten zu haben. ■

Die Konflikte zwischen den Generationen werden auch über die Musik, seit etwa 40 Jahren über die Rockmusik, ausgetragen. Wie ist es mit dir und deinen Eltern? Wie war es bei ihnen, als sie in deinem Alter waren? Befrage deine Eltern und Großeltern nach ihren Erfahrungen.

BAUMANN, RAINER: *Rock-Harmonielehre. Theorie und Praxis.* Frankfurt am Main (Zimmermann) 3. Auflage. ■ SCHIFFNER, WOLFGANG: *Rock und Pop und ihre Sounds. Technik, Thesen, Titel.* Aachen (Elektor Verlag) 1994. ■ LAUFENBERG, FRANK und LAUFENBERG, INGRID: *Frank Laufenbergs Rock- und Pop-Lexikon, CD-ROM.* Düsseldorf u.a. (Econ u.a.) 1995. ■ GRAVES, BARRY u.a.: *Rock-Lexikon,* 2 Bände. Reinbek (Rowohlt) 410.–430. Tsd. 1998. ■ DIEZ, GEORG: *Beatles, Rolling Stones.* Frankfurt am Main (Fischer Taschenbuch-Verlag) 1999.

bis 1987; »Chiffren I–VIII«, 1982–88). V. a. seine Bühnenwerke, die R.s Vorliebe für psychisch gefährdete Schriftstellernaturen wie F. NIETZSCHE, F. HÖLDERLIN oder A. ARTAUD offenbaren, haben eine weit über den Insider-Kreis der Musikavantgarde hinausreichende Beachtung gefunden, u. a. »Hamletmaschine« (1987), »Oedipus« (1987) und »Die Eroberung von Mexico« (1992).

rinforzando [italienisch] (rinforzato), Abk. rf., rfz., rinf.: stärker werdend, verstärkt.

Ringklappe: Vorrichtung im Klappensystem der Holzblasinstrumente, bei der über den Tonlöchern angebrachte Metallringe über Achsen mit offenen Nebenklappen verbunden sind. Beim Decken des Lochs mit dem Finger wird die R. niedergedrückt und zugleich die mit ihr verbundene Nebenklappe betätigt. Zwei miteinander verbundene R. heißen **Brille**.

rip.: Abk. für **Rip**ieno.

Ripieno [italienisch »voll«], Abk. R, rip.: Bezeichnung für das volle Orchester (Tutti), die volle Orgel (Organo pleno) und überhaupt alle mehrfach besetzten Stimmen (auch im Chor) im Gegensatz zu den solistisch konzertierenden Stimmen. V. a. im ↑Concerto grosso steht das R. dem solistischen Concertino gegenüber. **Ripienisten** sind entsprechend Orchestermusiker oder Sänger ohne solistische Aufgaben.

Ripresa [italienisch »Wiederholung«]: der Refrain in italienischen Gesangsformen v. a. des 14./15. Jh. und italienische Bezeichnung für ↑Reprise.

risoluto [italienisch]: entschlossen, entschieden, energisch.

rit.: Abk. für ↑**rit**ardando und ↑**rit**enuto.

ritardando [italienisch], Abk. rit., ritard.: verzögernd, langsamer werdend.

ritenuto [italienisch], Abk. rit., riten.: verhalten, zögernd.

Ritornell [von italienisch ritorno »Wiederkehr«]: der mehrfach wiederholte Teil eines Musikstücks; zum einen der Refrain in den Gattungen der weltlichen Musik des 14. und 15. Jh. (Madrigal, Ballata, Frottola); zum anderen das instrumentale Vor-, Zwischen- und Nachspiel der Arie und des Strophenliedes im 17. und 18. Jh. – In der frühen Oper (z. B. bei C. MONTEVERDI) heißen die eingeschobenen selbstständigen Instrumentalsätze R., im Instrumentalkonzert des 18. Jh. werden die Tutti-Abschnitte auch R. genannt.

riverso [italienisch »rückwärts«]: Anweisung für den Krebsgang (↑Krebs), meist mit melodischer Umkehrung (Spiegelkrebs).

Rivolgimento [rivɔldʒi'mɛnto; italienisch »Umwendung«]: im doppelten ↑Kontrapunkt das Vertauschen (auch das Versetzen) der Stimmen.

Rockjazz ['rɔkdʒæz; englisch] (Fusion): Ende der 1960er-Jahre aufgekommene Bezeichnung für einen Stilbereich innerhalb des Jazz, in dem Elemente des Rock mit denen des Jazz verbunden wurden. Anders als beim ↑Jazzrock waren es v. a. Jazzmusiker, die Anleihen bei der Rockmusik aufnahmen: Rückkehr zu einfacheren harmonischen und rhythmischen Strukturen (Betonung des Beat), z. T. als Reaktion auf den Free Jazz; wieder stärkere Besinnung auf den klassischen Blues; Nutzung der in der Rockmusik etablierten elektroakustischen und elektronischen Effektgeräte bzw. Instrumente (E-Gitarre, E-Piano). Als wegbereitende Einspielung des R. gilt M. DAVIS' »Bitches brew« (1970).

Rockmusik [zu Rock 'n' Roll]: Siehe S. 336.

Rock 'n' Roll ['rɔkn'rəʊl; englisch rock and roll, eigentlich »wiegen und rollen«]: um 1955 in den USA aus dem (schwarzen) Rhythm and Blues und der (weißen) Countrymusic entstandener Musikstil, zu dessen Merkmalen ein schnelles Tempo, ekstatische Offbeatphrasierung, Lautstärke sowie eine standardisierte Besetzung (Gesang, elektrisch verstärkte Solo-, Rhythmus- und Bassgitarre, Saxophon, Schlagzeug) gehören. Der R. 'n' R., Ausgangspunkt für die

Entwicklung von Pop- und Rockmusik, änderte das Ausdrucksideal der westlichen Unterhaltungsmusik grundlegend und wurde zur Äußerungsform für die Emanzipationsbestrebungen der sich gleichzeitig ausbildenden jugendlichen Protestkultur (Teddyboys, Rocker u.a.). Stilprägende Interpreten waren u.a. E. PRESLEY, B. HALEY, C. BERRY, BUDDY HOLLY und LITTLE RICHARD.

Rock|oper (Rockoratorium): seit dem Songzyklus »Tommy« (1970, Bühnenfassung 1972) des Leadgitarristen der Gruppe The Who, P. TOWNSHEND, Bezeichnung für locker aneinander gereihte Songfolgen mit schlichter, meist psychologisierender Rahmenhandlung. Der große Erfolg der R. »Tommy« blieb trotz einiger Nachahmungen (z.B. »Quadrophenia«, 1973) eine Ausnahme. In der Tradition der R. stehen auch Bühnenshows wie »The wall« (1979) von Pink Floyd.

Rohrblatt: Vorrichtung zur Tonerzeugung bei bestimmten Blasinstrumenten. Eine oder zwei ↑Zungen aus Schilfrohr (Arundo donax), heute gelegentlich auch aus Kunststoff, die am Instrument auf- oder zusammengebunden sind, werden durch den Blasstrom in Schwingungen versetzt. Man unterscheidet das einfache R. (die Zunge schlägt auf einen Rahmen auf, so bei Klarinette und Saxophon) und das doppelte R. (die Zungen schlagen gegeneinander, so bei Oboe und Fagott). R.-Instrumente mit konischer Röhre (z.B. Oboe) überblasen in die Oktave, mit zylindrischer Röhre (z.B. Klarinette) in die Duodezime.

Röhrenglocken: ein im modernen Orchester verwendetes Schlaginstrument, zunächst (um 1885) als Glockenersatz gebaut. Es besteht aus einer Anzahl abgestimmter Metallröhren verschiedener Länge und Stärke, die an kurzen Schnüren in einem Rahmen aufgehängt sind und mit leder- oder filzbezogenen Hämmern angeschlagen werden.

Rohrflöte: Bezeichnung für Orgelregister mit oben verschlossenen Labialpfeifen, deren Deckel von einem Röhrchen durchdrungen wird (teilgedackte Pfeifen). Der Klang ist heller als bei ganz gedackten Pfeifen, es treten v.a. die Terz und die Quint hervor.

Rohrwerk: die Gesamtheit der Zungenstimmen einer Orgel.

Romanesca [italienisch]: ein vermutlich aus Italien stammendes, der ↑Folia und dem ↑Passamezzo (antico) verwandtes musikalisches Satzmodell, dessen Bassformel aus mehreren Quartschritten besteht. Die R. wurde im 16./17.Jh. als Ostinato vielfach instrumentalen und vokalen Stücken zugrunde gelegt.

Romantik: Siehe S. 342.

Romanze [romanisch]: lied- und balladenartiges, ausdrucksvolles Gesangs- oder Instrumentalstück erzählenden Inhalts. Seit Ende des 15.Jh. sind drei- bis vierstimmige Vertonungen von R. überliefert, u.a. von J. DEL ENCINA und J. DE ANCHIETA; im 16.Jh. treten R. als Sologesang mit Lautenbegleitung und als reine Lautenstücke auf. Die R. des 17.Jh. wird zur Refrainform und nähert sich dem ↑Villancico. In Frankreich waren R. als volkstümliche Strophenlieder seit dem Ende des 18.Jh. beliebt (v.a. auch in der Oper), während die deutschen R.-Vertonungen überwiegend der Gattung Lied zuzurechnen sind. – In der Instrumentalmusik kommt die R. seit dem Ende des 18.Jh. als Satz in Orchesterwerken (z.B. L. VAN BEETHOVEN, R. für Violine und Orchester op. 40 und 50) sowie als Charakterstück für Klavier (R. SCHUMANN u.a.) vor.

Rondeau [rõ'do:; französisch] (Rondel): ein vom 13. bis 15.Jh. verbreitetes französisches Rundtanz-[Reigen-]Lied mit Refrain, das wahrscheinlich wechselweise vom Vorsänger und vom Chor (Refrain) vorgetragen wurde. Es war zunächst sechszeilig, wurde durch Voranstellung des Refrains achtzeilig und zeigt folgenden Vers- und musikalischen Aufbau: ABaAabAB (große Buchstaben = Refrainzeile, gleiches Lautzeichen = gleiche Musik). Im 15.Jh. wurde bei unveränderter musikalischer Anlage der Text bis auf 16 (R. simple) oder 21 Zeilen (R. double) erweitert. R. wurden wie die verwandten Refrainformen ↑Ballade und ↑Virelai v.a. im höfischen Umkreis gepflegt, seit dem 13. Jh. auch mehrstimmig vertont, seit dem 14. Jh. im ↑Kantilenensatz mit einer Singstimme (in der Oberstimme) und zwei oder drei Instrumentalstimmen.

Rondel [rõ'dəl; französisch]: ↑Rondeau.

Rondellus [mittellateinisch]: eine mehrstimmige mittelalterliche Kompositionsart, die in England seit dem 12. Jh. belegt ist. Das Prinzip des R. ist der ↑Stimmtausch, dabei wiederholen die zwei oder drei gleichzeitig einsetzenden Stimmen abschnittweise die gleiche Melodie.

Das Verfahren ist dem ↑Kanon ähnlich.

Rondo [italienisch zu rondo »rund«] (französisch Rondeau): eine Reihungsform, die v.a. in der Instrumentalmusik, aber auch in Vokalwerken vorkommt. Das R. besteht aus einem einprägsamen, später mehrmals unverändert wiederkehrenden Anfangsteil (Refrain) und immer neuen eingeschobenen Zwischenteilen (Couplets). In dieser einfachen Form (schematisch: ABACADA...) entstand das Rondeau in der französischen Clavecin- und Opernmusik (L. und F. COUPERIN, J.-P. RAMEAU) und war im 17. und 18. Jh. v.a. in der ↑Suite sehr verbreitet. Die Couplets können zum Refrain kontrastieren, auch andere Tonarten berühren, oder aus ähnlichem Material gestaltet sein. C. P. E. BACH, der die Bezeichnung R. einführte, variiert auch den Refrain, verarbeitet dessen Motive weiter und gestaltet die Couplets teilweise frei und fantasieartig. In der Wiener Klassik zeigt sich das R., oft als heiter belebter Schlusssatz benutzt (z. B. W. A. MOZART, Klavierkonzerte C-Dur KV 415 und B-Dur KV 450), von der ↑Sonatensatzform beeinflusst. Das so entstehende **Sonaten-R.** behandelt das erste Couplet wie ein zweites Thema, das zunächst in der Dominante und am Schluss in der Tonika erscheint; das zweite (mittlere) Couplet ähnelt der ↑Durchführung; oft beschließt eine Koda den Satz (ABA = Exposition, C = Durchführung, AB'A' = Reprise). Das R. kann auch als Einzelform auftreten (F. SCHUBERT, F. MENDELSSOHN BARTHOLDY). Im Laufe des 19. Jh. verschwand es weitgehend aus den zyklischen Instrumentalformen, fand jedoch im 20. Jh. unter neuen formalen Gesichtspunkten wieder stärkere Beachtung (G. MAHLER, A. SCHÖNBERG und A. BERG).

Rosalie (Schusterfleck, Vetter Michel): spöttische Bezeichnung für die ein- oder mehrmalige Wiederholung einer um nur jeweils eine Stufe höher transponierten melodisch-harmonischen Phrase. – ↑auch Sequenz.

Rosette [französisch »Röschen«]: Bezeichnung für das runde, mit Schnitzwerk verzierte Schallloch im Resonanzboden oder in der Resonanzdecke von Zupfinstrumenten und besaiteten Tasteninstrumenten.

Rossini, Gioacchino Antonio, italienischer Komponist, *Pesaro 29. 2. 1792, † Passy (heute zu Paris) 13. 11. 1868: In der Tradition W. A. MOZARTS stehend, hatte R. bereits erste Opernerfolge an der Mailänder Scala, in Venedig und Neapel hinter sich, als ihm 1816 in Rom die Aufführung seines Meisterwerkes »Barbier von Sevilla« zu europaweitem Ruhm verhalf. Mit ihrem geistreichen Witz, der treffsichern Personencharakterisierung und virtuosen Buffatechnik hat sich diese Oper bis heute einen Spitzenplatz unter den italienischen Buffoopern bewahrt. Wie der »Barbier« bestechen auch die anderen seiner insgesamt 40 Opern (u. a. »Otello«, 1816; »Aschen-

Romantik

Im eigentlichen Sinn ist Romantik eine Bezeichnung für die Weltauffassung einer Literatur, die im Gegensatz zum Rationalen das Gefühlvolle, Wunderbare und Fantastische auszudrücken sucht, besonders in Deutschland um und nach 1800 (NOVALIS, L. TIECK u.a.). Im Anschluss an den Schriftsteller und Komponisten E. T. A. HOFFMANN beschreibt der Begriff dann aber auch einen musikalischen Wesenszug und wird schließlich als musikalische Epochenbezeichnung für den Zeitraum von etwa 1815 bis zum Ersten Weltkrieg verwendet. Er deckt allerdings die vielfältigen Stilerscheinungen des 19.Jh. keineswegs vollständig ab, und nur annähernd kann man die sich oft überschneidenden Entwicklungen in vier Stilphasen untergliedern: **Frühromantik** (1815-30; F. SCHUBERT, C. M. VON WEBER, HOFFMANN, L. SPOHR, H. MARSCHNER), **Hochromantik** (1830-50; R. SCHUMANN, F. MENDELSSOHN BARTHOLDY, F. CHOPIN, H. BERLIOZ), **Spätromantik** (1850-90; F. LISZT, R. WAGNER, J. BRAHMS, H. WOLF, A. BRUCKNER) und **Nachromantik** oder Jahrhundertwende (1890-1914; R. STRAUSS, H. PFITZNER, M. REGER).

Die Romantik wächst bruchlos aus den Gattungen und der Tonsprache der ↑Klassik heraus, doch dringt in die Musik ein poetisches, metaphysisches Element ein. Subjektivismus und Gefühl werden bestimmend, und es vermehren sich, dem Fortschritts- und Entwicklungsdenken des 19.Jh. entsprechend, alle musikalischen Ausdrucksmittel.

■ Ursprung und Entwicklung

In der romantischen Dichtung hat die Musik zentrale Bedeutung und gilt als universale Kunst, sprachlos über aller Sprache stehend, magisch geheimnisvolle Botschaft einer höheren Geisterwelt, direktes Medium des menschlichen Innern, Symbol eines naturhaft klingenden Kosmos. HOFFMANN erschien die »reine« Instrumentalmusik der Wiener Klassik, v. a. die L. VAN BEETHOVENS, gegenüber der Vokalmusik als frei von Stoff oder Programm und daher als die Verkörperung der romantischen Kunstidee: »Sie ist die romantischste aller Künste... Die Musik schließt dem Menschen ein unbekanntes Reich auf; eine Welt, ... in der er alle durch Begriffe bestimmbaren Gefühle zurücklässt, um sich dem Unaussprechlichen hinzugeben.« (Rezension der 5. Sinfonie BEETHOVENS, 1810). Eine der Dichtung vergleichbare Romantik der Musik entwickelte sich jedoch erst seit SCHUBERTS Liedern, die den poetischen Geist der Zeit ausdrückten, seinen späten Kammermusikwerken und Sinfonien (etwa 1822-28). Auch die deutschsprachige Oper mit ihren Natur-, Geister- und Sagenstoffen und dem z.T. volkstümlich-nationalen Ton (HOFFMANN, SPOHR, später auch MARSCHNER und WAGNER) zeigt romantische Züge, sie erreichte einen Höhepunkt in WEBERS Oper »Freischütz« (1820), in der Harmonie und Klangfarbe zu spannungsvollen Stimmungsbildern wie dem Schauer und Schrecken der Wolfsschluchtszene führen.

BEETHOVEN vermittelte dem 19.Jh. das klassische Erbe der instrumentalen Gattungen und erhielt bald normatives Gewicht. Obwohl nur einigen seiner Werke außermusikalische Ideen zugrunde liegen, z.B. der Sinfonie Nr. 3 »Eroica« (1803/04) oder der Sinfonie Nr. 6 »Pastorale« (1807/08), versuchte man dies als wesentliches Merkmal des Gesamtwerkes zu begreifen, in dem sich die romantische Haltung ausdrückt: die Absicht, die Instrumentalmusik mit außermusikalischen Gehalten wie einer Idee oder einem Programm zu poetisieren. So wird in den Orchesterwerken von BERLIOZ (»Symphonie fantastique«, 1830; »Harold en Italie«, 1834; »Roméo et Juliette«, 1839) dichterische und literarische Thematik aufgenommen und mit neuartigen Klangwirkungen der Instrumentation umgesetzt. Die nach innen gewandte Poetisierung erreichte in der

Hochromantik bei SCHUMANN ihren Höhepunkt, v. a. die Hinwendung zu den kleineren Formen des Liedes (»Liederkreis« op. 24 und 35, »Dichterliebe« op. 48, alle 1840) und Klavierstücks (z. B. »Carnaval« op. 9, 1834/35; »Fantasiestücke« op. 12, 1837; »Waldszenen« op. 82, 1848/49) ist eine Abkehr von den Gattungen der Wiener Klassik. Aber auch seinen Sinfonien (1841–51), den Sona-

keit und weltabgewandter Einsamkeit. Der eher klassizistische, das Bildungsbürgertum repräsentierende MENDELSSOHN BARTHOLDY wandte sich ebenfalls einer gefühlvollen Stimmungspoesie zu (acht Sammlungen »Lieder ohne Worte«) und reflektierte in seinen Werken Natur- und Landschaftsbilder sowie literarische Vorlagen (»Die Hebriden« op. 26, 1830–32).

Federzeichnung Moritz von Schwinds zu Carl Maria von Webers »Freischütz«

ten (1833–38) und dem Klavierkonzert (1841–45) liegt die Absicht, der Musik grenzüberschreitende Gehalte zum Ausdruck des »Unaussprechlichen« hinzuzufügen, zugrunde. CHOPIN nutzte in seiner Klaviermusik Klang und Virtuosität zur Vermittlung des Poetischen und wies durch deren meist melancholischen Charakter auf die Gefühlslage der sehnsuchtsvoll-romantischen Künstlerpersönlichkeit hin. Diese lebt, bestimmt von Leidensschwere und erlösender Todessehnsucht, zwischen den Extremen der Selbstüberhöhung zum Künstlergenie und der Verzweiflung, zwischen Selbstgewissheit und Resignation, Öffentlich-

■ Kennzeichen romantischer Musik

Das Ende der Hochromantik und damit der Romantik im engeren Sinne wird durch die Revolution von 1848 und den Tod ihrer prominentesten Vertreter (MENDELSSOHN BARTHOLDY 1847, CHOPIN 1849, SCHUMANN 1856) markiert. Trotz unterschiedlicher Erscheinungsformen lassen sich in dieser Zeit kompositorische Grundtendenzen erkennen, die in der Folgezeit weiterentwickelt werden und die Zusammenfassung zu einer gesamteuropäischen Bewegung rechtfertigen.

Romantik

Die Romantik entdeckte und verklärte historistisch die Musik der Vergangenheit (v. a. von J. S. BACH und PALESTRINA), was zu einer Wiederbelebung früherer, vorklassischer Musikstile führte. Gerade die geistliche Musik, die, abgesehen von herausragenden Einzelwerken wie den Oratorien MENDELSSOHN BARTHOLDYS, den Messen BRUCKNERS und dem »Deutschen Requiem« von BRAHMS, im 19. Jh. keine zentrale Rolle mehr spielte, steht unter dem Einfluss des Historismus. An die Stelle kirchlich gebundener Frömmigkeit traten allgemeine Inhalte sittlicher und religiöser Erhebung und Weltfrömmigkeit. Die Pflege älterer wie neuerer Oratorien durch Chorvereinigungen im Konzertsaal – wegweisend war dabei MENDELSSOHN BARTHOLDYS Aufführung der umgearbeiteten »Matthäuspassion« von BACH 1829 – trat neben die liturgisch gebundene Kirchenmusik, deren Werke oft rückwärtsgewandt und von mittelmäßiger Qualität waren. Auch die geschichtsbewusste Sammlung und Nachahmung von Volksliedern spielte zunehmend eine wichtige Rolle.

Das Bewahren älterer Musik fällt zusammen mit dem Aufkommen des bürgerlichen Konzertbetriebs, der allmählich die Musik aller Zeiten allen Hörern zugänglich machte. Der neue Stand des Musikkritikers spiegelte dabei das Konzerterlebnis. Mit den Ansprüchen des breiten Publikums entwickelten sich auch neue Formen eingängiger Kompositionen. Salonmusik und Virtuosentum (N. PAGANINI, LISZT) gewannen an Bedeutung, hohe (»ernste«) und triviale (»Unterhaltungs-«)Musik begannen sich zu trennen. Und wie in der Kunst bildeten auch in der Musik biedermeierliche Idylle, später auch Parodie und Verzerrung Kontraste zu den großen romantischen Erscheinungen.

Grundlegendes Charakteristikum der romantischen Musik ist die stete Erweiterung und Differenzierung nahezu aller musikalischen Mittel und Elemente, vielfach bis an den Rand der Auflösung. Bevorzugt werden in der Harmonik entlegene Tonarten, überraschende Akkordverbindungen, starke Kontraste auf engem Raum oder unmerklich gleitende Übergänge. Der Aufbau der Akkorde wird durch ↑Chromatik und ↑Alteration zunehmend komplizierter. Tonale Zentren werden immer mehr verschleiert und infrage gestellt (besonders deutlich in WAGNERS ↑Tristan-Akkord), bis sich schließlich um 1900 die funktionale Harmonik aufzulösen beginnt (↑Impressionismus, ↑atonale Musik). Daneben gehen v. a. Klanglichkeit und Instrumentation neue Wege zu immer stärkeren Farbreizen, was mit der Vergrößerung und Weiterentwicklung des Orchesterapparats einhergeht. Auch die Melodik erweitert sich zwischen den Extremen großer Bögen und kleinster Motivfetzen; der Rhythmus löst sich vielfach von der Bindung an die Taktschwerpunkte, und die Dynamik erobert sich äußerste Spannbreiten und feinste Schattierungen.

Schließlich wird die formale Gestaltung fließend und offen, traditionelle Formen werden verändert, erweitert oder mit neuem Inhalt präsentiert. Neue Gattungen sind das schon erwähnte poetische, kleine Klavierstück und das Lied (SCHUBERT, SCHUMANN, BRAHMS, WOLF, STRAUSS), das sich zur tragenden lyrischen Vokalmusikgattung entwickelt.

Die Oper löst sich formal von der Nummernoper und den festen Gattungstypen des 18. Jh. und findet im ↑Musikdrama WAGNERS (»Der Ring des Nibelungen«, etwa 1850–76) ihre Vollendung, auch im Hinblick auf die lange vorher schon erhobene Forderung nach Vereinigung aller Künste. In der Sinfonik sucht man aus der poetischen Idee heraus nach fantasievoller Ausformung: In der ↑sinfonischen Dichtung (LISZT, STRAUSS), die sich gleichrangig neben die ↑Sinfonie (BRAHMS, BRUCKNER, MAHLER) stellt, bestimmt der programmatische Inhalt die jeweils neu zu gestaltende Form.

Der Forderung nach individueller und neuer Formgebung, vertreten durch LISZT (»Prometheus«, 1850/55) und WAGNER (↑neudeutsche Schule), stellen sich ab etwa 1850 die mehr traditionsbewussten Verfechter einer ↑absoluten Musik entgegen, v. a. BRAHMS und der Kritiker E. HANSLICK, der den Inhalt der Musik als »tönend bewegte Form« definierte. Gerade die Kammermusik, insbesondere mit Klavier, knüpfte mit ihren feinen Strukturen, ihrer kompositorischen Qualität und instrumentalen Virtuosität an die von der Klassik überlieferten Gattungen an, führte aber zu neuem Reichtum an Ausdruck und Form.

Die romantische Epoche hat die Anerkennung der Musik als universales Medium künstlerischer Aussage (»Tonkunst«) begründet, zugleich allerdings die in ihr selbst angelegten Widersprüchlichkeiten offenbart, sodass der Umschlag zur ↑Neuen Musik des 20. Jh. als konsequente Folgerung aus einer der romantischen Musik innewohnenden Tendenz angesehen werden muss. Da nicht alle Komponisten diesen Schritt vollzogen, markiert die Zeit um den Ersten Weltkrieg nur bedingt das Ende der romantischen Epoche. So steigerten G. PUCCINI, STRAUSS, PFITZNER, F. SCHREKER, O. SCHOECK u. a. in den folgenden Jahrzehnten die romantischen Ausdrucksmittel bis ins Extrem, ohne die Tonalität aufzugeben.

■ Die europäische Romantik

Auch wenn die romantische Musikentwicklung ihr Zentrum in Deutschland fand, verdankten ihr die Komponisten anderer Länder entscheidende Impulse, fanden jedoch zu eigenen und davon abweichenden Formgebungen und Gehalten. So drückt sich die romantische Absicht nach Ausdruck, Dramatisierung und psychologischer Zeichnung in der italienischen Oper (V. BELLINI, G. DONIZETTI, G. VERDI) nicht durch komplexe Sinfonik, sondern durch die hohe Qualität der Melodie aus. Ganz im Sinne des 19. Jh. sind auch die starken und z. T. erschütternden Wirkungen der französischen Oper (G. MEYERBEER, C. GOUNOD, G. BIZET) mit ihren Idealen von Freiheit und Gerechtigkeit, aber auch der möglichst realistischen Darstellung von intimen und gefühlsbeladenen Einzelschicksalen. Wachsendes Nationalbewusstsein führte schließlich in fast allen

»Lucia di Lammermoor« von Gaetano Donizetti (Aufführung des Mannheimer Nationaltheaters 1996)

Ländern zur Herausbildung einer lokalen und geschichtsbewussten Tradition, so in Russland (M. MUSSORGSKIJ, P. TSCHAIKOWSKY), in Böhmen (F. SMETANA, A. DVOŘÁK) und in Skandinavien (E. GRIEG, J. SIBELIUS). ■

📖 Einer der bekanntesten Dichter der Romantik ist J. VON EICHENDORFF. Seine Gedichte wurden u. a. von SCHUMANN, MENDELSSOHN BARTHOLDY und WOLF vertont: Untersuche die Deutung seiner Lyrik durch die Musik.

📖 RUMMENHÖLLER, PETER: *Romantik in der Musik.* Neuausgabe Kassel (Bärenreiter) 1995. ■ SCHULZ, GERHARD: *Romantik. Geschichte und Begriff.* München (Beck) 1996.

brödel« und »Die diebische Elster«, beide 1817; »Zelmira«, 1822) v. a. durch schnell wechselnde Tempi, zündende Cabaletta, dramatische Choreinwürfe, eine nuancierte, klangsinnliche Orchestersprache sowie erstmals exakt auskomponierte Verzierungen für die Sänger,

Gioacchino Rossini

mit denen R. die stilistische Entwicklung der Oper in Italien bis hin zu G. VERDI wesentlich beeinflusst hat. 1829 entstand sein letztes Bühnenwerk »Wilhelm Tell«, dessen Tendenz zum Monumentalen die Epoche der französischen Grand Opéra (z. B. G. MEYERBEER) einleitete. Von den wenigen Werken, die R., der zeitweise auch als Theaterdirektor arbeitete, anschließend noch komponierte, wurde v. a. das »Stabat mater« (1842) bekannt.

Rota [lateinisch »Rad«]: in der mittelalterlichen Musiktheorie gebrauchte Bezeichnung für eine Komposition in Kanontechnik.

Rotta [althochdeutsch] (mittelhochdeutsch Rotte): im Mittelalter Bezeichnung für verschiedene Arten von Saiteninstrumenten, so für das ↑Psalterium in Dreiecksform und speziell für das seit dem 8. Jh. belegte Harfenpsalterium, das wie eine Harfe senkrecht gehalten wurde und einen einfachen oder beidseitig des Resonanzbodens oder -kastens angebrachten Saitenbezug mit 11–30 Saiten hatte. – Mit R. wurde auch eine im 5.–13. Jh. v. a. in Nordeuropa belegte Art der Leier benannt, mit meist sechs Saiten, die bis zum 10. Jh. gezupft, später gestrichen wurden; sie war der Vorläufer verschiedener Streichleiern, z. B. des ↑Crwth.

Roulade [zu französisch rouler »rollen«] (Läufer): v. a. in der Oper des 17. und 18. Jh. eine virtuose Passage für Gesang.

Round [raʊnd; englisch]: im 16./17. Jh. in England als gesellige Unterhaltung (↑Catch) beliebter schlichter, kurzer Rundgesang in Form eines Zirkelkanons; vorher schon als Rota bekannt; im 17. Jh. auch Bezeichnung für einen Tanz, bei dem die Tänzer einen Kreis bilden.

rubato [italienisch]: ↑Tempo rubato.

Rubeba: ↑Rebec.

Rückpositiv: Teilwerk der ↑Orgel.

Rückung: unvermittelter Übergang von einer Tonart in eine andere, nicht verwandte Tonart, gilt nicht als ↑Modulation.

Ruf-Antwort-Form (englisch Call and Response): formbildendes Element der afroamerikanisch geprägten Musik, der Wechselgesang zwischen Vorsänger und Chor, das Wechselspiel zwischen Vokalist und Instrumenten oder z. B. bei der Kollektivimprovisation von Instrumenten untereinander. Die R.-A.-F. entstammt der afrikanischen Musik, war Grundlage der Worksongs der afroamerikanischen Sklaven und wichtiges gestalterisches Moment ihrer Gottesdienste und deren Musik (Spiritual, Gospel), wo i. d. R. der Predigtvortrag des Geistlichen von chorischen Antwortrufen der Gemeinde begleitet wird. Als zentrales, musikalische Spannung erzeugendes Element wurde die R.-A.-F. von Blues, Jazz,

Soul, z. T. auch von der Rockmusik übernommen.

Ruggiero [rud'dʒɛːro; italienisch]: v. a. im Italien der ersten Hälfte des 17. Jh. ein musikalisches Satzmodell für (improvisierte) Lieder, Tänze und instrumentale Variationen (z. B. von G. FRESCOBALDI). Der R. besteht aus zwei harmonisch durch Halb- und Ganzschluss aufeinander bezogenen Viertaktern in Dur und geradem Takt bei weitgehend konstanter Bassführung.

Rührtrommel (Rolltrommel, Wirbeltrommel, Landsknechtstrommel): eine um 1500 entstandene Trommel mit zylindrischem Korpus aus Holz oder Messing, dessen Zargenhöhe i. d. r. größer ist als der Felldurchmesser (Höhe etwa 35–75 cm, Durchmesser etwa 30–35 cm). Sie hat oben ein Schlagfell und unten ein Resonanzfell, oft mit Schnarrsaite. Der Anschlag erfolgt mit Trommelstöcken oder Paukenschlägeln. Die Fellspannung wird durch Lederschleifen verändert, die jeweils zwei Teile der zickzacklaufenden Spannleine (»Leinentrommel«) zusammenfassen, bei modernen, in Spielmannszügen verwendeten Instrumenten auch durch Spannschrauben.

Rumba [kubanisch]: ursprünglich Sammelbezeichnung für eine formenreiche afrokubanische Tanzgattung. Um 1914 in New York eingeführt, entwickelte sich daraus der heute als R. bezeichnete

Tanz, der sich seit etwa 1930 weltweit als Gesellschaftstanz verbreitete. Die in mäßigem bis raschem geradem Takt stehende R. mit einer mehrschichtigen, synkopenreichen Rhythmik wird als offener Paartanz mit ausgeprägten Hüftbewegungen ausgeführt; als Begleitinstrumente dienen Maracas und Claves. Die R. gehört heute zu den Turniertänzen. Abkömmlinge sind u. a. ↑Conga, ↑Mambo und ↑Béguine.

Rummelpott [von niederdeutsch Pott »Topf«]: ↑Reibtrommel.

S

S: Abk. für ↑Segno, ↑Sopran, ↑Subdominante.

Sackbut ['sækbʌt; englisch, von französisch ↑Saqueboute]: alte englische Bezeichnung für Posaune.

Sackpfeife (Dudelsack, Bock, polnisch und tschechisch Dudy, russisch Duda, italienisch Cornamusa, französisch Cornemuse, spanisch Gaita, englisch Bagpipe): ein volkstümliches, in Asien, Nordafrika und Europa seit dem 1. Jh. verbreitetes Rohrblattinstrument, bei dem ein Sack (meist aus Tierhaut) als Windmagazin dient. Der Spieler bläst die Luft durch ein Anblasrohr in den Sack oder füllt diesen mittels eines Blasebalgs; die im Sack gespeicherte Luft wird durch den Armdruck in die Pfeife(n) gepresst und bringt diese zum Klingen. Typisch für die S.-Musik ist der ununterbrochene Klang. Je nach Größe des Windmagazins kann der Sackpfeifer für eine gewisse Zeit singen, ohne sein Spiel unterbrechen zu müssen. Die Schallröhre hat ein einfaches oder doppeltes Rohrblatt und ist zylindrisch oder konisch gebohrt. Unterschieden werden S. mit und ohne Bordunpfeifen (Stimmern). Während in Asien bordunlose S. mit einfacher Melodiepfeife existieren, sind die andernorts gebräuchlichen S. dieses Typs mit doppelten Melodiepfeifen versehen. Bei einigen S. sind der oder die Stimmer mit Vorrichtungen zur Tonhöhenänderung versehen, sodass während des Spiels die Borduntöne den melodischen Gegebenheiten angepasst werden können und eine komplizierte Mehrstimmigkeit entsteht. S. sind typische Hirteninstrumente, eine Ausnahme bildet die ↑Musette. In

Sainete

Schottland wurde die S. zum Symbol der nationalen Identität und fand Eingang in die Militärmusik Großbritanniens; von dort aus gelangte sie auch in die britischen Kolonien.

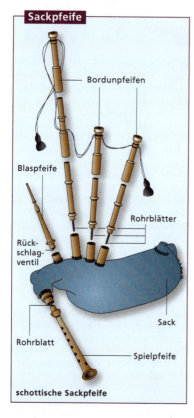

schottische Sackpfeife — Bordunpfeifen, Blaspfeife, Rohrblätter, Rückschlagventil, Sack, Rohrblatt, Spielpfeife

Sainete [spanisch »Wohlgeschmack«, »Leckerbissen«]: ein kurzes einaktiges Theaterstück der spanischen Dramatik, mit wenigen, typisierten Figuren, meist aus dem andalusischen oder Madrider Milieu. Die häufig gänzlich unwahrscheinliche, sketchartige Handlung zielt ebenso wie die witzige Sprache auf bloße Unterhaltung und Gelächter. Der S. ist aus den Zwischenspielen im Theater des 16./17. Jh. hervorgegangen, für die Musik am meisten verwendet wurde die ↑Seguidilla.

Saite: ein dünner, fadenförmiger, zylindrischer und elastischer Körper, bestehend aus Darm, Pflanzenfasern, Seide, Metall oder Kunststoff, der, zwischen zwei festen Punkten gespannt, durch Streichen (↑Streichinstrumente wie Violine oder Drehleier), Schlagen (Klavier, Hackbrett), Zupfen (↑Zupfinstrumente wie Laute oder Gitarre), Anblasen (Äolsharfe) oder Mitklingen (↑Resonanzsaiten) in Schwingung versetzt und zum Klingen gebracht wird. Der dabei erzeugte Ton ist in Höhe und Klangfarbe abhängig von Spannung, Länge, Stärke, Material der S. und der Art des ↑Resonanzkörpers, der heute z. T. durch elektronische Verstärkung (z. B. bei der E-Gitarre) ersetzt wird. Beim Vergrößern der Spannkraft oder Verkürzen der schwingenden S.-Länge werden höhere Töne, beim Vermehren der Masse (Vergrößern des Querschnitts, Material größerer Dichte) tiefere Töne erzeugt.

Saiteninstrumente: Instrumente, deren Ton primär durch die Schwingungen gespannter ↑Saiten entsteht.

Salicus [lateinisch]: ↑Neumen.

Salizional [von lateinisch salix »Weide«]: ein Register der Orgel, das aus engen, meist zylindrischen Labialpfeifen zu 8- und 4-Fuß besteht, deren Klang an Streichinstrumente (**streichende Stimmen**) erinnert.

Salonmusik [zaˈlɔ̃-, zaˈlɔŋ-]: zunächst die seit etwa 1800 in den gehobenen Pariser Salons vorgetragene Musik, meist für Klavier (u. a. von F. CHOPIN, F. LISZT); seit der Mitte des 19. Jh. dann in qualitativ niedrigerer (trivialisierter) Form die massenhafte Musik der adligen und großbürgerlichen Salons, wie sie besonders von den Töchtern der Gastgeber zur Salongeselligkeit beigetragen wurde. Kennzeichen waren sinnliche Eingängigkeit, bravouröses Gehabe und sentimentale Titel. Von hier aus nahm die sozialgeschichtlich bedingte Trennung der musikalischen Produktion in zweckge-

Salonmusik: Das Gemälde »Schubert-Abend in einem Wiener Bürgerhaus« zeigt den vortragenden Komponisten am Klavier (1897).

richtete, ↑funktionale Musik und ästhetisch freie, ↑autonome Musik ihren Ausgang. Neben Variationen, Rondos, Polonaisen usw. zählten Arrangements und Potpourris zur S. Mit dem Verschwinden der Salons und der beginnenden Emanzipation der Frau ging die S. ab Ende des 19. Jh. in die Unterhaltungsmusik über.

Salpinx [griechisch]: ein trompetenähnliches, bronzenes Signalinstrument der griechischen Antike, das im Krieg und Wettkampf verwendet wurde. Es bestand aus einer geraden, engen, leicht konischen Röhre mit Schalltrichter und einem Kesselmundstück aus Horn oder Knochen und hatte einen hohen, scharfen Klang.

Salsa [spanisch, kurz für salsa picante »scharfe Soße«]: um 1975/76 international verbreitete Bezeichnung für rockorientierte lateinamerikanische Musik. Ursprünglich bezeichnete S. eine besonders engagierte Spielweise, erst seit 1963 wird das Wort als Gattungsbegriff verstanden. Der S. ist v.a. die auf volkstümliche kubanische Tanzmusik der 1930er- und 1940er-Jahre zurückgehende Musik der Puerto-Ricaner in New York und beeinflusste u.a. den Soul und den Jazzrock.

Saltarello [von italienisch saltare »springen«]: ein seit dem 14. Jh. bekannter, noch heute in Spanien und Italien erhaltener italienischer Springtanz im schnellen $^3/_4$-Takt. Er kam im 15. Jh. und v.a. im 16. Jh. in Form von Nachtänzen (im $^6/_8$-Takt) zu ↑Pavane, ↑Passamezzo und ↑Basse Danse vor, meist als rhythmische Umformung des Vortanzes. Daneben bestand eine selbstständige Form. Der S. unterscheidet sich von der ↑Galliarde nur durch die geringere Höhe des Sprunges und das raschere Tempo. Häufig werden daher S. und Galliarde in den

Saltarello aus T. Susatos »Het derde musyck boexken« (1551)

Quellen nicht eindeutig unterschieden. In der Kunstmusik findet sich der S. bei F. MENDELSSOHN BARTHOLDY im Schlusssatz der »Italienischen Sinfonie« (1832/33).

saltato [italienisch]: ↑sautillé.

Salterio tedesco [italienisch]: ↑Hackbrett.

Salve Regina [lateinisch »sei gegrüßt, Königin«]: eine der ↑Marianischen Antiphonen. Das S. R. ist seit dem 11. Jh. im Kloster Reichenau nachweisbar, seine große Beliebtheit zeigt sich in zahlreichen Vertonungen seit dem 15. Jahrhundert.

Samba [afrikanisch-portugiesisch]: ursprünglich Sammelbezeichnung für eine Gruppe brasilianischer Tänze afrikanischen Ursprungs, die um 1920 zum Haupttanz des Karnevals in Rio de Janeiro wurden. Die S. hat ein rasches Tempo, geraden Takt und stark synkopierten Rhythmus, z. B.:

Die Texte der dazugehörigen Tanzlieder sind häufig sozialkritisch und haben hohes literarisches Niveau. Nach dem Zweiten Weltkrieg kam die S. nach Europa und wurde in geglätteter Form Modetanz. Die S. gehört heute zu den Turniertänzen, mit kleinen Schritten, mehr gleitend, fast am Boden getanzt. Eine Abart ist der Anfang der 1960er-Jahre entwickelte, in Verbindung mit dem Cool Jazz international in Mode gekommene ↑Bossa Nova.

Samisen [japanisch]: ↑Shamisen.

Sampler [sˈaːmplə; englisch]: v. a. in der Pop- und Rockmusik eine Beispielsammlung (z. B. auf CD) von Musikstücken zu einem ausgewählten Thema oder von Titeln eines Interpreten oder einer Band (z. B. »The best of ...«). – **Sound-S.** sind Geräte oder Funktionseinheiten, die verschiedene Schall- oder Klangspektren (Soundsamples, z. B. Umweltgeräusche, Instrumentalstimmen, chorischer Gesang) in digitaler Form speichern und in beliebiger Tonhöhe wiedergeben können. Soundsampler finden sich als separate Baugruppen in Verbindung mit z. B. einem elektronischen Klavier oder als integrierter Bestandteil eines Synthesizer- bzw. Musikcomputersystems.

Sanctus [lateinisch »heilig«]: in der katholischen Messe und dem lutherischen Abendmahlsgottesdienst der Lobruf der Gemeinde, in den die Präfation einmündet; der vierte Teil des ↑Ordinarium Missae. Das S. besteht aus dem dreimaligen Heiligruf nach Jesaja 6,3 (Dreimalheilig), dem Hosianna und dem Benedictus. Das Dreimalheilig wurde dem Gottesdienst der Synagoge entnommen und im 4.–5. Jh. allgemein in das Hochgebet eingefügt, in Verbindung mit Hosianna und Benedictus erscheint es im 7. Jahrhundert.

Sansa [arabisch] (Sanza, Zanza): in Zentralafrika verbreiteter Name für das mit beiden Daumen gezupfte Lamellophon mit oder ohne Resonanzkasten und einer variierenden Anzahl von Zungen (z. B. ↑Marimba, ↑Mbira). In Kongo finden sich gelegentlich mit Kalebassen verbundene S., deren Resonatoren gegen die Brust des Spielers (Sängers) gehalten und periodisch etwas abgehoben werden, was Klangfarbenänderungen bewirkt.

Santur [arabisch] (Santir): eine vorderorientalische trapezförmige Kastenzither (Psalterium) mit 18 bis 25 vierfachen Saitenchören, die mit zwei Klöppeln angeschlagen werden, und horizontal angebrachten Wirbeln. Jeder Saitenchor hat seinen eigenen Steg. Spätestens im 15. Jh. entstanden, begegnet die S. heute v. a. in Iran, Usbekistan, Tadschikistan, Armenien, Georgien, in der Türkei und in Griechenland.

Saqueboute [sakˈbut; französisch] (englisch Sackbut): im 15. Jh. Bezeichnung für die Posaune. Das Wort heißt eigentlich »zieh (und) stoß!« und nimmt Bezug auf die Zugvorrichtung des damals entstandenen Instruments.

Sarabande [französisch] (spanisch Zarabanda): ein wahrscheinlich aus Spanien stammender Tanz im Dreiertakt. Im 16./17. Jh. war die S. als lebhafter, erotischer Paartanz (Tanzlied) verbreitet. Sie wurde 1583 von der Inquisition verboten, aber dennoch 1618 am spanischen und 1625 am französischen Hof eingeführt. In der Instrumental- und Ballettmusik herrschte bis nach 1650 eine schnelle Art der S. vor (zwei Teile mit zwei wiederholten Achttakten); dann verlangsamte sich das Tempo. Nach England kam die S. Anfang des 17. Jh. und behielt hier überwiegend die schnelle Form bei; in Italien und Deutschland bestanden bis etwa 1700 beide Formen nebeneinander. V. a. in der Instrumentalmusik wurde die S. ein gravitätischer Tanz im $^3/_2$- oder $^3/_4$-Takt mit charakteristischer Betonung der 2. Zählzeit. Von 1650 bis 1750 war sie fester Bestandteil der Suite. Besonders kunstvoll gestaltet ist sie im Klavierwerk J. S. BACHS.

Sarangi [Sanskrit]: eine gestrichene Kurzhalsfiedel in Nord- und Südindien, mit Schallkörper und breitem Hals aus einem einzigen Stück Holz und einer Hautdecke mit seitlich eingezogenem Umriss. Die S. hat i. d. R. drei Darmsaiten mit seitlichen Wirbeln, dazu gelegentlich eine Metallsaite sowie ursprünglich 11 oder 14, heute bis 36 Resonanzsaiten. Sie wird sowohl in der klassischen wie in der volkstümlichen Musik gespielt und begleitet Gesang und Tanz.

einem leichten Hammer aus Büffelhorn geschlagen, die anderen mit Holzhämmern. Die meist mehrfach besetzten S. tragen die Kernmelodie unverziert vor.

Sarrusophon: ein nach dem Konstrukteur, dem französischen Militärkapellmeister M. SARRUS (Patent 1856), benanntes Blasinstrument aus Metall mit doppeltem Rohrblatt, mittelweiter Mensur, konischem Rohrverlauf, kurz ausladender Stürze und 18 Klappen. Das S. wird in verschiedenen Größen vom hohen Diskant bis zum Kontrabass gebaut. Es wird v. a. in französischen und italienischen Blaskapellen verwendet, das Kontrabass-S. auch im Orchester.

Sattel: bei Saiteninstrumenten Bezeichnung für die kleine Auflageleiste am oberen Ende des Griffbretts (Ober-S.), ferner für die kleine Leiste am unteren Deckenrand (Unter-S.) als Schutz gegen die dort aufliegende Schlinge des Saitenhalters.

Sarabande: G. F. Händel, Suite d-Moll aus »Suites de pièces pour le clavicin« II (1733)

Sardana [katalanisch]: katalanischer Reigentanz im $^2/_4$- oder $^6/_8$-Takt, der im Wechsel von kurzen und langen Schritten von größeren Gruppen auf Straßen und Plätzen getanzt wird. Die Musik der seit dem 16. Jh. bekannten S. basiert auf katalanischen Volksliedern. Charakteristisch ist der Wechsel von langsamem und schnellem Rhythmus; zur Begleitung spielt die ↑Cobla.

Saron [javanisch]: ein bereits um 800 n. Chr. belegtes einoktaviges Metallplattenspiel (Bronze, Eisen) im ↑Gamelan, bestehend aus sechs bis neun abgestimmten Metallplatten, die auf einem trogförmigen Resonator aus Holz liegen; sie werden in drei Größen jeweils im Oktavabstand gebaut. Der kleine S. wird mit

Satz: ein selbstständiges Stück eines instrumentalen mehrsätzigen Werkes (z. B. der 1., 2. usw. S. einer Sonate, Sinfonie) oder die Art, in der ein Tonstück ausgearbeitet ist, die mehrstimmige Setzweise: schlichter, kunstvoller, zwei-, drei-, vierstimmiger, reiner (strenger), freier S., Vokal-, Instrumental-, Orchester-, Quartettsatz u. a. Die **S.-Technik** benennt die Art und Weise, wie eine Komposition zusammengefügt ist (polyphoner und homophoner S., Generalbass-S.). Schließlich bezeichnet S. in Anlehnung an die Sprache eine musikalische Sinneinheit, z. B. innerhalb der ↑Periode den **Vorder-S.** und **Nach-S.** (beide auch **Halbsätze** genannt). Der **Sonaten-S.** stellt sich dar in der ↑Sonatensatzform, wobei Haupt- und Seitenthema auch **Haupt-S.** und **Seiten-S.** heißen.

Satzlehre: die Lehre von der musikalischen Schreibweise. S. fasst als Oberbegriff Harmonie-, Kontrapunkt-, Melodie- und Rhythmuslehre zusammen und zielt auf die praktische Beherrschung und Anwendung von Regeln und Techniken im Hinblick auf die Grundlagen des Komponierens; S. ist insofern eine notwendige erste Stufe der Kompositionslehre.

sautillé [soti'je; französisch »gehüpft«] (italienisch saltato, deutsch Springbogen): bei Streichinstrumenten eine Strichart in schnellem Tempo, bei der der Bogen beim Auf- und Abstrich aufgrund seiner Elastizität springt und die Saite kurz anreißt. – ↑auch ricochet, spiccato.

Saxhorn: ein um 1840 von A. J. Sax entwickeltes, 1843 patentiertes Blechblasinstrument mit konischer Bohrung und drei bis zu sechs Ventilen. In sieben (später neun) Größen gebaut, hatten alle S. die gleiche Tubaform; auch mit nach vorn gebogenem, abnehmbarem Schalltrichter sowie zusätzlichen Klappen. S. wurden u. a. in der französischen Militärmusik gespielt, konnten sich aber nicht behaupten.

Saxophon: ein um 1840 von A. J. Sax entwickeltes (1846 patentiertes) Blasinstrument aus Metall mit einfachem Rohrblatt (Klarinettenmundstück) und weiter, stark konischer Mensur. Das S. überbläst in der Oktave und hat daher ein einfacheres Klappensystem als die verwandte Klarinette. Zunächst als Bassinstrument konzipiert, wird es heute in acht Größen gebaut, vom Sopranino in Es bis zum Subkontrabass in B oder C. Bevorzugt werden die B- und Es-Stimmungen; wichtigste Vertreter sind das Alt-S. in Es (notiert h–f^3, klingend d–as^2) und das Tenor-S. in B (notiert b–g^3, klingend As–f^2). Die beiden höchstliegenden S. (Sopranino und Sopran) haben eine gerade Schallröhre, bei den übrigen (Alt, Tenor, Bariton, Bass, Kontrabass, Subkontrabass) ist der Rohrbeginn abgewinkelt und das Schallstück aufwärts gebogen.

Das S. mit seinem charakteristischen sonoren, in hohen Lagen durchdringenden, in tiefen etwas schnarrenden Klang fand bereits 1845 Eingang in die französische Militärmusik; im Sinfonie- und Opernorchester konnte es sich hingegen bis auf wenige Ausnahmen nicht behaupten. Einen bedeutenden Platz nimmt es seit etwa 1920 im Jazz ein, wo es anfangs solistisch verwendet wurde. Nach 1930 setzte sich in der Bigband der drei- bis fünfstimmige S.-Satz durch, der häufig durch eine Klarinette ergänzt wird; ähnliche Besetzungen finden sich auch in der Tanz- und Unterhaltungsmusik.

Saxotromba [von italienisch tromba »Trompete«]: ein um 1840 von A. J. Sax entwickeltes, 1845 patentiertes Blechblasinstrument mit konischer Bohrung und drei bis vier Ventilen. S. wurden in Analogie zu den Saxhörnern (gleiche Form) in allen Lagen gebaut, hatten allerdings eine engere Mensur.

Saz [sɑz; türkisch]: persische und türkische Bezeichnung für Musikinstrument, in den islamischen Ländern von Iran bis Südosteuropa heute vornehmlich Bezeichnung für die gezupfte Langhalslaute mit Bünden vom Typ des ↑Tanbur. Im Kaukasus dient der S. mit birnenförmigem Resonator, acht bis zehn Saiten und bis zu 14 Bünden der Begleitung von Bardensängern.

Scabellum [lateinisch] (griechisch Krupalon, Krupezon): eine antike Fußklapper, bestehend aus zwei am Fersenteil miteinander verbundenen Holz- oder Metallplatten, die wie eine Sandale am Fuß getragen wurde. Zwischen den beiden Platten war oft ein Paar kleiner Becken angebracht. Das S. wurde meist von einem Aulosbläser zur Begleitung von mimischen Tänzen im Theater gespielt.

Scandicus [lateinisch]: ↑Neumen.

Scarlatti, Domenico, *Neapel 26. 10. 1685, † Madrid 23. 7. 1757, italienischer Komponist: Sohn und Schüler Alessan-

DRO SCARLATTIS, der als Kapellmeister in Rom und Neapel tätig war und u.a. über 100 Bühnenwerke sowie rund 800 Kammerkantaten hinterließ.
Nach beachtlichen Anfangserfolgen als Opernkomponist in Italien wurde S. 1719 königlicher Kapellmeister in Lissabon und stand ab 1728 als Hofcembalist im Dienste der spanischen Krone in Madrid, wo er sich fast ausschließlich der Komposition von Cembalomusik widmete. Seine über 550 zum größten Teil einsätzigen Sonaten, in deren hochartifizielle Anlage auch Elemente der iberischen Volksmusik (Fandango, Bolero) eingegangen sind, hoben u. a. mit gewagten Trillerketten, geballter Akkordik, Intervallsprüngen, dem spieltechnischen Überkreuzen der Hände sowie Sext- und Oktavgängen die Klavierliteratur ihrer Zeit auf ein völlig neuartiges, virtuoses Niveau, das bis auf F. LISZT und J. BRAHMS nachwirkte. I. d. R. tanzsuitenartig untergliedert, gelten sie als wichtige Frühstufe der Sonatensatzform, wie sie dann durch J. HAYDN in der Wiener Klassik verbindlich wurde.

Scat [skæt; amerikanisch]: eine Gesangstechnik im Jazz, bei der mit sinnleeren Silben eine Melodie improvisiert wird. Anfangs wirkte der S.-Gesang wie ein Ersatz instrumentaler Improvisation, so bei L. ARMSTRONG, der diese Art des Singens kreierte. Später, besonders seit dem ↑Bebop, wurde der S.-Gesang eine beliebte Methode brillanter vokaler Improvisation. Zu den bedeutenden S.-Sängern zählen E. FITZGERALD und S. VAUGHAN, in jüngerer Zeit A. JARREAU und B. MCFERRIN.

scemando [ʃe'mando; italienisch]: abnehmend, schwächer werdend.

Scena ed Aria [ʃe'na - -; italienisch]: ↑Szene.

Schall: Bezeichnung für alle hörbaren Schwingungsvorgänge. Die Lehre vom S. ist Grundlage der ↑Akustik. Je nach S.-Spektrum lassen sich S.-Ereignisse bzw. S.-Empfindungen als ↑Knall, Geräusch, ↑Klang oder ↑Ton unterteilen.

Schall|analyse: die Bestimmung von Frequenz und Intensität (oder Amplitude) der Teiltöne eines Schallsignals durch ↑Fourier-Analyse.

Schallbecher: ↑Becher.

Schall|intensität (Schallstärke): der Quotient aus Schallleistung und der zur Richtung des Schallenergietransports senkrechten Fläche, das Produkt aus Schalldruck und Schallschnelle. Sie wird meist als S.-Pegel in Watt/m^2 angegeben. – ↑auch Dezibel.

Domenico Scarlatti

Schallloch: Öffnung in der Decke (seltener im Resonanzboden) von Saiteninstrumenten, die die Schwingungsform beeinflusst und eine Abstrahlung des eingeschlossenen schwingenden Luftvolumens ermöglicht. Das S. ist bei Zupfinstrumenten ein rundes, oft als ↑Rosette ausgearbeitetes Loch, bei Violen (Gamben) ein C-förmiger, bei Violinen ein *f*-förmiger Einschnitt in symmetrischer Anordnung beidseitig vom Steg.

Schallspektrum: die Verteilung des Schalldrucks oder der Schallintensität in Abhängigkeit von der Frequenz eines

Schallsignals. Klänge und Tongemische haben ein **diskontinuierliches S.**, also ein Linienspektrum, dessen Linien (scharfe Maxima) durch ihren Ort auf der Abszisse die Frequenzen und durch ihre Länge die Intensität oder den Schalldruck der reinen Teiltöne angeben (meist als Schallpegel). Bei den meisten Geräuschen liegen die Frequenzen der Teiltöne und damit die ihnen entsprechenden Linien so dicht, dass sie nicht aufgelöst werden können und ein **kontinuierliches S.** ergeben.

Schallstärke: ↑Schallintensität.

Schalmei [von griechisch kálamos »(Schilf)rohr«]: in der Instrumentenkunde Oberbegriff für alle Blasinstrumente mit einfachem oder doppeltem Rohrblatt. Im engeren Sinne ist die S. ein mittelalterliches, aus Arabien stammendes Blasinstrument mit doppeltem Rohrblatt, enger Mensur, sechs bis sieben

Schalmei

Grifflöchern und einer Pirouette. Das Instrument wurde im Windkapselansatz geblasen (das Rohrblatt wird ganz in den Mund gesteckt, die Mundhöhle dient als Luftbehälter). Aus der in verschiedenen Stimmlagen gebauten S. entwickelte sich im 15.–16. Jh. die Familie der weiter mensurierten, mit Klappen versehenen ↑Pommern, deren Diskantinstrument (nun ohne Windkapselansatz) den Namen S. beibehielt. Als Instrument der Volksmusik wird die scharf klingende S. bis heute im Vorderen Orient, auf dem Balkan und in Spanien gespielt. – Bei der Orgel ist die S. ein Zungenregister mit Bechern aus konischem Schaft und sich erweiterndem trichterförmigem Aufsatz.

Scharf (Scharff, Acuta): ein Register der Orgel von hohem, scharfem Klang, zu den ↑gemischten Stimmen gehörend.

Schauspielmusik: ↑Bühnenmusik.

Scheinkonsonanz (Auffassungsdissonanz): Bezeichnung für Klänge, die konsonant zu sein scheinen, jedoch aufgrund des musikalischen Kontextes als dissonant aufgefasst werden, z. B. die Sexte als Vorhalt vor der Quinte oder im temperierten System das Intervall f–gis, das mathematisch gesehen eine kleine Terz, im musikalischen Zusammenhang jedoch eine übermäßige Sekunde ist, die sich als Vorhalt in die große Terz f–a auflöst.

Scheitholz (Scheitholt): eine in Deutschland vom Mittelalter bis ins 19. Jh. als Volksinstrument gebräuchliche Zither, mit schmalem, länglichem Resonanzkasten und Bünden an einer Seite der Decke und mit einem oder mehreren Schalllöchern; darüber sind 1–4 Griffsaiten und einige Begleitsaiten gespannt. Sie wurden mit den Fingern angerissen und durch ein Holzstäbchen verkürzt.

Schelle: eine aus Blech getriebene, geschlitzte Gefäßrassel mit eingeschlossenem Rasselkörper oder Klöppel, als Bestandteil anderer Instrumente (Schellenbaum), als Tier-S. oder als Gewand-S. im Volkstum weit verbreitet. Beim Orchesterinstrument sind entweder bis zu 20 S. an einem Stab oder Halteband befestigt oder zahlreiche winzige S. traubenartig gebündelt an einem Handgriff befestigt.

Schellenbaum (Halbmond, früher Mohammedsfahne): ein veraltetes Schüttelinstrument von Militärkapellen, bestehend aus einer Tragstange mit Querstangen, an denen Schellen, Glöckchen und Rossschweife hängen. An der Spitze der Stange befand sich ursprünglich ein Halbmond oder ein dach- oder kegelförmiger Aufsatz, später ein Stern oder Adler. Der S. gelangte über die ↑Janitscharenmusik in die europäische Militärmusik, ab Mitte des 19. Jh. von der ↑Lyra abgelöst.

Schellentrommel

Schellentrommel (Tamburin, Handtrommel, baskische Trommel, spanisch Pandero): eine flache (6–7 cm) einfellige Rahmentrommel (Durchmesser 25–30 cm) aus Holz, seltener aus Metall, in deren Zarge 10–20 Metallplättchen oder Schellen eingelassen oder angehängt sind. Die S. wird gerieben, geschüttelt oder geschlagen; sie wird v.a. in der volkstümlichen Tanzmusik verwendet. Im Orchester wird sie zur Darstellung exotischer, orientalischer und spanischer Klangfarben eingesetzt.

scherzando [skɛr-; italienisch]: scherzend; oft in Verbindung mit Tempobezeichnung verwendet (z.B. **Allegro s.**).

Scherzo [ˈskɛrtso; italienisch »Scherz«]: seit etwa 1600 Bezeichnung für ein weltliches, kanzonettenartiges Lied, dann auch für ein Instrumentalstück heiteren Charakters (z.B. J. S. BACH, Partita a-Moll, BWV 827, 6. Satz). Das S. bezeichnet auch einen raschen Satz im $^3/_4$-Takt mit Trio, der sich aus dem Menuett entwickelte, dessen Form übernahm und im Sonatenzyklus an der gleichen Stelle erschien. S. begegnen erstmals in J. HAYDNS Streichquartetten op. 33 (1781). L. VAN BEETHOVEN führte diesen Satztyp zu neuer Ausprägung, indem er ihn mit charakteristischen, z.T. burlesken oder unheimlichen Zügen ausstattete und ihn auch formal erweiterte. Hieran knüpfen die groß angelegten, rhythmisch akzentuierten S.-Sätze mit volkstümlicher Triomelodik in den Sinfonien A. BRUCKNERS und G. MAHLERS (oft mit parodistisch verfremdendem Einschlag) an. Daneben kommen im 19. Jh. selbstständige (meist virtuose) Klavier- und Orchesterstücke mit der Bezeichnung S. vor (z.B. von F. CHOPIN).

Schlägel (Schlegel): ein Gerät zum Anschlagen von Schlaginstrumenten, meist ein 30–40 cm langer Holzstab mit abgerundetem Ende oder in einen Kopf (aus Schwamm, Filz, Kork, Leder, Holz) auslaufend, vorwiegend paarig verwendet. Bestimmte S. haben eigene Bezeichnungen, z.B. heißen die S. der Trommel **Stöcke**, die des Hackbretts **Klöppel.**

Schlager: ein populäres Unterhaltungs-, Stimmungs- und Tanzlied. Das Wort S. soll zuerst 1881 in der »Wiener National-Zeitung« als Bezeichnung für zündende (»einschlagende«) und eingängige Gesangsstücke verwendet worden sein, die sich schnell verbreiten. Zunächst waren es meist Nummern aus Opern und Operetten, dann entstanden eigenständige Musikstücke dieser Art. Zuvor hatte man solche erfolgreichen Lieder als »Straßenlied«, »Gassenhauer« u.Ä. bezeichnet. Im 20. Jh. erweiterte sich der Begriff S. zum Gattungsnamen, beschränkt sich heute i.d.R. aber auf deutschsprachige Produktionen.

Der S. ist ein typisches Produkt der modernen Industriegesellschaft. Durch CD, Hörfunk, Film, Fernsehen u.a. erreicht er ein Massenpublikum. Der Erfolg eines S. wird v.a. am Verkaufsergebnis (»Goldene Schallplatte«), an der Zahl der Aufführungen durch Bands und Rundfunksendungen sowie an Umfragen gemessen. Die Ergebnisse werden in Hitparaden (wöchentliche Beliebtheitsskala von aktuellen Musiktiteln) veröffentlicht. Texter und Komponisten treten hinter den Sängern, den **S.-Stars,** weitgehend zurück. Erfolge reiner Instrumentalstücke sind selten, meist erst nach einer erfolgreichen Vokalfassung. Dabei passen sich die einfachen Texte den wechselnden (Wunsch-)Vorstellungen der Hörer an und variieren meist die Grundthemen Liebe, Heimweh, Fernweh und Glücksverlangen. S. sind oft kurzlebig, nur einige überdauern als ↑Evergreens.

Die früher in der Liedforschung übliche scharfe Trennung zwischen Volkslied und S. lässt sich heute nicht mehr aufrechterhalten. Viele Volkslieder waren in neuer, schlagerähnlicher Aufmachung erfolgreich, einige S. sind Volksliedern vergleichbar, v. a. wenn sie in mündlicher Tradition übernommen werden und dort Veränderungen unterliegen.

Schlaggitarre (Plektrumgitarre): ein Gitarrentyp des 20. Jh., der in der Tanzmusik, im Country and Western und im Jazz eingesetzt wird. Die S. hat einen größeren Korpus als die Normalgitarre, einen breiteren Unterbügel sowie eine gewölbte Decke mit *f*-Schalllöchern. Da sie häufig mit Plektrum (↑Plektron) gespielt wird, verfügt sie über ein Schlagbrett; unter der Bezeichnung **Hollow Body** wird sie auch als halbakustische E-Gitarre gespielt.

Schlag|instrumente (Perkussionsinstrumente): Musikinstrumente, deren Töne durch Anschlag entstehen. Der Schlag kann dabei vom Spieler unmittelbar ausgeführt werden (Trommel) oder mittelbar erfolgen (Rassel). Mittelbar entstehen Anschläge z. B. durch Schütteln oder Schrapen. Zu den S. zählen die meisten der ↑Idiophone und ↑Membranophone, aber auch einige ↑Chordophone (Hackbrett). S. gibt es mit bestimmter (Pauke, Xylophon) und unbestimmter Tonhöhe (Becken, Trommel).

Schlagzeug: neben den Streich- und Blasinstrumenten die dritte Hauptgruppe der Orchesterinstrumente. Außer traditionellen Schlaginstrumenten wie große und kleine Trommel, Becken und Triangel, die gegen Ende des 18. Jh. aus der ↑Janitscharenmusik in die europäische Kunstmusik übernommen wurden, zählen nach der Erweiterung des Instrumentariums seit der Mitte des 19. Jh. auch Schrapinstrumente, Rasseln, Geräusch- (z. B. Gong, Tamtam) bzw. Effektinstrumente, folkloristische Instrumente (z. B. Kastagnetten) sowie einige Tasteninstrumente (z. B. die Celesta) zum Bestand des S. In der Orchesterpraxis wird die Pauke i. d. R. nicht zum S., sondern zu den Fundamentalbassinstrumenten gerechnet. Zu den Aufgaben des häufig von mehreren Spielern bedienten Orchester-S. gehört die Erzeugung von Rhythmen, Geräuschen bzw. Geräuschkomplexen, bestimmten Tonhöhen, auch Melodien und Harmonien. Aufgrund der Verschiedenheit des Instrumentariums ist eine einheitliche Notation nicht möglich. – Im Jazz sowie in der Rock- und Popmusik ↑Percussion genannt, ist das S. hauptsächlich Träger des Grundrhythmus (↑Drums), wird aber v. a. im Jazz seit den 1940er-Jahren zunehmend solistisch eingesetzt.

Schleifer (französisch Coulé): eine Verzierung, ein schneller ↑Vorschlag mit zwei oder mehr stufenweise auf- oder absteigenden Tönen.

Schleiflade: in der Orgel eine Art der ↑Windlade.

Schlitztrommel: ein Aufschlagidiophon, bestehend aus dem Abschnitt eines Baumstamms (von 50 cm bis 10 m Länge), der durch einen längs verlaufenden, in der Mitte häufig verengten und als Anschlagsstelle dienenden Schlitz ausgehöhlt wurde. Die Ränder des Schlitzes sind oft verschieden dick, sodass beim Anschlag (mit Schlägeln) verschiedene Töne entstehen. Die S. ist in Afrika, Lateinamerika, Ozeanien und Ostasien als Kult- und Signaltrommel verbreitet.

Schlüssel (Notenschlüssel): in der Notenschrift ein stilisierter Tonbuchstabe zu Beginn eines ↑Liniensystems, der die Tonhöhen bzw. die Tonrelationen zwischen den einzelnen Noten fixiert. GUIDO VON AREZZO gilt als der Erfinder des S., der v. a. in den Formen von C-Schlüssel, F-Schlüssel und G-Schlüssel gebraucht wurde und wird. Die heute gebräuchlichsten S. sind Violin-, Bass- und Altschlüssel.

1 2 3 4 5   6 7 8   9 10

Schlüssel: 1–5 C-Schlüssel: 1 Sopran-, 2 Mezzosopran-, 3 Alt-, 4 Tenor-, 5 Baritonschlüssel; 6–8 F-Schlüssel: 6 Bariton-, 7 Bass-, 8 Subbassschlüssel; 9 französischer Violinschlüssel; 10 Violinschlüssel

Schlüsselfiedel (schwedisch Nyckelharpa, Nyckelfiol): ein fiedelähnliches Streichinstrument in Diskantlage mit hebelartigen Tasten (Schlüsseln) am breiten Griffbrett und ein bis zwei Melodiesaiten, die durch Anschieben der Tasten verkürzt werden; hinzu kommen zwei bis drei Bordunsaiten und oft auch Resonanzsaiten. Die S. ist seit dem späten Mittelalter in Dänemark und Schweden belegt. Vom 15. bis zum 17. Jh. war sie in Deutschland als Volksinstrument gebräuchlich; in Schweden wird sie noch heute gespielt.
Schnabel: das Mundstück von Klarinette, Saxophon und Blockflöte (S.-Flöte).
Schnabelflöte: eine Längsflöte mit schnabelförmigem Mundstück; meist gleichbedeutend mit ↑Blockflöte.
Schnaderhüpfel (Schnadahüpfl): ein vierzeiliges Scherz- oder Spottliedchen aus dem bayerisch-österreichischen Alpengebiet, das meist auf eine bekannte Melodie (achttaktig, im ³/₄-Takt, mit Dreiklangsmelodik) improvisiert wird, oft mit Vorsänger und Chor und mit einem Jodler am Schluss. Die Melodien des S. waren wohl ursprünglich Einleitungen zum ↑Ländler. Erste Aufzeichnungen stammen aus der Zeit um 1800. Ähnliche einstrophige Lieder heißen anderswo **Gsangel, Gstanzl** oder **Runda**, verwandt sind norwegischer **Stev**, schwedischer **Låtar** und russischer **Tschastuschka**.
Schnarre: ↑Ratsche.
Schnarrsaite: eine quer über das untere Fell einer Trommel gespannte Darmsaite, deren Mitschwingen gegen das Fell das Schnarren des Trommelklangs, besonders beim schnellen Wirbel, hervorruft; bei der modernen Snaredrum z. B. im Jazz sind die S. auch Drahtspiralen.
Schnarrwerk: ältere Bezeichnung für die Zungenregister der Orgel.
Schneller: ↑Pralltriller.
Schofar [hebräisch]: ein mundstückloses Signalhorn, meist aus einem Widderhorn gefertigt, das bei den Juden im Tempel und im Krieg verwendet wurde. Der S. wird häufig im Alten Testament erwähnt (so bei der Zerstörung der Mauern von Jericho, Josua 6, 4–20) und heute noch in der Synagoge verwendet.
Schola Cantorum [lateinisch »Sängerschule«]: die vom Kantor geleitete Gruppe von (beruflichen) Sängern, die an den römischen Stationskirchen und später an jeder größeren Kirche die liturgischen Gesänge ausführte. Am päpstlichen Hof in Rom ist für das 7. Jh. ein Chor aus sieben Sängern bezeugt. Mit der Entwicklung der Mehrstimmigkeit und nach dem Wegzug der Päpste nach Avignon (1309) wurde die S. C. von der ↑Kapelle abgelöst. Die Bezeichnung wurde für die 1896 in Paris von V. D'INDY, F. A. GUILMANT und C. BORDES gegründete Musikschule übernommen, die sich die Erneuerung der französischen Musik nach alten Vorbildern zum Ziel setzte. 1933 gründete P. SACHER in Basel die »S. C. Basiliensis«, ein Lehr- und Forschungsinstitut für alte Musik.
Schönberg, Arnold: Siehe S. 358.
Schostakowitsch [ʃɔstaˈkɔvitʃ], Dmitrij Dmitrijewitsch, russischer Komponist, *Sankt Petersburg 25. 9. 1906, † Moskau 9. 8. 1975: Von A. GLASUNOW gefördert, studierte S. u. a. am Petersburger Konservatorium, wo er 1937–58 als

Schönberg

Es gehört zu den großen Besonderheiten der Musikgeschichte, dass ausgerechnet ein Autodidakt zur einflussreichsten Komponistenpersönlichkeit der westlichen Kunstmusik des 20. Jh. wurde. Dabei scheinen allerdings nach wie vor weniger die Werke ARNOLD SCHÖNBERGS selbst bekannt zu sein als vielmehr seine kompositionstechnischen Methoden und Maximen wie »Emanzipation der Dissonanz«, »Atonalität«, »Klangfarbenmelodie« oder »Dodekaphonie« (↑Zwölftontechnik), mit denen er als Kopf der sog. 2. Wiener Schule gemeinsam mit seinen Schülern – neben dem abtrünnigen H. EISLER v. a. A. BERG und A. WEBERN – die ↑Neue Musik nach 1900 initiierte.

■ Zwischen Anspruch und Wirklichkeit

Der am 13. 9. 1874 in Wien geborene SCHÖNBERG stammte aus jüdischen Kleinbürgermilieu und ließ sich wie viele der damaligen Juden später taufen, konvertierte aber unter dem Eindruck des beginnenden Nationalsozialismus 1933 wieder zum jüdischen Glauben. Mit acht Jahren lernte er Geige, daneben auch Violoncello spielen; nach dem vorzeitigen Abbruch des Gymnasiums begann er eine Banklehre, beschäftigte sich nebenbei aber intensiv mit Musik, Literatur und Philosophie und eignete sich autodidaktisch (u. a. mithilfe eines Konversationslexikons) die theoretischen Grundlagen der Musik an. Bei seinem späteren Schwager A. VON ZEMLINSKY, in dessen Amateurorchester SCHÖNBERG mitwirkte, erhielt er den einzigen geregelten Kompositionsunterricht seines Lebens, meist in Form kritischer Diskussionen bereits komponierter Werke. Dieser gänzlich unakademische Werdegang sollte allerdings Grundvoraussetzung werden für SCHÖNBERGS eigenes, von streng musikalischem Denken ausgehendes späteres Komponieren. Mehrfach zwischen Wien und Berlin wechselnd, war er dabei als Komponist neben meist privater Lehrtätigkeit aus finanziellen Gründen immer wieder zum »Broterwerb« gezwungen, so durch das Instrumentieren von Operetten oder die Arbeiten zu E. VON WOLZOGENS Berliner Kabarett »Überbrettl«. Als er 1925 als Nachfolger F. BUSONIS an die Berliner Akademie der Künste berufen wurde, brachte ihm dies bis zu seiner Emigration 1933 in die USA zum ersten und einzigen Mal eine Phase gesicherter Existenz.

■ Der letzte Spätromantiker

SCHÖNBERGS kompositorischer Werdegang lässt sich, abgesehen vom amerikanischen Spätwerk, in drei Phasen einteilen. Im Mittelpunkt der ersten Phase stehen neben dem Streichsextett »Verklärte Nacht« op. 4 (1899) die 1900 begonnenen aber erst 1911 fertig instrumentierten »Gurrelieder«, ein noch ganz von der Klangwelt R. WAGNERS geprägtes dreiteiliges Oratorium für 5 Solostimmen, 3 Männerchöre, 8-stimmigen gemischten Chor und einen monumentalen Orchesterapparat, der in seiner Besetzung alles an Partituren übertrifft, was vorher und danach entstanden ist. Auf Initiative WEBERNS fand die Uraufführung des Werkes, zu dessen Realisierung ein Klangkörper mit rd. 600 Sängern und 150 Instrumentalisten zusammengestellt werden musste, unter der Leitung von F. SCHREKER mit großem Erfolg 1913 in Wien statt. Für SCHÖNBERGS weitere Entwicklung bedeutsam wurde das Melodram des 3. Teils, eine von SCHÖNBERG immer wieder aufgegriffene dramatische Musikform, die eine oder mehrere nach Rhythmus und Tonhöhe genau festgelegte Sprechstimmen einbezieht. Zu dieser zählen u. a. auch SCHÖNBERGS expressionistisches Zentralwerk »Pierrot lunaire« (1912), das ihn international bekannt machte, sowie das Monodram »Erwartung« (1909).

■ Durchbruch zur Atonalität

Wie die »Gurrelieder« ist auch die sinfonische Dichtung »Pelleas und Melisande« (1903) bereits von einer strukturellen Dichte geprägt, die die Tonalität an ihre äußersten Grenzen führt und über die 1. Kammersinfonie op. 9 (1906) auf das 2. Streichquartett fis-Moll op. 10 (1907) weist, mit dem nach SCHÖNBERGS eigenen Worten seine zweite, »atonale« Stilperiode beginnt. Äußerlich der traditionellen Viersätzigkeit verpflichtet, tritt erstmals in der Geschichte der Gattung eine Singstimme (Sopran) hinzu, die im 3. und 4. Satz Gedichtzeilen S. GEORGES vorträgt. Während die beiden ersten Sätze noch mit weitestgehend tonalem Material umgehen, verzichtet SCHÖNBERG ab dem 3. Satz erstmals auf eine die Tonart festlegende Vorzeichnung – spätestens im 4. Satz fehlt dann jeglicher Bezug zu einem Grundton. Dass sich SCHÖNBERG hier durchaus der »historischen Tragweite« solchen Komponierens bewusst war, zeigen nicht zuletzt die kommentierenden George-Verse: »Ich fühle luft von anderem planeten… Ich löse mich in tönen, kreisend, webend.« Mit den George-Vertonungen »Buch der hängenden Gärten« op. 15 und den Klavierstücken op. 11 (beide 1909) entstanden dann die ersten durchgehend atonalen Werke.

■ Das »Watschenkonzert«

Ein von SCHÖNBERG geleitetes Orchesterkonzert am 31. 3. 1913 im Großen Wiener Musikvereinssaal sorgte für einen der größten Skandale der neueren Musikgeschichte. Es erklangen Werke von WEBERN, ZEMLINSKY, SCHÖNBERG selbst, BERG und G. MAHLER. Bereits kurz nach Beginn wurde gezischt und geklatscht, mit Hausschlüsseln und Pfeifchen gestört, und auf der zweiten Galerie entstanden erste Prügeleien. Die Situation eskalierte vollends, als BERGS zwei Orchesterlieder nach Ansichtskartentexten P. ALTENBERGS erklangen und SCHÖNBERG, wie ein Chronist berichtet, abbrach: »Dadurch aber, dass Schönberg inmitten des Liedes abklopfte und in das Publikum die Worte schrie, dass er jeden Ruhestörer mit Anwendung der öffentlichen Gewalt abführen lassen werde, kam es neuerlich zu aufregenden und wüsten Schimpfereien, Abohrfeigungen und Forderungen. Herr von Webern schrie auch von seiner Loge aus, dass man die ganze Bagage hinausschmeißen sollte, und aus dem Publikum kam pünktlich die Antwort, dass man die Anhänger der missliebigen Richtung der Musik nach Steinhof (die Wiener Irrenanstalt) abschaffen müsste… Es war kein seltener Anblick, dass irgendein Herr aus dem Publikum in atemloser Hast und mit affenartiger Behendigkeit über etliche Parkettreihen kletterte, um das Objekt seines Zornes zu ohrfeigen.«

Arnold Schönberg

■ Allein mit zwölf Tönen

Während SCHÖNBERGS musikalische Produktivität mit Ausnahme des Oratorienfragmentes »Die Jakobsleiter« während des Ersten Weltkrieges fast völlig zum Erliegen kam, gründete er 1919 in Wien den Verein für musikalische Privataufführungen, eine Gegeninstitution zum mittlerweile verachteten bürgerlichen Konzertbetrieb, die sich v. a. der sorgfältigen Interpretation moderner und Neuer Musik widmen sollte. Um 1920 (Klavierwerke op. 23) begann dann mit der Zwölftontechnik die Herausbildung eines neuen Ordnungsprinzips, das von der völligen Gleichberechtigung aller zwölf chromatischen Halbtöne innerhalb der Oktave ausging, und über die sog. Reihentechnik (↑Reihe) als satztechnischer Grundlage eine erneute Hinwendung zu größeren Formzusammenhängen und traditionellen Gattungen (Suite, Sonate, Variation) ermöglichte. Sie fand ihre Höhepunkte u. a. in den Opern »Von heute auf morgen« (1929) und »Moses und Aron« (1932; nur 1. und 2. Satz).

■ Im amerikanischen Exil

In Amerika angekommen, lebte SCHÖNBERG ab 1934 zunächst in Hollywood, dann bei Los Angeles, wo er an der dortigen Universität bis 1944 lehrte. Hier entstanden weitere, teils modifizierte Zwölftonwerke (u. a. Violinkonzert op. 36, 1936; Klavierkonzert op. 42, 1942). Die Erschütterung über einen Bericht von der Judenverfolgung im Warschauer Ghetto regte SCHÖNBERG zu einem seiner ergreifendsten Bekenntniswerke, dem Melodram »Ein Überlebender aus Warschau« (1947), an. In den von seiner allmählicher Erblindung überschatteten letzten Werken (u. a. Psalmkompositionen) finden sich wieder Rückgriffe auf tonale Idiome. Der Komponist selbst, der 1941 die amerikanische Staatsbürgerschaft erworben hatte, starb am 13. 7. 1951 in seiner neuen Heimatstadt Los Angeles.

SCHÖNBERG, der »konservative Revolutionär«, verstand seine Kunst nicht als genuin umstürzlerisch, sondern als eine notwendige Konsequenz aus der musikhistorischen Tradition, als deren alleiniger Erbe er sich betrachtete, und die er neben seiner »Harmonielehre« (1911) in zahlreichen weiteren Schriften (u. a. in den nach seinem Tod veröffentlichten »Tendenzen der Harmonie«, 1957, und »Stil und Gedanke«, 1976) verteidigte. Großen Einfluss hatte v. a. sein Prinzip der Reihentechnik auf die ↑serielle Musik nach 1950. Angesichts der nach wie vor geringen Akzeptanz Neuer Musik wurde SCHÖNBERGS ästhetischer Alleinvertretungsanspruch später vielfach als arrogant und sektiererisch kritisiert, von Gleichgesinnten bis in unsere Tage aber immer wieder zur eigenen Legitimation herangezogen. ■

✎ Wer hört (heute noch) SCHÖNBERG? Frage in deinem Bekanntenkreis und in dem deiner Eltern, ob jemand Platten oder CDs von SCHÖNBERG besitzt. Erkundige dich bei denen, die welche haben, ob die Werke aus SCHÖNBERGS spätromantischer Phase oder aus der Zeit der Zwölftontechnik stammen.

✎ HANSEN, MATHIAS: *Arnold Schönberg. Ein Konzept der Moderne.* Kassel (Bärenreiter) 1993. ■ FREITAG, EBERHARD: *Arnold Schönberg.* Reinbek (Rowohlt) 39.–41. Tsd. 1994. ■ GRADENWITZ, PETER: *Arnold Schönberg und seine Meisterschüler. Berlin 1925–1933.* Wien (Zsolnay) 1998. ■ SINKOVICZ, WILHELM: *Mehr als zwölf Töne. Arnold Schönberg.* Wien (Zsolnay) 1998.

Kompositionslehrer wirkte. Der frühe, auch internationale Erfolg seiner 1. Sinfonie (1925) sowie sein experimentierfreudiger, an der westeuropäischen Moderne orientierter freitonaler, polyrhythmischer Stil, etwa in seiner 2. Sinfonie (zum 10. Jahrestag der Revolution, 1927) oder der Oper »Die Nase« (nach N. W. GOGOL, 1928), machten ihn in der kulturellen Aufbruchstimmung nach der Oktoberrevolution eine Zeit lang zum führenden Repräsentanten der sowjetrussischen Musikavantgarde.
Im Zuge der Stalinisierung wurde S.s tragisch-satirische Oper »Lady Macbeth des Mzensker Kreises« (Neufassung als »Katerina Ismajlowa«, 1963) in einem Prawda-Artikel 1936 als dekadent, formalistisch und mit den Prinzipien des sozialistischen Realismus unvereinbar gebrandmarkt. Obwohl er sich v. a. mit der 7. Sinfonie (»Die Leningrader«, 1941) als Patriot rehabilitierte, entstanden erst nach STALINS Tod (1953) neue, bemerkenswerte Werke, in denen als heimlicher Protest auf seine künstlerische Ächtung oftmals Zitate aus früheren Werken auftauchen. Zahlreiche seiner insgesamt 15, z. T. durch Chöre ausgeweiteten Sinfonien tragen programmatische Titel, etwa die 11. »Das Jahr 1905« (1957) oder die LENINS Andenken gewidmete 12. »Das Jahr 1917« (1961). S. komponierte über 30 Filmmusiken, Ballette, Bühnenmusik, z. T. patriotische Chorwerke sowie in den späten, von Krankheit gezeichneten Jahren zunehmend Kammermusik (u. a. 15 Streichquartette). Seine Memoiren »Zeugenaussage« (deutsch 1979) trugen dazu bei, das vermeintliche Bild vom »regimetreuen« Komponisten v. a. im Westen zu relativieren.

Schottisch: ein deutscher Paartanz in raschem $^2/_4$-Takt mit Wechselschritt; um 1800 aus der ↑Écossaise hervorgegangen. Nach 1840 wurde er in der Stadt durch die ↑Polka verdrängt, lebte aber auf dem Land bis nach 1900 weiter.

Schrammelmusik: volkstümliche österreichische, zunächst spezifisch wienerische Musik, benannt nach den Brüdern SCHRAMMEL. Die ursprüngliche Triobesetzung mit JOHANN SCHRAMMEL, (1. Violine), JOSEF SCHRAMMEL (2. Violine) und A. STROHMEYER (Gitarre) wurde später durch Akkordeon (anfangs Klarinette) zum Quartett (»D'Schrammeln«) erweitert. Heute ist die Quartettbesetzung selten, meist wird im Duo musiziert (Gitarre, Akkordeon), das mit einer Geige zum Trio erweitert sein kann. Das Repertoire umfasst volkstümliche Lieder, Walzer, Märsche und Potpourris.

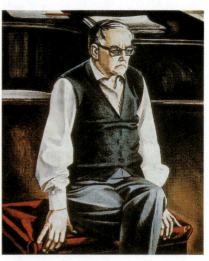

Dmitrij Schostakowitsch

Schraper: ein Geräuschinstrument mit gerillter, gezahnter oder eingekerbter Oberfläche, die mit einem Stäbchen oder Plättchen rhythmisch gestrichen (geschrapt) wird. S. sind u. a. die südamerikanische ↑Guiro und Reco-Reco (Holzkörper mit aufgesetztem oder eingeschnittenem Rillenband) sowie die ↑Ratsche. S. zählen zu den ältesten Musikinstrumenten.

Schreierpfeife (Schryari): im 16. und 17. Jh. Bezeichnung für unterschiedliche Doppelrohrblattinstrumente, so für ein

Schreittanz: eine meist geradtaktige mittelalterliche Tanzart mit Schrittbewegungen in langsamem Zeitmaß; meist als Vortanz mit nachfolgendem Springtanz (↑Nachtanz) zu einem Tanzpaar verbunden.

Schryari [ˈʃriːari]: ↑Schreierpfeife.

Schubert, Franz Peter, österreichischer Komponist, *Lichtental (heute zu Wien) 31. 1. 1797, † Wien 19. 11. 1828: Trotz der Nähe zur Wiener Klassik steht S.s Werk für den Beginn der romantischen Musik. Seine frühe musikalische Begabung erhielt eine umfassende Ausbildung 1808–14 im Internat der Wiener Hofkapelle, für dessen Orchester seine 1. Sinfonie (1813) entstand. Ab 1818 lebte er, meist von Freunden unterstützt, in z.T. dürftigen, seit 1823 zudem von einer Geschlechtskrankheit überschatteten Verhältnissen als freier Künstler in Wien. Bemühungen um eine feste Anstellung schlugen ebenso fehl wie Versuche, sich mit seinen über zehn Singspielen bzw. Opern als Bühnenkomponist einen Namen zu machen. Anerkennung fand S., dessen einziges öffentliches Konzert erst ein halbes Jahr vor seinem Tod (Typhusinfektion) stattfand, nur im Kreise befreundeter Künstler (u.a. M. VON SCHWIND, F. GRILLPARZER), deren gesellige, als »Schubertiaden« bekannt gewordenen Zusammenkünfte er wesentlich mitbestimmte.

Im Zentrum von S.s immensem, nahezu 1000 Werknummern umfassendem Schaffen steht das Klavierlied, das er zu einem ersten Höhepunkt führte. Etwa ein Zehntel der insgesamt über 660 S.-Lieder sind Goethe-Vertonungen (u.a. »Gretchen am Spinnrade«, »Heidenröslein«, »Erlkönig«). Dabei besteht das Neue seiner Lieder gleichermaßen in ihrer innigen, das Dichterwort nachschöpferisch interpretierenden Gesangsmelodik wie im Klaviersatz, der besonders in den zwei Liederzyklen »Die schöne Müllerin« (1823) und »Winterreise« (1827) geprägt ist von einer differenzierten, psychologisch ausdeutenden Motivik und einer vielfach abgetönten Harmonik (Dissonanzverschärfung, häufiger Dur-Moll-Wechsel).

Franz Schubert

Im Gegensatz zu der dramatisch-dialektischen Prozesshaftigkeit der Musik L. VAN BEETHOVENS, den S. zeitlebens nicht anzusprechen wagte, sind auch seine Instrumentalwerke (u.a. acht Sinfonien, darunter Nr. 7 »Unvollendete«, 1822) und die Kammermusik (15 Streichquartette, u.a. Nr. 14 »Der Tod und das Mädchen«, 1824; Klavier-»Forellen«-Quintett, 1819) oft auf eine sofort einsetzende Grundtönigkeit gestellt, die in z.T. weitschwingenden Melodiebögen das Ganze zusammenhält. Neben kleineren, liedhaften Klavierstücken (»Moments musicaux«, 1823–27; »Impromptus«, 1827) hatte v.a. die freie, neuartige Formbehandlung in den späten seiner insgesamt 20 Klaviersonaten oder in der »Wanderer«-Fantasie (1822), die die klassische Viersatzfolge der Sonate in einem einzigen Satz zusammenfasst, eine bis auf G. MAHLER reichende Wirkung.

Schuhplattler: ein in Oberbayern und Tirol verbreiteter Paarwerbetanz, bei dem die Männer zur Musik eines ↑Ländlers mit den Händen auf Oberschenkel und Schuhsohlen schlagen (»platteln«), während sich die Frauen um die eigene Achse drehen (»kreiseln«). Seit etwa 1900 wird der S. als Gruppenplattler getanzt.

Schul|oper: ein szenisches Werk mit Musik, das nach Inhalt und technischen Anforderungen zur Aufführung durch Schüler und Studenten bestimmt ist. Nach frühen Formen im Humanismus (antikische Schuldramen mit Choreinlagen in den deutschsprachigen protestantischen Ländern, Jesuitendramen in den katholischen) entstanden seit dem 18. Jh. zahlreiche S. (W. A. MOZART, J. E. EBERLIN), daneben **Kinderopern** (über J. A. HILLER, F. ABT u.a. bis zu E. HUMPERDINCKS heute noch vielgespielten »Hänsel und Gretel«, 1893), in denen v. a. Märchenstoffe und Kinderlieder verarbeitet wurden. Um 1930 kam es zu einer Wiederbelebung der Gattung mit Werken u.a. von P. HINDEMITH (»Wir bauen eine Stadt«, 1930) und durch das brechtsche Lehrstück.

Schumann, Robert: Siehe S. 364.

Schusterfleck: ↑Rosalie.

Schütz, Heinrich, deutscher Komponist, *Köstritz (heute Bad Köstritz) 14. 10. 1585, † Dresden 6. 11. 1672: S. ist der bedeutendste Komponist des protestantischen Deutschlands vor J. S. BACH. Früh gefördert vom hessischen Landgrafen MORITZ DEM GELEHRTEN, komponierte er während eines Studienaufenthalts 1609–13 bei G. GABRIELI in Venedig das erste Madrigalbuch (op. 1, 1611). Danach Hoforganist in Kassel, musste er auf Drängen des sächsischen Kurfürsten JOHANN GEORG I. 1617 die Stelle des Hofkapellmeisters in Dresden antreten, aus der er trotz mehrfacher Gesuche zeitlebens nicht mehr entlassen wurde. Bedingt durch die Wirren des Dreißigjährigen Krieges, war er mehrmals längere Zeit von Dresden abwesend und neben seiner engen Kapellmeisterbindung an Wolfenbüttel auch dreimal als sächsische »Leihgabe« Kapellmeister am dänischen Hof in Kopenhagen. Von seiner zweiten Venedigreise zu C. MONTEVERDI 1628/29 brachte er die 20 ein- bis dreistimmigen lateinischen Vokalkonzerte »Symphoniae sacrae« op. 6 mit (fortgeführt 1647–50 als op. 10/12). Daneben entstanden in den ersten Dresdner Jahren u.a. die »Psalmen Davids« (op. 2/5, 1619–28), die »Auferstehungshistorie« (op. 3, 1623) sowie die »Cantiones sacrae« (op. 4, 1625). Auf das Libretto zu »Dafne« (1627) von M. OPITZ schuf S. die (allerdings verschollene) Musik zu der ersten deutschsprachigen Oper überhaupt.

Heinrich Schütz

S.' Werke, die auf dem Hintergrund tiefer lutherischer Gläubigkeit entstanden, waren der wortbezogenen Musik verpflichtet, wobei er als einer der Ersten umfassend auf deutschsprachiges Text-

Mit seinem Werk steht ROBERT SCHUMANN nicht nur im Zentrum der musikalischen Hochromantik, als Vertreter der Komponistengeneration nach L. VAN BEETHOVEN und F. SCHUBERT repräsentiert er mit seiner »romantisch« vielfach gebrochenen Persönlichkeit auch einen neuen, modernen Künstlertypus, dem es nicht mehr vergönnt war, das klassische universale Erbe mit der geschichtlichen Stellung eines zu spät Gekommenen in Einklang zu bringen. Seine Schriften, Ausdruck einer für die Romantik typischen Doppelbegabung als Schriftsteller und als Komponist, sind bleibende Muster produktiver Musikkritik und haben in ihrer selbstlosen Anerkennung auch ganz andersartiger Schaffensskonzeptionen zahlreichen Komponistenkollegen, u.a. F. CHOPIN und J. BRAHMS, zum Durchbruch verholfen.

■ Zwischen Genie und Wahnsinn

Am 8. 6. 1810 in Zwickau geboren, wurde SCHUMANN früh vom literarischen Milieu seines Elternhauses geprägt. Sein Vater unterhielt einen Verlag, der u.a. Lexika herausgab, starb allerdings schon 1826. Nach dem Schulabschluss 1828 drängte die Mutter den Sohn daher zu einem Jurastudium in Leipzig und Heidelberg, er brach dies jedoch schon 1829 ab und widmete sich, anfangs noch autodidaktisch, bald ganz der Musik.

Seine z.T. bis zur Verbissenheit gesteigerten Bemühungen um pianistische Virtuosität fanden allerdings ein jähes Ende, als er sich, typisch für die Klavierpädagogik damaliger Zeit, durch eine die Spieltechnik angeblich fördernde mechanische Trainingsapparatur eine bleibende Handlähmung zuzog. Fortan stand für ihn das Komponieren im Vordergrund, wobei bis 1839 fast ausschließlich Klavierwerke entstanden.

Wegen seines nach innen gewandten Wesens als freischaffender Klavierlehrer und Dirigent wenig erfolgreich, kam er erst 1843 durch Vermittlung seines Freundes F. MENDELSSOHN BARTHOLDY zu einer ersten festen Anstellung am neu gegründeten Leipziger Konservatorium, der 1844 eine Stelle als Chorleiter in Dresden folgte. 1850 wurde er Städtischer Musikdirektor in Düsseldorf, war jedoch nach einiger Zeit wiederholten Demütigungen und Intrigen ausgesetzt, denen er aufgrund seiner Sensibilität nicht gewachsen war. Eine schon in jungen Jahren sich ankündigende Gemütskrankheit (Depressionen, Wahnideen) kam nun zum Ausbruch: Nach einem versuchten Selbstmord durch Sturz in den Rhein verbrachte er bis zu seinem Tod am 26. 7. 1856 die letzten beiden Jahre seines Lebens in einer Nervenheilanstalt in Endenich bei Bonn.

■ Clara Schumann

In einer Zeit, in der es noch einhellig hieß: »Ein Frauenzimmer muss nicht componieren wollen«, stellte CLARA SCHUMANNS Lebensweg eine absolute Ausnahmeerscheinung dar. Früh von ihrem Vater F. WIECK zur Klaviervirtuosin ausgebildet, lernte sie in ihrem Elternhaus den ebenfalls dort studierenden SCHUMANN kennen, den sie 1840 gegen den Willen des Vaters heiratete. Neben einer Reihe von Klavier- und Liedkompositionen für den Hausgebrauch fanden v.a. ihr Klavierkonzert a-Moll op. 7 (1835) sowie das Klaviertrio g-Moll op. 17 (1847) bereits bei den Zeitgenossen ungewöhnlich breite öffentliche Anerkennung.

Trotz einer harmonisch erscheinenden Ehe, aus der acht Kinder hervorgingen, war das Verhältnis der europaweit gefeierten Pianistin und dem zeitlebens weitgehend verkannten Komponisten jedoch nicht unproblematisch. Nach SCHUMANNS Tod war CLARA weiterhin als Lehrerin und Pianistin tätig und hatte großen Einfluss auf BRAHMS, mit dem sie in enger Freundschaft verbunden war.

■ Die Epoche der Musikkritik

Zum führenden Organ der romantischen Musikauffassung wurde die 1834 von

SCHUMANN u. a. in Leipzig begründete »Neue Zeitschrift für Musik«, die durch Einbeziehung des schaffenden Künstlers, gerichtet gegen Dilettantismus und musikalisches Philistertum, einen neuartigen Typ der Musikbetrachtung und -kritik entwickelte. Dabei schlüpfte SCHUMANN als Autor immer wieder in die Rolle erfundener Gestalten, der sog. Davidsbündler (danach die »Davidsbündlertänze« für Klavier op. 7, 1837), von denen v. a. der draufgängerische Eusebius und der melancholische Florestan die zwei Seiten seines musikalischen Ichs kontrastieren sollten. Die »Neue Zeitschrift für Musik« wurde nach 1850 das wichtigste Sprachrohr der ↑neudeutschen Schule und ist die beständigste deutschsprachige Musikzeitschrift, die seit 1834 bis heute durchgängig erscheint.

■ Im Werk gefangen

Bis 1842 war fast jedes Werk SCHUMANNS ein neuer, genialer Wurf, entstanden in einer mehr eruptiven als kontinuierlichen Kompositionsweise, wie sie der Gemütsverfassung SCHUMANNS entsprach. Dabei wurde v. a. sein virtuosfantastisches Klavierwerk (»Papillons« op. 2, 1829–32; »Carnaval« op. 9, 1834/35; »Phantasiestücke« op. 12, 1837; »Kreisleriana« op. 16, 1838) wegweisend, das Anregungen der literarischen Romantik (u. a. JEAN PAUL, E. T. A. HOFFMANN) durch differenzierteste Stimmungsgebungen und liedhafte Melodik ins Musikalische überträgt. In seinen zwei Klaviersonaten fis-Moll op. 11 und g-Moll op. 22 (1833–38) wird die Form fantasiehaft erweitert und in die für SCHUMANN typischen kurzen Charakterstücke aufgesplittert. Zu diesen gehören v. a. auch seine »Kinderszenen« op. 15 (1838; daraus die berühmte »Träumerei«), die zum unverzichtbaren Bestand häuslicher Kammermusik geworden sind.

Erst spät fand SCHUMANN dagegen zur Orchestermusik, z. T. mit formalen Neuerungen wie beim Cellokonzert a-Moll op. 129 (1850), dessen drei Sätze ineinander übergehen, wobei v. a. in seinen vier Sinfonien (am bekanntesten die »Rheinische« op. 97, 1850, und die 4. d-Moll op. 120, 1851) SCHUMANNS zeitlebens krisenhafte Auseinandersetzung mit dem Vorbild BEETHOVEN deutlich spürbar wird. ■

Robert Schumann mit seiner Frau Clara

🕮 Über das Leben und Werk von ROBERT und CLARA SCHUMANN kannst du dich in Zwickau im Robert-Schumann-Haus, dem Geburtshaus des Komponisten, informieren.

📖 SPIES, GÜNTHER: *Reclams Musikführer: Robert Schumann*. Stuttgart (Reclam) 1997. ■ MEIER, BARBARA: *Robert Schumann*. Reinbek (Rowohlt) 10.–13. Tsd. 1998. ■ BURGER, ERNST: *Robert Schumann. Eine Lebenschronik in Bildern und Dokumenten*. Mainz (Schott) 1999.

gut zurückgriff. Mit seiner hohen, am italienischen Madrigal geschulten Kunst, Sinn und Affektgehalt eines Textes musikalisch auszudrücken, die ihm den Titel eines »Musicus poeticus« einbrachte, wurde er zum Übermittler italienischer Stilprinzipien in die deutsche Musik. Von seinen Werken sind die 29 streng polyphonen Motetten »Geistliche Chor-Musik« (op. 11, 1648) die bis heute am meisten aufgeführten. 1657 pensioniert, übersiedelte S. nach Weißenfels, wo u.a. noch die drei Passionen nach Matthäus, Lukas und Johannes (1665/66) entstanden.

Schwebung: durch additive Überlagerung zweier gleichartiger Schwingungen mit nur geringfügig verschiedenen Frequenzen entstehende periodische Schwankung der Amplitude der Gesamtschwingung. Objektiv ist die S.-Frequenz nicht in dem Frequenzspektrum der Gesamtschwingung enthalten. Bei akustischen Schwingungen werden S.-Frequenzen, die in den Hörbereich fallen, wegen der nicht linearen Eigenschaften des Ohrs als Differenztöne (↑Kombinationstöne) wahrgenommen; niederfrequente S. machen sich als Lautstärkeschwankungen bemerkbar. Beim Stimmen von Musikinstrumenten ist die Übereinstimmung mit dem Stimmton dann erreicht, wenn die S. verschwinden.

Schwegel (Schwiegel, Schwägel): seit dem Mittelalter Bezeichnung für die einfache Längs- oder Querflöte, seit Ende des 16. Jh. speziell für die ↑Einhandflöte sowie die ↑Querpfeife. – In der Orgel Bezeichnung für ein Labialregister mit offenen, zylindrischen oder leicht konischen Pfeifenkörpern von mittlerer Weite und schmalem Labium.

Schweizerpfeife: ↑Querpfeife.
Schwellton: ↑Messa di voce.
Schwellwerk: Teilwerk der ↑Orgel.
Schwingung: die zeitlich periodische Änderung von Zustandsgrößen eines bestimmten physikalischen Systems. Musikalisch bedeutsame Schwingungssysteme sind Membranen (z.B. bei Schlaginstrumenten), Saiten, Luftsäulen (↑Aerophone), Platten (↑Chladni-Figuren) u.a. Daneben spielen auch elektrische und elektromagnetische Schwingungen in der musikalischen Verstärkungs- und Übertragungstechnik eine Rolle.

Schwingungserreger: S. sind z.B. bei Streichinstrumenten der Bogen, bei Blasinstrumenten der Luftstrom, beim Klavier der Hammer oder bei Zupfinstrumenten das Plektron oder der Finger. Die Art der Schwingungserregung ist für den Klangcharakter des Instruments von Bedeutung.

Schwingungserzeuger: der Teil eines Musikinstruments, der in Schwingung gebracht wird, also etwa die Saite, die Membran, das Rohrblatt oder ein elektrischer Schwingkreis. Die primär erzeugten Schwingungen werden i.d.R. auf den Instrumentenkörper übertragen und verstärkt abgestrahlt.

Schwirrholz: ein bei Naturvölkern über die ganze Erde verbreitetes freies ↑Aerophon, bestehend aus einem schmalen, linsenförmigen Holzbrettchen mit abgerundeten Enden, an dessen einem Ende eine Schnur durch ein Loch gezogen ist. Wird es im Kreis geschwungen, dreht es sich um die eigene Achse und bewirkt einen schwirrenden Ton. Es wird v.a. bei Initiationsriten gebraucht; sein Klang gilt als Geister- oder Ahnenstimme.

sciolto [ˈʃɔlto; italienisch]: frei im Vortrag.

Scordatura [italienisch »Verstimmung«] (Skordatur): die von der Normalstimmung (**Accordatura**) abweichende Stimmung von Saiteninstrumenten, v.a. von Laute und Violine, um das Spiel ungewöhnlicher Passagen und Akkorde zu erleichtern und besondere Klangfarben zu erzeugen. Die S. wurde vom 16. bis frühen 18. Jh. häufig vorgeschrieben (z.B. in J. S. BACHs 5. Suite für Violoncello solo BWV 1011), bei der Gitarre ist sie bis heute üblich.

Scratching [ˈskrætʃɪŋ; englisch to scratch »kratzen«]: das Hervorbringen bestimmter akustischer Effekte durch Manipulieren der laufenden Schallplatte, besonders bei Rapmusic (↑Rap).

Secco [ˈsekko; italienisch]: Kurzbezeichnung für das Recitativo secco (↑Rezitativ).

Seconda Pratica [italienisch »zweite (Kompositions-)Art«]: von C. MONTEVERDI in der Vorrede zu seinem 5. Madrigalbuch (1605) geprägte und von seinem Bruder G. C. MONTEVERDI 1607 in einem Nachwort zu den »Scherzi musicali« genauer bestimmte Bezeichnung für die um 1600 entstandene »moderne Kompositionsart«, die von der Sprache ausgeht und die Musik ganz in den Dienst der Textdeklamation, des dichterischen Inhalts und der Gefühlsdarstellung stellt (↑Monodie). MONTEVERDI sieht sie als Gegenbegriff zur **Prima Pratica**, dem kontrapunktisch geprägten Satz, wie ihn G. ZARLINO gelehrt hatte. Die S. P. hat gegenüber der Prima Pratica die musikalischen Möglichkeiten ausgeweitet und inhaltlich bereichert, da sie Abweichungen von den überkommenen kontrapunktischen Regeln (freie Dissonanzbehandlung, Chromatik, übermäßige und verminderte Intervalle) ausdrücklich zulässt oder sogar fordert, wenn sie einer ausdrucksvollen Textdarstellung dienen (z. B. MONTEVERDIS berühmtes »Lamento d'Arianna«, 1608).

seconda volta [italienisch »das zweite Mal«]: ↑prima volta.

secondo [italienisch »zweiter«]: bezeichnet beim vierhändigen Klavierspiel den Spieler der Basshälfte. – ↑auch primo.

Seele: bei Streichinstrumenten Bezeichnung für den ↑Stimmstock.

Segno [ˈseɲo; italienisch »Zeichen«], Abk. S., Zeichen 𝄋 oder ⊕, §: eine Anweisung mit diesem Zeichen **(dal s.)** an zu wiederholen oder nur bis zu diesem Zeichen **(al s.)**, d. h. nicht bis zum Schluss zu spielen.

segue [ˈseːɡu̯e; italienisch »es folgt«]: am Ende einer Seite oder eines Satzes der Hinweis, dass das Werk (auf der nächsten Seite) weitergeht; abgekürzt als **seg.** auch Hinweis auf gleich bleibende Begleitfiguren. – ↑auch simile.

Seguidilla [seɣiˈðiʎa; spanisch zu seguir »folgen«]: eine der in Spanien verbreitetsten literarischen und musikalischen Formen. Die neuere S. mit siebenzeiliger Strophe (Vers 1–4 bilden die Copla, Vers 5–7 den Estribillo, den Refrain) gibt es als Gesang oder Tanz in Bühnenwerken des 17. und 18. Jh. (z. B. im ↑Sainete oder in der ↑Zarzuela). Die volkstümliche S. ist ein Tanzlied (Paartanz) im Tripeltakt, das als mäßig schnelle **S. menchega,** als lebhaftere **S. bolera** und langsam-sentimentale **S. gitana** vorkam. Jeder Strophe wurden meist vier Takte eines charakteristischen Kastagnettenrhythmus vorangestellt. Die S. ging in die Klavier- und Gitarrenmusik ein und wurde besonders aus G. BIZETS »Carmen« (1875) bekannt.

Seitenbewegung (lateinisch Motus obliquus): Begriff aus der Satzlehre, bezeichnet das Liegenbleiben einer Stimme, während eine andere auf- oder absteigt, im Unterschied zur Parallel- (↑Parallelen) und ↑Gegenbewegung.

Seitensatz (Seitenthema): Bezeichnung für das zweite Thema bzw. die zweite Themengruppe in der ↑Sonatensatzform. Der S. steht (im Normalfall) innerhalb der ↑Exposition in der Dominante oder, wenn das Stück in Moll steht, in der Tonikaparallele. Bei der Wiederkehr innerhalb der ↑Reprise steht er dann in der Haupttonart. In Sinfonien und Sonatensätzen des 19. Jh. steht der S. häufig auch in anderen, oft weit entfernten Tonarten.

Sekund|akkord: die dritte Umkehrung des ↑Septimenakkords, bei der die Septime im Bass liegt. Besondere Bedeutung hat der S. des Dominantseptakkords (in C-Dur f–g–h–d), der sich regulär in den ↑Sextakkord der Tonika (e–g–c) auflöst.

Sekunde [von lateinisch secundus »der Zweite«]: das Intervall, das ein Ton mit seinem diatonischen Nachbarton bildet.

Man unterscheidet große S. (z.B. c–d), entsprechend einem Ganzton, und kleine S. (z.B. c–des), entsprechend einem Halbton. Die übermäßige S. (z.B. c–dis) klingt, enharmonisch umgedeutet, wie die kleine Terz (c–es), die verminderte S. (z.B. cis–des) wie die Prime. Die S. gilt in der Harmonie- und Kontrapunktlehre als eine auflösungsbedürftige Dissonanz.

Semibrevis [lateinisch »halbe Brevis«]: Notenwert der ↑Mensuralnotation, der die Hälfte der Brevis darstellt; bis zum 15. Jh. mit dem Zeichen ◆, danach ◦ geschrieben.

Semifusa [lateinisch »halbe Fusa«]: Notenwert der ↑Mensuralnotation (seit dem 15. Jh.); Zeichen ♪.

Semiminima [lateinisch »halbe Minima«]: Notenwert der ↑Mensuralnotation, bis zum 15. Jh. mit dem Zeichen ♩, danach ♪ oder ♫.

semplice [-itʃə, italienisch]: einfach, schlicht, ohne Verzierungen.

sempre [italienisch]: immer; wird in Zusammensetzungen gebraucht, z.B. **s. legato**, immer gebunden.

sentimento [italienisch]: Empfindung, Gefühl; wird in Zusammensetzungen gebraucht, z.B. **cons.**, mit Empfindung, mit Gefühl.

senza [italienisch]: ohne; wird in Zusammensetzungen gebraucht, **s. tempo**, ohne bestimmtes Zeitmaß; **s. sordino**, ohne Dämpfer.

Sept|akkord: ↑Septimenakkord.

Septett [in Anlehnung an lateinisch septem »sieben«]: Bezeichnung für ein Ensemble aus sieben Instrumentalsolisten oder Sängern bzw. für die von ihnen auszuführende Komposition. Das Instrumental-S. ist i.d.R. aus Streich- und Blasinstrumenten zusammengesetzt, oft auch mit Klavier. Als Vorbild gilt L. VAN BEETHOVENS S. Es-Dur op. 20 (1800) für Violine, Viola, Klarinette, Horn, Fagott, Violoncello und Kontrabass. Vokal-S. finden sich u.a. als Aktfinali in Opern.

Septime [von lateinisch septimus »der Siebente«]: das Intervall, das ein Ton mit einem sieben diatonische Stufen entfernt gelegenen Ton bildet. Man unterscheidet die große (z.B. c–h), die kleine (c–b), die übermäßige (c–his, klanglich gleich der Oktave) und die verminderte S. (cis–b, klanglich gleich der großen Sexte). In der Harmonie- und Kontrapunktlehre gilt die S. als auflösungsbedürftige Dissonanz. Die sog. **Natur-S.**, die der siebente Ton der Obertonreihe (↑Obertöne) erzeugt, ist etwas kleiner als die kleine S., d.h. in unserem Tonsystem nicht brauchbar.

Septimen|akkord (Septakkord): ein aus Grundton, Terz, Quinte und Septime bestehender dissonanter Vierklang. Er kommt in acht verschiedenen Gestalten vor, je nachdem, wie seine Töne untereinander im Abstand kleiner oder großer Terzen stehen (z.B. c–e–g–h, c–e–g–b, c–es–g–b, c–es–ges–b usw.). Seine Umkehrungen heißen ↑Quintsextakkord, ↑Terzquartakkord und ↑Sekundakkord.

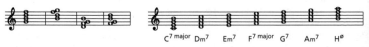

Septimenakkord: Dominantseptakkord in C-Dur mit Umkehrungen (links); die leitereigenen Septakkorde der Jazzharmonik auf dem Ton C, I.–VII. Stufe mit Akkordsymbolen (rechts)

Besondere Bedeutung für die klassisch-romantische Harmonik hat der Dominantseptakkord (in C-Dur g–h–d–f), v.a. in der Kadenz. Septakkordparallelen markieren v.a. im Impressionismus die Loslösung von der funktionalen Tonalität. In der harmonischen Stufentheorie des Jazz bilden die leitereigenen S. jeder Stufe die Ausgangsklänge für die gesamte Jazzharmonik.

Septole [zu lateinisch septem »sieben«] (Septimole): eine Folge von sieben Noten, die für vier, sechs oder acht Noten der gleichen Gestalt bei gleicher Zeitdauer eintreten; angezeigt meist durch eine Klammer und die Ziffer 7.

Sequencer [ˈsiːkwənsə; englisch] (Sequenzer): eine Steuereinheit beim Synthesizer, mit der eingegebene Klangsignale bzw. Tonfolgen (Sequenzen) aufgezeichnet und gespeichert werden und sich nach einem separat festzulegenden Zeittakt (Steuerimpuls) automatisch und ständig wiederholbar abspielen lassen. Während bei früheren analogen S. sowohl jeder Ton als auch die Abfolge der Töne nacheinander mithilfe eines aufwendigen manuellen Einzelreglersystems Schritt für Schritt eingegeben werden mussten, erfolgt bei digitalen Systemen die Aufzeichnung unmittelbar über ein Keyboard. Durch ↑Sampler und ↑MIDI ist es möglich geworden, auch mehrspurig gespeicherte Klangaufzeichnungen zu wiederholen. Die über ein Computerprogramm laufenden Software-S. ermöglichen ein vielfältiges Bearbeiten der eingegebenen Sequenzen bis hin zum Erstellen eines fertigen Arrangements, das auch in Notenschrift ausgedruckt werden kann. S. werden v. a. von Rock- und Popmusikern zur Erzeugung wiederholbarer Background-Arrangements genutzt. Eine Spezialausführung des S. ist der Drumcomputer zur Wiedergabe durchgängiger Schlagzeugrhythmen.

Sequenz [zu lateinisch sequi »folgen«]:
◆ *Liturgie:* für das Mittelalter charakteristische Dichtungsgattung, ein Sonderfall des ↑Tropus. Sie wurde vermutlich in der ersten Hälfte des 9. Jh. im Norden des Westfränkischen Reiches ausgebildet, um in der Messliturgie der komplizierten Notenfolge wegen über dem auslautenden »a« des auf das ↑Graduale folgenden Alleluja einen Text zu unterlegen, zunächst in ungebundener Form (deshalb auch »prosa« genannt). Im Unterschied zum Hymnus (↑Hymne), in dessen Bau jede Strophe der anderen gleicht und dieselbe Melodie besitzt, stimmt bei der S. nur je ein Strophenpaar in Vers- und Silbenzahl sowie in der Melodie überein; die erste und letzte Strophe können ohne Entsprechung bleiben (Schema: a bb cc dd usw.). In der Gestaltung der Strophenpaare war der Dichter von S. an kein vorgegebenes Versmaß gebunden. Zwei Halbchöre trugen die einander entsprechenden Strophen im Wechsel vor, um sich zu Anfangs- und Schlussstrophe zu vereinigen. Die ganz unantike Formungsart der S., die schließlich auch für weltliche Stoffe verwendet wurde (Carmina Cantabrigiensia), konnte für jedes Gedicht in besonderer Weise abgewandelt werden und wirkte vermutlich auch auf die volkssprachigen Literaturen (mittelhochdeutsch Leich, altfranzösisch Lai).
Im Bemühen um die Einheit von Wort und Melodie führte NOTKER BALBULUS von St. Gallen in seinem »Liber Ymnorum« (um 884) die S., über deren Entstehung er im Vorwort wichtige Hinweise gibt, zu hoher künstlerischer Vollendung. V. a. in Süddeutschland fand er zunächst viele Nachfolger; zu nennen ist v. a. HERMANN VON REICHENAU. In der weiteren Entwicklung wurden die Zeilen in Angleichung an die Hymnenform völlig durchrhythmisiert zum regelmäßigen Wechsel einsilbiger Hebung und Senkung hin und mit Endreim versehen, was anfänglich allerdings nur z. T. erreicht wurde, so in WIPOS dramatisch gestalteter Oster-S. »Victimae paschali Laudes«. Als Vollender der jüngeren S.-Form gilt ADAM VON SANKT VIKTOR. Über 4 000 S. sind aus dem Mittelalter überliefert; 1570 beschränkte Papst PIUS V. ihre Zahl in der Messe auf vier. Seit 1970 sind nur noch Oster- und Pfingst-S. verbindlich; fakultativ sind die S. zu Fronleichnam und zum Fest »Gedächtnis der Schmerzen Mariä«.

◆ *Harmonielehre:* die auf- oder absteigende Wiederholung einer Ton- oder Harmoniefolge auf verschiedenen Tonstufen. Sie ist in fast allen Epochen der Musikgeschichte wie auch in der außereuropäischen Musik und v. a. in der Unterhaltungsmusik ein allgemein angewendetes melodie- und satzbildendes Element, wurde aber bereits im 18. Jh. bei missbräuchlicher Verwendung (zu häufige Wiederholung) mit Spottnamen (Rosalie, Schusterfleck, Vetter Michel) bedacht.

serielle Musik: P. Boulez, »Structure I a« für zwei Klaviere (1952)

Serenade [französisch-italienisch, zu lateinisch serenus »heiter«, in der Bedeutung beeinflusst von italienisch sera »Abend«]: gattungsmäßig nicht festgelegte Komposition ständchenhaften Charakters für kleinere instrumentale, vokale oder gemischte Besetzungen, oft mit Bläsern. Die S. gehört zur höfischen bzw. bürgerlichen Gesellschaftsmusik und diente je nach Anlass als Huldigungs-, Freiluft-, Tafel-, Abend- oder Nachtmusik. Die Bezeichnung S. wurde im 18. Jh. nicht streng von Divertimento, Kassation, Notturno unterschieden. Divertimento weist häufig auf kammermusikalische Besetzung (Einzelbesetzung), S. auf orchestrale Besetzung der Stimmen (mit Ausnahme der solistischen Bläser-S.). **Serenata** und S. wurden im 18. Jh. gleichbedeutend gebraucht. Heute bezeichnet man, um verschiedene Typen musikhistorisch abzugrenzen, als S. v. a. Instrumentalkompositionen, als Serenata eine Festmusik mit Gesang und oft szenischer Aktion, wie sie unter verschiedenen Bezeichnungen (Serenata teatrale, Serenata drammatica, Azione teatrale u. a.) an den Höfen des 17. und 18. Jh. gepflegt wurde (u. a. von A. STRADELLA, G. F. HÄNDEL, J. A. HASSE, C. W. GLUCK). Zwischen szenischer Serenata und Huldigungs-Cantata (ohne szenische Darstellung), wie sie J. S. BACH z.B. als Gratulationskantate oft komponierte, ist nicht generell zu unterscheiden.

Vereinzelt wurden schon im 16. Jh. Vokalsätze (A. STRIGGIO, O. VECCHI), im 17. Jh. Suiten (H. I. F. BIBER, J. J. FUX) S. genannt. Die Instrumental-S. des 18. Jh. besteht aus einer lockeren Folge von oft fünf bis sieben Einzelsätzen, z.B. Variationen, Sonaten, Konzert- und v.a. Tanzsätze (Menuette), die häufig von einem Eingangs- und einem Schlussmarsch umrahmt sind. S. schrieben österreichische, süddeutsche und böhmische Komponisten im Vorfeld der Wiener Klassik und besonders kunstvoll W. A. MOZART (u.a. »Eine kleine Nachtmusik« KV 525, 1787). Im 19. Jh. wurden oft ständchenhafte Lieder, auch innerhalb der Oper, als S. bezeichnet. Instrumental-S. komponierten seit dem späten 18. Jh. L. VAN BEETHOVEN, J. BRAHMS (op. 11, 1858; op. 16, 1860), P. TSCHAIKOWSKY, A. DVOŘÁK, H. WOLF, M. REGER, A. SCHÖNBERG und I. STRAWINSKY.

sereno [italienisch]: heiter.

Seria [italienisch]: Kurzform von ↑Opera seria.

serielle Musik [von lateinisch series »Reihe«]: Kompositionstechnik und Stilphase innerhalb der Neuen Musik seit etwa 1950, die in konsequenter Weiterentwicklung der Reihentechnik der Zwölftonmusik (v.a. A. WEBERN) darauf abzielt, alle musikalischen Strukturelemente (↑Parameter) eines Werkes nach vorher festgelegten Gesetzmäßigkeiten (Zahlen-, Proportionsreihe) zu ordnen, sodass jeder Ton mit möglichst allen seinen Eigenschaften (z.B. Tonhöhe, Oktavlage, Tondauer, Klangfarbe, Lautstärke, Artikulation) aus dem einmal gewählten rationalen Ordnungsprinzip abzuleiten ist.

Die Reihentechnik, die A. SCHÖNBERG nur zur Regelung von Tonhöhen- bzw. Intervallfolgen vorsah, kann nicht ohne weiteres sinnvoll auf alle anderen Parameter eines Tones übertragen werden. So ist es unmöglich, z.B. für Tondauern und Tonstärken oder gar für Klangfarben und Artikulationsarten Reihenprinzipien aufzustellen, die sich zwingend aus einer der chromatischen (zwölfstufigen) Tonleiter vergleichbaren Skala ergeben. Anzahl und Stufenfolge solcher Elemente sowie deren Zuordnung zu den Elementen der übrigen Parameterreihen müssen daher willkürlich bestimmt werden. Daneben stellt die praktische Umsetzung s. M. ein Problem dar, weil z.B. auf einem Klavier nur eine begrenzte Anzahl an Tonstärkegraden und Anschlagsarten ausführbar und akustisch unterscheidbar ist. Daher entwickelte sich nach frühen radikalen Versuchen der **punktuellen Musik** (P. BOULEZ, »Structure Ia«, 1952; K. STOCKHAUSEN, »Kontra-Punkte«, 1953), in der jedem einzelnen Ton eine gleichwertige Bedeutung zukommt, eine großflächiger angelegte, sog. **statistische s. M.**, in der die einzelnen Töne zugunsten von Tongruppen (Tonmenge, Gruppendauer, Dichte, Umfang usw.) zurücktreten, nur die übergeordneten Eigenschaften des Tonsatzes im Voraus festgelegt sind und im Detail freie Ausgestaltung möglich ist (STOCKHAUSEN, »Gruppen« für drei Orchester, 1957).

Die ersten Versuche serieller Komponisten (STOCKHAUSEN, BOULEZ, H. POUSSEUR, L. NONO) wurden angeregt durch das Klavierstück »Mode de valeurs et d'intensités« (1949/50) von O. MESSIAEN, das jeder Tonhöhe eine bestimmte Dauer, Stärke und Anschlagsart zuordnet, ohne damit reihenmäßig zu verfahren. Als extremes Ergebnis einer fortschreitenden Durchorganisation des musikalischen Materials schlug die s. M. bald in ihr absolutes Gegenteil um, denn im hörbaren klanglichen Ergebnis ist total determinierte Musik von total undeterminierter nicht zu unterscheiden. Das ließ die streng serielle Phase rasch abklingen und förderte seit dem Ende der 1950er-Jahre neuartige Kompositionsexperimente, für die der Begriff **postserielle Musik** eingeführt wurde und die etwa dem Zufall (↑Aleatorik), der ↑Collage und dem spontanen Einfall der Interpreten wieder breiteren Raum gewähren.

Serpent [französisch-italienisch, zu lateinisch serpens »Schlange«]: ein um 1590 aus dem ↑Zink entwickeltes, weit mensuriertes Horninstrument in Bassla-

Serpent

ge, bestehend aus einer schlangenförmig gewundenen und mit Leder umwickelten, 180–240 cm langen Holzröhre, die sich kontinuierlich erweitert (ohne Stürze), mit sechs Grifflöchern, einem abgebogenen Anblasrohr aus Metall und halbkugeligem Mundstück (Umfang zunächst etwa D–e^1, später $_1B$–b^1). Ab 1800 erhielt der S. einige Klappen und wurde auch in Fagottform und aus Metall gebaut. Verwendet wurde er v. a. in der französischen Kirchenmusik und in der Militärmusik. An seine Stelle trat ab den 1820er-Jahren die ↑Ophikleide, später die ↑Tuba.

Session ['seʃən; englisch]: Kurzbezeichnung für ↑Jamsession.

Sext|akkord: ein aus Grundton, Terz und Sext bestehender Akkord (Generalbass-Bezeichnung 6, gelegentlich $^6_3$). Ursprünglich als selbstständiger Klang angesehen, wird er in der Harmonielehre als erste Umkehrung des Dreiklangs mit der Terz im Bass erklärt (z.B. e–g–c^1, entstanden aus c–e–g). – ↑auch neapolitanischer Sextakkord.

Sexte [von lateinisch sextus »der Sechste«]: das Intervall, das ein Ton mit einem sechs diatonische Stufen entfernt gelegenen bildet. Man unterscheidet die große (z.B. c–a), die kleine (c–as), die übermäßige (c–ais, klanglich gleich der kleinen Septime) und die verminderte S. (cis–as, klanglich gleich der Quinte). Die S. galt, wie die Terz, in der frühen Mehrstimmigkeit als auflösungsbedürftige Dissonanz. Erst im 15./16. Jh. wurde sie als selbstständige und schlussfähige Konsonanz anerkannt. – ↑auch Sixte ajoutée.

Sextett [in Anlehnung an lateinisch sex »sechs«]: ein Musikstück für sechs Instrumente (Streicher oder Bläser; seltener gemischt) oder Singstimmen; auch die Gruppe der Ausführenden eines solchen Stücks. Im 18. Jh. beliebt waren die Bläser-S. mit je zwei Oboen, Hörnern und Fagotten, daneben auch die Besetzung Streichquartett mit zwei Hörnern. Im 19. Jh. wurde das reine Streich-S. mit zwei Violinen, Bratschen und Violoncelli bevorzugt (J. BRAHMS, A. DVOŘÁK, P. TSCHAIKOWSKY, A. SCHÖNBERG, M. REGER). Das Vokal-S. findet sich häufig an Aktschlüssen in Opern.

Sextole [zu lateinisch sex »sechs«]: eine Folge von sechs Noten, die für vier oder acht Noten gleicher Gestalt bei gleicher Zeitdauer eintreten; angezeigt meist durch eine Klammer und die Ziffer 6.

sforzato [italienisch] (seltener sforzando, auch forzato, forzando), Abk. sf, sfz, fz, Zeichen > oder ∧: stark betont, hervorgehoben (die Bezeichnung gilt nur für jeweils einen Ton oder Akkord); **sforzato piano,** Abk. sfp, sf, mit darauf folgendem piano.

Shamisen [ʃa-] (Samisen): eine japanische Spießlaute mit langem Hals und kleinem, annähernd quadratischem Resonanzkörper mit Holzzargen, die seit dem 16. Jh. in der japanischen Musik als Ensemble-Instrument eine dominierende Rolle spielt. Decke und Boden des Korpus sind mit Katzen- oder Hundeleder bespannt. An seitlichen Wirbeln sind drei Saiten aus Seide oder Nylon befestigt, die mit einem großen, spatelförmigen Plektron geschlagen werden. Das S. kennt drei Standardstimmungen: h–e^1–h^1, h–fis^1–h^1, h–e^1–a^1. Die S. ist v.a. mit der japanischen Erzähltradition verbunden und begleitet u.a. in den Kabuki-Tanzliedern Gesang und Rezitation.

Shanty ['ʃæntɪ; englisch, zu französisch chanter »singen«] (Chanty): ein Seemannslied aus der Zeit der Segelschiffe, das die gemeinsamen Arbeiten (Ankerhieven, Segelhissen) der Matrosen begleitete und den Arbeitsrhythmus erleichterte; oft im Wechsel zwischen Vorsänger und chorisch antwortender Mannschaft.

sharp [ʃɑ:p; englisch »scharf«, »spitz«]: englische Bezeichnung für das Erhöhungszeichen ♯ (↑Kreuz). Als Zusatz bei Tonnamen bezeichnet s. die Erhöhung um einen Halbton (z.B. F sharp = Fis), Fis-Dur heißt im Englischen F sharp major, fis-Moll F sharp minor. Das Gegenteil von s. ist ↑flat.

Sheetmusic ['ʃi:tmju:zɪk; von englisch sheet »Blatt«]: Sammelbezeichnung für Verlagsausgaben populärer Musik in Form von Songbooks, Arrangements, Fakebooks und Chorusbüchern.

Sheng [chinesisch]: ↑Mundorgel.

Shimmy ['ʃɪmɪ; amerikanisch »Hemdchen«]: ein beliebter, aus Amerika stammender Gesellschaftstanz der 1920er-Jahre im schnellen Zweiertakt; ist musikalisch dem Foxtrott verwandt und u.a. vom Ragtime beeinflusst. Seinen Namen hat er von den Schüttelbewegungen, die aussehen, als wolle der Tänzer das Hemd abschütteln.

Shō [japanisch]: ↑Mundorgel.

Shout [ʃaʊt; englisch »Schrei«, »Ruf«] (Shouting): Ausdrucksart im afrikanischen Kultgesang; wurde mit der Sklaverei in die afroamerikanische Musik (Blues, Negrospiritual, Worksong, Jazz) überführt. Der S. ist ein emphatisch vorgetragener Ausruf, meist auf einem Haupt- und Halteton mit einem oder mehreren Nebentönen. Der vokale S. wurde auch auf die instrumentale Stimmbildung übertragen und findet sich z. B. in der Hot Intonation des frühen Jazz wieder.

Shuffle-Rhythmus [ˈʃʌfl-; zu englisch to shuffle »schlurfen«]: gleichförmige, punktiert notierte und trioliert gespielte vorwärts treibende Rhythmik im Jazz (Chicago-Stil, Swing) und der populären afroamerikanischen Musik (z. B. Begleitfiguren des Boogie-Woogie).

si: die siebente Tonsilbe der ↑Solmisation; in den romanischen Sprachen Bezeichnung für den Ton H.

Siciliano [-tʃi-; italienisch] (Siciliana, französisch Sicilienne): ein italienischer Volkstanz des 17./18. Jh. in zunächst schnellem, ab 1700 langsamerem ⁶⁄₈- oder ¹²⁄₈-Takt, oft mit einer lyrischen Melodie in punktiertem Rhythmus, einer Begleitung aus gebrochenen Akkorden und in Moll stehend. Die Herkunft aus Sizilien ist nicht gesichert, doch weist der häufige Gebrauch des neapolitanischen Sextakkords auf eine Verbindung zum sizilianischen Volksgesang hin. Als Vokal- oder Instrumentalstück begegnet der S. zunächst als »Aria alla siciliana« in Opern, Oratorien und Kantaten, im 18. Jh. in der Klavier-, Kammer- und Orchestermusik.

Sideman [ˈsaɪdmæn; von englisch side »Seite«]: in der Popmusik und im Jazz Begleitmusiker ohne solistische Funktion, z. B. bei Studioaufnahmen als Mitglied von Backgroundgruppen.

Sifflöte [zu französisch sifflet »kleine Pfeife«]: ein Register der Orgel mit offenen, zylindrischen Labialpfeifen zu 1-, 1¹⁄₃- oder 2-Fuß, von hellem, scharf zeichnendem Klang.

Sight [saɪt; englisch »Anblick«]: Lehre und Aufführungsweise improvisierter Mehrstimmigkeit in der englischen Musik des 15. Jh. (und möglicherweise früher). Nach einer aufgeschriebenen Cantus-firmus-Stimme (**Plainsong**) werden weitere, darunter liegende Stimmen im Kontrapunkt-Satz nach festgelegten Regeln improvisiert. Dabei beginnt und schließt die zweite Stimme (**Mene**) in der Oberquinte, die dritte (**Treble**) in der Oktave, die vierte (**Quatreble**) in der Duodezime. Der leichteren Lesart – des »Anblicks« – wegen stellen sich die Ausführenden jedoch vor, alle im Klangraum des Plainsong zu singen, d. h., sie ↑transponieren. Die auf wenige Möglichkeiten eingeschränkten Intervallfortschreitungen bewirken, dass dabei stets nur (vollkommene oder unvollkommene) Konsonanzen entstehen. Die auf der S.-Lehre beruhende englische Singpraxis und die sich an sie anlehnenden Kompositionen (J. DUNSTABLE u. a.) haben den französischen ↑Fauxbourdon und darüber hinaus den neuen Klang der kontinentaleuropäischen Musik (Dur-Akkordik, häufige Terzen und Sexten) seit etwa 1430 stark beeinflusst.

Signalhorn: ein trompetenähnliches, ventilloses Horn mit konischer Röhre, das im 18. und 19. Jh. beim Militär verwendet wurde. Auf ihm können fünf bis sieben Naturtöne geblasen werden.

Signal|instrumente: Schallwerkzeuge für akustische Signale rhythmischer oder primitiv melodischer Natur, die im Kult, in der Jagd- und Militärmusik, bei Anlässen höfischer oder städtischer Repräsentation und zu Warnzwecken verwendet werden. Dazu zählen Trommeln (Schlitztrommel), Pfeifen, Glocken, Sirenen sowie ventillose Hörner und Trompeten (z. B. Cornu, Lituus, Tuba, Lure, Alphorn, Signalhorn, Jagdhorn).

simile [italienisch »ähnlich«]: in der Notenschrift gebrauchter Hinweis, die zuvor ausgeschriebene Figuration, Akkordbrechung u.a. in gleicher Weise fortzuführen.

Sinfonia [italienisch]: im späten 16. und frühen 17. Jh. ein Ensemblestück für Gesang und Instrumente (G. GABRIELI, H. SCHÜTZ), ab dem späteren 17. Jh. hauptsächlich ein reines Instrumentalstück verschiedener Art und Besetzung, synonym mit ↑Concerto und funktional als ↑Ouvertüre zu Balletten, Kantaten und Oratorien und v.a. zu Opern. Die S. der venezianischen Opernschule (F. CAVALLI, A. CESTI) ist meist zweiteilig (langsam–schnell). Die neapolitanischen Opern-S. (u.a. A. SCARLATTI) ist dreiteilig (schnell–langsam–schnell). Dieser Typ löste sich um 1730 von seiner Bindung an die Oper und leitete als selbstständige Konzert-S. die Geschichte der ↑Sinfonie ein.

Sinfonia concertante [- kɔntʃer-] (Konzertante): ein aus dem Concerto grosso hervorgegangenes, meist dreisätziges Werk für Orchester und mehrere Soloinstrumente, beliebt v.a. in der zweiten Hälfte des 18.Jh. (u.a. I. HOLZBAUER, J. HAYDN, J. C. BACH, C. STAMITZ, W. A. MOZART). Im 19.Jh. wurden statt des Begriffs S. c. die Bezeichnung **Doppel-**, **Tripel-** und **Quadrupelkonzert** verwendet.

Sinfonie [italienisch sinfonia, von griechisch symphonía »das Zusammenklingen«]: Siehe S. 376.

Sinfonietta [italienisch]: Bezeichnung für kleinere sinfonische Werke, z.T. mit kleinerer Orchesterbesetzung oder verringerter Satzzahl (z.B. bei L. JANÁČEK, M. REGER, A. ROUSSEL, L. BERIO).

sinfonische Dichtung (symphonische Dichtung): Bezeichnung für eine von F. LISZT begründete Gattung der Sinfonik, die begrifflich erfassbare Inhalte in die Musik überträgt (↑Programmmusik). Als Programm dienen Themen der Literatur, Malerei, Geschichte, Philosophie, Natureindrücke oder persönliche Erfahrungen. Die s.D. besteht meist aus einem (in Teile untergliederten) Satz oder aus mehreren aufeinander bezogenen Sätzen. Formal wird sie durch den zugrunde liegenden Inhalt bestimmt und kann entweder frei gestaltet sein oder auf traditionelle Formen wie ↑Sonatensatz-, Rondoform (↑Rondo) oder ↑Variation zurückgreifen. Ihre musikalischen Mittel (↑Leitmotive, charakteristische Motivverwandlung, differenzierte Instrumentation und ausdrucksvolle Harmonik) werden zu verschiedenartigster Darstellung eingesetzt, von konkreter ↑Tonmalerei bis zu tiefer psychologischer und ideeller Gestaltung.

Die s. D. ging aus der ebenfalls inhaltlich bestimmten Konzertouvertüre (F. MENDELSSOHN BARTHOLDY, »Die Hebriden«, 1830–32) und der mehrsätzigen Programmsinfonie (L. VAN BEETHOVEN, Sinfonie Nr. 6 »Pastorale«, 1807/08; H. BERLIOZ, »Symphonie fantastique«, 1830) hervor. Schöpfer der s. D. ist LISZT, der die Bezeichnung 1854 prägte. Da er die Entwicklung der Sinfonie mit BEETHOVEN als abgeschlossen betrachtete, strebte er deren Erneuerung durch die enge Verknüpfung der Musik mit Literatur und Philosophie bei gleichzeitiger Bewahrung des sinfonischen Stils an. Die s. D. wurde bald nach ihrer Entstehung von den Vertretern der ↑neudeutschen Schule aufgegriffen und von den Verfechtern der ↑absoluten Musik abgelehnt. Als bedeutende Gattung der Orchestermusik blieb sie bis ins frühe 20. Jh. erhalten.

Neben LISZT (17 s. D., u.a. »Prometheus«, 1850/55; »Faust-Symphonie«, 1854–57) und R. STRAUSS (10 s. D., meist ↑Tondichtung genannt) sind bedeutende Vertreter in Deutschland H. WOLF (»Penthesilea«, 1883), A. SCHÖNBERG (»Verklärte Nacht«, 1899/1917; »Pelleas und Melisande«, 1903) und M. REGER (»Vier Tondichtungen nach Böcklin«, 1913), in Böhmen F. SMETANA (»Mein Vaterland«, 1874–79) und A. DVOŘÁK, in Russland A. BORODIN, M. MUSSORGSKIJ und N. RIMSKIJ-KORSAKOW, in Frankreich

P. Dukas und C. Debussy, in Finnland J. Sibelius und in Italien O. Respighi.

singende Säge: ein Reibidiophon, das aus einem langen Holzsägeblatt besteht; es wird zwischen den Knien gehalten und mit einem Violinbogen an der ungezahnten Kante gestrichen. Durch Biegen des Sägeblattes ist die Tonhöhe veränderbar. Die s. S. erzeugt lang gezogene, wimmernde Glissandoklänge und kam zu Beginn des 20. Jh. in Zirkus und Varieté auf; gelegentlich findet sie sich auch im Orchester (H. W. Henze, »Elegie für junge Liebende«, 1961).

Singmesse: eine Messe, bei der die originalen liturgischen Gesänge durch Lieder ersetzt werden, die ihnen im Inhalt entsprechen. Die S. kam im frühen 18. Jh. auf und verbreitete sich im Zuge der Aufklärung und allgemeiner kirchenmusikalischer Reformen. Als Komposition für Chor und Orgel oder Orchester wurde sie zum deutschen Gegenstück lateinischer Messkomposition.

Singspiel: allgemein ein gesprochenes, meist heiteres Theaterstück volkstümlichen Charakters mit musikalischen Einlagen. Musikalisches Vorbild für das S. war v. a. die italienische ↑Opera buffa, die auch den entscheidenden Impuls zur Entstehung der wiederum für das deutsche S. wichtigen ↑Opéra comique gab. Den eigentlichen Anstoß für das deutsche S. gab 1743 die Berliner Aufführung der ins Deutsche übertragenen Ballad-Opera »The devil to pay« (deutsch »Der Teufel ist los«) von C. Coffey, die J. A. Hiller 1766 z. T. mit neuer Musik überarbeitet herausbrachte. Damit wurde Hiller zum Schöpfer des deutschen S., dessen wesentliche Merkmale Prosadialog und volkstümlich-einfache Melodik sind. Die Musik, die bei Hiller mehr Raum einnahm als früher, bestand vornehmlich aus liedhaften Arietten, mitunter aus größeren Arien, später auch aus Ensembles (Duetten, Terzetten, Quartetten). Den Schluss bildete regelmäßig ein dem Vaudeville nachgebildeter Rundgesang mit Chor. Die Stoffe waren meist dem Landleben entnommen und hatten oft sentimental-bürgerlichen Charakter (z. B. »Lottchen am Hofe«, 1767). Komponisten waren ferner C. G. Neefe, J. F. Reichardt, G. A. Benda und J. André.

Zentrum des S. war zunächst Leipzig, bis eine Neubelebung durch das von Joseph II. gegründete Wiener National-S. (1778 mit I. Umlauffs »Die Bergknappen« eröffnet) erfolgte. W. A. Mozart griff mit seinem ersten S. »Bastien und Bastienne« (1768) auf J.-J. Rousseaus »Le devin du village« zurück. In »Zaide« (1779/80, unvollendet) suchte er die musikalischen Formen der Opera buffa der deutschen Sprache und den Möglichkeiten des S. anzupassen. Auch für die S. von K. Ditters von Dittersdorf (z. B. »Doktor und Apotheker«, 1786), F. Gassmann und J. Schenk (z. B. »Der Dorfbarbier«, 1796) war v. a. die Opera buffa Vorbild. Das Wiener Zauber-S. wurde von P. Wranitzky und W. Müller gepflegt. Höhepunkt und zugleich Abschluss in der Entwicklung des deutschen S. sind Mozarts »Die Entführung aus dem Serail« (1782) und »Die Zauberflöte« (1791), Letztere ein S. aus der Gattung der Zauberposse. Das deutsche S. führte nach Mozart zur deutschen romantischen Oper C. M. von Webers (»Der Freischütz«, 1821), H. Marschners, L. Spohrs u. a. sowie zu den ↑Spielopern von A. Lortzing, andererseits zu den noch mehr im Wiener Volkstheater wurzelnden Stücken F. Raimunds und J. Nestroys, schließlich zur Wiener Operette von J. Strauss (Sohn).

Sirene [griechisch, nach der gleichnamigen antiken Sagengestalt]: ein im 19. Jh. entwickeltes Gerät zur Schallerzeugung durch periodische Unterbrechung eines Luftstroms mithilfe einer perforierten, rotierenden Scheibe. Die S. ist heute v. a. ein Signalinstrument im Warndienst. Musikalisch wurde sie z. B. von P. Hindemith (»Kammermusik No. 1«, 1921) eingesetzt.

Sinfonie

Im 18. Jh. entstand die wohl repräsentativste Gattung der Instrumentalmusik: die Sinfonie, ein mehrsätziges, umfangreiches und groß besetztes Orchesterwerk, das in Verbindung mit der Gründung von Orchestern und Konzertvereinen wie keine andere musikalische Gattung im 19. Jh. zum Inbegriff des auch kulturell erstarkten Bürgertums werden sollte.

Ihre Wurzeln hat die Sinfonie in der neapolitanischen ↑Opera seria, deren dreiteilige Einleitungssinfonia sich durch ihre geschlossene Form auch zur Aufführung als selbstständiges Konzertstück eignete. Ab etwa 1730 wurde sie erweitert und umgebildet; der erste Satz formte sich in Richtung der ↑Sonatensatzform aus, der Orchesterklang wurde durch selbstständige Bläser effektvoller. An dieser Entwicklung waren v. a. Oberitalien (G. B. SAMMARTINI), die ↑Wiener, ↑Mannheimer und ↑Berliner Schule sowie in London J. C. BACH beteiligt.

■ Die klassische Sinfonie

Der eigentliche Schöpfer der klassischen Sinfonie ist J. HAYDN, der in über 100 Werken die bestehenden Ansätze zusammenfasste, weiterentwickelte und die Gattung zu europäischem Rang erhob. Um 1780 stand der Idealtypus fest: Auf einen lebhaften ersten folgt ein eher langsamer und gesanglicher zweiter Satz, am Ende steht ein schnelles Finale. Durch ein Menuett an dritter Stelle wurde die ursprüngliche Form zur Viersätzigkeit erweitert, das Spiel mit den Klangfarben des vergrößerten Orchesters wurde zum wesentlichen Strukturelement. W. A. MOZART knüpfte an HAYDNS durchgearbeiteten Satz an und komponierte 1788 seine sinfonischen Hauptwerke (z.B. die »Jupiter-Sinfonie«).

Eine neue Stufe bezeichnet das sinfonische Schaffen L. VAN BEETHOVENS. Seine neun Sinfonien (1799–1824) sind je eigene, unverwechselbar individuelle Gestaltungen, die in jeder Hinsicht neue musikalische Bereiche erschließen (in Größe und Prägnanz der Themen, Kühnheit der Harmonik, Dehnung der Form, Vitalität der rhythmischen Bildungen, in der Erweiterung des Orchesterapparats und dem thematischen Zusammenhang aller Partien). In einigen seiner Werke wird der erste Satz Austragungsort großer Inhalte und Programme (»Eroica«, 1803/04; »Pastorale«, 1807/08), doch erhält auch das Finale verstärktes Gewicht und erscheint teilweise als krönender Abschluss einer dem Ganzen zugrunde liegenden Idee (5. und 9. Sinfonie). Der langsame Satz dehnt sich zu bisher nicht gekannten Dimensionen aus, aus dem Menuett wird ein Scherzo.

■ Die Sinfonie nach Beethoven

Für die Komponisten der ↑Romantik wurden in der Auseinandersetzung mit BEETHOVEN das Verhältnis von poetischer Idee und musikalischer Form und die thematische Verknüpfung der Sätze untereinander zentrale Fragen. So griffen auch R. SCHUMANN (»Rheinische Sinfonie«, 1841) und F. MENDELSSOHN BARTHOLDY (»Schottische Sinfonie«, 1834) auf außermusikalische Inhalte zurück. F. SCHUBERT schuf dagegen eine von BEETHOVEN unabhängige Gestalt (»Große Sinfonie C-Dur«, 1828). Die programmatisch orientierte Sinfonie, die literarisch-philosophischen Ideengehalt mit Neuartigkeit der Form und Instrumentation verbindet, führte schließlich zur ↑sinfonischen Dichtung. In Anknüpfung an H. BERLIOZ (»Symphonie fantastique«, 1830) arbeitete F. LISZT an dem Konzept einer ↑Tondichtung in einem Satz, doch wurden auch noch mehrsätzige Programm-Sinfonien geschrieben (LISZT »Faust«-Sinfonie, 1854; R. STRAUSS »Aus Italien«, 1886).

J. BRAHMS erneuerte in seinen vier Sinfonien (1862/1876–1885) dagegen die an BEETHOVEN anknüpfende Kunst der ↑absoluten Musik durch dichte motivische Verarbeitung, reiche Harmonik und

Sächsische Staatskapelle Dresden

empfindsamen und ethischen Gehalt. Zwischen beiden Richtungen stehen die neun Sinfonien A. BRUCKNERS (1863–1896), die auch SCHUBERT und R. WAGNER entscheidende Impulse verdanken und sich zugleich v. a. durch ihre religiös-hymnische Kraft und Weite (z.B. in der orgelmäßigen und choralartigen Instrumentierung) von ihnen abheben. Auch in G. MAHLERS zehn Sinfonien (1888–1910) findet sich die Tendenz zum Monumentalstil. Im Streben nach einer universalen Aussage über die Befindlichkeit des Menschen in der modernen Welt vermehrte er die Anzahl der Sätze und den Aufführungsapparat, verfeinerte dabei die Orchestersprache und bezog Solo- und Chorstimmen zum Ausdruck der »Idee« mit ein. Außerhalb Deutschlands und Österreichs traten in der zweiten Hälfte des 19. Jh. v. a. F. SMETANA, A. DVOŘÁK, A. BORODIN, P. TSCHAIKOWSKY, A. GLASUNOW, E. GRIEG, C. FRANCK, C. SAINT-SAËNS und G. BIZET mit sinfonischen Werken hervor.

■ Das Ende

Im 20. Jh. führten viele Komponisten den traditionellen Sinfonie-Typus fort (J. SIBELIUS, C. NIELSEN, E. ELGAR, R. VAUGHAN WILLIAMS), insbesondere in Russland (S. PROKOFJEW, D. SCHOSTAKOWITSCH) und in den USA (C. IVES, W. PISTON, R. HARRIS), und versuchten ihn dabei mit neuen Inhalten zu erfüllen. Andere bemühten sich um eine Erneuerung der Gattung durch die Pflege eines linear polyphonen Stils (P. HINDEMITH, J. N. DAVID, K. A. HARTMANN), durch kammermusikalische Besetzung oder kleineres Format (M. REGER, F. SCHREKER, A. SCHÖNBERG, A. BERG, A. WEBERN, D. MILHAUD), wobei Werke entstanden, die mit dem traditionellen Formbegriff der Sinfonie nur noch wenig zu tun haben.
In der Musik nach 1950 tritt die Sinfonie als repräsentative Gattung zurück und ist u. a. noch vertreten bei B. MARTINŮ, H. W. HENZE, L. BERIO, K. PENDERECKI. ■

Die Sinfonie ist tot! Oder sie stirbt zumindest mit ihrem derzeitigen (überalterten) Publikum. Stimmt das? Wenn ja, warum? Und sollte man etwas dagegen tun?

KLOIBER, RUDOLF: *Handbuch der klassischen und romantischen Symphonie.* Wiesbaden (Breitkopf & Härtel) ³1981.

Sirtaki [von griechisch syrtós »Rundtanz«]: ein griechischer Volkstanz, der langsam beginnt und immer schneller wird; er wird in Ketten- oder Kreisform getanzt. Durch M. THEODORAKIS' Filmmusik zu »Alexis Sorbas« (1964) wurde der S. international bekannt.

Sirventes [provenzalisch »Dienstlied«]: ein altprovenzalisches Lied der Troubadours und Trouvères, dessen Melodie meist bekannten Kanzonen entlehnt war. Das S. war ursprünglich eine inhaltlich und formal nicht festgelegte, bezahlte Auftragsdichtung. Es bringt persönliche Ansichten kritisch moralisierend zum Ausdruck (**Rüge-** oder **Moral-S.**) oder hat politische oder historische Ereignisse zum Gegenstand (**Kriegs-S.**).

Sister: ↑Cister.

Sistrum
(etwa 4. Jh. v. Chr.)

Sistrum [lateinisch, von griechisch seïstron »etwas Geschütteltes«]: eine antike Rassel, bestehend aus einem an einem Handgriff befestigten u-förmigen Metallrahmen mit beweglichen Metallstäben bzw. Querstäben mit losen Metallscheiben, die beim Schütteln ein Klirren hervorrufen. Bereits um 2500 v. Chr. in Mesopotamien nachgewiesen, verbreitete sich das S. im gesamten griechisch-römischen Kulturraum und ist heute noch in der koptischen Liturgie in Gebrauch.

Sitar

Sitar [Hindi, von persisch setar »Dreisaiter«]: eine Langhalslaute mit Bünden und birnenförmigem Schallkörper aus Holz oder auch Kürbis, deren Saiten mit dem Plektron gezupft werden. Der S. ist persischen Ursprungs und in Nord- und Teilen von Südindien heute eines der wichtigsten Instrumente der klassischen Ragamusik. Seit seinem Aufkommen um 1300 erfuhr der S. zahlreiche Wandlungen hinsichtlich Bauart, Saitenzahl und Stimmung. Der heutige große Konzert-S. ist etwa 122 cm lang; über bis zu 23 bewegliche Metallbünde hinweg verlaufen zwei Bordunsaiten (C und G) und fünf Melodiesaiten (c–f–g–c^1–c^2). Manche S. haben bis zu 20 zusätzliche Resonanzsaiten. Begleitet von ↑Tabla und ↑Tanbur arbeitet der S.-Spieler improvisierend die Charakteristika eines Raga heraus und stimmt so sich und die Zuhörer in den jeweiligen Affektgehalt ein. Durch den S.-Virtuosen R. SHANKAR wurde der S. in den 1960er-Jahren auch in der europäischen Kunst- und v.a. Rockmusik populär.

Sixte ajoutée [sikstaʒu'te; französisch »hinzugefügte Sexte«]: in der Harmonielehre Bezeichnung für die einem Dur- oder Molldreiklang als charakteristische Dissonanz hinzugefügte große Sexte (z.B. c–e–g–a); der Dreiklang erhält dadurch Subdominantfunktion.

Sizzle [sɪzl; englisch »Zischen«]: beim Schlagzeug ein mit einem Kranz lose eingelassener Nieten versehenes Becken, das beim Anschlag ein sirrendes Geräusch von sich gibt.

Ska: frühere Bezeichnung des ↑Reggae.

Skala [von lateinisch scala »Treppe«]: ↑Tonleiter.

Skalden [altnordisch skáld, ursprünglich wohl »Dichtung«, »Gedicht«]: die altnordischen Dichter v. a. der Wikingerzeit (9.–11. Jh.), die eine nach besonderen Regeln aufgebaute strophische Dichtung häufig an Fürstenhöfen vortrugen. Im Zentrum der S.-Dichtung steht das Preislied, das meist die kunstvolle Form der Drápa (drei Strophen aus vier zwölfsilbigen Langzeilen mit Stabreim, Binnenreim und Assonanz) aufweist. Daneben gibt es Spott- und Liebesdichtung. Die Sprache ist bewusst verrätselt. Seit dem Ende des 10. Jh. treten meist nur Isländer als S. auf.

Skiffle [skɪfl; englisch]: Bezeichnung für eine amateurhafte Variante afroamerikanischer Musik, stilistisch eine jazzinspirierte Mischung aus Blues, Ragtime und Volksliedelementen. Charakteristisch für den S. ist der stark akzentuierte, pulsierende Rhythmus sowie das neben dem Banjo häufig selbst gefertigte Instrumentarium (Waschbrett, Teekistenbass, geblasener Kamm). S.-Gruppen entstanden im Chicago der 1920er-Jahre und wurden in den 1950er-Jahren v. a. auf Initiative europäischer Jazzmusiker auch bei Amateurmusikern in England und Deutschland populär. Der S. hatte erheblichen Einfluss auf die frühen britischen Rhythm-and-Blues- und Rockbands.

Skordatur: ↑Scordatura.

Slap-Bass-Technik [ˈslæp-; zu englisch to slap »schlagen«]: perkussive Schlagtechnik auf dem Kontrabass im frühen New-Orleans-Jazz. Dabei werden die Saiten so stark angerissen, dass sie auf das Griffbrett zurückschlagen, bzw. es wird mit der flachen Hand auf das Griffbrett geschlagen. Im Free Jazz der 1960er-Jahre griffen Bassisten zur emphatischen Ausdruckssteigerung z. T. auf ähnliche Techniken zurück.

slargando [italienisch] (slentando): ↑allargando.

Slendro [javanisch]: ein Tonsystem in der Musik Javas und Balis, das die Oktave in fünf annähernd gleich große Stufen (etwa je 240 cent) teilt; bildet mit ↑Pelog die Grundlage für die Stimmung der Gamelanmusik (↑Gamelan). Das S. hat sich vermutlich ab dem 4. Jh. entwickelt und war bereits im 8. oder frühen 9. Jh. voll ausgebildet.

Slowfox [ˈsloʊfɔks; englisch]: in England entwickelte langsame Art des ↑Foxtrotts mit elegant fließenden Bewegungen; einer der internationalen Standardtänze.

smorzando [italienisch, zu smorzare »dämpfen«] (smorzato), Abk. smorz.: ersterbend, verklingend, verlöschend.

Snaredrum [ˈsneədrʌm; englisch »Schnarrtrommel«]: bei den Drums die kleine Trommel mit einem unter dem Resonanzboden(fell) spannbaren Band mit bis zu 18 Schnarrsaiten (Drahtspiralen), die den Klang der Trommel aufhellen.

soave [italienisch] (soavemente): sanft, lieblich, angenehm.

Soggetto [sɔdˈdʒetto; italienisch] (Subjekt): ein Thema einer kontrapunktischen Komposition (z. B. Ricercar, Fantasie, Kanzone), v. a. der ↑Fuge.

Soggetto cavato [sɔdˈdʒetto -, italienisch zu cavare »herausnehmen, schöpfen«]: in der Musik ein Thema, dessen Noten (in Tonbuchstaben oder Solmisationssilben gelesen) auf einen Ausspruch oder Namen verweisen, etwa B-A-C-H (schon bei J. S. BACH) oder A-B-E-G-G in R. SCHUMANNS Klaviervariationen op. 1 (1830), seiner Freundin META ABEGG gewidmet.

sol: die fünfte Tonsilbe der ↑Solmisation; in den romanischen Sprachen Bezeichnung für den Ton G.

Soldatenlieder: Lieder der Soldaten für den Gemeinschaftsgesang; von der Funktion her in Marschlieder (Arbeitsgesang) und Ruhelieder zu unterteilen. Das Marschlied als Ausdruck des Patriotismus, der Kampfbereitschaft und der Geringschätzung der Feinde ist weitgehend von der Ideologie des jeweiligen politischen Systems bestimmt. Das Ruhelied dient dem spontanen Ausdruck, in dem auch die private Gefühlswelt reflektiert wird; infolge des Aufkommens der Volksheere in napoleonischer Zeit sind auch allgemeine Volkslieder (Liebes-, Heimatlieder) zu S. geworden.

Solfeggio [zɔl'fɛdʒo; italienisch, zu solfa »Tonübung«] (französisch Solfège): im Kunstgesang die Gesangsübung, die auf Vokale oder auf Tonsilben (↑Solmisation) gesungen wird und zugleich Stimme und Gehör des Sängers schult. Von ihr aus hat sich eine v. a. in Italien und Frankreich übliche Unterrichtsmethode im S. entwickelt, die völlige Sicherheit im Blattsingen anstrebt. S. wird auch als Elementarunterricht angewendet: Die **Solfège-Methode** verbindet intensive Schulung von Gehör, musikalisches Vorstellungsvermögen und rhythmisches Empfinden.

Solid Body ['sɒlɪd 'bɒdɪ; englisch] (S.-B.-Gitarre): der gängigste Typ der ↑E-Gitarre in Massivbauweise, d.h. im Unterschied zur Hollow Body (↑Schlaggitarre) ohne eigenen Resonanzkörper.

Solist [von lateinisch solus »allein«]: ein Einzelspieler oder Einzelsänger in Oper, Konzert und ähnlichen Veranstaltungen. – ↑auch Solo.

Solmisation [italienisch]: das auf Guido von Arezzo zurückgehende System von Ton-Bezeichnungen, mit dem die Aufeinanderfolge der Stufen der sechsstufigen, im Mittelalter gebräuchlichen Tonleiter (Hexachord) von Ganzton, Ganzton, Halbton, Ganzton, Ganzton sinnfällig gemacht wurde. Die Tonsilben ut (später do), re, mi, fa, sol, la entsprechen den Halbzeilenanfängen des Johanneshymnus »**Ut** queant laxis, **re**sonare fibris ...«. Mit drei auf C (**Hexachordum naturale**), F (**Hexachordum molle**) und G (**Hexachordum durum**) einsetzenden Sechstonskalen und ihrer Transposition nach oben und unten konnte der im Mittelalter benötigte Tonraum exakt bezeichnet werden. Der Übergang von einem Hexachord in ein anderes (beim Überschreiten des Sechstonraumes) hieß Mutation. Während die Tonsilbe den Tonort bestimmt, benennt die Kombination der Tonsilben die Tonhöhe (z.B. c = fa ut, c^1 = sol fa ut). Mit dem Aufkommen des neuzeitlichen Dur-Moll-Systems ergaben sich Schwierigkeiten, die zunächst mit dem Einführen der Silbe si für h überwunden wurden. Die S. wurde seit dem Mittelalter im Musikunterricht gebraucht; als Gedächtnishilfe und zum Singen nach Handzeichen diente die ↑guidonische Hand. Seit dem 16. Jh. erfuhr die S. zahlreiche Veränderungen (z.B. durch die ↑Bocedisation); sie wurde im 19. Jh. in England mit der Tonicsolfa-Methode neu belebt, auf der die seit Anfang des 20. Jh. in Deutschland gebrauchte Tonika-do-Methode beruht.

Solo [italienisch, von lateinisch solus »allein«]: solistisch auszuführende, meist technisch besonders anspruchsvolle Vokal- oder Instrumentalstimme mit oder ohne Begleitung; in übertragener Bedeutung auch Bezeichnung für ein nur von einem Solisten vorzutragendes Musikstück. Im Instrumentalkonzert stehen ein oder mehrere Instrumentalsolisten dem Orchester (↑Ripieno, ↑Tutti) gegenüber, in großen Vokalwerken ein oder mehrere Vokalisten dem Chor (bzw. auch dem Orchester).

Sonata da camera [italienisch]: Kammersonate, ↑Sonate.

Sonata da chiesa [- ki'e:za; italienisch]: Kirchensonate, ↑Sonate.

Sonate [italienisch sonata, von lateinisch sonare »klingen«]: seit dem frühen 17. Jh. Bezeichnung für eine meist mehrsätzige, zyklisch angelegte Instrumentalkomposition in kleiner oder solistischer Besetzung. Das Wort »Sonata« bezeichnete im 16. Jh. zur Unterscheidung von rein vokalen Kanzonen instrumentale Bearbeitungen oder stilistische Nachahmungen

von Vokalsätzen (Canzoni da sonar); als Werktitel begegnet es zuerst 1561 bei G. GORZANIS und 1581 bei M. F. CAROSO. Bedeutend für die gattungsgeschichtliche Entwicklung waren die S. von G. GABRIELI (1597, 1615) mit ihrer mehrchörigen, vielgliedrigen Anlage und ihrem kontrastreichen Nebeneinander von imitatorisch gebundenem und frei improvisatorischem Stil. Durch Umbildung der Kanzone zum monodischen Instrumentalstück und durch Stimmenreduktion entstanden Anfang des 17. Jh. die **Solo-S.** für eine Melodiestimme (meist Violine) mit Generalbassbegleitung und die **Trio-S.** für zwei Melodieinstrumente und Generalbass, die in Form und Besetzung bis ins 18. Jh. die wichtigsten kammermusikalischen Gattungen bildeten. Nach ihrer Bestimmung wurden die **Kirchen-S.** und die **Kammer-S.** unterschieden. Seit A. CORELLI hatte die Kirchen-S. vier tonartlich verwandte Sätze (langsam–schnell–langsam–schnell), wobei die langsamen Sätze imitatorisch oder homophon und die schnellen fugiert angelegt sind. Die Kammer-S. war meist dreisätzig (schnell–langsam–schnell) und bestand aus einem präludienartigen Eingangssatz und nachfolgenden Tanzsätzen gleicher Tonart. Um 1700 vermischten sich beide Typen, doch blieb in Form und Stil das Vorbild der Kirchen-S. bestimmend. J. S. BACH übertrug den Triosatz auf ein Melodieinstrument (Violine, Viola da Gamba, Querflöte) und einen obligaten Klavierpart mit solistischer Continuostimme oder auf die Solovioline. Ähnlich begründete J. KUHNAU (»Neue Clavier-Übung II«, 1692) die **Klavier-S.** In den einsätzigen Werken D. SCARLATTIS und den im empfindsamen Stil gehaltenen S. der Bach-Söhne (v. a. C. P. E. BACH) bildeten sich ansatzweise motivische Durchführungsarbeit und Themengegensätzlichkeit heraus.
Die Klavier- wie die Violin-S. der Wiener Klassiker ist gekennzeichnet durch thematische Arbeit, klaren periodischen und modulatorischen Aufbau, i. d. R. Dreisätzigkeit und Gliederung des Kopfsatzes nach dem harmonisch-formalen Prinzip der Sonatensatzform. L. VAN BEETHOVENS groß angelegte Klavier-S. weisen drei, vier oder, bei späten Werken, zwei Sätze auf, die thematisch aufeinander bezogen sind. Bei Komponisten des weiteren 19. und frühen 20. Jh. blieben die Formprinzipien der klassischen S. zwar wirksam, wurden aber durch neue kompositorische Verfahren (z. B. fortlaufende Reihung oder Wiederholung von Gedanken, Ableitung aus einem einzigen Thema) modifiziert und verwandelt. Die **Violin-S.** entwickelte sich bei W. A. MOZART aus der Klavier-S. mit ad libitum begleitender Violinstimme zur S. mit obligatem, gleichberechtigtem Klavierpart. Sie wurde nachfolgend im 19. und 20. Jh. auf hochvirtuosem Niveau gepflegt.
Die nicht seltene und in Verbindung mit fast allen melodiefähigen Instrumenten begegnende Bezeichnung S. bei reinen Solo- oder klavierbegleiteten Werken des 20. Jh. bezieht sich entweder auf die traditionalistische Aneignung einer bereits historisch gewordenen Form oder auf bloße Assoziation der S. mit einem instrumentalen Spielstück. Durch die Verwendung neuer Kompositionstechniken hat der Begriff S. als eine an Thematik, Durchführungsarbeit, funktionale Harmonik, periodische und zyklische Formbildung gebundene Gattung an Gültigkeit verloren.

Sonatensatzform (Sonatensatz, Sonatenform, Sonatenhauptsatzform): Bezeichnung für das Formmodell v. a. des ersten Satzes von Sonaten, Sinfonien und Kammermusikwerken seit der zweiten Hälfte des 18. Jh. I. d. R. gliedert sich der Sonatensatz in Exposition, Durchführung und Reprise, der sich eine Koda anschließen kann. Am Beginn kann eine langsame Einleitung vorangehen. Die Exposition ist in Hauptsatz mit dem ersten Thema in der Grundtonart, Überleitung und Seitensatz mit dem zweiten Thema in einer anderen Tonart (meist

Dominante oder Paralleltonart) unterteilt und wird oft durch eine Schlussgruppe (auch Epilog) abgeschlossen. Die Durchführung bringt eine Verarbeitung des thematischen Materials der Exposiv. a. durch B. BRECHT und die Komponisten K. WEILL, H. EISLER und P. DESSAU zur Hauptform des epischen Musiktheaters sowie des sozialistischen Kampf- und Massenliedes. – ↑auch Protestsong.

Sonatensatzform

Exposition				
• Hauptsatz	Überleitung	Seitensatz	Epilog	•
• 1.Thema		2.Thema		•
Tonika		Dominante		

Durchführung	Reprise				Koda
• Verarbeitung	Hauptsatz	Überleitung	Seitensatz	Epilog •	
•	1.Thema		2.Thema	•	
Modulation	Tonika		Tonika		

tion mit Modulationen in entferntere Tonarten. Ihr folgt die Reprise mit der Wiederaufnahme der Elemente der Exposition, vielfach in der Grundtonart, worauf eine Koda (gegebenenfalls mit erneuter thematischer Verarbeitung) den Satz abschließen kann.

Sonatine [italienisch »kleine Sonate«]: im 17. Jh. vielfach bei Suiten Bezeichnung für Einleitungssätze in der Art eines Präludiums oder einer Toccata, z.B. bei J. KUHNAU. Später, nach der Ausbildung der Sonatensatzform, ist die S. eine z.T. nur zweisätzige, leicht spielbare Sonate mit meist sehr kurzer Durchführung.

Song [englisch]: im angloamerikanischen Sprachgebrauch Bezeichnung für Lied (etwa Folksong, Gospelsong); im engeren Sinne ist S. eine dem neueren ↑Chanson und ↑Couplet verwandte Liedgattung. Formal kennzeichnend ist der Aufbau aus (Vor-)Strophe (englisch verse) und Refrain, inhaltlich der meist sozialkritische und/oder satirische Gehalt. Musikalisch werden Elemente des Music-Hall-, Kabarett- und Varietéliedes, von Bänkelsang und Moritat, Schlager und anderen volkstümlichen Liedtypen sowie von Jazz und zeitgenössischer Tanzmusik verwendet. Dieser S. wurde nach dem Ersten Weltkrieg v.a. in den Agitpropgruppen der deutschen Arbeiterbewegung entwickelt. Er wurde dann

sopra [italienisch, von lateinisch supra »oben«]: Anweisung beim Klavierspiel, mit gekreuzten Händen zu spielen, auch Hinweis für die oben liegende Hand; Gegensatz: ↑sotto.

Sopran [italienisch soprano »darüber befindlich«]: Stimmlagen-Bezeichnung für die höchste Singstimme, von Frauen, Knaben und Falsettisten, früher auch von Kastraten gesungen (Umfang c^1–a^2, bei Berufssängern a–c^3, f^3). Die Bühnenpraxis unterscheidet den lyrischen S., den jugendlich-dramatischen S., den hochdramatischen S., den Koloratur-S., den Mezzo-S. und die Soubrette. Die Bezeichnung S. setzte sich seit dem 17./18. Jh. durch, davor hieß die höchste Stimme u.a. **Cantus, Discantus** (↑Diskant), **Superius, Suprema Vox,** französisch auch **Dessus,** englisch **Treble.** – Bei Instrumentenfamilien ist S. die Bezeichnung für die höchsten Vertreter, z.B. S.-Blockflöte.

Sopranschlüssel (Diskantschlüssel): in der Notenschrift der C-Schlüssel auf der 1. Notenlinie (↑Schlüssel).

Sordino [italienisch]: ↑Dämpfer.

sospirando [italienisch] (sospirante): seufzend.

sostenuto [italienisch »gehalten«, Abk. sost., sosten.: ursprünglich wie tenuto das gleichmäßige Fortklingenlassen eines Tons; später als Zusatz bei Tempoangaben ein etwas langsameres Zeitmaß (z.B. **andante** s.).

sotto [italienisch »unten«]: Anweisung beim Klavierspiel, mit gekreuzten Händen zu spielen, bzw. Hinweis für die unten liegende Hand; Gegensatz: ↑sopra.

sotto voce [- ˈvoːtʃe; italienisch], Abk. s.v.: mit gedämpfter Stimme, halblaut.

Soubrette [zu-; französisch »verschmitzte Zofe«]: weibliches Rollenfach für Sopran in Oper, Operette und Singspiel, meist muntere, oft komische Mädchenrolle, die eine bewegliche, helle Stimme verlangt (z.B. Susanna in W. A. MOZARTS »Die Hochzeit des Figaro«).

Soul [sɔʊl; englisch »Seele«]: ein afroamerikanischer vokaler Musikstil der 1960er-Jahre. Im S. kamen Momente des Spirituals und Gospels (Expressivität), des Blues (Ruf-Antwort-Modelle) und des Jazz in einer v.a. dem Rhythm and Blues verpflichteten Musik zusammen. Der S. hatte großen Einfluss auf die Entwicklung der amerikanischen Popmusik. Zu den wichtigsten Sängern des S. gehören u.a. J. BROWN, A. FRANKLIN, R. CHARLES. Stilphasen der S.-Entwicklung waren ↑Memphis-Sound, Motown-Sound (↑Motown) und ↑Phillysound. Im Jazz bezeichnet der Begriff ein stark expressives, im wörtlichen Sinne »beseeltes« Spiel.

Sound [saʊnd; englisch »Klang«]: im Jazz Bezeichnung für den spezifischen Klang eines Musikers oder einer Band. Der S. ergibt sich aus Intonationseigenheiten, melodischen, rhythmischen oder harmonischen Charakteristika. In der Soul- und Rockmusik wurde der Begriff als Synonym für »Stil« eingeführt (z.B. ↑Memphis-Sound, ↑Discosound).

Soundtrack [ˈsaʊndtræk; englisch »Klangspur«]: die in einem Film verwendete originale ↑Filmmusik, die, auf Tonträger eingespielt, in den Handel kommt.

Sousaphon [zuza-]: ein von J. P. SOUSA angeregtes und nach ihm benanntes Blechblasinstrument, eine Basstuba mit kreisförmig gewundenem Rohr, das der Spieler um den Oberkörper trägt, und einer breit auslaufenden, in der Richtung verstellbaren Stürze. Das S. wird v.a. in der amerikanischen Militärmusik, seit 1920 auch in Jazzbands verwendet.

Spartieren [von italienisch spartire »(ein)teilen«]: seit dem 16.Jh. das Schreiben oder Übertragen von Einzelstimmen in die Partitur; ursprünglich das Einteilen der Notenlinien durch senkrechte Striche in gleichmäßige Zeitabschnitte.

Sphärenharmonie: Übertragung der Gesetze der musikalischen Harmonie auf die Bewegungen der Himmelskörper (Mond, Sonne, Planeten, Sterne). Die S. geht auf die von älteren Pythagoreern (u.a. ARCHYTAS VON TARENT) herrührende Vorstellung zurück, dass die Gestirnsphären (im geozentrischen System) in ihren Abständen und Rotationsgeschwindigkeiten zueinander harmonisch angeordnet sind, wobei die bei ihrer Bewegung entstehenden Töne **(Sphärenmusik)** den harmonischen Tönen der diatonischen Skala entsprechen. Der griechische Philosoph PLATON und besonders J. KEPLER nahmen an, dass diese Harmonien nur dem »geistigen« Ohr erkennbar seien.

spiccato [italienisch »(klar) hervortreten«], Abk. spicc.: bei Streichinstrumenten eine Strichart, bei der die Töne deutlich abgesetzt mit wechselndem, geworfenem Strich gespielt werden, zwischen staccato und sautillé.

Spiegelfuge: eine ↑Fuge, bei der die gesamte kontrapunktische Satz spiegelbildlich umkehrbar ist. Dabei werden alle Aufwärts- zu Abwärtsbewegungen, die tiefste Stimme zur höchsten usw. (z.B. in J. S. BACHS »Kunst der Fuge«, Contrapunctus 16, 17, 18).

Spiegelkanon: ein Kanon, bei dem die zweite Stimme die Noten der ersten rückwärts und in Umkehrung vorträgt (↑Krebs).

Spieldose: ein mechanisches Musikwerk, bei dem die Töne durch Anreißen von Metallzungen mittels Stiften entstehen. Die Stifte sitzen auf einer rotierenden Metallscheibe oder -walze (Stiftwal-

Spielmann

ze), die durch ein Federwerk oder mit einer Handkurbel in Drehung versetzt wird. Die ersten S. wurden Ende des 18. Jh. in der Schweiz gebaut. Ist die S. mit einer Tisch- oder Taschenuhr verbunden, spricht man von **Spieluhr.**

Spielmann (Plural Spielleute): im Mittelalter der nichtsesshafte, berufsmäßige Unterhaltungskünstler. Der S. betätigte sich u.a. als Possenreißer, Akrobat, Fechter, Tänzer und v.a. als Musikant. Er war an sich recht- und ehrlos, jedoch an vielen weltlichen und geistlichen Höfen ein gern gesehener Gast. – ↑auch Stadtpfeifer.

Spielmann (aus der Tristan-Handschrift von 1323)

Spieloper: Bezeichnung für einen Typus der deutschsprachigen komischen Oper des 19. Jh. mit singspielhaften Sujets und gesprochenen Dialogen, z.B. A. LORTZINGS »Zar und Zimmermann« (1837), F. VON FLOTOWS »Martha« (1847) und O. NICOLAIS »Die lustigen Weiber von Windsor« (1849).

Spiel|uhr: ↑Spieldose.

Spinett [italienisch, von lateinisch spina »Dorn«, »Stachel«] (französisch Épinette): eine vom 16. bis 18. Jh. verbreitete Kleinform der Kielinstrumente mit einchörigem Saitenbezug, gewöhnlich in 8-Fuß-Lage und mit vier Oktaven Tonumfang. Typisch für das italienische S. ist das trapezförmige vier- bis sechseckige Instrumentenkorpus mit an der Breitseite angebrachter, vorspringender Tastatur, das sich meist in einem separaten, rechteckigen Aufbewahrungskasten befand. S. haben, wie das rechtwinklige ↑Virginal, einen parallel zur Tastatur verlaufenden Saitenbezug mit rechtsständigen Wirbeln, wobei die Basssaiten unmittelbar hinter den Tasten liegen. Ihr Klang ist dunkel, weich und lautenähnlich.

Ab Mitte des 17. Jh. setzte sich das **Quer-S.** durch, mit schräg gestellter Flügelform, vorderständigen Wirbeln und im spitzen Winkel zur Klaviatur verlaufendem Saitenbezug. Mit seiner Anrissstelle gleich bleibend nahe am Steg ähnelt sein Klang dem eines kleinen Cembalos.

Spiritualsong [ˈspɪrɪtjʊəlsɔŋ; englisch]: ein geistliches Volkslied der weißen Bevölkerung Amerikas aus der Zeit der Erweckungsbewegung. Der Begriff ist dem Titel einer Sammlung protestantischer Gesänge von T. RAVENSCROFT (1621) entnommen. S. wird oft fälschlich synonym gebraucht für ↑Negrospiritual.

spirituoso [italienisch]: feurig.

Spitzflöte: ein hell klingendes Register der Orgel mit konischen offenen Labialpfeifen zu 8-, 4- oder 2-Fuß.

Spitzharfe (Harfenett): eine aufrechte, auf beiden Seiten des Resonanzbodens mit Saiten bezogene Zither in Harfenform; im 17.–18. Jh. v.a. in Deutschland beliebt, entweder als größeres, auf dem Boden stehendes oder (häufiger) als Tisch- oder Schoßinstrument.

Sprechgesang: eine Art vokaler Deklamation, die sich zwischen Sprechen und Singen bewegt und v.a. im Melodram (↑Melodrama) verwendet wird. Der S. wurde zuerst von A. SCHÖNBERG in seinem »Pierrot lunaire« (1912) so bezeichnet und erfordert hier eine strikte Einhaltung der rhythmischen Werte und den Gebrauch eines die unterschiedlichen Tonhöhen verbindenden Glissandos.

Springbogen: ↑sautillé.
Springer: ↑Docke.
Springlade: in der Orgel eine Form der ↑Windlade.
Springtanz: ↑Nachtanz.
Squaredance [ˈskweədɑːns; englisch, aus square »Quadrat« und dance »Tanz«]: eine Hauptform des amerikanischen Volkstanzes, in den u. a. Elemente der französischen Quadrille und verschiedener europäischer Volkstänze eingingen, getanzt von vier Paaren nach Weisung eines Ansagers (englisch Caller) im Viereck mit gewöhnlich vier Figuren. Begleitinstrumente sind i. d. R. Akkordeon, Banjo, Fiedel und Gitarre.
Stabat Mater (S. M. dolorosa) [lateinisch »(es) stand die schmerzensreiche Mutter«]: eine nach den Anfangsworten benannte Sequenz über das Mitleiden MARIAS dem Kreuzestod JESU; vermutlich zwischen dem 12. und 14. Jh. entstanden; seit Einführung des Festes der Sieben Schmerzen Mariä (1727) in das Missale als Sequenz, in das römische Brevier als Hymnus aufgenommen. Mehrstimmige Vertonungen des S. M. gibt es seit dem 15. Jh., u. a. von PALESTRINA, J. HAYDN, A. DVOŘÁK, G. VERDI.
Stabreim: ↑Alliteration.
staccato [zu italienisch staccare »trennen«], Abk. stacc.: abgestoßen, d. h. die aufeinander folgenden Töne deutlich voneinander getrennt; angezeigt durch einen Punkt (oder Keil) über oder unter den Noten; Gegensatz: legato.
Stachel: bei Violoncello, Kontrabass und Kontrafagott ein ausziehbarer oder abmontierbarer Stab mit Metallspitze, auf den das Instrument während des Spiels gestützt wird.
Stadtpfeifer: Bezeichnung für den in städtischen Diensten stehenden Berufsmusiker des 14.–18. Jh. Der S. trat im Spätmittelalter das Erbe des fahrenden Spielmanns an; er teilte dessen Vielseitigkeit im Instrumentenspiel, unterschied

Spinett

sich aber von ihm durch Sesshaftigkeit, Besitz bürgerlicher Rechte, festen Sold, Bindung an Zünfte und geregelte, langjährige Ausbildung. Zur Dauereinrichtung deutscher Städte wurde die **Stadtpfeiferei** im 16. Jh. Der S. bildete mit mehreren Musikern die Stadt- oder Ratsmusik größerer Städte oder besorgte in kleineren Kommunen, im Range eines Meisters stehend, mit zwei Gesellen und einem Lehrling die offizielle Musik bei Festen der Stadt und der Kirche, Veranstaltungen des Rats, Feiern der Universität und Besuchen hoher Persönlichkeiten sowie den Wachdienst und das ↑Abblasen auf dem Rathaus- oder Kirchturm (↑Turmmusik). In Residenzstädten wurden die S. auch zur Unterstützung der Hofkapelle herangezogen. Daneben genossen sie das Privileg, bei privaten Anlässen in Bürgerhäusern aufspielen zu dürfen. Mit dem Verlust der Privilegierung durch die Gewerbefreiheit und dem Aufkommen des Konzertwesens und Liebhabermusizierens verlor das Amt des S. seit dem 18. Jh. seine Bedeutung.
Stagione [-ˈdʒoːnə; italienisch »Jahreszeit«]: italienische Bezeichnung für die Spielzeit eines (Opern-)Theaters, Saison.
Stahlspiel: ein Metallophon mit klaviaturmäßig in einem Rahmen angeordneten stählernen Klangstäben oder -platten, die mit Schlägeln gespielt werden, z. B. die Militärlyra (↑Lyra).
Standard: im Jazz ein Musikstück, das

Standardtänze

zum festen Bestand des Repertoires gehört, z.B. viele Titel von G. Gershwin.

Standardtänze: eine Disziplin im Tanzsport mit langsamem Walzer (Englishwaltz), Tango, Wiener Walzer, Quickstepp und Slowfox. Die S. bilden mit den ↑lateinamerikanischen Tänzen den Allroundwettbewerb.

Ständchen: ein Musikstück, das zu Ehren einer Person (ursprünglich der Geliebten) z.B. vor deren Haus bzw. Fenster dargebracht wird. Tageszeit, Besetzung, Form und Dauer eines S. sind nicht festgelegt. Die Bezeichnung ist seit Anfang des 17. Jh. belegt; seit dem 19. Jh. begegnet sie als Überschrift von Liedern, mehrstimmigen Gesängen und Instrumentalstücken. Auch in der Oper sind S.-Szenen beliebt. – ↑auch Aubade, Serenade, Notturno.

Stantipes [lateinisch]: ↑Estampie.

statistische Musik: ↑serielle Musik.

Steeldrum [ˈstiːldrʌm; englisch »Stahltrommel«]: ein Aufschlagidiophon der Volksmusik Trinidads, bestehend aus einem Ölfass ohne Boden, in dessen nach innen gewölbtem Deckel zahlreiche Klangflächen ausgehämmert sind. Die Länge des Fasskorpus bemisst sich nach der geforderten Tonlage (Bass bis Sopran). Der Anschlag der Flächen mit Gummikopfschlägeln erzeugt den charakteristischen schwebungsreichen Klang, der dem von Gongspiel und Marimba ähnelt. In den populären **Steelbands** der Karibik werden S. im Satz von bis zu 30 Stück als Melodie- und Begleitinstrumente gespielt, unterstützt von einer Rhythmusgruppe aus Congatrommeln, Maracas u.a. Sie wurden v.a. durch den Reggae international bekannt.

Steelguitar [ˈstiːlɡɪtɑːr; englisch »Stahlgitarre«]: ↑Hawaiigitarre.

Steg: die Auflage für die Saiten, die deren schwingenden Teil begrenzt und die Schwingungen auf den Resonanzkörper überträgt. Bei den Instrumenten der Violinfamilie ist der S. ein lose auf die Decke gesetztes Holzplättchen; seine Reduzierung auf die statisch wichtigen Teile durch ornamentale Aussparungen verringert die Masse und beeinflusst den Klang. Die S. von Zupfinstrumenten wie Mandoline und Banjo sind flach; bei Laute und Gitarre dient der flache, auf die Decke geleimte Querriegel als Saitenhalter und S. zugleich. Der S. besaiteter Tasteninstrumente (Cembalo, Clavichord, Klavier) ist eine auf dem Resonanzboden aufliegende, gerade oder gekrümmte Leiste.

Steinspiele: ↑Lithophone.

stentando [italienisch] (stentato): zögernd, schleppend.

Stepptanz [von englisch step »Schritt«] (Tabdance): Ende des 19. Jh. von schwarzen Darstellern der amerikanischen Ministrelshows kreierte Tanztechnik, bei der der Rhythmus durch kurzes Abspringen oder schnellen Bewegungswechsel zwischen Hacken und Spitzen **(steppen)** der mit Steppeisen versehenen Schuhe akzentuiert wird; u.a. von F. Astaire und als **Soft Shoedance** ohne Steppeisen von G. Kelly bravourös getanzt.

Stil [von lateinisch stilus »Schreibgerät«, »Griffel«, »Stiel«]: die jeweils besondere Art und Weise der Formung und Gestaltung, in der Haltungen, Verhalten, Vorstellungen von sozialen Gruppen oder Individuen erscheinen. Der S.-Begriff wird hauptsächlich in der Literatur, der bildenden Kunst und der Musik angewendet. Er bezeichnet dort typische, wiederkehrende, relativ gleich bleibende und allgemeine Merkmale der Art und Weise, wie das künstlerische Material ausgewählt und behandelt wird und Gedanken oder Inhalte formuliert werden. Man kann von Werk-, Persönlichkeits- oder Individual-S., Gruppen-, Gattungs-, Epochen-, Regional- und National-S. sprechen, wobei sich die S.-Forschung über anzuwendende Normen und Vergleichsgrößen verständigen muss. In der Musik können mit dem Begriff insbesondere charakteristische Merkmale von Satztechniken (z.B. homophoner oder polyphoner S.) oder die Art der Darbietung (Vortrags-S.) bezeichnet werden.

Der musikalische S.-Begriff, der auf Traditionen der antiken Rhetorik zurückgeht, verbreitete sich erstmals um 1600 in Italien. In den Anfängen der neuzeitlichen ↑Oper wurde der ältere, kontrapunktisch orientierte stile antico dem neuen, sprach- und ausdrucksbetonten stile moderno (rappresentativo, recitativo, monodico, espressivo) gegenübergestellt und der Begriff damit zur Unterscheidung in zeitlicher und satztechnischer Hinsicht gebraucht. Nach 1700 unterschied man verschiedene S.-Kategorien unter funktionalem Aspekt (Kirchen-, Kammer-, Theater-S.) und beschrieb die Verschiedenheit nationaler S. (italienischer, französischer und vermischter, d.h. deutscher »Geschmack«). Auf unterschiedliche kompositorische Qualität und Anspruch weist die Differenzierung von hohem, mittlerem und niederem S. Um 1750 löste der »galante«, freie S. den älteren »gearbeiteten«, strengen S. ab. Mit der v.a. durch die Wiener Klassik durchgesetzten wachsenden Subjektivierung der Musiksprache und Individualisierung der Werke (Personal-S.) begannen die festgefügten S.-Regeln und -Grenzen zunehmend ihre Kraft zu verlieren. Im 19. Jh. entwickelte sich schließlich neben dem älteren und weiter gültigen S.-Begriff, der sich v.a. an satztechnischen Merkmalen orientierte und von Funktion bzw. Gattung bestimmt wurde, ein neuer, der im Anschluss an die Periodisierungsversuche der Kunstgeschichte die Fülle der Erscheinungen in Epochen-, Gattungs- und Personal-S. zu ordnen und voneinander abzugrenzen suchte. Die daraus resultierende S.-Geschichte erscheint heute trotz ihrer häufigen Anwendung fragwürdig, denn teils widersprechen sie den geläufigen Epocheneinteilungen, teils sind die Epochenbegriffe nur von denen der bildenden Kunst oder Literatur übernommen oder es gibt keine eigentliche Entsprechung zwischen Musik und anderen Künsten. Neuere Versuche zielten deshalb darauf ab, spezifisch musikalische S.-Begriffe einzuführen (Generalbasszeitalter anstelle von Barock), die sich allerdings bis heute kaum durchsetzen konnten. In gewissem Grad gültig bleibt der S.-Begriff für Zeitabschnitte und Bereiche der Musikkultur, die relativ geschlossene Merkmale und Normen aufweisen (z.B. der Palestrina-S. des späten 16. Jh.). Dagegen lassen sich in der neuesten Musik keine verbindlichen S.-Kriterien mehr aufstellen, Insgesamt kommt es darauf an, die Reichweite und Grenzen des jeweils mit einem S.-Begriff Gemeinten genau zu bestimmen; eine vermeintliche Einheitlichkeit von Erscheinungen darf nicht von einer auf das Individuelle, Einmalige und Neue gerichteten musikalischen Analyse abhalten.

Stimmbänder: ein Teil des ↑Kehlkopfs. Die Länge der S. bestimmt den möglichen Tonumfang der Stimme (↑Stimmlage), ihre Spannung die Tonhöhe der Sprach- und Musiklaute. Die S. sind bei der Bildung von Vokalen die eigentliche Schallquelle, während sie bei der Bildung von stimmlosen Konsonanten nicht beteiligt sind.

Stimmbildung: die Schulung der natürlichen Stimmfunktionen. Die S. umfasst die gesamte für das Singen erforderliche Nerven- und Muskeltätigkeit im Atmungs-, Kehlkopf- und Mundbereich zur Erzielung einer klangschönen, tragfähigen und belastbaren Stimme. Sie gehört zur Berufsausbildung von Sängern, Schauspielern, Chorleitern, Rednern u.a.

Stimmbögen (Krummbügel): u-förmig oder kreisrund gebogene Rohrstücke zur Verlängerung der Schallröhre von Naturhörnern oder -trompeten, mit denen die Stimmung des Instruments verändert werden kann. – ↑ auch Stimmzug.

Stimmbruch (Mutation, Stimmwechsel): das Tieferwerden (um etwa eine Oktave) der Stimmlage in der Pubertät beim männlichen Geschlecht. S. wird durch das Wachstum des Kehlkopfs und die dadurch bedingte Verlängerung der Stimmbänder hervorgerufen.

Stimmbücher: handschriftlich oder gedruckte Bücher in Kleinformat, in denen jeweils eine Stimme einer oder mehrerer mehrstimmiger Kompositionen aufgezeichnet ist. S. kamen im späten 15. Jh. für weltliche und nicht liturgisch-geistliche Musik in Gebrauch und waren neben dem ↑Chorbuch bis zum Aufkommen des Partiturdrucks Ende des 16. Jh. die wichtigste Notationsart mehrstimmiger Musik. Nach 1700 als **Stimmen** bezeichnet, blieben die S. z. T. bis ins 18. Jh. die einzigen Ausgaben von Ensemblemusik.

Stimme: Lautäußerung bei Menschen und Tieren mit bestimmtem Klangcharakter und Signalwert zur Verständigung v. a. unter Artgenossen. Bei der menschlichen Stimme versetzt durchströmende Luft die Stimmbänder im Kehlkopf in Schwingungen, die durch Resonanzhöhlen in Kopf und Brust verstärkt werden. Die Tonhöhe kann durch unterschiedliches Spannen der Stimmbänder, die Klangfarbe durch unterschiedliche Form und Größe der Resonanzhöhlen (↑Bruststimme, ↑Kopfstimme, ↑Falsett) verändert werden. Die Tonhöhenbereiche der menschlichen Stimme bezeichnet man als ↑Stimmlagen, die v. a. durch unterschiedliche Resonanzeffekte bewirkte Klangfarbe als ↑Register.

Von der S. als Gesang ging die Bezeichnung über auf den Teil eines mehrstimmigen Werkes, den ein Musiker (Sänger oder Instrumentalist) auszuführen hat. Nach Art und Funktion solcher S. haben sie im Laufe der Zeit zahlreiche Sonderbezeichnungen erhalten. Auch im satztechnischen Sinne spielen Unterscheidungen wie Haupt- und Neben-, Ober-, Mittel- und Unter-, Zusatz- und Füll-S. eine charakterisierende Rolle. – Bei Streichinstrumenten wird der ↑Stimmstock auch S. genannt, bei der Orgel eine Gruppe gleich klingender Pfeifen.

Stimmer: Bezeichnung für die Bordunpfeife der ↑Sackpfeife.

Stimmfächer: in der Opernpraxis Bezeichnung für die Unterteilung der Stimmgattungen nach dem Charakter der Stimme oder dem Rollentyp, z. B. Koloratursopran, Soubrette, Heldentenor, Bassbuffo.

Stimmführung: im mehrstimmigen Satz die Führung der einzelnen Stimmen im Hinblick auf ihre melodische Gestalt und auf ihren Zusammenklang. Die S. berücksichtigt die Bedeutung, Qualität und Funktion der Stimme sowie den einer Stimme verfügbaren Raum in satztechnischer oder gesangstechnischer Hinsicht; außerdem richtet sich die S. danach, ob die Stimme ihre Selbstständigkeit betonen oder sich dem klanglichen Geschehen unterordnen soll, und nach den Satztechniken wie Kanon, Fuge, Imitation, durchbrochene Arbeit. Die Gesetze der S. veränderten sich im Laufe der Stilgeschichte. Die klassische Ausprägung streng geregelter S. findet sich im Palestrinastil, den der ↑Kontrapunkt in seiner bis heute gelehrten Form bewahrt.

Stimmgabel: ein akustisches Gerät meist aus ungehärtetem Stahl zur Bestimmung einer Tonhöhe, speziell des ↑Kammertons. Die S. hat die Form einer Gabel mit zwei Zinken, die ein längliches U bilden. Beim Anschlag schwingen die Zinken gegensinnig und ergeben einen klaren, obertonarmen Ton. Die Tonhöhe hängt von der schwingenden Länge und Masse der Zinken ab (geforderte Genauigkeit ±0,5 Hz).

Stimmgattung: ↑Stimmlage.

Stimmkreuzung: in der musikalischen Satzlehre eine Art der Stimmführung, bei der eine Stimme vorübergehend über eine höhere oder unter eine tiefere geführt wird. S. wird im Kontrapunkt oft angewandt, ebenso in der freien Komposition, um eine fehlerhafte Weiterführung der Stimme zu vermeiden oder eine besondere Klangwirkung zu erzielen.

Stimmlage: die nach ihrem Tonhöhenumfang unterschiedenen Bereiche der menschlichen Singstimme, eingeteilt in Sopran, Mezzosopran, Alt, Tenor, Bariton und Bass. Für die **Stimmgattung**

sind außer der S. bzw. deren Umfang auch Klangfarbe und Stimmstärke maßgeblich.

Stimmlippen: ↑Kehlkopf.

Stimmpfeife: eine fest eingestimmte Pfeife mit durchschlagender Zunge, die als Hilfsmittel beim Instrumentenstimmen dient.

Stimmritze: ↑Kehlkopf.

Stimmschlüssel: ein Werkzeug zum Stimmen von Saiteninstrumenten, deren Wirbel keinen Griff haben (z.B. Klavier, Harfe, Zither).

Stimmstock: bei Streichinstrumenten ein dünner Fichtenholzstab, der zwischen Decke und Boden eingepasst wird und für eine ausgeglichene Übertragung hoher und tiefer Frequenzen sorgt (auch Seele oder Stimme genannt). Bei Cembalo und Klavier ist der S. das Bauteil, in dem die Stimmwirbel der Saiten eingeschraubt sind.

Stimmtausch: in der mehrstimmigen Musik seit dem Mittelalter verwendete Kompositionstechnik, bei der bei gleichzeitig erklingenden Stimmen Melodieabschnitte kreuzweise ausgetauscht werden, z.B. im ↑Rondellus. Im weiteren Sinne besteht S. auch im Kanon und im doppelten Kontrapunkt.

Stimmton (Normalton): der durch eine festgelegte Frequenz definierte Ton, nach dem Instrumente eingestimmt werden. Durch Erfindung der Stimmgabel (1711) konnten die vom 15. bis 17. Jh. örtlich, zeitlich und nach Gattungen stark differierenden S. vereinheitlicht werden. Nach der Festlegung des ↑Kammertons a^1 auf die Frequenz 440 Hz (London 1938, bestätigt 1955) wurde dieser international als S. verbindlich; heute wird jedoch oft ein höherer S. verwendet, um die Brillanz des Klangs zu steigern.

Stimmung: die Festlegung absoluter bzw. relativer Tonhöhen der Klänge von Musikinstrumenten, die sich in der abendländischen Musik v.a. aus dem jeweils geltenden zwölfstufigen Tonsystem (Unterteilung der Oktave in 12 Intervalle) und aus den Erfordernissen des Zusammenspiels z.B. in einem Orchester ergibt. Die S. von Instrumenten und der auf ihnen gespielten Musik wird zunächst durch die absolute Tonhöhe bestimmt, die heute allgemein durch die Frequenz des ↑Stimmtons a^1 festgelegt ist. Darüber hinaus hängt die S. vom System der auf einem Instrument spielbaren und durch ein Musikstück geforderten Tonhöhenverhältnisse, den relativen Tonhöhen, ab. Die S. der meisten Blasinstrumente (Ausnahme u.a. Zugposaune) und der gestimmten Schlaginstrumente wird überwiegend durch den Instrumentenbau bestimmt und kann nur geringfügig vom Spieler beeinflusst werden. Saiteninstrumente können vor jedem Spiel (z.B. Gitarre, Violine) oder in größeren Zeitabständen (z.B. Cembalo, Harfe) gestimmt werden. Bei Instrumenten, deren Tonhöhen während des Spiels konstant sind (z.B. Klavier, Orgel), muss die S. auf das der zu spielenden Musik zugrunde liegende Tonsystem abgestellt sein; bei den anderen Instrumenten vollzieht den Musiker während des Spiels diese Anpassung. Die abendländische Musik ist durch einen nicht auflösbaren Widerspruch zwischen mathematisch möglichst einfachen S., die musikpraktische Beschränkungen mit sich bringen, und mathematisch komplizierten S., die musikalisch noch praktikabel sind, gekennzeichnet. Von historischer Bedeutung sind die pythagoreische S. und die reine S. Die **pythagoreische S.** ist zur Gewinnung der 12 Intervalle der Oktave aus 12 reinen Quinten aufgebaut. Die Schwingungszahlen werden jeweils nach dem Verhältnis 2:3 berechnet. Bei Reduzierung der Tonstufen auf eine Oktave ergeben sich mit dem Oktavenverhältnis 1:2 als Verhältniszahlen für die Tonschritte eines Ganztons jeweils $\frac{9}{8}$ und eines Halbtons jeweils $\frac{256}{243}$, z.B. für die Stammtöne von c aus:

c	d	e	f	g	a	h	c^1
$\frac{1}{1}$	$\frac{9}{8}$	$\frac{81}{64}$	$\frac{4}{3}$	$\frac{3}{2}$	$\frac{27}{16}$	$\frac{243}{128}$	$\frac{2}{1}$

Allerdings entsprechen die Frequenzen, die sich durch Aneinanderreihen von 12 reinen Quinten aus einer Grundfrequenz ergeben, nicht genau denen, die – bei gleicher Grundfrequenz – durch Aneinanderreihen von sieben Oktaven entstehen. Es gilt vielmehr

$$\left(\frac{3}{2}\right)^{12} : \left(\frac{2}{1}\right)^{7} = 1{,}0136 : 1.$$

Dieses auch als **pythagoreisches Komma** bezeichnete Verhältnis entspricht bei zwei entweder durch 12 Quinten oder sieben Oktavschritte erzeugten Frequenzen (z.B. fis/ges) einem Unterschied von 23,46 cent.
In der **reinen** S. verhalten sich die Frequenzen der Dreiklangstöne (etwa c–e–g, f–a–c und g–h–d) wie 4:5:6. Die Terz der pythagoreischen S. (Frequenzverhältnis 81:64) wird in der reinen S. durch die große Terz 5:4 ersetzt. Berechnet man ausgehend von c die Schwingungszahlen der Stammtöne, so weisen die Ganztöne c–d, f–g, a–h das Verhältnis $\frac{9}{8}$ auf, die Ganztöne d–e und g–a das Verhältnis $\frac{10}{9}$ und die Halbtöne $\frac{16}{15}$. Es ergeben sich also große und kleine Ganztöne. Das Verhältnis zwischen einem großen und einem kleinen Ganzton

$$\frac{9}{8} : \frac{10}{9} = \frac{81}{80}$$

bezeichnet man als **syntonisches Komma**. Es entspricht einem Frequenzunterschied von 21,506 cent. Ein in einer Tonart (etwa C-Dur) »rein« gestimmtes Klavier klingt in jeder anderen Tonart unrein, und zwar um so mehr, je weiter diese von der »reinen« Tonart entfernt ist. Die in der pythagoreischen und der reinen S. durch die Kommata bedingten Differenzen werden in der von A. WERCKMEISTER 1691 geforderten und erstmals von J. S. BACH im »Wohltemperierten Klavier« (1722–44) umgesetzten zwölfstufigen temperierten S. (↑Temperatur) umgangen.
Stimmwechsel: ↑Stimmbruch.
Stimmzug: ein ausziehbares, meist u-förmiges Röhrenteil an Blechblasinstrumenten mit Ventilen zur Veränderung (Korrektur) der Stimmung.
stochastische Musik: von I. XENAKIS seit 1955 so benannte Kompositionstechnik, die auf der Grundlage der statistischen Wahrscheinlichkeitstheorie und auf den Gesetzen der Kettenreaktion beruht.
Stockflöte (ungarisch Czakan): eine in einen Spazierstock eingebaute und von ihm abschraubbare Blockflöte. Die S. kam um 1800 in Wien auf und war v.a. in Österreich-Ungarn beliebt.
Stockhausen, Karlheinz, deutscher Komponist, *Mödrath (heute zu Kerpen) 22. 8. 1928: S., der als Mitbegründer der seriellen Musik hohes internationales Renommee genießt, ist der führende deutsche Avantgardekomponist seiner Generation. Ausgehend von O. MESSIAEN und A. WEBERN, arbeitete er ab 1953 am Studio für elektronische Musik des WDR in Köln, wo mit den »Studien I/II« (1953/54) die ersten, allein auf Sinusgeneratoren basierenden rein elektronischen Werke entstanden. Dabei bezog er neben der Klangfarbe zunehmend auch den Raum (»Gesang der Jünglinge«, 1956; »Hymnen«, 1967) als zentralen musikalischen Parameter mit ein (Kugelauditorium auf der Expo 1970 in Osaka). Seine Experimente mit aleatorischen Formen (»Zeitmaße«, 1956) gipfeln in der reinen Textkomposition »Aus den sieben Tagen« (1968). In »Mantra« für zwei ringmodulierte Klaviere (1970) entwickelte er die »Formelkomposition«, bei der alle Einzelheiten einer Komposition aus einer einzigen Formel abgeleitet werden und die seitdem sein Schaffen bestimmt. Dabei übernimmt er in minutiösen, oft monatelangen Probenarbeiten die Realisation seiner Werke i.d.R. selbst.
S.s Werk ist in den letzten Jahren immer mehr von spirituellem Denken bestimmt. 1981 kam mit »Donnerstag« der erste Teil eines in sieben »Tagen« geplanten gigantischen Musiktheaterzyklus

»Licht« zur Uraufführung (zuletzt »Freitag«, 1996), der vom Kampf des heiligen Michael gegen den Weltherrscher Luzifer handelt und dessen z. T. plakative bis naive Weltsicht ihm viel Kritik einbrachte. Seit 1963 hat er mehrere Bände »Texte« zu seiner Musik veröffentlicht.

Stollen: Bezeichnung der Meistersinger für einen der beiden Teile, die den Aufgesang der S.- oder Kanzonenstrophe (↑Kanzone) bilden. Der S. besteht aus zwei (auch drei und mehr) isometrisch oder heterometrisch gereimten Versen und wird in gleicher Form und Melodie wiederholt (**Gegen-S.**); beide S. sind durch Kreuzreim verbunden. – ↑auch Bar.

Stomp [stɔmp; englisch »das Stampfen«]: ursprünglich ein afroamerikanischer Tanz, im Jazz der 1920er-Jahre dann ein musikalisches Arrangement, dem konstante rhythmische Muster (**S. Patterns**) bei wechselnden melodischen Linien zugrunde liegen.

Stop-Chorus [ˈstɔp kɔːrəs; englisch] (Stop-Time): arrangierte Choruspausen im New-Orleans- und Chicago-Jazz, bei denen die Melodieinstrumente knappe Akzente meist auf dem ersten Taktschlag geben, während ein Solist die entstehenden Pausen mit improvisierten ↑Breaks füllt; häufig am Ende eines Stückes als Steigerungsmittel.

Stopfen: beim Waldhorn das Einführen der rechten Hand in die Stürze zum Verändern der Tonhöhe (Erhöhung um etwa einen Halbton).

Strauß, Johann (Sohn), österreichischer Komponist, *Wien 25. 10. 1825, † Wien 3. 6. 1899: S. war der erfolgreichste Spross einer österreichischen Musikerfamilie, deren Name wie kein zweiter den Siegeszug der im 19. Jh. in ganz Europa und darüber hinaus gefeierten Wiener Tanzmusik und Operette verkörpert. Urheber dieser einmaligen Erfolgsgeschichte ist der (gleichnamige) Vater, der 1835 zum Wiener Hofballdirektor aufstieg und bereits seit 1833 mit eigener Tanzkapelle zahlreiche Konzertreisen nach Frankreich und England unternahm. Gemeinsam mit J. LANNER schuf er die Standardform des »Wiener Walzers«, bestehend aus einer von Introduktion und Koda eingerahmten fünfteiligen sog. Walzerkette. Neben rund 150 Walzern (u. a. »Das Leben ein Tanz«, »Cäcilien-Walzer«) sowie Galopps und Quadrillen schrieb er (unter dem Eindruck der 1848er-Revolution) den berühmten »Radetzky-Marsch«.

Johann Strauß (Sohn)

Sein Sohn, der mit ihm ab 1844 mit eigener Kapelle in der Wiener Unterhaltungsmusikszene konkurrierte, vereinte nach dem Tod des Vaters beide Orchester und wurde 1863 ebenfalls Hofballdirektor. Wie sein Vater, wenn auch in wesentlich größerem Stil, bereiste er die halbe Welt. Von 1855–70 hielt er sich jeden Sommer auf einem Landgut bei Sankt Petersburg auf. Ein Mammutkonzert zum Unabhängigkeitstag der USA in Boston festigte endgültig seinen Weltruhm als »Walzerkönig«. Angesichts der Erfolge J. OFFENBACHS in Wien wandte sich S. der Operette zu und schuf u. a. mit »Die Fledermaus« (1874) und »Der Zigeunerbaron« (1885) Meisterwerke der Gattung, die trotz des allgemeinen Niedergangs dieses Genres im 20. Jh. bis heute Kassenschlager sind. Viele seiner rund 160 Walzer (u. a. »An der schönen blauen Donau«, »Geschichten aus dem Wiener Wald«, »Wein, Weib und Gesang«, »Wiener Blut«, »Kaiserwalzer«) sind zu musikalischen Markenzeichen der kaiserlich-königlichen Monarchie Österreich-Ungarns geworden. Selbst von einem so gegensätzlichen Musiker wie J. Brahms hochgeschätzt, sind die kompositorischen Fähigkeiten S. von einigen seiner Biografen in letzter Zeit etwas relativiert worden. Als »genialer Dilettant« hat er sich bei vielen seiner Werke v.a. in Sachen Orchestrierung wohl von Helfern unterstützen lassen.

Strauss, Richard, deutscher Komponist, *München 11. 6. 1864, † Garmisch-Partenkirchen 8. 9. 1949: S., der bereits im Alter von sechs Jahren komponierte, begann seine Blitzkarriere 1885 als zweiter Kapellmeister unter H. von Bülow in Meiningen und wurde nach Stationen in München und Weimar 1898 erster Kapellmeister der Berliner Oper (1908 Generalmusikdirektor). 1919–24 leitete er gemeinsam mit F. Schalk die Wiener Staatsoper, gehörte 1922 zu den Mitbegründern der Salzburger Festspiele und war ab 1925 freischaffend tätig; seine (politische) Rolle 1933–35 als Präsident der Reichsmusikkammer ist bis heute umstritten.

S. gilt als Wegbereiter der Moderne, zählt aber nicht zu deren Vertretern. Sein vielseitiges Schaffen lässt sich vielmehr als Abschluss und Vollendung der klassisch-romantischen Tradition begreifen. Im Mittelpunkt seines Werks steht bis ca. 1905 die sinfonische Programmmusik in der Nachfolge F. Liszts. Seine zehn »Tondichtungen« zeichnen sich neben ihrer außergewöhnlich brillanten Instrumentation v.a. durch eine z.T. verblüffend treffsichere, lautmalerische Charakterzeichnung aus: mitreißender Elan, Witz und Parodie in »Don Juan« (1889), »Till Eugenspiegel« (1895) und »Don Quixote« (1897), philosophischer Ernst in »Tod und Verklärung« (1889) und »Also sprach Zarathustra« (1896) oder liebevolle Naturschilderung in der »Alpensinfonie« (1915).

Nach dem noch ganz in der Tradition R. Wagners stehenden Bühnenerstling »Guntram« (1894) konzentrierte er sich ab der »Salome«, deren Dresdner Uraufführung 1905 wegen ihres »unsittlichen« Sujets und der äußerst expressiven, bis an die Grenzen der Tonalität gehenden Musik für Skandal sorgte, zunehmend auf die Oper. Eine kongeniale Zusammenarbeit verband ihn dabei mit dem Dichter H. von Hofmannsthal. Gemeinsam schufen sie u.a. »Elektra«

Richard Strauss

(1909), »Ariadne auf Naxos« (1912) und »Arabella« (1933). Im »Rosenkavalier« (1911) kommt erstmals die für S.' Opernsprache typische Leitmotivdichte zum Tragen. Seine über 200 Klavier- und Orchesterlieder vollenden das spätromantische Kunstlied.

Strawinsky, Igor Fjodorowitsch, russischer Komponist, *Oranienbaum (heute Lomonossow) 17. 6. 1882, † New York 6. 4. 1971: S., der nie ein Konservatorium besucht hat, war 1902–08 Privatschüler von N. RIMSKIJ-KORSAKOW und wurde bekannt durch seine Zusammenarbeit mit den Ballets Russes S. DIAGHILEWS in Paris, die 1910–13 drei seiner Ballette (»Der Feuervogel«, »Petruschka«, »Le sacre du printemps«) uraufführten. Durch eindringliche Motivwiederholungen, dissonante Akkordik und collageartige Schnitttechniken, v.a. aber durch ihre orgiastisch entfesselte Rhythmik sorgte die Musik dieser Ballette für Aufregung. Besonders der »Sacre« mit seiner sich wechselseitig überlagernden, aus rhythmischen Zellen gebildeten Mono- wie Polyrhythmik schockierte das Publikum und führte bei seiner Uraufführung am 29. 5. 1913 in der Choreographie von V. NIJINSKIJ zu einem der wüstesten Theatertumulte der neueren Musikgeschichte.

1914–20 lebte S. in der Schweiz, wo u.a. das Bühnenwerk »Die Geschichte vom Soldaten« (1918) entstand. Hier wie später immer häufiger (exemplarisch das »Ebony concerto« für die Bigband W. HERMANS, 1945) verarbeitete er Elemente des Jazz. Ab 1920 beginnt mit dem Ballett »Pulcinella« (1920) in Frankreich eine neue, »neoklassizistische« Phase im Schaffen S., zu der auch das Opern-Oratorium »Oedipus rex« (1927) und die »Psalmensymphonie« (1930) zählen. Dabei greift er musikalische Techniken der Musikgeschichte (z.B. barocke Formen) auf und verbindet sie z.T. spielerisch oder ironisierend mit der eigenen Tonsprache. Seit 1939 in den USA lebend, behält er sie bis zur Oper »The rake's progress« (1951) bei. In seinem Spätwerk, das besonders von geistlichen Werken geprägt ist, vollzog er nochmals einen verblüffenden Stilwechsel, indem er sich der Methode der Zwölftontechnik zuwandte. Obwohl S. mit seinen über 100 Kompositionen keine Schule begründete, hat er immer wieder Schlüsselwerke hervorgebracht, deren harmonische und rhythmische Kühnheit das kompositorische Denken im 20. Jh. dauerhaft geprägt haben.

Igor Strawinsky

Streetbands [ˈstriːtbændz; englisch »Straßenkapellen«]: ↑Marching Bands.
Streichinstrumente (Bogeninstrumente): Musikinstrumente, bei denen der Ton durch Streichen von Saiten oder anderen Körpern (z.B. Eisenstiften) mit einem Bogen erzeugt wird. Zu ihnen zählen die Instrumente der Viola-da-Braccio- und der Viola-da-Gamba-Familie (Violine, Viola, Violoncello, Kontrabass, Gambe, Baryton), ferner z.B. Streichleier, Rebec, Fiedel, Lira, Trumscheit, Streichzither, Gusle sowie außereuropäische Instrumente wie Kamangah, Rabab, Sarangi. Im weiteren Sinne umfasst der Begriff S. auch Instrumente, deren Tonerzeugung z.B. mithilfe eines Scheibenrads (Drehleier, Streichklavier) oder eines rotierenden Bandes (Nagel-

geige) erfolgt. Die wohl aus Mittelasien stammenden S. breiteten sich mit dem Aufkommen des Streichbogens im 10. Jh. zunehmend aus und bilden mit der Violinfamilie (kurz **Streicher** genannt) den Grundbestand des europäischen Orchesters.

Streichleier: Sammelbezeichnung für europäische Saiteninstrumente vom Typ der ↑Leier, die sich etwa um 1000 n. Chr. durch Übernahme der orientalischen Streichtechnik aus der »Zupfleier« entwickelten. V. a. in Nordeuropa weit verbreitet war die ↑Rotta sowie die in Wales und Irland beheimatete ↑Crwth.

Streichquartett: ein kammermusikalisches Ensemble aus zwei Violinen, Viola und Violoncello bzw. eine Komposition für diese Besetzung. Die Gattung S. gilt als anspruchsvollste Form klassischer Instrumentalmusik, sowohl wegen der auf die Vierstimmigkeit und den homogenen Streicherklang gegründeten Ausdrucks- und Kommunikationsfähigkeit als auch wegen der Teilhabe aller Instrumente am charakteristischen Wechsel von solistischem Hervortreten und gegenseitiger Unterordnung.

Das S. löste nach der Mitte des 18. Jh. die bislang führende kammermusikalische Gattung der ↑Triosonate ab. Begründer war J. HAYDN, dessen erste 12 S. op. 1 und 2 (1750–59) noch dem fünfsätzigen Divertimento nahe standen, bevor in den S. op. 9, 17 und 20 (1770–72) mit sinfonischer Viersätzigkeit, individualisierter Satz- und Themencharakteristik und motivischer Arbeit die Grundlagen für die klassische Ausformung des S. geschaffen wurden. HAYDN selbst erreichte sie in den S. op. 33 (1781), in denen das Prinzip der thematischen Arbeit den ganzen Satz erfasst und die Trennung zwischen Melodie und Begleitung im ↑obligaten Akkompagnement aufgehoben ist. Eine Differenzierung erfolgte in

Streichquartett

W. A. Mozarts S. ab KV 387 (1782), ferner in L. van Beethovens op. 18, 59, 74 und 95, wo die Durchdringung aller formalen Details mit motivischem Material und eine verbindende zyklische Gestaltung verwirklicht wurden. Beethovens späte S. op. 127, 130–133 und 135 kennzeichnet eine souveräne Lösung von formalen Bindungen zugunsten eines in seiner Tiefe und Unmittelbarkeit einzigartigen persönlichen Ausdrucks.
Weitere Zentren der S.-Komposition neben Wien waren London und v. a. Paris, wo neben dem auf Stimmengleichheit beruhenden **Quatuor concertant** oder **dialogué** v. a. das **Quatuor brillant** mit virtuoser 1. Violine gepflegt wurde. Die Auseinandersetzung mit dem Vorbild Beethovens kehrte wieder in den S. von F. Schubert, F. Mendelssohn Bartholdy, R. Schumann und J. Brahms, der das Prinzip der thematischen und zyklischen Vereinheitlichung am überzeugendsten durchführte. Von nationaler Idiomatik geprägt sind die S. der ost- und nordeuropäischen Komponisten A. Borodin, P. Tschaikowsky, B. Smetana, A. Dvořák, L. Janáček und J. Sibelius. Der Schematismus des Sonatensatzes ist bei M. Reger mit komplizierter Harmonik und polyphoner Technik, bei C. Debussy und M. Ravel mit impressionistischer Koloristik erfüllt. Höchste Ausdrucksintensität und ein Wille zu neuer konstruktiver Formgebung kennzeichnen die S. B. Bartóks und A. Schönbergs. Dieser gelangte ab seinem 2. S. (1907/08) zu knappster Durchkonstruktion der Satzcharaktere und beeinflusste in der Verbindung von traditionellen Formtypen mit avancierter Kompositionstechnik den S.-Stil A. Weberns und A. Bergs. Im weiteren 20. Jh. wurde die Tradition des S. fortgeführt u. a. von D. Milhaud, P. Hindemith, D. Schostakowitsch, W. Fortner, W. Lutosławski, G. Ligeti, P. Boulez, H. W. Henze, K. Penderecki, L. Nono, W. Rihm und H.-J. von Bose.

Streichzither: im 19. Jh. gebaute Zither mit herzförmigem Korpusumriss und einem Griffbrett mit Bünden in der Mitte, deren drei, später vier Saiten in Violin-, Bratschen- oder Violoncellostimmung mit einem Bogen gestrichen wurden. Der Ton ist schwach und näselnd.

strepitoso [italienisch] (strepituoso): geräuschvoll, lärmend, rauschend.

Stretta [italienisch, von lateinisch strictus »eng«] (Stretto): in der Oper der meist in beschleunigtem Tempo und mit effektvoller Steigerung ausgeführte Schlussabschnitt einer Arie oder eines Finales. Seit L. van Beethovens 5. Sinfonie ist mitunter auch die Koda in Finalsätzen von Instrumentalwerken als S. angelegt.

stretto [italienisch]: gedrängt, eilig, lebhaft.

Stricharten: bei Streichinstrumenten die verschiedenen Arten der Bogenführung.

Stridepiano [straɪdpaɪ'ænəʊ; englisch, zu to stride »schreiten«]: eine Klavierspielweise des Jazz, bei der die linke Hand abwechselnd Basstöne (auch Dezimen) und Akkorde greift, quasi über die Tastatur »schreitet«, während die rechte Hand improvisatorisch schnelle Läufe und Akkordbrechungen vollzieht. Der S.-Stil entwickelte sich aus dem Ragtime und gilt als Grundlage der frühen Klavierstile im Jazz.

stringendo [strin'dʒɛndo; italienisch »zusammendrängend«], Abk. string.: schneller werdend.

Strings [strɪŋz; englisch]: im englischen Sprachgebrauch Bezeichnung für die Streichergruppe in einem Orchester oder einer Bigband.

strisciando [strɪ'ʃando; italienisch]: schleifend, wie ↑glissando gleitend.

Strohfiedel: ↑hölzern Gelächter.

Strophe [von griechisch strophḗ »Wendung«]: die Zusammenfassung von Versen oder Langzeilen zu einer metrischen Einheit, die thematisch selbstständig (strophisches Gedicht) sein oder mit anderen S. eine thematisch mehr oder weniger geschlossene S.-Reihe, einen Zyklus oder ein Gedicht bilden kann. Die vielen unterschiedlichen S.-Formen, die in der Geschichte der Dichtung aufgetreten sind, gehen musikalisch fast immer einher mit der Wiederkehr der gleichen Melodie zum Text der neuen S. (S.-Lied). Dies ist v. a. im Volkslied der Fall, während das Kunstlied seit dem 19. Jh. die S.-Melodie häufig verändert (variiertes S.-Lied) oder sogar die S.-Gliederung überhaupt nicht beachtet (↑Lied).

Strophicus [griechisch-lateinisch]: ↑Neumen.

Stufenbezeichnung: die Symbolisierung der Akkorde (Klangstufen) auf den einzelnen Stufen der Tonleiter durch römische Ziffern, auch mit Zusatzziffern u. a. für Umkehrungen, Septakkorde, Alterationen. Die S. entstand zu Anfang des 19. Jh. und ging unmittelbar aus der Generalbassbezifferung hervor. Sie hat gegenüber der (späteren) ↑Funktionstheorie den Vorteil wertneutraler, prinzipiell auf alle Musikstücke anwendbarer Akkordsymbolik, dagegen den Nachteil, innerhalb funktional tonaler Musik (etwa 1700–1900) die Akkordzusammenhänge, die Abhängigkeit von einer zentralen Tonika, die gegenseitige Vertretungsfunktion und die tonale Herkunft unvollständiger Klänge nicht erkennen zu lassen. In Kombination mit ↑Akkordsymbolen werden S. jedoch v. a. im Jazz bevorzugt.

Stufenbezeichnung: Beispiele in C-Dur; von links: I. Stufe (Grundstellung); I. Stufe (Sextakkord); IV. Stufe (Septimenakkord mit tiefalterierter Septe); V. Stufe (Quintsextakkord)

Stundengebet (Tagzeitengebet, lateinisch Liturgia Horum): in den christlichen Kirchen der regelmäßige, nicht eucharistische Gottesdienst zu bestimmten Tageszeiten, ein Teil des Offiziums der Kleriker. Das S. setzt sich zusammen aus den (meist nach den Tagesstunden benannten) **Horen:** Matutin (»Mette«, Gebet um Mitternacht), Laudes (Lobgebet), Prim (Gebet zur 1. Stunde), Terz (zur 3. Stunde), Sext (zur 6. Stunde), Non (zur 9. Stunde), Vesper (Abendgebet zum Abschluss des Tages), Komplet (»Vollendung«, das eigentliche Nachtgebet). Inhaltlich umfasst es Psalmen, Schriftlesung, Gesänge (z. B. Hymnen) und bestimmte Gebete.

Stürze: der Schalltrichter von Blechblasinstrumenten, im Unterschied zum ↑Becher der Holzblasinstrumente.

suave [italienisch]: lieblich, anmutig, sanft.

Sub|bass: ein Pedalregister der Orgel aus gedackten Holzpfeifen weiter Mensur mit dunklem, grundtönigem Klang, das wie im Orchester der Kontrabass die Unteroktave des Basses erzeugt, daher gewöhnlich zu 16-, selten 32-Fuß.

Subdominante (Unterdominante): in der Harmonielehre die vierte Stufe einer Tonleiter (die Unterquinte) als Grundton eines Dreiklangs (in C-Dur f–a–c), der neben Tonika und Dominante die dritte Hauptfunktion (Funktionsbezeichnung S) in der tonalen Harmonik darstellt. Die S. ist reich an Varianten (Dur- und Molldreiklang, ↑Sixte ajoutée, ↑neapolitanischer Sextakkord). Ihre Bevorzugung lässt abgedunkelte Wirkungen gegenüber der aktiveren Strebigkeit der Dominante entstehen.

subito [italienisch]: plötzlich, schnell, sofort anschließend.

Subjekt: andere Bezeichnung für ↑Soggetto.

Subkontra|oktave: Bezeichnung für den Tonraum $_2C$–$_2H$. – ↑auch Tonsystem.

Subsemitonium Modi [lateinisch]: in der Musiklehre des 15.–18. Jh. Bezeichnung für den ↑Leitton, den Halbton unter der Finalis.

Succentor [lateinisch »Nachsänger«]: in der hierarchischen Ordnung des Mittelalters der im kirchlichen Kapitel dem †Kantor unterstellten Musiker, der für die Ausführung der ein- und mehrstimmigen Gesänge im Gottesdienst verantwortlich war.

Suite [ˈsviːtə; französisch »Folge«]: eine mehrteilige Komposition aus einer Folge von in sich geschlossenen, nur lose, etwa durch gleiche Tonart oder motivische Verwandtschaft, verbundenen Tänzen, tanzartigen oder sonstigen Sätzen. Die Kombination mehrerer Tänze und verschiedener Ausführungsweisen desselben Tanzsatzes (als langsamer Schreittanz im Viererertakt und schneller Springtanz im Dreiertakt) begegnet bereits im Mittelalter. Die Tanzbücher des 16. Jh., in denen das Wort S. zuerst erscheint, enthalten entweder gleichartige Einzeltänze, die der Spieler nach Belieben zusammenstellte, oder durch Umrhythmisierung und Variation geschaffene Tanzpaare wie Pavane–Gaillarde, Pavane–Saltarello, auch zu Folgen von drei Tänzen erweitert, z. B. Pavane–Saltarello–Piva.

In Oper und Ballett entfaltete sich im 17. Jh. die **Orchester-S.** Sie wurde in England von H. PURCELL, in Frankreich von J.-B. LULLY und J.-P. RAMEAU gepflegt. Die deutsche Orchester-S. jener Zeit kannte sowohl die lose, beliebig veränderbare Reihung von Einzeltänzen und tanzfreien Stücken (z. B. bei H. L. HASSLER, M. PRAETORIUS, S. SCHEIDT) als auch die Sonderform der feststehenden und durch gleiche Thematik verknüpften **Variationen-S.** (bei J. H. SCHEIN, 1617). Die Nachahmung der Tanzformen des französischen Balletts führte zu der nach dem Eingangssatz, einer französischen Ouvertüre, benannten **Ouvertüren-S.**, wie sie sich u. a. bei G. P. TELEMANN, G. F. HÄNDEL (»Wassermusik«, 1717; »Feuerwerksmusik«, 1749) und J. S. BACH (vier »Ouvertüren«, 1720–30) findet.

Die kammermusikalisch besetzte S. entwickelte sich in der italienischen Sonata da camera als freie Folge von Tanzsätzen mit vorangestelltem Preludio (z. B. A. CORELLI), ferner in Frankreich (F. COUPERIN, RAMEAU u. a.), wo auch die **Lauten-S.** (D. GAULTIER) und die neu geschaffene **Klavier-S.** (J. CHAMPION DE CHAMBONNIÈRES, COUPERIN, RAMEAU) beliebt waren. Seit CHAMBONNIÈRES gehören Allemande, Courante, Sarabande und Gigue zum Kernbestand, den die Nachfolger um weitere Tanztypen und tanzfreie, oft programmatisch betitelte Stücke zu lockeren Verbindungen (bei COUPERIN Ordre genannt) erweiterten. Die von J. J. FROBERGER geschaffene und später auf die Folge Allemande–Courante–Sarabande–Gigue festgelegte deutsche Klavier-S. wurde bei J. P. KRIEGER, J. PACHELBEL, J. KUHNAU u. a. mit einem freien Kopfsatz und weiteren Tänzen wie Menuett, Bourrée, Gavotte, Passepied, Loure, Rigaudon versehen, die oft zwischen Sarabande und Gigue eingeschoben wurden. Dasselbe Grundgerüst der S. (seit etwa 1690 auch Partita genannt) mit wechselnden Zufügungen von Einleitungs- oder Zwischensätzen findet sich in BACHS »Französischen Suiten« (1722–25) und »Englischen Suiten« (um 1721) für Klavier, in seinen Cello-S. sowie den Violin- und Klavierpartiten, die Höhepunkt und Abschluss der Gattung bilden.

In der zweiten Hälfte des 18. Jh. wurde die S. von anderen zyklischen Formen wie Divertimento, Kassation und Serenade abgelöst. Sie lebte erst wieder im 19./20. Jh. in barokisierenden Nachahmungen auf (E. GRIEGS »Aus Holbergs Zeit«, 1884; M. REGERS »S. im alten Stil«, 1906), in programmmusikalisch motivierten Zyklen (M. MUSSORGSKIJS »Bilder einer Ausstellung«, 1874) und in Zusammenstellungen von Schauspiel- (G. BIZETS »Arlésienne-S.«, 1872; GRIEGS »Peer-Gynt-S.«, 1888 und 1891) oder Ballettmusiken (P. TSCHAIKOWSKYS »Nussknacker-S.«, 1892; I. STRAWINSKYS »Pulcinella-S.«, 1922) sowie von losen Tanzfolgen (B. BARTÓK, P. HINDEMITH).

suivez [sɥi'veː; französisch »folgt!«]: ↑colla parte.

sul ponticello [- pɔnti'tʃɛlo; italienisch]: ↑Ponticello.

sumerische Musik: Die Musik der Sumerer, die im letzten Drittel des 4. und im 3. Jahrtausend v. Chr. in Südmesopotamien eine eigenständige städtische Kultur bildeten, hatte als wesentlicher Bestandteil des Götterkultes bereits einen relativ hohen Entwicklungsstand erreicht, wie erhaltene Schlag- und Blasinstrumente sowie Reste von Saiteninstrumenten zeigen, deren Holzteile mit Steinmosaiken oder Gold- und Silberblech verziert waren. Darstellungen von Musikinstrumenten sind auf Terrakotten, Rollsiegeln, Steinreliefs und als Einlegearbeiten auf verschiedenen Gegenständen überliefert. Die religiösen Texte der sumerischen Literatur wurden in der Mehrzahl unter Begleitung von Musikinstrumenten rezitiert oder gesungen.

Summationston: ↑Kombinationstöne.

Suspension [(spät)lateinisch »Unterbrechung«]: Bezeichnung für ein verspätetes Einsetzen des im Notenbild mit einem bestimmten Zeichen (⌒) versehenen Tones.

Sustain [səs'teɪn; englisch]: ein Nachklingeffekt bei elektronischen Musikinstrumenten, bei dem der Schwingungserzeuger selbst nachschwingt. Am Synthesizer ist der S.-Effekt einstellbar.

svegliato [zvɛʎ'jaːto; italienisch]: munter, frisch, kühn.

swing [englisch »schwingen«]: ein rhythmisches Phänomen, das allgemein als Grundlage des jazzmusikalischen Spiels angesehen wird. S. ergibt sich aus dem metrisch-rhythmischen Gegensatz zwischen gefühltem regelmäßigem Puls und kleinsten, individuell abweichenden Einsätzen der verschiedenen Instrumente (↑Offbeat). Vergleichbar mit Synkopenbildungen, entzieht sich der s. jeder Notierung.

Swing: Jazzstil der 1930er-Jahre, der meist von Bigbands gespielt wurde. S.-Bands wie die von B. GOODMAN, C. BASIE, J. LUNCEFORD u.a. erreichten große Popularität mit einer Musik, bei der die eingängigen, typisch »schwingenden« Arrangements eine genauso wichtige Rolle spielten wie die Fähigkeit der einzelnen Musiker zum solistischen Improvisieren.

syllabischer Gesang [griechisch]: ↑Melisma.

Symphonie: ↑Sinfonie.

Synästhesie [griechisch]: die (Mit-)Erregung eines Sinnesorgans durch einen nicht spezifischen Reiz, die zu gleichzeitigem Erleben verschiedener Sinneseindrücke bei Reizung von nur einem Sinnesorgan führt; häufigste Erscheinungen sind die optischen S., bei denen v.a. durch akustische Eindrücke (Töne, Worte) optische Erscheinungen mit erregt werden. – ↑auch Farbenmusik.

Synclavier® [griechisch-lateinisch]: ein 1975 in den USA erstmals vorgestelltes und später mehrfach verbessertes Musikcomputersystem, das als Prototyp digitaler Klanggenerierung v.a. auch für kommerzielle Zwecke gilt. Mit einer Samplingrate von maximal 96 Stimmen, additiver Klangsynthese, 200-Spur-Sequenzer, Notenausdruck und zahlreichen weiteren Synchronisationsmöglichkeiten stellt diese »Workstation« quasi ein komplettes Aufnahmestudio dar, mit bis zu 16 Spuren à 80 Minuten Aufnahmekapazität.

Synkope [griechisch »Verkürzung«]: rhythmische Verschiebung gegenüber der regulären Taktordnung. Die Musiklehre erklärt sie gewöhnlich als Bindung eines unbetonten an den folgenden betonten Zeitwert, z.B. über die Taktgrenze hinweg (♩|♩) (doch ist nicht jede Bindung eine S.; ↑Hemiole). In der Ars nova aufgekommen und benannt, unterliegt die S. im klassischen Kontrapunkt festen Satzregeln. So gilt für die von der konsonanten Grundfortschreitung (1) her zu verstehende S.-Dissonanz (2) im Prinzip: vorbereitende Konsonanz auf unbetonte (↑), Dissonanz auf betonte Zeit (↓) und Auflösung in die nächste Konsonanz abwärts, z. B.

Zunächst nur in verzögerndem Sinne gebraucht (↑Vorhalt), hat die S. in der zweiten Hälfte des 18. Jh. mit zunehmender Differenzierung der Taktgewichte (↑Metrum) meist antizipierende Bedeutung bekommen. Sie wird daher auch als Vorwegnahme der schweren durch eine leichte Zeit oder als Akzentverschiebung beschrieben, wobei Akzent und Taktgewicht divergieren. S.-Wirkung haben entsprechende Fälle wie |♪ ♩ ♪ ♩ | und |♪♪♪♪|. Die an das Taktprinzip gebundene S. spielt in der metrisch freien modernen Musik keine Rolle mehr. Im Jazz u. a. afroamerikanisch beeinflussten Musikformen fallen Offbeatphrasierungen nicht unter das S.-Phänomen.

Synthesizer ['sɪnθɪsaɪzə; englisch, zu to synthesize »synthetisch zusammensetzen«]: ein vollelektronisches Musikinstrument (Elektrophon) mit Möglichkeiten der Klang- und Geräuschbildung in nahezu beliebiger Vielfalt. Der ursprünglich analoge S. besitzt als wesentliche Bauteile (Module) spannungsgesteuerte Oszillatoren, Filter und Verstärker, in denen elektrische Schwingungen spannungsabhängig erzeugt, gefiltert und verstärkt werden. Die jeweiligen Steuerspannungen können in einer als ↑Sequencer bezeichneten Funktionseinheit gespeichert und z. B. über eine Klaviatur (Keyboard) abgerufen werden. Zur Erzeugung der gewünschten Geräusche (Noise) dient ein Rauschgenerator mit entsprechender Filterung des Rauschspektrums. Zum Anheben oder Abschwächen bestimmter charakteristischer Frequenzbereiche (Formantenbildung) sowie zur Ausbildung des gewünschten Einschwing- und Ausklingverhaltens (Attack, Decay, ferner Sustain und Release) dienen außerdem Hüllkurvengeneratoren. Schließlich sind die genannten Module noch mit Modulationsblöcken in Form von Tieftonoszillatoren (etwa 1 bis 20 Hz) beschaltet. Der Aufbau eines digitalen S. ähnelt hinsichtlich der Klangbausteine im Wesentlichen dem eines analogen S. Digitale S. können über geeignete Schnittstellen (↑MIDI) auch in Verbindung mit Computern (z. B. PC) verwendet werden. – ↑auch Musiktechnologie.

Syrinx [griechisch]: ↑Panflöte.

syrischer Kirchengesang: die Gesangstradition der christlichen Kirche in Syrien mit ihrem Hauptzentrum in Antiochia am Orontes und einer Blütezeit vom 3. bis 7. Jh. Bedeutsam wurde der s. K. durch seine Mittlerstellung zwischen der synagogalen Praxis in Palästina und den Traditionen von Byzanz und Armenien, für die abendländische Choraltradition v. a. durch seinen starken Einfluss auf die frühmittelalterliche Praxis in Italien und Südfrankreich. Von besonderem Gewicht sind dabei die nicht biblischen Kirchendichtungen, deren größter Vertreter EPHRÄM DER SYRER ist, der mit seinen silbenzählend-akzentuierenden Hymnen den seit 374 als Bischof in Mailand tätigen Kirchenvater AMBROSIUS beeinflusste. Sein Wirken erstreckt sich weiter auf den byzantinischen Hymnendichter ROMANOS MELODOS, ebenfalls syrischer Herkunft. Auf syrischem Vorbild dürfte auch die Einführung des responsorialen und antiphonalen Wechselgesangs durch AMBROSIUS zurückgehen. Dem Patriarchen SEVEROS VON ANTIOCHIA wird die Sammlung des auf den acht Kirchentönen gegründeten ↑Oktoechos zugeschrieben.

Szene [von griechisch skēnḗ]: im antiken griechischen Theater Bezeichnung für die Bühne allgemein; später Bezeichnung für die durch das Auf- bzw. Abtreten einer oder mehrerer Personen begrenzte, kleinste Untereinheit (Auftritt) des Dramas oder der Oper. – Die »S. und Arie« (italienisch **Scena ed Aria**) ist eine Vokalkomposition aus rezitativischen, ariosen oder liedhaften Teilen und einem abschließenden, oft virtuosen Gesangsstück. In der italienischen Gesangsoper des 19. Jh. bildet sie eine fünfteilige Steigerungsform, bestehend aus Rezitativ, Kavatine (lyrisch-empfindsamer Ariateil), Zwischenteil, Cabaletta (rhythmisch prägnanter Strettaabschluss der Aria) und Koda.

T

T: Abk. für **T**enor (bei mehrstimmigen Musikwerken), **T**empo (z. B. T. I° oder T. 1mo für tempo primo), **T**onika.

Tabdance ['tæbdɑːns; zu englisch tab »Schildchen«]: ↑Stepptanz.

Tabla [Sanskrit]: ein asymmetrisches Paar kleiner, gestimmter, mit den bloßen Händen geschlagener Kesselpauken in Nord- und Zentralindien, Pakistan und Bangladesch, das primäre Rhythmusinstrument der klassischen hindustanischen Musik.

Tabula compositoria [lateinisch »Komponiertafel«] (Lösch-Tabell): eine Tafel aus Schiefer oder lederüberzogenem Holz mit eingeritzten Notenlinien; auf ihr konnten mehrstimmige Kompositionen aufgezeichnet und wieder gelöscht werden, deren Einzelstimmen dann in Chor- oder Stimmbücher übertragen wurden. Der Gebrauch dieser Art partiturähnlicher Notation ist vom Ende des 15. bis zum Anfang des 17. Jh. (regional auch noch später) belegt; Ähnliches dürfte aber schon seit dem 13. Jh. für die Aufzeichnung komplizierter mehrstimmiger Musik gebräuchlich gewesen sein.

Tabulatur [von lateinisch tabula »Tafel«]: eine Griffschrift im Unterschied zur Tonschrift; vom 14. bis 18. Jh. die Notierung von Musik für mehrstimmige solistische Instrumente (Orgel, Cembalo, Laute; gelegentlich auch für Harfe und Viola); für volkstümliche Instrumente wie Gitarre, Zither, Akkordeon, Ukulele noch heute gebräuchlich. Statt der Noten werden primär Buchstaben, Ziffern und andere Zeichen (auch kombiniert mit Noten) in verschiedenen Systemen verwendet. T. für Holzblasinstrumente (in der Art von Grifftabellen) dienen vorwiegend didaktischen Zwecken. Bis ins 18. Jh. bezeichnet T. auch die Übertragung von mensural notierter, mehrstimmiger Musik in ein Klavier- oder Partitursystem (Intavolieren).

Die zwei Hauptformen der T. im engeren Sinne sind die Orgel- bzw. Klavier-T. und die Lauten-T. In der »älteren« deutschen **Orgel-T.** (etwa 1325–1570) wird die Oberstimme in Mensuralnotation notiert, die Unterstimmen in Buchstaben, deren Tondauern in Zeichen, die aus der Mensuralnotation abgeleitet sind. In der »neueren« deutschen Orgel-T. (etwa 1570–1750) sind alle Stimmen mit Buchstaben bezeichnet. Die spanische Orgel-T. verwendet statt der Buchstaben Ziffern, die italienische und die französische benutzen Mensuralnoten in zwei Systemen mit unterschiedlicher Anzahl von Linien.

Die **Lauten-T.** bezeichnet als Griffschrift die Kreuzungsstellen von Saiten und Bünden; die Tondauer wird nicht angegeben; festgelegt wird nur, auf welche Taktzeit ein Ton zu zupfen ist. Zusatzzeichen geben Ornamentik und Fingersatz an. Die spanische und die italienische Lauten-T. (16. Jh.) bezeichnen die Bünde mit Ziffern in einem System von sechs Linien; die tiefste Linie entspricht meist der höchsten Saite, gemäß der Spielhaltung. In der französischen (fünflinigen) Lauten-T. (16.–18. Jh.) dagegen entspricht der höchsten Saite die oberste Linie; statt der Ziffern verwendet sie Buchstaben. Die linienlose deutsche Lauten-T. (16. Jh.) gibt für jede Kreuzungsstelle ein besonderes Zeichen an; rhythmische Einheiten werden durch regelmäßige Taktstriche zusammengefasst, Tondauern durch Notenzeichen (Notenhälse) wiedergegeben.

tacet [lateinisch »(es) schweigt«], Abk. tac.: Hinweis in der Instrumental- und

Vokalmusik: die Stimme pausiert in diesem Satz bzw. für den Rest.

Tafelklavier: ein Hammerklavier mit waagerechtem rechteckigem Resonanzkörper wie das Klavichord, aus dem es durch Einbau einer Hammermechanik im 18. Jh. wohl hervorgegangen ist.

Tafelmusik: die während der Mahlzeit aufgeführte Musik sowie das sie vortragende Ensemble. T. war schon in den ägyptischen Dynastien, in biblischer Zeit und in der griechischen und römischen Antike üblich, dann auch im Mittelalter. In der Renaissance und im Barock war das Mahl einer der wichtigsten Anlässe des Musizierens. Verwendet wurden instrumentale (Suiten, Divertimenti, Ouvertüren, Sonaten) oder vokale Gattungen (Lieder, Quodlibets, Kantaten).

Tagelied: Liedgattung, in der der Abschied der Liebenden am Morgen nach gemeinsam verbrachter Nacht gestaltet wird; v. a. in der mittelhochdeutschen Lyrik. Aufgrund der unverhohlenen Darstellung der erfüllten Liebe nimmt das T. wie auch die Pastorelle eine Sonderstellung im klassischen »hohen« Minnesang ein. Der Typus des T. entfaltete sich in vielen Variationen, unter denen im Mittelalter das **Wächterlied** die größte Bedeutung erlangt hat: Der Wächter wacht über die Liebenden, verkündet den Anbruch des Tages und drängt die Liebenden zur Trennung. Der Typ des T. wurde im geistlichen Lied als Mahnruf an die Gemeinde (z. B. »Wachet auf, ruft uns die Stimme«, P. NICOLAI, 1599) und im Volkslied – mit verändertem Milieu – übernommen. R. WAGNER greift mit Brangänes Warnruf im 2. Akt des »Tristan« (1859) auf das T. zurück.

Tailgate [ˈteɪlgeɪt; englisch »Ladeklappe«]: im Jazz Bezeichnung für eine Posaunenspielweise, bei der lange Glissandi mit weit ausholendem Posaunenzug gespielt werden. Die Bezeichnung geht zurück auf die Praxis, bei Karnevalsumzügen in New Orleans den Posaunisten einer Band an die hintere Ladeklappe des Fahrzeugs zu stellen, sodass der Posaunenzug beim Ausholen über den Rand hinausragen konnte.

Taille [taːj; französisch]: vom 16. bis 18. Jh. französische Bezeichnung für die Tenorstimme sowie für den Sänger und die Instrumente, die diese Stimme ausführen.

Taksim: ↑ Taqsim.

Takt [von lateinisch tactus »Schlag«]: die Einteilung eines Ablaufs von Tönen in eine meist regelmäßig wechselnde Folge betonter (schwerer) und unbetonter (leichter), i. d. R. gleich langer Zeiteinheiten (T.-Teile) und ihre Zusammenfassung in Gruppen gleich langer Dauer. Die Gliederung ist dann entweder zwei- oder vierteilig (gerade) oder dreiteilig (ungerade). Den Nachdruck erhält jeweils der erste, »schwere«, »gute« T.-Teil. Die Zahl der wirklichen Zähl- oder Taktierzeiten (z. B. beim T.-Schlagen) braucht nicht mit den T.-Teilen übereinzustimmen: In schnellem Zeitmaß hat ein zwei- oder dreiteiliger T. nur eine, ein vierteiliger nur zwei Taktierbewegungen (Niederschlag). Umgekehrt werden in sehr langsamem Zeitmaß die T.-Teile häufig unterteilt. Der Charakter des geraden T. wird durch die Unterteilung seiner Einheiten in drei gleiche Spaltwerte nicht berührt; so werden T. wie $^6/_4$, $^6/_8$, $^{12}/_8$ zu den geraden T.-Arten gerechnet. T. wie $^6/_8$, $^9/_8$, $^{12}/_8$ usw. können in langsamem Zeitmaß oft als aus einfachen dreizeitigen T. zusammengesetzt aufgefasst werden. Unregelmäßige Bildungen wie $^5/_4$ oder $^7/_4$ entstehen entweder aus dem regelmäßigen Wechsel eines zwei- oder vierzeitigen und eines dreizeitigen T. oder aus der Verbindung ungleich langer, meist im Verhältnis zwei zu drei stehender T.-Einheiten, die, wie vielfach in der südosteuropäischen Volksmusik, als ungleich lange Schlagzeiten aufzufassen sind. – In der Notenschrift wird jeder T. durch den ↑ Taktstrich begrenzt. Die T.-Art wird zu Beginn eines Musikstücks und bei T.-Wechsel durch einen Bruch (**T.-Vor-**

zeichnung) angegeben, dessen Nenner angibt, welcher Notenwert die Zählzeit bildet und dessen Zähler die Anzahl der Zählzeiten bestimmt. Der T. gibt dabei nur die Maßeinheit, den leeren Rahmen, vor, den erst die vielfältigen Möglichkeiten der rhythmischen Gestaltung (↑Rhythmus) mit konkretem musikalischem Inhalt erfüllen.

Der T. solcher Art erlangte erst im 17. Jh. Gültigkeit und ist streng genommen nur für die klassische und die romantische Musik maßgeblich. Bis etwa 1600 erfolgte die Zeitgliederung in der Mehrstimmigkeit nach den Grundsätzen der ↑Mensuralnotation. Diese hat mit dem T. nur das Unterteilungsprinzip gemeinsam: Ein größerer Zeitwert konnte auf verschiedene Weise ähnlich wie der T. mit konkretem rhythmischem Wert ausgefüllt werden. Eine straffe Ordnung der Schwerpunktfolge war aber dort nicht vorhanden, daher auch der schwebende Charakter der Palestrina-Polyphonie und der ihr vorausgehenden niederländischen Musik. Die das Zeitmaß bestimmende Zeiteinheit in dieser Musik war die **Schlagzeit**, eine gleichmäßige Auf- und Abbewegung beim Dirigieren (**Tactus**, nicht mit T. zu verwechseln), die im Gegensatz steht zur **Zählzeit**, der Unterteilung des T. in taktgebundener Musik. Sowohl dem Mensural- als auch dem T.-Prinzip steht das antike musikalische Zeitprinzip entgegen, das nicht auf der Unterteilung des größeren Maßes, sondern auf der Zusammenstellung kleinster Zeiteinheiten beruht (↑griechische Musik).

Mit der Überwindung der musikalischen Romantik und der Einwirkung der Volksmusik europäischer Randgebiete und außereuropäischer Musikkulturen auf die neuere Musik geht eine Emanzipation vom T.-Prinzip Hand in Hand, die zunächst im häufigen Vorkommen von T.-Wechseln oder in der Verwendung ungleich langer Schlagzeiten und ungewohnter T.-Arten, wie z.B. $^5/_4$, deutlich wurde (I. STRAWINSKY) und dazu führte, dass die Ordnung des T.-Prinzips nicht mehr für verbindlich erachtet wurde. Durch die Hinzufügung kleinster Werte und irregulärer Vergrößerungen hat O. MESSIAEN T.-Rhythmik zeitweilig vermieden, ebenso hat die Übertragung des Reihenprinzips auf die Folge von Tondauern an die Stelle der T.-Rhythmik neue Zeitrechnungen gesetzt (↑serielle Musik). – ↑auch Tempo.

Taktstrich: in der Notenschrift der jeden Takt kennzeichnende senkrechte Strich, der das ↑Liniensystem oder die ↑Akkolade durchzieht; er diente zunächst v.a. der besseren Übersicht, zeigt aber seit dem frühen 17. Jh. auch die Taktschwerpunkte an. Im 20. Jh. als Akzentzeichen in oft unregelmäßigen Abständen gesetzt (I. STRAWINSKY, B. BARTÓK), ist er in der seriellen Musik nur noch ein Orientierungsstrich.

Tala [Sanskrit]: in der ↑indischen Musik Bezeichnung für den rhythmisch-metrischen Verlauf einer melodischen Periode.

Talea [lateinisch »Stäbchen«]: in der isorhythmischen Motette des 14./15. Jh. (↑isorhythmisch) das zur Wiederholung bestimmte rhythmische Modell im Unterschied zur Wiederholung eines melodischen Abschnitts (↑Color).

Tambour [tãˈbuːr; französisch]: seit der Mitte des 14. Jh. französische Bezeichnung für alle Arten von Trommeln, z.B. T. de Basque, die ↑Schellentrommel, oder T. roulant, die ↑Rührtrommel, sowie für den Spieler der Trommel.

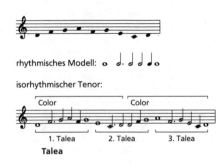

Talea

Tambourin [tãbu'rɛ̃; französisch]:
♦ *Instrumentenkunde:* eine seit dem 15. Jh. bekannte längliche, zylindrische, ein- oder beidseitig bespannte Einhandtrommel; sie wird v. a. in der Provence zusammen mit der ↑Einhandflöte Galoubet gespielt.
♦ *Tanz:* v. a. im 18. Jh. verbreiteter provenzalischer Tanz im lebhaften 2/4-Takt, der von Einhandtrommel und -flöte begleitet wird; fand in stilisierter Form Eingang in Ballett- und Kunstmusik.

Tambura: ↑Tanbur.

Tamburin [zu Tambour]: im Deutschen gebräuchliche Bezeichnung für alle Arten von Handtrommeln, speziell die ↑Schellentrommel.

Tamburo [italienisch]: italienische Bezeichnung für verschiedene Arten der Trommel, z. B. T. rullante, ↑Rührtrommel, oder T. basco, ↑Schellentrommel.

Tamtam [Hindi]: ein aus Ostasien stammender ↑Gong, bestehend aus einer dünnen, leicht gewölbten Bronzescheibe (Durchmesser 40–150 cm), die im Unterschied zu anderen Gongs in der Mitte nicht ausgebuchtet ist und einen nur schmalen umgebogenen Rand aufweist. Das T. hat einen dröhnenden, lange anhaltenden Klang von unbestimmter Tonhöhe. In der Praxis hat sich daher die Unterscheidung von Gong (bestimmte Tonhöhe) und T. (unbestimmte Tonhöhe) eingebürgert. – Das T. wird seit dem Ende des 18. Jh. auch im klassischen Orchester verwendet.

Tanbur ['tanbu:r; arabisch] (Tambur): orientalische Langhalslaute mit kleinem, bauchigem Resonanzkörper, wenigen dünnen Metallsaiten und zahlreichen Bünden. Die Wirbel sind frontal und seitlich in den bis über 1 m langen Hals gesteckt. – Langhalslauten sind im Orient seit dem 2. Jahrtausend v. Chr. bekannt. Im 13. Jh. tauchte der T. in Europa auf; als Abkömmling ist seit dem 16. Jh. in Italien der ↑Colascione belegt, der auch in der Kunstmusik eine Rolle spielte. Heute ist der T. von Südosteuropa (**Tambura**) über den Nahen Osten bis nach Zentralasien als Begleitinstrument von Liebesliedern und epischen Gesängen verbreitet; in der indischen Musik (Tambura, Tanpura) wird er als Borduninstrument verwendet.

Tangente [zu lateinisch tangere »berühren«]: bei verschiedenen besaiteten Tasteninstrumenten ein Teil der Mechanik, bestehend aus einem Stift aus Metall oder Holz; bei der Drehleier teilt die T. die Saiten ab, beim T.-Flügel schlägt sie sie an, beim Klavichord dient sie gleichzeitig dem Abteilen und dem Anschlagen der Saiten.

Tangentenflügel: eine im 18. und frühen 19. Jh. gebaute Zwischenform von Cembalo und Hammerklavier, bei der die Saiten durch Holzstäbchen (Tangenten) angeschlagen werden. Der dem Cembalo ähnliche Klang kann durch einen zwischen Saiten und Tangenten geschobenen Lederstreifen zu einem klavierähnlichen Klang verändert werden.

Tango [spanisch]: ein aus Elementen der Habanera um 1900 in der Umgebung von Buenos Aires entstandener Tanz, in langsamem 2/4-Takt. Dieser **T. argentino** wurde um 1910 in Europa Gesellschaftstanz (heute Standardtanz). Charakteristisch ist die Folge von slow–quick–quick im Rhythmus mit den gleitenden, knapp abgesetzten Gehschritten, den Promenaden und der »Tangowiege«. Der jüngere **T. milonga** steht im raschen 4/8-Takt. Eine neue, orchestrale, von der ausschließlichen Funktion der Tanzmusik gelöste Form des T. schuf A. PIAZZOLLA mit dem **T. nuevo**, in dem Elemente der Neuen Musik und des Jazz einbezogen sind.

Tantum ergo sacramentum [lateinisch »ein so großes Sakrament«]: Anfangsworte der fünften Strophe des dem THOMAS VON AQUIN zugeschriebenen Hymnus »Pange Lingua«, die zusammen mit der sechsten Strophe (»Genitori genitoque«) seit dem 15. Jh. in der katholischen Liturgie zur Aussetzung des Allerheiligsten gesungen wird.

Tanz: rhythmische Körperbewegung, meist von Musik begleitet, im übertragenen Sinn auch die zum T. erklingende Musik oder deren vom T. gelöste Stilisierung in instrumentaler oder vokaler Form (T.-Lied).

Neben dem Opfer ist der T. eine der wichtigsten und verbreitetsten Kulthandlungen, wesentlich z.B. im Dionysoskult oder als Tempel-T. in Indien. T., denen magische Wirkung zugesprochen wurde, dienen wie die zu den frühen Formen gehörenden Jagd-, Kriegs- und Fruchtbarkeits-T. der Abwehr von Unheil und Gefahren, der Versöhnung (z.B. mit dem zu erjagenden Tier bei den Buschleuten) oder der Erhaltung der gegebenen Ordnung (z.B. bei den nordamerikanischen Indianern). Der T. kann auch zum Zustand der »Begeistigung« oder »Begottung« führen: V.a. der ekstatische T. und der Masken-T., bei dem eine Identität zwischen dem Tänzer und dem Getanzten (Tier, Geist oder Gott) hergestellt wird, erfüllen den Menschen mit göttlicher Kraft. Von T. aus Dankbarkeit oder Freude (z.B. bei Siegesfeiern) berichtet das Alte Testament (2. Buch Mose 15,20; 1. Buch Samuel 18,6). Der T. verleiht auch wichtigen Akten des menschlichen Lebens eine religiöse Weihe; dabei dient er oft zugleich der Abwehr dämonischer Einflüsse. Dies wird bei Initiationsriten vermutet und ist sicher beim Hochzeits-T. sowie beim Toten-T.; bezeichnend dafür sind die ägyptischen und chinesischen Grab-T. sowie der indische Toten-T. um den Scheiterhaufen herum; bei der Bestattung BUDDHAS ebenfalls bezeugt.

Neben kultischen T. gab es in Altägypten und Mesopotamien auch gesellige. In der griechischen Antike wurden der Reigen, der Einzel-T. und der chorische T. (z.B. im Drama) gepflegt. Der T. bildete mit Musik und Dichtung als »mousiké« eine Einheit. Judentum und frühes Christentum kannten den sakralen T., den die Kirche im frühen Mittelalter wegen seiner Weltlichkeit ebenso ablehnte wie die in kirchlicher Sicht entarteten T. der Spielleute, Gaukler und des Volkes.

Eine ständische T.-Kultur entwickelte sich im 13. Jh. an den Fürstenhöfen. Ihre Formen waren der gruppenweise getanzte Reigen und der ihm oft vorangestellte Einzelpaar-T. Die vokalen und instrumentalen Gattungen Rondeau, Ballade und Ballata sowie die vornehmlich instrumentale Estampie gehen darauf zurück. Der musikalische Vortrag durch den Spielmann bestand dabei bis ins 15. Jh. in der improvisierten Ausziierung einer Gerüststimme oder deren Umspielung durch mehrere Instrumente. Bereits die frühesten Aufzeichnungen von T.-Musik im 13./14. Jh. belegen die paarweise Verknüpfung eines geradtaktigen mit einem ungeradtaktigen T., die sich dann im Gesellschafts-T. des 15./16. Jh. in der Aufeinanderfolge von langsamem Schreit-T. (Basse Danse, Passamezzo, Pavane) und schnellem, gesprungenem Nach-T. (Saltarello, Tourdion, Gaillarde) durchsetzte.

Mit der Scheidung von ↑Volkstanz und höfisch-aristokratischem ↑Gesellschaftstanz seit dem 15. Jh. entwickelte Letzterer eine Vielfalt von Paartänzen. Im 17. Jh. erhielt das am französischen Hof neu eingeführte, von Berufstänzern unterstützte und bald ausschließlich von ihnen getragene ↑Ballet de Cour größte Bedeutung; es markiert den Beginn des Kunsttanzes. Im späten 18. und frühen 19. Jh. kamen der deutsche T. und der Ländler, aus denen der Walzer entstand, in Mode, ferner Polka, Mazurka, Rheinländer, Galopp und die französischen Gruppen-T. Polonaise, Écossaise und Française. Diese Gesellschafts-T. wurden zum großen Teil auch in der Kunstmusik heimisch, ebenso die stilisierten Volks-T. Csárdás, Krakowiak, Furiant, Bolero, Tarantella und Fandango.

Im 20. Jh. trat auf dem Gebiet des Kunst-T. neben das klassische ↑Ballett der Ausdruckstanz, der als eigenständiger, von musikalischen Bindungen und akademischer Positionslehre befreiter Ausdrucksträger verstanden wurde. Ihren Ausgang nahm diese Richtung einerseits von I. Duncans emotional-expressiven T.-Schöpfungen zu Musik, die nicht für den T. komponiert war (L. van Beethoven, F. Chopin), andererseits von der rhythmischen Gymnastik, die É. Jaques-Dalcroze lehrte. R. von Laban wurde zum eigentlichen Theoretiker der modernen T.-Kunst. Er verzichtete auf Dekorationen und teilweise auch auf Musik, indem er für die rhythmischen Impulse lediglich das Schlagzeug einsetzte. In konsequenter Fortsetzung dieses Weges gelangte M. Wigman zum »absoluten Tanz«. Das von H. Holm 1931 in New York eröffnete Wigman-Studio wurde neben der Denishawn-School von R. Saint Denis und T. Shawn und M. Grahams School of Contemporary Dance zu einem der bedeutenden Zentren des ↑Modern Dance, der das moderne Ballett entscheidend prägte. – ↑auch lateinamerikanische Tänze, Standardtänze.

Tanzlied: Gattungsbezeichnung für lyrische oder erzählende Lieder, die im Hoch- und Spätmittelalter zum Tanz gesungen wurden; dazu gehören (strophische) Refrainlieder (↑Ballade, ↑Ballata, ↑Rondeau, ↑Virelai) und auch der (nicht strophische) ↑Leich (Tanzleich).

Tanzmeistergeige: ↑Pochette.

Taqsim [arabisch] (Taksim): in der arabischen Kunstmusik ein rhythmisch freies, virtuoses solistisches Instrumentalstück, in dem der Spieler über einen ↑Maqam improvisiert.

Tarantella [italienisch wohl nach der Stadt Tarent]: (Paar-)Tanz aus Süditalien mit sich steigerndem Tempo, im schnellen $^6/_8$- (auch $^{12}/_8$- oder $^3/_8$-) Takt, begleitet von Tamburin und Kastagnetten; wird heute als Volks- und Schautanz getanzt. Mit ihrer vorherrschenden Mollmelodik findet sich die T. seit dem 19. Jh. auch in der Kunstmusik, v. a. als virtuoses Klavierstück.

tardando [italienisch]: zögernd, langsamer werdend.

Tasten|instrumente: Gruppe von Musikinstrumenten, bei denen die Töne durch hebelartig ausgebildete Manual- oder Pedaltasten ausgelöst werden; die Gesamtheit dieser Tasten (**Tastatur**) bezeichnet man als ↑Klaviatur. Bei ↑Cembalo, ↑Klavichord, ↑Klavier, ↑Spinett und ↑Virginal sind die Tasten sowohl Steuer- als auch Übertragungsglieder bei der Umwandlung der vom Spieler aufgewendeten mechanischen Energie in Schallenergie, während sie bei ↑Keyboards, bei der ↑Orgel sowie beim ↑Harmonium nur zur Steuerung anderweitig zugeführter Energie dienen. Beim ↑Synthesizer mit reiner Steuertastatur kommt es je nach Speicherform auch zur Aufgabe der in der Tastenanordnung sinnfälligen Tonordnung.

tasto solo [italienisch »eine Taste«], Abk. t. s.: ↑Null.

Techno ['tɛkno]: Ende der 1980er-Jahre entstandene Jugendkultur, in deren Zentrum eine hoch technisierte digital produzierte Tanzmusik steht, die i. d. R. von den Discjockeys, die sie einsetzen, selbst erstellt wird. Zu den Kennzeichen gehören ein grellbuntes und fantasievolles Outfit, Marathonveranstaltungen zum »Abtanzen«, Rave-Partys (häufig auch thematisch ausgerichtet) in einer flexiblen, in Kellern und leer stehenden Fabrikhallen sich ausbreitenden Klubszene sowie Massenfestivals in der Art der seit 1989 jeden Sommer stattfindenden Berliner Loveparade oder der alljährlich veranstalteten Maydays. Wichtigste Vertreter der in Deutschland auf Frankfurt am Main und Berlin konzentrierten Szene sind die DJs Dr. Motte, S. Väth, WestBam und Marusha. Mit der Schreibweise **Tekkno** wird eine besonders harte, mechanische und aggressive Spielart der in viele Stilformen ausdifferenzierten, nach Beats (»Schlägen«) unterschiedenen Musik bezeichnet, wie ↑Jungle, ↑Gabber, ↑Ambient.

Tedesca [italienisch zu danza tedesca »deutscher Tanz«]: italienische Bezeichnung für die ↑Allemande, den ↑deutschen Tanz und den ↑Ländler.

Te Deum [lateinisch Te Deum laudamus

»Dich, Gott, loben wir«] (Tedeum, ambrosianischer Lobgesang): der feierliche Lob-, Dank- und Bittgesang der römischen Kirche mit hymnenartigem Text (Kompilation des 3.-6. Jh.; Lobpreis Gottvaters, Doxologie, christologischer Teil, Bittgebet aus den Psalmen), wird v. a. an Festtagen zum Schluss der Matutin gesungen; im Mittelalter oft Teil von geistlichen Spielen. – Der gregorianischen Melodie (in zahlreichen Varianten überliefert) folgt auch M. LUTHERS deutsche Übertragung (»Herr Gott, Dich loben wir«). Innerhalb der mehrstimmigen Musik des 15. und 16. Jh. bildet das Te D. eine Sonderform der Motette, die v. a. an der gregorianischen Melodie orientiert ist. Die weitere Entwicklung führt über glanzvolle Vertonungen im Stil von Festmotetten (PALESTRINA), Messen, Kantaten und Oratorien (H. PURCELL, G. F. HÄNDEL) zu den großen sinfonischen Kompositionen des Te D. im 19. Jh. (H. BERLIOZ, F. LISZT, G. VERDI, A. BRUCKNER, A. DVOŘÁK).

Teiltöne (Partialtöne): Bezeichnung für ↑Obertöne; sie ist darauf zurückzuführen, dass Obertöne durch ganzzahlige Teilung einer Saite oder Luftsäule erzeugt werden können.

Tempelblöcke: aus Asien stammende Holzblocktrommeln mit langem Querschlitz und weit ausgehöhltem Resonanzraum; meist sind vier oder fünf an einem Halteständer befestigt, der Anschlag erfolgt mit Schlägeln. Die von der Größe der Kugeln abhängige Tonhöhe ist annähernd bestimmbar. T. werden in der Tanz- und Unterhaltungsmusik sowie in der zeitgenössischen Kunstmusik verwendet.

Temperatur: [lateinisch »gehörige Mischung«] (temperierte Stimmung): Bezeichnung für eine Stimmung, bei der auf Instrumenten mit fester ↑Stimmung, v. a. Lauten und Tasteninstrumenten, möglichst viele Intervalle möglichst »rein« klingen. Bis um 1700 wurden verschiedene **mitteltönige T.** verwendet. In der Mittelton-T. wird die Differenz zwischen großem und kleinem Ganzton ausgeglichen, beherrschendes Intervall ist die rein gestimmte Terz. Die seit dem 18. Jh. gebräuchliche T. ist die **gleichschwebende T.**, bei der die Oktave in zwölf gleiche Intervalle unterteilt wird. Da das Frequenzverhältnis für die Oktave 2 : 1 ist und die Oktave in 12 Halbtöne zerlegt wird, deren Frequenzverhältnisse sich durch Multiplikation bzw. Division ergeben, beträgt das Frequenzverhältnis eines Halbtons bei der temperierten Stimmung

$$\sqrt[12]{2} : 1 \approx 1{,}059 : 1$$

Bei einer Normierung des Tons a^1 auf die Frequenz von 440 Hz haben die Töne der C-Dur-Tonleiter folgende Frequenzen:

ca. 262 294 330 349 392 440 494 524 Hz

Auf einem mitteltönig gestimmten Instrument erklingen Tonarten mit wenigen Vorzeichen in großer Reinheit und Klangschönheit, Tonarten mit mehreren Vorzeichen klingen verstimmt (H-Dur ist gänzlich unbrauchbar). Dies macht den besonderen Klangcharakter der verschiedenen Tonarten aus, auf den Komponisten bis um 1700 Rücksicht nahmen. Zwischen der mitteltönigen und der gleichschwebenden T. gab es im 18. Jh. zahlreiche Übergangsstadien. Auf temperiert gestimmten Instrumenten lassen sich alle Tonarten spielen, beliebige Modulationen und enharmonische Verwechslungen ausführen, was erstmals J. S. BACH mit seinem »wohltemperierten Klavier« (1722–44) bewiesen hat.

Die Manuale von Synthesizern können i. d. R. auf beliebig temperierte Systeme eingestellt werden (pitch stretch). Zugleich zeigt die moderne elektronische Klangerzeugungstechnik, dass absolut exakt temperierte Stimmungen matt (in den Tiefen zu »hoch«, in den Höhen zu »tief«) wirken. Absolut exakte T. werden daher in der Praxis vermieden.

Tempo [italienisch von lateinisch tempus »Zeit«]: Geschwindigkeit bzw. Geschwindigkeitsgrad musikalischer Vorgänge. Notenwerte und aus ihnen gebildete Rhythmen sind nur relativ zueinander in ihrem Zeitwert bestimmt. Erst durch das T. werden sie auf absolute, objektiv messbare Zeitdauern und -relationen festgelegt. Bei nicht takt- und mensurengebundener Musik ist der T.-Eindruck oft unmittelbar abhängig von der Dichte einander folgender Schallereignisse. Für die antike (der quantitierenden Metrik folgende) Quantitätsrhythmik bezeugt (z.B. vierzeitig: – – langsam, ◡◡◡◡ rasch), findet sich diese T.-Auffassung v. a. in der experimentellen Musik des 20. Jh. (konkrete und serielle, elektronisch und grafisch notierte Musik).

T. im engeren Sinne ist das für neuzeitliche Musik charakteristische »Zeitmaß« oder die »Bewegung«, d.h. die eigens festzulegende Geschwindigkeit einer Komposition. Für den T.-Eindruck maßgebend ist hier nicht so sehr die Dichte der Tongebungen, sondern die zugleich vom ↑Takt abhängige Dichte der Zählzeiten bzw. Schlagbewegungen beim Dirigieren. Als mittleres T. gelten etwa 60–80 Zähl- bzw. Schlagzeiten pro Minute (in etwa die normale Pulsfrequenz). Manchmal ergibt sich das gemeinte T. schon aus der Art des Notenbildes (bei älterer Musik aus Taktart, Gattung und satztechnischer Anlage). Maßgebend sind jedoch seit dem 16./17. Jh. die hinzugefügten T.-Bezeichnungen, deren Bedeutung im Lauf der Zeit beträchtlich schwanken kann, sowie die Hinweise auf den Charakter des Vortrags. Zu den langsamen T. gehören largo, adagio, grave, lento, zu den mittleren andante, moderato, zu den schnellen allegro, vivace und presto. Häufig wird weiter differenziert, z.B. andantino, allegretto, auch mit Ausdrücken der Steigerung (molto, assai, con brio) oder Abschwächung (meno, ma non troppo). Eine Beschleunigung des T. fordern accelerando, stringendo, eine Verlangsamung ritardando, ritenuto, die Rückkehr zum früheren Zeitmaß a tempo, tempo primo, das Beibehalten des T. bei Taktwechsel l'istesso tempo. Das ↑Metronom erlaubt die genaue Festlegung des T. nach Metronom Mälzel (M. M.), z.B. bedeutet M. M. ♩ = 88, dass die Viertelnote $1/88$ Minute dauert. Im 20. Jh. findet sich auch die Angabe der absoluten Aufführungsdauer eines Abschnitts, Satzes oder Werkes.

Aus älteren Epochen sind T.-Hinweise nur spärlich überliefert. Große Bedeutung kam in der Antike dem T. (griechisch agōgḗ) als Ausdruck unterschiedlicher innerer (moralischer) Haltungen zu. Die Entfaltung der Mehrstimmigkeit brachte im Rahmen der ↑Mensuralnotation Differenzierungen im Bereich des T. mit sich (↑Tempus). Doch sind raschere und langsamere Bewegungen hier immer nur in Relation zum mittleren Zeitmaß des (mit dem Pulsschlag verglichenen) »integer valor« (unveränderter Wert) zu verstehen. Gleichzeitig mit dem Aufkommen des neuzeitlichen Taktbegriffs um 1600 machte sich, von Italien ausgehend, die Tendenz bemerkbar, das aus der Verbindung von Taktvorzeichnung und Notenwerten nicht mehr klar zu ersehende T. mithilfe besonderer T.-Bezeichnungen festzulegen. Die Kompositionsgattungen, zumal die Tänze des 17./18. Jh., waren i.d.R. an bestimmte T.-Typen gebunden, die ihrerseits als Vorbild dienen konnten (T. di Gavotta, T. di Minuetto). Seit der Wiener Klassik gewann das T. selbstständige Bedeutung und rückte damit in den Vordergrund kompositorischer Gestaltung. Trotz der seit L. van Beethoven bezeugten authentischen Metronomangaben stellt sich die Frage des richtigen T. für den nachschaffenden Interpreten aufgrund sich verändernder Bedingungen stets von neuem (Hörgewohnheiten, Raumakustik, Größe des Ensembles, Spielweise, Klangcharakter und -volumen der Instrumente). Wesenszüge der musikalischen Romantik spiegeln sich in der virtuosen Steigerung der T. und in

Tempo rubato

der Neigung zu beweglicher T.-Gestaltung mit häufigen und fließenden Übergängen. Im 20. Jh. finden sich, den unterschiedlichen Kompositionsrichtungen entsprechend, extreme Gegensätze in der T.-Behandlung, vom maschinell inspirierten (A. HONEGGER) und motorischen T. (I. STRAWINSKY, B. BARTÓK, P. HINDEMITH) über mehr traditionelle Arten bis hin zum uneingeschränkten T.-Begriff der experimentellen Musik.

Tempo rubato [italienisch »gestohlener Zeitwert«] (verkürzt rubato): die freie Behandlung des Tempos innerhalb eines Stücks zur Steigerung des musikalischen Ausdrucks; im 17./18. Jh. der freie Vortrag einzelner Notenwerte der Hauptstimme bei gleichzeitigem striktem Festhalten am Tempo in den Begleitstimmen (**gebundenes T. r.**; noch von F. CHOPIN gespielt); im 19./20. Jh. meist ein Schwanken des Tempos im Ganzen (**freies T. r.**), seit 1830 zunehmend durch die Tempobezeichnung ritardando und rallentando angezeigt.

Tempus [lateinisch »Zeit«]: in der ↑Mensuralnotation der Zeitwert einer ↑Brevis. Seit dem Anfang des 14. Jh. (↑Ars nova), als die Brevis sowohl in drei als auch in zwei Semibreven aufgeteilt werden konnte, regelt das T. das Verhältnis Brevis–Semibrevis. Ist es dreizeitig, spricht man vom T. perfectum (Zeichen O), ist es zweizeitig, vom T. imperfectum (Zeichen C).

Tenebrae [lateinisch »Finsternis«]: seit dem 12. Jh. übliche Bezeichnung für die ↑Matutin am Gründonnerstag, Karfreitag und Karsamstag. Die Bezeichnung geht auf den schon im 8. Jh. nachweisbaren Brauch zurück, während dieser Trauermetten nach und nach die Kerzen zu löschen.

teneramente [italienisch]: zart, schmeichelnd.

Tenor [italienisch »(die Melodie) haltende (Hauptstimme)«]: seit dem 16. Jh. Stimmlagenbezeichnung für die hohe Männerstimme (Umfang c–a^1, bei Berufssängern A–c^2). In der Bühnenpraxis werden unterschieden der lyrische T., jugendlicher Helden-T., schwerer Helden-T. und der T.-Buffo. T.-Bariton ist die Stimmlage zwischen Helden-T. und hohem Bass. – Bei Instrumentenfamilien bezeichnet der Zusatz T. (z.B. T.-Horn) die der T.-Stimme entsprechende Mittellage.

Tenor [lateinisch »Ton(höhe) einer Silbe«]:

♦ *gregorianischer Gesang:* im Mittelalter der beim psalmodischen Vortrag besonders hervortretende Rezitationston (auch Repercussa genannt), der mit der Finalis den tonalen Charakter einer gregorianischen Choralmelodie (↑Kirchentonarten) festlegt.

♦ *Satztechnik:* im 13.–16. Jh. die den Cantus firmus tragende Stimme, zunächst als tiefste Stimme, zu der im 14. Jh. der ↑Contratenor hinzutrat.

Tenora: eine spanische Tenorschalmei mit starkem, näselndem Klang.

Tenorgeige: ↑Viola tenore.

Tenorhorn: ein zur Familie der ↑Bügelhörner gehörendes Blechblasinstrument in Tenorlage, in B-Stimmung (Umfang E–b^1), seltener in C-Stimmung, gewöhnlich mit drei Ventilen; wird meist in ovaler, seltener Tuba- oder Trompetenform gebaut.

Tenorlied: deutsche Liedform des 15./16. Jh., vorwiegend vierstimmig, bei der die meist höfische, z.T. auch volkstümliche Liedmelodie im Tenor liegt. Die übrigen, meist beweglicheren und instrumental gedachten Stimmen figurieren oft ebenfalls Teile der Liedmelodie. Von diesem Typus des instrumental begleiteten Sololiedes entwickelte sich das T. durch Angleichung aller Stimmen zum A-cappella-Chorlied. Hauptkomponisten waren H. FINCK, H. ISAAC und L. SENFL.

Tenorschlüssel: in der Notenschrift der C-Schlüssel auf der 4. Notenlinie (↑Schlüssel).

Tenortuba: ↑Bariton.

tenuto [italienisch], Abk. ten.: Anweisung, die Noten ihrem vollen Wert nach auszuhalten; angezeigt durch einen waagerechten Strich über oder unter der Note.

Terrassendynamik: die stufenweise Veränderung der Tonstärke in Musikstücken v.a. der Barockmusik; häufig in Verbindung mit dem Wechsel der Instrumentation (Tutti-Concertino im Concerto grosso) bzw. des Registers (in der Cembalo- und Orgelmusik). Im Gegensatz dazu steht eine fließende Veränderung der ↑Dynamik, z.B. beim Crescendo der Mannheimer Schule.

Tertian [lateinisch] (Terzian): in der Orgel eine vom Barock bis zur Romantik gebaute, meist zweichörige ↑gemischte Stimme zu $1^{3}/_{5}$- oder $1^{1}/_{3}$-Fuß.

Terz [von lateinisch tertius »die Dritte«]: das Intervall, das ein Ton mit einem drei diatonische Stufen entfernt gelegenen bildet. Man unterscheidet die große (c–e), kleine (c–es), übermäßige (c–eis, klanglich gleich der Quarte) und verminderte T. (cis–es, klanglich gleich der großen Sekunde). Die T. wurde bis ins späte Mittelalter als auflösungsbedürftige, nicht schlussfähige Konsonanz angesehen. Erst seit dem 16. Jh. gilt sie als bestimmendes Intervall des ↑Dreiklangs. Das in der Harmonielehre grundlegende Prinzip der T.-Schichtung der Akkorde wurde in der Musik des 20. Jh. weitgehend aufgegeben.

Terzett: Stück für drei Solostimmen, meist mit Instrumentalbegleitung. Die Bezeichnung für das dreistimmige Instrumentalstück ist ↑Trio; Vokal- und Instrumentalsätze nannte man im 16./17. Jh. vielfach ↑Tricinium.

Terzian: ↑Tertian.

Terzquart|akkord: die zweite Umkehrung des Septimenakkords, mit der Quinte im Bass. Besondere Bedeutung in der klassisch-romantischen Musik hat der T. des Dominantseptakkords (in C-Dur d–f–g–h).

Testo [italienisch »Text«]: im italienischen Oratorium die erzählende Partie, auch der Vortragende, vergleichbar dem Evangelisten in der Passion.

Tetrachord [zu griechisch tetráchordos »viersaitig«]: Anordnung von vier aufeinander folgenden Tönen im Rahmen einer Quarte, der Grundbaustein des Tonsystems der griechischen Musik. Je nach der Anordnung der beiden beweglichen Töne innerhalb des feststehenden Rahmenintervalls gehört der T. zur ↑Diatonik (von oben nach unten: Ganzton–Ganzton–Halbton), zur ↑Chromatik (kleine Terz–Halbton–Halbton) oder zur ↑Enharmonik (große Terz–Vierteltone–Viertelton). Auch die Tonordnungen des Mittelalters kennen den T.-Aufbau, dem dann seit dem 11. Jh. (GUIDO VON AREZZO) die Oktav- und die Hexachordstruktur den Rang streitig machten.

Thema [griechisch »das Gesetzte«]: ein prägnanter musikalischer Gedanke, der als tragender Formteil eines Stückes wesentlich auf Wiederkehr, Bearbeitung und Verarbeitung (↑thematische Arbeit) hin angelegt ist, ggf. auch auf Gegenüberstellung oder Kombination mit weiteren Themen. Gestalt und Funktion eines T. hängen von Gattung, Form und kompositorischer Absicht ab. So gehen die Themenbegriffe z.B. von Fuge, Sonatensatzform und Variationswerk weit auseinander.

Das T. entstand mit der aufblühenden Instrumentalmusik und hat hier hauptsächlich nach drei Richtungen unterschiedliche Ausprägungen erfahren: 1) Der Typus des von Einzelstimmen vorgetragenen T., vorbereitet in der Vokalpolyphonie des 15./16. Jh. durch das Prinzip der ↑Imitation und vermittelt u.a. durch Ricercar und Fantasia, findet sich im Subjekt von ↑Fuge und Fugato und umfasst meist nur wenige Takte. 2) Die ↑Variation des 16. bis 17. Jh. kennt neben dem Typus des Ostinato-T. (↑Ostinato) auch den des Lied-T. (Virginalisten, J. P. SWEELINCK, S. SCHEIDT). Variationswerke der Folgezeit beruhen u.a. auf Tanz-, Marsch-, Liedsätzen und Arien sowie auf frei erfundenen Themen. 3) In der klassisch-romantischen ↑Sonatensatzform ist stets ein markantes

Haupt-T. bestimmend, dem i.d.R. ein zweites, nicht selten noch ein drittes andersartiges T. gegenübertritt. Das T. selbst, nicht immer klar begrenzt, besteht meist aus mehreren Motiven, die zumal im Bereich der Wiener Klassik an eine harmonisch-metrische Ordnung (↑Periode) gebunden sind. Motivische Verarbeitung des T., Ableitung der Themen von einer Grundgestalt, poetische Bedeutung der Themen (H. BERLIOZ, R. SCHUMANN, F. LISZT), Vermehrung des thematischen Materials (J. BRAHMS, A. BRUCKNER, G. MAHLER), Verschleierung und schließlich Preisgabe des T. (A. SCHÖNBERG, »Sechs kleine Klavierstücke« op. 19, 1911) kennzeichnen die weitere Entwicklung.

thematische Arbeit (thematisch-motivische Arbeit): Kompositionsverfahren, bei dem über längere Strecken eines Satzes hin Motive des Themas abgewandelt, umgruppiert und kombiniert werden. Den bevorzugten Ort hierfür bieten die Übergangs- und Durchführungsteile zwischen den thematischen Partien der Sonatensatzform. Namentlich seit J. HAYDNS Streichquartetten op. 33 (1781) wurde die t. A. zum favorisierten Kompositionsprinzip der Wiener Klassik; sie wurde durch L. VAN BEETHOVEN zur Vollendung geführt, durch J. BRAHMS und G. MAHLER aufs Neue stärkstens verdichtet und als Technik ständiger Motivvariation an die 2. Wiener Schule um A. SCHÖNBERG vermittelt und in den 1990er-Jahren wieder populär.

Theorbe

Theorbe [italienisch-französisch]: eine Basslaute mit Spielsaiten und Bordunsaiten. Die Bordune, die nur angezupft, nicht gegriffen werden, sind in einem zweiten Wirbelkasten oberhalb des ersten angebracht. Der Unterschied zum verwandten ↑Chitarrone besteht in dem kürzeren, seitlich versetzten und geschweiften Hals. Die Stimmung der acht Bordune ist diatonisch von $_1$D bis D, die der Griffsaiten E–F–G–c–f–a–d–g. Die T. wurde v.a. als Generalbass- und Kammermusikinstrument verwendet, seltener als Soloinstrument, da der lange Hals virtuoses Spiel erschwert. Sie wurde gegen Ende des 16. Jh. entwickelt und kam im 18. Jh. außer Gebrauch.

Theremingerät (Ätherophon): um 1920 von dem russischen Physiker L. THEREMIN konstruiertes elektronisches Musikinstrument, gilt als das erste Elektrophon überhaupt. Die Klangerzeugung erfolgt vergleichbar einer Rückkopplung durch bloße Handbewegungen im Spannungsfeld zweier »Spielantennen«, die von Hochfrequenzgeneratoren gespeist werden. Das T. wurde u.a. von E. VARÈSE in »Ecuatorial« (1934) verwendet.

Thesis [griechisch »Senkung«]: ↑Arsis.

Threni [lateinisch von griechisch thrénos »Wehklagen«]: in der lateinischen Bibelübersetzung Bezeichnung für die Lamentationes Jeremiae.

Threnos [griechisch] (Threnodie): im antiken Griechenland Trauer- oder Klagelied, das bei der Aufbahrung und beim Leichenbegängnis gesungen wurde.

Tibia [lateinisch »Schienbein«]: ursprünglich eine altrömische Knochenflöte, später lateinische Bezeichnung für ein dem ↑Aulos ähnliches Blasinstrument mit gedoppelten Röhren. – In der Orgel Bezeichnung einzelner Flötenregister, z.B. T. silvestris für ↑Waldflöte.

Tiento [spanisch]: spanisches Instrumentalstück des 16. Jh., dem ↑Ricercar entsprechend.

Timbales [spanisch]: ein aus Mittelamerika stammendes, auf einem Ständer befestigtes Trommelpaar, bestehend aus einfelligen Trommeln von unterschiedlichem Durchmesser mit Metallzarge; v.a. in der Schlagzeuggruppe von Tanzorchestern verwendet.

Timbre ['tɛ̃:brə; französisch »Klang«, »Schall«]: Bezeichnung für die Klangfarbe eines Instruments, v. a. aber der menschlichen (Sing-)Stimme.

Timing ['taɪmɪŋ; englisch]: v. a. im Jazz Bezeichnung für das in (auf) der Zeit richtige, »swinggemäße« Setzen eines Tones. T. ist unentbehrlich für ein rhythmisch-metrisch homogenes Zusammenspiel im Jazz.

Timpano [italienisch]: ↑Pauke.

Tin Pan Alley [tɪn pæn 'ælɪ; englisch »Blechpfannengasse«]: umgangssprachliche Bezeichnung für die amerikanische Unterhaltungsmusikbranche, v. a. die zahlreichen in New York bis in die 1920er-Jahre in der 28. Straße und der 6. Avenue ansässigen Musikverlage. Der Name wird auf den blechernen Klang der Klaviere zurückgeführt, auf denen ständig die neuesten Schlager und Filmmelodien ausprobiert und vorgeführt wurden.

Tintinnabula [lateinisch]: mittelalterliche Bezeichnung für abgestimmte Glöckchen oder Schellen bzw. ein Glöckchenspiel, oft bedeutungsgleich mit ↑Cymbala; heute noch in den Alpen Bezeichnung für das Herdengeläute.

Tirade [französisch] (italienisch Tirata): v. a. im 17./18. Jh. eine Verzierung, bei der zwei Melodietöne (meist im Oktavabstand) durch einen diatonischen Lauf auf- oder abwärts miteinander verbunden werden; v. a. verwendet in der französischen Ouvertüre.

tirando [italienisch] (tirato, französisch tiré): Hinweis für den ↑Abstrich des Bogens bei Streichinstrumenten.

Tirata: ↑Tirade.

tiré: ↑tirando.

Toccata [italienisch zu toccare »(an)schlagen«] (Tokkata): seit dem 16. Jh. Bezeichnung für ein frei, gleichsam improvisatorisch aus Akkorden und Läufen gestaltetes Stück für ein Tasteninstrument, benachbart dem ↑Ricercar und der ↑Fantasie. Im 17. (G. FRESCOBALDI) und 18. Jh. entwickelte sich die T. zu einem groß angelegten Stück (Höhepunkt bei J. S. BACH, z. B. »dorische« T., BWV 538), dessen Teile abwechselnd von frei schweifender, virtuoser Spielfreude und vom streng fugierten Satz bestimmt sind. Im 19. Jh. steht die Klavier-T. der Etüde nahe (z. B. R. SCHUMANN, op. 7, 1832). Die barocke Tradition der Orgel-T. erneuerten u. a. M. REGER, M. DUPRÉ, E. PEPPING, W. FORTNER. – Vom späten 14. bis zu Beginn des 17. Jh. wurde die Bezeichnung T. auch für ein festlich fanfarenartiges Stück für Pauken und Bläser verwendet (z. B. C. MONTEVERDI, Einleitung zur Oper »Orfeo«, 1607).

Tombeau [tɔ̃'bo; französisch »Grabmal«]: in der französischen Musik des 16./17. Jh. zum Gedächtnis an Fürsten oder Künstler komponiertes Instrumentalstück, v. a. für Laute oder Klavier, oft in Form von Pavane oder Allemande, z. B. von D. GAULTIER, L. COUPERIN, J.-H. D'ANGLEBERT und J. J. FROBERGER. Dem T. nahe stehen die Plainte und das Lamento. Im 20. Jh. wurde die T.-Komposition (auch unter dem Titel »Hommage à ...«) wieder aufgegriffen, u. a. von C. DEBUSSY, M. RAVEL, P. BOULEZ und W. RIHM.

Tom-Tom [lautmalend]: eine in den 1920er-Jahren vielleicht aus China in westliche Ensembles eingeführte Trommel, ursprünglich mit leicht gewölbtem Holzkorpus und zwei aufgenagelten Fellen, in der modernen Bauart mit einem zylindrischen Korpus aus Sperrholz, einer beidseitigem Fellbezug und Spannschrauben. T.-T. werden in mehreren Größen einzeln zusammengestellt oder als T.-T.-Spiel (6–13 T.-T.) auf ein Gestell montiert, der Anschlag erfolgt mit Trommelstöcken oder Paukenschlägeln. Das Instrument findet sich neben dem Drumset auch im modernen Orchester.

Ton: Bezeichnung für einen ↑Schall von sinusförmigem Schwingungsverlauf. Die charakteristischen Merkmale eines T. sind **T.-Höhe** und **T.-Stärke**, die durch die Frequenz bzw. die Amplitude der Schallschwingung physikalisch bestimmt sind. Die T.-Empfindung lässt sich nur näherungsweise durch Angabe von Kenngrößen der entsprechenden Reize beschreiben. Während die Akustik im Wesentlichen den zeitlichen Verlauf der Schwingungen, die den Reiz darstellen, durch Angaben der Frequenzen, Amplituden und Phasen beschreibt, hat die Hör- bzw. Tonpsychologie andere, z. T. allerdings umstrittene, musikalisch relevante T.-Eigenschaften bestimmt: Klangfarbe, Helligkeit, Rauigkeit, Volumen, Dichte usw. – Schallempfindungen, denen keine T.-Höhe zugeordnet werden kann (Geräusch, Knall), werden i. d. R. nicht als T. bezeichnet.

In der abendländischen Musik ist der T. die kleinste Einheit des musikalischen Materials. Das deutlichste Symptom dieses historisch bedingten Sachverhalts ist die Notenschrift, in der die kleinsten grafischen Elemente T. bezeichnen. Ein T. kann in bestimmten kompositorischen Zusammenhängen Träger musikalischer Bedeutung oder aber nur Baustein eines musikalischen Bedeutungsträgers (wie Motiv, Phrase, Thema) sein.

Tonalität [von französisch tonalité, zu tonal »tonartlich«]: im ursprünglichen Sinn (nachweisbar seit 1810) das Ordnungsprinzip für die Verbindung der Töne einer Skala (Tonleiter bzw. Tonart). F.-J. Fétis definierte 1844 T. als die Zusammenstellung der Sinn stiftenden Beziehungen simultan und sukzessiv angeordneter Tonleitertöne und unterschied ethnisch und geschichtlich eine Vielzahl von T.-Typen. H. Riemann verstand seit den 1870er-Jahren unter T. die Bezogenheit von Tönen und Akkorden auf ein Zentrum (↑Tonika) sowie ihre Funktion und Rangordnung innerhalb dieses Bezugssystems, das den Sinn der Tonbildungen wesentlich bestimmt und den musikalischen Zusammenhang garantiert (↑Funktionstheorie). Die in diesem Sinne harmonische oder funktionale T. beruht auf dem Dur-Moll-System und prägt sich durch Akkordfolgen aus: Die Dreiklänge der I. (Tonika), IV. (Subdominante) und V. (Dominante) Stufe gelten als Hauptfunktionen einer Tonart (↑Kadenz), denen sich die anderen Akkorde unterordnen; Intervalle und Akkorde werden als konsonant oder dissonant qualifiziert; charakteristische Dissonanzen verdeutlichen die Tonart, insbesondere die der Subdominante hinzugefügte große Sexte (↑Sixte ajoutée) und die der ↑Dominante beigegebene kleine Septime (Dominantseptakkord). Gültig ist dieser funktionale T.-Begriff in der abendländischen Kunstmusik des 17.–19. Jahrhunderts.

Im Mittelalter und bis ins 17. Jh. wurde das Sinn stiftende Ordnungsprinzip der Tonfolgen und Zusammenklänge vom Aufbau der Modi (↑Kirchentonarten) bestimmt, bei denen nicht die harmonische Tonika, sondern die melodische ↑Finalis den Bezugspunkt bildete, sodass hier von einer melodischen oder modalen T. gesprochen werden kann. – Das Ende der T. innerhalb der Kunstmusik (in anderen Musikarten, z. B. in der Unterhaltungsmusik, besteht sie bis heute) forderte die ↑atonale Musik ab etwa 1910, bei der zugunsten kompositorischer Freiheit und neuartiger Expression die Beziehung auf ein tonales Zentrum aufgegeben wurde. Vorstufen hierzu waren um 1910 die ↑Polytonalität, ferner die »schwebende« T., die zwischen mehreren Tonarten schwankt, und die »aufgehobene« T., bei der die tonalen Bezüge uneindeutig sind. Tonordnungen z. B. von I. Strawinsky, B. Bartók und P. Hindemith, die weder normativ tonal noch atonal sind, werden zuweilen als »erweiterte« T. charakterisiert.

Mit der Preisgabe der T., d. h. der Zentrierung, funktionalen Differenzierung und hierarchischen Abstufung der Tonordnung, ging ein in eminentem Maße Sinn stiftendes Prinzip der Musik verloren, weshalb atonale Musik zunächst schwer verständlich war und verbreitet noch heute Befremden auslöst. Von namhaften Musikern und Musiktheoretikern ist – entgegen dem kompositionsgeschichtlichen Tatbestand – die Möglichkeit und Berechtigung atonaler Musik immer wieder bezweifelt und angegriffen worden. In der Gegenwart ist auch bei bedeutenden Komponisten wieder eine organische Einbeziehung tonaler Elemente und Strukturen in die Atonalität zu konstatieren, wodurch die Möglichkeiten musikalischer Sinnstiftung abermals auf neuartige Weise bereichert und zugleich die Verstehenszugänge gefördert werden (↑Neue Musik).

Tonar [lateinisch]: Bezeichnung für die Zusammenstellung der liturgischen gregorianischen Gesänge, geordnet nach ihrer Zugehörigkeit zu den Kirchentonarten, innerhalb dieser vielfach nach den Differenzen der Psalmtöne.

Ton|art: die Bestimmung des Tongeschlechts als ↑Dur und ↑Moll auf einer bestimmten Tonstufe, z.B. C-Dur und a-Moll. Die T. prägt sich einerseits aus in der Tonleiter, andererseits wird sie in der Musik vom 17. bis 19. Jh. durch die ↑Kadenz eindeutig festgelegt. Die ↑Kirchentonarten, deren Skalen sich durch die wechselnde Lage der Halbtöne voneinander unterscheiden, wurden im 17. Jh. durch Dur und Moll verdrängt.

Jede Tonleiter in Dur zeigt den Aufbau aus zwei gleich gebauten Viertonfolgen mit dem Halbtonschritt jeweils zwischen 3. und 4. sowie 7. und 8. Stufe, z.B.:

c d e̱ f̱ | g a ẖ c̱.

Mollskalen haben ihren Halbton stets zwischen 2. und 3. Stufe, z.B.:

a ẖ c̱ d e f g a (natürliches Moll);

außerdem wird neben der 7. Stufe (harmonisches Moll) häufig auch die 6. Stufe erhöht (melodisches Moll). Bestimmend für Dur ist die große Terz eines Dreiklangs (z.B. c̱ e̱ g), für Moll die kleine Terz (a̱ c̱ e). Grundskalen sind C-Dur und a-Moll. Aus der Transposition der beiden Grundskalen auf andere Ausgangstöne ergeben sich mit 12 Dur- und 12 Moll-T. die 24 T. des temperierten Systems (↑Temperatur); entsprechende Vorzeichnung (♯ und ♭) bewirkt jeweils den identischen Aufbau aus Ganz- und Halbtönen. Von C ausgehend folgen in Dur die Kreuztonarten im Abstand einer Quinte aufwärts (G D A E H Fis), die B-Tonarten abwärts (F B Es As Des Ges). Entsprechendes gilt für die Moll-T. von a aus (aufwärts: e h fis cis gis dis; abwärts: d g c f b es; vgl. Abb. S. 414). Fis- und Ges-Dur bzw. dis- und es-Moll unterscheiden sich im temperierten System zwar in der Schreibweise, nicht aber dem Klang nach (↑Enharmonik); aufgrund dieser klanglichen Identität lassen sich die T. als ↑Quintenzirkel in einem Kreis darstellen.

Moll- und Dur-T. mit denselben Vorzeichen heißen **Parallel-T.**; der Grundton der parallelen Moll-T. liegt eine kleine Terz unter dem der Dur-T. (z.B. ist e-Moll die parallele Moll-T. zu G-Dur). Quintverwandt (bzw. terzverwandt) heißen T., deren Grundtöne zueinander im Verhältnis einer Quinte (bzw. Terz) stehen. Den T. wird häufig ein bestimmter ↑Tonartencharakter zugeschrieben. Seit etwa 1910 hat das T.-System seine Verbindlichkeit für die Werke der Kunstmusik weitgehend eingebüßt (↑atonale Musik, ↑serielle Musik, ↑elektronische Musik).

Ton|artencharakter: Die Vorstellung, dass den Tonarten ein bestimmter Charakter eigen ist, reicht bis in die Antike zurück. Sie wurde im Mittelalter häufig im Bereich der ↑Kirchentonarten erörtert. Seit dem 16. Jh. werden Dur und Moll als Gegensatz von hell-heiter und dunkel-traurig empfunden, während seit dem 18. Jh. jeder Dur- und Molltonart ein bestimmter Ausdrucksbereich zugesprochen wurde, z.B. steht Es-Dur für heroisch, F-Dur für hirtenmäßig-ländlich, c-Moll für tragisch. Diese Tonartencharakteristik ist wohl hauptsächlich geschichtlich erklärbar durch die traditionelle Verbindung bestimmter Tonarten mit musikalischen Gattungen, die ihrerseits durch typische Instrumente (Stimmungen = Tonarten) charakterisiert sind. Eine schematische Deutung ist zwar

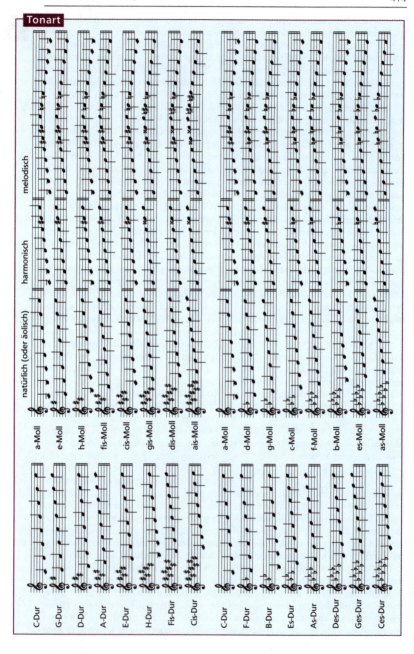

fragwürdig, doch scheint die Vorstellung verschiedener T. manchen Komponisten bei der Formulierung musikalischer Gedanken gedient zu haben.

Tonbezeichnung: der Name der einzelnen Töne im Zusammenhang eines ↑Tonsystems. In ihrer ältesten Form findet sie sich in der Buchstabennotation, deren mittelalterliche Verwendung der ersten Buchstaben des Alphabets (↑A, ↑B [↑H], ↑C, ↑D, ↑E, ↑F, ↑G) in den Ländern des germanischen und angelsächsischen Sprachgebietes bis heute gültig geblieben ist. Dagegen setzten sich in den Ländern romanischer Sprache (Frankreich, Italien, Spanien) die aus der ↑Solmisation übernommenen T. durch (ut [do], re, mi, fa, sol, la, si). Erst mit der Festlegung des ↑Kammertons auf eine international verbindliche Frequenz sind die T. an eine bestimmte Tonhöhe gebunden.

Tonbuchstaben: die zur Tonbezeichnung verwendeten Buchstaben des Alphabets.

Toncharakter: ↑Tonigkeit.

Tondichtung: Musik, die durch außermusikalische Vorstellungen, Gegenstände, Themen oder Stoffe angeregt ist, diese zu gestalten und entsprechende Eindrücke beim Hörer hervorzurufen sucht (↑Programmmusik). Die Idee von Musik als T. ist für weite Bereiche des 19. Jh. eine wesentliche ästhetische Vorstellung (↑Romantik), am deutlichsten ausgeprägt in der ↑sinfonischen Dichtung. R. STRAUSS verwendete die Bezeichnung für einen Teil seiner sinfonischen Dichtungen (»Don Juan«, 1888; »Macbeth«, 1886/90; »Tod und Verklärung«, 1889; »Also sprach Zarathustra«, 1896; »Ein Heldenleben«, 1898).

Ton|geschlecht: die charakteristische, jeweils durch eine bestimmte Abfolge von Intervallschritten festgelegte Gestalt von Tonleitern eines Tonsystems. In der griechischen Musik wurden die T. (griechisch Genos) ↑Diatonik, ↑Chromatik und ↑Enharmonik unterschieden. Seit dem 16./17. Jh. bildeten sich aus den Kirchentonarten die T. ↑Dur (aus dem ionischen Kirchenton) und ↑Moll (aus dem äolischen Kirchenton) heraus.

Tonhaltungspedal: beim modernen Konzertflügel das mittlere Pedal; es hebt die Dämpfung nur derjenigen Tasten auf, die gleichzeitig mit ihm niedergedrückt werden.

Tonhöhe: eine im Rahmen vieler Musikkulturen fundamentale Eigenschaft eines Tons; sie lässt sich durch Abstraktion von anderen Toneigenschaften wie Dauer, Lautstärke oder Klangfarbe als »lineare« (d. h. gleichmäßig ansteigende) oder »zyklische« (d. h. ähnlich wiederkehrende; ↑Tonigkeit) Veränderung eines Tons wahrnehmen. Dabei werden klangfarblich »hellere« Töne als »höher« empfunden. »Höhe« ist demnach eine relativ

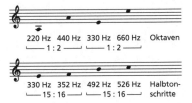

| 220 Hz | 440 Hz | 330 Hz | 660 Hz | Oktaven |
| 1 : 2 | | 1 : 2 | | |

| 330 Hz | 352 Hz | 492 Hz | 526 Hz | Halbtonschritte |
| 15 : 16 | | 15 : 16 | | |

willkürliche Bezeichnung. Die Notenschrift legt diese Bezeichnung nahe, sie ist jedoch, wie andere Sprachen oder Ausdrucksweisen zeigen, nicht selbstverständlich (statt »hoch« findet man Bezeichnungen wie »scharf«, »spitz« oder »hell«). Nur periodischen Schallereignissen kann intersubjektiv die Eigenschaft »Tonhöhe« zugeordnet werden. Je größer die Frequenz einer Schwingung ist, umso höher ist die entsprechende Tonempfindung. Näherungsweise gilt das Gesetz: Gleichen T.-Schritten (↑Intervall) entsprechen gleiche Verhältnisse der Frequenzen. Außerdem wird die T.-Empfindung durch die Schallintensität und Dauer des Schallereignisses beeinflusst.

Tonholz: ↑Klangholz.

Toni communes [lateinisch]: Bezeichnung für die in Offizium und Messe gebrauchten Melodieformeln, mit denen die im gehobenen Sprechgesang gestalteten Teile der Liturgie vorgetragen werden.

Tonic-solfa: eine zu Beginn des 19. Jh. in England entwickelte Unterrichtsmethode zur Ausbildung der tonalen Vorstellung durch Handzeichen und gesungene Intervallübungen. Ihre Urheber, S. A. GLOVER und J. CURWEN, bedienten sich einer auf einen wechselnden Grundton (Tonic) beziehbaren Durskala aus den leicht abgewandelten Tonbezeichnungen der ↑Solmisation: do re mi fa so la ti und einer daraus abgeleiteten Buchstabennotation: d r m f s l t. Eine Erhöhung oder Erniedrigung der Töne um einen Halbton wird durch Veränderung der Vokale angezeigt. – ↑auch Tonika-do.

Tonigkeit (Tonqualität, Toncharakter, englisch Chroma): von E. M. VON HORNBOSTEL geprägter Begriff für den »zyklischen« Aspekt der ↑Tonhöhe, d.h. die Wiederkehr relativ ähnlicher Tonhöhenempfindungen bei den Frequenzverhältnissen 1:2:4:8 usw. der Schallreize, im Gegensatz zum »linearen« Aspekt, d.h. dem gleichmäßigen Anstieg der Tonhöhenempfindung mit zunehmender Frequenz des Schallreizes. Das der T. zugrunde liegende, sich in der Wiederkehr der Tonbezeichnungen ausdrückende Oktavphänomen ist Basis der tonalen und der atonalen Musik.

Tonika [italienisch, zu tonico »betont«]: der Grundton einer ↑Tonart, die nach ihm benannt wird, z.B. C-Dur nach C, a-Moll nach A. Der T.-Dreiklang (in der ↑Funktionstheorie als T bezeichnet, z.B. c–e–g in C-Dur) ist in der tonalen Musik Ausgangs- und Bezugspunkt des harmonischen Geschehens (↑Kadenz); dem entspricht der Charakter der Ruhe, Entspannung und Schlusswirkung.

Tonika-do: das um 1900 in den deutschen Musikunterricht (mit leichten Veränderungen) übernommene Tonic-solfa-System. Mit leicht singbaren, deutlich voneinander unterschiedenen Tonsilben (do re mi fa so la ti do) und Handzeichen für jede Tonstufe erleichtert es im Anfangsunterricht das Verständnis der Tonordnung und Intervalle.

Tonleiter (Skala): stufenweise in jeweils bestimmten Intervallabständen angeordnete Abfolge von Tönen innerhalb eines ↑Tonsystems. Die T. wird durch Rahmentöne begrenzt (meist die Oktave) und ist i.d.R. jenseits dieser Grenze wiederhol- bzw. transponierbar. Die **Material-T.** umfasst den gesamten Tonvorrat innerhalb eines kulturspezifischen Tonsystems, die **Gebrauchs-T.** die transponierbare, geordnete Intervallfolge innerhalb eines Tonsystems, die **Instrumental-T.** die Tonfolgen, die sich aus der unveränderbaren Stimmung mancher Instrumente ergeben. Die T. sind (nachträglich) aus den in der Musizierpraxis verwendeten Melodien abgeleitet. Sie bilden wichtige, musikalische Erfindung, Musikvorstellung und Hören prägende Denkformen. Entscheidende Bestimmungsmerkmale der vielfältigen T.-Typen (↑Pentatonik, ↑Ganztonleiter, ↑Zigeunertonleiter, ↑Maqam, ↑Raga) sind Zahl, Abstand und Abfolge der Tonstufen. In der abendländischen Musik stehen seit dem Mittelalter diatonische T. im Vordergrund, so bereits im System der ↑Hexachorde und der ↑Kirchentonarten. Aus diesen entwickelten sich die beiden heute gebräuchlichsten T., ↑Dur und ↑Moll, die auf alle zwölf Stufen der chromat. T. (↑Chromatik) transponierbar sind.

Tonmalerei: Nachbildung von außermusikalischen Erscheinungen und Vorgängen mit musikalischen Mitteln. Grundlage ist eine bildhafte Ähnlichkeit zwischen dem realen Sachverhalt und seiner musikalischen Nachbildung. Die »objektive« (auf den Gegenstand gerichtete) T. ist fast immer und in der Neuzeit in zunehmendem Maß verbunden mit »subjektiver« T., die zugleich die durch den Gegenstand verursachten Affekte oder Gefühle und Stimmungen ausdrückt. Zur T. gehört die stilisierte Nachahmung von Geräuschen oder Naturlauten (Gewitter mit Donner und Blitz,

Sturm), auch als Landschaftsidylle (Waldesrauschen, Bach, Sonnenaufgang, Echo), von Tierstimmen (Vogelgesang), von Schlacht und Jagd (Pferdegetrappel, Schüsse, Hornsignale), von Arbeitsprozessen (Hämmern), Maschinen (Eisenbahn), Bewegungen (Schlittenfahrt, Verfolgungen) usw. Häufig ausgedrückte seelische Zustände sind Schrecken, Freude und Trauer.

T. tritt in der europäischen Musik seit dem ausgehenden Mittelalter hervor, wobei es sogar zur Ausbildung regelrechter Gattungen kam (z.B. die ↑Caccia). Zur Akzentuierung wird sie i.d.R. nur punktuell und in einem größeren Zusammenhang eingebettet verwendet (z.B. Erdbeben in J. S. BACHS »Johannespassion«). Große Bedeutung erlangte sie in der ↑Programmmusik (↑sinfonische Dichtung, ↑Tondichtung) des 19. Jh. und in gegenstands- und stoffgebundener Musik (Oper, Filmmusik).

Tonsignet [-zinje, -zinɛt]: ein musikalisches Firmen- oder Warenzeichen, eine Tonfolge zur Kenntlichmachung von Rundfunkstationen und -sendungen (»Pausenzeichen«) oder die akustische Komponente eines Werbespots. Die Bedeutung des oft tonmalerischen Signets muss durch den jeweiligen Zusammenhang klar definiert sein (Grenzfälle: Signal eines Feuerwehrautos, andererseits: eine Nationalhymne). T. sind urheberrechtlich geschützt; sie unterliegen zudem den Gesetzen des Markenschutzes.

Tonsystem: der musikalisch verwendete Tonvorrat einer Kultur oder Epoche, der nach bestimmten Prinzipien (Intervallaufbau, Melodiestruktur, akustische Stimmung) geordnet ist. Grundlage jedes T. ist die Tonleiter, die als begrenzte Gebrauchsleiter aus der Materialtonleiter (dem Gesamtbestand von Tönen) ausgewählt wird. Das antike T. beruhte auf Viertonfolgen (↑Tetrachord), nach

Tonsystem: Tonbezeichnungen und Oktavbezirke, dargestellt in Notenschrift und bezogen auf die Tasten des Klaviers

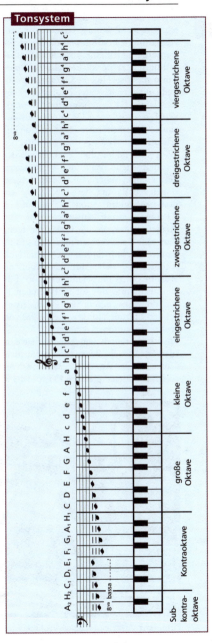

Tonus

deren innerer Struktur das Tongeschlecht als ↑Diatonik, ↑Chromatik und ↑Enharmonik bestimmt wurde; zwei Tetrachorde bilden eine Tonleiter (Oktavgattung). Das mittelalterliche T. übernahm die griechischen Oktavgattungen und (mit abweichender Zuordnung) deren Namen (↑Kirchentonarten); die antiken Tetrachorde wurden durch das Denken in ↑Hexachorden (Sechstonfolgen) erweitert. In der Dur-Moll-Tonalität des 17.–19. Jh. bilden die 12 Halbtöne der chromatischen Skala den verfügbaren Tonbestand. Andere Oktaveinteilungen zeigen z.B. das indonesische T., das von fünf- (↑Slendro) und siebenstufigen (↑Pelog) Leitern ausgeht, oder die ↑Ganztonleiter, die die Oktave in sechs Ganztöne teilt. Gegenüber dem fünftönigen T. der halbtonlosen ↑Pentatonik schreitet die siebenstufige diatonische Skala in Ganz- und Halbtönen fort. Für die Ausbreitung des dur-moll-tonalen T. war die Verwendung der gleichschwebenden ↑Temperatur etwa seit 1700 von großer Bedeutung.

Tonus [lateinisch von griechisch tónos »das Spannen«]: Bezeichnung für den Ganzton; die Aneinanderreihung von drei Ganztönen ergibt den ↑Tritonus. Im Mittelalter war T. die Bezeichnung für eine Tonart im Sinne antiker oder mittelalterlicher Kirchentöne.

Tonus peregrinus [lateinisch »fremder Ton«, »Pilgerton«]: ein seit dem frühen Mittelalter bekannter, aber wohl erst seit dem 14. Jh. so genannter Psalmton, der mit wechselnder Finalis und wechselndem Tenor (Tuba) nicht in das feste System der ↑Psalmtöne eingeordnet werden kann. Sein Name kommt vielleicht von dem Pilgerpsalm »In exitu Israel« (Psalm 114, »Als Israel zog aus Ägypten«), der im T. p. gesungen wird.

Torculus [lateinisch]: ↑Neumen.

tosto [italienisch]: hurtig, heiter.

Totentanz (französisch Danse macabre): Darstellung von Menschen jeden Alters und Standes, die einen Reigen mit Toten oder den Tod verkörpernden Skeletten tanzen, von denen sie gepackt und weggerafft werden. Die Bilder wurden durch Verse erläutert, in denen die dem Tod Verfallenen mit ihren Partnern Zwiesprache halten.

Seit dem 16. Jh. wurden im Anschluss an die spätmittelalterlichen bildlichen und literarischen Darstellungen meist mehrteilige (zyklische), auf verschiedene Begebenheiten bezogene Stücke kompo-

Totentanz: Ausschnitt aus dem »Lübecker Totentanz« (um 1466)

niert. Bekannt sind v.a. der »T., Paraphrase über Dies irae« (1859) für Klavier und Orchester von F. LISZT und die sinfonische Dichtung »La danse macabre« (1875) von C. SAINT-SAËNS.

Tourdion [tur'dj̃ɔ; französisch]: höfischer Tanz des 16. Jh. im schnellen ⁶/₈-Takt, in Frankreich, Italien und Spanien beliebt als Nachtanz der Basse Danse; der ↑Galliarde ähnlich, wird jedoch nicht gesprungen, sondern geschritten. Mit der Basse Danse kam der T. als Tanz Ende des 16. Jh. außer Gebrauch, als Instrumentalstück findet er sich bis Ende des 17. Jahrhunderts.

tr: Abk. für ↑Triller.

Tractus [lateinisch]: einer der Gesänge des Proprium Missae. Er wird während der Fastenzeit und beim Requiem anstelle des Allelujas oder auch eines Graduales vorgetragen. Im Unterschied zum Graduale werden reine Verse ohne Kehrvers gesungen. Alle einstimmigen T.-Vertonungen gehören dem 2. oder 8. Kirchenton an und weisen eine einheitliche psalmodische Grundstruktur mit reichen Melismen auf.

Traditional Jazz [trə'dıʃnl 'dʒæz; englisch »traditioneller Jazz«]: Sammelbezeichnung für Jazzstile der 1920er- bis 1930er-Jahre, v.a. für die retrospektiven Dixielandstile, die seit den 1940er-Jahren die ältere Jazzmusik zu konservieren versuchen (z.B. British Trad).

Tragédie lyrique [traʒedili'rik; französisch]: die französische Form der höfischen Oper des 17./18. Jh., die Elemente der klassischen französischen Tragödie, des ↑Ballet de Cour, der Comédie-ballet und der italienischen Oper vereinigt. Die T.l. besteht aus Prolog und fünf Akten und verwendet mythologisch-heroische Stoffe. Sie ist musikalisch durch das Récitatif (↑Rezitativ) geprägt, das in Rhythmus und Intonation der pathetischen Deklamation des Sprechdramas folgt. Dazu treten vokale Airs, Duos, Trios, große Chorsätze und als Instrumentalformen Ouvertüren, Sinfonien, Tanzsätze (für Ballettspielagen). Die T.l. wurde begründet von J.-B. LULLY (»Cadmus et Hermione«, 1673) und von J.-P. RAMEAU musikalisch bereichert (»Castor et Pollux«, 1737; »Zoroastre«, 1749).

Traktur [von spätlateinisch tractura »das Ziehen«]: in der ↑Orgel die über das Wellenbrett organisierte Verbindung zwischen den Tasten und den Tonventilen.

Trancedance ['trɑːnsdɑːns; englisch]: Spielart des ↑Techno, die, wie der Name andeutet, mit glissandohaften, ätherischen Computerklängen auf rhythmische Beruhigung der tanzenden Raver abzielt.

tranquillo [italienisch]: ruhig.

Transkription [zu lateinisch trans »hinüber« und scribere »schreiben«]: die Bearbeitung eines Musikstücks für eine andere Besetzung als die ursprünglich vorgeschriebene; v.a. von F. LISZT gebrauchte Bezeichnung für seine fantasieartigen Bearbeitungen von Schubert-Liedern für Klavier (↑Paraphrase). In der Editionstechnik ist T. die Übertragung älterer Notenaufzeichnungen in heutige Notationsweise; in der Musikethnologie die Übertragung von elektroakustischen Tonaufzeichnungen in Notenschrift.

transponieren: ein Musikstück intervallgetreu in eine andere Tonart versetzen. Davon zu unterscheiden ist die Versetzung musikalischer Bildungen auf eine andere Stufe des diatonischen Systems mit Veränderung der Lage der Halbtöne.

transponierende Instrumente: Musikinstrumente, die in der Partitur in anderer Tonhöhe notiert werden, als sie erklingen. Bei Blasinstrumenten wird die Naturskala des Instruments, z.B. die der Klarinette in A oder der Trompete in B, als C-Dur, also eine kleine Terz bzw. eine große Sekunde über dem Klang, notiert. Die Transposition bedeutet eine Erleichterung für den Spieler, der verschiedene Vertreter der gleichen Instrumentengattung spielt. Daneben gibt es Oktavtranspositionen, die sich aus der Absicht erklären, Hilfslinien in der Notenschrift zu vermeiden; z.B. wird die

Pikkoloflöte eine Oktave tiefer notiert, als sie klingt, der Kontrabass eine Oktave höher. Oktavtransposition kann zu der durch die Stimmung bedingten Transposition hinzutreten, so bei den tiefen Saxophonen. – In modernen Partituren (seit A. SCHÖNBERGS »Serenade« op. 24, 1923) findet sich häufig auch bei t. I. die Notierung nach dem Klang.

transponierende Instrumente: Klarinette in A; Notierung (a) und Klang (b), aus J. Brahms' Sinfonie e-Moll op. 98, 2. Satz

trascinando [traʃiˈnando; italienisch]: schleppend, zögernd.

Trautonium [in Anlehnung an Harmonium gebildet]: von F. TRAUTWEIN entwickeltes, 1930 erstmals vorgeführtes elektronisches Musikinstrument auf der Grundlage von Kippschwingungsgeneratoren. Frequenzänderungen (und damit die Tonauswahl) erfolgen durch einen dem Generator zugeordneten verstellbaren Widerstand, bestehend aus einer Kontaktschiene mit darüber ausgespanntem Widerstandsdraht, der auf Fingerdruck reagiert. Ab 1950 wurde das T. durch O. SALA zum zwei- bzw. vierstimmigen **Mixtur-T.** ausgebaut. Für das T. komponierten P. HINDEMITH (z. B. »Konzertstück« für T. und Streichorchester, 1931) und H. GENZMER (Konzert für T. und Orchester, 1939).

Traversflöte: ↑Querflöte.

Trecento [treˈtʃɛnto; italienisch eigentlich »dreihundert«, kurz für 1300]: italienische Bezeichnung für das 14. Jh., im Sinne eines kunsthistorischen Stilbegriffs die Epoche der italienischen Gotik, die im Duecento eingeleitet worden war; in der Musikgeschichte Bezeichnung für die italienische, überwiegend weltliche, volkssprachliche, mehrstimmige Musik zwischen etwa 1330 und 1420, die sich v. a. als solistische Liedkunst für aristokratische und großbürgerliche Geselligkeit entfaltete. Hauptformen dieser zwei- und dreistimmigen, vom Vokalen her bestimmten, aber in der Ausführung mit Instrumenten gemischten Musik waren die ↑Caccia, das frühe ↑Madrigal und die ↑Ballata. Der bedeutendste Meister dieser Epoche war F. LANDINI, daneben wirkten u. a. GIOVANNI DA CASCIA, GHIRARDELLO DA FIRENZE, IACOPO DA BOLOGNA, BARTOLINO DA PADOVA und der v. a. als Theoretiker bekannte MARCHETTUS VON PADUA. Die Notation der italienischen T.-Musik ist eine Variante der Mensuralnotation, wie sie zur gleichen Zeit in Frankreich zu finden ist. Diese erste Blüte der italienischen Musik, die in Italien selbst keine unmittelbare Fortsetzung fand, beeinflusste entscheidend die nach 1400 in Burgund entstehende frühneuzeitliche Musik.

Tredezime [zu lateinisch tredecim »dreizehn«]: das Intervall von 13 diatonischen Tonstufen (Oktave und Sexte).

tremolando [italienisch], Abk. trem.: zitternd, bebend.

Tremolo [italienisch, zu tremolare »zittern«, »beben«], Abk. trem.: in der Musik, im Unterschied zu ↑Triller und ↑Vibrato, mit denen es oft gleichgesetzt bzw. verwechselt wird, die rasche mehrfache (zitternde, bebende) Wiederholung ein und desselben Tones. Beim Gesang wird das T. durch Intensitätsschwankungen der Stimme ausgeführt, bei Streichinstrumenten durch raschen, gleichmäßigen Bogenwechsel, bei Blasinstrumenten mit ↑Flatterzunge, bei Schlaginstrumenten als Wirbel, auf dem Klavier auch in Oktaven oder Akkorden.

Tremulant [lateinisch]: Vorrichtung am Windkanal der Orgel, die Druckschwankungen bewirkt und dadurch den Ton in ein gleichmäßiges Beben versetzt.

Triangel [lateinisch »Dreieck«]: idiophones Schlaginstrument in der Form eines runden Stahlstabs, der zu einem gleichseitigen, an einer Ecke offenen Dreieck gebogen ist (Seitenlänge 15–30 cm) und mit einem geraden Metallstab angeschlagen wird (in Einzelschlägen oder als Wirbel). Das T. wird an einer der geschlossenen Ecken mit einer Schlinge aufgehängt, die in der Hand gehalten oder an einem Ständer befestigt wird. Der in der Höhe nicht bestimmbare Ton ist hell und äußerst durchdringend (höchste Obertonfrequenz aller Orchesterinstrumente). Das T. ist seit dem 14. Jh. in Europa bekannt und gelangte im 18. Jh. in das Orchester.

Trichter: Bezeichnung für den Schallbecher (Schall-T., Stürze) bei Blechblasinstrumenten und für den trichterförmigen Aufsatz bei Lingualpfeifen der Orgel.

Tricinium [spätlateinisch »Dreigesang«]: eine überwiegend im protestantischen Deutschland des 16. und beginnenden 17. Jh. übliche Bezeichnung für eine meist kontrapunktisch gearbeitete dreistimmige Komposition (im Unterschied zum Bicinium). Unter den Triciniensammlungen gibt es textlose, wohl rein instrumentale Stücke, z.B. »Trium vocum carmina« (1538) von H. FORMSCHNEYDER, sowie textierte, wahlweise vokal und instrumental auszuführende Stücke, z.B. »Tricinia« von G. RHAU (1542).

Triller [italienisch]: eine ↑Verzierung, die in raschem, mehrmaligem Wechsel zwischen einer Hauptnote und ihrer oberen Nebennote (große und kleine Sekunde) besteht. Tempo und Anzahl der T.-Schläge richten sich nicht nach dem Zeichen (⁓, ⁓, tr oder +), sondern nach der Länge der Note und dem Charakter des Stückes. Der T. kann verschieden ausgeführt werden: mit Beginn auf der oberen Nebennote, seit J. N. HUMMELS Klavierschule »Ausführliche theoretisch-practische Anweisung zum Piano-Forte-Spiel« (1828) allgemein auf der Hauptnote; mit gleichmäßigen T.-Schlägen oder langsam beginnend und im Tempo gesteigert. Er kann mit einem so genannten Anlauf, z.B. einem ↑Vorschlag oder einem ↑Doppelschlag, beginnen und mit einem ↑Nachschlag oder einer ↑Antizipation enden. Ein **Doppel-T.** wird von zwei Stimmen gleichzeitig ausgeführt; eine **T.-Kette** besteht aus der Aneinanderreihung mehrerer T. Unter **Trillo** verstand man in der Barockzeit eine dem Tremolo ähnliche Gesangsverzierung aus langsam beginnenden und allmählich im Tempo gesteigerten Tonwiederholungen. Ein Sonderfall des T. ist das ↑Vibrato.

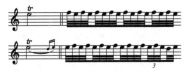

Triller: oben Triller mit Beginn auf der oberen Nebennote, unten Triller mit Nachschlag, Beginn auf der Hauptnote

Trio [italienisch]: Komposition für drei Stimmen, seit dem 19. Jh. (in Unterscheidung vom vokalen ↑Terzett) häufig eingeengt auf das dreistimmige solistische Instrumentalstück und das entsprechende Ensemble der Ausführenden. Die in der französischen Tanzsuite des späten 17. Jh. praktizierte Besetzung des zweiten Tanzes von Tanzpaaren mit drei Instrumenten (oft zwei Oboen und Fagott) als Abwechslung zum vollstimmigen Orchestersatz führte zur Satzbezeichnung T. Sie findet sich in der Orchestermusik und speziell in der Sinfonie des 18. und 19. Jh. (T. zum Menuett oder zum Scherzo) und zeigt hier nicht mehr unbedingt Dreistimmigkeit, sondern nur eine Verringerung der Besetzung und einen Wechsel im Charakter gegenüber dem Rahmensatz an. – In der Orgelmusik des Barock wird mit T. eine polyphone, dreistimmige und auf drei Klaviaturen (zwei

Manuale und Pedal) gespielte Komposition benannt.

Von den zwei in der instrumentalen Kammermusik häufigsten T.-Besetzungen (Streich- und Klavier-T.) geht das **Streich-T.** für Violine, Viola und Violoncello auf die barocke T.-Sonate und das Divertimento der Vorklassik zurück. J. HAYDNS frühe T. waren noch für zwei Violinen und Bass bestimmte Divertimenti. Die Besetzung mit Violine, Viola und Cello begegnet bei ihm erstmals vereinzelt um 1765. Der Vorliebe seines Dienstherrn Fürst ESTERHÁZY für das Baryton entsprach HAYDN mit 126 T. für Baryton, Viola und Violoncello (1765–78). Streich-T. schrieben in der Folgezeit W. A. MOZART, L. VAN BEETHOVEN und F. SCHUBERT. Während im 19. Jh. der klanglich diffizile und intime Besetzungstyp des Streich-T. gemieden wurde, findet er sich häufiger in der Musik des 20. Jh., z.B. bei A. SCHÖNBERG. Das **Klavier-T.** für Klavier, Violine und Violoncello entstand aus der Sonate für Klavier und Violine; sie wiederum geht auf die T.-Sonate zurück, deren eine Oberstimme und deren Bass im Klavierpart zusammengefasst wurden, während die andere Oberstimme der Violine vorbehalten blieb. Die frühesten Klavier-T. (z.B. von J. SCHOBERT, HAYDN und MOZART) waren ihrer Struktur nach Klavier-(Cembalo-)Sonaten mit (Ad-libitum-)Begleitung von Violine und Violoncello, die auch von wenig geübten Spielern ausgeführt werden konnten. Erst allmählich erlangten die beiden Streichinstrumente Eigenständigkeit, z.B. in MOZARTS späten Klavier-T. oder den Werken BEETHOVENS und SCHUBERTS. Fortgeführt wurde die Gattungstradition des Klavier-T. bis ins 20. Jahrhundert.

Triole [lateinisch]: eine Folge von drei Noten, die für zwei (seltener vier) No-

ten gleicher Gestalt bei gleicher Zeitdauer eintreten, angezeigt durch eine Klammer (kann bei Achtel-, Sechzehntelnoten usw. entfallen) und die Ziffer 3 unter oder über den Noten.

Triosonate: Komposition für zwei gleichberechtigte Melodieinstrumente in Sopranlage (v.a. Violinen, auch Zinken, Flöten, Oboen) und Generalbass (Orgel oder Cembalo, oft ergänzt durch ein Streich- oder Blasinstrument in Basslage, z.B. Gambe, Fagott). Die T. war im Barock die meistgepflegte Gattung der kirchlichen und weltlichen Instrumentalmusik. Sie entstand, wie die ↑Sonate überhaupt, zu Beginn des 17. Jh. in Italien aus der Übertragung von Vokalsätzen in die Instrumentalmusik. Wegweisend wirkten u.a. G. FRESCOBALDI und T. MERULA. Seit etwa 1650 war die Gattung auch in Deutschland und England verbreitet. Nach 1650 setzte sich die Unterscheidung zwischen der meist viersätzigen **Kirchensonate** (Kirchen-T.) und der auf Tanzformen zurückgreifenden dreisätzigen **Kammersonate** (Kam-

Triosonate (Gemälde, um 1705)

mer-T.) durch; vorbildlich wurden v. a. die Werke von A. CORELLI. Im 18. Jh. fand in der T. der Umschwung vom barocken zum frühklassischen Stil statt im Nebeneinander von polyphon-gelehrter und homophon-galanter Faktur und mit Ansätzen zu thematischer Arbeit. Dabei verlor die Scheidung von Kirchen- und Kammer-T. an Bedeutung, und das dialogische Gleichgewicht zwischen den Oberstimmen wurde zugunsten der Führung einer Stimme aufgegeben. Seit etwa 1750 gab die T. ihre führende Rolle an Streichquartett und Kammermusik mit obligatem Klavier ab; etwa gleichzeitig vollzog sich in der Mannheimer Schule (J. STAMITZ) der Übergang von der T. zum Streichtrio.

(Proportio tripla): das Verhältnis 3:1. In der Lehre von den Intervallproportionen die Duodezime. In der Mensuralnotation des 15./16. Jh. bedeutet die Anweisung T. (als Ziffer 3 hinter dem Mensurzeichen) eine Verdreifachung des Tempos in Bezug auf das Ausgangstempo.

Tripelfuge: Fuge mit drei Themen, die zunächst nacheinander, dann höhepunktartig auch zusammen durchgeführt werden (z.B. in J. S. BACHS Contrapunctus 8 und 11 aus der »Kunst der Fuge« BWV 1080).

Tripelkonzert: Instrumentalkonzert für drei (gleiche oder verschiedene) Soloinstrumente und Orchester (z.B. von J. S. BACH für Querflöte, Violine und Cembalo, BWV 1044; von L. VAN BEETHOVEN für Klavier, Violine und Violoncello, op. 56).

Tripeltakt: der dreiteilige, d.h. drei Hauptzählzeiten enthaltende ungerade Takt, z.B. $^3/_1, ^3/_2, ^3/_4, ^3/_8, ^9/_8, ^9/_{16}$, während $^6/_4, ^6/_8, ^{12}/_8$ als sechsteilige Takte mit zwei Hauptzählzeiten zu den geraden Takten gehören.

Trip-Hop [englisch]: Bezeichnung für die als Gegenbewegung zum Dancefloor Anfang der 1990er-Jahre v.a. im englischen Bristol (Gruppe Portishead) entstandene betont langsame, von dunklen, z.T. düsteren Klängen geprägte Musik, die Jazz- und Reggaeanklänge aufweist.

Tripla [zu lateinisch triplus »dreifach«]

Tristan-Akkord: leitmotivisch bestimmender Akkord in R. WAGNERS Oper »Tristan und Isolde« (1859), der in der Form f-h-dis¹-gis¹ gleich im zweiten Takt des Vorspiels erklingt. Er kann funktional von a-Moll her als Doppeldominante auf der tief alterierten Quinte (mit freiem Sextvorhalt gis) erklärt werden, doch sind auch andere (z.B. subdominantische) Deutungen möglich. Seine Mehrdeutigkeit bei stärkster Strebewirkung – der sonst dissonante Dominantseptakkord in Takt 3 wirkt nach ihm als Auflösung –, seine vielen unterschiedlichen Weiterführungen im Laufe der Oper sowie seine Einbettung in einen hoch gespannten chromatischen Alterationsstil machen den T.-A. zum Synonym für eine tief greifende Krise der romantischen Harmonik, in deren Verlauf sie ihre eindeutige Beziehung zu einer herrschenden Tonika mehr und mehr verliert bis hin zum Umschlag in die freie Atonalität um 1910.

Tritonus [zu griechisch trítonos »mit drei Tönen«]: das Intervall aus drei

Ganztönen (z.B. in C-Dur f–h), die übermäßige Quarte (klanglich gleich der verminderten Quinte). In der mittelalterlichen Musik und im späteren strengen Kontrapunkt wurde der T. als besonders scharfe Dissonanz (Diabolus in Musica, ↑Querstand) vermieden. In der abbildlichen Musik des 16.–18. Jh. dient er oft der Textausdeutung, z.B. bei Begriffen wie Sünde, Klage, Tod. In der Funktionsharmonik (↑Funktionstheorie) fungiert der T. als selbstverständlicher Bestandteil des Dominantseptakkords und des verminderten Septakkords. In der atonalen Musik ist er die intensivste Sonanz und zugleich als Halbierung der Oktave ein Mittel für Symmetriebildungen von Klängen und Intervallfolgen.

Tromba [italienisch]: italienische Bezeichnung für Trompete; u.a. T. da tirarsi (↑Zugtrompete), T. marina (↑Trumscheit).

Trombone [italienisch]: italienische, französische und englische Bezeichnung für ↑Posaune.

Trommel: Sammelbezeichnung für Membranophone, die als Schlaginstrumente benutzt werden. Zu unterscheiden sind ein- und zweifellige T. (über einen Rahmen oder die Öffnung eines Resonators gespannte Membranen), T. ohne oder mit Resonator (z.B. Röhre oder Gefäß aus Holz, Ton oder Metall); der Form nach werden Rahmen-, Walzen-, Faß-, Becher-, Sanduhr- und Konus-T. unterschieden. Auch einige unmittelbar angeschlagene Idiophone werden als T. bezeichnet, z.B. ↑Schlitztrommel und ↑Holzblocktrommel.

Für die meisten T. ist unmittelbarer Anschlag charakteristisch. Für den Anschlag werden entweder Teile der Hände (Finger, Handballen, flache Hand, Knöchel) oder ↑Schlägel verwendet. Vom Anschlagmittel und von der Anschlagstelle hängt der Klang ähnlich stark ab wie vom Instrument selbst. Bis zu einem gewissen Grad sind bestimmte Anschlagarten an bestimmte T.-Typen gebunden. Vorwiegend mit Schlägeln gespielt werden z.B. kleine und große T., Rühr-T., Einhand-T., Tom-Tom und Timbales. Dabei können für viele T.-Arten verschiedene Schlägel verwendet werden. Mit den Fingern bzw. den Händen gespielt werden Rahmen-T. (Schellen-T.), Bongo und Conga.

Trommel

T. sind weltweit verbreitet. Sie dienen nicht nur der rhythmischen Untermalung von Tänzen und Gesängen, sondern finden teilweise auch im Kult Verwendung. In Afrika gehört die T. als »Mund des Herrschers« zu den Machtinsignien lokaler Potentaten. Dort, aber auch in Melanesien und Amazonien, wird sie ferner zur Nachrichtenübermittlung benutzt **(Signal-** oder **Sprech-T.).** Vielerorts begleiteten T.-Signale das militärische Zeremoniell und ermannten im Kampf Verzagte.

Die seit dem 14. Jh. nachweisbare Form der kleinen zweifelligen Zylinder-T. mit Leinenbespannung kam wahrscheinlich mit den Kreuzzügen ins Abendland. Zu den verbreitetsten T. des Mittelalters gehörte die vorwiegend von einem Spieler zusammen mit einem Blasinstrument gespielte kleine, zweifellige Einhand-T.

Die **Landsknechts-T.** oder **Rühr-T.** entstand im 15./16. Jh. durch eine starke Vergrößerung der Zylinder-T.; sie wurde zusammen mit der Querpfeife zum typischen Instrument der Söldnerheere. Mit der Janitscharenmusik gelangte um 1700 eine noch größere Zylinder-T. ins Abendland, die dann in der Kunstmusik zum Ausdruck orientalischen Kolorits eingesetzt wurde. Diese **Türken-T.** wurde mit waagerechter Zarge getragen oder aufgestellt; die senkrechten Felle wurden rechts mit einer Holzkrücke und links mit der Janitscharenrute geschlagen. In der Folge wurde sie als **große T.** bezeichnet und ist seit dem 19. Jh. das wichtigste Bassinstrument der Schlagzeuggruppe des Orchesters. Früher bestand die Zarge aus Holz, heute meist aus Metall. Die beiden Membranen aus Fell oder Kunststoff werden auf den Fellwickelreifen befestigt und durch die Felldruck- oder Spannreifen gespannt. Die Felle sind einzeln stimmbar durch 6–12 Spannschrauben. Als Konzertinstrument hat die große T. eine Zargenhöhe von 35–55 cm und einen Felldurchmesser von 70–80 cm (Jazz-T. 30–40 bzw. 45–70 cm).
Durch die Einführung der großen Türken-T. wurde die Landsknechts-T. zur kleinen T. Seit dem 17./18. Jh. wurde ihre Zargenhöhe verringert, das Holzkorpus wich allmählich dem aus Messing, und an die Stelle der traditionellen Schnurspannung traten Spannschrauben. Diese Entwicklung mündete im 19. Jh. in die **Militär-T.** Die flache Militär-T. wurde in der Folgezeit in Deutschland als **kleine T.** bezeichnet. Die moderne kleine T. entstand im 20. Jh. durch eine weitere Verringerung der Zargenhöhe der alten Militär-T. Beim Standardinstrument beträgt die Zargenhöhe 16–18 cm, der Durchmesser 35–38 cm; die in der Militärmusik und im Jazz verwendeten T. haben i.d.R. kleinere Abmessungen. Das Resonanzfell weist einen (abnehmbaren) Bezug von Schnarrsaiten oder Drahtspiralen mit regulierbarer Spannung auf. Sie erzeugen den charakteristischen harten, schnarrenden Klang. Das Instrument wird auf einem Ständer aufgelegt oder, als Marsch-T., an einem Trageriemen befestigt.

Trompe [trɔ̃p; französisch]: seit dem 12. Jh. in Frankreich belegte Bezeichnung für ein Signalinstrument, wohl ein gerades Horn aus Metall, das zur Jagd, zum Turnier und im Krieg geblasen wurde.

Trompete [französisch]: im weiteren Sinn Bezeichnung für Blechblasinstrumente mit überwiegend zylindrischer Röhre im Unterschied zum konischen ↑Horn. Im engeren Sinn ist T. ein Blechblasinstrument in Sopranlage mit zylindrisch-konischer Röhre (meist aus Messing oder Neusilber), leicht ausladender

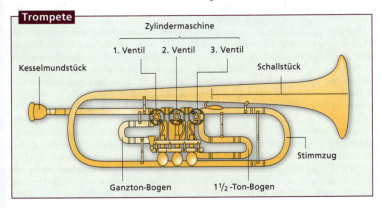

Trompete
Zylindermaschine · 1. Ventil · 2. Ventil · 3. Ventil · Kesselmundstück · Schallstück · Stimmzug · Ganzton-Bogen · 1½-Ton-Bogen

Stürze und drei Ventilen. Die T. wird mit einem Kesselmundstück angeblasen, ihr Klang ist strahlend hell und obertonreich. Im Orchester dominiert heute die T. in B (Umfang etwa e–c^3, eine große Sekunde tiefer klingend als notiert), die mit einem Stellventil für die A-Stimmung versehen sein kann. Seltener sind die T. in F, die Bass-T. in B oder C sowie die ↑Aida-Trompete. Hohe, »kleine« T. (↑Bachtrompete) für barocke Clarinpartien stehen in D, Es, F oder G, auch in hoch B und C.

Trompetenartige Instrumente wurden seit der Antike verwendet, wobei die Abgrenzung zum Horn oft nicht eindeutig ist. Die zunächst aus natürlichen Materialien, später aus verschiedenen Metallen gefertigte Röhre konnte gerade (↑Busine) oder leicht gekrümmt sein. Um 1400 kam die Kunst auf, Röhren zu biegen, was ihre Verlängerung und zugleich leichtere Handhabung ermöglichte. Neben oft bizarr geformten Modellen setzte sich schon bald die T. in S-Form oder mit schlaufenartiger Windung durch, die bis zur Erfindung der Ventile nicht wesentlich verändert wurde.

Die T. diente zunächst als Signalinstrument, bis um 1300 nutzte man nur die ersten vier Naturtöne. Aus dem Bestreben, das Instrument melodiefähig zu machen, entstand die ↑Zugtrompete, die jedoch in der weiteren Geschichte der T. nur eine Nebenrolle spielte. Allmählich entwickelte man die Technik des Überblasens in hohe Lagen (Clarinregister, ↑Clarino), was der T. bis in die Barockzeit den Einsatz als Melodieinstrument sicherte. Der seit dem 16. Jh. übliche bis zu fünfstimmige T.-Chor (nur die beiden obersten Stimmen waren Clarinpartien) wurde um die Mitte des 17. Jh. abgelöst durch einen Satz für drei T. (bevorzugte Stimmungen D und C), wobei die Pauke gleichsam als zusätzlicher T.-Bass fungierte. Um auch die Mittellage und die Tiefe melodisch nutzen zu können, konstruierte man Ende des 18. Jh. eine gewundene T., bei der sich die rechte Hand in die Stürze einführen (Stopfen) und so die Tonhöhe verändern ließ, sowie die Klappen-T. mit geschlossenen ↑Klappen; beide Modelle konnten sich nur bis zur Erfindung der T. mit ↑Ventilen behaupten. In der Jazzmusik löste die T. mit Pumpventilen seit etwa 1925 das Kornett als Soloinstrument ab. Die im Jazz entwickelte besondere Technik des Dämpfens wurde gelegentlich auch in die Orchestermusik übernommen (z. B. von G. Gershwin).

In der Orgel bezeichnet T. ein Zungenregister mit trichterförmigen Bechern aus Metall in voller Länge, von kräftigem, markig schmetterndem Ton, in 8-, 4- und 16-Fuß-Lage gebaut.

Trompetengeige: ↑Trumscheit.

Troparion [griechisch]: in der Hymnodie der orthodoxen Kirche ein i. d. R. einstrophiger Kurzhymnus, der der Erläuterung des am jeweiligen Tag gefeierten Ereignisses oder Heiligen dient und stets einen Schluss in Gebetsform aufweist. Die ältesten T. stammen aus dem 5. Jh. und sind Vorläufer der späteren Form des Kontakions.

troppo [italienisch »zu viel«, »zu sehr«]: in Verbindung mit musikalischen Vortragsbezeichnungen gebraucht, z. B. **allegro ma non t.**, schnell, aber nicht zu sehr.

Tropus [von griechisch trópos »Wendung«, »Weise«]: aus der antiken Tradition in die mittelalterliche Musiklehre übernommene Bezeichnung, die mit Kirchentonart (auch Modus oder Tonus) gleichbedeutend ist. Daneben findet sich die Bezeichnung T. bei frühmittelalterlichen Dichtern und Schriftstellern in der Bedeutung von Gesang und Gesangsweise. Unter T. wird heute im engeren Sinne die seit dem 9. Jh. in der abendländischen Liturgie bezeugte textliche (Textierung von Melismen) oder textliche und musikalische Erweiterung eines liturgischen Gesangs durch vorangestellte, eingeschaltete oder angehängte Zusätze bezeichnet. Diese Erweiterungen finden sich sowohl beim Ordinarium als auch beim Proprium Missae sowie bei Antiphonen und Responsorien des Offiziums (v. a. 3., 6. und 9. Responsorium der Matutin). Als Eigenform des T. kann, wenigstens in ihren Anfängen, die ↑Sequenz angesehen werden. Die Entstehung des T. wird in der ersten Hälfte des 9. Jh. in westfränkischen Klöstern angenommen. Noch im 9. Jh. gelangte er nach St. Gallen, von wo aus er sich v. a. mit Neuschöpfungen von TUTILO im gesamten deutschsprachigen Gebiet ausbreitete. Nach ursprünglich kürzeren Texteinschüben gewannen v. a. die vorangestellten und angehängten T. eine zunehmende Ausdehnung und wurden mit der Einführung von Versmaß und Reim ein eigener Zweig mittelalterlicher Dichtung. Diente der T. zunächst dazu, die liturgischen Gesänge in ihrer Aussage deutlicher an den jeweiligen Festgedanken zu binden, so führte er bald ein Eigenleben und überwucherte die ursprüngliche Liturgie. Während die T. zum Proprium Missae im 12./13. Jh. wieder außer Gebrauch kamen, erhielten sich die anderen teilweise bis in das 16. Jh. und wurden schließlich durch das Konzil von Trient verboten. Die besondere geschichtliche Bedeutung des T. liegt darin, dass er zum Ausgangspunkt mehrerer dichterischer und musikalischer Formen des Mittelalters wurde, z. B. von Motette und geistlichem Spiel, das mit dem dialogisierenden Oster-T. »Quem queritis in sepulchro« (↑Osterspiel) seinen Anfang nahm.

Troubadour ['truːbaduːr, trubaˈduːr, französisch, von altprovenzalisch trobador »Dichter«, zu trobar »dichten«] (provenzalisch Trobador): provenzalischer Dichter-Komponist des späten 11. bis 13. Jh., der seine Lieder meist selbst vortrug und sich dabei instrumental begleitete. Die Hauptorte der T.-Kunst, deren Sprache die (südfranzösische) Langue d'oc ist, lagen im westlichen und mittleren Südfrankreich (Grafschaften Poitou, Toulouse, Herzogtum Aquitanien, Gebiet der heutigen Provence). Überliefert sind ca. 2 600 Gedichte und 300 Melodien von rd. 460 namentlich bekannten und zahlreichen anonymen T., unter ihnen 20 dichtende Frauen, **Trobairitz** genannt. Die reiche Überlieferung der in Chansonniers gesammelten Werke setzte nach der Mitte des 13. Jh. ein. Als ältester T. gilt WILHELM IX., Herzog von Aquitanien. Mit den Albigenserkriegen (1209–29) fand die T.-Bewegung ihr Ende; in der Folgezeit wurde die mittelalterliche weltliche Lyrik bei den Trouvères und im ↑Minnesang weiterentwickelt.

Die T.-Lyrik ist aristokratisch und formal hochartifiziell; ihre Originalität äußert sich wesentlich in der kunstvollen Aufbereitung relativ stereotyper Inhalte. In der zentralen Gattung des Liebeslieds (Canso, ↑Kanzone) bildete sich eine besondere Form stilisierter Frauenverehrung heraus, die Anbetung einer unerreichbaren und idealisierten höfischen Herrin (hohe Minne). Weitere Gattungen waren politische, moralische u. a. Sprüche (↑Sirventes), Tagelieder, Klagelieder, niedere Minne (↑Pastorelle), Tanzlieder (↑Estampie) und Wechselreden und Streitgespräche (↑Jeu parti).

Trouvère [truˈvɛːr; französisch, zu trouver »finden« (in der alten Bedeutung »Verse erfinden«, »dichten«)]: französische Dichter-Komponisten des 12. und 13. Jh. Ihre Kunst entwickelte sich unter dem Einfluss der südfranzösischen Troubadours, mit denen hinsichtlich Thematik und Formen weitgehend Übereinstimmung herrscht und deren nordfranzösische Entsprechung sie sind. Sprache ist die Langue d'oïl. Zu den über 4 000 erhaltenen Gedichten sind etwa 2 000 Melodien überliefert. Besondere Rolle spielten Tanzlieder mit Refrain (↑Rondeau, ↑Ballade, ↑Virelai), die auf volkstümlich-lokales Liedgut hinweisen.

Trugschluss: Form der ↑Kadenz, bei der nach der Dominante nicht die zu erwartende Tonika folgt, sondern ein anderer, meist mit der Tonika verwandter Akkord. Die hauptsächliche Form ist der T. zur VI. Stufe (in Dur ein Molldreiklang, in Moll ein Durdreiklang), wobei der Bass einen Sekundschritt aufwärts steigt und die Terz aus Stimmführungsgründen häufig verdoppelt wird. Der T. war schon in der Musik des Barock und der Klassik ein beliebtes Mittel harmonischer Ausweitung und Überraschung. Während dort jedoch meist eine reguläre Kadenz auf den T. folgte, verselbstständigte sich in der Musik der Romantik vielfach die neu erreichte Tonart, was zu farbenreichen Modulationen und Erweiterungen der Tonalität führte.

Trumscheit (Trompetengeige, Marientrompete, Tromba marina): Streichinstrument des 12. bis 18. Jh. mit langem, schmalem, sich nach oben verjüngendem Schallkörper, der oft einen dreieckigen, im 17./18. Jh. auch bauchigen Querschnitt aufweist. Das bis zu 2 m hohe T. hat nur eine Saite (im Mittelalter gelegentlich auch 1–3 Resonanzsaiten). Sie

Trumscheit

ruht auf dem einen Fuß eines (asymmetrischen) Stegs, dessen anderer unbelasteter Fuß beim Anstreichen periodisch auf die Decke schlägt, was dem T. einen trompetenähnlichen Ton verleiht. – Im Mittelalter gewöhnlich als Monochord bezeichnet, war das T. u. a. Spielmannsinstrument.

Tschaikowsky, Pjotr (Peter) Iljitsch, russischer Komponist, *Wotkinsk 7. 5. 1840, † Sankt Petersburg 6. 11. 1893: T. war Beamter im Justizministerium, studierte, gefördert von den Brüdern A. und N. Rubinstein, 1862–65 am Petersburger Konservatorium und wirkte 1866–78 als Theorielehrer am Konservatorium in Moskau sowie zeitweise auch als Musikkritiker. Seit 1878 bereiste er u. a. als Dirigent häufig das Ausland, wo seine Werke, gefördert u. a. von G. Mahler und H. von Bülow, bald internationale Achtung genossen. In diese Zeit fällt auch die Beziehung zu seiner Gönnerin N. F. von Meck, deren jährliche Pension (bis 1890) ihm eine freischaffende Existenz ermöglichte. Beide vermieden jede persönliche Begegnung, ihr umfangreicher Briefwechsel (rund 1200 Briefe) ist jedoch eine wichtige Quelle zur Deutung von T.s äußerst sensibler, von Depressionen und unerfüllten homoerotischen Wünschen geprägten Künstlerpersönlichkeit.

T. war der bedeutendste Komponist der westlich orientierten russischen Schule im 19. Jh. Gleichermaßen von der »Gruppe der Fünf« um M. Balakirew wie von der deutschen Romantik beeinflusst, reichte seine Ausdrucksskala von überschäumender Artistik bis zur breit angelegten, pathetischen Linie. Brillant war seine Instrumentation, deren plakative Orchestersprache nicht nur I. Strawinsky beeindruckte, sondern sich z. B. noch bei vielen Filmkomponisten Hollywoods wiederfindet. Richtungweisend in der Umsetzung von Musik, Bewegungsablauf und szenischer Darstellung wurde er mit »Schwanensee« (1877), »Dornröschen« (1890) und »Nussknacker« (1892), die den Beginn des sinfonischen Balletts markieren und aus dem klassischen russischen Ballettrepertoire nicht mehr wegzudenken sind. Weitere Höhepunkte seines Schaffens sind die Sinfonien Nr. 4 (1877; mit »Pizzicato-

Peter Tschaikowsky

Scherzo«), 5 (1888) und v.a. Nr. 6 (»Pathétique«, 1893), deren dritter Satz T.s unübertroffene Meisterschaft im Komponieren motivischer Steigerungslinien zeigt. Von seinen Konzertouvertüren und Instrumentalkonzerten ist neben dem beschwingten »Capriccio italien« (1880) und dem Violinkonzert (1878) v.a. das Klavierkonzert b-Moll (1875) mit seinen berühmten Blockakkorden zu Beginn ein viel gespielter »Reißer« geworden. Dagegen haben sich von seinen insgesamt zehn Opern nur »Eugen Onegin« (1879) und »Pique dame« (1890) im Repertoire halten können.

Tuba [lateinisch »Röhre«]:
• *Instrumentenkunde:* bei den Römern ein der griechischen ↑Salpinx entsprechendes Signalinstrument des Heeres; heute im weiteren Sinne Bezeichnung für die Bassinstrumente der Bügelhörner, im engeren Sinn und in Abgrenzung zu Baritonhorn (↑Bariton), ↑Helikon und ↑Sousaphon das Instrument in gewundener Form mit nach oben gerichtetem Schalltrichter, seit 1830 in verschiedenen Größen gebaut. Die T. setzte sich rasch beim Militär, später auch in den Kulturorchestern durch, wo sie die unzulänglichen Polsterzungeninstrumente mit Klappen (u.a. ↑Ophikleide) verdrängte. Die etwa 3,6–5,4 m lange Röhre verläuft überwiegend konisch, die Mensur differiert regional stark. Die **Bass-T.** (Umfang etwa $_1$Des–f^1) steht heute meist in F oder Es, die **Kontrabass-T.** (Umfang etwa $_2$A–c^1) in C oder B. Beide haben i.d.R. vier Ventile, doch können zusätzliche Kompensationsventile vorhanden sein. Eine Mischform zwischen T. und Waldhorn ist die ↑Wagnertuba. – T. heißt auch ein Zungenregister der Orgel zu 16-, 8- und 4-Fuß, auch 32-Fuß im Pedal.
• *Liturgie:* der Rezitationston (↑Psalmtöne); heute meist als Tenor bezeichnet.

Tubalflöte: ↑Jubalflöte.

Tupan: auf dem Balkan verbreitete zweifellige, zylindrische große Trommel, die mit Trommelstock und Rute angeschlagen wird. Der T. wird mit dem ↑Zurna zum Tanz gespielt.

Turbae [von lateinisch turba »Schar«]: in Passionen, Oratorien und geistlichen Schauspielen die in die Handlung eingreifenden dramatischen Chöre (Jünger, Juden, Soldaten) im Unterschied zu den Chören betrachtenden Inhalts (Choräle u.a.) und in Gegenüberstellung zu den Einzelpersonen (Soliloquenten).

Tuba

turco [italienisch]: türkisch, in der Art der ↑Janitscharenmusik.

Turm|musik: Musikstücke, die v. a. im 16. und 17. Jh. von Stadtpfeifern oder Ratstrompetern zum ↑Abblasen vom Turm herab bestimmt waren.

Turn-arounds [ˈtəːnəraʊndz; englisch »Dreher«]: im Jazz eine meist zweitaktige harmonische Wendung am Ende einer Phrase, die statt einer Schlussharmonie i. d. r. über die Dominantstufe zum Anfang des Stückes zurückführt, u. a. auch um abwechselnde Improvisationschorusse zu ermöglichen.

Tusch: bis ins 19. Jh. ein Signal bei festlichen Anlässen, heute das rhythmisch nicht geregelte Spielen eines aufsteigenden gebrochenen Dreiklangs durch alle Instrumente eines Ensembles der Militär- oder Unterhaltungsmusik.

Tutti [italienisch »alle«]: Bezeichnung für das Einsetzen des vollen Orchesters oder ganzen Chores, im Gegensatz zum Solo oder kleinen Ensemble; z. T. gleichbedeutend mit ↑Ripieno.

Twist [englisch]: um 1960 in den USA von C. Checker kreierter Modetanz, der bald auch in Europa populär wurde; aus der Boogie-Woogie-Rhythmik hervorgegangen. Er wird im schnellen $^4/_4$-Takt ohne Partnerkontakt mit vom Becken ausgehenden Drehbewegungen getanzt, wobei Oberschenkel und Knie dieser Bewegung folgen.

Twobeat [ˈtuːbiːt; englisch »Zweischlag«]: metrisches Konzept v. a. im Jazz der 1920er-Jahre (New-Orleans-Jazz, Dixielandjazz), bei dem der erste und dritte Taktschlag von der Rhythmusgruppe besonders (aber gleichmäßig) betont werden, während die anderen Instrumente alle vier Schläge betonen; zu unterscheiden vom **Fourbeat,** der mit dem Swing zum vorherrschenden metrischen Prinzip wurde.

Twostepp [ˈtuːstep; englisch »Zweischritt«]: ein aus der Polka entwickelter amerikanischer Gesellschaftstanz im $^2/_4$-Takt mit Betonung der zweiten Schrittsilbe, gelangte um 1900 nach Europa; ihm folgte um 1910 der Onestepp.

Txistu [ˈtʃistu; baskisch]: ↑Einhandflöte.

Tympanon (lateinisch Tympanum): in der griechischen und römischen Antike eine einseitig (oder auch beidseitig) bespannte Rahmentrommel, Abbildungen zufolge oft mit gewölbtem Resonanzkörper (daher auch »Handpauke« genannt) und bisweilen mit Schellen am Rand. Sie wurde, meist von Tänzerinnen gespielt, mit der linken Hand hochgehalten und mit der rechten Hand geschlagen. In der römischen Antike und im Mittelalter bezeichnete T. ein- oder zweiseitig bespannte Trommelinstrumente, im 16. und 17. Jh. allgemein die Heerpauke.

U

Überblasen: bei Blasinstrumenten das Anblasen eines höheren Teiltons statt des Grundtons, das sich durch die Verstärkung des Luftdrucks oder der Lippenspannung ergibt. Bei oktavierenden Instrumenten (z. B. Flöte, Oboe) entsteht beim Ü. der 1. Oberton (Oktave), bei quintierenden (z. B. Klarinette, Fagott) der 2. Oberton (Duodezime). Dem leichteren Ü. dienen bei Holzblasinstrumenten ein oder mehrere Überblaslöcher (Oktavklappe) in unmittelbarer Nähe des Mundstücks. Bestimmte Blasinstrumente (z. B. die Einhandflöte) lassen sich wegen ihrer engen Mensur nur im Überblasregister spielen, der Grundton spricht nicht an (in der Orgel ist Schweizerpfeife ein oktavierendes überblasendes Register).

übermäßig: bezeichnet die Intervalle, die um einen chromatischen Halbton größer sind als reine (z. B. c-fis oder ces-f statt der reinen Quarte c-f) oder große (z. B. c-eis statt der großen Terz c-e). In der Umkehrung werden übermäßige Intervalle zu verminderten. Der **übermäßige Dreiklang** (z. B. c-e-gis) mit der übermäßigen Quinte als Rahmenintervall setzt sich aus zwei großen Terzen zusammen.

Überschlagen: bei Blasinstrumenten und Orgelpfeifen das Erklingen eines höheren Teiltons anstelle des eigentlich beabsichtigten (↑Überblasen); bei Singstimmen das Umschlagen in ein anderes Register, z.B. beim Jodeln; beim Klavierspiel neben dem Ü. der Finger das Ü. der Hand über die in gleicher Lage weiterspielende andere oder das abwechselnde Ü. beider Hände beim Passagen- oder Arpeggiospiel.

Ud [arabisch »Holz«]: eine arabische Kurzhalslaute persischen Ursprungs, die als Vorläufer der abendländischen Laute gilt. Charakteristisch für den Ud sind Schalenkorpus, abgeknickter Wirbelkasten und seitenständige Wirbel. Im 7.–13. Jh. besaß der Ud zunächst vier, später fünf in Quarten gestimmte Saiten und vier, später sieben Bünde. Der moderne Ud ist bundfrei und weist bis zu sieben (meist fünf) Doppelsaiten auf; er wird melodisch (nicht akkordisch) gespielt und gilt als vornehmstes Virtuoseninstrument der arabischen Musik.

Ukulele [polynesisch »hüpfender Floh«]: eine mit Plektron gespielte viersaitige Kleingitarre, die portugiesische Einwanderer Ende des 19. Jh. aus Madeira nach Hawaii brachten. Die U. ist seither das populäre Volksinstrument Polynesiens und hat auch in die amerikanische Unterhaltungsmusik Eingang gefunden (Stimmung der Konzert-U. h^1–fis^1–d^1–a).

Umkehrung: das Vertauschen von Tönen und Stimmverläufen im Richtungssinn »oben-unten« (vertikal). Ein Intervall wird umgekehrt, indem ein Ton in die obere oder untere Oktave versetzt wird; dabei wird die Sekunde zur Septime, die Terz zur Sexte, die Quarte zur Quinte usw. Bei der U. von Akkorden wird ein anderer Ton als der ↑Grundton zum Basston. Die U. des Dur- bzw. Molldreiklangs sind der ↑Sextakkord und der ↑Quartsextakkord; die U. des ↑Septimenakkords sind der ↑Quintsextakkord, der ↑Terzquartakkord und der ↑Sekundakkord. Harmonische Funktion von U. und Grundstellung sind identisch.

Bei der U. von Motiven, Themen oder Melodien (Gegenbewegung, Inversion) werden die Intervallschritte (intervall- oder nur richtungsgetreu) in die jeweils entgegengesetzte Richtung geführt. Die U. in der Horizontalen nennt man

Umkehrung der Sekunde (1), Terz (2), Quarte (3); des Durdreiklangs (4) als Sextakkord (5), als Quartsextakkord (6); des Septimenakkords (7) als Quintsextakkord (8), als Terzquartakkord (9) und als Sekundakkord (10)

↑Krebs. Der Krebs kann seinerseits (vertikal) umgekehrt werden. Bei rhythmischen Gestalten sind U. und Krebs identisch. U.-Verfahren (auch auf alle Stimmen eines Satzes ausgedehnt) erscheinen v.a. in ↑Kanon und ↑Fuge, sind aber auch in thematisch-motivischer Arbeit gebräuchlich. In der ↑Zwölftontechnik bildet die U. eine der vier Erscheinungsformen der ↑Reihe.

U-Musik: Abk. für **U**nterhaltungs**musik**, verwendet als Gegensatz zur E-Musik. Die in ihrer Pauschalisierung und Polarisierung problematische Einteilung der Musik in Unterhaltungsmusik und »ernste« oder »klassische« Musik (E-Musik) entstand in den 1920er-Jahren aus verwaltungstechnischen Gründen bei der Wahrung von Urheberrechten, z.B. bei GEMA und Rundfunk.

una corda [italienisch]: ↑corda.

Undezime [zu lateinisch undecimus »der Elfte«]: das Intervall von elf diatonischen Tonstufen (Oktave mit Quarte).

unendliche Melodie: von R. WAGNER in seiner Schrift »Zukunftsmusik« (1860) geprägter Ausdruck, der in der Folgezeit primär auf kompositionstechnischen Charakteristiken der wagnerschen Musik im Sinne einer »ununterbrochenen Melodie« bezogen worden ist. Es ist jedoch auch denkbar, dass er in Zusammenhang zu sehen ist mit WAGNERS Idealvorstellung von künstlerischer »Unendlichkeit« im Sinne einer »zeitlos gültigen Melodie«, die als »rein menschlich« unmittelbar in der »Natur« des Menschen selbst begründet und deshalb auch nicht mehr der »Mode« unterworfen und der Vergänglichkeit verfallen sein soll.

Unionpipe ['juːnjɔnpaɪp; englisch]: seit dem 18. Jh. in Irland verbreitete, hoch technisierte Sackpfeife, die wegen ihrer komplizierten Spieltechnik ausschließlich im Sitzen gespielt wird. Dabei wird die Luft durch einen Blasebalg (statt einer Blaspfeife) in den Sack geleitet, die Pfeifen liegen schräg auf den Knien des Spielers. Die U. hat eine Melodiepfeife mit Doppelrohrblatt sowie drei gedackte Bordune mit Aufschlagzungen. Darüber hinaus sind drei weitere gedackte Bordunpfeifen mit Doppelrohrblättern vorhanden. Diese haben vier bzw. fünf Grifflöcher, die alle mit Klappen versehen sind. Dadurch lassen sich der Melodieraum erweitern oder unabhängige Begleitstimmen ausführen.

Unisono [italienisch »Einklang«]: das Fortschreiten mehrerer Stimmen im ↑Einklang, seit dem 18. Jh. auch in Oktaven, in der Notation gefordert durch **all'unisono**. Im strengen Satz ist das Fortschreiten im U. untersagt, da es die qualitative Selbstständigkeit der Stimmen aufhebt.

unplugged [ʌnˈplʌgd; englisch »bei gezogenem Stecker«]: bezeichnet seit den 1990er-Jahren eine Bewegung innerhalb der Rockmusik, die bei geringstem technischen Aufwand wieder mehr auf den (analogen) akustischen Klang setzt, ausgelöst v. a. durch ein erfolgreiches Comebackalbum des Gitarristen E. CLAPTON (»Unplugged«, 1992).

Unterdominante: ↑Subdominante.

Untersatz: ein Pedalregister mit meist gedackten Pfeifen (ähnlich dem Subbass) in 16- oder 32-Fuß-Lage.

Unterstimme: die jeweils tiefste Stimme eines mehrstimmigen Satzes; sie kann sich, je nach Besetzung (z.B. beim Kinder- oder Frauenchor) oder beim Wechsel verschiedener Klanggruppen, auch relativ hoch über der Basslage bewegen.

ut: in der mittelalterlichen ↑Solmisation die erste Silbe im Hexachord (im Sinne von c, f oder g); im Französischen Bezeichnung für den Ton C.

Vagans [lateinisch »wandernd«]: im späten 15. und 16. Jh. Bezeichnung für eine Stimme, die den strengen vierstimmigen Satz zur Fünfstimmigkeit erweitert. Sie hat innerhalb des vierstimmigen Satzgerüstes keinen festen Platz, kommt aber am häufigsten als zweiter Tenor vor.

vagierender Akkord [zu lateinisch vagari »umherschweifen«]: eine von A. SCHÖNBERG in seiner »Harmonielehre« (1911) eingeführte Bezeichnung für Akkorde, die auf der Basis der gleichschwebend temperierten Tonskala leicht umzudeuten sind (z.B. verminderter Septakkord, übermäßiger Dreiklang und Quintsextakkord) und die demzufolge vielen Tonarten angehören können. Ihr gehäuftes Auftreten führt zu unbestimmter (»schwebender«) und zu aufgehobener Tonalität.

variable Metren: von B. BLACHER eingeführte Bezeichnung für planvoll angelegte Taktwechsel als formbildendes Mittel. Sie werden nach mathematischen Regeln gebildet, z.B. nach einer arithmetischen Reihe ($\frac{2}{8}, \frac{3}{8}, \frac{4}{8} ... \frac{9}{8}, \frac{8}{8}, \frac{7}{8} ... \frac{2}{8}$). V. M. verwendeten auch K. A. HARTMANN und H. W. HENZE.

Vaudeville

Variante [französisch, zu lateinisch variare »verändern«]: in der Musik die im Unterschied zur eigentlichen Variation nur in geringem Maße abweichende Version eines Themas, Motivs usw. innerhalb eines Werks. In die Musiktheorie führte H. RIEMANN die V. als Bezeichnung für den Wechsel von Dur nach Moll (oder von Moll nach Dur) im Tonikadreiklang ein, der durch Veränderung der Terz (klein statt groß oder umgekehrt) zustande kommt.

Variation [lateinisch »Veränderung«]: in einem allgemeinen Sinne jede abwandelnde Veränderung eines gegebenen musikalischen Gebildes in seiner melodischen, klanglichen oder rhythmischen Erscheinung. Insofern ist V. ein Grundprinzip des Komponierens und Improvisierens überhaupt. Als spezielle Technik hat das Variieren viele Satzweisen und Formtypen der abendländischen Musik beeinflusst und hervorgebracht.
Bei der **melodischen V.** wird eine Melodie durch Verzierungen, andere Rhythmisierung, Takt- oder Tonartwechsel, Motivveränderung bearbeitet oder umgewandelt. Sie findet sich im gregorianischen Choral, im geistlichen und weltlichen Lied des Mittelalters, in Conductus, Organum und Motette, in instrumentalen Liedsatzbearbeitungen und Messen des 15./16. Jh., im Barock in der Dacapo-Arie, in Suite und Concerto, im 18. Jh. in den Reprisen der Sonatensatzform und des Rondos. Sie liegt auch der thematischen Arbeit und der Leitmotivik zugrunde. Bei der **kontrapunktischen V.** werden zu einer mehrfach unverändert wiederholten Stimme (Cantus firmus) oder zu einem gleich bleibenden Thema (Subjekt) jeweils neue, kontrapunktierende Stimmen gesetzt. Sie begegnet in den Messen der frankoflämischen Schule, in Choralvorspielen und -bearbeitungen der Orgelmusik des 17. Jh., ferner in imitatorischen Formen wie Kanon und Fuge. In der als Reihungsform gestalteten V. wird ein meist kurzes, prägnantes Modell in immer neuer Gestalt wiederholt. Hierzu gehören im 16./17. Jh. die Ostinato-V. über einer Bassmelodie (Romanesca, Passamezzo, Passacaglia, Chaconne). Stets gleiche Melodie, aber wechselnde Tanzrhythmen zeigt die **V.-Suite** (J. H. SCHEIN). Die V.-Reihe des 18. und 19. Jh. hat eine bekannte oder erfundene Melodie als Vorlage, die in jeder V. stärker verändert wird (auch mit Wechsel des Tempos und Tongeschlechts). Sie kann als Satz einer Sonate, Sinfonie oder Kammermusik oder als selbstständiges Stück auftreten. In der **freien V. (Charakter-V.)** gehen aus einem Thema immer neue, charakteristisch unterschiedene Gestalten hervor, teils bis zur völligen Umkehrung seines Grundcharakters und vielfach unter bloßer Beibehaltung der Harmoniefolgen (L. VAN BEETHOVEN, J. BRAHMS, M. REGER). Die freieste hieraus entspringende Form ist die **Fantasie-V.**, in der nur noch einzelne Thementeile aufgegriffen und in einer lockeren, poetisch begründeten Folge von Charakterstücken verarbeitet werden (R. SCHUMANN).
Auch in der Musik des 20. Jh. wird die V. als zyklische Reihungsform weiter gepflegt (A. SCHÖNBERG, A. WEBERN); sie bildet darüber hinaus als umfassendes Kompositionsprinzip die Grundlage der Reihenkomposition (z. B. in der ↑Zwölftontechnik oder in der ↑seriellen Musik).

Varsovienne [varsɔ'vjɛn; zu französisch Varsovie »Warschau«]: eine Form der Mazurka in langsamem $^3/_4$-Takt, um 1850–70 in Frankreich und Deutschland beliebt. Charakteristisch ist die Betonung der ersten Note jedes zweiten Taktes.

Vaudeville [vod'vi:l; französisch]: ursprünglich die seit etwa 1640 in die Stegreifstücke der italienischen Komödianten in Paris eingelegten populären Lieder, dann auch die Stücke selbst. Das V. war zwischen etwa 1700 und 1750 die Hauptform des französischen Singspiels, v. a. als Zeitkritik und Satire auf dem Pariser Jahrmarktstheater gepflegt. Um 1765 wurde es von der Opéra comique weitgehend verdrängt, wobei man nun statt einer Zusammenstellung vorhandener populärer Lieder die Neukomposition für das jeweilige Stück bevorzugte. Die V.-Komödie hielt sich in Frankreich bis in das späte 19. Jh. – V. hießen auch die in der Opéra comique am Schluss üblichen strophischen Rundgesänge auf populäre Melodien; dies hat u. a. W. A. Mozart in seinem Singspiel »Die Entführung aus dem Serail« (1782) übernommen. V. war schließlich in den USA seit 1865 eine Gattung und zugleich eine Institution des unterhaltenden Musiktheaters mit Musik, Tanz, Akrobatik und Zirkusnummern.

veloce [ve'lo:tʃe; italienisch]: schnell, geschwind, geläufig.

venezianische Schule: eine Gruppe von Kapellmeistern und Organisten, die zwischen 1530 und 1630 in Venedig wirkten und in ihren Kompositionen wichtige Formen der Barockmusik ausprägten. Begründer war A. Willaert; weitere Vertreter sind C. de Rore, G. Zarlino, C. Monteverdi, C. Merulo, A. und G. Gabrieli. Sie pflegten die Gattungen Motette, Madrigal, Liedkanzone, Orgeltoccata und -ricercar, Sonate und Sinfonia und entwickelten, durch die räumlichen Bedingungen der Markuskirche begünstigt (mehrere Emporen), die vokalinstrumental gemischte oder rein instrumentale ↑Mehrchörigkeit. Ihr Stil ist durch gesteigerte Chromatik und kontrastreiche Klangwirkungen gekennzeichnet.

Veni Creator Spiritus [lateinisch »Komm, Schöpfer, Geist!«]: ein Hymnus zur Pfingstzeit, Hrabanus Maurus, Erzbischof von Mainz, zugeschrieben und erstmals in Handschriften des 9. Jh. nachgewiesen. Der Hymnus umfasst sechs Strophen und eine (später angefügte) Doxologie. Eine deutsche Übertragung gibt es von M. Luther (»Komm, Gott Schöpfer, Heiliger Geist«), eine Nachdichtung von J. W. von Goethe (1820) und eine Vertonung u. a. von G. Mahler (8. Sinfonie, 1907).

Veni Sancte Spiritus [lateinisch »Komm, Heiliger Geist!«]: eine zehnstrophige Pfingstsequenz, S. Langton, im 11./12. Jh. Erzbischof von Canterbury, zugeschrieben; trat 1570 an die Stelle der Sequenz »Sancti spiritus adsit nobis gratia« (»Die Gnade des Heiligen Geistes sei bei uns«) des Notker Balbulus.

Ventil [zu lateinisch ventus »Wind«]: ein Bauelement von Orgeln und Blechblasinstrumenten zur Steuerung des Luftstroms. Bei der Orgel regulieren durch den Orgelwind selbst oder durch einen Hebelmechanismus betätigte V. den Luftstrom zwischen Balg, Windladen und Pfeifen. Bei den Blechblasinstrumenten haben V. die Aufgabe, die Töne der chromatischen Tonleiter spielbar zu machen. Dazu werden durch Öffnen der V. Zusatzbögen in den Luftstrom geschaltet, die die Schallröhre verlängern und den Ton vertiefen (**absteigende V., Verlängerungs-V.**); Verkürzungs- oder aufsteigende V., die den Ton durch Ausschalten von Röhrenteilen erhöhen, haben nur untergeordnete Bedeutung. **Umschalt-V. (Stell-V.)** verändern die Gesamtstimmung des Instruments. Nach der Bauart unterscheidet man **Pump-V. (Kolben-V., Piston)** und **Dreh-V. (Zylinder-V.)**, bei denen ein senkrecht bewegter Kolben bzw. ein drehbarer Zylinder die Luftzufuhr in die Zusatzbögen steuert.

Ventilhorn: das heute im Orchester übliche (mit Ventilen ausgestattete) ↑Waldhorn.

Verbunkos ['vɛrbuŋkoʃ; ungarisch, von deutsch »Werbung«]: in der ungarischen Musik eine volkstümliche instrumentale Musizierweise, die auf Anwerbetänze für die österreichische Armee im 18. Jh. zurückgeführt wird. Der V. erreichte seinen Höhepunkt in den 1820/30er-Jahren und ging dann im ↑Csárdás auf. Kennzeichnend sind neben der Zigeunertonleiter lebhafter $2/4$- oder $4/8$-Takt, improvisatorisches Spiel, häufige Synkopierungen und Punktierungen, Triolenpassagen, stufenweise Temposteigerung und eine typische Schlussformel (»bokazó«).

Verdi, Giuseppe Fortunino Francesco, italienischer Komponist, *Le Roncole (heute zu Busseto, Provinz Parma) 10. 10. 1813, † Mailand 27. 1. 1901: Mit dem Werk V.s erreicht die italienische Oper des 19. Jh. ihre vollendetste Ausprägung. Sein Schaffen umfasst 26 Opern, von denen mindestens ein Drittel zum internationalen Standardrepertoire gehören.

Nach privater Musikausbildung, anfänglichen Misserfolgen sowie privaten Schicksalsschlägen (Tod der ersten Frau und zweier Kinder) erzielte V. seinen Durchbruch 1842 mit der von Freiheitspathos getragenen Oper »Nabucco« an der Mailänder Scala, die zu seinem Stammhaus wurde. Dabei geriet wie zahlreiche seiner Chöre danach v.a. der Gefangenenchor »Va pensiero« unversehens zur Demonstration gegen die habsburgische Besatzung und begründete V. Ruf als Kämpfer für die nationale Einheit Italiens. So galt sein Name zeitweilig als Kürzel für den König VIKTOR EMANUEL II. und seine Unabhängigkeitsbestrebungen unterstützende Parole »**V**ittorio **E**manuele **R**e d'**I**talia«.

Dank weiterer Erfolge u.a. von »Macbeth« (Florenz 1847) und »Luisa Miller« (Neapel 1849) erwarb er das Landgut Sant'Agata nahe Busseto, fortan Grundlage seiner wirtschaftlichen und künstlerischen Freiheit. Zu dieser Zeit entstanden die Meisterwerke »Rigoletto« (Venedig 1851), »Der Troubadour« (Rom 1853) und »La Traviata« (Venedig 1853). Neben der zur Eröffnung des Suezkanals (1869) komponierten, aber erst zwei Jahre später in Kairo uraufgeführten »Aida« stellen sie durch ihre innige Charakterzeichnung, die weiträumigen Gesangslinien und die bei V. nicht immer selbstverständliche ausdrucksvolle Orchestergestaltung seine vielleicht bedeutendsten Werke dar.

Enttäuscht vom Ausbleiben eines durchgreifenden sozialen Fortschritts in Italien zog sich V. nach dem »Requiem« (1874) zunehmend auf sein Landgut zurück, bis er sich mit »Otello« (1887) und »Falstaff« (1893, beide Mailand) noch einmal der überraschten Opernwelt präsentierte. Entstanden in Zusammenarbeit mit seinem kongenialen Librettisten A. Boito und geprägt von Alterationsharmonik und unkonventionell offenen Formstrukturen, bilden sie die Krönung seiner lebenslangen Auseinandersetzung mit den Dramen W. SHAKESPEARES.

Giuseppe Verdi

Verdopplung: das gleichzeitige Erklingen desselben Tons (oder einer seiner Oktavversetzungen) in zwei oder mehreren Stimmen. Im vierstimmigen Satz der Harmonielehre wird i.d.R. der Grundton, in zweiter Linie die Quint und nur ausnahmsweise die Terz verdoppelt (z.B. bei stufenweiser Gegenbewegung in zwei Stimmen). Leittöne und dissonierende Töne dürfen nicht verdoppelt werden. V. von Tonfolgen ergäbe Einklangsparallelen, die verboten sind. Dazu zählt nicht das ↑Unisono. Nur bedingt oder gar nicht gelten diese Regeln im freien Satz, im vielstimmigen Orchestersatz oder im vollgriffigen Klavierstil.

vergleichende Musikwissenschaft: ↑Musikethnologie.

Vergrößerung: ↑Augmentation.

Verismo [von italienisch vero »wahr«, »echt«]: ein um 1890 in Italien aufgekommener Opernstil, der sich an das naturalistische Drama anlehnte und der romantischen Oper mit ihren historischen, idealisierenden und mythischen Inhalten eine gegenwartsnahe und menschlich-leidenschaftliche Handlung entgegenstellen wollte. Die Bühne sollte ihren illusionären Charakter verlieren und die Wirklichkeit möglichst realistisch darstellen. Die ersten veristischen Opern sind »Cavalleria rusticana« (1890) von P. MASCAGNI und »Pagliacci« (deutsch »Der Bajazzo«, 1892) von R. LEONCAVALLO; danach ist der V. besonders durch F. CILÈA, U. GIORDANO, F. ALFANO, mit manchen Szenen auch durch G. PUCCINI, in Deutschland durch E. D'ALBERT, L. BLECH und E. WOLF-FERRARI, in Frankreich durch G. CHARPENTIER vertreten. Problematisch am V. ist, dass der Bühnengesang der Oper niemals wirklich realistisch ist. Hinzu kommt eine Tendenz veristischer Komponisten zu vereinfachender, oberflächlicher Zeichnung leidenschaftlicher Charaktere, die allerdings durch die Unmittelbarkeit der Darstellung oft drastisch prägnante und mitreißende musikalische Wirkungen hervorbringt.

Verkleinerung: ↑Diminution.

vermindert: um einen chromatischen Halbton kleiner als reine (z. B. c–fes statt c–f) oder kleine (z. B. e–ges statt e–g) Intervalle. Deren Umkehrung ergibt Intervalle, die als ↑übermäßig bezeichnet werden. Der **verminderte Dreiklang** besteht aus zwei kleinen Terzen mit der verminderten Quinte als Rahmenintervall (z. B. h–d–f). Der **verminderte Septakkord** ist ein Vierklang aus drei übereinander geschichteten kleinen Terzen (z. B. h–d–f–as).

Verrillon [vɛriˈjɔ̃; französisch]: ↑Glasspiel.

Vers [von lateinisch versus »Umwendung«]: rhythmisches Glied einer Dichtung in gebundener Rede, das äußerlich durch Zeilenende und bei Dichtungen oft mit Endreim abgeschlossen wird. V. kann auch die Bedeutung von ↑Strophe haben, so häufig in der Umgangssprache und beim Kirchenlied.

Verschiebung: ↑Pedal.

Verschränkung: das Ineinandergreifen zweier musikalischer Phrasen (↑Periode), wobei der Schluss der ersten zugleich Anfang einer neuen Phrase ist; besonders häufig in der Musik der Wiener Klassik.

Versett [von italienisch versetto »kurzer Vers«]: ein kurzer Orgelsatz, der beim liturgischen Wechselgesang statt eines gesungenen Verses eingeschaltet wird. Diese Art der Ausführung lässt sich bereits im 15. Jh. nachweisen, fand aber im 16.–18. Jh. ihre größte Verbreitung. Die Kompositionen beruhten ursprünglich auf dem von ihnen ausgefüllten melodischen Abschnitt (Choralbearbeitung), finden sich aber seit dem ausgehenden 16. Jh. zunehmend auch als freie, fugenartige Sätze ohne Cantus firmus.

Versetzungszeichen: ↑Vorzeichen.

Versikel [lateinisch versiculus »kleiner Vers«]: ein kurzer, überleitender (Psalm-)Vers in der christlichen Liturgie.

Versus [lateinisch]: im Mittelalter in vielfacher Bedeutung benutzter Begriff, der zunächst v. a. im Bereich der Liturgie für einen als Gebets- oder Gesangstext verwendeten Vers aus der Bibel gebraucht wurde (z. B. Versus des Graduale, Alleluja, Tractus oder der Offiziumsresponsorien). In frühmittelalterlichen liturgischen Büchern werden mitunter auch die Antiphonen der Psalmen als V. bezeichnet. Bereits um 900 erfolgte eine Ausweitung der Bedeutung von V. auf eine liturgische (z. B. Hymnus) oder geistliche Dichtung (Tropus, Conductus, liturgisches Drama).

verte! [lateinisch]: wende um!

Verzerrer: Baugruppe oder Effektgerät zur absichtlichen elektronischen Verformung (Verzerrung) der Kurvenform von Tonsignalen, v. a. bei E-Gitarren. Durch V. ergeben sich obertonreiche Klangstrukturen, die zur Klangformung ggf. noch gefiltert werden (↑Fuzzbooster).

Verzierungen (Ornamente, Manieren, Auszierungen, französisch Agréments, italienisch Fioritures): in der europäischen Musik die Ausschmückung einer Melodie, meist durch besondere Zeichen oder kleinere Noten angedeutet. Das V.-Wesen entstammt der improvisatorischen Gesangs- und Spielpraxis, die, ebenso wie bestimmte Zeichen für einzelne V., bereits im Mittelalter bekannt war. Bis zum Ende des 18. Jh. nahmen die V. an Zahl und Verfeinerung beständig zu. Ihre Bezeichnung und Ausführung wechselt aber je nach Epoche, Land, Instrument und Komponist. V. werden häufig auch da erwartet, wo sie nicht eigens vorgeschrieben sind. Für ihre stilgerechte Ausführung (↑historische Aufführungspraxis) ist deshalb die Kenntnis der zeitgenössischen Lehrbücher erforderlich. In diesen nehmen die Anweisungen zur Ausführung der V., bestehend aus V.-Tabellen und Kompositionen mit ausgeschriebenen, als Muster dienenden V., immer mehr Raum ein (in C. P. E. BACHS »Versuch über die wahre Art das Clavier zu spielen...«, Teil 1, 1753, nahezu die Hälfte des Buchs). Während F. COUPERIN, um der Fehlinterpretation vorzubeugen, immer mehr V.-Zeichen notierte, schrieb aus dem gleichen Grund J. S. BACH besonders in späterer Zeit die V. aus. Diese Tendenz setzte sich mit der Wiener Klassik zunehmend durch, sodass sich im 19. Jh. die V. auf nur wenige Typen der Gruppen ↑Vorschlag, ↑Triller und ↑Doppelschlag reduzierten.

Vesper [von lateinisch vespera »Abend«]: Abendgottesdienst, einer der ältesten Bestandteile des kirchlichen ↑Stundengebetes; setzt sich aus Hymnus, Psalmen, biblischer Kurzlesung, Responsorium, Fürbitten und anderen Gebeten zusammen. In der frühen Kirche als Gemeindegottesdienst eingeführt, hielt sich die V. besonders im Stundengebet der Mönche und des Klerus, aber auch im »Evening prayer« der anglikanischen Kirchen. – Schon im ausgehenden Mittelalter wurden einzelne Teile der V. mehrstimmig (in organalem Stil) vertont, später auch von G. DUFAY, J. MOUTON, A. WILLAERT und PALESTRINA. Berühmt sind heute C. MONTEVERDIS »Marien-V.« von 1610 sowie W. A. MOZARTS V. KV 321 (1779) und KV 339 (1780).

Vibraphon [von lateinisch vibrare »zittern« und griechisch phōnē »Ton«]: in den 1920er-Jahren entwickeltes Metallstabspiel mit klaviaturmäßig angeordneten Leichtmetallklangplatten (Umfang $f-f^3$ oder $c-c^4$), die mit Schlägeln angeschlagen werden. Die Klangplatten liegen mit einem Ende auf einem Dämpferfilzstreifen auf, der durch ein Pedal absenkbar ist. Unter den Klangplatten befinden sich unten verschlossene, abgestimmte Röhren als Resonatoren, in deren oberen Enden auf gemeinsamen Wellen Drehklappen rotieren, die durch einen Elektromotor mit regelbarer Drehzahl angetrieben werden. Sie bewirken das typische An- und Abschwellen der Resonanz. Das V. wurde zunächst im Jazz und in der Unterhaltungsmusik verwendet, seit den 1930er-Jahren auch in der Kunstmusik.

Vibrato [von lateinisch vibrare »zittern«]: die rasche Wiederholung von geringen Tonhöhenschwankungen bei Singstimmen, Blasinstrumenten und v. a. Streich- und Zupfinstrumenten mit Griffbrett (auf dem Klavichord ↑Bebung); seit dem 17./18. Jh. als Verzierung in Gebrauch; bei Streichern seit den 1920er-Jahren durch Hinundherwiegen der Fingerkuppe auf der Saite ständiges Ausdrucksmittel (ausdrücklich auch **senza v.**). – ↑auch Tremolo.

Victimae paschali Laudes [lateinisch »dem Osteropfer Lob«]: die Ostersequenz der römischen Liturgie, die zumindest in ihrem Text um 1040 von WIPO VON BURGUND, einem Kaplan Kaiser KONRADS II., geschaffen wurde. Von ihrer liturgischen Verwendung an den Tagen der Osterwoche abgesehen, gewann diese Sequenz v.a. mit ihrem dialogisierenden Teil eine besondere Bedeutung in der Ausbildung des mittelalterlichen Osterspiels.

vide! [lateinisch »siehe!«]: Verweisungszeichen, das z.B. in Partituren verwendet wird, wenn ein Sprung (Auslassung) gemacht werden soll oder kann; dabei steht **vi-** am Anfang und **-de** am Ende der auszulassenden Stelle.

Videoclip [von lateinisch video »ich sehe« und englisch clip »Klammer«, »Streifen«]: ein kurzer Videofilm zu einem Musikstück aus der Pop- und Rockmusik, der von der Musikindustrie in den 1980er-Jahren v.a. zu Werbezwecken produziert wurde, seit den 1990er-Jahren aber zu einer eigenständigen Präsentationsform mit ästhetischem Anspruch in speziellen Musikprogrammen oder -sendern des Fernsehens wurde.

Vierteltonmusik: Musik des 20. Jh., die unter Verwendung von Vierteltönen komponiert wird, d.h. der ein 24-stufiges temperiertes Tonsystem, das durch nochmalige Halbierung der üblichen zwölf Halbtonschritte gewonnen wird, zugrunde liegt. V. dient der Erweiterung der klanglichen oder der melodischlinearen Möglichkeiten. Um 1900 wurden geeignete Tasteninstrumente konstruiert (R. STEIN, W. VON MOELLENDORFF, J. MAGER). A. HÁBA entwickelte außerdem neue Blasinstrumente und brachte so seine V.-Oper »Matka« (»Die Mutter«) 1931 zur Uraufführung. V. tritt u.a. auch bei B. BARTÓK, A. BERG, P. BOULEZ und L. NONO auf. Sie konnte sich nicht als selbstständige Musikart durchsetzen, fand aber eine Fortsetzung innerhalb der elektronischen Musik. – ↑auch Mikrotöne.

vigoroso [italienisch]: energisch, lebhaft, kräftig.

Vihuela [viu'e:la]: spanische Bezeichnung für gestrichene oder gezupfte Saiteninstrumente, im 13.–15. Jh. als **V. de Arco** (Bogen-V.) für Fiedel, im 16. Jh. für Viola da Gamba; bis ins 15. Jh. als **V. de Peñola** (Federkiel-V.) für Chitarra battente (Schlaggitarre); heute regional für Gitarre. Die **V. de Mano** (Hand-V.) ist das spanische Zupfinstrument der Kunstmusik des 15./16. Jh. wie die Laute in Deutschland und Frankreich. Die in ihrem Bau der Gitarre ähnliche V. de Mano hatte fünf bis sieben Saitenchöre, eine nur leichte Flankeneinziehung, schmale Zargen, einen langen, schmalen Hals mit einem Griffbrett mit zehn Bünden und einem schwach abgeknickten Wirbelbrett. Mitte des 17. Jh. wurde die V. von der Gitarre verdrängt.

Villancico [biʎanˈθiko; spanisch, zu mittellateinisch villanus »ländlich«]: eine seit Ende des 15. Jh. bekannte spanische Liedform mit Refrain. Der V. war volkssprachig, mit weltlichem Inhalt und meist drei- oder vierstimmig homophon gesetzt. Neben der mehrstimmigen Form gab es den V. im 16. Jh. auch als Sololied mit Vihuelabegleitung sowie bis ins 18. Jh. als geistliches volkssprachiges Lied. Im 17./18. Jh. bezeichnete V. bei hohen kirchlichen Festen aufgeführte Kantaten; im heutigen spanischen Sprachgebrauch ist V. ein volkstümliches Weihnachtslied.

Villanelle [italienisch, zu villano »derb, bäurisch«] (Villanella): eine im 16. Jh. in Italien (Neapel) aufgekommene mehrstimmige Liedform. Die Texte beschreiben das bäuerlich-ländliche Leben. Die Textform bestand häufig aus einer achtzeiligen Strophe mit dem Reimschema ab ab cc, im 16. und frühen 17. Jh. jeweils erweitert durch eine Refrainzeile. Der zunächst dreistimmige homophone Satz zeichnet sich durch volksliedhafte Melodik, einfache Harmonik und parallele Intervallführung (Quinten) aus. Die musikalische Angleichung an das Madrigal führte Ende des 16. Jh. zur Herausbildung der Kanzonette.

Vina [Sanskrit] (Wina): ein Saiteninstrument, gilt als eines der ältesten, mit der Göttin Sarasvati verbundenen Musikinstrumente Indiens. Der urtümlichere nordindische Typ, auch **Bin** genannt, ist eine Röhrenzither mit zwei an den Enden angebrachten Kalebassen. Die vier

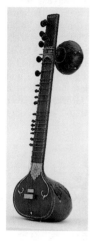

Vina

oder fünf Melodiesaiten aus Draht, neben denen zwei oder drei Bordunsaiten laufen, werden mit den Fingern oder einem Plektron gezupft und über 24 hohen Bünden abgegriffen. Die südindische V. ähnelt dem heute beliebteren Sitar, hat einen breiten, an einem halbkugelförmigen Korpus angesetzten Hals, nur eine am Oberende angehängte Kalebasse sowie vier Melodie- und drei Bordunsaiten.

Viola [italienisch]: im romanischen Sprachbereich im Mittelalter Bezeichnung für das bogengestrichene Saiteninstrument; darauf zurückgehend Sammelname für die beiden im Abendland seit dem 16. Jh. führenden Familien von Streichinstrumenten: die in Kniehaltung gespielten Instrumente der V.-da-Gamba-Familie (kurz Gambenfamilie, ↑Viola da Gamba) und die in Armhaltung gespielten Instrumente der V.-da-Braccio-Familie (kurz Violinfamilie, ↑Viola da Braccio). Die V. sind den im 16. Jh. in Italien verbreiteten Liren verwandt (Form des Korpus, Stimmung in Quinten).

Heute bezeichnet V. (Abk. Va) ohne Zusatz speziell das Altinstrument der Violinfamilie (deutsch **Bratsche**, französisch seit Ende des 18. Jh. **Alto**). Die V. besitzt vier in Quinten gestimmte Saiten ($c-g-d^1-a^1$) und steht damit eine Quinte unter der Violine und eine Oktave über dem Violoncello. Anatomisch (durch die Armhaltung) bedingt ist bei einer Korpuslänge von 40–42,5 cm und einer Zargenhöhe von 3,8 cm der geringe Größenunterschied zur Violine und der große zum Violoncello. Durch den für die tiefe Lage zu kleinen Resonanzkörper entsteht der für die V. typische gedeckte Klang, bei schlechten Instrumenten stark näselnd, bei guten reizvoll samtartig. Der Widerspruch zwischen Armhaltung und Größe des Korpus hatte und hat ständig konstruktive Experimente zur Folge: Im 17. Jh. baute man die besonders große ↑Viola tenore zur Ausführung der wichtigen tieferen Mittelstimmen, im 18. Jh. genügten kleinere, bequemere Instrumente (Länge 38 cm) für die lediglich klangfüllende Funktion der V. Gleichzeitig versuchte man, durch eine fünfte Saite (e^2) den obersten Klangbereich der Violine dazuzugewinnen (spätestes Instrument dieses Typs ist H. RITTERS ↑Viola alta).

Von ihrer untergeordneten Rolle als Füllinstrument löste sich die V. ab der zweiten Hälfte des 18. Jh. und speziell in der Kammermusik der Wiener Klassik. Seitdem gibt es eine bedeutende solistische Literatur.

Viola alta [italienisch »hohe Geige«]: eine 1872–75 von dem Bratscher H. RITTER konstruierte Altvioline mit der Stimmung $c-g-d^1-a^1$, die sich von der normalen Viola (Bratsche) durch ein größeres Korpus (Länge bis 48 cm) unterscheidet. Aus akustischen Gründen hatte RITTER ein Instrument geplant, das zur Violine in einem Größenverhältnis von 3:2 stehen sollte, beschränkte sich aber aus anatomischen Gründen (Arm-

Viola bassa

haltung) auf das Verhältnis 4:3, sodass die V. a. in der Größe der Viola medicea (↑Viola tenore) A. STRADIVARIS entspricht. 1898 fügte RITTER eine fünfte Saite (e^2) hinzu.

Viola bassa [italienisch »tiefe Geige«]: das tiefste Instrument in der von H. RITTER vorgeschlagenen Anordnung des Streichquartetts, das die Stimmung des Violoncellos hat, aber doppelt so groß wie die Viola alta ist.

Viola bastarda [italienisch »von der Norm abweichende Geige«]: ein Ende des 16. bis Anfang des 18. Jh. gebräuchliches sechssaitiges Streichinstrument der Viola-da-Gamba-Familie in Tenor-Bass-Lage, das mit einer besonderen Verzierungstechnik gespielt wird. In ihren verschiedenen Stimmungen war die V. b. anfangs der ↑Lira ähnlich (Quinten und Quarten), später der ↑Viola da Gamba (Quarten und eine Terz).

Viola da Braccio [- ˈbrattſo, italienisch »Armgeige«]: Sammelname für die im zweiten Drittel des 16. Jh. aufkommenden Streichinstrumente der Violinfamilie, im engeren Sinne Bezeichnung für das Altinstrument ↑Viola (deutsch Bratsche). Die V. da B. wird mit Obergriff-Bogenhaltung gespielt und (mit Ausnahme des Tenor-Bass-Instruments, des Violoncellos) auf dem Arm gehalten, im Unterschied zu den in Kniehaltung gespielten Instrumenten der Viola-da-Gamba-Familie.

Viola da Gamba [italienisch »Beingeige«] (Gambe, Kniegeige): im 16.–18. Jh. Bezeichnung für die Familie von Streichinstrumenten, die sitzend in Kniehaltung und mit Untergriff-Bogenhaltung gespielt werden (auch Violen- oder Gambenfamilie genannt). Die ältesten erhaltenen Instrumente vom Anfang des 16. Jh. zeigen z. T. noch primitive, an Fiedel und Rebec erinnernde Umrisse. Die Normalform des Korpus hat abfallende Schultern (wie der Kontrabass), hohe Zargen, Decke und Boden ohne Randüberstand, flachen, zum Hals hin abgeschrägten Boden und meist c-förmige Schalllöcher. Die sechs Darmsaiten sind in Quarten mit einer Terz in der Mitte gestimmt, das Griffbrett ist mit sieben im Abstand von chromatischen Halbtönen liegenden Bünden aus Darmsaiten umwickelt (ähnlich dem der Laute). Speziell bezeichnet V. da G. (Gambe) das Instrument in Tenor-Bass-Lage mit der Stimmung D–G–c–e–a–d^1 (im 17./18. Jh. in Frankreich Basse de Viole oder einfach Viole, häufig mit siebter Saite $_1$A). Die V.-da-G.-Familie umfasste ferner Diskant- (d–g–c^1–e^1–a^1–d^2) sowie Alt- und Tenorinstrumente (diese unterscheiden sich nur durch ihre Größe, sind aber gleich gestimmt: A–d–g–h–e^1–a^1 oder einen Ton tiefer).

Viola da Gamba

Die V. da G. kam gegen Ende des 15. Jh. in Spanien auf und verbreitete sich schnell in Italien und im übrigen Europa. Sie war im 16.–17. Jh. das wichtigste

Streichinstrument der Ensemblemusik und wurde bis ins 18. Jh. (u.a. J. S. BACH) auch solistisch verwendet.

Viola d'Amore [italienisch »Liebesgeige«]: ein im Barock beliebtes, wahrscheinlich aus England stammendes Instrument der Viola-da-Gamba-Familie in Altlage von etwa gleicher Größe wie die ↑Viola (Bratsche) mit 5–7 Saiten aus Darm oder Messing und 7–14 unter dem Griffbrett verlaufenden, metallenen Resonanzsaiten mit variabler Stimmung (oft in Dur- oder Mollakkorden, Viola-da-Gamba-Stimmung oder violinmäßig in Quinten). Das silbern klingende Instrument ist bundlos und wird in Armhaltung gespielt.

Viola da Spalla [italienisch »Schultergeige«]: ein Tenor-Bass-Instrument der Viola-da-Braccio-Familie aus der Zeit um 1700 mit 4–6 Saiten. Sie wurde wie die Viola pomposa mit einem Tragband auf der Schulter befestigt.

Viola pomposa [italienisch »prächtige Geige«]: eine etwa 1725–70 gebräuchliche fünfsaitige ↑Viola da Braccio in Alt-Sopran-Lage und der Stimmung c–g–d^1–a^1–e^2 (d.h. eine Bratsche mit zusätzlicher e^2-Saite), die auf dem Arm gehalten und ferner mit einem über die Schulter gelegten Tragband befestigt werden konnte. Als **Violino pomposo** wurde eine Violine mit zusätzlicher c-Saite bezeichnet.

Viola tenore [italienisch]: ein Tenorinstrument der Viola-da-Braccio-Familie, mit gleicher Stimmung wie das Altinstrument (c–g–d^1–a^1), aber mit größerem Korpus, d.h. eigentlich eine große Viola (Bratsche). Das bekannteste erhaltene Instrument ist A. STRADIVARIS Viola medicea (1690) mit einer Länge von 47,8 cm und einer Zargenhöhe von 4,3 cm. – Das 1905 von H. RITTER vorgeschlagene Tenorinstrument (V.t. oder Tenorgeige) der Violinfamilie liegt eine Oktave unter der Violine und hat deren doppelte Größe.

violento [italienisch]: heftig, gewaltsam, stürmisch.

Violetta [italienisch, Verkleinerungsform von Viola]: im 16. Jh. Bezeichnung für verschiedene Instrumente der Viola-da-Gamba- und der Viola-da-Braccio-Familie, im 18. Jh. für die Viola (Bratsche).

Violine [italienisch, Verkleinerungsform von Viola] (Geige, italienisch Violino, französisch Violon, englisch Violin), Abk. V: das Diskantinstrument der modernen Streichinstrumentenfamilie vom Viola-da-Braccio-Typus (neben ↑Viola und ↑Violoncello). Die Form der V., die Elemente der mittelalterlichen Fiedel, des Rebec und der Lira in sich vereinigt, stand spätestens um 1560 fest (V. von A. AMATI und G. DA SALÒ). Ihre grundsätzliche Konstruktion hat sich seit dem 17. Jh. (A. GUARNERI, A. STRADIVARI) bis auf einige Maßnahmen zur Vergrößerung des Klangvolumens nicht verändert.

Die V. besteht aus einem in der Mitte eingezogenen Resonanzkörper (Korpus), dem angesetzten Hals mit bundlosem Griffbrett (aus Ebenholz) und dem in die Schnecke auslaufenden Wirbelkasten mit den seitlichen Stimmwirbeln. Das Korpus besteht aus zwei leicht gewölbten Platten, der Decke aus Fichtenholz mit zwei f-förmigen Schalllöchern und dem Boden sowie den Zargen (beides aus Ahornholz). Das Holz ist nach dem Spiegel geschnitten, die Wölbungen werden aus dem vollen Holz gehobelt. Aus Symmetriegründen sind die Decke und der Boden zumeist hälftig aus zwei Teilen in Längsrichtung verleimt. Wölbung und seitlicher Randüberstand von Decke und Boden erhöhen die Druckfestigkeit des Korpus (Konstruktionsunterschied zu den Instrumenten der Viola-da-Gamba-Familie). Der Lack beeinflusst die Klangeigenschaften und schützt das Instrument vor Feuchtigkeit. Die vier in Quinten gestimmten Saiten (g–d^1–a^1–e^2) aus Darm oder heute häufiger aus Stahl oder metallumsponnenem Kunststoff laufen von den Wirbeln über den Sattel und den zweifüßigen Steg aus

Hartholz zum beweglichen, an der Zarge befestigten Saitenhalter. Akustische und statische Funktion haben Stimmstock und Bassbalken. Der Stimmstock, ein 3–5 mm dickes Holzstäbchen, ist in der Nähe des Diskantstegfußes zwischen Boden und Decke angebracht. Dadurch wird ein Einsinken der Decke unmittelbar beim Steg verhindert; außerdem bildet das obere Ende des Stimmstocks auf der schwingenden Decke einen ruhenden Punkt und bestimmt durch seine Position die Bewegungsfreiheit der beiden Stegfüße. Der unterhalb der tiefsten Saite leicht schräg verlaufende Bassbalken erhöht nicht nur die Tragfähigkeit und Spannung der Decke, sondern sorgt auch für eine gute Verbreitung der tieffrequenten Schwingungen auf der ganzen Deckenfläche. Die Tonerzeugung erfolgt durch Streichen der Saiten mit einem in Obergriffhaltung geführten Bogen. Daneben werden die Saiten auch gezupft (pizzicato).

Die V. ist eines der wichtigsten Instrumente der Orchester- und Kammermusik. 1610 erschien die erste Violinsonate, in der begleiteten Solo- und Triosonate war die V. das vorherrschende Instrument. Aus dem Concerto mit solistischer V. wurde Anfang des 18. Jh. das Violinkonzert; in der zweiten Hälfte des 18. Jh. entstanden Klaviersonaten mit begleitender V., aus denen sich die klassische Violinsonate mit vollgültigem Violinpart entwickelte. Im späten 18. und im 19. Jh. widmeten sich auch Komponisten, die keine Geiger waren, dem Violinkonzert, das bis heute eine der bedeutendsten Gattungen des ↑Konzerts ist.

Violino piccolo [italienisch »kleine Violine«]: im 17./18. Jh. eine kleine Violine, eine Quart (seltener eine Terz) höher als die normale Violine gestimmt, daher auch Terz- oder Quartgeige genannt. V. p. hieß auch die Pochette in Violinform.

Violinschlüssel: in der Notenschrift

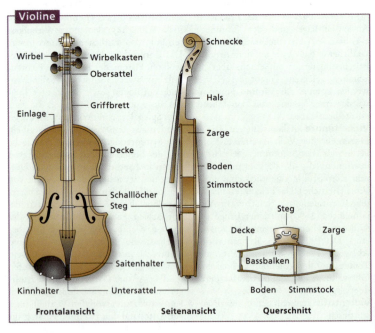

Violine

der G-Schlüssel auf der zweiten, früher auch auf der ersten (**französischer V.**) Notenlinie.

Violon [vjɔˈlɔ̃]: französische Bezeichnung für ↑Violine, im 18. Jh. in Deutschland auch Bezeichnung für den Kontrabass.

Violoncello [vi̯olɔnˈtʃɛlo; italienisch, Verkleinerungsform von Violone] (deutsche Kurzform: Cello), Abk. Vc: das im 16. Jh. entstandene Tenor-Bass-Instrument der Violinfamilie (↑Viola da Braccio) mit der Stimmung C–G–d–a, das ursprünglich zwischen den Knien gehalten und seit 1860 auf den Stachel gestützt und mit dem Bogen in Obergriffhaltung gespielt wird. Neben dem V. gab es im 16./17. Jh. ein weiteres Bassinstrument der Viola-da-Braccio-Familie mit etwas größerem Korpus und der Stimmung $_1$B–F–c–g. In Italien wurde es um die Mitte des 17. Jh. verdrängt, blieb aber in Frankreich als **Basse de Violon** bis Anfang des 18. Jh. vorherrschend. Die Mensur des heutigen V. legte A. STRADIVARI um 1710 fest, mit 75–65 cm Korpuslänge und 11,5 cm Zargenhöhe. Danach wurden zahlreiche ältere Tenor-Bass-Instrumente des Violin- und des Gambentyps umgebaut. Eine Sonderform des V. ist das von J. S. BACH verwendete fünfsaitige **V. piccolo** (C–G–d–a–e^1) mit geringer Zargenhöhe (8 cm), das sich von der Viola pomposa nur durch die Spielhaltung unterscheidet.

Das V. war zunächst auf die Rolle des Bassinstruments beschränkt; gegen Ende des 17. Jh. kam eine solistische Literatur auf; im 18. Jh. blühten die Cellosonate mit Continuo und das Cellokonzert. Seit dem 18. Jh. ist das V. fester Bestandteil des Orchesters und ein beliebtes Kammermusikinstrument. V.a. im 19. und 20. Jh. wurden für das V. eine Vielzahl anspruchsvoller konzertanter und rein solistischer Werke geschrieben.

Violone [italienisch »große Viola«]: im 16./17. Jh. Bezeichnung für die Bassinstrumente der Violinfamilie (Violoncello) oder der Viola-da-Gamba-Familie (Bass-Viola-da-Gamba); seit dem 18. Jh. allgemein Bezeichnung für die in ihrer Stimmung unter dem normalen Bassinstrument liegenden, großen Instrumente (Kontrabass).

Violoncello

Virelai [virˈlɛ; französisch] (Chanson baladée): eine französische Liedform des 13.–15. Jh., ein Tanzlied mit Refrain. Das V. beginnt mit einem vierzeiligen, später auch nur einzeiligen Refrain; es folgt eine dreiteilige Strophe, deren dritter Teil dem Refrain formal und musikalisch entspricht. Meist folgen zwei weitere Strophen dieser Art. Vers- und Reimformen sind frei. Ein V. aus nur einer Strophe wird als **Bergerette** bezeichnet. Das V. begegnet einstimmig (GUILLAUME DE MACHAULT) oder im Kantilenensatz (ähnlich Ballade und Rondeau).

Virga [lateinisch]: ↑Neumen.

Virginal [eventuell von lateinisch virga

Virginalbuch

»Stab«]: eine im 16. und 17. Jh. verbreitete Kleinform der Kielinstrumente, im Unterschied zum ↑Spinett in länglich rechteckiger Kastenbauweise mit einspringender Klaviatur an der vorderen Längsseite. Die mechanische Anlage ist im Wesentlichen gleichartig mit der des italienischen Spinetts. Der Tonumfang beträgt selten mehr als vier Oktaven (mit kurzer Oktave).

Virginalbuch: Sammlung von Virginalmusik. Am wertvollsten ist das »Fitzwilliam virginal book« (1609–19) mit etwa 300 Stücken von den Virginalisten sowie das »Lady Nevill's book« (1591). Das V. enthält neben Intavolierungen von Vokalwerken, Präludien, Fantasien, Tänzen v. a. Variationen über Ostinatobässe (↑Ground) und bekannte Lieder.

Virginalisten: englische Komponisten der Elisabethanischen Zeit (vor und nach 1600), die – neben Orgel- und Vokalmusik – Werke für Virginal schrieben und dabei erstmals eine spezielle Satz- und Spielweise für ein besaitetes Tasteninstrument entwickelten, u. a. J. Bull, W. Byrd, G. und R. Farnaby, O. Gibbons, T. Morley.

virtuelle Töne (Residualtöne): durch das Gehör in Klängen, Klanggemischen oder allgemeinen Schallereignissen subjektiv wahrgenommene Töne, deren empfundene Intensität sich nicht auf die Stärke eines Teiltons im Schallspektrum zurückführen lässt oder deren Tonhöhe einem im Schallspektrum gar nicht vertretenen Sinuston entspricht. Nach neueren Erkenntnissen gibt es zwei fundamental verschiedene Arten der Tonhöhenempfindung, nämlich die der Spektraltonhöhe (Hören eines Teiltons) und die der **virtuellen Tonhöhe,** wobei die Empfindung der virtuellen Tonhöhe im täglichen Leben überwiegt; bei vorherrschender Tonhöhe unterhalb etwa 500 Hz (zweigestrichenes c) ist sie geradezu die Regel. – Beispiele für v. T. sind der virtuelle Bass beim Lautsprecher, der so genannte akustische Bass bei der Orgel, der Schlagton der Glocke oder der Grundton der G-Saite der Violine, der praktisch nicht abgestrahlt wird. – ↑auch Kombinationstöne.

Virtuose [italienisch virtuoso »fähig«, »tüchtig«]: im 16./17. Jh. in Italien Bezeichnung für einen bedeutenden Gelehrten oder Künstler. Im frühen 18. Jh. verengte sich die Bedeutung in Deutschland und der Begriff bezeichnete einen durch außergewöhnliche theoretische, kompositorische oder praktische Leistungen sich auszeichnenden Musiker. Seit etwa 1740 werden nur noch hervorragende praktizierende Musiker (v. a. Solisten) V. genannt. Gleichzeitig erhält die Bezeichnung auch einen abschätzigen Sinn. Der positive Begriff des V. ist am Ideal des ausdrucksvollen Vortrags und an der Idee der Werkinterpretation orientiert. Der zwar technisch perfekte, aber ausdruckslose Vortrag des V. wird dagegen kritisiert.

vite [vit; französisch] (vitement): schnell, rasch.

vivace [viˈvaːtʃe; italienisch »lebhaft«]: seit der zweiten Hälfte des 17. Jh. gebräuchliche Tempovorschrift in der Musik, auch in Zusammensetzungen wie **allegro v., andante v.** L. van Beethoven verwendet auch den Superlativ **v. assai, vivacissimo,** sehr lebhaft.

Vivaldi, Antonio Lucio, italienischer Komponist und Violinist, *Venedig 4. 3. 1678, † Wien 28. 7. 1741: V. wurde von seinem Vater im Violinspiel unterrichtet, erhielt V. 1703 die Priesterweihe und wurde im gleichen Jahr Violinmeister (ab 1716 Konzertmeister) am Konservatorium »Ospedale della Pietà«, einem der für die Musikausbildung und -pflege damals weithin gerühmten Waisenhäuser Venedigs, dem er lebenslang verbunden blieb. Den europaweit gefeierten Violinvirtuosen führten zahlreiche Reisen nach Rom, wo er 1723–25 lebte, Wien, Prag und Amsterdam, hauptsächlich zu Aufführungen seiner Opern, von denen sich 16 (von insgesamt 46) vollständig erhalten haben.

V.s Kompositionen waren in Vergessenheit geraten und sind erst in den 1920er-Jahren dank zweier größerer Musikalienfunde wieder entdeckt worden. Heute gehören viele seiner insgesamt rund 450 überlieferten Instrumentalkonzerte (220 für Violine solo, 45 Doppelkonzerte und 22 Kammerkonzerte mit bis zu sechs Solisten) zum unverzichtbaren, bisweilen allerdings überstrapazierten Bestand des Konzertrepertoires, etwa die Konzertzyklen »L'estro armonico« (1711), von dessen Konzerten J. S. BACH voller Bewunderung einige bearbeitet hat, und »La stravaganza« (1714), besonders aber »Le quattro stagioni« (»Die vier Jahreszeiten«, 1725), das in mittlerweile schier unzähligen Versionen zur allgegenwärtigen Berieselungsmusik zu verkommen droht. V.s durchweg dreisätzige Konzerte (Allegro–Adagio–Allegro) haben wesentlich zur Entwicklung der Solokonzertform beigetragen. Seine 44 Streicherkonzerte (ohne Soloinstrument) gelten als Frühform der Sinfonie. Trotz der z. T. kühnen Harmonik wurde häufig die stilistische Gleichförmigkeit seiner Werke kritisiert, die u. a. auf dem durchgehend anzutreffenden Wechselspiel zwischen Tutti-Ritornell und Soli beruht und z.B. I. STRAWINSKY zu dem Urteil veranlasste, V. habe letztlich nur ein Konzert komponiert, dies aber in 600facher Ausfertigung.

vivo [italienisch]: lebhaft.

Vocalise [französisch]: ↑Vokalise.

Voce ['vo:tʃe; italienisch]: italienische Bezeichnung für Singstimme; **V. alta**, hohe (auch laute) Stimme; **V. bassa**, tiefe (auch leise) Stimme. – ↑auch colla voce, mezza voce, sotto voce.

Voces aequales [lateinisch »gleiche Stimmen«]: in der Chormusik des 16.–19. Jh. die Besetzung entweder nur mit Männer- oder mit Frauen- bzw. Kinderstimmen.

Vocoder ['voʊkoʊdə; englisch, Kurzwort aus **vo**ice **coder**]: ein Gerät zur künstlichen Spracherzeugung. Beim Musik-V. ist dabei die Sprachverständlichkeit meist nicht sonderlich wichtig, sondern vielmehr die Sprachähnlichkeit des erzeugten Klangs. Oft dient der V. dazu, natürliche Sprache in künstliche umzuwandeln, oder zur Erzeugung von Vokalen, Zisch- und Explosivlauten.

Antonio Vivaldi

Voix mixte ['vwa 'mikst; französisch »gemischte Stimmen«]: die Mischung aus Brust- und Kopfstimme, die v.a. für zarte Tongebung in den höheren Lagen der Männerstimme wichtig ist.

Vokalise (französisch Vocalise): ein Gesangsstück mit oder ohne Begleitung, das nur auf einen oder mehrere Vokale gesungen wird; zunächst als Übungsstück im Gesangsunterricht, seit dem 19. Jh. auch kompositorisch verwendet, u.a. von L. SPOHR, G. FAURÉ, I. STRAWINSKY, A. SCHNITTKE, M. KAGEL.

Vokalmusik: die von Singstimmen solistisch oder chorisch, ein- oder mehrstimmig, mit oder ohne Begleitung von Instrumenten ausgeführte Musik. Sie ist im Unterschied zur Instrumentalmusik stets an Sprache gebunden. Im Laufe ihrer Geschichte wurde sie teils mehr von sprech- und prosaähnlichem Deklamieren, teils mehr von ausgreifender Entfaltung des Singens geprägt. Bereits im ↑gregorianischen Gesang mit seinen

Volkslied

syllabischen und melismatischen Teilen ist diese Gegensätzlichkeit vorhanden. Mit dem Aufkommen der Mehrstimmigkeit im 9. Jh. entfaltete sich die V. zunehmend und erreichte nach ihrer Ausprägung in der frankoflämischen Vokalpolyphonie (↑niederländische Musik) im »klassischen« Vokalstil PALESTRINAS mit seiner vollkommenen Ausgewogenheit des sanglichen und klanglichen Moments ihren Höhepunkt. Eine eigenständige Instrumentalmusik dagegen entwickelte sich erst im 16. Jh. durch die Übertragung vokaler Kompositionsweisen auf die Instrumente. Das um 1600 aufkommende Concerto-Prinzip setzte schließlich die eigentliche Trennung von Vokal- und Instrumentalstil durch. V. konnte nun instrumental konzipiert (wie z. B. bei J. S. BACH) und Instrumentalmusik stark vom Kantablen (wie z. B. in der Wiener Klassik) beeinflusst sein. In der Musik seit 1950 gibt es Bestrebungen (G. LIGETI, D. SCHNEBEL), die V. vom Text zu lösen und u. a. auch mit Mitteln der elektronischen Verfremdung der instrumentalen Expression anzunähern.

Volkslied: Liedgut bestimmter regionaler oder sozialer Volksgemeinschaften. Schon durch die nationalsprachlichen Texte, aber auch durch spezifische, von Tradition und Sprache geprägte musikalische Wendungen hat das V. trotz internationaler Gleichheit vieler Themen und Motive sowie Ähnlichkeit von Formungsprinzipien einen stark nationalen Charakter.

J. G. HERDER prägte den Begriff V. 1773 als Lehnübersetzung des englischen »popular song«, der die bis dahin gebräuchlichen Begriffe wie Gassenhauer, Straßenlied, Bergreihen, Reuterliedlein ersetzte. Er bezeichnete also weniger eine neue Sache als vielmehr eine neue Wertung der literarisch-musikalischen Gattungen, die als Gegenposition zur zeittypischen Gelehrten- und Individualpoesie verstanden wurden. Die romantische Auffassung von der anonym-kollektiven Produktion durch einen schöpferischen Volksgeist ist allerdings heute widerlegt. Entscheidend ist nicht die Kollektivität der Produktion – viele Lieder haben einen namentlich bekannten Verfasser –, sondern die der Verbreitung, die mit einer aktiven Aneignung, Überlieferung und Umformung (Umsingen, Zersingen) einhergeht.

Die Überlieferung des V. begann im Spätmittelalter in handschriftlichen, später in gedruckten Liederbüchern. Was heute zum V. gerechnet wird, ist im Wesentlichen durch die großen Sammlungen des 19. Jh. entschieden worden, u. a. durch die von A. VON ARNIM und C. BRENTANO (»Des Knaben Wunderhorn«, 3 Bände, 1806–08), wobei diese Sammlungen weithin durch eine romantische Verklärung des V. geprägt sind und sowohl derb-erotische wie politisch-realitätsbezogene Lieder als »unanständig« ausgeschieden wurden. Ein verengtes und gerade in Deutschland konservativ-ideologisch aufgeladenes Bild bestimmte auch die V.-Pflege in Schule, Kirchen und Vereinen sowie die Wiederbelebung in der musikalischen Jugendbewegung (Wandervogel) nach 1900. V. a. seit 1945 aber weitete sich, auch in Auseinandersetzung mit internationalen Ausprägungen von V. und V.-Forschung, der Blick, der nunmehr die wirkliche Fülle von Themen und Inhalten, textlichen und musikalischen Mitteln sowie Trägerschichten von V. erfasst.

Volksmusik: vokal (Volkslied) und/oder instrumental (Volkstanz) ausgeführte Musizierformen und -praktiken unterschiedlicher ethnischer und sozialer Gruppen. V. wird in der Regel von Laien ausgeführt und nicht schriftlich fixiert. Mündliche Überlieferung und auditive, d. h. auf Nachahmung basierende Vermittlung bedingen willkürlich und unwillkürlich vorgenommene Veränderungen der Musizierformen im Überlieferungsprozess (z. B. durch individuellen Vortragsstil oder lückenhaftes Gedächtnis bei den Musizierenden) und Stereotype (z. B. durch Ausbildung von Spielfiguren zum leichteren Erlernen von Instrumentalmusik). Ihre wichtigste Funktion hat V. beim Vollzug gruppengebundenen Lebens (Tanz, Fest, Brauchtum, Kult). Sie wird auf einfachen bis hoch differenzierten Musikinstrumenten (darunter spezifische V.-Instrumente wie Fiedel, Akkordeon, Dudelsack) ausgeführt und setzt bei Spielern höher entwickelter Instrumente eine gewisse Professionalität voraus. Von einer kontinuierlichen Entwicklung im Sinne der Kunstmusik, d.h. einer fortschreitenden Differenzierung der musikalischen Formen und Strukturen, oder einem Geschichtsbewusstsein lässt sich bei der V. nicht sprechen, da das musikalische Denken und Handeln ihrer Träger nicht theoriebezogen ist. Wichtig für die Neuerungen in der V. sind die stilistischen Einflüsse, die sie von der Kunstmusik empfängt, während sich diese wiederum bewusst Elemente der V. aneignet, umformt und weiterentwickelt.

Da das sammlerische und wissenschaftliche Interesse an der V. erst gegen Ende des 18. Jh. (zunächst nur beim ↑Volkslied) einsetzte, sind Aufzeichnungen im Vergleich zu schriftlich notierter Kunstmusik nur in geringem Umfang vorhanden, Belege oft nur indirekt aus Quellen mehrstimmiger Musik, aus musikliterarischen oder bildlichen Zeugnissen zu ermitteln. Wissenschaftliche Sammelinteressen, Massenmedien und der Ausbau der Bildungseinrichtungen haben im 19. und 20. Jh. wesentlich auf die volksmusikalischen Traditionen eingewirkt; die mündliche Überlieferung der nun durch schriftliche oder phonographische Aufzeichnung beliebig reproduzierbaren V. wurde weitgehend eingeschränkt, die Rezipienten wurden vielfach zu reinen Konsumenten. Mit dem Schwinden folkloristischer Traditionen (wie bestimmten Bräuchen) wird die V. heute vielfach von professionellen Ensembles reproduziert. Diese dem Folklorismus zugehörige, auch **volkstümliche Musik** genannte Erscheinung deckt, kommerziell genutzt, weite Bereiche des Musikmarktes ab und bestimmt weitgehend das Bild gegenwärtiger V. Im Gegensatz zur professionell-kommerziellen Pflege von V. beschränkt sich die von Laien geübte Musik auf vereinsmäßig organisierte Gruppen (Trachtenkapellen, Gesangvereine usw.), deren Repertoire jedoch auch überwiegend aus Bearbeitungen von V. oder arrangierter Kunstmusik besteht. Die wissenschaftliche Erforschung der europäischen und außereuropäischen V. ist Gegenstand der ↑Musikethnologie.

Volkstanz: Bezeichnung des 18. Jh. für Tänze des niederen Volkes, im Gegensatz zu denen der höheren Gesellschaft (↑Gesellschaftstanz) und zum Bühnentanz (↑Ballett). V. wurden bei festlichen und geselligen Anlässen mit instrumentaler oder vokaler Begleitung getanzt und durch direkte Tradition weitergegeben. In Europa und den kulturell vergleichbaren außereuropäischen Ländern ist er durch eine Vielfalt der brauchtümlichen und soziologischen Bindungen, der Alters- und Entwicklungsstufen und Formen gekennzeichnet. Seiner Funktion nach wird er in vier Gruppen eingeteilt: 1) Brauchtumstänze (z.B. Bandeltanz um den Maibaum, Tänze zur Fastnacht), 2) Geschicklichkeitstänze (z.B. Eiertanz, Schwerttanz), 3) Werbetänze (z.B. Ländler, Schuhplattler), 4) Geselligkeitstänze (z.B. Countrydance, Squaredance). Zu den ältesten Formen gehören die Reigen und Rundtänze. Seit dem 15. Jh. begann die sachliche Trennung von Volks-, Gesellschafts- und Bühnentanz, die sich jedoch ständig wechselseitig beeinflussten. V. wurden zu Gesellschaftstänzen (wie Bourrée, Passepied) und in die Kunstmusik übernommen, veraltete Gesellschaftstänze (wie Mazurka, Polka, Rheinländer) lebten als V. weiter; auch der Bühnentanz nahm ständig Anregungen vom V. auf. In seiner ursprünglichen Form verfiel der V. im Laufe des 19. Jh. in Mitteleuropa gänzlich und hat sich nur in Randgebieten vereinzelt erhalten (z.B. Sirtaki in Griechen-

volles Werk

land, Sardana in Katalonien). Bereits Ende des 19. Jh. setzte mit der Gründung der Folk Dance Society (1893) die V.-Pflege ein. Heute wird V. vorwiegend in V.-Gruppen auch bei internationalen V.-Treffen sowie in staatlichen V.-Ensembles zur Bewahrung von Tradition, zur Geselligkeit oder als folkloristische Vorführkunst betrieben.

volles Werk: ↑Organo pleno.

Volta [italienisch »Mal«, »Umdrehung«]: ein aus der Provence stammender höfischer Paartanz in schnellem Dreiertakt, in der zweiten Hälfte des 16. Jh. bis Anfang des 17. Jh. sehr verbreitet. Charakteristisch sind ausgelassene Sprünge und Drehungen bei engem Kontakt der Partner.

volti subito [italienisch], Abk. v. s.: wende (das Notenblatt) schnell um!

Vorausnahme: ↑Antizipation.

Vordersatz: innerhalb einer achttaktigen Melodie die ersten vier Takte einer ↑Periode, die vom Nachsatz beantwortet werden.

Vorhalt: im mehrstimmigen Satz ein harmoniefremder, dissonanter Ton auf betontem Taktteil anstelle des akkordeigenen Tons sowie die verzögerte Auflösung in diesen Ton (meist durch einen

Vorhalt: von links: vorbereiteter, halbfreier und freier Vorhalt

Sekundschritt). Ein V. kann in einer oder in mehreren Stimmen gleichzeitig erscheinen. Der V. ist **vorbereitet (gebunden)**, wenn der V.-Ton aus einem vorhergehenden Akkord festgehalten wird, **halbfrei**, wenn er in einer anderen Stimme des vorausgehenden Akkords enthalten ist, **frei**, wenn er mit einem neuen Akkord als neuer (dissonanter) Ton eintritt. Im strengen Satz ist nur der vorbereitete V. regelrecht.

Vorschlag (italienisch Appoggiatura): eine Verzierung, die aus dem Einschub von einem oder mehreren Tönen zwischen zwei Melodietönen besteht und meist von der Unter- oder Obersekunde zur Hauptnote geführt wird. Der **lange V.** verkürzt die Hauptnote um die Hälfte ihres Werts, bei punktierten Noten um

Vorschlag: langer (oben) und kurzer Vorschlag

zwei Drittel (oder ersetzt sie ganz). Der lange V. wird gewöhnlich »auf den Schlag« und meist von der Obersekunde ausgeführt. Der **kurze V.** kann »auf den Schlag« (Verkürzung der Hauptnote) oder (seit etwa 1850) meist »vor dem Schlag« (Verkürzung der vorangehenden Note) ausgeführt werden. Besondere Formen des V. sind Doppel-V. (↑Anschlag) und ↑Schleifer. – ↑auch Nachschlag.

Vorspiel: die instrumentale Einleitung eines Musikstücks, die vorbereiten und einstimmen soll (auch Anteludium, Präludium); insbesondere die Orchestereinleitung, die R. WAGNER in Abkehr von der in sich abgeschlossenen ↑Ouvertüre ab »Lohengrin« (1850) seinen Musikdramen vorangehen ließ. Merkmal des V. ist die organische Einbeziehung in das Drama entweder als Eröffnung der 1. Szene (»Der Ring des Nibelungen«) oder als ausgebreitete Darstellung des Hauptgehalts des Ganzen (»Tristan und Isolde«). Auch die einzelnen Akte einer Oper können durch V. eingeleitet werden. Auch G. VERDI versah ab etwa 1850 seine Opern mit V., die er Preludio nannte, verzichtete im Spätwerk jedoch auf die Einleitung.

Vortanz: in der Tanzmusik vom Mittelalter bis ins 17. Jh. ein langsamer, gravitätischer geradtaktiger Schreittanz, dem der schnelle ↑Nachtanz folgt. V. waren

u. a. Basse Danse, Passamezzo, Pavane, Allemande.

Vortragsbezeichnungen: Zusätze des Komponisten oder eines Bearbeiters zum Notentext in Form von Wörtern, Abkürzungen oder besonderen Zeichen, die den Charakter der Komposition und ihre Ausführung durch Angaben über Tempo (und Agogik), Lautstärke (Dynamik), Affekt, Artikulation, Spieltechnik (Anschlag, Bogenführung) oder Phrasierung näher bestimmen. Seit dem frühen 17. Jh. wurden, ausgehend von Italien, V. zunächst innerhalb der Sätze beim Tempo- und Lautstärkewechsel, dann auch am Satzanfang angewendet. Daneben entstand in Frankreich ein umfangreiches Vokabular für den Affektgehalt der Musik. In Deutschland wurden die italienischen und französischen V. übernommen. In immer größerer Zahl traten V. seit etwa 1750 mit dem Übergang zur Klassik auf, da die Komponisten den von ihnen angestrebten Ausdrucksgehalt der Musik zunehmend festzuschreiben suchten (↑historische Aufführungspraxis).

Vorzeichen (Versetzungszeichen, Akzidenzien): Zusatzzeichen vor ↑Noten, die die chromatische Veränderung eines Tons oder die Aufhebung derselben anzeigen. Das Kreuz (♯) erhöht um einen Halbton, das Doppelkreuz (𝄪) um zwei Halbtöne; B (♭) erniedrigt um einen Halbton, Doppel-B (𝄫) um zwei Halbtöne; das Auflösungszeichen (♮) hebt bisherige Erhöhung oder Erniedrigung auf. Die drei Haupt-V. (♯, ♭, ♮) entstanden aus den verschiedenen Schreibungen des Tonbuchstabens ↑B. Erst seit dem 17. Jh. werden in der Notenschrift alle V. notiert. Die gleichschwebende Temperatur und damit die Verwendbarkeit des Quintenzirkels seit etwa 1700 erforderte die V. Doppelkreuz und Doppel-B. Seit der Einführung des Taktstrichs (nach 1700) gilt ein V. nur für den Takt und den Oktavraum, in dem es steht. Seit dem 18. Jh. wurde die V.-Setzung durch die **Tonartvorzeichnung** vereinfacht; die für eine Tonart maßgeblichen chromatischen Veränderungen werden durch entsprechende V. zu Beginn jedes Liniensystems vorweggenommen. Die atonale Musik des 20. Jh. gebraucht V. ausschließlich im Verlauf der Komposition.

Vox [lateinisch]: lateinische Bezeichnung für die Stimme des Menschen als Klang oder Sprache, musikalisch speziell der gesungene, aber auch der abstrakte Ton, ferner die Stimme im mehrstimmigen Satz. In der Orgel ist V. die Bezeichnung für verschiedene imitatorische Register: **V. angelica,** Engelsstimme; **V. coelestis,** himmlische Stimme; **V. humana,** menschliche Stimme.

vuota [italienisch »leer«]: Spielanweisung für Streichinstrumente, die ↑leere Saite zu benutzen.

Wagner, Richard: Siehe S. 450.

Wagnertuba (Waldhorntuba): ein Blechblasinstrument in Tenor- und Basslage mit Waldhornmundstück, drei bis vier Ventilen, enger, durchgehend konischer Bohrung und ovaler Form, Stimmung meist in B (Umfang $_1$B–f^2) oder F (Umfang $_1$F–a^1); auch als Doppel-W. (mit beiden Stimmungen in einem Instrument). Sie wurde auf Anregung R. WAGNERS für den »Ring des Nibelungen« wohl 1854 konstruiert, später auch von A. BRUCKNER, R. STRAUSS und I. STRAWINSKY eingesetzt.

Wah-Wah [wɔːˈwɔː; englisch]: ein elektronisches Effektgerät (Kipp-Fußschalter) der Rockmusik v. a. zur Klangveränderung von E-Gitarren. Durch schnell wechselndes Niederdrücken des W.-W.-Pedals lassen sich wie bei gestopften Blechblasinstrumenten lautmalerische Effekte (↑Growl) erzeugen. Der W.-W.-Effekt beruht auf einer selektiven Verstärkung eingegebener Klangsignale, wobei durch einen Filter bestimmte Frequenzbereiche hervorgehoben oder unterdrückt werden.

Wagner

Wie kein anderer Komponist vor und nach ihm vermochte es RICHARD WAGNER, der »geniale Dilettant« und Selbstinszenierer, seinen Nachruhm zu sichern. Bereits in dritter Generation hält die Familie Wagner das 1872 eröffnete Festspielhaus auf dem »Grünen Hügel« in Bayreuth besetzt, wobei v. a. WAGNERS Enkelsöhne WIELAND und WOLFGANG nach 1945 versuchten, durch abstrakte, symbolhaft auf Wort und Musik gestellte Inszenierungen seine Opern vom Vorurteil nationalsozialistischer Nähe, wie es v. a. die deutschtümelnden »Meistersinger von Nürnberg« (1867) suggerieren, zu befreien. Was sein z. T. rückgewandtes, von altgermanischen Mythen, Erlösungsideen und Revolutionseifer geprägtes politisches und ästhetisches Denken betrifft, wird »Der Fall Wagner«, wie es der Freund und spätere Gegenspieler F. NIETZSCHE ausdrückte, Reiterin Kundry in seinem letzten Werk »Parsifal« (1882) als Vorboten der Moderne.

■ Der »wahre Wagner«

Das Leben WAGNERS, der am 22. 5. 1813 in Leipzig zur Welt kam, war seit frühester Kindheit geprägt von zahlreichen Ortswechseln, die ihn als reisenden Konzertdirigenten nicht selten auf der Flucht vor Gläubigern quer durch Europa führten. Früh schon aufs Opernschaffen konzentriert und beflügelt von seinem ersten Überraschungserfolg »Rienzi« 1842 in Dresden, beendete er diese persönlich wie kompositorisch gleichermaßen abenteuerliche Wanderschaft eigentlich erst zehn Jahre vor seinem Tod (Venedig 13. 2. 1883), als er mit seiner zweiten Frau COSIMA (seit 1870), einer Tochter F. LISZTS und Exgattin des Dirigenten H. VON BÜLOW, sowie den drei gemeinsamen Kindern

Richard Wagner in seinem Haus »Wahnfried« in Bayreuth, umgeben von seiner Frau Cosima, seinem Schwiegervater Franz Liszt (2. von rechts) und seinem Freund Hans von Wolzogen (rechts)

noch lange für Zündstoff sorgen, musikalisch jedoch gelten die kühne Harmonik des ↑Tristan-Akkordes zu Beginn von »Tristan und Isolde« (1859) oder die wilden, unartikulierten Schreie der 1874 das Haus »Wahnfried« in Bayreuth bezog. Dazwischen lagen immer wieder Jahre wirtschaftlicher Entbehrungen und großer künstlerischer Niederlagen, v. a. bei seinem zweiten Paris-

Aufenthalt 1860–62, als eine geänderte Fassung des »Tannhäuser« (1845) nach drei Vorstellungen in einem Protesttumult gegnerischer Claqueure unterging.

Selten findet man Leben und Werk so eng verschränkt wie bei WAGNER. So ist es mehr als Zufall, dass gerade mit der Oper vom ruhelos über die Meere »Fliegenden Holländer« (1843) auch nach eigener Einschätzung der »eigentliche Wagner« beginnt. Hier finden sich erstmals die für sein späteres Opernschaffen zentralen kompositorischen Mittel angelegt: neben der expressiven Klangfarbentechnik v.a. die Leitmotivtechnik als Möglichkeit der musikalisch durchgängigen Kommentierung psychischer Zustände und Handlungen, ferner die unendliche Melodie, die dem Dichter-Komponisten eine größtmögliche Übereinstimmung von Textprosa und Musik ermöglicht, exemplarisch dann in den später für sein Werk typischen Stabreimen wie: »Ich berührte Alberichs Ring, – gierig hielt ich das Gold! Der Fluch, den ich floh, nicht flieht er nun mich...« (Wotan im 2. Akt der »Walküre«).

■ **Im Exil**

Einen Einschnitt brachte das Jahr 1848, als WAGNER, seit 1843 höfischer Kapellmeister in Dresden, wegen seiner Beteiligung am Maiaufstand fliehen musste und mithilfe LISZTS in die Schweiz kam, wo er in Zürich bei dem Seidenhändler O. WESENDONCK bis 1858 Asyl fand. Hier entstanden u.a. seine programmatischen Schriften »Das Kunstwerk der Zukunft« (1849) und »Oper und Drama« (1853), in denen er seine Idee des Gesamtkunstwerkes als einer Einheit von Wort, Melodie, Instrumentation, Tanz, Geste und Malerei entwarf, aber auch Pamphlete wie »Das Judentum in der Musik« (1850). 1852 lernte er WESENDONCKS Frau MATHILDE kennen – aus der gemeinsamen leidenschaftlichen Liebe sollte nicht nur »Tristan und Isolde« hervorgehen, sondern auch die »Wesendonck-Lieder« (1858), neben dem »Siegfried-Idyll« (1870) eines der wenigen Nicht-Opernwerke WAGNERS.

Richard Wagner mit König Ludwig II.

■ **Als das Orchester verschwand**

Erneut auf der Flucht vor Schuldnern, kam für WAGNER 1864 die Rettung, als der frisch gekrönte LUDWIG II. VON BAYERN, hingerissen u.a. von »Lohengrin« (1850) und »Tristan«, ihm eine jährliche Rente aussetzte. Trotz Anfeindungen seitens des Münchener Hofes konnte WAGNER mit dessen Unterstützung seine Festspielidee realisieren. Nach seinen Plänen in vier Jahren erbaut, wurde das Bayreuther Festspielhaus 1876 u.a. in Anwesenheit des deutschen Kaisers mit der ersten Gesamtaufführung des Opernzyklus »Ring des Nibelungen« eröffnet: »Ein Bühnenfestspiel, aufzuführen in drei Tagen und einem Vorabend«, bestehend aus

»Rheingold«, »Die Walküre«, »Siegfried« und »Götterdämmerung«. Gerühmt wird bis heute die Akustik des Hauses, die sich v.a. der neuartigen Konstruktion des unsichtbaren Orchestergrabens verdankt.

Therese und Heinrich Vogl als Sieglinde und Siegmund in der Uraufführung der »Walküre« (1870)

■ »Der Ring des Nibelungen«

Obwohl die Entstehung dieses Zyklus insgesamt 26 Jahre dauerte, steht der »Ring« wie kein anderes seiner Werke für WAGNER und Bayreuth. Im »Rheingold« wird erzählt, wie der Nibelung Alberich den Rheintöchtern ihren Schatz raubt und daraus den machtverleihenden Ring schmiedet, wie Wotan diesen durch List an sich bringt, ihn aber den Riesen Fasolt und Fafner als Lohn für den Bau der Götterburg Walhall überlassen muss. In der »Walküre« und im »Siegfried« versucht Wotan mithilfe eines Nachkommen – erst Siegmund, dann Siegfried – den Ring und die Macht wiederzuerlangen, doch der Fluch Alberichs und Wotans eigene Schuld lassen dies nicht zu: Wotans Macht wird gebrochen, und in der »Götterdämmerung« erhalten schließlich die Rheintöchter den Ring zurück, während Walhall und mit ihr zugleich die ganze Götterwelt in Flammen untergehen.

Der Stoff um den Raub und Besitz des »verfluchten« Nibelungengoldes als Ursache der selbst verschuldeten Götter- und Menschentragödie entstammt der germanischen Sagenwelt, wird aber unter dem Einfluss u.a. von M. BAKUNINS revolutionären, L. FEUERBACHS atheistischen und A. SCHOPENHAUERS pessimistischen Gedanken zur Zukunftsvision eines selbstverantwortlichen Menschentums umgedeutet. Danach ist der Tod des freien Helden Siegfried und der »entsühnende« Untergang der Götterwelt nur als Abschluss eines universalen mythischen Prozesses zu sehen, der mit dem Raub des Rheingoldes einsetzte. ■

✎ Wissenswertes über WAGNER und die Bayreuther Festspiele findest du im Internet unter der Adresse:
www.festspiele.de.
Dort wird im Wagnerforum über alles rund um WAGNER gechattet.

✎ BAUER, HANS-JOACHIM: *Richard Wagner*. Berlin (Propyläen) 1995. ■ DONINGTON, ROBERT: *Richard Wagners »Ring des Nibelungen« und seine Symbole*. Stuttgart (Reclam) 1995. ■ MAYER, HANS: *Richard Wagner*. Reinbek (Rowohlt) 135.–137. Tsd. 1998.

Waldflöte: ein Register der Orgel mit meist konischen Labialpfeifen zu 4- oder 2-Fuß, von weichem Metallflötenklang.

Waldhorn (Kurzbezeichnung: Horn): Blechblasinstrument mit kreisförmig gewundenem, überwiegend konischem Rohr, trichterförmigem Mundstück, ausladender Stürze und drei Ventilen (ggf. mit zusätzlichem Stopfventil), von weichem, warmem Klang.
Mehrfach kreisförmig gewundene Hörner (↑Horn) sind in Europa seit dem 12., spätestens seit dem 14. Jh. bekannt. Um 1650 entwickelte sich in Frankreich ein klanglich noch stark der Trompete ähnliches Naturhorn, das von J.-B. LULLY in das Opernorchester übernommen wurde. Durch das Einsetzen von Stimmbögen (seit etwa 1715) konnte das Instrument tiefer gestimmt werden. Mithilfe der um die Mitte des 18. Jh. erfundenen Stopftechnik (Einführen der Hand in das Schallstück) wurde der Ton jeweils um einen Halbton erhöht. 1753 baute A. J. HAMPEL das ↑Inventionshorn, bei dem die Stimmbögen in die Mitte der Rohrwindungen verlegt sind. Spätestens seit dem Anbringen von Ventilen (Ventilhorn) verfügt das W. über die vollständige chromatische Skala. Heute wird v. a. das Doppelhorn in B/F (mit Umschaltventil) oder das Horn in F (Umfang $_1$B–f^2, notiert eine Quinte über dem Klang) verwendet. – Das W. wird außer im Orchester und in der Blasmusik auch solistisch eingesetzt.

Waldhorntuba: ↑Wagnertuba.

Waldteufel: ↑Reibtrommel.

Walking Bass ['wɔːkɪŋbɑːs; englisch »gehender Bass«]: im Jazz eine in regelmäßiger Viertelbewegung fortschreitende, harmonisch durch die zugrunde liegende Akkordstruktur festgelegte Bassstimme. Im Unterschied zum Twobeat des frühen Jazz, in dem nur zwei Taktteile betont wurden, wirkte der W. B. stark vorwärts treibend. Er ist wichtiges Stilmittel in Swing und Bebop, findet sich aber auch im Free Jazz als rhythmisch-metrischer Kontrast zu freieren Improvisationsabschnitten.

Walze (kurz für Register-Crescendo-Walze, Rollschweller): bei der Orgel eine mit den Füßen zu bedienende Vorrichtung, die alle Register nacheinander zu- oder abschaltet und dadurch ein Crescendo oder Decrescendo ermöglicht.

Walzer (französisch Valse, englisch Waltz): Paartanz im $^3/_4$-Takt, der um 1770 im österreichisch-süddeutschen Raum aus ↑Ländler und ↑deutschem Tanz entstand. Gegen den Widerstand von Hof und Adel setzte sich der W. seit etwa 1790 zuerst in Wien und seit dem Wiener Kongress (1815) auch international durch. Schon 1811 als **Wiener W.** bezeichnet, wurde er zum führenden Gesellschaftstanz des 19. Jh. und gehört heute zu den Standardtänzen. Der W. wird in geschlossener Tanzhaltung mit einer Sechsschrittdrehung um die eigene Achse ausgeführt, wobei die Paare den Tanzplatz umrunden oder sich mehr oder weniger auf der Stelle bewegen.
Die ersten W. waren kurz (sie bestanden im Wesentlichen aus z. T. mehrfach wiederholten Achttaktern), wurden aber bald zu längeren W.-Folgen zusammengestellt. Als Konzert- und als Gebrauchsmusik dienten W. von L. VAN BEETHOVEN (»Mödlinger Tänze«, 1819) oder von F. SCHUBERT. Aus der ursprünglichen Einheit von Tanz- bzw. Gebrauchs- und Konzert-W. entwickelten sich dann ausschließlich als Kunstmusik konzipierte, stilisierte W. (F. CHOPIN, F. LISZT, J. BRAHMS); ferner wurden W. oft in Wiener Operetten, z. T. in Opern und Sinfonien verarbeitet. Modellhaft wirkte C. M. VON WEBERS Konzertrondo für Klavier »Aufforderung zum Tanz« (1819), ein W.-Zyklus mit langsamer Einleitung und Koda. Zu dieser Formerweiterung griffen auch seit den 1820er-Jahren J. LANNER und J. STRAUSS Vater und Sohn. Charakteristisch wurde die Form aus Einleitung, Kette von fünf W. und Koda mit thematischen Rückgriffen, das gegenüber dem Ländler raschere

Washboard

Tempo und die leichte Vorwegnahme der zweiten Zählzeit. – Abarten des Wiener W. sind ↑Boston und ↑Englishwaltz.

Washboard ['wɔʃbɔːd; englisch] (Waschbrett): Rhythmusinstrument der Skifflemusik (↑Skiffle). Über ein einfaches Waschbrett aus gerilltem Blech, das der Spieler flach auf den Knien hält, wird mit den Fingernägeln, mit aufgesteckten Fingerhüten oder mit einem Stäbchen gestrichen.

Wasser|orgel: ↑Hydraulis.

Wechseldominante (Doppeldominante): die ↑Dominante der Dominante (z.B. in C-Dur d–fis–a), eine Sonderform der ↑Zwischendominante; Zeichen: 𝕯.

Wechselgesang: die Ausführung von Gesängen im Wechsel zwischen verschieden besetzten Gruppen, z.B. Vorsänger und Chor, Solisten und Chor, Chor und Orgel. – ↑auch alternatim, Antiphon, Responsorium.

Wechselnote: Bezeichnung für die obere oder untere (dissonante) Nebennote eines Akkord- oder Melodietons, die auf unbetonter Zählzeit auf den Ausgangston folgt und zu ihm zurückkehrt (im Unterschied zu ↑Cambiata, ↑Durchgang, ↑Vorhalt).

Weihnachtslieder: die brauchmäßig an die Weihnachtszeit gebundenen Lieder. Sie sind seit dem 11./12. Jh. v. a. als Krippen- und Hirtenlieder bezeugt und wurden, wie auch die Ansinge- und Sternsingelieder, oft den Weihnachtsspielen entnommen. Die Kurrenden verbreiteten die seit dem 14. Jh. überlieferten, vielfach aus lateinischen Hymnen gewonnenen W. in deutsch-lateinischer Mischpoesie, z.B. »In dulci jubilo, nun singet und seid froh«. Die gebräuchlichsten W. stammen aus dem 18. und 19. Jh., u. a. »Stille Nacht, heilige Nacht«, »O du fröhliche, o du selige«, »Alle Jahre wieder«, »Ihr Kinderlein kommet«.

Weihnachts|spiel: Typus des mittelalterlichen ↑geistlichen Dramas, das sich, ähnlich wie das nur wenig ältere Osterspiel, aus dem Tropus und der szenisch darstellenden Erweiterung der Festtagsliturgie entwickelte. Die drei vom Evangelium vorgegebenen Haupthandlungen der Weihnachtsliturgie – Engelsverkündigung, Hirtenprozession, Anbetung des Kindes in der Krippe – wurden durch Zusätze aus der biblischen Geschichte erweitert. Wurden die einzelnen Szenen seit dem 11. oder frühen 12. Jh. zu den entsprechenden Festtagen aufgeführt, so findet sich ein die ganze Weihnachtsgeschichte umfassendes W. in lateinischer Fassung erstmals in der »Benediktbeurer Handschrift« des 13. Jh., das erste volkssprachliche deutsche W. ist das »Sankt Galler Spiel von der Kindheit Jesu« (Ende des 13. Jh.). Zum Bereich der W. gehört auch das Quempassingen (↑Quempas).

Weise: allgemeine Bezeichnung für Melodie, Lied; im Meistersang der Text bzw. der Vers im Unterschied zur Melodie (Ton).

Weltmusik: Siehe S. 454.

Westcoastjazz ['westkəʊstdʒæz; englisch]: Bezeichnung für den in den 1950er-Jahren an der amerikanischen Westküste v. a. von weißen Musikern gespielten Jazz in Abgrenzung vom ↑Eastcoastjazz. Er entstand im Anschluss an den Cool Jazz. Im W., der keinen einheitlichen Stil entwickelte, spielen Elemente akademischer Musiktradition eine Rolle, die die vitalen Ausdrucksmöglichkeiten des Jazz in den Hintergrund treten lassen.

Wiederholungszeichen: in der Notenschrift die Zeichen ‖: :‖, die die Wiederholung eines musikalischen Abschnitts verlangen. Sie stehen am Anfang (außer am Beginn eines Musikstücks) und am Ende des zu wiederholenden Teils.

Wiener Klassik: ↑Klassik.

Wiener Schule: nach C. F. D. SCHUBART (»Ideen zu einer Aesthetik der Tonkunst«, 1806) Bezeichnung für eine im zweiten Drittel des 18. Jh. in Wien wirkende Gruppe von Komponisten (u. a. G. M. MONN, G. C. WAGENSEIL). Die

W. S. beeinflusste durch ihre liedhafte und kleingliedrige Melodik J. Haydn und W. A. Mozart und gilt als Wegbereiter der Formen der Wiener Klassik, da sich mit ihr in der ↑Sonatensatzform ein zweites Thema und die Durchführung herausbildet und in der ↑Sinfonie die Viersätzigkeit vorbereitet wird.
Als 2. W. S. (Wiener atonale Schule) werden A. Schönberg und dessen Wiener Schülerkreis bezeichnet. Schönberg war als Komponist und Lehrer ihr geistiger Mittelpunkt. Mit der Bezeichnung, die programmatisch auf die Wiener Klassik verweist, wollten die Mitglieder der 2. W. S. dokumentieren, in welchem Traditionszusammenhang sie ihr kompositorisches Schaffen sahen.
Die Bedeutung der 2. W. S. besteht darin, dass sie die Harmonik der Musik des ausgehenden 19. Jh. gleichsam zu Ende gedacht hat (z. B. Schönberg, »Kammersymphonie« op. 9, 1906) und damit den Grundstein zur Ausbildung der ↑Neuen Musik legte (ab etwa 1908). Nach einer Phase der so genannten freien Atonalität (↑atonale Musik) entwickelte Schönberg um 1920 die ↑Zwölftontechnik. Trotz der beherrschenden Gestalt Schönbergs sind die Werke der Komponisten der 2. W. S. (A. Webern, A. Berg, E. Wellesz, zeitweise H. Eisler) stilistisch deutlich voneinander unterschieden. Gemeinsam ist den Werken die Stimmigkeit und Logik des kompositorischen Gefüges sowie eine äußerst intensive Ausdrucksgestik. Zunächst nur wenig bekannt und anerkannt und während des Nationalsozialismus in Deutschland totgeschwiegen, erwies sich die 2. W. S. nach 1945 in ihrer Nachwirkung v. a. auf die jungen Komponisten (K. Stockhausen, P. Boulez, L. Nono u. a.) als die wichtigste und am konsequentesten ausgeprägte Stilrichtung innerhalb der Neuen Musik.
Wina [Sanskrit]: ↑Vina.
Windharfe: ↑Äolsharfe.
Windkapsel: eine hölzerne Kapsel mit Anblasöffnung, die das doppelte Rohrblatt bestimmter Blasinstrumente (z. B. ↑Krummhorn, ↑Schreierpfeife) umschließt. **W.-Instrumente** sind in Europa seit dem späten 15. Jh. nachgewiesen. Ihr starrer Klang ist für die Ensemblemusik der Renaissance charakteristisch.

Windlade: bei der Orgel ein rechteckiger, flacher, luftdichter Kasten aus Hartholz, auf dem die Pfeifen stehen und in dem die Druckluft (Wind) über Ventile zu den Pfeifen geleitet wird. Die **Schleiflade (Tonkanzellenlade)** ist unterteilt in Kanzellen mit beweglich eingelassenen Schleifen, die jeweils einem bestimmten Ton zugeordnet sind. Die Stellung der Schleife, einer Leiste mit Öffnungen, entscheidet darüber, ob die Pfeife erklingt. Die **Springlade** hat statt der Schleifen Ventile an den Pfeifenfüßen. Bei der **Kegellade (Registerkanzellenlade)** stehen alle Pfeifen eines Registers auf der gleichen Kanzelle. Auf Tastendruck geben Kegelventile den Weg zu den Pfeifen frei.

Windmaschine (Äolophon): ein mechanisches Effektgerät zur Erzeugung von Windgeräuschen, bestehend aus einer hölzernen Trommel mit parallelen Spanten. Rings herum ist (locker) ein Segeltuch gespannt, an dem sich die Spanten beim Drehen der Trommel reiben. W. finden Verwendung z. B. in R. Strauss' »Don Quixote« (1897) und seiner »Alpensinfonie« (1915).

Wirbel:
♦ *Instrumentenkunde:* bei den Saiteninstrumenten Bezeichnung für die drehbaren Holzpflöcke, Metallstifte oder Schrauben, um die das Ende der Saiten gewickelt ist und mit deren Hilfe die Saiten gespannt bzw. gestimmt werden. Die W. können in einem oft mit Schnecke gekrönten W.-Kasten (wie bei der Violine), in einer W.-Platte oder einem W.-Brett (Gitarre) oder in einem Stimmstock (Klavier) befestigt sein. Gedreht werden sie mit einem Stimmschlüssel oder am griffartig gestalteten Ende direkt mit der Hand. Bei Instrumenten mit Hals werden die W. je nach Stellung zum

Weltmusik

Fast alle Musik erneuert sich durch Akkulturation, durch einen ständigen Austausch mit benachbarten, inzwischen aber auch mit räumlich weit entfernten anderen Kulturen. Das ist in der Volksmusik nicht anders als bei den klassischen Traditionen aus aller Welt oder in der Pop- und Rockmusik.

Weltmusikalische Ansätze gab es bereits in den frühgeschichtlichen Großreichen mit ihrem bunten Gemisch der Völker, Religionen und Stile, im Zeitalter des Kolonialismus, des technischen Fortschritts und der globalen Warenströme wurde »Weltmusik« dann auch als Idee und Begriff geboren. In der heutigen Weltmusik gibt es nivellierende Tendenzen, ein Angleichen unterschiedlicher musikalischer Überlieferungen, gleichzeitig aber entstehen in gegenseitiger Befruchtung auch immer wieder neue Stile und Spielarten.

■ Ein Blick in die Geschichte

Das Wort Weltmusik wurde erst in diesem Jahrhundert geprägt, doch die Sache selbst ist wesentlich älter. »Sie sangen und spielten Motive im persischen Stil auf arabische Melodien nach türkischem Brauch mit mongolischen Stimmen und folgten dabei chinesischen Gesangsprinzipien und Metren aus dem Altai« – so beschrieb der arabische Historiker HAFEZ-I-ABRU um das Jahr 1420 einige Ensembles an den Höfen Zentralasiens.

Bereits anderthalb Jahrtausende vor diesem bemerkenswerten Zusammenwirken hatte es im antiken Rom ein durchaus vergleichbares Cross-over der Stile und Überlieferungen gegeben. Römische Volkskünstler, syrische Musikerinnen, ägyptische Virtuosen und Sänger aus den weit entfernten Randbereichen des Reiches regten sich gegenseitig mit ihren Ideen an, tauschten sich untereinander aus, entwickelten Neues. Und schon damals gab es griesgrämige Kritiker, denen dieses Treiben zu bunt war, die stattdessen eine »reine« Musik mit ehernen Prinzipien beschworen.

■ Szenenwechsel

Der ungarische Komponist und Volksmusikforscher B. BARTÓK wandte sich in einem Aufsatz aus dem Jahr 1942 gegen eine auch zu seiner Zeit wieder vorgebrachte Idee der Reinheit und trat ganz betont für eine »rassische Unreinheit« der Musik ein. Dabei hatte er vor allem die volksmusikalischen Überlieferungen Osteuropas im Blick, die sich – wie fast alle Musik – in einem ständigen Prozess der Akkulturation austauschen und erneuern: »Kontakt zwischen fremden Völkern bewirkt nicht nur einen Austausch von Melodien, sondern – und dies ist noch wichtiger – regt auch zur Ausbildung neuer Stilarten an. Gleichzeitig werden aber auch die mehr oder weniger alten Stilarten gut am Leben erhalten, und dies zieht eine weitere Bereicherung der Volksmusik nach sich. Die Tendenz, die fremden Melodien umzuändern, verhindert die Internationalisierung der Musik jener Völker. Das Material jeder solcher Musik, wie heterogen es auch ursprünglich sein mag, erhält so eine ausgeprägte Individualität. Der Stand der Volksmusik in Osteuropa kann folgendermaßen zusammengefasst werden: Als das Resultat einer ununterbrochenen gegenseitigen Beeinflussung zwischen der Volksmusik der verschiedenen Völker ergeben sich eine gewaltige Mannigfaltigkeit und ein riesiger Reichtum an Melodien und Melodietypen. Die ›rassische Unreinheit‹ ist entschieden zuträglich.«

■ Die Öffnung für außereuropäische Musik

BARTÓKS musikalische Forschungsreisen führten den Komponisten auch nach Nordafrika und Kleinasien. Bereits 1909 schrieb er in einem Brief an MÁRTA ZIEGLER, seine spätere Frau, es sei »unser Glück, dass wir an der Grenze Asiens leben; hier gibt es noch Volksmusik in Hülle und Fülle, die der ... bedrohlich vergreisten Musik neues Blut zuführen könnte«. Unter dem Einfluss seiner ethnomusikologischen Forschungen führte er in seine eigenen Kompositionen die ↑Pentatonik ein, doch dies war um die Jahrhundertwende kein einzigartiger Vorgang: Auch der französische Impressionist C. DEBUSSY bediente sich eines in der europäischen Kunstmusik nicht üblichen fünfstufigen Tonsystems – es gilt als sicher, dass DEBUSSY dazu durch Konzerte eines indonesischen ↑Gamelans auf der Pariser Weltausstellung von 1889 angeregt wurde.

und v. a. von Expressionisten wie E. NOLDE, E. L. KIRCHNER, E. HECKEL), und im Kunsthandwerk kam es zu einer zweiten Welle fernöstlich inspirierter »Chinoiserien«. Auch der Begriff Weltmusik lag in der Luft.

gemeinsamer Auftritt von Ravi Shankar (links) und Yehudi Menuhin 1972

Zum einen gab es also die rasch anwachsenden Ergebnisse einer noch jungen ↑Musikethnologie, die sich zunehmend internationalisierte. Zum anderen wuchs die Welt durch Technik, Kolonisierung und globale Warenströme auch kulturell immer enger zusammen. In der europäischen Malerei und Bildhauerei zeichnete sich eine vor allem afrikanisch beeinflusste Strömung des »Primitivismus« ab (getragen von Kubisten wie P. PICASSO

Zum ersten Mal gebraucht wurde dieser Begriff vermutlich im Jahr 1906, damals schrieb der Musikwissenschaftler G. CAPELLEN: »Durch die Vermählung von Orient und Okzident gelangen wir zu dem neuen Musikstil, der ›Weltmusik‹«. Und weiter: »Ein vorurteilsloses Studium der neueren Musikliteratur lässt leise Zweifel an der Unerschöpflichkeit europäischer Melodik, Tonalität und Rhythmik aufkommen und sehnsüchtig nach neuen Ausdrucksmöglichkeiten ausschauen... Bei der enormen Erweiterung unseres geistigen und politischen Horizontes in den letzten Jahrzehnten hätte uns längst die Frage kommen sollen, ob nicht vielleicht der Orient auch musikalisch uns anregen und befruchten könnte, in ähnlicher Weise wie die moderne Malerei durch die impressionistische Linienkunst der Japaner beeinflusst war.«

Ähnlich wie BARTÓK und DEBUSSY war CAPELLEN also offen für fremde, ungewohnte Einflüsse – auch wenn es bei ihnen allen noch eher um ästhetische Vereinnahmung als um einen auch nur halbwegs gleichberechtigten musikalischen Austausch ging. Aber immerhin, eine durchaus nicht untypische Einschätzung wie die von H. BERLIOZ aus der Mitte des 19. Jh. war damit überwunden. Hatte der große französische Sinfoniker und Romantiker doch allen Ernstes geschrieben: »Die Chinesen und Inder würden eine der unseren ähnliche Musik haben, wenn sie überhaupt eine besäßen, aber diesbezüglich stecken sie noch in der tiefsten Finsternis und Barbarei und sind in einer geradezu kindlichen Unwissenheit befangen, in der sich kaum vage Ansätze von einem eigenen Gestaltungswillen entdecken lassen; außerdem sprechen die Orientalen von Musik da, wo wir höchstens von Katzenmusik sprechen. Die Chinesen singen so, wie die Hunde bellen, so, wie Katzen eine verschluckte Gräte auswürgen.«

■ Die Vermischung der Musikkulturen

Damit es zu einem wirklichen Austausch zwischen westlich geprägter Musik und »den Orientalen« oder anderen fremden (Hoch-)Kulturen kommen konnte, mussten die Jazzer auf den Plan treten. Einer der Wegbereiter war der amerikanische Jazzklarinettist T. SCOTT, der 1957/58 Europa, den damaligen Ostblock und Afrika bereiste und dann von 1959 an fünf Jahre lang in Asien lebte. SCOTT arbeitete u. a. mit traditionellen indonesischen, thailändischen und vietnamesischen Musikern zusammen und spielte 1964 mit S. YUIZE, einem Meister der klassischen japanischen Wölbbrettzither Koto, die Langspielplatte »Music for Zen Meditation« ein.

Auch der Free-Jazz-Pionier J. COLTRANE wandte sich den Klängen der Welt zu. Allein 1961 erschienen seine drei Alben »Olé Coltrane« (mit spanisch-maurischem Einfluss), »African Brass« und »India«. Der amerikanische Saxophonist verehrte insbesondere die klassische indische Musik und ihren Repräsentanten R. SHANKAR, nach dem er sogar einen Sohn benannte.

Das Kronos Quartet, ein klassisch besetztes Streichquartett, gehörte zu den engagiertesten musikalischen Grenzgängern der 1990er-Jahre; im Bild das Cover der CD »Pieces of Africa« von 1992.

SHANKAR, ein herausragender Spieler der ↑Sitar, steht überhaupt beispielhaft dafür, wie Künstler aus anderen Kulturen dem Westen jetzt nicht mehr bloß musikalisches Material zulieferten, sondern die globale Musikkultur mitzuprägen begannen. Als SHANKAR 1967 gemeinsam mit dem Violinisten Y. MENUHIN unter dem Motto »East meets West« für die Vereinten Nationen in New York konzertierte und zwei Langspielplatten einspielte, suchten zwei klassische Traditionen nach einer gemeinsamen Sprache oder zumindest nach einem bedeutungsvollen Austausch. SHANKAR und seine Kunst des ↑Raga hatten zudem auch Einfluss auf die europäische und amerikanische Rock- und Popmusik der 1960er-Jahre; der indische Virtuose brachte dem

Beatle G. HARRISON das Sitarspielen bei und trat 1969 auf dem legendären Woodstock-Festival auf.

■ Vermarktung

In den 1980er-Jahren wandten sich v.a. kleinere Plattenfirmen verstärkt den vielen unterschiedlichen regionalen Stilen Afrikas, Asiens und Lateinamerikas, aber auch den neuen Musikszenen der Immigranten in den eigenen Großstädten zu. Der Verkauf der so entstandenen Platten gestaltete sich schwierig – nicht zuletzt deshalb, weil die meisten Händler nicht wussten, in welches Fach sie diese Produkte einordnen sollten. Als Vertreter von elf Plattenfirmen sich 1987 bei einem Zusammentreffen in London auf ein verkaufs- und werbewirksames Etikett einigten, war das Problem gelöst: »World Music« oder eben »Weltmusik« hießen nun so unterschiedliche Musikformen wie der afrikanische Gesang der Ituri-Waldpygmäen, der Obertongesang aus dem zentralasiatischen Steppenland Tuva oder auch jener »Ethnopop«, wie ihn die Israelin O. HAZA als einer der ersten (und rasch wieder vergessenen) Superstars einer neuen Szene präsentierte. Die Massenmedien griffen den Trend begierig auf und verstärkten ihn so – zumindest so lange, wie der Neuigkeitswert eines bunten Spektakels garantiert war. Rasch aber wurde die Weltmusik alltäglich, gehörten Tourneen und CDs afrikanischer Musiker wie Y. N'DOUR und M. DIBANGO oder kubanische Rhythmen und osteuropäische Chorgesänge zum Repertoire.

Drei verschiedenartige Ausprägungen von »Weltmusik« stehen inzwischen nahezu gleichberechtigt nebeneinander: erstens Volks- und Stammesmusik aus aller Welt sowie außereuropäische Klassik im traditionellen Gewand; zweitens Verschmelzungen dieser Musikformen mit westlicher Rock- und Popmusik, die durch unmittelbaren Austausch zustande kommt (wobei die Einflüsse der globalen Musikindustrie nicht wegzudenken sind); drittens schließlich musikalische Synthesen als »Kopfgeburten« im Aufnahmestudio – z.B., wenn sich schottische und afrikanische Musiker ein »Afro-Celt Sound System« ausdenken. Für die zweite und dritte Spielart ist seit 1989 die Firma »Realworld« des britischen Popstars P. GABRIEL repräsentativ. Die Spielarten Nummer eins und zwei werden in Deutschland mit großer Sorgfalt von dem ebenfalls 1989 gegründeten »Haus der Kulturen der Welt« in Berlin gefördert. ■

🖎 Mach eine eigene Erhebung über das Phänomen Weltmusik in den Plattenläden deiner Umgebung. Wo ist sie in den Regalen zu finden, und welchen Stellenwert hat sie dort? Befrage auch die Verkäufer danach, was sie als Weltmusik empfehlen.

🖎 *Kunst und Religion. Weltmusik und Weltreligionen,* bearbeitet von WOLFGANG MASTNAK. München u.a. (Musikverlag Katzbichler) 1995. ■ *Rough Guide Weltmusik,* herausgegeben von SIMON BROUGHTON u.a. Stuttgart (Metzler) 2000.

Wirbel

W.-Träger als **vorderständig** (Fiedel), **hinterständig** (Gitarre) oder **seitenständig** (Violine) bezeichnet.
◆ *Spieltechnik:* bei der Pauke und der Trommel der gleichmäßig wiederholte, schnelle Wechsel der Schlägel; notiert wird diese Schlagart als Tremolo oder Triller.

Wirbeltrommel: ↑Rührtrommel.

Woodwinds [ˈwʊdwɪnds; englisch]: im englischen Sprachgebrauch Bezeichnung für die Gruppe der Holzblasinstrumente eines Orchesters oder einer Bigband.

Worksong [ˈwəːksɔŋ; englisch »Arbeitslied«]: meist einstimmiger afroamerikanischer Arbeitsgesang der Sklavenzeit. Der W. zeichnet sich i. d. R. durch den Wechsel von inkantierenden Vorsängerphrasen und Chorantworten aus, oft durchsetzt von kurzen, meist einperiodigen Rufen (Shouts). Für die Melodik sind ein fallender Duktus und die Blue Notes charakteristisch, für den rhythmischen Aufbau das Wechselspiel von Beat und Offbeat, das u. a. auch mithilfe der Arbeitsgeräte markiert wird. Die W. dienten neben der Gliederung des Arbeitstaktes bei der Feldarbeit der Verständigung der Sklaven untereinander. Historisch stellt der W. eine Verbindung westafrikanischer Wurzeln mit afroamerikanischen Stilformen wie Spiritual, Blues und frühem Jazz dar.

X

Xylomarịmba (Xylorimba): ein dem Marimbaphon (↑Marimba) verwandtes Xylophon mit zweireihiger, klaviaturmäßiger Tastenanordnung und Resonanzröhren; der Tonumfang (c^1–c^5) ist größer als der des ähnlich gebauten Orchesterxylophons. Die Schlägel haben kugelförmige Hartholzköpfe.

Xylophon [zu griechisch xýlon »Holz« und phōnḗ »Stimme«]: seit dem 19. Jh. gebräuchliche Bezeichnung für Schlaginstrumente mit abgestimmten Klangstäben oder -platten aus Hartholz. Die Klangstäbe ruhen jeweils auf zwei Isolatoren (früher aus Stroh oder Filz, heute meist aus Gummi). Man unterscheidet: das in der alpenländischen Volksmusik beheimatete vierreihige **Tisch-X.** (Tonumfang c^2–d^5), bei dem die trapezförmig angeordneten Stäbe innen die G-Dur-Skala, in den beiden Außenreihen die chromatischen Zwischentöne bilden; das moderne **Orchester-X.** (**Xylomarimba**, **Xylorimba**; Tonumfang c^1–c^5; beim Bass-X. G–g^1) mit Klangstäben, die klaviaturmäßig in einem Gestell über abgestimmten Resonanzröhren angeordnet sind; das **Trog-X.**, bei dem die Klangstäbe auf einem trogförmigen, geschweiften

Xylophon

Resonanzkasten in diatonischer oder chromatischer Folge in einer Reihe nebeneinander liegen; das seit dem 17. Jh. bekannte, mit einer Klaviatur und unterschlägiger Hammertechnik versehene **Tasten-** oder **Klaviatur-X.** (Tonumfang c^2–c^5). X. werden i. d. R. mit löffelartigen Holzklöppeln, aber auch mit Rundkopfschlägeln gespielt. Ihr Klang ist kurz und trocken.

Vorläufer des X. ist wahrscheinlich das Klangholz. X. mit wenigen Klanghölzern begegnen u. a. in Ozeanien und bei den Indianern Mittel- und Südamerikas (hier zu Signalzwecken verwendet). In Afrika sowie im hinterindisch-indonesischen Raum gibt es X. mit etwa 5–25 Platten (↑Marimba, Gambang des javanischen ↑Gamelans). In Europa sind X. ohne Resonatoren in der Antike, dann seit dem 15. Jh. als tragbare Instrumente von Wandermusikanten belegt (auch hölzern Gelächter, Strohfiedel, Holzharmonika genannt).

Y

Yunluo (Yün-lo): chinesisches Gongspiel mit zehn verschieden gestimmten bronzenen Klangscheiben, die in einem Holzrahmen (etwa 70×40 cm) hängen und bei Zeremonien geschlagen werden.

Z

Zamba ['samba; spanisch]: argentinisches Tanzlied in langsamem Tempo und mit regelmäßigem Wechsel von ⁶⁄₈- und ³⁄₄-Metrum.

Zambacueca [sambakuˈɛka; spanisch]: chilenischer Nationaltanz und Tanzlied in raschem Tempo und mit Wechsel von ⁶⁄₈- und ³⁄₄-Takt. Daraus abgeleitet sind die argentinische Zamba und die chilenische Cueca.

Zampogna [dzamˈpɔɲa; italienisch]: süditalienisches Hirteninstrument, eine Sackpfeife mit zwei Melodie- sowie zwei bis drei Bordunpfeifen. Die Pfeifen sind i. d. R. mit Gegenschlagzungen (Doppelrohrblättern), in bestimmten Gebieten mit Aufschlagzungen versehen. Bevorzugt werden Terzklänge. Die Länge der Pfeifen variiert zwischen 25 cm und 1,5 m. Die Z. wurde häufig zusammen mit einer Schalmei (↑Piffero) gespielt, die Weihnachtsmusik der Zampognari und Pifferari in der Kunstmusik nachgeahmt.

Zamr ['tsamər; arabisch]: in Tunesien und Marokko eine Doppelklarinette, der ägyptischen Zummara verwandt. Im Nahen Osten bezeichnet Z. auch eine hölzerne, konisch gebohrte Oboe (↑Zurna) mit sieben Grifflöchern.

Zanza ['zanza; arabisch]: ↑Sansa.

Zapateado [θapateˈaðo; spanisch]: von

Yunluo

Frauen ausgeführter spanischer Solotanz in schnellem ⁶⁄₈-Takt, mitunter mit Gesang und Gitarrenbegleitung. Sein synkopischer Rhythmus wird durch Händeklatschen und Fußstampfen markiert.

Zapfenstreich: ursprünglich in den Lagern der Landsknechtsheere zur festgesetzten Stunde durch den Profos, der in einem Regiment die Polizeigewalt ausübte, vorgenommener Schlag auf den Zapfen, mit dem der Ausschank beendet wurde, ab dem 17. Jh. ein militärisches Signal, das bei den Fußtruppen mit Trommel, Horn oder Trompete, bei der Reiterei mit einer Fanfare gegeben wurde. Bei diesem Signal mussten alle Soldaten in ihren Unterkünften sein. Im Lauf des 17. Jh. entwickelte sich der Z. zum kleinen Marsch, mit dem Spielleute durch das Lager zogen. Der deutsche Z. entstand im frühen 19. Jh. in Preußen. 1813 wurde auf Anordnung von FRIEDRICH WILHELM III. nach dem Vorbild des russischen Z. ein geistliches Lied

Zargen

(Gebet) angefügt. Bei der Bundeswehr hat sich das Wort Z. auch als »befehlsmäßiges Ende des Ausganges« erhalten.

Der **Große Z.**, erstmals von dem Musiker W. F. WIEPRECHT 1838 zusammengestellt, umfasst heute: Locken zum Z., Z.-Retraite (Z. der Kavallerie), Zeichen zum Gebet, Gebet (üblich: »Ich bete an die Macht der Liebe« von D. S. BORTNJANSKIJ), Abschlagen nach dem Gebet, Ruf nach dem Gebet, Nationalhymne. Großer Z. ist auch die Bezeichnung für ein Militärkonzert, bei dem dem Z. eine Serenade vorangeht.

Zargen: i. d. R. rechtwinklig zur Decke verlaufende Seitenwände des Korpus vieler Musikinstrumente, z. B. Violinen, Gitarren und Trommeln.

Zarzuela [θarˈθu̯ela; spanisch]: singspielartige Gattung des spanischen Musiktheaters, bei dem sich Gesang (Solo, Chor) und gesprochener Dialog abwechseln, vermutlich benannt nach dem königlichen Lustschloss La Zarzuela in Madrid, wo solche Stücke im 17. Jh. zuerst aufgeführt wurden. Nach der Verdrängung der Z. durch die italienische Oper im 18. Jh. erfuhr sie einen erneuten Aufschwung um 1850. Die zunächst zweiaktige Form wurde zur dreiaktigen Z. grande erweitert und näherte sich dem volkstümlich burlesken ↑Género chico an.

Ziehharmonika: ein Harmonikainstrument, speziell Bezeichnung für die ein-, zwei- und dreireihigen kleineren Modelle, die im Tonumfang wesentlich begrenzter sind als die größere ↑Handharmonika.

Zigeunertonleiter: in Teilen Mittel- und Südosteuropas in der Volksmusik verbreitete siebenstufige Leiter; sie ist durch zwei übermäßige Sekundschritte und Gleichheit der jeweils zweiten Viertongruppe in der Dur- und Mollform gekennzeichnet:

    c des e f / g as h c¹ (Durform);
    c d es fis / g as h c¹ (Mollform).

Die Z. wurde um 1800 durch den ↑Verbunkos bekannt und gilt seit Beginn des 19. Jh. als »typisch ungarisch«, obgleich sie auch in der südslawischen Volksmusik verbreitet ist.

Zimbel (Cymbel, Cimbel, Cimbalum, französisch Cymbale): bei der Orgel eine bis in die Barockzeit sehr beliebte gemischte (oktav-, quint-, terz- oder septhaltige) Stimme mit hoch liegenden Chören in enger Prinzipalmensur. Ihr Klang ist glitzernd hell und schneidend.

Zimbeln (Cymbeln): deutsche Bezeichnung für kleine, aus Silberbronze gegossene, abgestimmte Becken, sowohl für die Schallbecken der griechischen und römischen Antike als auch für die im Instrumentarium asiatischer Kulturen begegnenden Beckenpaare. Unter der Bezeichnung Cymbales antiques oder ↑Crotales haben sie ab Mitte des 19. Jh. (u. a. bei H. BERLIOZ) Eingang in die Kunstmusik gefunden.

Zimbelstern

Zimbelstern (Cymbelstern): ein gelegentlich in Orgeln eingebautes Geläute aus Schellen oder abgestimmten Glöckchen, die mittels eines von einem Windrad oder Elektromotor angetriebenen Welle zum Klingen gebracht werden. Die Achse des Z. ist i. d. R. bis in den Prospekt der Orgel geführt. An ihrem sichtbaren Ende befindet sich ein Stern oder eine Sonne, die sich bei Betätigung des

Registers drehen. Der Z. ist seit dem 15. Jh. belegt und war v. a. in der Barockzeit beliebt; im 19. Jh. als Spielerei abgelehnt.

Zimmermann, Bernd Alois, eigentlich **Bernhard A. Z.,** deutscher Komponist, *Bliesheim (heute zu Erftstadt) 20. 3. 1918, † (Selbstmord) Königsdorf (heute zu Frechen) 10. 8. 1970: Z. war u. a. für den WDR in Köln sowie als Kompositionslehrer an der dortigen Musikhochschule tätig und zählt zu den Außenseitern der Musikavantgarde nach 1950. Sein Werk wurde nicht zuletzt wegen seiner Tätigkeit auch als Gebrauchsmusikkomponist für Funk und Fernsehen v. a. von den orthodoxen Vertretern der seriellen Musik vielfach geschmäht. Von Weltkriegserfahrung und Religiosität geprägt, basiert sein an Philosophen wie H. BERGSON und E. HUSSERL orientiertes kompositorisches Denken, festgehalten in der Aufsatzsammlung »Intervall und Zeit« (1974), auf der Vorstellung, dass sich beim Hören von Musik der lineare Ablauf der Zeit nach Vergangenheit, Gegenwart und Zukunft aufhebt zugunsten einer Gleichzeitigkeit aller Zeitebenen, die er »Kugelgestalt« der Zeit nennt. Wie in seinem Opern-Hauptwerk »Die Soldaten« (1965) arbeitet er auch in seinen Orchesterwerken (u. a. »Photoptosis«, 1968; »Stille und Umkehr«, 1970) mit der collageartigen Übereinanderschichtung von Elementen unterschiedlichster stilistischer Zugehörigkeit von der Gregorianik bis hin zum Jazz. In den engagierten, oft politisch anklagenden Vokalwerken (»Requiem für einen jungen Dichter«, 1970) werden z. T. mithilfe von Tonbandeinspielungen Texte verschiedener Zeiten und Genres miteinander montiert. Seine subjektive, klangreiche Musiksprache wurde v. a. durch die nachserielle Komponistengeneration wieder entdeckt.

zingarese [italienisch]: ↑alla zingarese.

Zink (Zinken, italienisch Cornetto): ein vom Mittelalter bis zum 18. Jh. gebräuchliches Horninstrument mit Grifflöchern, einem konischen Rohr aus Holz oder Elfenbein und einem angesetzten oder in das Rohr eingedrehten Trompetenmundstück.

Zink

Seit dem 16. Jh. werden mehrere Stimmlagen unterschieden. Am gebräuchlichsten war der **Krumme Z.** mit einem gebogenen Rohr von sechs- oder achteckigem Querschnitt, sechs Grifflöchern vorn und einem Daumenloch hinten sowie aufgesetztem Mundstück. Das Rohr war der Länge nach aus zwei Hälften zusammengesetzt und mit dunklem Lederband umwickelt (daher auch Schwarzer Z. genannt). Der Krumme Z. wurde in vier Stimmlagen gebaut; als Bassinstrument der Zinkenfamilie wurde der ↑Serpent entwickelt. Der **Gerade Z.** oder Weiße Z. war aus einem Stück gefertigt und hatte ein gesondertes Mundstück; er vertrat die Diskantlage. Der **Stille Z.** hatte gleichfalls ein gestrecktes, außen abgerundetes Rohr; sein Mundstück war jedoch eingedreht und sehr klein, was den Ansatz erschwerte und zusammen mit der engen Bohrung den sanften, lieblichen Ton begründete. Er wurde v. a. in Diskant-, gelegentlich auch in Altlage und als Sopraninoinstrument gebaut.

Nach Vorläufern in der Antike entstand der Z. seit dem 12. Jh. in Europa. Er war v.a. im 16. und 17. Jh. eines der wichtigsten Blasinstrumente und diente v.a. den Stadtpfeifern als Ersatz für die Trompete, der er wegen der Möglichkeit des lückenlos chromatischen Spiels überlegen war. Wegen der erheblichen Intonationsschwierigkeiten v.a. in den tiefen Lagen lassen sich Z. allerdings nur von hervorragenden Bläsern spielen.

Zitat: ähnlich wie in der Sprache so auch in der Musik jene Elemente, Melodien oder Teile, die aus einer bereits vorhandenen Komposition in eine neue Komposition eingefügt sind. Das Z. erklingt in einer Komposition meist als Fremdkörper, hebt sich von ihr ab; zugleich passt es sich der Komposition an. Funktion und Bedeutung des Z. können sehr verschieden sein (z.B. als Bildungsgut, als Kommentar, als Parodie). – ↑auch Collage.

Zither [von griechisch kithára]: in der Systematik der Musikinstrumente Sammelbezeichnung für weltweit verbreitete, einfache Saiteninstrumente, deren Merkmal die konstruktive Unabhängigkeit eines etwa vorhandenen Resonanzkörpers vom Tonerzeugungsapparat ist, z.B. Stab-Z. (↑Musikbogen), Röhren- und Halbröhren- bzw. Wölbbrett-Z. (↑Koto), Brett-Z., darunter v.a. die Kasten-Z. (↑Santur, ↑Psalterium, ↑Hackbrett, ↑Scheitholz, eigentliche Z., besaitete Tasteninstrumente).

Die heutige **Konzert-Z.** ist ein Zupfinstrument mit einem flachen, kastenförmigen Resonanzkorpus mit einseitiger Ausbuchtung, der gegenüber sich ein Griffbrett mit 29 Bünden befindet. Die fünf Griffbrettsaiten werden meist auf a^1-a^1-d^1-g-c (»Münchner Stimmung«) gestimmt und mit einem auf den Daumen gesteckten und mit Dorn versehenen Metallring angerissen. Die daneben verlaufenden 37 oder mehr Freisaiten werden in Begleit-, Bass- und Kontrabasssaiten unterteilt und in Quinten und Quarten gestimmt. Beim Spiel wird die Z. auf den Tisch oder Schoß gelegt. Die linke Hand greift die Töne auf dem Griffbrett, die rechte besorgt den Daumenanschlag der Griffbrettsaiten und mit den übrigen Fingern das Anzupfen der Freisaiten. Der Ton ist relativ schwach. Ein charakteristischer Effekt ist das durch die Fingerbebung der Griffhand erzeugte Vibrato.

Zither

Die Konzert-Z. entwickelte sich aus dem mittelalterlichen Scheitholz. Frühformen waren die im 17. Jh. in den Ostalpen aufgekommene, mit Tremoloanschlag gespielte Kratz-Z., nach 1750 dann die Schlag-Z., als **Mittenwalder Z.** (beidseitig ausgebaucht) und **Salzburger Z.** (einseitig gebaucht). Zu Beginn des 19. Jh. erlebte das Z.-Spiel einen großen Aufschwung; bis heute ist die Z. ein bevorzugtes alpenländisches Volksinstrument.

Zoppa [italienisch »hinkend«]: italienischer Tanz des 17. Jh. im $6/8$-Takt mit regelmäßig wiederkehrendem synkopierten Rhythmus.

Zortziko [baskisch] (Zortcico, spanisch Zorcico): baskisches Tanzlied in lebhaftem $5/8$- (auch $5/4$-)Takt, der aus $3/8$- und $2/8$-Rhythmen zusammengesetzt ist.

Zugtrompete: seit dem 15. Jh. gebräuchliche Trompete, deren Rohr durch Ausziehen verlängert werden konnte, wodurch sich der Grundton während des Spiels um bis zu drei Halbtöne erniedrigen ließ. Damit war vom 4. Naturton an eine volle chromatische Skala möglich. Die Z. lebte bei den Stadtpfeifern des 16.–18. Jh. als Türmerhorn fort. Noch J. S. BACH schrieb sie unter der Bezeichnung Tromba (Corno) da tirarsi vor.

Zunge: bei Instrumenten ein elastischer Körper (Blatt, Schilfrohr, Metall, Kunststoff), der im Luftstrom schwingt und diesen periodisch unterbricht. Je nachdem, ob die Z. gegen einen Rahmen schlägt oder frei durch ihn hindurch schwingt, unterscheidet man **aufschlagende Z.** (einfaches Rohrblatt: Klarinette, Saxophon) oder **durchschlagende Z.** (Harmonium, Hand-, Mundharmonika). Bei **Gegenschlag-Z.**, zu denen auch die Lippen des Spielers von Blechblasinstrumenten (Polsterzungeninstrumente) zählen, schlagen zwei Z. gegeneinander (Doppelrohrblatt: Oboe, Fagott). Die Z. der Lingualpfeifen der Orgel sind meist aufschlagend. – Aufschlag- und Gegenschlag-Z. finden im Abendland seit der Antike Verwendung, durchschlagende Z. stammen vermutlich aus Asien und beeinflussten erst seit dem 19. Jh. den Instrumentenbau in Europa.

Gängen oder Tremolo ein rollendes r (Flatterzunge) verwendet.

Zupf|instrumente: Musikinstrumente, bei denen der Ton durch Anzupfen oder Anreißen von Saiten (Zupfchordophone) oder elastischen Körpern (Zupfidiophone) mit den bloßen Fingern oder einem Plektron erzeugt wird. Dabei ist die Grenze zwischen Zupfen bzw. Anreißen und Schlagen oft schwer zu ziehen (z.B. spricht man bei der Laute auch von »schlagen«). Zur Eigenart des Zupftons gehört es, dass er nach der Erregung des primär schwingenden Teils nicht verlängert werden kann. Zu den Z. zählen besaitete Instrumente vom Typus der ↑Harfe, ↑Laute (einschließlich ↑Gitarre, ↑Mandoline), ↑Leier, ↑Zither, ferner Idiophone wie ↑Maultrommel oder afrikanische Lamellophone (↑Marimba, ↑Sansa). Auch die mit Tasten versehenen Kielinstrumente (↑Cembalo, ↑Spinett, ↑Virginal) sind den Z. zuzurechnen.

Zunge

durchschlagende bzw. freie Zunge | Gegenschlagzunge | aufschlagende Zunge

Zungenpfeife: ↑Lingualpfeife.
Zungenstoß (Zungenschlag): Technik der präzisen Tonartikulation beim Spiel von Blasinstrumenten. Hierzu legt der Bläser die Zunge an das Mundstück und schnellt sie plötzlich zurück. Zur Ausführung dienen Artikulationssilben, bei der Querflöte ti oder di (einfache Zunge), bei schnell punktierten Noten tiri oder diri **(Doppelzunge).** Für diese wird bei Blockflöte, Trompete, Posaune dik-ke oder te-ke, bei schnellen chromatischen

Zurna [türkisch-arabisch] (Mizmar, Zamr): eine im arabischsprachigen Raum verbreitete volkstümliche Oboe. Im Gegensatz zur europäischen Oboe weist die orientalische Schalmei mit Doppelrohrblatt eine weit ausladende, trichterförmige Stürze auf, der ein ausgesprochen lauter und schriller Ton entströmt. Die Z. ist i.d.R. ein Freiluftinstrument und kommt bei Hochzeiten, Begräbnissen, in militärischen Ensembles sowie bei islamischen Festlichkeiten und staatlichen Anlässen verschiedener Art zum Einsatz, gewöhnlich zusammen mit Trommeln. Treten die Z. paarweise auf, so spielen die beiden Instrumente i.d.R. alternierend die Melodie und den Bordun. Die sieben Grifflöcher ermöglichen Melodien im Ambitus von bis zu zwei Oktaven. Eine besondere Anblastechnik erlaubt eine ununterbrochene Tongebung.

zweigestrichen: bezeichnet den Tonraum c^2–h^2, die z. Oktave (geschrieben auch c"–h"). – ↑auch Tonsystem.

Zwerchpfeife: ↑Querpfeife.

Zwiefacher (Zwiefaltiger): v.a. in Niederbayern und der Oberpfalz in vielen Varianten verbreiteter Volkstanz mit Tanzlied, der innerhalb einer Singzeile zwischen $^2/_4$-Takt (Zweischritt-Dreher) und $^3/_4$-Takt (Dreischritt-Dreher) wechselt; ähnelt dem ↑Furiant.

Zwischenaktmusik: ↑Bühnenmusik.

Zwischendominante (Nebendominante): in der funktionalen Harmonielehre Bezeichnung für dominantische Funktionen (also auch Dominantsept- und -nonenakkorde), die sich nicht auf die Tonika beziehen, sondern auf irgendeinen anderen Akkord im Tonbereich der gleichen Tonart. So ist z.B. in C-Dur e-gis-h die Z. zur Tonikaparallele a-Moll. Auch wenn sich dabei vollständige Zwischenkadenzen in andere Tonarten ergeben, wird (im Gegensatz zur ↑Modulation) das tonale Zentrum nicht verlassen; es können lediglich »Ausweichungen« in andere Tonarten entstehen (Zwischenkadenzen). Die häufigste Art der Z. ist die Doppel- oder ↑Wechseldominante.

Zwischenspiel: allgemein jede Art von verbindender Musik, z.B. zwischen den Akten einer Oper (Intermedium, ↑Intermezzo), zwischen liturgischen Teilen des Gottesdienstes oder einzelnen Choralstrophen (↑Interludium). In der Fuge nennt man Z. die Partie zwischen zwei ↑Durchführungen des Themas, die – meist unter Reduzierung der Stimmenzahl – entweder motivisch frei gestaltet oder aus dem Material des Themas entwickelt werden kann.

Zwölftontechnik (Dodekaphonie): Bezeichnung für die von A. SCHÖNBERG entwickelte »Methode der Komposition mit zwölf nur aufeinander bezogenen Tönen« sowie für die Tropenlehre von J. M. HAUER. Beide Techniken setzen die temperierte Stimmung, die die Oktave in 12 gleiche Intervalle teilt, voraus. Grundlage und Ausgangspunkt der Z. SCHÖNBERGS ist die ↑Reihe, ein frei gewähltes melodisches Gebilde, das alle zwölf Halbtöne je einmal enthält, wobei nur die Tonqualitäten, d.h. die Notennamen und nicht deren Oktavlage festgelegt werden. Die Reihe kann in vier verschiedenen Erscheinungsformen auftreten: in der Grundgestalt, in der ↑Umkehrung, im ↑Krebs und im Krebs der Umkehrung. Da jede Erscheinungsform auf die zwölf Halbtöne transponiert werden kann, stehen insgesamt 48 Reihengestalten zur Verfügung, von denen jedoch nur ein Teil für die Komposition herangezogen wird. Die Reihe selbst folgt nicht melodischen Gesetzen, sondern bleibt musikalisch abstrakt, auch wenn sie, wie bei SCHÖNBERG, stets einem musikalischen Gedanken, dem »Einfall«, entspricht. Die Funktion einer Reihe ist es, Einheitlichkeit und Zusammenhang, der nach Aufgabe der Tonalität (↑atonale Musik) neu gefunden werden musste, zu stiften.

Die in einer Komposition stets beibehaltene Reihe ist die Quelle aller musikalischen Gedanken und regelt die Beziehungen zwischen den Tönen. Die Z. ist demnach eine Weiterentwicklung der motivisch-thematischen Arbeit der Wiener Klassik und ihrer Fortsetzung bei J. BRAHMS und G. MAHLER. Aus der Reihe werden sowohl horizontal die Tonfolgen (Melodien) als auch vertikal die Zusammenklänge (Akkorde) gebildet, wobei alle Klänge grundsätzlich gleichberechtigt sind. So können beispielsweise die Töne 1–4 einer Reihe als Akkord zusammengefasst werden, wäh-

Zwölftontechnik: die vier möglichen Reihengestalten aus A. Schönbergs Suite für Klavier op. 25; Verwendung der einzelnen Töne der Grundreihe in demselben Werk (unten; G Grundgestalt, K Krebs, U Umkehrung, KU Krebsumkehrung)

rend dazu die Töne 5–8 und 9–12 zwei melodische Linien ergeben.

Wegen der nahezu unbegrenzten kombinatorischen Möglichkeiten lässt sich ein allgemein verbindliches System von Regeln kaum aufstellen; die Regeln ergeben sich wie die Reihe aus der Idee der Komposition. SCHÖNBERG, der seit 1920 in Z. komponierte, folgten A. BERG, A. WEBERN, H. EISLER, später E. KRENEK, L. DALLAPICCOLA, R. LEIBOWITZ, nach 1947 auch H. W. HENZE, W. FORTNER, I. STRAWINSKY u.a. Galt es zunächst, eine Komposition aus nur einer einzigen Reihe zu entwickeln, so hat SCHÖNBERG bereits seit 1929 Nebenformen aus Reihenteilen abgeleitet; BERG entwickelte in seiner Oper »Lulu« (1928–35) aus einer Reihe neue Reihen, während KRENEK versuchte, den Reihenzwang zu brechen, indem er einzelne Töne innerhalb bestimmter Gruppen nach bestimmten Regeln umstellte. Die Übertragung der Reihenidee von der Tonhöhe auf andere Eigenschaften der Töne (z.B. Tondauer, Klangfarbe) führte zur ↑seriellen Musik.

Die seit 1918 unabhängig von SCHÖNBERG entwickelte Z. HAUERS beruht nicht auf Reihen, sondern auf Tropen, je zwei sich zu einer Zwölftongruppe ergänzenden Sechstongruppen, innerhalb derer die Töne allerdings beliebig, im weiteren Sinn auch tonal umgestellt werden können. Die Aufeinanderfolge der Tropen (HAUER gibt insgesamt 44 an) ist keinen bestimmten Regeln unterworfen.

Weiterführende Literatur

■ Musiklexika

Brockhaus-Riemann-Musiklexikon, herausgegeben von Carl Dahlhaus und Hans Heinrich Eggebrecht, 4 Bände und Ergänzungsband. Neuausgabe Zürich (Atlantis-Musikbuch-Verlag) ²1998.

Komponisten der Gegenwart, herausgegeben von Hanns-Werner Heister und Walter-Wolfgang Sparrer, Loseblatt-Ausgabe. München (edition text + kritik) 1992 ff.

Meyers Taschenlexikon Musik, herausgegeben von Hans Heinrich Eggebrecht, 3 Bände. Mannheim (Bibliographisches Institut) 1984.

Michels, Ulrich: dtv-Atlas Musik, 2 Bände. München (dtv) $^{11\text{-}18}$1999.

Die Musik in Geschichte und Gegenwart. Allgemeine Enzyklopädie der Musik, begründet von Friedrich Blume, herausgegeben von Ludwig Finscher, auf zahlreiche Bände berechnet. Kassel; Stuttgart (Bärenreiter; Metzler) 1994 ff.

Das neue Lexikon der Musik, begründet von Günther Massenkeil, bearbeitet von Ralf Noltensmeier, 4 Bände. Stuttgart (Metzler) 1996.

The new Grove dictionary of music and musicians, herausgegeben von Stanley Sadie, 20 Bände. Neudruck London (MacMillan) 1994.

■ Musikwissenschaft und Musikgeschichte

Adorno, Theodor W.: Einleitung in die Musiksoziologie. Frankfurt am Main (Suhrkamp) ⁸1992.

Benenzon, Richard O.: Einführung in die Musiktherapie. München (Kösel) 1983.

Blaukopf, Kurt: Musik im Wandel der Gesellschaft. Grundzüge der Musiksoziologie. Darmstadt (Wissenschaftliche Buchgesellschaft) ²1996.

Dahlhaus, Carl: Klassische und romantische Musikästhetik. Laaber (Laaber-Verlag) 1988.

Eggebrecht, Hans Heinrich: Musik im Abendland. Prozesse und Stationen vom Mittelalter bis zur Gegenwart. Taschenbuchausgabe München (Piper) ²1998.

Forsyth, Michael: Bauwerke für Musik. Konzertsäle und Opernhäuser, Musik und Zuhörer vom 17. Jahrhundert bis zur Gegenwart. München (Saur) 1992.

Fubini, Enrico: Geschichte der Musikästhetik. Von der Antike bis zur Gegenwart. Stuttgart (Metzler) 1997.

Geschichte der Musik, herausgegeben von Michael Raeburn und Alan Kendall, 4 Bände. München (Kindler) 1993.

Geschichte der Musiktheorie, herausgegeben von Frieder Zaminer und Thomas F. Ertelt, auf zahlreiche Bände berechnet. Darmstadt (Wissenschaftliche Buchgesellschaft) 1984 ff.

Gruhn, Wilfried: Geschichte der Musikerziehung. Eine Kultur- und Sozialgeschichte vom Gesangunterricht der Aufklärungspädagogik zu ästhetisch-kultureller Bildung. Hofheim (Wolke) 1993.

Hall, Donald E.: Musikalische Akustik. Ein Handbuch. Mainz (Schott) 1997.

Handschin, Jacques: Musikgeschichte im Überblick. Wilhelmshaven (Noetzel) ⁶1990.

Klangkunst. Tönende Objekte und klingende Räume, herausgegeben von Helga de la Motte-Haber. Laaber (Laaber Verlag) 1999.

Motte-Haber, Helga de la: Handbuch der Musikpsychologie. Laaber (Laaber-Verlag) ²1996.

Musik – zur Sprache gebracht, herausgegeben von Carl Dahlhaus und Michael Zimmermann. München; Kassel (dtv; Bärenreiter) 1984.

Weiterführende Literatur

Musikgeschichte in Bildern, begründet von Heinrich Besseler und Max Schneider, auf zahlreiche Bände berechnet. Leipzig (Deutscher Verlag für Musik) 1961 ff.

Musikwissenschaft und Berufspraxis, herausgegeben von Sabine Ehrmann-Herfort. Darmstadt (Wissenschaftliche Buchgesellschaft) 1996.

Neues Handbuch der Musikwissenschaft, begründet von Carl Dahlhaus, fortgeführt von Hermann Danuser, 13 Bände. Sonderausgabe Laaber (Laaber Verlag) 1996.

Nowka, Dieter: Europäische Kompositionsgeschichte. Material – Verfahren – Komposition. Landsberg (ecomed) 1999.

Olivier, Antje, und Braun, Sevgi: Komponistinnen aus 800 Jahren. Kamen (Sequentia) 1996.

Ott, Karin, und Ott, Eugen: Handbuch der Verzierungskunst in der Musik, 4 Bände. München (Ricordi) 1997-99.

Praxis der Musiktherapie, 17 Bände. Stuttgart; Kassel (Fischer; Bärenreiter) 1982-97.

Reidemeister, Peter: Historische Aufführungspraxis. Eine Einführung. Darmstadt (Wissenschaftliche Buchgesellschaft) ^{2}1996.

Salmen, Walter, und Salmen, Gabriele: Musiker im Porträt, 5 Bände. München (Beck) 1982-84.

Sinn und Bedeutung in der Musik. Texte zur Entwicklung des musiksemiotischen Denkens, herausgegeben von Vladimir Karbusicky. Darmstadt (Wissenschaftliche Buchgesellschaft) 1990.

Strobel, Wolfgang, und Huppmann, Gernot: Musiktherapie. Grundlagen, Formen, Möglichkeiten. Göttingen (Hogrefe) 1991.

Stroh, Wolfgang Martin: Handbuch New-Age-Musik. Auf der Suche nach neuen musikalischen Erfahrungen. Regensburg (ConBrio) 1994.

Systematische Musikwissenschaft, herausgegeben von Carl Dahlhaus und Helga de la Motte-Haber. Sonderausgabe Laaber (Laaber Verlag) 1997.

■ **Epochen europäischer Musik**

Amerikanische Musik seit Charles Ives. Interpretationen, Quellentexte, Komponistenmonographien, herausgegeben von Hermann Danuser u. a. Laaber (Laaber-Verlag) ^{2}1993.

Apel, Willi: Die Notation der polyphonen Musik. 900-1600. Wiesbaden (Breitkopf & Härtel) ^{4}1989.

Braun, Werner: Die Musik des 17. Jahrhunderts. Lizenzausgabe Darmstadt (Wissenschaftliche Buchgesellschaft) 1997.

Dahlhaus, Carl: Die Musik des 19. Jahrhunderts. Lizenzausgabe Darmstadt (Wissenschaftliche Buchgesellschaft) 1997.

Dahlhaus, Carl: Zwischen Romantik und Moderne. München (Katzbichler) 1974.

Dammann, Rolf: Der Musikbegriff im deutschen Barock. Laaber (Laaber-Verlag) ^{3}1995.

Danuser, Hermann: Die Musik des 20. Jahrhunderts. Lizenzausgabe Darmstadt (Wissenschaftliche Buchgesellschaft) 1997.

Dibelius, Ulrich: Moderne Musik. Sonderausgabe München (Piper) 1998.

Epochen der Musikgeschichte in Einzeldarstellungen, Vorwort von Friedrich Blume. Neuausgabe Kassel (Bärenreiter) 1992.

Europäische Musik in Schlaglichtern, herausgegeben von Peter Schnaus u. a. Mannheim (Bibliographisches Institut & F. A. Brockhaus AG) 1990.

Gülke, Peter: Mönche, Bürger, Minnesänger. Die Musik in der Welt des Mittelalters. Neuausgabe Laaber (Laaber-Verlag) ^{3}1998.

Weiterführende Literatur

Häusler, Josef: Spiegel der neuen Musik: Donaueschingen. Chronik – Tendenzen – Werkbesprechungen. Kassel; Stuttgart (Bärenreiter; Metzler) 1996.

John, Eckhard: Musikbolschewismus. Die Politisierung der Musik in Deutschland. 1918–38. Stuttgart (Metzler) 1994.

Die Musik des 18. Jahrhunderts, herausgegeben von Carl Dahlhaus. Lizenzausgabe Darmstadt (Wissenschaftliche Buchgesellschaft) 1997.

Die Musik des Altertums, herausgegeben von Albrecht Riethmüller und Frieder Zaminer. Lizenzausgabe Darmstadt (Wissenschaftliche Buchgesellschaft) 1997.

Die Musik des 15. und 16. Jahrhunderts, herausgegeben von Ludwig Finscher. Lizenzausgabe Darmstadt (Wissenschaftliche Buchgesellschaft) 1997.

Die Musik des Mittelalters, herausgegeben von Hartmut Möller und Rudolph Stephan. Lizenzausgabe Darmstadt (Wissenschaftliche Buchgesellschaft) 1997.

Nationaler Stil und europäische Dimension in der Musik der Jahrhundertwende, herausgegeben von Helga de La Motte-Haber. Darmstadt (Wissenschaftliche Buchgesellschaft) 1991.

Stephan, Rudolph: Neue Musik. Göttingen (Vandenhoeck & Ruprecht) ^{2}1973.

Walter, Michael: Grundlagen der Musik des Mittelalters. Schrift – Zeit – Raum. Stuttgart (Metzler) 1994.

■ Musiklehre, Formen und Gattungen

Abraham, Lars Ulrich: Harmonielehre, 2 Bände. Köln; Laaber (Grieg; Laaber Verlag) $^{2-3}$1984.

Bernsdorff-Engelbrecht, Christiane: Geschichte der evangelischen Kirchenmusik, 2 Bände. Wilhelmshaven (Noetzel) ^{2}1987.

Gier, Albert: Das Libretto. Theorie und Geschichte einer musikoliterarischen Gattung. Darmstadt (Wissenschaftliche Buchgesellschaft) 1998.

Handbuch der musikalischen Gattungen, herausgegeben von Siegfried Mauser, auf mehrere Bände berechnet. Laaber (Laaber Verlag) 1993 ff.

Harenberg-Chormusikführer, herausgegeben von Hans Gebhard. Dortmund (Harenberg) 1999.

Harenberg-Kammermusikführer. Dortmund (Harenberg) 1997.

Harenberg-Klaviermusikführer, herausgegeben von Christoph Rueger. Dortmund (Harenberg) 1998.

Harenberg-Konzertführer, bearbeitet von Annette Retinski u. a. Dortmund (Harenberg) 1996.

Hollfelder, Peter: Klaviermusik. Internationales chronologisches Lexikon. Geschichte – Komponisten – Werke – Literatur. Neuausgabe Wilhelmshaven (Noetzel) 1999.

Jeppesen, Knud: Kontrapunkt. Lehrbuch der klassischen Vokalpolyphonie. Wiesbaden (Breitkopf & Härtel) ^{10}1985.

Kloiber, Rudolf: Handbuch der klassischen und romantischen Symphonie. Wiesbaden (Breitkopf & Härtel) ^{3}1981.

Kolneder, Walter: Schule des Generalbaßspiels, 2 Bände. Wilhelmshaven (Heinrichshofen) $^{1-2}$1984–86.

Leichtentritt, Hugo: Musikalische Formenlehre. Wiesbaden (Breitkopf & Härtel) ^{12}1987.

Lovisa, Fabian R.: Minimal-music. Entwicklung, Komponisten, Werke. Darmstadt (Wissenschaftliche Buchgesellschaft) 1996.

Maler, Wilhelm: Beitrag zur durmolltonalen Harmonielehre, 2 Bände. München (Leuckart) $^{9-15}$1992–94.

Musikalische Gattungen in Einzeldarstellungen, 2 Bände. München (dtv) 1981–85.

Operngeschichte in einem Band, herausgegeben von Hermann Scharnagl. Berlin (Henschel) 1999.

Oratorienführer, herausgegeben von Silke Leopold und Ullrich Scheideler. Stuttgart; Kassel (Metzler; Bärenreiter) 2000.

Pipers Enzyklopädie des Musiktheaters. Oper, Operette, Musical, Ballett, herausgegeben von Carl Dahlhaus und Sieghart Döhring, 6 Bände und Register. München (Piper) 1986–97.

Ratz, Erwin: Einführung in die musikalische Formenlehre. Wien (Universal Edition) ³1978.

Scharnagl, August: Einführung in die katholische Kirchenmusik. Wilhelmshaven (Heinrichshofen) 1980.

Schellert, Peter, und Schellert, Verena: Die Messe in der Musik. Komponisten, Werke, Literatur. Ein Lexikon, 3 Bände. Singen/Bohlingen (Bodensee-Musikversand) 1999.

Supper, Martin: Elektroakustische Musik und Computermusik. Geschichte, Ästhetik, Methoden, Systeme. Darmstadt (Wissenschaftliche Buchgesellschaft) 1997.

Volks- und Popularmusik in Europa, herausgegeben von Doris Stockmann und Andreas Michel. Lizenzausgabe Darmstadt (Wissenschaftliche Buchgesellschaft) 1997.

Wildbihler, Hubert: Das internationale Kursbuch Musicals. Ein kritischer Begleiter durch 500 Werke. Passau (Musical-Archiv Wildbihler) 1999.

■ Jazz und Rockmusik

Collin, Matthew: Im Rausch der Sinne. Ecstasy-Kultur und Acid House, mit Beiträgen von John Godfrey. St. Andrä-Wördern (Hannibal Verlag) 1998.

Dannen, Frederic: Hit Men. Makler der Macht und das schnelle Geld im Musikgeschäft. Frankfurt am Main (Zweitausendeins) 1998.

The encyclopedia of popular music, herausgegeben von Colin Larkin, 8 Bände. London (Macmillan) ³1998.

Gaar, Gillian: Rebellinnen. Die Geschichte der Frauen in der Rockmusik. Hamburg (Argument Verlag) 1994.

Heavy metal – made in Germany, Beiträge von Matthias Mader u. a. Berlin (IP-Verlag Jeske) 1998.

Kernfeld, Barry: Die Enzyklopädie des Jazz. Die Geschichte des Jazz im Spiegel der wichtigsten Aufnahmen. Bern (Scherz) 1993.

Kraus, Peter J.: Route 66. Geschichten und Musik entlang des Highways. Berlin (Links) 1997.

Krekow, Sebastian u. a.: HipHop-Lexikon. Berlin (Lexikon-Imprint-Verlag) 1999.

Kuhnle, Volkmar: Gothic-Lexikon. Berlin (Lexikon-Imprint-Verlag) 1999.

Kunzler, Martin: Jazz-Lexikon, 2 Bände. Reinbek (Rowohlt) 1988.

The new Grove dictionary of jazz, herausgegeben von Barry Kernfeld. Neudruck New York (St. Martin's Press) 1996.

Palmer, Robert: Rock & Roll. Die Chronik einer Kulturrevolution. St. Andrä-Wördern (Hannibal Verlag) 1997.

Polillo, Arrigo: Jazz. Geschichte und Persönlichkeiten. Mainz; München (Schott; Piper) ⁵1994.

Runswick, Daryl: Arrangieren in Rock, Pop und Jazz. Mainz (Schott) 1995.

Schäfer, Sven, u. a.: Techno-Lexikon. Berlin (Schwarzkopf & Schwarzkopf) 1998.

That's Jazz. Der Sound des 20. Jahrhunderts. Eine Musik-, Personen-, Kultur-, Sozial- und Mediengeschichte des Jazz von den Anfängen bis zur Gegenwart, herausgegeben von Klaus Wolbert. Neuausgabe Darmstadt (Häusser) 1997.

Wicke, Peter, u.a.: Handbuch der populären Musik. Zürich (Atlantis) ³1997.

Wicke, Peter: Von Mozart zu Madonna. Eine Kulturgeschichte der Popmusik. Leipzig (Kiepenheuer) 1998.

■ Nichteuropäische Musiktraditionen, ethnische Musik

Brasilien. Einführung in Musiktraditionen Brasiliens, herausgegeben von Tiago de Oliviera Pinto. Mainz (Schott) 1986.

Daniélou, Alain: Einführung in die indische Musik. Wilhelmshaven (Heinrichshofen) ⁴1996.

Kizildemir, Zülfü: Das ethnische Lied als Medium kultureller Selbstbehauptung. Das kurdische (Volks-)lied in seinen sozialen, politischen und kommunikativen Funktionen. Münster (Agenda Verlag) 1995.

Kwabena Nketia, Joseph H.: Die Musik Afrikas. Wilhelmshaven (Noetzel) ²1991.

Morgenstern, Ulrich: Volksmusikinstrumente und instrumentale Volksmusik in Rußland. Berlin (Kuhn) 1995.

Musik in Afrika, herausgegeben von Artur Simon, Buch und Audio-Kasetten. Berlin (Reimer) 1983.

Oesch, Hans: Außereuropäische Musik. Sonderausgabe Laaber (Laaber Verlag) 1997.

Reinhard, Kurt, und Reinhard, Ursula: Musik der Türkei, 2 Bände. Wilhelmshaven (Heinrichshofen) 1984.

Salmen, Walter: »... denn die Fiedel macht das Fest.« Jüdische Musikanten und Tänzer vom 13. bis 20. Jahrhundert. Innsbruck (Helbling) 1991.

Schellberg, Dirk: Didgeridoo. Das faszinierende Instrument der australischen Ureinwohner. Südergellersen (Martin) 1993.

Sidran, Ben: Black talk. Schwarze Musik – die andere Kultur im weißen Amerika. Hofheim (Wolke) ²1993.

Touma, Habib Hassan: Die Musik der Araber. Wilhelmshaven (Noetzel) ³1998.

■ Instrumentenkunde

Baines, Anthony: Lexikon der Musikinstrumente. Stuttgart (Metzler) 1996.

Dullat, Günter: Metallblasinstrumentenbau. Entwicklungsstufen und Technologien. Frankfurt am Main (Bochinsky) 1989.

Dullat, Günter: Holzblasinstrumentenbau. Entwicklungsstufen und Technologien. Celle (Moeck) 1990.

Heyde, Herbert: Musikinstrumentenbau 15.–19. Jahrhundert. Kunst – Handwerk – Entwurf. Wiesbaden (Breitkopf & Härtel) 1986.

Heyde, Herbert: Das Ventilblasinstrument. Seine Entwicklung im deutschsprachigen Raum von den Anfängen bis zur Gegenwart. Wiesbaden (Breitkopf & Härtel) 1986.

Junghanns, Herbert: Der Piano- und Flügelbau, bearbeitet von Hans K. Herzog. Frankfurt am Main (Bochinsky) ⁷1991.

Lexikon Musikinstrumente, herausgegeben von Wolfgang Ruf. Mannheim (Meyers Lexikonverlag) 1991.

Meer, John Henry van der: Musikinstrumente. Von der Antike bis zur Gegenwart. München (Prestel) 1983.

Meyer, Jürgen: Akustik und musikalische Aufführungspraxis. Frankfurt am Main (Bochinsky) ⁴1999.

The new Grove dictionary of musical instruments, herausgegeben von Stanley Sadie, 3 Bände. Neudruck London (Macmillan) 1993.

Ruschkowski, André: Elektronische Klänge und musikalische Entdeckungen. Neuausgabe Stuttgart (Reclam) 1998.

Sonnaillon, Bernard: Die Orgel. Geschichte, Musik, Technik. München (Callwey) 1985.

Personenregister

A **Abt,** Franz, deutscher Komponist, *1819, †1885; S.363

Adam, Adolphe Charles, französischer Komponist, *1803, †1856; S.38, 280

Adam de la Halle, französischer Dichter-Komponist, *1237 (1245?), †1288 oder um 1306; S.23, 236, 301

Adam von Fulda, deutscher Komponist und Musiktheoretiker, *um 1445, †1505; S.219

Adam von Sankt Viktor, mittellateinischer Schriftsteller, *um 1112, †1192; S.369

Adderley, Julian, amerikanischer Jazzmusiker, *1928, †1975; S.118

Adler, Guido, österreichischer Musikforscher, *1855, †1941; S.260

Adorno, Theodor W., deutscher Philosoph, Soziologe, Musiktheoretiker und Komponist, *1903, †1969; S.26, 98, 252, 264

Albéniz, Isaac Manuel Francisco, spanischer Komponist und Pianist, *1860, †1909; S.174

Albert, Eugène Francis Charles d', eigentlich Eugen Franz Karl, deutscher Komponist und Pianist französischer Herkunft, *1864, †1932; S.436

Albert, Heinrich, deutscher Komponist und Dichter, *1604, †1651; S.211

Alberti, Domenico, italienischer Komponist, *um 1710 oder 1717, †um 1740 (1746?); S.14

Albinoni, Tomaso, italienischer Komponist, *1671, †1750; S.199

Albrecht V., der Großmütige, Herzog von Bayern, *1528, †1579; S.205

Albrechtsberger, Johann Georg, österreichischer Komponist und Musiktheoretiker, *1736, †1809; S.47

Alembert, Jean Le Rond d', französischer Philosoph, Mathematiker und Literat, *1717, †1783; S.260

Alexander (III.) der Große, König von Makedonien, *356, †323 v.Chr.; S.26

Alfano, Franco, italienischer Komponist, *1876, †1954; S.436

Alkuin, angelsächsischer Theologe, *um 730, †804; S.157

Altenberg, Peter, österreichischer Schriftsteller, *1859, †1919; S.359

Altenburg, Michael, deutscher Komponist, *1584, †1640; S.166

Amati, Andrea, italienischer Geigenbauer, *vor 1511, †vor 1580; S.441

Ambros, August Wilhelm, österreichischer Musikforscher, *1816, †1876; S.260

Ambrosius, lateinischer Kirchenlehrer, *um 340, †397; S.17, 157, 399

Anchieta, José de, spanischer Jesuit, *1534, †1597; S.340

André, Johann, deutscher Musikverleger und Komponist, *1741, †1799; S.58, 375

Andreas von Kreta, byzantinischer kirchlicher Dicher und Prediger, *um 660, †740; S.59

Anerio, Felice, italienischer Komponist, *um 1560, †1614; S.135, 159

Angiolini, Domenico Maria Gasparo, italienischer Choreograph, *1731, †1803; S.37

Anglebert, Jean-Henri d', französischer Komponist und Cembalist, *1628, †1691; S.57, 411

Appia, Adolphe François, schweizerischer Bühnenbildner, *1862, †1928; S.127

Arbeau, Thoinot, französischer Geistlicher, *1519, †um 1595; S.60

Arcadelt, Jacob, deutscher Komponist (wohl flämischer Herkunft), *um 1500, †1568; S.218

Archytas von Tarent, griechischer Mathematiker, Philosoph, Staatsmann und Feldherr, erste Hälfte des 4.Jh. v.Chr.; S.383

Arion, griechischer Dichter und Musiker, um 620 v.Chr.; S.89

Ariosto, Ludovico, italienischer Dichter, *1474, †1533; S.204, 218

Aristoteles, griechischer Philosoph, *384, †322 v.Chr.; S.70, 252

Aristoxenos von Tarent, griechischer Philosoph und Musiktheoretiker, *um 370, †um 300 v.Chr.; S.136, 255

Armstrong, Louis Daniel, amerikanischer Jazztrompeter und Sänger, *1901,

† 1971; S. **21**, *22*, 171 f., *171,* 267, 296, 353

Arnault von Zwolle, Heinrich, niederländischer Arzt und Astronom, * um 1400, † 1466; S. 192

Arnim, Achim von, deutscher Dichter, * 1781, † 1831; S. 446

Artaud, Antonin, französischer Schriftsteller, * 1896, † 1948; S. 339

Assafjew, Boris Wladimirowitsch, russisch-sowjetischer Musikforscher und Komponist, * 1884, † 1949; S. 166

Astaire, Fred, amerikanischer Filmschauspieler, * 1899, † 1987; S. 248, 386

Auber, Daniel François Esprit, französischer Komponist, * 1782, † 1871; S. 134, 280, 293

Audran, Edmond, französischer Komponist, * 1842, † 1901; S. 282

Augustinus, Aurelius, lateinischer Kirchenlehrer, * 354, † 430; S. 136, 236

Aurelianus Reomensis, Musikschriftsteller, erste Hälfte des 9. Jh.; S. 185

Avni, Tzvi, israelischer Komponist, * 1927; S. 175

Ayler, Albert, amerikanischer Free-Jazz-Saxophonist und -Komponist, * 1936, † 1970; S. 115

Aznavour, Charles, französischer Chansonnier und Filmschauspieler, * 1924; S. 67

B **Babcock,** Alpheus, * 1785, † 1842, amerikanischer Klavierbauer; S. 192

Bach, Carl Philipp Emanuel, deutscher Komponist, * 1714, † 1788; S. 29, 45, 67, 100, 107, 121, 194, 283, 341, 381, 437

Bach, Johann Christian, deutscher Komponist, * 1735, † 1782; S. 29, 121, 376

Bach, Johann Christoph, deutscher Organist, * 1671, † 1721; S. 29

Bach, Johann Christoph Friedrich, deutscher Komponist, * 1732, † 1795; S. 29

Bach, Johann Sebastian, deutscher Komponist, * 1685, † 1750; S. 8, 21, 27–31, **28**, *28*, 35, 40, 44, 54, 58, 60, 64–66, 71, 76 f., 81, 84, 88, 91, 104, 107, 109, 113, 117, 124, 129, 143, 162, 166, 177, 179 f., 184 f., 189, 198 f., 201, 216, 219, 225, 228, 231, 242, 245, 252, 283 f., 291 f., 294, 297–300, 306, 310, 313, 315, 320, 324, 335, 344, 351, 355, 363, 366, 370, 374, 379, 381, 383, 390, 397, 406, 411, 417, 423, 437, 441, 443, 445 f., 464

Bach, Veit, Müller, Stammvater der deutschen Musikerfamilie Bach, * um 1550, † 1619; S. 28

Bach, Wilhelm Friedemann, deutscher Komponist, * 1710, † 1784; S. 28

Bachmann, Ingeborg, deutsche Schriftstellerin, * 1926, † 1973; S. 150

Baez, Joan, amerikanische Folksängerin, * 1941; S. 113, 262, 316, 337

Bakchylides, griechischer Chorlyriker, erste Hälfte des 5. Jh. v. Chr.; S. 89

Baker, Chet, eigentlich Chesney Henry B., amerikanischer Jazzmusiker, * 1929, † 1988; S. 79, 172

Bakunin, Michail Aleksandrowitsch, russischer Revolutionär und Theoretiker des Anarchismus, * 1814, † 1876; S. 452

Balakirew, Milij Aleksejewitsch, russischer Komponist, * 1837, † 1910; S. 261, 428

Balanchine, George, amerikanischer Choreograph und Ballettdirektor russischer Herkunft, * 1904, † 1983; S. 38

Ballard, Jean-Baptiste Christophe, französischer Musikverleger, * um 1663, † 1750; S. 57

Baltazarini, eigentlich Baldassare de Belgioioso, italienischer Ballettmeister und Violinist, * vor 1535, † um 1587; S. 33, 36

Balzac, Honoré de, französischer Schriftsteller, * 1799, † 1850; S. 49

Band, Heinrich, deutscher Musikpädagoge, * 1821, † 1860; S. 33

Barker, Charles Spackman, britischer Orgelbauer, * 1804, † 1879; S. 35

Bartók, Béla Viktor János, ungarischer Komponist und Pianist, * 1881, † 1945; S. 27, **40**, 49, 58, 66, 104, 190, 199, 264, 395, 397, 402, 408, 412, 438, 456, 458

Bartolino da Padova, italienischer Komponist, 14. Jh.; S. 420

Basie, Count, eigentlich William B., amerikanischer Jazzpianist und Bandleader, * 1904, † 1984; S. 53, 194, 398

Personenregister

Bausch, Pina, deutsche Tänzerin und Choreographin, *1940; S.39, *39*
Beauchamps, Pierre, französischer Tänzer, Choreograph und Ballettmeister, *1636, †1705 oder um 1719; S.36, 129
Beaulieu, Lambert de, französischer Sänger und Komponist, tätig zwischen 1576 und 1590; S.33
Bécaud, Gilbert, französischer Chansonsänger und Komponist, *1927; S.67
Becher, Johannes R. (Robert), deutscher Schriftsteller, *1891, †1958; S.99
Beckett, Samuel Barclay, irischer Schriftsteller, *1906, †1989; S.76
Beda Venerabilis, angelsächsischer Benediktiner und Gelehrter, *672/673 (oder 673/674), †735; S.157
Beethoven, Ludwig van, deutscher Komponist, *1770, †1827; S.19, 27, 31, 37, 42, 46–49, **46**, *47f.*, 54, 58, 64, 73, 84, 94, 107, 110, 111f., 131, 145, 148, 159, 162, 168, 176f., 186, 188f., 191f., 194, 199, 204, 219, 223, 227, 230–232, 242, 244, 279, 283, 285, 293, 295, 300, 315, 340, 342, 355, 362, 364f., 368, 370, 374, 376, 381, 395, 405, 407, 410, 422f., 433, 444, 453
Beheim, Michel, deutscher Dichter, *1416 oder 1421, †um 1474; S.226
Beiderbecke, Bix, amerikanischer Jazzmusiker, *1903, †1931; S.68, 172
Béjart, Maurice, französischer Choreograph und Ballettdirektor, *1927; S.39
Belafonte, Harry, amerikanischer Sänger und Schauspieler jamaikanischer Herkunft, *1927; S.60
Bell, Alexander Graham, britisch-amerikanischer Physiologe und Erfinder, *1847, †1922; S.85
Bellini, Vincenzo, italienischer Komponist, *1801, †1835; S.44, 280, 345
Bembo, Pietro, italienischer Humanist und Dichter, *1470, †1547; S.218
Benda, Georg Anton, böhmischer Komponist, *1722, †1795; S.279, 375
Benserade, Isaac de, französischer Dichter, *1613, †1691; S.36
Berendt, Joachim Ernst, deutscher Jazzschriftsteller, *1922, †2000; S.266
Berg, Alban, österreichischer Komponist, *1885, †1935; S.15, 102, 104, 128, 166, 178, 199, 209–211, 223, 280, 298, 310f., 341, 358f., 377, 395, 438, 455, 467
Bergson, Henry, französischer Philosoph, *1859, †1941; S.463
Berio, Luciano, italienischer Komponist, *1925; S.76, 100, 275, 281, 284, 374, 377
Berlioz, Louis Hector, französischer Komponist, *1803, †1869; S.**45**, *45,* 70, 81, 134, 157, 162, 209, 213, 223, 225, 264, 280, 284f., 293, 315, 331, 342, 374, 376, 406, 410, 458, 462
Bernabei, Ercole, italienischer Komponist, *1620/22, †1687; S.159
Bernstein, Leonard, amerikanischer Komponist, Dirigent und Pianist, *1918, †1990; S.39, 58, *87,* 248
Berry, Chuck, amerikanischer Rockmusiker, *1931; S.333, 340
Beuttner, Nikolaus, deutscher Dichter, Anfang des 17.Jh.; S.183
Beuys, Joseph, deutscher Plastiker, Zeichner und Aktionskünstler, *1921, †1986; S.62, 112
Beza, Theodor, schweizerischer reformierter Theologe französischer Herkunft, *1519, †1605; S.183
Bialas, Günter, deutscher Komponist, *1907, †1995; S.211
Biber, Heinrich Ignaz Franz, österreichischer Komponist und Violinist, *1644, †1704; S.370
Biermann, Wolf, deutscher Schriftsteller und Liedermacher, *1936; S.211
Binchois, Gilles, frankoflämischer Komponist, *um 1400, †1460; S.58, 67, 236, 267
Bizet, Georges, französischer Komponist, *1838, †1875; S.58, 140, 280, 345, 367, 377, 397
Blacher, Boris, deutscher Komponist, *1903, †1975; S.128, 166, 281, 432
Blake, Eubie, eigentlich James Hubert B., amerikanischer Jazzmusiker, *1883, †1983; S.170
Blanchard, François, eigentlich Jean-Pierre B., französischer Ballonfahrer, *1750, †1809; S.246
Blech, Leo, deutscher Dirigent und Komponist, *1871, †1958; S.436

Personenregister

Bloch, Ernest, amerikanischer Komponist schweizerischer Herkunft, * 1880, † 1959; S.175

Bloch, Ernst, deutscher Philosoph, * 1885, † 1977; S.252

Bock, Jerry Lewis, amerikanischer Komponist, * 1928; S.248

Bodenschatz, Erhard, deutscher evangelischer Theologe und Komponist, * 1576, † 1636; S.49

Boehm, Theobald, deutscher Flötist und Flötenbauer, * 1794, † 1881; S.188, 322

Boethius, Anicius Manlius Torquatus Severinus, römischer Philosoph und Staatsmann, * um 480, † um 524; S.136, 236, 247, 260

Boieldieu, François Adrien, französischer Komponist, * 1775, † 1834; S.280

Boito, Arrigo, italienischer Komponist und Dichter, * 1842, † 1918; S.210, 435

Bolden, Buddy, amerikanischer Jazzmusiker, * um 1868, † 1931; S.171, 222, 267

Bontempi, Giovanni Andrea, italienischer Sänger und Komponist, * um 1624, † 1705; S.279

Bordes, Charles, französischer Komponist, * 1863, † 1909; S.357

Borodin, Aleksandr Porfirjewitsch, russischer Komponist, * 1833, † 1887; S.261, 280, 374, 377, 395

Bortnjanskij, Dimitrij Stepanowitsch, ukrainisch-russischer Komponist, * 1751, † 1825; S.462

Bose, Hans-Jürgen von, deutscher Komponist, * 1953; S.281, 395

Boskovich, Alexander Uriah, israelischer Komponist, * 1907, † 1964; S.175

Boulez, Pierre, französischer Komponist und Dirigent, * 1925; S.14, 100, 163, 179, 231, 264, 275, 371, 395, 411, 438, 455

Bournonville, Auguste, dänischer Tänzer, Choreograph und Ballettmeister, * 1805, † 1879; S.38

Brahms, Johannes, deutscher Komponist, * 1833, † 1897; S.7, **54,** 55, 56, 64, 66f., 72, 90, 94f., 103, 110, 118, 128, 164, 189, 198f., 211, 213, 221, 230, 264, 293, 310, 331, 334, 342, 344f., 353, 364, 370, 372, 376, 392, 395, 410, 433, 453, 466

Braxton, Anthony, amerikanischer Jazzmusiker, * 1945; S.115

Brecht, Bert (Bertolt), deutscher Schriftsteller und Regisseur, * 1898, † 1956; S.32, 39, 58, 98, 152, 211, 281, 382

Breitkopf, Johann Gottlob Immanuel, deutscher Musikverleger, * 1719, † 1794; S.272

Brentano, Clemens, deutscher Dichter, * 1778, † 1842; S.446

Bresgen, Cesar, österreichischer Komponist, * 1913, † 1988; S.175, 179

Breuer, Hans, deutscher Arzt, * 1833, † 1918; S.175

Britten, Edward Benjamin, britischer Komponist, Dirigent und Pianist, * 1913, † 1976; S.32, 281, 331

Broadwood, John, britischer Kunsttischler und Klavierfabrikant, * 1732, † 1812; S.192

Brockes, Barthold Hinrich, deutscher Dichter, * 1680, † 1747; S.299

Broonzy, Big Bill, amerikanischer Jazzmusiker, * 1893, † 1958; S.52

Brossard, Sébastien de, französischer Komponist und Musiktheoretiker, * 1655, † 1730; S.260

Brötzmann, Peter, deutscher Jazzmusiker, * 1941; S.115

Brown, Earle, amerikanischer Komponist, * 1926; S.14, 251

Brown, James, amerikanischer Soulsänger, * 1928; S.383

Bruant, Aristide, französischer Schriftsteller, Chansonautor und -interpret, * 1851, † 1925; S.67

Bruch, Max Karl August, deutscher Komponist und Dirigent, * 1838, † 1920; S.199

Bruckner, Anton, österreichischer Komponist, * 1824, † 1896; S.**56,** 57, 103, 107, 110, 168, 184, 219, 225, 231, 334, 342, 344, 355, 377, 406, 410, 449

Buffet, Louis Auguste, französischer Klarinettenbauer, † 1885; S.188

Bull, John, englischer Komponist, * um 1562, † 1628; S.444

Bülow, Hans Guido Freiherr von, deutscher Dirigent und Pianist, * 1830, † 1894; S.213, 264, 392, 428, 450

Burck, Joachim, eigentlich Joachim Moller, deutscher Komponist, *1546, †1610; S.299

Burkhart von Hohenfels, schwäbischer Minnesänger, erste Hälfte des 13.Jh.; S.235

Buschmann, Friedrich Ludwig, deutscher Instrumentenmacher, *1805, †1864; S.243

Busoni, Ferruccio Benvenuto, italienisch-deutscher Komponist und Pianist, *1866, †1924; S.44, 104, 107, 127, 190, 199, 233, 280, 358

Bussotti, Sylvano, italienischer Komponist, Maler und Regisseur, *1931; S.251

Buxtehude, Dietrich, deutscher Komponist und Organist, *1637, †1707; S.7, 29, 66, 117, 141, 184, 298

Byrd, William, englischer Komponist, *1543, †1623; S.18, 35, 106, 122, 218, 444

C **Cabezón,** Antonio de, spanischer Cembalist, Organist und Komponist, *1510(?), †1559(?); S.121

Caccini, Giulio, italienischer Komponist und Sänger, *1551, †1618; S.21, 35, 239, 278

Caffarelli, eigentlich Gaetano Majorano, italienischer Sänger, *1710, †1783; S.182

Cage, John, amerikanischer Komponist und Pianist, *1912, †1992; S.14, 17, **62**, 62f., *62*, 112, 176, 251, 275, 281, 301, 313

Cahill, Thaddeus, amerikanischer Instrumentenbauer, *1867, †1934; S.256

Caldara, Antonio, italienischer Komponist, *um 1670, †1736; S.231, 283

Calderón de la Barca, Pedro, spanischer Dramatiker, *1600, †1681; S.26

Calzabigi, Ranieri de', italienischer Dichter, *1714, †1795; S.210

Camargo, Marie-Anne de Cupis de, französische Tänzerin spanischer Herkunft, *1710, †1770; S.37

Campra, André, französischer Komponist, *1660, †1744; S.36, 113, 277, 279

Cannabich, Johann Christian, deutscher Komponist, *1731, †1798; S.221

Capellen, Georg, deutscher Musikwissenschaftler, *1869, †1934; S.457f.

Cara, Marchetto, italienischer Komponist, †um 1527; S.116

Carissimi, Giacomo, italienischer Komponist, *1605, †1674; S.283

Caron, Leslie, französische Tänzerin und Schauspielerin, *1931; S.248

Caroso, Marco Fabrizio, italienischer Tanzmeister, *zwischen 1527 und 1535, †nach 1605; S.381

Cash, Johnny, amerikanischer Countrysänger, *1932; S.80

Cassiodor, römischer Staatsmann, Gelehrter und Schriftsteller, *um 490, †583(?); S.136, 236

Castel, Louis-Bertrand, französischer Musiktheoretiker und Mathematiker, *1688, †1757; S.107

Cavaillé-Coll, Aristide, französischer Orgelbauer, *1811, †1899; S.291

Cavalieri, Emilio de', italienischer Komponist, *um 1550, †1602; S.278, 283

Cavalli, Francesco, italienischer Komponist, *1602, †1676; S.223, 278, 374

Cazzati, Maurizio, italienischer Komponist, *um 1620, †1677; S.283

Cerreto, Scipione, italienischer Musiktheoretiker, *um 1551, †um 1633; S.213

Cesti, Antonio, italienischer Komponist, *1623, †1669; S.279, 374

Chabrier, Alexis Emanuel, französischer Komponist, *1841, †1894; S.280

Chambonnières, Jacques Champion de, französischer Cembalist und Komponist, *1601/02, †1672; S.57, 66, 122, 397

Chandler, Chas, britischer Rockmusiker, *1938; S.150

Chaplin, Sir Charles Spencer, genannt Charlie C., britischer Filmkomiker, -autor, -regisseur und -produzent, *1889, †1977; S.99

Charles, Ray, amerikanischer Jazzmusiker, *1932; S.333, 383

Charpentier, Gustave, französischer Komponist, *1860, †1956; S.91, 436

Charpentier, Marc-Antoine, französischer Komponist, *zwischen 1645 und 1650, †1704; S.204, 279, 283

Chatschaturjan, Aram Iljitsch, armenisch-sowjetischer Komponist, *1903, †1978; S.199

Checker, Chubby, amerikanischer Rockmusiker, *1941; S.430

Cherry, Don, amerikanischer Jazzmusiker, *1936, †1995; S.115

Cherubini, Luigi Carlo Zanobi Salvadore Maria, italienischer Komponist, *1760, †1842; S.231, 280, 331

Chevalier, Maurice, französischer Chansonsänger, *1888, †1972; S.67

Chladni, Ernst Florens Friedrich, deutscher Physiker, *1756, †1827; S.70

Chopin, Fryderyk (Frédéric) Franciszek, polnischer Komponist und Pianist, *1810, †1849; S.35, 44, 67, **70,** 70, 109f., 159, 194, 199, 201, 213, 223f., 272f., 309, 313, 342f., 348, 355, 364, 405, 408, 453

Christian, Charlie, amerikanischer Jazzmusiker, *1916, †1947; S.296

Ciconia, Johannes, niederländischer Komponist, *um 1335, †1411; S.267

Cilèa, Francesco, italienischer Komponist, *1866, †1950; S.436

Cimarosa, Domenico, italienischer Komponist, *1749, †1801; S.263, 279, 297

Clapton, Eric, britischer Rockgitarrist und -sänger, *1945; S.52, 337, 432

Clarke, Kenny, amerikanischer Jazzmusiker, *1914, †1985; S.296

Clemens VIII., Papst, *1536, †1605; S.214

Clementi, Muzio, italienischer Komponist und Pianist, *1752, †1832; S.133

Cobham, Billy, amerikanischer Jazzmusiker, *1944; S.118

Cocker, Joe, eigentlich John Robert C., britischer Rocksänger, *1944; S.337

Coffey, Charles, irischer Dramatiker, *um 1700, †1745; S.32, 375

Coleman, Ornette, amerikanischer Jazzmusiker, *1930; S.114f.

Colloredo-Waldsee, Hieronymus Joseph Franz de Paula, Graf von, Fürstbischof von Salzburg, *1732, †1812; S.245

Coltrane, John, amerikanischer Jazzmusiker, *1926 †1967; S.115, 237, 458

Condon, Eddie, amerikanischer Jazzmusiker und Bandleader, *1904, †1973; S.68

Coralli, Jean, italienischer Tänzer und Choreograph, *1779, †1854; S.38

Corelli, Arcangelo, italienischer Komponist und Violinist, *1653, †1713; S.35, 53, 77, 81, 95, 124, 142, 199, 300, 381, 397, 423

Corneille, Pierre, französischer Dramatiker, *1606, †1684; S.210

Cornelius, Carl August Peter, deutscher Komponist, Musikschriftsteller und Dichter, *1824, †1874; S.210, 213, 264

Corner, David Gregor, deutscher Herausgeber von Gebetbüchern, *1585, †1648; S.183

Costello, Elvis, britischer Rockmusiker, *1955; S.267

Couperin, François, französischer Komponist, *1668, †1733; S.27, 67, 75, 81, 121, 124, 223, 286, 309, 315, 341, 397, 437

Couperin, Louis, französischer Clavecinist, Organist und Komponist, *um 1626, †1661; S.66, 204, 341, 411

Cowell, Henry Dixon, amerikanischer Komponist, Pianist und Musikschriftsteller, *1897, †1965; S.62, 75

Cramer, Johann Baptist, deutscher Pianist und Komponist, *1771, †1858; S.104

Cranko, John Cyril, britischer Tänzer, Choreograph und Ballettdirektor, *1927, †1973; S.39

Cristofori, Bartolomeo, italienischer Klavierbauer, *1655, †1732; S.141, 192

Cunningham, Merce, amerikanischer Tänzer und Choreograph, *1919; S.62

Curwen, John, britischer Musikpädagoge, *1816, †1880; S.416

Czerny, Carl, österreichischer Klavierpädagoge und Komponist, *1791, †1857; S.213

D **Dallapiccola,** Luigi, italienischer Komponist, *1904, †1975; S.185, 280, 467

Dantzig, Rudi van, niederländischer Tänzer, Choreograph und Ballettdirektor, *1933; S.39

Danzi, Franz Ignaz, deutscher Komponist, *1763, †1826; S.221

Da Ponte, Lorenzo, italienischer Librettist, *1749, †1838; S.210

David, Félicien César, französischer Komponist, *1810, †1876; S.261

David, Johann Nepomuk, österreichischer Komponist, *1895, †1977; S.190, 231, 264, 377

Davis, Miles Dewey, jr., amerikanischer Jazzmusiker, *1926, †1991; S.79, 172, 237, 296, *296,* 339

Debain, François Alexandre, französischer Klavierbauer, *1809, †1877; S.147

Debussy, Achille Claude, französischer Komponist, *1862, †1918; S.19, 38, 40, 60, 67, **83,** *83,* 123, 158, 163, 209, 211, 214, 272, 280, 286, 295, 310, 313, 326, 375, 395, 411, 457f.

Delalande, Michel-Richard, französischer Komponist, *1657, †1726; S.184, 204

Demantius, Johannes Christoph, deutscher Komponist, *1567, †1643; S.299

Demian, Cyrillus, österreichischer Musikinstrumentenbauer, *1772, †1847; S.12

De Mille, Agnes George, amerikanische Choreographin, *1909, †1993; S.248

Denner, Johann Christoph, deutscher Instrumentenmacher, *1655, †1707; S.188

Desprez, Josquin †Josquin Desprez

Dessau, Paul, deutscher Komponist und Dirigent, *1894, †1979; S.58, 281, 382

Destouches, André Cardinal, französischer Komponist, *1672, †1749; S.279

Diaghilew, Sergej Pawlowitsch, russischer Ballettimpresario und -direktor, *1872, †1929; S.38, 393

Diamond, Neil, amerikanischer Rocksänger und -gitarrist, *1945; S.233

Dibango, Manu, kamerunischer Jazzmusiker, *1934; S.459

Diddley, Bo, eigentlich Ellas Otha Bates McDaniels, amerikanischer Blues- und Rocksänger, *1928; S.52

Diderot, Denis, französischer Schriftsteller, Philosoph, Enzyklopädist und Literatur- und Kunsttheoretiker, *1713, †1784; S.260

Didymos, alexandrinischer Philologe, Mitte des 1.Jh. v.Chr.; S.165

Dietmar von Aist, niederösterreichischer Minnesänger, zweite Hälfte des 12.Jh.; S.234

D'India, Sigismondo, italienischer Komponist, *1580, †1629; S.204

Distler, Hugo, deutscher Komponist und Organist, *1908, †1942; S.179, 231, 299, 310

Ditters von Dittersdorf, Karl, österreichischer Komponist, *1739, †1799; S.279, 375

Dodds, Baby, eigentlich Warren D., amerikanischer Jazzmusiker, *1898, †1959; S.267

Dodds, Johnny, amerikanischer Jazzmusiker, *1892, †1940; S.267

Domino, Fats, eigentlich Antoine D., amerikanischer Rocksänger und -pianist, *1928; S.333

Donizetti, Domenico Gaetano Maria, italienischer Komponist, *1797, †1848; S.44, 280, 293, 345

Doppler, Christian Johann, österreichischer Physiker und Mathematiker, *1803, †1853; S.91

Dorsey, Tommy, amerikanischer Jazzmusiker, *1905, †1957; S.53

Dowland, John, englischer Lautenist und Komponist, *1563, †1626; S.211

Draghi, Antonio, italienischer Komponist, *um 1635, †1700; S.283

Dr. Motte, eigentlich Matthias Roeingh, deutscher Discjockey, *1960; S.405

Dufay, Guillaume, frankoflämischer Komponist, *um 1400, †1474; S.58, 67, 108, 157, 219, 230, 236, 242, 267, 437

Dukas, Paul, französischer Komponist und Musikkritiker, *1865, †1935; S.158, 280, 375

Duke, Vernon, amerikanischer Komponist russischer Herkunft, *1903; S.248

Dumas, Alexandre, französischer Schriftsteller, *1802, †1870; S.49

Duncan, Isadora, amerikanische Tänzerin, *1877, †1927; S.39, 405

Dunham, Katherine, amerikanische

Tänzerin, Choreographin und Ballettdirektorin, *1912; S.39, 169
Dunstable, John, englischer Komponist, *um 1390, †1453; S.373
Duparc, Marie Eugène Henri, französischer Komponist, *1848, †1933; S.211
Dupré, Marcel, französischer Organist und Komponist, *1886, †1971; S.411
Durante, Francesco, italienischer Komponist, *1684, †1755; S.263, 278
Dury, Ian, britischer Rockmusiker, *1942; S.267
Dvořák, Antonín, tschechischer Komponist, *1841, †1904; S.93, **94**, *95*, 119, 156, 191, 280, 309, 331, 333, 345, 370, 372, 374, 377, 385, 395, 406
Dylan, Bob, amerikanischer Rockmusiker, *1941; S.113, 262, 316, 337

E **Eberlin,** Johann Ernst, deutscher Komponist, *1702, †1762; S.363
Eckstine, Billy, amerikanischer Jazzmusiker und Bandleader, *1914, †1993; S.296
Egenolff, Christian, deutscher Buchdrucker, *1502, †1555; S.123
Egk, Werner, deutscher Komponist, *1901, †1983; S.210
Eichendorff, Joseph Freiherr von, deutscher Schriftsteller, *1788, †1857; S.345
Eimert, Eugen Otto Herbert, deutscher Musiktheoretiker und Komponist, *1897, †1972; S.256, 319
Einem, Gottfried von, österreichischer Komponist, *1918, †1996; S.281
Eisler, Hanns, deutscher Komponist, *1898, †1962; S.**98**, 98f., *99*, 179, 211, 221, 281, 358, 382, 455, 467
Eisler, Rudolf, österreichischer philosophischer Schriftsteller, *1873, †1926; S.98
Eleazar ha-Qillir, jüdischer religiöser Dichter, um 700; S.175
Elgar, Sir Edward William, britischer Komponist, *1857, †1934; S.377
Eliot, T. S. (Thomas Stearns), amerikanisch-englischer Dichter und Kritiker, *1888, †1965; S.249
Ellington, Duke, eigentlich Edward Kennedy E., amerikanischer Jazzpianist, -komponist und Bandleader, *1899, †1974; S.176, 240
Ellis, Alexander John, britischer Phonetiker und Akustiker, *1814, †1890; S.165
Elßler, Fanny, österreichische Tänzerin, *1810, †1884; S.38
Encina, Juan del, spanischer Dichter und Komponist, *1469, †1529; S.340
Eno, Brian, britischer Rockmusiker, *1948; S.17
Ephräm der Syrer, Diakon und theologischer Lehrer, *um 306, †378; S.399
Érard, Sébastien, französischer Klavierbauer, *1752, †1831; S.144, 192
Esterházy, Nikolaus Joseph, Fürst E. von Galántha, Graf zu Forchtenstein, österreichischer Heerführer, *1714, †1790; S.41, 148, 422
Ett, Caspar, deutscher Komponist, *1788, †1847; S.184
Euklid, griechischer Mathematiker, *um 365, †um 300 v. Chr.; S.255

F **Falla,** Manuel de, spanischer Komponist, *1876, †1946; S.158, 174, 309
Farinelli, italienischer Sänger, *1705, †1782; S.142, 182
Farnaby, Giles, englischer Komponist, *um 1563, †1640; S.444
Farnaby, Richard, englischer Komponist, *um 1594; S.444
Fauré, Gabriel Urbain, französischer Komponist, *1845, †1924; S.211, 445
Favre, Pierre, schweizerischer Jazzmusiker, *1937; S.266
Feidman, Giora, argentinischer Klarinettist, *1936; S.191
Feo, Francesco, italienischer Komponist, *1691, †1761; S.278
Ferraris, Amalia, italienische Tänzerin, *1830, †1904; S.38
Fétis, François-Joseph, belgischer Musikforscher und Komponist, *1784, †1871; S.412
Feuerbach, Ludwig Andreas, deutscher Philosoph, *1804, †1872; S.452
Feuillet, Raoul-Auger, französischer Tänzer und Ballettmeister, *um 1660, †1710; S.129

Fibich, Zdeněk (Zdenko) Antonín Václav, tschechischer Komponist, *1850, †1900; S.95, 309
Field, John, irischer Pianist und Komponist, *1782, †1837; S.272
Filtz, Johann Anton, deutscher Komponist, *1733, †1760; S.221
Finck, Heinrich, deutscher Komponist, *1444 oder 1445, †1527; S.408
Fitzgerald, Ella, amerikanische Jazzsängerin, *1918, †1996; S.353
Flotow, Friedrich Freiherr von, deutscher Komponist, *1812, †1883; S.280, 384
Fokin, Michail Michajlowitsch, russischer Choreograph, *1880, †1942; S.38f.
Fokker, Adriaan Daniël, niederländischer Physiker, *1887, †1972; S.233
Folz, Hans, deutscher Dichter und Meistersinger, *um 1440, †1513; S.226
Forman, Miloš, amerikanischer Filmregisseur tschechischer Herkunft, *1932; S.246
Formschneyder, Hieronymus, eigentlich Heronymus Andreä, deutscher Formschneider und Drucker, †1556; S.421
Forsythe, William, amerikanischer Choreograph, *1949; S.39
Fortner, Wolfgang, deutscher Komponist, *1907, †1987; S.166, 185, 281, 395, 411, 467
Fourier, Jean-Baptiste Joseph, Baron de, französischer Mathematiker und Physiker, *1768, †1830; S.114
Franck, César Auguste Jean Guillaume Hubert, französischer Komponist deutsch-belgischer Herkunft, *1822, †1890; S.110, 231, 377
Franck, Johann, deutscher Dichter, *1618, †1677; S.183
Franck, Melchior, deutscher Komponist, *um 1580, †1639; S.45, 121
Franco von Köln, deutscher Musiktheoretiker, 13.Jh.; S.22, 270
Franklin, Aretha, amerikanische Soul- und Rocksängerin und -pianistin, *1942; S.383
Franklin, Benjamin, amerikanischer Politiker, Naturwissenschaftler und Schriftsteller, *1706, †1790; S.130
Franz von Assisi, italienischer Ordensstifter, *1181/82, †1226; S.206
Frauenlob, eigentlich Heinrich von Meißen, mittelhochdeutscher Dichter, *um 1250/60, †1318; S.225, 235
Frescobaldi, Girolamo, italienischer Komponist, *1583, †1643; S.64f., 107, 117, 347, 411, 422
Friedrich II., der Große, König von Preußen, *1712, †1786; S.29, 45, 223
Friedrich von Hausen, mittelhochdeutscher Dichter, zweite Hälfte des 12.Jh.; S.234
Friedrich Wilhelm III., König von Preußen, *1770, †1840; S.461
Frith, Fred, amerikanischer Gitarrist, *1949; S.273
Froberger, Johann Jacob, deutscher Komponist, *1616, †1667; S.35, 117, 129, 397, 411
Furtwängler, Gustav Ernst Heinrich Wilhelm, deutscher Dirigent und Komponist, *1886, †1954; S.152
Fux, Johannes Joseph, deutscher Komponist und Musiktheoretiker, *1660, †1741; S.60, 133, 260, 370

G **Gabriel,** Peter, britischer Rockmusiker, *1950; S.459
Gabrieli, Andrea, italienischer Komponist, *um 1510, †1586; S.35, 77, 181, 184, 198, 218, 225, 267, 434
Gabrieli, Giovanni, italienischer Komponist, *zwischen 1553 und 1556, †1612; S.35, 77, 181, 184, 198, 225, 231, 316, 363, 374, 381, 434
Gade, Niels Wilhelm, dänischer Komponist und Dirigent, *1817, †1890; S.137, 273
Gallus, Jacobus, eigentlich Jacob Handl, deutscher Komponist slowenischer Herkunft, *1550, †1591; S.218
Galuppi, Baldassare, italienischer Komponist, *1706, †1785; S.279
Gaßmann, Florian Leopold, deutscher Komponist, *1729, †1774; S.375
Gaultier, Denis, französischer Kompo-

Personenregister

nist und Lautenist, *1603, †1672; S.207, 411

Gaultier, Ennemond, französischer Komponist und Lautenist, *1575, †1651; S.397

Gay, John, englischer Dichter, *1685, †1732; S.32, 142, 279

General Levy, britischer Reggaemusiker; S.176

Genet, Jean, französischer Schriftsteller, *1910, †1986; S.154

Genzmer, Harald, deutscher Komponist, *1909; S.420

Georg I., König von Großbritannien, *1660, †1727; S.142

George, Stefan, deutscher Dichter, *1868, †1933; S.359

Gerber, Ernst Ludwig, deutscher Musiklexikograf, *1746, †1819; S.260

Gerhardt, Paul, deutscher Dichter und lutherischer Theologe, *1607, †1676; S.183

Gershwin, George, amerikanischer Komponist, *1898, †1937; S.**126**, 248, 333, 386, 426

Gershwin, Ira, amerikanischer Schriftsteller, *1896, †1983; S.126

Gesualdo, Don Carlo, italienischer Komponist, *um 1560, †1613; S.218

Getz, Stan, amerikanischer Jazzmusiker, *1927, †1991; S.79, 172

Ghirardello da Firenze, italienischer Komponist, *zwischen 1320 und 1325, †1362 oder 1363; S.420

Gibbons, Orlando, englischer Komponist, *1583, †1625; S.106, 122, 444

Gillespie, Dizzy, eigentlich John Birks G., amerikanischer Jazzmusiker, *1917, †1993; S.43, 172, 296

Giordano, Umberto Menotti Maria, italienischer Komponist, *1867, †1948; S.280, 436

Giovanni da Cascia, italienischer Komponist, 14.Jh.; S.420

Giustini, Lodovico Maria, italienischer Komponist, *1685, †1743; S.194

Glareanus, Henricus, eigentlich Heinrich Loriti, schweizerischer Humanist und Musiktheoretiker, *1488, †1563; S.94, 185

Glass, Philip, amerikanischer Komponist, *1937; S.234, 281

Glasunow, Aleksandr Konstantinowitsch, russischer Komponist, *1865, †1936; S.273, 357, 377

Glinka, Michail Iwanowitsch, russischer Komponist, *1804, †1857; S.64, 123, 280

Glover, Sarah Ann, britische Musikpädagogin, *1786, †1867; S.416

Gluck, Christoph Willibald Ritter von, deutscher Komponist, *1714, †1787; S.21, 37, 91, 106, 124, 162, 189, 210, 279, 292, 370

Goethe, Johann Wolfgang von, deutscher Dichter, *1749, †1832; S.58, 123, 219, 227, 434

Gogol, Nikolaj Wassiljewitsch, russischer Schriftsteller, *1809, †1852; S.361

Goldoni, Carlo, italienischer Dramatiker, *1707, †1793; S.210

Goldschmidt, Berthold, britischer Komponist deutscher Herkunft, *1903, †1996; S.102

Gonzaga, Ferrante, Graf von Guastalla, *1507, †1557; S.205

Goodman, Benny, eigentlich Benjamin David G., amerikanischer Jazzmusiker, *1909, †1986; S.398

Górecki, Henryk Mikołaj, polnischer Komponist, *1933; S.81

Gorzanis, Giacomo, italienischer Komponist, *um 1525, †nach 1575; S.381

Gottfried von Neifen, mittelhochdeutscher Minnesänger, 13.Jh.; S.235

Gottsched, Johann Christoph, deutscher Gelehrter und Schriftsteller, *1700, †1766; S.58

Goudimel, Claude, französischer Komponist, *1514/20, †1572; S.180

Gounod, Charles François, französischer Komponist, *1818, †1893; S.91, 231, 280, 345

Graham, Martha, amerikanische Tänzerin, Choreographin und Tanzpädagogin, *1894, †1991; S.39, 238, 405

Grandi, Alessandro, italienischer Komponist, *um 1577, †1630; S.21

Graun, Carl Heinrich, deutscher Komponist, *1703/04, †1759; S.45, 121, 283

Graun, Johann Gottlieb, deutscher

Personenregister

Violinist und Komponist, *1702/03, †1771; S.45, 121

Gréban, Arnoul, französischer Schriftsteller, *um 1420, †1471; S.261

Gréco, Juliette, französische Chansonette und Schauspielerin, *1927; S.67

Gregor I., der Große, Papst, *um 540, †604; S.116, 134, 202

Grétry, André Ernest Modeste, belgischer Komponist, *1741, †1813; S.124, 209, 280

Grieg, Edvard Hagerup, norwegischer Komponist, *1843, †1907; S.58, **137,** *137,* 156, 227, 345, 377, 397

Grillparzer, Franz, österreichischer Dichter, *1791, †1872; S.362

Grisi, Carlotta, italienische Tänzerin, *1819, †1899; S.38

Guarini, Giovanni Battista, italienischer Dichter, *1538, †1612; S.218

Guarneri, Andrea, italienischer Geigenbauer, *vor 1626, †1698; S.441

Guido von Arezzo, italienischer Musiktheoretiker, *um 992, †1050(?); S.134, 138, 151, 213, 260, 270, 357, 380, 409

Guilbert, Yvette, französische Diseuse, *1867, †1944; S.67

Guillaume de Machault, französischer Dichter und Komponist, *zwischen 1300 und 1305, †1377; S.23, 32, **138,** *138,* 167, 180, 203, 230, 236, 241, 310, 443

Guilmant, Félix Alexandre, französischer Organist und Komponist, *1837, †1911; S.357

Gurlitt, Wilibald, deutscher Musikforscher, *1889, †1963; S.291

Guthrie, Arlo, amerikanischer Folksänger, *1947; S.113

Guthrie, Woody, amerikanischer Folksänger, *1912, †1967; S.113, 316

H **Haas,** Pavel, tschechischer Komponist, *1899, †1944; S.102, 175

Hába, Alois, tschechischer Komponist, *1893, †1973; S.233, 438

Haberl, Franz Xaver, deutscher Kirchenmusiker und Musikforscher, *1840, †1910; S.184

Haeckl, Anton, österreichischer Klavierbauer, erste Hälfte des 19.Jh.; S.306

Hafez-i-Abru, arabischer Historiker, 15.Jh; S.456

Halary, eigentlich Jean-Hilaire Asté, französischer Musikinstrumentenbauer, 19.Jh.; S.282

Halévy, Jacques François Fromental Élie, französischer Komponist, *1790, †1862; S.134, 280

Haley, Bill, amerikanischer Rockmusiker, *1927, †1981; S.340

Hamel, Peter Michael, deutscher Komponist, *1947; S.266

Hamlisch, Marvin, amerikanischer Komponist, *1944; S.248

Hammond, Laurens, amerikanischer Erfinder, *1895, †1973; S.141

Hampel, Anton Joseph, österreichischer Hornist, *um 1705, †1771; S.166, 453

Hancock, Herbie, amerikanischer Jazzpianist, *1940; S.118, 194

Händel, Georg Friedrich, deutsch-britischer Komponist, *1685, †1759; S.19, 21, 32, 35, 40, 54, 65, 124, **141,** *142,* 149, 156, 199, 278f., 283, 292, 300, 309, 319, 370, 397, 406

Hans Heinrich XI., Herzog von Pleß, *1833, †1907; S.168, 308

Hanslick, Eduard, österreichischer Musikforscher, *1825, †1904; S.7, 345

Harnoncourt, Nikolaus, österreichischer Dirigent und Musikforscher, *1929; S.153

Harris, Roy, amerikanischer Komponist, *1898, †1979; S.377

Harrison, George, britischer Rockmusiker, *1943; S.43, 459

Hartmann, Karl Amadeus, deutscher Komponist, *1905, †1963; S.377, 432

Hartmann von Aue, mittelhochdeutscher Dichter, zweite Hälfte des 12.Jh.; S.235

Hasse, Johann Adolf, deutscher Komponist, *1699, †1783; S.21, 263, 278, 283, 370

Haßler, Hans Leo, deutscher Komponist, *1564, †1612; S.71, 218, 225, 397

Hauer, Josef Matthias, österreichischer Komponist und Musiktheoretiker, *1883, †1959; S. 466f.

Haupt, Walter Josef, deutscher Komponist, *1935; S. 107

Hawkins, Coleman Randolph, amerikanischer Jazzmusiker, *1904, †1969; S. 170, *171*

Hawkins, John Isaac, amerikanischer Instrumentenbauer, 19. Jh.; S. 192

Haydn, Franz Joseph, deutsch-österreichischer Komponist, *1732, †1809; S. 41, 46, 84, 89, 94, 99, 110, 118, 145, 147, **148**, *148,* 159, 162, 168, 177, 188f., 194, 230f., 244, 272, 283f., 315, 353, 355, 374, 376, 385, 394, 410, 422, 455

Haza, Ofra, israelische Sängerin, *1957, †2000; S. 459

Hebenstreit, Pantaleon, deutscher Musiker, *1667, †1750; S. 192, 295

Heckel, Erich, deutscher Maler und Grafiker, *1883, †1970; S. 457

Heckel, Wilhelm, deutscher Musikinstrumentenbauer, *1856, †1909; S. 149, 197

Heermann, Johannes, deutscher Kirchenlieddichter, *1585, †1647; S. 183

Hegel, Georg Wilhelm Friedrich, deutscher Philosoph, *1733, †1799; S. 252

Heine, Heinrich (Harry), deutscher Dichter, *1797, †1856; S. 38

Heinrich II., König von Frankreich, *1519, †1559; S. 36

Heinrich von Morungen, mittelhochdeutscher Lyriker, Ende des 12. und Anfang des 13. Jh.; S. 235

Heinrich von Mügeln, mittelhochdeutscher Dichter, 14. Jh.; S. 226

Heinrich von Veldeke, mittelhochdeutscher Dichter, zweite Hälfte des 12. Jh.; S. 234

Henderson, Fletcher, amerikanischer Pianist und Arrangeur, *1898, †1952; S. 21, 171, *171*

Hendrix, Jimi, amerikanischer Rockmusiker, *1942, †1970; S. 143, **149**, *150,* 337

Hensel, Fanny Caecilie, geborene Mendelssohn, deutsche Pianistin und Komponistin, *1805, †1847; S. 228

Hensel, Walther, deutscher Musikerzieher, *1887, †1956; S. 175

Henze, Hans Werner, deutscher Komponist, Dirigent und Regisseur, *1926; S. 66, **150**, *151,* 179, 199, 227, 281, 375, 377, 395, 432, 467

Herder, Johann Gottfried von, deutscher Schriftsteller, Philosoph und Theologe, *1744, †1803; S. 123, 446

Herman, Woody, amerikanischer Jazzmusiker, *1913, †1987; S. 328, 393

Hermann von Reichenau, mittellateinischer Schriftsteller und Dichter, *1013, †1054; S. 369

Hertz, Heinrich Rudolf, deutscher Physiker, *1857, †1894; S. 151

Hervé, eigentlich Florimond Ronger, französischer Komponist, *1825, †1892; S. 60, 282

Herz, Henri, deutscher Pianist und Komponist, *1803 (1806?), †1888; S. 192

Heymann, Birger, deutscher Komponist, *1943; S. 249

Hildesheimer, Wolfgang, deutscher Schriftsteller, *1916, †1991; S. 246

Hiller, Johann Adam, deutscher Komponist, *1728, †1804; S. 279, 363, 375

Hindemith, Paul, deutscher Komponist, *1895, †1963; S. 49, 54, 104, 109, 118, **152**, *152,* 175, 178, 190, 199, 210f., 223, 231, 264, 281, 284, 298, 310, 334, 363, 375, 377, 395, 397, 408, 412, 420

Hines, Earl Kenneth, amerikanischer Jazzpianist und Komponist, *1905, †1983; S. 296

Hitchcock, Alfred, britisch-amerikanischer Filmregisseur, *1899, †1980; S. 256

Hochbrucker, Jacob, deutscher Harfenist und Musikinstrumentenbauer, *1673, †1763; S. 144

Hoffman, Reinhild, deutsche Tänzerin und Choreographin, *1943; S. 39

Hoffmann, Bruno, deutscher Glasharfenspieler, *1913, †1991; S. 131

Hoffmann, E. T. A. (Ernst Theodor Amadeus), deutscher Schriftsteller, Komponist und Zeichner, *1776, †1822; S. 209, 251, 280, 342, 365

Hofhaimer, Paul von, deutscher Organist und Komponist, *1459, †1537; S. 211

Hofmannsthal, Hugo von, österreichischer Dichter, *1874, †1929; S.210, 392

Hölderlin, Johann Christian Friedrich, deutscher Dichter, *1770, †1843; S.269, 339

Höller, York, deutscher Komponist, *1944; S.100

Holly, Buddy, eigentlich Charles Hardin H., amerikanischer Rocksänger und -gitarrist, *1936, †1959; S.340

Holm, Hanya, deutsch-amerikanische Tänzerin, Tanzpädagogin und Choreographin, *1893, †1992; S.405

Hölszky, Adriana, deutsche Komponistin, *1953; S.**153,** *153*

Holzbauer, Ignaz Jakob, deutscher Komponist, *1711, †1783; S.221, 374

Honegger, Arthur, französischer Komponist, *1892, †1955; S.58, 109, 128, 190, 227, 284, 408

Hooker, John Lee, amerikanischer Bluesmusiker, *1917; S.333

Hornbostel, Erich Moritz von, österreichischer Musikforscher, *1877, †1935; S.50, 416

Hrabanus Maurus, Erzbischof von Mainz und mittellateinischer Schriftsteller, *um 783, †856; S.434

Huber, Klaus, schweizerischer Komponist, *1924; S.185

Hugo, Victor Marie, französischer Schriftsteller, *1802, †1885; S.49, 249

Hummel, Johann Nepomuk, österreichischer Komponist und Pianist, *1778, †1837; S.421

Humperdinck, Engelbert, deutscher Komponist, *1854, †1921; S.156, 227, 280, 363

Husmann, Heinrich, deutscher Musikforscher, *1908, †1983; S.50

Husserl, Edmund, deutscher Philosoph, *1859, †1938; S.463

I **Iacopo da Bologna,** italienischer Komponist, Mitte des 14.Jh.; S.218, 420

Iacopone da Todi, italienischer Dichter, *um 1230, †1306; S.206

Ibsen, Henrik, norwegischer Schriftsteller, *1828, †1906; S.137

Indy, Paul Marie Théodore Vincent d', französischer Komponist, *1851, †1931; S.280, 357

Ingegneri, Marc Antonio, italienischer Komponist, *um 1547, †1592; S.159

Isaac, Heinrich, frankoflämischer Komponist, *um 1450, †1517; S.211, 230, 267, 408

Isabella von Aragón, Herzogin von Mailand, *1470, †1527; S.36

Isidor von Sevilla, Kirchenlehrer, *um 560, †636; S.236, 242

Ives, Burl, amerikanischer Folksänger, *1909, †1995; S.113

Ives, Charles Edward, amerikanischer Komponist, *1874, †1954; S.**167,** *167,* 377

J **Jackson,** Mahalia, amerikanische Gospelsängerin, *1911, †1972; S.264

Jackson, Michael, amerikanischer Rocksänger, *1958; S.242

Jacobus von Lüttich, deutscher Musiktheoretiker, *um 1260, †nach 1330; S.236

Jagger, Mick, britischer Rocksänger, *1943; S.*336*

Jähns, Friedrich Wilhelm, deutscher Gesangspädagoge und Musikforscher, *1809, †1888; S.209

Janáček, Leoš, tschechischer Komponist, *1854, †1928; S.17, 209, 280, 374, 395

Janequin, Clément, französischer Komponist, *um 1485, †1558; S.67, 218, 315

Jaques-Dalcroze, Émile, schweizerischer Musikpädagoge, *1865, †1950; S.405

Jarreau, Al, amerikanischer Jazzmusiker, *1940; S.353

Jarrett, Keith, amerikanischer Jazzmusiker, *1945; S.194

Jean Paul, deutscher Schriftsteller, *1763, †1825; S.156, 365

Jefferson, Blind Lemon, amerikanischer Bluesmusiker, *1897, †1930; S.52

Joachim, Joseph, deutscher Violinist und Komponist, *1831, †1907; S.54

Jöde, Fritz, deutscher Musikpädagoge, *1887, †1970; S.175
Johannes XXII., Papst, *um 1245, †1334; S.184
Johannes de Grocheo, französischer Musiktheoretiker, 13./14.Jh.; S.260
Johannes von Damaskus, griechischer Theologe und Kirchenlehrer, *zwischen 650 und 670, †vor 754; S.59
Johann Georg I., Kurfürst von Sachsen, *1585, †1656; S.363
Johann von Luxemburg, König von Böhmen, *1296, †1346; S.138
Johnson, James Price, amerikanischer Jazzmusiker, *1891, †1955; S.194
Jolivet, André, französischer Komponist, *1905, †1974; S.277
Jommelli, Niccolò, italienischer Komponist, *1714, †1774; S.21, 231, 263, 278
Jones, Sidney, britischer Komponist, *1861, †1946; S.282
Jones, Tom, britischer Rockmusiker, *1940; S.233
Joplin, Scott, amerikanischer Pianist und Komponist, *1868, †1917; S.170, 194, 325, 337
Jordan, Louis, amerikanischer Jazzmusiker, *1908, †1975; S.333
Jorrin, Enrique, kubanischer Violinist, *1926, †1987; S.66
Joseph II., Kaiser des Heiligen Römischen Reichs, *1741, †1790; S.375
Josquin Desprez, frankoflämischer Komponist, *um 1440, †1521; S.67, 73, 219, 230, 242, 267, 316, 330

K **Kagel,** Mauricio Raúl, deutscher Komponist argentinischer Herkunft, *1931; S.100, **176**, *177*, 281, 445
Kálmán, Emmerich, ungarischer Operettenkomponist, *1882, †1953; S.282
Kalthum, Um, ägyptische Sängerin, *1904, †1975; S.11
Kant, Immanuel, deutscher Philosoph, *1724, †1804; S.252
Karl I., der Große, Kaiser des Heiligen Römischen Reichs und König der Franken, *747, †814; S.122, 290
Karl IV., Kaiser des Heiligen Römischen Reichs, *1316, †1378; S.17

Karl V., der Weise, König von Frankreich, *1338, †1380; S.139
Karl der Kühne, Herzog von Burgund, *1433, †1477; S.58, 267
Karl Theodor, Kurfürst von der Pfalz und von Bayern, *1724, †1799; S.221
Katharina von Medici, Königin von Frankreich, *1519, †1589; S.36
Keiser, Reinhard, deutscher Komponist, *1673/74, †1739; S.283
Kelly, Gene, amerikanischer Tänzer und Schauspieler, *1912, †1996; S.248, 386
Kent, Eduard August (Edward Augustus), Herzog von Kent und zu Braunschweig-Lüneburg, britischer Prinz, *1767, †1820; S.187
Kenton, Stan, amerikanischer Jazzpianist und Bandleader, *1912, †1979; S.296
Kepler, Johannes, deutscher Astronom und Mathematiker, *1571, †1630; S.260, 383
Kern, Jerome David, amerikanischer Komponist, *1888, †1945; S.248
Khaled, Hadj-Brahim, algerischer Sänger, *1960; S.325
Killmayer, Wilhelm, deutscher Komponist, *1927; S.211
King, B. B., eigentlich Riley B. K., amerikanischer Jazzmusiker, *1925; S.150, 333
Kinsky von Wchinitz und Tettau, Christian Graf, österreichischer General, *1777, †1835; S.47
Kircher, Athanasius, deutscher Universalgelehrter, *1602, †1680; S.9, 107
Kirchner, Ernst Ludwig, deutscher Maler, Grafiker und Bildhauer, *1880, †1938; S.457
Kirchner, Volker David, deutscher Komponist, *1942; S.281
Kirnberger, Johann Philipp, deutscher Musiktheoretiker, *1721, †1783; S.45
Kjui, Zesar Antonowitsch, russischer Komponist, *1835, †1918; S.261
Klebe, Giselher Wolfgang, deutscher Komponist, *1925; S.281
Klein, Gideon, tschechischer Komponist, *1919, †1945; S.102
Klinger, Max, deutscher Maler und Bildhauer, *1857, †1920; S. *48*

Klopstock, Friedrich Gottlieb, deutscher Dichter, *1724, †1803; S.34
Klosé, Hyacinthe Eléonore, französischer Klarinettist, *1808, †1880; S.188
Knab, Armin, deutscher Komponist, *1881, †1951; S.175
Koch, Heinrich Christoph, deutscher Musikforscher, *1749, †1816; S.260
Köchel, Ludwig Ritter von, österreichischer Musikforscher, *1800, †1877; S.244
Koenig, Gottfried Michael, deutscher Komponist, *1926; S.100
Konfuzius, chinesischer Philosoph, *551, †479 v.Chr.; S.320
Konitz, Lee, amerikanischer Jazzmusiker, *1927; S.79
Konrad II., der Salier, deutscher König, *um 990, †1039; S.438
Konrad von Würzburg, mittelhochdeutscher Dichter, *um 1230, †1287; S.235
Konstantin V. Kopronymos, byzantinischer Kaiser, *718, †775; S.290
Kopytman, Marc, russischer Komponist, *1929; S.175
Korner, Alexis, britischer Rockmusiker, *1928, †1984; S.52, 337
Kosmas von Jerusalem, byzantinischer kirchlicher Dichter, 8.Jh.; S.59
Kotoński, Włodzimierz, polnischer Komponist und Musikforscher, *1925; S.100
Kottke, Leo, amerikanischer Jazzmusiker, *1945; S.266
Krása, Hans, tschechischer Komponist, *1899, †1944; S.102
Krause, Christian Gottfried, deutscher Musikschriftsteller und Komponist, *1719, †1770; S.45
Krenek, Ernst, österreichisch-amerikanischer Komponist, *1900, †1991; S.100, 104, 190, 204, 210f., 221, 264, 280f., 284, 467
Kresnik, Johann (Hans), österreichischer Choreograph und Ballettdirektor, *1939; S.39
Krieger, Adam, deutscher Komponist, *1634, †1666; S.211

Krieger, Johann Philipp, deutscher Komponist, *1649, †1725; S.223, 397
Ktesibios von Alexandria, griechischer Naturforscher und Ingenieur, erste Hälfte des 3.Jh. v.Chr.; S.157, 290
Kuhnau, Johann, deutscher Komponist, *1660, †1722; S.29, 315, 381f., 397
Kukuzeles, Johannes, byzantinischer Komponist, wohl 14.Jh.; S.59
Kunad, Rainer, deutscher Komponist, *1936, †1995; S.284
Kürenberg, Der von K., mittelhochdeutscher Lyriker, Mitte des 12.Jh.; S.234
Kylián, Jiří, tschechischer Tänzer, Choreograph und Ballettdirektor, *1947; S.39
Kyrillos, griechischer Slawenapostel, Geistlicher und Gelehrter, *826/827, †869; S.17

L **Laban,** Rudolf von, deutscher Tänzer, Tanzpädagoge und -theoretiker, *1879, †1958; S.405
La Fontaine, Mademoiselle de, französische Tänzerin, *um 1655, †um 1738; S.37
Lalo, Édouard Victor Antoine, französischer Komponist spanischer Herkunft, *1823, †1892; S.333
Landi, Stefano, italienischer Komponist, *1586/87, †1639; S.278
Landini, Francesco, italienischer Komponist, Organist und Dichter, †1397; S.23, 32, 180, 204, 218, 236, 420
Lane, Burton, amerikanischer Komponist, *1912, †1997; S.248
Lane, Papa Jack, amerikanischer Jazzmusiker, *1873, †1966; S.89
Langton, Stephen, englischer Theologe, Erzbischof von Canterbury, *um 1150/55, †1228; S.434
Lanner, Joseph Karl Franz, österreichischer Komponist, *1801, †1843; S.282, 391, 453
La Rocca, Nick, amerikanischer Jazzkornettist und Bandleader, *1889, †1961; S.89
Lasso, Orlando di, frankoflämischer Komponist, *um 1532, †1594; S.184, **205,** *205,* 218f., 242, 267, 276, 294, 299, 310, 331

Personenregister

Lechner, Leonhard, deutscher Komponist, *um 1553, †1606; S.218, 299
Legrenzi, Giovanni, italienischer Komponist, *1626, †1690; S.278
Lehár, Franz, österreichischer Komponist, *1870, †1948; S.282
Leibowitz, René, französischer Komponist, Dirigent und Musikschriftsteller polnischer Herkunft, *1913, †1972; S.467
Leidesdorf, Maximilian Joseph, österreichischer Verleger, *1787, †1840; S.239
Lenin, Wladimir Iljitsch, russischer Revolutionär und Staatsmann, *1870, †1924; S.361
Lennon, John, britischer Rockmusiker, *1940, †1980; S.43
Leo, Leonardo, italienischer Komponist, *1694, †1744; S.263, 283
Leoncavallo, Ruggiero, italienischer Komponist, *1857, †1919; S.280, 436
Leone, Sergio, italienischer Filmregisseur, *1929, †1989; S.109
Leoninus, französischer Magister und Komponist, zweite Hälfte des 12.Jh.; S.236, 270, 272
Leroux, Gaston, französischer Schriftsteller, *1868, †1927; S.249
Lessing, Gotthold Ephraim, deutscher Schriftsteller und Kritiker, *1729, †1781; S.58
Liebermann, Rolf, schweizerischer Komponist und Intendant, *1910, †1999; S.281
Ligeti, György, österreichischer Komponist ungarischer Herkunft, *1923; S.75, 100, 128, 156, 163, 187, 251, 281, 331, 395, 446
Liszt, Franz von, ungarischer Komponist und Pianist, *1811, †1886; S.7, 42, 49, 54, 63, 67, 70, 107, 110, 123, 137, 157, 159, 163, 174, 194, 199, 208, *213*, *214,* 231, 264, 284, 296, 309, 313, 315, 333, 342, 344f., 348, 353, 374, 376, 392, 406, 410, 419, 450f., *450,* 453
Little Richard, eigentlich Richard Wayne Penniman, amerikanischer Rockmusiker, *1935; S.333, 340
Lloyd Webber, Sir Andrew, britischer Komponist, *1948; S.248f.

Lobkowitz, Joseph Franz Maximilian Fürst von L., Herzog von Raudnitz, österreichischer General, *1772, †1816; S.47
Lobwasser, Ambrosius, deutscher Dichter, *1515, †1585; S.183
Loesser, Frank, amerikanischer Komponist, *1910, †1969; S.248
Loewe, Frederick, amerikanischer Komponist österreichischer Herkunft, *1901, †1988; S.248
Loewe, Johann Carl Gottfried, deutscher Komponist, *1796, †1869; S.156, 211, 221, 284
Logothetis, Anestis, österreichischer Komponist griechischer Herkunft, *1921, †1994; S.251
Lortzing, Gustav Albert, deutscher Komponist, *1801, †1851; S.210, 280, 375, 384
Ludwig II., König von Bayern, *1845, †1886; S.451, *451*
Ludwig XIV., König von Frankreich, *1638, †1715; S.36, 80, 128, 216, 229
Ludwig XV., König von Frankreich, *1710, †1774; S.325
Ludwig, Friedrich, deutscher Musikforscher, *1872, †1930; S.260
Lukács, György (Georg), ungarischer Literarhistoriker und Philosoph, *1885, †1971; S.252
Lully, Jean-Baptiste, französischer Komponist italienischer Herkunft, *1632, †1687; S.36f., 54, 57, 66, 123, **216**, *216,* 223, 229f., 275, 279, 284, 292, 315, 325, 397, 419, 453
Lunceford, Jimmie, amerikanischer Jazzmusiker und Orchesterleiter, *1902, †1947; S.398
Luria, Isaak ben Salomo Aschkenasi, jüdischer Kabbalist, *1534, †1572; S.175
Luther, Martin, deutscher Reformator, *1483, †1546; S.157, 180, 183f., 214, 406, 434
Lutosławski, Witold, polnischer Komponist, *1913, †1994; S.395

M **MacDermont,** Galt, amerikanischer Komponist, *1928; S.248
Mager, Jörg, deutscher Musiker und Instrumentenbauer, 19./20.Jh.; S.233, 438

Personenregister

Mahler, Gustav, österreichischer Komponist und Dirigent, *1860, †1911; S.9, 56, 73, 76, 110, 163, 168, 198, 211, **219**, *219*, 223, 230, 252, 286, 310, 335, 341, 344, 355, 359, 363, 377, 410, 428, 434, 466

Mahrenholz, Christhard, evangelischer Theologe und Musikwissenschaftler, *1900, †1980; S.291

Mainwaring, John, britischer Musikschriftsteller, *1724, †1807; S.143

Mallarmé, Stéphane, französischer Dichter, *1842, †1898; S.83

Mälzel, Johann Nepomuk, deutscher Instrumentenbauer, *1772, †1838; S.232, 295

Manen, Hans van, niederländischer Choreograph und Ballettdirektor, *1932; S.39

Mangelsdorff, Albert, deutscher Jazzposaunist, *1928; S.115, 197, 312

Marchettus von Padua, italienischer Musiktheoretiker, erste Hälfte des 14. Jh.; S.420

Marenzio, Luca, italienischer Komponist, *1553/54, †1599; S.218

Marley, Bob, jamaikanischer Rockmusiker, *1942, †1981; S.328

Marner, Konrad, genannt Der M., mittelhochdeutscher Spruch- und Liederdichter, 13. Jh.; S.226

Marot, Clément, französischer Dichter, *1496, †1544; S.183

Marpurg, Friedrich Wilhelm, deutscher Musiktheoretiker und Komponist, *1718, †1795; S.45, 260

Marschner, Heinrich August, deutscher Komponist, *1795, †1861; S.159, 209, 280, 342, 375

Martenot, Maurice, französischer Musikpädagoge und Erfinder, *1898, †1980; S.277

Martianus Capella, römischer Schriftsteller, um 400 n. Chr.; S.136

Martin, Frank Théodore, schweizerischer Komponist, *1890, †1974; S.284

Martin, George, britischer Musikproduzent, *1926; S.43

Martinů, Bohuslav, tschechischer Komponist, *1890, †1959; S.377

Marusha, eigentlich Marusha Geiss, deutsche DJane, *1966; S.405

Marx, Adolf Bernhard, deutscher Musiktheoretiker und Komponist, *1795, †1866; S.212, 260

Marx, Karl, deutscher Komponist, *1897, †1985; S.179

Mascagni, Pietro, italienischer Komponist, *1863, †1945; S.164, 280, 436

Massenet, Jules Émile Frédéric, französischer Komponist, *1842, †1912; S.91, 261, 280

Massine, Léonide, russischer Tänzer und Choreograph, *1896, †1979; S.38

Mattheson, Johann, deutscher Musiktheoretiker und Komponist, *1681, †1764; S.9, 141, 227, 251, 260, 283, 299

Mattox, Matt, amerikanischer Tänzer, Choreograph und Pädagoge, *1921; S.173

Mayall, John, britischer Bluesmusiker und -sänger, *1933; S.52, 337

McCartney, Paul, englischer Rockmusiker, *1942; S.43, 233

McFerrin, Bobby, amerikanischer Jazzmusiker, *1950; S.353

MC Hammer, amerikanischer Rapper, *1962; S.152

Meck, Nadeschda Filaretowna von, russische Adlige, *1831, †1894; S.428

Méhul, Étienne Nicolas, französischer Komponist, *1763, †1817; S.209, 280

Meierpeck, Wolfgang, deutscher Buchdrucker, †1578; S.45

Meinloh von Sevelingen, mittelhochdeutscher Lyriker, zweite Hälfte des 12. Jh.; S.234

Melissus, Paulus, eigentlich Paul Schede, deutscher Dichter und Humanist, *1539, †1602; S.183

Mendelssohn, Fanny Caecilie † Hensel, Fanny Caecilie

Mendelssohn, Moses, deutscher Philosoph, *1728, †1786; S.228

Mendelssohn Bartholdy, Jakob Ludwig Felix, deutscher Komponist, *1809, †1847; S.28, 35, 58, 67, 118, 189, 199, 211f., 221, 223, 227, **228**, *228*, 264, 276, 284, 293, 315, 341–345, 349, 364, 374, 376, 395

Menuhin, Sir Yehudi, amerikanisch-britischer Violinist, *1916, †1999; S.*457,* 458

Mersenne, Marin, französischer Mathematiker und Musiktheoretiker, *1588, †1648; S.9

Merula, Tarquinio, italienischer Komponist, *um 1595, †1665; S.422

Merulo, Claudio, italienischer Organist und Komponist, *1533, †1604; S.434

Mesomedes, griechischer Lyriker, erste Hälfte des 2.Jh. n.Chr.; S.136

Messiaen, Olivier Eugène Prosper Charles, französischer Komponist, *1908, †1992; S.84, 185, 231, **231**, *231,* 277, 281, 310, 371, 390, 402

Metastasio, Pietro, italienischer Dichter, *1698, †1782; S.210, 263, 278, 282

Methodios, griechischer Slawenapostel, Mönch und Erzbischof, *um 815, †885; S.17

Meyerbeer, Giacomo, deutscher Komponist, *1791, †1864; S.134, 163, 223, 280, 345f.

Micheelsen, Hans Friedrich Hinrich, deutscher Komponist, *1902, †1973; S.179

Mikulástik, Pavel, tschechischer Choreograph und Regisseur, *1942; S.39

Miley, Bubber, amerikanischer Jazzmusiker, *1903, †1932; S.176

Milhaud, Darius, französischer Komponist, *1892, †1974; S.109, 175, 179, 184, 190, 310, 377, 395

Minnelli, Liza, amerikanische Schauspielerin und Sängerin, *1946; S.249

Mistinguett, französische Varietékünstlerin und Chansoninterpretin, *1873, †1956; S.67

Moellendorff, Willi von, deutscher Komponist und Instrumentenbauer, *1872, †1934; S.438

Molière, französischer Dichter, Schauspieler und Theaterleiter, *1622, †1673; S.36, 216

Moniuszko, Stanisław, polnischer Komponist, *1819, †1872; S.280

Monk, Meredith Jane, amerikanische Komponistin, Sängerin und Choreographin, *1942; S.39

Monk, Thelonious Sphere, amerikanischer Jazzmusiker, *1917, †1982; S.43, 172, 194, 296

Monn, Georg Matthias, deutscher Komponist, *1717, †1750; S.454

Monroe, Bill, amerikanischer Countrysänger, *1911, †1996; S.51

Montand, Yves, französischer Schauspieler und Sänger italienischer Herkunft, *1921, †1991; S.67

Monteverdi, Claudio Zuan (Giovanni) Antonio, italienischer Komponist, *1567, †1643; S.9, 35, 162, 198, 204, 218, 223, 239, **240**, *240,* 241, 278, 297, 308, 315, 317, 333, 339, 363, 367, 411, 434, 437

Monteverdi, Giulio Cesare, italienischer Komponist, *1573, †1630/31; S.367

Moog, Robert A., amerikanischer Ingenieur, *1934; S.256

Moore, Christy, irischer Folkrockmusiker, *1945; S.113

Moritz der Gelehrte, Landgraf von Hessen-Kassel, *1572, †1632; S.363

Morley, Thomas, englischer Komponist, *1557/58, †1602; S.78, 106, 218, 444

Morricone, Ennio, italienischer Komponist, *1928; S.109

Morton, Jelly Roll, amerikanischer Jazzmusiker, *1885, †1941; S.267

Mouton, Jean, frankoflämischer Komponist, *1459 oder früher, †1522; S.437

Mozart, Anna Maria, Mutter von Wolfgang Amadeus Mozart, *1720, †1778; S.245

Mozart, Konstanze, Ehefrau von Wolfgang Amadeus Mozart, *1763, †1843; S.246

Mozart, Leopold, deutscher Komponist, *1719, †1787; S.244, *245*

Mozart, Maria Anna (genannt Nannerl), Schwester von Wolfgang Amadeus Mozart, *1751, †1829; S.244, *245*

Mozart, Wolfgang Amadeus, deutscher Komponist, *1756, †1791; S.14, 21, 26, 31, 34, 41, 46, 58, 84, 86, 106f., 110, 118, 131, 145, 147–149, 158f., 162, 166, 168, 177, 188f., 191f., 194f., 199, 204, 209, 230f., **244**, 244–246, *244f.,* 272, 277, 279, 284, 292, 331, 341, 363, 370,

Personenregister

374–376, 381, 383, 395, 422, 434, 437, 455

Muffat, Georg, deutscher Komponist, *1653, †1704; S.77, 292

Müller, M., österreichischer Instrumentenbauer, 18./19.Jh.; S.192

Müller, Wenzel, österreichischer Komponist, *1767, †1835; S.375

Mulligan, Gerry, amerikanischer Jazzmusiker und Arrangeur, *1927, †1996; S.79, 172

Mundt, Theodor, deutscher Schriftsteller, *1808, †1861; S.252

Müntzer, Thomas, deutscher Theologe und Revolutionär, *1486 oder 1489/90, †1525; S.183

Mussorgskij, Modest Petrowitsch, russischer Komponist, *1839, †1881; S.42, 123, 211, **260,** *261,* 280, 286, 315, 327, 345, 374, 397

Mustel, Auguste, französischer Klavierbauer, *1842, †1919; S.64

N **Nägeli,** Hans Georg, schweizerischer Musikpädagoge und Komponist, *1773, †1836; S.221

Nancarrow, Conlon, mexikanischer Komponist amerikanischer Herkunft, *1912, †1997; S.308

Napoleon I., eigentlich Napoléon Bonaparte, Kaiser der Franzosen, *1769, †1821; S.48, 133

N'Dour, Youssou, senegalesischer Musiker, *1959; S.459

Neefe, Christian Gottlieb, deutscher Komponist, *1748, †1798; S.46, 375

Neidhart von Reuental, mittelhochdeutscher Minnesänger, erste Hälfte des 13.Jh.; S.235

Nelson, Willie, amerikanischer Countrysänger, *1933; S.80

Nena, eigentlich Gabriela Kerner, deutsche Rocksängerin, *1960; S.267

Neri, Filippo, italienischer katholischer Priester, Gründer der Oratorianer, *1515, †1595; S.283

Nestroy, Johann Nepomuk, österreichischer Schriftsteller und Schauspieler, *1801, †1862; S.375

Neumeier, John, amerikanischer Tänzer, Choreograph und Ballettdirektor, *1942; S.39

Newton, Sir Isaac, englischer Mathematiker, Physiker und Astronom, *1643, †1727; S.107

Nicolai, Carl Otto Ehrenfried, deutscher Komponist und Dirigent, *1810, †1849; S.280, 384

Nicolai, Philipp, deutscher lutherischer Theologe und Schriftsteller, *1556, †1608; S.183, 401

Nielsen, Carl August, dänischer Komponist, *1865, †1931; S.377

Nietzsche, Friedrich Wilhelm, deutscher Altphilologe und Philosoph, *1844, †1900; S.252, 260, 339, 450

Nijinskij, Vaclav, russischer Tänzer und Choreograph, *1889, †1950; S.38, 393

Nolde, Emil, deutscher Maler und Grafiker, *1867, †1956; S.457

Nono, Luigi, italienischer Komponist, *1924, †1990; S.100, **268,** *268,* 281, 371, 395, 438, 455

Notker Balbulus, mittellateinischer Dichter und Gelehrter, *um 840, †912; S.369, 434

Novalis, eigentlich Georg Philipp Friedrich Freiherr von Hardenberg, deutscher Dichter, *1772, †1801; S.342

Novello, Clara, britische Sängerin, *1818, †1908; S.273

Novello, Ivor, britischer Komponist, Schauspieler, Film- und Bühnenautor, *1893, †1951; S.282

Noverre, Jean-Georges, französischer Tänzer, Ballettmeister, Choreograph und Tanztheoretiker, *1727, †1810; S.37

Nurejew, Rudolf Gametowitsch, österreichischer Tänzer und Choreograph russischer Herkunft, *1938, †1993; S.38

O **Obrecht,** Jacob, frankoflämischer Komponist, *1450 oder 1451, †1505; S.230, 267

Ockeghem, Johannes, frankoflämischer Komponist, *um 1410, †1497; S.67, 230, 236, 267, 331

Odington, Walter, englischer Mathematiker und Musiktheoretiker, um 1300; S.236, 260

Oehler, Oskar, deutscher Klarinettist und Orgelbauer, *1858, †1936; S.188

Offenbach, Jacques, französischer Komponist deutscher Herkunft, *1819, †1880; S.35, 60, 122, 280, 282, 391

Oliver, King, eigentlich Joe O., amerikanischer Jazzmusiker, *1885, †1938; S.21, 172, 267

Opitz, Martin, deutscher Dichter, *1597, †1639; S.210, 363

Orff, Carl, deutscher Komponist, *1895, †1982; S.58, 210, 286, 292, 334

Ory, Kid, eigentlich Edward O., amerikanischer Jazzmusiker, *1889, †1973; S.21

Osiander, Lukas, deutscher lutherischer Theologe, *1571, †1638; S.180

Oswald von Wolkenstein, spätmittelhochdeutscher Liederdichter und -komponist, *um 1377, †1445; S.211, 235

Othmayr, Caspar, deutscher Komponist, *1515, †1553; S.49

Otis, Johnny, amerikanischer Bluesmusiker, *1921; S.333

P **Pachelbel,** Johann, deutscher Organist und Komponist, *1653, †1706; S.66, 117, 397

Paderewski, Ignacy Jan, polnischer Pianist, Komponist und Politiker, *1860, †1941; S.309

Paganini, Niccolò, italienischer Violinist und Komponist, *1782, †1840; S.64, 111, 199, 213, 308, 344

Paik, Nam June, amerikanisch-koreanischer Multimediakünstler, *1932; S.112

Paisiello, Giovanni, italienischer Komponist, *1740, †1816; S.263, 279

Palestrina, eigentlich Giovanni Pierluigi, italienischer Komponist, *1525/26, †1594; S.8, 60, 73, 157, 159, 184, 190, 198, 204f., 218f., 230, 242, 268, 276, **293**, *293,* 310, 331, 344, 385, 406, 437, 446

Pallavicino, Carlo, italienischer Komponist, *um 1630, †1688; S.279

Pape, Jean-Henri, französischer Instrumentenbauer, *1789, †1875; S.192

Parker, Charlie, amerikanischer Jazzmusiker, *1920, †1955; S.43, 170, 172, **296,** *296*

Parker, Evan, britischer Jazzmusiker, *1944; S.115

Partch, Harry, amerikanischer Komponist, *1901, †1974; S.233

Partos, Ödön, israelischer Bratschist und Komponist, *1907, †1977; S.175

Pasquini, Bernardo, italienischer Komponist und Organist, *1637, †1710; S.283

Paul, Billy, amerikanischer Sänger und Saxophonist, *1934; S.306

Paulus Diaconus, langobardischer Geschichtsschreiber, *um 720, †nach 787; S.157

Pawlowa, Anna Pawlowna, russische Tänzerin, *1881, †1931; S.38

Penderecki, Krzysztof, polnischer Komponist, *1933; S.185, 281, 284, 298f., 310, 377, 395

Pepping, Ernst, deutscher Komponist, *1901, †1981; S.166, 299, 310, 411

Pepusch, John Christopher, englischer Komponist deutscher Herkunft, *1667, †1752; S.32, 142, 279

Pergolesi, Giovanni Battista, italienischer Komponist, *1710, †1736; S.57, 121, 164, 231, 263, 277, 279

Peri, Iacopo, italienischer Komponist, *1561, †1633; S.35, 278

Perotinus Magnus, französischer Komponist, *um 1165, †um 1220; S.236, 270, 272

Perrot, Jules, französischer Tänzer und Ballettmeister, *1810, †1892; S.38

Peterson, Oscar Emmanuel, kanadischer Jazzmusiker, *1925; S.194

Petipa, Marius, französischer Tänzer und Choreograph, *1818, †1910; S.38

Petrarca, Francesco, italienischer Humanist und Dichter, *1304, †1374; S.218

Petrucci, Ottaviano dei, italienischer Buchdrucker, *1466, †1539; S.116, 204

Peuerl, Paul, deutscher Komponist, *um 1570/80, †nach 1625; S.121

Pfitzner, Hans Erich, deutscher Komponist, *1869, †1949; S.211, 221, 280, 342, 345

Phalèse, Pierre, belgischer Musikverleger, *um 1510, †wahrscheinlich 1573; S.80

Philipp III., der Gute, Herzog von Burgund, *1396, †1467; S.58, 267

Philippe de Vitry, französischer Geistlicher, Komponist und Musiktheoretiker, *1291, †1361; S.23, 167, 236, 241, 270 f.

Philolaos von Kroton, griechischer Philosoph, 5.Jh. v.Chr.; S.145

Piaf, Édith, französische Chansonsängerin, *1915, †1963; S.67

Piazzolla, Astor, argentinischer Musiker und Komponist, *1921, †1992; S.33, 403

Picasso, Pablo, spanischer Maler, Grafiker und Bildhauer, *1881, †1973; S.38, 457

Piccinni, Niccolò Vito, italienischer Komponist, *1728, †1800; S.21, 263, 279

Pickett, Wilson, amerikanischer Sänger, *1941; S.150

Pindar, griechischer Chorlyriker, *522 oder 518, †nach 446 v.Chr.; S.89

Pippin III., der Jüngere, Hausmeier und König der Franken, *um 715, †768; S.122, 290

Piscator, Erwin, deutscher Regisseur und Theaterleiter, *1893, †1966; S.127

Piston, Walter Hamor, amerikanischer Komponist, *1894, †1976; S.377

Pius V., Papst, *1504, †1572; S.214, 236, 369

Pius X., Papst, *1835, †1914; S.135

Platon, griechischer Philosoph, *427, †348/347 v.Chr.; S.9, 151, 255, 383

Plessner, Helmuth, deutscher Philosoph, *1892, †1985; S.252

Porpora, Nicola Antonio Giacinto, italienischer Komponist, *1686, †1768; S.263, 283

Portal, Michel, französischer Jazzmusiker, *1935; S.115

Porter, Cole, amerikanischer Komponist, *1891, †1964; S.44, 248

Potter, Tommy, eigentlich Charles Thomas P., amerikanischer Jazzmusiker, *1918, †1988; S.*296*

Poulenc, Francis, französischer Komponist, *1899, †1963; S.85, 273

Pouseur, Henri, belgischer Komponist und Musikschriftsteller, *1929; S.100, 371

Praetorius, Michael, deutscher Komponist, *1571 oder 1572, †1621; S.71, 77, 144, 162, 198, 220, 225, 260, 397

Pratella, Francesco Balilla, italienischer Komponist und Musikschriftsteller, *1880, †1950; S.56

Presley, Elvis Aaron, amerikanischer Rocksänger und Gitarrist, *1935, †1977; S.109, **313**, *313*, 336, 340

Primus, Pearl, amerikanische Tänzerin, Choreographin, Pädagogin und Anthropologin, *1919, †1994; S.169

Prokofjew, Sergej Sergejewitsch, russischer Komponist, *1891, †1953; S.38, 190, 377

Provenzale, Francesco, italienischer Komponist, *1627, †1704; S.35, 263

Prudentius, eigentlich Aurelius P. Clemens, christlicher lateinischer Dichter, *348, †nach 405; S.157

Puccini, Giacomo Antonio Domenico Michele Secondo Maria, italienischer Komponist, *1858, †1924; S.34, 280, 293, 295, 345, 436

Purcell, Henry, englischer Komponist, *1659, †1695; S.18, 32, 58, 64, 78, 106, 137, 156, 279, **319**, *319,* 397, 406

Pythagoras von Samos, griechischer Philosoph, *um 570, †um 500 v.Chr.; S.136, 165, 239, 250, 255, 319

Q **Qianlong,** chinesischer Kaiser, *1711, †1799; S.303

Quantz, Johann Joachim, deutscher Komponist, *1697, †1773; S.45, 121

Quinault, Philippe, französischer Dramatiker, *1635, †1688; S.210, 216, 279

R **Rachmaninow,** Sergej Wassiljewitsch, russisch-amerikanischer Komponist und Pianist, *1873, †1943; S.199

Racine, Jean, französischer Dramatiker, *1639, †1699; S.210

Raff, Joseph Joachim, deutscher Komponist, *1822, †1882; S.264

Raimund, Ferdinand Jakob, österreichischer Schriftsteller und Schauspieler, *1790, †1836; S.375

Rameau, Jean-Philippe, französischer

Personenregister

Komponist und Musiktheoretiker, *1683, †1764; S. 12, 36, 57, 67, 90, 94, 118, 124, 145, 260, 277, 279, 315, **325**, *325*, 341, 397, 419

Ravel, Joseph Maurice, französischer Komponist, *1875, †1937; S. 42, 53, 113, 123, 158, 163, 199, 211, 261, 286, 310, **326**, *327*, 333, 395, 411

Ravenscroft, Thomas, englischer Komponist und Musiktheoretiker *nach 1590, †um 1633; S. 384

Ray, Man, amerikanischer Maler, Fotograf und Filmemacher, *1890, †1976; S. *232*

Reeves, Jim, amerikanischer Countrysänger, *1924, †1964; S. 80

Regenbogen, Barthel, mittelhochdeutscher Spruchdichter, um 1300; S. 225

Reger, Max, deutscher Komponist, *1873, †1916; S. 58, 64, 66f., 72, 107, 118, 156, 189, 199, 221, 287, 298, 310, 342, 370, 372, 374, 377, 395, 397, 411, 433

Reich, Steve, amerikanischer Komponist, *1936; S. 234

Reichardt, Johann Friedrich, deutscher Komponist und Musikschriftsteller, *1752, †1814; S. 45, 58, 131, 375

Reimann, Aribert, deutscher Komponist und Pianist, *1936; S. 211, 281

Reinhardt, Max, deutscher Schauspieler, Regisseur und Theaterleiter, *1873, †1943; S. 127

Reinken, Johann Adam, deutscher Organist und Komponist, *1623, †1722; S. 29, 117

Reinmar der Alte, mittelhochdeutscher Minnesänger, †vor 1210; S. 235

Respighi, Ottorino, italienischer Komponist, *1879, †1936; S. 375

Rhau, Georg, deutscher Drucker, Verleger, Komponist und Musiktheoretiker, *1488, †1548; S. 49, 421

Richards, Keith, britischer Rockgitarrist, *1943; S. *336*

Richter, Franz Xaver (František), böhmischer Komponist, *1709, †1789; S. 221

Riedl, Josef Anton, deutscher Komponist, *1927; S. 100, 107

Riemann, Karl Wilhelm Julius Hugo, deutscher Musiktheoretiker und Musikgelehrter, *1849, †1919; S. 10, 118f., 155, 209, 232, 260, 412, 433

Rihm, Wolfgang Michael, deutscher Komponist, *1952; S. 211, 219, 281, **335**, *335*, 395, 411

Riley, Terry Mitchell, amerikanischer Komponist, *1935; S. 234

Rimskij-Korsakow, Nikolaj Andrejewitsch, russischer Komponist, *1844, †1908; S. 64, 163, 261, 280, 374, 393

Rinuccini, Ottavio (Ottaviano), italienischer Dichter, *1562, †1621; S. 210

Rist, Johann von, deutscher Schriftsteller, *1607, †1667; S. 183

Ritter, Hermann, deutscher Musiker und Musikinstrumentenbauer, *1849, †1926; S. 439–441

Robbins, Jerome, amerikanischer Choreograph und Regisseur, *1918, †1998; S. 39, 248

Rodgers, Jimmie, amerikanischer Countrysänger, *1897, †1933; S. 80

Rodgers, Richard, amerikanischer Komponist, *1902, †1979; S. 248

Rogers, Ginger, amerikanische Tänzerin, *1911, †1995; S. 248

Roller, Alfred, österreichischer Maler und Bühnenbildner, *1864, †1935; S. 219

Romanos Melodos, byzantinischer Dichter, erste Hälfte des 6. Jh.; S. 59, 399

Rore, Cypriano de, frankoflämischer Komponist, *1515/16, †1565; S. 218, 434

Ross, Diana Earle, amerikanische Rocksängerin, *1944; S. 242

Rossi, Luigi, italienischer Komponist, *1598, †1653; S. 278, 283

Rossini, Gioacchino Antonio, italienischer Komponist, *1792, †1868; S. 41, 191, 280, 297, **341**

Rousseau, Jean-Jacques, französisch-schweizerischer Philosoph und Schriftsteller, *1712, †1778; S. 210, 260, 375

Roussel, Albert Charles Paul Marie, französischer Komponist, *1869, †1937; S. 227, 374

Rubinstein, Anton Grigorjewitsch, russischer Pianist, Komponist und Dirigent, *1829, †1894; S. 428

Personenregister

Rubinstein, Nikolaj Grigorjewitsch, russischer Pianist und Dirigent, * 1835, † 1881; S. 428
Rudolf, Erzherzog von Österreich, Kardinal und Erzbischof von Olmütz, * 1788, † 1831; S. 47
Russell, Pee Wee, amerikanischer Jazzmusiker, * 1906, † 1969; S. 68
Russolo, Luigi, italienischer Komponist und Maler, * 1885, † 1947; S. 57

Sacher, Paul, schweizerischer Dirigent, * 1906, † 1999; S. 357
Sachs, Curt, deutscher Musikforscher, * 1881, † 1959; S. 253
Sachs, Hans, deutscher Meistersinger und Dichter, * 1494, † 1576; S. 226
Sadai, Yizhak, israelischer Komponist, * 1935; S. 175
Saint Denis, Ruth, amerikanische Tänzerin und Choreographin, * 1879, † 1968; S. 405
Saint-Saëns, Camille, französischer Komponist, * 1835, † 1921; S. 38, 109, 199, 231, 280, 377, 419
Sala, Oskar, deutscher Komponist und Trautoniumspieler, * 1910; S. 256, 420
Salieri, Antonio, italienischer Komponist, * 1750, † 1825; S. 47
Salmon, Jacques, französischer Komponist und Sänger, * um 1545, † nach 1586; S. 33
Salò, Gasparo da, italienischer Geigenbauer, * 1540, † 1609; S. 441
Salomon, Karl, israelischer Komponist, * 1897, † 1974; S. 175
Sammartini, Giovanni Battista, italienischer Komponist, * 1700/01, † 1775; S. 121, 376
Sand, George, französische Schriftstellerin, * 1804, † 1876; S. 70
Sandberger, Adolf, deutscher Musikforscher, * 1864, † 1943; S. 260
Sarasate y Navascuéz, Pablo Martín Melitón de, spanischer Violinist, * 1844, † 1908; S. 174
Sarrus, M., französischer Militärkapellmeister, 19. Jh.; S. 351
Satie, Alfred Erik Leslie, französischer Komponist, * 1866, † 1925; S. 327

Sauveur, Joseph, französischer Physiker, * 1653, † 1716; S. 165
Sax, Antoine Joseph, belgischer Instrumentenbauer, * 1814, † 1894; S. 352
Scarlatti, Alessandro, italienischer Komponist, * 1660, † 1725; S. 21, 35, 230, 263, 278, 283, 292, 352, 374
Scarlatti, Domenico, italienischer Komponist, * 1685, † 1757; S. 65, 121, **352,** *353,* 381
Schaeffer, Pierre, französischer Toningenieur und Komponist, * 1910, † 1995; S. 196, 256
Schalk, Franz, österreichischer Dirigent, * 1863, † 1931; S. 392
Scheibe, Johann Adolph, deutscher Musiktheoretiker und Komponist, * 1708, † 1776; S. 58
Scheidt, Samuel, deutscher Komponist und Organist, * 1587, † 1654; S. 117, 125, 397, 409
Schein, Johann Hermann, deutscher Komponist, * 1586, † 1630; S. 121, 125, 397, 433
Schelling, Friedrich Wilhelm Joseph von, deutscher Philosoph, * 1775, † 1854; S. 252
Schenk, Johann Baptist, österreichischer Komponist, * 1753, † 1836; S. 375
Schidlowski, León, israelischer Komponist, * 1931; S. 175
Schikaneder, Emanuel, deutsch-österreichischer Bühnendichter und Theaterleiter, * 1751, † 1812; S. 246
Schiller, Johann Christoph Friedrich von, deutscher Dichter, * 1759, † 1805; S. 58
Schindler, Anton, deutscher Dirigent und Musikschriftsteller, * 1798, † 1864; S. 48
Schlegel, Johann Elias, deutscher Jurist und Schriftsteller, * 1719, † 1749; S. 34
Schleip, Johann Christian, deutscher Klavierbauer, erste Hälfte des 19. Jh.; S. 218
Schlemmer, Oskar, deutscher Maler, Bildhauer und Bühnenbildner, * 1888, † 1943; S. 152
Schlippenbach, Alexander von, deutscher Jazzmusiker, * 1938; S. 115

Personenregister

Schmidt, Franz, österreichischer Komponist, *1874, †1939; S.164

Schnebel, Dieter, deutscher Komponist, *1930; S.128, 227, 446

Schneitzhoeffer, Jean-Madeleine, französischer Komponist, *1785, †1852; S.38

Schnittke, Alfred Garrijewitsch, russischer Komponist, *1934, †1998; S.199, 445

Schobert, Johann (Jean), deutscher Komponist, *um 1740, †1767; S.422

Schoeck, Othmar, schweizerischer Komponist, *1886, †1957; S.345

Schoenberg, Claude-Michel, französischer Komponist, 20.Jh.; S.249

Schönbach, Dieter, deutscher Komponist, *1931; S.107, 127

Schönberg, Arnold, österreichischer Komponist, *1874, †1951; S.24, 62, 86, 88, 94, 98, 102, 104f., 107, 159, 163, 175, 178, 199, 211, 219, 221, 251f., 264, 268, 280, 286, 298, 310f., 320, 330, 334, 341, **358,** 358–360, *359,* 370, 372, 374, 377, 384, 395, 410, 420, 422, 432f., 455, 466f.

Schopenhauer, Arthur, deutscher Philosoph, *1788, †1860; S.252, 260, 452

Schostakowitsch, Dmitrij Dmitrijewitsch, russischer Komponist, *1906, †1975; S.31, 109, 223, **357,** *361,* 377, 395

Schrammel, Johann, österreichischer Violinist und Komponist, *1850, †1893; S.361

Schrammel, Josef, österreichischer Violinist, *1852, †1895; S.361

Schreker, Franz, österreichischer Komponist, *1878, †1934; S.104, 158, 163, 280, 345, 358, 377

Schubart, Christian Friedrich Daniel, deutscher Schriftsteller und Musiker, *1739, †1791; S.454

Schubert, Franz Peter, österreichischer Komponist, *1797, †1828; S.22, 35, 58, 67, 84, 107, 128, 159, 177, 204, 211f., 221, 223, 225, 231, 239, 276, 293, 341f., 344, *349,* **362,** *362,* 364, 376f., 395, 422, 453

Schulz, Johann Abraham Peter, deutscher Komponist und Musiktheoretiker, *1747, †1800; S.45

Schumann, Clara, geborene Wieck, deutsche Pianistin und Komponistin, *1819, †1896; S.54, 364f., *365*

Schumann, Robert Alexander, deutscher Komponist, *1810, †1856; S.14, 19, 54, 67, 107, 118, 128, 156, 159, 199, 211–213, 221, 246, 251, 264, 272f., 284, 309, 340, 342–345, **364,** 364f., *365,* 376, 379, 395, 410f., 433

Schütz, Heinrich, deutscher Komponist, *1585, †1672; S.35, 54, 61, 77, 104, 109, 125, 162, 184, 199, 218, 225, 242, 299, 331, **363,** *363,* 374

Schweitzer, Albert, elsässischer evangelischer Theologe, Musiker und Arzt, *1875, †1965; S.291

Schwind, Moritz von, österreichisch-deutscher Maler und Zeichner, *1804, †1871; S.362

Schwitters, Kurt, deutscher Maler und Dichter, *1887, †1948; S.127

Scott, James, amerikanischer Jazzkomponist, *1886, †1938; S.325

Scott, Tony, amerikanischer Jazzmusiker, *1921; S.458

Scribe, Augustin Eugène, französischer Dramatiker, *1791, †1861; S.134, 210

Sechter, Simon, österreichischer Komponist und Musikpädagoge, *1788, †1867; S.56

Sedgley, Peter, britischer Künstler, *1930; S.107

Seeger, Pete, amerikanischer Folksänger und Liedermacher, *1919; S.113

Selle, Thomas, deutscher Komponist, *1599, †1663; S.299

Sellner, Joseph, deutscher Oboist, *1787, †1843; S.275

Senesino, eigentlich Francesco Bernardi, italienischer Sänger, *um 1680, †um 1750; S.182, *182*

Senfl, Ludwig, deutsch-schweizerischer Komponist, *um 1486, †1542/43; S.211, 408

Seter, Mordechai, israelischer Komponist, *1916; S.175

Severos von Antiochia, Patriarch von Antiochia, Rhetor und Mönch, *465, †538; S.399

Sforza, Gian Galeazzo, Herzog von Mailand, *1469, †1494; S.36
Shakespeare, William, englischer Dramatiker, Schauspieler und Dichter, *1564, †1616; S.58, 223, 228, 248, 319, 435
Shankar, Ravi, indischer Sitarspieler und Komponist, *1920; S.324, 378, *457*, 458
Shaw, George Bernard, irischer Schriftsteller, *1856, †1950; S.248
Shawn, Ted, amerikanischer Tänzer, Choreograph und Pädagoge, *1891, †1972; S.405
Shearing, George Albert, britischer Jazzpianist, *1919; S.215
Shepp, Archie, amerikanischer Tenorsaxophonist, *1937; S.115
Shōmu, japanischer Kaiser, †758; S.168
Sibelius, Jean, finnischer Komponist, *1865, †1957; S.345, 375, 377, 395
Silbermann, Gottfried, deutscher Orgelbauer und Instrumentenmacher, *1683, †1753; S.192
Silcher, Philipp Friedrich, deutscher Komponist, *1789, †1860; S.221
Silver, Horace Ward Martin Tavares, amerikanischer Jazzpianist und -komponist, *1928; S.118
Simonides, griechischer Lyriker, *um 556, †um 467 v.Chr.; S.89
Simpson, Thomas, englischer Komponist, *1582, †nach 1630; S.78
Skaggs, Ricky, amerikanischer Countrymusiker, *1954; S.51
Skrjabin, Aleksandr Nikolajewitsch, russischer Komponist, *1872, †1915; S.104, 107, 127, 158, 261 f., 272, 286, 313
Smetana, Bedřich (Friedrich), tschechischer Komponist, *1824, †1884; S.95, 119, 280, 309, 315, 345, 374, 377, 395
Smith, Bessie, amerikanische Bluessängerin, *1894, †1937; S.52
Smith, Pinetop, eigentlich Clarence S., amerikanischer Jazzmusiker, *1904, †1929; S.267
Sorge, Georg Andreas, deutscher Komponist und Musiktheoretiker, *1703, †1778; S.195
Soriano, Francesco, italienischer Komponist, *1548/49, †1621; S.135

Sousa, John Philip, amerikanischer Komponist, *1854, †1932; S.223, 383
Spee von Langenfeld, Friedrich, deutscher Theologe und Dichter, *1591, †1635; S.183
Spitta, Heinrich Arnold Theodor, deutscher Komponist, *1902, †1972; S.179
Spitta, Julius August Philipp, deutscher Musikforscher, *1841, †1894; S.260
Spohr, Louis, deutscher Komponist, Violinist und Dirigent, *1784, †1859; S.199, 209, 268, 280, 284, 342, 375, 445
Spontini, Gaspare Luigi Pacifico, italienischer Komponist, *1774, †1851; S.252, 280
Stalin, Jossif Wissarionowitsch, sowjetischer Revolutionär und Politiker georgischer Herkunft, *1879, †1953; S.361
Stamitz, Anton, deutscher Violinist und Komponist, *1750, †nach dem 27.10. 1796; S.221
Stamitz, Carl Philipp, deutscher Violinist und Komponist, *1745, †1801; S.221, 374
Stamitz, Johann Wenzel Anton, böhmischer Violinist und Komponist, *1717, †1757; S.221, 423
Starr, Ringo, britischer Rockmusiker, *1940; S.43
Staufer, Johann Georg, österreichischer Gitarrenbauer, *1778, †1853; S.22
Stein, Johann Andreas, deutscher Klavier- und Orgelbauer, *1728, †1792; S.192
Stein, Richard, deutscher Komponist, *1882, †1942; S.438
Steiner, Rudolf, deutscher Philosoph, Pädagoge und Anthroposoph, *1861, †1925; S.104
Stockhausen, Karlheinz, deutscher Komponist, *1928; S.14, 100, 127, 215, 231, 239, 251, 256, 264, 274 f., 281, 335, 371, **390,** 455
Stowasser, Ignaz, österreichischer Instrumentenbauer, Mitte des 19.Jh.; S.149
Stradella, Alessandro, italienischer Komponist, *1644, †1682; S.278, 283, 370
Stradivari, Antonio, italienischer Geigenbauer, *1644, †1737; S.440 f., 443

Strauß, Johann (Sohn), österreichischer Komponist, *1825, †1899; S.35, 282, 309, 375, **391**, *391*, 453

Strauß, Johann (Vater), österreichischer Komponist, *1804, †1849; S.122, 282, 309, 453

Strauss, Richard, deutscher Komponist, *1864, †1949; S.40, 58, 64, 131, 149, 163f., 178, 209–211, 280, 285f., 293, 300, 310, 315, 334, 342, 344f., 374, 376, **392**, 415, 449, 455

Strawinsky, Igor Fjodorowitsch, russischer Komponist, *1882, †1971; S.38f., 50, 89, 104f., 118, 158, 163, 184, 190, 199, 204, 227, 231, 264, 281, 284, 286, 295, 331, 334, 370, **393**, *393*, 397, 402, 408, 412, 428, 445, 449, 467

Streisand, Barbra Joan, amerikanische Schauspielerin und Sängerin, *1942; S.248

Striggio, Alessandro, italienischer Lautenist und Komponist, *um 1535, †zwischen 1589 und 1595; S.370

Strohmeyer, Anton, österreichischer Gitarrist, 19.Jh.; S.361

Stumpf, Carl, deutscher Philosoph und Psychologe, *1848, †1936; S.151

Sullivan, Sir Arthur Seymour, britischer Komponist, *1842, †1900; S.282

Suppè, Franz von, österreichischer Komponist, *1819, †1895; S.282

Süßmayr, Franz Xaver, deutscher Komponist, *1766, †1803; S.246

Sweelinck, Jan Pieterszoon, niederländischer Komponist und Organist, *1562, †1621; S.35, 107, 117, 268, 409

Swieten, Gottfried Freiherr van, niederländischer Musikliebhaber, *1730, †1803; S.245

T **Taglioni,** Filippo, italienischer Tänzer und Choreograph, *1777, †1871; S.38

Taglioni, Marie, italienisch-französische Tänzerin, *1804, †1884; S.38

Tal, Josef, israelischer Komponist und Pianist, *1910; S.175

Tannhäuser, Der, mittelhochdeutscher Dichter, 13.Jh.; S.235

Tartini, Giuseppe, italienischer Komponist und Violinist, *1692, †1770; S.64, 195, 199

Tasso, Torquato, italienischer Dichter, *1544, †1595; S.218

Tatsumi Hijikata, japanischer Tänzer und Choreograph, *1928, †1986; S.58

Tatum, Art (Arthur), amerikanischer Jazzmusiker, *1906, †1956; S.194

Tavener, John, englischer Komponist, *um 1490, †1545; S.162

Taylor, Cecil Perceval, amerikanischer Jazzpianist, *1933; S.115

Telemann, Georg Philipp, deutscher Komponist, *1681, †1767; S.29, 35, 76, 121, 199, 283, 292, 299, 309, 397

Terpandros, griechischer Musiker, 7.Jh. v.Chr.; S.136

Theile, Johann, deutscher Komponist, *1646, †1724; S.299

Theodorakis, Mikis, griechischer Komponist, *1925; S.378

Theodor Studites, byzantinischer Theologe, *759, †826; S.59

Theodulf von Orléans, mittellateinischer Dichter und Theologe, *um 760, †821; S.157

Theremin, Leon, russischer Physiker, *1896, †1993; S.256, 410

Thomas, Charles Louis Ambroise, französischer Komponist, *1811, †1896; S.91, 280

Thomas, Kurt, deutscher Komponist und Chorleiter, *1904, †1973; S.179

Thomas von Aquin, Kirchenlehrer und Philosoph, *1224/25, †1274; S.206, 295, 403

Tieck, Johann Ludwig, deutscher Schriftsteller und Philologe, *1773, †1853; S.342

Tinctoris, Johannes, frankoflämischer Musiktheoretiker und Komponist, *um 1435, †vor dem 12.10. 1511; S.251, 267

Tio, Lorenzo, jr., amerikanischer Jazzmusiker, *1893, †1933; S.222

Tiomkin, Dimitri, amerikanischer Komponist russischer Herkunft, *1894, †1979; S.109

Tizol, Juan, amerikanischer Jazzmusiker, *1900, †1984; S.176

Toeschi, Carlo Giuseppe, italienischer

Violinist und Komponist, *1731, †1788; S.221

Tomášek, Václav Jan Křitel, tschechischer Komponist, *1774, †1850; S.67

Torelli, Giuseppe, italienischer Violinist und Komponist, *1658, †1709; S.53, 77, 199

Tourte, François, französischer Bogenmacher, *1747, †1849; S.52

Townshend, Pete, britischer Rockmusiker, *1945; S.248, 340

Trautwein, Friedrich, deutscher Elektrotechniker, *1888, †1956; S.256, 420

Travolta, John, amerikanischer Tänzer und Schauspieler, *1954; S.249

Triébert, Guillaume, französischer Holzinstrumentenbauer, *1770, †1848; S.275

Tristano, Lennie, amerikanischer Jazzpianist, *1919, †1978; S.79

Trojahn, Manfred, deutscher Komponist, *1949; S.211

Tromboncino, Bartolomeo, italienischer Komponist, *um 1470, †nach 1535; S.116

Tschaikowsky, Pjotr (Peter) Iljitsch, russischer Komponist, *1840, †1893; S.38, 64, 199, 280, 334, 345, 370, 372, 377, 395, 397, **428,** *429*

Tudor, David Eugene, amerikanischer Pianist und Komponist, *1926, †1996; S.63

Turner, Ike, amerikanischer Rockmusiker, *1931; S.150

Turner, Tina, amerikanische Rocksängerin, *1938; S.150

Turpin, Tom, amerikanischer Jazzmusiker, *1873, †1922; S.170, 325

Tutilo, Mönch von St. Gallen aus alemannischem Geschlecht, †913(?); S.427

Uhlig, Carl Friedrich, deutscher Klarinettist, *1789, †1874; S.199

Ulanowa, Galina Sergejewna, russische Tänzerin und Tanzpädagogin, *1910, †1998; S.38

Ulenberg, Kaspar, deutscher katholischer Theologe, *1548, †1617; S.183

Ullmann, Viktor Josef, österreichischer Komponist, *1898, †1944; S.102, 175

Umlauff, Ignaz, deutscher Komponist, *1746, †1796; S.375

Van Halen, Edward, niederländischer Rockgitarrist, *1957; S.143

Varèse, Edgard (Edgar) Victor Achille Charles, amerikanischer Komponist französisch-italienischer Herkunft, *1883, †1965; S.53, 286, 410

Väth, Sven, deutscher Discjockey, *1967; S.405

Vaughan, Sarah Lois, amerikanische Jazzsängerin, *1924, †1990; S.353

Vaughan Williams, Ralph, britischer Komponist, *1872, †1958; S.377

Vecchi, Orazio, italienischer Komponist, *1550, †1605; S.370

Venantius Fortunatus, lateinischer Dichter, *um 535, †bald nach 600; S.295

Verdelot, Philippe, französischer Komponist, †vor 1552; S.218

Verdi, Giuseppe Fortunino Francesco, italienischer Komponist, *1813, †1901; S.11, 21, 44, 86, 134, 223, 280, 293, 296, 331, 345f., 385, 406, **435,** 448

Verlaine, Paul, französischer Lyriker, *1844, †1896; S.83

Verovio, Simone, italienischer Musikverleger, †nach 1608; S.272

Vetter, Michael, deutscher Sänger, 20.Jh.; S.266, 274

Viadana, Lodovico, italienischer Komponist, *um 1560, †1627; S.77, 125, 199, 242

Vicentino, Don Nicola, italienischer Komponist und Musiktheoretiker, *1511, †1576; S.233

Victoria, Tomás Luis de, spanischer Komponist, *um 1548, †1611; S.159

Viktor Emanuel II., König von Sardinien, ab 1861 von Italien, *1820, †1878; S.435

Vinci, Leonardo, italienischer Komponist, *um 1690, †1730; S.263, 278, 283

Vitali, Giovanni Battista, italienischer Komponist, *1632, †1692; S.283

Vitali, Tommaso Antonio, italienischer Komponist, *1663, †1745; S.53

Vivaldi, Antonio Lucio, italienischer

Personenregister

Komponist und Violinist, *1678, †1741; S.35, 77, 124, 199, 315, **444**, *445*

Vollenweider, Andreas, schweizerischer Jazzharfenist, *1953; S.266

Voltaire, französischer Schriftsteller und Philosoph, *1694, †1778; S.325

Voříšek, Jan Hugo, tschechischer Komponist, *1791, †1825; S.159

Vuillaume, Jean-Baptiste, französischer Geigenbauer, *1798, †1875; S.78

Vulpius, Melchior, deutscher Komponist, *um 1570, †1615; S.299

W **Waelrant,** Hubert, frankoflämischer Komponist, *um 1517, †1595; S.52

Wagenseil, Georg Christoph, deutscher Komponist und Pianist, *1715, †1777; S.454

Wagner, Cosima, deutsche Festspielleiterin, *1837, †1930; S.214, 450, *450*

Wagner, Frank, amerikanischer Tänzer und Tanzpädagoge, *1922, †1999; S.173

Wagner, Richard, deutscher Komponist, *1813, †1883; S.7, 16f., 21, 34, 44, 49, 54, 56, 83, 86, 126, 134, 158, 163, 198, 209f., 213f., 223, 228, 242, 251f., 264, 280, 293, 333f., 342, 344f., 358, 377, 392, 401, 423, 432, 448–452, **450**, *450f.*

Wagner, Wieland Adolf Gottfried, deutscher Regisseur und Bühnenbildner, *1917, †1966; S.450

Wagner, Wolfgang Manfred Martin, deutscher Regisseur, *1919; S.450

Waldstein, Ferdinand Ernst Joseph Gabriel, Graf von W. und Wartenburg zu Dux, österreichischer Musikliebhaber und Komponist, *1762, †1823; S.46f.

Walker, T-Bone, eigentlich Aaron Thibeaux W., amerikanischer Bluesmusiker, *1910, †1975; S.333

Waller, Fats, eigentlich Thomas Wright, amerikanischer Jazzmusiker, *1904, †1943; S.194

Walter, Johann (Johannes), deutscher Kantor und Komponist, *1496, †1570; S.184, 242, 299

Walther, Johann Gottfried, deutscher Komponist, Musiktheoretiker und -lexikograf, *1684, †1748; S.71, 260

Walther von der Vogelweide, mittelhochdeutscher Dichter, *um 1170, †um 1230; S.226, 235

Waters, Muddy, eigentlich McKinley Morganfield, amerikanischer Bluessänger und -gitarrist, *1915, †1983; S.52, 333

Webbe, Samuel, britischer Organist und Komponist, *1740, †1816; S.131

Weber, Carl Maria Friedrich Ernst von, deutscher Komponist, *1786, †1826; S.35, 162, 168, 221, 227, 280, 293, 342, 375, 453

Webern, Anton Friedrich Wilhelm (von), österreichischer Komponist, *1883, †1945; S.24, 27, 102, 104, 111, 163, 211, 268, 330, 358f., 370, 377, 390, 395, 433, 455, 467

Weckmann, Matthias, deutscher Komponist und Organist, *1621 (oder früher), †1674; S.117

Wehinger, Rainer, deutscher Musikwissenschaftler, 20.Jh.; S.156

Weill, Kurt, deutscher Komponist, *1900, †1950; S.32, 58, 248, 281, 382

Wellesz, Egon, österreichischer Musikforscher und Komponist, *1885, †1974; S.455

Werckmeister, Andreas, deutscher Organist und Musiktheoretiker, *1645, †1706; S.9, 390

Werner, Johann, deutscher Blasinstrumentenbauer, erste Hälfte des 18.Jh.; S.166

Wesendonck, Mathilde, deutsche Schriftstellerin, *1828, †1902; S.451

Wesendonck, Otto, deutscher Kaufmann, *1815, †1897; S.451

WestBam, eigentlich Maximilian Lenz, deutscher Discjockey, *1965; S.405

Wheatstone, Sir Charles, britischer Physiker, *1802, †1857; S.199

Whiteman, Paul, amerikanischer Orchesterleiter, *1890, †1969; S.126

Wieck, Clara ↑ Schumann, Clara

Wieck, Johann Gottlob Friedrich, deutscher Musikpädagoge, *1785, †1873; S.364

Wieniawski, Henri, polnischer Violinist und Komponist, *1835, †1880; S.199, 273

Wieniawski, Joseph, polnischer Pianist und Komponist, *1837, †1912; S.309
Wieprecht, Wilhelm Friedrich, deutscher Militärkapellmeister, *1802, †1872; S.462
Wigman, Mary, deutscher Tänzerin und Choreographin, *1886, †1973; S.39, 405
Wilbye, John, englischer Komponist, *1574, †1638; S.218
Wilhelm IX., Herzog von Aquitanien, Graf von Poitiers und provenzalischer Troubadour, *1071, †1127; S.427
Willaert, Adrian, frankoflämischer Komponist, *zwischen 1480 und 1490, †1562; S.157, 184, 218, 225, 267, 316, 434, 437
Williams, Cootie, eigentlich Charles Melvin W., amerikanischer Jazzmusiker, *1911, †1985; S.176
Williams, Hank, amerikanischer Countrysänger, *1923, †1953; S.80
Winterfeld, Carl Georg August Vivigens von, deutscher Musikforscher, *1784, †1852; S.184
Wipo, mittellateinischer Dichter und Biograf, *vor 1000, †nach 1046; S.369, 438
Witt, Franz Xaver, deutscher katholischer Theologe und Kirchenmusiker, *1834, †1888; S.60, 184
Wolf, Hugo, österreichischer Komponist, *1860, †1903; S.211f., 342, 344f., 370, 374
Wolf-Ferrari, Ermanno, deutsch-italienischer Komponist, *1876, †1948; S.436
Wolfram von Eschenbach, mittelhochdeutscher Dichter, *um 1179/80, †um 1220; S.226, 235
Wolzogen, Ernst Ludwig Freiherr von, deutscher Schriftsteller, *1855, †1934; S.358
Wolzogen, Hans Paul Freiherr von, deutscher Schriftsteller, *1848, †1938; S.209, *450*
Wonder, Stevie, amerikanischer Rockmusiker, *1950; S.242
Wornum, Robert, britischer Klavierbauer, *1780, †1852; S.194
Wranitzky, Paul, österreichischer Violinist und Komponist, *1756, †1808; S.375
Wyschnegradsky, Iwan Alexandrowitsch, französischer Komponist russischer Herkunft, *1893, †1979; S.233

X **Xenakis,** Iannis, französischer Komponist griechischer Herkunft, *1922; S.100, 390

Y **Young,** La Monte, amerikanischer Komponist, *1935; S.234
Young, Lester Willis, amerikanischer Jazzmusiker, *1909, †1959; S.79
Yuize, Shinichi, japanischer Jazzmusiker und Komponist, *1950; S.458
Yukio Mishima, japanischer Schriftsteller, *1925, †1970; S.58

Z **Zarlino,** Gioseffo, italienischer Musiktheoretiker und Komponist, *1517, †1590; S.7, 94, 260, 367, 434
Zeller, Wolfgang, deutscher Komponist, *1893, †1967; S.109
Zelter, Carl Friedrich, deutscher Komponist, *1758, †1832; S.45, 221
Zemlinsky, Alexander von, österreichischer Komponist, *1871, †1942; S.280, 358f.
Zeno, Apostolo, italienischer Literaturkritiker und Dichter, *1668, †1750; S.282
Ziani, Marc'Antonio, italienischer Komponist, *1653, †1715; S.279
Ziegfeld, Florenz, amerikanischer Theaterleiter, *1869, †1932; S.248, 332
Ziegler, Hans Severus, deutscher Generalintendant und Reichskultursenator, *1892, †1959; S.102
Zimmermann, Bernd Alois, deutscher Komponist, *1918, †1970; S.127, 179, 223, 280, **463**
Zimmermann, Heinz-Werner, deutscher Komponist, *1930; S.185
Zimmermann, Udo, deutscher Komponist, *1943; S.281, 284
Zinnemann, Fred, amerikanischer Filmregisseur österreichischer Herkunft, *1907, †1997; S.109
Zinzendorf, Nikolaus Ludwig Graf von, deutscher Begründer der Herrnhuter Brüdergemeine, *1700, †1760; S.183
Zorn, John, amerikanischer Saxophonist, *1953; S.172, 273

In Notenschriften gebräuchliche Abkürzungen

A	Alt	mod.	moderato
accel.	accelerando	m. s.	mano sinistra
ad lib.	ad libitum	m. v.	mezza voce
arp.	arpeggio	Ob.	Oboe
a t.	a tempo	op.	Opus
B	Bass	p	piano
B. c.	Basso continuo	Ped.	Pedal
C	Cantus	pizz.	pizzicato
c. a.	coll'arco	Pos.	Posaune
c. d.	colla destra	pp	pianissimo
c. f.	cantus firmus	ppp	pianissimo piano
cresc.	crescendo	R	Récit
c. s.	colla sinistra		Ripieno
dal s.	dal segno	rall., rallent.	rallentando
d. c.	da capo	rf, rfz, rinf.	rinforzando
decr., decresc.	decrescendo	r. H.	rechte Hand
dim., dimin.	diminuendo	rip.	Ripieno
div.	divisi	rit., ritard.	ritardando
f	forte	rit., riten.	ritenuto
Fag.	Fagott	S	Segno
ff	fortissimo		Sopran
fff	forte fortissimo	seg.	segue
Fl.	Flöte	sf, sfz	sforzato
fp	fortepiano	sost., sosten.	sostenuto
fz	forzato	spicc.	spiccato
gliss.	glissando	stacc.	staccato
G. P.	Generalpause	string.	stringendo
Hr.	Horn	T	tempo
Kb.	Kontrabass		Tenor
Kl.	Klavier	tac.	tacet
Klar.	Klarinette	ten.	tenuto
leg.	legato	tr	triller
l. H.	linke Hand	trem.	tremolando
M	Manual	Trp.	Trompete
marc.	marcato	t. s.	tasto solo
m. d.	mano destra	V	Violine
mf	mezzoforte	Va	Viola
M. M.	Metronom Mälzel	Vc	Violoncello
mp	mezzopiano	v. s.	volti subito

Angaben zur Betonung und Aussprache

Fremdwörtliche und fremdsprachliche Stichwörter weisen als Betonungshilfe einen Punkt (Kürze) oder einen Strich (Länge) auf. Die getrennte Aussprache wird durch einen Trennstrich angezeigt (z. B. Lili|e).

In den Fällen, in denen die Aussprache nicht oder nur unvollkommen aus dem Stichwort erschlossen werden kann, wird in eckigen Klammern die Aussprache mit den folgenden Zeichen wiedergegeben:

a	helles bis mittelhelles a	hạt [hat], Rạd [ra:t]	θ	stimmloser englischer th-Laut	Cọmmonwealth [*englisch* 'kɔmən-wɛlθ]
ã	nasales a	blanc [*französisch* blã]	ts	z-Laut	Zẹlt [tsɛlt]
ɑ	dunkles a	fạther [*englisch* 'fɑːðə]	tʃ	tsch-Laut	Mạtsch [matʃ]
æ	sehr offenes ä	catch [*englisch* kætʃ]	u	geschlossenes u	Kụr [kuːr]
ʌ	abgeschwächtes dunkles a	butler [*englisch* 'bʌtlə]	u̯	unsilbisches [u]	Capua [*italienisch* 'kaːpu̯a]
β	Reibelaut b	Habanera [*spanisch* haβa'nera]	ʊ	offenes u	Pụlt [pʊlt]
ç	Ichlaut	ich [ɪç]	v	w-Laut	Wạrt [vart]
ð	stimmhafter englischer th-Laut	fạther [*englisch* 'fɑːðə]	w	halbvokalisches w	Wịnston [*englisch* 'wɪnstən]
dʒ	dsch-Laut (»weich«)	Gịn [dʒɪn]	x	Achlaut	Bạch [bax]
e	geschlossenes e	lẹbt [leːpt]	y	ü-Laut	Tüte ['tyːtə]
ɛ	offenes e	hätte ['hɛtə]	ʏ	offenes ü	rüsten ['rʏstən]
ɛ̃	nasales offenes e	Teint [tɛ̃ː]	ɥ	konsonantisches ü	Suisse [*französisch* sɥis]
ə	Murmellaut	hạlte ['haltə]	z	s-Laut (»weich«)	Hạse ['haːzə]
ɣ	geriebenes g	Tarragona [*spanisch* taraˈɣona]	ʒ	sch-Laut (»weich«)	Geniẹ [ʒe'niː]
i	geschlossenes i	Elịsa [e'liːza]	ː	Längezeichen, bezeichnet Länge des unmittelbar davor stehenden Vokals	bạden ['baːdən]
i̯	unsilbisches [i]	Mario [*italienisch* 'maːri̯o]			
ɪ	offenes i	bịst [bɪst]	'	Hauptbetonung, steht unmittelbar vor der betonten Silbe; wird nicht gesetzt bei einsilbigen Wörtern und nicht, wenn in einem mehrsilbigen Wort nur ein silbischer Vokal steht	Ạcker ['akər], Apothẹke [apoˈteːkə]
ʎ	lj-Laut	Sevịlla [*spanisch* se'βiʎa]			
ŋ	ng-Laut	lang [laŋ]			
ɲ	nj-Laut	Champagne [*französisch* ʃã'paɲ]			
o	geschlossenes o	Lọt [loːt]			Haus [haʊs]
õ	nasales o	bon [bõː]			
ɔ	offenes o	Pọst [pɔst]			
ø	geschlossenes ö	Höhle ['høːlə]			Johnson [*englisch* dʒɔnsn]
œ	offenes ö	Hölle ['hœlə]			
œ̃	nasales ö	Parfum [parˈfœ̃ː]			

b d f g h j k l m n p r t geben in den meisten Sprachen etwa den Lautwert wieder, den sie im Deutschen haben.

Abkürzungen und Bildquellen

Abb.	Abbildung	sog.	so genannt
Abk.	Abkürzung	Tab.	Tabelle
bzw.	beziehungsweise	u.a.	und andere(s); unter anderem
ca.	cirka		
d.h.	das heißt	u.Ä.	und Ähnliches
ggf.	gegebenenfalls	usw.	und so weiter
i.A.	im Allgemeinen	v.a.	vor allem
i.d.R.	in der Regel	v.Chr.	vor Christus
Jh.	Jahrhundert	vgl.	vergleiche
n.Chr.	nach Christus	z.B.	zum Beispiel
rd.	rund	z.T.	zum Teil
S.	Seite		

Ägyptisches Museum, Kairo: *187*. – Archäologisches Landesmuseum Mecklenburg-Vorpommern, Lübstorf: *216*. – Archiv für Kunst und Geschichte, Berlin: *28, 43, 45, 47f., 57, 62, 69f., 72, 87, 142, 148, 152, 177, 186, 207, 212, 216, 218f., 228, 240, 244f., 268, 293, 299, 313, 337, 346, 349, 353, 359, 361–363, 365, 393f., 422, 435, 445, 450f.* – Bibliographisches Institut & F.A. Brockhaus, Mannheim: *171, 205, 325, 377, 391f.* – Bibliothèque Nationale, Paris: *138*. – Deutsches Theatermuseum, München: *452*. – dpa Bildarchiv, Frankfurt am Main und Stuttgart: *39, 122, 336*. – Elektra Nonesuch Records, New York: *458*. – Prof. B. Enders, Osnabrück: *258*. – Fairlight, Berlin: *256*. – Händelhaus, Halle (Saale): *182*. – Verlag Jürgen Häusser, Darmstadt: *296*. – Herzog August Bibliothek, Wolfenbüttel: *239*. – Historisches Archiv der Stadt Köln: *384*. – Insel Verlag, Frankfurt am Main: *266*. – Institut Amatller d'Art Hispànic, Barcelona: *97*. – Interfoto Pressebild-Agentur Bildarchiv, München: *37, 55, 83, 95, 99, 137, 150f., 214, 231, 261, 282, 319, 327, 343, 429*. – JAPAN-Photo-Archiv H. Pohling, Kaarst: *120*. – Dr. G. Joppig/W. Pulfer, München: *27, 33, 42, 44, 53, 64, 74, 78, 86, 92, 96, 101, 105, 110, 130f., 139f., 143f., 147, 188, 197, 200, 217, 220, 274, 294, 301, 311, 321, 329, 354f., 371, 378, 385, 410, 424, 428f., 439f., 443, 460, 462–464*. – Keystone Pressedienst, Hamburg: *457*. – J. Liepe, Berlin: *378*. – Museum für Kunst und Kulturgeschichte der Hansestadt Lübeck: *418*. – Nationaltheater, Mannheim: *345*. – W. Neumeister (†), München: *335*. – Kath. Pfarramt Ochsenhausen: *289*. – Dr. A. Rashid, Leipzig: *208*. – Research Institute of Music, China Academy of Arts, Peking: *243, 307, 461*. – M. Rittershaus, Berlin: *31*. – SCALA, Florenz: *164, 279, 281*. – SONOR PERCUSSION, J. Link, Musikinstrumentenfabrik, Bad Berleburg-Aue: *93*. – STELLA MUSICAL MANAGEMENT, Hamburg: *248*. – Studio 49, Gräfelfing: *286*. – Süddeutscher Verlag Bilderdienst, München: *22, 153, 167*. – TELIMAGE, Paris: *232*.

Weitere grafische Darstellungen, Karten und Zeichnungen
Bibliographisches Institut & F.A. Brockhaus, Mannheim

Reproduktionsgenehmigungen für Abbildungen künstlerischer Werke von Mitgliedern und Wahrnehmungsberechtigten wurden erteilt durch die Verwertungsgesellschaft BILD-KUNST/Bonn.